ISBN 978-1-5285-9053-2
PIBN 10995203

English
Français
Deutsche
Italiano
Español
Português

www.forgottenbooks.com

Mythology Photography **Fiction**
Fishing Christianity **Art** Cooking
Essays Buddhism Freemasonry
Medicine **Biology** Music **Ancient
Egypt** Evolution Carpentry Physics
Dance Geology **Mathematics** Fitness
Shakespeare **Folklore** Yoga Marketing
Confidence Immortality Biographies
Poetry **Psychology** Witchcraft
Electronics Chemistry History **Law**
Accounting **Philosophy** Anthropology
Alchemy Drama Quantum Mechanics
Atheism Sexual Health **Ancient History**
Entrepreneurship Languages Sport
Paleontology Needlework Islam
Metaphysics Investment Archaeology
Parenting Statistics Criminology
Motivational

Quatorzième Année.   Tome LXXVIII   1re Livraison.

LA

NOUVELLE REVUE

LIVRAISON DU 1er SEPTEMBRE 1892

SOMMAIRE

PARIS

LA NOUVELLE REVUE

Paraît le 1er et le 15 de chaque mois

PRIX DE L'ABONNEMENT

PARIS. . . . . 1 an, 50 fr. 6 mois, 26 fr. 3 mois, 14
DÉPARTEMENTS ET ALSACE-LORRAINE. . .   — 56 fr.   — 29 fr.   — 15
ÉTRANGER (Union postale, 1re zone). . . — 62 fr.   — 32 fr.   — 17

Les abonnements partent du 1er et du 15 de chaque mois.

AVIS IMPORTANT

Afin d'éviter toute interruption dans le service de la NOUVELLE REV
nous prions nos lecteurs dont l'abonnement expire avec le numéro du 1er s
tembre de nous faire parvenir leur renouvellement en une valeur à vue
Paris ou en un mandat d'abonnement.

On s'abonne SANS FRAIS, en France et à l'étranger, dans tous les bure:
de poste et aux bureaux et agences de la SOCIÉTÉ GÉNÉRALE et du CRÉ
LYONNAIS.

EN VENTE :

Collection complète de la NOUVELLE REVUE

Du 1er octobre 1879 au 15 décembre 1891 (294 numéros) . . . . Prix : 550
Années séparées (24 numéros). . . . . Prix : 50

La NOUVELLE REVUE met à la disposition de ses abonnés une couverture carton destinée à conserver en bon état le numéro en lecture.

Cette couverture est montée sur un dos à ressort, ce qui permet d'y placer et d'en rer instantanément le numéro. Elle est recouverte d'une toile maroquinée couleur, titre doré sur trois lignes : LA NOUVELLE REVUE.

Pour recevoir franco la couverture cartonnée, adresser Un franc en un mandat-ç ou en timbres-poste français.

Les Annonces sont reçues chez M. RÉJOUX, régisseur général
Annonces, 46, boulevard Montparnasse; et à la NOUVELLE REV
18, boulevard Montmartre.

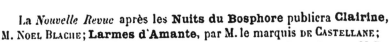

La *Nouvelle Revue* après les **Nuits du Bosphore** publiera **Clairine**,
M. NOEL BLACHE; **Larmes d'Amante**, par M. le marquis DE CASTELLANE;
Ami Rublin, roman inédit de CHAMPFLEURY; **Misère Royale**, par M. ROI
SCHEFFER; avant la fin de l'année, elle donnera deux études de M. PIERRE L

LA

NOUVELLE REVUE

TOME SOIXANTE-DIX-HUIT

NOUVELLE REVUE

TREIZIÈME ANNÉE

———

TOME SOIXANTE-DIX-HUIT

Septembre-Octobre

———

PARIS

18, BOULEVARD MONTMARTRE, 18

1892

1812, cap. 12 — Oct.

conth. Leunis.

I

Il y a quelques semaines le bruit se répandait que le général Cialdini était en danger de mort. Plusieurs des nombreux amis qu'il a su conserver en France m'écrivirent, me priant de les tenir au courant des progrès de son mal ou des espérances de sa guérison. Après bien des angoisses, j'ai pu leur donner l'assurance qu'il avait une fois de plus triomphé de la mort. C'est à ces amis français du général Cialdini que je dédie ces lignes.

Dans ce siècle merveilleux qui touche à sa fin, qui a vu tant de choses glorieuses et inscrit dans ses annales tant de noms illustres, ce n'est pas petite chose que de pouvoir prendre place parmi les figures les plus belles et les plus pures de notre temps. Le général Cialdini a droit à une de ces places pour sa valeur et sa droiture, pour son grand esprit comme pour son héroïsme. Italien, il a de l'Italien toutes les tendresses, les imaginations poétiques, la pensée profonde, les tendances élevées: Espagnol par sa mère, il a de l'Espagnol toutes les audaces, toutes les ironies. Il y ajoute l'entrain, l'élégance, la loyauté française, et il a su garder pendant cinquante ans, Dieu sait au milieu de quelles luttes et de quels déboires, la grande amitié qu'il a vouée à la France.

Cialdini a été, avec Garibaldi, l'âme et le bras de l'Italie nouvelle : l'âme qui pousse aux grandes choses et le bras fort qui sait merveilleusement les accomplir.

Ces deux noms, l'histoire ne saurait les disjoindre; ils s'évoquent l'un l'autre et, pour ainsi dire, s'entrelacent. Garibaldi, en un mot, appelle Cialdini. Leurs destinées sont en quelque sorte jumelles; pareilles à deux nuances d'une couleur éclatante; leurs pensées, leurs actions si souvent unies sous une même loi, sont véritablement sœurs.

Tous deux coutumiers de batailles, ils furent tous deux les enfants gâtés de la fortune. L'Italie montait de leur temps et avec eux à l'apogée du bonheur, elle réalisait ses rêves, et d'une façon différente mais parallèle, ils furent tous deux les champions de l'épopée heureuse.

Garibaldi était le chef incontesté du peuple prêt à se lever, dès qu'il l'appelait aux armes, et disposé à le suivre partout, lisant sur sa blouse rouge un mot flamboyant : Patrie !

Cialdini était le Garibaldi de l'armée régulière. Sa belle et mâle figure de soldat, son intrépidité, sa sévérité, la sûreté de son coup d'œil et le succès constant qui couronnait toutes ses entreprises en avaient fait l'idole du soldat.

Le soldat italien croyait en Cialdini comme le peuple croyait en Garibaldi. C'était la même confiance, la même admiration, le même enthousiasme pour l'un comme pour l'autre.

Aussi, en apprenant que Cialdini est en danger, l'Italie s'émeut-elle ; l'armée tout entière se sent atteinte. Autour du lit du duc de Gaëte, le roi d'Italie et les princes du sang viennent s'incliner et à sa porte accourent de grands et vieux amis, tous les officiers généraux. Jeunes et vieux sont unis par les mêmes sentiments : l'admiration, l'amour, le respect.

L'homme qui inspire ou trouble tant de cœurs vaillants, cet homme-là, il est presque inutile de le dire, a une valeur à laquelle peu d'hommes ont su atteindre.

Aussi, est-ce un acte de justice que de rechercher ce que Cialdini a été, ce qu'il a fait, ce qui le signale à l'attention de ses contemporains.

Quels furent les progrès et la marche de son esprit, le développement de ses idées, la part qu'il prit aux événements, l'héroïsme de toute sa vie.

Cialdini est né à Castelvetro de Modène en 1811.

Son père, l'ingénieur Cialdini, était un esprit libéral et généreux : l'éducation qu'il devait donner à ses enfants n'en pouvait faire que des Italiens passionnés. Du reste, il paya d'exemple, ayant eu l'honneur de compter parmi les victimes du duc de Modène.

En 1831, lors des premiers mouvements révolutionnaires de l'Italie, le jeune Enrico Cialdini, élève des Jésuites auxquels, par une étrange contradiction, son éducation avait été abandonnée ; Cialdini, dis-je, ayant vingt ans à peine, se sentait déjà envahi tout entier par la passion des armes.

Les actes monstrueux qui furent commis sous ses yeux à

Modène étaient bien faits pour allumer dans son âme cet amour de la liberté et cette haine du despotisme qui ne le quittèrent plus et le poussèrent toujours sur le chemin des nobles revendications, des causes justes.

Modène était, à cette époque néfaste, sous la domination du duc François d'Este, un minuscule tyran, un Tibère au petit pied, louchant d'un œil, et, quand il avait peur, louchant des deux, laid et méchant d'une méchanceté froide, invraisemblable. Sa mémoire est encore en exécration profonde dans tous les cœurs italiens.

Aussi ambitieux que féroce et que médiocre, cet odieux petit prince essaya d'attirer à lui les esprits nobles et généreux dont Modène et toute l'Italie centrale fourmillaient, et il accorda son amitié au jeune et malheureux Ciro Menotti, l'un des patriotes les plus ardents de ce temps-là.

Il espérait prendre la tête du mouvement révolutionnaire et le faire tourner à son profit. Mais un beau jour, averti que le mouvement va commencer, qu'il est fixé pour le 3 février 1831, que la maison de Menotti sert de quartier général, pris de peur il la fait cerner par ses troupes pendant la nuit, espérant prendre tous ces jeunes chefs d'un seul coup de filet.

Mais les vingt-cinq jeunes gens qui se trouvaient avec Menotti étaient armés et entendaient bien se défendre. Ils se barricadent et opposent une vigoureuse résistance ; les troupes du duc de Modène ne peuvent en venir à bout et battent en retraite. Le duc François, furieux de son échec, fait alors ouvrir contre cette pauvre maison le feu de ses canons ; et pour réduire cette poignée d'hommes qu'il avait lui-même encouragés et auxquels il avait fourni peut-être des armes, il frappe vieillards, femmes, enfants au hasard, car la maison était habitée, dans ses étages supérieurs, par des locataires qui n'avaient rien à voir avec Menotti et ses amis.

Le duc de Modène ordonna de ne laisser personne s'échapper de la maison et le massacre s'acheva. Cette trahison infâme, ce sacrifice d'innocentes victimes sont déjà un forfait que l'histoire a flétri ; mais ils n'étaient que le prélude d'actes abominables qui ont pleinement justifié le nom de bête féroce donné au *petit Duc.* (*Duchino di Modena*).

Dès le lendemain du massacre de la maison Menotti, le duc François IV envoie une dépêche au gouverneur de Reggio, le comte Valaguzzi-Valeri. Elle est à citer et la voici :

Modène, 4 février 1831.

Une terrible conspiration a éclaté cette nuit. Les conspirateurs sont entre mes mains. Envoyez-moi le bourreau.

FRANÇOIS (1).

Mais le bourreau ne devait pas arriver à temps, au moins ce jour-là. La nouvelle de la trahison du duc, de sa cruauté, de l'arrestation de Menotti blessé pendant le combat et de la tuerie de ces enfants et de ces femmes égorgés par les sbires ou hachés à coups de canon, se répandit au loin dans les campagnes et les villes voisines. Reggio, Carpi, Mirandola, Sassuolo, Spilamberto, Bomporto, Bastiglia étaient, dès le lendemain, en grande fermentation et le duc, effrayé, perdant la tête, s'enfuit le 5 février de Modène, emmenant avec lui sa cour, ses partisans et se faisant suivre par son armée. Cinq à six mille hommes qui n'avaient pu venir à bout de vingt-cinq enfants qu'à coups de canon!...

La rage, la fureur du duc de Modène s'acharna sur Ciro Menotti qu'il ne voulut pas laisser à Modène et qu'il emmena à sa suite, dans une voiture, enchaîné, sanglant, avec ordre à ses dragons de faire feu sur lui s'il tentait de s'enfuir ou si l'on faisait mine de le délivrer.

Les souffrances endurées par ce martyr furent inouïes et elles ont été consignées dans l'histoire. Jeté dans les cachots de Mantoue, ramené à Modène lorsque les Autrichiens y eurent réintégré le duc, un procès inique commença pendant lequel il fut impossible de rien prouver contre lui ; toutes les demandes qu'on lui adressait n'obtenaient qu'une réponse :

« Demandez au duc. Il sait cela mieux que moi. Tout a été fait par son ordre, avec son consentement. J'ai toujours été d'accord avec lui, etc. »

Mais la peur talonnait toujours le duc ; Menotti savait trop de choses et il aurait pu le compromettre avec la Sainte-Alliance. La France, dont Menotti et ses amis lui avaient fait entrevoir l'aide et l'appui, n'avait pas bougé et les Autrichiens occupaient la Péninsule et s'étendaient de tous côtés. La mort de Menotti fut décidée et, traître, parjure à sa parole (car il avait juré à l'évêque que Menotti aurait la vie sauve), le duc donna l'ordre de faire

---

(1) CIRO MENOTTI E I SUOI COMPAGNI, *Cenni storico-biografici raccolti da Taddeo Grandi.* Bologna, 1880.

mourir ce noble enfant qu'il avait serré dans ses bras et *qu'il aimait*, disait-il, *par-dessus toute chose au monde.*

Ces événements, cet épisode cruel, bien d'autres atrocités encore exaltèrent Cialdini qui, des premiers, prit les armes et alla combattre les dernières batailles avec Lucchi, tenant tète aux Autrichiens pendant trois jours à Modène, puis à Bologne et à Rimini, enfin à Ancône.

La capitulation d'Ancône mit Cialdini sur le chemin de l'exil, tandis que son père était jeté en prison à Modène et tous ses biens confisqués. C'était là l'amnistie promise à ceux qui avaient mis bas les armes.

La cause de l'Italie était momentanément perdue; mais Cialdini avait combattu à Rimini aux côtés de Charles Bonaparte qu'il avait reçu mourant dans ses bras, et avec Louis-Napoléon qui devait plus tard s'en souvenir.

Cialdini, débarqué à Marseille, s'en fut tout droit à Paris où il reprit ses études, mais son esprit enflammé ne pouvait lui permettre de tenir en place longtemps.

Dans les premiers jours de l'année 1832, la révolution contre don Miguel éclata en Portugal, et dom Pedro accourut du Brésil pour revendiquer ses droits. C'était une cause juste, et les volontaires affluèrent de tous côtés pour se ranger sous ses drapeaux.

Cialdini courut à Oporto et s'engagea comme simple soldat, dans le régiment de *la Regina*. Il avait emporté de Paris des lettres de recommandation puissantes, mais il ne voulut rien devoir à personne et fit bravement son devoir de soldat. Il était sûr d'avoir dans sa giberne son bâton de maréchal, mais il voulait le gagner tout seul et pas à pas.

Aussitôt engagé il eut maille à partir avec un Allemand qui insultait les Italiens; on dégaina et Cialdini lui prouva sur l'instant que les Italiens valent les Allemands et que le courage personnel est surtout une prérogative des peuples latins.

Mais bientôt il prouva bien mieux ce qu'il valait, et il gagna ses galons de sergent. Au siège d'Oporto, blessé deux fois, il accomplit des actions d'éclat qui émerveillèrent ses chefs et lui valurent la croix de *Torre et Spada*, décernée par un vote unanime de sa compagnie.

C'était bien commencer.

Il continua mieux encore; à Lisbonne, au siège de Santarem,

à la bataille de Asseceira, son régiment se couvrit de gloire et
Cialdini, toujours le premier, monta successivement en grade à
la suite de brillants faits d'armes. A la fin de la campagne il était
lieutenant, et jamais épaulette n'avait été mieux gagnée. Mais
aussitôt la guerre finie, les corps de volontaires furent dissous,
et Cialdini, couvert d'honneurs, mais pauvre comme devant,
quitta le Portugal.

Il n'eut pas à aller bien loin.

En Espagne, don Carlos levait déjà l'étendard de la révolte
contre la reine Christine. Les volontaires portugais et tous ceux
qui avaient combattu avec eux furent vivement sollicités de se
rendre en Espagne.

Le colonel du régiment de *la Regina*, Borso di Carminati,
accepta la mission qu'on lui offrait de former une légion avec le
nom de : *Chasseurs d'Oporto*, et de la conduire en Espagne, au
service de Christine.

La légion se trouva vite formée : elle était composée mi-par-
tie de Portugais et d'Italiens; mais les officiers étaient presque
tous des Italiens. On y voyait Manfredo Fanti, Domenico Cucchiari, Niccola Fabrizi, des croisés de la liberté.

Cialdini retrouvait là des camarades et des amis.

Il était prêt à combattre d'autant plus volontiers que sa mère
était d'origine espagnole. Elle s'appelait: *Luigia Santyany Valasco*.

Tous les biens de la famille étant confisqués, le père en prison, les ressources épuisées, c'était aux enfants à nourrir leur
mère, et ils n'y manquèrent pas. Nous avons sous les yeux
une lettre touchante de Mme Cialdini remerciant son fils qui, se
privant de tout, envoyait sa paie à sa mère.

Cialdini reprit donc sa place dans le rang et partit en qualité
de lieutenant. Son frère Guido était sous-lieutenant avec lui.

Aussitôt arrivé en Catalogne, le régiment est mis aux ordres
de Mina qui le mène au combat.

A la bataille de *la Cherta*, Cialdini se fait remarquer et il est
décoré de la croix de *San Ferdinando*. Sur le champ de bataille
même il est nommé capitaine.

Bientôt après, à l'assaut de Cantalaviéja il gagne une médaille.
Enfin, à la bataille de Chiva (1837), une autre médaille militaire
lui est décernée et, dans son ordre du jour, le général proclame
Cialdini « un valeureux, qui a bien mérité de l'Espagne ».

Presque aussitôt il est nommé commandant en second pour

mérite de guerre. Aide de camp de Carminati depuis deux ans déjà, il n'en use pas pour se dispenser des rudes besognes, au contraire. Le 16 août 1838 il demande et obtient de prendre part à l'assaut de Morella.

Ce fut une journée épouvantable.

Les carlistes défendaient la brèche avec sauvagerie; ils se servaient de poutres enduites de goudron et enflammées, de grenades en verre, etc. On se battit avec un acharnement incroyable. A un certain moment, Cialdini voit tomber le commandant d'un bataillon de chasseurs : il s'élance avec fureur dans la mêlée, effrayant de force et de courage, merveilleux de hardiesse. Les ennemis reculent et il emporte le commandant dans ses bras.

Peu après, en pleine retraite que son régiment protège en exécutant de furieux retours offensifs, son frère est grièvement blessé et tombe aux mains des carlistes.

Cialdini met son cheval au grand galop, rejoint l'ennemi, abat cinq ou six hommes, en foule aux pieds quelques autres et frappe avec son sabre des coups si terribles, que les carlistes abandonnent leur proie et prennent la fuite. Cialdini met son frère en travers sur sa selle et l'emporte au galop. Mais les soubresauts du cheval arrachent au blessé des cris de douleur; il supplie qu'on l'abandonne plutôt sur la route. Cialdini s'y refuse : il met pied à terre, prend son frère sur ses épaules et revient avec lui vers les siens, qui, émerveillés, lui font une ovation.

Pour se rendre compte de cet enthousiasme que Cialdini provoquait par son courage indompté et ses exploits, même parmi les Espagnols, bons juges si jamais il en fut en semblable maière, il faut se souvenir que, dans les guerres d'Espagne, si le soldat prisonnier avait la vie sauve, les officiers et même les sous-officiers étaient invariablement passés par les armes, et cela des deux côtés.

Mais Cialdini ne voulut pas rester plus longtemps parmi les volontaires. La carrière avait en soi quelque chose d'irrégulier, de précaire qui ne s'alliait pas avec sa nature ainsi qu'on put le voir plus tard. Son colonel, le comte Carminati, ayant à se plaindre de je ne sais quelle injustice, donna sa démission. Cialdini demanda à être admis dans l'armée régulière espagnole. Il y avait quelques droits.

Sa demande fut accueillie et on le nomma, lui, commandant... sous-lieutenant d'infanterie.

Son camarade et ami, Manfredo Fanti, ayant fait même demande, eut même sort.

Tout deux entrèrent au régiment d'*Almanza*.

La guerre carliste touchait à sa fin. Cabrera luttait encore cependant, et Cialdini eut l'honneur de se mesurer avec ce redoutable chef de partisans et de se faire remarquer par des actions d'éclat qui lui valurent successivement une sixième médaille et la promotion au grade de capitaine.

On avait beau le reculer dans les rangs, Cialdini trouvait toujours moyen de reprendre la tête. Évidemment le commandement en chef l'attendait, et il y courait (1).

Toutefois, à un certain moment, sa bonne étoile parut l'abandonner; mais ce ne fut [qu'une éclipse. Il courut cependant un très grand danger; l'aventure est étrange et tragique.

En 1841, le général Bosco di Carminati fut accusé d'avoir voulu faire acte d'opposition à la régence d'Espartero. Ce qui donnait corps à cette accusation, c'est que Carminati ne cachait pas son mécontentement, ayant été gravement offensé dans son honneur de soldat; voici comment.

Dans un de ses derniers combats contre les carlistes, il s'était trouvé, à un moment donné, et quand les soldats ennemis s'étaient enfuis de tous côtés, en face d'un bataillon carré formé par quatre cents hommes, presque tous officiers et sous-officiers qui résistaient quoique déjà complètement enveloppés, voulant vendre chèrement leur vie. Le général Carminati, saisi d'admiration, et peut-être dans le but d'arrêter l'effusion du sang, leur proposa de se rendre, ce à quoi ils consentirent à condition d'avoir la vie sauve. Le général accepta et engagea sa parole d'honneur, quoiqu'il eût reçu des instructions absolues de ne faire quartier à personne.

Vainqueur, il se croyait le droit d'épargner les vaincus.

Le ministère espagnol désavoua le général, ne voulut rien entendre, et ordre lui fut donné de faire immédiatement fusiller tous les prisonniers, puis de rendre son épée.

Cialdini a depuis bien souvent raconté qu'il assista alors à un spectacle effrayant, et la scène, tragique si jamais il en fut, resta gravée dans sa mémoire : « Les prisonniers marchant à la mort. — disait-il — défilèrent devant le général Carminati en s'écriant

---

(1) G. Marcotti, *Il generale Enrico Cialdini, duca di Gaeta*. G. Barbera editore. Firenze.

tous les uns après les autres : « CE QUE VAUT LA PAROLE D'HONNEUR D'UN GÉNÉRAL LIBÉRAL, NOUS LE SAVONS MAINTENANT! » Le général, impassible, était toutefois plus à plaindre qu'eux; et, en outre, il était, il se sentait perdu.

En effet, accusé de trahison, quelque temps après, il fut arrêté et fusillé d'une façon sommaire, sans que l'on ait jamais pu rien relever contre lui.

Cialdini avait été arrêté en même temps que le général, et cela par la simple raison qu'il avait été jadis son aide de camp; cependant l'absurdité était trop forte et on dut le relâcher; mais ce fut pour l'exiler à Barcelone et le mettre à la retraite. Rien n'était plus injuste, mais c'est là un des traits marquants du caractère de Cialdini; toute sa vie l'a prouvé depuis : jamais il ne s'est révolté contre l'injustice.

Toutefois on rapporta bientôt le décret qui l'exilait; mais on ne lui rendit pas son grade. L'armée espagnole avait été mise sur le pied de paix et la convention de Vergara avait reconnu aux officiers carlistes leurs grades; il y avait donc pléthore d'officiers.

Cialdini alla se reposer à Valence auprès de son frère Guido, que ses blessures avaient forcé d'abandonner le métier des armes, et là il trouva justement ce qui devait lui faire prendre la dureté du sort en patience : il devint amoureux.

En se promenant à l'ombre des peupliers de l'allée de Barletta, il rencontra un jour une jeune fille dont la vue fit sur son cœur une impression profonde.

C'était la fille d'un riche banquier de la ville, et Cialdini ne put se dissimuler que son amour allait rencontrer de grandes difficultés. Ses précédents et sa condition ne plaidaient pas en sa faveur : officier étranger, exilé, sans avenir, très jeune, batailleur, duelliste, ce n'était vraiment pas là un gendre idéal pour un père banquier.

Mais Cialdini avait toujours réussi, donc il ne doutait de rien et il avait bien raison, puisque là encore il triompha de tous les obstacles. Ses grands yeux étincelants et sa figure martiale séduisirent la jeune fille, et sa réputation de vaillance lui gagna la sympathie du père.

Comme son ami Manfredo Fanti avait obtenu la main de la señorita Tio, Cialdini obtint celle de doña Maria Martinez de Leon. Et si les parents de la señorita n'eurent pas à se plaindre

de Fanti, ceux de doña Maria n'eurent certes pas à regretter
d'avoir accordé leur fille au jeune officier italien qui sut à la
pointe de l'épée lui gagner la couronne ducale.

Son bonheur se doubla d'une reprise de vie active et glorieuse : le maréchal Narvaez, qui était des amis de la famille, l'appela bientôt auprès de lui et en fit son aide de camp.

C'est en cette qualité que Cialdini marcha sur Madrid et prit
part aux *pronunciamientos* qui renversèrent le maréchal régent
Espartero.

Envoyé en parlementaire dans la ville pour la sommer de se
rendre, il eut au retour à constater que le droit des gens n'est pas
toujours de règle à la guerre, les gardes nationaux ayant pris
plaisir à tirer sur lui du haut des murs. Il voulut promptement
se venger de cette déloyauté, n'ayant pas l'habitude de laisser
traîner ce genre d'affaires. Voici ce qu'il imagina.

Le maréchal Narvaez lui avait confié la direction des opérations du siège. Cialdini pensa qu'il fallait sans tarder s'emparer
de quelques canons que les ennemis, dans leur superbe confiance
en la hauteur des murs, gardaient assez mal. Pendant la nuit il fait
occuper par ses soldats quelques maisons très rapprochées des
murailles et, au petit jour, il va lui-même, avec une poignée
d'hommes, poser les échelles et donner l'escalade, tandis que ses
soldats ouvrent un feu d'enfer sur les Madrilènes du haut des
maisons où ils sont postés. Cialdini monte le premier à l'assaut,
tue ou met en fuite les défenseurs et, profitant de leur surprise,
sans leur laisser le temps de se reconnaître, il fait jeter les canons
par-dessus les murs et les traîne dans ses lignes.

De ce fait il est nommé chef de bataillon et, peu après, lors des
combats qui amènent la prise de Madrid, il passe lieutenant-
colonel dans le régiment de San Ferdinando, un des régiments
les plus estimés et les plus aristocratiques de l'armée espagnole.

Bientôt Cialdini passa dans l'état-major, puis il devint commandant en chef dans la *Guardia civil*, légion choisie et tenue en si
haute considération qu'elle prime toutes les autres.

Notons enfin que, dès le moment où Cialdini était entré dans
le régiment de San Ferdinando, il avait acquis la naturalisation
espagnole, ce que ne purent obtenir ses camarades de la légion
d'Oporto, comme Fanti et Cucchiari, qui furent toujours considérés comme officiers étrangers.

La guerre d'Espagne, la mémorable guerre de sept ans contre

les carlistes, avait donc été la grande école militaire de Cialdini. Des deux côtés on combattait très sérieusement et très scientifiquement. Les généraux carlistes, comme les cristinos, étaient des maîtres de premier ordre dans l'art de la guerre. Cialdini a déclaré maintes fois que rien n'était plus aisé et plus agréable pour un officier que de servir sous les ordres de don Marcellino, Orao, don Léopold O'Donnel ou Serrano.

Les ordres que ces généraux donnaient étaient toujours d'une remarquable précision, d'une merveilleuse clarté. Et leur loyauté s'affirmait constamment en toute occasion.

Le souvenir des guerres d'Espagne n'a jamais cessé de hanter et de charmer Cialdini. Cela s'explique : l'Espagne fut pour lui l'aurore d'un beau jour.

Peut-être faut-il attribuer à cette même raison la préférence marquée que Cialdini a toujours accordée au soldat espagnol, le meilleur marcheur du monde.

Du reste, les Latins, dit-il, sont comme soldats de beaucoup supérieurs aux Saxons, aux Germains, à cause de la conformation de leur pied, qui est cambré chez les Latins, plat chez les autres.

II

Mais quels que fussent l'amour et l'admiration que Cialdini professait pour les Espagnols, il y avait dans le cœur de ce vaillant un sentiment plus fort que tous les autres : l'amour de sa patrie et le désir ardent de la voir libre. Aussi dès qu'un cri de délivrance retentit sur les Alpes, rien ne peut le retenir : ni affections de famille, ni liens, formés à son insu, et qui paraissaient devoir le fixer par la reconnaissance ou l'amitié, ni l'offre officielle d'un haut grade. Tout échoua contre son désir de courir en Italie où il offrit ses services à Charles-Albert. Et bientôt il est à Vicence, colonel sous les ordres du général Durando, ayant refusé le commandement en chef d'un corps de volontaires que Modène lui avait offert.

Le goût de Cialdini pour les troupes régulières s'affirme de plus en plus. Garibaldi s'approche et Cialdini va lui laisser l'honneur de faire des actions héroïques avec ses corps francs. A chacun sa part et les temps sont mûrs : il y a de la gloire pour tous à moissonner.

Cialdini à Vicence est mis à un poste de combat terriblement périlleux, ayant à ses côtés Massimo d'Azeglio qui lui prête une immense houppelande, en attendant l'uniforme qui n'est pas prêt. Si l'heure avait été moins tragique, le jeune colonel aurait donné à rire ; mais il conquit tous les cœurs par son intrépidité et son audace.

Hélas ! après un combat disproportionné et terrible, Cialdini, sur lequel on tirait comme sur une cible, tomba, une balle dans le ventre. Massimo d'Azeglio fut blessé presque en même temps que lui. Sans s'occuper de sa blessure, qui du reste était légère, il vola au secours de Cialdini, et le croyant perdu, il se désespérait et se lamentait, malgré les exhortations de Cialdini.

Le général autrichien d'Aspre, en apprenant que Cialdini dont il avait admiré la belle conduite, était soigné dans une maison de la ville, lui fit une visite, se mit à sa disposition et finit par se prendre pour lui d'une affection sans bornes. Tous les jours il allait le voir et, quand Cialdini fut sur pied, il lui donna un sauf-conduit et lui facilita les moyens de se rendre à Turin.

On assure même que ce furent les éloges que le général d'Aspre fit de Cialdini dans ses rapports à son gouvernement, qui attirèrent l'attention du ministère piémontais sur lui. On l'appela aussitôt au commandement du 23ᵉ de ligne, régiment fort indiscipliné, formé à la hâte de soldats et de volontaires parmesans et modenais toujours prêts à se révolter.

Cialdini les dompta bien vite et en fit un régiment modèle qui, à la Sforzesca et à Novare, se couvrit de gloire.

Entre autres, le 23 mars, à Novare, le centre commandé par le général Mollard, sous les ordres de qui était Cialdini (brigade Bes), avait battu et repoussé les Autrichiens et s'apprêtait à les poursuivre quand la gauche italienne, à la Bicocca, repoussée et se mettant en retraite, laissa à découvert le flanc gauche de Bes et l'obligea à arrêter son mouvement.

Cialdini était désespéré, mais il ne put que protéger la retraite, ce à quoi il parvint dans un ordre admirable. Son régiment en arrière-garde fit des prodiges de valeur et son drapeau fut décoré.

Sur la poitrine du vaillant colonel deux médailles vinrent s'ajouter à toutes celles qui l'ornaient déjà : elles s'appelaient VICENCE et NOVARE.

La réputation de Cialdini comme soldat était faite, il montra bientôt qu'il était aussi un administrateur, un organisateur hors ligne. Au 23ᵉ et au 14ᵉ régiment où il fut envoyé lors de l'expédition de Crimée, il commanda l'une des cinq brigades du corps qui devait partir.

Cialdini avait bien compris, dès le premier jour, toute l'importance de cette campagne. Novare avait été un écrasement dont il fallait à tout prix se relever. Il appela autour de lui tous ses officiers, leur parla longuement et leur fit comprendre ce qu'on attendait d'eux. Puis, non content d'avoir enflammé le courage des officiers, la veille de l'embarquement, à Gênes, il passa une revue de sa brigade, parla aux soldats, leur dit ce qu'il allait leur demander d'efforts, de dévouement; il sut si bien les enflammer que, dès ce jour, il sentit qu'il avait son régiment bien en main et qu'il pouvait tout lui demander.

L'occasion devait vite lui en fournir la preuve.

Embarqués dans les premiers jours de mai, les Italiens débarquent en Crimée, le 19, à Balaclava, et le 25 ils sont campés à la Tchernaïa.

Le 14 juin, ordre est donné à Cialdini de faire une reconnaissance offensive; à l'aube, les Russes voient les régiments piémontais s'avancer sur eux et ils ouvrent le feu; mais voilà que, tout à coup, à cent pas de leurs lignes, presque dans leurs jambes, surgissent les bersagliers qui, pendant la nuit, s'étaient avancés jusque-là en rampant, et qui se jettent sur les Russes. Surpris, ceux-ci prennent la fuite. Ce premier succès augmente l'ardeur des troupes de Cialdini que la maladie frappe pourtant cruellement et décime.

A quelques jours de là, Cialdini, nommé général de brigade, croit devoir parler à ses soldats, qui n'avaient pas pris part à la journée de la Tchernaïa. Son ordre du jour, le premier qu'il lance comme général, vaut la peine d'être cité :

... Soldats ! vos regards, tournés à gauche, m'ont dit quels sentiments d'émulation et de regret vous éprouviez en ne pouvant prendre part aux prodiges de valeur accomplis par les bataillons français et par ceux de notre deuxième division.

Votre aspect calme, ferme, disait clairement que si le sort vous avait appelés à combattre, vous auriez su faire comme eux.

Je vous ai vus, tous, le 16 au matin, courir aux armes avec joie, j'ai vu les malades se lever de leurs lits et prendre leur place dans les rangs.

Quand le canon tonne, il n'y a plus de malades dans la 3e brigade.

J'ai vu avec un sentiment de fierté et de plaisir votre indifférence, votre dédain sous le feu dont l'artillerie vous couvrait.

Votre aspect dit assez haut le désir que vous avez de marcher à la gloire, d'être, vous aussi, à l'honneur. Décimés par le choléra, par les fièvres,

je vois s'amoindrir votre nombre, et en même temps grandir vos âmes.
Cela est bien ! mes chers compagnons d'armes.
Vous méritez d'avoir votre jour de gloire, et vous l'aurez !

C'était prédire !

Le 8 septembre, la brigade de Cialdini est appelée à prendre
part à l'assaut du bastion du Mât avec une division française.

Soldat !... s'écrie Cialdini ,le matin même... Il faut absolument que
le drapeau italien flotte aujourd'hui sur les murs de Sébastopol ; nous
devons vaincre, ou mourir tous plutôt que de voir notre drapeau reculer.
Nous devons prouver au monde que les soldats italiens valent tous les
soldats de l'Europe. Vive le Roi ! Vive le Piémont ! Vive l'Italie !

Et la brigade s'ébranla en répétant ces vivats, et alla prendre
sa place en tête de la colonne d'assaut.

Tout aussitôt l'artillerie russe ouvre sur elle un feu d'enfer.
Cinq officiers, trente-cinq soldats tombent en quelques instants.
Cialdini, immobile, regarde ses soldats qui répondent par des
hourras aux décharges effroyables des Russes. Pas un homme
ne bouge ; le général sourit fièrement. Ce sont bien les soldats
qu'il a préparés à la guerre.

Les Français, qui les regardent saisis d'admiration, proclament ces soldats italiens *des vétérans de tranchée.*

Le sang italien et le sang français coulent pour une même
œuvre, dans un même but. Il en sera de même plus tard aux
grands jours de la conquête de l'unité ; j'ajoute : il en sera ainsi
dans l'avenir, malgré les ennemis de notre race.

Le soir de ce jour mémorable, le général Pélissier adressa
au général Lamarmora les plus grands éloges sur la brigade
Cialdini « qui avait supporté le terrible feu de l'artillerie russe
avec l'imperturbabilité des plus vieilles troupes, sans même
baisser la tête sous une pluie de balles et de mitraille ».

Rentré en Italie, Cialdini est nommé aide de camp du roi, et
c'est à lui qu'on s'adresse pour préparer l'armée aux futurs combats qu'on pressent pour la rédemption de la patrie.

La guerre de 1859 trouve Cialdini général à la tête de la
4ᵉ division.

Avant de marcher à l'ennemi, Cialdini, selon son habitude,
s'adresse aux soldats par un de ces ordres du jour, une de ces
proclamations qu'il faut citer parce qu'elles révèlent la pensée et
le cœur du commandant :

...Vous allez combattre aux côtés d'une armée que la France, glorieuse et puissante, envoie à notre aide. Faites refleurir ces nobles émulations qui produisirent en Crimée les faits d'armes glorieux de la Tchernaïa. Personne ne doit prendre le pas sur les Piémontais ; faites qu'aucun soldat ne puisse vanter devant vous sa vaillance.

Le vent qui souffle de nos Alpes doit apporter aux Italiens un cri de victoire, et ce sera bientôt. Ceinte d'une nouvelle auréole, la croix de Savoie s'élèvera si haut, qu'elle sera visible à tous les yeux, et que tout le monde la saluera!

Cialdini se met en marche presque aussitôt et l'honneur des premiers coups de feu est pour lui. Le 3 mai, quatre mille Autrichiens veulent passer le Pô à Frassineto ; Cialdini les repousse et les met en fuite. Ils s'étendent alors sur la rive droite du fleuve et se jettent en maraudeurs dans les campagnes, les dévastant. Cialdini sort de Casale, se précipite sur eux, les bat, les repousse de tous côtés et leur reprend tout leur butin, entre autres cinq cents bœufs. Giulay, qui croyait pousser tout droit sur Turin en triomphateur, recule et repasse la Sesia, faisant sauter le pont de Vercelli. Cialdini ne s'arrête pas et il fait passer à gué la Sesia par ses troupes en deux colonnes sous le feu de l'ennemi. C'était périlleux et hardi ; « mais avec des soldats latins ce sont des choses possibles, » dit-il. Cialdini, en effet, réussit à merveille ; les Autrichiens attaqués à la baïonnette sont encore battus à plate couture et s'enfuient en désordre. Les deux colonnes de Cialdini se rejoignent à point nommé, et bientôt toute la division de Cialdini s'établit fortement sur la rive gauche.

Ce succès eut pour résultat la retraite de Giulay vers le Tessin. Mais il ne s'y décida qu'après les deux combats de Palestro, où les Autrichiens furent délogés d'une position qu'ils avaient tout fait pour rendre inexpugnable. Palestro! c'est un fleuron de la couronne glorieuse de Cialdini. Un des plus beaux fleurons.

Le 30 mai, Victor-Emmanuel se met à la tête de la division commandée par Cialdini et s'avance vers le village fortement occupé par le maréchal Zobel qui s'y était fortifié d'une façon formidable. A quinze cents mètres du village une première redoute arrête les bersagliers en avant-garde. Immédiatement, sur l'ordre de Cialdini, ils s'élancent à la baïonnette et enlèvent la position après un combat acharné. Mais le village est défendu pied à pied, maison par maison ; toute la division Cialdini vient au secours des bersagliers ; un dernier combat a lieu au cimetière, long, acharné ; mais à la voix de Cialdini un mouvement d'ensemble a lieu avec une telle impétuosité que les Autrichiens s'enfuient, abandonnant leurs blessés et leurs morts, jetant leurs armes et laissant aux mains de Cialdini un grand nombre de prisonniers et deux canons.

Le roi put, le soir même, dire aux soldats :

Notre première bataille est une première victoire. L'héroïque courage dont vous avez fait preuve, l'ordre admirable qui n'a cessé de régner un instant dans vos rangs pendant la terrible mêlée, la hardiesse et l'habileté de vos chefs ont triomphé de toute résistance.

Puis Victor-Emmanuel envoyait à Cavour cette laconique dépêche en français :

« *Cavour, vous devez être content.* »

Mais le général Cialdini se doutait bien que le lendemain les Autrichiens reviendraient à la charge en grandes masses pour reprendre cette importante position; aussi employa-t-il toute sa nuit à se fortifier et à disposer ses troupes. Les Français, sur les entrefaites, avaient pu passer la Sesia avec Canrobert qui envoya le 3ᵉ zouaves à Victor-Emmanuel.

Et le roi, le 21 mai au matin, montant à cheval, expédiait à Cavour une nouvelle dépêche lui promettant une nouvelle victoire.

Cependant on allait avoir affaire à forte partie. Le maréchal Zobel, avec plus de vingt-cinq mille hommes, arrivait impétueusement sur Palestro. Cialdini comprend ou devine son plan : les Autrichiens veulent tourner sa gauche et se jeter sur les ponts de la Sesia où Canrobert continue à faire passer ses troupes. Il va agir en conséquence pour les arrêter et, avec une rapidité merveilleuse, il fait passer de gauche à droite sa réserve, ses bersagliers, son artillerie. Le 7ᵉ bersagliers se jette à la baïonnette sur les Autrichiens et les déloge d'une position qu'ils avaient déjà occupée. Les Autrichiens reviennent avec une brigade entière et une batterie et ne peuvent parvenir à les chasser.

Ici trouve sa place l'épisode légendaire de cette journée mémorable. Le combat continuait, acharné depuis des heures, quand Victor-Emmanuel, à la tête du 3ᵉ zouaves, se jette en avant, suivi des bersagliers et du 16ᵉ d'infanterie piémontaise.

Ce que fut cette charge du 3ᵉ zouaves avec Victor-Emmanuel à sa tête, l'histoire l'a trop répété pour que je m'y arrête. Les zouaves, ce soir-là, avaient un caporal de plus, Victor-Emmanuel.

Les Autrichiens, repoussés de tous les côtés, laissaient entre les mains de Cialdini seize mille prisonniers, douze canons, et la terre était couverte de leurs morts, de leurs blessés et d'une quantité considérable d'armes et de bagages.

> Je n'ai pas besoin, Général (écrit Cialdini dans son rapport au chef d'état-major), de vous faire remarquer combien la conduite des soldats de la 4e division a été belle. Les troupes ont combattu sous les yeux de Sa Majesté qui a pu en admirer et en apprécier le dévouement à sa personne et à la patrie, et juger ce qu'elles seront encore capables de faire.

Victor-Emmanuel avait été à même de juger aussi quelle était la haute valeur, la supériorité de Cialdini comme tacticien, et, dans un ordre du jour à l'armée, il annonça que le général Cialdini, pour ses services signalés, était nommé lieutenant général.

Un détail singulier : ce fut le maréchal Canrobert qui voulut apporter à Cialdini, son camarade de Crimée, la nouvelle du haut grade qui lui était conféré.

En causant, le soir même de la bataille, avec Victor-Emmanuel, Canrobert avait appris ce que le roi entendait faire pour Cialdini, et, en vrai camarade, il avait couru le prévenir.

Cialdini, aujourd'hui encore, quand l'occasion se présente, quand le nom de Canrobert est prononcé devant lui, ne manque jamais de raconter quelque anecdote sur le maréchal de France qu'il aime comme un frère, et dont la délicatesse exquise le toucha profondément.

Il ne m'est guère possible de suivre Cialdini pas à pas dans sa glorieuse carrière et, à mon grand regret, force m'est de choisir. Les pages glorieuses de cette vie consacrée tout entière à la patrie, à la liberté, au drapeau, sont beaucoup trop nombreuses pour tenir dans mon cadre. Elles forment, dans leur ensemble, un monument immortel ; elles ont assis, sur des bases inébranlables, une des plus hautes réputations militaires de notre temps.

Nous allons donc prendre dans sa vie ce qui peut mettre le plus en évidence ses qualités exceptionnelles de commandant en chef, d'organisateur et ce qui peut le mieux donner une idée de sa valeur morale.

J'ai dit en commençant qu'un point de contact paraît toujours exister entre Garibaldi et Cialdini, de sorte que l'historien sera amené forcément à les considérer comme deux facteurs d'une égale importance dans les grandes questions politiques et militaires qui, de leur temps, agitaient la péninsule.

Mais si leurs idées se touchent presque toujours, dans l'exécution ils diffèrent sensiblement.

Cialdini, il ne faut pas l'oublier, fut chargé d'organiser ces « Chasseurs des Alpes » et ces « Chasseurs des Apennins » que Cavour mit aux ordres de Garibaldi. Aussi ce dernier trouva-t-il des hommes admirablement dressés et entraînés avec lesquels il put faire les marches hardies qui paraissent déjà, à si petite distance de ce temps-là, appartenir à la légende plus qu'à l'histoire.

Les chasseurs de Garibaldi ne laissèrent jamais de traînards ni d'éclopés, pas plus que les soldats espagnols.

Il ne manquait aux chasseurs que ce don tout spécial au soldat espagnol qui, dit-on, *sent l'eau à distance*, de sorte que Cialdini voyait en Espagne, à un moment donné, tous ses soldats courir dans une même direction sans que rien pût les arrêter. Et [il n'avait qu'à les suivre pour arriver sûrement au bord d'un fleuve, d'une rivière, d'un ruisseau. Mais si les « chasseurs » n'avaient pas ce don, qui paraît être un héritage des Maures ou des Arabes, ils en avaient bien d'autres, et Garibaldi, voyant Cialdini pour la première fois, près de Casale, s'empressa de le constater.

Ce que fut la première entrevue entre ces deux héros, nous n'avons pas besoin de le dire: les faits parlèrent assez haut, ils furent vite d'accord, « étant tous deux le type le plus pur des généraux d'avant-garde », selon l'expression de Paul-Louis Courier. Tous deux ils avaient la mémoire des lieux, le coup d'œil rapide et sûr. Cialdini opérait sur les données scientifiques, Garibaldi voulait tout voir de ses yeux et ses explorateurs ne lui apprenaient jamais rien. Habitué aux Pampas, il allait la nuit, tout seul, quelquefois en rampant, reconnaître les lieux où il aurait à marcher le lendemain, et Cialdini avoue que souvent il a dû s'incliner devant cette merveilleuse activité de Garibaldi, lui qui était d'une activité dévorante.

A son tour, Garibaldi eut souvent à remercier Cialdini pour la promptitude avec laquelle il sut venir à son secours. Entre autres, un jour, Garibaldi s'étant imprudemment porté beaucoup trop en avant, se vit aux prises avec les Autrichiens à *Tre ponti*, et en très grand danger. Victor-Emmanuel, prévenu, envoie à Cialdini une dépêche l'engageant à se porter au secours de Garibaldi.

La dépêche du roi arriva à Cialdini au retour d'une longue

étape; les soldats s'apprêtaient à former les faisceaux et à manger la soupe.

Cialdini saute à cheval, et à la tête d'un escadron et d'un bataillon de bersagliers, il se lance au secours de Garibaldi, en laissant l'ordre formel de lui envoyer, au fur et à mesure, les troupes qui rentreraient au camp.

La rapidité de la course des bersagliers, le galop furieux des chevaux soulevèrent des tourbillons de poussière, et les vedettes autrichiennes crurent que toute une division venait fondre sur eux de deux côtés à la fois pour les envelopper. Ils s'arrêtèrent aussitôt et battirent en retraite au moment même où Garibaldi ne pouvait plus soutenir le choc.

Berlani, qui vit passer Cialdini, lancé au grand galop et devançant tout son monde, quitta un instant ses blessés qu'il pansait ou amputait pour lui crier:

« Courez, Cialdini! Courez, sauvez Garibaldi! »

Et la course devint folle, vertigineuse. Cialdini arriva sur l'arrière-garde autrichienne en ouragan, précipitant la retraite, y mettant le désordre.

Puis, jetant un ordre bref, sec, de sa voix de tonnerre, il s'arrêta et revint sur ses pas. Les deux généraux, sans mot dire, se jetèrent dans les bras l'un de l'autre.

Pour la première fois de sa vie peut-être, Garibaldi ne put maîtriser son émotion, et, à chaque instant, il prenait la main de Cialdini et la lui serrait avec force. Le soir, au bivouac, on soupa gaîment et Garibaldi qui, contre son habitude, mangeait d'appétit, ne cessait de répéter tout haut: « Vous m'avez sauvé! Merci, Cialdini, merci! »

Cialdini disait souvent à ses amis et il le répétait encore il n'y a pas longtemps, en parlant de cette journée mémorable, de ce galop furieux, de cette charge folle:

« Je me croyais encore en Espagne. Quelle journée... Et quel bonheur! »

Évidemment Cialdini avait raison de s'écrier: *Quel bonheur!* Garibaldi mort, — car les Autrichiens ne l'auraient pas eu prisonnier, — quel changement!... Cialdini fut ce jour-là le génie de l'Italie.

Les deux capitaines ont bien pu ne pas être, dans la suite, toujours d'accord, mais ils se sont toujours aimés et compris; ils ont toujours marché ensemble ou séparément au même but; ils sont indissolublement liés l'un à l'autre.

Parmi les grands événements auxquels Cialdini prit part en Italie, et qui en disent long sur son compte, deux surtout sont de premier ordre : ils mettent fin — on peut bien le dire — à une période historique, ouvrant une ère nouvelle ; ce sont : Castelfidardo et Gaëte.

Cialdini fut, dans l'un comme dans l'autre cas, l'homme de la situation.

Ce n'était pas seulement un général habile qu'il fallait dans l'expédition des Marches et de l'Ombrie, mais un officier ferme, résolu, au coup d'œil sûr, sachant prendre au besoin tout sur lui et mener l'action tambour battant. Il y fallait encore le tact de l'homme du monde.

Pour Gaëte aussi, il fallait tout cela, et bien autre chose encore. Mon cadre ne me permet pas de m'arrêter longuement sur quelques points obscurs de ce mémorable siège de Gaëte, auquel l'héroïsme d'une femme a donné un singulier relief; mais toujours est-il qu'il fallait là un homme de haute valeur, un homme de science, un grand seigneur, et surtout un dévouement sans bornes.

Victor-Emmanuel et Cavour donnèrent carte blanche à Cialdini, et ils ne pouvaient pas mieux choisir.

Voyons rapidement, aussi rapidement que possible, ce que sont ces deux campagnes, et quelle y fut la part glorieuse de Cialdini.

L'entrée des troupes italiennes dans les Marches avait été vivement sollicitée par Ricasoli, et Cavour sut y décider Victor-Emmanuel. Mais le roi, toujours loyal, y mit pour condition qu'on obtiendrait l'agrément de Napoléon ou que, tout au moins, on l'informerait de ce mouvement.

III

Cavour envoya alors Cialdini à Chambéry, accompagné par Farini : ils devaient complimenter l'empereur et l'impératrice qui faisaient leur voyage en Savoie, et dire à Napoléon III ce qu'on allait entreprendre. Leur mission eut plein succès.

Cialdini et Farini surent faire comprendre à l'empereur qu'il y avait urgence : ce qui se passait à Naples, ce que Mazzini tentait ailleurs, pouvait amener de graves complications. Tout ce qui avait été fait jusque-là, l'œuvre même de Napoléon III menaçait de s'effondrer; la direction du mouvement allant échapper au gouvernement, s'il ne prenait pas la tête encore une fois, par un hardi coup de main qui reliât l'Italie centrale avec l'Italie méridionale.

La réponse de l'empereur est célèbre :

« Allez, mais faites vite. »

C'était tout ce que Cavour voulait, et c'était le mot qu'il était à peine nécessaire de dire à Cialdini.

Chargé par Fanti, commandant en chef, d'entrer dans les Marches, de marcher sur Lamoricière et d'empêcher à tout prix la concentration de celui-ci, à Ancône, Cialdini agit avec une rapidité foudroyante. Il lança deux divisions sur Urbino et Fano, et lui-même, à la tête de la 4ᵉ division, il va assiéger Pesaro. En une heure un quart, trois régiments de cavalerie et une section d'artillerie font, au trot, douze milles. Trois bataillons de bersagliers suivent à marches forcées ; derrière eux, quelques batteries de grosse artillerie.

A Pesaro, on le croyait encore bien loin quand il apparut sous les murs de la ville, à laquelle il envoya une sommation de se rendre pour éviter une effusion de sang tout à fait inutile et sans but.

Mᵍʳ Bellà, délégué apostolique, commandait à Pesaro. Jeune, ardent, belliqueux, aspirant à jouer un rôle, il crut pouvoir choisir celui de Templier. La forteresse lui semblait inexpugnable, et il comptait s'y renfermer, ce qu'il fit le lendemain, avec quinze cents hommes de troupes [commandées par le colonel Zappi, et y conduisant même un certain nombre d'otages pris parmi les plus notables personnages de la ville.

Il répondit à la sommation de Cialdini d'une façon hautaine, déclarant qu'il saurait bien résister et repousser les *brigands* commandés par le général Cialdini.

Le mot était dur, et monseigneur allait le payer vite et cher.

M. Giovagnoli, député au Parlement, qui servait alors dans les troupes de Cialdini, a écrit sur cet épisode une page fort belle et que je regrette de ne pouvoir citer. Je la résume.

Cialdini fit ouvrir le feu immédiatement contre la ville, plus tard contre le fort, qui s'essaya à répondre vigoureusement par un feu de mousqueterie et d'artillerie.

Mais cela ne dura pas longtemps : les coups des batteries de Cialdini abattaient des pans de mur qui, en s'écroulant, paraissaient s'émietter. La vieille forteresse des Sforza tombait en poussière.

Une heure à peine s'était écoulée que déjà le drapeau blanc était hissé sur la tour.

Cialdini qui regardait, sa longue-vue à la main, du haut d'un monticule, n'eut pas l'air de s'en apercevoir.

Le feu continua.

Un second drapeau blanc s'éleva bientôt sur la forteresse, et un officier de l'état-major de Cialdini, le commandant Melegari, crut devoir le faire observer au général.

Quelques instants après, les vedettes annonçaient un parlementaire : c'était un officier d'ordonnance du colonel Zappi.

— Au nom de l'humanité, général, faites cesser le feu, s'écria-t-il plein d'émotion, dès qu'il fut devant lui. Monseigneur délégué et le colonel commandant sont disposés à se rendre.

Cialdini répondit durement au parlementaire. Les otages emmenés dans la forteresse lui tenaient au cœur.

Il fallut que Mgr Bellà vînt en personne se mettre entre les mains de Cialdini, en lui assurant que pas un prisonnier ne manquait à l'appel, pas un otage n'avait subi d'injure.

La garnison dut se rendre à discrétion.

Le colonel Zappi, type de vieux militaire, fit tout au monde pour lui obtenir de Cialdini les honneurs militaires. Il ne put y arriver.

Cialdini devait se montrer sans pitié afin de n'être pas arrêté à chaque pas par des petites résistances qui auraient retardé sa marche en avant.

Du reste, le colonel Zappi n'eut pas à se plaindre de son vainqueur.

En effet, lorsque la campagne, menée tambour battant par Cialdini, avec une hardiesse, un talent, un bonheur inouïs, eut pris fin, quand l'épée du général fut remise au fourreau, un jour Cialdini vit venir vers lui un homme qu'il ne connaissait pas, et qui lui déclara être le fils du colonel Zappi.

— Celui de Pesaro! demanda Cialdini.

— Justement, mon général.

— Ah! Et que puis-je faire pour vous, Monsieur?

— Je viens vous demander, général, de vouloir bien me rendre l'épée de mon père, qu'il a remise entre vos mains à Pesaro.

— L'épée?...

— Oui, général. Ce serait un grand bonheur dans ma vie.

— C'est bien, Monsieur, lui répondit Cialdini après un moment de réflexion. Cette épée n'est plus en ma possession, mais je comprends votre demande, et je ferai tout ce que je pourrai pour donner satisfaction à la noblesse du sentiment qui inspire votre démarche.

Cialdini se donna beaucoup de mal pour retrouver cette épée et il fut assez heureux pour pouvoir rendre au fils la relique du père.

Nous verrons tout à l'heure, presque à chaque instant, cette noblesse de cœur de Cialdini s'affirmer en toute occasion. Soldat incomparable, inflexible dans l'exécution rapide de l'action, il redevenait un homme d'une grande douceur dès que le combat avait pris fin.

Mais Pesaro n'avait été qu'un début heureux. Cialdini savait à merveille qu'il allait avoir affaire à des adversaires redoutables, et, quelques heures après la prise de Pesaro, l'armée se remettait en marche sur Sinigalia.

Les soldats, confiants dans leur chef, chantaient à tue-tête, dans leur enthousiasme patriotique :

> Addio mia bella, addio
> L'armata se ne va ;
> Se non partissi anch io
> Sarebbe una viltà !

D'autres chantaient une chanson composée par les soldats eux-mêmes, chanson naïve s'il en fut, mais qui est bien à sa place pour démontrer comment les soldats mêlaient toujours les deux noms de Cialdini et de Garibaldi.

Le premier couplet disait :

> Garibaldi su pei monti
> E Cialdini alla pianura.
> Tutti quanti addirittura,
> Noi corriam a libertà !

La confiance de l'armée était du reste parfaitement justifiée ; on en eut vite la preuve.

Le général della Rocca ayant eu besoin de la 13ᵉ division l'appela à lui, laissant le corps de Cialdini bien insuffisant ; mais on était bien sûr au quartier général que Cialdini saurait suppléer au nombre par sa hardiesse, par la rapidité de ses mouvements.

Cialdini en effet hâte sa marche, et, apprenant que Lamoricière et Pimodan, à la tête de onze mille hommes, s'avancent à
marches forcées sur Ancône, il forme le plan audacieux de se
jeter entre eux et Ancône.

Pour tout autre que Cialdini le plan était impraticable, et
Lamoricière n'y prêta pas foi un instant. Mais le futur duc de
Gaëte avait fait plus difficile que cela en Espagne. En vingt-huit
heures, par des chemins impraticables, il fait trente-huit milles
avec des troupes harassées, et arrive le 16 à Odime, où il trouve
enfin des nouvelles de Lamoricière, sur lequel il a une avance de
vingt-quatre heures. C'était tout ce qu'il voulait.

Il prend aussitôt ses dispositions et se porte à Castelfidardo
pour lui couper la route.

Pendant la nuit, il réussit à se mettre en communication avec
l'amiral Persano.

La bataille s'engagea bientôt, terrible, furieuse, entre Cialdini
et Pimodan. Ce dernier, dans le but de faciliter le passage de Lamoricière par les marais, attira sur lui le gros des forces italiennes.

Cialdini, toutefois, ne prend pas le change, et, en grand capitaine qu'il était, il ose, sous le feu de l'ennemi, évoluer si habilement qu'il change son front de bataille, et se met à même de
pouvoir à la fois repousser Lamoricière et battre Pimodan.

Cialdini avait devant lui un vrai soldat, un adversaire digne
de lui, et la bataille devait être décisive.

Pimodan attaque avec fureur et fait des prouesses; trois,
quatre fois de suite, il ramène en personne ses bataillons repoussés. Mais toutes ses attaques, ses brillantes charges se brisent contre Cialdini, qui finit par lancer sur lui ses troupes à la
baïonnette. Pimodan recule.

Un dernier effort lui est fatal; il est blessé et obligé de se retirer sur le « Musone » où il a établi fortement son artillerie.

La position, admirablement choisie, est formidable. Pimodan ne
pouvant plus attaquer espère pouvoir s'y défendre et s'y maintenir.

Mais il ne peut résister à Cialdini, dont les troupes sont élec-
trisées par l'exemple même du général, qui se lance en avant et
les entraîne.

Le Musone est gravi au pas de course, et un combat terrible
corps à corps a lieu sur le plateau et sur les versants.

Pimodan tombe frappé d'une seconde balle au ventre.

Ses soldats, en le voyant tomber, sont pris d'une terreur folle, jettent leurs armes et s'enfuient en grand désordre, abandonnant leur chef à terre.

Presque au même moment, le corps commandé par Lamoricière en personne se débandait, et s'enfuyait de tous côtés.

La déroute était complète.

Lamoricière, avec 300 hommes, voulut essayer, par les marais, de s'enfuir vers Ancône. Mais les bersagliers s'élancent sur ses pas, le gagnent de vitesse, et l'atteignent, lui tuant, blessant et faisant prisonniers 250 hommes.

Lamoricière ne dut son salut qu'à la vitesse de son cheval.

5 000 prisonniers, 150 officiers, 18 canons, des drapeaux, des bagages, des munitions en quantité énorme, tombèrent aux mains du vainqueur qui avait combattu avec des forces bien inférieures à celles de l'ennemi.

La victoire était due, sans aucun doute, à la rapidité des mouvements de Cialdini, ainsi qu'à son admirable coup d'œil.

Le soir même de Castelfidardo, dont il appréciait l'énorme importance, le comte de Cavour télégraphiait à Cialdini : « Bravo Cialdini ; c'est comme ça qu'on fait la guerre. Bravo ! »

Sur le plateau du Musone, Cialdini trouva Pimodan blessé grièvement. Autour de lui, les médecins de l'armée s'empressaient pour lui porter secours. Il donna des ordres pour que cet admirable soldat fût entouré de tous les soins. Malheureusement la blessure était mortelle.

Cialdini lui fit rendre tous les honneurs militaires, et plus tard ce fut lui qui envoya le corps à la famille. Sur le cercueil, il avait fait graver ces mots : « *Oltre la tomba non vive ira nemica.* »

Aussitôt la bataille finie, Cialdini reprenait ses façons nobles et chevaleresques.

Le soir même de Castelfidardo, ayant appris que, parmi les 150 officiers prisonniers, un grand nombre appartenaient aux meilleures familles, il les invita à sa table, et les sachant sans ressources, leurs ordonnances ayant disparu avec les bagages, il mit sa bourse à leur disposition, et s'endetta même pour leur donner les moyens de se rapatrier.

Cialdini racontait souvent que tous, sans exception, s'étaient souvenus, et l'avaient remboursé. Et il ajoutait :

« *C'était tout simple... mais c'est magnifique !* »

Quelques-uns lui gardèrent une profonde reconnaissance ; voici un fait qui le prouve.

Ambassadeur à Paris, il assistait un jour à une séance à la
Chambre, dans la tribune diplomatique, ayant à ses côtés le
marquis de Molènes, un de ses vieux amis. Dans la tribune à côté,
une jeune femme admirablement belle fit signe au marquis de Molènes qui s'empressa d'aller lui parler.

C'était la marquise de R...

— Dites, je vous prie, au général Cialdini en mon nom, —
dit-elle à l'ambassadeur d'Espagne, — que je lui suis toujours
fort reconnaissante pour ses bons procédés envers mon mari,
prisonnier à Castelfidardo.

Lorsque le marquis de Molènes lui fit sa commission, Cialdini, ébloui et charmé, lui répondit aussitôt :

— Dites à la marquise de R... que, si elle avait été ma prison-
nière à la place de son mari, j'aurais hésité à la laisser libre aussi
facilement.

Les exploits de Cialdini ne s'arrêtèrent pas à cette campagne
et il y aurait un volume à écrire sur la marche vers Isernia pour
donner la main, sur le Volturne, à Garibaldi, qui avait du mal à
contenir l'armée napolitaine, l'artillerie lui manquant. Il fallait
faire vite, et Cialdini n'y manqua pas. Dans sa marche sur Vai-
raffno, il rejoignit Garibaldi, et Cialdini a dit bien souvent que
l'émotion patriotique qui envahit leurs cœurs à ce moment suprême ne saurait se raconter. « Il faut, disait-il, avoir vécu en
ce temps-là, avoir rêvé la patrie libre, et voir le rêve se réaliser,
pour comprendre ces sentiments. »

Bientôt Garibaldi, allant au-devant de Victor-Emmanuel, qui
suivait Cialdini de près, le rencontra au carrefour de *la Taverna*
et le salua du nom de : roi d'Italie ! On assure que Cialdini avait
exercé sur Garibaldi une grande et bonne influence.

Quelques jours après, le siège de Gaëte commençait.

Ce que fut Cialdini devant Gaëte, les talents de premier ordre
qu'il sut montrer, les merveilleuses dispositions qu'il sut prendre,
tout cela appartient à l'histoire. On sait que ce fut un novateur,
un précurseur, et les Allemands surtout mirent à profit les moyens
employés par Cialdini.

Dans les écoles militaires toutes ses opérations de siège furent
signalées comme des modèles à suivre.

Aussi le titre de duc de Gaëte que Victor-Emmanuel lui dé-
cerna n'était-il qu'un juste tribut rendu à sa valeur.

Dans ce siège, il y a encore quelque chose à glaner, quoique tout ce qui regarde les opérations de guerre ait été dit. Ce quelque chose peint Cialdini toujours chevaleresque et très fin diplomate à ses heures,

Les généraux de François II ayant demandé que certains édifices destinés aux blessés fussent respectés, Cialdini y consentit; déclarant en même temps que le palais occupé par la reine, *digne de tous ses respects*, serait respecté également, et qu'on devait hisser sur ce palais le même drapeau qu'on hisserait sur les édifices hospitaliers.

La reine, touchée, lui fit demander de consentir à ce qu'on mît en outre le drapeau des ambulances sur l'église monumentale de Saint-François.

Cialdini acquiesça à ce désir.

Mais il n'avait pas toujours les mains libres, et le siège traînait en longueur. A chaque instant, ses résolutions étaient arrêtées de par la volonté expresse du roi sur lequel bien des influences agissaient.

M. Marcotti, dans son remarquable travail sur Cialdini et sur le siège de Gaëte, raconte que, le 7 janvier, Cialdini était prévenu que Napoléon III proposait un armistice, et qu'il devait agir en conséquence.

Cialdini envoya aussitôt le général Menabrea à l'amiral commandant la flotte française pour le prévenir et lui faire savoir qu'il arrêtait le feu de ses batteries.

L'amiral, à sa grande surprise, accueillit dédaigneusement cette communication toute de courtoisie, et ne cacha pas à Menabrea qu'il doutait fort de l'efficacité du feu de Cialdini.

C'était étrangement répondre à une courtoisie venant d'un officier général du mérite de Cialdini. La réponse de celui-ci à ce procédé fut immédiate.

Il envoya l'ordre au général Valfré d'ouvrir le feu avec toutes ses batteries cette fois, et sans ménagements, dès le lendemain au petit jour.

A sept heures, en effet, 87 canons commencèrent le bombardement de la forteresse, la démolissant, faisant sauter une poudrière, tuant tant de monde, que, deux heures après, l'amiral dut s'adresser à Cialdini, le priant de s'arrêter: la destruction de Gaëte paraissant imminente.

Cialdini s'arrêta, mais refusa net à l'amiral la permission de visiter ses ouvrages. En outre la place devait accepter sur l'heure l'armistice proposé par l'empereur. En cas de refus, il rouvrirait le feu.

C'était la fin.

L'amiral, sur le refus de François II, qui ne voulait pas se rendre, s'éloignait le lendemain avec toute l'escadre. La flotte italienne accourait de Naples, commandée par Persano, et le bombardement recommençait de tous côtés.

« L'horizon, disait Cialdini, s'incendia. » Gaëte paraissait un volcan sortant de la mer.

Le vent tordait « cette immense pourpre de la bataille », où les navires apparaissaient et disparaissaient comme des spectres.

Cialdini, ce jour-là, après avoir été inspecter toutes ses batteries, alla se placer, avec son état-major, sous le feu de la *Grande Garde*, aux avant-postes.

La place tira onze mille coups ; les batteries de siège treize mille.

La forteresse fut si fortement endommagée que ses défenseurs s'avouèrent vaincus, perdus.

Le soir même, Cialdini écrivait à Persano (1) :

Du haut de nos positions, on peut voir et admirer les manœuvres hardies de vos vaisseaux. Le 4ᵉ corps reconnaît bien en vous l'amiral et l'escadre de l'expugnation de LA LANTERNE D'ANCONE.

D'un autre côté il répondait au commandant Ritucci qui demandait encore je ne sais quelle faveur :

Je serais désolé d'avoir à faire la guerre sans miséricorde que j'ai faite pendant sept ans en Espagne — écrivait-il au commandant de la place ; — mais il faut en finir. J'ai déjà six cents de vos blessés dans mes hôpitaux, je n'en recevrai plus..... Vous m'avez trompé déjà une fois, commandant Ritucci, vous ne me tromperez plus. Vous m'accusez d'inhumanité. Je ne crains pas le jugement qu'on pourra porter sur moi. A mon tour cependant je pourrai affirmer que le gouverneur de Gaëte a manqué de parole.

Le lendemain, le commandant Ritucci était démissionnaire, le général Milon prenait le commandement et, sans arrêter les hostilités, sous un feu terrible, les pourparlers commencèrent. Cialdini dicta ses conditions, assez douces en somme.

On n'était pas encore tombé d'accord que la grande batterie de *Transilvania*, sautait avec un bruit formidable, livrant Gaëte à Cialdini.

---

(1) Cialdini a toujours été très bon pour Persano. Une lettre de lui, publiée dans l'*Histoire générale de la marine militaire* de M.Vecchi, le défend comme personnellement il le défendit devant le Sénat lors du fameux procès. La générosité naturelle de Cialdini y est pour beaucoup.

Toutefois, Cialdini ne changea rien aux conditions offertes la veille, et le 13 février, la capitulation de Gaëte était signée.

Gaëte, pendant ce siège, avait tiré trente-cinq mille deux cent cinquante coups, et les assiégeants, cinquante-six mille cinq cent vingt-sept.

Du 20 novembre au 13 février, cent cinquante-huit canons avaient été mis en batterie, on avait fait huit cents mètres de tranchée, et vingt-deux kilomètres de routes. On avait jeté vingt ponts, placé quatre-vingt mille sacs de terre, trois cents mètres de chevaux de frise, huit mille cinq cents gabions, etc., etc.

Ce n'est donc pas sans raison que tous ceux qui s'occupent de la vie glorieuse de Cialdini s'arrêtent sur ce siège où il donna, commandant en chef, toute sa mesure, et le général Valfré a bien pu dire que le siège de Gaëte est le plus beau titre de gloire de ce héros.

Mais, pour bien apprécier les qualités de premier ordre de Cialdini, il faut penser aux difficultés qu'il avait à surmonter, difficultés de toutes sortes qui lui venaient non seulement d'une place forte, quasi imprenable, et que la flotte française couvrait du côté de la mer, mais des difficultés du dehors, des sphères officielles, de très haut lieu où on lui demandait de ménager un roi malheureux, une reine admirable, une ville italienne.

Aussi, à chaque instant, s'arrêta-t-il dans ses opérations, quoiqu'il sût bien qu'il eût été plus humain d'en finir tout de suite, convaincu qu'il était que l'assaut et la prise de vive force s'imposaient.

Il fallut bien en finir par où Cialdini voulait commencer et lui laisser les mains libres.

Quelques jours après, la guerre prenait fin et l'Italie n'avait plus rien à craindre dans les provinces méridionales.

Cialdini et Garibaldi les avaient rendues à l'Italie. L'unité rêvée était un fait accompli.

Si Cialdini, ainsi que nous venons de le voir, a été un héroïque soldat, un admirable général, voici venir un Cialdini tout différent, mais non moins glorieux. S'il ne s'agit plus de braver la mitraille, de conduire des armées, il s'agit encore de courage, d'audace, de sang-froid. Il s'agit de loyauté, et d'une loyauté qui jette sur toute cette vie un éclat sans pareil.

Nous avons vu plus haut ce qu'avaient été, en toute occasion, les rapports de Cialdini et de Garibaldi. Ces deux hommes s'ai-

maient et s'estimaient. Cialdini croyait en Garibaldi, en son habileté, en son génie militaire, autant qu'en sa bravoure.

Mais, hélas! ils devaient se trouver aux prises.

C'était fatal.

Garibaldi, ceint d'une auréole que peu d'hommes au monde
ont eu aussi belle, était l'idole du peuple ; il jouissait d'un pouvoir sans bornes, et les partis extrêmes le poussaient toujours en
avant.

Cialdini, deux fois, avait été assez heureux pour le retenir,
l'arrêter, lui montrant dans quel effroyable péril il jetterait
l'Italie par une guerre civile.

Garibaldi aimait Cialdini, se souvenait de *Castelnedolo* (où
Cialdini lui avait sauvé la vie en volant à son secours), et devant
l'éloquence persuasive de son sauveur, qui lui parlait de patrie
et d'honneur, il cédait.

Mais autour de lui des passions violentes s'agitaient, des menées sourdes s'ourdissaient. On exploitait la douleur de Garibaldi, qui ne pardonnait pas à Cavour la cession de Nice et de la
Savoie, et la grosse question des « volontaires » que le gouvernement voulait, disait-on, sacrifier, mit le feu aux poudres, et le
poussa à des éclats furieux dans le Parlement et dans la
presse.

Le moment était critique. Cavour n'était pas sans inquiétudes. Il tenait tête à Garibaldi, mais il se disait que tout était à
craindre.

Tant que les couches souterraines sont tranquilles, l'homme
politique peut agir; mais Victor Hugo l'a dit :

« Sous le plus révolutionnaire, il y a un sous-sol, et les plus
hardis s'arrêtent inquiets, quand ils sentent sous leurs pieds le
mouvement qu'ils ont créé sur leurs têtes.

Savoir distinguer le mouvement qui vient des convoitises,
du mouvement qui vient des principes, combattre l'un et seconder l'autre, c'est là le génie et la vertu des grands révolutionnaires. »

Cavour avait besoin d'éclairer là-dessus Garibaldi. Mais qui
donc l'oserait faire?

Ce fut Cialdini.

Le 20 avril, une lettre de Cialdini à Garibaldi parut dans un
journal de Turin, éclatant comme une bombe.

Voici cette lettre, textuellement :

Général,

Dès le premier jour que nous nous sommes connus, vous avez eu en moi un ami sincère et dévoué, même lorsque aux yeux de bien des gens on était blâmable de l'être et de le dire tout haut.

Mais vous n'êtes plus l'homme que j'ai connu, vous n'êtes pas le Garibaldi que j'ai aimé. J'étais sous le charme ; le charme est rompu, emportant mon affection. Je ne suis plus de vos amis et, franchement, ouvertement, je passe dans les rangs de vos adversaires politiques.

Vous osez vous mettre au niveau du Roi, vous en parlez avec une familiarité affectée, comme s'il s'agissait d'un camarade.

Vous vous mettez au-dessus de nos coutumes en venant à la Chambre habillé de façon étrange, au-dessus du Gouvernement en appelant traîtres les ministres qui ne partagent pas vos idées, au-dessus du Parlement en insultant les députés qui n'appartiennent pas à votre parti, au-dessus du pays que vous voulez pousser au gré de vos désirs.

Eh bien, général, il y a des hommes qui ne sont pas disposés à supporter tout cela, et ces hommes-là, j'en suis. Ennemi de toute tyrannie, qu'elle soit habillée de noir ou de rouge, je combattrai la vôtre à outrance.

Votre parti veut s'emparer du pays et de l'armée et ose nous menacer d'une guerre civile. Je ne sais pas au juste ce que le pays pense de tout cela, mais je puis vous assurer que l'armée ne craint pas vos menaces, elle ne craint que votre arrivée au pouvoir. Elle partage le sentiment de dégoût et de douleur que vos intempérances et celles de votre parti ont soulevé dans mon cœur. . . . .
. . . .
. . . .

Il est facile de comprendre l'effet d'une semblable lettre en ces moments suprêmes. Il s'était dit à la tribune, il se disait tous les jours de ces paroles vertigineuses qui ont quelquefois, même à l'insu de celui qui les prononce, l'accent fatidique des révolutions.

La lettre de Cialdini fit un effet colossal.

« Ainsi une voix dans la montagne suffit pour détacher l'avalanche », dit encore Victor Hugo.

Brofferio, à la Chambre, osa appeler cette lettre un *pronunciamiento* à l'espagnole ; la Chambre indignée le hua ; le comte de Cavour, dans une réponse furieuse et triomphante, lui prouva que Cialdini était la voix de la conscience publique, qu'il était le défenseur de la plus noble des causes, l'égalité de tous devant la loi.

Au dehors, comme dans la Chambre, un formidable tourbillon paraissait devoir tout emporter. Garibaldi envoyait ses témoins à Cialdini. Bixio, Sertori, Cosenz, Medici entendaient la

voix tranquille de Cialdini au milieu de l'orage leur répétant :
« L'armée vous repousse parce que vous êtes une *secte*. »
Puis, tout à coup, il se fit un grand apaisement. Fabrizi et De-
pretis, Bixio et Medici ainsi que Cosenz s'entremirent. « Qu'était-
ce que tout cela? Le démembrement, le retour au passé, la guerre
civile! Que nous faut-il? Que demandons-nous, tous? L'unité.
Là est le salut! »

Ces hommes aimaient tous la patrie passionnément; Garibaldi et Cialdini se jetèrent dans les bras l'un de l'autre, le soir
même, chez Pallavicino-Trivulzio, en présence des généraux
garibaldiens et de l'amiral Persano.

Et, ce même jour, une entrevue entre Cavour et Garibaldi avait
servi à rétablir leurs rapports d'une façon à peu près convenable.

L'embrasement qu'on avait pu craindre était conjuré; le choc
avait été violent, mais utile; c'était une accalmie tout au moins.

De Cavour et de Cialdini, on put dire en ces jours-là qu'il y a
des penseurs qui sont des lutteurs et qu'il y a des lutteurs qui
sont des penseurs.

Cialdini fut bientôt appelé à la *lieutenance générale* à Naples;
il devait réunir dans ses mains tous les pouvoirs civils et militaires. C'était un poste d'honneur, et quoi qu'il n'y soit pas resté
longtemps, il trouva moyen de s'y montrer administrateur et
homme politique hors ligne.

Mais il se passa, à cette époque, un fait qui doit trouver sa
place ici même, car il s'agit encore des rapports entre Garibaldi
et Cialdini.

Cavour était mort le 6 juin 1861.

Ricasoli, qui avait pris les rênes du gouvernement, malgré
ses hautes qualités et sa fermeté proverbiale, n'était pas de force
à tenir tête à l'ouragan qui grondait autour de lui.

Au surplus, la situation était exceptionnellement grave.
L'Europe défiante ou hostile, l'Autriche au Mincio, la France à
Rome, le pape soudoyant le brigandage, l'Italie agitée, frémis-
sante, l'armée en formation et les volontaires mécontents.

Cialdini, à Naples, avait, d'une main ferme, apaisé le Midi,
mais, à Turin, la tradition cavourienne luttait péniblement contre le parti garibaldien, poussant à la guerre contre l'Autriche et
contre Rome.

C'est à ce moment qu'un fait considérable et peu connu se
produisit.

Le 10 octobre, au matin, un jeune et vaillant officier garibaldien débarqua à Naples, demandant une audience à Cialdini, auquel il remit une lettre de Garibaldi.

Cette lettre, la voici :

Au général Cialdini.

Caprera, 20 septembre 1861.

Une idée m'est venue que je veux vous communiquer sur-le-champ. Si elle vous plaît, répondez-moi ; si elle ne vous va pas, ne vous donnez pas la peine de me répondre.

Vous avez le commandement de l'armée régulière ; je suis, moi, le chef des volontaires. Ne pourrions-nous pas faire servir ces deux forces, mieux qu'elles n'ont servi jusqu'ici, au service de notre pays ?

Je pourrais — si vous consentez — aller, par exemple, aux bains de mer en Calabre et réunir autour de moi le plus grand nombre possible de volontaires. Cela pourrait se faire, sinon secrètement, ce qui est bien difficile, tout au moins sans trop faire de bruit.

Évidemment la responsabilité plus grande serait pour vous qui aurez à lutter contre les frayeurs et les observations de Turin. Mais nous y opposerons tous deux une fermeté inébranlable, même si les remontrances venaient de haut lieu, poursuivant notre but qui est de *faire l'Italie avec Victor-Emmanuel !*

Je crois bien vous connaître et je n'ai pas besoin de vous dire qui je suis.

J'aime à croire surtout que vous ne me supposez pas lié à un parti politique. Comme vous, je les combattrai tous ; je combattrai contre le diable, mais jamais, au grand jamais, je ne compromettrai la cause de l'Italie en provoquant une guerre avec la France, ni de toute autre façon.

Je pense toutefois — et je suppose que c'est là aussi votre avis — que nos ennemis nous laisseront faire, du jour où ils nous verront décidés à combattre, tous d'accord, et en masses imposantes.

Vous aurez vite fait de pacifier les provinces napolitaines ; mais dans l'état où nous sommes, croyez-vous que nous serons en conditions de résister dans l'éventualité d'une guerre ?

Et l'Italie se tiendra-t-elle tranquille si l'on veut lui imposer de rester l'arme au pied pendant toute cette année 1862 ?

Personne ne met en doute que la vente de la Sardaigne à la France ne soit un fait accompli.

Tout cela, et des circonstances imprévues qu'on sent flotter dans l'air, sur l'Europe, peuvent nous entraîner dans une guerre avant la fin de l'année, et nous ne serons pas en état d'y marcher avec nos seules forces.

Quant à prendre encore des *tuteurs*, je suis sûr que cela ne saurait vous plaire plus qu'à moi.

Je laisse à votre discernement le soin de peser la valeur de mes observations et de voir s'il ne vous conviendrait pas davantage de vous lancer dans un tourbillon d'actions glorieuses et audacieuses auxquelles nulle puissance humaine ne saurait résister.

· Nous avons encore quatre mois devant nous pour nous mettre à même de préparer ce qu'il nous reste encore à faire.

Bien à vous,

G. GARIBALDI.

En lisant cette lettre, Cialdini se sentit fort troublé, et il resta plongé dans ses réflexions pendant un temps assez long.

Garibaldi et Cialdini ne s'étaient pas revus depuis Turin : leurs rapports, empreints de cordialité et même d'amitié, étaient restés tels quels ; et voilà que Garibaldi venait à lui, tout à coup, avec toutes les séductions de son grand nom et du but qu'il voulait atteindre.

Il y avait là de quoi faire hésiter le cœur le plus ferme. Toutefois, l'austère sentiment du devoir prévalut, parla haut dans l'âme de Cialdini, et lui dicta sa réponse.

La voici :

Naples, 20 octobre 1861.

Général,

Votre lettre du 20 septembre ne m'est parvenue que le 10 de ce mois. Le messager repartira d'ici demain. Si j'ai tardé à vous répondre, ce n'est donc pas de ma faute.

Je pourrais me borner à vous dire que mes pouvoirs de lieutenant général du roi dans les provinces napolitaines expirent dans quelques jours et que mon départ est décidé, imminent. Ceci déjà rendrait impossible la mise à effet de votre projet, projet à l'exécution duquel vous me proposez de prendre part.

Mais puisque vous me faites l'honneur de me dire le fond de votre pensée, je crois de mon devoir de vous dévoiler la mienne d'une façon tout aussi nette et complète. .

Je resterais à Naples que je ne saurais vous suivre dans la voie que vous m'indiquez.

Général, notre point de départ est tout à fait différent ; votre destinée et la mienne sont tout autres.

Vous, vous êtes libre de tout engagement, vous n'avez pas de devoirs à remplir vis-à-vis du gouvernement, vous tirez votre force et votre puissance du peuple même et de la Révolution dont vous êtes le capitaine habile, merveilleux.

· En formant votre projet, en vous efforçant de l'exécuter, vous êtes logique avec vos précédents, avec la position acquise, avec votre grand nom de Garibaldi.

Mais moi qui détiens mon grade et mon autorité du Roi et du gouvernement, moi qui dois tout mon prestige et ma réputation à l'armée en dehors de laquelle je ne suis rien, si j'acceptais votre proposition, si je m'associais à votre projet, je ne mériterais qu'un nom, celui de *traître*.

J'ai bien entendu parler d'une nouvelle théorie en matière de conscience militaire qui autoriserait et rendrait légitime la trahison et la désertion sous prétexte du bien de la patrie et de la liberté.

J'aime ma patrie par-dessus toute chose et la liberté autant que qui que ce soit, et je m'efforcerai toujours de servir leur cause de mon mieux. Mais, je vous l'avoue, la théorie dont il est question n'est pas de mon goût, et je m'en tiens au vieux système de la fidélité rigoureuse au drapeau et au serment que j'ai prêté.

Du reste, soyez bien persuadé que si j'avais, un seul instant, la pensée de manquer à mon devoir — ce qu'à Dieu ne plaise — si je voulais me mettre en révolte ouverte contre le gouvernement, l'armée m'abandonnerait immédiatement, et pas un bataillon ne voudrait me suivre.

J'ajoute que, lors même qu'il se trouverait dans mes troupes un corps disposé à défectionner, ce que je ne crois nullement, je tiendrai pour ennemi de la patrie qui essayerait de l'entraîner.

Une fois l'armée mise sur la voie funeste des défections et des *pronunciamientos*, que deviendrait notre Italie ?

Au nom du Ciel, général, pensez-y bien. L'armée est animée de sentiments libéraux ; n'en faites pas un instrument révolutionnaire. Cela serait incompatible avec son essence même, avec son mandat.

Écoutez-moi, général : vous et moi nous aurons bientôt disparu de la scène du monde. Autant qu'il est en nous, laissons à notre patrie une armée forte et respectable, non seulement en nombre et en valeur, mais surtout par sa foi incorruptible et par ses principes et ses mœurs traditionnellement austères.

Comme je viens de vous le dire, nous n'avons pas la même origine et nous n'avons pas le même destin, aussi nous faut-il courir, par des voies différentes, au même but : le triomphe de la cause italienne.

Je n'ai pas vos qualités : je le voudrais que je ne pourrais pas marcher dans une voie nouvelle, impraticable pour tout autre que pour Garibaldi ; voie sur laquelle vous marchez vite et droit, d'un pied sûr. Vous-même vous seriez bientôt obligé d'avouer qu'il vous serait impossible de plier votre haute individualité aux bien moindres proportions de la mienne.

Que chacun de nous suive donc sa route.

Contentez-vous de figurer en première ligne dans l'histoire du relèvement de l'Italie, et laissez-moi, dans une sphère plus modeste, à mes principes militaires qui pourront passer pour des préjugés aux yeux de bien des gens, mais dont je ne me séparerai jamais.

Bien à vous de tout cœur,

CIALDINI.

Pour tous ceux qui voudront se reporter par la pensée à cette époque légendaire, il est évident que ces deux lettres sont pleines de noblesse et de magnanimité.

La première est un reflet de l'âme du héros populaire qui ne connaissait pas de frein et dédaignait tout danger quand l'amour irrésistible de la patrie l'emportait.

La deuxième, dans laquelle la dévotion à la patrie n'est certes

pas moindre, renfermo un sentiment profond du respect dû à
l'autorité de l'État, à la discipline.

L'amitié était entre les deux hommes, mais l'antipathie était
entre les deux principes. « C'était comme une âme coupée en deux
et partagée. » De là un désaccord irrémédiable.

Garibaldi ne répondit rien à la lettre de Cialdini. Ils devaient
se rencontrer seulement un an après, à Aspromonte. Garibaldi,
à la tête de ses volontaires, Cialdini commandant l'armée chargée de l'arrêter dans sa marche.

Ce fut pour Cialdini une heure de douleur, d'angoisse, et ceux-
là seulement qui n'ont jamais connu l'âme si haute du général
ont pu s'y tromper. Son cœur en fut déchiré, et il aurait donné
tout son sang pour épargner celui de Garibaldi. Mais Cialdini
était esclave du devoir, et on savait bien qu'il n'y faillirait pas.

Une fois encore chacun d'eux avait suivi son chemin.

Faisons justice, en passant, d'une fable ridicule selon laquelle
Cialdini aurait refusé de saluer Garibaldi prisonnier.

— C'est une calomnie ! s'est écrié le général à la première
nouvelle de cette accusation. Et il y a peu de mois, il a encore
répété : « C'est une calomnie ! »

Nul n'a le droit de douter de la parole de Cialdini.

. . . .

Après cette funeste journée d'Aspromonte, Cialdini et Garibaldi ne se rencontrèrent plus qu'une fois, une seule fois. C'était
à la veille de Mentana, à la fin d'octobre 1867.

Rattazzi ayant donné sa démission, Victor-Emmanuel avait
chargé Cialdini de former le ministère. Garibaldi était arrivé
à Florence le soir de ce même jour. Cialdini voulut le voir.

L'entrevue eut lieu chez Crispi, dans une maison située hors
la Porte Romane, au milieu de la nuit.

Garibaldi et Cialdini s'enfermèrent seuls.

Leur discussion fut calme, mais longue et pénible.

Cialdini savait, à n'en pas douter, que l'intervention française
était chose résolue. Il savait aussi que l'armée italienne n'était
pas prête. Aussi fit-il tout au monde pour empêcher Garibaldi de
donner suite à son projet de marcher sur Rome. Il lui demanda
même de rappeler Menotti qui était déjà à la frontière.

Mais ce fut en vain.

Garibaldi restait inébranlable.

Il marchait en voyant, poussé par sa foi dans la destinée,

n'écoutant que son cœur; et incapable de concevoir l'idée que la France se mettrait en travers, sur sa route, à lui, Italien, marchant à la délivrance d'une ville italienne, de la capitale de l'Italie.

ROMA o MORTE!

C'était le cri de l'âme de ce convaincu.

Les deux généraux se quittèrent tristement après s'être silencieusement, longuement serré la main.

Ils ne devaient plus se revoir.

Le drame est grandiose.

Cette bataille des consciences n'est pas moins tragique que celles qui se combattent avec des armes. Elles précèdent ou suivent les événements. Ces entrevues, ces rencontres de deux forces, de deux âmes marchant au même but, chacune de son côté et à son heure, éclairent d'un grand jour le mouvement italien.

J'arrête ici cette étude sur Cialdini.

Deux chapitres manquent; deux grandes pages d'histoire: la guerre de 1866 et l'ambassade de Paris. Une publication récente de M. Chiala vient, avec des documents nouveaux, d'apporter de nouvelles lumières sur ces faits, sur le dernier entre autres, qui réveille toutes les amertumes de la question tunisienne et sur les causes qui éloignèrent l'une de l'autre la politique italienne et la politique française.

Cialdini, avec sa grande lucidité et sa sympathie pour la France, prévit le parti que l'Allemagne, inspiratrice de la politique tunisienne, tirerait de cette question, le rôle qu'elle y jouerait et il ne tint pas à lui que les mobiles des ennemis de la France ne fussent dévoilés.

Mais je n'ai voulu faire que de l'histoire rétrospective et honorer une vie héroïque: l'ayant fait, je m'arrête.

Henri MONTECORBOLI.

LA LETTRE DE CACHET

AU XIXe SIÈCLE

————

« Monsieur le marquis de Launay, je vous fais cette lettre pour vous dire de recevoir dans mon château de la Bastille le sieur X..., et de l'y retenir jusqu'à nouvel ordre de ma part. Sur ce, je prie Dieu qu'il vous ait, monsieur le marquis de Launay, en sa sainte et digne garde.

« LOUIS.

« Par le Roy : N..., secrétaire d'État. »

« Je, soussigné, docteur en médecine de la Faculté de..., certifie, après l'avoir constaté, que le sieur X... est atteint d'aliénation mentale caractérisée par... (tels symptômes)..., et que son état, le rendant dangereux pour les autres et pour lui-même, nécessite son internement dans une maison d'aliénés.

« En foi de quoi j'ai délivré le présent certificat pour faire ce que de droit.

« Dr Z. »

Et voilà comment en 1892, aussi aisément qu'il y a un siècle, on peut faire enfermer pour le reste de ses jours une personne qui a cessé de plaire, au moyen d'un simple billet préparé d'avance, et facile à remplir à l'occasion.

Cette anomalie, à une époque où la liberté individuelle passe pour être protégée de tant de manières, est bien faite pour surprendre ; mais elle a derrière elle une existence tellement longue, acceptée par un peuple aussi prompt à se révolter contre des mesures insignifiantes qui l'irritent, que disposé à se laisser mener à la baguette par un gouvernement habile, qu'il faut le scandale d'un événement éclatant pour réveiller le sentiment public, le faire sortir de sa torpeur, et provoquer des protestations contre l'une des dispositions de notre loi ,les plus monstrueusement contraires à l'esprit libéral de la constitution sociale contemporaine.

· C'est ainsi que deux ou trois aventures survenues récemment ont attiré l'attention sur la facilité avec laquelle un citoyen peut être séquestré, plus impitoyablement que s'il était convaincu d'un crime. Les pouvoirs publics eux-mêmes s'en sont émus; le gouvernement s'est décidé à saisir la Chambre d'un projet de loi réorganisant le régime des aliénés. Cette loi, destinée à remplacer celle de 1838, sera sans doute prochainement discutée. Le moment semble donc opportun pour jeter un coup d'œil sur l'état de la législation, et pour apprécier les réformes qui ont été proposées. C'est ce que nous allons faire aussi brièvement que possible (1).

Mais, avant d'expliquer ce qui se passe actuellement, il n'est pas sans intérêt de rappeler ce qu'ont fait à l'égard des aliénés, et surtout de leur internement, nos pères et ceux auxquels ils ont emprunté les éléments de leur jurisprudence.

La Grèce, qui n'avait pas sur les aliénés les mêmes opinions que nous (2), mais qui les considérait comme des êtres aimés des dieux, et inspirés de leur esprit, ne songeait pas à les enfermer, ni même à guérir leur folie, qu'on respectait, loin de vouloir la faire cesser.

· A Rome, cette croyance poétique, mais dangereuse, ne tint pas longtemps devant le sens pratique des futurs conquérants du monde. Aussi les lois ne tardèrent-elles pas à enlever à l'aliéné l'administration de ses biens, à lui donner un curateur, puis à protéger les citoyens contre les violences des fous furieux.

On n'a pas de détails sur le régime des aliénés, que leurs fa-

(1) Nous n'étudierons ici que la partie de la législation relative au placement, à l'internement des aliénés, réservant pour plus tard, s'il y a lieu, l'examen de leur situation au point de vue du droit civil, du droit criminel, et celui du régime intérieur de leurs asiles.

(2) Cependant, Hippocrate qui, plus de 400 ans avant notre ère, inaugura dans les sciences médicales les méthodes exclusivement scientifiques auxquelles l'art de guérir n'est revenu qu'après tant de siècles d'empirisme, avait reconnu le caractère purement naturel de l'aliénation mentale. Mais cet homme de génie devançait trop ses contemporains pour les convaincre. Et puis, cette idéalisation de toutes choses dans la mythologie, avait tant de charmes ! Qui ne regrette les Nymphes, les Hamadryades, — voire les Willis et les frères de l'aimable Trilby?   .

milles étaient dans l'impossibilité de conserver. « Mais la législation avait chargé l'administration publique de prendre toutes
les précautions pour obvier aux dangers que les furieux et les insensés pouvaient faire courir à l'ordre public et à la sûreté des
citoyens. Ces soins étaient parmi les devoirs généraux imposés
aux préfets des provinces... L'administration romaine avait mission de faire renfermer au besoin les furieux et les insensés dans
des lieux publics de détention, *carceres*, destinés non seulement
à la punition de certains coupables, mais encore aux détentions
préventives ; enfin, elle rendait les gardiens responsables des
crimes commis par les fous, lorsque ces accidents pouvaient être
imputés au défaut de prévoyance... L'état des *furiosi, mente capti*
n'avait pas besoin d'être constaté par une déclaration judiciaire
pour donner lieu à la curatelle. Il suffisait de la notoriété publique. Toutefois, le magistrat pouvait s'enquérir de la réalité de
l'aliénation mentale (1). »

Au moyen âge, la folie était attribuée tantôt à l'influence de
Dieu, tantôt à celle du diable. Si, fort heureusement pour le
pauvre insensé, la voix publique et l'intérêt de l'Église le reconnaissaient comme animé de l'esprit divin, on le laissait vivre de
la charité universelle, pour le canoniser après sa mort. Dans le
cas contraire, on le brûlait, à moins que la terreur superstitieuse
qu'il inspirait aux paysans ne décidât ceux-ci à le soustraire aux
recherches des fanatiques, ou qu'un médecin plus avisé que ses
confrères, et plus courageux, ne parvînt à écarter le soupçon de
possession diabolique.

Le plus souvent, on attribuait l'état du dément à quelque ma-
léfice jeté sur lui par un sorcier, et alors on l'enfermait dans le
cachot d'un manoir ou d'un couvent, s'il était furieux, ou bien,
s'il était inoffensif, on le laissait errer librement à travers les
campagnes, cherchant sa vie comme un chien perdu et, comme
lui, exposé aux outrages de la populace, à moins que quelque
bonne âme ne consentît à le recueillir en un coin de masure abandonnée.

Les Templiers, dans leurs hospices ruraux, reçurent non seulement les malades du corps, mais aussi ceux de l'esprit. Si la
haine et la cupidité n'avaient pas détruit cet ordre remarquable,
l'Assistance publique n'eût peut-être pas attendu si longtemps
pour cesser d'être une rêverie de philanthrope.

(1) DALLOZ. *Jurisprudence générale* ; v° Aliéné.

Plus tard, les moines recueillirent dans leurs couvents ceux
des aliénés que la misère y amenait, ou que les autorités locales
les priaient de conserver. Mais pendant des siècles encore le
bûcher fut l'un des principaux traitements de la folie. Depuis, on
l'a remplacé par la douche...

Il est inutile de rappeler ce que furent les premiers asiles
publics d'aliénés, Bicêtre par exemple; asiles où l'on n'enfermait
pas seulement des fous, mais aussi des scélérats, et les ennemis
politiques ou privés des hommes au pouvoir. Tout le monde sait
quels traitements cruels étaient infligés à ces malheureux, et le
nom du généreux Pinel, qui osa proclamer que la démence est
une maladie du cerveau et non un vice du cœur, et qui fit tomber
les chaînes de ces victimes d'une barbarie ignorante, est présent
à la mémoire de tous.

La Révolution, cette explosion sublime de sentiments élevés
au milieu desquels éclatèrent, hélas! des crimes, ne pouvait se
désintéresser du sort des aliénés. La loi des 16-26 mars 1790,
qui les concernait, est une source où les législateurs de l'avenir
ne sauraient se dispenser de puiser leurs principales décisions(1).

Cette loi de 1790 posait le principe de l'intervention judiciaire en matière de placement d'aliénés. Une lettre du ministre
de la justice à son collègue de l'intérieur (2), en date du 15 thermidor an IX, prouve bien que la démence constatée par procédure
était seule reconnue :

Lorsqu'un insensé a été provisoirement arrêté par l'autorité administrative, le tribunal du lieu de son domicile doit fixer son état, et c'est d'après
le jugement rendu que l'autorité administrative le fait définitivement placer
dans les maisons destinées aux insensés et furieux. Lorsqu'il n'y a pas eu
nécessité de faire provisoirement arrêter la personne atteinte de folie, le
tribunal doit, avant que cette mesure soit prise, rendre un jugement qui
détermine et fixe son état. Si un individu déclaré fou par jugement recouvre
sa raison, c'est au tribunal qui le constate à ordonner sa mise en liberté;
dans aucun cas, l'autorité administrative ne peut en avoir le droit, à moins
qu'il n'ait été prononcé par les tribunaux; mais, comme les insensés et
furieux sont placés sous sa surveillance dans les maisons où ils sont déte-

(1) Remarquons à ce propos que toutes les réformes utiles et raisonnables récemment accomplies, en matière d'administration publique, sont plus ou moins
empruntées aux premières idées émises par les représentants de la France de 1789,
et rendons à ces ancêtres le culte qui leur est légitimement dû. Pouvaient-ils penser
que leurs vœux seraient travestis comme ils l'ont été successivement depuis un
siècle? En les reprenant, notre reconnaissance sera aussi de la sagesse et de
l'habileté.
(2) Citée par Dalloz, *op. et loc. cit.*

nus, elle peut, dans tous les cas, lorsqu'il lui paraît qu'ils ont recouvré leur raison, provoquer cette mesure auprès du ministère public.

Malheureusement, la loi de 1790 était difficile à exécuter. D'ailleurs, les agitations intérieures et extérieures qui troublèrent notre pays au commencement de ce siècle, ne permirent pas d'apporter à son application tout le soin nécessaire; et, dès 1836, le Conseil d'État élaborait un projet qui fut discuté l'année suivante, et aboutit, le 30 juin 1838, à la loi qui régit encore aujourd'hui les aliénés, et dont nous allons exposer les principales dispositions, en ce qui concerne le placement des malades.

Aux termes de l'article 8 de la loi de 1838, toute personne peut demander l'internement d'un aliéné, soit dans un établissement public, soit dans une maison privée. Cette disposition est justifiée par la nécessité de mettre l'aliéné en lieu sûr, et de le faire soigner immédiatement, quand même sa famille, par négligence, ne réclamerait pas cette mesure.

Voici la marche à suivre pour obtenir l'internement d'un parent ou d'un ami convaincu ou soupçonné de démence.

(Loi du 30 juin 1838. — ART. 8.) — Les chefs ou préposés responsables des établissements publics et les directeurs des établissements privés consacrés aux aliénés, ne pourront recevoir une personne atteinte d'aliénation mentale, s'il ne leur est remis : 1° une demande d'admission contenant les noms, profession, âge et domicile, tant de la personne qui la formera que de celle dont le placement sera réclamé, et l'indication du degré de parenté, ou, à défaut, de la nature des relations qui existent entre elles. La demande sera écrite et signée par celui qui la formera, et, s'il ne sait pas écrire, elle sera reçue par le maire ou le commissaire de police, qui en donnera acte. Les chefs, préposés, ou directeurs devront s'assurer, sous leur responsabilité, de l'individualité de la personne qui aura formé la demande, lorsque cette demande n'aura pas été reçue par le maire ou le commissaire de police. Si la demande d'admission est formée par le tuteur d'un interdit, il devra fournir, à l'appui, un extrait du jugement d'interdiction; 2° un certificat de médecin constatant l'état mental de la personne à placer, et indiquant les particularités de sa maladie et la nécessité de faire traiter la personne désignée dans un établissement d'aliénés, et de l'y tenir renfermée. Ce certificat ne pourra être admis, s'il a été délivré plus de quinze jours avant sa remise au chef ou directeur; s'il est signé d'un médecin attaché à l'établissement, ou si le médecin signataire est parent ou allié, au second degré inclusivement, des chefs ou propriétaires de l'établissement, ou de la personne qui fera effectuer le placement. En cas d'urgence, les chefs des établissements publics pourront se dispenser d'exiger le certificat du médecin; 3° le passeport ou toute autre pièce propre à constater l'individualité de la personne à placer. Il sera fait mention de toutes les pièces produites dans un bulletin d'entrée, qui sera renvoyé, dans les vingt-quatre heures, avec un certificat du médecin de l'établissement, et la copie de celui ci-dessus mentionné, au préfet de police à Paris, au préfet ou au sous-préfet dans les communes, chefs-lieux de département ou d'arrondissement, et aux maires dans les autres communes. Le sous-préfet, ou le maire, en fera immédiatement l'envoi au préfet.

Les directeurs d'établissements publics, on le voit, sont seuls autorisés à recevoir l'aliéné non muni d'un certificat médical. On a voulu, par cette exception en faveur de fonctionnaires de l'État, présentant des garanties de compétence et de désintéressement, fournir à la société le moyen de mettre en lieu sûr les fous dangereux sans être obligée de les conduire à la prison. Mais la loi de 1838 n'a pas suffisamment déterminé les conditions de cette admission exceptionnelle. Il semble, en effet, qu'elle devrait être immédiatement suivie de la rédaction du certificat médical, qui n'a pas pu être établi auparavant. Or, si l'article 12 (1) prescrit bien la transcription du certificat sur les registres de l'établissement, l'article 8 dispensant les directeurs d'établissements publics de se faire remettre ce certificat préalable, en cas d'urgence, et ne disant rien de plus, il en résulte que la pièce n'est exigible dans ce cas ni avant ni après. Il est vrai que le bulletin d'entrée doit être communiqué (art. 8, § 3) au sous-préfet dans les vingt-quatre heures, et que le préfet doit, dans les trois jours de sa réception, faire examiner le malade par un ou plusieurs médecins (art. 9) (2). Mais l'article 9, qui l'ordonne, ne s'applique qu'aux cinq établissements privés et il est très regret-

(1) Art. 12. — Il y aura dans chaque établissement un registre coté et parafé par le maire, sur lequel seront immédiatement écrits les noms, profession, âge et domicile des personnes placées dans ces établissements, la mention du jugement d'interdiction, si elle a été prononcée, et le nom du tuteur; la date de leur placement, les noms, profession et demeure de la personne, parente ou non parente, qui l'aura demandé. Seront également transcrits sur ce registre : 1° le certificat du médecin, joint à la demande d'admission; 2° ceux que le médecin de l'établissement devra adresser à l'autorité, conformément aux articles 8 et 11. Le médecin sera tenu de consigner sur ce registre, au moins tous les mois, les changements survenus dans l'état mental de chaque malade. Ce registre constatera également les sorties et les décès. Ce registre sera soumis aux personnes qui, d'après l'article 4, auront le droit de visiter l'établissement lorsqu'elles se présenteront pour en faire la visite; après l'avoir terminée, elles apposeront sur le registre leur visa, leur signature et leurs observations, s'il y a lieu.

(2) Art. 9. — Si le placement est dans un établissement privé, le préfet, dans les trois jours de la réception du bulletin, chargera un ou plusieurs hommes de l'art de visiter la personne désignée dans ce bulletin, à l'effet de constater son état mental et d'en faire rapport sur-le-champ. Il pourra leur adjoindre telle autre personne qu'il désignera.

table que la loi n'ait pas exigé, pour les établissements publics,
immédiatement après l'internement, le certificat médical, dans la
forme prescrite pour les placements ordinaires.

Indépendamment des incarcérations requises par la famille
ou par « toute autre personne », il y a les placements d'*office*,
et bien que ces placements ne puissent pas, en réalité, dissimuler
autant de séquestrations imméritées que les placements opérés à
la requête des familles, — car l'intérêt privé fait commettre plus
de crimes que l'intérêt public, — ils n'en constituent pas moins
l'un des griefs le plus souvent invoqués, tant l'horreur de l'arbitraire et l'esprit de résistance à tout acte d'apparence autocra-
tique ont de force dans notre pays.

Les articles 18 et 19 de la loi de 1838, qui concernent ces
placements, sont ainsi conçus :

ART. 18. — A Paris, le préfet de police, et, dans les départements, les
préfets, ordonneront d'office le placement, dans un établissement d'aliénés,
de toute personne interdite ou non interdite, dont l'état d'aliénation compromettrait l'ordre public ou la sûreté des personnes. Les ordres des préfets
seront motivés et devront énoncer les circonstances qui les auront rendus
nécessaires. Ces ordres, ainsi que ceux qui seront donnés conformément
aux articles 19, 20, 21 et 23, seront inscrits sur un registre semblable à
celui qui est prescrit par l'article 12 ci-dessus, dont toutes les dispositions
seront applicables aux individus placés d'office.

ART. 19. — En cas de danger imminent, attesté par le certificat d'un
médecin ou par la notoriété publique, les commissaires de police à Paris,
et les maires dans les autres communes, ordonneront, à l'égard des personnes atteintes d'aliénation mentale, toutes les mesures provisoires nécessaires, à la charge d'en référer dans les vingt-quatre heures au préfet, qui
statuera sans délai.

Ainsi, l'autorité ne peut faire interner d'office que ceux dont
l'état d'aliénation compromettrait l'ordre public et la sûreté des
personnes. Mais comme le préfet a toute latitude pour apprécier
la gravité de cet état, cela laisse la porte ouverte aux abus de pouvoir. On peut bien soutenir, et avec raison, qu'il ne faut pas
attendre, pour enfermer un fou furieux, qu'il ait prouvé sa folie
par un meurtre ou un incendie. Dès lors, tout individu soupçonné
de propension à ces crimes peut être légitimement appréhendé
et séquestré, dans l'intérêt même de ses concitoyens. Or, dans
les temps de troubles politiques, où toutes les passions se font
jour, il n'est pas difficile de trouver dans les actes, dans les paroles
de quelque énergumène les menaces les plus évidentes contre la

sûreté personnelle de ses adversaires, ou celle de leurs biens. On hésitera peut-être à faire arrêter un tel tribun comme un vulgaire malfaiteur; on hésitera moins à voir dans son exaltation un délire à crises dangereuses, et ce diagnostic suffirait à plus d'un administrateur « à poigne » pour se débarrasser momentanément d'un opposant redoutable. Je ne dis pas que le fait se soit produit : mais il peut se produire. Le public le sait, et il réclame un peu plus de garanties contre les caprices possibles d'un pouvoir accidentellement privé de longanimité ou de sang-froid.

Telles sont les formalités requises pour l'internement d'un aliéné. Voyons s'il pourra aussi facilement sortir de l'asile qu'il a pu y entrer.

Art. 13. — Toute personne placée dans un établissement d'aliénés cessera d'y être retenue aussitôt que les médecins de l'établissement auront déclaré, sur le registre énoncé en l'article précédent, que la guérison est obtenue. S'il s'agit d'un mineur ou d'un interdit, il sera donné immédiatement avis de la déclaration des médecins aux personnes auxquelles il devra être remis, et au procureur de la République.

Art. 14. — Avant même que les médecins aient déclaré la guérison, toute personne placée dans un établissement d'aliénés cessera également d'y être retenue, dès que la sortie sera requise par l'une des personnes ci-après désignées, savoir : 1° le curateur nommé en exécution de l'article 38 de la présente loi; 2° l'époux ou l'épouse; 3° s'il n'y a pas d'époux ou d'épouse, les ascendants; 4° s'il n'y a pas d'ascendants, les descendants; 5° la personne qui aura signé la demande d'admission, à moins qu'un parent n'ait déclaré s'opposer à ce qu'elle use de cette faculté sans l'assentiment du conseil de famille. S'il résulte d'une opposition notifiée au chef de l'établissement par un ayant-droit qu'il y a dissentiment, soit entre les ascendants, soit entre les descendants, le conseil de famille prononcera. Néanmoins, si le médecin de l'établissement est d'avis que l'état mental du malade pourrait compromettre l'ordre public et la sûreté des personnes, il en sera donné préalablement connaissance au maire, qui pourra ordonner immédiatement un sursis provisoire à la sortie, à la charge d'en référer dans les vingt-quatre heures au préfet. Ce sursis provisoire cessera de plein droit à l'expiration de la quinzaine, si le préfet n'a pas, dans ce délai, donné d'ordres contraires, conformément à l'article 21 ci-après. L'ordre du maire sera transcrit sur le registre tenu en exécution de l'article 12. En cas de minorité ou d'interdiction, le tuteur pourra seul requérir la sortie.

Art. 16. — Le préfet pourra toujours ordonner la sortie immédiate des personnes placées volontairement dans les asiles d'aliénés.

Ainsi, tandis que le préfet peut ordonner l'élargissement immédiat et « sans phrases » d'un aliéné placé *volontairement*, sa propre famille ne pourra le faire sortir qu'après obtention du certificat médical. Encore le préfet peut-il (art. 21) s'opposer à la sortie : c'est alors une véritable transformation du placement volontaire en placement d'office.

S'il s'agit d'un placement d'office, la sortie ne peut jamais être requise par des particuliers. Le préfet seul peut l'ordonner (art. 20). Les parents peuvent solliciter cet ordre, mais sans aucun droit à invoquer pour l'obtenir.

Dans le cas où le préfet se refuserait à ordonner la mise en liberté d'un aliéné placé d'office et réclamé par sa famille, ne reste-t-il donc à celle-ci aucun moyen d'arracher à la détention le malheureux qu'elle sait peut-être jouir de toute sa raison, ou qu'elle ne demande qu'à entourer de soins dans son foyer?

Elle a ce moyen, comme toute personne, du reste, y compris l'aliéné lui-même; l'article 29 le déclare formellement :

Art. 29. — Toute personne placée ou retenue dans un établissement d'aliénés, son tuteur, si elle est mineure, son curateur, tout parent ou ami pourront, à quelque époque que ce soit, se pourvoir devant le tribunal du lieu de la situation de l'établissement qui, après les vérifications nécessaires, ordonnera, s'il y a lieu, la sortie immédiate. Les personnes qui auront demandé le placement, et le procureur de la République d'office, pourront se pourvoir aux mêmes fins. Dans le cas d'interdiction, cette demande ne pourra être formée que par le tuteur de l'interdit (1). La décision sera rendue, sur simple requête, en Chambre du conseil et sans délai ; elle ne sera point motivée. La requête, le jugement, et les autres actes auxquels la réclamation pourrait donner lieu seront visés pour timbre et enregistrés en débet. Aucunes requêtes, aucunes réclamations adressées, soit à l'autorité judiciaire, soit à l'autorité administrative, ne pourront être supprimées ou retenues par les chefs d'établissements, sous les peines portées au titre III ci-après.

Le Conseil d'État (16 décembre 1881) a jugé que l'autorité judiciaire seule est compétente pour statuer sur les réclamations tendant à faire ordonner la sortie des aliénés. C'est tout ce qui reste, pour le moment, de l'intervention judiciaire exigée par les législateurs de 1790.

Mais que de familles n'oseront ou ne pourront recourir à cette intervention! Que de malheureux détenus, fatigués de démarches vaines, n'auront plus le courage de tenter celle-là, dont ils ignorent peut-être la possibilité. Et puis, toute cette

(1) En sorte que l'interdit est à la merci de celui qui l'a fait interdire. De même, dans certains cas, la femme mariée a besoin de l'autorisation de son mari pour défendre contre lui ses intérêts.

procédure exige des délais ;... et quand le tribunal, à la fin, prononcera la délivrance du détenu incarcéré comme « dangereux pour l'ordre public », il sera resté assez longtemps sous les verrous pour que les mesures contre lesquelles s'élevait son exaltation compromettante aient eu le temps de s'accomplir, — et sans doute, hélas! d'être déjà sanctionnées par l'oubli ou la soumission.

Toutes ces raisons, appuyées sur certains faits bruyants, agitèrent l'opinion il y a une trentaine d'années, et, après avoir résisté d'abord au mouvement général, le second Empire finit par céder, et saisit le Sénat d'un projet de revision de la loi de 1838. Un rapport, déposé en 1867, aboutit en 1869 à une enquête administrative. Le résultat de cette enquête fut conforme à ce qu'on pouvait attendre à cette époque d'une consultation officielle des fonctionnaires les plus directement intéressés au maintien du régime impérial. Si les aliénistes et les administrateurs eurent raison de déclarer inutile ou insuffisante l'obligation d'un second certificat médical, — presque aussi facile à obtenir que le premier, — les préfets ne manquèrent pas de s'opposer énergiquement à l'intervention de la justice en matière d'internement ; même alors, la magistrature respectait les droits des citoyens, et, pour ce motif, était suspecte aux agents d'un gouvernement basé sur l'autorité sans contrôle.

Le projet, abandonné provisoirement, fut cependant repris par Gambetta au Corps législatif; mais la guerre vint à point pour en débarrasser l'Empire.

En 1872, un Français dont on ne saurait prononcer le nom qu'avec une respectueuse reconnaissance, car son initiative pratique a plus fait en quelques années pour les délaissés et les misérables de toute espèce que n'avaient pu ou voulu faire, depuis Vincent de Paul, deux siècles et demi de gouvernements toutpuissants, M. Théophile Roussel, reprit la lutte avec sa ténacité de Cévenol et de vieux républicain, et s'y acharna en dépit du mauvais vouloir d'administrations plus préoccupées de questions exclusivement politiques que de celles qui concernaient notre existence nationale intime.

Il réussit enfin à faire saisir le Sénat d'un projet de loi, le 25 novembre 1882. Cinq ans après, cinq ans! (le 11 mars 1887), la haute assemblée votait, sur le rapport de M. Roussel, ce projet, modifié par la commission.

Deux ans plus tard encore, il fut soumis à la Chambre (12 juillet 1889) et le docteur Bourneville en fit le rapport. La Chambre s'étant renouvelée sur ces entrefaites, M. Joseph Reinach, reprenant en 1890 cette proposition de loi, fit un nouvel exposé des motifs sur lequel les députés n'ont pas encore prononcé ; mais la Commission travaille, et il faut espérer que le vote définitif n'attendra pas la fin de la législature actuelle (1).

Avant d'examiner les dispositions les plus importantes du nouveau projet de loi, il semble intéressant de passer rapidement en revue la législation étrangère relative au placement des aliénés. A vrai dire, cette législation étrangère ne vaut pas beaucoup mieux que la nôtre. Elle lui est même très inférieure dans certains pays. Mais il y a toujours profit à étudier les errements des autres, ne fût-ce que pour en éviter soi-même les inconvénients.

L'Angleterre, à qui l'Assistance publique peut emprunter tant de bonnes mesures, ne nous en offre pas beaucoup à copier en ce qui concerne le régime des aliénés. On sait d'ailleurs que dans le Royaume « Uni », l'ensemble de la législation n'est pas commun à l'Angleterre, à l'Écosse et à l'Irlande.

En Angleterre, les aliénés sont divisés en deux catégories tout à fait différentes au point de vue administratif : aliénés interdits, ou *aliénés du lord chancelier;* et aliénés non interdits, de beaucoup les plus nombreux.

Pour obtenir le classement d'un malade parmi les premiers, il faut d'abord adresser à la chancellerie une demande en interdiction, qui doit être communiquée au sujet. Celui-ci a le droit d'exiger la convocation d'un jury spécial, devant lequel il comparaît librement, assisté de défenseurs ; il cite des témoins, des aliénistes favorables à son cas, etc. C'est une vraie procédure, et l'on y remarque ce respect de la liberté individuelle cher à tout Anglais. Si le jury constate la réalité de l'aliénation mentale, ou bien si le prétendu malade n'a pas réclamé la convocation du jury, l'interdiction est prononcée par l'un des deux *masters* chargés d'exercer les fonctions judiciaires au nom du lord chancelier. Mais le malade a encore le droit d'appeler de cette décision à la Cour. Si la cour maintient l'interdiction, le *master* nomme deux tuteurs, l'un pour les biens, l'autre pour la personne de

(1) Le rapport de la commission chargée d'examiner la proposition de M. Joseph Reinach a été déposé le 21 décembre 1891.

l'aliéné. Le second, dont la mission est gratuite, peut confier son pupille à un asile public ou privé, ou le faire soigner à son domicile ou en tout autre lieu. Il doit l'aller voir une fois au moins par trimestre, et adresser tous les six mois, à la chancellerie, un rapport sur son état de santé.

Il existe en outre trois *visitors*, recrutés parmi les aliénistes les plus autorisés. Ils ont mission d'examiner chaque malade au moins deux fois par an, et saisissent les *masters* de toutes les questions intéressant le sujet, et pouvant modifier sa situation.

Quant aux aliénés non interdits, la procédure qui les concerne est plus simple. En dehors des asiles publics pour « lunatics », dans lesquels ils peuvent être placés, il existe des établissements privés en nombre d'autant plus considérable que chacun est libre d'en fonder d'aussi peu importants qu'il lui plait ; même, à l'occasion, pour un seul pensionnaire. La demande d'admission, faite par un parent ou un ami, doit être accompagnée de deux certificats médicaux. Ces pièces sont immédiatement copiées sur les registres de l'établissement, puis une seconde copie est adressée au *Board of commissioners in lunacy*, bureau central des aliénés d'Angleterre.

Les aliénés indigents sont internés à la requête d'un juge de paix, ou du ministre de la paroisse assisté, soit d'un employé de la « Public charity », soit de l'inspecteur des pauvres.

En Angleterre comme chez nous, l'internement peut aussi être ordonné d'office ; mais ce n'est plus l'autorité administrative qui a ce pouvoir : c'est la justice, représentée, dans l'espèce, par deux juges de paix, agissant collectivement, ce qui rend bien moins faciles les séquestrations arbitraires.

On voit que, relativement à l'admission des aliénés dans les établissements, la liberté individuelle est mieux protégée en Angleterre qu'en France. Mais cette protection s'arrête là. En effet, chez nous, l'aliéné, sa famille, ses amis, ou toute personne s'intéressant à son sort, peuvent saisir la justice d'une demande de mise en liberté, et la justice a le droit d'ordonner son élargissement. En Angleterre, ce droit n'appartient qu'aux *commissioners*, fonctionnaires d'ordre administratif.

Il est vrai qu'une telle disposition, qui dans d'autres pays pourrait autoriser des séquestrations injustes et arbitraires, n'est pas à redouter chez un peuple où le respect de la liberté individuelle *des citoyens anglais* est tellement inné et indestructible que le fonctionnaire le plus despote ne songera jamais à y attenter, et saura toujours résister aux invitations qui lui viendraient d'en haut, si, par impossible, les gardiens naturels de la Constitution oubliaient leurs devoirs.

En Écosse, il n'y a qu'une seule catégorie d'aliénés, et les placements d'office ne diffèrent pas des placements volontaires. Nul internement ne peut être opéré sans l'ordonnance du sheriff, accompagnée de deux certificats médicaux. En cas d'urgence attestée par certificat, l'admission provisoire est autorisée sans attendre l'ordonnance du sheriff, mais la situation doit être régularisée dans les trois jours. Dans la semaine, le sheriff doit faire informer de tout internement le *Board of commissioners in lunacy* d'Édimbourg, auquel le directeur de l'asile doit, dans la quinzaine, faire parvenir toutes les pièces justificatives de cet internement.

En cas de guérison constatée, ce directeur a le devoir de mettre en liberté son pensionnaire, en notifiant cette sortie au *Board of commissioners*. Toute personne peut requérir cette mise en liberté en présentant une ordonnance du sheriff, rendue sur le vu de deux certificats médicaux attestant la guérison.

La loi écossaise, on le voit, est, en somme, assez libérale.

L'Allemagne est constituée par tant de pays de mœurs et de coutumes diverses, qu'il est difficile d'en expliquer la législation générale relative au régime des aliénés. Notons cependant qu'en Prusse les établissements publics sont réservés aux placements d'office, les asiles privés aux placements volontaires. Dans le grand-duché de Bade, l'internement doit être demandé, par la famille ou le tuteur du malade, à l'autorité municipale de sa commune, et ne peut être opéré que sur la déclaration conforme du conseil municipal, accompagnée d'un certificat du médecin traitant, et de celui du médecin officiel de la commune. L'internement peut d'ailleurs être provoqué d'office, en observant les prescriptions réglementaires.

En Autriche, il n'y a pas de loi sur la matière, qui est régie par des ordonnances ministérielles. Le placement ne peut avoir lieu qu'en vertu d'un certificat médical, mais le praticien qui le délivre doit être domicilié dans la commune ou dans le « cercle » du malade, ou tout au moins approuvé par un confrère y résidant. L'autorité publique peut ordonner des placements d'office, mais, alors même, le certificat médical est nécessaire.

Dans tous les cas, l'internement n'est que provisoire. L'autorité judiciaire seule a pouvoir de le rendre définitif (à moins que le malade, mineur de vingt-quatre ans, soit encore en puissance paternelle). A cet effet, le médecin de l'asile informe, dans les vingt-quatre heures de l'entrée, le tribunal de première instance, qui confirme l'admission, ou s'y oppose.

Une disposition remarquable est celle qui donne aux personnes ayant requis le placement de l'aliéné le droit absolu de requérir sa sortie, même s'il s'agit d'un fou dangereux. Seulement, dans ce cas, ces personnes doivent prouver, à l'appui de leur requête, que les mesures sont prises pour l'internement immédiat du malade dans un autre établissement, ou pour qu'il soit gardé à vue.

En Belgique, le placement d'office est prononcé par l'autorité municipale, ou, s'il y a urgence, par le bourgmestre, qui en réfère à l'autorité municipale. En cas de folie dangereuse, le commissaire de police, ou la députation permanente, peuvent ordonner l'internement. Le gouverneur jouit aussi de ce droit, sauf à en rendre compte à la députation permanente.

Les placements volontaires exigent des formalités différentes, selon qu'il s'agit d'un aliéné interdit, ou non interdit. Dans le premier cas, le conseil de famille décide, sur la demande écrite du tuteur. Dans le second cas, la demande faite, comme chez nous par un parent ou un ami, doit être accompagnée du certificat d'un médecin non attaché à l'asile désigné, et visée par le bourgmestre, la députation permanente, ou, en cas d'urgence, par le gouverneur de la province.

En ce qui concerne la sortie, qui peut être prononcée d'office, il appartient à toute personne de la demander à la justice, comme en France ; mais, au lieu de faire l'objet d'une délibération du tribunal, elle exige simplement une sentence du président statuant en référé.

En Hollande, ou l'intervention judiciaire est obligatoire, il faut remarquer que la détention est proportionnée en durée au degré de la juridiction qui l'a ordonnée.

En Italie, c'est encore la justice qui prononce. Tout citoyen a le droit de demander au syndic ou à l'autorité préfectorale l'internement, en joignant à l'appui de sa demande un certificat médical. Mais l'administration, qui peut ordonner le placement d'urgence, ne peut l'ordonner qu'à titre provisoire, et, dans les quinze jours de l'admission, le directeur de l'asile doit adresser un rapport détaillé au tribunal, qui décide s'il y a lieu de maintenir l'internement. Si, au bout d'une année, le malade n'est pas guéri, le parquet requiert d'office son interdiction. La justice seule peut aussi accorder la sortie, même si le malade est entièrement revenu à la raison.

En Russie, lorsque l'autorité a connaissance d'un cas d'aliénation, elle le fait examiner par une commission mixte, composée de médecins, de fonctionnaires et de magistrats, qui prononce, s'il y a lieu, l'ordre de placement provisoire, et saisit le Sénat de la question. Le Sénat décide en dernier ressort. Dans le cas de l'affirmative, les biens de l'aliéné sont confiés à ses héritiers, et l'aliéné lui-même est remis à sa famille. Si celle-ci ne peut le soigner, ou s'y refuse, le malade est interné dans un asile.

La guérison entraîne la sortie provisoire, mais la mise en liberté définitive n'est accordée que par le Sénat, qui rend en même temps à l'intéressé l'administration de ses biens.

Aux États-Unis, la législation varie suivant les États. Il serait trop long de l'étudier en détail. On y observe presque partout, au reste, l'obligation de l'intervention judiciaire.

En résumé, dans aucun pays, le régime des aliénés n'est organisé d'une manière vraiment satisfaisante. Il reste à apprécier les modifications à la loi de 1838, introduites par le Sénat dans le projet de loi qu'il a adopté les 14 décembre 1886 et 11 mars 1887, et celles qu'y ajoute la proposition de M. Joseph Reinach.

Alfred MUTEAU.

(*A suivre.*)

LA QUESTION D'IRLANDE[1]

III[2]

Le projet de *home rule*, tel que nous l'avons formulé dans notre précédent article, présente au moins deux très grands avantages sur ses rivaux : c'est son origine anglaise, et c'est surtout la personnalité de son inventeur.

L'Angleterre, pas toute l'Angleterre, mais sa meilleure partie, reconnaissant le crime de lèse-nation, commis envers l'Irlande, est enfin entrée dans la voie de la réparation, et du repentir efficace. Son bon mouvement lui a été inspiré par la vibrante parole de son plus glorieux homme d'État, M. Gladstone.

Bien captivante figure que celle de ce *great old man*, (G. O. M.), resté jeune de corps, d'esprit et de cœur, à plus de quatre-vingts ans, et qui se délasse de ses fatigues parlementaires en fendant les chênes de son domaine de Hawarden, ou en commentant Homère. Il y a en lui du Fox et du Cavour, avec quelque chose d'antique à la Plutarque. Comme celle du sympathique défenseur de 89, sa large intelligence s'ouvre à toutes les idées généreuses d'où qu'elles soufflent, même si c'est de France. Comme Fox, il joint le don de l'émotion à celui plus rare de la communiquer, et, par ce don de s'enthousiasmer et de s'indigner, il est plus grand homme encore que grand Anglais. Ce n'est pas lui qui bannit, à l'instar de ses plus illustres compatriotes, le sentiment de la politique : le sentiment est le principal ressort de la sienne, il en fait quelquefois la faiblesse, plus souvent la force, l'excuse toujours. L'orateur, qui fut pour toute l'Europe

---

(1) Au nombre des ouvrages qui nous ont fourni les plus précieux documents, figure celui de M. Dicey : *England's case against home rule*, livre doctrinal non moins remarquable par la hauteur des vues que par la science de l'écrivain ; — la *Contemporary Review* (February 92), l'article intitulé : *Colonial opinion on home rule*, E. J.-C. Morton ; — *the Parnellite split or the disruption of the Irish parliamentary party from the Times, with an introduction*; — *Distressed Ireland : Illustrated letters from the* Daily Graphic, *commissioners*, T. W. Russel and C. J. Staniland ; enfin plusieurs renseignements pris sur le vif et qui nous ont été communiqués par notre ami et collaborateur M. G. Boucher.

(2) Voir la *Nouvelle Revue* des 1er et 15 août 1892.

l'écho sonore de la souffrance bulgare, et presque, dans le ministère, l'avocat des Boërs contre l'injustice de sa patrie, il y a longtemps que le malheur de l'Irlande l'avait touché, bien longtemps
avant qu'il devînt le champion de l'île déshéritée. Tout d'abord,
ce malheur l'avait sollicité comme un problème à résoudre, comme
une irritante énigme, posée par la nature et l'histoire à sa curiosité de chercheur. Et puis, par une pente insensible, il s'est attaché à l'objet de sa recherche, et il l'a pris en affection. Génie
ondoyant et divers au point de paraître versatile, il ignore les
entêtements sublimes, contre l'évidence des faits, où l'inintelli-
gence entre pour moitié avec l'orgueil; il sait se modifier avec
les choses, il comprend. Au même degré que le créateur de l'unité
italienne, il possède cette faculté si précieuse de se renouveler
soi-même incessamment et de varier des moyens qui tendent toujours à une même fin. C'est merveille de le voir, depuis trente ans
qu'il a entrepris la question d'Irlande, essayer de tous les remèdes,
sans en excepter la rigueur, multiplier les expériences, frapper
à toutes les portes, et progressivement se rapprocher de la vérité
jusqu'à ce projet de *home rule* qui est, pour ainsi dire, la dernière
relâche avant l'arrivée dans le port.

Autour de ce projet s'est livrée la grande bataille électorale
de juillet dernier. Phare pour les uns, épouvantail pour les autres,
sur lui convergeaient tous les regards des quatre points cardinaux du Royaume encore uni. Dans le camp libéral victorieux,
sans doute il faut ranger les partisans de la journée de huit
heures, ceux du *desestablishment* de l'Église épiscopale en
pays gallois. Mais ils n'ont figuré dans la mêlée qu'en qualité
d'auxiliaires et comme des forces d'appoint. Au-dessus de la
forêt des questions secondaires « tel, parmi les joncs, un cyprès »
tout le temps s'est dressée la question du *home rule*. Après
comme avant et pendant le combat, elle a conservé sa position
prédominante. Le bataillon irlandais qui, en inclinant à droite
ou à gauche, peut déplacer l'axe de la majorité, tient la clef de
cette position, C'est donc le moment de se demander ce que serait pour l'Irlande la constitution gladstonienne (celle du moins
de 86) et dans quelle situation elle établirait la vassale vis-à-vis
de la suzeraine.

La constitution gladstonienne dont nous avons tracé l'esquisse
est, avant tout, un compromis entre les aspirations de l'Irlande

et les répugnances de l'Angleterre. C'est un essai, à la fois hardi et ingénieux, de combiner dans un système unique le *home rule* colonial et le *home rule* fédéral.

Il ressemble au premier par deux traits : le pouvoir exécutif en Irlande est, dans une certaine mesure, réservé à un gouverneur, représentant de la métropole; celle-ci conserve le droit (strictement délimité d'ailleurs) de légiférer pour celle-là. Il rappelle le second par la taxe contributive que l'Irlande est tenue de verser annuellement dans le trésor anglais, et par la création d'un tribunal suprême.

On aperçoit tout de suite les avantages de cette quatrième forme du *home rule*. Elle satisfait le désir immédiat de millions d'Irlandais; la législature britannique est débarrassée de l'obstruction. L'Angleterre est garantie contre toute tentative révolutionnaire du Parlement de Dublin. Voilà l'endroit de la médaille ; voici maintenant son revers, car il y a malheureusement un revers.

La suprématie de la Grande-Bretagne, qui semble respectée, est, en réalité, menacée. Le Parlement de Westminster pourrait-il, de par sa seule volonté, modifier la constitution? Oui, s'il est souverain, et sa souveraineté subsiste en principe. Mais alors, à quoi sert le Parlement impérial qui doit comprendre les représentants des Trois-Royaumes, si celui de Londres, à lui tout seul, a des pouvoirs égaux aux siens? Il n'est plus qu'un rouage inutile, un mensonge qu'il faut supprimer, pour qu'un jour, s'il prend à l'Angleterre la fantaisie d'user de son droit, on ne puisse pas l'accuser de mauvaise foi. Certes, cela serait loyal, mais cela serait impolitique. La clause que nous critiquons, n'est pas une contradiction échappée à l'inadvertance de Gladstone. Il n a pas fait ce qu'il a voulu, mais ce qu'il a pu. C'est à dessein que l'habile homme d'État, obligé de louvoyer entre des prétentions rivales, s'est réfugié dans l'équivoque.

Le projet, qui pèche un peu par défaut de franchise, blesse aussi la justice. Est-il équitable que l'Irlande contribue aux dépenses d'empire, et cela au moment même où elle perd sa voix à la politique impériale? Cette contribution, qui aura tout l'air d'un tribut imposé et subi, l'appauvrira, l'humiliera, et, par là, ira directement à l'encontre du but que poursuit le *home rule* qui est de la satisfaire. M. Gladstone a si bien compris l'objection qu'aujourd'hui, il semble disposé à satisfaire le vœu de l'Irlande et à lui accorder une représentation au Parlement de Westminster.

D'autre part, les individus seront-ils efficacement protégés contre une éventuelle oppression? La minorité protestante ne sera-t-elle pas exposée au despotisme populaire de la majorité catholique? Sans doute, par les clauses du pacte, l'Irlande s'engage à la tolérance. Mais, si, emportée par la passion, elle franchit ses limites, comment l'obligera-t-on à y rentrer? J'entends bien qu'on a deux armes contre elle. Le *veto* du lord-lieutenant, et le recours au comité du conseil judiciaire. Mais le *veto* est un droit théorique dénué de sanction pratique. Qu'arrivera-t-il si le Parlement irlandais s'entête? On en appellera au comité, le tribunal fédéral de la constitution gladstonienne. Mais on se heurtera à la même difficulté que tout à l'heure : comment assurera-t-il l'exécution de sa sentence? Même en Amérique, où ce tribunal a pour lui la tradition et le sentiment public, il n'y a pas toujours réussi, et l'on peut citer l'exemple du président Jackson lui-même, qui, s'insurgeant contre un arrêt du juge suprême, a osé dire : « John Marshall a prononcé son verdict, qu'il le fasse exécuter, s'il peut. »

Et puis la composition anglaise de cette cour, siégeant à Londres, n'enlèvera-t-elle pas, d'avance, à ses décisions toute autorité morale?

Les garanties dont nous parle le projet sont donc illusoires, si elles ne sont pas confirmées par la sagesse du peuple irlandais.

A mesure qu'on s'enfonce davantage dans cette analyse, les objections se multiplient. Un juge irlandais appliquera-t-il dans l'île une loi anglaise, contraire à la constitution gladstonienne qu'il a jurée? Les soldats ne pourront-ils se trouver placés entre deux devoirs contradictoires? Supposons qu'au cours d'une émeute un insurgé soit tué par eux; qu'arrivera-t-il s'ils sont poursuivis comme criminels devant un tribunal d'Irlande L'Angleterre souffrira-t-elle qu'ils soient condamnés?

La constitution nouvelle gênerait le fonctionnement des institutions anglaises. Il n'est pas sûr que le Parlement britannique pourrait supprimer la Chambre des lords, augmenter ou diminuer le nombre des députés aux Communes, car ces réformes modifieraient indirectement l'importance relative de la représentation irlandaise dans le Parlement impérial. Sur tous ces points, le projet est muet, intentionnellement.

Cette ambiguïté et cette obscurité sont voulues. Mais fermer les yeux au péril, n'est pas le supprimer. La constitution américaine ne disait rien non plus de l'esclavage, rien du droit d'un État de se retirer de l'Union, et nous ne voyons pas que son silence ait prévenu la guerre de sécession.

Ainsi ce projet, très courageuse et très habile tentative de conciliation, présente des lacunes et des défauts qui tiennent non à l'homme mais aux choses, et sur lesquels il fallait faire la lumière. Et pourtant il devait être et a été accepté par l'Irlande comme l'offre d'un bienfait.

Les peuples ont le devoir d'être égoïstes et l'Angleterre, qui n'y a jamais manqué, ne saurait, dans l'état actuel et tout d'un coup, consentir à l'affranchissement complet de sa sujette. Or, le *home rule* gladstonien, plus riche peut-être en lointaines conséquences que ne l'a rêvé son auteur, est la transition nécessaire entre l'union d'aujourd'hui et la séparation d'après-demain.

L'indépendance : telle est la solution définitive qui donnerait à l'Angleterre la paix, à l'Irlande la prospérité.

Certes, le divorce serait suivi d'une période un peu confuse où, des deux côtés, on tâtonnerait. Un si radical changement de régime et d'habitudes ne s'accomplirait pas sans un trouble passager dans l'existence des deux ex-conjoints. Ils manquerait quelque chose à l'Angleterre débarrassée du fardeau de la domination, et l'Irlande s'ennuierait peut-être un peu (on s'attache même au malheur!) de ne plus souffrir. C'est pourquoi le *home rule*, qui n'est que la séparation de corps préliminaire, serait une excellente école préparatoire à la liberté réciproque. Mais, au bout du compte, après un stage plus ou moins court dans cet état intermédiaire, rendue à elle-même, chacune des deux victimes de ce long mariage forcé n'aurait qu'à se féliciter de la rupture d'un lien si incommode à l'un, si douloureux à l'autre.

La première partie au moins de cette assertion semble paradoxale. Et, de fait, il serait puéril de nier que la séparation expose l'Angleterre à quelques risques et à quelques inconvénients. Ce désaveu solennel qu'elle s'infligerait à elle-même et à tout son passé, l'atteindrait momentanément dans son prestige, sa force vive, non pas aux yeux des philosophes et des moralistes, mais du monde qui ne juge ni d'après la morale ni d'après la philosophie. Il est admis par bien des gens, dont l'ensemble fait l'opinion,

qu'il est moins dangereux à un peuple de se tromper que de confesser son erreur, et que le plus sûr moyen de la réparer est
encore d'y persévérer. On ajoute que l'indépendance de l'Irlande
signifierait bientôt son hostilité, qu'elle placerait l'Angleterre
sous la menace perpétuelle d'une coalition entre le gouvernement de Dublin et l'étranger ; qu'outre le tort matériel et le danger éventuel, il résulterait de la séparation pour la Grande-Bretagne plus d'un préjudice matériel : une diminution très sensible
dans ses ressources d'hommes et d'argent, en même temps qu'une
aggravation des charges du Trésor tenu d'indemniser les landlords
dépossédés. Et enfin, comme dernier trait, l'éternel argument :
l'Angleterre engagée d'honneur à ne pas trahir les hommes qui
ont mis leur confiance en elle, à défendre les orangistes d'Ulster
contre la rancune irlandaise.

L'événement a prouvé que l'Ulster était bien le principal
obstacle à la réalisation du plan gladstonien et à tout projet
séparatiste. En juin, dans la période d'effervescence qui a précédé les élections, une assemblée monstre s'est réunie à
Belfast, meeting « sans parallèle dans l'histoire de l'Irlande »,
qui englobait des représentants de toutes les classes et de tous
les cultes de la province de Belfast : « de vigoureux libéraux côte
à côte avec d'obstinés conservateurs, des épiscopaliens, des pres-
bytériens, des méthodistes, des congrégationnalistes et de loyaux
catholiques romains ». Encouragés par les prophéties du marquis de Salisbury, claires encore qu'hypocrites excitations à la
guerre civile, les orateurs ont tenu un langage révolutionnaire.
Ils ont affirmé leur volonté de rester Anglais, envers et contre
tous, même contre l'Angleterre : « Au trône et à la couronne de
l'Empire-Uni nous voulons rester attachés, a déclaré l'un d'eux,
et devant le parlement de la Grande-Bretagne, seul, nous incli-
nerons notre hommage. » Et dans un autre discours : « Laissez-
nous en paix dans la jouissance absolue de notre nationalité ou
bien employez une armée anglaise, pour nous en expulser. Rien
que la force et la violence ne pourra terrasser le peuple d'Ulster,
et cette violence, elle sera appliquée par des Anglais à des Irlandais leurs frères par la chair et le sang. Quiconque votera pour
le *home rule* votera pour l'éternelle coercition appliquée à quelques-uns des meilleurs et des plus loyaux citoyens du royaume. »
Et pour conclure enfin, cette exclamation de défi : « Nous ne voulons pas du *home rule*. »

L'importance de cette convention n'est pas contestable; il ne faudrait pourtant pas se l'exagérer, en méconnaître le caractère théâtral. C'était dans l'esprit des manifestants un moyen d'intimidation avant la lutte, et jusqu'à un certain point, disons le mot, une gigantesque manœuvre électorale destinée à impressionner le vote. Au lendemain de l'action, les esprits seront plus calmes. D'ailleurs, il serait inique d'opposer les répugnances de la minorité de Belfast au vœu séculaire de tout un peuple. Par la crainte d'une injustice, ce serait verser dans une injustice plus grande. D'ailleurs, il n'est nécessaire de sacrifier personne. Il n'est pas impossible de trouver un moyen de conciliation. Si les populations du Nord s'obstinent dans leur attitude, ne pourrait-on, par exemple, les détacher de la législature de Dublin, rattacher par quelque lien ces Anglais d'Irlande (eux-mêmes proclament leur origine exotique) à leurs compatriotes d'Angleterre?

Voilà, toutefois, un tableau bien effrayant des difficultés que présente l'établissement de l'indépendance irlandaise. Mais la couleur en est singulièrement poussée au noir, et puisque nous sommes dans le domaine des hypothèses, il est facile de lui en opposer un autre.

Oui, l'indépendance irlandaise a ses périls, ses ennuis, mais très largement compensés.

Par elle, d'abord, est effacée la tache séculaire qui ternit le blason anglais. La justice est satisfaite. C'est peu de chose, je le veux; mais, enfin, c'est quelque chose et ce n'est pas tout.

La séparation n'est pas moins un affranchissement pour l'Angleterre que pour l'Irlande. Toutes les gênes que la domination entraîne à sa suite et que nous avons signalées, l'obstruction, la législation faussée, la machine gouvernementale détraquée, toutes ces misères s'évanouiront du coup, et la Grande-Bretagne sera débarrassée à jamais du boulet qui alourdit son essor. Le mot pittoresque et si vrai : « l'Irlande bloque la route » aura vécu !

Quant au péril dont on veut l'effaroucher, il est bien plus imaginaire que réel. Ainsi qu'il arrive souvent, les mots sont ici plus terribles que la chose. On nous représente l'Irlandais indépendant comme assoiffé de vengeance, prêt à entrer dans toutes les combinaisons dirigées contre son ancien tyran. Remarquons d'abord que, si tel est son désir, ce n'est pas l'Union qui le retiendrait dans l'obéissance, je ne dis pas la fidélité. L'indépendance, pas plus que le *home rule*, ne crée un danger, il ne fait que dé-

chirer le rideau qui le cachait. Mais tout cela n'est que vagues
suppositions suggérées par la crainte de l'inconnu. La vérité est
que l'Irlande, même libre, n'en continuerait pas moins, demain
comme aujourd'hui, de n'être que la pauvre et faible voisine de
la riche et puissante Angleterre. Et en vertu de cette loi de gra-
vitation qui régit les relations des États entre eux, la petite île
serait condamnée à n'être que le satellite de la grande. Si la
reconnaissance toute seule ne produisait pas l'attraction, il resterait l'intimidation. De toutes façons, les hommes de Dublin
chercheraient leur point d'appui de l'autre côté du canal. Mais,
mieux encore, le cabinet de Saint-James aurait bien autrement
de prise sur une Irlande indépendante que sur une Irlande sujette, envers laquelle, bon gré mal gré, il est obligé à de certains
devoirs, tenu de certains ménagements! Ne voilà-t-il pas bien là
une raison machiavélique de nature à émouvoir l'impassible
raison d'État?

Mais ce qui nous paraît infiniment plus vraisemblable, c'est
qu'à Londres on n'aurait à recourir ni à la crainte ni à la force. En
supprimant la cause on supprimerait l'effet : supprimée la domination, supprimée la haine. Entre peuples, les blessures, lorsqu'elles ne constituent pas une lésion permanente, sont oubliées
aussi vite que cicatrisées, ils ne se laissent guider ni par la rancune ni par la gratitude. N'a-t-on pas vu la Hollande, à peine
libre, se liguer avec l'Espagne, abhorrée la veille, contre la France
qui avait concouru à sa délivrance, et de nos jours, n'a-t-on pas
assisté à cette piquante comédie : Alexandre de Battenberg,
presque au sortir des conférences de Berlin, et à la face de
l'Europe, se tournant vers Constantinople et concluant avec le
sultan un bel et bon traité défensif, apparemment dirigé contre
le czar son libérateur? Et enfin, plus près de nous, le fils de Victor-
Emmanuel, infidèle à la révolution et au génie latin, n'a-t-il pas
mis sa main dans celle du chef de la maison de Habsbourg? Aujourd'hui, c'est l'union de l'Angleterre et de l'Irlande qui les
divise; séparez-les, et vous les réconcilierez. — Tout se ramène
en somme à un calcul de probabilités. Il ne s'agit que d'établir
une balance entre les pertes et les profits éventuels, de l'union
comparée à l'indépendance. Dans cette balance, c'est la seconde
qui, visiblement, l'emporte.

Et d'ailleurs, l'Angleterre est acculée à ce dilemme : gouvernement d'opinion elle appliquera en 1892 le régime de l'auto-

crate François II, qui mettait des Italiens en Hongrie et des Hongrois en Italie; et cela sans Metternich; elle devra mettre des Anglais en Irlande et des Irlandais aux Antipodes, pratiquer la compression à outrance, multiplier les lois de coercition, régner par le fer et le sang; ou bien elle acceptera franchement le principe démocratique qui est le sien avec toutes ses conséquences; elle prendra son parti de relever sa victime et de la réintégrer dans sa dignité de nation.

Car l'Irlande en est toujours une, en dépit de plusieurs siècles de servitude.

Elle souffre de la même souffrance que l'Italie aux temps proches encore où celle-ci n'était qu'une « expression géographique », et elle ne pourra être sauvée que par le même remède.

L'indépendance, avant d'être le vœu de l'Irlande, a été le vœu de la nature elle-même et qui s'est affirmé dans le langage le plus clair, par le ciel, par le sol, par la race. Raisons de sentiment que tout cela! objecteront dédaigneusement les esprits positifs de qui dépendent les destinées de l'île sœur; oui, mais qui se traduisent en faits, puisqu'elles agissent sur l'âme des peuples et dont les chefs d'un gouvernement populaire, s'ils sont logiques avec eux-mêmes, n'ont pas le droit de faire fi. Et si ces considérations leur semblent vagues, qu'ils interrogent sincèrement l'histoire. L'histoire, comme la géographie, répond qu'à la racine du mécontentement irlandais (*irish discontent*) il y a le sentiment national froissé. Pour en venir à bout, on a dit, au commencement du siècle : « Si vous voulez que l'Irlande se taise, donnez-lui la liberté de conscience, supprimez l'église épiscopale; » et on a accordé la liberté de conscience, et on a supprimé l'église épiscopale; mais le mécontentement a persisté. Et alors, ceux qui aiment à expliquer les grands effets par les causes, sinon petites, du moins plus petites qu'eux, réduisant la question d'Irlande à la question de la terre (quand ils n'allaient pas jusqu'à réduire la question de la terre à celle de la pomme de terre), se sont écriés et s'écrient en chœur : « Faites des tenanciers une classe de paysans propriétaires », et l'Irlande se calmera. Et le législateur, s'inspirant à plusieurs reprises de ces conseils, sans aller pourtant jusqu'à leur extrême conclusion, a tenté d'adoucir la condition du fermier. Et le mécontentement a persisté. On parle de racheter en masse toutes les terres qui appartiennent à des étrangers et d'en faciliter l'acquisition aux indigènes ; ce sera, sans doute, une nouvelle déception ajoutée à tant d'autres. De guerre lasse, la série des remèdes empiriques étant usée, d'aucuns ont accusé « la perversité du naturel irlandais » ; pareils à ces savants du moyen âge qui, ne pouvant se rendre compte rationnellement de je ne sais quel phénomène physique, l'expliquaient par l'horreur de la nature pour le vide.

Il serait trop désagréable d'ouvrir les yeux et de voir tout simplement ce qui est, d'admettre que ce mécontentement irlandais a sa source nullement mystérieuse dans la violence faite au sentiment d'une nation qui a conscience de son individualité et aspire à la plénitude de l'être ; que, derrière la question religieuse, derrière la question agraire, il y a l'éternelle question politique ; car c'est là, et non ailleurs, que gît la raison dernière de ce spectacle que nous avons sous les yeux : la loi en conflit avec le droit , la loi violant le droit éternel, non pas celui à l'abri duquel tel diplomate autrichien plaçait ses convenances, mais celui qui est gravé au cœur des peuples ; des Fenians, Boycotters, Moonlighters représentant, à leur manière sauvage, le droit contre le policeman et le soldat qui ne représentent que la loi ; le désordre arrivé à ce point que le seul moyen de triompher des infracteurs de cette loi est d'en faire des législateurs.

Alors, tout rentrera dans l'ordre. L'indépendance est un pouvoir vivifiant. Donnez-la aux Irlandais. Sans doute, elle ne fera pas qu'une terre pauvre offre demain toute seule la nourriture qu'il faut lui arracher aujourd'hui ; elle ne transformera pas, en un jour, la lande aride en terre fertile, mais attendez un peu. Bientôt elle provoquera des activités nouvelles, éveillera des aptitudes qui s'ignorent, suscitera des énergies latentes. Elle produira un peuple de marins qui, par delà les mers, iront chercher la richesse pour en doter la patrie pauvre. Et qu'on ne parle pas de rêve et d'utopie ; le sentiment national, ce grand magicien, n'en serait pas à son premier miracle. N'est-ce pas lui qui, des marécageux Pays-Bas, a fait les riants pâturages de la Hollande, qui a régénéré l'Amérique du Sud, qui a créé la Grèce et qui est en train de métamorphoser les principautés Danubiennes ?

Qu'enfin, si vous doutez encore de la nature du mal Irlandais et du traitement où est le salut, écoutez plutôt cette plainte qui monte de la terre de souffrance :

« O cher Paddy, avez-vous appris
« La nouvelle qui circule ?

« La loi défend au Trèfle

« De croître sur le sol irlandais.

« On tue les hommes et les femmes qui arborent le vert de l'Irlande.

.   .   .   .

« Si la couleur que nous devons porter

« Est le cruel rouge de l'Angleterre,

« Qu'il soit fait, ce rouge, de tout le sang que « la pauvre « vieille Irlande » a répandu. »

Cri de désespoir! après la chanson vague, venue on ne sait d'où et adoptée par la douleur anonyme de tout un peuple. Que nous voilà transportés loin, par lui, des raisonnements des froids docteurs!

A une pareille misère, quel autre remède que la liberté? La liberté, fée bienfaisante, dont la baguette fera jaillir hors des haillons de « la pauvre vieille Irlande » une jeune et joyeuse Erin!

Paul **HAMELLE**.

LES NUITS DU BOSPHORE[1]

TROISIÈME PARTIE

La pente que suivait Marie était funeste. Si elle avait eu la franchise de reprocher à son mari les griefs qu'elle croyait fondés et que celui-ci ignorait, tout aurait pu encore être sauvé. Mais elle recula devant ce moyen si simple et si loyal, et se laissa dominer par l'astuce de Mᵐᵉ Moumdjane. Celle-ci avait sollicité depuis longtemps Marie de vouloir bien lui faire l'honneur d'une visite. La jeune femme, qui connaissait l'antipathie que Youssouf nourrissait à l'égard de l'Arménienne, avait toujours décliné cette invitation.

Cependant, un jour que Mᵐᵉ Moumdjane l'avait accompagnée au bazar, puis à Péra, où elle avait des achats à faire, Marie consentit par lassitude à s'arrêter quelques minutes dans le logement de la femme du docteur, rue Cabristan.

C'était une modeste maison en bois, surmontée d'un étage et d'un grenier et ayant une sortie sur les Petits-Champs. Une plaque en cuivre au nom du docteur était fixée au milieu d'une porte basse servant d'entrée. Puis venait un corridor où donnait la porte du cabinet de consultations. Au bout de ce corridor un escalier droit, en bois, conduisait aux chambres de l'unique étage.

Dans l'une d'elles, faisant un tapage infernal, étaient enfermés trois garçons de neuf à treize ans, aux cheveux bouclés, à la physionomie fine et intelligente des enfants arméniens. Mᵐᵉ Moumdjane les présenta à Marie avec un certain sentiment d'orgueil fort légitime.

— Ce sont mes enfants, dit-elle. Ils promettent de devenir aussi intelligents que leur père.

Marie fit aux bambins une caresse, ce qui les enhardit à re-

(1) Voir la *Nouvelle Revue* des 1ᵉʳ et 15 août 1892.

commencer leur tapage. Grâce à quelques bourrades maternelles
libéralement distribuées, les petits drôles s'enfuirent dans une
chambre à côté, où ils se tinrent relativement tranquilles.

— Mettez-vous donc à votre aise ! nous allons prendre du
café, dit Mᵐᵉ Moumdjane en s'empressant autour de la jeune
femme et en l'aidant à se débarrasser du *yachmack* qui cachait
ses traits. S'approchant alors de la porte donnant sur l'escalier,
elle cria :

— Irinie !

— *Cocona!* — Madame? — répondit une voix dans le lointain.

— Du café et des confitures !

Un moment après une jeune servante grecque, l'air très
éveillé, fit son entrée ; elle portait sur ses bras un plateau chargé
du nectar et des douceurs demandés. Elle déposa le tout sur une
table-guéridon placée près d'un large divan sur lequel Marie vint
s'asseoir.

Comme la servante allait sortir, Mᵐᵉ Moumdjane l'interpella
vivement en langage palicare, que Marie ne pouvait comprendre.

— Vous avez à vous plaindre de cette fille ? dit-elle quand la
mercuriale un peu longue fut finie et que la servante eut disparu.

— Ne m'en parlez pas, j'en suis outrée, dit Mᵐᵉ Moumdjane
de l'air le plus calme du monde. On n'a pas l'idée de la stupidité
de ces gens-là. Mon mari ne cesse de tonner contre l'arriérisme
où se complaisent les Turcs ; mais je puis bien vous assurer que
Grecs et Levantins ne valent guère mieux.

Et sans discontinuer, pendant une grande demi-heure,
Mᵐᵉ Moumdjane se mit à déblatérer contre la lèpre qui, disait-
elle, rend le séjour de Constantinople insupportable aux gens
doués d'une certaine délicatesse. Quand ce ne sont pas les Turcs
qui vous glacent avec leur éternel *back'alloum !* (nous verrons!)
ce sont les *raïas* de toutes nationalités qui vous volent, qui vous
pillent, qui vous égorgent, qui vous massacrent sous toutes sortes
de prétextes.

Marie, très amusée, s'attardait. Pourtant, songeant à l'heure,
elle se levait pour se disposer à prendre congé, lorsqu'un bruit
de pas d'homme se fit entendre dans l'escalier.

— Dieu ! s'écria la maîtresse du logis, comment faire?...
Et moi qui n'ai pas prévu !.. C'est lui !.. c'est le comte !

La jeune femme, ne sachant de qui il était question, et n'ayant d'ailleurs aucun soupçon de la manière adroite dont la mégère s'y était prise pour la faire tomber dans un piège infâme, se saisit aussitôt de son *yachmack*, dont elle voulut s'entourer le visage. Elle n'en eut pas le temps, car la porte s'ouvrit, et le comte Islénieff-Bellegarde fit son apparition en dévisageant Marie de son air le plus calme.

— Je vous demande humblement pardon, Mesdames, dit le nouveau venu ; je serais au désespoir si vous preniez ma présence pour un manque de respect, car, en entrant, j'ignorais que Madame fût ici.

Et ses yeux ne quittèrent ceux de Marie que lorsque celle-ci eut enfin réussi à rattacher son voile d'une main qui tremblait. Elle ne répondit rien, et se dirigea vers la porte de sortie.

— Mais, ma chérie, dit Mme Moumdjane d'une voix pleurarde, vous vous en allez comme si M. le comte avait voulu vous offenser... Restez donc un instant ! En somme, vous êtes chrétienne et française... Et puis, ce n'est pas la première fois que le comte vous voit sans voile !

Marie se souvint alors, en effet, qu'elle avait vu le comte plusieurs fois à Paris dans l'atelier de son père. Mais comme jamais elle ne lui avait parlé, c'était pour elle un inconnu. Elle répondit donc d'une voix que l'émotion faisait trembler :

— En devenant la femme légitime d'un Turc, j'ai par cela même pris l'engagement sur l'honneur de me soumettre à toutes les coutumes et à toutes les exigences du rôle que j'ai choisi de mon plein gré... Je comprends mal la présence de M. le comte — et dans ses grands yeux passa un éclair d'indignation. — Quant à vous, madame Moumdjane, en qui je croyais avoir une amie, c'est bien mal de vous prêter à de pareilles traîtrises !

Et elle se dirigea vers la porte sans regarder en arrière, laissant le comte cacher sous un sourire contraint le sentiment de sa déconvenue.

Mme Moumdjane la suivit, et on entendit sa grosse voix dans l'escalier essayer de prouver ou d'expliquer quelque chose.

L'impression que le comte Islénieff-Bellegarde avait faite sur Marie était positivement défavorable. Ce qui avait séduit cette dernière dans Youssouf, c'était son exquise délicatesse, cette bonté d'une âme rêveuse, implorant la confiance et s'y livrant tout entière. Le sans-gêne du comte l'offusquait ; elle y voyait moins un hommage à sa beauté qu'un mépris pour cette situation équivoque de femme de musulman.

En pensant à cet incident dans sa voiture qui la remenait au conak, elle s'irritait de plus en plus. Sa première impulsion fut de tout dire à Youssouf; mais elle réfléchit qu'elle avait beau avoir raison, le fait seul qu'elle s'était mise dans le cas de subir un tel outrage devait causer à Youssouf une impression défavorable qui rejaillirait sur elle.

C'est pour cette raison que, le lendemain, elle se décida même à recevoir Mme Moumdjane, qu'elle tança sévèrement et dont elle prit les protestations bruyantes pour de la monnaie de bon aloi.

Cependant ni la Moumdjane ni le comte Islénieff-Bellegarde ne se tenaient pour battus. Après un court conciliabule, il fut convenu que le comte écrirait à sa hideuse proxénète une lettre explicative que celle-ci viendrait montrer à Marie. Ce qui fut fait.

Cette lettre, écrite sur un aristocratique papier vélin légèrement parfumé, était rédigée dans un style élégant; les expressions en étaient choisies et pleines de respect pour Marie. A l'en croire, sa visite intempestive était due à un pur hasard; et c'était un véritable malheur pour lui, car désormais il se sentait perdu dans l'estime d'une personne qui avait tous les droits aux hommages les plus respectueux.

Cette belle protestation n'empêcha pas le comte de paraître partout où il espérait rencontrer la voiture de Marie, et d'exécuter sur son cheval toutes sortes de voltiges de haute école sous les fenêtres du palais du vieux Ruschdi.

Aïché et Emineh, de leur côté, ne désarmaient pas et poursuivaient leur œuvre de basses calomnies, mêlant la vérité au mensonge, accumulant les commérages. A les entendre, Marie encourageait les manœuvres compromettantes du comte... Elle se mettait à sa fenêtre lorsque celui-ci caracolait, et lui faisait des signes d'intelligence... Certainement les choses ne devaient pas se borner à un *flirt* platonique... Des rendez-vous avaient lieu... où?... on ne pouvait le savoir... La *ghiaour* était rusée... un vrai démon. Le comte était riche, il leur était donc facile de s'arranger et de cacher leurs amours.

Ruschdi-pacha, retenu au logis par son état de valétudinaire, avait les oreilles pleines de ces racontars. Il avait essayé d'appe-

ler l'attention de Youssouf sur tous ces faits. Celui-ci lui avait
répondu : *Bosch laf!* c'est-à-dire : Bêtises que tout cela !

Le vieillard, aiguillonné par Aïché, finit par se fâcher contre
ce qu'il appelait l'insouciance de son petit-fils pour tout ce qui
touchait l'honneur du foyer.

Un jour, il s'en expliqua assez vertement. Il reprocha à Youssouf d'être un esprit fort, un impie, qui, dans le contact des Occidentaux, avait perdu tout sentiment religieux. Car comment
expliquer la liberté qu'il accordait à cette *ghiaour* qui se conduisait si mal?

— Pardon, pacha effendi ! répondit Youssouf : on a abusé
de votre bonne foi... J'ai la certitude que tout cela n'est que calomnie !

— Eh bien ! que cela soit vérité ou mensonge, peu m'importe !
exclama le pacha. Mon petit-fils, les choses qui n'ont pas été vues
des hommes n'existent pas; mais celles dont on parle font du
mal tout en n'ayant pas existé. Le harem est un endroit de mystère défendu par des grillages contre les regards indiscrets. Rien
de ce qui s'y passe ne doit transpirer au dehors et servir de thème
à la médisance et aux récits scabreux !

Là-dessus Youssouf prit congé du vieillard. Il était impatienté et nerveux, et alla trouver Marie, qui fut un peu étonnée
de le voir entrer chez elle à une heure inaccoutumée.

— Ma petite femme, dit Youssouf en s'asseyant sur le divan
et en prenant les mains de Marie dans les siennes, je ne veux
rien te dire de désagréable, mais cette manie qu'a prise ce maudit
comte russe de te suivre à la promenade et partout te fait le plus
grand tort... On en parle dans les harems, et le pacha vient de
longuement m'entretenir de tous ces commérages. Il y aurait un
moyen bien simple : ce serait de faire bâtonner cet individu, afin
de lui ôter l'envie de rôder autour de ma maison. Par malheur,
j'ai une position officielle qui m'empêche de provoquer un incident diplomatique. Certainement, si cela dure, j'irai jusqu'au bout.
En attendant, j'aime mieux te demander si, par quelque inadvertance, tu as pu sinon encourager, du moins pousser cet homme
à faire ce qu'il fait. Tu sais, tu es Parisienne. A Paris l'échange
d'un regard avec un homme est chose permise !

Il ne put achever. Marie avait fondu en larmes et sanglotait,
le visage enfoncé dans les coussins du divan.

— Oh ! je suis bien malheureuse ! gémissait-elle... Dans cette existence renferméc... avec toutes ces femmes haineuses... ce qui me donnait du courage c'était de savoir que toi, mon Youssouf, tu n'avais cessé de m'aimer... que tu avais confiance en moi... Et maintenant je vois que toi aussi, depuis quelque temps, tu te joins aux autres... Tout cela ne peut durer... Il faut que d'une manière ou d'une autre cette existence prenne fin.

Et la pauvre femme affolée se tordait les mains. Youssouf, très énervé, tâchait, mais inutilement, de la calmer.

— Mais, ma chérie, disait-il, un peu de raison, je t'en supplie! Pense donc que si j'appelle ton attention sur toutes ces misères, c'est précisément pour assurer notre commun bonheur... Quand il y a un danger, on en parle et on s'arrange pour l'éviter.

— Non! non! laisse-moi! suffoquait Marie. Et sa plainte était tantôt perçante et lamentable, tantôt c'était un râle entrecoupé... Je m'en irai à Paris... Je sais que je serai compromise... peu importe! Là, du moins, on ne s'acharne pas contre une malheureuse femme!...

— Ma chère, dit Youssouf, dont la patience était à bout... je ne demanderais pas mieux que de vous assister dans cette crise de nerfs... A mon regret, il est temps pour moi que je me rende au palais... Je dois donc vous abandonner aux soins du docteur Moumdjane que je vais faire quérir...

Marie n'entendait plus rien. Une détente avait succédé à la crise, et elle restait étendue sur le divan dans une prostration complète.

Lorsque Youssouf se fut éloigné, elle se releva lentement, le visage tout changé et son front pur traversé d'un pli mauvais. Passant ses doigts écartés dans sa chevelure éparse, elle en rejeta les ondes en arrière d'un geste de défi hautain.

— Ah! on dit que j'ai un amant! s'écria-t-elle les dents serrées et la voix sifflante, que je n'observe pas le *setri-avret!*... Eh bien! je ne veux plus qu'on m'accuse à tort... Femme turque, je me conduirai en femme turque... Je serai dévergondée comme Aïché, méchante et menteuse comme Emineh!

Youssouf-bey souffrait beaucoup de tous ces caquets de femme qui avaient fini par semer la mésintelligence entre lui et Marie. Il redoubla d'attention, mais, à son grand étonnement, il constata quelques jours après cette dernière scène que le comte avait brusquement cessé ses promenades quotidiennes à cheval et n'apparaissait plus dans le voisinage ni dans les endroits où se rendait sa femme en voiture. Il en félicita Marie, qui ne dit mot ; mais il remarqua que les effusions si pleines d'abandon de la jeune femme avaient fait place à une soumission résignée. Évidemment, la Parisienne, si vive, si gamine dans son exubérance de jeunesse, s'était laissé gagner par l'Orient ; elle devenait indolente, un peu lourde et indifférente.

Quand il lui faisait remarquer ce changement, elle lui disait :

— Que veux-tu? Moi, je tâche de me faire à cette vie !... Toi, tu as ton service au palais... Je cherche à me distraire par les toilettes, les sucreries et le babillage des commères !... Mme Moumdjane m'a promis le récit d'un nouveau scandale de Mme Vernazza, la maîtresse de Coronini... Tout cela m'amuse maintenant. Peut-être est-ce parce que je m'ankylose, mon cher... Mais, bah ! si on jase moins à mes dépens, tout est pour le mieux !

Youssouf ne comprenait rien à ce changement; mais comme sa tranquillité ne fut plus troublée, il s'en montra satisfait.

Il voyait Beschmétieff fréquemment, et, quoiqu'ils fussent rarement d'accord, leur intimité, basée sur une estime réciproque, n'en souffrait aucune atteinte.

Un jour, il se rendit au palais de l'ambassade de Russie pour communiquer à Beschmétieff que le Sultan venait d'accorder à l'ambassadeur, prince Chadourski, l'autorisation de visiter un des cuirassés turcs ancrés vis-à-vis de Top'Hané. Cette permission avait été demandée par l'attaché militaire, comte Islénieff-Bellegarde.

Beschmétieff était au courant des bruits malveillants qui avaient couru sur la femme de son ami ; il n'ignorait pas la part odieuse que le comte avait à se reprocher dans cette affaire. Mais il était trop délicat, d'abord, et trop au courant des mœurs de l'Orient, ensuite, pour s'être jamais permis de faire à son ami la moindre allusion à ces bruits. C'est pourquoi il profitait de la visite de Youssouf pour entamer avec celui-ci de longues discussions qui ne concluaient à rien. Ce jour-là, Beschmétieff tâcha de convaincre Youssouf que la politique suivie par la Turquie devait être fatale au pays.

— Chaque concession que vous accordez aux capitalistes occidentaux, dit-il, est un lambeau que vous vous laissez arracher. Chaque jour, l'or de l'Occident s'accumule ici, mais les indigènes n'en profitent guère!

— Tout cela est bel et bon, mon cher Beschmétieff, répondit

Youssouf; mais la Russie actuelle serait-elle de taille à nous
couvrir si nous entrions dans la voie que vous indiquez?... La
veille de la convention de Chypre, nous vous avons prévenu que
nous avions besoin d'un appui, et que si vous nous refusiez le
vôtre, nous chercherions ailleurs. Eh bien! vous avez éludé la
réponse... Soyez franc, mon cher : si nous venions offrir à la
Russie le protectorat de tout l'empire, l'accepterait-elle?

— Mais en doutez-vous?

— Et très fort ; je crois que vous profiteriez de nos embarras
pour vous arrangez avec les autres... et à nos dépens!

— Comme vous jugez mal mon pays! Youssouf.

— Dieu m'en garde!... Je dis seulement que celui qui veut
tenir la corde ne doit pas se dérober devant les obstacles possibles... Vous vous êtes brûlé les doigts à Berlin, lors du Congrès,
et maintenant vous tenez à éviter toute complication. Dans ce cas,
souffrez que les autres s'arrangent entre eux comme ils peuvent!

Il était minuit passé quand Beschmétieff se rendit chez le
comte Islénieff-Bellegarde pour lui annoncer l'autorisation apportée par Youssouf.

Le comte habitait un magnifique appartement d'une maison
neuve en pierre située non loin et presque en face du collège impérial de Galata-Séraï, à Péra. Il était meublé avec un luxe emprunté à ce qu'ont produit de plus exquis l'Orient et l'Occident
réunis.

Il n'était pas encore rentré. Beschmétieff l'attendit sur le divan
du salon, et bientôt s'assoupit. Une heure venait de sonner à une
magnifique pendule de Boule placée sur la tablette de marbre
vert de la cheminée quand le comte parut.

— Mon cher, dit-il à Beschmétieff en lui serrant la main, je
suis heureux d'avoir renoncé à danser le cotillon, autrement
vous auriez passé la nuit à m'attendre!

Le comte, en effet, était en habit de soirée, et avait fort grand air.

— Et vous êtes content de votre soirée?

— Mais, oui!... La comtesse de Hasfield a eu un succès des
plus étourdissants... Quelle magnifique créature!

— Reste-t-elle encore longtemps ici, cette dame?

— Quelques jours seulement... Elle a hâte de revenir en
Russie, où le soin d'un procès important l'appelle.

— De quelle nationalité est donc la comtesse? demanda
Beschmétieff, intéressé sans trop savoir pourquoi.

— Son mari est Allemand, Prussien même... Elle, elle est Polonaise... Avec cela, patriote russe exaltée!

— Patriote russe! s'écria Beschmétieff très étonné... Ce patriotisme ne vous paraît-il pas tant soit peu suspect?

— En aucune façon! répondit le comte très tranquille... La comtesse a eu des déboires avec les siens... Et puis ses intérêts sont en Russie.

Beschmétieff n'insista pas et se contenta de hausser les épaules.

— Je viens vous dire, Islénieff, que j'ai eu la visite de Youssouf-bey. L'autorisation que vous avez sollicitée est accordée. Chadourski se rendra quand il lui plaira à bord du cuirassé, et vous pourrez l'accompagner.

— Merci pour la peine que vous vous êtes donnée. A propos! où en êtes-vous avec Youssouf?

— Nous nous voyons assez souvent. Nos idées ne sont pas les mêmes; mais Youssouf est un charmant et loyal garçon!... Vous avez bien fait d'abandonner la manie que vous vous étiez mise en tête de vous attaquer à sa femme!

— J'ai cessé la manie dont vous parlez une fois qu'elle est devenue inutile.

— Que voulez-vous dire par là?

— Une chose bien simple : je n'ai nul besoin de mettre le public dans la confidence de mes caprices quand j'ai toutes les facilités de les satisfaire en cachette!

— Vous plaisantez! Islénieff, exclama Beschmétieff, tout étourdi de la confidence... Comment pourriez-vous voir en cachette une femme cloîtrée dans un harem et que des eunuques ne quittent pas un seul instant?

— Ma foi, de la même manière que vous pouvez me voir en ce moment... Il est vrai que me regarder ne vous coûte rien, tandis que cette Moumdjane me soutire tant d'argent que je n'en puis plus!

Beschmétieff pensait que le comte voulait plaisanter. Celui-ci fumait tranquillement une cigarette qu'il venait d'allumer à la bougie de cire d'un flambeau.

— C'est à n'y pas croire!... Mais comment vous y êtes-vous pris?

— Par le vieux jeu, qui est le meilleur... Je lui ai fait une cour... un peu tapageuse, j'en conviens, pour la galerie... mais très res-

LES NUITS DU BOSPHORE. 77

pectueuse pour elle... Elle m'a d'abord traité fort mal, ne voulant
rien entendre... C'est la réplique forcée... Puis soudain elle s'est
adoucie... La galerie, comme toujours, avait travaillé pour moi...
Des différends avaient surgi au harem... Pour quelles raisons,
cela m'est égal!... Toujours est-il qu'elle s'est donnée à moi pour
se venger... C'est affaire à elle!... Les femmes ont toujours des
raisons spécieuses quand il s'agit pour elles de se livrer!

— Mais tout le plaisir, toute la vanité qu'un pareil succès
peut procurer, ne sont-ils pas empoisonnés par la conscience
d'avoir peut-être brisé une existence en arrachant la femme à ses
devoirs, en la jetant dans une voie infâme?...

Et Beschmétieff, sous l'impression de toutes ces idées, se leva
et se mit à arpenter la chambre d'un pas agité. Le comte Islénieff-
Bellegarde sifflotait entre ses dents. Quand Beschmétieff s'arrêta
devant lui pour attendre la réponse à sa question, il dit d'un air
de commisération :

— Vous, Beschmétieff, avec toute votre science, quand on
a des idées comme les vôtres, il faut se faire professeur de
morale ou pasteur anglican... J'ai brisé une existence, dites-
vous?... Eh bien! après?... Pour moi cette aventure n'est qu'un
vaudeville : vous tenez absolument que ce soit une tragédie!...
Admettons que son mari la tue, ou qu'elle se tue elle-même...
J'en serais désolé; mais je m'en consolerais avec l'idée que si
le malheur a voulu qu'elle me prît pour amant, un autre, à mon
défaut, serait arrivé quand même, et, somme toute, j'ai bien
fait de porter à mon avoir le plaisir qui s'offrait à moi.

— Mais alors l'homme qui porte préjudice à son prochain
est tout aussi peu responsable qu'un engrenage mécanique qui
brise les os d'un être humain? Il est horrible, votre raisonnement,
Islénieff!

— Vous oubliez que je n'ai commis aucun acte de violence...
Mᵐᵉ Youssouf s'est donnée spontanément. Elle n'est ni folle ni
mineure. Je sais que vous seriez de force, si une femme qui vous
plairait venait, toute rayonnante de beauté et d'amour, se livrer
à vous, à lui dire : « Ma chère, je le regrette, mais je ne veux pas
vous détourner du droit chemin : rentrez au foyer conjugal!... »
Non, mon cher Beschmétieff, nous ne sommes pas du même
acabit!... Vous, vous êtes un songe-creux!... vous vivez dans le
rêve!... Moi, je suis un esprit pratique... Je cherche à tirer
avantage de chaque chose!...

Le calme cynique du comte exaspéra Beschmétieff; toute l'honnêteté de sa calme et franche nature se révolta et monta de son cœur sur ses lèvres.

— Vous êtes un homme sans principes, dit-il avec indignation.

— Je suis plus diplomate et homme de cour que militaire, répondit le comte sans se démonter. Et vous, le savant et l'honnête homme, vous ne sentez pas la ridicule inutilité de votre rôle. Vous travaillez à des besognes ingrates, vous vous essoufflez, et vous ne vous apercevez pas que plus on vous emprunte de vos idées, plus on prend soin de vous laisser croupir dans l'ombre.

— Je travaille pour mon pays... je n'ai nul souci de succès personnel, répondit Beschmétieff.

— Avec cela, la Russie a beaucoup profité de ce que vous avez fait faire à Chadourski... Non, mon cher, tout cela est une piètre diplomatie... Pour faire de grandes choses, il faut d'abord avoir le pouvoir, et alors on peut montrer ce que l'on veut... Vous, mon cher, vous vous êtes laissé deviner trop vite, et toutes les précautions sont prises pour vous empêcher d'arriver. L'alerte est donnée aux douaniers, il n'y a plus de contrebande possible.

— J'ai semé ce que j'ai considéré être le bon grain, dit Beschmétieff : puissent les autres profiter de la récolte!

— Consolation stérile et banale des impuissants! dit l'intraitable Islénieff... Pensez-vous donc que je sois l'ennemi de la Russie?... Mais mon système est diamétralement opposé au vôtre, en morale comme en politique. Vous vous adressez aux instincts généreux de la nature humaine; mais, comme ceux-ci sont en minorité, il est clair que moi, qui spécule sur les côtés opposés, l'égoïsme et la vanité, je dois réussir davantage. Quand Chadourski fait un impair, vous vous empressez de le lui signaler. Il profite de l'observation, mais vous en veut de la lui avoir inspirée. Moi, je trouve parfait tout ce que M. l'ambassadeur daigne décider... Et demandez-lui qui de nous deux il préférerait garder près de lui? La réponse ne sera pas douteuse. Dans les hautes sphères, par exemple, on tient à ménager l'Allemagne. Vous, vous soulignez bruyamment chaque pas que cette puissance fait en avant. Résultat définitif : on vous considère comme un esprit inquiet et alarmiste. Vous n'ouvrirez pas les yeux à ceux qui ne veulent pas voir, et l'Allemagne n'en continuera pas moins à avancer, jusqu'au jour où elle aura sup-

planté la Russie dans les positions que celle-ci avait le droit
d'occuper en les payant du prix de son sang et de son or.

— Très bien ! dit Beschmétieff ; mais, avec tout ce machiavé-
lisme, ne craignez-vous pas de vous perdre dans un labyrinthe
de compromissions, et de finir par confondre le moyen avec le
but ? Même, si vous obteniez le pouvoir, vous auriez le caractère
tellement détrempé que l'élan indispensable pour agir vous
ferait défaut.

— Qui vivra verra ! dit Islénieff avec insouciance... Avec tout
cela, je ne vous ai pas dit que Youssouf peut être désormais tranquille, autant que cela ne dépend que de moi... pour son repos
conjugal... Je quitte Constantinople définitivement au plus tard
à la fin de la semaine prochaine. Je vais être dorénavant attaché
au ministère de la guerre... Je suis très content de ce changement.

— Si c'est ainsi, recevez toutes mes félicitations.

Là-dessus, Beschmétieff prit congé du comte et retourna chez
lui.

En chemin, son esprit, enclin à l'analyse, se demanda si, dans
toutes les choses que le comte lui avait dites avec une franchise
qu'il ne pouvait mettre en doute, il n'y en avait pas qui fussent
en partie fondées... Oui, il devait convenir qu'en bien des circonstances il avait manqué de ce flair qu'ont toutes les intelligences
médiocres pour faire prévaloir, au profit de leurs ambitions personnelles, les côtés mesquins des questions capitales en jeu. Il
avait eu le tort fréquent de supposer chez les autres la même générosité d'intention que celle qu'il éprouvait lui-même. Il n'avait
jamais pris la peine, alors que son propre intérêt eût dû le lui
commander, de s'accommoder aux idées et aux goûts des autres.
La certitude d'avoir raison l'avait trop souvent rendu tranchant
et inflexible.

Et tandis que celui que Bechmétieff, dans son indignation
d'honnête homme, avait qualifié d'homme sans principes, tandis
que le diplomate aux vues étroites, le courtisan, Islénieff, en un
mot, se couchait tranquillement et s'endormait sans rêve comme
sans remords, lui, l'idéaliste, le patriote fanatique, se retourna
longtemps sur sa couche sans pouvoir fermer les yeux. Et dans
l'obscurité de la nuit, il continuait à scruter sa conscience.

— Après tout, notre existence, se dit-il en manière de consolation, nos succès et nos déboires ne sont-ils pas impliqués dans

l'essence de notre être moral? S'il était en moi de le vouloir, pourrais-je être comme le comte Islénieff-Bellegarde?... Et ne vaut-il pas mieux souffrir selon les impulsions de sa propre nature que de butter misérablement en voulant plagier le caractère des autres?

Entre le comte et lui il y avait, en effet, un contraste frappant, mais dont la cause lui échappait. Islénieff, Slave comme lui, s'était assimilé toutes les idées occidentales dont l'ensemble a pour effet de développer à un point excessif le principe de l'individualité. Il s'ensuivait que l'apparente souplesse du comte — disons mieux, la servilité — n'était qu'un masque commode qui lui permettait de poursuivre sans relâche le but personnel qu'il avait en vue. Dépourvu de tout idéalisme, le développement excessif de son *moi* l'avait affranchi de bonne heure de tout scrupule d'une morale étroite et universelle ; en revanche, il poussait au plus haut point la ténacité et la persévérance à se maintenir dans la ligne qu'il jugeait la plus utile au triomphe de ses propres intérêts.

Beschmétieff, au contraire, était un rêveur, toujours à la poursuite d'un idéal fuyant et changeant. Semblable à ces enfants qui courent à la fois après plusieurs papillons, on l'avait vu fréquemment renoncer à la capture de l'un d'eux, prés d'être atteint, pour se lancer à la poursuite d'un autre, qui lui échappait également. C'est ainsi qu'il avait quitté l'Université de Moscou, dont il était un des meilleurs élèves, juste au moment où ses succès allaient lui obtenir un grade. Plus tard, avant la guerre, l'idée lui vint de publier dans une revue de Moscou une série d'études remarquables sur la mission et les destinées historiques du peuple russe affranchi des idées occidentales. Ces études firent un bruit énorme : elles étaient les prémisses éloquentes d'un syllogisme dont le monde politique attendait fiévreusement la conclusion. Tout à coup elles cessèrent brusquement : Beschmétieff s'était mis à la poursuite d'un autre idéal. Et chaque fois que le but qu'il poursuivait semblait sur le point d'être atteint, Beschmétieff s'en éloignait, ne s'apercevant pas que, pour germer et fructifier, la semence qu'il venait de jeter aurait eu besoin d'efforts continus et persévérants. Et chacun de ces reculs incompréhensibles dans la lutte qu'il avait lui-même entreprise lui avait plus nui dans sa carrière que s'il eût persévéré et finalement abouti à un échec final.

Islénieff et Beschmétieff étaient les deux pôles opposés de ce que l'on est convenu d'appeler la question sociale. Islénieff était le pôle positif, attirant tout à soi, essayant avec succès de se tenir dans le courant des idées politiques du jour, et faisant litière de tous les grands principes qui fermentent dans les couches profondes des peuples, dans la crainte que leur éclosion ne vienne à troubler l'égoïsme parfait où il se complaisait. Sûr de l'issue de la lutte, soutenu par ceux qu'il servait et qui se trouvaient toujours du côté du manche, il allait de l'avant sans appréhension pour les revers possibles du lendemain. Beschmétieff, au contraire, était le pôle négatif. Sans volonté très accusée et sans initiative, si parfois quelque cauchemar dont son esprit très délié prévoyait la prochaine réalisation passait dans ses rêves, on le voyait sortir de son apathie, lancer un coup de boutoir, puis revenir tranquillement sous sa tente, sans s'inquiéter ni de l'effet produit ni du résultat possible.

A côté de ces deux hommes, Youssouf-bey faisait, en quelque sorte, transition. Cet Arabe semi-Turc, semi-Occidental était un éclectique. Sans rien renier de ses origines, il eût voulu infuser aux peuples mahométans en décadence une partie [des progrès occidentaux qui l'avaient séduit, et dans lesquels il croyait de bonne foi trouver de solides étais contre une dissolution dont les symptômes ne lui avaient pas échappé, et dont la gravité menaçante avait imprimé aux traits réguliers de son visage une teinte d'indicible mélancolie.

Au conak de Stamboul, tout semblait être rentré dans l'ordre régulier. Aïché et Emineh en étaient pour leurs frais d'espionnage. D'ailleurs, le printemps était déjà avancé ; on était à la fin d'avril : encore un mois, et Marie leur échappait, car c'était l'époque fixée où Youssouf devait transporter sa résidence au Kiosque des Fleurs.

La jeune femme paraissait avoir pris son parti et s'accommoder au milieu dans lequel elle vivait. Youssouf ne savait s'il devait s'en réjouir ou s'en plaindre. Marie avait insensiblement changé à son égard. Lui, qui chaque fois qu'il était entré inopinément chez sa femme avait toujours été reçu avec une grâce pleine d'abandon et de caresses, constatait maintenant que sa présence inattendue causait toujours un frisson, une gêne, que Marie ne pouvait dissimuler. Craignant de l'offenser ou de la brusquer, il était devenu circonspect et pesait ses paroles.

Certainement, leur bonheur, jadis si resplendissant, était sinon à jamais perdu, du moins fort compromis.

Youssouf pensait que la jeune femme avait gardé un profond ressentiment de la communication qu'il lui avait faite des propos malveillants auxquels avait donné lieu la poursuite compromettante du comte Islénieff. C'est pourquoi, un jour, pensant qu'il allait enfin dissiper le malentendu qui régnait entre eux, il entra chez Marie le visage éclairé d'un bon sourire.

— Ma chérie, dit-il en lui prenant les mains et en approchant de sa bouche les boucles parfumées de la jeune femme, je viens d'apprendre une nouvelle qui te fera plaisir, j'en suis sûr.

— Quoi donc? dit Marie, étonnée et déjà émue.

— Tu sais, cet affreux comte Islénieff-Bellegarde, qui s'est conduit d'une façon si indigne cet hiver... il part dans huit jours... et c'est pour toujours... Mais qu'as-tu donc?

Marie était subitement devenue d'une pâleur livide... Ses yeux ardents et clairs semblaient s'être agrandis et trahissaient un sentiment d'épouvante infinie... Ses lèvres décolorées tremblaient sans laisser passer aucun son... Elle fût tombée sans le bras de Youssouf qui la soutenait... Elle fut une longue minute ainsi sans pouvoir reprendre sa respiration. Mais, voyant les yeux de son mari attachés à son regard et essayer de lire jusqu'en sa conscience, elle se remit promptement et répondit d'une voix mal assurée :

— Rien, mon ami, rien! Ce nom, ces souvenirs que tu rappelles m'ont impressionnée... J'ai tant souffert de tous ces propos!

Youssouf crut, en effet, que, sous l'excitation énervante de la solitude où elle vivait, l'imagination maladive de sa jeune femme avait grossi démesurément toutes les petites contrariétés du temps passé. Et lorsqu'il vit Marie lui rendre ses caresses avec plus d'abandon, bien qu'elle ne pût retenir les larmes qui coulaient sans qu'elle en eût conscience, il fut persuadé que cette grande émotion était due au soulagement que devait lui causer la nouvelle du départ d'un homme dont les assiduités l'avaient un moment compromise.

Quelques jours s'écoulèrent pendant lesquels Marie eut mille prétextes pour sortir et aller chez Mme Moumdjane, dont elle paraissait ne plus pouvoir se passer. Quant à Aïché et Eminoh, elle ne les voyait presque plus. Les hostilités sourdes avaient succédé à la guerre ouverte.

Contrairement à ce qu'il avait espéré, Youssouf constata que le caractère de Marie s'aigrissait de plus en plus. Il n'y avait plus entre eux cet échange d'idées incessant qui avait été un des charmes les plus purs du commencement de leur union.

Il souffrait beaucoup ; mais il trouvait une distraction puissante dans ses occupations, qui devenaient chaque jour plus absorbantes. Le Sultan s'était pris d'une véritable amitié pour son jeune secrétaire et en avait fait en quelque sorte son favori.

Un jour, Youssouf, libre à cinq heures, regagnait en toute hâte le conak. Dès qu'il eut franchi la porte, il crut s'apercevoir qu'une agitation extraordinaire régnait dans la maison. Les domestiques mâles et femelles couraient comme affolés dans toutes les directions.

Très surpris, il arrêta au passage Fatma, dont le visage effaré respirait la folie. Elle reconnut pourtant son maître, mais, au lieu de répondre aux questions qu'il lui adressait, elle s'écria :

— L'effendi a vu Madame? demanda-t-elle; et sa voix, comme tout son corps, tremblait d'émotion.

— Qu'est-ce que tu dis là? s'écria Youssouf; où est la Hanoum?

— Je ne sais pas, gémit la servante avec découragement. La voiture conduite par Fahreddin est revenue sans elle.

Elle n'acheva pas la phrase : Youssouf l'avait saisie à la gorge jetée à terre, et, la main levée, la voix terrible, il s'écria :

— Parle ! fille de Satan ! où est la Hanoum?

— Grâce ! grâce ! suppliait la malheureuse. Effendim ! pitié ! Je jure que je ne sais pas... que j'ignore... Demandez à Fahreddin : c'est lui qui a accompagné Madame !

Youssouf lâcha Fatma, et se précipita dans l'appartement des eunuques. Il entendit la voix perçante de Ferbad qui injuriait son compagnon. Son entrée fit l'effet d'un coup de foudre sur les deux eunuques.

— Fahreddin ! dit Youssouf d'une voix basse et concentrée par la colère, qu'est devenue la Hanoum confiée à ta garde?

— *Aman!* Effendim, implora le misérable, que la terreur rendait encore plus horrible. Nous étions au bazar; la Hanoum est entrée chez un marchand acheter un morceau de soie de Brousse. Pendant qu'elle marchandait, j'étais allé prendre un café, puis

je revins : pas de Hanoum ! J'ai cherché, j'ai cherché. Demander
aux gens était impossible, la honte est trop grande ! Je me décidai
à revenir au conak, pensant qu'elle était revenue seule. Je suis
tout aussi désolé que vous, je suis vieux ; il y a cinquante ans
que je sers dans le harem de votre grand-père, puis dans celui
de votre père : jamais pareil opprobre n'est arrivé.

Youssouf n'en voulut pas entendre davantage. Il s'enferma
chez lui.

Ainsi, elle l'avait abandonné ! Mais pourquoi ne lui avait-elle
pas parlé, à lui ? Avait-elle douté de sa générosité ? Il l'avait
traitée avec toute la bonté possible, et elle s'était enfuie comme
une lâche esclave, prise en faute, et craignant le châtiment.

Et lui, le front brûlant contre la vitre froide de la fenêtre, il
laissait passer les heures l'œil perdu dans les ténèbres d'une nuit
sans lune. De loin en loin, la flamme d'un réverbère trouait
l'opacité. Il entendait les propos tenus, dans quelque chambre
non loin de lui, par les gens de sa maison. Et ces commérages
qui lui martelaient le cerveau, il savait qu'ils étaient vrais et que
demain ils seraient le grand, l'inépuisable sujet de conversation
de toute la ville.

La vérité se faisait jour. On répétait déjà que Marie avait été
en liaison intime avec l'attaché militaire russe… que les rendez-
vous avaient eu lieu chez la Moumdjane… que, l'attaché ayant été
rappelé, Marie était allée le rejoindre. Voilà toute l'affaire, elle
était des plus simples.

Et dans les chuchotements qui soulignaient en les commentant ces étranges nouvelles, Youssouf comprenait que les musulmans et les fonctionnaires surtout se réjouiraient de la punition
méritée par un des leurs, assez audacieux pour avoir dédaigné les
coutumes nationales en allant prendre femme chez les Occidentaux.

Au jubé extérieur du haut minaret de la mosquée voisine, un
mouezzin, à la voix perçante et harmonieuse, venait de commencer la longue psalmodie qui sert d'invitation à la prière. Tournant autour de l'étroit monument pour lancer aux quatre coins
de l'horizon les paroles sacrées du Koran, les modulations de sa
voix semblaient s'éteindre dans le lointain, puis renaître, grossir
et résonner avec ampleur pour s'éloigner de nouveau.

Youssouf sentit sa fièvre se calmer. Tout n'avait été qu'illusion, et il n'osait arrêter sa pensée et considérer en face l'abime

de fange où s'était englouti ce bonheur, cet amour qui avait consumé ce que son âme recélait de plus pur.

Marie, en effet, s'était enfuie. Trompant la surveillance odieuse
de Fahreddin, et familiarisée avec le dédale inextricable des rues
du Grand Bazar, elle s'était dirigée vers une des issues latérales,
avait gagné la Corne d'Or, puis l'avait traversée sur un pyroscaphe, réfugiée à l'avant, dans la partie réservée aux femmes,
et cachée aux regards par un long tapis dressé en forme de tente.
     Descendue à Haskeuï, elle n'eut qu'à gravir la montée assez
rude des Petits-Champs et déboucha dans la rue de Péra, juste
en face l'ambassade de France. S'adressant au cawas albanais en
faction à la grille qui donne accès dans un vaste jardin disposé
devant le palais, elle demanda à parler à l'ambassadeur.
     L'Albanais devina tout de suite à qui il avait affaire et la na-
ture de la démarche de cette jeune femme si richement vêtue à
la turque et parlant avec tant de facilité le français. Il l'invita à
le suivre, descendit avec elle quelques pas dans la rue de Péra,
et, tournant à gauche, il lui indiqua une ruelle où se trouvait le
consulat général de France.
     Marie suivit ces indications, et, quelques minutes après, elle
était assise dans une salle banale où quelques employés, après
lui avoir jeté un regard curieux, se remirent d'un air ennuyé au
dépouillement de nombreuses paperasses dont la vue seule peut
servir d'enseigne aux diverses administrations françaises.
     Il était trois heures et demie. Marie dut attendre que deux
solliciteurs venus avant elle, et dont l'un se trouvait dans le cabinet consulaire, eussent été reçus. Elle se mit alors à réfléchir
aux suites de la grave résolution qu'elle venait de prendre. C'était
bien fini. Pour rien au monde, elle n'eût consenti à reprendre, ne
fût-ce que pour une heure, la misérable existence qu'elle menait
depuis un an. La pensée du désespoir de Youssouf ne l'émut pas.
L'avait-elle d'ailleurs jamais aimé? Quand une femme aime pour la
seconde fois, elle s'imagine facilement que la première elle s'était
trompée, et que cela ne compte pas. Or, elle aimait le comte Islénieff-Bellegarde de tout l'emportement de sa nature passionnée.
     La veille de son départ, le comte lui avait fait les serments
les plus solennels ; il n'aimait qu'elle, disait-il ; les liens qui attachaient Youssouf à Marie étaient fragiles ; la répudiation suffi-

rait, et, selon la loi musulmane, c'est le seul parti que prendrait le jeune secrétaire si le comte, ayant écrit à Marie qu'il l'attendait à Saint-Pétersbourg, celle-ci consentait à venir le rejoindre.

Non, elle n'avait jamais aimé Youssouf. Elle se rappelait le temps où le jeune attaché venait chez son père lui faire une cour timide qui lui paraissait maintenant ridicule. S'était-elle amusée de sa confusion qu'elle poussait à bout par ses agaceries ? Insensible et moqueuse, elle s'était jouée sans scrupule de cet amour persistant.

Cependant cette indifférence avait fait place à un sentiment qui tenait à la fois de la curiosité et de la sympathie, lorsqu'elle avait vu cet homme, si gauche et si timide devant elle, exercer dans tous les cercles où il se trouvait, une réelle autorité prépondérante qu'il devait autant à son caractère sérieux et grave qu'à l'incontestable supériorité de son esprit et à la maturité précoce de son expérience des hommes et des choses.

Puis [elle fut] séduite par ses allures de grand seigneur, sa suprême élégance lorsque, monté sur un pur sang, il la rencontrait au bois de Boulogne et aux Champs-Élysées où la présence de ce beau garçon causait toujours une vive émotion parmi la phalange féminine des belles mondaines, péripatéticiennes habituelles et infatigables de ces parages.

A la vérité, l'idée du harem l'avait longtemps fait hésiter ; mais Youssouf lui avait si solennellement juré qu'il n'aurait qu'elle pour épouse, qu'il lui serait fidèle jusqu'à la mort, et qu'à part certaines coutumes qu'elle aurait à observer pour ne pas heurter des convenances sociales respectables en somme, elle pourrait arranger sa vie intérieure à sa guise, qu'elle avait vu ses dernières hésitations disparaître.

Certainement, un sentiment de curiosité pour l'horizon inconnu qui allait s'ouvrir devant elle avait été pour beaucoup dans sa résolution finale ; mais quant à l'amour, tel qu'elle comprenait aujourd'hui ce sentiment, elle n'en avait jamais éprouvé pour Youssouf.

En ce moment quatre heures sonnèrent à l'horloge de la chancellerie ; les employés qui, depuis dix minutes, guettaient avec impatience la marche des aiguilles, se levèrent avec un accord parfait et rivalisèrent à qui serait le premier parti.

Le jeune secrétaire qui avait fait asseoir Marie, s'approcha d'elle et lui dit de son air le plus navré :

— Madame, il est quatre heures. Nos bureaux ferment; M. le consul général ne reçoit plus, ainsi...

— Je vous en supplie, Monsieur, dit Marie avec des larmes dans la voix... l'affaire qui m'amène ne souffre aucun retard et ne peut être remise!

En ce moment le dernier solliciteur sortait du cabinet du consul. Le jeune employé était très perplexe. L'audience pouvait être longue ; il lui faudrait rester, perspective qui l'ennuyait beaucoup, car ses amis l'attendaient au café du Luxembourg.

Cependant il était encore trop jeune pour s'être cuirassé de la morgue bureaucratique qui lui eût permis d'éconduire la jeune femme sous prétexte que le moindre dérangement dans la marche régulière des coutumes administratives pourrait avoir une portée désastreuse sur des questions d'ordre européen.

Il entr'ouvrit la porte du cabinet consulaire, dit quelques mots et fit signe à la jeune femme, qui se leva et qu'il introduisit dans cette pièce imposante et envahie par l'ombre épaisse de lourds rideaux interceptant la crudité de la lumière extérieure.

Marie, d'abord, ne sut où elle se trouvait. Elle se laissa tomber dans le fauteuil que lui avança le jeune secrétaire, et ce dernier dut pendant de longues années conserver la douce illusion que « la vertu trouve toujours ici-bas sa récompense » lorsqu'il entendit son chef lui dire avec bonté :

— C'est bien ! Raimond. vous êtes libre et vous pouvez partir. Dites au cawas de fermer la chancellerie.

Le consul général de France était un homme de cinquante-cinq à soixante ans. Il était arrivé depuis quelques mois à peine à ce poste qui devait être la dernière étape de sa carrière consulaire. Il avait passé quarante ans de sa vie à parcourir les Échelles du Levant et aucune particularité des mœurs et des coutumes de l'Orient ne lui était étrangère.

Il n'eut besoin que d'un coup d'œil jeté sur la solliciteuse pour savoir à qui il avait affaire. Et d'abord, il parla à Marie avec bonté et l'engagea à ne lui rien cacher.

Marie raconta alors son mariage avec Youssouf-bey, la vie impossible qui lui était faite au harem, et sa résolution de reconquérir sa liberté.

— Hum ! fit le consul, peut-être avez-vous tort de prendre une aussi grave détermination. Cependant nous ne pouvons pas vous refuser la protection que vous réclamez. Un bateau partira

pour Marseille après-demain; en attendant vous resterez cachée
ici auprès de ma femme qui vous procurera d'autres vêtements.

— Pardon! dit Marie avec hésitation... une affaire sérieuse
m'appelle à Saint-Pétersbourg...

Le consul regarda plus attentivement la jeune femme. Il avait
compris. Prenant sur son bureau un horaire des départs maritimes, il le consulta, et dit d'un ton plus froid :

— Demain matin part un bateau pour Odessa; mais nous
n'aurions pas le temps d'ici là de vous établir un passeport et
d'obtenir le visa indispensable du consulat de Russie. Mais, après-
demain, il y a le départ d'un navire du Lloyd autrichien pour
Varna. Vous pourrez prendre cette voie. En attendant, venez,
que je vous présente à ma femme.

Marie se leva et suivit le consul qui sortit de son cabinet et
se dirigea vers son appartement particulier.

L'épouse de l'agent consulaire était une Levantine qui, à
première vue, conçut une grande sympathie pour la jeune femme.
Grâce à ses soins obligeants, Marie put changer de costume et
attendre avec sécurité le départ du bateau.

Le surlendemain, à sept heures, munie d'un passeport en
règle au nom de Marie Tavernier, elle fut conduite en voiture
fermée, sous l'escorte d'un cawas du consulat, au quai de Galata
où stationnait le navire en partance pour Varna. On la conduisit
à l'avant dans le compartiment exclusivement réservé aux femmes et elle eut la satisfaction de constater qu'elle était la seule
passagère. Une demi-heure après, le bateau quittait le quai.

La traversée de Constantinople à Varna est fort courte, sept à
huit heures en temps calme.

Marie ne regrettait rien. Son départ était une délivrance, et
pourtant, à mesure que le navire pénétrait plus avant dans la
mer Noire, la nature semblait changée. L'atmosphère devenait
plus lourde, tandis qu'au ciel si pur de l'Orient qu'elle venait de
quitter succédait un ciel d'un ton gris ardoisé. Ce singulier phénomène, que tous les voyageurs ont pu observer, réagit puissamment sur l'âme et la porte à la mélancolie. Marie ne put s'y
soustraire, et pendant deux longues heures, enfermée dans sa
cabine, oppressée par un pressentiment qu'elle ne pouvait définir,
ses nerfs se détendirent, et des larmes abondantes, les premières
qu'elle eût versées depuis sa fuite, s'échappèrent de ses yeux
accompagnées de sanglots convulsifs.

Enfin, cette crise nerveuse passa, et lorsque, vers quatre heures, le navire vint jeter l'ancre dans le port incommode de Varna, Marie était tout à fait remise. Sans vouloir prendre quelques heures de repos nécessaire, un train allant partir pour Routschouk, elle y monta et arriva dans cette ville à neuf heures du soir. Elle descendit à l'hôtel Islah-Hané, tenu par des Européens, et, après un léger repas qui répara ses forces épuisées, elle se mit au lit.

Le lendemain, elle traversa le Danube sur un pyroscaphe, prit le train à Giurgevo et arriva à Bucarest où elle dut rester trois jours pour se pourvoir de linge et de vêtements. Elle ne manquait pas d'argent et avait d'ailleurs emporté tous ses bijoux sur lesquels elle eût pu réaliser une somme assez importante.

Ses achats terminés, elle prit la voie de Yassy-Unguéni, et, quatre jours après, elle était à Saint-Pétersbourg.

Son premier soin, après une nuit de repos indispensable, fut de s'informer de la demeure du comte Islénieff-Bellegarde.

Le comte occupait un élégant appartement d'une maison située non loin de l'ambassade allemande, dans la Grande-Morskaïa; de cette manière il était près du ministère de la guerre et des bureaux du grand état-major où l'attachaient ses fonctions.

Ce matin-là, il était d'humeur assez maussade. Ses affaires près de la belle Mme de Hasfield n'avançaient décidément pas. Non qu'elle le décourageât, loin de là; mais toutes les fois qu'il voulait avec elle amener la conversation sur le terrain sentimental, elle avait l'art de le dérouter en l'entraînant lui-même sur des sujets politiques qu'elle traitait avec un patriotisme ardent contrastant singulièrement avec l'indifférence parfaite qu'il professait pour ces matières en dehors de son service officiel.

Le sentiment qu'éprouvait le comte Islénieff-Bellegarde n'avait rien de commun avec ce qu'on est convenu d'appeler du nom d'amour. La beauté troublante de Mme de Hasfield n'était pas ce qui l'attirait. Il admirait dans cette femme, à l'esprit fantasque, aux allures indépendantes, certains côtés obscurs et louches qui flattaient secrètement ses propres tendances réalistes et sceptiques. Il avait trop vécu pour n'être pas blasé sur la sentimentalité.

D'ailleurs son tempérament, fortifié par l'éducation cosmopolite qu'il avait reçue, l'avait toujours porté à n'envisager que le côté positif et réaliste des choses. Il était attiré non par la beauté ou les vertus morales qu'il eût pu soupçonner dans Mme de Hasfield, mais, au contraire, par les indices certains d'une perversité qui répondait à ses secrets instincts. Il calculait froidement le but élevé que son ambition pourrait atteindre s'il parvenait un jour à faire de cette femme, qu'il savait exempte de tout scrupule, l'instrument docile, mais intelligent, de sa propre élévation.

Et puis, le moment était venu pour lui d'enrayer. Il avait trente-sept ans ; si son cœur n'avait reçu aucune blessure dans la vie qu'il avait menée à grandes guides, il n'en était pas de même de son patrimoine qu'il retrouva passablement diminué. A ce point de vue encore, son union avec Mme de Hasfield était une solution désirable. Pour cela, il fallait d'abord lui plaire — ce qui semblait chose faite — puis attendre que la fameuse instance en divorce, intentée par cette dame contre son mari, eût reçu sa solution à Berlin.

La comtesse de Hasfield passait pour princièrement riche. Son hôtel de la Serguievskaïa était un modèle de luxe, d'élégance et de confort. Elle était servie par un nombreux domestique à livrées éclatantes quoique de bon goût. Ses voitures et ses chevaux faisaient sensation parmi les plus riches équipages qui sillonnaient la Perspective Nevski. Elle possédait par là, en Crimée, d'autres disaient au Caucase ou dans les monts Ourals, une propriété de cent mille hectares, dans laquelle se trouvait une mine de nickel dont les revenus seraient incalculables le jour où elle se déciderait à l'exploiter en faisant simplement épuiser l'eau qui en avait envahi les galeries.

La comtesse était reçue dans le meilleur monde, et surtout dans le monde diplomatique russe et étranger. Jomini professait pour elle une admiration légèrement saturée d'un soupçon de galanterie. Seul, le maître de police, le général Gramer, lui tenait rigueur et se montrait plus qu'offusqué de la manière impertinente avec laquelle elle avait su dépister les limiers qu'il avait chargés de le renseigner sur le véritable caractère de cette femme.

Intelligente, spirituelle et riche, la comtesse ne pouvait échapper à une loi à laquelle semblent soumises toutes les personnalités marquées d'un cachet de supériorité. Une légende dont l'écho ne dépassait pas l'office ou le cercle étendu mais obscur de ses envieux, courait sur elle, sans qu'elle s'en doutât, ou qu'elle s'en préoccupât, et avait dû certainement parvenir aux oreilles du comte Islénieff-Bellegarde.

D'après cette légende, la belle comtesse avait vu le jour dans le modeste magasin d'un petit marchand droguiste de Wilna. Sa mère exerçait les fonctions de sage-femme. Des propos malveillants la privèrent très jeune de l'affection des respectables auteurs de ses jours, accusés et convaincus d'avoir fait un usage illicite trop fréquent de substances et de manœuvres abortives.

Un ménage de petits rentiers, sans enfants, recueillit l'intéressante épave de ce désastreux naufrage. A sept ans, Malvina promettait déjà de devenir l'éclatante beauté qu'elle fut plus tard. On lui donna des maîtres qui, tous, furent émerveillés de ses dispositions naturelles. A seize ans, elle parlait à la perfection le russe, le polonais, l'anglais, le français et l'allemand. Elle professait en outre un goût très vif pour la sculpture, et plusieurs de ses maquettes avaient été appréciées et achetées par Barbedienne.

A cette époque, le consul d'Allemagne à Wilna était le comte de Hasfield, gentilhomme puissamment riche et d'étoffe à fournir une brillante carrière. Il vit Malvina, en tomba éperdument amoureux, et, ne pouvant en faire sa maîtresse, il l'épousa, bien qu'il eût vingt ans de plus qu'elle.

C'est alors que se développèrent les facultés vraiment extraordinaires de cette femme. Du jour au lendemain, elle se trouva initiée aux problèmes les plus ardus de la diplomatie et y prit goût.

Deux ans après son mariage, un fait sur lequel la lumière n'a jamais été faite amena une rupture entre les deux époux. Le comte demanda son déplacement et fut attaché comme conseiller au ministère des affaires étrangères à Berlin, abandonnant à la comtesse tous les avantages qu'elle avait su se réserver dans son contrat de mariage, ce qui n'empêcha pas cette dernière d'entamer une action en divorce, action qui menaçait de s'éterniser, on ne savait trop pourquoi. En même temps, elle afficha tous les dehors du plus pur patriotisme et une haine ardente aussi bien contre les aspirations timides des Polonais séparatistes, que contre les Allemands et les idées germaniques.

Elle quitta alors Wilna et vint se fixer à Saint-Pétersbourg, menant tout à la fois une vie galante et mondaine dont certains dessous échappaient sinon à la vigilance, du moins à l'intelligence aussi bien de ses admirateurs que de ses détracteurs.

On la vit en plusieurs circonstances accomplir de longs voyages en Angleterre, en France, en Autriche, en Allemagne et même

en Turquie et en Égypte. Les mauvaises langues prétendirent
que ces voyages n'étaient motivés que par la nécessité où elle se
trouvait de conduire à bon terme la conclusion inévitable d'une
faiblesse galante. D'autres, plus perspicaces peut-être, ne voyaient
dans ces pérégrinations que le désir d'une âme ambitieuse et dés-
équilibrée de jouer on ne savait quel rôle politique ou mondain.

Ce qu'il y a de certain, c'est que la comtesse de Hasfield, par
l'étendue de ses relations, par la connaissance exacte qu'elle avait
acquise du caractère intime des hommes grands et petits placés
au premier rang de la scène politique contemporaine, par le brio
avec lequel elle tranchait les questions les plus compliquées de
la diplomatie, jouissait d'un prestige que le vulgaire transfor-
mait en pouvoir occulte, énigme que la police avait elle-même
renoncé à résoudre.

Un seul homme, peut-être, devina le véritable caractère de
la comtesse; ce fut le comte Islénieff-Bellegarde. Exempt de tous
préjugés opposés à son seul intérêt, il comprit bien vite tous les
avantages qu'il pouvait retirer d'une alliance étroite avec la
comtesse. Un moment, il songea à en faire sa maîtresse; mais il
reconnut bien vite que dans ce rôle il sortirait vaincu et amoindri;
en effet, si la comtesse passait, à tort ou à raison, pour avoir eu
de nombreux amants, tout le monde s'accordait à reconnaître
qu'aucun d'eux n'avait pu exercer sur elle une influence assez
grande pour l'amener à des confidences compromettantes qui
l'eussent mise sous la dépendance de son amant.

C'est lorsqu'il eut acquis la certitude bien évidente que la
comtesse menait de front, sans les confondre, la galanterie et des
intrigues dont il soupçonnait le but ténébreux et inavouable, que
le comte se posa résolument en prétendant à la succession 'mari-
tale du comte de Hasfield.

Ce matin donc, le comte Islénieff-Bellegarde s'était éveillé de
fort mauvaise humeur. Jusqu'à deux heures du matin, il avait
plaidé sa cause avec autant de zèle que d'insuccès près de la belle
Malvina Hasfield.

Celle-ci, à qui la personne du comte ne déplaisait pas, n'eût
peut-être pas demandé mieux que de donner à ce flirt la conclusion naturelle et extra-matrimoniale qu'il comportait; mais, elle
aussi, avait deviné dans le comte un fond vaseux composé de

compromissions louches dont elle se promettait de tirer parti.

Elle sentait bien que le comte n'était pas exclusivement sous l'empire de sa beauté, quoiqu'elle eût usé de tous les artifices pour lui faire perdre la tête, ce qui l'eût mis à sa discrétion et simplifié bien des choses. Elle comprenait vaguement qu'elle avait été devinée; que l'homme qu'elle rêvait d'asservir nourrissait à son égard le même désir. Elle sentait en lui une supériorité d'instincts pervers qu'elle eût voulu diriger à son gré.

La veille, le comte lui avait offert de mettre à son service toutes les hautes influences dont il disposait dans le corps diplomatique pour obtenir des tribunaux de Berlin une prompte solution à son instance en divorce. La comtesse avait décliné cette intervention pour plusieurs raisons spécieuses, dont la principale était que le soin de sa réputation l'obligeait à certains ménagements, en vue de diminuer le scandale qui rejaillirait sur elle et lui aliénerait de puissants appuis dans le monde officiel.

La mauvaise humeur du comte augmentait à mesure que les divers incidents de la veille se reproduisaient dans son esprit, encore mal éveillé, et tout troublé par des rêves sans suite qui avaient agité son court sommeil.

Il était huit heures du matin. D'épais rideaux de damas rouge, soigneusement croisés, interceptaient la lumière éclatante du jour, tandis que le pavé de bois de la chaussée assourdissait le bruit des équipages déjà nombreux à cette heure matinale. La lueur expirante d'une veilleuse enfermée dans une suspension élégante aux parois cloisonnées de verres de couleur et d'un dessin oriental combattait imparfaitement l'obscurité de la chambre en piquant de points lumineux et mouvants les ors des corniches et des bronzes.

Sentant l'impossibilité de se rendormir, le comte se décida à frapper sur un timbre placé à sa portée. A cet appel, son valet de chambre, Giaconi, parut, tenant à la main un plateau d'argent où se voyaient quelques lettres et des journaux, et l'ayant placé sur un guéridon, il s'empressa d'aller relever les rideaux dans leurs embrasses. Un jour brillant pénétra aussitôt dans la chambre et en fit ressortir l'élégance de bon goût qui avait présidé à son arrangement.

Pendant que le comte, aidé par Giaconi, procédait aux détails minutieux et importants de sa toilette, il n'est pas superflu, croyons-nous, de décrire en quelques mots la personnalité de ce dernier.

Lorsque le comte revint à Saint-Pétersbourg, son premier souci fut de monter sa maison. Il fut surtout embarrassé pour le choix de son personnel, et la comtesse, à qui il confia ses ennuis à cet égard, lui recommanda chaleureusement Giaconi, en qualité de valet de chambre. Ce domestique de confiance, parfaitement stylé, avait pourtant une physionomie peu engageante. Il se disait sujet autrichien, bien que son langage et sa prononciation rappelassent à s'y méprendre les sons et les tournures de l'idiome poméranien. Son profil en lame de couteau se rapprochait du type juif par la proéminence du nez et de petits yeux aux regards vifs et mobiles abrités par d'épais sourcils en broussaille. Il semblait toujours inquiet, fureteur. Il ne marchait pas, il glissait, et pour peu qu'on le perdît un seul instant de vue, on était tout étonné en relevant les yeux de le voir précisément au point opposé où il se trouvait auparavant.

Ces allures louches avaient d'abord frappé le comte; mais comme, après tout, Giaconi s'acquittait scrupuleusement des moindres détails de ses fonctions, il s'y était habitué.

Le valet de chambre était sorti pour s'occuper des préparatifs du thé. Le comte, assis sur le canapé, parcourait d'un œil distrait le courrier contenu dans le plateau. Il rejeta sans en rompre la bande plusieurs journaux qui s'y trouvaient, et prit une à une des cartes qu'il rejeta également. Il ouvrit négligemment quelques lettres qui, presque toutes, se rapportaient à ses affaires embarrassées. L'une d'elles, pourtant, le tira de sa torpeur et lui causa une subite émotion; elle était ainsi conçue :

« Mon chéri,

« J'ai attendu deux mortelles semaines, dans l'anxiété et les larmes, l'appel que vous deviez me faire. La maladie seule a dû vous faire manquer à votre promesse. C'est pourquoi, ne pouvant surmonter l'inquiétude que m'inspire l'amour ardent que je vous ai voué, et puisque je me suis donnée toute à vous et sans retour, je me suis décidée à la fuite. Je suis heureusement arrivée à Saint-Pétersbourg, et suis descendue à l'hôtel de France, où j'attends avec une impatience que vous partagerez, j'en suis certaine, le moment où, par votre chère présence, vous viendrez rassurer celle que vous avez autorisée à se dire avec bonheur votre épouse affectionnée,

« MARIE TAVERNIER. »

En ce moment, Giaconi rentrait, apportant le plateau et le service à thé.

— Qui a apporté cette lettre? lui demanda le comte en lui mettant l'enveloppe sous les yeux.

Giaconi parut chercher, puis répondit :

— C'est, je crois, un commissionnaire de l'hôtel de France.

— C'est bien! laissez-moi, dit le comte, regrettant déjà sa question inutile, et en jetant la lettre dans une coupe placée sur le marbre de la cheminée.

Giaconi sortit, non sans avoir suivi avec intérêt le voyage de la lettre mise au rebut.

Quand il fut seul, le comte Islénieff-Bellegarde, les sourcils froncés, un mauvais regard dans les yeux, se mit à réfléchir, laissant le thé parfumé se refroidir dans la tasse de porcelaine de Saxe dans laquelle Giaconi l'avait versé.

— Voilà l'orage! pensa-t-il, comment l'éviter?

Sa première pensée fut d'abord d'éconduire la jeune femme tout simplement. Mais il ne s'arrêta qu'un instant à cette idée. Était-elle femme à se résigner docilement? Ne chercherait-elle pas plutôt à se venger, à faire un esclandre? Lui, l'officier correct, le fonctionnaire exemplaire, le modèle des courtisans, verrait-il sa carrière, son avenir à la merci d'un drame judiciaire, son nom sali dans la chronique scandaleuse des petits journaux?

Tout troublé, lui, l'homme impassible, il resta un moment accoudé, la tête dans ses mains, cherchant à se ressaisir, à trouver dans sa féconde imagination une pensée, un stratagème qui pût l'aider à sortir de l'impasse où l'acculait l'arrivée de Marie. Le choix des moyens lui importait peu. Il avait toujours considéré les scrupules de conscience comme une faiblesse d'esprit qui s'attaque aux intelligences médiocres.

Tout à coup Giaconi entra de son pas discret et oblique.

— Ivan Grégoriévitch Makéeff désire voir Votre Excellence.

— Faites entrer! dit le comte. Et un mauvais sourire éclaira comme une lueur fugitive son visage naguère encore si assombri.

A. PÉRITOR.

(A suivre.)

RABELAIS A LYON

Je n'ai pas l'intention de discuter et moins encore la prétention de résoudre les innombrables problèmes d'érudition et
d'exégèse que suscite encore, après trois siècles de recherches,
l'œuvre de Rabelais. Ni les « beuvers tres illustres et goutteux
tres précieux » auxquels il dédie son livre, ni les laborieux érudits
qui nous ont donné édition sur édition de l'épopée rabelaisienne
n'ont encore trouvé le dernier mot de l'indéchiffrable énigme, et
ce mystère impénétrable fera longtemps encore leur joie et leur
désespoir. C'est proprement, selon l'énergique expression de
M. Lenient, l'Apocalypse de la libre pensée. Mais un point particulier du débat semble avoir été singulièrement éclairé par
d'heureuses trouvailles pendant ces vingt dernières années ; je
veux parler du séjour à Lyon, la Pathmos de ce Jean très profane qui eut certainement ses « horrifiques » visions dans « l'in-
clyte et famosissime urbe de Lugdune », comme parle l'écolier
limousin. Je voudrais déterminer avec précision ce que Rabelais
dut à Lyon et ce que Lyon dut à Rabelais. On sait depuis longtemps, par le témoignage même des contemporains, que le nom
du « Démocrite populaire » était indissolublement associé au
nom de la grande ville florissante qui comptait déjà à cette époque
cent vingt mille habitants. L'un d'eux, Simon Macrin, dans une
épigramme adressée à Rabelais, vante « l'opulente cité de Lyon
où sont tes pénates et ta paisible résidence ». Un autre, le juris-
consulte Boyssonné, déclare « qu'ignorer Lyon et Rabelais, ce
serait ignorer deux merveilles de l'univers ». Rabelais lui-même,
non sans tendresse, appelle Lyon le centre ou le siège de ses
études, *sedes studiorum meorum*. On sait aussi que les vers de
Clément Marot et d'Étienne Dolet célèbrent l'amitié qui, pendant
leur séjour à Lyon où ils formaient un incomparable trio de thé-
lémites, les unit intimement à Rabelais. Mais de nombreuses
brochures locales, tirées à peu d'exemplaires, œuvres d'une érudition patiente, souvent heureuse, toujours amoureuse de son
sujet, sont encore à demi ignorées et nous fournissent des rensei-

gnements précieux qu'il est temps de faire passer dans le grand courant de l'histoire littéraire. Que le lecteur soit donc rassuré : j'éviterai de lui apprendre que La Bruyère a dit de Rabelais « qu'il est le charme de la canaille et le régal des délicats » !

I

Quelques exemples montreront l'intérêt général et non simplement régional de la question. Un jour, en 1872, on découvre que Rabelais eut à Lyon un enfant qui fut nommé Théodule et ne vécut que deux années. — Ratthery et Marty-Laveaux ont apporté des preuves et des textes irrécusables d'un événement qui, à coup sûr, n'est pas de peu d'importance dans la vie de Rabelais. Sa fuite mystérieuse de Lyon à Grenoble s'expliquerait assez naturellement par la nécessité de se dérober aux conséquences d'une aventure amoureuse : du moins c'est l'avis d'un érudit grenoblois, M. Ravenat, dont la brochure vient de paraître. Un autre jour, en 1881, un chercheur lyonnais, V. de Valous, relève dans les registres de l'Hôtel-Dieu le curieux détail des sommes payées à Rabelais pour ses « gaiges » de médecin de cet hôpital et l'intéressante délibération des administrateurs obligés de pourvoir au remplacement de leur médecin trop disposé à donner des consultations buissonnières et, comme il dit lui-même dans sa supplique au pape, « vagabonder à travers le siècle », tandis que ses malades se morfondaient. Voici une importante découverte due à un érudit «nivernais » ou plutôt parisien, M. A. Heulhard, qui l'a publiée en 1885 : Rabelais avait inventé et dessiné deux instruments de chirurgie, dont l'un est destiné à réduire les fractures du fémur, l'autre à débrider les plaies profondes de l'abdomen. Or il se trouve que ces dessins, que Rabelais avait confiés à un collègue pour en enrichir sa traduction de Galien, ont été empruntés presque sans y rien changer par un des plus illustres maîtres de la chirurgie française, Ambroise Paré. Tout récemment enfin, le bibliothécaire de la ville de Lyon, ami des lettres autant que des livres, M. A. Vingtrinier, nous signalait des notes marginales nombreuses et minutieuses, écrites tantôt en latin tantôt en grec sur un vieil exemplaire d'Hippocrate qui fut certainement feuilleté et collationné par Rabelais l'année même où il donnait à Lyon une édition des *Aphorismes*. Ces notes sont à coup sûr de sa main.

Voilà certainement plus de documents qu'il n'est nécessaire pour renouveler et rajeunir le sujet. Évitant tout étalage d'érudition je chercherai d'abord dans l'œuvre même de Rabelais les souvenirs et les allusions que son séjour à Lyon y a laissés : ils témoignent non d'une influence, pour ainsi dire, à fleur de peau, mais d'une action profonde et durable qui se fait sentir jusque dans les moelles et s'accuse dans la pensée et dans le style de l'écrivain. Lyon est, après Chinon, la seconde patrie de Rabelais ; il eut toujours un faible très prononcé pour la ville qui avait vu naître Gargantua et Pantagruel dans les ateliers de ses célèbres imprimeurs. Outre ses livres d'érudition et ses publications « de haute graisse » on a trop oublié que Rabelais composa spécialement pour les Lyonnais ses beaux almanachs dont la série, si nous la possédions entière, s'étendrait probablement de 1533 à 1550 et qui sont toujours « calculés sur le méridional de la noble cité de Lyon ».

De l'almanach de l'an dernier, on fait généralement peu de cas : pour ces dix-sept almanachs vieux de trois siècles et demi, je donnerais volontiers pour ma part toute notre production littéraire d'une semaine, c'est-à-dire une centaine de volumes habillés de jaune ou de bleu ! Les fragments qui nous restent, ou plutôt les débris qui subsistent, ont été retrouvés récemment dans les garnitures d'anciennes reliures : l'industrieuse habileté des admirateurs de Rabelais nous réserve des surprises de tout genre. Enfin nous interrogerons ses contemporains, et nous essayerons d'interpréter leurs témoignages. Ils sont heureusement fort nombreux : Lyon possédait alors toute une pléiade de lettrés et de savants, de poètes et de poétesses, les uns nés dans ses murs, les autres attirés par la renommée d'une ville florissante qui comptait déjà plus de cent vingt mille habitants. Rabelais, n'étant pas de ceux qu'on pouvait aisément ignorer ou bien oublier, aimer ou haïr médiocrement : les syllabes mêmes de son nom étaient passées au creuset de l'alchimie étymologique et devenaient aux latinistes *enragé* (*rabie laesus*), et aux hébraïsants *maître moqueur*. C'est évidemment l'hébreu qui avait raison.

II

Parmi les caractères originaux de la ville de Lyon qu'il vint habiter en 1532, mais qu'il connaissait déjà probablement par des

séjours, ou du moins des visites qui remontent à une date antérieure de quelques années, quel est celui qui devait tout d'abord
frapper un étranger fraîchement arrivé ? La hauteur démesurée
des maisons, obligées, dit un ancien voyageur, de s'étendre « du
côté du ciel », à cause de l'étroitesse de l'assiette de la ville,
alors resserrée entre la Saône et l'amphithéâtre de la colline de
Fourvières, autour de la vieille cathédrale de Saint-Jean. C'est
un bon sujet de plaisanterie pour le jeune Gargantua : Vous êtes
au rez-de-chaussée, vous montez sept à huit étages, et vous vous
trouvez encore au rez-de-chaussée à cause de la déclivité de la
colline. « Cet enfant nous abuse, car les étables ne sont jamais
au haut de la maison. — C'est, dit le maître d'hôtel, mal entendu à
vous, car je sais des lieux, à Lyon... où les étables sont au plus
haut du logis : ainsi peut-être que derrière il y a issue au mon-
toir. Mais je demanderai plus assurément. Lors demanda à Gargantua : Mon petit mignon, où nous menez-vous ? A l'étable,
dit-il, de mes grands chevaux. Nous y sommes tantôt : montons
seulement ces échelons. » Il est vrai qu'il s'agit ici de chevaux
« factices », de chevaux de bois, qui peuvent à la rigueur loger au
grenier, mais pour bien comprendre la plaisanterie, il n'est pas
mauvais d'avoir gravi la colline de Fourvières ou la montée du
Gourguillon qui donne aujourd'hui son nom à une académie locale de vieux langage et de vieille gaieté lyonnaise.

Il va sans dire qu'un amateur d'antiquités aussi éclairé que
Rabelais, qui se fit l'éditeur d'un savant ouvrage latin sur les
Restes de la vénérable antiquité et de la *Description de la Rome
antique*, devait porter un singulier intérêt aux vieux monuments
qui attirent à chaque pas l'attention des voyageurs. Parmi ceux-ci
se place en première ligne l'antique église de Saint-Martin d'Ainay, du vi° siècle, dont les quatre énormes piliers granitiques du
chœur sont, disent les archéologues, les colonnes qui s'élevaient
de chaque côté de l'autel d'Auguste. Assurément, ces piliers
méritaient une mention spéciale : « Gargantua portait ordinairement un gros écritoire, pesant plus de sept mille quintaux, duquel le Galimart (l'étui à plumes) était gros et grand plus que les
gros piliers d'Ainay ; et le cornet y pendait à grosses chaînes de
fer, à la capacité d'un tonneau de marchandise. » Ailleurs, il
rappelle que Lyon pouvait fournir à point le supplément de cet
attirail d'écolier. Dans son plaidoyer incohérent le seigneur
Humevesnes proclame « qu'il n'est tel que de faucher l'été, en

cave bien garnie de papier et d'encre, de plumes et ganivets
(canifs) de Lyon sur le Rhône ».

Lyon sur le Rhône ! Les deux grands cours d'eau symbolisés
en sculpture par les célèbres statues des frères Coustou, et récemment en peinture, avec non moins de bonheur par M. Puvis
de Chavannes, ne pouvaient manquer de figurer dans l'épopée
rabelaisienne. Pantagruel dans son berceau, non content de téter
avidement la vache qui lui sert de nourrice, lui happe et dévore
en trois coups de dents « les deux tétins et la moitié du ventre
avec le foie et les rognons ». Pour prévenir un nouvel exploit du
nourrisson, il faut l'attacher solidement : « ce que voyant, ceux
qui le servaient, le liaient à gros câbles, comme ceux que l'on
fait à Tain pour le voyage du sel à Lyon ». Des câbles à remorquer les plus gros bateaux qui remontent le Rhône, cela ne
suffit pas encore et ne l'empêche pas de dévorer l'ours apprivoisé
qui eut l'imprudence de rôder autour de lui : « il se défit des
dits câbles aussi facilement que Samson d'entre les Philistins, et
vous print monsieur de l'ours, et le mit en pièce comme un
poulet ». Il fallut commander d'énormes chaînes au nombre de
quatre, et de puissants arcs-boutants pour les fixer. Or, si vous
voulez savoir ce que sont devenues ces chaînes, Rabelais, qui
n'ignore rien, aura soin de vous en informer : il y en a une à
Lyon, une à la Rochelle « qu'on lève au soir entre les deux
grosses tours du hâvre », une à Angers. Quant à la quatrième,
elle fut « emportée des diables pour lier Lucifer qui se déchaînait en ce temps-là, à cause d'une colique qui le tourmentait
extraordinairement, pour avoir mangé l'âme d'un sergent à son
déjeuner ». Sur la Saône, Rabelais a remarqué les fameuses
batelières aussi habiles à manier la rame d'un bras vigoureux,
qu'alertes à lancer l'invective et la plaisanterie d'une langue acérée
et toute gauloise. Les vieux Lyonnais s'en souviennent encore,
mais la vapeur les a depuis longtemps déjà reléguées au rang
des souvenirs pittoresques. Rabelais a dû leur emprunter une
partie de son riche vocabulaire de propos salés. Aux enfers, où
descendit Épistémon pendant le temps qu'il eut la tête coupée,
« tous les chevaliers de la Table Ronde étaient, raconte-t-il,
pauvres gagnedeniers, tirant la rame pour passer les rivières de
Cocyte, Phlégéton, Styx, Achéron et Léthé, quand messieurs les
diables se veulent ébattre sur l'eau, comme font les batelières de
Lyon et gondoliers de Venise ». Venise a gardé quelques gondo-

liers, mais Lyon n'a pas conservé ses batelières, et même certains éditeurs ont commis ce déni de justice de dénaturer cette
oraison funèbre anticipée en remplaçant les batelières de Lyon
par de vulgaires bateliers !

Il y a heureusement d'autres traditions locales que ne peuvent
atteindre ni les inventions modernes ni les ignorances des éditeurs : je veux parler de la tradition lyonnaise des repas panta-
gruéliques. Lyon, en effet, semble prédestinée par sa position
géographique aux tentations qui assiègent le gourmand et le
gourmet. Un peu moins vite, mais tout aussi sûrement que nos
chemins de fer, le Rhône lui apportait, au temps de Rabelais, les
produits du Midi et les crus renommés de ses côtes ; la Saône, de
son côté, lui amenait les vins de Bourgogne et les produits du
Nord. Les Lyonnais ne sont point dégénérés : chaque fondation
nouvelle, chaque anniversaire important est célébré par un banquet. Parfois on prend les devants : c'est ainsi que l'Université
lyonnaise, qui n'existe pas encore officiellement, a déjà été inaugurée par plusieurs banquets. Et parfois quels festins ! On ne se
doute pas, à Paris, de ce que les Lyonnais appellent un déjeuner
dînatoire, mais le mot explique la chose, et ni les commandements de Dieu ni ceux de l'Église n'ont jamais obligé un honnête homme à mettre un intervalle d'inactivité entre un déjeuner
succulent et un dîner plantureux. Vrai pays de Cocagne, où
Rabelais eût pu placer sa bataille épique des boudins et des an-
douilles, où le plus clair de ses « gaiges » comme médecin était
peut-être la « refection de dessous le nez » qui lui était octroyée
et pendant laquelle il composait ses joyeux récits. J'avoue toutefois ne pas savoir avec précision ce qu'avaient de particulier ces
« soupes lyonnaises » dont le souvenir est consigné dans son œuvre :
« Nous fûmes avertis que l'hôte en son temps avait été bon rail-
lard (joyeux compère), grand grignoteur, beau mangeur de soupes
lyonnaises, notable compteur d'horloge, *éternellement dinant.* »

Le carnaval lyonnais n'est plus qu'un souvenir, comme le
carnaval de Venise n'est plus qu'un thème à variations musicales ; mais les réjouissances du carnaval avaient intéressé Rabelais
par leur caractère bruyant et populaire. La gaieté lyonnaise a
encore un brillant et populaire interprète, c'est Guignol, arrière-
petit-fils de l'incomparable Panurge et bien différent du Guignol
des Champs-Élysées. Rabelais avait été surtout frappé de la promenade grotesque de *Mâchecroute.* A Lyon, au carnaval, on

l'appelle Mâchecroute (le Manduce des anciens)... « C'était une effigie monstrueuse, ridicule, hideuse et terrible aux petits enfants, ayant les yeux plus grands que le ventre, et la tête plus grosse que tout le reste du corps, avec amples, larges et horrifiques mâchoires bien dentelées, tant au-dessus comme au-dessous, lesquelles, avec l'engin d'une petite corde cachée dedans le bâton doré, l'on faisait l'une contre l'autre terrifiquement cliqueter. » Mais en cherchant bien, on trouverait l'endroit où s'assemblent aujourd'hui ceux que Rabelais appelle « les bavards de Confort », c'est-à-dire les flâneurs et les désœuvrés de la place Notre-Dame de Confort, où son libraire, François Juste, avait sa boutique. Il est à remarquer que Rabelais a lui-même effacé dans les éditions postérieures certaines expressions que les seuls Lyonnais pouvaient aisément comprendre : le livre avait pris son vol à travers l'Europe, et il fallait en atténuer les expressions purement locales. Ainsi les bavards de Confort deviennent les « bavards de godale », ceux qui discutent et pérorent autour d'un pot de bière (ale). Il trouva sans doute que la France et toute l'Europe devaient connaître le banquier lyonnais Gadagne qui prêta 50 000 écus à François Iᵉʳ qu'on menait prisonnier en Espagne, car il n'effaça pas cette allusion. Riche comme Gadagne était à Lyon un dicton populaire et Rabelais consigne ce souvenir quand il parle des « escus de Gadaigne ». Il profite même de ce que le nom du Rothschild du temps tombe sous sa plume pour nous donner une excellente leçon de pantagruélisme, c'est-à-dire de modération. « Les Génois, dit-il, emploient cette formule de salut : Santé et gain ! Ils ne se contentent de santé ; d'abondant ils souhaitent gain, voire les escus de Gadaigne. Dont advient qu'ils souvent n'obtiennent l'un ni l'autre. » Souhaitez donc médiocrité, dit-il « elle vous adviendra, et encore mieux dûment labourans et travaillans ». De tout temps, les Lyonnais furent des travailleurs et des laborieux, mais personne à Lyon ne laboura et ne travailla avec plus d'ardeur et de succès que Rabelais : ce furent des années de prodigieuse fécondité ; jusque-là il avait ensemencé : il récoltait.

Fécond aussi fut son séjour en amitiés précieuses et durables. On pourrait reconstituer la vie intellectuelle lyonnaise de cette belle époque rien qu'en relevant dans son livre les noms qu'il cite et qui s'offrent en foule à sa plume. Contentons-nous d'en rappeler quelques-uns. Voici d'abord Sébastien Gryphe, à l'atelier duquel il avait peut-être travaillé comme correcteur, l'impeccable et inimitable imprimeur, *calcographus ad unguem consummatus et perpolitus*, qui le premier, selon le bibliophile Jacob, joignit à ses admirables éditions grecques et latines des *errata* en témoignage du travail minutieux de la correction des textes ; François Juste, dont la boutique hospitalière était le rendez-vous non seulement des bavards, mais des savants et des poètes ; Étienne Dolet, un autre imprimeur qui passait pour être un fils naturel de François Ier, et qui, selon toutes les apparences, avait servi à Lyon d'introducteur à Rabelais. Moins habile ou moins heureux que son ami, il devait expier sur le bûcher les hardiesses de sa pensée et de sa parole. Citons encore parmi les grands imprimeurs lyonnais : Claude Nourry, l'éditeur du premier ouvrage authentique de Rabelais, édition en caractères gothiques du premier livre de Pantagruel signée de l'anagramme de son nom. Alcofribas Nazier (1532), et Michel Parmentier dont la boutique a pour enseigne « à l'Escu de Bâle » sous le couvert duquel Rabelais expédiait ses lettres à Rome à l'évêque de Maillezais. L'industrie de la soierie n'est pas plus florissante à Lyon que ne l'était à cette époque le métier ou plutôt les arts du livre : ce sont ces grands imprimeurs qui firent vibrer et lancèrent aux quatre points cardinaux ce que Rabelais appelle les « paroles dégelées », ingénieuse allégorie qui désigne sans doute les paroles cristallisées dans les vieux manuscrits, paroles d'émancipation ou de menaces, grosses des révolutions futures. Voici Symphorien Champier, savant universel, écrivain fécond qui fonda le premier collège qu'il y ait eu à Lyon pour l'éducation de la jeunesse ; Jean Grollier, bibliophile fameux dont Rabelais s'appropria le délicat *ex libris*, « ce livre est à moi et à mes amis » ; Jean Bourgeois, fondateur du couvent des Cordeliers et de l'Observance à qui Panurge trouve plaisant d'emprunter ses bésicles et sa rhétorique pour prêcher aux moutons de Dindenaut qui vont périr dans la mer « les misères de ce monde, le bien et l'heur de l'autre vie » ; les médecins Pierre Tolet avec lequel Rabelais joue à Montpellier « la morale comédie de celui qui a épousé une femme muette » reprise par Molière, qui reprenait son bien où il le trouvait, et Canape auquel Rabelais avait généreusement fait don de deux instruments de chirurgie pour en orner sa traduction de Galien, mais qui n'eut aucun scrupule à se mettre sur les rangs des concurrents qui se présentaient pour le remplacer à l'Hôtel-Dieu ; Philibert de l'Orme, qui lui commente Vitruve et qu'il nomme le « grand architecte du roi Megiste ». Si l'énumération n'était aride par nature, on pourrait aisément la continuer. Clément Marot et Étienne Dolet paraissent être ceux que Rabelais a le plus goûtés et qui lui payèrent avec le plus d'abandon un ample retour d'amitié et d'admiration. Il ne paraît pas avoir trop souffert à Lyon de ces deux vices « communs, dit Tacite, aux grandes et aux petites cités et qui sont l'ignorance du bien et l'envie ».

III

Aussi dédia-t-il au bon peuple de Lyon ses curieux almanachs qui firent de lui, pendant vingt ans, le Mathieu Laensberg de la France. Ils sont écrits non pour les savants, mais pour les petits et les humbles ou, comme il dit, pour « les pauvres et souffreteux ». On aurait grand tort de dédaigner cette modeste branche de la littérature populaire; outre que les almanachs de Rabelais ont l'avantage de nous fournir des dates très précises, ils nous renseignent merveilleusement sur ce qu'on appellerait aujourd'hui l'état d'âme des foules. En 1848, l'éditeur politique Pagnerre commença une série d'almanachs, interrompue bientôt par le coup d'État, dont les rédacteurs étaient entre autres Victor Cousin, Armand Marrast, Arago et Lamartine. Un almanach, un livre d'heures, une vie des saints, telle fut longtemps, telle est encore la bibliothèque de ceux qui n'ont ni le temps ni les moyens d'en avoir d'autres. Interrogeons donc avec respect ces précieux petits livres en lambeaux et voyons comment Rabelais s'y prenait pour instruire et divertir ses chers Lyonnais.

Le premier en date est de 1553, « calculé sur le méridional de la noble cité de Lyon et sur le climat du royaume de France, composé par moi François Rabelais, docteur en médecine et professeur en astrologie ». Voilà un professeur qui n'a qu'une foi faible et chancelante en la science qu'il enseigne et qui ne s'en cache pas. Les « mutations » des royaumes et des religions ne sont pas, dit-il, écrites dans les astres : « ce sont secrets du conseil étroit du Roy éternel, qui tout ce qui est et qui se fait modère (gouverne) à son franc arbitre et bon plaisir ». Celui de 1535, dont il nous reste des débris, ajoute aux titres de l'auteur celui de « Médecin du grand hôpital dudit Lyon ». D'astrologie il n'est plus question. Le début nous offre une admirable preuve de l'immortalité de l'âme, celle-là même que de nos jours le mélancolique et éloquent Jouffroy développait devant son auditoire transporté : « Nature a en l'homme produit convoitise, appétit et désir de savoir et apprendre, non les choses présentes seulement, mais singulièrement les choses à venir, parce que d'icelles la connaissance est plus haute et admirable. Parce donc qu'en cette vie transitoire ne peuvent venir à la perfection de ce savoir (car l'entendement n'est jamais rassasié d'entendre, comme l'œil n'est jamais sans convoitise de voir, ni l'oreille d'ouïr) et nature n'a rien fait sans cause, ni donné appétit ou désir frustratoire ou dépravé, s'ensuit qu'une autre vie est après cette-cy, en laquelle ce désir sera assouvi. » Quel magnifique langage et quel admirable enseignement par l'almanach ! Mais attendez : avec la souplesse du génie, Rabelais va transposer son thème et passer du grave au doux, du sévère au plaisant ; « ce que nous voyons encore de jour en jour par France, dit-il, où les premiers propos qu'on tient à gens fraîchement arrivés sont : Quelles nouvelles? Savez-vous rien de nouveau? Qui dit? Qui bruit par le monde? Et tant y sont attentifs que souvent se courroucent contre ceux qui viennent de pays étrangers sans apporter pleines bougettes (poches) de nouvelles, les appelant veaux et idiots ». Ce passage de la pantagrueline pronostication nous ramène au ton de l'almanach et nous montre, en outre, que la preuve de l'immortalité, fondée sur le désir insatiable de connaître, est une preuve bien française. Le Français est toujours le même, depuis Jules César ; il plongerait volontiers jusqu'aux enfers par curiosité et pour en parler.

Il faut noter aussi le grand souffle démocratique qui anime ces petits écrits et circule dans ces feuilles annuelles. Je ne parle pas des plaisanteries populaires : « Du nombre d'or, je n'en trouve pas cette année, quelque calculation que j'en aie fait, passons outre. » Mais n'est-ce pas une profession de foi égalitaire que cette déclaration : « La plus grande folie du monde est penser qu'il y ait des astres pour les Roys, Papes et grands seigneurs plutôt que pour les pauvres et souffreteux, comme si nouvelles étoiles avaient été créées depuis le temps du déluge et de Romulus ou de Pharamond, à la nouvelle création des Roys... Tenant donc pour certain que les astres se soucient aussi peu des Roys comme des gueux, et des riches comme des maraux, je laisserai les autres fols pronostiqueurs à parler des Roys et riches, et par-

lerai des gens de bas état. » Le pronostiqueur a beau mettre sur
son visage le masque du bouffon, les gens de bas état entendent
à demi-mot : Figaro ramassera la flèche aiguisée pour « l'an perpétuel » et la lancera toute vibrante contre ceux qui, pour
être grands seigneurs et riches, se sont donné la peine de naître.
Rabelais, selon son expression, « remet l'homme en nature » et,
comme il dit encore, « sonne le beau mot qui nous doit ôter de
misère »; ce mot est fraternité ou amour, c'est tout un.

Maintenant, n'exagérons rien de peur d'altérer le véritable
caractère de maître Alcofribas : le peuple de Lyon, apparemment, voulait ses prédictions; son faiseur d'almanachs lui donnera des prédictions. Nous relevons sur le titre de l'almanach de
1546 cette indication supplémentaire : « *Item*, la déclaration que
signifie le soleil parmi les signes de nativité. » Les gens de bas
état n'achètent pas l'almanach pour y lire les louanges de Dieu
ou des raisonnements sur l'immortalité de l'âme : il leur faut des
facéties, des calembours et de sûres indications du temps qu'il
fera, *pluie longue, forte |tempête, vent froid, amidy 'inconstant*,
voilà ce que nous lisons sur les curieuses pages que M. Marty-
Laveaux a reproduites en phototypie. Quant aux facéties, Rabelais n'est jamais à court et le client en aura pour son argent :
« Or mouchez vos nez, petits enfants; et vous autres vieux rêveurs,
affûtez vos bésicles et pesez ces mots au poids du sanctuaire. »
Quand le boniment commence sur ce ton, le badaud peut
s'attendre à tout : « Cette année les aveugles ne verront que bien
peu, les sourds oiront assez mal; les muets ne parleront guères;
les riches se porteront un peu mieux que les pauvres, et les sains
mieux que les malades... Vieillesse sera incurable cette année à
cause des années passées... Et régnera quasi universellement une
maladie bien horrible et redoutable : maligne, perverse, épouvantable et mal plaisante, laquelle rendra le monde bien étonné,
et dont plusieurs ne sauront de quel bois faire flèches, et bien
souvent composeront rêvasseries, syllogisant en la pierre philo-
sophale et es oreilles de Midas. Je tremble de peur quand j'y pense,
car je vous dis qu'elle sera épidémiale, et l'appelle Averroès :
Faulte d'argent. » Puis la philosophie reprend ses droits et rien
n'est plus amusant que de trouver tout à coup, au milieu de ce
cliquetis de mots burlesques et ce débordement d'idées bouffon-
nes une critique piquante d'une preuve traditionnelle de l'existence de Dieu, que Fénelon développait encore complaisamment

en plein xvii° siècle. Il s'agit de la lune : n'a-t-elle pas été créée tout exprès pour être le flambeau des nuits et « établie au firmament pour luire et guider les humains de nuit »? Les *causes finaliers*, comme disait Voltaire, n'en doutent pas : « Ma Dia! je ne veux pas en inférer qu'elle ne montre à la terre et gens terrestres diminution ou accroissement de sa clarté selon qu'elle approchera ou s'éloignera du soleil. Car pourquoi?... Et plus pour elle ne priez que Dieu la garde des loups, car ils n'y toucheront en cet an, je vous affirme. » Enfin, comme le lecteur qui vient d'acheter son almanach aime à y trouver des prédictions rassurantes, voici comment débutent celles de 1535 : « Nous ne vîmes en notre âge année plus salubre es corps, plus paisible es âmes, plus fertile en biens que sera cette-cy, et verrons la face du ciel, la vesture de la terre, et le maintien du peuple, joyeux, gay, plaisant, et bénin, plus que depuis cinquante ans en ça. » C'est toujours la conclusion de Rabelais : « Vivez joyeux! »

IV

Le « fol pronostiqueur » n'aurait pu en dire autant de l'année précédente qui n'avait été ni paisible ni bénigne pour lui-même puisqu'il s'était évadé, le mot n'est pas trop fort, de l'Hôtel-Dieu de Lyon. Nous avons sur sa nomination et sur son remplacement des textes précis, mais nous en manquons totalement sur les causes de sa fuite : une aventure amoureuse, la crainte du bûcher, la peur de la peste? Le poète J. Soulary inclinait, je ne sais pourquoi, vers cette dernière explication qui serait un nouveau trait de ressemblance avec Montaigne. La première n'est fondée que sur la paternité de Rabelais, mais comme cette paternité ne semble pas avoir été clandestine, les vers latins de Boyssoné le prouvent, il faut se rallier à la seconde qui est de beaucoup la plus vraisemblable : il quitta Lyon pour la même raison que Marot qui, accusé de luthéranisme s'enfuit en Béarn. La colline de Fourvières était trop surchargée de couvents, trop peuplée de moines « poids inutile à la terre » pour que Rabelais pût vivre longtemps sous son ombre. Quoi qu'il en soit, tenons-nous aux renseignements avérés et prouvés.

Si nous feuilletons les comptes de l'Hôtel-Dieu, nous trouvons, à l'année 1532 : « Plus payé au médecin du dit Hôpital pour ses gages de trois mois assavoir novembre, décembre et janvier

dernier passez, à raison de quarante livres par an, dix livres. »
En marge : « Gaiges du médecin nouveau, au lieu de M° Pierre
Rolland, lequel se nomme M° Frencoys Ralbelet (*sic*). » Voilà
donc un renseignement absolument irrécusable : Rabelais fut
installé comme médecin de l'Hôtel-Dieu du Pont-du-Rhône le
1er novembre 1532. Deux remarques sont ici nécessaires : il ne
faut pas confondre l'Hôtel-Dieu avec l'hôpital de la Charité, qui
ne fut fondé à côté qu'en 1618, et il ne faut pas oublier que l'année
commençait à Pâques, ce qui donne pour le premier de l'an 1532
la date du 31 mai selon notre manière de compter. Ces gages de
40 livres, c'est-à-dire environ 900 francs de notre monnaie, semblent bien mesquins si l'on songe aux fonctions importantes et
absorbantes qui étaient confiées au médecin titulaire; mais il faut
se rappeler qu'il avait en outre la « réfection », c'est-à-dire la
nourriture, et aussi le logement, surtout que ce titre de médecin
du grand Hôtel-Dieu devait lui attirer une nombreuse et riche
clientèle qu'il savait sans aucun doute captiver et retenir par son
savoir et par son esprit. Un autre rôle consulté par V. de Valous,
mais malheureusement surchargé de ratures et sans date bien précise, nous apprend que Rabelais faisait partie du *pennonage* ou
milice urbaine de la rue Dubois, près de l'église Saint-Nizier.
Voilà assurément qui ne manque ni de piquant ni d'inattendu :
Rabelais garde national ! Les bourgeois de la rue Dubois devaient
passer de joyeuses nuits de corps de garde. Du haut d'une des
tours de Saint-Nizier, le guetteur de nuit signalait l'ennemi ou
annonçait les incendies : je ne passe pas au pied de cette tour
sans me figurer maître Alcofribas tenant compagnie au veilleur
et braquant sur le ciel étoilé sa grande lunette d'astrologue pour
« résolver toutes les pantarches des cieux, calculer les quadrants
de la lune, crocheter » tous les secrets des sciences hermétiques
et ensuite « conférer du tout avec Empédocle, lequel se recommande à votre bonne grâce ! »

Comment les Lyonnais, gens graves et posés, à la fois très
positifs et très mystiques, prirent-ils, même avant les incartades
de la fin, les joyeusetés et les énormes bouffonneries que com-
mettait leur médecin, sinon dans sa conduite, du moins la plume
à la main? Le payaient-ils pour cela? Rabelais semble plaider
les circonstances atténuantes et il le fait avec bien de l'esprit et
une extrême habileté. D'abord « à la composition de ce livre sei-
gneurial, je ne perdis ni employai oncques plus ni autre temps

que celui qui était établi à prendre ma réfection corporelle, savoir
est, buvant et mangeant ». Voilà pour le temps dû aux malades
et voici pour les soins et l'intérêt de leur santé. L'influence de
l'âme sur le corps, de la gaieté sur la santé n'est-elle pas incontestable? Il y a des malades « par le monde (ce ne sont fariboles)
qui étans grandement affligés du mal des dents, après avoir tous
leurs biens dépendus en médecins sans en rien profiter, n'ont
trouvé remède plus expédient que de mettre les dites chroniques
entre deux beaux linges bien chauds, et les appliquer au lieu de
la douleur, les sinapizant avec un peu de poudre d'oribus...
Trouvez-moi livre, en quelque langue, en quelque faculté et
science, qui ait telles vertus, propriétés et prérogatives. » Qu'eussent répondu à cette double et décisive argumentation les administrateurs de l'Hôtel-Dieu? Si Rabelais, médecin des corps, se
fait par surcroît médecin des âmes, ont-ils à se plaindre? Rire
est le propre de l'homme; l'humeur folâtre et comique est
la première qualité du médecin, parce que « n'y ayant rien de
plus contraire à la santé que la tristesse et la mélancolie, le prudent et sage médecin ne doit pas moins travailler à réjouir l'esprit
abattu de ses malades qu'à guérir les infirmités de leur corps ».
Et c'est toujours aux « beuveurs tres illustres » et aux « goutteux
tres précieux » que Rabelais dédie chaque livre nouveau. Il eût
pu répondre encore, si l'on en croit la légende, qu'il devait des
compensations à son éditeur, La vente des *Aphorismes* l'avait
à peine indemnisé de ses frais : « Par Jupiter, par le Styx, par le
nom que je porte, s'écria, dit-on, Rabelais, je vous dédommagerai
bien de cette perte et je vous jure bien que Rabelais, qui est à
peine connu de quelques-uns aujourd'hui, passera bientôt par toutes les bouches et par toutes les mains, de telle sorte que sa réputation ne brillera pas moins dans les pays étrangers ! » Et quelques jours après il lui apporta la *Chronique gargantuine*, dont
« il a été plus vendu par les imprimeurs, en quelques mois, qu'il
ne sera acheté de bibles en neuf ans ».

D'ailleurs, Rabelais médecin n'était pas moins actif que Rabelais écrivain et faisait toujours plus que n'exigeaient ses fonctions, par exemple des démonstrations publiques d'anatomie. C'est
Étienne Dolet qui nous l'apprend, dans ses *Carmina*. A coup sûr
il serait dangereux de recommencer la *Leçon d'anatomie*, mais
quel sujet pittoresque et bien propre à tenter le pinceau d'un
grand peintre que Rabelais, entouré d'une cohorte d'amis illus-

tres, disséquant un cadavre en public, applaudi par les uns, conspué par les autres : c'était en effet à cette date une innovation audacieuse, car il faut se rappeler que Vésale, le restaurateur ou plutôt le créateur de l'anatomie moderne, n'avait pas encore vingt ans et se trouvait réduit à voler dans les ténèbres de la nuit des cadavres à la butte de Montfaucon ou au charnier des Innocents. Il fallait être Rabelais, c'est-à-dire se moquer également, mais non toujours impunément, et des « démoniaques Calvins imposteurs de Genève » qui brûlèrent Servet, et des « cagots, caphards, poids inutile de la terre » qui criaient au sacrilège. Le narrateur de cette dissection mémorable devait lui-même monter sur le bûcher quelques années plus tard sur cette même place Maubert où Paris, par une tardive réparation, vient de lui élever une statue. C'est le patient qui parle, je veux dire le pendu détaché de la potence et étendu sur la table d'anatomie : « Étranglé par le nœud fatal, je pendais misérablement à la potence. Fortune inespérée et qu'à peine j'eusse osé demander au grand Jupiter! me voici l'objet des regards d'une vaste assemblée. Me voici disséqué par le plus savant des médecins qui va faire admirer dans la machine de mon corps l'ordre incomparable, la sublime beauté de la structure du corps humain, chef-d'œuvre du Créateur. La foule regarde attentive... Quel insigne honneur et quel excès de gloire ! Et dire que j'allais être le jouet des vents, la proie des corbeaux tournoyants et rapaces. Oui le sort peut maintenant sévir et se déchaîner contre moi : je nage dans la gloire ! » Le cadavre lui-même applaudissant au médecin qui le dissèque, on ne saurait obtenir un succès plus complet.

Mais écartons ces images un peu lugubres. V. de Valous se demande avec quelque naïveté si Rabelais est resté insensible à la beauté et à l'amabilité des Lyonnaises contemporaines et émules de la Belle Cordière. « Rabelais, dit-il, a-t-il aimé ? a-t-il été charmé par l'*éternel féminin?* Questions insolubles. » Nullement insolubles, répondrons-nous, puisque Rabelais eut un fils, et qu'assurément, en dépit des questions anxieuses de l'indiscret érudit, il n'ignora pas l'éternel féminin et même, si l'on se rappelle les consultations de Panurge, il en connut à miracle le fort et le faible. Il a donc à coup sûr heurté sa barque aux écueils du siècle, et navigué, selon son expression, *per abrupta sæculi.* Le « très docte et très vertueux Boyssonné », comme il le nomme dans le *Pantagruel,* composa de nombreuses épitaphes du petit Théodule

pour consoler la douleur paternelle. En voici deux qui ne laissent
de place à aucune équivoque et prouvent en même temps que la
paternité de Rabelais était avouée en public : « Lyon est ma
patrie, Rabelais est mon père ; ignorer Lyon et Rabelais ce serait
ignorer deux merveilles de l'univers. » « Moi qui repose dans cet
étroit tombeau, vivant j'ai eu des pontifes romains pour serviteurs ». Une troisième, un peu plus longue, mérite aussi d'être
citée car elle nous prouve une fois de plus que l'idée que les contemporains se faisaient de Rabelais était, non celle d'un bouffon
de génie, mais celle d'un érudit incomparable et d'un savant médecin : « Tu veux savoir qui gît sous cette petite pierre. C'est le
jeune Théodule, petit de corps, d'âge, de traits, mais grand par
son père, cet homme savant versé dans tous les arts qui conviennent à un homme bon, pieux et honnête. Si les destins l'eussent
permis, le petit Théodule se serait approprié la science paternelle
et, de petit qu'il était, serait à son tour devenu grand.» Admirable
sujet à porter sur la scène ou à mettre en roman ! Si l'âme de
Rabelais se montre à nous profondément humaine et tendre,
malgré ses ironies, c'est qu'elle a été profondément remuée par
les plus humains de tous les sentiments.

Je ne dirai rien des éditions savantes et des travaux d'érudition de Rabelais à Lyon : tous ses biographes en ont parlé et
sur ce point particulier il ne subsiste presque aucune incertitude.
Il n'en est pas de même de l'ordre de publication de ses premiers
romans, mais c'est là une question délicate et minutieuse qui
exigerait avec une rare compétence un examen détaillé des anciennes éditions, et malheureusement Lyon n'est pas abondamment pourvue, tant s'en faut, de ces éditions *princeps*. Je ne signalerai donc que deux découvertes récentes. Voici la première :
M. Heulhard, parcourant une vieille traduction de Galien publiée
à Lyon en 1537, c'est-à-dire l'année même du doctorat de Rabelais à Montpellier, remarqua à la fin du sixième livre deux gravures sur bois représentant, dit l'auteur de la traduction, des
instruments utiles pour contenir les membres fracturés en *glotto-
tomon* de l'invention de M. François Rabelais et un *syringotome*.
L'édition, un in-16, petits caractères semi-gothiques, fut publiée
chez Fr. Juste, sous le pseudonyme de Philiatros. M. Heulhard
s'est d'abord demandé si Philiatros ne serait pas Rabelais lui-
même. On retrouve bien, dans quelques avant-propos, l'ampleur
du style de Rabelais. J'ai même remarqué que le traducteur met

en français l'épigraphe que Rabelais a placée en tête de son *Hip-pocrate* : « Te supplions, lecteur, adhérer en tout point à la doctrine galénique *et ne laisser point la claire et pure fontaine pour boire des ruisseaux troubles et pleins de boue.* » De là, toutefois, à conclure à l'identité de Philiatros et de Rabelais, il y a évidemment un abîme. Quelques indices font supposer que Philiatros pourrait bien être le médecin Canape. Quoi qu'il en soit, le *glot-totomon* et le *syringotome* sont bien de Rabelais inventés, et dessinés par lui : on sait qu'il avait à sa plume un joli bout de crayon et dessinait avec habileté. Ce qui complète la découverte et achève de la rendre intéressante, c'est qu'en comparant l'instrument similaire proposé par Ambroise Paré, on remarque des analogies qui sautent aux yeux. Ce n'est pas un faible honneur pour Rabelais, chirurgien, que d'avoir été un inspirateur d'Ambroise Paré. Si celui-ci ne le cite pas, il n'y a guère lieu de s'en étonner, car on sait de quelle liberté ou plutôt de quelle licence on usait à cette époque en fait d'imitation et de plagiat. L'union de la chirurgie et de la médecine était au temps de Rabelais une véritable innovation scientifique. L'*indult* qu'il obtint du pape pour son « apostasie » ne lui permettait cependant d'exercer la médecine que sans effusion de sang, *citra sanguinis effusionem;* mais rien de ce qui intéressait son art ne pouvait lui demeurer étranger et il ne laissa pas, du moins en théorie, de s'adonner à la chirurgie, sœur de l'anatomie.

L'autre découverte est celle de M. A. Vingtrinier et, sans avoir l'importance de la précédente, elle a bien son intérêt. Il s'agit des notes marginales en latin et en grec d'un vieil exemplaire d'une traduction latine d'Hippocrate, par Léonard Fuchsier, joli volume in-4° avec couverture du temps en veau brun gaufré (non cité par Brunet). Ce volume porte la date de 1532 : Rabelais venait de donner chez Gryphe son *Hippocrate*, et tout porte à croire qu'il collationna et annota celui de Fuchsier en vue d'une nouvelle édition de son propre ouvrage. N'ayant pas sous les yeux l'édition originale qui manque à la bibliothèque de Lyon, je ne puis faire la preuve de cette supposition ; si elle est vraie, il est probable que Rabelais modifia en quelques points son texte primitif. Les notes sont d'ailleurs visiblement de l'écriture de Rabelais et cela se voit surtout à sa manière de former les *s* et de barrer les *t*. Encore une preuve nouvelle du travail acharné du médecin de l'Hôtel-Dieu ! Comme on aurait tort de s'obstiner à ne voir en lui, selon l'expression de La Fontaine parlant du divin Platon, que « le plus grand des amuseurs ». Il y a quelque chose de touchant, d'émouvant, remarque avec raison Vingtrinier, à se figurer le père de Panurge étudiant la plume à la main, à la lueur d'une lampe fumante, dans sa chambre de l'Hôtel-Dieu, tandis que le Rhône mugit sous ses fenêtres, annotant les vieux textes, s'identifiant avec la pensée du père de la médecine, jetant rapidement et d'une main enfiévrée ses réflexions en grec et en latin, oubliant, dans une méditation profonde, Paris et la cour, Rome et Genève, les querelles théologiques, politiques, philosophiques, les dangers que ses audaces amoncellent sur lui-même, puis relevant la tête et souriant avec malice à l'idée insensée de noyer cinq cent mille Parisiens dans une inondation d'un genre absolument inédit.

Il fallut pourtant quitter ses malades de l'Hôtel-Dieu et ses amis si dévoués et si nombreux. La justice ecclésiastique, secondée par la justice royale, donnait, en ce temps-là, à réfléchir aux philosophes. Songez que près d'un siècle plus tard, en 1618, la philosophe Vanini fut traîné sur la claie et brûlé vif à Toulouse. Quand il vous vient au bout de la plume des phrases comme celles-ci : « Arrière, mâtins, hors de la carrière! Hors de mon soleil, canaille au diable! Voyez ce bâton, pour chasser et évincer larves bestiaires et mâtins cerbériques. Pourtant, arrière cagots! Aux ouailles, mâtins! Hors d'ici, caphards de par le diable. Hay! Êtes-vous encore là! Je renonce à ma part de papimanie si je vous happe, » c'est qu'on a eu peur, qu'on tremble encore d'émotion et qu'on a ressenti le besoin pressant de solliciter la protection des cardinaux et l'*indult* du pape. Un beau jour, le dimanche 13 février 1534, « en l'Ostel-Dieu, après dîner » les administrateurs s'assemblent pour délibérer sur l'absence réitérée et prolongée de leur médecin. La délibération est amusante et ressemble trait pour trait à ces consultations des médecins de Molière où il n'est question ni de la maladie ni du malade. Du mérite comparé de Rabelais et de ses trois concurrents pas un mot. Il y a sur les rangs M⁰ Canape, M⁰ Charles et M⁰ Du Castel : ils s'offrent au rabais et cette considération n'est pas sans valeur pour des administrateurs économes. Mais le plus grand argument c'est qu'il est essentiel de ne pas mécontenter M. de Montrotier « qui donne audit hôpital trois cents livres tournois » par an et jouit d'une influence exactement correspondante. Or, visiblement, M. de Montrotier n'est pas pour Rabelais : cet homme assurément n'aime pas les livres de « haute graisse » et ne goûte aucunement les fougues intempestives du médecin. M. du Castel, d'ailleurs, qui accepte des gages de trente livres, paraît « bien idoine et suffisant » pour recueillir cette lourde succession. Pourtant Rabelais a ses partisans, mais ils sont timides et n'osent élever la voix : Jehan Guilloud s'émancipe jusqu'à dire « que l'on doit bien y penser » ; Pierre Durand ose avancer « qu'on doit supercéder d'y pourvoir jusques après Pâques, car il a entendu dire que ledit Rabelais est à Grenoble et pourra revenir » ; Rochefort s'en réfère à « l'advis de M. de Montrotier » et Guillon, plus prudent encore, « s'en remet à la pluralité des voix ». Somme toute, on ne décida rien ce jour-là, mais le 5 mars suivant il fallut bien se rendre à l'évidence et à la nécessité : pas de nouvelles du médecin retenu probablement à Grenoble en compagnie d'un autre fugitif célèbre, Corneille Agrippa, dans la maison de ce François de Vachon, président à mortier, qui « ne passait point agréablement ses heures de loisir s'il n'étudiait pas », dit un ancien dictionnaire du Dauphiné de Guy Allard, et dont « les plus charmantes conversations étaient avec les gens de lettre ». Cette maison du président de Vachon était « l'asile des hommes de lettres et une académie perpétuelle de gens savants ». Rabelais s'y trouvait dans son milieu et y restait ; on décida donc son remplacement à l'unanimité, mais on lui rendait encore un hommage involontaire en remplaçant un simple bachelier par un docteur auquel on n'octroyait que trente livres au lieu de quarante.

Rabelais ne garda contre les Lyonnais ni rancune ni amertume, à moins qu'on ne veuille voir une plaisante vengeance dans le tour qu'il leur joua, selon la légende, en se faisant reconduire par eux à Paris à la suite de la scène qui a donné lieu au proverbe du *quart d'heure de Rabelais*. J'avoue que cette histoire manque un peu de vraisemblance : qu'il ait préparé de petits paquets de cendre avec les inscriptions bien en évidence, *poison pour le roi, poison pour la reine, poison pour le dauphin*, selon une de ces deux versions ; qu'il ait assemblé les docteurs de la ville sous prétexte de leur faire d'importantes communications scientifiques et que, changeant subitement de ton, parlant bas, fermant lui-même les portes, il leur ait dit tout à coup : « Voici un poison subtil que je suis allé chercher en Italie pour vous délivrer du roi et de ses enfants ; oui je le destine à ce tyran qui boit le sang du peuple et qui dévore la France » ; quelque récit

qu'on adopte, c'eût été jouer trop gros jeu. François I⁰ⁿ n'aurait
peut-être pas goûté la plaisanterie du poison et les bons bourgeois
qui, dit-on, firent escorter Rabelais jusqu'à Paris, n'auraient pas
manqué de reconnaître le personnage si populaire à Lyon. Rabelais d'ailleurs aurait aisément trouvé à Lyon un prêteur, sinon de
50 000 écus comme François Iᵉʳ, du moins de la somme minime
qui lui était nécessaire pour payer son hôtel et se défrayer du
voyage. On a soin de dire, il est vrai, qu'il ne voulait pas se faire
connaître parce qu'il remplissait une mission secrète ; mais il faut
avouer que c'était employer un étrange moyen de dissimuler son
identité : concluons donc que si la légende a peut-être son point
de départ dans quelque aventure arrivée à Rabelais, à coup sûr
les choses n'ont pu se passer ainsi. On ne prête qu'aux riches et,
en fait de joyeux tours et de bonnes plaisanteries, Rabelais
était plus riche que Gadagne en écus sonnants et trébu-
chants.

Si la lettre de l'écolier limousin qui accompagne les plus anciennes éditions de Rabelais est authentique, elle nous offre une
peinture charmante de la vie lyonnaise dont le médecin du grand
Hôtel-Dieu doit se souvenir longtemps avec délices. On sait
qu'elle est adressée « à un sien amicissime, résidant en l'inclite
et famosissime urbe de Lugdune ». On est obligé de traduire et
de paraphraser cette langue macaronique. « Des amis qui l'ont récemment quitté nous font d'alléchants récits de la vie que tu
mènes. Il paraît qu'à Lyon tu voles de plaisirs en plaisirs. Nymphes plus que divines... Banquets à tout propos... Une campagne
ravissante où il est délicieux de se reposer des fatigues de la
ville, en écoutant la douce cantilène du rossignol, en suivant
des yeux la course des nymphes des bois, des naïades et des
dryades... Et vos festins où coule l'ambroisie, ils sont dignes des
dieux, dignes des noces de Pélée et de Téthys. Du vin à la ronde
et des meilleurs crus ! Aussitôt les tables desservies, vite à la
danse, à la chasse aux bêtes sauvages et au menu gibier. Plaisirs
sous toutes les formes et jamais de chagrins... O deux et trois
fois heureuse la vie que vous menez à Lyon ! Et combien différente de la nôtre, hélas ! Tourments et soucis chaque jour renais-
sants, agités sans trêve et sans repos ; que notre sort comparé au
vôtre est peu enviable... Si tu dois venir à la cour, poussé par
quelque ambition, attends du moins la saison prochaine. » La
conclusion est d'un bon thélémite : « Qui pour biens se jugule est

vraie bête! » La vie de province a de bons côtés mais l'écolier limousin flatte un peu le portrait : il vit à Paris.

V

Un mot encore pour conclure et pour terminer cette étude.
En même temps que Rabelais vivait à Lyon, entre deux exils, un
savant et bizarre personnage, Henri Corneille Agrippa, médecin,
érudit, orateur, alchimiste, astrologue, et par-dessus tout bilieux,
haineux, toujours insultant et toujours insulté, mais aussi universel par sa science et étrange par sa vie que Rabelais lui-même,
qui l'a peint de face sous le nom de Heu Trippa et de profil sous
celui d'Henri Cotiral. Longue robe de pédant et barrette en tête,
vrai « diable enjuponné », par art « d'astrologie, géomantie, chi-
romantie, métopomantie et autres de pareille farine, il prédisait
toute choses futures ». Et naturellement il ignorait ce qui se
passait chez lui : « et ne sait le premier trait de philosophie qui
est : connais-toi, se glorifiant voir un festu en l'œil d'autrui et
ne voir une grosse souche laquelle lui poche les deux yeux ». Cet
homme au caractère malveillant et malheureux, toujours poursuivi par une meute d'ennemis aboyant à ses trousses, cet Allemand de Cologne n'était pas pour plaire à Rabelais, Gaulois de
naissance et d'esprit. Peut-être plus tard se réconcilia-t-il avec
lui à Grenoble chez le président Vachon, car Henri Cotiral nous
est représenté comme rendant un service signalé à ses amis dans
une rencontre en mer au moment où le navire allait s'enlizer.
Mais Cotiral est toujours un « compagnon vieux » ridiculement
affublé et « tenant en main senestre un gros, gras, vieil et sale
bonnet d'un teigneux ». Ce savant insupportable et misanthrope
avait composé un gros livre pour démontrer à ses contemporains
la vanité des lettres et des sciences, le vide et l'inanité de tout.
C'était un Schopenhauer du xvi° siècle, un pessimiste avant la
lettre. Rabelais était au contraire l'optimisme en personne. Aussi,
prenant le contre-pied de la thèse d'Agrippa, il fait l'éloge inta-
rissable et lyrique, non seulement de la gaieté, mais de la science
et des arts : il rêve pour son bon géant Pantagruel l'éducation
encyclopédique et la science totale, intégrale. Relisez quelques
passages de la lettre de Gargantua : « Le temps était encore ténébreux et sentant l'infélicité et calamité des Goths qui avaient
mis à destruction toute bonne littérature... Maintenant toutes

disciplines sont restituées, les langues instaurées, grecque (sans laquelle c'est honte qu'une personne se dise savant), hébraïque, chaldaïque, latine; les impressions tout élégantes et correctes en usance qui ont été inventées de mon âge par inspiration divine, comme à contrefil l'artillerie par invention diabolique... Que dirai-je? Les femmes et filles ont aspiré à cette louange et manne céleste de bonne doctrine... Parquoy, mon fils, je t'admoneste qu'emploie ta jeunesse à bien profiter en études et vertus... Et quant à la connaissance des faits de nature, je veux que tu t'y adonnes curieusement, qu'il n'y ait mer, rivière, ni fontaine, dont tu ne connaisses les poissons : tous les oiseaux de l'air, tous les arbres, arbustes et fructices des forêts, toutes les herbes de la terre, tous les métaux cachés au ventre des abîmes, les pierreries de tout Orient et midi, rien ne te soit inconnu. Puis soigneusement revisite les livres des médecins grecs, arabes et latins, et puis fréquente anatomies, acquiers-toi parfaite connaissance de l'autre monde qui est l'homme. »

O l'admirable programme d'enseignement classique et moderne du bon géant! C'est précisément l'histoire abrégée des travaux de Rabelais à Lyon. Quelle foi à la science et au progrès, quelle ardeur généreuse et toute française à émanciper l'esprit humain! Cette allégresse du cœur et cet élan de l'intelligence Rabelais leur donne un nom: c'est le pantagruélisme. Il en propose plusieurs définitions qui se complètent l'une l'autre : c'est « vivre en paix, joie et santé, faisant toujours grand chère »; « c'est aussi propriété individuelle... moyennant laquelle jamais en mauvaise partie ne prendras chose quelconque »; c'est enfin « certaine gaîté d'esprit confite en mépris des choses fortuites ». Agrippa, Rabelais, voilà bien l'éternelle antithèse du génie allemand et du génie français, des ténèbres et de la lumière, du sombre pessimisme et de la rayonnante gaîté. Que Rabelais nous préserve du pessimisme, phylloxera germanique. Une ville qui a eu l'honneur de posséder, de comprendre et d'aimer Rabelais doit avoir fait provision pour des siècles de soleil et de bonne humeur. « Vivez joyeux » c'est le mot d'ordre de Rabelais, mais c'est aussi celui du grave Descartes, père de la philosophie française, puisqu'il déclare que « la gaîté possède une secrète vertu pour nous rendre la fortune favorable ».

Alexis BERTRAND.

LA LITTÉRATURE CONTEMPORAINE

EN ESPAGNE

LE MOUVEMENT DE L'ANNÉE 1891-1892

La préoccupation du quatrième centenaire de la découverte de l'Amérique, et la contemplation des glorieux souvenirs du passé, ont détourné, cette fois, du côté de l'histoire et de la politique coloniale, l'activité intellectuelle de nos voisins. Les œuvres d'imagination pure : poésies, romans, théâtre, ont été, cette année, moins nombreuses et, à quelques exceptions près, moins brillantes que de coutume.

Les réjouissances publiques en Espagne vont durer trois mois et dix jours. Annoncées dans les rues de Madrid, dès le 2 août, par des *voceros*, accompagnés de clairons et de timbales, à la mode du xv° siècle, avec déploiement des étendards de Séville, de Huelva et de la maison ducale de Medina-Sidonia, elles se continuent, à l'heure où nous écrivons, avec un enthousiasme patriotique croissant, sous la direction d'une Junte, ou comité des fêtes, qui comprend les plus hautes notabilités du pays. Il y a quelque chose de touchant et d'instructif à voir ce que peut faire un pays plus pauvre que riche, quand il est animé d'un grand sentiment. L'Espagne n'a pas des centaines de millions à prodiguer pour célébrer ses gloires ; mais le caractère archaïque qu'elle sait donner à ses fêtes, la sincérité qu'elle y apporte, font en ce moment, d'une visite à Madrid, le plus attrayant des plaisirs.

L'occasion est belle pour versifier et discourir : nos frères espagnols ne s'en font pas faute. Le dernier et le plus vénérable des poètes romantiques, don José Zorrilla — un survivant, lui aussi, d'un autre âge, qui semble être demeuré dans le monde des lettres pour compléter par sa présence des fêtes romantiques comme lui-même — a lu, dans une splendide soirée littéraire, donnée à l'hôtel Christophe-Colomb, un poème composé pour la circonstance. La personne de Zorrilla était peut-être la plus grande curiosité de la réunion. Ceux qui avaient entendu, il y a un demi-siècle, le vieux poète d'aujourd'hui prononcer, à vingt ans, ses premiers vers sur la tombe de Larra, le front pâle, les cheveux au vent, le regard inspiré, avec toute la mise en scène du romantisme, et qui assistaient hier à la soirée artistique et littéraire de l'hôtel Colomb, ont dû faire d'étranges rapprochements de temps et de lieux. La fête du 2 août n'en aura été, pour eux, que plus originale et plus intéressante.

De toutes les réjouissances publiques qui ont eu lieu déjà, ou qui auront lieu d'ici au 12 octobre, aucune ne concerne cette Revue, sauf celles qui ont emprunté la forme de poèmes, de conférences et de discours. Des conférences, il en a été fait de fort belles à l'*Ateneo* de Madrid. Publiées avec un grand luxe typographique, par *El Centenario*, elles constitueront, en même temps qu'un mémorial de la commémoration, une œuvre vraiment littéraire. Celle que l'on doit à M. Castelar réunit la double beauté de fond et de forme que lui assuraient à la fois la grandeur du sujet et le charme du génie oratoire. Christophe Colomb, la découverte et ses bienfaits, célébrés par don Emilio Castelar, cela ne pouvait pas manquer de former une magnifique harmonie. Il y avait accord naturel, concordance préexistante entre l'orateur et le héros. Nous ajouterons que cet accord, cette concordance s'étendait jusqu'aux détails. L'éloquence de M. Castelar est ondoyante comme la mer. Quand il a exalté les conquêtes matérielles et morales, bien plus grandes encore que les conquêtes de territoires, pour lesquelles partaient les caravelles bénies du navigateur génois ; quand il a parlé de la rénovation du vieux monde qu'allait opérer le nouveau, des forces vives prêtes à couler de l'Atlantique au Pacifique, du Pacifique à l'Atlantique, et de la civilisation marchant, cette fois, sur les eaux, l'auditoire s'est senti soulevé par une grande brise, et bercé, lui aussi, par l'Océan. Une vague puissante l'avait emporté dans un monde nouveau d'idées.

Nous avons nommé *El Centenario*. Cette magnifique revue, créée pour l'année du centenaire, après quoi elle cessera de paraître, est due à l'initiative de la Junte de célébration, autant vaut dire à celle de M. Canovas del Castillo. Président de la Junte, président de la Société des gens de lettres (l'*Ateneo*), M. Canovas del Castillo est l'âme du mouvement intellectuel officiel qui se produit en 1892. Ce mouvement aura été, du reste, très heureusement inspiré. Ce qui devait, en effet, à une époque comme la nôtre, donner à la célébration son principal caractère, ce n'était ni la poésie des souvenirs, ni la reconnaissance historique pour les avantages apportés au monde par la découverte, c'était surtout le spectacle de l'union fraternelle de l'Espagne avec ses anciens colons, passés de l'état d'enfants à celui de frères, dans la famille politique. Ce spectacle, l'Exposition hispano-américaine nous le donnait déjà, jusqu'à un certain point, dans l'ordre des faits économiques, par l'Exposition Hispano-Américaine ; mais il est plus frappant encore dans la création de deux grandes revues, organes de la famille espagnole des deux mondes. La *Revista Hispano-Americana,* fondée depuis une douzaine d'années, avait déjà pour objet l'étude de tout ce qui peut intéresser les pays d'origine espagnole, aussi bien que l'Espagne elle-même, mais elle comptait surtout parmi ses collaborateurs les membres des académies de Madrid. C'étaient, outre MM. Castelar et Canovas del Castillo, que l'on retrouve partout où l'on a besoin d'un puissant concours, Manuel Cañete, Vicente Lafuente, José Barzanallana, José Selgas, Ramon Campoamor, Pedro Alarcon, etc. tous Espagnols et académiciens. La porte n'était pas fermée, en droit, aux écrivains venus de l'autre côté de l'Atlantique ; mais elle l'était en fait, par cette brillante et active pléiade de rédacteurs. Il n'en est pas de même du *Centenario.* Dès le premier jour, il a fait appel au concours des Hispano-Américains, comme l'a fait également l'*Ateneo* pour ses brillantes conférences. Son esprit de bienveillance et de concorde, le mérite des travaux qu'elle publie, ainsi que le luxe de l'exécution matérielle, feront un jour de cette revue, destinée à conserver le souvenir et l'écho du centenaire, une perle de bibliothèques.

Une si belle occasion ne pouvait être perdue par M. Cesareo Fernandez Duro, l'historien spécial des gloires coloniales et nautiques de l'Espagne. Il a donné, dans la deuxième livraison du *Centenario*, un article plein d'intérêt sur les biens et richesses laissés par Colomb. Ces renseignements curieux ne sont pas nouveaux, et M. Duro lui-même a eu déjà l'occasion de se servir des uns et de compléter les autres, mais ils ne sont pas généralement répandus dans le public. L'auteur nous montre, d'abord, encore une fois, l'homme de génie, prédestiné à changer la face du monde, arrivant à pied, avec son fils Diégo, du Portugal, où il avait

essuyé des refus, demandant sur sa route l'hospitalité, tantôt
dans des terres du duc de Medinaceli, tantôt dans des monastères,
vendant des estampes pour subvenir à ses nécessités, estampes
qui étaient le plus souvent des cartes de géographie faites par lui-
même, et se présentant enfin devant le trône des rois catholiques
qui se trouvaient alors à Cordoue. Il était si pauvre à ce moment
que le peuple l'appelait *El estranjero de la capa raida* — l'étranger au manteau râpé ; — puis, neuf ans après, nous le voyons
entrer triomphalement à Séville, précédé de masses d'or et d'objets qu'on n'avait jamais vus encore en Espagne, or et richesses
dont les souverains lui avaient par avance concédé la dixième
part, et se rendant de là à Barcelone, pour mettre aux pieds de
Ferdinand et d'Isabelle de l'or, de l'or en poudre, de l'or en pépites,
de l'or en lingots, de l'or, et encore de l'or !

La manière dont les rois catholiques le récompensent nous
paraît amusante, à nous hommes du xix* siècle :

Cédule ordonnant à toutes les villes et villages de leurs
royaumes de recevoir partout avec grande libéralité don Cristobal, sa famille et sa suite, sans aucune rétribution. Exemption
de droits de douane sur toutes les marchandises arrivant des
Indes expédiées au nom de Christophe Colomb, et, de même,
exemption de droits de sortie pour les marchandises envoyées
aux Indes sous son couvert. Don du huitième de la valeur brute
de tous objets importés du nouveau monde, et du dixième de la
valeur nette. Autorisation de concéder des terres à perpétuité
dans l'île d'Hispaniola. Autorisation de retenir de force à son
service et sans salaire tous ceux de ses officiers ou serviteurs qui
pouvaient lui devoir de l'argent et de se payer sur les gages qui
leur eussent été dus, avec pouvoir de régler lui-même à sa volonté lesdits gages, etc.

Tout ce qui était privilèges et *fueros* marcha bien, car c'était
le peuple qui payait ; mais quant à la perception du dixième sur
la valeur de toutes les marchandises des Indes, il faudrait ne pas
connaître l'Espagne et ses vieux procédés administratifs, pour
s'imaginer qu'elle était aisément réalisable. Dans une lettre à son
fils Fernando, citée par M. Duro, Christophe Colomb dit lui-
même : « J'ai toujours prévu que cette libéralité se réduirait
dans la pratique à un peu plus que zéro. » Ce ne fut que plus
tard que, le commerce des Indes étant devenu immense, ce même
Fernando commença à recevoir des sommes importantes. Toute

la fortune des ducs de Veragua provient de là. Pour Colomb, il
n'est pas mort pauvre comme on l'a dit longtemps, mais seulement dans une très modeste aisance ainsi que l'atteste son testa
ment fait à Valladolid, par lequel il institue Diégo Colomb son
héritier. Les documents choisis que la maison d'Albe livre en ce
moment à la publicité montrent que don Fernando Colomb, fils
puîné de l'amiral des Indes, reçut en une seule fois 541 000 maravédis, pour payer un legs fait par son père. C'est ce même Fernando qui, plus tard, a recueilli sous la forme de richesses incalculables, le fruit des travaux paternels. Christophe Colomb lui
laissait par testament un million et demi de maravédis, à prendre
sur les marchandises de l'Inde, *quand cette branche de revenu
produirait quelque chose*, et davantage, si elle s'accroissait au
delà de ses espérances. Elle s'est tant accrue que le même Fernando en est venu à recevoir, dit-on, vingt-cinq millions de maravédis par an, somme qui équivaudrait à peu près à deux cent
mille francs de notre monnaie, et qui semble fabuleuse dans un
temps où le maravédis valait dix-huit fois ce qu'il a valu depuis,
et où la paye d'un capitaine de navire était par an d'une somme
correspondante à soixante francs environ.

Les œuvres de M. Fernandez Duro, plus importantes que ses
savants articles dans le *Centenario* et dans la *Revista de España*,
ont eu, cette année, les honneurs de la réédition. Le millésime de
1892 figurera sur bien des ouvrages nouveaux et bien des éditions nouvelles d'ouvrages anciens, relatifs aux établissements
coloniaux de l'Espagne et à ses grands exploits nautiques des
xve et xvie siècles. C'est d'abord une histoire de Christophe Colomb, — *Cristobal Colòn, su vida, sus viajes, sus descubrimentos*,
— par don José Maria Asensio, président de l'Académie royale
des belles-lettres de Séville, deux volumes grand in-folio, dont
le texte, nourri des documents les plus récents, vaut mieux selon
nous que les illustrations; c'est ensuite, dans la collection des
livres rares et curieux concernant l'Amérique et formant le
tome VI de cette collection, une autre histoire — une traduction
probablement — de la *Vie de l'amiral des Indes*, écrite par son
fils, ce même Fernando, dont nous venons de parler. Nous disons
une traduction, parce que le manuscrit original n'existant plus,
on ne peut, en effet, qu'avoir traduit de l'italien, sur la première
édition, faite à Venise; c'est —toujours dans la même collection
— le tome III, contenant l'*Origine des Indiens du Mexique, du*

Pérou, de Bogota et du Chili, par don Diego Andrés Rocha; la *Nouvelle découverte du grand fleuve des Amazones,* par Cristobal de Acuña; la *Véritable Relation de la conquête du Pérou,* par Francisco de Xérès; c'est, dans une autre collection, celle des *Documents inédits, relatifs à la découverte, à la conquête et à l'organisation des possessions espagnoles d'outre-mer* (nous traduisons, bien entendu, tous les titres), un volume in-4° sur l'île de Cuba, et un autre volume, également in-4°, sur l'île de Puerto-Rico par Gomez. Autres in-4° encore : le premier, sur les îles de Galapagos, de quelques feuilles seulement celui-là, par Marco Jimenez de la Espada; le second, de 500 pages, sur la conquête des îles Moluques, par Léonard de Argensola; une seconde édition, revue et corrigée, de *Colon y la Rabida,* par le Père José Coll; et enfin un appendice à l'*Histoire apologétique des Indes,* de Las Casas, d'après un manuscrit récemment découvert.

Ce ne sont pas seulement les anciennes gloires coloniales de l'Espagne en Amérique dont on a, cette année, remué les cendres. Tout ce qui se rapporte à la puissance maritime, commerciale et politique de l'empire de Charles-Quint semble avoir emprunté au centenaire un intérêt d'actualité. On a publié plusieurs histoires, études, explorations, concernant les Philippines; et, les affaires du Maroc aidant, beaucoup d'ouvrages relatifs aux positions occupées autrefois par l'Espagne sur la côte ouest et nord-ouest de l'Afrique.

L'Académie royale d'histoire, qui fait tant de recherches et de publications intéressantes depuis une vingtaine d'années, a été forcée de ralentir un peu ses travaux. La perte de M. Pujol y Camps, qu'elle avait chargé de mettre au jour la chronique de Catalogne, pendant l'occupation française de 1644 à 1653, a suspendu cette publication. Toutefois, l'Académie a donné, comme de coutume, son bulletin mensuel, et cela seul suffirait à lui assurer la reconnaissance des érudits. Elle a fait aussi réimprimer dans les *Documents inédits relatifs aux possessions espagnoles d'outre-mer,* les anciennes *Lois des Indes,* ces lois qui, si on se reporte aux temps, sont des monuments de sagesse politique, et si on juge à la lumière du nôtre, des monuments de folie en matières économiques. Les services de l'Académie d'histoire ne se bornent pas à ceux qu'elle rend directement; sa fonction est surtout

de stimuler le zèle des sociétés de province et celui des particuliers
pour les recherches historiques. Comme il y a beaucoup d'esprit
de particularisme dans le pays des sept royaumes, l'Académie a
trouvé, dans les provinces, des éléments d'activité tout prêts.
Combien il est regrettable que soixante-dix ans de guerres et de
révolutions, que deux siècles d'incurie en matière d'histoire nationale, et trois générations d'historiens, dits philosophes, écrivant de haut vol, sans bases, ni documents, aient concouru à
l'abandon et à la destruction de tant d'archives précieuses, autrefois renfermées dans les palais de la grandesse et dans les bibliothèques des couvents! Il en reste, heureusement, encore assez
pour que l'on ait l'espoir de reconstituer sur des assises solides
l'histoire nationale, et c'est la tâche que s'est donnée l'Académie.
Elle a chargé plusieurs de ses membres correspondants de travaux de détail qui deviendront autant de pierres amassées pour
cet objet. Il en arrive de Valence et de Barcelone, de Navarre et
de Biscaye, de Léon et d'Andalousie, de partout où domine l'orgueil du clocher, ou, pour parler avec plus de justice, l'amour
patriotique local. Il en vient des villages mêmes : l'archéologie,
c'est là ce qui doit être, ce qui est en train de devenir, la passion
dominante, chez un peuple aussi fier de son passé que l'est le
peuple espagnol. La vie de province, telle qu'on la mène dans ces
villes mornes des vieux royaumes d'Espagne, au fond de ces
grands palais carrés, en pierres de taille, qui semblent des forte-
resses marquées des caractères de force et de tristesse des temps
de la maison d'Autriche, est bien propre à favoriser l'état d'esprit
qui fait les archéologues. Les travaux abondent depuis vingt ans;
ils abonderont encore davantage, de jour en jour.

Peut-être l'Académie d'histoire se hâte-t-elle trop de les
mettre en œuvre? Mais qui pourrait résister à la force d'impulsion que lui communique son président actuel, M. Canovas del
Castillo? Elle a donc commencé déjà cette entreprise de reconstitution de l'histoire nationale que nous présentions tout à l'heure
comme devant être la fin et le couronnement de ses travaux.
Elle bâtit l'édifice, comme on construisait les cathédrales au
moyen âge, avant que d'en avoir amassé tous les matériaux.
C'est M. Canovas del Castillo qui en est l'architecte, les membres
les plus distingués de l'Académie, les ouvriers. Chacun d'eux
s'est chargé d'élever une chapelle particulière, autrement dit
d'écrire un chapitre de la grande œuvre. Cela ne nous donnera

peut-être pas une histoire, telle qu'on l'a comprise jusqu'à présent : une de style, de plan, d'esprit, de manière, une histoire ayant une âme personnelle et vivante, mais cette méthode aura toujours l'avantage d'assurer la perfection du détail, et de coordonner dans un certain ordre les documents historiques nouvellement acquis, lesquels ne peuvent guère être portés à la connaissance du grand public autrement que dans une histoire générale.

Un de ses membres, nouvellement élu, M. Antonio Rodriguez Villa, est entré dans le sein de l'Académie, portant entre ses mains, comme don de joyeux avènement, un volume de recherches intitulé : *Jeanne la Folle.* Il y établit plusieurs points intéressants. Le premier, c'est que Jeanne n'a pas été enfermée par Philippe le Beau, son époux, comme on le croit généralement depuis un certain nombre d'années, et que la folie ne s'étant déclarée chez elle qu'après la mort de ce prince, c'est son père, le roi Ferdinand, qui l'a séquestrée, sous la garde de don Bernardo de Sandoval y Rojas, marquis de Denia, fait qui lave d'un reproche la mémoire de Philippe Ier; le second, c'est que l'horreur conçue par l'infortunée Jeanne pour les pratiques religieuses catholiques n'était pas, comme on l'a prétendu, l'effet d'attaches secrètes avec le luthéranisme, auquel la pauvre folle ne pensait guère, mais simplement ce qu'on appelle vulgairement une lubie; le troisième, que, malgré l'état bien avéré d'aliénation dans lequel se trouvait l'héritière des trônes de Castille et d'Aragon, le roi Henry VII d'Angleterre demanda à plusieurs reprises sa main pour son fils, le prince Arthur, chose qui parait flatter encore, rétrospectivement, l'orgueil castillan.

La fonction la plus utile de l'Académie d'histoire, comme de toutes les académies, est surtout, disions-nous, de stimuler le zèle public pour l'étude sous toutes ses formes. Voici d'intéressantes publications, dues non à son initiative, mais à ses encouragements. La première est un volume intitulé *Pie IV et Philippe II.* Il a paru dans la *Collection des livres rares et curieux,* et contient la correspondance du plus paperassier, du plus méticuleux des monarques avec don Luis de Requesens et don Juan de Zuñiga, ses ambassadeurs à Rome : deux frères, appartenant à la famille de Miranda. Cette correspondance s'étend aux règnes courts de deux papes Paul IV et Pie IV, des grandes maisons, le dernier de Médicis, le premier de Caraffa, et nous initie à des détails curieux sur la vie en cour de Rome, ainsi que sur l'esprit

politique, bien plus que dévot, de Philippe II. On a publié également la correspondance de ce prince avec ses parents de la
maison d'Autriche, les princes allemands, de 1556 à 1598, c'est-
à-dire pendant toute la durée de son règne. Depuis quelques années, on s'est beaucoup occupé de Philippe II, les uns voulant
réhabiliter son caractère, les autres, le noircir, au contraire,
davantage. Tous pourront trouver dans ces nouvelles publications des armes fraîches de combat.

Quant à la Société des Bibliophiles, l'amie des bijoux littéraires, elle a publié en un volume in-4°, plusieurs opuscules des
xvᵉ et xviᵉ siècles, entre autres : *les Quinze Questions sur la reine
Isabelle*, adressées par le pape Jules II à Gracia Deix ; *les Sept
Sages de Rome; la Satire de la vie*, par le connétable de Portugal, etc., etc., tous empreints du vif esprit de la Renaissance.

L'Académie espagnole, *la Real Academia de Lengua*, a
eu même infortune que l'Académie d'histoire: elle a perdu un de
ses membres les plus utiles et les plus honorés. La jeune génération des gens de lettres — les *jeunes*, comme on dit aujour-
d'hui chez nous — ne rendaient pas généralement justice à
M. Manuel Cañeté; mais il n'en jouissait pas moins auprès des
gens sages d'une grande autorité comme critique de théâtre,
s'étant toujours opposé avec force à cette dépravation du goût,
qui est l'effet ou la cause — peut-être l'un et l'autre — de la dépravation des mœurs. Toutefois la critique au jour le jour ne
constituait pas son principal titre d'honneur. M. Cañeté était un
puriste, un gardien jaloux de la langue, et de plus un consciencieux érudit. Il avait étudié les origines du théâtre et de la littérature espagnols, non pas en dilettante de lettres, mais en historien et en savant. Au moment de sa mort, il était sur le point
d'amener à bien une édition, très attendue, du *Cancionero* de
Juan del Encina, le Villon et le Chaucer de l'Espagne. L'Académie lui avait confié ce travail, bien approprié à ses habitudes
d'esprit, et qui faisait tout naturellement suite à ses précédentes
études. M. Cañeté s'était longtemps occupé du charmant et naïf
poète del Encina. Nous disons bien : del Encina, car il paraît que
Juan ne portait ce nom que parce qu'il était né dans ce village.
Déjà, des critiques érudits avaient émis le doute que Encina fût
son nom de famille ; mais ce nom, aucun n'était encore parvenu
à le découvrir. L'honneur en revient à Cañeté. Il va nous raconter,

lui-même, comment lui advint cette fortune. Cet épisode de sa vie studieuse nous servira d'échantillon pour apprécier sa manière et sa conscience : il date d'une douzaine d'années.

A voir, écrivait à cette époque M. Cañeté (nous résumons sa communication), à voir l'aplomb avec lequel les biographes déclarent que le poète castillan était né à Salamanque, en l'année 1480, on dirait qu'ils sont sûrs de ce qu'ils avancent; ils ne le savent pas du tout; ils ne savent même pas son nom ! Hâtons-nous de les excuser : les archives des monastères ont été jetées au vent par les vandales des Révolutions; celles de la grandesse sont demeurées longtemps inaccessibles, tandis que, aujourd'hui, ce qui en subsiste encore est, au contraire, généreusement mis à la disposition des hommes d'études par leurs illustres possesseurs.

Je savais, continue le savant critique (nous résumons toujours) que del Encina avait été protégé par la maison d'Albe, puisqu'il dit quelque part, lui-même, qu'*elle le tenait pour sien*, c'est-à-dire pour un homme à elle, un client, comme on disait dans l'ancienne Rome. Hélas ! les archives de cette noble maison ont été saccagées en 1706, incendiées en partie par quatre fois, à des époques plus récentes, et je n'y trouvai rien sur notre délicieux poète! Je ne fus pas plus heureux à Salamanque et à Léon. J'écrivis à Rome, à notre savant compatriote, le Révérend Père Fita; rien non plus ne s'y trouve, paraît-il, à ce sujet.

Restaient les archives des marquis de Tarifa, réunies à celles des ducs de Medinaceli, leurs parents. C'était mon dernier espoir. Je n'ignorais pas que del Encina avait accompagné en Terre Sainte don Fadrique de Ribera, marquis de Tarifa, en l'année 1519, et je pensais trouver là quelque chose, relativement à son vrai nom. La duchesse de Medinaceli me recommanda avec bonté à son archiviste et à l'adjoint de celui-ci; nous cherchâmes, mais sans résultat. Ici encore le feu avait fait ses ravages. Un incendie avait, il y a bien des années déjà, détruit une partie des archives, et précisément celles des marquis de Tarifa!

Un mauvais sort me poursuivait. Je cédai à l'impossible et partis. Toutefois, je priai les excellents archivistes de ne pas oublier mon désir, et si jamais quelque chose leur tombait sous la main, de vouloir bien m'en envoyer copie, *quand bien même cela ne leur paraîtrait pas se rapporter à l'objet de mes recherches.*

C'est à cette recommandation, ainsi formulée, que je dois ma bonne fortune. Trois ans après, je recevais copie d'un document trouvé dans une liasse de cédules et privilèges, dépendant des archives du duché d'Alcala, conçu en ces termes :

Moi, Gil Galdiano, chanoine de Tudela, je certifie que j'ai entendu en confession, dans la ville de Jérusalem, Don Fadrique de Ribera, marquis de Tarifa, en l'église du Saint-Sépulcre, le samedi soir, 6 août 1519. — Et moi, Joan de Tamayo, prêtre espagnol, je certifie que le lendemain dimanche matin, 7 août, j'ai communié de ma main le dit marquis, dans la chapelle du Saint-Sépulcre, et célébré la messe à son intention; laquelle il a entendue, revêtu du manteau blanc avec la croix de Saint-Jacques. En foi de quoi, nous avons signé. Fait à

*Jérusalem, le dimanche 7 août 1519. — Joan de Tamayo manu propria. —
Egidius de Galdiano, que supra manu propria subscripsi.*

Que pouvait avoir à faire un document de cette espèce avec le nom de
famille de Juan del Encina? L'archiviste ne le devinait pas, et il ne me l'avait
envoyé que pour faire droit à ma demande de me communiquer tout ce
qui concernerait les marquis de Tarifa.

Pour moi, ce fut un trait de lumière. J'avais lu et relu toute ma vie le
voyage en vers à Jérusalem du poète des rois catholiques; je savais que
Juan del Encina avait fait ce voyage avec le marquis. J'y avais vu qu'ils étaient
arrivés le 4 août 1519; qu'ils étaient allés au Saint-Sépulcre; que del Encina,
qui avait été ordonné prêtre avant le départ, y avait dit, le 7, sa première
messe; que pendant ces jours de dévotion, le marquis et lui ne s'étaient
pas quittés; qu'ils avaient passé ensemble trois nuits au Saint-Sépulcre, et
continué à visiter les lieux saints jusqu'au 17 août, époque de leur départ
pour l'Espagne. Je savais, en outre, qu'en ce temps-là, comme au reste encore
au nôtre, les Espagnols catholiques fervents attachaient un grand prix
à ce que la première messe d'un prêtre nouvellement ordonné fût dite
pour eux, et à recevoir, les premiers, la communion de sa main. Il ne me
restait donc guère de doute, que le marquis de Tarifa, protecteur et ami du
prêtre-poète, n'eût réclamé pour lui-même les prémices du sacerdoce de
son compagnon de voyage. Peut-être même ne l'avait-il emmené que pour
cela? C'eût été parfaitement dans les mœurs du temps. Donc, la conclusion
apparaît clairement. Le prêtre qui a signé l'attestation de communion du
nom de Joan de Tamayo était le poète natif, ou habitant, du village del
Encina, près de Salamanque, qui lui-même, quelque part, s'appelle dans ses
vers le *Rustique Joan*. Le vrai nom de famille, introuvable jusqu'ici, de
celui qu'on a toujours connu comme Juan del Encina, est *très probablement*,
on pourrait dire *sûrement*, Juan de Tamayo.

Voilà comment avait coutume de travailler M. Manuel Cañeté :
beaucoup de diligence, beaucoup d'intelligence sont les deux
qualités qui font l'érudit.

Dans cet ordre de faits et d'idées, l'Espagne conserve un
homme qui, grâce à son âge, sera longtemps encore une force
et une lumière. C'est M. Menendez Pelayo. Nous avons dit l'année
dernière que l'Académie lui avait confié la tâche énorme d'éditer,
à ses frais, l'œuvre complète de Lope de Vega. Le second volume
vient de paraître : un volume par an, ce serait peu pour un
homme doué d'autant de puissance de travail que M. Pelayo;
mais il faut tenir compte de la difficulté des premiers pas. Quoi
qu'on en dise, on n'éditera pas *tout, absolument tout*, de Lope de
Vega. La gloire du colosse littéraire n'y gagnerait rien, et l'entreprise dépasserait les forces humaines. Il faut nécessairement
faire un triage; c'est ce triage qui ralentit les premiers efforts.
L'Académie entend que l'édition monumentale qu'elle va donner

contienne les *Dissertations* de Lope et ses *Autos* òu pièces sacrées. Si elles sont, comme on le dit, au nombre de quatre cents, M. Menendez Pelayo aura déjà fort à faire mais les Espagnols — c'est là leur caractère — ne s'effrayent jamais d'aucune entreprise... en principe.

Les sciences, la politique et la sociologie ont marché du même pas que l'histoire et l'érudition. M. Canovas del Castillo, toujours et partout en première ligne, a donné en volume une série de conférences faites par lui à l'*Ateneo*, sous le titre de *Problèmes sociaux*. Dans le même ordre d'idées, un auteur peu connu, M. Juan Fornovi, a publié un essai sous ce titre : *La question sociale et les manifestations ouvrières. Plan de réformes pratiques et praticables dans toutes les sphères de l'activité humaine.* Nous ne l'avons pas lu, mais nous nous promettons bien de le lire. La vérité ne sort-elle pas quelquefois de la bouche des petits enfants? En pareille matière, les sages étant à bout de voies, nous sommes tout portés à tourner des regards interrogateurs vers tous les points de l'horizon, tout disposés à tendre l'oreille aux moindres bruits qui peuvent nous arriver de loin.

Le marquis d'Olivart a compilé, par ordre de la reine régente, les traités et conventions (avec les documents s'y rapportant) conclus entre l'Espagne et les gouvernements étrangers depuis le commencement du règne d'Isabelle II, lesquels forment un volume in-quarto sur deux colonnes. Nous donnons aux numismates la bonne nouvelle que le savant conservateur du Musée archéologique national, M. Juan de Dios de la Rada y Delgado, a dressé un catalogue des monnaies arabes que possède ce musée, catalogue in-quarto de 264 pages, qui se trouve à l'établissement typographique de Fortanet.

De son côté, M. Alvaro Figueroa nous a donné une *Biographie des partis politiques*, très instructive pour qui veut comprendre et suivre, en Europe, les affaires d'Espagne. Enfin un auteur qui se cache sous le pseudonyme significatif de Eleutherio Filogyno, a écrit une brochure pour démontrer que les Académies s'honoreraient en ouvrant leurs portes aux femmes, ce qui, du reste, n'est pas sans exemples.

II

La littérature contemporaine proprement dite n'a pas été, ainsi que nous l'annoncions en commençant, très abondante,

cette année. Il semble (est-ce l'effet des désastres publics, est-ce
celui de l'inondation du marché littéraire par les romans français et les pièces françaises, traduits ou adaptés, est-ce encore,
comme nous l'avons supposé, le résultat des préoccupations causées par la célébration du Centenaire et l'Exposition de Madrid?)
il semble, disons-nous, que romanciers et dramaturges soient
restés sur la réserve. Nous croirions volontiers, pour notre part,
et nous serions heureux de ne pas nous tromper, que dans la
grande révolution — ou évolution — qui emporte le monde vers
le redoutable inconnu, les esprits se détournent de tout ce qui
leur paraît futile et se recueillent dans les études sérieuses. Nous
ne tarderons pas peut-être à voir s'arrêter également, en France,
le torrent débordé de la littérature d'imagination. La même chose
s'est produite à Rome, au moment où le monde antique tombait
en poussière. Adieu la littérature légère! Adieu les plaisirs de
l'esprit! La théologie, la métaphysique, la législation, la science,
la recherche ardente de formules sociales et religieuses nouvelles, voilà ce qui a rempli les derniers siècles de l'Empire romain, les premiers siècles de l'ère chrétienne. Virgile eût vécu
sous Théodose ou Justinien que ses chants n'eussent pas été
écoutés. La poésie, le théâtre et le roman sont les fleurs de la
littérature, et les grands vents sont funestes aux fleurs.

Cependant, plusieurs des romanciers, distingués entre tous,
que connaissent les lecteurs de cette Revue, n'ont pas tout à fait
laissé sécher leur plume. Le premier, en date et en talent, M. Be-
nito Perez Galdos, a donné, après son autre roman, *Angel Guerra*,
un roman en un volume intitulé : *Tristana*. Nous en rendrons
compte plus tard, car nous ne l'avons pas encore lu. M. Octavio
Picon, plus jeune de toutes les manières, a publié, outre une
étude sur Ayalà, croyons-nous, une délicieuse nouvelle intitulée :
Dulce y Sabrosa, titre qu'il faut traduire tout simplement par
Douce et Bonne, quoique le mot *sabrosa*, qui signifie littéralement
savoureuse, ait un parfum particulier. La thèse du livre est que
le mariage gâte la femme, tant en soi qu'aux yeux de celui qui la
possède. De *casado* (marié) à *cansado* (dégoûté) il n'y a pas loin,
disent quelquefois les Espagnols. Le sophisme de M. Picon (car
c'est un sophisme, et il n'est pas neuf) est qu'une femme généreuse, délicate et noble de cœur, doit refuser le mariage, si elle
veut être sûre d'être aimée librement et véritablement. Hélas !
en politique, en sociologie, en morale, tous les utopistes, depuis

Rousseau, sont les mêmes! Ils croient à l'excellence intrinsèque
de la nature humaine! Laissons-leur ces belles illusions qui les
rendent heureux! Mais préservons-nous, soigneusement, d'être
gagnés par elles. Cela ne nous empêchera pas de savoir gré à
M. Octavio Picon d'avoir créé, sous leur empire, un type de
femme achevé, délicieux, *savoureux*, comme sa langue lui permet
de dire. *Lazaro*, *Juan Vulgar*, que nous avons signalés dès leur
apparition, faisaient prévoir un poëte exquis, un véritable romancier; la *Hijastra del amor* avait confirmé nos espérances, et aujourd'hui notre horoscope s'est tout à fait réalisé.

M. José Maria Pereda continue à se recueillir. Du moins
nous n'avons pas appris qu'il ait rien publié de nouveau en 1892;
nous avons trop souvent l'occasion d'exprimer le même regret,
et nous l'éprouvons encore aujourd'hui; car outre que *Nubes de
Estio* — Nuages d'Eté — est de l'année dernière, ce roman, malgré beaucoup de charme, n'a pas été tout à fait à la hauteur de son
talent. M. José Maria Pereda nous a accoutumés à de frais et ravis-
sants romans maritimes, tout imprégnés des senteurs de la mer
cantabre, sur les bords de laquelle, habitant de ces rivages, il
les avait sans doute écrits. Nous voudrions voir un frère à *Pedro
Sanchez*, à *Sotileza*, à tant d'autres créations qui nous ont si
souvent apporté la fraîcheur vivifiante de la brise nord-ouest. Il
faut nous contenter de rééditions. La maison Tello, de Madrid
vient d'en faire une des œuvres complètes de Pereda, avec un
luxe très bien entendu.

Le roman que M. Armando Palacio Valdès vient de donner
sous ce titre énigmatique :| *La Fé*, est d'un ordre moralement
élevé. Le drame éternel qui se joue dans son âme entre le doute
et la foi sera toujours, pour l'homme, le plus intéressant, le
plus beau des spectacles. Dans ce drame, toutes ses puissances
morales et intellectuelles entrent en scène, toutes ses forces sont
évoquées. Idées, facultés, instincts, tout ce qui constitue l'être
humain, pousse le cri de guerre, le cri de vie. L'immense besoin
de croire, autrement dit de vivre, la soif non moins ardente de
comprendre entrent en lutte et enflamment son cerveau. D'une
part, ses facultés affectives, ses tendances sociales le poussent
vers les religions qui lui présentent l'idée d'un lien universel,
conscient et volontaire; de l'autre, l'orgueil individuel se dresse,
interrogateur et révolté, en face des énigmes de la nature et de
la vie, mais de toutes façons, le doute et la foi forment ensemble

le double héritage de tout être pensant. Il n'y a pas de croyance ni d'incroyance absolue : la différence entre le dévot et l'athée n'est qu'une différence de degrés, une différence de mots surtout.

Chez l'homme ordinaire, celui en qui dominent les soucis de la vie matérielle, ou bien dont la pensée se trouve, comme cela est le cas du grand nombre, dispersée sur une foule d'objets divers, le combat entre sa religiosité et son rationalisme naturels, est plutôt latent que déclaré. Les besoins et les idées qui constituent le fond de son être s'assoupissent, jusqu'au moment où quelque grande secousse morale les réveille. Cet assoupissement figure l'équilibre, et l'équilibre entre le doute et la foi, c'est ce qu'on appelle ordinairement l'indifférence ; indifférence trompeuse du reste, qui, si elle était réelle, impliquerait l'amoindrissement de la nature humaine. Chez le penseur, au contraire, la lutte est vive, incessante ; elle fait à la fois l'honneur et le tourment de sa vie. Et lorsqu'il se trouve que ce penseur est un prêtre, qu'il a depuis l'enfance travaillé au développement anormal de ses facultés affectives et religieuses, on voit ce que ce tourment doit être.

C'est sur cette situation d'un esprit élevé que M. Armando Palacio Valdès a construit son roman. L'auteur a labouré diligemment ce coin fertile de la psychologie ; nous allions dire qu'il l'a défriché, car le champ est encore presque vierge en littérature. On nous a montré beaucoup de prêtres chez qui des passions tout humaines — l'amour ordinairement — avaient soulevé des tempêtes ; les Frollo sont nombreux dans le monde du roman ; mais ceux dont aucun désir profane n'a troublé le repos, et qui trouvent dans les seuls combats de la pensée le supplice de leur conscience et de leur vie, ceux-là ne sont communs que dans le monde réel : communs n'est peut-être pas le mot. Il y a, relativement, peu de prêtres qui puissent porter en réalité le double fardeau de la foi dans la vie sacerdotale, et du libre examen philosophique. S'ils le font c'est, le plus souvent, au prix de l'obduration de la conscience ; mais enfin, il en existe ; il en existe surtout parmi les jeunes prêtres. Il était bon qu'un romancier du talent de M. Valdès nous conduisît sur ce terrain réservé.

Ses habitudes d'esprit, les études qu'impliquent ses précédents ouvrages, l'y préparaient admirablement. Ses deux romans : *Marta y Maria* et *La Hermana de San Sulpicio*, nous avaient déjà montré combien profondément il a pénétré dans les secrets de la vie dévote. C'est au point qu'on se demande s'il ne l'a jamais partagée? Il est vrai que la vie dévote dans la vieille Espagne (qui est encore l'Espagne de la province) est assez à la surface pour que l'observateur puisse aisément la saisir. Elle constitue encore aujourd'hui un des traits essentiels de la vie nationale et doit être, dans un roman de mœurs espagnoles, un facteur important. Toutefois, dans l'ouvrage qui nous occupe, ce facteur est accessoire; ce qui fait le fond du récit, ce sont les douleurs d'un prêtre terrassé par le doute, les déchirements d'une conscience pure, religieuse et délicate.

Il n'en est pas de plus délicate et de plus pure que celle du jeune abbé Gilles. Fils d'un pêcheur mort à la mer et d'une infortunée que la misère a poussée au suicide, il a été recueilli au berceau par les bonnes âmes de sa ville natale — un petit port de la côte cantabre — et placé, tout enfant, au séminaire. Nouvel Eliacin, il ignore tout de la vie, et n'a jamais vécu qu'en la présence de Dieu. Orphelin, sans amis sur la terre, toutes ses pensées sont pour le ciel. Son âme enthousiaste a revêtu le ministère de poésie et d'amour. Étranger aux troubles des sens, précurseurs ordinaires des troubles moraux chez un jeune prêtre, plus dévoué que dévot et plus pieux que mystique, l'abbé Gilles est fait pour être apôtre, martyr et séraphin.

Le voilà revêtu des ordres sacrés dans la paroisse qui l'a vu naître. Nous assistons d'abord à la transformation du petit paysan élevé par charité en ministre du Seigneur distribuant les grâces. C'est le triomphe de la théocratie. Le jour de sa première messe, toute la ville se presse dans l'église pour aller lui baiser la main, cérémonie tout espagnole et significative. Par un coup de baguette, le déshérité de la veille devient une puissance morale; les premières maisons de la ville lui sont ouvertes; nous le voyons, les soirs de *tertulias*, accueilli, dans les sociétés où il veut bien se présenter, par un baisemain général.

Au milieu des dévotes qui l'entourent, le jeune abbé conserve un maintien réservé, empreint d'humilité et de tristesse. Les misères de ces âmes étroites, qu'achèvent de corrompre l'orgueil de la dévotion et le sensualisme mystique, le blessent sans qu'il s'en rende compte. Supérieur à tous ses confrères en beauté physique et en jeunesse, en savoir et en vertu, il ne tarde pas à se voir choyé par les béates de la ville, ces femmes qui sont, en tous pays, une des plus lourdes croix du prêtre de paroisse. L'une d'elles, — une parodie de sainte Thérèse, — fille odieuse chez laquelle l'esprit impur a enfanté des visions, s'attache à ses pas. Furieuse des dédains qu'elle essuie, elle ourdit une trame abominable, réussit à le compromettre, et une heure vient où l'abbé Gilles, ce séraphin de l'Église, comparaît devant le juge sous la prévention de rapt. Les yeux fixés sur son accusatrice, avec une expression de dédain et de pitié, le jeune prêtre, comme Jésus dans le prétoire, n'ouvre même pas la bouche pour se défendre. Il n'attendait plus rien de l'humaine justice. Quand est prononcée la sentence qui le condamne à vingt ans de travaux forcés, tout le monde s'étonne de la sérénité répandue sur son visage : « Quel cynisme ! » disent quelques-uns. Nul ne pénètre le secret de son âme : nul ne sait qu'il vient de remporter sur le doute philosophique, sur *l'ennemi*, comme il dit en son langage, un triomphe qui lui assure la liberté jusque dans les fers. Nul ne comprend la joie divine qui inonde son être et le rend étranger, comme les premiers martyrs chrétiens, à la scène hideuse qui se déroule autour de lui.

Ce triomphe, comment l'abbé Gilles l'avait-il obtenu? Comment était-il sorti du labyrinthe de la métaphysique et entré dans le champ lumineux où s'épanouissait maintenant son âme? C'est là une question qui nous intéresse tous, et vers laquelle nous pousse, à travers les pages du roman, l'espoir, toujours déçu chez l'homme, de rencontrer une solution philosophique nouvelle. Cette solution, l'abbé Gilles croyait l'avoir trouvée dans la fusion de tous les systèmes, de toutes les religions de la terre. De cette fusion universelle s'étaient dégagés pour lui certains principes immuables, sûrs à ses yeux, irréductibles pour l'esprit humain, comme les corps simples pour le chimiste; ces principes élémentaires, il les appelait Dieu et immortalité.

Les lecteurs ordinaires de romans jugeront sans doute insipides et longues les méditations de l'abbé Gilles. Nous oserons ajouter, que, pour un public français, un peu blasé sur les idées courantes, la revue de Kant et la *Vie de Jésus* n'offriraient pas l'attrait de la curiosité. Mais pour la grande majorité du public espagnol, celle qui n'a pas encore respiré l'air ambiant de la philosophie moderne, les pages de M. Palacio Valdès seront pleines d'idées suggestives. A cet égard, le roman de *La Fé* est un progrès sur tous ceux de pur amusement — *libros de entretenimiento*, comme on dit en Espagne, — qui encombrent l'étalage

des libraires, et dévorent sans profit le temps des lecteurs.
M. Valdès aura réalisé le vœu de Fray Candil (M. Bobadilla)
lorsqu'il demande que la science (nous supposons qu'il n'exclut
pas la philosophie qui en découle) embaume, pour la conserver,
l'œuvre des romanciers. Nous ne sommes pas très certains, quant
à nous, de l'efficacité de cet embaumement; nous croirions plutôt que, dans l'état toujours mouvant de la science, les notions
scientifiques introduites à haute dose dans des ouvrages d'imagination auraient pour résultat d'attester à bref délai la vétusté
de ces derniers. Les peintures de mœurs, les études de caractères
pourraient perdre par cette association ce que perd, au bout de
peu d'années, un portrait dont les accessoires ont été empruntés
à la mode. C'est ce qui arrivera, c'est ce qui arrive déjà aux romans de George Eliot qui, par tant de côtés, mériteraient d'être
immortels. Heureusement, M. Valdès est encore demeuré plus
moraliste que métaphysicien, et plus métaphysicien que savant.
Dans cet ordre d'idées, on peut espérer d'avoir part à l'immortalité de la nature humaine.

M. Palacio Valdès ne porte pas si haut son ambition. Comme
tous les vrais artistes, il crée pour créer, il écrit pour lui-même.
Étranger dans son pays (bien que membre de l'*Ateneo*) à l'esprit des
cercles littéraires, — cet esprit de camaraderie qui a tant de part à
la fortune des hommes de lettres, — ami de la retraïte et de la vie
privée, ses livres seuls parlent pour lui. Aussi, le connaît-on généralement mieux, ainsi que certains critiques espagnols l'ont remarqué, aux États-Unis et en France que dans son propre pays. Ce
n'est pas, à notre avis, un faible titre d'honneur que cette indifférence pour les moyens accessoires d'obtenir la renommée.

Mme Emilia Pardo Bazan vient de prendre une grande détermination. Elle a fondé une revue littéraire, dont elle entend,
contrairement à l'usage, être la principale, presque l'unique col-
laboratrice. Avec des adversaires acharnés, et, après tout, clair-
voyants, comme par exemple Fray Candil (Emilio Bobadilla)
c'est un pas un peu périlleux. Heureusement, Mme Pardo Bazan
jouit auprès du public d'une faveur méritée; sa revue, intitulée
— pourquoi, car elle ne s'occupe pas que du théâtre? — *Nuevo
Teatro Critico*, ne paraîtra que deux fois par mois; le talent de la
directrice est à la hauteur de sa tâche; enfin, il y a tout lieu de
compter sur le succès.

Clarin (M. Leopoldo Alas) est au nombre des rares romanciers qui ont continué de s'affirmer au milieu des préoccupations de cette année. Il a donné trois nouvelles : *Dona Berta, Cuervo, Supercheria* en un volume. Ses *Solos de Clarin* (ce titre qui signifie solos de clairon constitue un jeu de mots) ont été réédités pour la quatrième fois, illustrés par Angel Pons, et précédés d'un prologue par M. José Echegaray. Nous avons là sur notre table ce très joli volume, ainsi que celui des *Ensayos y Revistas* 1888-1892, de M. Alas, édité par la maison Fernandez Lasanta. En vérité, nous admirons chaque année davantage les progrès de l'art typographique chez nos voisins. Ces progrès sont tout récents, et ils proclament éloquemment ceux de la culture publique. Si le nombre des lecteurs ne s'accroissait pas tous les jours, les imprimeurs et les libraires ne pourraient pas déployer ce luxe de bon augure. Il n'y a pas vingt ans qu'un volume sorti des presses espagnoles se reconnaissait à première vue, à son mauvais papier, ses mauvais caractères, et son manque absolu de goût. Aujourd'hui, on ne distinguerait pas les produits des maisons Tello, Lasanta, Fortanet, Ribadeneyra, Hernandez, Dubrull, Fernando Fé, Alvarez, de Madrid, Henrich, de Barcelone, et tant d'autres, de ceux de nos meilleurs éditeurs parisiens.

Pour en revenir au volume d'*Essais* de M. Alas, essais dont plusieurs sont d'une date récente, nous éprouvons, nous autres Français, une satisfaction intime à voir notre littérature si bien connue, si bien appréciée, par les hommes de lettres du premier rang en Espagne. C'est surtout en matière littéraire, plus particulièrement depuis dix ou quinze ans, qu'il n'y a réellement plus de Pyrénées. Outre que nos romans, aussitôt traduits que parus, sont lus à Madrid au moins autant qu'à Paris, le courant d'idées qui les produit entraîne dans un mouvement commun les écrivains des deux pays. Nous n'en voulons pour preuve que la façon dont Clarin, par exemple, dissèque les études littéraires de M. Ferdinand Brunetière. Aucun Français n'a jamais mieux compris les nuances infinies, les replis multiples de la pensée, qui caractérisent ce critique et le rendent si suggestif. M. Alas a beaucoup vécu à Paris, sans doute; cette circonstance est favorable à la fusion des idées, mais elle l'est moins qu'une aptitude particulière du génie espagnol *moderne* à se fondre avec le génie français. Nous disons moderne, parce qu'en effet cette aptitude n'a pas toujours existé : loin de là. Aujourd'hui, elle éclate —

est-ce un bien? est-ce un mal? — dans la transformation de la langue espagnole. Sous la plume des écrivains de la jeune Espagne, cette langue, faite pour parler à Dieu, disait Charles-Quint, est devenue du français espagnolisé, du français, avec quelques contractions de plus, quelques délicatesses de moins, le tout noyé dans une sonorité générale. Nous sommes un peuple vaniteux, dit-on. Je ne sais jusqu'à quel point le reproche est mérité; mais, en tous cas, nous sommes un peuple bienveillant, un peuple mû par la sympathie, et nous avons plaisir à voir se continuer notre influence dans le monde, sous sa forme la plus appréciable et la plus heureuse, la langue et l'idée.

Cela ne veut pas dire, surtout quand il s'agit de Leopoldo Alas, que les écrivains contemporains de l'Espagne ne soient que des imitateurs. A l'époque où nous sommes, de grands courants intellectuels traversent le monde, et en affectent de vastes régions à la fois : l'Espagne s'est trouvée avec nous dans un de ces courants, et ce sont des hommes comme Clarin qui l'ont prouvé. Quand nous lisons, par exemple, son étude sur ce qu'il appelle le roman romanesque, la *Novela novelesca*, dans laquelle il prévoit un retour du roman vers le sentiment et la poésie — retour qui, au reste, se marque déjà suffisamment en France, — nous croyons entendre les prophéties de M. Brunetière sur le « roman de l'avenir ». Cette idée, parfaitement juste, que le réalisme, dans le sens étroit du mot, c'est-à-dire en tant qu'expression de la vie physique, ne peut être, dans la littérature d'imagination, qu'un des éléments mis en œuvre, élément précieux, mais subsidiaire, s'est fait simultanément jour des deux côtés des Pyrénées.

Malgré la guerre un peu vive, beaucoup trop vive même à notre avis, qu'un nouveau critique littéraire, M. Émile Bohadilla, a déclarée au fécond écrivain, considéré comme romancier, Clarin, ne nous promet pas moins de quatre nouveaux romans, à bref délai. L'un de ces quatre ouvrages sera intitulé : *Una mediania*, titre qu'il faut traduire, je pense, par *Médiocrité de fortune*, et fera suite, paraît-il, à *Su unico Hijo*, le Fils unique, dont nous avons rendu compte, ici même, l'année dernière. Les trois autres s'appelleront... mais à quoi bon donner de simples titres? Nous aurons l'occasion de les saluer à leur naissance. Ce que nous pouvons dire, en attendant, c'est que le talent de M. Leopoldo Alas semble se développer tous les jours; sa pensée de critique, qui n'était autrefois que fougueuse, est maintenant forte et nourrie; son invention de romancier est également en progrès depuis *La Regenta*, et cela nonobstant les reproches de détail, dont M. Bobadilla le poursuit, reproches que l'on peut faire à tous les écrivains rapides, et que nous avons entendu (nous qui sommes vieux) adresser, dans notre jeunesse, à des stylistes de la force de Chateaubriand lui-même. Ne nous plaignons pas cependant des satires et des critiques acerbes de Fray Candil, quand bien même elles tourneraient à la vitupération. Les ennemis sont en beaucoup de cas plus utiles que les amis. M. Bobadilla a l'esprit très caustique, mais aussi très pénétrant : du premier coup il saisit le défaut d'une cuirasse, et met un écrivain en garde contre lui-même. Son style nerveux est un bon modèle; et, sous ses allures de grand justicier en colère, on devine un amant de la bonne littérature et un homme de cœur.

Nous ne savons, car noss ne l'avons pas lu, ce que peut être un roman d'un écrivain encore peu connu, M. Gaspar Enrique. Le titre : *Las personas décentès*, les gens comme il faut, en est alléchant, et doit être ce qu'on appelle en rhétorique une antinomie. Ce que nous avons lu, c'est un gros et élégant volume de M. Garcia-Ramon, intitulé *La Nena*. M. Garcia-Ramon est correspondant en France de la *Revista de España*, et il connaît son Paris comme un Parisien. Il en connaît surtout ce qu'en connaissent de prime abord les jeunes étrangers (sans préjudice de relations plus sérieuses), le monde interlope; et il s'est, avec beaucoup d'esprit, amusé à le peindre. *La Nena*, la Petite, est l'histoire d'une jeune fille nourrie dans le monde du théâtre par des bohèmes de haute volée, dont l'auteur nous peint, avec un peu de minutie, les mœurs à la fois cordiales et désordonnées. Dans les veines de l'enfant bouillonne le sang ardent de plusieurs générations d'artistes et d'Italiens; cela prêtait aux descriptions pornographiques, et l'auteur a trop cédé, peut-être, sous ce rapport, au goût du jour. Mais au point de vue de l'exécution, il n'est pas possible de pousser plus loin la reproduction photographique des hommes et des choses. Aucun détail ne lui échappe, aucune nuance de caractères ni de mœurs. C'est de l'*espejismo*, mot inventé, par Clarin peut-être, c'est-à-dire des *pages-miroirs*, dans toute la force du terme : un roman très agréable à lire, après tout, pour les jeunes gens qui, comme on dit, « s'y retrouveront », et qui répond parfaitement à son sous-titre : *Les Étrangers à Paris*.

Faut-il ranger le Père don Luis Coloma au nombre des grands

romanciers? On le ferait, si l'on jugeait au point de vue du succès. Huit éditions de *Pequeñeces*, Bagatelles, sont épuisées depuis l'année dernière. Mais n'y a-t-il pas là un effet de curiosité? Un jésuite se lançant dans le monde du roman, cela a intrigué bien des gens; et quand on a su que le bon Père entendait cela comme une vocation, qu'il écrivait, comme ses confrères prêchaient, pour redresser les voies égarées du xixᵉ siècle, et qu'il se tenait pour un missionnaire, on n'a été que plus intéressé. Le livre ouvert, on y a trouvé la sanglante satire de l'aristocratie espagnole; et comme, depuis deux ans, les auteurs ont pris à partie la noblesse (*le Prince d'Aurec,* en France; en Espagne, *la Espuma, Las gentes décentès,* nous n'en doutons pas, et plusieurs pièces de théâtre accusent cette tendance passagère), *Pequeñeces* arrivait à point. C'est incontestablement ce qui a été fait de plus fort, dans cet ordre d'idées, qui, chez beaucoup, peut avoir été inspiré par la haine, mais qui, chez le jésuite, l'est par l'amour. Jeunes hommes, jeunes femmes des grandes familles sont presque tous sortis des mains de son ordre; ce sont ses enfants; à voir le portrait qu'il en fait, avec des reliefs si puissants (car dans certaines pages le romancier improvisé a été véritablement merveilleux), on pourra répéter que « qui aime bien, châtie bien », mais non pas que « tout père frappe à côté ».

Que le Père don Luis Coloma soit, oui ou non, un grand romancier (c'est dans tous les cas un écrivain nerveux et fort), sa sortie aura été plutôt intempestive qu'utile à la cause qu'il a voulu servir. Les Pamphlets ont riposté et n'ont pas ménagé l'ordre, qui a partout beaucoup d'ennemis. Le roman de *Menudencias* par Millau, a bénéficié de l'état des esprits, ainsi que de la similitude de titre (le sens de *Menudencias* ne diffère guère de celui de *Pequeñeces*), et ce que le jésuite aura fait le plus sûrement, aura été les affaires de ses contradicteurs.

Il ne nous reste plus qu'à parler du théâtre, et à reconnaître qu'il a été pauvre cette année. Madrid possède, tout compté, une douzaine de scènes, grandes et petites, ce qui prouve que le goût pour ce genre de divertissement se conserve encore chez le peuple espagnol. Malheureusement, ce mot : « divertissement » est le vrai. On ne va plus au théâtre que pour s'amuser; quand on en est là, l'art dramatique subit un grand abaissement, et il faut, pour le soutenir quelque peu, toute la prodigalité d'esprit d'auteurs comme M. Eusebio Blasco, toute la verve comique d'un

Miguel Echegaray, ou toute la vigueur dramatique de don José, son illustre frère. Or, nous ne savons pas que M. Blasco ait donné cette année quelque chose de nouveau, content de voir revenir sans cesse ses anciennes pièces sur la scène. M. Miguel Echegaray seul a fait représenter à une époque peu ancienne, au théâtre de la *Comedia*, une petite pièce intitulée : *La Niña mimada*, l'Enfant gâtée, et encore remonte-t-elle au mois d'avril 1891. Il en est de même d'un poème dramatique de M. Francisco Sellen, publié en espagnol à New-York, et dont le sujet est, d'une façon heureuse, emprunté à l'actualité du Centenaire. Le titre en est simplement : *Hatney*, et Hatney a été l'un de ces caciques courageusement patriotes, qui ont payé de leur vie le baptême de leur pays, en d'autres termes une des victimes les plus héroïques et les plus regrettables de la conquête. Cette pièce, dont l'esprit rappelle *Alzire*, est, à notre sens, bien meilleure que celle de Voltaire, parce qu'elle est plus vraie, plus imprégnée de couleur locale, ce qui se comprend aisément, car, si nous ne nous trompons, M. Sellen est Cubain. Un drame de M. Angel-Guimara, *Mar y Cielo*, la Mer et le Ciel, a paru également, dans cette année 1891, et a eu beaucoup de succès. C'est du romantisme et par conséquent un peu passé de mode, mais de l'excellent romantisme, c'est-à-dire de la passion vraie, d'un tragique conforme à la nature humaine. Quant au drame et à la comédie de don José Echegaray, intitulés, le premier : *El Hijo de don Juan*, le Fils de don Juan ; la seconde : *Un critico incipiente*, Un critique inconscient, ils remontent plus loin encore. Nous n'en parlons ici que parce que nous les avons omis dans nos précédents articles, et qu'il n'est pas bon de rien omettre d'un auteur comme l'aîné des Echegaray, qui est une des gloires de l'Espagne. *El Hijo de don Juan* a été inspiré par les *Revenants* d'Henrik Ibsen, au moment où la théorie de l'hérédité et de l'atavisme faisait irruption dans la littérature, et pénétrait dans tous les esprits. *Un Critico incipiente* est la délicieuse mise en scène d'un auteur dramatique qui, ayant fait représenter un ouvrage sous un pseudonyme, est maltraité en face par les critiques littéraires, parmi lesquels son propre fils : « Comme mon père va être content, dit celui-ci à sa sœur, quand il lira mon feuilleton, et verra comment j'arrange cet imbécile de don Pablo ! » L'amour-propre des auteurs, et particulièrement des auteurs dramatiques, est si sensible, si douloureux, que la situation, de

comique qu'elle est par rapport au fils et aux autres critiques qui,
l'un réaliste, l'autre idéaliste, débitent sur la scène leurs absur-
dités, devient dramatique, presque tragique, en ce qui touche à
don Antonio, l'auteur de la pièce sifflée ; ici, M. José Echegaray
rentrait dans son élément naturel, lequel est la violence et la
douleur.

Il serait inutile d'insister sur ce mérite d'un ouvrage de
M. Echegaray : une seule chose nous frappe, c'est que ses deux
dernières pièces aient été accueillies avec une froideur relative.
Le temps n'est pas encore loin de nous où la foule enthousiaste
dételait sa voiture, après chaque première représentation. Or, son
talent est toujours le même ; nous dirons plus : il s'est débarrassé
des oriflammes, pour ne pas dire des oripeaux du romantisme,
il est devenu plus vrai, plus humain, et surtout plus moderne.
Son style n'a perdu ni en force et en concision, ni en éclat et en
fraîcheur. Pour qu'on l'écoute avec calme, aujourd'hui, il faut
qu'il se soit produit deux faits, l'un accidentel, l'autre lié à des
causes profondes ; le premier, c'est la mort de son grand interprète, Rafael Calvo ; le second, c'est, croyons-nous, l'influence
d'un de ces courants intellectuels et moraux, dont nous parlions
tout à l'heure, lequel agit sur les Espagnols, comme sur les Allemands et les Français, et pousse les uns et les autres, au détriment des plaisirs de l'esprit, vers des préoccupations longtemps enfouies au plus profond de la conscience humaine.
Auprès des graves soucis qui pèsent aujourd'hui sur le monde,
art, poésie, invention littéraire, tout cela paraît peu de chose.
Nous avons une crise sociale à traverser. Quand nous en sor-
tirons, nous ou nos fils, la passion de la littérature, qui a toujours été l'épanouissement heureux de la nature humaine, prendra un nouvel et plus large essor.

Léo QUESNEL.

UN
PRÉCURSEUR DE M. BROWN-SÉQUARD

.
___

Nil novi sub sole.

Après avoir supporté la série des dédains et des quolibets ordinaires à toute invention nouvelle, la méthode à laquelle M. Brown-Séquard a donné son nom est entrée dans sa seconde phase, celle des études sérieuses. De nombreuses applications en sont journellement tentées par de savants praticiens et les journaux mondains eux-mêmes se sont fait l'écho de guérisons inattendues.

Or, comme il n'y a rien de nouveau sous le soleil, voici qu'une simple phrase d'un ouvrage inconnu nous révèle que le principe de la méthode Brown-Séquard était déjà connu au xvi° siècle ! Je dis le principe, car, dans l'application, elle a fait évidemment de notables progrès, conséquences du caractère scientifique de l'époque actuelle ; mais il semble déjà assez curieux de savoir, qu'il y a plus de trois siècles, on célébrait les vertus des précieux organes dont M. Brown-Séquard et ses adeptes se servent aujourd'hui en faveur de l'humanité souffrante.

C'est en faisant — avec mon distingué collègue et ami Louis Denise — l'inventaire du fonds S (Sciences naturelles) de la Bibliothèque nationale, que le hasard, secondé par une fort légitime curiosité, nous a si aimablement servis.

Il a d'ailleurs, il faut le reconnaître, son côté intéressant, cet immense et utile inventaire, destiné à faire la joie des travailleurs futurs, et s'il a des quarts d'heure de digestion difficile, il procure, en revanche, quelques agréables surprises. Que de travaux ignorés, d'auteurs oubliés renaîtront, grâce à lui, à la lumière !

Dans le fonds S, aujourd'hui complètement inventorié, se trouvent la plus grande partie des œuvres d'un de ces oubliés du passé, auxquels je viens de faire allusion : le docteur Mizauld. C'est une bien curieuse figure que celle de cet homme, à la fois médecin, astrologue, botaniste, astronome, et mathématicien, comme il ne manque presque jamais de s'intituler lui-même. L'épithète de mathématicien n'avait pas, il est vrai, à cette époque, la haute signification d'aujourd'hui. Ce mot était alors le plus souvent synonyme de devin ou astrologue et Mizauld semble avoir été là-dessus tout à fait de son temps, car, à côté du savant, on trouve toujours dans ses écrits le disciple de Nostradamus.

C'est, sans doute la cause de la défaveur où il tomba après sa mort. L'importance prise au xviie siècle par les sciences exactes avec Descartes et Pascal devait fatalement le faire descendre du piédestal où ses contemporains l'avaient élevé.

Il eut, du moins, l'avantage de jouir, de son vivant, d'une vaste célébrité. Il avait ses entrées à la Cour, et Marguerite de Valois l'admettait dans son intimité.

Né à Montluçon, vers 1520, Mizauld était venu étudier la médecine à Paris et s'y fit recevoir docteur. Si nous en croyons Antoine Tessier, l'annotateur de De Thou, il y aurait fait des cures merveilleuses :

« Antoine Mizaud, lisons-nous dans les *Éloges des hommes savants*, exerça la médecine avec tant de savoir, de gloire et de succès et fit un si grand nombre de cures extraordinaires et merveilleuses, qu'il pouvait, avec raison, être appelé l'Esculape de la France. Il ne réussit pas moins dans l'étude de la philosophie et des mathématiques, qu'en celle de la médecine, et il donna au public un si grand nombre de doctes écrits, qu'il acquit la réputation d'un des plus savants hommes de son siècle. »

De Thou lui-même n'est pas moins élogieux en parlant de Mizauld :

« Quoique sa profession soit extrêmement lucrative à Paris, il la négligea presque entièrement pour vaquer à la recherche des secrets de la nature et il s'occupa à composer diverses œuvres, qui font paraître sa rare doctrine et son jugement exquis, et qui seront toujours estimées de ceux qui sont juges compétents de ces sortes d'écrits. »

Ces œuvres sont, en tout cas, fort nombreuses et fort diverses. Nicéron, dans ses *Mémoires*, en donne la nomenclature et cite quarante et un ouvrages sortis de la plume féconde de cet auteur.

Mizauld mourut à Paris en 1578. L'Italien Ghilini a publié un *Éloge* de lui dans son *Teatro d'huomini litterati.*

Si nous ne pouvons apprécier les mérites de Mizauld comme médecin, il nous est possible, du moins, de juger ses ouvrages. Nous lui reconnaissons volontiers un savoir fort étendu; c'est un homme qui a beaucoup lu et étudié et, par suite, beaucoup retenu; mais sa science est noyée le plus souvent dans une multitude de détails enfantins, de croyances naïves, étonnantes chez un savant. Mizauld accepte tout ce qui se débite dans les officines des alchimistes, des astrologues et des diseurs de bonne aventure; il mélange tout cela aux vérités scientifiques et présente cette mixture avec une bonne foi qui désarme.

Il semblerait cependant, d'après quelques-uns de ses ouvrages, que sa réputation de médecin ne fut pas trop surfaite. En lisant, par exemple, son petit opuscule paru en 1562 sous ce titre: *Secrets et secours contre la peste*, on est étonné de la sagesse de ses conseils et on croirait lire les instructions de nos modernes bactériologues à propos du choléra. La peste valait largement à cette époque le choléra asiatique. Écoutez ces sages avis:

« Avoir bon cœur et fort courage et mettre toute crainte dehors... Allumer, soirs et matins, feux de bois et plantes odoriférantes... Souvent changer de linge blanc... Ne prendre logis près des voiries et autres lieux puants et immondes... User de vêtements et linges bien nets... Ne boire eaux corrompuz... »

N'est-ce pas là l'hygiène moderne, et l'honorable M. Dujardin-Beaumetz dirait-il mieux?

Mizauld savait aussi s'élever contre les absurdes traitements parfois en usage en son temps. Dans ce petit opuscule relatif au traitement de la peste, il proteste avec force contre un usage brutal, consistant à faire autour des malades un tapage d'enfer au moyen de trompettes, chaudrons, tambourins, etc., sous prétexte que le repos pourrait être pour ces malades leur éternel sommeil.

Par exemple, les membres distingués du Conseil supérieur d'hygiène auraient peut-être une façon différente, quoique identique au fond, de s'exprimer en certains cas. Voici comment Mizauld engage ses clients à une fuite prudente, lorsque la peste a fait son apparition:

« Ne différez, dit-il, *trousser vos quilles* et tost vous enfuir et bien loing. »

Pour mon humble part, cette expression : *troussez vos quilles* me paraît de la plus pittoresque énergie et nos modernes hygiénistes n'en trouveraient pas facilement l'équivalence.

Il est peut-être fâcheux pour la gloire de Mizauld qu'il ne se soit pas attaché à l'étude de la seule médecine; nous y aurions perdu, il est vrai, des travaux d'une réelle curiosité, où l'on reconnaît bien l'adepte des sciences astrologiques. Telle est, par exemple, cette rarissime plaquette, que j'ai retrouvée à la Bibliothèque nationale (Fonds V), et dont le titre alléchant porte : *Secrets de la lune, opuscule non moins plaisant qu'utile, sur le particulier consent et manifeste accord de plusieurs choses du monde avec la lune, comme du soleil, du sexe féminin, de certaines bestes, oyseaux, poissons, pierres, herbes, arbres, malades, maladies et autres de grande admiration et singularité.*

Je signalerai spécialement aux curieux et aux hypocondriaques le chapitre relatif à l'accord parfait de la femme et de la lune, et aux chirurgiens, celui intitulé : *Des effets des opérations suivant l'accord de la lune et des membres.*

Là où Mizauld montre son réel savoir, c'est dans ses ouvrages de science naturelle et agricole. Son *Epitome de la maison rustique* est plein de préceptes utiles et d'observations intéressantes.

Plusieurs de ses travaux sont en latin. C'est dans un de ces derniers que se trouve le passage curieux où se révèle le précurseur de Brown-Séquard. Cet ouvrage a pour titre : *Memorabilium, utilium ac jucundorum centuriæ novem, in Aphorismos arcanorum omnis generis locupletes, perpulchrè digestæ. Autore Ant. Mizaldo, medico. Lutetiæ*, 1566.

Comme le titre le révèle, il y a un peu de tout — et d'autres choses encore — dans ces Centuries. A séparer le bon grain de l'ivraie, il y aurait un recueil curieux et intéressant à publier. Dans tous les cas, il contient la phrase suivante, dont nous donnons le texte intégral :

Si tauri omnino rufi, aridum genitale in pulverem convertitur et ex eo pondus aurei unus mulieri in vino vel jusculo quopiam propinetur, fastidium coitus illi adferet, sicuti scripsit Rasis. Idem pulvis idoneis medicamentis commixtus languidam ac sopitam venerem in viris excitat.

Ce qui signifie, en français honnête, que les parties génitales d'un taureau rouge broyées au mortier, et prises par une femme dans du vin ou du bouillon, lui donnent le dégoût de l'amour, tan-

dis qu'au contraire le même breuvage, pris par un homme débi-
lité, réveille en lui les désirs amoureux.

C'est on ne peut plus explicite ! Quant aux bizarreries de détail, elles tiennent à l'époque même où vivait Mizauld, et s'expliquent
fort bien. Le taureau à robe rouge, par exemple, a toujours passé
pour l'emblème de la force. Buffon lui-même considérait les tau-
reaux rouges comme les plus puissants reproducteurs. Du reste,
plusieurs grandes races de l'espèce bovine ont le poil de cette
couleur, et Mizauld a dû voir passer plus d'une fois dans les rues
de Paris, dans l'antique promenade du bœuf gras, de magnifiques
échantillons à robe rouge de la race cotentine ou autre.

Très caractéristique est aussi la différence produite par le remède chez l'homme et chez la femme ! C'est là un reste des vieux
préjugés d'une époque où la femme était réputée d'une constitution autre que l'homme, inférieure en tout, — où des docteurs dis-
cutaient gravement si la femme avait une âme ou non. La Révolution niveleuse n'avait pas encore passé par là.

Mizauld donne d'ailleurs, un peu plus loin, un aphrodisiaque,
même deux, à l'usage des femmes : des rognons d'oie et le
ventre d'un lièvre. Décidément, ce bon docteur est bien irrespec-
tueux pour le beau sexe !

En faisant les précédentes observations sur le texte de Mizauld, je n'ai pas la prétention de lui donner une haute portée
scientifique. Nous avons voulu simplement, mon collègue Denise et moi, rendre à César ce qui est à César, c'est-à-dire rétablir
en faveur de Mizauld un certain droit de priorité en faveur d'une
méthode, désormais célèbre, convaincus que nous sommes d'ailleurs de n'enlever rien au mérite de M. Brown-Séquard.

Georges de DUBOR.

L'AGHA DE TUGGURTH

I

Un simple entrefilet de journal perdu au milieu des faits divers :
« On nous annonce de Biskra la mort de Si Smaïl Ali ben Massarli, agha de Tuggurth, commandeur de la Légion d'honneur. »
Deux lignes. C'est tout.

Pas d'autre oraison funèbre pour ce grand chef resté debout fidèle à l'heure des revers. Rien qui dise bien haut ce qu'il a fait, comment il nous aimait et accueillait tous ceux de France qui passaient devant sa porte.

Plus d'un ouvrier ou petit paysan libéré du service, ancien trainglot ou administratif descendu jadis jusqu'à Tuggurth, a dû sentir quelque chose d'ému lui venir au cœur, un navrement subit en lisant ces deux lignes-là.

Dans ces mémoires lentes d'êtres voués aux durs travaux mais chez lesquels le cœur a gardé la facilité des émotions primitives, a dû passer la vision de cette maison blanche à coupole de la place du bureau arabe de Tuggurth, maison fermée maintenant, d'où leurs sont venues tant de douceurs pendant leur temps de soldat là-bas.

J'ai vainement cherché les jours suivants un écho plus digne de l'agha. Beaucoup l'ont connu pourtant, qui mieux que moi tiennent une plume et pourraient parler, sûrs d'être écoutés. Beaucoup ont vécu à ses côtés.

Je ne pourrai dire que ce que j'ai vu, c'est bien peu pour une vie entière à présenter, surtout quand il s'agit d'une vie comme fut celle de l'agha de Tuggurth.

Au début de mon séjour à Biskra, j'entendis souvent parler de lui.

Chaque jour nous arrivait une nouvelle preuve de sa charité

patriarcale. Officier ou simple soldat, il allait au-devant de tous et quand on entrait chez lui, c'était pour lui même fête, même honneur.

Aussi, pour ceux qui ne l'avaient jamais vu, comme moi, c'était une figure très sainte, encadrée dans les lointains bleus pleins de mirages au milieu desquels était son oasis, Tuggurth, capitale du R'rhir.

Un soir enfin, après deux mois de chevauchées à travers l'Aurès et le Sahara, des cèdres du Djebel-Hong aux dunes mouvantes du Souf, tout à la monotonie désespérante des rêveries que donnent les longues routes silencieuses du Sud, j'entendis Ahmar me dire :

— De cette gehmira nous allons *vouir* Tuggurth.

Devant moi, sur la dentelure des dunes amoncelées, une ligne sombre se pose, plus bleue, tranchant nettement dans l'azur du ciel.

Les dunes s'abaissent et l'oasis lointaine élève peu à peu les silhouettes hachées de ses palmiers. Bientôt je la vois tout entière. A ses pieds dort un lac immense la reflétant dans ses eaux calmes très bleues toujours, et c'est un simple mirage. Le fond du grand chott de Tuggurth est à sec et les érosions salines qui le recouvrent prennent, par la distance, ces teintes merveilleuses des eaux profondes du golfe de Naples.

Le vert des palmiers transparaît à peine sous la buée de chaleur qui enveloppe l'oasis et monte, scintillante, dégagée par l'étendue embrasée des sables, — des éclaircies s'y découvrent, trouées, où les petites maisons en terre plaquent des teintes rosées aigretées de flocons de fumée montant droit dans l'air tranquille, — par-dessus tout cela, blanches, radieuses comme des choses bénies, deux tours de mosquées s'élèvent et regardent, semblant veiller.

Sur la place de la Casbah, où je m'arrête, des Arabes sont accroupis à terre devant la porte d'une maison et causent. Dès qu'ils m'aperçoivent tous se lèvent, et viennent à moi, criant :

— *Esselam alik, ia sidi liotnant !* Que le salut soit sur toi, lieutenant !

— *Merababik !* Sois le bienvenu !

Et ils me prennent les mains qu'ils serrent et baisent, se disputent la bride du cheval, se pendent aux étriers pour m'aider à descendre.

Derrière eux, moins agile, un petit vieillard suit à distance. Sur le fin burnous blanc, il a le burnous noir de deuil brodé et frangé or.

La physionomie est triste et douce. Ses pauvres yeux sont pleins de bonté et de pitié comme ceux des vieilles gens qui dans la vie ont beaucoup aimé et pleuré. Ses traits disent la droiture et la loyauté parfaites d'une vie passée à faire le bien, et jusqu'à cette barbe blanche sous laquelle s'étale, fièrement portée, la croix d'or de commandeur de la Légion d'honneur, — l'ancienne, avec couronne fermée aux fines ciselures, — tout en cet homme a la majesté grave d'une figure biblique.

C'est le salut d'arrivée officiel, la bienvenue souhaitée au voyageur alors que ses pieds n'ont pas encore foulé le sol et, à cette habitude-là, devenue naturelle chez lui, l'agha ne manque jamais.

Quelques heures après, je dépouillais mon courrier. Les nouvelles de France les plus inattendues m'arrivaient et je m'abandonnais à ces réflexions, que les trois quarts des choses qui m'intéressaient tant, avant ces deux mois de vie errante en pleine solitude, me laissaient maintenant très calme, quand Ahmar, assis sur le pas de la porte entr'ouverte, se lève et dit :

— Liot'nant, voici l'agha.

... Un grand bruit de savates traînées sur le sol, un flottement lourd d'étoffes, de burnous, qui approche, et l'agha paraît, entouré de ses kodjas et serviteurs.

Cette foule s'arrête au seuil qu'il franchit seul avec l'interprète. Je le conduis à l'unique chaise en fer articulée de la chambre et je reste debout, l'écoutant, très ému de la démarche de ce grand chef arabe à barbe blanche au petit sous-lieutenant, officier français.

Le brave homme est venu m'inviter à dîner. L'interprète me traduit cela et bien d'autres choses aimables.

Suis-je bien fatigué de ma route? Depuis combien de temps suis-je en Afrique? Il est heureux de faire ma connaissance, et se met à ma disposition pour tout ce dont j'aurai besoin.

A peine est-il sorti que des Arabes arrivent, portant un lourd tapis à longue laine qu'ils étalent eux-mêmes devant mon lit de camp; puis voici des dattes en régime, et sur un plateau de cuivre ciselé une petite tasse dorée tunisienne pleine d'un café maure très odorant.

Le tapis, c'est, paraît-il, pour que je ne marche pas sur la terre nue, ce soir, en me couchant.

Et comme je reste encore surpris, touché de tant de bonté prévoyante et de délicatesse exquise, j'entends mon spahi murmurer :

— Je ti l'ave bien dit, liot'nant, l'agba c'être oune bonne garcoune, ti manqueras rien do tout avec loui.

Cette bonté qu'il avait pour nous tous, il l'avait très paternelle et très juste pour ses administrés, les déshérités, les pauvres souffrants surtout.

Un jour, un Arabe de Bledet-Amor, vieux, presque aveugle et pauvre, pauvre comme les misérables des contes de fées, n'ayant pour tout bien qu'une chèvre qui le nourrissait de son lait, s'était rendu coupable, bien inconsciemment, de je ne sais quel méfait passible d'amende. De méchantes gens l'avaient dénoncé et très chargé. L'affaire avait été portée devant le cadi, et de là à Tuggurth, au bureau arabe.

L'agha et le capitaine discutèrent longtemps.

Le cas était navrant. Impossible de sortir l'homme de là.

Il fallut lui infliger l'amende, amende que la vente de sa chèvre ne paierait pas, et |qui laisserait seul le pauvre vieux, réduit à tendre la main.

Un matin, à la djemaâ, l'agha prononça donc l'arrêt, puis expédia tranquillement les autres affaires comme d'habitude.

Le paiement devait se faire à Tuggurth même. Le délinquant aurait à s'y rendre dans le plus bref délai, disaient les formules officielles. Mais le deïra qui porta le pli au cheik de l'oasis où vivait cet homme, lui en remit un autre personnel, par lequel l'agha lui faisait savoir que tout cela n'était qu'affaire de procédure, et que le malheureux n'avait qu'à continuer à vivre comme si rien n'eût été.

On apprit vite ce qui s'était passé.

Forcé de sévir pour sauvegarder la loi française, l'agha avait infligé l'amende d'un trait de plume, mais il l'avait payée.

— Que veux-tu, disait-il après au capitaine, il n'a qu'une chèvre pour vivre, on ne peut cependant la lui prendre.

Aussi ce n'était pas seulement en nous qu'elle était cette vénération sainte qu'il nous inspirait, ce grand chef arabe, elle lui venait de tout ce qui l'entourait.

Elle flottait autour de lui, faite d'adorations silencieuses et d'affections touchantes.

Quand il se promenait, on se pressait au-devant de ses pas et l'on baisait le bas de son burnous, ou le pan relevé sur l'épaule gauche.

Les gens des caravanes rencontrées tout à coup abandonnaient leurs places, couraient à lui, et il avait pour tous un bon mot qui les charmait, ces malheureux, sans toits ni lieux. Depuis si longtemps qu'il était à Tuggurth, il les connaissait tous, ses Sahariens, ses enfants perdus, disait-il.

L'agha avait eu jadis une très grande fortune, mais il avait tout donné aux malheureux et à la France. Il ne vivait plus que du traitement que le gouvernement allouait à ses hautes fonctions. C'était un simple fonctionnaire.

— Quand il mourra, me disait un camarade, on s'apercevra que ce grand généreux qu'on croyait riche était très pauvre.

Lors de la famine de 1867, demeurée légendaire là-bas, il était à Barika.

Sa renommée de pitié pour tout ce qui a une peine à porter dans la vie avait attiré à lui tous les affamés de la région. La plaine rouge immense, où Barika se pose en tache blanche, était sillonnée de caravanes venant à lui.

Du Bou-Thaleb, du Metlili, de la Mestaoua, de la Medjana même, Arabes et Chaouïas, gens de plaine, gens de montagne, venaient, abandonnant leurs vieilles querelles, égaux en souffrance devant le fléau, frapper à cette porte, s'ouvrant toujours, comme celle de la maison de Dieu.

Lorsque Si Smaïl vit cette multitude mourante campée autour des murs, qu'il entendit les chants de prière à l'aube, et au coucher du soleil, montant à lui en un sanglot, il donna ordre de faire défoncer ses silos.

Cela ne serait jamais suffisant. Il savait cela très bien, mais au moins on mangerait pendant quelques jours et après... après? la France enverrait des secours.

Après, hélas! il ouvrait ses coffres.

Ayant donné ses récoltes, il donnait son or.

Mais ses enfants?... Renouvelant sans s'en douter cette parole de la Bible, sublime en cette heure suprême, il murmura simplement :

— Dieu y pourvoira.

Des envoyés revinrent, conduisant de longs convois chargés de blé qu'ils avaient été acheter sur la côte. Cela permit d'attendre les secours annoncés.

Quand ils vinrent, Si Smaïl était pauvre.

En 1875, n'ayant plus que son âme droite et fière, son cœur ouvert à tout ce qui était beau et élevé, le prestige de son nom et une influence énormément accrue sur tout ce qui était arabe, à plusieurs milles à la ronde, il se donna tout entier à la France, défendit et soutint notre cause quand même.

Nous étions défaits sur le Rhin. Qu'est-ce que cela prouvait ? Parmi les morts des premières batailles, les tirailleurs algériens payèrent largement le tribut de la colonie. N'était-ce pas prévu, cela ? Même dans les victoires, n'avait-on pas de morts ?

Cependant la révolte allait éclater.

Les factieux cherchèrent en vain à entraîner Si Smaïl avec eux. Il ne voulut en écouter aucun, pas même leur chef, le fameux Mokrani, caïd de la Medjana. Une autre grande figure encore, soit dit en passant, peu banale, un descendant des Montmorency, en ayant la devise et le blason gravés sur ses armes, toutes les qualités chevaleresques et la turbulence, établissant parfaitement ses origines par un des survivants de l'expédition du duc de Beaufort, échouée dans les pays barbares.

L'insurrection éclata. L'étendard sacré fut levé, le pays déclaré *dar el arb*, suivant l'expression fanatique venue des Snoussides, signifiant que tout bon musulman doit en pareil pays tuer tout chien de chrétien qu'il rencontre.

Si Smaïl, lui, prêcha la raison, maintint ses tribus autant qu'il le put, attendant la France toujours, comme jadis aux heures de famine, confiant dans notre étoile.

La Commune vaincue à Paris, le général Saussier arriva et organisa la répression. La province de Constantine fut dévolue au général de Lacroix-Vaubois.

C'est alors que vint cette terrible colonne du Sud restée légendaire ici, dite « colonne de fer » qui traversa Biskra, Tuggurth et atteignit Ouargla malgré les sables et la chaleur accablante, ravageant tout sur son passage, atterrant les populations, frappant de telle sorte que le souvenir les fait encore trembler,

On peut demander à un Arabe de ces régions quel âge il a.

— J'étais haut comme cela, répond-il invariablement, quand Lacroix est passé.

Si Smaïl fut un précieux auxiliaire pour le général. Un volume ne suffirait pas si l'on voulait conter les services rendus.

La campagne finie, le devoir accompli, aussi simple qu'auparavant, plus pauvre peut-être, Si Smaïl revint à ses tribus.

Mais le général de Lacroix-Vaubois n'avait pas oublié. Il fut assez heureux pour lui obtenir la croix de commandeur de la Légion d'honneur.

— Vous verrez ce soir, me disait ce même camarade, le premier jour de mon arrivée à Tuggurth, vous aurez un dîner excellent et les meilleurs vins. Le couvert est digne des maisons les plus confortables en l'honneur des invités, mais vous serez servi dans une salle aux murs absolument nus.

La table autour de laquelle nous nous asseyons est en effet des mieux dressées. On ne se croirait pas en plein désert si ce n'étaient les mets étranges mais excellents qu'on mange, les serviteurs drapés de blanc glissant comme des ombres autour de nous et la présence du maître de la maison.

Les verres nombreux étagés devant chaque convive ont parfaitement leur raison d'être. Voici des vins de Bourgogne, de Bordeaux, rouges et blancs, de bonnes marques et des eaux minérales de différentes sources. Vers la fin, avec le meschoui national — mouton rôti en entier — apporté par deux serviteurs, le clicquot première marque emplit les coupes.

Autour de nous les flambeaux Louis XVI à trois branches, placés aux extrémités de la table, jettent sur les murs de la salle des reflets dévoilant la nudité qui nous entoure.

Le contraste entre cette indigence et ce luxe me navre; j'ai le cœur serré un instant.

Cette vie de dévouement et d'abnégation, bienfaitrice de toutes souffrances, vouée au plaisir à faire, au service à rendre, à l'hospitalité à exercer est impressionnante.

En ce moment Si Smaïl sourit, heureux de voir la bonne gaieté de ses invités, car je ne suis pas seul avec les officiers du Bureau arabe.

Depuis trois jours, en effet, il a recueilli chez lui un jeune ménage de touristes venus de Biskra. Ils n'avaient certes pas fait le voyage avec l'idée de descendre chez lui. Ils se seraient arran-

gés avec le premier M'Sabit venu qui leur aurait loué à prix
d'or un coin de sa demeure où ils se seraient terrés chaque soir,
joyeux de leur folle équipée; mais l'agha n'avait pas voulu entendre parler de cela et il était allé les chercher.

L'interprète militaire assis à côté de lui le tient au courant de
la conversation. Et ses bons yeux, avec un bonheur très réel, se
tournent souvent vers cette jeune femme qui parle de Paris et de
ses plaisirs. L'entrain, le rire clair de la jeune femme réveillent
nos souvenirs endormis dans la grande solitude.

Simple et distinguée en sa robe de voyage, blonde comme
une lueur d'aube, fine et délicate comme une figurine de Saxe,
je ne sais si elle s'est jamais doutée du bonheur qu'elle a laissé
derrière elle, cette jeune femme, dans ce coin de pays perdu au
milieu des sables.

Je la revois toujours se profilant, rieuse, sur l'étendue mystérieuse et triste des dunes mouvantes, de nos pays bleus.

Une seconde — et dernière fois — je revis l'agha de Tuggurth. J'en ressentis encore une très vive impression.

Les convois du Sud nous avaient amené, d'un poste optique
des environs de Ouargla, un malheureux télégraphiste anémié au
dernier degré, secoué d'accès de fièvre pernicieuse.

Y compris les officiers, on n'est jamais plus d'une dizaine de
Français vivant dans cette oasis. Aussi, comme toutes ces existences nous sont chères. Chacun, par sa simple présence, soutient
le moral de l'autre. Les horizons bleus, les mirages, la lumière
ardente, c'est très beau, cela; mais c'est éternellement la même
chose, lassante, désespérante à la longue.

On se réunissait chaque jour plusieurs fois autour de ce lit
d'hôpital et on causait. C'était dans un coin de petite chambre
aux murs passés à la chaux vive, très blancs sous la lueur intense
qui venait de la fenêtre malgré les rideaux tirés, réfléchissant en
traînées rouges subites ce soleil qui avait mordu ce malheureux
et des morsures duquel il finissait par mourir.

L'agha venait aussi voir notre malade.

Il lui disait les quelques mots de français qu'il savait, les
seuls, ceux de bienvenue et de santé. Il les redisait souvent,
croyant toujours ne pas être compris la première fois. Après, il
prenait les pauvres mains amaigries, tremblantes, les serrait doucement et regardait longuement le malheureux, navré devant

cette jeunesse qui s'éteignait, sentant son impuissance à faire le bien quand même.

Et il sortait sur un dernier mot, une dernière pression de main, un bon regard affectueux, humide parfois, larme de grand-père à l'enfant qui souffrait.

Inutile de dire que le malade buvait ses meilleurs vins et eaux de table, qu'on ne tuait jamais aucun animal sans que le meilleur morceau ne fût pour lui.

Le petit soldat de France mourut.

Comme le bois est chose rare, on lui fit un cercueil avec des caisses à biscuits de l'Administration et d'autres qu'on trouva chez un mercanti.

Une fois là dedans, on le mit sur une table dans la grande chambre blanche où il était mort. Et comme à Tuggurth il n'y a ni église, ni prêtre, ni sœur de charité, ni drap mortuaire, ni grands cierges blancs, rien! trouvant navrante la vue de ce cercueil grêle où se lisait, mal effacé : *Pernod fils, Bougie de l'Étoile, Subsistances militaires,* on jeta dessus l'étoffe d'un drapeau tricolore, débris du 14 juillet dernier.

Il n'était pas assez grand pour le couvrir tout entier. Les deux extrémités dépassaient, mais c'était moins nu.

On alluma quelques bougies. Les tirailleurs et les spahis, dans [un élan de touchante camaraderie naïve, apportèrent des branches de palmiers et des petits cierges roses ou bruns comme ceux que l'on brûle en Afrique les jours de fête dans les cimetières.

Le lendemain on l'enterra.

L'agha, en grand manteau rouge brodé or, portant toutes ses décorations, marchait en tête près du capitaine, puis nous autres, trois officiers. Derrière suivait tout ce qui portait un uniforme français.

Et ce cimetière français de Tuggurth dans le sable, au pied de la dune qui l'ensevelit chaque jour un peu plus, qu'il est lamentable!

Six ou sept tombes sont là. On ne les voit pas, on les devine sous les tas de sable accumulé comme sur un obstacle laissant à peine percer un coin de dalle, étouffant les petites croix noires sans couronnes inclinées de travers à la fin sous les rafales, tristes, pitoyables, semblant étendre leurs bras comme dans un dernier appel désespéré de vaincu.

Par-dessus les murs de l'enclos, très bas, écroulés par endroits, on voyait l'oasis tout près, à gauche, silencieuse, pleine d'ombre verte exquise.

Bien loin, en face, vers le sud, c'était l'immense lueur tremblante des sables et dans la brume bleue, au-dessus, arrêtées nettement à l'horizon, Temacin, Tamelat, Bledet-Amor élevaient les palmiers de leurs jardins, les coupoles et les minarets de leurs zaouïas saintes.

Vue ainsi, des bords de cette tombe, cette splendeur me fit horreur un moment. Instinctivement, pour chasser l'angoisse qui m'étreignait le cœur, je fermai les yeux et cherchai dans mes souvenirs d'enfant la vision consolante et bénie de nos campagnes, les routes bordées de maisonnettes aux toits rouges, les bois et les hameaux grimpant les coteaux et cet air calme, attiédi, des soirs d'été, à l'heure où les aïeules quittent le pas des portes, où quelque cloche à toute volée chante l'*Angelus*...

A côté de moi, l'agha passa, et il nous serra la main à tous, la cérémonie finie, comme si nous étions de la famille.

Comprenant sans doute la dure tristesse qui nous avait subitement saisis au bord de ce trou fait dans ce sable maudit, il allait, hochant la tête, murmurant comme à chacun de nous, de sa belle voix grave, émue :

— Pauvre... pauvre Français !...

Parlait-il du mort ou de nous tous qui restions? Je me le demande encore.

Quelques heures après je montais à cheval et reprenais ma vie errante avec mes spahis.

Je n'ai jamais revu l'agha de Tuggurth.

Cette poignée de main dont je me souviendrai longtemps a été la dernière qu'il m'ait fait le très grand honneur de me donner.

Ce regard même que, de loin, j'ai eu vers Tuggurth, quelques instants après, du haut d'une dune, non loin de Sidi-Rached, a été aussi le dernier jeté sur ce pays étrange et terrible que j'ai tant vu, parcouru, aimé, croyant souvent entendre dans l'air passer la voix d'or de la sultane des vieux contes persans.

Jean DARA.

IDÉES DE FEMME SUR L'ALGÉRIE

L'Algérie traverse une période difficile, les chaleurs accablantes d'un été exceptionnel, l'ardent « sirocco » qui entraîne sur son passage des nuages de poussière et brûle tout ce qu'il rencontre, les incendies de forêts qui s'allument seuls par cette température ou sont propagés par des mains criminelles, les récoltes desséchées sur pied, la disette en perspective, ou tout au moins l'augmentation considérable du prix des grains ; les vignes, ces belles vignes algériennes, si riches d'espérances, il y a quelques mois, calcinées par un soleil impitoyable et par le sirocco : tel est à cette heure le lamentable bilan de notre grande colonie.

Le sort des infortunés Arabes est, à cette heure, vraiment digne de pitié. A la recherche de lieux abrités, d'un peu d'herbe rare et d'un filet d'eau, on les voit encore dans la campagne désolée et aride. S'ils rencontrent un endroit moins brûlé par le soleil, ils plantent leur tente ou élèvent leur « gourbi », ramènent auprès leur maigre troupeau et, couchés sur le sol, enveloppés de leur burnous, découragés par les éléments qui se coalisent contre eux, ils se soumettent et attendent avec fatalisme que le « Maître de l'heure » leur envoie le retour de la saison favorable et, sinon l'abondance, au moins le peu qui suffit à leur vie de chaque jour : une poignée de grains, transformée en « couscouss » par les femmes, et de l'eau.

Il faut avoir vu les scènes atroces de l'année 1867, où tous les maux à la fois s'abattirent sur les malheureux indigènes, pour se faire une idée des fléaux qui peuvent assaillir l'espèce humaine.

Le choléra, le typhus, la famine, d'autant plus complète que l'Arabe ne lutte pas : il souffre et meurt, — les sauterelles, tout cela à la fois.

Ce peuple était si malheureux, si las de souffrir, de n'être point aidé, à peine secouru ! que peu s'en fallut qu'il ne s'abandonnât tout entier aux pires instincts de bestialité qui sommeillent chez l'homme, même civilisé, et dont le réveil est terrible chez les natures primitives.

Quelques-uns se mangèrent entre eux,plus féroces que les loups. On trouva sur les routes des cadavres dépecés. Des mères dévorèrent leurs enfants morts. Combien d'assassinats n'eurent pas d'autres mobiles que la faim! Ceci est de l'histoire. C'était encore si près de la conquête, la masse arabe inspirait encore tant de crainte qu'il n'y avait pas place pour la pitié. Les Arabes mouraient par milliers, sur les places, dans les rues, sur les routes. « Il en restera toujours assez, » disait-on, sans songer que c'était l'âme, la force, la richesse du pays qui disparaissait, sous les yeux de ceux qui avaient promis aide et protection.

Des Arabes passèrent en cour d'assises pour avoir vendu, dans un marché public, de la chair humaine. On découvrit la marmite où se confectionnait l'horrible nourriture. Ces misérables affamés, condamnés à mort, ne subirent point leur peine. La faim dont ils avaient souffert, les horribles aliments dont ils s'étaient repus pour l'apaiser, les tuèrent en prison plus sûrement que la guillotine. On se souvient encore des fantômes, hâves, décharnés, se soutenant à peine qui parurent à l'audience.

Les grands chefs firent des miracles de charité, mais les misérables étaient trop nombreux pour être secourus par eux. La France, l'Europe s'émurent à peine.

C'était encore le temps du régime implacable des répressions de l'administration militaire. Les soldats, les officiers n'oubliaient pas les leurs tombés sous les coups des Arabes ; ils n'avaient point pardonné les massacres dont des poignées de héros obscurs, commandés par d'intrépides chefs, isolés dans des « bordjs » ou des « blockhaus », avaient été victimes.

Certes, c'était cruel, la mère patrie pleurait ses enfants, le cœur de la France saignait et souffrait; mais si les vengeances, si les représailles de ce peuple de vaincus, de dépossédés, étaient terribles, l'esprit impartial du vainqueur ne devait-il pas considérer ce qu'il y a d'amère douleur à voir son pays envahi par l'étranger?

. Ne l'avons-nous point éprouvée,cette douleur, de trop nombreuses fois, hélas! Et cependant, nous n'y avons perdu qu'une partie de notre sol. Les Arabes ont tout perdu : liberté, indépendance, honneur, richesses, patrie. Ils sont chez nous, nous avons fait de leur pays le nôtre; et si nous consentons à les y laisser vivre, ce n'est qu'à la condition d'une soumission absolue, d'un renoncement continuel.

Quelques années plus tard, une nouvelle famine vint décimer encore la population arabe; mais les secours arrivèrent plus nombreux, l'administration civile s'établissait, les révoltes étaient moins fréquentes, les Arabes commençaient à mieux supporter le fait accompli, la domination française. En certains centres, ils trouvaient plus de justice, plus de protection; des abus se produisaient encore, entravant l'œuvre pacificatrice; d'infidèles agents de l'autorité, révoqués plus tard, il est vrai, leur vendaient le plus cher possible les grains qu'ils étaient chargés de leur distribuer gratuitement. Des accapareurs juifs, dont les magasins regorgeaient de grains, ne les livraient qu'au poids de l'or, aux malheureux indigènes qui, malgré les malheurs successifs qui les accablaient, voulaient lutter et ensemencer leurs champs, préparer une nouvelle récolte.

De nouvelles calamités menacent en ce moment les indigènes. L'autorité, qui de jour en jour devient plus paternelle, prend des mesures pour y parer le plus largement possible. Il faut à la France, pour être équitable, qu'elle oublie les luttes passées, qu'elle excuse les représailles si naturelles à ceux qui défendent le sol de la patrie et qu'elle songe à tout ce qu'on peut obtenir de cette grande et forte race, qui a eu ses jours de gloire inoubliable et dont le seul crime est de n'avoir pu tout d'un coup se résigner. Il faut surtout étudier la nation arabe, ses besoins, ses aspirations. L'œuvre est difficile, hérissée d'obstacles, mais n'est point impossible, si l'on considère quel grand, quel admirable peuple est le peuple arabe. Quelle est sa puissance de vitalité, combien il est vaillant et brave, d'une bravoure insensée, que le nombre ni la force ne font reculer; peuple généreux et loyal quand on sait faire vibrer ses cordes généreuses, susceptible de reconnaissance et d'attachement, qui nous a donné ses enfants, leur sang et leur vie; qui s'est incliné devant la mort héroïque des siens sur les champs de bataille où nous les avons conduits, et n'a pas songé un seul instant à nous demander compte de leur existence sacrifiée, surtout dans la dernière guerre, l'immense débâcle, la colossale et sanglante hécatombe!

N'avaient-ils point mérité, ceux-là, de porter le nom de « Français », d'être assimilés, dans la plus large acception du mot, à nos enfants, puisqu'ils en avaient partagé les dangers dans la plus large part?

Qui ne se souvient des héroïques charges de Wissembourg où dix fois les tirailleurs algériens se ruèrent à l'assaut des canons ennemis! Ils les voulaient, ces canons, il les leur fallait et ils eussent succombé jusqu'au dernier, sourds à tout rappel, si le brave général Abel Douay ne s'était précipité au milieu d'eux pour les ramener et pour mourir avec eux.

Qui ne se souvient de l'intrépide résistance de Frœschviller où, pendant toute une journée, les tirailleurs algériens résistèrent, sans faiblir, à des forces, à une artillerie dix fois supérieures en nombre aux leurs, et ne cédèrent qu'écrasés, quand ils ne furent plus qu'une poignée de blessés.

Qui a vu leur enthousiasme à l'annonce de cette guerre, ne peut l'avoir oublié.

Quelques mois auparavant, avait eu lieu une expédition dans le Sud oranais; des tirailleurs algériens, qui y avaient pris part, étaient en traitement à l'hôpital pour blessures reçues: ils sollicitèrent comme la plus insigne faveur et obtinrent de reprendre leur rang et de partir pour la frontière, se battre pour cette France qui, quelques mois plus tard, leur infligeait la suprême humiliation qu'ils n'ont jamais oubliée, qui laisse au fond de leur grand cœur une amertume dont nous ressentirons longtemps, toujours peut-être, les effets : la naturalisation en masse des juifs !

Ce peuple auquel nous avons tout pris : pays, terre, richesse ; à qui nous avons demandé le dévouement, l'abnégation, la soumission, la loyauté, le sang de ses fils, à qui nous devons une récompense, qu'il trouve haute, qu'il ambitionne et qui nous eût fait pénétrer jusqu'au plus intime de son âme, cette récompense nous la lui refusons et nous ne trouvons rien de mieux que de la leur refuser et de donner la qualité de Français aux juifs, qui, à ce moment-là, surtout, ne s'en souciaient guère, craignant par-dessus toute chose d'être obligés d'en remplir les devoirs, de quitter commerce, famille, et d'aller se battre pour leur nouvelle patrie.

Et c'était la race exécrée des Arabes, la race méprisée, que la France appelait à elle, c'était cette race qui n'avait donné ni une obole, ni un de ses enfants, qu'elle gratifiait du nom de Français.

On vit, à cette nouvelle incroyable, le grand chef religieux, l'illustre Mokrani, pleurer des larmes de honte, des larmes de rage en songeant aux légions d'hommmes mourant à cette heure même pour cette France ingrate, qui prenait leur sang et les repoussait de son sein.

Quelques mois après, le Mokrani décrétait la révolte; les villages étaient pillés, les colons assassinés, les fermes incendiées, et ceux qui avaient prédit ces événements, comme une conséquence inévitable du décret Crémieux, baissaient la tête, le cœur brisé par ce nouveau malheur accablant la patrie, si meurtrie déjà, et ils ne trouvaient point le courage de maudire la sanglante revendication du droit et de la justice.

Les juifs cependant, ces Français d'hier, se cachaient, affolés, pleurant par avance leurs biens et leur existence menacés; on les recrutait non sans peine, on les enrégimentait ; partout on les trouvait rebelles à toute instruction militaire, à toute discipline. On les envoyait rejoindre le corps expéditionnaire. N'osant les mêler aux bataillons actifs, sachant qu'ils fuiraient à la première alerte, on les employait au camp. On vit un jour quarante miliciens juifs, bien armés, commis à la garde d'une dizaine d'Arabes, sans armes, les laisser s'évader, terrorisés par les menaces verbales des prisonniers.

Loin de moi l'intention de me mêler à l'anti-sémitisme. Je ne crois pas tous les juifs lâches, tous ne sont pas d'éhontés usuriers.

Comme en tout, comme partout, la masse subit la réprobation méritée par les fautes, les erreurs, les abus, les crimes de quelques-uns.

Depuis la conquête, bien des fortunes ont été fondées grâce à l'usure la plus effrénée ; tous les usuriers n'étaient pas juifs !

Ceux-ci, toujours, ont fait le commerce de l'argent qui, en résumé, est une valeur marchande comme la soie et les épices ; il s'en est trouvé, il s'en trouve beaucoup en Algérie, d'honorables, de scrupuleux, d'honnêtes, de loyaux, que l'on pourrait nommer, qui ne font la banque qu'au taux strictement légal, en usant de toute la mansuétude possible envers leurs débiteurs. Mais, tant d'autres aussi ont amassé leur fortune en pressurant de la façon la plus cruelle ceux qui avaient recours à eux ! Le vulgaire ne fait point de distinction et, sans en examiner le bien fondé, ne manque pas plus ici qu'ailleurs l'occasion de crier : « Sus aux juifs ! »

Bien plus ici qu'ailleurs, car il existe en notre belle ville d'Alger une population roulante et grouillante, étrangers expulsés de leur pays ou en rupture de ban, récidivistes de toutes latitudes, de la plus dangereuse espèce, qui se cache, en temps ordinaire, dans les quartiers excentriques ou mal famés, et ne sort qu'avec l'appât du vol et de l'assassinat. Cette poignée de repris de justice tint Alger dans la terreur, pendant quinze jours, il y a quelques années, sous les yeux d'une administration qui hésitait à employer les moyens de répression exigés par les circonstances.

Le prétexte était la guerre aux juifs ; mais, en réalité, le pillage, l'incendie, l'attaque à main armée de deux cents voyous, contre des femmes, des enfants, des vieillards ou quelque commerçant israélite paisible et isolé. Sans de courageux citoyens qui payèrent de leur personne, d'irréparables malheurs auraient certainement eu lieu.

Mais revenons aux Arabes.

Il existe entre eux et les juifs une haine motivée par la rapacité, la ruse, la mauvaise foi de ces derniers, avec lesquels ils sont en relations commerciales, à propos de vente ou d'achat de bestiaux de grains, d'étoffes. De là naissent les « nefras » ou troubles éclatant pendant les marchés qui se tiennent dans les villages de l'intérieur.

Les juifs sont assis derrière leurs marchandises, de bon ou mauvais aloi, supputant quel en sera le bénéfice s'ils peuvent les vendre aux indigènes trois ou quatre fois leur valeur. Les Arabes marchandent ou proposent, tout paraît paisible, mais voilà qu'à un signal donné, sur le prétexte le plus futile, les « matraques » entrent en danse et retombent sur le dos des malheureux juifs, qui fuient de toute part, abandonnant leur bien, sur lequel les Arabes font main basse, détalant à l'arrivée de la gendarmerie qui arrête, quand elle le peut, les voleurs, leur fait rendre gorge et rétablit l'ordre, jusqu'à la prochaine occasion. Le décret Crémieux a augmenté cette haine, sans cesse alimentée par les emprunts que font les cultivateurs indigènes aux juifs, durant les mauvaises années. Les Arabes sont tellement exploités, l'argent leur est prêté à un taux si exagéré, que le morceau de terre sur lequel ils sont nés, qui les a nourris, où ils croyaient mourir, passe la plupart du temps aux mains de l'impitoyable juif. L'indigène ne travaillera bientôt plus la terre de ses aïeux qu'en mercenaire.

Pour sentir mieux encore cette impression triste et morne, qui se dégage de tout territoire conquis, il faut voir les vieillards arabes, grands chefs ou hommes du peuple, traverser les villes qui, peu à peu, se transforment.

A chaque pas, surgit pour eux un souvenir des grandeurs passées. A Alger, notamment, que de palais de nobles indigènes, de chefs religieux respectés, sont affectés à nos administrations ; que de maisons françaises ont été élevées, remplaçant les habitations de ceux que les Arabes avaient appris à vénérer !

Le Mustapha actuel n'était-il pas, dans toute son étendue, le domaine d'un prince de maison illustre, qui, dépouillé de toutes ses richesses, ne recevant de la France qu'une pension insuffisante, eu égard à sa splendeur passée, assista peu à peu au morcellement des terres qui lui avaient appartenu, et les vit transformées en ces élégantes propriétés, l'une des attractions de l'Alger moderne?

Il faut voir un spectacle plus poignant encore, par la campagne, alors que le railway sillonne cette admirable nature, belle dans sa luxuriante verdure, plus belle encore peut-être, car plus poétique, lorsqu'elle est aride et accidentée, semée seulement de rares bouquets de lauriers-roses aux vives nuances, au parfum troublant, au feuillage sombre, et de palmiers nains aux raquettes hérissées, se détachant sur les fonds crayeux ; il faut voir, dis-je, çà et là, des Arabes accroupis, enveloppés dans leurs burnous, vieux compagnons d'Abd-el-Kader, aux temps des luttes épiques, ayant sur la conscience bien des têtes de « roumis » tombées sous leur yatagan pour la défense du sol ; il faut les voir contempler de leurs grands yeux sombres, dont l'âge et la douleur ont terni l'ardent rayonnement, impassibles et calmes, le train filant à toute vapeur, — ce progrès dont ils ne veulent pas, — au milieu de ces terres, de ces champs, qui étaient leur bien, celui de leurs enfants et qui, aujourd'hui, de par la loi du plus fort, de par « la force qui prime le droit », de par le fait aussi, leur ont été enlevés.

Il faut voir cela pour comprendre, sinon pour excuser, les vols, les déprédations, les assassinats, très rares relativement, si l'on considère l'attachement passionné de l'Arabe pour son pays, sa religion, ses coutumes.

Comme un volcan à peine éteint, il a des soubresauts de révolte, ce peuple, et tente parfois de reprendre ce qu'il possédait.

Combien dures et cruelles, et éternelles aussi, lui ont été, lui seront les conséquences d'un « coup d'éventail ».

Un « dey » meurt; un peuple survit et souffre!

Rien n'est beau, rien n'est respectable comme la puissance morale,; bien plus morale aujourd'hui qu'effective, et par cela même bien plus admirable de grandeur, des grands chefs de race, des grands chefs religieux, sur la masse des Arabes, la masse entière. Tributaires de la France, ils sont les intermédiaires entre la nation asservie et l'État français qui leur a promis protection et justice. Souvent découragés par une injustice du vainqueur, ils ont aidé à la révolte des vaincus; plus souvent encore, ils sont restés fidèles, malgré tout, à leurs serments, et ont su maintenir dans le respect de la foi jurée les tribus innombrables, soumises à leur commandement.

Mais quelle abnégation, quelle loyauté, quelle somme de dévouement ne leur faut-il pas posséder parfois, en présence de l'arbitraire, des abus, des exactions, qui se produisent, de moins en moins nombreux, il est vrai mais trop souvent encore, dans l'administration et dont ils sont quelquefois impuissants à empêcher leurs coreligionnaires de tirer vengeance.

Plus éclairés, plus instruits, d'une finesse d'observation extrême, les grands chefs apprécient les bienfaits de la civilisation française, mais ils savent aussi qu'il est impossible de l'imposer brusquement aux Arabes ; que peu à peu, seulement, par le raisonnement et l'évidence, on les amènera à trouver plus avantageux que ce qu'ils ont toujours appris, ce qu'on veut leur apprendre. On n'arrivera à ce résultat que par la douceur, par un système de persuasion, exempt de moyens violents et arbitraires, par une démonstration sage et impartiale de la justice égale pour tous.

On a supprimé ou à peu près les bureaux arabes militaires; très peu subsistent, et seulement dans les centres, où notre domination n'est pas encore affermie complètement; on les a remplacés par ce que l'on peut appeler, pour beaucoup, sans être taxé d'exagération, des bureaux arabes civils. A peu de choses près, mêmes errements, mêmes abus de force et de pouvoir, avec le prestige en moins, malgré l'abondance de galons et de képis brodés, de « chaouchs », escortant à cheval, burnous bleu flottant au vent, le grand chef français et recevant, il faut bien le dire, fréquemment une gratification du solliciteur arabe, pour lui permettre l'accès dudit grand chef, dont il est l'interprète nécessaire, lorsque, ce qui n'arrive que trop souvent, la langue arabe n'est pas familière à celui-ci. Mêmes baisemains, mêmes moyens de répression, avec cette différence que l'administration militaire employait le régime de sabre, qui avait quelque noblesse, s'exerçant sur un peuple guerrier, tandis que l'administration civile y substitue le régime du bâton ou « matraque », qui avilit celui qui s'en sert, autant que celui qu'on frappe.

J'ai connu un capitaine, chef de bureau arabe, qu'un gouverneur général militaire fit rentrer à son régiment, parce qu'il faisait escorter la voiture de sa femme par un peloton de spahis. C'était dans l'extrême Sud oranais, en pays imparfaitement soumis et, de tous temps, les Européennes ont exercé une violente attraction sur les Orientaux. Cet abus du commandement pouvait, jusqu'à un certain point, s'expliquer par la crainte d'un coup de main.

J'ai vu, il y a quelques mois, la charmante famille d'un administeur de commune mixte, civil, s'embarquer en chemin de fer, escortée de quatre « chaouchs », en burnous bleu, tenue de service, portant : l'un, le bébé ; le second, de menus bagages ; le troisième, la voiture du bébé, et le quatrième, moins heureux que celui de la célèbre chanson, qui « ne portait rien », le quatrième portait certain petit vase intime, destiné à préserver les genoux de la maman des manifestations réalistes du bébé, et qu'en « chaouch » bien appris il dissimula soigneusement sous la banquette du wagon.

Je songeai alors à ces charges splendides où Abd-el-Kader, entouré de ses cavaliers, étendards déployés, burnous flottants, sabres étincelants, faisait voler les têtes ; je songeai au mépris de l'Arabe, pour les soins réservés aux femmes, et à la rancune amassée dans ces cœurs de héros, pour l'asservissement que nous leur imposons, sous prétexte de les civiliser.

Les soins domestiques sont tellement odieux à son caractère et à ses mœurs, l'Arabe est de race si fière, de sang si orgueilleux, que chez lui la femme seule travaille, même aux plus durs travaux, s'occupe des enfants, du ménage, qu'il la tient dans un esclavage qu'explique son infériorité morale, entretenue systématiquement. Il n'est pas rare de rencontrer sur les routes d'Algérie un groupe ainsi composé : le mari, sur le cheval ou le bourriquot, la femme à pied, portant, attaché sur son dos, l'enfant, et très souvent un fardeau quelconque, bois ou fourrage, courant auprès de la monture où se prélasse son seigneur et maître, et fournissant ainsi de longs trajets, à travers monts et vaux.

Quelques tentatives ont eu lieu pour relever la condition morale et physique de la femme arabe, tentatives généralement couronnées de succès. Des écoles catholiques, protestantes et laïques ont recueilli de petites filles indigènes, orphelines ou abandonnées, les ont instruites dans notre langue, dans la religion, leur ont appris les travaux des femmes d'Europe.

Ces enfants, devenues jeunes filles, ont été perdues pour leur race ; les Arabes n'auraient pas admis l'égalité morale qui s'affirme chez nous tous les jours davantage entre l'homme et la femme ; pour elles, rompues à nos usages, à la liberté dont jouissent nos femmes, elles n'eussent pu se.plier de nouveau à l'esclavage, à la réclusion relative des femmes arabes. Des fils de riches indigènes élevés dans nos lycées ont rapporté.chez eux beaucoup de nos coutumes; plusieurs ont abandonné la polygamie et n'ont qu'une femme légitime, mais là s'est arrêtée leur volonté d'imitation; leur femme n'en est pas moins séquestrée et n'apparaît aux yeux des hommes que strictement voilée.

- La tentative de civilisation de l'Arabe par la femme, sur le succès de laquelle on avait fait quelque fond, a donc échoué, sans toutefois avoir été complètement inutile pour ces dernières.

En effet, beaucoup de jeunes filles indigènes, en vivant de notre vie parmi les femmes dévouées qui les élèvent, en prenant l'amour du travail, ont échappé à la prostitution qui les guette et ne leur inspire aucune horreur. Servir aux plaisirs de l'homme est le *summum* de leur destinée. Toute intelligence, toute pensée, toute ingérence dans les intérêts de la famille et les choses de la vie autres que celle-là et la préparation des aliments du maître, leur est interdite, et il n'est point d'exemple, qu'à part celles dont nous avons pris la direction, aucune d'elles ait tenté de sortir de ce cercle restreint et humiliant. Elles n'en souffrent point, au reste, n'ayant jamais connu d'autre horizon, ayant vu leur mère et leur aïeule traitées comme elles-mêmes.

Absolument illettrées, sans religion puisqu'on leur nie une âme, jamais une pensée sérieuse n'effleure leur esprit; généralement gaies, elles se voient entre elles, au bain, en promenade, bavardant, criant, gesticulant; elles adorent les fêtes et les parures. Mères un peu à la façon des animaux, elles enfantent au hasard du moment, dans le gourbi ou sur le chemin au cours d'un [voyage, allaitent de même; puis, dès que l'enfant marche, ne s'en occupent plus guère, le laissant vagabonder et pousser à sa guise. Elles ont, pourtant, en présence d'un danger le menaçant, des réveils de courage et de passion maternelle sublimes; mais, en raison de leur condition d'infériorité morale, elles sont traitées par leurs enfants mâles avec cette nuance de mépris hautain de toutes les races orientales pour la femme.

Celles que nous élevons, qui vivent parmi nous, voient et jugent; leur intelligence — car elles en ont une vive et profonde — saisit l'expression de respect et d'amour de nos enfants pour la mère de famille; elles comprennent les égards, la sollicitude qui règnent dans les relations des Européens, hommes et femmes. Celles-là pourraient-elles revivre de la vie arabe? Certainement non. Le plus grand nombre même ne ressent plus, au bout de quelques années de notre vie, qu'un éloignement profond pour la race d'où elles sont nées;

elles multiplient les efforts pour en effacer jusqu'à la plus légère ressemblance, niant leur origine ou n'osant l'avouer.

Certes, il est possible d'arriver à une assimilation des Arabes à nos mœurs, à nos usages, si difficile que cela paraisse.

C'est surtout par l'école, par l'instruction intelligemment dispensée qu'on atteindra le but, à la condition de ne se point rebuter devant les difficultés de l'œuvre et de ne point marchander les privilèges et les avantages à ceux qui viendront à nous, qui nous donneront leurs enfants pour en faire de bons Français, de loyaux serviteurs.

Il faut avant toute chose, et tout d'abord, respecter religion, mœurs, coutumes, et amener peu à peu les Arabes, par une instruction éclairée, à en écarter d'eux-mêmes les exagérations.

De jour en jour, l'administration devient plus large, plus paternelle, plus patiente, plus généreuse, plus impartiale.

Qu'elle se souvienne des douleurs de l'invasion, et ces vertus, elle les étendra jusqu'aux plus extrêmes limites, en reconnaissant que la mansuétude et la justice, qui n'excluent pas la fermeté du pouvoir, gagnent plus de cœurs et font plus pour la pacification d'un pays qu'une répression impitoyable, et souvent, par cela même, injuste et imméritée.

Une Roumi.

A PROPOS

DE LA

REVUE D'ESCADRE DE L' « UNION »

L'année dernière, nous avons tenu à saluer, en quelques pages de la *Nouvelle Revue* consacrées au « yachting en France », l'éclosion à peu près spontanée de l'« Union des yachts français », de cette nouvelle Société d'encouragement sortie bien vivante des ruines du Yacht-Club déchu, dénaturé, stérilisé, rétrograde et incapable, lui qui eût dû être un foyer de vie et d'impulsion, de suivre même notre yachting dans la voie de progrès large ouverte où il s'est franchement engagé.

Aujourd'hui, nous voulons applaudir au très réel et surtout très profitable succès que vient, l'autre mois, de remporter l'*Union* ; nous y applaudissons chaleureusement, non seulement en raison de l'intérêt qu'inspire un sport de premier ordre à tous égards, mais parce que le yachting, entre tous les jeux des hommes, a le beau privilège d'aider directement au progrès de la marine nationale, de laquelle dépendent en partie la sécurité et la prospérité de la patrie.

Le yachting amplement développé, c'est une fraction intéressante du recrutement de la flotte militaire supérieurement assuré ; c'est l'animation des chantiers réveillés de la routine et introduisant dans leurs grandes constructions les perfectionnements révélés par les recherches savantes, coûteuses et incessantes des enthousiastes amateurs. C'est là une indiscutable vérité que nous voudrions voir pénétrer l'élégante foule encore un peu rebelle de nos jeunes et vigoureux mondains à qui il faudrait un si faible effort pour couvrir de yachts nos vastes côtes ; c'est là une vérité digne de mériter à ce sport les encouragements et l'appui de tous ceux qui ont souci de l'avenir de notre puissance navale et de nos braves populations maritimes.

Nous constatons donc avec plaisir que l'*Union* n'a pas failli à sa tâche qui est de mettre tout en œuvre pour aider au progrès et à l'expansion de la navigation de plaisance. A peine âgée d'un an, dès la première saison de régates et de croisières où quelque action lui ait été possible, non seulement sa vaillante influence s'est fait partout sentir, mais, sur l'initiative d'un de ses vice-présidents, M. le

comte de Guébriant, elle vient de frapper un coup de maître en organisant en quelques jours la belle revue du mois de juillet, en rade du
Havre. Cette première revue nautique, une audacieuse mobilisation
nulle part aussi largement tentée, pratiquée jadis, il est vrai, en Angleterre, mais uniquement par clubs isolés, à peine esquissée l'an
passé en Méditerranée où, à la suite de l'*Eros* au baron Arthur de
Rothschild, défilèrent quelques steam-yachts, a nettement affirmé la
vitalité déjà robuste de notre yachting national. Une soixantaine de
yachts sous pavois, faisant presque tous partie de ce que l'on pourrait
appeler notre escadre de plaisance de la Manche, mouillés sur quatre
files, ont été passés en revue par le contre-amiral Lagé, président de
l'*Union*, embarqué à bord de l'aviso le *Buffle*. Tous ceux qu'une lointaine croisière, le trop grand éloignement du port d'attache ou des
régates à courir n'avaient point empêchés étaient là, roulant gracieusement dans la houle très forte, grands comme petits, depuis le
817 tonneaux *Eros*, roi de notre flotte de plaisance, jusqu'au petit
houari de 1 tonneau, *Roastbeef*, que son propriétaire, M. G. Caille-
botte, avait amené d'Argenteuil ; tous étaient là, les propriétaires à
bord, la plupart commandant en personne avec toute l'autorité de
marins éprouvés dont les marins de profession ont appris à ne plus
sourire. Puis, la coquette escadre (représentant un tonnage total de
plus de 4500 tonnaux et portant environ 500 matelots de premier
ordre, soumis à une discipline stricte, habitués à une tenue irréprochable et exercés quotidiennement aux manœuvres les plus délicates
et les plus rapides, tous fins gabiers et timoniers adroits et vigilants
qui constituent pour la marine de l'État une réserve de premier
choix), la coquette escadre, disons-nous, a défilé, par mer très grosse
et cependant dans un ordre parfait, devant l'amiral et l'état-major du
Buffle. Le soir, à l'issue d'un banquet à l'hôtel Frascati, l'amiral dé-
cernait aux yachtsmen ce brevet de capacité et au yachting ce certificat d'utilité patriotique :

La journée, Messieurs et chers camarades, n'a pas été sans émotions,
et sans quelques déceptions. Le mauvais temps est venu nous apporter des
difficultés, mais... elles ne nous ont pas empêchés d'accomplir notre programme de manœuvres jusqu'au bout, et elles ont eu l'avantage de montrer
ce que vous valez comme marins, *vous* et *vos équipages*; les grands yachts
ont parfaitement manœuvré, les petits ont vaillamment tenu contre un
grand vent et une grosse mer ; pas une avarie, pas un accident... J'adresse
tous nos compliments à ceux d'entre vous qui ont pris part avec leurs
yachts à cette démonstration dans laquelle ils se sont montrés *si bons
manœuvriers*.

Quel beau sport que le vôtre, Messieurs! tout y est attachant, même la
lutte contre les éléments, et, de plus, vous avez conscience que vous faites
du bien, que vous *êtes utiles*. En contact incessant avec nos populations ma-

ritimes, vous les connaissez bien, vous les appréciez, vous les soutenez ; vous nous préparez des hommes pour la marine de guerre. Le développement de la marine de plaisance est *un bien pour le pays;* nous avons beaucoup fait depuis plusieurs années, nous ferons plus encore... et avant peu d'années, peut-être, nous arriverons à la hauteur des marines de plaisance des deux grandes puissances maritimes : l'Angleterre et l'Amérique.

De telles paroles dans une telle bouche sont significatives : par l'opportune démonstration du Havre, le yachting a enfin pris, en France, sa vraie place au grand soleil ; maintenant il n'est plus permis de l'ignorer. C'est un grand point et, à la prochaine revue, on verra, en comptant les yachts présents, combien fructueuse est une semblable publicité par le fait. Donc, bravo mille fois à « l'Union des yachts français » ! elle a fait de bonne besogne, et vite. C'est en montrant le plus possible le yachting dans son luxe de bon aloi, dans son élégance savante, en des spectacles qui frappent les yeux de la foule attirée, qu'on le fera venir à la mode, chez nous, autant qu'il l'est en Angleterre. L'amiral Lagé nous le promet au nom de l'*Union*, et lui comme elle tiendront parole.

Il n'est que temps, d'ailleurs, que le rapide développement de la navigation de plaisance vienne enrayer un peu le mouvement toujours progressif de désaffection des populations maritimes pour la mer où, moins rapidement que dans les industries terriennes mais aussi sûrement, la machine mange le pain de l'homme. La voile disparaît : les géants de fer font le travail de dix voiliers avec un équipage souvent moindre que le dernier d'entre eux. Ce flot de marins inutilisés au commerce a cherché sa vie, partie dans la pêche, partie à terre. Mais voici que les pauvres barques de nos côtes commencent à leur tour à ne plus pouvoir tenir contre la concurrence des « chalutiers » à vapeur qui, eux aussi, font, avec équipage égal, le travail de dix cotres, lougres ou dandies. Aussi, les pêcheurs, comprenant l'inanité prochaine de leur lutte contre la machine, se hâtent-ils de diriger leurs fils vers les chemins de fer et les usines. Avant peu, la population exclusivement maritime aura forcément diminué dans d'irréparables proportions et la flotte manquera de marins. C'est au yachting à essayer, non d'équilibrer, mais d'atténuer cette décroissance fatale. Le rôle est beau et éminemment patriotique.

Qu'on ne dise pas que ce moyen de retenir au large les enfants de la mer fera tout juste l'effet d'un seau d'eau jeté au cœur d'un foyer d'incendie. Sait-on que le yachting anglais, que l'amiral Lagé nous donne l'espoir d'égaler peut-être un jour prochain, occupe plus de 15 000 marins d'élite que l'Amirauté lui envie, dont elle reconnaît les qualités maîtresses au point qu'elle a souvent médité d'envoyer ses matelots de l'État faire à bord des yachts leurs classes de gabiers et de timoniers, leurs preuves de vrais marins, en un mot, qu'ils ne peuvent apprendre à devenir sur les délicats colosses d'acier, ayant pour mâts des tours blindées, ignorant voiles et manœuvres, et à peu près devenus l'exclusif domaine des mécaniciens et des artilleurs? Chez nous, donc, comme chez nos voisins d'outre-Manche, le yachting doit se développer assez pour devenir une carrière pour nos braves enfants des côtes et l'école maritime par excellence.

Que faut-il pour cela? Nous l'avons dit : question de mode, de mode bienfaisante, car elle fera des sportsmen nautiques des hommes à la poitrine robuste, vigoureux de muscles, francs de cœur et larges d'intelligence. Que d'autres sports n'en peuvent inscrire autant à leur programme!

La jolie « Revue d'escadre de l'*Union* » a prouvé l'état florissant de notre yachting français. Il sera peut-être intéressant de remonter le cours du temps, pas bien loin, et de voir par quelles phases a passé chez nous ce sport, avant de devenir ce qu'il est... en attendant ce qu'il sera.

Sans aller chercher ses aïeux par delà les ombres épaisses de la nuit historique (1), nous trouvons que le père de notre yachting

___

(1) *Nil novi sub sole* : tout s'éteint pour renaître sur notre boule vivante roulant dans l'infini; les progrès intellectuels des humanités successives ne font que recommencer sous une forme perfectionnée ce qu'elles croient créer. Le yachting, autrement dit le goût de la navigation à bord d'une embarcation à soi, sans mobiles commerciaux ou de découvertes, sans autre but que la louable fantaisie librement satisfaite, était pratiqué, sans remonter plus haut, par les Romains. Horace, avec ce réalisme que nous n'avons pas inventé non plus, dit dans une de ses épîtres :

> *Quid pauper? ride ; mutat cœnacula, lectos,*
> *Balnea, tonsores ; conducto navigio æque*
> *Nauseat ac locuplex, quem ducit priva triremis.*

C'est-à-dire : « Quoi? lui pauvre? rions-en; il change d'appartement, de lit, de bains, de barbier; il vomit sur son navire de location tout comme un richard sur sa trirème particulière. »

L'ami de Virgile et de Mécène dit encore, dans le morceau philosophique qui ouvre le troisième livre de ses Odes, que « la crainte et la menace montent avec le fastueux sur sa trirème ornée d'airain et sur la croupe de son coursier (*Sed Timor et Minæ*, etc.) ». Boileau, qui ne pouvait être yachtsman, ne nous a transmis que la seconde image dans un vers devenu proverbial :

> Le chagrin monte en croupe et galope avec lui.

Dans sa comédie intitulée *Rudens*, Plaute met dans la bouche d'un de ses personnages, Gripus, un enrichi spleenétique comme un fils de la moderne Albion, cette réplique qui prouve que le yachting d'alors était assez passé dans les mœurs pour qu'une allusion sur la scène pût être comprise de tous :

> *Post animi causa mihi navem faciam*
> *Atque imitabor Stratonicum :*
> *Oppida circumvectabor.*

Ou, en traduction libre : « Je secouerai mon spleen, je me ferai construire un yacht et j'imiterai Stratonice : je ferai un *cruising* le long des côtes. »

Nous rappellerons encore que le cinquième livre de l'*Énéide* débute par la relation d'une régate; mais nous ne parlerons ni du « navire doré de Sésostris, ni de la galère géante de Denys de Syracuse servant d'asile nocturne à Sa Tyrannie, à

français fut le canotage : un père qui n'a que tout juste droit au
titre de vieillard, car il est loin d'être centenaire. Le canotage parisien eut à son tour, sinon pour père, dans le sens strictement chro-
nologique, du moins pour grand prêtre universellement reconnu, le
merveilleux écrivain, si Français malgré le sang allemand teintant
ses veines, l'ami joyeusement pittoresque de Léon Gatayes, le grand
fleuriste de Saint-Raphaël, cet Alphonse Karr disparu presque d'hier,
car... qu'est-ce que deux ans !

« En ma première et verte jeunesse, écrivait en 1856 l'auteur des
Guêpes, comme beaucoup d'autres, sans doute, après la lecture de
Robinson Crusoé, je fus pris de l'amour des îles désertes, et je me
mis à en chercher une... dans un rayon très restreint. » Cette île fut
celle de Saint-Ouen, dont il s'empara en compagnie de Gatayes dont
« Alphonse et la Seine eurent toute la jeunesse ». Les deux compagnons enfreignirent des premiers les ordonnances si... lourdement
protectrices de l'administration qui interdisait l'accès du fleuve à
toute embarcation moins pesante que les bachots plats dont se servent encore les pêcheurs : leur canot « orange et noir » fut le précurseur de nos yoles modernes si rapides et si légères.

Le premier voyage de ce canot donna lieu à un épisode du plus
haut comique. Nous ne résistons pas à la tentation de le noter ici;
on nous pardonnera la digression en faveur du héros de l'aventure.

Ce petit bateau avait été construit au pont Notre-Dame, d'où les
deux amis le descendirent un jour jusqu'à Saint-Ouen. Il faisait, ce
matin-là, un vent épouvantable, vent debout, contre lequel Alphonse
et Léon luttaient en forcenés... Aussi, arrivés à la barrière des Bons-
Hommes, après avoir traversé Paris, sentirent-ils « l'impérieux
besoin d'une nourriture quelconque, pourvu qu'elle fût abondante ».
Redoublant d'efforts, ils accostent enfin vis-à-vis des marchands de
vins traiteurs du bas Passy. Pendant que le musicien se lance à la
découverte, humant les rudes parfums qu'exhalent les gargotes, le
poète demeure à la garde de l'embarcation; mais trouvant son camarade trop lent au gré de sa fringale, il amarre le canot et escalade le
parapet du quai, d'où, débraillé, nu-pieds, nu-tête, et arborant une
ample chemise de laine rouge, alors inconnue à Paris, il lance le
coup de sifflet de ralliement.

ses parents, à ses amis et à sa suite (soit 6 000 personnes), ni de celle de Caligula,
en cèdre, avec poupe d'ivoire piquée de pierreries, ni de celle où Cléopâtre-Vénus
allait, en très lascive compagnie, rejoindre son amant Marc-Antoine, ni du navire
fabuleux d'Hiéron, dont Archimède fit le plan, ni de la *Nave* de Byzance, au
xıı^e siècle, ni, chez nous, de la *Charente* au xve, ni de la *Françoise*, et, en Angleterre, du *Great-Harry*, au xvı^e; ce sont là yachts géants et royaux et, par
conséquent, tout à fait spéciaux, sans aucun rapport avec la navigation de plaisance plus ou moins généralisée comme, en modernes, nous devons la comprendre.

A ce moment débouche de la barrière la voiture du roi Louis-Philippe, précédée de deux gendarmes. Ceux-ci, à la vue de notre pittoresque canotier, fondent droit sur lui, et s'arrêtent brusquement, interdits de trouver un homme inoffensif et sans armes, alors qu'à l'aspect ils croyaient avoir affaire à quelque précurseur de Fieschi. La méprise était évidente et, pour expliquer leur insolite charge à fond de train, l'un des Pandores ne trouve rien de mieux que de s'écrier, l'œil terrible et la voix menaçante :

— Qu'est-ce que?... Pourquoi que?... Oui, pourquoi... n'avez-vous pas de chapeau?

— Pourquoi?... répond Karr sans s'émouvoir, ça vous est bien facile à dire, gendarme ; vous, le Gouvernement vous les donne, moi, il faut que je les achète!

Les gendarmes froncent le sourcil en lançant sur Karr, puis autour d'eux, un regard mécontent et soupçonneux. Ils aperçoivent Gatayes venant à l'appel de son ami, dans un accoutrement à peu près identique. Sans hésiter, ils piquent des deux sur le « complice » à qui était évidemment adressé le signal; mais le jeune harpiste court se réfugier derrière le comptoir d'un marchand de vins et, de là, entame de véritables négociations diplomatiques avec la force armée... qui daigne enfin se laisser convaincre.

Nos élégants yachtmen d'aujourd'hui eussent été à l'abri de semblable mésaventure.

Ceci se passait deux ans après l'avènement de la branche cadette, mais la voile n'avait pas attendu le règne du Prince-Bourgeois pour faire à Paris sa trop sensationnelle apparition.

Le premier morceau de toile hissé à un mât de canot séquanien, le fut, en 1822, par M. Edmond de Brivesac, qui, l'année suivante, chavirait sous une arche du pont de la Concorde, en compagnie des frères Gudin. Théodore Gudin, le célèbre peintre de marines, survécut seul au naufrage qu'avait causé l'absolu manque d'expérience des canotiers.

En sport comme en art, comme en science, comme en religion, la mort des victimes est féconde. La douloureuse impression produite à Paris par ce drame durait encore que l'étrave d'un autre canot cherchait à la surface du fleuve la trace d'un sillage à peine disparu : c'était le *Triton*, appartenant à M. Jacoubet, le Nestor des canotiers parisiens, faisant fièrement le long cours entre la Concorde et Bercy. Puis, c'est M. Duchêné, inspecteur de la navigation, qui déploie sa voile quasi professionnelle, en même temps que M. Lenoir borde audacieusement la sienne; puis apparaissent les embarcations de MM. Nardin et Towpers, puis le *Neptune*, à Victor Deligny, le célèbre nageur, puis l'*Ariel*, à M. Lefèvre, l'auteur des chansons marines si connues, puis encore l'*Élan de Boulogne*, à M. L. Leroux, qui eut l'honneur d'emmener à son bord, jusqu'au Havre, Théophile Gautier, puis enfin l'*Aigle du Havre*, le *Rivoyeur*, la *Henriette*, la *Mouette*, la *Tortue*, le *Belzébuth*, le *Robinson*, le *Météore*, le *Masaniello*, l'*Étincelle*, l'*Amphitrite*, l'*Actif* et le *Follet*. Tous ces bateaux, qui étaient mixtes, c'est-à-dire allaient plus ou moins mal à la voile et à l'aviron et étaient d'ailleurs généralement conduits avec une rare inexpérience, appartiennent à la première période du canotage à la voile, laquelle s'étendit jusqu'à 1838.

De cette période relève le type de canotier « flambard » qui jeta le ridicule sur les débuts du beau sport de la voile, en même temps que l'encanaillement partiel du canotage à l'aviron donnait au sport nautique tout entier un déplorable renom de grossièreté et de libertinage.

Un des derniers spécimens du type flambard (*ab uno disce omnes*) fut, vers 1856 ou 1858, un homme sérieux d'âge, d'allures journalières et d'occupations habituelles qui acceptait gravement le titre d'« Amiral de Poitiers » parce qu'il était le promoteur du canotage en cette ville. Ledit *amiral*, pour se rendre à *son bord* où l'attendait un équipage d'amateurs vêtus en marins d'opéra-comique, arborait un habit brodé et couvert d'aiguillettes, une large ceinture où pendaient : hache d'abordage, pistolets, poignard damasquiné. A peine sur le pont de son lourd bateau, il embouchait le porte-voix et, d'une voix de stentor, avec des poses de forban irrité, commandait l'appareillage. Dès que le vent enflait les voiles, afin sans doute d'impressionner les populations « terriennes », le porte-voix tonnait ce triple commandement : *Feu tribord! feu bâbord!! feu partout!!!* adressé à deux domestiques qui, déguisés pour la circonstance en marins artilleurs, une mèche enflammée à la main, mettaient le feu aux trois pauvres petits canons placés à l'avant. Ces sottes excentricités, qui de tous temps furent l'exception, ont permis à un ancien apologiste du canotage d'écrire — sans rire — cette définition bouffonne :

« La cabine disposée à bord des voiliers sert au patron pour y déposer son porte-voix, sa hache d'abordage, tous les objets enfin dont il peut *avoir besoin dans sa promenade*. »

Certains « flambards » eurent le mauvais goût de prendre et de faire revêtir à leurs maladroits équipages, pour courir leurs bords minuscules entre les rives du fleuve, la tenue des officiers et des matelots de la marine de l'État.

Lorsque le canotage à la voile commença à devenir un art au lieu d'un simple moyen de divertissement et de promenades, ces turpitudes cessèrent d'elles-mêmes, et les vrais amateurs surent, à force de tenue, de sérieux et d'intéressants succès, faire revenir le public de la prévention trop fondée que lui inspirait le seul nom de « canotier ». Cette lente révolution commença vers 1838. A cette époque, sur nos côtes, au Havre principalement, furent lancées plusieurs embarcations de plaisance. Les amateurs parisiens, résolus à avoir enfin des voiliers sérieux, les commandèrent aux chantiers maritimes. Alors et les premiers, le *Goéland*, d'Honfleur, à M. Bonnel de Longchamp, et l'*Alcyon*, du Havre, à M. Pinel, viennent se ranger dans les eaux parisiennes à côté du *Triton* que M. Jacoubet avait fait construire à Clichy par un charpentier de Boulogne-sur-Mer.

C'est la période du bateau marin, lourd, large, fortement lesté, mais fait pour la voile et manœuvrant bien. M. Pinel, qui n'a pas quitté les rives de la Seine où il courait récemment encore, à Argenteuil, son bord quotidien, était alors un maître gabier sortant du service. Il devint l'instructeur des amateurs dont ses leçons firent en peu de temps des manœuvriers de premier ordre.

A partir de ce moment, le canotage devint digne du nom de sport et les sportsmen nautiques, d'isolés qu'ils étaient commencèrent à devenir légion. Les eaux claires — alors ! — de la Seine, eurent à porter de véritables petits navires comme l'*Union*, une chaloupe de quinze mètres, gréée en lougre et bordant seize avirons; comme l'*Ariel*, autre lougre de treize mètres qui descendit plusieurs fois à la mer et croisa sur les côtes, qui plus tard servit aux essais de Sauvage sur l'hélice et sous cette scientifique affectation eut l'honneur de promener Horace Vernet, Thiers et Soliman-Pacha; comme encore les bateaux de tous gréements du vicomte de Châteauvillard, de MM. G. Legrand, Boyer, etc. On en revint bientôt aux embarcations de proportions plus modestes, telles que le *Marsouin*, aux deux célèbres artistes Meissonier et Célestin Nanteuil; mais, grands ou petits, les voiliers de la Seine étaient désormais des embarcations bien manœuvrantes et très convenablement manœuvrées.

Le yachting séquanien était né : il n'y avait plus qu'à le réglementer et à le stimuler. Un fait est à constater qui semble paradoxal, c'est que Paris, ce grand remueur d'idées, ce centre par excellence d'innovations intellectuelles et de progrès, est toujours grandement en retard lorsqu'il s'agit de passer du projet à l'exécution. Le nombre sans cesse grandissant des embarcations de plaisance, les courses, les défis isolés des amateurs, leur participation aux fêtes nautiques, étaient autant d'indications du besoin de créer par des groupements intelligents, par l'organisation de courses sagement et largement réglementées, l'émulation raisonnée indispensable à tout progrès sérieux; du besoin, en un mot, de constituer une ou des sociétés de régates. Or Paris, avec ses trente chantiers ayant lancé, pour ses dix mille canotiers, près de deux mille canots, c'est-à-dire autant à lui seul qu'ensemble tous les ports maritimes ou fluviaux de France; Paris, en 1853, n'avait pas de société, alors que le Havre en possédait une depuis 1840 et qu'à son exemple plus de trente villes de France, tant du littoral que de l'intérieur, avaient déjà les leurs. Cette lacune fut enfin comblée, et voici en quelle circonstance.

M. H. Duchêne, inspecteur de la navigation, avait été chargé d'organiser à Paris, pour le 15 août 1852, une fête nautique complète, avec courses à la voile et à l'aviron, concerts, illuminations et combat naval où devait figurer, montée par un équipage de l'État, la frégate-école aujourd'hui démolie, et qui termina piteusement son inutile carrière sous la forme d'établissement hydrothérapique. L'organisateur demanda à quelques amateurs de s'adjoindre à lui à titre de commissaires. M. Lucien Môre (un des passionnés de la première heure que l'âge n'a pas lassé et qui, après quarante années de pratique et de victoires, combat encore d'une plume documentée, dans les colonnes du *Yacht*, pour la plus large émancipation de son sport favori), M. Lucien Môre, donc, et avec lui MM. Bernardel, Birgkam, Durandeau et Baudin répondirent à l'appel de M. Duchêne. Un si brillant succès couronna les efforts de ces messieurs qu'ils profitèrent de leur réunion pour jeter, aux applaudissements de tous, les bases de la « Société des Régates parisiennes » dont M. Lucien Môre, ancien membre de la « Société des Régates du Havre », fut élu président à l'unanimité. Cette première société nautique de Paris fut *autorisée* par décision du ministre de la police générale en date du 10 février 1853.

Nous ne suivrons pas ce groupement initial de vrais amateurs dans l'élaboration de ses règlements successifs ni dans ses succès merveilleusement rapides, auxquels contribua la protection personnelle de l'empereur. Les sportsmen voiliers de Paris, par les lauriers qu'ils allèrent conquérir de toutes parts, donnèrent une fiévreuse impulsion au grand canotage en province fluviale et littorale. Une révolution dans la construction nautique, dont ils se montrèrent les plus chauds partisans dès l'organisation de leur société, les plaça du coup à la tête des yachtsmen de France : les premiers, ils généralisèrent le type américain du *clipper à dérive*, qui, ayant fait sa première apparition triomphale aux régates du Havre, en 1847, sous la forme de la *Margot*, venue directement de New-York et dont le général comte de Marguenat se rendit acquéreur, n'a cessé de régner en maître sur les ondes salées ou douces jusqu'en ces dernières années.

La « Société des Régates parisiennes » était une société mixte, s'occupant des courses à l'aviron en même temps que du canotage à la voile. Mais ce dernier prenant chaque jour des développements intenses et puissamment intéressants, la Société abandonna, en 1858, l'aviron pour la voile, à laquelle elle se consacra exclusivement sous le nom de « Cercle de la Voile de Paris », qui gouverne aujourd'hui en pleine gloire le bassin d'Argenteuil, grand centre du yachting parisien.

Grâce au bien-être général, au goût de luxe et de dépense qui furent l'apanage du régime impérial, la passion du grand sport nau: tique, celui de la voile, se développa si rapidement pendant cette période que, en 1867, se fit sentir la nécessité d'une grande société centrale, servant de lien et de médiateur entre les si nombreuses sociétés particulières qui commençaient à couvrir la France, et donnant à toutes les encouragements et l'impulsion nécessaires au développement bien compris de ce sport encore nouveau pour les Français. De ce besoin est né le Yacht-Club, dont nous avons, dans un précédent article (1), raconté le récent désagrégement final.

Telle est, résumée aussi fidèlement que possible, étant données les limites d'un article, l'histoire de l'enfance et de l'adolescence de la Voile en notre pays. Longtemps stationnaire après les angoisses de l'Année Terrible, elle reprend depuis quelques années un essor inconnu jusqu'ici et qui la mettra sous peu, vigoureuse adulte qu'elle est devenue, en état de rivaliser avec le puissant yachting anglais.

En regard des antécédents de notre sport nautique, nous voulons, en terminant, consigner ici les noms de quelques-uns de ses ancêtres, ou mieux de ses parrains, puisqu'ils sont de ce siècle. On verra que ce canotage, presque hier encore si décrié, comptait cependant parmi ses adeptes des notabilités qui eussent dû le mettre mieux en cour auprès du public.

Après Karr et Gatayes, les célèbres doyens dont nous avons parlé plus haut, nous n'hésiterons pas à placer en première ligne le roi Louis-Philippe qui affectionnait tant la promenade à bord de son grand canot-gondole à dix rameurs, puis les princes, ses fils, et les princesses, ses filles, qui, sous la direction de l'amiral prince de Joinville, firent dans le plus strict incognito de véritables escapades canotières. Plus tard Napoléon III et l'impératrice Eugénie manièrent fréquemment l'aviron et l'écoute sur l'étang de Villeneuve-lez-Saint-Cloud.

Parmi de moindres seigneurs, citons presque au hasard comme fervents du canotage, principalement à la voile, pendant la première moitié du siècle :

Daguerre, l'inventeur de la photographie; vicomte L. de Dax; Marc Fournier, alors directeur de la Porte-Saint-Martin; E. de Corbière, neveu du ministre de la marine; le sculpteur Edmond Levêque, Adolphe Adam fils, Edmond Membrée, de Villemessant, Tamburini, Rubini; comte de Raousset-Boulbon, aventureux long-courrier de la Seine; Lefebvre de Carville; Pellier, créateur du fameux manège; Louis Desnoyers, baron de Gennes, Ernest Delessert, Émile Augier, Dumas fils, Auguste Maquet, Français, comte de Pontécoulant, Nadar,

(1) Voir la *Nouvelle Revue*, livraison du 1er août 1891.

Goupil, Vivier, Ségalas, les frères Pereire, de Lagrange, le ténor Roger, Ad. Dupeuty, Berthier, les frères Escudier, Mérante, Ambroise Thomas, Sandeau, les frères Cogniard, Eugène Fould, fils du ministre; Meissonier, les frères Sari, Baroche, Eugène Isabey, comte de Nieuwerkerke, marquis de Chabanais, de Pontalba, de Pontigny, famille Molé, de Sancy de Parabère, baron Séguier, de l'Institut; comte de Meaussé, et toute une pléiade de gentilshommes, d'hommes de lettres, d'artistes, de chanteurs applaudis, dont les ébats nautiques avaient pour limites ordinaires la basse Marne et l'embouchure de l'Oise. Si nous poussons jusqu'à la mer, nous y voyons s'élancer vers le large les yachts du comte d'Hautpoul, des princes Murat, de MM. Clary, des peintres de marines Mozin et Gamain, du vicomte de Dreuille Senecterre, de De Witt, de Guizot, du duc de Vicence, et, plus tard, la yole coquette du prince Jérôme Bonaparte.(Nous laissons ici volontairement de côté les grands yachts royaux et impériaux, yachts d'État, en somme.)

Tous ces *yachtsmen* étaient pratiquants alors que le *yachting* n'existait pour ainsi dire pas en France. On nous excusera donc de ne pas entreprendre de citer les notabilités principales du *yachting* moderne, depuis le jour où les amateurs se sont fait de cohorte légion. Pour être édifiés, les lecteurs n'auront qu'à consulter la liste des membres du Yacht-Club et des sociétés nautiques les plus importantes, les indépendants étant en petite minorité : ils y verront réunis, dans un goût commun pour ne pas dire *passion* commune, pour les salutaires émotions du grand sport nautique, la fleur des mondes des arts, de la finance et du *high life*. C'est une recommandation, cela, et mieux qu'une espérance.

Au point de vue technique, notre canotage, devenu *yachting*, a subi plusieurs révolutions que nous avons sommairement indiquées ; mais, jusqu'à l'an passé, il a toujours marché, en timide, à la remorque, tantôt des Anglais, tantôt des Américains. Celle qui tend actuellement à le transformer de nouveau, celle dont le « Comité du Yacht français » a été la formule active et dont l'Union poursuit l'accomplissement, est une évolution tardive mais franche vers une patriotique indépendance. Notre *yachting* a montré sa force; nos yachtsmen ont compris que l'heure était venue pour lui d'être français, rien que français de construction, de types et d'équipages. Puisqu'ils ont maintenant la foi, puisqu'ils espèrent, dans un avenir relativement prochain, le poser en fier rival des yachtings d'outre-Manche et d'outre-Atlantique, la délicatesse en même temps que le simple bon sens veulent qu'ils cessent d'emprunter à leurs futurs rivaux leurs plans et leurs chantiers, quand ce n'est pas leurs *racers* mêmes. Que ne cessent-ils aussi d'emprunter au sport britannique ses vocables qui sont comme la marque indélébile de notre dépen-

dance passée? Notre langue nationale si riche n'en fournit-elle pas
de tout indiqués, qui auront l'avantage d'être au moins compris des
profanes et d'aider à la vulgarisation de l'œuvre? Est-ce que « coureur » sonne plus mal que *racer*, « croisière » que *cruising*, etc. ? Loin
de nous l'idée de proscrire le mot « yacht » universellement adopté
et qui, d'ailleurs, n'est pas d'origine anglaise; mais qui nous empêche de donner à ses dérivés une désinence française qui servira
d'étiquette nationale à la rupture tant désirée et déjà mise en œuvre?
Yachting français est une hybride alliance de mots qui jure avec le
but à atteindre : pourquoi ne deviendrait-il pas le *yachtisme français?*
Est-ce que *yachtistes* n'est pas plus élégant et plus euphonique que le
terme si rudement anglais de *yachtsmen* pour désigner la fière phalange de nos modernes chevaliers de l'Océan? Francisation d'une
pratique aisée, qui ferait peut-être sourire d'abord, mais qui serait,
de la part de nos vaillants marins amateurs de France, comme une
protestation contre l'envahissement anglo-saxon de notre langue,
invasion déplorable commencée sur nos hippodromes et qui, en
croupe sur l'étroite selle de nos cyclistes, pénètre par toutes les
routes vers l'intérieur du pays, sang exotique s'infiltrant dans les
veines de la France. A nos *yachtistes* de protéger nos côtes de la contagion : la propagation du goût *yachtique* n'en souffrira pas, et, au
moins, le pavillon français frappé à la corne et fouettant noblement
dans la grande brise marine ne risquera pas de s'appeler un jour :
The tricoloured flag at the peak.

G. DE WAILLY.

LES DISPARUS

GÉNÉRAL DE LA JAILLE

Le vicomte Charles-André de la Jaille, général de division d'artillerie, qui vient de mourir à l'âge de 68 ans, emporté par une crise d'influenza dont il souffrait depuis plusieurs mois, était le frère du vice-amiral vicomte François-Charles-Édouard de la Jaille et du général de brigade de cavalerie François-Charles-Louis de la Jaille, décédé à Lyon il y a deux ans.

Né à Baie-Mahault (Guadeloupe), le 15 avril 1824, il représentait, dans l'aristocratie française, un des plus grands noms de la Bretagne; car, si l'on en juge par les annales militaires de cette province, un de ses ancêtres combattait dans les rangs de Charles de Blois, rival de la maison de Montfort, était fait prisonnier des Anglais, au combat de la Roche-Derrien (1347), et son grand-père, tué en 1796, à l'affaire de la Bigaudière, commandait en chef l'artillerie vendéenne du général de Charette.

Venu en France dès sa plus tendre enfance, le jeune de la Jaille entre à l'École polytechnique le 1er novembre 1843, en sort sous-lieutenant d'artillerie en 1845, et est promu lieutenant le 1er octobre 1847, puis capitaine au 8e régiment d'artillerie monté, le 1er octobre 1852. Au moment de la guerre de Crimée, il tenait garnison à Toulouse. N'ayant pas été désigné parmi les officiers de son arme qui font partie du corps expéditionnaire, il part immédiatement pour Paris, et est assez heureux pour se faire attacher, en qualité d'officier d'ordonnance, auprès du général Lenormand de Lourmel, qui commande une brigade de la division Forey. Le 4 novembre 1854, cette dernière occupait, sous Sébastopol, la troisième parallèle située à quatre-vingts mètres du bastion du Mât.

C'est à la bataille d'Inkermann. Pendant que La Motte-Rouge fait avancer ses troupes, le long des boyaux qui mènent au bastion du Mât, de Lourmel essaie de tourner l'ennemi par la gauche, avec deux bataillons du 26e de ligne et le 8e bataillon de chasseurs. L'ennemi recule, il est poursuivi jusqu'au pied des remparts. Mais, accueillie par un feu de mousqueterie et de mitraille, qui jonche la terre de morts et de blessés, la brigade de Lourmel rétrograde à son tour, et le général qui la commande, reçoit une balle qui, pénétrant entre la deuxième et la troisième côte, perfore le poumon et vient sortir par l'omoplate. Cependant il a l'héroïsme de rester à cheval, il écoute avec calme le commandant d'Auvergne, chargé par Forey de lui enjoindre de faire sonner la retraite, et ce n'est qu'après avoir donné les ordres nécessaires, qu'il se tourne vers le capitaine de la Jaille pour lui dire simplement : « Je suis blessé. » Au même instant, le général s'affaisse, perd connaissance et tombe entre les bras de son officier d'ordonnance qui le charge sur ses épaules, le dépose sur un brancard formé avec des fusils, et le fait emporter sous sa tente. Lourmel expirait le 7 novembre. La Jaille fut chargé d'accompagner en France la dépouille mortelle de son général, et de le conduire à Napoléonville (Pontivy).

Revenu en Crimée, sa mission accomplie, nous retrouvons le capitaine de la Jaille à la tête d'une batterie à cheval de la garde, et préparant les attaques sur Malakoff, en faisant construire, à l'extrémité gauche de la troisième parallèle, une batterie de pièces de 30 destinées à contrebattre les ouvrages russes qui reliaient le bastion du Mât au bastion Central. Le 27 juillet 1855, un obus éclate si près de lui, qu'il a le visage criblé de grains de sable et de petites pierres lancées par le projectile, et le côté gauche de la mâchoire inférieure fracturé par un de ces éclats.

Quatre ans après, le capitaine de la Jaille est en Italie, où il commande la 3ᵉ batterie à cheval de la garde, attachée à la division Mellinet. Le jour de Magenta (4 juin 1859), neuf bataillons de la division des grenadiers de la garde, soutenus par deux batteries d'artillerie, luttent seuls pendant près de quatre heures, sur toute la ligne du Naviglio-Grande, qui s'étend de Buffalora à Ponte-Vecchio-di-Magenta. La garde du second Empire remplit, au début de cette bataille, le rôle que son aînée, celle d'Austerlitz et de Wagram, remplissait à la fin. Le capitaine de la Jaille dispose ses pièces à droite et à gauche du pont de Buffalora, et démonte la batterie autrichienne qui lui est opposée, ouvrant le passage à l'infanterie qui peut ainsi s'emparer du pont et franchir le Naviglio-Grande.

A ce moment, de fortes colonnes ennemies débouchent du village. Le régiment des chasseurs à cheval de la garde, qui vient de fournir une charge très brillante pour s'opposer à la marche de l'ennemi, est ramené à son tour, et les deux compagnies de soutien de la batterie qui défend l'accès du pont suivent successivement ce mouvement de retraite. Le capitaine de la Jaille demeure seul sur le terrain, tire à mitraille sur l'ennemi, et l'arrête un instant. Mais peu après, débordé, sur ses deux flancs par un bataillon de chasseurs tyroliens, qui, grâce à la hauteur des blés, avait pu cheminer au travers sans être aperçu, la batterie est tout à coup enveloppée et envahie. L'adjudant qui commande la section du centre est frappé d'un coup de baïonnette au cœur; les hommes n'ont pas le temps d'amener leurs avant-trains, et deux pièces tombent entre les mains de l'ennemi. La Jaille n'hésite pas ; il se met à la tête d'un peloton de servants à cheval, charge l'ennemi, et parvient à reprendre un de ses canons, donnant ainsi une preuve d'une admirable énergie et d'un merveilleux sang-froid.

A Solférino, l'emplacement qu'il sait choisir pour y établir ses batteries et foudroyer les défenseurs de la *Spia dell' Italia*, détermine l'enlèvement du mont des Cyprès, par la division de la garde. Cité à l'ordre de l'armée pour sa brillante conduite dans cette journée, il reçoit verbalement les félicitations de l'empereur.

Il est promu chef d'escadrons, le 1er août 1860, après huit ans de grade de capitaine, et lorsque Napoléon III, poussé par son entourage, décide la campagne du Mexique, le commandant de la Jaille demande à faire partie des renforts dirigés sur Vera-Cruz, dès le mois de novembre 1862.

Chef d'état-major du général d'artillerie de Laumière, il est au siège de Puebla, dirigeant la construction des batteries et les différents travaux d'attaque, de concert avec le colonel du génie Viala. Le 27 mars 1863, voulant se rendre compte de la justesse de ses artilleurs, le général de Laumière monte sur une éminence tellement battue par les feux de la place, qu'il en interdit l'accès à tout le monde ; mais à peine a-t-il ajusté sa lorgnette, qu'il reçoit une balle en plein front. Transporté à l'ambulance de *las Animas*, il mourait le 6 avril, et là, comme sous Sébastopol, La Jaille rend les derniers devoirs au chef sous les ordres duquel il sert directement.

Camonfort tenait la campagne, il fallait l'en chasser si on ne voulait pas voir les Mexicains ravitailler la garnison assiégée qui commençait déjà à souffrir du manque de vivres, le général de Mirandol s'en chargea ; c'est alors qu'eut lieu le combat de San Lorenzo (17 mai 1863). Cité pour sa conduite dans cette affaire, le commandant de la Jaille est promu lieutenant-colonel le 13 août suivant.

Le 15 janvier 1865, il est sous les murs d'Oajaca. Tous les travaux de batterie sont exécutés sous ses ordres, et le 9 février la ville se rendait, sans essayer la plus petite résistance.

Colonel le 6 juin 1867, De la Jaille, commandait en 1870, la réserve de l'artillerie du 3e corps (maréchal Le Bœuf), de l'armée de Metz, et prenait part à tous les combats qui eurent lieu autour de la forteresse. Fait prisonnier à la reddition de Metz (27 octobre), il est interné à Bonn (province Rhénane). De retour en France, après la signature de la paix, le colonel de la Jaille s'empresse de mettre son épée au service du gouvernement de la défense nationale qui lui confie le commandement de la réserve générale de l'artillerie de Versailles.

Devenu général de brigade le 24 juin 1871, il gagnait enfin les trois étoiles de divisionnaire le 15 mars 1877, cinq ans après il était

nommé grand-officier de la Légion d'honneur, il comptait alors quarante et un ans de services, onze campagnes, une blessure et trois
citations à l'ordre de l'armée.

On voit que peu d'officiers généraux ont eu une carrière aussi bien
remplie que celle du général de La Jaille. En 1882, il avait remplace
son ami de Berckheim, à la présidence du Comité consultatif de
l'artillerie. Cela ne l'empêchait pas d'être [en [même temps président
de la Commission supérieure des chemins de fer, président du
Comité consultatif des poudres et salpêtres, vice-président de la
Commission de défense des côtes, et membre du Comité de défense.

Admis dans la 2ᵉ section de l'État-major général, le 15 avril 1889, le
général de La Jaille, à qui sa haute intelligence, son profond savoir
permettaient de rendre de grands services à l'artillerie, n'était en retraite que depuis trois ans seulement. Quoi qu'on en ait dit, il s'occupait peu de politique. Cependant, élu sénateur au renouvellement
partiel de 1876, il siégeait dans les rangs de la droite, par tradition
de famille; mais comprenant que le devoir d'un soldat est de travailler à améliorer les institutions de son pays, au lieu de les battre
en brèche, il resta dans l'ombre, une fois son mandat terminé, et
vécut dans la retraite depuis 1885, s'occupant des progrès à faire réaliser à son arme de prédilection : l'année dernière, c'est dans ce but
qu'il suivait encore, en amateur, nos grandes manœuvres de l'Est.

GÉNÉRAL DE SÉRÉVILLE

La mort frappe un peu à tort et à travers. Après le président du
Comité consultatif de l'artillerie, le général de cavalerie de Séréville
disparaît à son tour. Quelques lignes suffiront pour retracer son
existence qui fut celle d'un homme de bien, aimable, entraînant,
doublé d'un très brillant officier de cavalerie. Il appartenait, par ses
ancêtres, à cette vieille France que les familles nombreuses et peu
fortunées aimaient à servir autrefois, très honorées quand un de ses
membres rentrait sur ses terres au bout d'une trentaine d'années,
avec un grade modeste, et pour tout butin la croix de Saint-Louis
et une pension modique.

Louis-Frédéric Gombault de Séréville est né à Moulins, le 1ᵉʳ novembre 1822. Son grand-père, Mathieu Gombault de Séréville, capitaine au régiment de Bourbon-infanterie et chevalier de Saint-Louis
en 1789, fit les premières campagnes de la Révolution et servit ensuite
le Consulat, comme commissaire des guerres, grade qui correspon-
dait alors à nos intendants actuels. Son père, sorti de l'École de Fon-

tainebleau à l'âge de 18 ans, avait fait la campagne d'Espagne, de 1808 à 1812, comme officier au 5ᵉ chasseurs à cheval, puis les dernières campagnes de l'Empire; blessé deux fois, décoré de la Légion d'honneur et de la Couronne de fer, il était entré comme capitaine dans la garde royale de 1815. Chef d'escadrons au 4ᵉ chasseurs, il donnait sa démission en 1830 et se retirait à Moulins où il fut élu maire, en 1848. On servait l'État par tradition, dans la famille de Séréville.

Entré à Saint-Cyr, le 16 novembre 1842, le jeune Louis-Frédéric, Gombault de Séréville sort de Saumur le 22 octobre 1846, rejoint le 1ᵉʳ carabiniers, dans lequel il passe successivement lieutenant et capitaine (2 mai 1853). Nommé major au 11ᵉ chasseurs à cheval le 12 août 1861, il s'embarque pour l'Algérie, et tient garnison à Mostaganem. En 1865, la province d'Oran est en pleine insurrection, de Séréville permute avec un chef d'escadrons du 1ᵉʳ hussards et reste en Afrique. Blessé au combat de Ben-Atab (16 mars 1866), il est promu lieutenant-colonel le 22 décembre 1868, passe aux dragons de la garde, et est nommé, l'année suivante, colonel au 5ᵉ chasseurs à cheval, à l'âge de 47 ans. C'est à la tête de ce régiment qu'il fait la campagne de 1870.

Parti du camp de Châlons, il commande une brigade de cavalerie composée des 4ᵉ et 5ᵉ chasseurs, combat successivement à Saarbrück, Forbach, Mars-la-Tour, Gravelotte, où le 5ᵉ chasseurs, entraîné par son colonel, disperse le 16ᵉ uhlans, reprend deux canons que l'ennemi nous avait enlevés, ainsi que le drapeau du 93ᵉ.

Envoyé en captivité à Lubeck, après la capitulation de Metz, il rentre en France le 5 avril 1871, reforme à Lyon le 5ᵉ chasseurs à cheval, est promu général de brigade le 30 septembre 1875, commande successivement les brigades de cavalerie de Verdun et de Vendôme, est nommé commandeur de la Légion d'honneur le 18 janvier 1881, et passe dans le cadre de réserve le 1ᵉʳ novembre 1884.

Le général de Séréville habitait Moulins depuis huit ans, où sa charité et son inépuisable bonté lui avaient créé de nombreux amis. Il laisse une sœur, Mᵐᵉ de Fradel, veuve de l'ancien préfet de l'Allier, mère du commandant de Fradel, le glorieux mutilé du Tonkin, et un fils, capitaine breveté d'état-major, officier d'ordonnance du général Bousson, commandant, à Moulins, la 13ᵉ brigade de cavalerie, et marié à la fille du général de Langourian.

G. de CORLAY.

CRISES POLITIQUES

AU JAPON

Les dernières nouvelles reçues du Japon sont intéressantes à plus d'un titre. Elles nous disent les péripéties de la lutte qui est engagée entre le ministère et l'opposition, et la façon dont s'exerce la constitution nouvellement octroyée.

D'importation européenne, les nouvelles institutions politiques s'appliquent à un pays placé dans une situation très spéciale ; malgré tous les emprunts faits à l'Occident, dans le domaine politique ou dans ceux des sciences et de l'industrie, le vieil esprit subsiste. Par cela même, un Japonais seul, je crois, peut apprécier la situation en connaissance de cause. Les détails inédits que je vais donner jetteront un jour particulier sur mon pays, qui s'est si bravement lancé dans la voie du progrès.

Le Japon aspire à être moderne, très moderne ; il semble avoir répudié à tout jamais les idées chinoises sur lesquelles il avait vécu jusqu'ici, et paraît vouloir faire honte à sa voisine, de son inertie plus que séculaire. Nous allons le voir en pleine crise de transformation.

Après la révolution de 1868, où sombra le vieux système féodal, et la famille des Tokugawa disparue, l'empire nouvellement restauré n'avait pas d'éducation politique, par suite, pas de système de gouvernement ; il distribua d'abord tous les postes administratifs aux anciens serviteurs des grands daïmios de Nagato, de Tossa et de Satsuma, en récompense des services signalés qu'ils lui avaient rendus dans la lutte contre le Shogunat. En même temps, il cherchait un programme, et, jetant les yeux sur ces États d'Europe, d'où étaient venus les hommes qui avaient révélé tout d'un coup la faiblesse incurable de l'ancien régime, il pensa qu'il était bon de les imiter, et alla y chercher les principes d'une constitution.

Aujourd'hui le gouvernement constitutionnel est établi, il y a Chambre des pairs, Chambre des députés, droit d'adresse, etc., l'administration a été refondue sur le modèle européen, en même temps que tous les instruments du progrès matériel le plus récent ont été importés. Mais les vieux systèmes ont la vie dure. Les idées nouvelles n'entrent pas dans tous les cerveaux avec la même facilité, et les situations acquises ne se laissent pas aisément exproprier, fût-ce pour cause d'utilité publique. Les anciens bénéficiaires du régime féodal cherchent à reprendre sous une autre forme les avantages qu'ils en tiraient autrefois; les samouraïs entretenus au vieux temps par les daïmios, n'aspirent aujourd'hui qu'à l'être par l'État, et à dominer le peuple. Comme nous l'avons dit plus haut, les samouraïs des trois provinces ont pu réaliser ce rêve, mais ceux du reste du Japon, presque systématiquement exclus des emplois, commencent à manifester leur mécontentement; l'arrangement politique qui ne les satisfait pas, est taxé par eux de politique de clans (Hambatsu-Seidji), et maintenant qu'il y a des élections, ils votent pour les opposants déclarés.

Comme les idées nouvelles ont besoin de subir une certaine incubation avant de devenir des idées claires, on n'en est encore qu'à la période d'interprétation des droits et des devoirs nouveaux; les théories professées sur ces points étant multiples, la division en partis est poussée à l'extrême limite de la divisibilité; partant, nulle majorité compacte, et, comme résultat pratique, une succession rapide de crises ministérielles.

Comment pourrait-il en être autrement? Certaines personnalités approchent plus près de l'empereur que leurs collègues, et ces *ministres intimes* pèsent sur les décisions des autres membres du cabinet, de là peu d'homogénéité dans les programmes, et pas d'unité dans la défense contre l'opposition. Par suite de l'état permanent de la crise, résultant de cette situation, l'empereur s'est vu obligé de recourir à la dissolution.

Cette mesure fut prise après que la Chambre eut refusé d'accorder les crédits demandés par le gouvernement pour l'exercice de 1892, on estima que ce refus avait rendu impossible le fonctionnement régulier de l'administration..

La constitution fixe un délai de cinq mois entre la dissolution d'une Chambre et la constitution d'une autre. Cette courte période a été extrêmement agitée.

Les libéraux formant la partie la plus considérable de l'opposition, le gouvernement commença la campagne, en essayant [de les amadouer; dans ce but, il appela au conseil privé l'un des hommes les plus en vue de ce parti, M. Nakadjima-Nobuyuki. Pour parer ce coup, le comte Shighénobu-Ohkuma, chef du parti progressiste, estimant que la lutte serait sérieuse, et que l'union s'imposait pour les opposants, se rapprocha de M. Taïsuké-Itagaki, chef des libéraux. Les deux leaders, très peu d'accord sur le terrain théorique, s'entendirent parfaitement pour une action pratique ; on dit que l'instrument de cette entrée en relations fut une femme très intelligente, parente éloignée de M. Taïsuké-Itagaki ; quoi qu'il en soit, ces messieurs échangèrent plusieurs visites. A la nouvelle de cette union, le gouvernement fut très surpris et fort inquiet.

M. Ohkuma était membre du conseil privé ; l'empereur le voyant passer à une opposition résolue, lui adressa une lettre très élogieuse à la vérité, mais dans laquelle elle lui demandait de donner sa démission.

Ce procédé avait au moins le mérite de la franchise. Dès que M. Ohkuma ne fut plus conseiller privé il se consacra tout entier à augmenter sa popularité déjà très grande ; car il a fondé, soutenu de ses deniers, l'École d'économie politique de Wasséda.

Cette fondation a pour but de généraliser l'enseignement d'une science un peu tenue à l'arrière-plan dans les écoles officielles où le gouvernement n'aime pas beaucoup à voir s'introduire la politique et les journaux.

Les études n'y sont pas chères et les maîtres y sont excellents.

Profitant de la rupture de ses liens avec le gouvernement, M. Ohkuma se rapprocha tous les jours davantage de M. Itagaki ; ils finirent par devenir amis intimes et travaillèrent d'un commun accord à la préparation des élections prochaines.

L'inquiétude gagnait de plus en plus le ministère. Sur ces entrefaites, le comte Hirobumi-Ito, président du conseil privé, envoyait inopinément sa démission.

On prétendit qu'il voulait opérer à son profit la fusion des partis libéral et progressiste.

L'empereur refusa la démission offerte, s'entretint avec M. Hirobumi-Ito dans une longue audience et lui fit porter par M. Tokudaïdji, chef de la maison impériale, une lettre autographe dont voici la traduction :

Je connais le fond de ton cœur, et je ne désire que te voir auprès de moi et m'aidant. Prends bien soin de toi, repose-toi, et sois la consolation du fond de mon cœur.

Je ne peux souffrir que tu quittes tes fonctions.

Ère meidji, 25ᵉ année, 11 mai.

Cette lettre flatteuse et par le fond et par les termes dont l'Empereur se servait, détourna le comte Hirobumi-Ito de son projet de démission.

Cependant la campagne électorale continuait de plus en plus vive. M. Itagaki allait partout recommandant ses partisans aux suffrages des électeurs. Les listes circulaient de tous côtés. Son éloquence touchante et un peu mélancolique faisait merveille et convertissait les assemblées à ses idées. Quand, allant d'une ville à une autre, il ne pouvait s'arrêter sur le parcours, il faisait télégraphier l'heure de son passage aux stations intermédiaires et haranguait de son wagon les électeurs assemblés sur le quai du chemin de fer par les soins de ses agents. Cette activité infatigable obtenait partout le plus grand succès.

Le gouvernement de son côté faisait tout ce qu'il pouvait pour entraver sa propagande, intimidant ceux qu'il craignait de voir se rallier à ses adversaires.

Dans l'une des villes où il débarquait, M. Itagaki fut éconduit lorsqu'il se présenta au meilleur hôtel et dut se contenter d'une très modeste auberge. Les restaurants bien pensants refusaient de lui servir ses repas. Il ne trouvait pour tenir ses réunions que des locaux incommodes et insuffisants. Les préfets avaient des ordres, et les exécutaient tout en souhaitant la bienvenue à M. Itagaki dans des notes polies ou même par des cadeaux. Mais comme compensation à ces ennuis et aux fatigues de ces voyages, le leader provoquait l'enthousiasme de ses partisans, il était accueilli par de bruyants vivats, on organisait des cortèges en son honneur, dans lesquels la première natte ou le premier morceau de papier venu servait de drapeau. Ses partisans offraient aux électeurs de grands banquets qui achevaient de les enrôler. Les voix étaient disputées avec acharnement par les anciens députés et les nouveaux candidats. Tout le monde prenait part à la lutte. Les familles se divisaient sur le terrain politique, et des amitiés de dix ans n'y ont pas survécu, de vieilles inimitiés s'y sont éteintes.

Dans plusieurs localités, les débats prirent un caractère inquiétant.

A Kotiken, dans la province de Tossa, les libéraux et les gouvernementaux luttèrent les armes à la main, la police et la gendarmerie furent repoussées, des agents furent tués et il y eut de nombreux blessés.

Les Sôshi (voir *Nouvelle Revue*, n° du 15 avril) étaient comme les troupes régulières des différents partis et se battaient constamment. Les soldats commandés pour les réduire n'y parvinrent qu'à grand'peine. Les agents électoraux ne pouvaient sortir qu'armés de revolvers pour pouvoir se défendre en cas d'attaque. La passion des opinions se manifestait jusque dans les choses les plus étrangères à la politique.

Les partisans en arrivaient à ne plus s'adresser la parole, et les marchands d'un parti refusaient de vendre aux personnes du parti opposé.

La note gaie n'a pas manqué dans ce concert quelque peu discordant. Un grand marchand de saké (vin japonais) prit pour enseigne les deux caractères *min-tô*, qui signifient *parti populaire*. Aussitô toute l'opposition se fournit chez lui. On ne buvait que du cru Min-tô dans les banquets ou dans les réunions de l'opposition. Le gouvernement, de son côté, usait de toutes ses ressources pour assurer le succès; tous ses agents à un degré quelconque de la hiérarchie avaient leurs instructions pour entraver les progrès de l'opposition. Il fit expulser de Tokiô un grand nombre de sôshi qui y étaient venus de province pour prendre le mot d'ordre du parti libéral.

Si le ministre des postes publia des ordres réservés, défendant rigoureusement à ses employés de se mêler des élections, c'est qu'il était un des chefs du parti éclectique (Daï-dô-dan-Kétsu, voir la *Nouvelle Revue* [du 15 avril). Il fit aussi armer de revolvers les facteurs, craignant qu'on n'allât jusqu'à essayer d'enlever les courriers adressés aux hommes politiques.

Enfin, le jour de vote (15 février), les électeurs furent accompagnés au scrutin par les agents électoraux, escortés par des sôshi ou des hommes solides; dans plusieurs endroits on les transporta en voiture aux mairies. A Tokiô, des compagnies entières de jinrikisha (les voitures traînées par des hommes) furent louées pour conduire les électeurs au scrutin.

Le dépouillement donna comme résultat de cette lutte fiévreuse : Min-tô (libéraux) 94 et progressistes 38 = 132 députés représentant l'opposition; parti neutre : 75; gouvernementaux : 93. En tout : 300.

L'opposition l'emportait. Le gouvernement n'était pas absolument battu, puisqu'il pouvait espérer l'appui d'une fraction du parti neutre, mais la situation n'en était pas plus nette.

Le 18 mars 1892, l'empereur publia le décret convoquant les députés pour le 2 mai.

La lutte s'engagea tout d'abord à la Chambre sur l'élection du président, M. Toure-Hoshi, avocat très renommé, membre du parti libéral qui fut nommé à une forte majorité. M. Arasuké-Soné, ancien secrétaire général de la Chambre précédente, ne passa vice-président que par suite d'un manque d'entente entre les différents partis de l'opposition.

Mais ce que l'opposition voulait avant tout, c'était de témoigner au gouvernement le mécontentement que lui avait causé son ingérence dans les élections.

En présence de la pression exercée par l'autorité, elle demanda que le ministère fût responsable devant la Chambre et ne pût plus se retrancher derrière les instructions de l'empereur. Elle pria ensuite le souverain de vouloir bien être juge dans cette affaire, où les ministres devaient, selon elle, être considérés comme des accusés.

La Chambre fut saisie d'un projet d'adresse à l'empereur, dont voici la traduction :

Le président de la Chambre Toure-Hoshi, pénétré de crainte respectueuse, a l'honneur de présenter à l'empereur la présente requête délibérée par la Chambre. Au mois de février, lors de l'élection des députés, les hauts fonctionnaires du Gouvernement ont exercé une pression sur les électeurs de leur département. Les choses ont été à ce point que le droit paraissait ne plus exister; on ne distinguait plus le mal du bien, on eût dit que l'ordre public avait disparu. Profitant de cette occasion, les gens commettaient partout des crimes, détruisant les propriétés et tuant les bons citoyens.

C'était vraiment un désordre public dont la honte rejaillit sur la constitution et en souille la pureté et la netteté. La grandeur du principe électif est compromise. Hélas! qui doit être tenu responsable? Ce sont les ministres qui, placés au-dessus des plus hauts fonctionnaires, leur donnent des ordres et les dirigent.

Or, loin de punir ceux qui ont prévariqué, ils ne les mettent même pas en jugement. Les ministres ont donc encouru de graves responsabilités.

Votre humble sujet réfléchissant, plein de respect, à l'importance extrême des élections, se demande comment la constitution pourra s'appliquer si tous les hauts fonctionnaires abusent de leurs pouvoirs, empêchent la libre manifestation des désirs du peuple. Le principe deviendra lettre morte, et la constitution un mot vide de sens. Les fonctionnaires prévaricateurs peuvent tout entraver.

Ainsi, la bonté de l'empereur ne peut se manifester au peuple, et les ministres cachent à Sa Majesté les vrais sentiments de la nation.

Votre humble sujet, pénétré de crainte respectueuse et prosterné au pied du trône, implore Votre Majesté, la suppliant de juger dans sa sagesse ceux qui ont abusé de leurs pouvoirs.

Lorsque ce projet d'adresse fut soumis à la Chambre, le résultat fut : 143 oui contre 146 non, ainsi décomposé :

	Pour	Contre
Libéraux.	87	2
Progressistes.	35	0
Indépendants.	16	12
Neutres.	5	41
Divers.	0	59
Gouvernementaux.	0	32
	143	146

Une fraction composée de quelques libéraux et de divers groupes secondaires avait trouvé la rédaction un peu excessive. L'opposition ne perdit pas courage, et un projet amendé fut présenté par M. Nakamura-Yaroku, l'un des membres les plus écoutés de la Chambre.

Voici quelle en était la rédaction :

Au mois de février de cette année, plusieurs fonctionnaires ont, lors des élections, abusé de leurs pouvoirs et pesé sur les choix des électeurs. Les preuves sont abondantes et le ministère ne pourra se disculper en quelques paroles. La Chambre estime que le gouvernement a réellement abusé de son pouvoir, que le ministère doit être réellement responsable, et que le principe constitutionnel étant en danger d'être détruit, elle doit instituer une enquête.

Cette dernière proposition fut adoptée par 151 voix contre 111. La discussion dura du 12 au 14 mai.

Qu'allait faire le cabinet Matsukata?

Allait-il demander à l'empereur une nouvelle dissolution? Il se contenta d'un avertissement, et suspendit les séances du Parlement pendant une semaine au nom de l'empereur. Le président du conseil répondit à l'opposition par un discours, où il déclarait qu'il ne pouvait croire aux imputations dirigées contre les fonctionnaires; que ceux-ci étaient incapables d'avoir laissé se produire des désordres et qu'ils en avaient toujours puni les fauteurs.

Ici nous devons parler d'un incident curieux, vrai signe des temps. Il faut dire que M. Matsukata avait été autrefois samouraï (serviteur guerrier) du prince Shimadzu, ancien daïmio de Satsuma. Pendant toute cette discussion, son ancien maître se dérangea plusieurs fois pour venir le voir et lui dire de donner sa démission au plus tôt. Mais le ministre ayant refusé sous divers prétextes, le prince rompit avec lui en qualifiant quelque peu vertement ce qu'il appela son amour désordonné du pouvoir. Ce premier incident clos, et la semaine de suspension écoulée, la Chambre reprit ses séances le 23 mai. La lutte recommença aussitôt entre le gouvernement et l'opposition.

Cinq projets de loi étaient soumis à la Chambre :

1° Un projet sur le rachat du chemin de fer; 2° Un projet sur l'extension du réseau; 3° Un projet sur les indemnités et secours distribués après le tremblement de terre; 4° Un projet sur la réparation des charges du régime pénitentiaire; 5° Un projet restreignant la liberté de la presse et un projet de loi sanctionnant les ordonnances édictées pendant la dissolution après la tentative d'assassinat sur la personne du Tsarewitch.

Le gouvernement ne réussit guère à obtenir de la Chambre ce qu'il en désirait tout d'abord. L'opposition fit diminuer de près d'un demi-million le chiffre de 1 857 355 yen demandé pour le budget extraordinaire.

Les projets sur le rachat des chemins de fer, sur les établissements pénitentiaires, furent repoussés, la sanction des ordonnances de censure fut refusée. Les deux autres projets seuls furent adoptés.

Durant ces défaites successives, M. Matsukata fut obligé de se retirer, et l'empereur chargea le comte Hirobumi-Ito de former un nouveau ministère dont celui-ci conserva, avec de nouvelles attributions, plusieurs des membres de l'ancien cabinet. Quelle sera la vita-

lité du nouveau gouvernement? M. Hirobumi-Ito a fait toutes ses
études à Londres, où il est allé très jeune. Il a exercé les fonctions
d'interprète impérial, et a été, il y a quelques années, chef du cabinet
du premier ministre. C'est un travailleur, et il doit sa haute position
à ses mérites. Mais la situation n'est pas commode.

Continuera-t-il ou non la politique de *clan*? Acceptera-t-il la responsabilité ministérielle devant le Parlement? S'il essaie de résister,
l'opposition ne fera qu'y gagner. Il peut encore employer le moyen
qui a réussi en parti à M. Hirobumi-Ito.

Il y a quelques années, M. Shodjiro-Goto (voir la *Nouvelle Revue*
du 15 avril 1892), ancien conseiller intime qui s'était signalé par ses
attaques contre la politique exclusive du gouvernement, fonda le
parti que j'ai appelé éclectique et dont le nom japonais Daï-dô-dan-
Kétsu signifie à peu près littéralement « groupement des tendances
analogues ». Cette tactique eut, à cette époque, un grand retentissement, le cabinet d'alors prit peur, et il offrit le ministère des communications à M. Shodjiro-Goto. Celui-ci accepta, mais l'opinion
publique l'en blâma et le parti éclectique fut à peu près tué du coup.
Si le gouvernement fut un peu rassuré, la réputation de M. Goto n'y
gagna rien.

Le ministère Hirobumi-Ito pratiqua largement cette politique,
son rêve était d'accaparer ainsi tous les personnages qu'il estimait
dangereux de voir passer à l'opposition. Il y réussit assez bien. Tout
opposée a été la ligne de conduite de M. Matsukata, qui ne s'est pas
soucié des conversions, et a plutôt eu à constater des désertions dans
son personnel administratif.

Voilà actuellement où en sont les choses. Si M. Taïsuké-Itagaki
affirme de plus en plus ses tendances libérales, et si M. Shighénobu-
Okuma, chef des progressistes, reste en accord avec son ancien adversaire, la situation du ministère sera de plus en plus difficile.

Il lui faut jouer un rôle modérateur vis-à-vis de l'opposition qui
paraît un peu grisée par la perspective de tout ce qu'elle pense
obtenir de la mise en œuvre de la nouvelle pratique. Il faut aussi que
le premier ministre encourage l'empereur à témoigner sa confiance
dans le bon sens du peuple japonais et à continuer à marcher avec
bonne humeur dans la nouvelle voie où son entourage immédiat
commence peut-être à regretter de l'avoir engagé.

Nous avons ferme confiance dans l'heureuse issue de la crise,
mais nous ne nous dissimulerons pas que la session d'hiver nous
ménage plus d'une occasion d'étonnement.

MOTOYOSI-SAIZAU.

EXPOSITION DU TRAVAIL DES FEMMES

A CHICAGO

C'est un fait indéniable que l'esprit de justice, dans toutes ses manifestations, aura particulièrement animé le XIXᵉ siècle ; le faible, l'enfant, la femme, tout ce qui, depuis l'origine du monde, a souffert de l'abus de la force, a largement profité du réveil de la conscience humaine ; en ce qui les concerne, la plus profonde des révolutions s'opère, et rien n'arrêtera ce vaste mouvement.

Unissons nos efforts à l'effort commun ; que chacun de nous apporte, qui sa pierre et qui son grain de sable ; quand nous ne pouvons agir, applaudissons du moins, encourageons les travailleurs : c'est pour eux quelque chose qu'un applaudissement sincère. Nous l'apportons ici au Congrès américain, à la Commission universelle colombienne, à tous nos frères et sœurs d'Amérique, qui, en créant, à l'occasion du Centenaire, l'Exposition de Chicago, ont eu la pensée d'y réserver une place au travail de la femme, afin de réfuter d'un seul coup, par les faits, tout ce qu'on a pu dire de son inaptitude à la plupart des œuvres du génie humain.

Au milieu de cette Exposition merveilleuse, dans cette ville-miracle qui semble prédestinée à devenir un jour la capitale d'un monde dont New-York ne serait plus que le port sur l'Atlantique et Washington que le Versailles, va s'élever un palais féerique qui dominera le lac et la campagne. Les toits en terrasses seront des jardins, supportés par des cariatides représentant des figures féminines ; de doubles colonnades, des voussures légères formeront les divisions de l'édifice. Long de 140 mètres, large de plus de 60, cet édifice contiendra des salles de réception, des bureaux, une salle de conférences, dans laquelle les associations féminines pourront se réunir et entendre des hôtes de distinction ; une bibliothèque, meublée d'ouvrages écrits par des femmes ; un hôpital-modèle sous la direction de femmes-médecins et gardes-malades ; une salle d'asile-modèle pour les enfants ; une cuisine-modèle, etc., etc. Ce microcosme, où le travail féminin sera montré sous divers aspects, s'appellera le Palais de la Femme. Merveille d'élégance, d'ordre et d'utilité, des femmes en auront été les architectes, les sculpteurs, les peintres, les décorateurs, comme elles en seront les ordonnatrices. Là, seront exposées des collections de dentelles, de broderies, de peintures, de dessins en tous genres, dues à leur talent. Là, seront expliquées et rendues sensibles par des plans, des cartes, des photographies, les œuvres d'éducation, les institutions charitables qu'elles ont fondées; là, enfin, seront dressées des statistiques de la part prise par les femmes dans tous les travaux de l'industrie masculine.

Assurément, le programme est séduisant, et il faudrait ne pas connaître la puissance de la société américaine pour douter un instant qu'il soit pleinement réalisé. On montrera, autant qu'il est possible de le montrer, tout ce que la femme a, jusqu'ici, matériellement fait et produit. On s'efforcera aussi de prouver, par la statistique, l'heureuse influence sociale qu'exerce sa philanthropie et son aptitude spéciale pour l'éducation de l'enfance. On parlera aux yeux, on forcera l'attention publique, on répondra victorieusement aux paradoxes. Tout cela est bien fait, et, nous le répétons, tout cela mérite les applaudissements de quiconque est épris de justice; mais si ce déploiement est propre à frapper l'esprit du grand public, combien il semblera peu de chose au philosophe qui aura réfléchi à la part, non seulement morale mais matérielle, non seulement de relation mais d'action, que prend continuellement la femme au travail commun de la société.

Ne parlons pas de son rôle comme inspiratrice dans les œuvres d'art et de moralisation, de sa délicatesse de goût, de l'influence que ce goût exerce sur tous les travaux de l'homme; ne parlons que de ce qu'elle fait elle-même, et de ses propres mains. Son activité, nous n'hésitons pas à le dire, dépasse celle de son compagnon. Si elle a moins de vigueur, elle a plus de patience et de ténacité. La journée de travail d'une ouvrière est, en moyenne, de deux heures plus courte que la journée de l'homme; mais, avant de la commencer, elle a déjà fait dans son ménage deux heures, ou davantage, de travail fructueux. Elle a levé, habillé, conduit à l'école les enfants; préparé le repas, nettoyé la maison, souvent même lavé le linge. Le soir, elle devra se livrer de nouveau aux soins de la cuisine, et prolonger sa veille avant dans la nuit, pour coudre et pour raccommoder les hardes de la famille. Il est d'expérience qu'une femme, depuis le jour du mariage jusqu'à la vieillesse, n'est jamais inoccupée : pour elle, il n'y a ni repos ni chômage, car si son atelier ferme, ou si la pluie suspend les travaux des champs, son ménage lui offre la matière d'une incessante activité. Si le mari travaille plus rudement, l'épouse travaille plus longuement, plus constamment : c'est une locution vulgaire, courante, « qu'une femme a toujours à faire » ; toujours à faire des choses absolument utiles, sans lesquelles il n'existerait pour l'homme, pour les enfants et pour elle-même, ni confort, ni santé, ni prospérité d'aucune sorte.

Dans les sociétés primitives, tous les travaux, sans autres exceptions que la chasse et la pêche, incombent aux femmes; dans les sociétés civilisées, les hommes se chargent des plus pénibles, de ceux qui exigent plus de force que de dextérité. Mais la quantité compensant la qualité, il reste, même de nos jours, que la femme est au moins l'égale, comme productrice, de son compagnon, et si l'on réfléchit que toutes les charges de la maternité pèsent sur elle, que les fonctions de garde-malade lui sont, de plus, presque exclusivement dévolues, on devra reconnaître que cette égalité est rompue, et qu'en somme la femme travaille davantage que l'homme; c'est la fourmi industrieuse, qui, dénuée de force mais pleine de courage, entasse des trésors et bâtit des cités.

Voilà ce qu'enseigne en tous lieux l'expérience de la vie sociale, sans que le déploiement de Chicago soit nécessaire. Voyez une pauvre servante, de celles qu'on appelle vulgairement bonnes à tout faire, et comparez la somme de travail qu'elle exécute avec le service d'un cocher, d'un palefrenier, d'un piqueur, d'un valet de pied, d'un valet de chambre; une cuisinière qui remplit seule tous les offices de la cuisine, travaille beaucoup plus qu'un chef qui en confie généralement à des filles la partie la plus pénible ; une employée de magasin cumule presque toujours des travaux domestiques avec les occupations de son emploi.

Pour ces femmes, il n'y a pas d'heures de loisir, de ces heures que presque tous les hommes consacrent à la camaraderie, à la dissipation ou au café. Prenons même pour exemple la femme du monde. Nous accordons qu'il y a dans sa vie une part d'oisiveté ; mais elle est, en somme, moindre que dans la vie d'un homme du monde. Si le mari administre la fortune, la femme administre la maison ; et cette dernière administration, plus compliquée que l'autre, exige une application plus continuelle. L'éducation des enfants en bas âge, celle des filles jusqu'à leur mariage, sont du domaine de la mère. De plus, le mari se décharge sur elle du soin d'entretenir les relations sociales, travail bien plus pénible et, en même temps, bien plus utile qu'on ne le pense. Que ses goûts, ses besoins d'esprit, son caractère, sa faiblesse de santé la portent ou non vers la retraite et le silence, il faut qu'elle marche, parle, se montre, fasse et reçoive des visites, paraisse s'intéresser à mille choses qui l'ennuient, écrive des billets par centaines, organise bals et dîners, se dévoue enfin, d'une façon incessante, à l'entretien du feu sacré de la sociabilité. On reproche quelquefois à la femme du monde d'être frivole et vaniteuse. Hélas ! si son esprit était plus généralement tourné aux choses graves, si

l'excitation de l'amour-propre ne la soutenait pas, pourrait-elle porter, du berceau à la tombe, le poids d'un incessant et ingrat labeur ?
Dans notre temps surtout, c'est sur elle que les hommes l'ont jeté
tout entier. Reine de maisons, reine de salons, elle seule supporte
les ennuis, les fatigues, la sujétion de cette espèce de royauté : mari
de la reine, l'homme du monde lui en laisse la charge et n'en recueille
que les plaisirs. On peut même dire que de nos jours cet homme du
monde, c'est-à-dire celui qui consacrait jadis une partie de son temps
à cultiver la société des femmes, à porter de salon en salon les grâces
de l'esprit, les agréments de la conversation, que cet homme n'existe
presque plus. En revanche, le nombre des femmes du monde a
décuplé : c'est le produit du règne de la démocratie. Une éducation
plus raffinée, une culture plus étendue, des droits mieux établis, ont
successivement agrégé à la noblesse toutes les couches de la bourgeoisie, et, par suite, imposé aux femmes appartenant à ces dernières
les mêmes devoirs qu'à celles d'une caste peu nombreuse : somme
de soins, de fatigue et de peine, qui, malgré les compensations de
l'amour-propre, n'est nullement, dans leur vie, une quantité négli-
geable.

Nous voilà loin de l'Exposition de Chicago : pas si loin pourtant
qu'il semble, puisqu'un des traits les plus originaux de cette Exposition sera d'avoir mis en relief la part prise par la femme aux œuvres
de l'art, à celles de l'industrie, et au travail commun de la société.
Le Palais, élevé pour elle et par elle (sauf le gros œuvre, comme on
dit en termes de bâtisse), attestera de son génie pour l'architecture
et la décoration ; tous les produits manufacturés, ou à peu près tous,
rendront témoignage de son labeur, et pourtant — c'est là ce que
nous avons voulu prouver — l'Exposition de Chicago ne pourra mettre
au jour qu'une bien faible partie du travail féminin. Nous aimons à
le redire : ce déploiement est essentiellement un effort pour la justice.
Il atteste une honorable intention d'équité envers ce sexe qu'on
appelle faible, mais qui ne l'est que sous un seul rapport, la vigueur
musculaire : vigueur largement compensée par toutes les qualités
morales et physiques qui relèvent, dans un organisme, de la prédo-
minance du système nerveux.

Nous oserons émettre un vœu : celui que dans quelque autre
occasion analogue puissent figurer, parmi les œuvres des femmes,
de sérieux ouvrages de droit. Nous n'ignorons pas que quelques-
unes d'entre elles ont fait, en ces matières, des études assez fortes
pour avoir pu obtenir leurs degrés ; toutefois, nous ne voyons pas
que la connaissance des lois tienne aucune place dans les programmes universitaires, en ce qui concerne l'instruction supérieure des filles. Elle n'en tient pas davantage, il est vrai, dans
ces mêmes programmes en ce qui concerne les jeunes gens. Mais,

outre que les Écoles de droit sont, par bien des raisons, plus accessibles aux hommes qu'aux femmes, l'ignorance du code civil
chez ces derniers, lorsqu'elle existe (et le cas est fréquent), n'excuse
pas celle dans laquelle sont jusqu'ici restées, communément, les
femmes. On donne aujourd'hui dans les écoles, voire même dans les
écoles primaires, une teinture d'instruction civique aux enfants des
deux sexes ; on ne leur en donne aucune, même dans les écoles
supérieures, de ce qui leur sera le plus nécessaire un jour à connaître :
la loi commerciale et la loi civile. Les femmes, en particulier, ignorent,
presque toutes, leurs droits et leurs devoirs, lorsque, privées de l'appui d'un époux ou d'un père, elles sont appelées à gérer leur fortune
et celle de leurs enfants. C'est peut-être, de toutes les lacunes de leur
éducation, celle qui, dans la pratique, affecte de la façon la plus
regrettable leur indépendance et leurs intérêts, Nous souhaitons,
sans beaucoup l'espérer, que l'Exposition de Chicago vienne nous
donner un démenti sur ce point, et qu'en feuilletant la Bibliothèque
du Palais de la Femme, on y découvre beaucoup de bons ouvrages
de droit dus à des plumes féminines. Le comité de l'exposition féminine de Chicago, présidé par Mme Potter Palmer, réunit les noms des
femmes les plus remarquables et les plus honorables du nouveau
monde. La *Nouvelle Revue*, dirigée par une femme, était toute destinée
pour applaudir des premières à l'initiative des organisateurs de
l'Exposition de Chicago.

L.

LE
CONGRÈS NATIONAL DE GÉOGRAPHIE
A LILLE

Le XIII° congrès national de géographie s'est tenu à Lille.

La séance d'ouverture a eu lieu le 1ᵉʳ août dernier sous la présidence de M. le recteur de Lille. Cet honneur était réservé à M. Cambon, ambassadeur à Constantinople, qui a été empêché de se rendre à l'appel de ses compatriotes et à l'invitation de M. Crepy, l'honorable président de la Société de géographie de Lille. Les ministres, pour témoigner de leur intérêt au progrès des sciences géographiques, se sont fait représenter.

Parmi les questions qui ont fait l'objet de débats publics, la plus importante et la plus délicate était sans contredit les *Sociétés de colonisation à chartes*. Après d'intéressants discours, les congressistes qui représentaient l'élite des sociétés de géographie des provinces ont émis à l'unanimité le vœu tendant à hâter la solution favorable de cette grosse question.

On comprend qu'elle effraie le sous-secrétaire d'État aux colonies et que les pouvoirs publics soient hésitants, car une société de *colonisation à chartes* constitue un danger latent et perpétuel.

On ne peut pas oublier que les directeurs des comptoirs de la Compagnie britannique aux Indes ont fait bâtonner les ouvriers et tisserands natifs qui travaillaient pour les « loges » ou comptoirs de la Compagnie française. La fameuse mousseline, dont la compagnie française de Dacca avait presque le monopole, excita jusqu'au paroxysme la jalousie et l'avidité des chefs du comptoir anglais.

Il ne faut pas perdre les enseignements de l'histoire, créer des conflits qui aboutiraient à la ruine de notre influence, à l'émiettement de nos capitaux et au triomphe du régime de non-intervention. Ce que nos voisins d'outre-Manche ont fait au dernier siècle, ils le referaient aujourd'hui, avec plus d'âpreté, avec plus de cynisme. La leçon de Dacca n'est pas perdue.

Il est possible de trouver un *modus vivendi* pratique de nature à donner satisfaction à nos besoins d'expansion, sans engager la responsabilité gouvernementale.

Les sociétés de colonisation sont un besoin des temps. Mais si elles ont pour mission de relever le prestige de la France, d'augmenter notre fortune publique, il ne faut pas qu'elles soient une source de conflits et de questions internationales. Elles seraient désavouées comme les comptoirs de l'Inde ont été désavoués après 1816, quand le gouvernement de Paris écrivit au gouverneur général de l'Inde française : *Il faut céder aux Anglais tout ce que l'honneur permet de céder*. Heureusement, de tels crimes de lèse-patrie, conséquence logique de l'abandon de Dupleix par la cour de Louis XV, ne sont plus possibles. Les sociétés de géographie commerciale, surtout, constituent une garantie contre le retour de telles faiblesses, car elles forment l'opinion et éclairent les hommes et les choses.

La Russie a pu conquérir, coloniser et exploiter les deux tiers de l'Asie sans sociétés à chartes ; imitons-la en Afrique sur le terrain de la justice. Et c'est dans cet ordre d'idées qu'il importe de multiplier et d'encourager les sociétés de colonisation par tous les moyens au pouvoir du gouvernement.

Faisons par la pensée le tour du globe, et récapitulons ce que l'année 1891 a enregistré dans les annales de la géographie militante. Cook, Franklin, Humboldt, Park, Barth, Livingstone, s'ils entreprenaient leur voyage aujourd'hui, emporteraient d'autres préoccupations. Les expéditions de 1891 n'ont pas négligé le côté scientifique. Mieux outillées que celles d'autrefois, elles ont enrichi le domaine de la science et contribué au progrès et à la civilisation.

Région du pôle Nord (1891). — L'expédition *Peary* (américaine) dont le quartier général est établi dans la baie de Mack-Cormick, sur la côte occidentale de Groenland, 77°43' lat. N.; l'expédition (allemande) docteur *E. de Drygolski* et *O. Baschin*, destinée à frayer le chemin à une seconde expédition germanique ; les expéditions danoises (lieutenant *Ryder*); l'expédition française (*Rabot*) avec mission de forcer les glaces de l'île Jan Mayen ; l'expédition russe (*Nossilof*), qui, depuis trois ans, vit dans les glaces de Novaya Zemlya ; l'expédition du docteur *Nasen*, tous ces efforts constituent une nouvelle bibliothèque où l'histoire de la glace, de ses effets, de la formation des régions septentrionales de l'Allemagne, apparaît sous un jour nouveau. La lutte contre ces formidables obstacles de nature sera longue et difficile, mais le génie et la persévérance de l'homme ne seront pas vaincus par la plus redoutable des barrières. On attend beaucoup de la construction d'un navire spécial dû au docteur *Nasen*.

L'hiver 1890-91 a été extrêmement rigoureux en Europe, les explorateurs des régions du pôle Nord n'en ont pas souffert. Ils ont constaté de grandes variations de température, des pluies torrentielles, d'affreux ouragans ont surpris les hardis voyageurs.

Régions antarctiques. — L'expédition du baron *Nordenskiöld* aux frais des colonies d'Australie et du baron *Oscar Dickson.*

Europe. — Dans les régions du Caucase, plusieurs ascensions importantes, celle du Tetnuld, par *Herr Purtscheller*, celle du Gumaran Koch (15 672 pieds au-dessus du niveau de la mer), par *Merzbecker.*

Asie centrale. — L'attention du monde entier se porte sur un point du globe où se résoudra, avant la fin de ce siècle, un problème dont la solution sera une des plus grandes révolutions politiques et économiques de l'histoire : une autre bataille d'Actium, une seconde invention de l'hélice et de la vapeur.

L'exploration *Bonvalot* et Henri d'Orléans, de Paris à Haïphong, à travers le Thibet, le Setchuan, le Yunnan et le Tonkin : sérieux résultats scientifiques, relatifs au Thibet central. L'exploration *Grombchefsky* et *Pievtsof* (russe), sérieux résultats scientifiques relatifs au Thibet du nord (16 000 pieds au-dessus du niveau de la mer), au cours du Yarkand Darya et des monts kashgariens.

Grombchefsky rencontra le capitaine *Younghusbond* à Yarkand : rapports courtois et d'un esprit élevé entre les deux explorateurs. Il visita Kashgar et les sources de Markan-Su, et jeta une grande lumière sur ces régions peu connues chez nous, mais dont la Russie a fait des cartes d'une immense importance militaire et commerciale. L'été dernier, il visita une seconde fois le *Turkestan* et les gorges du Pamir. Le capitaine *Younghusbond*, lui aussi, a bien mérité de la science, et la récompense accordée par la *Royal geographical Society* a été justifiée par les épreuves et les labeurs de l'explorateur politique.

L'expédition du colonel *Pievtsof* (1890-91), continuateur de l'œuvre de Prejewalsky, a étudié les régions qui entourent le Thibet. L'expédition des frères *Grum-Grijmailo*, après avoir exploré le Tian Shan et Lobnor regions, a poursuivi dans le Thibet les itinéraires de *Prejevalsky.* Excellents résultats scientifiques. L'expédition *Katanof* a travaillé dans le Tian Shan dans le même ordre d'idées.

L'expédition *Martin* (France) dans la Sibérie méridionale. Honneur à ce brave et modeste pionnier de la France! honneur à la grande et généreuse Russie, qui a couvert de fleurs la tombe de ce martyr de la science! Elle a bien mérité de l'inébranlable gratitude du peuple français. Mourir pour la France dans les bras de la Russie, est un sort enviable.

L'expédition *Dutreuil de Rhins* et *Grenard* (France) était à Tashkend il y a quelques mois.

Elle a apprécié à Kashgar le caractère du capitaine *Younghusbond* dont elle n'a eu qu'à se louer. Elle étudie l'*Amu-Darya.* L'expédition *Blanc* étudie les régions d'Issyk-Kul. L'intrépide et modeste pionnier

.a fait à Lille, au Congrès national de géographie, une conférence sur la géographie physique de l'Asie centrale, pleine d'intérêt et d'actualité. Il a comparé la situation des Russes et des Anglais en Asie, à celle de la France et de l'Angleterre en Afrique. En voilà encore un qui fait des cartes avec sa vie et son sang. Il a rendu hommage à la découverte d'un lac situé au sud-ouest du lac Ural, due au colonel *Koslowski*. L'expédition *M. et M*ᵐᵉ *Littledal* dans le Pamir est intéressante à tous les points de vue, en ce qui concerne le fameux *Toit du monde*. Elle confirme ce que nous avons souvent dit : *La Russie est solidement établie dans le Pamir*.

L'expédition militaire dans les Hunza regions, faite par l'Inde anglaise, a enrichi la géographie de cette partie du monde, on a regardé au delà de l'Himalaya. Le sang versé à Munipour [a profité à la science et à la civilisation. Les victimes méritent un témoignage d'admiration. L'expédition *Wohab* (Miranzai et montagnes Noires) apporte la topographie de ces régions.

L'expédition colonel *Tanner*, un Italien, enrichit les connaissances générales (que l'Angleterre possède) en ce qui concerne les passes de l'Himalaya. Admirable et intéressant travail. L'expédition *Conway* aux frais de la *Royal geographical Society*, étude des glaciers de l'Himalaya.

L'expédition *Coulomb*, étudie le bassin supérieur de l'Irawady, et des monts Potkoi.

Expédition major *Hobday*. On connaît maintenant les sources de l'Irawady. La topographie de la haute Birmanie est presque terminée. Hâtons-nous au Tonkin et ne soyons pas au-dessous de nos voisins de l'Ouest qui ont à combattre les mêmes difficultés. Félicitons *M. F. Kitchen*, de ses travaux.

Expéditions *Sir R. Sandeman* dans le Belouchistan et *Biddulph* à travers les parties occidentales du Grand Désert de la Perse, les monts Scah Kuh, le Darya-i-hamak. Les résultats pratiques sont nombreux. Entre autres, le grand désert dit *désert salé* ne renferme pas de sel.

Étude du docteur *Bastian* sur la rivalité entre Russes et Anglais dans l'Asie centrale, lue à la Société de géographie de Berlin. Après ses voyages dans l'Asie centrale, Bastian dit : « *L'Asie absorbera toute l'énergie dont la Russie est capable, et cela pendant des siècles.* » Le colon russe est chez lui partant de Moscou à Volivostock. Le caractère slave se prête admirablement à la fusion et pour l'assimilation des peuples de l'Asie centrale. L'Angleterre, un pays de caste, convient mieux aux différentes races et castes de l'Inde que la Russie dont le caractère est plus libéral et moins exclusif. Le canal de Suez a rendu plus difficile la situation des Anglais aux Indes en troublant l'esprit du pays et en créant une « jeune Inde ».

Le docteur Bastian a bien étudié la question anglo-russe aux confins de Himalaya, mais il n'a pas pu juger les progrès accomplis par la Russie depuis quelques années, car il croit que l'œuvre commencée demandera des siècles d'énergie. Les choses sont plus avancées ; et nous l'apprendrons quand, à la mort de l'émir de Caboul, ou avant, l'ancienne armée de Skobeleff aura tranché la question de l'Afghanistan. Cette solution doit en effet précéder celle des questions du Thibet, de la Corée, qui doivent se ¡régler à Pékin. Les cosaques du Tsar ont bien failli, il n'y a pas longtemps, rencontrer les troupes du Fils du Ciel, mais la Chine a préféré donner tout l'argent qu'on lui a demandé. Elle a même remercié.

Li-Hung-Chang n'a pas d'intérêt à favoriser un conflit. Il sait qu'il aurait tout à perdre, à tous les points de vue. Il empêchera, à force de taëls et de concessions, les fusils des Russes de partir tout seuls.

Communication à la Royal geographical Society, par R. *Rainy*, sur la géographie physique et la formation du delta du Gange.

Communication d'*E. Pratt* sur son intéressant voyage au Thibet.

Publication de la carte de l'état-major japonais, commencée il y a seize ans (77 feuillets).

Expédition et mission lord *Lamington* de Mandalay à Haïphong, à travers les Shans trans-Salouens. Elle avait pour but de créer en Angleterre un courant d'opinion relativement aux droits de suzeraineté fictive d'Ava sur la vallée du Mekong. L'initiative de quelques patriotes a fait justice de cette théorie. La vallée du Mekong appartient à la France, à moins que nous ne soyons disposés à servir toujours et à toutes les latitudes de marchepied et d'instrument à l'âpreté et à l'avidité de nos voisins.

Les missions *Hogarth* en Asie Mineure, et docteur *Ten Kate* dans l'île de Timor méritent une sérieuse attention.

L'Afrique, avec raison, captive et passionne les esprits. Il y a seize ans à peine le Continent n'intéressait pas, en dehors de nos possessions. Quelle différence entre les cartes d'hier et celles d'aujourd'hui ! Les régions du Zambèze ont été étudiées par les missions *Theodore Bent*, *Selous*, lord *Randolph Churchill*, docteur *Jameson*, *Naund*, *Denis Doyle*. *H. Johnston*, *Joseph Thomson* et *Alfred Sharpe*. Sur le terrain allemand (Damaraland et Namaqualand), enregistrons les missions *Von François* qui campe sur les bords de l'Okovango, la mission *O. Buekle* qui a étudié les régions situées entre l'Oronge et le Cunene.

Dans la région de l'Afrique orientale la mission « docteur Bauman ».

Le désastre de la mission et de l'expédition « capitaine Zelewski » condamne les méthodes allemandes en Afrique et leur système de civilisation.

Emin a découvert la rivière Kifu qui, aux yeux de quelques-uns, est la source méridionale du Nil. Au point de vue politique, le personnage est trop connu pour qu'il soit nécessaire d'en parler.

Néanmoins, une lettre d'Emin au docteur Schveinfurth mérite une certaine attention, *ce n'est que par et avec les Chinois que nous coloniserons l'Afrique*. L'Afrique pourrait donc un jour nous préserver de l'avalanche de la race jaune.

Les missions *Morgen*, docteur *Zintgraf*, baron *von Granenreuth*, en dehors des données scientifiques dont ils ont enrichi la géographie, prouvent que l'Allemagne n'a pas les qualités colonisatrices de ses rivales. Les procédés appliqués en Alsace-Lorraine se retrouvent partout sur les rives du Haut-Benué, et ailleurs, etc. Partout où les missions allemandes apparaîtront en Afrique, on verra régner le régime du sabre et de la force, et, sans esprit de critique ou de jalousie, on peut affirmer que les racines des colonies allemandes ne sont pas profondes.

Le lac Tchad, objectif des missions allemandes et françaises, nous réserve d'heureuses surprises, mais ce nom évoque de cruels souvenirs. Les os blanchis de Crampel serviront de jalons à ses compatriotes accourus pour achever son œuvre et le venger en prouvant que la France a d'autres armes que les mitrailleuses et les revolvers. Crampel, en route vers Baghirmi, a été frappé par une main occulte. L'histoire de cette catastrophe, on la fera demain. En attendant, il faut avancer. De *Brazza*, *Dybowski*, *Fourneau*, *Monteil*, *Mizon* et les missionnaires *français* d'un côté, de l'autre les missionnaires *anglais*, *Claude Mac-Donald*, commissaire du gouvernement anglais, les officiers de la *Royal Niger Company*, *Van Gèle*, le capitaine *Stairs*, *Arnolt*, ont jeté sur l'hydrographie et la géographie physique et commerciale de ce vaste champ de bataille des flots de lumière. On connaît mieux aujourd'hui les sources du Lomami, le lac Tanganyika, l'Uganda et le Tona supérieur, etc. Les travaux de Mizon sont présents à l'esprit de tous. Mais, ce qui ressort des efforts des rivaux en présence, c'est moins le désir d'étendre le domaine de la science que le désir hautement avoué de paralyser la France.

On dira un jour pourquoi nous avons été obligés d'aller au-devant d'un roitelet noir, les armes à la main, après avoir épuisé tous les moyens de conciliation et de persuasion ; comme on a dit pourquoi et comment Clive s'est emparé du maharadjah de Murchadaboth. La France a été trahie et vaincue aux Indes, parce que l'opinion publique a permis à Louis XV de sacrifier Dupleix. Mais M. Gladstone résistera à ceux qui croient en Angleterre, comme Clive, que tous les moyens sont bons pour paralyser la France.

L'Italie, en explorant la rivière Jub, a cherché la route de l'Abyssinie méridionale. Les expéditions *Robecchi, Baudi, de Vesme, Ruspoli*, ont atteint les rives du Webbé Supérieur et du lac Rudolph.

La France étudie avec calme et persévérance ce qui se trouve au Sud de l'Algérie, et ne se décourage pas en pensant qu'un jour elle mettra par la vapeur la Méditerranée en communication avec le Niger.

D'un autre côté, A. *Floyer*, aidé par le gouvernement égyptien, a fait la topographie de la région comprise entre le Nil et la mer Rouge. Le docteur *Schlichter* a pris pour base la géographie du Nord-Est de l'Afrique de Ptolémée pour étudier ce pays. Son travail est très discuté.

En Amérique, *Coudreau* a fait la topographie et la géographie physique des régions comprises entre la Guyane française et l'Amazone. L'Amérique du Nord a publié d'importants documents géographiques relatifs au pays situé à l'Ouest du 100° degré.

En Australie, sir *Thomas Elder* a traversé le pays du nord au sud. Ses travaux prouvent que l'intérieur n'offre pas grandes espérances.

En résumé, l'esprit de l'enseignement de la géographie, les méthodes, les outillages, les maîtres et les élèves, l'Université, les classes les plus indifférentes et les plus désœuvrées, bref, tout est changé depuis 1870.

On a dit, au Congrès de Lille, l'intérêt national et économique qu'il y aurait à faire dans les lycées et les collèges les grandes conférences à effet, avec projections. Cela ouvrira les idées de la jeune France, de celle qui a intérêt à savoir où, comment et pourquoi sont morts Garnier, Mouchot, Martin, Crampel, ce que pense et veut lord *Lamington*, ce que prépare la *Compagnie royale du Niger*. Mais ce qu'on a oublié de dire, dans un centre agité comme le Nord, c'est l'utilité, la nécessité d'ouvrir les portes des salles de conférences aux plus obscurs, aux ouvriers bien disposés et intelligents. Quel admirable moyen d'apaisement, d'équilibre et de nivellement! Peu à peu l'opinion raisonnée sortira de l'atelier, et quand il y aura lieu de défendre le drapeau ou les intérêts de notre commerce et de l'industrie, c'est dans les masses profondes que les pouvoirs publics trouveront le meilleur soutien. Nous ne serons plus exposés à des agitations parlementaires comme celles qui nous ont, en 1884-1885, coûté tant de millions et le meilleur de notre sang.

Philippe LEHAULT.

LETTRES

LA POLITIQUE EXTÉRIEURE

———

Saint-Estève, 29 août 1892.

M. Gladstone, que nous avons laissé formant son ministère, occupe enfin le pouvoir. Le choix qu'il a fait de ses collègues a été approuvé par la reine et par l'opinion. Seul M. Labouchère, qu'eussent accepté tous les groupes libéraux, s'est vu, ou insuffisamment soutenu auprès de Sa Gracieuse Majesté par M. Gladstone, ou nettement repoussé par la reine Victoria.

On reproche au chef du parti libéral de n'avoir pas eu l'énergie de présenter M. Labouchère sur sa liste définitive, et d'obliger comme le fit Pitt pour George III en 1804, à propos de Fox et de Grenville, la couronne à se découvrir et à endosser seule la responsabilité d'un refus catégorique.

La reine Victoria en veut au député de Northampton de ses attaques répétées contre les pensions demandées à la Chambre des communes, en faveur des princes de la famille royale. Combien la souveraine eût été plus habile et plus prévoyante, par ces raisons mêmes, en admettant M. Labouchère dans le rang des ministres! Il eût contracté en homme loyal les engagements que la situation impose, et auxquels échappe le très spirituel directeur du *Truth*, l'orateur très caustique du Parlement et des réunions politiques.

Donc, M. Labouchère, par des exigences plus grandes en dehors du gouvernement, que s'il en eût fait partie, menace de créer des embarras à M. Gladstone. Les radicaux, par suite de l'élimination de M. Labouchère, le parti du travail irrité contre M. John Morley, qui repousse avec franchise, mais avec une hostilité résolue, la réglementation des heures de travail par l'État, peuvent devenir à la longue des éléments de désagrégation pour le libéralisme au pouvoir. Actuellement, la victoire entraîne la fortune, et nulle défection n'est à craindre.

La majorité du parti gladstonien est satisfaite de la composition du ministère. On applaudit à l'entrée d'un certain nombre de jeunes gens dans les hautes fonctions gouvernementales ; ce qui, selon l'expression banale et consacrée, infuse du sang nouveau au parti libéral. La minorité trouve bien que ces jeunes gens ont été trop exclusivement choisis parmi les anciennes castes dirigeantes, et fait ses réserves, mais là encore rien de grave.

En France, nous ne pouvons que nous réjouir de l'inhabileté de la reine, qui, en écartant M. Labouchère du cabinet libéral, lui a laissé son indépendance ; nous aurons surtout à nous en féliciter au moment où le directeur du *Truth* portera à la Chambre la question de l'évacuation de l'Égypte, question qu'il est résolu à soulever dès la prochaine session.

M. Labouchère, faisant partie d'un ministère, dans lequel lord Rosebery dirige la politique extérieure eût pu, au conseil, parler en faveur d'une politique égyptienne plus loyale, plus respectueuse des engagements pris, mais qui l'aurait su ? Tandis que libre de sa plume et de sa parole, ce que M. Labouchère dira ou écrira en faveur de l'évacuation de l'Égypte, aura un bien autre retentissement. Il y a des hommes dont un portefeuille double l'importance et d'autres, comme M. Labouchère, qui risquent d'y enfouir toute leur influence.

On le voit, la politique intérieure et le jeu des personnalités dans les différents groupes du parti libéral soulèveront assez de difficultés, sans compter celles qui s'attachent à la question primordiale du *home rule*, pour que l'Angleterre ne nous paraisse, pas plus qu'aucun autre peuple, entrée dans le Paradis terrestre de la politique. Mais ce qui nous importe surtout, c'est d'étudier avec grand soin et de découvrir dans les premiers actes de lord Rosebery, si libéral en politique intérieure, et si impérialiste en politique extérieure, dans quelle mesure ou M. Gladstone ou lui feront prédominer leurs idées sur la marche des affaires. Nous sommes déjà assurés que la forme sera moins agressive, moins irritante en ce qui concerne le choc des intérêts anglais et français au Maroc, en Égypte, à Terre-Neuve, à Madagascar, aux Hébrides, dans l'Ouganda. C'est beaucoup. Ne demandons à l'éternellement perfide politique d'Albion que la forme qui protège des complications les plus graves, en adoucissant les contours des apparences. Quant au fond, chargeons-nous, par l'éveil de notre diplomatie, par notre fermeté dans la défense de nos droits, par la prévision et la contre-tactique de la stratégie de nos adversaires, de combattre les utiles combats. Nous le pourrons à armes plus loyales avec les libéraux qu'avec les conservateurs si nous savons nous y prendre et si le chauvinisme n'entraîne pas un jour lord Rosebery vers la Triple Alliance, comme il y avait entraîné lord Salisbury.

L'Angleterre excelle à nous créer tant de difficultés que nous croyons toujours triompher relativement en subissant la moindre; mais combien il serait plus facile et plus profitable de ne jamais entrer dans son jeu. Il y faudrait surtout des joueurs qui ne se sentissent pas exagérément honorés de lier partie avec elle. Lorsqu'on est à peu près certain de perdre, il vaut mieux s'abstenir de jouer. Ceux qui vous proposent les cartes, bien souvent vous en estiment un peu plus.

L'une de mes grandes curiosités, je l'avoue, sera de suivre la politique que fera le cabinet libéral vis-à-vis de la Bulgarie. La pendaison des dernières victimes de M. Stambouloff, malgré les raisons détachées, et quasi allègres par lesquelles le dictateur de Sofia tente de les justifier et de les faire absoudre, n'en demeure pas moins l'assassinat de gens condamnés sans preuves et à l'aide de documents falsifiés. M. Gladstone s'en est-il indigné ou subira-t-il l'opinion de Sa Gracieuse Majesté, sur M. Stambouloff et sur le prince Ferdinand? Cette opinion quasi maternelle a fait prendre à la reine Victoria auprès du sultan, et par lettre autographe, la défense du bourreau Stambouloff et de son aide *honoraire*, le prince Ferdinand. Oui, honoraire, cet aide qui s'enfuit au moment des exécutions, mais les approuve courageusement au retour.

Moi aussi, j'ai une lettre autographe à faire parvenir au Commandeur des croyants, et elle arrive d'Angleterre. Écrite moitié en anglais, moitié en français, j'en cite les principaux passages. L'impudence en est le principal mérite. La voici :

Constantinople appartiendra de toute nécessité à l'Angleterre dont la grandeur a deux bases : le monopole exclusif des transports maritimes de l'univers et la possession de vastes colonies ou dépendances. Nous sommes la puissance navale du siècle : la Phénicie, l'Athènes, la Venise moderne; nous sommes les détenteurs de cette route d'Orient qui a toujours assuré la *richesse* et *l'empire du monde*, et cette route est en nos mains. Aussi, aux premiers bruits de guerre, notre flotte débarquera la première à Constantinople, comme en 1877, un corps d'armée à la Corne-d'Or, et, une fois là,

personne ne pourra plus l'en déloger. Sur trois côtés, il sera protégé par
nos cuirassés, et sur le quatrième, une chaîne de forts, rapidement jetés en
travers de l'isthme, suffira à tenir en respect *l'armée russe tout entière* (1).
Constantinople deviendra un autre Londres, et la Russie en recevra un coup
mortel. L'avantage qui en résultera pour nous sera incommensurable. Notre
puissance en recevra un prodigieux accroissement, car ce sera la certitude
de garder indéfiniment notre grande route militaire et commerciale. Quant
à la Russie, tous ses projets sur la Turquie et sur l'Inde seront enterrés à
la fois et pour toujours. Chassée de l'Orient, elle se verra réduite à se rejeter
sur l'Occident où la Quadruple Alliance se chargera de la tenir en respect.
L'Angleterre à Constantinople, l'Autriche recevra une augmentation de
territoire et le port de Salonique.

La Grèce recevra une large extension. Une confédération des États chrétiens : Roumanie, Bulgarie, Serbie, Monténégro, sera placée sous le protectorat de l'Angleterre, etc., etc.

Une telle lettre est bonne à méditer en Turquie. « La Grèce
recevra une extension de territoire. » Voilà une phrase qui son-
nerait bien aux oreilles grecques si elle ne sonnait singulièrement faux. Ce qui me paraît résulter des combinaisons de mon
correspondant, c'est surtout l'internement de la Grèce. Cernée
dans des frontières plus larges, ce serait toujours la prison.
M. Tricoupis, accusé non sans quelque raison d'être anglophile
et qui est partisan de la Confédération balkanique, ne l'accepte-
rait certainement pas avec l'exclusion de la Grèce et le protectorat de l'Angleterre maîtresse de Constantinople.

En Grèce, à l'intérieur, rien de nouveau, car le prix de l'or
augmente plutôt qu'il ne diminue. L'emprunt de 30 millions,
que la Chambre a voté, n'est pas encore fait. Les journaux de
l'opposition blâment le gouvernement à ce propos. L'*Acropolis*
essaie de justifier le retard en disant que, si l'on n'a pas encore
fait l'emprunt, c'est que le gouvernement n'en a pas un besoin
pressant. L'*Acropolis* affirme que l'emprunt se fera dès qu'on
trouvera des conditions favorables et que d'ailleurs les obligations
de l'État seront réglées à temps. Les amis de la Grèce n'ont
jamais douté de son honneur international, sûrement les engagements qu'elle a pris avec les étrangers seront remplis, mais à
l'intérieur en sera-t-il ainsi? C'est ce que je n'affirmerai pas, je
suis autorisée au doute par un fait étrange. Les journaux officieux affirment aujourd'hui que l'abaissement du prix de l'or
n'est pas d'une nécessité urgente, quand c'est sur cette question

(1) Ce n'est pas moi qui souligne ce qui est souligné, mais l'auteur de la lettre.

rale, toutes les indignations de l'opposition tricoupiste à ce propos étaient feintes.

Le budget de 1892 et la politique financière de M. Tricoupis ont été vivement attaqués par les orateurs de l'opposition et surtout par MM. Delyannis et Rhallys. Tous ont évalué à environ 20 millions le déficit: MM. Delyannis et Rhallys, restés unis dans la lutte, viennent de se séparer dans la défaite, et cela au moment où M. Delyannis rentre en ligne et paraît vouloir reconstituer l'opposition désemparée.

L'*Ephemeris* d'Athènes termine ainsi un article que nos lecteurs liront volontiers à propos de l'accueil fait au roi de Grèce à Aix-les-Bains :

La France, en toute occasion, a toujours su démontrer sa sympathie envers nous, sympathie dégagée de tout calcul et de toute vanité. Aussi, en toute circonstance, la Grèce se rappelle-t-elle la chevalerie de cette grande protectrice et partage-t-elle toutes ses joies, ainsi que ses tristesses, comme si elle lui était une sœur plus jeune. Les Français et les Hellènes se souviennent.

L'expression de tels sentiments est la joie des philhellènes et ne laisse en France personne indifférent.

Je n'imagine pas la Serbie et le Monténégro acceptant de faire partie d'une confédération balkanique sous le protectorat de l'Angleterre ; ce à quoi tient la Serbie surtout, c'est à l'indépendance ; on pourrait même affirmer que tous les mouvements d'opinion, toutes les luttes des partis chez les petits peuples des Balkans, qu'ils soient bien ou mal réglés ou dirigés par leurs gouvernements, ont l'indépendance nationale pour mobile et pour but. Si la Serbie se tourne vers la Russie, c'est par instinct de race sans doute, mais aussi parce que l'empire moscovite est plus éloigné de Belgrade que l'Autriche. Les Serbes ont compris les premiers que la politique russe n'est pas une politique d'absorption.

Pourquoi la Bulgarie ne résiste-t-elle pas à ses oppresseurs? C'est parce qu'ils lui ont persuadé que la Russie menaçait leur indépendance.

La Turquie, assurée que les petits peuples détachés d'elle résisteront de toutes leurs forces à l'absorption, a une politique facile à faire : surveiller les multiples combinaisons de l'Angleterre et ne pas subir ses inspirations comme les ont subies l'Autriche et M. de Bismarck. Le sultan n'a-t-il pas outrepassé les politesses d'une habile neutralité en offrant à M. Stambouloff une tabatière de mille livres turques, en lui donnant une garde à son hôtel et en le priant de lui télégraphier à chaque station sa bonne arrivée, ainsi qu'on me l'écrit de Constantinople? Si les puissances intéressées, sur la foi des explications d'Abdul-Hamid, ne voient dans cette bonne grâce excessive qu'une façon impériale d'éconduire un importun, ces petits détails bien exploités peuvent impressionner le peuple bulgare au profit de ceux qui l'oppriment.

En Serbie les divergences de vue de plusieurs ministres, qui avaient failli maintes fois déjà provoquer la démission de M. Pakchitch, ont fini par amener la chute du cabinet tout entier. Malgré tous les efforts tentés à la dernière heure; l'accord n'a pu être renouvelé et la situation s'est tendue au point de mettre fin au règne des radicaux. Ce sont les libéraux qui leur succèdent au pouvoir.

M. Avacumovitch, chef du parti libéral depuis l'entrée de M. Ristitch à la régence, a été nommé président du conseil et s'est réservé le département des affaires étrangères. L'un de mes amis de Belgrade — il est libéral — m'écrit que le choix indique surabondamment que la politique extérieure serbe sera plus que jamais orientée vers la Russie. Il ne saurait en être autrement, ajoute-t-il, le général Boghitchévitch étant à la guerre, M. Riharats à l'intérieur, M. Jean Bockovitch à l'instruction publique, M. Velitchkovitch à la justice, M. Alkovtsitch aux travaux publics. M. Avacumovitch revient pour la quatrième fois aux affaires. Il a été souvent accusé, quoique n'étant pas hostile à la France, d'avoir beaucoup de goût pour l'Allemagne, ce qui ne va guère sans sympathie pour l'Autriche.

La succession la plus lourde dans le ministère est échue à M. Stojanovitch, bien connu pour sa haute intelligence des questions financières et les qualités d'administrateur dont il a fait preuve à la direction des chemins de fer.

Le premier soin du nouveau cabinet sera de dissoudre la Skoupchtina. Déjà tous les préfets radicaux ont été mis en disponibilité et le parti au pouvoir songe à préparer les élections pour décembre.

Étant donné l'immense majorité qu'avaient les radicaux, on
se demande comment les libéraux parviendront à se constituer
une Chambre favorable et si une période de troubles ne va pas
commencer pour la Serbie. Le gouvernement nouveau devra
spéculer sur les mécontentements nombreux provoqués par le
cabinet radical accusé de favoritisme et d'incapacité administrative. Les amis de la Serbie n'ont qu'un souhait à faire pour
elle à cette heure: qu'elle reste calme. Elle sait où sont ses ennemis et ce qu'ils lui conseillent. La *Nouvelle Presse libre* de
Vienne l'excite à la guerre civile. Par conséquent, si la Serbie la
faisait, ce seraitpour être agréable à l'Autriche. Une substitution
d'un parti à un autre ne vaut pas une révolution. La patience et
la sagesse sont les meilleures armes des oppositions. D'ailleurs
le paysan serbe n'a pas de couleur politique bien définie; pourvu
que son gouvernement soit russophile, il lui est indifférent qu'il
porte l'estampille libérale ou radicale. Il n'est pas probable non
plus que le retour des libéraux au pouvoir modifie en rien la situation faite à l'ex-roi Milan et à la reine Nathalie dans l'intérêt
du jeune monarque.

La presse dévouée à la Triple Alliance en Autriche et en
Allemagne nous avertit charitablement toute cette quinzaine que
la France a démérité de la Russie, que le Tsar nous en veut d'un
article du *Figaro*, qu'il le prouve en envoyant M. de Giers en
Allemagne et en Italie, qu'un traité de commerce s'élabore entre
l'Allemagne et la Russie, etc., etc.

Les amis sérieux de la Russie en France, ceux qui croient les
intérêts majeurs des deux pays en concordance, n'ont pas à répondre aux balivernes de la presse inspirée à Berlin, presse aussi
bien notre ennemie lorsqu'elle applaudit à un rapprochement
de la Prusse et de l'empire du Nord que lorsqu'elle attaque la
Russie. Les russophiles français n'ont pas à s'étonner non plus de
ce que le successeur de M. de Bismarck, de ce que M. de Caprivi
essaie de faire une politique moins nuisible aux intérêts économiques et financiers de l'Allemagne. Ce qui rendait l'ex-chancelier si coupable, c'est qu'en travaillant au discrédit des valeurs
russes, en rendant impraticable un accord commercial germano-
russe, il nuisait à son propre pays autant et plus qu'à la Russie. A
cette heure le Tsar est moins soucieux de l'Angleterre appuyée
sur l'Allemagne, de même que nous sommes moins soucieux de
l'Allemagne appuyée sur l'Angleterre. Il y a véritablement, par

l'avènement de M. Gladstone au pouvoir, une possibilité de détente générale. L'Italie elle-même incline à des rapports meilleurs avec nous et il n'y aurait rien de surprenant à ce que la Russie y applaudisse.

La Triple Alliance sans l'appoint inquiétant que lui donnait lord Salisbury, deviendra, n'en doutons pas, moins agressive. L'attitude de blâme, prise dans l'opposition par M. Gladstone vis-à-vis de la Triplice, alors même qu'elle ne se traduirait aujourd'hui que par de la réserve au *Foreign Office*, cette réserve succédant à l'appui effectif et ininterrompu des conservateurs, provoquera un déplacement d'influence énorme.

Le *Corriere di Napoli* publiait ces jours derniers une lettre de M. Gladstone à M. Schilizzi, directeur de ce journal, lettre écrite avant l'arrivée au pouvoir des libéraux, mais qui a une importance considérable. Après avoir dit que « sa sympathie pour la nation italienne lui fait regretter les charges militaires excessives qu'elle s'impose, les alliances gênantes qu'elle contracte et sa politique africaine », le chef du parti libéral anglais ajoutait :

Je ne puis goûter une double ou une triple alliance, car le but et la conséquence dernière de pareils postes ne sauraient être pacifiques. La force d'un pays consiste dans l'emploi sage et réservé de ses ressources. J'appréhende que l'avenir de l'Europe ne soit menaçant, bien que, si Dieu nous aide, la situation pacifique du moment présent puisse durer encore longtemps.

Le ministère italien reste préoccupé de la situation économique et financière qui s'impose à lui et que ne peuvent plus améliorer de simples expédients. M. Grimaldi a constaté que le déficit évalué par l'étrange clairvoyance et prévoyance de M. Luzzati serait d'environ 45 millions, quand ledit M. Luzzati en avait calculé l'approximation à 8 millions. On se demande quel sera le programme électoral du ministère sur la question des impôts, des économies ; sur quel parti, de droite ou de gauche, il s'appuiera. Le moment approche où il devra donner le mot d'ordre à ses candidats, mais lequel ?

Guillaume II, avec sa prétention de devancer et de diriger toutes les variations d'opinion de l'Europe, a saisi un singulier prétexte pour faire une profession de foi pacifique au moment où la faisait lord Rosebery et où la visite de notre escadre à Gênes allait consacrer une détente dans les relations entre la France et l'Italie.

Sans daigner se rappeler que le 24 juin 1890, le Reichstag avait adopté la motion suivante : « Les gouvernements confédérés sont invités à prendre en sérieuse considération l'introduction du service de deux ans dans l'infanterie », sans s'inquiéter de la déconvenue des paysans qui croyaient l'empereur favorable à un projet qu'il patronnait ostensiblement, il y a six mois à peine, frappé qu'il se disait alors du rapport du général Vogel de Falckenstein, directeur de section au ministère de la guerre, sans se soucier de la situation dans laquelle il plaçait M. de Caprivi, partisan du service de deux ans, l'empereur-roi, tout simplement parce qu'il lui plaisait de faire ce jour-là une déclaration en faveur de la paix, s'est adressé, après la dernière revue de la garde, aux officiers, et a sommairement condamné la réduction du service militaire. Il a, en outre, prié ses auditeurs de répéter ses paroles et de faire connaître les motifs qui le déterminaient à conclure ainsi pour une réforme qui, n'ayant pas encore son approbation, demeurait dans le domaine des projets fantaisistes.

Émotion générale et, comme toujours, observations faites au plus versatile, au plus étourneau des souverains, interprétations nouvelles du discours dans la presse, démenti du texte primitif, retrait de ses premières paroles par l'empereur lui-même, et résultat : du bruit, l'attention européenne fixée sur Guillaume II. N'est-ce pas là tout ce qu'il réclame? Demain, grâce à la petite industrie de l'Autriche en Serbie, grâce à celle de sa police à la frontière franco-belge, il pourra menacer l'Europe de la guerre.

Le roi Léopold, l'ami de l'Allemagne, le trait d'union entre lord Salisbury et la cour de Berlin, l'ami dévoué de la politique prussienne du prince de Bismarck en Bulgarie, jusqu'à ce qu'il le soit devenu de Guillaume II ; le roi des Belges, dis-je, a besoin de dérivatifs à cette heure, et grâce à l'aide des agents provocateurs allemands aussi écoutés de nos ouvriers qu'ils le sont des ouvriers belges, nous avons à notre frontière des scènes qui désolent à égal degré les patriotes belges et les patriotes français.

Léopold II joue de malheur. Au moment où toutes ses intrigues pour la revision de la constitution, intrigues qui n'ont jamais eu d'autre but que l'annexion du Congo à la Belgique, semblaient près de triompher, voilà que des troubles à Lusambo et

à Basoko, qui font dire à la *Réforme* : « C'est la guerre en plein ! »
voilà que le refus de notre ministre des affaires étrangères
d'accepter un arbitrage là où il ne s'agit pas de contestation de
propriété, mais de conflit armé ; voilà, dis-je, les projets du roi
traversés !

D'une part, l'ordre à rétablir au Congo, d'autre part le parti
libéral et le peuple belge peu soucieux de risquer une neutralité
qui pourrait être compromise par un simple accident survenu
dans la colonie, tel est, pour Léopold II, le problème assez difficile qu'il a à résoudre. En tous cas, le roi n'a rien à perdre en
laissant faire la police secrète allemande à notre frontière. « A
bas les Belges ! » crié par les Français, « A bas les Français ! » crié
par les Belges, ne peuvent qu'arranger ses affaires, irriter les patriotes belges contre la France, provoquer leur chauvinisme et
faire qu'ils soutiennent le roi dans sa résistance aux légitimes
exigences du gouvernement français à propos de l'assassinat
de M. de Poumayrac. Et qui sait ? les choses allant plus mal
encore, tout pourrait être pour le mieux, et l'annexion du Congo
passer à l'une de ces heures où les Parlements les plus sages
s'emballent par défi contre un voisin dont on a fait un bouc
émissaire.

Les ouvriers belges et français donnent à cette heure un beau
spectacle de niaiserie en faisant le jeu de l'Allemagne et de la
politique aussi anti-française que congolaise du roi Léopold II.
Leur internationalisme avait là cependant une occasion de s'exercer avec quelque désintéressement, vertu qui est la marque des
grandes idées. Les « sans-patrie » doivent être aux champs !
Quoi ! les guerres de défense nationale dont « y ne faut plus »
pourraient recommencer un jour, déchaînées par les ouvriers
eux-mêmes pour des questions de salaire ? C'est à désespérer de
la fraternité universelle du travail.

Les journaux rapportent une conversation de l'un de nos compatriotes avec Emilio Castelar. Le grand tribun espagnol dit que
l'Espagne ne veut pas conquérir le Maroc, qu'elle attendra tranquillement qu'il lui revienne, fût-ce dans cent ans. Il ajoute que
les grandes puissances ne souffriront pas que Tanger et Gibraltar
soient tous deux à la fois à l'Angleterre et qu'elles soutiendront
la politique de l'Espagne qui est le maintien du *statu quo*. S'il
s'agissait de tout autre pays que l'Angleterre, Castelar aurait
raison de croire au maintien d'un état de choses auquel toutes

les puissances ont un égal intérêt. Je sais que mon très cher
confrère espagnol me fait l'honneur de me lire. Qu'il permette
que je lui signale le post-scriptum de cette lettre ; il y verra les
progrès que fait la perfide Albion chez les Maures.

Juliette ADAM.

P.-S. — Je reçois la très importante et très intéressante lettre
de l'un de nos compatriotes ayant séjourné plusieurs années au
Maroc :

L'échec de la mission Smith prouve que le sultan du Maroc a
plus d'énergie que nos diplomates. Ceux-ci sont assez portés à s'attribuer cette victoire, quand il est prouvé qu'ils n'ont rien compris au
projet de traité anglais, et qu'ils n'y ont fait aucune objection. Ce
qui est vrai, c'est qu'on a déplacé un consul qui signalait, il y a un
an, le péril anglais, qui ne voulait pas se résigner à être le domestique des Anglais.

M. d'Aubigny est parti, au mois de septembre, pour présenter ses
lettres de créance à Fez. Il a envoyé un de ses secrétaires demander
des instructions, mais, pas plus au quai d'Orsay qu'à Tanger, on ne
connaît la situation. Tanger est presque une ville européenne, où les
étrangers possèdent certains droits. Sur la côte, les choses se passent
autrement. On serait tenté de croire que l'affront, essuyé par le colonel Smith, a fait disparaître tout danger. C'est une erreur. Ce personnage a été trop pressé, il a cru que le fruit était mûr, et il a
voulu le cueillir trop tôt. Mais si le Maroc n'est pas encore disposé à
accepter le protectorat anglais, la situation des Anglais n'en est pas
amoindrie. Ils se sont fait concéder un terrain, au cap Spartel, sous
prétexte d'y construire un sémaphore, et ils se proposent d'y élever
des fortifications, afin de commander les deux rives du détroit de
Gibraltar. Ils se sont emparés du cap Tuby, et feu Korby Gream
s'est même fait allouer, par le sultan, une indemnité de 1 200 000 fr.,
pour une prétendue agression contre cette forteresse, où les Anglais
ont placé des canons. Ceci se passait pendant que M. Patenotre perdait son temps en futilités byzantines. Presque toutes les villes du
littoral sont anglaises. A Saffi, Mogador, Casablanca, les Anglais ac-
caparent les maisons et les magasins, de sorte que nos nationaux sont
obligés de s'en aller, faute de pouvoir se loger. A Saffi, deux ou trois
maisons anglaises s'entendent avec les autorités marocaines pour
faire la contrebande, et rendre la concurrence étrangère impossible.
Enfin, il faudrait un volume pour énoncer tous les empiétements des
Anglais depuis dix ans, et toutes les fautes de notre diplomatie, qui
était leur complice inconsciente. Nous ne pouvons pas permettre que
le Maroc appartienne à une puissance européenne, parce que ce serait la perte de l'Algérie à bref délai. Nous avons tout intérêt à conserver le Maroc comme voisin, car toutes les combinaisons, pour un

partage éventuel, sont irréalisables. Mais afin d'assurer l'indépendance au Maroc, et de le soustraire au protectorat anglais, il serait nécessaire de reviser la convention de Madrid, de 1881, au moyen d'une conférence dont le but devrait être de réformer le Maroc, de le rendre capable de résister à une conquête.

Voici quel serait à peu près le programme qu'il faudrait réaliser pour sauver le Maroc :

1° Le détroit de Gibraltar sera neutralisé.

2° Le Maroc sera neutralisé. Les puissantes contractantes garantissent son indépendance et son intégrité, sauf les rectifications de frontière qu'il pourra consentir avec la France ou l'Espagne.

3° Les missions militaires seront supprimées, et remplacées par une commission internationale, chargée de réorganiser l'armée. Les commandements se feront en arabe.

4° Les sujets marocains qui vont acquérir, à l'étranger, une autre nationalité, resteront soumis à la loi marocaine, dans leur pays d'origine. Il ne sera fait aucune exception à cette règle. Tout trafic de la protection sera interdit, ainsi que l'usure, qui se pratique sous prétexte d'association agricole.

5° Le sultan peut autoriser les étrangers à acquérir des propriétés ; mais, dans le cas où il y verrait du danger pour la sécurité de son État, il s'engage à assurer, dans chaque ville, la construction de maisons et de magasins, en nombre suffisant pour les besoins du commerce. L'enceinte des villes sera agrandie, et un terrain sera réservé à chaque puissance intéressée, pour l'emplacement des immeubles dont leur commerce pourra avoir besoin, pendant une période de vingt ans. Les solliciteurs prendront l'engagement de les occuper pendant trois ans, payeront une année de loyer d'avance. Ce loyer sera estimé, suivant l'usage, à 6 p. 100. Les loyers arriérés, dus par un précédent locataire, ou pendant que la maison était inoccupée, ne seront pas exigibles du nouveau locataire. Les réparations seront à la charge du *Marligen*. Aucun locataire ne pourra être congédié, tant qu'il paiera son loyer. Le sultan ne pourra plus reprendre, pour les donner à des caïds, les maisons construites pour le commerce étranger.

6° Il sera créé, à Tanger, un conseil sanitaire international, analogue à celui qui fonctionne à Constantinople, composé de docteurs, et il adoptera un règlement très précis.

7° Des phares seront élevés sur les points principaux de la côte. Les ports seront rendus accessibles au moyen de môles et de jetées. Un règlement uniforme sera adopté pour le travail dans les ports. Le port d'Aghadi sera ouvert à la navigation.

8° Le Maroc adhérera à l'union postale et organisera un service unique et international des postes et télégraphes.

9° Les fonctionnaires seront rétribués convenablement et ils ne pourront rien prélever sur leurs administrés, en dehors de l'impôt.

10° Des tribunaux mixtes seront organisés sur le modèle de ceux d'Égypte et appliqueront les codes égyptiens.

11° Le droit d'asile est supprimé en ce qui concerne les crimes et délits commis contre des Européens ainsi que pour les dettes contractées envers l'étranger.

12° La bastonnade, déjà interdite à l'égard des israélites, le sera également envers les autres sujets marocains.

13° L'esclavage est interdit. Les marchands d'esclaves ne peuvent pas jouir de la protection étrangère, ni exercer les fonctions d'agent consulaire.

14° Les puissances européennes pourront entretenir des consuls, vice-consuls et agents consulaires, dans toutes les villes du Maroc, mais elles devront les choisir parmi leurs nationaux.

15° Les employés des consulats continueront à jouir de la protection, comme par le passé, ainsi que les censaux, représentant les commerçants étrangers, au nombre de deux dans chaque ville pour chaque commerçant ne résidant pas au Maroc et dont le chiffre d'affaires sera suffisant. Les employés, ouvriers, au service des étrangers ne pourront pas être arrêtés, sauf le flagrant délit de crime, sans l'assentiment de l'autorité consulaire.

16° Les concessions de chemins de fer et autres travaux publics seront faits de façon à donner toutes les garanties de sécurité au gouvernement marocain.

Chacun de ces articles remédierait à un abus ou réaliserait un progrès. Il faudrait de longs commentaires pour les justifier. La place manque. Mais il ne faut pas perdre de vue que les traités n'ont jamais gêné les Anglais et que, pour les contraindre à les respecter, il faut une vigilance constante. Or, notre personnel est insuffisant. Nous devrons rétablir le consulat de Tanger, conserver celui de Mogador, en installer un autre à Casablanca et avoir des vice-consuls à Fez et à Marakech. Notre légation, qui actuellement se confond avec le consulat de Tanger et sacrifie les autres intérêts français, aurait la faculté de s'occuper de questions générales. Les Espagnols et les Anglais ont des consuls à Tanger. Leurs ministres ne sont pas absorbés par les détails de la chancellerie de cette ville. Ce qui fait, en outre, la supériorité des Anglais, c'est qu'ils n'ont pas cet esprit étroitement hiérarchique qui paralyse nos agents. Ils encouragent l'initiative des subalternes, ils les soutiennent toujours contre les étrangers et s'en rapportent aux informations données par ceux qui sont sur place ; tandis que chez nous, avec notre manie de centralisation, on veut que l'initiative vienne d'en haut, c'est-à-dire de ceux qui n'ont rien vu et ne savent rien. La plupart de nos diplomates ont conservé l'état d'esprit orléaniste ; ils admirent et craignent l'Angleterre, mais ne font rien pour l'imiter et pour défendre nos intérêts, avec autant de ténacité qu'elle.

CARNET MONDAIN

La chaleur est torride. Paris semble être devenu la capitale du Sénégal. Et ceux que leurs occupations, leurs devoirs, ou des impossibilités de tout genre y retenaient encore prisonniers, s'arrangent pour concilier chaque chose et se sauvent, altérés de grand air, vers un coin moins surchauffé, là où au moins un peu d'air respirable vient compenser les ardeurs du soleil.

Pour ma part, je regrette amèrement que certaines obligations m'aient privée, jusqu'à ce jour, de mes vacances annuelles. Et ce n'est pas sans une pointe d'envie que je songe à ceux de mes amis qui, plus heureux que moi, respirent cette année, comme je le faisais l'année dernière, l'air embaumé de mes chers Voirons.

A leur pied, au bord de ce beau lac Léman dont les eaux azurées font parfois songer à la mer bleue, l'animation est à son comble. Evian et Thonon-les-Bains rivalisent d'entrain. Sans avoir oublié les tristes événements du mois dernier, on veut faire visage souriant aux nombreux arrivants, et Dieu sait s'ils sont nombreux depuis quelques jours surtout!

Baigneurs et promeneurs abondent! Des parties s'organisent, car, dans ce beau pays de Savoie, les excursions sont non seulement nombreuses, mais elles ont un cachet à la fois pittoresque et historique.

Toute l'aristocratie du pays, une bonne partie de la colonie étrangère, se réunit, le jeudi, à la belle villa d'Amphion que vient de rouvrir la princesse de Brancovan. Il y a également réception dans tous les châteaux environnants; et les casinos des stations thermales semblent positivement être devenus de vraies succursales de nos théâtres parisiens.

De la Manche, les mêmes échos joyeux nous parviennent. A Villerville, à Trouville, à Deauville, comme à Dieppe, on croirait assister à un perpétuel retour de Grand Prix, tant les femmes y apportent d'élégance. On y va, soi-disant, pour se reposer, et l'on y mène une vie plus mouvementée encore qu'à Paris pendant l'hiver; puisque aux plaisirs de la ville s'ajoutent ceux de la campagne et de la mer.

A Dieppe, où les concerts du Casino sont de vrais régals pour les dilettanti, on a eu dernièrement le plaisir d'applaudir une toute jeune violoncelliste russe, premier prix du Conservatoire de Saint-Pétersbourg, dont le merveilleux talent sera certainement des plus appréciés l'hiver prochain dans les salons parisiens. Mlle Bologowskoy est non seulement une virtuose émérite, mais elle a, ce qui ne s'acquiert pas, une âme d'artiste. Et ce don, qui lui vient de Dieu, donne à son style quelque chose à la fois de pénétrant et de sympathique.

A la Bourboule, deux étoiles, Mme Conneau et Mme Rose Caron, sont en ce moment. De temps en temps, le soir, elles font de la musique, et leurs duos enchanteurs sont répercutés au loin par les échos de la montagne.

A Luchon, c'est Mme Roger-Miclos, que poursuit partout son double succès de jolie femme et d'artiste. Elle est accompagnée de Mlle Wassillieff, la fille du pope de la rue Daru, que l'on complimente à son tour sur son livre : *Nos contemporains*. A Vichy, à Aix, il y a foule et il me faudrait un livre entier pour signaler les personnalités qu'on y rencontre. Mais à Boulogne-sur-Mer, Mme Saillard-Dietz remporte, elle aussi, de nombreux applaudissements au Casino où elle est attachée comme pianiste et comme accompagnateur.

Hélas! pourquoi ne puis-je accorder ici les mêmes éloges à la fête *franco-russe* des Tuileries!... Mais les journaux quotidiens vous en ont sans doute suffisamment parlé, pour que je n'insiste pas sur ce gâchis. Je prie cependant mes lecteurs de distinguer, de la fête, la loterie, organisée par la colonie russe, dont les billets, à un franc, ont droit, selon la coutume nationale, chacun à un lot. Les personnes qui protègent cette loterie ont, en Russie et en France, des noms connus et honorés; pourquoi n'en est-il pas de même pour la fête?

En revanche, au Palais de l'Industrie, l'*Exposition des Arts de la femme* attire chaque jour de nombreux visiteurs, malgré le temps et la saison. Il y a là, au reste, des merveilles qu'une chronique ne suffirait pas à énumérer, des richesses incomparables où l'industrie se mêle parfois à l'art. Si les Parisiens sont absents, les étrangers abondent dans nos murs. C'est la vraie saison des Américains, particulièrement des Américaines.

Ces dernières sont fort amateurs de ces « exhibitions » où l'esprit trouve un aliment constant. Elles sont, en général, si instruites et si admirablement équilibrées au point de vue de la mémoire qu'elles savent, quand elles viennent en Europe, souvent mieux que nous-mêmes l'historique et la valeur des richesses que nous possédons. Aussi vont-elles là à coup sûr, sachant d'avance ce qu'elles vont examiner et sur quel point elles désirent porter leurs observations.

Leur présence amène aussi une certaine animation, mêlée d'émulation chez les grands prêtres de la mode. C'est pour elles que l'on crée, en avance, les nouveautés d'hiver; elles les portent, il faut en convenir, avec un *chic* incomparable. Nulle femme n'a plus d'élégance, plus de goût, que l'Américaine qui se met bien. En revanche, nous en pouvons remarquer quelques-unes qui dépassent encore la note des excentricités, ridicules et laides, dont certaines Anglaises semblent avoir le monopole.

Berthe de PRÉSILLY.

Conseils. — Incontestablement, une belle chevelure est un des charmes de la femme; et l'on comprend aisément le soin que prennent certaines d'entre elles pour sa conservation.

Grâce à l'*Extrait capillaire* des Bénédictins du mont Magella dont je leur ai déjà vanté les incontestables et merveilleuses propriétés, mes lectrices verront presque instantanément s'arrêter la chute de leurs cheveux : cet extrait a, de plus, l'immense avantage de les faire pousser et même repousser; enfin d'en arrêter le grisonnement. Son emploi est des plus simples.

Mais, pour plus amples renseignements, s'adresser à M. E. Senet, administrateur, 35, *rue du Quatre-Septembre.*

Au moyen de lotions, et de compresses d'eau fraîche mélangée d'*Alcool de menthe de Ricqlès*, on combat les maux de tête, on se débarrasse des migraines, des névralgies et des étourdissements. Pour activer l'effet de ces lotions, on peut aussi s'en bassiner les tempes. Il est essentiel de boire, en même temps, quelques gouttes de cet alcool dans un demi-verre d'eau pour calmer les nerfs et réconforter l'estomac. *Éviter les contrefaçons.*

B. de P.

Avis aux lectrices et aux lecteurs de la Nouvelle Revue.

Par suite d'arrangements spéciaux avec les éditeurs de musique, j'ai le plaisir d'annoncer à mes lecteurs que l'administration de la *Nouvelle Revue* leur procurera tout ce dont ils pourront avoir besoin en morceaux, partitions, musique religieuse, méthodes, etc., à des conditions de prix moindres que celles qu'ils pourraient obtenir eux-mêmes, quelle que soit la remise qu'on leur fasse. Nous avons entre autres, en ce moment, une occasion unique, un stock, vendu à des conditions exceptionnelles, par suite d'une cessation de commerce, dont nous serions heureux de les voir profiter.

Cette même occasion nous fournit celle de leur procurer pianos, violons, guitares, cithares, etc., etc., tous les instruments de musique, en un mot, à de rares conditions de bon marché. Les mandolines et les guitares, qui sont si fort à la mode, depuis quelques années, sont de premières marques italiennes authentiques.

En tous cas, nous sommes en rapport avec les premières maisons françaises, et pouvons faire adresser telle marque que l'on désire, toujours avec les mêmes avantages pour l'acheteur.

Nous ne considérons pas ceci comme une affaire; et quelles que soient les démarches qui nous incombent, nous nous trouverons suffisamment récompensés par l'occasion qui nous sera donnée d'être utiles et agréables à nos lecteurs.

Prière, pour toute demande, de joindre un timbre-poste aux lettres adressées à Mme de *Présilly*, bureaux de la *Nouvelle Revue*.

Petite Correspondance.

Mme V... à M... — Nous vous ferons parvenir en temps voulu et à l'adresse indiquée les partitions de *Charles VI* et de l'*Étoile du Nord*. Pour votre fillette, nous vous engageons à suivre la méthode Le Couppey, mais nous vous enverrons toujours, en attendant, le premier cahier des exercices de Czerny. Exceptionnellement nous pouvons vous donner ces deux partitions pour 25 *francs* au lieu de 40 *francs*.

Un lecteur charmé de l'innovation. — Oui, il vient, en effet, de paraître un ouvrage posthume du regretté maître F. Le Couppey. On y trouve l'*Histoire des clavecinistes et des pianistes célèbres depuis le XVIe siècle jusqu'à Beethoven*, avec la biographie de Chopin comme appendice, ainsi qu'une œuvre de chacun de nos musiciens. Cet ouvrage, d'un puissant intérêt, est admirablement gravé. Nous vous l'enverrons avec la partition de *Mireille*.

Une admiratrice de la Nouvelle Revue *et de sa directrice.* — Dès que vous nous ferez parvenir une adresse, nous vous enverrons tout un catalogue complet de musique d'église dans lequel nous vous pointerons les morceaux les plus appréciés à Paris.

Nous vous remercions de vos aimables compliments et de vos encouragements.

B. de P.

REVUE FINANCIÈRE

La reprise, d'abord hésitante, s'accentue, s'étend et se généralise; les affaires ont montré, en certaines séances, un peu plus d'animation par suite de l'attraction qu'exerce, même au loin, tout mouvement de hausse. Rien n'y contredit, au reste, le calme est complet et, en l'absence de grandes entreprises industrielles ou d'exceptionnelles importations, l'argent reste d'une abondance à laquelle il serait difficile de résister.

Il n'y a donc qu'à laisser aller, mais on aurait tort de s'endormir. Excepté sur les valeurs françaises dont le fond est solide et sur certaines valeurs étrangères que nos lecteurs connaissent, et qui ne prêtent pas à des fluctuations aussi simples, la hausse se fait sur des fonds dont l'assiette n'a rien d'assuré, qui, au contraire, sont plus ou moins avariés. Elle est due bien plus à la spéculation, à des situations de place spéciales, à des prétextes habilement exploités qu'à des améliorations intrinsèques réelles. Des revirements fortuits sont donc toujours parfaitement possibles, qu'ils viennent des événements ou de la spéculation elle-même éprouvant les besoins de se retourner pour une raison quelconque.

Notre 3 p. 100 perpétuel se tient aux environs de 100 francs. A ce niveau du pair, les offres reparaissent aussitôt; nombre de porteurs le considèrent alors comme favorable à des réalisations à la suite desquelles ils reprennent plus bas; on doit considérer malgré tout que le pair est définitivement conquis. Le 4 1/2 est à peu près immobile à 105,50. L'opinion se répand, à tort ou à raison, se manifeste du moins, que la conversion ne pourra pas se faire avant 1894, à cause des élections législatives de l'année prochaine. C'est une éventualité qui n'est pas pour déplaire aux détenteurs de ce fonds.

Les fonds étrangers se maintiennent à des cours qui peuvent surprendre quand on étudie la situation de divers pays. A leur sujet nous ne pouvons que répéter les conseils de prudence que nous n'avons cessé de donner.

On ne peut expliquer la hausse de la rente italienne que par les efforts de spéculateurs allemands désireux d'écouler leur stock. Les journaux officieux affirment que le cabinet Giolitti poursuit l'équilibre budgétaire, sans songer à recourir à de nouveaux impôts. C'est là un rêve qui ne pourra devenir une réalité que le jour où on aura taillé à grands coups de ciseaux dans les budgets de la guerre et de la marine. En attendant, nous apprenons que, dans un des conseils de ministres tenus à Rome depuis le retour de M. Giolitti, M. Grimaldi a fait constater que le déficit de l'exercice 1891-

1892, qui, suivant les prévisions du ministère Rudini, devait être seulement de 8 637 000 francs, s'est élevé à 33 826 925 francs. Une des principales causes de cette différence a été la diminution des recettes, qui a atteint 17 millions, bien que les prévisions de M. Luzzatti fussent modestes. Le mouvement des capitaux a subi également une diminution de 10 267 640 francs. Ainsi donc, l'exercice de 1891-1892 se ferme avec un déficit de 4 494 565 francs.

Les ministres ont également constaté qu'une partie seulement des économies proposées par leurs prédécesseurs est réalisable. Aucune décision n'a été encore prise sur la manière dont M. Giolitti exposera son programme. On ne sait s'il parlera dans un banquet ou s'il adressera un manifeste aux électeurs. MM. Genala et Pelloux étant absents de Rome, aucune résolution n'a pu être prise.

La situation ne se modifie guère en Espagne où les libéraux mènent une campagne active contre le cabinet Canovas; les chefs de ce parti cherchent à démontrer la possibilité de réaliser de grandes économies, en outre des 12 millions et demi de dépenses rayées au budget par la commission parlementaire. Pour mettre fin aux abus administratifs, le gouvernement prépare une série d'adjudications ayant pour objet l'affermage de divers impôts dans la péninsule et les colonies.

La Banque d'Autriche-Hongrie a commencé ses achats d'or, mais sur une échelle assez modeste.

En Portugal, le gouvernement vient d'accomplir diverses réformes et des réductions de dépenses assez importantes.

A. LEFRANC.

BULLETIN BIBLIOGRAPHIQUE

Maud, par ALFRED TENNYSON, préface et traduction, par Henri Fauvel (Lemale, au Havre). Quelle délicieuse chose que cette dernière production du poète lauréat des Trois-Royaumes ! Le traducteur l'a traitée avec un respect attendri, comme un amoureux des choses d'art qui porte la main sur une adorable statuette grecque : c'est que ce poème si court, si peu mouvementé, est un chef-d'œuvre de grâce antique, tout imprégné d'un parfum exquis, qui repose de toutes les productions hâtives de notre temps. Ces strophes un peu nuageuses, où tout est esprit, respirent naturellement un charme délicat et pénétrant, auquel rien ne résiste. On se laisse bercer par cette musique enveloppante, on s'abandonne à cette poésie si dissemblable des laborieuses élucubrations de nos modernistes de toutes les écoles. C'est un ravissement où l'âme du lecteur se rafraîchit et se réconforte comme dans un bain d'eau pure et fraîche !

Un amant, par EMILY BRONTE, traduction française, précédée d'une introduction par T. de Wyzewa (Perrin). L'auteur de **Jane Eyre**, CHARLOTTE BRONTE, est la seule des trois sœurs Brontë, dont le nom soit connu, en France tout au moins. Et cependant voici un roman, signé de la plus jeune, Emily, qui, sous le titre de **Westhering Heigts**, a obtenu en Angleterre un succès littéraire et un succès de vente considérables, et que des critiques autorisés comme M. Montégut placent non seulement au-dessus des romans de Mrs Gaskell et de George Eliot, mais au-dessus même de ceux de Jane Eyre. Rien de plus singulièrement composé d'ailleurs que ce roman, où la simplicité du sujet, l'absence d'intrigues, le petit nombre des personnages, la constante répétition de scènes pareilles, ont pu paraître aux contemporains gaucherie et inexpérience, et qui tient à la fois de la chronique villageoise et de la plus sombre tragédie lyrique. Comme le fait très justement remarquer M. de Wyzewa, il n'est point d'analyse qui puisse donner une juste idée d'un roman où l'intérêt est tout moral et consiste dans la minutieuse peinture des mille nuances d'une très étrange passion. Pour apprécier et pour juger une œuvre pareille, il faut la lire.

Les Œuvres et les Hommes, par J.-BARBEY D'AURÉVILLY (A. Lemerre), qualifié de littérature épistolaire est un recueil d'articles bibliographiques, parus dans divers journaux, et d'où l'âpreté n'est pas toujours exclue. Depuis Balzac jusqu'au roi Stanislas Poniatowski, depuis Mme Récamier jusqu'à Mme Sand, ce volume contient une série d'intéressants portraits, tels que l'auteur savait en faire.

Poèmes et paysages, par AUGUSTE LACAUSSADE (A. Lemerre), dont la troisième édition remaniée et complète vient d'être publiée, contient d'agréables pièces de vers. Sur la demande d'un groupe d'amis, ses compatriotes de l'île Bourbon et de l'île Maurice, l'auteur a réuni dans ce volume, aux poèmes précédemment publiés, des pièces écrites à différentes époques, et inspirées par les sites et les souvenirs du pays natal.

La librairie G. Masson, dans la série de documents intéressants pour l'histoire des sciences qu'elle publie, vient de faire paraître le **Traité sur les mouvements du cœur** de HARVEY, et la **Sensibilité et l'Irritabilité** de HALLER.

Fille de pêcheurs, par GEORGES DU VALLON (Henri Gautier). Cette nouvelle œuvre du fécond romancier est aussi délicate et aussi réussie que les précédentes. C'est l'histoire d'une petite fille, rendue orpheline par la terrible mer qui dévore bon an mal an un si grand nombre de pêcheurs, et qu'une famille aisée de Parisiens, en villégiature au Tréport, recueille et adopte. Bien entendu, le fils de la maison l'aimera, et, après bien des péripéties, elle l'épousera, car elle est charmante de tous points. L'histoire est touchante et contée avec un véritable talent. Des deux autres petits romans qui complètent le volume, **Honneur polonais** et **Militsa**, nous préférons celui-ci, qui est tout à fait remarquable.

Montorgueil, par DE LARMANDIE (Chamuel). Dans ce roman, l'auteur nous montre un homme heureusement doué, mais pauvre, qui sacrifie son cœur à son cerveau pour arriver à la célébrité. Chemin faisant, le lecteur est promené dans les milieux les plus divers, décrits avec beaucoup d'humour et de conscience.

La Fille d'un assassin, par CÉCILE CASSOT (Chamuel). C'est encore l'histoire d'un égoïste de grand talent qui s'élève en sacrifiant tout autour de lui à son ambition et ne recule même point devant un crime pour s'assurer les moyens de parvenir à la situation qu'il convoite. A côté de cet homme, intéressant malgré tout, l'auteur a placé un type charmant de jeune fille, la fille même de l'assassin, laquelle, aussi vaillante, aussi dévouée qu'il est personnel et cynique, expie le crime qu'elle n'a point commis et rachète l'indignité paternelle.

La librairie Savine fait paraître simultanément trois romans également curieux et intéressants : **Corallé**, par Mme GUZMANN (Clara Goguet), sorte de pastorale encadrée dans les événements d'où est sortie la république d'Haïti ; — **Peau de satin**, par PAUL PONSOLLE, drame intime présenté dans des décors tout à fait modernes ; — **La bataille de Tire-tes-Grègues**, par MAXIME OGET, œuvre étrange, pleine de verve et de fantaisie.

Le Soleil de Paris, par CATULLE MENDÈS (Flammarion). Jusque dans ses fantaisies les plus outrées, Catulle Mendès sait toujours rester le fin lettré, le poète rare. C'est ce qui fait qu'on ne se lasse point de lire ses fantaisies, si risquées soient-elles, comme celles qu'il

réunit aujourd'hui dans son nouveau recueil, fort élégamment illustré par Lucien Métivet.

Almanach des spectacles, année 1891, par ALBERT SOUBIES (Librairie des Bibliophiles). Ce volume est le 66e de la collection élégante et précieuse qui restera comme le répertoire le plus complet et le plus coquet en même temps du mouvement théâtral de notre temps.

HISTOIRE, GÉOGRAPHIE, VOYAGES.

Rouget de Lisle, sa vie, ses œuvres, la Marseillaise, par ALFRED LECONTE (Librairies-Imprimeries réunies, May et Motteroz). C'est en s'appuyant sur des pièces inédites, collectionnées depuis plus de vingt ans, que l'auteur a reconstitué, jour par jour, la vie de Rouget de Lisle ; il nous le montre successivement dans ses premières années, à Lons-le-Saunier, puis devant l'ennemi, à la frontière, et dans la glorieuse solitude de sa vieillesse, et nous donne une fidèle analyse de toutes ses œuvres, théâtre, poésies, etc., et de sa correspondance avec Béranger, J.-J. Weiss, etc.

Viollet-le-Duc et Alphand au siège de Paris, par MASSILLON-ROUVET (Librairies-Imprimeries réunies, May et Motteroz). Les services d'ordre technique rendus au pays et plus particulièrement à la ville de Paris par ces deux hommes remarquables ont fait un peu oublier le rôle quasi héroïque qu'ils ont joué tous deux pendant le siège de Paris. Colonel et lieutenant-colonel de la *Légion du génie*, Viollet-le-Duc et Alphand ont fait preuve l'un et l'autre d'une intrépidité et d'un patriotisme au-dessus de tout éloge, et laissé de nobles exemples qu'il était bon de rappeler à la génération actuelle.

Parnell, sa vie et sa fin, par L. NEMOURS GODRE (P. Lethielleux) ; biographie très complète et très documentée de l'homme exceptionnel qui fut l'âme de cette poignante bataille du **Home Rule**. Il faut lire ce livre pour se faire une idée de la surhumaine activité déployée par Parnell au cours de sa prodigieuse carrière.

Profils coloniaux, par J. PÉLISSIER, orné de portraits hors texte par Félix

Régamey (Librairie africaine et coloniale). Sous ce titre, le directeur du **Moniteur des colonies** a réuni les personnalités coloniales les plus remarquables
de notre monde administratif, commercial, industriel, agricole et financier, de
façon à nous donner sur les idées et sur
les choses coloniales l'œuvre et la pensée des hommes qui, à divers titres, défendent le patrimoine et l'influence de
la France dans nos possessions d'outre-
mer. Les portraits de tous ces personnages, dessinés d'après nature par Félix
Régamey avec le brio et l'éclat personnels
à l'éminent artiste, fait encore mieux
connaître les qualités d'énergie et de
persévérance qui distinguent surtout ces
hommes d'action.

Deux années de lutte, par MAT GIOI
(Savine). Dans ce livre de haute actualité
l'auteur expose l'organisation des rebelles au Tonkin et les moyens de la
combattre. En présence de la distinction à faire entre les éléments que nous
avons à combattre, il demande que l'on
distingue également entre les forces que
nous avons à leur opposer, et que l'on
emploie, contre les pillards, les colonnes
de police; contre les pirates, la garde
indigène, et contre les rebelles l'armée
régulière.

Arlequins de Stamboul, par la rédaction du journal *l'Orient* (Bureau de
l'Orient). Sous ce titre on a réuni un certain nombre d'articles et de documents qui
sont de nature à jeter une vive lumière
sur la Turquie et la question turque.

Deux nouvelles livraisons de la splendide collection des **Capitales du monde**
viennent de paraitre chez Hachette : la
19e comprenant **Christiania**, par HARALD
HANSEN, et **Copenhague**, par ANDRÉ MI-
CHEL; et la 21e comprenant **Calcutta**
par JAMES DARMESTETER.

La Grèce et l'Occident, par PIERRE
P. PHARMACOPOULOS (Ernest Leroux).
C'est une véritable et remarquable étude

historique sur le génie de la Grèce et
sur son action dans le monde, que
M. Pharmacopoulos publie aujourd'hui,
sous la forme d'un discours prononcé
dans le syllogue national hellénique à
Genève le 25 mars 1884. Le texte grec
est imprimé en regard de la traduction
française, due à la plume élégante de
M. Ean Alexandropoulos.

**Mme Roland, d'après des lettres et
des manuscrits inédits,** par CLARISSE
BADER (De Soye). Mme Bader a eu la
bonne fortune d'être mise en possession,
par suite d'heureuses circonstances, d'une
série de lettres inédites de Mme Roland,
où cette femme éminemment intéressante
et curieuse se montre successivement
elle-même sous les divers aspects de
mère de famille—d'héroïne de la Révolution — et de victime de la Terreur. A
défaut de révélations capitales, on trouvera dans ce travail des détails fort précieux sur nombre d'hommes qui jouèrent
un rôle considérable dans cette période
tragique de notre histoire.

Le Congo français, par LOUIS DUNOD
(A.-L.-Charles). L'auteur de cette brochure a séjourné pendant plus de cinq
ans au Congo, en qualité de chef de zone
et de chef d'exploration. C'est assez dire
qu'il est qualifié pour dire son mot dans
les discussions sans fin, auxquelles donne
lieu la question, essentiellement actuelle,
de notre colonie sud-africaine. Après
avoir décrit l'aspect du Congo et ses
grands traits géographiques, les populations qui l'habitent, leurs mœurs, les
cultures et productions naturelles du
sol, les moyens employés jusqu'à ce jour
pour coloniser et mettre en valeur ces
immenses régions, M. Dunod termine en
parlant de la nouvelle école inaugurée
par Stanley en matière d'exploration
et en exposant la manière d'opérer
de M. de Brazza et de ses collaborateurs.

Ad. BADIN.

L'Administrateur-Gérant : **RENAUD.**

Paris. — Typ. Chamerot et Renouard, 19, rue des Saints-Pères. — 29132.

FRANCE

Ville	Libraire
Agen	FERRAN FRÈRES. / J. MICHEL ET MÉDAN.
Amiens	ÉTIENNE VION.
Angers	A. GAUDIL.
Angoulême	BARRAUD.
Arras	SEGAUD-LANCEL.
Arcachon	DELAMARRE.
Auxerre	LANIER.
Bar-sur-Aube	BOILET.
Belfort	PAUL PÉLOT.
Bernay	BOILET.
Besançon	JACQUARD ET Cie.
Biarritz	BENQUET.
Blois	HOUDEYÉ-BORDIER. / THUAULT.
Bordeaux	DAUCH. / GRABY. / FERET ET FILS. / BOURLANGE.
Bourges	SOUMARD-BERNEAU / Vve BEAUNAUT.
Caen	MASSIF.
Calais	DEJARDIN-BROUTTA.
Cambrai	VICTOR DAYEZ.
Cannes	ROBAUDY. / VIAL.
Carcassonne	LAJOUX FRÈRES.
Chambéry	J. BAUJAT.
Charleville	ÉDOUARD JOLLY.
Chartres	SELLERET.
Chateaudun	L. POUILLIER.
Chaumont	ROGER-LAPETITE.
Cherbourg	AD. MARGUERIE.
Clermont-Ferr.	RIBOU-COLLAY.
Cluny	LEPRINCE.
Dijon	ARMAND.
Dinan	TESSIER.
Dunkerque	NEERMANN.
Épernay	E. CHOQUE.
Épinal	BOUGÉ. / C. FROEREISEN.
Fontenay-le-Comte	GOURAUD.
Grenoble	BARATIER FRÈRES. / DREVET.
La Rochelle	CHARRIER. / FOUCAUD. / FOUCHER.
Le Havre	BOURDIGNON FILS. / DOMBRE.
Lille	BUREAU. / MARCHAL.
Lyon	BERNOUX ET CUMIN. / DUCROS. / CÔTE. / DIZAIN ET RICHARD. / H. GEORG. / VITTE.
Le Mans	PELLECHAT.
Marennes	Mme GAUTHIER-ABRAN. / J. CARBONELL.
Marseille	MARPON ET FLAMMARION.
Melun	MIGNOTTE.
Mézières	RENÉ CH.
Montpellier	CAMILLE COULET.
Nancy	BERGER-LEVRAULT / GROSJEAN-MAUPIN. / SORDOILLET. / SIDOT FRÈRES.
Nantes	VIER.
Nevers	MAZERON FRÈRES.
Nice	VISCONTI ET Cie. / Office du Galignani. / BENSA.
Niort	CLOUZOT.
Orléans	HERLUISON.
Orthez	GOUDE-DUMESNIL.
Pau	CAZAUX.
Périgueux	SENGENCE.
Perpignan	DUPUY. / DON.

Ville	Libraire
Tours	PÉRICAT. / BOISSELIER.
Tours	SUPPLIGNON.
Troyes	L. LACROIX.
Valenciennes	LEMAÎTRE.
Versailles	PENSÉE.
Vichy	BARRY.
Villers-s/-Mer	BERNIER-LAMBA.
Vitré	LÉCUYER.
Vouziers	BOSQUETTE-CARETTE.

ALGÉRIE

Alger	GAVAULT-ST-LAGER. / MICHEL RUFF.

ALSACE-LORRAINE

Colmar	E. BARTH.
Mulhouse	S. PETRY. / STUCKELBERGER. / Vve SKIFFER.
Strasbourg	J. NOIRIEL. / AMMEL. / TREUTTEL ET WURTZ.
Metz	SIDOT FRÈRES.

ALLEMAGNE

Berlin	BEHR. / BROCKHAUS. / ASHER ET Cie. / SCHNEIDER.
Bonn	MAX COHEN.
Francfort	JAEGER.
Hambourg	BROCKHAUS. / LE SOUDIER.
Leipzig	BROCKHAUS. / TWIETMEYER. / MAX RÜBE.
Munich	ACKERMANN.

ANGLETERRE

Londres	HACHETTE ET Cie. / B.-F. STEVENS. / P. ROLANDI. / DAVID NUTT. / DELIZY, DAVIES ET Cie. / AUG. SIEGLE.
Edimbourg	DOUGLAS ET FOULES.

AUSTRALIE

Melbourne	SAMUEL MULLEN.

AUTRICHE-HONGRIE

Budapest	CHARLES GRILL. / REVAI FRÈRES.
Vienne	BLOCH ET HASBACH. / BROCKHAUS. / GÉROLD ET Cie. / GUILLAUME FRICK. / LECHNER.
Prague (Bohême)	F. TOPIC.

BELGIQUE

Bruxelles	A. LEBÈGUE ET Cie. / Vve ROZEZ. / DECQ (ÉMILE). / SOCIÉTÉ BELGE DE LIBRAIRIE.
Gand	HOSTE. / C. MUQUARD.
Liège	ÉDOUARD GNUSÉ. / DESOER.
Anvers	MAX RUEFF.

BRÉSIL

R.-d-Janeiro	LACHAUD.
Campinas	GENOUD.

CANADA

Montréal	STLVA CLAPIN.

CAP DE BONNE-ESPÉRANCE

Cape-Town	J. JUTA.

CHILI

Santiago	SALAS Y PESSE. / LIBRERIA DE ARTES Y LETRAS.
Valparaiso	CARLOS F. NIEMEYER.

CHINE

Chicag

New-Y

Nouv.

Boston

Washi

Athène

Floren

Gênes..

Milan.

Naples

Palerm

Rome..

Turin..

Tokio..

Port-

Christo

Amster

POR

Maya

Lisbon

RÉP

Buenos

Bucare

Batoum

Kiew...

Moscou

Odessa

Rostoff

S-Péter

Tiflis...

Varsovi

Vilna ..

SU

Stockh

Christi

Bâle....

Berne..

Genève.

Quatorzième Année.   Tome LXXVIII   2ᵉ Livraison.

LA
NOUVELLE REVUE

LIVRAISON DU 15 SEPTEMBRE 1892

SOMMAIRE

LE

MARÉCHAL DE MAC-MAHON

C'est à la France régénérée que nous dédions ces récits.
Après des épreuves douloureuses, comme celles de 1870, un
peuple qui a le souci de sa grandeur, ne saurait mieux faire que
de se retremper dans le souvenir de son glorieux passé, pour y
puiser une force nouvelle, reprendre courage et regarder l'avenir
en face. C'est, en effet, en rappelant à notre mémoire ce qu'ont
fait pour nous les générations antérieures que nous concevrons la
pensée d'un engagement qui nous lie envers elles; l'intérêt de
conserver notre honneur national, notre liberté, notre bien-être,
notre indépendance, nous apparaîtra alors comme un devoir. Le
soin de ces choses nous deviendra plus cher quand nous nous
sentirons devant un dépôt remis entre nos mains, sous la condition rigide de le faire valoir et de l'accroître (1).

Voilà pourquoi nous voudrions faire revivre quelques pages
peu connues de notre histoire contemporaine, dans la personne
du plus vaillant soldat de notre armée, un des vétérans de nos
gloires nationales, le maréchal de Mac-Mahon.

Héroïque soldat, aimant la guerre pour la guerre et non par
ambition, ses états de service sont inscrits sur les drapeaux de
tous les régiments qui ont pris part à nos campagnes modernes,
pendant près d'un demi-siècle, sous la Restauration, la monarchie de Juillet et le second Empire; l'histoire de sa vie se confond
avec celle de la nation française; il est partout où se tire un coup
de fusil, partout où le canon se fait entendre; ce que l'on aime
en lui, ce que l'on admire, c'est le soldat autant que le patriote :
c'est la France resplendissante dans ses victoires, glorieuse

(1) GUIZOT, Étude historique sur Washington.

même dans ses défaites. Grand homme de bien, il n'a d'autre souci que celui d'être le premier serviteur de son pays.

Tel ndus apparaît le maréchal Mac-Mabon. Entre le panégyrique qui est l'exagération de l'éloge, et le pamphlet qui est l'excès de la critique, il y a le portrait. Le but de ces récits est une peinture fidèle des grands événements de cette vie si bien remplie, et puisque son nom vient sous notre plume, disons comme l'historien latin, à propos d'Helvetius Priscus, préteur plein de courage et de fermeté civique : « Faisons connaître les mœurs, le caractère et les phases essentielles de l'existence de ce grand citoyen (1). »

CHAPITRE PREMIER

(1808-1830)

Généalogie de la famille de Mac-Mahon. — Les Irlandais au service de la France. — Enfance et jeunesse du futur maréchal. — Les *Confidences* de Lamartine. — Le petit séminaire d'Autun et l'École de Saint-Cyr. — L'état-major sous la Restauration. — Expédition en Algérie. — Causes de la guerre et préparatifs. — Débarquement à Sidi-Ferruch. — Les projets d'Ibrahim-Aga dévoilés. — Staoueli. — Prise d'Alger. — Maréchaux de Bourmont et Clauzel. — Bou-Merzag. — Le col de Mouzaïa. — Un décoré de vingt-deux ans. — Le lieutenant de Mac-Mahon rentre en France.

— Quels sont vos titres de noblesse? demandait un jour Louis XIV au maréchal de Biron.

— Les parchemins de ma famille, répondit le vainqueur de Fontenoy ; — puis se redressant et mettant la main sur la garde de son épée : Mais, ma vraie noblesse, Sire, la voici.

Cet entretien s'applique en tous points au maréchal de Mac-Mahon. Noblesse de race, noblesse d'épée; c'est cette dernière surtout qui fait les grandes illustrations.

Les titres généalogiques de la famille se trouvent à Dublin, à Trinity-College ; ils font descendre le futur président de la République française, du prince de Thonnon, petit-fils du plus célèbre et du plus populaire des rois d'Irlande O'Brien-Boruma. A l'origine, le nom porté par ses ancêtres était Mathgamains ; des altérations successives en ont fait chez ses descendants: Mahowa,

(1) TACITE. Tome V, livre IV, § 5.

en irlandais ; Mahon, en anglais, et enfin, Mac-Mahon (fils de Mahon).

Le vaillant soldat dont nous allons esquisser la vie est donc de nationalité irlandaise ; il n'en est pas moins très Français par le cœur et les sentiments ; la plus belle figure militaire de notre armée et, peut-être aussi, le plus beau caractère de notre époque.

Nous n'avons pas à faire ici l'histoire de la révolution irlandaise de 1640, pas plus que celle de la défaite de la Boyne en 1688 ; c'est dans les livres de nos maîtres en littérature qu'il faut lire cette histoire, toute à l'honneur des vaincus. Disons seulement qu'à la suite de cette Vendée des Stuarts, vingt-cinq mille hommes de l'armée irlandaise suivirent, en France, Jacques II, le dernier roi de la dynastie et furent incorporés dans l'armée française, sous le nom de *brigade irlandaise*. Louis XIV en forma trois régiments d'infanterie le 16 juin 1690 : 1° MOUNTCASHEL qui prend les noms de LÉE, en 1684, BULKELEY en 1733 et DILLON en 1775 du nom de ses colonels-propriétaires (aujourd'hui le 87ᵉ régiment d'infanterie) ; 2° O'BRIEN qui prend les noms de TALBOT en 1684, CLARKE en 1696, O'BRIEN en 1706, CLARKE en 1720 et FITZ-JAMES en 1775, du nom de ses colonels-propriétaires (aujourd'hui le 88ᵉ régiment d'infanterie) ; 3° DORRINGTON, devenu DE BOOT en 1718, WALSH-SERRANT en 1770, O'NEILL en 1792, du nom de ses colonels (aujourd'hui le 92ᵉ régiment d'infanterie).

La France héritait ainsi d'une race de héros : les comtes de Bulkeley, les ducs de Fitz-James, les Lauriston, les O'Meara et tous les vaillants chefs de corps dont nous reproduisons les noms ci-dessus ; noble phalange qui a combattu à côté de l'armée française à Fontenoy, Dettingen, Nerwinden, Rosbach, Barcelone, Crémone, Spire, Castiglione, etc. On peut consulter l'histoire de nos guerres, et on verra combien le sang irlandais a coulé, sur tous les champs de bataille de l'Europe, pour le salut de la patrie française.

C'est au régiment de Dillon qu'appartenait, en 1792, le lieutenant Macdonald, devenu maréchal de l'Empire ; aujourd'hui encore, l'armée française compte dans ses rangs des descendants de la famille des O'Brien et des O'Neil. — Après le maréchal Macdonald, le maréchal Mac-Mahon.

Né le 13 juin 1808, au château de Sully, près d'Autun, Marie-Edme-Patrice-Maurice de Mac-Mahon est le sixième de neuf enfants (quatre garçons et cinq filles).

Napoléon I", ce Charlemagne moderne, est alors à l'apogée
de sa gloire: il tient la Prusse sous ses pieds et il est en quelque
sorte l'arbitre des destinées de l'Europe; la France a autour
d'elle toute une agglomération de peuples soumis à ses lois. En
cette même année aussi, naissait au palais des Tuileries, celui
qui devait être Napoléon III (1). L'histoire pourrait s'instruire
par ces rapprochements, qui apparaissent dans les annales d'un
peuple, comme pour les prévenir que les desseins de la Providence ne sont pas immuables, et varient ainsi que le temps. A
cette époque, la Prusse n'a plus ni roi ni armée; la princesse
Louise, éperdue, se retire à Memel, avec ses deux fils; soixante-
deux ans après, la France subit la honte d'une défaite sans précédente dans l'histoire; le neveu du grand capitaine qui a combattu l'Europe pendant vingt ans subit, à son tour, la peine du
talion; Guillaume I", la princesse Louise, Napoléon III; Iéna,
Sedan, Memel, Versailles; 1806-1870; que d'événements entre
ces deux dates! Quel drame est plus touchant que l'histoire
simplement racontée!

II

Nous n'avons que peu de choses à dire des premières années
du maréchal de Mac-Mahon. Son enfance se passe au château de
Sully, sous la tutelle d'une mère qui, attentive au canon de
Montmirail, Champaubert et Waterloo, lui raconte les drames
encore saignants de l'Empire. C'est là, pour ainsi dire, un sanctuaire où se sont conservées intactes les traditions et les vertus
patriarcales de plusieurs générations. Le voyageur qui visiterait
la modeste église du village de Sully, pourrait y voir l'autel où
l'enfant a été baptisé et plus tard a servi la messe pendant que son
père chantait au lutrin.

La mère de Mac-Mahon, M"" de Caraman, a pour ses fils une
sollicitude sans égale. Dans ses *Confidences*, Lamartine dépeint
— avec sa merveilleuse plume de poète — le genre de vie que
l'on mène au château de Sully.

La religion de ma mère était, comme son génie, tout entière dans son
âme. Elle croyait humblement, aimait ardemment, espérait fortement. Sa
foi était un acte de vertu, et non de raison. Elle était née pieuse comme on
naît poète. Cette piété était la part d'elle-même qu'elle désirait le plus com-

(1) 20 avril 1808.

muniquer à ses enfants. A cela encore elle réussissait sans système et sans efforts, avec une merveilleuse habileté qu'aucun sacrifice ne saurait égaler. Les rêves de notre cœur à tous étaient dans le sien. Elle ne nous demandait qu'à être bons et sincères; nous n'avions aucune peine à l'être; notre père nous donnait l'exemple jusqu'au scrupule, notre mère jusqu'au dévouement le plus héroïque. Nos premiers maîtres ne furent qu'eux, rien qu'eux; nous apprenions à lire, à former nos lettres, à écrire, tout en jouant, sur leurs genoux, au coin du feu, en souriant, en badinant, en leur faisant mille caresses.

Ma mère faisait de nous les ministres de ses aumônes. Sans cesse occupés, nous portions au loin, dans les fermes isolées, tantôt un peu de pain blanc, une bouteille de vin vieux et du sucre, pour les malades, tantôt du bouillon pour les vieillards. Les paysans nous connaissaient à plusieurs lieues à la ronde, depuis les vieillards jusqu'aux enfants.

Cette page semble écrite pour retracer en termes vrais, sincères, émus, l'enfance de Mac-Mahon. Ce sont des mères de cette trempe qui forment les héros, et donnent, à la patrie, des soldats qui poussent l'abnégation et le sacrifice de la vie jusqu'au dévouement le plus absolu.

Les premières études de latin du futur vainqueur de Magenta se firent au petit séminaire d'Autun; son intelligence était vive, complète. Déjà il se faisait remarquer par des qualités qui annonçaient une trempe d'âme peu commune, sous des dehors frêles et délicats. A un grand amour de travail, à une énergie, une puissance de volonté, qu'aucun obstacle ne pouvait rebuter. il joignait un esprit droit, une raison saine et une disposition naturelle à l'enthousiasme pour les grandes et belles choses de l'antiquité.

La mort de sa mère, en 1819, vint malheureusement interrompre le cours de ses classes. Mac-Mahon n'avait alors que seize ans, sa douleur fut immense. Resté seul avec son père, il quitte le petit séminaire d'Autun, et vient achever son instruction scientifique et mathématique dans une de ces institutions de Versailles spéciales pour la préparation aux écoles du gouvernement; la pension Barthe, croyons-nous. Ses succès y sont nombreux et, dès la première année, il connaît, comme le maréchal de Villars, les douces émotions de la jeunesse qui consistent à cueillir les lauriers de l'école, précurseurs de ceux de la victoire.

Avec de telles dispositions, l'entrée de Saint-Cyr fut facile. Il y entrait, en effet, dans un des premiers numéros, le 24 septembre

1825, n'ayant encore que dix-sept ans. A cet âge Mac-Mahon montre, au milieu de la jeunesse joyeuse et insouciante qui l'entoure, un zèle remarquable pour l'étude des sciences techniques militaires, et des aptitudes naturelles, qui sont d'un bon augure pour la carrière qu'il a choisie. Caractère froid, réservé, nul ne possède mieux que lui, cependant, l'orgueil national, l'amour de la patrie française, l'esprit de sacrifice de la discipline. Au cours d'histoire, il s'enthousiasme aux récits des beaux faits d'armes que savait si bien présenter le commandant Rocquancourt, un savant doublé d'un patriote ; on devine déjà en lui, sous cette enveloppe juvénile, le tempérament bouillant de l'homme qui, dans l'âge mûr, sera le plus brillant soldat de l'armée. Il possède le calme que donne la volonté et, par-dessus tout, cette constante préoccupation d'exactitude et de ponctualité, cette rigidité d'habitudes qui préparent si admirablement l'homme à l'obéissance, à la résignation devant la règle ; qualités primordiales de l'homme de guerre.

A l'École de Saint-Cyr, dans ce grand centre d'enseignement, où se pressent tant de jeunes cerveaux en ébullition, la camaraderie, on le comprend, tient une large place. Mac-Mahon, avec son excellent cœur, son affabilité pour tous, son caractère franc et loyal, sut se créer, parmi ses condisciples, des amitiés et des dévouements qui faisaient alors le charme de sa vie et qu'il ne perdit jamais.

Après deux années d'étude à Saint-Cyr, il sort le quatrième sur deux cent cinquante jeunes gens, choisit l'état-major, et entre dans cette arme, en qualité de sous-lieutenant, le 1er octobre 1827.

III

Deux ans après, le jeune de Mac-Mahon sortait de l'École d'état-major, avec le n° 8, sur 20 élèves, au classement des examens de deuxième année. Il est toujours sous-lieutenant, et fait son stage dans un régiment d'infanterie (1er octobre 1829).

A ce moment-là, quinze années se sont écoulées depuis le désastre de Waterloo ; la France est en paix, et supporte avec amertume, mais sans se plaindre, le poids de ce souvenir douloureux. Pourtant, il y a en elle comme un besoin insatiable de gloire militaire, le seul susceptible de donner à la nation un re-

gain d'activité qui lui fasse oublier ses dissensions intérieures.
L'expédition d'Alger est proche ; elle vient fort à propos réveiller l'enthousiasme et donne au pays un prestige nouveau, en
lui faisant entrevoir la possibilité d'une conquête.

Une fois résolue, l'expédition fut préparée de longue main
avec la maturité et la prévoyance qu'exigent de pareilles entreprises. Les officiers et les troupes furent choisis avec un soin très
minutieux. Le comte de Bourmont, ministre de la guerre, prit le
commandement en chef de l'armée, et forma trois divisions d'infanterie, fortes chacune de 10 000 hommes.

1re DIVISION : Général BERTHEZÈNE.

1re brigade : général PORRET DE MORVAN (3e de ligne, 1er bataillon des
2e et 4e légers); 2e brigade : général ACHARD (14e et 37e de ligne); 3e brigade : général CLOUET (2e et 28e de ligne).

2e DIVISION : Général LOVERDO.

1re brigade : général DAMRÉMONT (6e et 40e de ligne); 2e brigade : général MONCK-D'UZER (15e et 48e de ligne); 3e brigade : COLOMB D'ARCINE (21e et
45e de ligne).

3e DIVISION : général duc D'ESCARS.

1re brigade : général BERTHIER DE SAUVIGNY (35e de ligne, 1er bataillon
des 1er et 9e de ligne); 2e brigade : général HUREL (17e et 30e de ligne);
3e brigade : général DE MONTLIVANT (23e et 24e de ligne).

CAVALERIE.

Colonel BONTEMPS-DUBARRY (1 escadron du 13e chasseurs à cheval et
2 du 17e).

Le vicomte de La Hitte commandait l'artillerie (70 bouches
à feu) ; le héros de Saragosse, maréchal de camp Valazé, le génie ;
le baron d'Ennié dirigeait l'intendance et les services administratifs ; l'amiral Duperré était chargé du commandement des forces
navales ; enfin, un vétéran de l'armée d'Égypte, Brassevitch, suivait l'expédition, en qualité d'interprète principal.

Toute une jeunesse ardente, enthousiaste des aventures lointaines, brigua l'honneur de grossir les rangs de nos soldats
comme volontaires ; des colonels, des officiers de tous grades
offrirent de rendre leurs épaulettes pour entrer dans le corps
expéditionnaire, les premiers comme capitaines, les seconds
comme simples soldats ; des artistes de talent, peintres orienta-

listes d'histoire, de marine, quittèrent leurs ateliers pour suivre
nos troupes, et aller étudier les beaux sites de l'Afrique, la palette en main ; des savants appartenant à notre École des langues
orientales se firent attacher aux états-majors, pour seconder
Brassevitch. Enfin, les étrangers eux-mêmes, tels que le prince
de Schwartzemberg, le colonel russe Philosophoff, le capitaine
de la marine anglaise, Mansell, accoururent se ranger sous nos
drapeaux.

Cette entreprise contre la régence d'Alger était plus qu'une
guerre ; elle nous ramenait aux beaux jours des croisades.

Nous retrouvons là, parmi les heureux du jour, le colonel
Rulhières (35°) ; le lieutenant-colonel Baraguey-d'Hilliers (1) (2° de
ligne) ; le commandant Cavaignac (2) (10° de ligne) ; les capitaines
Changarnier (3) (2° léger) ; Pélissier (4) (35° de ligne) ; Duvivier (5) (génie) ; le lieutenant du génie La Moricière (6), attaché
à la division du duc d'Escars ; les sous-lieutenants Courtot de
Cissey (7) (30° de ligne) ; Decaen (8) (29° de ligne) ; Mac-Mahon
qui fait son stage au 37°, mais détaché, pour la campagne, à l'état-
major de la brigade Achard.

Nous citons ces noms, parce qu'ils figureront souvent dans
ces récits, à côté de celui de Mac-Mahon.

Le 25 mai 1830, la rade de Toulon offrait vraiment un coup
d'œil féerique : quatre cents bâtiments à voiles se balançaient sur
la mer, et prenant le large ; spectacle qu'on n'avait pas encore vu
et qu'on ne reverra jamais ; les bateaux à vapeur et les cuirassés
ayant supplanté la navigation à la voile. Le 13 juin au soir, l'escadre jetait l'ancre sur la plage de Sidi-Ferruch, presqu'île située
à cinq lieues d'Alger, espèce de promontoire granitique formant
piton, au-dessus duquel s'élève la *Torre-Chica* (la tour de la Fille).
La mer était calme, nos soldats s'embarquèrent sur des chalands
pendant la nuit, et abordèrent sur la plage le lendemain, avant
que l'aurore ne parût. Malgré nous, les souvenirs se reportent
confusément sur les siècles passés, et les noms de Scipion, de

(1) Décédé maréchal de France, le 6 juin 1878.
(2) Chef du pouvoir exécutif et général de division en 1848 ; décédé le 28 octobre 1857.
(3) Décédé général de division, le 14 février 1877.
(4) Décédé maréchal de France, le 2 août 1882.
(5) Tué sur les barricades à Paris, en juin 1848, comme général de brigade.
(6) Décédé général de division, le 10 septembre 1865.
(7) Décédé général de division, le 14 juin 1882.
(8) Tué à Borny, général de division, le 14 août 1870.

saint Louis, de Charles-Quint et de Napoléon Iᵉʳ se mêlent à ceux de Carthage, Tunis, Alger, le Caire.

Bientôt toute la côte se hérisse. de baïonnettes. La brigade Achard se précipite, la première, sur les lignes ennemies, deux braves marins escaladent la tour 'de Sidi-Ferruch et arborent le drapeau français aux acclamations de l'armée tout entière. Ce premier succès était de bon augure, et ne nous coûtait qu'une centaine d'hommes hors de combat. Singulière coïncidence, nos premiers trophées furent onze pièces de canon, des calibres de 16 et de 24, et deux mortiers à bombes de 12 pouces qui avaient fait partie de l'armée de Charles-Quint :.nos premiers pas sur le continent africain rencontraient les souvenirs d'un grand désastre.

Partout les tentes se dressent, les gourbis s'improvisent, les feux de bivouac scintillent dans la nuit ; la soupe bout dans les marmites ; une nouvelle ville surgit pour ainsi dire du sein des flots. Dans le lointain, des cavaliers arabes, au burnous blanc, sillonnent la plaine ; la lune, qui brille de tout son éclat, leur donne l'apparence de fantastiques visions.

IV

Le 19 juin, tout l'espace compris entre la presqu'île de Sidi-Ferruch et le plateau de Staoueli est envahi par une nombreuse armée ennemie que commandent le chef des Janissaires, Ibrahim-Aga, et le bey de Constantine. La brigade Clouet, soutenue par les brigades Achard et Porret de Morvan, marche contre les contingents d'Ibrahim-Aga ; les brigades Denis Damrémont et Monck d'Uzer, suivies par la brigade Colomb d'Arcine, se portent contre les réguliers du bey de Contantine. L'ennemi lâche pied devant l'impétuosité de nos bataillons, et est poursuivi, l'épée dans les reins, jusqu'au delà de leur camp de Staoueli où nos troupes couchèrent.

Les débris de l'armée vaincue allèrent s'enfermer dans Alger.

La victoire de Staoueli assurait le succès de notre expédition, nous ouvrait le pays, donnait confiance à nos soldats et démoralisait la milice turque. On aurait pu, peut-être, entrer le 19 à Alger avec les fuyards ; le général de Bourmont préféra marcher méthodiquement ; aussi fut-il attaqué, le 24, au marabout de Sidi-Khalef, situé à une lieue de Staoueli.

C'est dans cette journée que fut blessé mortellement, d'une balle au cœur, le jeune Amédée de Bourmont, lieutenant de grenadiers au 49°. Porté par quelques soldats, sur un sac à distribution, sous la tente du général Achard, ses dernières paroles furent pour Mac-Mahon auquel il dit: « Ce jour est le plus beau de ma vie. Elle est bien placée, cette balle... au-dessus du cœur... Je meurs pour la France... Adieu. » Les deux jeunes gens se serrèrent la main ; mais celle de Bourmont était déjà glacée. Peu après le brave officier rendait le dernier soupir.

Le fils du vainqueur d'Alger scellait ainsi de son sang la victoire paternelle. Il tombait en héros. Toute l'armée méla ses pleurs à ceux de la famille.

Le 29 juin, la tranchée était ouverte devant Alger, à 250 mètres de la place. Le jour pointait à peine, le général Hurel, un vétéran de la gloire immortelle des Pyramides, dirigeait l'élan de nos jeunes soldats, et voyait encore une fois le Croissant fuir devant nos baïonnettes. On a dit que l'expédition d'Égypte était le roman de notre histoire militaire ; on peut dire que la campagne d'Alger en est le second volume, car le brave Hurel a été acteur dans l'une et l'autre.

Enfin, le 5 juillet, vingt jours après le débarquement de nos troupes sur la côte africaine, Alger appartenait à la France.

Les instructions données au général de Bourmont par le gouvernement de la Restauration étaient très vagues. D'après l'opinion qui semblait prévaloir au sein du Conseil, on devait se borner à raser les fortifications d'Alger, à occuper, à l'ouest et à l'est, Oran pour en faire une position militaire et Bône comme port de commerce. De conquérants, nous devenions de simples gardiens de côte. On était loin du programme de Napoléon Iᵉʳ qui aurait voulu faire « un lac français de la Méditerranée ».

La division Damrémont se dirigea sur Bône dont elle s'empara, après une résistance de peu de durée, et la ville d'Oran ouvrit ses portes, le 24 juillet, à Louis de Bourmont, aide de camp et fils aîné du général en chef. Le colonel Goutefrey, du 21° de ligne, fut nommé gouverneur de la ville ; un jeune sous-lieutenant, qui devait être plus tard le général Decaen, assurait le service de la place.

Pendant ce temps-là, 1 400 hommes, dont 300 de cavalerie et une demi-batterie de campagne, quittaient Alger le 23 juillet et marchaient sur Blidah, ville située sur le Mazafran, à douze lieues de la mer. Cette reconnaissance fut le dernier acte d'autorité du général de Bourmont qui perdit encore là son premier aide de camp, le capitaine Blonquier de Trelan, sous ses ordres depuis dix-huit ans.

La colonne rentrait à Alger le 25. Peu de jours après y arrivait également le major de Bois Le-Comte, du 3ᵉ chasseurs à cheval, porteur de dépêches venant de Paris. Une révolution venait subitement de renverser le trône des Bourbons, pour y mettre à sa place un gouvernement provisoire ayant à sa tête le duc d'Orléans. Cette dépêche mettait fin à la mission du comte de Bourmont. Ce dernier attendit, pour se démettre de son autorité, l'arrivée du maréchal Clauzel, son successeur, qui lui était annoncé et auquel il remit le commandement des troupes le 27 août.

Le vainqueur d'Alger quittait la Régence, oublié, méconnu, sans un officier autour de lui. Le jeune Mac-Mahon, témoin de cet abandon, s'en indigne et écrit à son père cette lettre touchante qui est en quelque sorte un appel à l'ingrate patrie :

Je ne saurais exprimer la tristesse que me cause le départ du maréchal et l'ingratitude des hommes. Porté très haut par la fortune il y a quelques semaines, le voilà aujourd'hui précipité du haut du Capitole, et qui passe du triomphe à l'exil, à l'oubli, à l'abandon. Que sont devenus tant d'officiers ardents à son service, tant d'amis dévoués à sa personne? Le voilà qui descend, appuyé sur une canne, les ruelles sinueuses et mal pavées qui mènent de la Kasbah d'Alger à la Marine. Et encore, s'il s'acheminait vers la patrie, vers la France qu'il vient d'enrichir d'un sol magnifique, le plus productif de l'Afrique?... Mais non, c'est sur l'île Minorque qu'il se dirige, sur Palma, n'ayant pour toute suite qu'un de ses enfants ; c'est sur un mauvais bâtiment frété à son compte personnel, qu'il s'embarque, comme si la France n'était pas assez riche pour mettre une frégate au service d'un général qui vient de lui donner l'empire d'une grande mer, et qui n'emporte pour prix de sa victoire que le cercueil de son fils!...

Le maréchal Clauzel qui succède à de Bourmont est un vaillant soldat formé aux guerres de l'Empire ; il a une certaine largeur de vues, et une hardiesse de conception peu en rapport avec l'insuffisance des moyens mis à sa disposition. Son plan est vaste ; il consiste à faire reconnaître partout l'autorité de la France, et à faire revivre l'ère de la domination romaine imposée à l'Afrique, il y a deux mille ans, par les légions de Marius, de Sylla, de Pompée et de César, après les défaites de Micipsa et de Jugurtha.

Malheureusement, la révolution de Juillet avait tout interrompu. Devant la menace d'une guerre continentale, la plus grande partie des troupes furent rappelées en France. On n'avait plus qu'un pied à Bône, et Oran était évacué. Livrées à elles-mêmes, les tribus voisines d'Alger, les Hadjoutes devinrent de véritables brigands, pillant, assassinant jusqu'aux portes de la ville. Un nouveau bey, Achmet, se disant l'*Envoyé de Dieu*, s'établissait à Constantine; la ville de Mascara reconnaissait l'autorité de l'émir Abd-el-Kader, et, à la fin d'octobre 1830, notre position était intolérable. Il fallait entreprendre une vigoureuse expédition dans l'intérieur des terres, si on voulait assurer la sécurité de notre armée et mettre un terme à l'audace des Arabes et des Kabyles qui infestaient la plaine de la Metidja. Le plus redoutable et le plus insolemment audacieux de tous les chefs ennemis insurgés était le bey de la province de Tittery, Bou-Mezrag. On décida de marcher sur Blidah, sa capitale.

Dans les premiers jours de novembre, on organisa un corps de 8 000 hommes fort de trois brigades à quatre bataillons chacune. Le 16, au soir, on bivouaquait au puits de Bouffarik, à sept lieues d'Alger; le lendemain, on entrait à Blidah qui fut enlevé par un coup de main, grâce à l'intelligence et au sang-froid de Mac-Mahon qui sut, dans cette circonstance, interpréter les ordres de son général, de la façon la plus heureuse, et conduire la colonne d'attaque par un chemin détourné qui faisait précisément arriver nos braves petits troupiers en arrière des lignes ennemies de façon à leur couper toute ligne de retraite.

Dans les combats d'Afrique, en effet, les machines de guerre n'ont qu'une importance secondaire; l'homme, s'il a du cœur, conserve toute sa valeur et peut y faire de grandes choses. Tout est là pour un chef, s'il est doué de qualités qui font ressortir sa brillante personnalité.

Le colonel Rulhières, du 35° de ligne, fut laissé à Blidah, avec deux bataillons et deux pièces d'artillerie. Le 21° s'arrêta au pied de l'Atlas, pour garder les communications et, le 21, le reste des troupes gravissait la montagne par le défilé de *Teniah-el-Mouzaïa* (le col de Mouzaïa), la brigade Achard en tête, la brigade Monck d'Uzer en réserve, et la brigade Hurel à l'arrière-garde.

A quelque distance de Blidah se trouve une ferme connue sous le nom de *Haouch-Chaouch-el-Mouzaïa*, et que, par euphonie, nous avions surnommée *la ferme de l'Aga*. Pour y arriver, ~ suit une sorte de sentier serpentant par gradins abrupts, fortement prononcés sur les flancs du Petit-Atlas, et surplombant un ravin étroit. Les ressauts les plus rapprochés de la plaine sont cultivés en vergers; au-dessus, on aperçoit des forêts de chênes-liège. Après avoir gravi le premier contrefort, on parvient sur un vaste plateau, d'où le regard plonge sur toute la plaine de la Metidja. La mer bleue apparaît dans le lointain, et l'on découvre, à l'ouest, le lac *Aoula*, à l'extrémité des Hadjoutes. Les troupes firent la grande halte en cet endroit, face du côté de la France, et le général Clauzel fit saluer le passage de l'Atlas par vingt-cinq coups de canon.

Quatre lieues séparent la ferme de Mouzaïa du *teniah* (col). Le chemin qui y conduit est escarpé, coupé en plusieurs endroits par des ravins profonds, et c'est à peine si deux hommes peuvent y passer de front. Taillé en zigzags, sur un sol schisteux et glissant, il court sur un plan très incliné, et son accès est d'autant plus difficile qu'il ne présente qu'une coupure de quelques pieds dominée des deux côtés, et à une hauteur considérable, par des mamelons coniques, dont le sommet se perd dans les nues.

Le bey de Tittery occupe, avec ses meilleures troupes et deux pièces de canon, le col qui s'élève à 964^m,70 au-dessus du niveau de la mer; c'est une coupure qui n'a guère que quatre pieds de large et par laquelle il nous faut passer.

Ce sont là de redoutables Thermopyles; mais, les trois bataillons de la brigade Achard, qui marchent en tête et ont mis sacs à terre, s'élancent bravement à l'assaut, et emportent la position. Le jeune de Mac-Mahon prend la tête du 37e, entraîne à sa suite tout un bataillon qui culbute les réguliers du bey de Tittery, leur inflige des pertes sensibles, occupe le premier la hauteur et plante le drapeau de la France au-dessus du fameux col.

Le passage de Mouzaïa est, sans contredit, un des plus beaux faits d'armes de notre armée d'Afrique. Mac-Mahon reçut à cette occasion la croix de chevalier de la Légion d'honneur.

Il n'a que vingt-deux ans.

CHAPITRE III

(1837-1842)

Bône. — Le camp de Medjez-el-Hamar. — Deuxième expédition de Constantine. —
Le siège. — Mac-Mahon et le prince de la Moskowa. — Mahmoud. — Mort du
général Damrémont. — Perrégaux. — Capitaine Raindre. — Assaut. — Colonel
Combes.

Les Arabes ont un proverbe : « *Quand la queue des chevaux
se hérisse, c'est signe de poudre.* » Ce dicton populaire que les
nomades des oasis du Sud algérien se jettent à la face, les jours de
grandes razzias, s'applique assez bien à l'aspect du camp de Medjez-
el-Hamar, au mois de septembre 1837. De tous les côtés, les chevaux attachés à la corde ou au piquet, les naseaux dilatés, la crinière au vent, frappent le sol de leurs sabots; on dirait qu'ils
sont impatients de dévorer l'espace et de humer l'air tiède des
vastes plaines d'halfa qui séparent la Seybouse de la forteresse
de Constantine. Partout, les sentiers sont sillonnés par des légions de *bourricots* et de mulets du train allant et venant en
longues files, chargés de vivres et d'approvisionnements de toute
nature; partout règnent l'activité, l'énergie, l'espérance. Ici, un
détachement d'infanterie est en marche, par le soleil, la poussière, égrené, sans rangs, mais s'acheminant allégrement vers le
point qui lui est indiqué. Là, sur le bord d'un chemin, dans le
fond d'un vallon, autour de la Seybouse, est campé un bataillon ;
les tentes sont dressées, des quartiers de bœufs ou de moutons
saignent accrochés aux broussailles qui bordent le torrent; les
feux flambent et des senteurs de dîners, des rires, des chants,
des propos joyeux courent au travers de la montagne. Plus loin
des chevaux hennissent; ils sont débridés et paissent l'herbe en
attendant leur prébende d'orge.

Le général Damrémont et Mac-Mahon, son aide de camp, sont
depuis plusieurs jours au camp de Medjez-el-Hamar, surveillant
tout, prenant les dispositions que comporte la campagne qui va
s'ouvrir. On est à dix-huit lieues de Constantine; on a fait de ce
point un lieu de rendez-vous pour les troupes, et une place d'armes pour le personnel et le matériel, de manière à avoir une tête
de pont, sur la Seybouse, sans être obligé de traverser plusieurs
fois l'Atlas. Ce camp, qui est à deux journées de marche de
Bône, est le berceau du corps expéditionnaire.

La plage, sur laquelle débarquent nos troupes, est des plus pittoresques. Du cap de Fer (*Raz-el-Hadid*) à la montagne du Lion, la côte accidentée ne présente que des ondulations recouvertes, jusqu'à leur sommet, d'une végétation luxuriante. La sombre verdure des lentisques et des chênes se marie avec celle des cactus, des oliviers et des lauriers-roses. Rien de plus épais que les herbes, rien de plus touffu que les buissons qui croissent sur le sommet de ces collines.

Beaucoup de poussière, une chaleur tropicale et une vague odeur de bois d'oliviers et de cèdre brûlé : telle est en somme l'impression ressentie, en parcourant cette contrée d'ordinaire si paisible.

Cette fois, le gouvernement ne marchande pas sur l'effectif des troupes à donner au général Damrémont et rien n'est livré au hasard. Notre échec du 24 novembre 1836, et le fatal traité de la Tafna (2 juin 1837) ont porté une atteinte profonde à notre honneur militaire et à notre autorité sur les tribus soumises. Nous avions battu en retraite devant Achmed-Bey ; nous cédions à Abd-el-Kader la souveraineté des provinces d'Oran et d'Alger, à l'exception des points que nous occupions sur la côte et des territoires compris dans le périmètre de ces places. Notre prestige était perdu ; il fallait le relever à tout prix.

L'effectif du corps expéditionnaire est fixé à 13 000 combattants dont 700 du génie et 1 200 artilleurs, avec 16 pièces de campagne ou de montagne et 17 de gros calibre ; le matériel de réserve complet et à la hauteur de toutes les éventualités.

Guelma, mise en état de défense par le colonel Duvivier, doit servir de base d'opération et de ravitaillement dans le cas où la durée de l'expédition dépasserait les limites prévues.

Cette petite armée divisée en quatre brigades a la composition suivante.

Commandant en chef : lieutenant-général Denys-Damrémont ;
Chef d'état-major : maréchal de camp Perrégaux ;
Aide de camp : capitaine de Mac-Mahon.

1ʳᵉ BRIGADE : duc DE NEMOURS.

1ᵉʳ bataillon de zouaves, 1ᵉʳ bataillon du 2ᵉ léger (1) : lieutenant-colonel

(1) Au 2ᵉ léger appartiennent les sous-lieutenants Le Flô et Forey, devenus l'un général de division, et l'autre maréchal de France. Tous les deux sont morts depuis.

LAMORICIÈRE; 2 bataillons du 17ᵉ léger : colonel CORBIN; 2 escadrons de spahis : capitaine MARBECK; 2 escadrons du 3ᵉ chasseurs d'Afrique : colonel LANNEAU; 2 pièces de montagne; 2 pièces de campagne.

2ᵉ BRIGADE : général TREZEL.

2 escadrons de spahis, bataillon turc : colonel DUVIVIER; compagnie franche de Bougie : capitaine GUIGNARD; tirailleurs algériens : commandant RIBAN; 2 bataillons du 23ᵉ de ligne : lieutenant-colonel DE BOURGON ; 2 pièces de montagne; 2 pièces de campagne.

3ᵉ BRIGADE : Général RULHIÈRES.

3ᵉ bataillon léger d'Afrique : commandant DE MONTREAL; 1 bataillon légion étrangère : commandant BEDEAU; 1 bataillon du 20ᵉ de ligne : lieutenant-colonel GRÉGOIRE; 2 escadrons de spahis; 2 escadrons du 1ᵉʳ chasseurs d'Afrique : commandant DUBERN; 4 obusiers de montagne.

4ᵉ BRIGADE : colonel COMBES.

2 bataillons du 47ᵉ (1) : lieutenant-colonel DE BEAUFORT; 2 obusiers de montagne; 2 pièces de campagne.

Le lieutenant général Valée commande l'artillerie. Dévoué et modeste, comme Boufflers vis-à-vis de Villars, il entreprend sa dix-septième campagne et son vingt-deuxième siège, et accepte de servir sous les ordres de Damrémont qui n'était que capitaine au siège de Tarragone, tandis que lui, était déjà lieutenant général.

Le maréchal de camp Rohault de Fleury commande le génie, enfin l'intendant Volland dirige les services administratifs.

Le corps expéditionnaire quitte, le 1ᵉʳ octobre, le camp de Medjez-el-Hamar. Les deux premières brigades marchent sous les ordres directs du comte Damrémont. Le général Rulhières est à la tête du convoi (400 mulets et près de 400 voitures). Les troupes du colonel Combes forment l'arrière-garde.

Se figure-t-on bien le merveilleux spectacle d'une colonne de ce genre, avec son immense matériel, s'avançant dans un ordre parfait, à travers les plaines immenses qui s'étendent au delà de l'Atlas, et où nos soldats ne doivent trouver que de rares touffes d'halfa, et pas un morceau de bois sur un espace de dix-huit lieues. Les deux premières brigades occupent, seules, plus d'une lieue d'étendue, ces épaisses phalanges se meuvent d'un même

(1) Au 47ᵉ appartiennent les sous-lieutenants Certain Canrobert, aujourd'hui maréchal de France, et Espinasse, tué, comme général de division, à Magenta (4 juin 1859).

pas, comme si elles ne formaient qu'un seul et même corps. De loin en loin, apparaissent nos escadrons, tantôt en lignes serrées, tantôt répandus en éclaireurs ; puis nos spahis lancés à bride abattue, galopant en avant et sur les flancs, dans toutes les directions, assurant, par leur vigilance, la marche de nos colonnes.

L'avant-garde (duc de Nemours) arrive le 6 octobre, à neuf heures du matin, en vue de Constantine et couronne le plateau de Mansourah. Nos soldats sont accueillis par les mêmes clameurs féroces de l'année précédente, comme un suprême défi ; ils revoient pour la seconde fois le même chemin, jalonné par de nombreux squelettes sans tête ; les champs où nombre de leurs camarades, raidis par le froid, se sont affaissés pour mourir dans la boue ; les lieux où la petite armée a abandonné aux yatagans ennemis les malingres et les blessés qui n'avaient pu trouver de place sur les prolonges. Pas un n'était mort en combattant, tous avaient été lâchement égorgés. En pensant à de telles horreurs, le cœur se serre, les larmes viennent aux yeux.

Constantine a le même aspect que l'année dernière ; les immenses drapeaux rouges de l'ennemi flottent sur la kasbah, les palais et les minarets ; rien n'est changé du côté du Rummel, mais les Arabes ont démoli le faubourg qui relie la ville au Coudiat-Aty, réparé les remparts et entassé derrière les portes d'énormes blocs de pierre de taille qu'il eût été impossible de démolir à coups de canon. Mais ceci importait peu ; car ce n'est pas une attaque de vive force que l'on va tenter, mais bien un siège en règle.

Les deux premières brigades prennent position sur la rive droite du Rummel, ainsi que l'artillerie de siège ; les deux autres passent la rivière dont les bords escarpés, formés de terre grasse et détrempée, semblent se dérober sous les pieds des soldats, puis s'établissent sur le Coudiat-Aty.

Instruit par l'expérience de l'année précédente, le commandant en chef prend ses dispositions pour attaquer par le Coudiat-Aty pendant que les batteries de brèche de gros calibre établies sur le Mansourah prendront d'enfilade et à revers les bastions qui défendent le front menacé. La pluie tombe par torrents, elle ne cesse de toute la journée et continue même pendant la nuit du 7 au 8 octobre, avec une persistance désespérante.

Les travaux du génie et de l'artillerie rencontrent mille obstacles ; nos soldats serrés les uns contre les autres, condamnés à l'immobilité, luttent contre le froid et le sommeil et semblent plongés dans une muette résignation.

Nous ne faisons pas ici l'historique du siège de Constantine; nous n'avons donc pas à raconter les nombreuses sorties des assiégés contre nos travaux, les luttes épiques engagées par la rage fanatique des uns, et soutenues par le courage imperturbable des autres. Détachons cependant cet épisode qui donnera une idée de tous les autres, et cédons la plume au prince de la Moskowa, capitaine au 5° hussards, officier d'ordonnance du duc de Nemours et compagnon d'armes de Mac-Mahon, qui a écrit, en un style très pittoresque, ce qu'il avait vu et accompli lui-même (1).

Le 8 octobre, nous montâmes à cheval (le prince, le général Damrémont, Mac-Mahon et moi); nous nous rendîmes sur le Coudiat-Aty pour examiner, comme d'habitude, l'état des travaux de la nuit. Vers neuf heures, les assiégés firent leur sortie habituelle, contre les positions où nous nous trouvions. Le gouverneur général, voulant leur donner une leçon, donna l'ordre de laisser approcher les Arabes aussi près que possible, puis de les aborder vigoureusement ensuite. En effet, au moment où ils vont atteindre notre épaulement, le duc de Nemours, ainsi que tous les officiers qui le suivent, se mettent à la tête d'une compagnie de la légion étrangère, sautent par-dessus les briques et les tuiles derrière lesquelles notre infanterie est couchée, et se jettent au milieu des fantassins d'Achmed, qui venaient à nous, drapeau déployé. La rencontre fut vive, et, avant que l'ennemi surpris eût battu en retraite, on avait échangé une fusillade à bout portant qui coûta la vie à bien des braves, de part et d'autre...

Nous poursuivîmes les Kabyles, Mac-Mahon et moi, jusqu'au milieu des masures, où ils furent obligés de se réfugier. Mac-Mahon reçut là un coup de fusil tiré de si près, que son uniforme et sa chemise en furent brûlés; la balle, fort heureusement, ne fit qu'effleurer les chairs.

Cette affaire d'infanterie cet intéressante. Il est impossible de mieux mourir que l'Arabe. Qu'on en juge. Deux d'entre eux sont acculés dans une maison; nous entrons, Mac-Mahon et moi, ils tirent sur nous et nous manquent. Mac-Mahon donne un coup de sabre au premier qui est renversé contre le mur; le second tombe percé de coups de baïonnette; ces deux malheureux, couchés à terre et rendant le dernier soupir, nous regardaient encore avec une fierté et un courage admirables. Mort glorieuse, mais spectacle triste et noble à la fois.

Ainsi qu'on peut le voir par cet épisode, le capitaine Mac-Mahon, comme le grand connétable d'autrefois, *oncques ne craignait de faire la besogne lui-même*. Tel il est au siège de Constantine, tel nous le retrouverons plus tard comme général, sous

_____

(1) *Souvenirs d'une campagne en Afrique.*

Sébastopol, où son chef d'état-major est obligé de le retenir par le pan de sa tunique, pour l'empêcher de devancer ses zouaves, à l'assaut de Malakoff.

Le 9 octobre au matin, les batteries du Mansourah ouvrent le feu contre la place ; mais c'est peu que d'échancrer par-ci par-là quelques embrasures, il faut surtout éteindre le feu de la place. Le lendemain, elles quittent le plateau pour se porter sur le Coudiat-Aty, où elles arrivent sans avoir perdu un seul artilleur. Le capitaine du génie Ratier, qui précède le convoi, est seul frappé en pleine poitrine par un boulet arrivant de plein fouet.

On n'avançait pas cependant, et le siège paraissait devoir se prolonger. Le point choisi pour renverser la muraille de l'enceinte et pénétrer de vive force dans la place, était vers le milieu de la façade opposée au Coudiat-Aty, au delà de l'espace qui servait de marché extérieur, entre la porte Bab-el-Djerid et la porte Bab-el-Djebia.

Avant de donner l'assaut, Damrémont voulut essayer une dernière tentative d'intimidation sur Achmed, et un parlementaire s'avança vers la ville au milieu du fracas des batteries, agitant un papier d'une main et un drapeau de l'autre. Les assiégés comprirent, lui jetèrent une corde et le hissèrent dans la place.

Ce parlementaire était un volontaire du bataillon turc, du nom de Mahmoud.

Le bey Achmed répondit fièrement : « Nous sommes ici plus nombreux que les sauterelles qui viennent du désert ; nous ne manquons ni de poudre ni de pain. Nous nous moquons de ton artillerie ; la nuit nous suffit pour réparer les dégâts occasionnés à nos remparts. Si tu n'as plus de poudre, nous t'en donnerons. Si tu n'as pas de pain, nous t'en fournirons ; mais tant qu'il y aura un vrai musulman dans Constantine, tu n'y entreras pas. »

Il n'y avait pas à s'y tromper. La confiance et l'exaltation étaient telles parmi les assiégés que tout moyen de conciliation était impossible.

— Eh bien ! tant mieux ! répondit Damrémont au messager, lorsqu'il lui eut fait son rapport. La gloire n'en sera que plus grande pour nous.

Puis il monte à cheval suivi de son état-major, se dirige sur les hauteurs de Coudiat-Aty, pour inspecter les travaux de la batterie de brèche. Montant alors sur le parapet, il prend sa jumelle et jette un coup d'œil sur les remparts. Le terrain est ab-

solument découvert, il a plu toute la nuit, et les tranchées rem-
plies d'eau font que les hommes sont plongés dans la boue. Le
général de Rulhières croit devoir prévenir le commandant en
chef que cet endroit est des plus dangereux, et que tout homme
qui s'y montre est un homme mort.

« Cela m'est égal, répond le brave Damrémont, je veux
voir. » Et, au même moment, un boulet vient le frapper en pleine
poitrine, éclaboussant de son sang le général Rulhières. Son
chef d'état-major, Perrégaux, tombe, lui aussi, frappé à côté de
lui, d'une balle entre les deux yeux ; le capitaine Raindre, du
2ᵉ étranger, fils du général de ce nom, reçoit un biscaïen qui lui
brise la rotule du genou et nécessite l'amputation quelques
heures après. Le duc de Nemours disparaît dans un nuage de
fumée, et un boulet, en ricochant, va frapper un artilleur qui lui
tend la main, pour descendre du parapet dans la tranchée. Mac-
Mahon se précipite vers son chef ; ce n'est déjà plus qu'un cadavre qu'il couvre de son manteau. Quelques soldats emportent le
corps de ce brave tombé sur la montagne maudite, la veille du
jour où ses soldats doivent entrer dans Constantine.

Ce malheur ne décourage pas l'armée qui est pleine d'ardeur, surtout depuis qu'elle entrevoit la possibilité d'un assaut.
Le général Valée succède à Damrémont et la lutte d'artillerie
continue.

Le soir, la brèche était praticable. Le nouveau commandant
en chef est un vétéran de l'Empire ; comme don de joyeux avènement, il promet l'assaut pour le lendemain. Les troupes applaudissent et chacun s'y prépare.

Le temps presse, en effet. L'armée est à bout de force. Les hommes n'ont
pas fermé l'œil depuis six nuits ; les chevaux sont morts de misère après
s'être mutuellement rongé la queue, et avoir léché les roues des voitures.
L'artillerie a dépensé ses munitions ; les vivres sont épuisés. Il n'y a pas
de lendemain à un assaut manqué ; il faut réussir ou perdre l'honneur et
peut-être le respect du monde (1).

Les troupes destinées à l'assaut sont divisées en trois colonnes :

1ʳᵉ COLONNE : lieutenant-colonel LAMORICIÈRE (*blessé à l'assaut*).

40 sapeurs du génie : capitaine HACKETT (*tué à l'assaut*); 300 zouaves :

_____

(1) *Le second siège de Constantine*, par le duc D'AUMALE.

capitaine Sanzay (*tué à l'assaut*); 2 compagnies d'élite du 2ᵉ léger : commandant Serigny (*tué à l'assaut*); le commandant Vieux, du génie, dirige les travaux d'attaque (*tué à l'assaut*).

2ᵉ Colonne : Colonel COMBES (*tué à l'assaut*).

40 sapeurs : capitaine Leblanc (*tué à l'assaut*); 300 hommes du 47ᵉ de ligne : commandant Leclerc; 100 hommes du 3ᵉ bataillon d'Afrique, 100 hommes de la légion étrangère : commandant Bedeau; le capitaine du génie Portier dirige les travaux d'attaque (*tué à l'assaut*).

Colonel CORBIN.

Détachement du 17ᵉ léger; détachement du 1ᵉʳ bataillon d'Afrique : commandant Paté; détachement du 23ᵉ de ligne; détachement du 26ᵉ de ligne.

L'assaut de Constantine est une de ces pages d'histoire que l'on ne saurait trop méditer, et que tout Français devrait apprendre par cœur. Les exploits dans l'armée, les actes de courage, les traits de bravoure sont, en effet, comme les œuvres du génie, lorsqu'elles visent au sublime, un exemple qu'il est bon de ne jamais oublier. Horace Vernet l'a retracé dans un magnifique tableau que l'on peut admirer à Versailles, dans ce Panthéon historique de nos gloires nationales.

Le 13, avant le lever du soleil, le capitaine du génie Boutaut et quatre hommes de bonne volonté font la reconnaissance de la brèche, constatent qu'elle est praticable et que l'ennemi n'a rien fait pour la réparer. C'est un vendredi et un 13; il y avait de quoi faire réfléchir les gens superstitieux. Néanmoins, les ordres sont donnés; l'assaut doit être livré à neuf heures du matin afin d'avoir la journée entière devant soi pour vaincre la résistance des assiégés; chaque colonne doit attendre que celle qui la précède ait disparu dans la brèche pour s'y engager à son tour. On évitait ainsi le désordre en quelque sorte irréparable du combat corps à corps qui se préparait.

A l'heure convenue, le dernier coup de canon est tiré, le duc de Nemours donne le signal de l'attaque. La colonne Lamoricière se précipite en avant, entraînée par son chef; elle est précédée par une quinzaine d'hommes de bonne volonté, dits enfants perdus, commandés par le capitaine Gardarens de Boisse, des zouaves. Derrière les éclaireurs marchent deux sections du génie, sous les ordres du capitaine Hackett et du lieutenant Wolff; ces hommes sont munis d'échelles, d'outils et de poudre pour franchir et renverser les obstacles. Puis viennent les zouaves et les deux compagnies d'élite du 2° léger (chef de bataillon de Serizy). Enfin le commàndant du génie Vieux, aidé du capitaine Boulaut, sont chargés de la direction des travaux au fur et à mesure que l'on avancera vers l'intérieur de la ville.

Le capitaine Mac-Mabon et quelques officiers qui ont brigué l'honneur de monter à l'assaut, entourent le lieutenant-colonel de Lamoricière.

Les tambours et les clairons battent et sonnent la charge ; la musique joue et donne des ailes aux assaillants. L'ennemi, étourdi par les cris de nos soldats et le vacarme de nos musiques, effaré par les derniers coups de canon tirés à intervalles rapprochés, ne vise pas ; pas un enfant perdu, pas un sapeur n'est blessé de la parallèle à la brèche. L'assiégé a été surpris, et lorsque, reprenant son sang-froid, il rectifie son tir, il est trop tard, le capitaine de Gardarens plante le drapeau de la France sur le point culminant de la brèche ; de la parallèle, les colonnes qui suivent l'applaudissent, mais de la ville on lui envoie une balle qui lui fracasse une épaule.

Le danger cependant restait caché dans le triomphe.

Le terre-plein de la brèche est défilé et suffisamment protégé par sa disposition contre tout retour offensif de l'ennemi. Les maisons qui l'entourent ont été éventrées par nos boulets et sont évacuées ; les sapeurs tentent de frayer un passage aux zouaves qui viennent derrière eux, en leur ouvrant la voie au travers des ruines qui encombrent l'issue de la brèche. Mais à peine les derniers sapeurs ont-ils disparu au travers de la brèche qu'un pan de mur s'écroule derrière eux et engloutit sous ses décombres la compagnie de grenadiers du 2° léger ; le commandant de Serizy y trouve la mort avec un grand nombre de ses soldats, ainsi que le capitaine du génie Hackett, tué par une balle tirée d'un minaret au moment où il traversait la première rue parallèle à l'enceinte. A partir de ce moment, nos zouaves se trouvent engagés dans un dédale de maisons, d'allées tortueuses, de boutiques béantes d'où s'échappe une grêle de balles. A chaque pas, il faut déloger l'ennemi d'un nouveau repaire.

Dès que la première colonne a évacué le terre-plein de la brèche ; la deuxième tout entière, infanterie et génie, s'y engage à son tour, ayant le colonel Combes à sa tête. La lutte corps à corps commence alors, acharnée, homérique, et tellement ardente de part et d'autre, qu'on ne trouve pas d'exemples pouvant lui être comparés dans l'histoire. A égalité de courage, le nombre finit toujours par l'emporter ; nos héroïques soldats avancent quand même, lorsqu'une explosion terrible, imprévue, change tout à coup les cris de triomphe en gémissements. Un tourbillon de fumée, auquel se joint un ouragan de flammes, enveloppe les troupes de la deuxième colonne lorsqu'elles arrivent à hauteur de la première batterie ennemie, dont les zouaves viennent d'égorger les défenseurs ; ce sont cinq explosions successives, mais confondues en une seule, tellement elles sont rapprochées. Nos soldats sont aveuglés, brûlés, asphyxiés ; le feu des sacs à poudre, éclatant à hauteur d'homme, brûle les yeux, carbonise les têtes, enflamme les vêtements, grille les chairs ; il se communique aux cartouchières dont l'explosion fait de nouvelles victimes. Ceux qui ont vu ces martyrs du devoir et de l'honneur ne les oublieront jamais ; ceux qui ont entendu leurs gémissements les entendront toujours.

Les Turcs, un moment ébranlés par notre arrivée subite, essaient de passer à l'offensive. Nos vaillants soldats conduits par des hommes énergiques tels que Combes, Lamoricière, Bedeau, Vieux, Leblanc, Le Flô, Canrobert, Ladmirault, Mac-Mahon, etc., recommencent l'attaque avec plus de fureur que jamais, s'emparent d'un réduit qui précède une des portes de la ville, et pénètrent dans la rue du Marché, une des principales de la cité.

On repart de nouveau, faisant le siège de chaque maison ; nos soldats sont reçus par une grêle de balles ; en un instant, le sol est couvert de morts et de blessés ; trois fois, ils reviennent à la charge ; trois fois, ils reculent. Enjamber le corps de camarades tués ou blessés et entassés dans un espace restreint, révolte le cœur et l'instinct ; cependant, il le faut ; en face de la mort qui vous menace, il n'y a pas à hésiter. Qui dira jamais le nom de tous les braves tombés en chemin ? Le lieutenant du génie Renoux a quatre doigts de la main droite brisés par une balle qui vient ricocher sur la coquille de son épée ; le lieutenant Borel-Vivier est blessé au pied. Sur les quatre officiers du génie de la première colonne, le commandant Vieux, horriblement brûlé, meurt au bout de quelques heures, le capitaine Boutaut est fortement contusionné. Sur les cinq officiers de la seconde, le capitaine Pothier est tué raide ; le capitaine Leblanc a un genou fracassé par une balle et meurt des suites de sa blessure.

C'est là, aussi, que fut frappé à mort le colonel Combes. Blessé de deux balles, dont l'une lui traverse la poitrine, il trouve encore la force de venir dire au duc de Nemours qui commande dans la parallèle, de ce qu'il a fait, de ce qu'il a encore à faire. Son pas est assuré, sa figure calme, à peine altérée, sa parole est grave mais il s'exprime simplement, et le prince ne s'aperçoit même pas qu'il a devant lui un moribond. Faisant allusion à sa mort prochaine, le colonel ajoute ces paroles sublimes et attendrissantes : « Heureux ceux qui ne sont pas blessés, et jouiront du beau triomphe que nous leur avons préparé. » Puis il porte la main à sa poitrine ; une hémorrhagie se produit, et il expire quelques instants après. La France perdait en lui le plus brave de ses enfants, et l'armée un de ses meilleurs officiers.

Peu à peu, les Turcs évacuent la rue du Marché. Sur ces entrefaites, le capitaine du génie Niel (1) arrive avec un détachement du génie de la troisième colonne, commandé par le lieutenant Maritz. Les colonnes d'assaut poursuivent leurs sanglants succès, sans rencontrer d'invincibles résistances ; les défenseurs se font tous tuer sur les barricades et les quatre ou cinq qui restent, tous blessés, se réfugient dans la caserne des Janissaires, située à l'extrémité du rempart, au-dessus du Rummel. Ils n'essaient aucune résistance, et l'un d'eux hisse un drapeau blanc, au-dessus du bâtiment principal. Le capitaine Mac-Mahon y accourt, et bientôt, au sommet de la Casbah, comme sur le Coudiat-Aty, le drapeau tricolore flotte et remplace les insignes de la domination turque.

Constantine était à nous ; l'assaut avait duré trois quarts d'heure, et nous avait coûté 8 officiers et 95 soldats tués ; 37 officiers et 415 soldats blessés : soit au total 103 tués et 452 blessés.

Mac-Mahon accompagna en France le cercueil qui contenait les restes de son malheureux chef. Peu de jours après, il était fait officier de la Légion d'honneur.

Commandant GRANDIN.

(A suivre.)

_____

(1) Devenu maréchal de France.

LE MOUVEMENT CORPORATIF

DANS L'AGRICULTURE

LES SYNDICATS AGRICOLES — LEUR ORGANISATION

Jamais on ne s'est appliqué comme de nos jours à travailler au progrès d'une civilisation dont notre race peut concevoir quelque orgueil : par ce mot progrès nous n'entendons pas seulement le développement matériel, littéraire, scientifique, artistique, etc. qui est le luxe d'un peuple et qui s'accompagne souvent de beaucoup de misères; nous entendons surtout la diffusion générale du bien-être dans toutes les parties du corps social. L'amélioration graduelle du sort des masses, leur affranchissement de toutes les servitudes qui pèsent encore sur elles comme un legs des siècles passés, c'est là le grand problème pour lequel se passionnent nos économistes et nos hommes d'État.

Chacun ressent vaguement qu'à des besoins nouveaux, nés des transformations économiques qui s'accomplissent dans le monde entier, doit correspondre une évolution profonde dans le régime du travail. Les manifestations des travailleurs eux-mêmes révèlent des aspirations qu'exploitent très habilement les agitateurs révolutionnaires.

Ce ne sont pourtant pas les doctrines socialistes ou anarchistes, si bruyantes soient-elles dans leurs promesses, qui donneront satisfaction aux revendications ouvrières : ce que celles-ci ont de fondé s'accomplira par le progrès des mœurs et non par une mainmise violente sur les institutions. Les Kropotkine, les Karl Marx, les Jules Guesde, etc., peuvent s'efforcer de réveiller des antagonismes et des haines de classes qu'on devait croire éteints un siècle après que la Révolution française a proclamé l'égalité des droits de l'homme, la liberté et la fraternité des citoyens; il leur est loisible de prédire la liquidation sociale et

l'abolition de la propriété privée, de prêcher la suppression des
frontières et la destruction de l'idée de patrie : les temps ne sont
pas venus et l'on peut affirmer que dans un pays de bon sens
tel que le nôtre, ils ne viendront jamais pour la réalisation de
ces criminelles utopies. Le peuple des vrais travailleurs le sait
bien et ce n'est pas d'eux qu'il attend l'amélioration de son sort.

En dehors des sectes révolutionnaires, et parmi les hommes
qui cherchent de bonne foi à faire cesser les désaccords ou les
malentendus qui règnent entre le capital et le travail, à pacifier
la société contemporaine en y répartissant plus également l'aisance, deux écoles poursuivent l'étude des réformes sociales par
des procédés foncièrement différents.

L'une s'en remet à la puissance publique du soin de résoudre
les questions et difficultés sociales : c'est l'école du socialisme
d'État. Ne se sentant ni le courage ni l'initiative nécessaires pour
agir, elle préfère compter sur l'intervention de l'État, de l'État-
Providence chargé de faire le bonheur de tous les citoyens et de
guérir les maux de la société. A l'autorité elle est prête à sacrifier la liberté; elle favorise sciemment ou inconsciemment la
tyrannie, l'usurpation, l'ingérence de l'État dans les affaires des
particuliers. Cette école est un produit de la centralisation administrative : elle fleurit normalement chez les peuples dont la
liberté politique est peu développée et qui se sont habitués à
subir la direction d'un maître. L'Allemagne est acquise à la doctrine du socialisme d'État qui y a implanté l'assurance obligatoire
des travailleurs, dont les résultats ont été si décevants.

L'école opposée est celle qui cherche à améliorer le sort des
masses par l'association et surtout par l'association professionnelle, le meilleur centre d'activité qui soit pour les divers groupements naturels basés sur la communauté des intérêts. L'association professionnelle, c'est la corporation de métier, mais la
corporation moderne, ouverte à tous, respectueuse de la liberté
du travail, ne réclamant que son droit sans aucun privilège.
Les institutions corporatives, dont la France a été privée depuis la
Révolution jusqu'en ces dernières années où elles ont reparu
dans la loi du 21 mars 1884 sous la forme de syndicats professionnels, sont animées d'une vie propre très intense qui donne
une grande puissance à leurs œuvres, véritables fruits de l'initiative individuelle et de la liberté obtenus par l'union des hommes de bonne volonté.

Les nations qui cherchent à résoudre par la voie de l'association spontanée les difficultés sociales sont les nations libres, les pays de *self government*, tels que l'Angleterre où les *Trade's Unions* ont amélioré la condition des classes ouvrières à un point qui n'a été atteint dans aucune autre partie du monde.

Entre ces deux écoles, dont l'une procède de l'autorité et l'autre de la liberté, la différence est fondamentale : aussi, quoiqu'elles tendent vers le même but, leur action produit des résultats contraires. La mission qui incombe à l'État est de protéger les droits de tous les citoyens et de réprimer les abus. Son intervention ne se justifie que lorsqu'elle est absolument indispensable et en quelque sorte comme pis-aller. D'ailleurs l'État moderne n'a pas l'impartialité qu'il faudrait pour travailler à résoudre équitablement les questions sociales : il est trop enclin à s'inspirer des intérêts de parti et des passions du moment, à se servir de son pouvoir en empiétant sur les droits des individus, des familles et des sociétés privées.

Cela est une raison de fait, et elle est loin d'être sans valeur, pour repousser l'ingérence de l'État : mais lors même qu'il s'agirait d'un État idéal, distribuant au même degré sa protection sur toutes les parties du corps social, n'ayant ni préjugés ni passions, ni amis ni ennemis, la théorie et l'expérience nous enseignent que ce régime est mauvais par essence, impuissant à tenir ses promesses.

L'organisation professionnelle de la société civile, telle qu'elle a été conçue par la jeune école qui cherche l'amélioration de l'ordre social dans l'extension des groupements spontanés et dans le développement de l'initiative privée qui en découle, est pour un peuple un puissant élément de vitalité et de progrès. Les œuvres ainsi créées sont durables parce qu'elles sont animées d'une vie propre, douées d'organes souples et variés qui s'accommodent à tous les besoins. Les institutions de l'État, moulées dans des formes rigoureuses et invariables, n'ont qu'une existence factice, mécanique en quelque sorte. L'action privée est donc plus efficace que l'action publique pour faire le bien et remédier aux maux dont souffre la Société; elle seule sait se modifier selon les milieux, selon les circonstances : ayant la pleine conscience de sa responsabilité devant les intérêts qui se sont fiés à elle, elle s'ingénie à les suivre pas à pas pour les servir.

Le socialisme d'État est le danger sérieux de notre époque :

c'est dans cette voie, la plus large, la plus facile, semble-t-il, que
se précipitent d'instinct les masses, c'est celle qui plaît naturellement aux médiocrités. On connaît son programme susceptible
d'ailleurs de s'élargir à l'infini, à mesure que triompherait plus
complètement la doctrine : retraites ouvrières, assurances d'État,
crédit agricole d'État, etc. A la suite du socialisme d'État vient
le socialisme municipal ; après l'État-Providence, la Commune-
Providence, et ces deux socialismes officiels ne font que préparer
l'avènement du socialisme tout court, c'est-à-dire du collectivisme
ou communisme.

Seuls les hommes à courte vue peuvent penser qu'en se
faisant socialiste lui-même l'État saura mieux se défendre contre
les entreprises du socialisme international qui s'est livré depuis
quelque temps à de si bruyantes manifestations. Il s'affaiblit, au
contraire, en se chargeant de fonctions qui ne sont pas de son
ressort ; accroissant ainsi les dépenses publiques, et par suite les
impôts, il rend plus aiguës les difficultés sociales : mais surtout
son intervention a pour inévitable effet de diminuer la force de
résistance du pays à l'encontre de la poussée des doctrines révolutionnaires. Compter sur l'État c'est s'abandonner soi-même : or
c'est le libre développement de l'énergie individuelle s'exerçant par
les associations qui peut le mieux préparer les réformes nécessaires en les faisant pénétrer progressivement dans les mœurs
publiques. L'État se limitant dans son rôle tutélaire, renonçant
à déprimer sous le poids de la centralisation et de la réglementation administratives les forces privées, les bonnes volontés agis-
santes qui sont les plus puissants facteurs du progrès dans le
régime des sociétés, celles-ci se développeront dans la liberté et la
concurrence avec un élan magnifique : car jamais comme de nos
jours, à l'aurore prochaine d'un siècle qui sera le siècle des associations, il ne s'est rencontré dans toutes les classes un mouvement aussi unanime pour rechercher les moyens d'augmenter la
richesse, de la mieux répartir et d'améliorer la condition des
travailleurs.

Au lieu de chercher à remplacer et annuler l'initiative privée,
l'État doit donc la stimuler et lui laisser le champ libre ; il doit
encourager les institutions économiques qui se fondent à l'envi
sous l'impulsion de la philanthropie humanitaire ou de la charité
chrétienne : associations professionnelles ou corporations, sociétés
coopératives de production et de consommation, caisses mutuelles

de secours, d'assurance, de retraite, de crédit, cercles ouvriers, sociétés de patronage, etc.

C'est aux associations libres, c'est-à-dire à la liberté, dont les œuvres sont naturellement fécondes, qu'il faut demander la solution des questions ouvrières. Les pouvoirs publics peuvent y coopérer en votant de bonnes lois, des lois de liberté, sur les associations, les sociétés coopératives, le crédit agricole et populaire, etc., de manière à compléter utilement la loi sur les syndicats professionnels : leur compétence ne s'étend pas au delà. Il faut surtout qu'ils renoncent à la tentation d'organiser le socialisme d'État, qu'ils prennent pour idéal les institutions de la race anglo-saxonne et non pas les institutions allemandes : la liberté des associations sera le meilleur remède contre le progrès des idées socialistes et nous préservera de leur application.

I

L'initiative privée est plus efficace que l'État, disons-nous, pour créer des institutions viables et vraiment utiles. Nous en avons un exemple frappant dans le parti que l'agriculture a su tirer de la loi sur les syndicats professionnels. Jamais l'État, avec toutes les ressources et influences dont il dispose, n'aurait pu faire progresser l'agriculture, transformer ses méthodes, améliorer la condition des petits cultivateurs comme l'ont fait les syndicats agricoles issus de l'initiative de quelques hommes dévoués au relèvement des populations rurales.

En étudiant le syndicat agricole, la corporation rurale, dans son organisation, dans son fonctionnement et dans les institutions dont il a été le germe, nous pourrons mesurer la puissance inhérente à l'association professionnelle et la singulière aptitude qu'elle possède pour la solution des difficultés sociales. Nous la verrons mettre les campagnes à l'abri des entreprises du socialisme en rendant vaines ses promesses et en démontrant que, mieux que lui, elle sait améliorer sans bruit la condition des travailleurs. Cette étude nous montrera combien le libre développement de l'esprit d'association parmi les agriculteurs a fait surgir d'hommes de valeur et de dévouement qui s'ignoraient : par contre, il est notoire que l'extension abusive du rôle de l'État émiette les forces du pays, détruit toute activité chez les citoyens en les enfermant dans des formules inflexibles et enfante la médiocrité universelle.

L'expérience est intéressante à suivre : car, en somme, elle s'applique à la plus nombreuse collectivité de travailleurs qui soit en France. Pourquoi ne réussirait-elle pas également appliquée dans le même esprit à d'autres professions? sans méconnaître les différences qui existent entre les syndicats agricoles et les syndicats industriels, on peut estimer que ces derniers seraient parfaitement aptes à s'approprier beaucoup des pratiques et des œuvres qui ont fait la prospérité des syndicats agricoles, telles que sociétés coopératives de consommation, caisses de secours mutuels, de crédit, d'assurance, etc. Si l'association professionnelle a produit jusqu'à ce jour dans l'agriculture et dans l'industrie des résultats si contraires, il faut bien l'avouer, c'est qu'elle y a été pratiquée avec des vues tout à fait divergentes : l'agriculture en a fait un instrument de progrès et de paix sociale, l'industrie en a fait une arme de guerre contre les patrons. Mais le jour où l'industrie, désabusée de la tactique des grèves, voudra, elle aussi, se donner des syndicats de progrès et d'union sous forme de syndicats mixtes de patrons et d'ouvriers, ces syndicats, développés dans la voie qui leur convient spécialement, pourront travailler efficacement à dissiper les malentendus fondamentaux, à améliorer les rapports entre le capital et le travail, à régler les conflits par une bonne organisation de l'arbitrage, à favoriser enfin le terme des revendications ouvrières, c'est-à-dire la participation des ouvriers aux bénéfices et leur accession à la propriété.

L'association professionnelle est assez large et assez vivace pour légitimer toutes les espérances.

L'origine des syndicats agricoles est bien modeste et, ce qu'on ignore généralement, elle est antérieure à la loi du 21 mars 1884. La crise intense causée par la concurrence des pays neufs, plus favorisés que notre vieux sol sous le rapport des conditions économiques de la production, obligeait l'agriculture française à réformer ses méthodes surannées, à se transformer à la façon d'une industrie. Il fallait, de toute nécessité, produire plus afin de produire à meilleur marché! La chimie moderne, la science des Boussingault, des Georges Ville, des Joulie, etc., en avait fourni le moyen assuré : enrichir les terres épuisées par un apport de matières fertilisantes proportionné aux besoins particuliers de chaque culture. Ces matières fertilisantes, les engrais chimiques, il existait un commerce spécial pour les livrer aux cultivateurs : mais ce commerce avait fort mauvaise réputation, et il n'était pas sans la mériter en grande partie. Les engrais chimiques se vendaient très peu, et les marchands éprouvaient de grosses difficultés à trouver des consommateurs. L'ignorance et la routine dominaient les campagnes, il y a une dizaine d'années, bien plus qu'aujourd'hui. Le paysan ne connaissait comme engrais que le fumier de ferme et, malgré les enseignements de M. Georges Ville, ses démonstrations réitérées, sa propagande incessante qui remonte à plus de trente années puisqu'il a commencé en 1861 ses célèbres conférences au champ d'expériences de Vincennes créé en 1860, il répugnait à employer ces sels minéraux et ces diverses matières fertilisantes si nouvelles pour lui. Les marchands d'engrais avaient à supporter des frais considérables pour vendre quelques sacs ; afin de se couvrir de ces frais, ils vendaient à des prix exorbitants et surtout profitaient de l'ignorance absolue de leurs acheteurs pour falsifier la marchandise. La législation ne réprimait pas ces fraudes qui tombent aujourd'hui sous le coup de la loi du 4 février 1888 et les cultivateurs n'avaient pas à leur disposition les laboratoires départementaux pour faire constater par l'analyse la teneur des engrais qui leur avaient été vendus. De là une défiance bien justifiée qui opposait un obstacle insurmontable aux progrès de la pratique agricole. Il aurait fallu donner au sol des engrais complémentaires pour développer sa faculté productive et les cultivateurs n'osaient le faire de peur de les payer au delà de leur valeur ou d'être trompés sur la qualité ; c'était un cercle vicieux.

Un fonctionnaire de l'enseignement agricole, M. Tanviray, professeur départemental d'agriculture à Blois, imagina de le rompre en créant, au mois de mars 1883, entre les cultivateurs du département de Loir-et-Cher, une association ayant pour but d'acheter les engrais en commun afin de les obtenir à meilleur marché et de réprimer la fraude dans les livraisons. Subsidiairement, elle devait s'efforcer d' « éclairer les cultivateurs sur le choix des matières fertilisantes convenables, suivant la nature du sol et les exigences diverses des cultures. »

Tel a été le point de départ du groupement professionnel des agriculteurs. L'heure était propice, car la nécessité de se servir des engrais du commerce pour accroître les rendements et réduire les prix de revient, préconisée par l'enseignement, les comices, la presse agricole, etc., commençait à être admise. Lorsqu'on vit que l'Association, réunissant les commandes de ses membres, forte de la concurrence qu'elle était en mesure d'établir entre les fournisseurs, des garanties de vérification qu'il lui était loisible de stipuler, pouvait livrer des engrais de qualité contrôlée à des prix fort abaissés, ce fut un engouement général et la consommation des engrais chimiques prit, de ce fait, un rapide développement.

Ainsi le but pratique, immédiat, que se sont proposé, en se constituant, la plupart des syndicats agricoles, celui qui leur a valu de si nombreuses adhésions parmi les cultivateurs, parmi les petits cultivateurs surtout, qui avaient le plus besoin de se sentir défendus, a été la facilité évidente qu'ils offraient pour acheter en commun, avec économie et garantie de dosage, les engrais du commerce. Ce point de vue un peu étroit, mais essentiellement pratique, a merveilleusement fait comprendre aux petits propriétaires ruraux, fermiers, métayers, etc., les avantages qu'ils peuvent tirer de l'association et a élevé leur esprit à la conception de ces mêmes avantages appliqués à des objets d'un intérêt supérieur.

Lorsque fut votée la loi du 21 mars 1884 sur les syndicats professionnels, l'association fondée dans le Loir-et-Cher par M. Tanviray s'empressa d'en réclamer le bénéfice. Elle rentrait manifestement dans le cadre des associations ayant pour objet exclusif « l'étude et la défense des intérêts économiques, industriels, commerciaux et agricoles ». Elle devint donc le *Syndicat des agriculteurs de Loir-et-Cher*, qui compte aujourd'hui environ 3 500 membres, quoiqu'il se soit fondé depuis lors beaucoup d'autres syndicats agricoles dans le même département, et qui est demeuré l'un des meilleurs types des syndicats professionnels agricoles.

II

Le programme des syndicats agricoles devait naturellement s'élargir pour faire face à tous les besoins professionnels des hommes entre lesquels ils ont formé un lien nouveau. Après avoir commencé par acheter en commun les engrais, ils voulurent acheter aussi, d'après les mêmes principes, les machines agricoles, les semences, les matières utilisées pour l'alimentation du bétail, les produits employés par la viticulture, enfin toutes les marchandises nécessaires à l'exploitation de la terre. Puis, comme les cultivateurs sont des producteurs bien plus que des consommateurs, on chercha à se servir du groupement syndical et de la puissance d'action qu'il possède pour créer des débouchés nouveaux et faciliter la vente plus rémunératrice des produits agricoles : c'est d'ailleurs un problème infiniment moins aisé à résoudre que celui de l'achat en commun à la façon d'une société coopérative de consommation.

L'intérêt professionnel ne se limitant pas à la satisfaction de ces besoins purement immédiats et matériels, la plupart des syndicats agricoles ont adopté des statuts qui ouvrent un champ bien autrement vaste à leur activité.

Voici quel est, à titre de spécimen, le programme adopté par l'un de nos plus importants syndicats agricoles, qui a été souvent pris comme modèle, le syndicat des agriculteurs de l'Indre, présidé par M. L. Marchain, et qui compte plus de 3 000 adhérents :

Le Syndicat a pour objet général l'étude et la défense des intérêts économiques agricoles et pour but spécial :

1° D'examiner et de présenter toutes réformes législatives et autres, toutes mesures économiques, de les soutenir auprès des pouvoirs publics et d'en réclamer la réalisation, notamment en ce qui concerne les charges qui pèsent sur la propriété foncière, les tarifs de chemins de fer, les traités de commerce, les tarifs douaniers, les octrois, les droits de place dans les foires et marchés, etc. ;

2° De propager l'enseignement agricole et les notions professionnelles, tant par des cours, conférences, distributions de brochures, installations de bibliothèques que par tous autres moyens ;

3° De provoquer et favoriser des essais de culture, d'engrais, de machines et instruments perfectionnés et de tous autres moyens propres à faciliter le travail, réduire les prix de revient et augmenter la production ;

4° D'encourager, de créer et d'administrer des institutions économiques, telles que sociétés de crédit agricole, sociétés de production et de vente, caisses de secours mutuels, caisses de retraite, assurances contre les accidents, offices de renseignements pour les offres et les demandes de produits, d'engrais, d'animaux, de semences, de machines et de travail ;

5° De servir d'intermédiaire pour la vente des produits agricoles, et pour l'acquisition d'engrais, de semences, d'instruments, d'animaux et de toutes matières premières ou fabriquées utiles à l'agriculture, de manière à faire profiter ses membres des remises qu'il obtiendra ;

6° De surveiller les livraisons faites aux membres du Syndicat]ou effectuées par eux, pour en assurer la loyauté et réprimer les fraudes ;

7° De donner des avis et des consultations sur tout ce qui concerne la profession agricole, de fournir des arbitres et experts pour la solution des questions rurales litigieuses.

Un grand nombre de syndicats agricoles, formés sous l'inspiration de la Société des agriculteurs de France, ont adopté dans leurs statuts un programme analogue ou qui n'en diffère que très légèrement. On y reconnaît bien nettement l'esprit corporatif qui tend à faire de tous les intéressés à l'exercice d'une même profession une grande personnalité vivante et permanente, un *corps* se mouvant librement dans la Société moderne, réagissant contre l'antique individualisme qui a fait si longtemps l'infériorité des populations rurales et amortissant la pesée du fort sur le faible. Dans cette coalition spontanée, chacun se fait sa place, s'agrège à ses semblables selon ses affinités naturelles et travaille au bien commun avec la certitude de bénéficier lui-même du travail de tous.

L'organisation professionnelle de la société, idéal poursuivi de nos jours par un grand nombre de penseurs, est un puissant élément d'ordre et de paix : car, quand elle est bien comprise et pratiquée comme dans le mouvement syndical agricole, elle repose tout entière sur le progrès, la justice et la solidarité qui sont l'essence de la corporation. Nous aurons l'occasion de le constater en étudiant le fonctionnement des syndicats agricoles, les services multiples qu'ils s'ingénient à rendre à leurs adhérents, leur rôle pratique, technique, économique et social.

Mais il importe de bien dégager la pensée qui les domine, l'esprit qui les a imprégnés insensiblement, et presque à leur insu, quand la modeste association pour l'achat des engrais s'est trouvée transformée par la force des circonstances en syndicat professionnel.

En face de notre centralisation politique exagérée, des abus de la réglementation administrative, des empiétements de l'État, de l'émiettement des forces vives du pays, il y avait urgence à reconstituer des centres d'activité et à grouper les divers intérêts similaires en associations professionnelles adaptées aux conditions nouvelles de l'agriculture et de l'industrie. Ces modernes corporations, auxquelles leur nombre, l'union de leurs membres et les services qu'elles sauraient organiser devaient inspirer rapidement la conscience de leur force, avaient un rôle important à remplir dans l'État : former une représentation spontanée et essentiellement compétente des intérêts professionnels et, à ce titre, soumettre leurs vœux et revendications aux pouvoirs publics, avant le vote des lois destinées à affecter ces intérêts.

Quant à l'agriculture, en particulier, elle avait à se défendre contre l'accaparement et les spéculations du commerce, contre l'exploitation des intermédiaires, contre la concurrence nouvelle des producteurs du monde entier : c'était bien réellement la « lutte pour la vie » qu'il s'agissait d'engager en lui donnant une organisation professionnelle dont, bien plus encore que toute autre catégorie de citoyens, elle était absolument dénuée.

L'agriculture française était, en effet, demeurée routinière, arriérée, pauvre ; l'ignorance et l'individualisme entravaient ses progrès. Les campagnes étaient encore la proie de servitudes dont il fallait les affranchir ; il y avait une évolution complète à entreprendre pour faire de l'industrie agricole ce qu'elle doit être, une véritable industrie, et l'élever au rang des autres professions.

Ce relèvement a été le but des syndicats agricoles et plusieurs l'ont formulé expressément dans leurs statuts.

Les syndicats agricoles, fondés pour un objet très spécial, très limité, ont donc élargi leur cadre de manière à embrasser tous les intérêts de la corporation rurale : la rapidité, l'aisance avec lesquelles cette transformation s'est accomplie démontrent combien étaient urgents les besoins auxquels elle a satisfait.

III

Sous quelle forme se sont organisés les syndicats agricoles ? La loi du 21 mars 1884 leur laissait une grande latitude sous le rapport de la forme à adopter comme au point de vue des opérations qu'il leur était loisible d'entreprendre. Cette loi, rédigée en termes assez vagues, est essentiellement une loi de liberté, destinée à stimuler l'initiative privée et non pas à la réglementer : son commentateur autorisé, M. Waldeck-Rousseau, ministre de l'intérieur, l'a dit en termes des plus explicites dans la circulaire qu'il a adressée aux préfets relativement à son application.

Les syndicats agricoles sont des associations formées librement entre agriculteurs ou personnes exerçant une profession connexe à celle d'agriculteur et concourant à l'établissement des mêmes produits. Les propriétaires de biens ruraux, soit qu'ils les exploitent ou non par eux-mêmes, les fermiers, colons, métayers et préposés à l'exploitation des fonds ruraux, les serviteurs et ou-

vriers employés à la culture peuvent en faire partie : car tous ils
possèdent l'intérêt professionnel qui justifie le groupement syndical. Le simple dépôt des statuts, avec les noms des administrateurs ou directeurs, fait par les fondateurs à la mairie du lieu
où le syndicat est établi, suffit pour qu'il soit valablement constitué. Il se recrute alors comme il l'entend : le plus souvent, les
candidats doivent être présentés par deux membres et leur admission est prononcée par la Chambre syndicale ou par le bureau.

L'administration du syndicat est exercée par un bureau à la
tête duquel se trouve placé le président ou président-syndic, qui
dirige l'association et la représente à l'égard des tiers. Ce bureau
est assisté d'une Chambre syndicale ou conseil d'administration,
dont les pouvoirs sont plus ou moins étendus. Une assemblée générale des membres du syndicat a lieu une ou deux fois par an;
elle est saisie d'un rapport du bureau sur la situation financière
et sur les opérations de l'association, et elle statue sur les propositions qui lui sont soumises par la Chambre syndicale. Elle
nomme la Chambre syndicale qui choisit à son tour le bureau, à
moins que celui-ci ne soit élu directement par l'assemblée, comme
cela se pratique souvent. Tout cela, on le voit, est très simple et
très libéralement conçu. Tout se passe au grand jour dans les
syndicats agricoles, et on n'y rencontre aucun pouvoir occulte.
Dans les syndicats de quelque importance, le bureau choisit un
agent salarié, secrétaire ou directeur, pris en dehors de l'administration, auquel il délègue une partie de ses pouvoirs. Mais
il arrive fréquemment que le président ou le secrétaire se charge
de remplir seul, à titre purement gracieux, une tâche fort pénible qui absorbe une bonne partie de son temps, celle de la correspondance et des affaires de l'Association.

Le syndicat agricole étant constitué et investi par la loi de la
personnalité civile, il faut qu'il puisse vivre, c'est-à-dire qu'il
subvienne à ses frais généraux, et qu'il travaille à se former un
patrimoine, afin de pouvoir fonder un jour des institutions d'assistance et de prévoyance, ou des œuvres de propagande destinées
à faire progresser la pratique agricole.

Les ressources des syndicats sont formées des cotisations de
leurs membres, des dons et libéralités qu'ils peuvent recevoir, des
subventions que leur accordent parfois les conseils généraux et
le ministre de l'agriculture, ainsi que les comices ou sociétés

d'agriculture qui les ont fondés, et enfin d'une redevance ou ma-
joration assez généralement prélevée sur les ventes ou achats
qu'ils traitent pour le compte de leurs membres.

Les cotisations sont très minimes, le plus souvent de 2 ou
3 francs par an; on les voit même s'abaisser jusqu'à 50 centimes.

Dans quelques syndicats qui fonctionnent comme une sorte de
patronage vis-à-vis des petits cultivateurs et des ouvriers de culture, on distingue plusieurs catégories de membres; les membres
fondateurs ou donateurs paient une cotisation plus élevée que les
membres ordinaires, ou un droit d'entrée plus ou moins important. Un autre système est aussi pratiqué par des syndicats de
Seine-et-Oise, de la Marne, du Gers, etc., celui de rendre la cotisation proportionnelle, soit au nombre d'hectares de terre dont
les syndiqués sont propriétaires ou locataires, soit au chiffre de
l'impôt foncier. Les syndicats agricoles sont de date trop récente
pour que les dons et legs qu'ils ont la faculté de recueillir aient
pu encore les enrichir : nous citerons cependant le legs de
10 000 francs fait par un ancien notaire au Syndicat agricole de
l'arrondissement de Provins. Les majorations que la plupart des
syndicats prélèvent sur les factures de leurs fournisseurs varient
de 1 p. 100 à 4 et 5 p. 100 : elles ne devraient régulièrement servir qu'à couvrir les frais qu'imposent les commandes, les analyses,
la distribution des marchandises, etc.

Malgré la modicité de ces ressources, et avec des frais généraux souvent assez lourds, beaucoup de syndicats sont parvenus,
en quelques années, à se constituer un petit actif qui fait la boule
de neige et dont ils pourront user pour créer des institutions de
crédit ou de prévoyance : c'est là une pratique qu'on ne saurait
trop encourager chez ces associations. Nous pourrions citer des
syndicats agricoles qui possèdent déjà des encaisses de 10 000,
20 000, 30 000 francs.

IV

Dans le monde des syndicats agricoles il y a, comme partout
ailleurs, des grands et des petits, des syndicats à vaste circonscription, comptant plusieurs milliers de membres, et des syndicats à limites territoriales restreintes, dont les adhérents, relativement peu nombreux, forment une sorte de grande famille
rurale. Tous les types sont pratiqués, tous ont réussi : car ils

sont généralement imposés par la diversité des milieux et des
circonstances dont il faut nécessairement tenir grand compte pour
implanter l'association professionnelle parmi les agriculteurs. Il
y a des syndicats agricoles simplement communaux ou groupant un petit nombre de communes, des syndicats cantonaux,
des syndicats d'arrondissement, et enfin de grands syndicats départementaux. Tous ont leurs mérites et peut-être aussi leurs
défectuosités.

Les syndicats départementaux représentent une force considérable soit pour les manifestations relatives aux intérêts économiques de l'agriculture, soit pour les marchés à traiter avec les
fournisseurs auxquels ils apportent une grosse clientèle, soit
pour la diffusion des bonnes méthodes culturales et la fondation
d'institutions annexes.

Mais le lien que l'association syndicale a pour but d'établir
entre ses membres y existe à peine ; ils ne se connaissent pas, ne
peuvent se fréquenter, et n'entretiennent que des rapports en
quelque sorte administratifs avec le bureau de leur association.
Dans les syndicats locaux, au contraire, et le canton constitue
à cet égard une excellente unité de circonscription, les agriculteurs se connaissent, se rencontrent à chaque instant, se sentent
les coudes.

Ils peuvent apprécier réciproquement leur valeur personnelle, la situation de leurs affaires ; ils ont des besoins identiques
auxquels il est possible de trouver une satisfaction commune. Ce
sont là les meilleures conditions pour se grouper en association
professionnelle, pour faire naître le sentiment de solidarité qui
est la base de toute corporation. Mais les petits syndicats possèdent des moyens d'action souvent insuffisants, et il ne leur est
pas donné d'avoir toujours à leur tête des hommes d'initiative,
d'intelligence et de dévouement comme il faut les trouver pour
assurer la prospérité de ces associations.

Il existe un excellent moyen de combiner les avantages des
grands et des petits syndicats de façon à permettre à l'association
professionnelle de produire tous ses fruits naturels. Quand le
grand syndicat départemental préexiste, on l'assouplit, on lui
infuse la vie corporative en l'organisant en groupes locaux dont
chacun possède un bureau spécial, réunit fréquemment ses membres et fonctionne presque à la façon d'un petit syndicat dans le
grand. Le bureau local administre le groupe, selon ses besoins

particuliers, sous l'autorité du bureau central de l'association, pour lequel il est un puissant agent d'information et d'influence. Un syndicat départemental ainsi organisé dispose d'une foule de concours précieux et est admirablement placé pour faire progresser l'agriculture, défendre ses intérêts, améliorer efficacement la condition des cultivateurs.

Dans les départements où il n'existe pas de syndicat départemental, mais beaucoup de petits syndicats cantonaux, on peut arriver pratiquement à un résultat assez analogue en groupant tous ces syndicats pour en former, comme l'autorise la loi du 21 mars 1884, une fédération, une union des syndicats agricoles du département. Mais pour que l'union ainsi organisée puisse rendre aux syndicats qu'elle englobe les services pratiques qu'ils attendent d'elle, il faut la pourvoir d'une institution annexe ou office, car les unions de syndicats ne possèdent pas la personnalité civile.

Les syndicats agricoles sont le plus souvent des syndicats mixtes ; ils admettent aussi bien les ouvriers que les patrons, et c'est ce qui a fait leur succès. Grands propriétaires fonciers, fermiers, régisseurs, petits propriétaires ruraux, employés de culture, vignerons, simples ouvriers agricoles, font partie du même syndicat ; ils y apprennent à se connaître, à s'entr'aider, à s'éclairer les uns les autres, à discuter leurs intérêts communs et à se concerter pour les faire triompher. Rien n'est plus propre que ces réunions familières à rapprocher les classes, à solidariser les intérêts et à élever le niveau de la démocratie rurale. Les premiers organisateurs des syndicats agricoles ont très heureusement compris que, pour faire œuvre de progrès réel et de haute portée sociale, il fallait, en face des divisions et des malentendus trop exploités dans le monde du travail industriel, affirmer l'union qui règne entre le patron et l'ouvrier agricole. Créer des syndicats pour les propriétaires fonciers, fermiers ou régisseurs, c'est-à-dire pour les patrons seuls, c'était provoquer peut-être la formation de syndicats d'ouvriers agricoles qui eussent été opposés aux premiers, c'était partager l'agriculture en deux armées hostiles, organiser la guerre et non la paix. Le syndicat mixte est l'idéal des associations corporatives puisque, par essence, il est un instrument d'accord et de solidarité et qu'il empêche les ferments malsains de se développer entre les hommes qu'il réunit.

Sans doute, les rapports qui existent entre le patron ou l'entrepreneur du travail et l'ouvrier ne sont pas troublés dans l'agriculture comme ils le sont dans l'industrie : mais il était bon de veiller à ce qu'ils ne pussent le devenir un jour sous l'influence des agitateurs socialistes qui ne dédaigneront pas d'exploiter les campagnes quand ils jugeront le moment favorable. Cette éventualité n'est pas chimérique, car elle vient de se produire dans le centre de la France.

Dans le département du Cher et dans quelques parties de l'Indre et de l'Allier, il s'est créé récemment, d'après les conseils des députés socialistes Baudin, Dumay et Thivrier, des syndicats agricoles ouvriers sur le modèle des syndicats ouvriers de l'industrie. Les ouvriers ruraux s'organisent en syndicats de faucheurs, de moissonneurs, de bûcherons, etc.; leur programme invariable consiste à refuser le travail à l'entreprise et à n'accepter que le travail payé à l'heure. Leur projet est d'empêcher de travailler, même en employant la violence, les ouvriers qui ne consentiraient pas à s'enrôler dans leurs syndicats, d'organiser, en un mot, la grève pour les travaux des champs. Ce mouvement, qui s'est développé malgré les efforts des grands propriétaires fonciers pour améliorer le sort des paysans, paraît avoir été provoqué principalement par la substitution du travail mécanique au travail des bras dans les exploitations agricoles. Il est dirigé dans un sens politique très accusé, puisque, le 1ᵉʳ mai dernier, c'est aux cris de : « Vive la République sociale ! Vive l'Internationale ! » que les ouvriers ruraux syndiqués du Cher prenaient part aux élections municipales. Aussi M. Baudin, député, qui s'est vanté du succès partiel de cette tentative d'organisation du socialisme agraire dans le Cher, s'est-il cru autorisé à en conclure que « quand on fait des syndiqués, on fait des socialistes révolutionnaires ».

Toute l'histoire de nos syndicats agricoles proteste contre cette affirmation du député socialiste : elle démontre, au contraire, que l'association professionnelle ou la corporation, telle que l'agriculture la pratique, barre résolument le chemin au progrès des doctrines socialistes. Mais cet exemple, qui mérite d'ailleurs d'être surveillé, prouve combien l'agriculture a été bien inspirée d'organiser, autant que possible, des syndicats mixtes, combien elle a intérêt à les multiplier dans les régions où ils sont encore trop peu nombreux.

Le danger de l'extension de syndicats ruraux ouvriers donnant la main aux syndicats ouvriers des villes n'est peut-être pas tel qu'on pourrait le craindre. La petite propriété est trop démocratisée dans nos campagnes pour que beaucoup d'ouvriers ruraux consentent à s'embrigader dans les syndicats socialistes. L'ouvrier de culture, le plus souvent, est aussi un petit propriétaire ; il loue ses services, mais cela ne l'empêche pas de cultiver son propre champ. A titre de propriétaire, il a le plus grand intérêt à faire partie des syndicats agricoles qui rendent mille services à la petite culture et qui sont créés surtout à son profit. Membre d'un syndicat mixte dont il appréciera de plus en plus les bienfaits, admis à y débattre ses intérêts professionnels en union avec les patrons ruraux, ce qui aura pour effet de relever sa condition à ses propres yeux, il deviendra réfractaire à la propagande socialiste (1).

V

Quel a été le développement et quel est l'état actuel des syndicats agricoles?

D'après l'*Annuaire des syndicats professionnels* que publie le ministère du commerce, et au 1er juillet de chaque année, on comptait 5 syndicats agricoles en 1884, 39 en 1885, 93 en 1886, 214 en 1887, 461 en 1888, 577 en 1889, 648 en 1890 et 750 en 1891.

Les 750 syndicats agricoles relevés au 1er juillet 1891 formaient un peu moins que le quart du total des syndicats professionnels qui était de 3 253. Mais le chiffre officiel indiqué par le ministère pour les syndicats agricoles dont les statuts ont été régulièrement déposés nous semble faible ; leur nomenclature par ordre de département présente beaucoup d'omissions, surtout parmi les syndicats émanés des anciennes associations agricoles ou parmi les comices et sociétés d'agriculture qui se sont eux-mêmes transformés en syndicats professionnels.

Depuis l'année dernière, le mouvement est loin de s'être arrêté et, en tenant compte aussi bien des syndicats nouvellement créés que de ceux qui ont pu se dissoudre, nous ne pouvons

_____

(1) On sait que les organisateurs du prochain Congrès socialiste de Marseille ont ouvert une enquête sur les moyens de propager le socialisme dans les campagnes.

évaluer à moins de 900 le nombre actuel de nos syndicats agricoles.

Le rédacteur de l'*Annuaire* de 1891 constate qu'il existait des syndicats agricoles dans tous nos départements, sauf dans celui de Constantine qui, depuis lors, a comblé cette lacune. Leur répartition est très inégale : certains départements tels que la Côte-d'Or, l'Yonne, la Drôme, l'Ain, la Charente, l'Isère, le Loir-et-Cher, l'Indre-et-Loire, la Marne, la Sarthe, etc., comptent chacun 20 à 30 syndicats et même plus ; d'autres départements, et des plus importants, tels que l'Allier, les Ardennes, le Calvados, la Loire-Inférieure, la Manche, la Mayenne, la Nièvre, le Nord, l'Oise, etc., n'en possèdent que 2 ou 3. Dans plusieurs de ces départements, l'Allier, la Nièvre, le Nord, par exemple, le mouvement syndical a été peu marqué ; dans d'autres, un grand et florissant syndicat départemental, constitué au début, a accaparé la faveur des agriculteurs, et n'a pas laissé de place à ses côtés pour la fondation de syndicats nouveaux.

Combien les syndicats agricoles groupent-ils d'adhérents dans leurs cadres? Ici encore, la publication officielle est manifestement dans l'erreur. Le chiffre des membres qu'elle porte à l'actif de chaque syndicat est souvent vieux de plusieurs années, et l'on sait avec quelle rapidité se recrutent ces associations. Pour n'en citer que deux exemples, elle indique dans la Haute-Loire le chiffre de 700 syndiqués, tandis que leur nombre a réellement dépassé 2 000, dans la Loire-Inférieure le chiffre de 1 289, tandis qu'il est environ de 3 700. Aussi ne pouvons-nous accepter en aucune façon le chiffre de 269 298 pour l'ensemble adhérents des syndicats agricoles. Des relevés faits avec grand soin sur les comptes rendus annuels des syndicats agricoles nous permettent de fixer en bloc à 500 000 membres environ le personnel des syndicats agricoles, qu'on peut considérer comme l'élite de l'agriculture française. Qui aurait pu supposer, en 1884, que les populations rurales réputées si routinières, si réfractaires à tout progrès, allaient fournir, en huit années, aux corporations régénérées un demi-million de membres actifs? 120 syndicats agricoles possèdent chacun plus de 600 membres, et réunissent tous ensemble 200 000 adhérents.

Le syndicat agricole de la Charente-Inférieure compte 12 500 membres, le syndicat des agriculteurs de la Vienne 10 500, le syndicat des agriculteurs du Loiret près de 6 000, etc., et cela sans préjudice d'autres associations similaires existant dans ces départements et leur faisant concurrence. Car souvent, dans la même circonscription et jusqu'au chef-lieu de canton, on trouve deux syndicats rivaux qui se disputent l'honneur de rendre des services à l'agriculture.

Les hommes qui, placés à la tête des syndicats agricoles, leur ont donné, par leur dévouement et leur intelligence pratique, une vive impulsion, sont nombreux en France : ils ont bien mérité non seulement de l'agriculture, mais du progrès économique et social. On compte beaucoup de sénateurs et de députés parmi eux ; nous citerons seulement M. Develle, ministre de l'agriculture, président d'un syndicat de la Meuse, M. Méline, président d'un syndicat des Vosges, M. Christophle, gouverneur du Crédit foncier, président d'un syndicat de l'Orne, etc.

Les ressources des syndicats agricoles sont minimes, nous l'avons dit : mais ils possèdent un capital inestimable, leur probité commerciale, leur exactitude à remplir leurs engagements : c'est ce qui leur permet, sans fournir pour ainsi dire de garanties réelles, de traiter pour leurs membres un chiffre d'affaires évalué au minimum à 50 millions de francs, et que certaines recherches statistiques portent même à 90 millions de francs par an.

Parmi les moyens d'action des syndicats agricoles, il faut en mentionner un très efficace pour instruire leurs adhérents, les tenir au courant de tout ce qui touche leurs intérêts et créer un lien permanent entre eux et le bureau de l'association ; c'est la propagande exercée par la presse syndicale. Beaucoup de syndicats ont créé des bulletins, le plus généralement mensuels ou bimensuels, qu'ils adressent gratuitement à leurs membres. Ces feuilles, très pratiquement rédigées pour la plupart, contiennent des conseils de culture, des formules d'engrais appropriées aux besoins locaux, des avis concernant les diverses opérations de l'association, les comptes rendus des assemblées générales et des réunions de la chambre syndicale ou des groupes locaux, etc. Elles enregistrent aussi, pour les syndiqués qui le désirent, les offres et demandes de produits agricoles, animaux, etc., et leur publicité facilite ainsi les transactions, soit entre leurs propres membres, soit entre les syndicats qui font l'échange de ces publications. Ces bulletins de syndicats sont au nombre d'au moins 200, avec un tirage très considérable puisqu'il est proportionné au chiffre de leurs membres : on peut facilement apprécier quelle heureuse influence cette presse professionnelle exerce sur le progrès des populations rurales. Quelques associations publient des almanachs ou des annuaires. Celles qui ne possèdent pas d'organe de publicité font généralement publier leurs comptes rendus annuels ou semestriels par la presse locale.

Nous avons cherché à exposer rapidement l'organisation des syndicats agricoles. L'agriculture a compris la forme nouvelle d'association que lui offrait la loi du 21 mars 1884, non seulement comme un puissant instrument de progrès technique et matériel qui devait l'aider à traverser une crise économique intense, mais aussi comme un moyen de se prémunir contre deux dangers inégalement redoutables : les entreprises du socialisme révolutionnaire et celles du socialisme d'État. L'antique corporation, rajeunie, appropriée aux besoins des temps nouveaux, développant le principe généreux de la solidarité professionnelle sans porter atteinte à celui de la liberté du travail, lui a paru l'asile où elle pourrait étudier en paix les problèmes relatifs à la production.

En considérant sous ses aspects divers le fonctionnement des syndicats agricoles, nous verrons se confirmer leur caractère nettement corporatif, car nous les trouverons toujours prenant en main les intérêts de leurs membres.

Une fois les syndicats agricoles bien connus, nous rencontrerons, au-dessus du groupement des individus, le groupement des associations elles-mêmes dans les unions de syndicats agricoles dont l'action, tour à tour centralisatrice et décentralisatrice, offre matière à d'intéressantes observations. Ces fédérations ont pour objet de développer encore parmi les agriculteurs l'essor de l'initiative privée et le sentiment de la solidarité, de régler leurs manifestations, de défendre plus efficacement et de mieux représenter les intérêts de la profession.

Nous les verrons, dans le cadre de nos vieilles provinces où elles ont voulu se placer pour faire revivre certaines traditions et affinités séculaires, chercher à diriger, en vue d'une meilleure organisation de la société civile, le mouvement spontané qui porte aujourd'hui toutes les forces sociales, et en particulier les forces rurales, à s'unir.

Comte de ROCQUIGNY.

(*A suivre.*)

LES

EXEMPLES EN TEMPS DE GUERRE

––––––

L'organisation militaire, que nous ont imposée les événements de 1870, n'a pas encore été mise à l'épreuve dans une guerre européenne. Comme toute œuvre humaine, elle doit avoir ses avantages et ses inconvénients : les premiers sautent aux yeux des gens, même les moins au courant des questions militaires. Grâce au service obligatoire, étendu jusqu'aux extrêmes limites d'âge et de profession, la France mettra sur pied, en cas de péril national, des armées dont le nombre passe tout rapport, admis jusqu'à présent comme vraisemblable, avec le chiffre de sa population. Le discours du souverain, enivré de puissance militaire, qui se vantait récemment de jeter, le lendemain de la déclaration de guerre, quinze cent mille hommes sur chacune des frontières de l'Empire menacé à l'est et à l'ouest, n'est donc pas fait pour nous émouvoir. La République française, en effet, peut accuser, aujourd'hui, un nombre de combattants plus élevé encore, et pour le moins aussi bien armés, aussi bien exercés, aussi bien commandés.

Mais comment se comporteront au feu, au feu épouvantablement meurtrier et démoralisant des guerres modernes, ces masses d'hommes, arrachés brusquement à leurs affaires, à leurs affections, à leurs plaisirs ? Quelle sera la valeur respective de ces multitudes armées ? C'est là l'inconnue d'un terrible problème, dont la solution ne peut être donnée par aucun procédé scientifique. Car si, en arithmétique, un et un font deux, sur le champ de bataille un bon soldat et un mauvais, accolés, sont loin de faire deux combattants, et souvent même, grâce à la contagion du mauvais exemple, équivalent à zéro.

Voici ce que dit, au sujet du moral des troupes, un des meilleurs lieutenants de Napoléon, un de ceux qui ont le mieux connu l'esprit du soldat français, et qui en ont parlé dans les meilleurs termes, le maréchal Marmont enfin, l'organisateur du camp de Zeist, où fut formé par lui ce célèbre 2ᵉ corps de la Grande Armée, qui dans sa marche des côtes de Hollande à Wurzbourg, en 1805, ayant traversé une partie de la France et de l'Allemagne et marché vingt jours sans s'arrêter, ne laissa derrière lui que neuf traînards sur trente mille hommes :

« Il faut, pour donner aux troupes toute leur valeur, que la confiance existe entre tous ceux qui composent une armée. Le soldat doit croire à la valeur de son camarade ; il sera convaincu que son officier, également brave, lui est supérieur en expérience et en instruction ; il supposera chez son général la même bravoure, et, de plus, la science et le talent. Alors, l'armée forme un faisceau que rien ne peut rompre.

« Voilà la première condition de la force des armées, le premier élément de succès.

« Mais, cette base fondamentale, que nous appelons la confiance, n'est possible que dans des troupes éprouvées et anciennes, et non dans des troupes nouvelles qui ne se connaissent pas. De là, l'absurdité d'une garde nationale destinée à remplacer les troupes de ligne. Les gardes nationales, en les supposant composées de tout ce qu'il y a de plus brave sur la terre, ne vaudront jamais rien à leur début, car la valeur, la capacité de chacun ne pouvant être appréciées par les autres qu'après expérience, les premières tentatives seront faites sans le secours de la confiance et amèneront probablement de grands et irréparables malheurs. »

Il est impossible d'exprimer plus clairement une vérité plus incontestable. Or, on ne saurait nier que ces réflexions ne s'appliquent, dans une certaine mesure, à nos régiments formés, au moment de la déclaration de guerre, de jeunes soldats et, pour le plus grand nombre, de réservistes ne retrouvant, souvent, plus les mêmes chefs, ou voyant la plupart de leurs camarades pour la première fois, soit que ceux-ci aient changé de corps, soit qu'ils aient fait leur temps de service actif, de trois ans ou d'un an, à des époques différentes. Sera-t-il possible au commandement d'user dans ces conditions des moyens employés par Marmont ou

Davoust, à l'égard de vieux soldats sortis de France et continuellement en campagne depuis dix ans, pour lesquels le régiment
avait, dans toute la force du terme, remplacé la famille et la patrie absente? Évidemment non.

Sans doute, d'autres mobiles puissants viendront au jour du
choc suprême élever l'esprit du soldat français et l'affermir. Dans
son passage au régiment, il aura appris par l'historique du corps
les hauts faits de ses prédécesseurs dans la carrière ; il aura la
conscience des efforts et des sacrifices consentis pendant si longtemps par le pays, pour rendre formidable à l'agresseur sa puissance militaire ; il aura le souvenir pieusement gardé des combattants inexpérimentés de 1870, prolongeant, au delà des délais
vraisemblables, cette résistance qui étonnait le monde, et inquiétait encore notre vainqueur, quatre mois après les catastrophes
de Sedan et de Metz. Il comparera cette puissance de vitalité de
notre pays surpris, aux faciles défaites consenties par la Prusse
au bout de trois semaines après Iéna, par l'Autriche huit jours
après Sadova.

Et par-dessus tout, ce Français, soldat de la prochaine guerre,
il saura que cette fois, de la valeur de tous et de chacun, dépendra
l'existence même de la France. Voilà bien des raisons pour que
le soldat sente la nécessité de faire son devoir, pour lui donner
l'espoir et le désir ardent du succès final. Mais ce sont là des sentiments qu'il faut se garder de confondre avec la confiance militaire telle que nous l'avons vu définie plus haut, c'est-à-dire la
certitude pour chacun que les autres feront leur devoir jusqu'au
bout.

Dans cette multitude armée, au contraire, chacun supposera
qu'il doit se trouver des égoïstes, des malveillants et surtout des
faibles d'esprit et de corps, et personne ne saura, dans notre organisation actuelle, où ils se trouvent placés, puisque aucune classification sociale ou militaire ne permet de les distinguer *a priori*.
Il n'est donc pas une troupe, à l'entrée en campagne, dont le chef
pourra se croire débarrassé de ces mauvais éléments, pas un combattant qui pourra compter d'une façon absolue sur l'aide de son
compagnon d'armes, prêtée jusqu'à l'extrême limite de fatigues
et de dangers, jusqu'au sacrifice de la vie.

C'est là un danger national que l'esprit public, dérouté par
l'habitude des longues périodes de paix européenne, n'estime pas
à sa juste valeur. L'habitude est prise, au contraire, d'affirmer

couramment, comme un axiome, que rien n'est facile pour un conscrit comme de faire son devoir sur le champ de bataille. L'expérience, dès les premiers engagements, donnerait un cruel démenti à ce dicton à la mode.

On nous objectera, sans doute, que ces défauts, inhérents à notre nouvelle organisation de levée en masse, doivent se retrouver dans l'armée prussienne, qui a servi de modèle à nos législateurs militaires. On ajoutera qu'ils ne l'ont pas empêchée de remporter la victoire en 1870. Ces arguments sont plus spécieux que probants. Il y a, en effet, autant de différences essentielles que d'analogies entre les armées de la France et de l'Allemagne. Dans ce dernier pays, la population est plus naturellement disciplinée, le sentiment de la hiérarchie sociale y prépare et y confirme le soldat dans le respect de la hiérarchie militaire. Le recrutement y est plus complètement régional qu'en France ; les hommes y sont donc sûrs de retrouver, en cas de mobilisation, la plupart des chefs qu'ils ont appris à estimer, et les camarades qu'ils connaissent, et sur lesquels ils savent pouvoir compter.

Les brillants succès de 1870 ont d'ailleurs été remportés par l'armée prussienne dans des conditions tout exceptionnelles. Les soldats, dès le début, savaient tous, jusqu'au dernier homme, quelle était la supériorité écrasante de leur nombre. La confiance que leur inspirait cet avantage a été entretenue par un concours de circonstances vraiment inouï. Enfin, et surtout, aucun échec sérieux n'est venu mettre la solidité de leurs troupes à l'épreuve. Autre chose, en effet, est de se battre victorieux ou vaincu. L'organisation prussienne n'a donc pas subi l'épreuve de la défaite. Cependant, au début même de leurs triomphes, les soldats, qu'elle avait formés, étaient sujets à des défaillances dont on se rendra compte en lisant l'extrait suivant d'un ouvrage militaire allemand, publié en 1888 sous le titre humoristique de *Songe d'une nuit d'été*, et dû à la plume d'un des officiers généraux prussiens les plus autorisés :

« Je pensais à ma première bataille en France. Nous n'apparûmes que très tard et nous traversâmes le champ de bataille à l'endroit où le combat avait été jusque-là le plus violent. La campagne était comme semée de soldats qui s'étaient défilés et qui ne prenaient pas part au combat. On aurait pu en former des bataillons ; d'un regard on en embrassait des centaines. Les uns étaient étendus par terre, le fusil dirigé en avant, comme une ligne de tirailleurs attendant le retour de l'ennemi. Il était évident qu'ils étaient restés couchés pendant que leurs camarades plus braves qu'eux se portaient en avant. D'autres s'étaient tapis dans les sillons comme des lièvres. Plusieurs s'étaient réunis dans les endroits abrités par un buisson ou un trou et s'y étaient commodément installés. Tous avaient l'air indifférent. J'entendis crier: « En voilà encore qui veulent se faire tuer! » Les hommes qui se trouvaient près de moi et dont je pouvais voir les pattes d'épaule, portaient le numéro d'un régiment connu pour sa bravoure. Je portai les yeux vers mes soldats : je rencontrai quelques regards inquiets; beaucoup avaient pâli. Je ne pus, moi-même, qu'avec peine me défendre d'un sentiment de découragement. »

Nos vainqueurs, dans l'ivresse du triomphe rendu certain, sinon facile, par leur nombre, ont donc été capables de défaillances qui nécessitent de la part de leurs officiers des aveux si pénibles pour l'amour-propre national. Que ne peut-on craindre alors de jeunes soldats, luttant à nombre égal, si dès le début leur patience et leur courage sont soumis à des épreuves incomparablement plus dures, la puissance meurtrière des projectiles ayant encore augmenté?

Comment ne pas prévoir des défaillances individuelles? Comment les empêcher de dégénérer en démoralisation générale, si ce n'est en démontrant à nos soldats, dans le cas où ils resteraient sourds aux exhortations de leurs chefs, que l'accomplissement du devoir exigé d'eux sera, à tout prendre, moins dangereux encore que le manquement à la discipline?

Comment, enfin, leur inspirer cette confiance mutuelle qui fait la force d'une troupe, si ce n'est en leur prouvant que l'on est décidé à exiger que chacun d'eux fasse rigoureusement son devoir, et les seules preuves que nous puissions leur en donner, ce sont les actes de répression que nous exercerons contre ceux qui y auront manqué.

C'est pour cela, qu'à cette opinion généralement répandue dans le public, et ainsi formulée : « Si nous avons un échec au commencement de la campagne, tout ira mal », nos vieux officiers répondent avec l'autorité de l'expérience : « Que l'on fasse quelques exemples au début, et tout marchera bien. »

Faire des exemples, c'est-à-dire passer par les armes un certain nombre de lâches, de traînards, de révoltés, dont l'indiscipline peut gagner tout un corps, ce sont là des mesures sur la nécessité desquelles tout le monde est d'accord en théorie, mais dont l'application devient étrangement difficile en réalité.

A toutes les époques, on remarque, en effet, dans notre pays, une répugnance marquée à l'égard de ces mesures extrêmes. Ce sentiment ne pourrait que se fortifier à l'avenir par le progrès des idées humanitaires, et par la nécessité de sévir sur des individus appartenant à toutes les classes de la nation, mariés, pères de famille, ayant à peine revêtu l'uniforme depuis quelques jours.

En voyant notre soldat d'un naturel si bon, on ne s'imagine pas qu'il puisse commettre de déplorables excès en campagne; le sachant naturellement brave et facile à enflammer, on ne veut pas prévoir les défaillances auxquelles il peut être sujet. Par suite, l'opinion publique serait portée à traiter de cruautés inutiles les « exemples » faits sur ceux qui manqueraient dès le début à leur devoir.

D'un autre côté, en admettant que l'on soit, malgré tout, résolu à prendre des mesures rigoureuses, on se heurterait dans la pratique à de sérieuses difficultés dues à ce que notre code de justice militaire ne répond pas aux exigences du temps de guerre. Ainsi on constate, en l'étudiant, que la plupart des fautes contre le devoir militaire, commises en campagne, n'y sont pas visées directement; que d'autres, et des plus graves, telles que la désertion en présence de l'ennemi, n'y sont punies que de la peine d'emprisonnement, ce qui doit être pour certains individus un encouragement à les commettre, parce qu'ils y voient un moyen de se soustraire aux fatigues et aux dangers de la campagne.

Enfin, si, grâce à sa lenteur et à ses nombreuses formalités, la procédure des conseils de guerre offre toutes les garanties désirables, par contre, la répression, ordonnée par eux, vient trop tard après la faute pour frapper les esprits, et les peines prononcées dans ces conditions gardent toute la rigueur du châtiment sans avoir l'utilité de l'exemple.

Dans les situations critiques, il est vrai, la justice militaire en France a eu recours à des tribunaux d'exception, nommés cours martiales. Avec ceux-là, pas de délais exagérés : instruction, condamnation et exécution, tout doit être bâclé en vingt-quatre heures. En adoptant cette justice sommaire, on tomberait, surtout avec le développement exagéré de notre sensibilité moderne, d'un excès dans l'autre. Les juges militaires, sentant le défaut d'instruction des affaires de ce genre, ignorants des antécédents de l'accusé, se prononceraient le plus souvent pour l'acquittement, la loi martiale n'admettant pas de circonstances atténuantes.

En outre, et c'est là l'objection capitale contre ce système de répression, on ne peut se décider à l'adopter que sous la pression des circonstances, c'est-à-dire non seulement après l'entrée en campagne, mais encore après de graves revers; en un mot, quand l'impression de découragement s'est produite, quand le mal est fait, et souvent irréparable.

Ainsi, comme on le voit, les deux juridictions dont nous venons de parler, celle des conseils de guerre et celle des cours martiales, présentent chacune de graves inconvénients, inséparables de leurs avantages. Peut-on tirer parti de ces avantages tout en atténuant ces inconvénients? Nous croyons que cela est possible et qu'il suffit, pour y arriver, d'employer conjointement ces deux juridictions, en réservant à chacune d'elles une catégorie bien spéciale de prévenus.

Quelle est, en somme, la cause qui fait, en général, reculer les juges des cours martiales devant l'application des peines rigoureuses aux prévenus? C'est, nous le répétons, la répugnance qu'ils éprouvent à frapper trop sévèrement ou trop hâtivement un sujet dont les antécédents sont bons ou, étant peu connus du tribunal, faute de temps pour se renseigner, peuvent être présumés tels.

Pourquoi ne pas supprimer cette cause d'hésitation et de faiblesse en séparant, pendant le temps de la guerre, les soldats en bons et mauvais sujets, d'après leurs antécédents? Les individus qualifiés mauvais soldats, d'après des données que nous exposerons plus loin, seraient appelés soldats « avertis », et c'est dans cette infime minorité que seraient pris les individus que l'on pourrait immédiatement déférer aux cours martiales, en cas de faute nouvelle commise par eux, bien entendu.

Cette classification, conforme à nos idées de justice, permettrait de condamner sans hésitation quelques-uns de ces soldats, tout désignés à la sévérité des tribunaux, et leur exécution, servant d'exemple, aurait le double avantage de maintenir tout le monde dans le devoir et de préserver de châtiments trop sévères l'immense majorité d'honnêtes citoyens et de bons soldats formant le fond de l'armée.

En résumé, la nécessité d'actes de répression prompts et énergiques, suivant de près la faute et destinés à servir d'exemples, étant démontrée, implique celle de recourir à une justice sommaire.

Et comme on ne peut songer à l'imposer à tous les citoyens, nous proposons d'employer, à la fois, deux sortes de tribunaux : les conseils de guerre et les cours martiales. Aux premiers seraient déférés les soldats qui, avant leur faute, étaient réputés bons ; aux seconds, ceux réputés mauvais.

La ligne de démarcation entre les bons et les mauvais soldats serait constituée par une peine particulière, dite de « l'avertissement », dont seraient frappés ces derniers, pour un temps plus ou moins long, selon la nature ou la gravité de leurs fautes antérieures.

Voici comment on pourrait mettre en pratique et traduire en articles du code les idées que nous venons d'exprimer.

EXTRAIT DU CODE DE GUERRE

ARTICLE PREMIER. — A partir du premier jour de la mobilisation, et jusqu'à la cessation des hostilités, la justice militaire est rendue par deux juridictions : les conseils de guerre et les cours martiales.

ART. 2. — Les cours martiales jugent exclusivement les soldats dits « avertis ».

ART. 3. — L'homme coupable de délits ou dont l'inconduite est habituelle, et qui subit, pour ce motif, la peine de « l'avertissement », autrement dit, l'homme « averti », reste dans le rang. Il ne porte pas de signe apparent, mais peut être reconnu à une marque faite sur sa plaque d'identité.

ART. 4. — Les hommes « avertis » sont astreints, en station seulement, à des corvées ou à des travaux supplémentaires : ils sont, en outre, tenus de ne jamais s'éloigner de leur cantonnement, ni s'écarter de la troupe dont ils font partie, sous peine d'être poursuivis pour abandon de leur poste.

ART. 5. — La peine de l'avertissement peut être appliquée judiciairement par les tribunaux militaires, ou disciplinairement par les chefs de corps et par les officiers généraux, dans les mêmes limites de temps que celle de la prison.

ART. 6. — En temps de guerre, les pénalités du code de justice militaire (livre **IV**) sont modifiées ainsi qu'il suit : La peine de l' « avertissement » remplace celle de l'emprisonnement et des travaux publics.

A<small>RT</small>. 7. — Les hommes qui subissent au moment de la mobilisation la peine des travaux publics ou celle de l'emprisonnement, dans les prisons militaires, sont dirigés sur leur corps et y continuent la peine prononcée contre eux, en restant « avertis » pendant le temps qu'elle doit encore durer.

A<small>RT</small>. 8. — Les soldats qui, en quittant le service actif, n'ont pas obtenu de certificat de bonne conduite, et les soldats de l'armée active qui en seraient jugés indignes au moment de la mobilisation, restent « avertis » pendant trente jours consécutifs.

A<small>RT</small>. 9. — L'homme « averti » est justiciable, pour tout nouveau crime ou délit, de la cour martiale.

Colonel **TRÔNE**.

LA LETTRE DE CACHET[1]

AU XIXᵉ SIÈCLE

———

Au sujet des placements faits sur la demande des particuliers, les deux projets reconnaissent la nécessité de l'intervention judiciaire. Il eût d'ailleurs été impossible à nos représentants de repousser cette intervention. Comment! nous prétendons être libres, et il faut, dans notre pays, moins de formalités pour prendre à un citoyen sa liberté, sa personne, en quelque sorte même son honneur (puisque aux yeux du vulgaire il y a quelque honte à souffrir d'une maladie mentale qui ne devrait inspirer que la pitié); il faut moins de formalités que pour obliger ce même citoyen à payer une amende de quelques centimes! C'est là une contradiction dont la bizarrerie n'est égalée que par la cruauté. Il était temps d'y mettre fin. L'article 14 du projet Reinach est ainsi conçu :

ART. 14. — Les chefs, responsables des établissements publics et privés consacrés aux aliénés, ne peuvent recevoir une personne présentée comme atteinte d'aliénation mentale, ou d'une des maladies précisées à l'article premier (2), s'il ne leur est remis :

1° Une demande d'admission contenant les nom, profession, âge et domicile, tant de la personne qui la forme, que de celle dont le placement est réclamé, et l'indication du degré de parenté, ou, à défaut, de la nature des relations qui existent entre elles.

La demande est écrite et signée par celui qui la forme; elle est visée par le juge de paix, le maire, ou le commissaire de police. En cas d'urgence, le visa n'est exigible que dans les quarante-huit heures de l'admission. Si l'auteur de la demande ne sait pas écrire, celle-ci est reçue par le fonctionnaire, dont le visa est réclamé, qui en donne acte.

Si la demande est formée par le tuteur d'un interdit, il doit fournir à

———

(1) Voir la *Nouvelle Revue* du 1ᵉʳ septembre 1892.
(2) Cet article premier prescrit la création dans les asiles de quartiers spéciaux, pour les idiots, crétins, épileptiques, et pour le traitement et l'éducation des enfants idiots, imbéciles, arriérés, épileptiques ou paralytiques.

· l'appui, dans un délai de quinze jours, un extrait du jugement d'interdiction et un extrait de la délibération du conseil de famille, prise en vertu de l'article 510 du Code civil.

2° Un rapport au procureur de la République sur l'état mental de la personne à placer, signé d'un docteur en médecine. Ce rapport doit être circonstancié ; il doit indiquer notamment la date de la dernière visite faite au malade par le signataire, sans que cette date puisse remonter à plus de huit jours ; les symptômes observés et les preuves de folie constatées personnellement par le signataire ; la marche de la maladie, ainsi que les motifs d'où résulte la nécessité de faire traiter le malade par un établissement d'aliénés et de l'y tenir enfermé.

Ce rapport ne peut être admis s'il a été dressé plus de huit jours avant la remise au chef responsable de l'établissement ; s'il est l'œuvre d'un médecin attaché à l'établissement, ou si l'auteur est parent ou allié au second degré inclusivement du chef responsable, ou du propriétaire de l'établissement, ou des médecins qui y sont attachés, ou de la personne qui fait effectuer le placement, ou de la personne à placer.

En cas d'urgence, l'admission peut avoir lieu sur la présentation d'un rapport médical sommaire ; mais le médecin certificateur doit, dans le délai de deux jours, produire un rapport détaillé, conformément aux dispositions ci-dessus, sous l'une des peines portées à l'article 63 ci-après.

3° L'acte de naissance ou de mariage de la personne à placer, ou toute autre pièce propre à établir l'identité de cette personne.

Les pièces qui ne rempliraient pas les conditions ci-dessus prescrites, doivent être vérifiées ou complétées dans un délai de quinze jours, sur la demande du directeur de l'établissement, ou sur celle du préfet.

Les personnes admises dans les établissements d'aliénés, conformément aux dispositions précédentes, ainsi que les personnes dont le placement aura été ordonné d'office, ne sont internées qu'à titre provisoire, et sont placées, en conséquence, dans un quartier d'observation. Elles y sont maintenues autant que les exigences du traitement le permettent. Si le médecin, avant la décision de la chambre du conseil, les fait passer dans un autre quartier, il doit indiquer la date et les motifs de ce changement sur le registre prescrit par l'article 21 ci-après.

Ce dernier paragraphe, qui figurait dans le projet de la commission sénatoriale, mais n'avait pas été adopté par la Chambre haute, a été repris par M. Reinach. En instituant des quartiers d'observation, il a voulu éviter à l'aliéné présumé l'émotion d'un brusque contact avec des fous, et les fâcheuses conséquences qui en résultent fréquemment. Il a voulu en outre que, dans le cas où la maladie ne serait pas confirmée, la personne internée fût rendue à la vie sociale sans conserver la tare injuste, mais trop réelle, attachée à l'individu qui a fait séjour dans un établissement d'aliénés.

En ce qui concerne la sortie, le projet s'efforce d'abattre pour l'avenir les obstacles qu'elle rencontrait par le passé (1). Amendant le texte adopté par le Sénat, il ordonne même (art. 23, § 7) que toute personne entrée volontairement, et ayant signé elle-même sa demande d'admission, cesse immédiatement d'être retenue dans l'établissement, dès qu'elle requerra sa sortie, sans qu'il soit nécessaire que la guérison ait été préalablement déclarée par le médecin.

Enfin, dit l'exposé des motifs de M. Reinach, la sortie des établissements d'aliénés sera rendue aussi facile pour les malades, sans que la sécurité publique puisse en être compromise, que l'entrée en aura été rendue difficile dans l'intérêt supérieur de la liberté individuelle. Non seulement toute personne entrée volontairement et ayant signé elle-même sa demande d'admission pourra désormais, sous certaines conditions, requérir *elle-même* sa

---

(1) Art. 22. — Toute personne placée dans un établissement d'aliénés en vertu des articles précédents cesse d'y être retenue aussitôt que le médecin de l'établissement a déclaré sur le registre sus-énoncé que la guérison est obtenue. S'il s'agit d'un mineur ou d'un interdit, il est donné immédiatement avis de la déclaration du médecin aux personnes auxquelles il doit être remis, ainsi qu'au procureur de la République.

Art. 23. — Avant même que le médecin ait déclaré la guérison, toute personne placée dans un établissement d'aliénés cesse également d'y être retenue dès que sa sortie est requise par l'une des personnes ci-après désignées, savoir : 1° le curateur à la personne de l'aliéné; 2° le conjoint; [3° à défaut du conjoint, les ascendants; 4° à défaut d'ascendants, les descendants; 5° la personne qui a signé la demande d'admission, à moins qu'un parent n'ait déclaré s'opposer à ce qu'elle use de cette faculté sans l'assentiment du conseil de famille; 6° toute personne à ce autorisée par le conseil de famille, ou agréée par le tribunal; 7° toute personne entrée volontairement et ayant signé elle-même sa demande d'admission. S'il résulte d'une opposition notifiée au chef de l'établissement par un ayant-droit qu'il y a dissentiment, soit entre les ascendants, soit entre les descendants, le conseil de famille décide. Néanmoins, si le médecin traitant ou le médecin inspecteur des aliénés est d'avis que l'état mental du malade pourrait compromettre la sécurité, la décence, la tranquillité publique ou sa propre sûreté, ou si l'administrateur provisoire est d'avis que la personne qui réclame sa sortie n'est pas en situation de lui donner les soins nécessaires, le chef responsable en informe immédiatement : à Paris, le préfet de police pour les placements d'office, et le préfet de la Seine pour les placements dits volontaires ou faits par des particuliers; dans les départements, le préfet, et il est provisoirement sursis à la sortie. Ce sursis provisoire cesse de plein droit, à l'expiration de la quinzaine, si le préfet n'a pas, dans ce temps, donné l'ordre contraire, conformément à l'article 31 ci-après.

Art. 24. — Dans les vingt-quatre heures de la sortie, les chefs responsables des établissements en donnent avis aux fonctionnaires auxquels la notification du placement a été faite conformément à l'article 18, et leur font reconnaître le nom, la résidence des personnes qui ont retiré le malade, son état mental au moment de la sortie et, autant que possible, l'indication du lieu où il a été conduit.

Art. 25. — Le préfet peut toujours, après avoir pris l'avis du médecin traitant et du médecin inspecteur des aliénés, ordonner la sortie des personnes placées dans les établissements d'aliénés. Cet ordre est notifié à la personne qui a signé la demande d'admission, laquelle peut former opposition dans les vingt-quatre heures de la notification. L'opposition est jugée par le tribunal civil en chambre du conseil.

Art. 26. — En aucun cas, l'interdit ne peut être remis qu'à son tuteur, et le mineur qu'à ceux sous l'autorité desquels il est placé par la loi.

sortie, mais encore, d'une manière générale, toute personne retenue dans un établissement d'aliénés pourra, à quelque époque que ce soit, se pourvoir devant le tribunal, lequel, après les vérifications nécessaires, ordonnera, s'il y a lieu, la sortie immédiate. Il suffira, à cet effet, que le réclamant adresse une demande, sur papier non timbré, au procureur de la République, qui, sans retard, en saisira la chambre du conseil. Les personnes qui ont demandé le placement, le curateur, l'administrateur judiciaire ou datif, le procureur de la République, d'office, *ou toute autre personne*, pourront se pourvoir aux mêmes fins. La décision du tribunal, qui ne sera pas motivée, sera rendue sans délai en chambre du conseil, et sera exécutoire sur minute.

Le Sénat et M. Joseph Reinach ont maintenu les placements d'office, mais avec certaines modifications qui les rendent moins dangereux pour la liberté individuelle.

Ainsi, le certificat médical est obligatoire (art. 27) et l'arrêté préfectoral qui n'a pas reçu son exécution dans un délai de quinze jours cesse d'être exécutoire. L'article 28 prescrit d'envoyer directement à l'asile départemental les personnes arrêtées d'office : cela, pour éviter à ces malheureux d'être provisoirement incarcérés avec les malfaiteurs de toute espèce dans les « dépôts », ou conduits d'hôpital en hôpital, odyssée lamentable, aussi cruelle pour eux que périlleuse pour la tranquillité publique.

Mais la grande innovation en matière de placements d'office est apportée par l'article 29, qui ordonne que ces placements soient soumis aux formalités prescrites par les articles 18 et 19 pour les autres admissions, c'est-à-dire à la sanction de la justice ; c'est là une garantie sérieuse : quel administrateur irait s'exposer légèrement à voir sa décision annulée par les magistrats de son pays, et suivie peut-être d'une condamnation dont la moindre conséquence serait la perte de sa situation?

Enfin, l'article 34, corroborant l'article 28, défend de mêler aux condamnés ou aux prévenus les aliénés dirigés sur un asile, et interdit de les déposer dans une prison :

Lorsque pendant le voyage de transport un arrêt est indispensable, le malade est déposé dans un hospice ou hôpital civil, ou, à défaut, dans un local loué à cet effet.

Les hôpitaux ou hospices désignés par l'administration pour recevoir provisoirement des aliénés présumés devront à l'avenir posséder un local spécialement disposé et réservé pour cet usage.

Combien de temps cette détention « provisoire » pourra-t-elle
durer? Le texte adopté par le Sénat s'exprimait ainsi :

Art. 35. — Les aliénés ne doivent être retenus en observation dans les
hôpitaux et hospices civils ordinaires que le temps nécessaire pour constater
leur état d'aliénation mentale et pourvoir à leur transfèrement dans l'asile
destiné à les recevoir.
Jamais ils ne peuvent être conservés dans un établissement qui n'est pas
spécialement consacré à leur traitement pendant plus de quinze jours, à
moins d'une autorisation particulière et motivée du préfet.

Le projet soumis à la Chambre a voulu réduire ces délais.
Tenant essentiellement à ce que le séjour à l'hôpital d'observation ou de passage ne puisse se transformer en un véritable internement, il prescrit (art. 35) que « les aliénés ne doivent être retenus... que le temps nécessaire pour pourvoir à leur transfèrement dans l'asile ». Quant au délai maximum de quinze jours, il
le réduit à quarante-huit heures.
C'est également à ce délai de quarante-huit heures que s'est
arrêté le Conseil supérieur de l'Assistance publique, saisi par le
ministre de l'intérieur de l'examen du projet soumis à la Chambre.
Condensant en un seul les articles 34 et 35 de ce projet, le Conseil supérieur a voté la rédaction suivante :

Art. 34. — Dans aucun cas, les aliénés dirigés sur un asile ne peuvent
être ni conduits avec des condamnés ou des prévenus, ni déposés dans une
prison. Lorsque, pendant le voyage de transport, un arrêt est indispensable,
le malade est déposé dans un asile, hospice ou hôpital civil, ou, à défaut,
dans un local loué à cet effet. Tout asile, hospice ou hôpital civil qu'aura
désigné le préfet pour recevoir provisoirement des présumés aliénés dans
les conditions des articles 27 et 28, est tenu d'approprier un local à cet effet.
Le préfet règle le fonctionnement du service dans les locaux provisoires
prévus aux deux paragraphes précédents. Les dépenses d'établissement et
de fonctionnement de ce service sont à la charge du département.
Les présumés aliénés ne peuvent être retenus dans les locaux provisoires ·
plus de quarante-huit heures, à moins d'une autorisation spéciale et motivée
du préfet.

Telles sont, dans leur ensemble, les modifications les plus
considérables apportées à la loi de 1838 par le Sénat et par la proposition soumise à la Chambre des députés. Il est bien probable
qu'elles seront ratifiées par le vote définitif. Donneront-elles
satisfaction à tous les desiderata exprimés par les savants, les
philosophes et ceux qui ont souci de la liberté et de la dignité

ˈhumaines? Sans doute, on peut l'espérer, mais il serait peut-être téméraire d'y compter absolument.

Gambetta, dans la proposition de loi de 1870, ne se bornait pas à soumettre les internements à l'autorisation de la justice : il demandait celle du jury.

Exiger l'intervention de la magistrature pour le placement des aliénés n'est point assez, disait-il ; il faut celle du jury ; lui seul présente les hautes garanties d'impartialité et d'indépendance d'esprit que la loi veut assurer aux accusés devant la justice criminelle et qui ne sont pas moins nécessaires ici. Le magistrat est homme, et il ne saura peut-être pas résister aux sollicitations de l'autorité publique ou d'une famille puissante ; il se laissera peut-être influencer à l'excès par l'avis du médecin expert : à Paris et dans les grandes villes, où les demandes de placement sont les plus nombreuses, il se laissera peut-être prendre aux séductions de la médecine aliéniste, et verra partout l'aliénation mentale, parce qu'il l'aura une fois rencontrée.

Cette institution d'un jury spécial, préposé à l'examen des « prévenus d'aliénation », offrirait certainement un surcroît de garanties ; mais ce serait une complication bien inopportune, et il est préférable de se contenter d'abord de l'appréciation du tribunal. Plus tard, si nos mœurs se modifient, si nous atteignons le degré de perfection sociale qui permettra de soumettre en toute confiance chacun de nos actes suspects au jugement de nos concitoyens éclairés, il sera temps d'adopter le jury pour la procédure des placements d'aliénés ; mais, comme le dit M. Reinach dans son exposé des motifs, s'il est désirable que le jury spécial pénètre dans nos mœurs, la loi des aliénés serait-elle la meilleure porte d'entrée ? Gambetta lui-même avait renoncé, dès 1871, à cette innovation, que le Sénat n'a pas rétablie.

Le tribunal seul aura donc qualité pour décider si une personne présumée aliénée doit être à ce titre privée de sa liberté et séparée de la société. La justice encourra une grosse responsabilité, d'autant plus grosse que ses arrêts sont bien autrement puissants, durables et, disons-le, respectables, que ceux de l'autorité administrative, dont l'opinion publique subit les volontés plus par obligation que par consentement et persuasion. Les magistrats devront donc apporter dans l'exercice de cette nouvelle prérogative la même attention scrupuleuse, le même amour de la vérité, la même indépendance d'esprit et de caractère, que dans leurs jugements en matière criminelle ou civile.

Il y a là, proclamait, à une époque orageuse de notre histoire, un magistrat vénéré, toutes les obligations d'un véritable sacerdoce ; et lorsque

nous prononçons sur la fortune, sur la vie, sur l'honneur de nos concitoyens, il faut qu'on le sache bien : il n'y a plus qu'un sentiment en nous,
l'amour du vrai et du juste ; il n'y a plus qu'un intérêt pour nous, celui de
notre conscience (1)...

Cet amour, cet intérêt, guideront seuls, n'en doutons pas, les
juges appelés à décider du sort du malheureux qu'on leur présentera comme fou. Mais qu'ils s'en rapportent plutôt à leur bon
sens, à leur expérience de la vie, qu'aux statistiques, officielles
ou non, aux demi-études scientifiques qu'ils auront eu le loisir
de faire, et même aux conclusions des aliénistes.

J'ai l'air de proférer trois blasphèmes ; je m'explique :

C'est presque un axiome universellement accepté, à notre
époque, que l'accroissement régulier, progressif, du nombre des
aliénés.

L'opinion publique, disait Gambetta dans son exposé des motifs de 1870,
s'effraye d'en voir croître le nombre, au point que la folie semble être la
maladie de notre siècle.

Le grand patriote, à ce moment-là, s'était donné trop entièrement à son œuvre politique, pour avoir le temps de vérifier les
statistiques, et d'en étudier les bases plus ou moins sérieuses.
Tout le monde sait qu'une statistique ne prouve rien, si ces bases
n'ont pas, au préalable, été convenablement établies, collation-
nées, et acceptées comme absolues et immuables par les hommes
compétents (2).

Or, ces bases manquent, en ce qui concerne le nombre des
aliénés d'autrefois. La statistique des maladies mentales ne peut
donc pas être exacte. Nous ne contestons pas l'influence déplorable de l'alcoolisme, du morphinisme, des passions déprimantes
de cette fin de siècle sur la santé cérébrale : mais nous ne croyons
pas, avec certains auteurs, que le nombre des malades de l'esprit
augmente sans cesse. On n'a pas de points de comparaison. Il est

_____

(1) Cour d'appel de Dijon : séance solennelle du 1er avril 1848.
(2) Dans une communication récente à la *Société de médecine publique et d'hygiène professionnelle*, le docteur J. Bertillon, présentant des tables de mortalité et de
morbidité par professions, faisait observer à juste titre que la mortalité de certains
métiers est fort difficile à établir : celle des forgerons, par exemple. Pour exercer
cette profession, en effet, il faut être fort et bien portant. Quand un ouvrier se sent
faiblir, il quitte la forge et prend un métier analogue, mais moins fatigant : ser-
rurier, ajusteur, etc. S'il meurt quelques mois plus tard, on l'inscrit dans la colonne
des serruriers, des ajusteurs, etc., et il en résulte que le métier de forgeron, —
l'un des plus pénibles, — comporte une mortalité apparente extrêmement réduite.
C'est ainsi que s'écrivent les statistiques.

possible que les conditions nouvelles de la vie sociale, jointes
aux causes d'ordre physiologique et psychologique énoncées
plus haut, fassent éclore certains cas de folie, mais on ne peut
savoir combien il y en avait jadis. Autrefois, en effet, on n'inter-
nait guère que les fous tout à fait dangereux. Les autres étaient
gardés dans les familles (1), si elles étaient riches, ou bien abandonnés, en cas de misère, à la charité publique. Les villages possédaient tous un ou plusieurs de ces *innocents*, porteurs de sacs
où s'entassaient les morceaux de pain, aumône du paysan. Maintenant, ces pauvres *innocents*, — qui parfois l'étaient fort peu,
surtout au point de vue des mœurs et de la décence publique, —
sont dûment enregistrés dans l'armée des aliénés, et quant aux
autres, la dispersion des tribus, l'extinction progressive de l'esprit de famille, la lutte des intérêts, ont amené peu à peu les
parents à s'en débarrasser en les confiant aux *maisons de santé*,
où *ils ne manquent de rien* (2), et où, naturellement, ils sont également enregistrés.

Il résulte de ce seul chef que le nombre des aliénés officiels
est bien plus considérable qu'autrefois.

Sans compter qu'avec les tendances de certains psycho-patho-
logistes, tout le monde finira par être plus ou moins considéré
comme aliéné.

Les juges ne devront donc pas ajouter grande foi aux moyen-
nes des statistiques : un exemple montrera quelles erreurs elles
peuvent engendrer. Dans un très petit hameau de l'Est, habité
seulement par trois ménages de paysans, sains de corps et d'esprit, fort calmes, et de mœurs normales, un industriel fit venir,
il y a quelques années, un grand nombre de coureurs de grands
chemins, bohémiens, camps-volants, etc., pour les occuper à
des travaux de vannerie. Ces gens, dont les voitures pittoresque-
ment disposées constituaient un village bien plus important que
l'autre, vécurent là pendant une année que dura l'exploitation,
et y vécurent à leur manière... qui n'est pas celle enseignée par
la civilisation raffinée de notre époque. La journée, tout le
monde travaillait, ou faisait semblant de travailler. Mais la nuit !

(1) Dans presque tous les châteaux, au temps jadis, il existait une chambre
close, effroi des enfants, qu'on appelait à voix basse la *chambre du fou*. C'était là
que le vieux « chevalier », devenu gâteux, ou la vieille demoiselle, pour avoir cédé
trop ouvertement, à l'époque critique, aux vœux de la nature, repoussés dans son
jeune âge, avaient achevé leurs jours, dans le silence et l'oubli...

(2) ...Sinon de liberté et de ces témoignages intimes d'affection, auxquels il
n'est pas prouvé que les aliénés eux-mêmes soient insensibles...

C'était une résurrection de la cour des miracles. Des exclamations étranges troublaient le silence des campagnes et des forêts voisines, et si l'observateur attentif y distinguait souvent les tendres accents d'Eros, plus souvent encore un cri de douleur lui apprenait la conclusion d'une querelle sanglante. Le nombre des naissances irrégulières et celui des coups et blessures furent extraordinairement élevés, cette année-là, dans la commune : quelle réputation déplorable un statisticien ne lui eût-il pas faite, s'il avait pris l'année dont il s'agit pour base de ses calculs? Et quelle injuste prévention serait sans doute venue à l'esprit du commissaire de police chargé d'interroger un pauvre diable, originaire de ce hameau! — « Ah! mon gaillard! vous êtes de X***? Alors, votre affaire est bonne!... »

Les magistrats ne devront pas davantage se fier aux notions qu'ils auront pu acquérir en matière de psycho-pathologie. Il en est des maladies de l'esprit comme de celles du corps. Ce n'est pas en se bourrant la mémoire de traités de médecine que l'on devient un bon médecin; c'est en étudiant les maladies sur place, c'est en soignant beaucoup de malades. Le diagnostic est tout, ou presque tout. Or, le diagnostic ne s'acquiert que par la pratique. Mettez les meilleures méthodes de violon entre les mains d'un profane, et faites-les-lui apprendre par cœur : saura-t-il, pour cela, jouer du violon? Or, ce que les magistrats, comme au reste tous les savants qui ne sont pas *praticiens*, ne peuvent faire, c'est étudier la théorie des maladies mentales; et, l'eussent-ils étudiée assez à fond pour la posséder sans lacune, ils ne posséderaient encore que la théorie, et ne sauraient l'appliquer. Qu'ils s'intéressent à ces questions si graves, si élevées, des maladies de l'esprit, rien de mieux. C'est presque leur devoir; mais qu'ils n'essayent pas d'appliquer leur érudition aux décisions qu'ils seront appelés à prendre en tant que juges. Qu'ils s'en fient plutôt à leur bon sens.

J'ai dit que la pratique seule des maladies peut conférer la faculté de porter un bon diagnostic : je parais donc me contredire, en conseillant aux magistrats de ne pas adopter aveuglément les conclusions des aliénistes; cette contradiction n'est qu'apparente.

C'est qu'en matière d'aliénation mentale, la spécialisation de la pratique médicale est, au plus haut degré, capable de faire dévier le jugement d'appréciation. Cet inconvénient des spécialisations se constate déjà dans les autres branches de l'art de guérir : le médecin qui soigne habituellement les affections du foie est porté à faire intervenir cette glande dans presque toutes les manifestations morbides sur lesquelles il est appelé à se prononcer. Mais la tendance est plus marquée encore chez les aliénistes, parce que, dans leur spécialité, rien n'est tangible, évident, et que la multiplicité des genres et des degrés d'aliénation mentale ne permet pas d'avoir un critérium positif pour se guider dans les cas douteux.

En admettant même, avec la science contemporaine, que toute maladie de notre être immatériel corresponde à une anomalie ou à une lésion de notre corps, et en supposant — hypothèse qui ne se réalisera peut-être que dans un avenir éloigné — que l'on connaisse parfaitement cette correspondance des lésions anatomiques et des phénomènes psychiques, nous ne possédons pas de fenêtre ouverte sur le cerveau et ses annexes, par laquelle on puisse examiner les circonvolutions, les centres nerveux, et préciser le point atteint, avec la même certitude que l'horloger qui, sa loupe à l'œil, découvre le rouage avarié dans un chronomètre.

Le défaut capital de toutes les lois sur le régime des aliénés provient de ce manque de critérium. La loi de 1838, par exemple, suppose l'aliénation mentale parfaitement délimitée : supposition scientifiquement irréalisable.

Les aliénistes n'étaient déjà que trop portés à voir partout les stigmates de la folie.

... A regarder comme symptômes de cette maladie des mouvements passionnels, des défauts inhérents au caractère. Combien de gens dans le monde, par leurs allures, leur originalité, leurs habitudes, courraient les plus grands dangers, s'ils se trouvaient en présence de certains aliénistes qui élèvent toutes les bizarreries, tous les caprices, toutes les faiblesses à la hauteur de signes pathologiques ! Un médecin d'un grand talent, d'une honnêteté rare, que ses travaux scientifiques avaient toujours tenu éloigné du monde, dont il ne connaissait que ce qu'on laisse voir, les apparences trompeuses, la surface hypocrite, me dit un jour devant un officier atteint de paralysie générale : « La maladie date de très loin ; il y a cinq ou six ans, avant que tout autre symptôme ait paru, le délire ambitieux s'était manifesté par des excès de dépense ; M. X... avait 3 000 francs de dettes ! » On voit que les dettes peuvent mener loin. Une erreur de diagnostic, en un mot, peut faire enfermer un individu dont les habitudes, le caractère, les défauts ou les vices, auront gêné la famille (1).

(1) D' Trélat. la Folie et la Loi. Paris, 1866, in-8.

Il y a là une question d'appréciation, de tâtonnement, pour ainsi dire, extrêmement délicate, et l'on ne saurait appliquer à la solution des problèmes de médecine mentale les méthodes exactes de l'algèbre, ou même les investigations de la chirurgie exploratrice.

Les difficultés de diagnostic deviennent de plus en plus grandes, depuis qu'une nouvelle école met au compte de la maladie les manifestations jusqu'alors attribuées au défaut de sens moral, aux vices du cœur, répréhensibles et punissables. Le jour n'est pas loin, ou quiconque voudra se procurer la bourse du voisin pourra la lui prendre sans scrupule, en imposant silence à sa conscience par le simple raisonnement de l'impulsion irrésistible, conséquence d'une lésion des centres nerveux. Ces doctrines lombrosiennes sont vraiment commodes pour les malfaiteurs : si leur crime réussit, ils en profitent; s'il échoue, on les déclare irresponsables...

La jalousie conjugale, qui, naguère encore, excitait principalement la verve des auteurs comiques, devient, par une anomalie étrange à notre époque de scepticisme et de « résignation » en toutes choses, le sujet des méditations de la Faculté. La femme jalouse n'est plus cette acariâtre et gênante personne dont les tracasseries faisaient la torture du mari et l'amusement de la galerie : c'est une aliénée dont le conjoint pourra se débarrasser au premier jour, sans même recourir au divorce. Espérons au moins que l'époux ne sera pas seul à profiter de cette nouvelle doctrine, et puisque les femmes commencent à s'enrôler sous la bannière d'Hippocrate, il n'est pas téméraire de penser qu'avant peu des doctoresses signeront en faveur de leurs amies le certificat libérateur qui enverra leur seigneur et maître dans quelque asile bien clos et bien gardé. Mais qu'elles se hâtent, car la loi de 1838 n'a plus longtemps à vivre, et les magistrats, dont nous réclamons désormais l'intervention, seront sans doute mal disposés pour ces complaisances féminines...

Où s'arrêtera cet acharnement que mettent certains hommes de science à classer parmi les aliénés toutes les personnes qui, par un côté quelconque, sortent de la médiocrité, du banal, du convenu? Je ne saurais mieux faire, pour montrer les conséquences de cette tendance exagérée, que reproduire les paroles du docteur Thulié au Conseil supérieur de l'Assistance publique, lors de la discussion du projet qui nous occupe :

Je pourrais vous citer certains traités sur la manie *raisonnante*, sur la manie *bienveillante*, sur le *rabougrissement*. J'ai sous les yeux un traité écrit il y a vingt ans par le médecin en chef d'un de nos grands asiles. Il donne du *rabougrissement* une définition tout à fait singulière. Mais cela n'est rien, auprès de ce qu'il dit d'un genre particulier d'aliénation qu'il appelle la manie bienveillante ; voici le passage :

Tout ce qu'on a appelé jusqu'ici manie sans délire, monomanie affective et raisonnante, folie d'action, manie de caractère, pseudo-monomanie, etc., forme le groupe des folies lucides ou raisonnantes ; la manie raisonnante n'est qu'une espèce pathologique faisant partie de ce groupe. Les folies lucides se divisent en quatre espèces : 1° la manie bienveillante ; 2° la manie raisonnante ; 3° la manie malveillante ; 4° les aliénés rabougris. La caractéristique de cette dernière maladie mentale, c'est la petite taille et les difformités. Le rabougrissement est le fait le plus remarquable et le plus important de ces individualités...

On les voit (les maniaques bienveillants) toujours aspirer à une position plus élevée que celle de leurs parents, et, poussés par ce désir, ils veulent vaincre par le travail et par une conduite irréprochable les difficultés de leur condition sociale. Leurs efforts, constamment dirigés vers ce but, ne sont pas infructueux ; mais ce succès même les *déclasse* et leur crée une source d'ennuis qui seront par la suite de plus en plus pénibles. Les maniaques bienveillants seraient des modèles à suivre, si un bon jugement pouvait éclairer et diriger leur conduite. Inspirés par les meilleurs sentiments, ils n'ont en vue que le bien à réaliser. Les vertus que nous aimons sont leur partage ; d'une moralité sévère, ils règlent sur elle toutes leurs déterminations, tous leurs actes. Cherchant à donner le bon exemple, aussi bien dans la vie privée que dans la vie publique, et se montrant par-dessus tout serviables et conciliants, ils veulent la paix pour eux et pour les autres. Toujours prêts à se dévouer, ils se sacrifient pour venir en aide à l'infortune. Argent, secrets, honneur, on peut tout leur confier sans crainte de les voir faire un abus du dépôt qu'ils ont à garder. Les maniaques bienveillants sont psychiquement *défectueux* (1), à cause de la *prépondérance* (1) exorbitante de leurs sentiments *supérieurs* (1) et altruistes, acquise probablement au détriment de leurs passions proprement dites et de leurs penchants.

Je crois, en effet, ajoute le docteur Thulié, que, parmi les hommes célèbres, on trouverait beaucoup de ces maniaques bienveillants. Je ne sais si des cas d'internement se produisent souvent dans de telles conditions, mais enfin cela peut arriver, et cela suffit. Il y a aussi les maniaques malveillants ; mais je passe sans y insister, car en acceptant les théories de cet aliéniste, il faudrait enfermer presque toute la population.

La littérature spéciale est remplie de faits qui prouvent que ces doctrines ne sont pas exceptionnelles parmi les aliénistes. M. Joseph Reinach, dans son exposé des motifs, rappelle que le

(1) Ceci est un comble !

docteur Möbius, le docteur Desruelles, le docteur Mercier et le professeur Bougeault ont établi depuis longtemps, démontré irréfutablement que J.-J.-Rousseau était fou, atteint du délire de la persécution, de mégalomanie, de neurasthénie aiguë... et de quelques autres aberrations de nature plus intime, dont les manifestations sont justiciables de l'article 330 du code pénal.

Allons plus loin : il y a longtemps qu'on a reconnu la parenté du génie et de la folie : l'expression de *folie sublime* n'est pas nouvelle ; mais jusqu'à ce jour on a respecté ce genre d'aliénation qui élève l'homme au-dessus de son niveau habituel, et prouve, bien mieux que deux ou trois différences anatomiques, sa supériorité sur l'anthropoïde le plus développé. Régulus, Winkelried, d'Assas, ces gloires de notre espèce, n'ont-ils jamais été traités — en aparté — de fous, eux aussi, par des, gens qui ne comprenaient rien aux dévouements, aux enthousiasmes, à la volupté des sacrifices, et qui, à leur place, auraient certainement eu le bon sens de préférer la signature d'un traité honteux et le manquement à la parole donnée, l'asservissement de leur patrie, le massacre de leurs compagnons d'armes, à une mort inévitable et peut-être obscure ? N'y a-t-il pas d'exemple d'internements requis par des familles, au nom de la raison, contre des fils assez insensés pour payer les dettes de leur père, au risque de s'appauvrir, de se ruiner eux-mêmes ?

En présence de la réalité de ces folies, l'on se demande s'il est vraiment juste et utile d'enfermer tous les aliénés : c'est un motif de plus pour laisser à la justice le soin d'apprécier la nécessité de tel ou tel internement. Et, de même qu'on peut absoudre l'auteur reconnu d'un crime, lorsque ce crime est excusable, de même on sera amené à rendre des jugements dans cette forme :

Le tribunal, considérant que X..., au dire des experts, est manifestement atteint de la monomanie altruiste, qu'il dépense ses revenus et au delà, pour le soulagement des malheureux ; qu'il expose journellement sa vie en portant des secours aux indigents atteints de maladies contagieuses ; que, s'il ne saurait être moralement tenu d'augmenter, ni même de conserver intact son patrimoine, n'ayant ni enfants, ni parents rapprochés, il n'en cause pas moins un préjudice évident au demandeur, son parent au onzième degré, lequel fondait de sérieuses espérances sur sa succession et a le plus grand intérêt à le faire interner, offrant d'ailleurs de se charger gratuitement de l'administration de ses biens ; mais considérant, d'autre part, que la folie de X... n'est de nature à compromettre ni l'ordre public, ni la sûreté des citoyens, non plus que la sienne propre; par ces motifs, et tout en regrettant la déception que le présent jugement ne manquera pas de faire éprouver au demandeur, déclare ledit demandeur non recevable en sa requête, l'en déboute, et le condamne aux dépens.

Il est donc à souhaiter que ce principe de l'intervention judiciaire reçoive au plus tôt force de loi.

Malheureusement, il y a dans le projet quelques dispositions qui empêcheront peut-être la Chambre, soucieuse de garantir sérieusement la liberté individuelle, d'en adopter d'emblée tous les articles : or, un renvoi, pour cette loi qui attend depuis tant d'années déjà, serait déplorable.

. Ainsi, le projet maintient purement et simplement la prescription de la loi de 1838, relative aux réclamations des malades, prescription dont l'exécution ne peut être assurée que si l'on applique rigoureusement aux contrevenants les peines édictées contre eux. Le dernier alinéa de l'article 29 de la loi de 1838 figure à la fin de l'article 48 du texte adopté par le Sénat et M. Reinach, et à la fin de l'article 46 du projet du gouvernement, légèrement modifié comme suit :.

« Aucunes requêtes, aucunes réclamations adressées, soit à l'autorité judiciaire, soit à l'autorité administrative, soit à l'administrateur provisoire, ne peuvent être supprimées ou retenues par les chefs d'établissements, sous les peines portées au titre III. »

Voici ce que Marcé pensait de ce dernier alinéa de l'article 29 (loi de 1838) : « L'article 29 dit qu'aucunes requêtes, etc. et le titre III prononce contre les directeurs ou les médecins délinquants un emprisonnement de cinq jours à un an, et une amende de 50 à 3 000 francs. D'abord, il aurait fallu définir ce qu'on entendait par requêtes et réclamations à l'autorité. Presque tous les aliénés en font; c'est à cela qu'un bon nombre d'entre eux passent ou voudraient passer la plus grande partie de leur temps. Le directeur et le médecin seront-ils mis à l'amende et en prison pour avoir retenu des requêtes et des réclamations empreintes de folie? Ils devront y être condamnés d'après la loi; car la loi ne fait aucune distinction. Et si le directeur et le médecin ôtent à l'aliéné le moyen de faire des requêtes et des réclamations en le privant de papier, à quoi seront-ils condamnés? La loi ne prévoit pas le cas; il n'y aura donc pas de pénalité. Ainsi, empêcher de faire une réclamation qui pourrait être raisonnable n'exposera à aucune peine, et retenir une réclamation folle fera encourir une condamnation. »

Certainement, c'est la meilleure critique que l'on puisse faire de cet alinéa. Dans certaines maisons, en effet, on fait un triage; on ne laisse partir que les lettres qui ont une apparence de raison. Que deviendraient l'administration et les magistrats, s'ils recevaient les innombrables et singuliers écrits qui leur sont adressés chaque jour? Ces maisons croient se conduire légalement, quoiqu'elles agissent en dehors et même contraire-

menť a la loi; dans tous les cas, elles croient se conduire honnêtement. Il
y a d'autres maisons où, non seulement il est difficile, quelquefois impossible d'écrire une lettre, comme le dit Marcé, mais encore où toutes celles
qui sont écrites, folles ou non, sont jetées au panier. Il est vrai que la loi
menace du terrible titre III les chefs d'établissements qui retiennent ou
suppriment les lettres; mais en a-t-elle puni un seul depuis qu'elle est en
vigueur? Et cependant, ce n'est pas d'aujourd'hui qu'elle est exécutée.

D'ailleurs, comment ferait-on pour sévir? Qui dénoncera le fait? L'a-
liéné?... Mais il croit sa lettre partie; on le lui a dit, d'ailleurs; il n'accuse
donc que le destinataire. Si l'aliéné se plaignait cependant, qui pourrait le
croire? Le malade n'a-t-il pas des illusions nombreuses, et qui pourra ba-
lancer entre l'affirmation d'un fou et celle d'un homme sain d'esprit? Un
petit mensonge n'augmentera que d'une illusion de plus le délire d'un
malade, et sauvera la moralité et les intérêts d'un homme bien portant.
C'est un des articles dont l'aspect est le plus terrible, et celui qu'on exécute
le moins (1)...

Il est fort à craindre que, la sanction restant la même, la
prescription ne soit pas plus fidèlement observée que jusqu'à ce
jour.

Il est vrai qu'indépendamment de la surveillance des asiles
par l'autorité judiciaire et préfectorale du lieu, une inspection
générale des aliénés est instituée par le projet de loi. Mais ces
inspecteurs généraux seront choisis, eux aussi, parmi les aliénistes, et, comme tous les aliénistes, ils auront leurs théories,
leurs idées préconçues. Et puis, ils verront si rarement et pendant
si peu d'instants les pensionnaires des asiles! Nous craignons
que la création de ces nouveaux emplois ne profite guère qu'à
un petit nombre de médecins auxquels le gouvernement pourra
ainsi faire le gracieux présent d'une haute situation et de beaux
appointements. Mais nous n'en espérons pas grand bien pour les
malheureux détenus des établissements publics ou privés.

Il y aurait beaucoup à dire aussi sur le régime de ces établissements; mais cela demanderait une étude spéciale, distincte de
celle-ci, consacrée seulement à la procédure d'internement des
aliénés ou prétendus tels. Je me bornerai à regretter que le projet
n'ait pas nettement affirmé, en ce qui concerne les asiles, le
principe de la séparation des pouvoirs. La place du médecin
n'est pas à la tête d'une administration. Il ne saurait remplir à la
fois le rôle de directeur et celui de praticien. Sans compter que
la femme de César ne doit pas être soupçonnée, et qu'il ne faut

(1) Dr THULIÉ, op. cit.

jamais placer quelqu'un dans une situation qui l'expose à se trouver un jour obligé de choisir entre son devoir et son intérêt.

« Les asiles privés, me disait à ce propos un homme d'État éminent à qui un long maniement des affaires publiques a donné une expérience et une compétence indiscutées, les asiles privés ne devraient être dirigés que par des chefs (agissant pour leur compte ou pour le compte d'actionnaires dûment autorisés par l'État), pourvus ou non du diplôme de docteur en médecine, mais s'occupant uniquement d'administration. Les médecins de ces asiles, de leur côté, devraient être nommés, ou au moins agréés par l'État, recevoir un traitement fixe des propriétaires, mais avec défense formelle de se mêler de l'administration, ou d'être intéressés dans les bénéfices de l'entreprise. »

Il est regrettable que les rédacteurs du projet de loi n'y aient pas introduit cette disposition, qui eût assuré le fonctionnement du régime des asiles. Car, pour qu'un service marche bien, il faut que les différentes spécialités qui y concourent soient indépendantes les unes des autres, tout en poursuivant un but commun.

Mais n'en demandons pas trop pour cette fois. L'intervention de la justice est le principal progrès, et, s'il est obtenu, un grand pas sera fait.

Car, la possibilité de priver un homme de sa liberté, de l'enfermer pour des mois, des années, peut-être pour toujours, sur la seule production d'un certificat signé d'un médecin, est une chose abominable à notre époque.

Certes, le corps médical offre toutes les garanties désirables de loyauté, de compétence et d'honorabilité ; mais, outre que tout savant obéit plus ou moins à des influences de temps, d'école, de milieu, etc., le médecin est homme, et l'homme n'est pas infaillible. La raison du médecin peut accidentellement se troubler, comme celle du malade, et lui faire considérer dès lors comme fous tous ceux qui ne raisonneront pas à sa manière. *Insanus omnes credit furere cæteros*, a dit Publius Syrus. Il n'est donc pas excessif d'exiger le concours de plusieurs appréciateurs, lorsqu'il s'agit d'estimer si quelqu'un jouit de l'intégrité de son intelligence, et de ne plus laisser à un examinateur unique la lourde responsabilité de cette appréciation. Et comme il s'agit, en somme, de priver une personne de sa liberté, c'est à la justice, et à la justice seule, qu'il appartient de se prononcer : accoutumés à considérer la prison comme une peine réelle, les magistrats, avant de faire interner un prétendu aliéné, hésiteront plus que le médecin, qui pense surtout au traitement, et fort peu à la liberté individuelle.

Et d'ailleurs, nous offrons si peu de résistance à la prévention que l'on ne saurait jamais trop accumuler les précautions, lorsqu'il s'agit de cet *habeas corpus*, le plus sacré de nos droits

Il est d'autant plus nécessaire que la loi soit votée sans retard, que le public lui-même commence à se laisser envahir par la croyance à l'universelle folie, dont certains aliénistes avaient jusqu'alors le monopole. Depuis que la presse permet de répandre dans les masses, autrefois ignorantes et naïves, les éléments de toutes les connaissances humaines, il se produit, au point de vue des sciences naturelles et médicales, un singulier mouvement ; à mesure que les médecins, semblant attacher moins d'importance à l'exercice de la profession en vue de laquelle ils ont fait des études spéciales, la délaissent pour la politique et les carrières administratives ; les romanciers, les « gens du monde » affectent une érudition croissante dans l'art d'Hippocrate et de Galien. Peu à peu, le peuple, qui trouve dans les journaux à bon marché de nombreux articles de vulgarisation, s'accoutume à disputer sur des matières jadis réservées aux seuls initiés. De là à se passer de médecin, il n'y a pas loin. Mais c'est là le moindre inconvénient : un autre, bien plus sérieux, est l'espèce d'affolement du bon sens général, qui résulte de cette diffusion des notions scientifiques. Trop incomplètes pour que la lumière qu'elles ont produite suffise à bien éclairer ceux qui l'ont reçue, elles ont fait naître dans l'immense majorité des ci-devant profanes un trouble d'esprit, une confusion mille fois plus regrettables que leur ignorance absolue d'antan. Que de cerveaux n'a-t-on pas déséquilibrés, avec la publicité donnée aux récentes études physio-psychologiques ! Le public, insuffisamment instruit des éléments de la science, accepte indifféremment tout ce qu'on lui affirme, que l'affirmation parte d'un maître, ou d'un charlatan, ou d'un mauvais plaisant, ou d'un spéculateur éhonté. Il se trouble, il s'effraie, devant les pseudo-révélations qu'il lit à la troisième page de son journal, incapable de distinguer la transition du vrai au faux, de même que, dans les romans de Jules Verne, le talent de l'auteur rend presque impossible la démarcation du réel et de l'hypothétique.

Ah! ce fut une grande imprudence de la part des psychologues, physiologistes, anthropologistes, biologistes et thérapeutistes de tourmenter ainsi l'humanité en lui dévoilant les imperfections et les fragilités de son organisme! Que dirions-nous du mécanicien qui prendrait soin, au début d'une traversée, d'attirer l'attention des passagers sur les points faibles de la chaudière et de la machine, et de les prévenir qu'à chaque minute, à chaque seconde, la rupture d'un petit tube de cuivre ou la chute d'un boulon gros comme une lentille peut faire sauter l'appareil et les précipiter au fond des abîmes? Le mécanicien dans sa machine, le capitaine sur sa passerelle, voient le danger et font tout leur possible pour y échapper. Mais ils se gardent bien, en le montrant de loin, avec force détails, à leur équipage et à leurs passagers, de les décourager et de les affaiblir pour la lutte suprême. Faisons comme eux. Travaillons, chacun dans notre sphère modeste, à répandre et maintenir l'hygiène de l'esprit, comme celle du corps, à prévenir et à guérir les maladies de l'intelligence ou de l'être matériel ; mais n'oublions pas que nous sommes Gaulois; ne nous laissons pas aller au pessimisme d'outre-Rhin; suivons l'exemple du bon maître François; et si — je n'en veux rien croire — l'humanité doit finir dans l'universelle démence, félicitons-nous, au lieu de pleurer. Car il est écrit, d'une part : *Beati pauperes spiritu ;* et, d'autre part : *Plus on est de fous, plus on rit.*

Alfred MUTEAU.

LES NUITS DU BOSPHORE [1]

QUATRIÈME PARTIE

Vous avez été jeunes, lecteurs; vous avez aimé. Vous avez payé plus ou moins douloureusement votre tribut aux folies de la femme. Vous avez passé par tous les sentiments si divers, si contradictoires qu'elle inspire : l'impatience inquiète et anxieuse, les ardeurs folles que nous éprouvons en revoyant, après une courte absence, la femme aimée et qui nous aime encore. Mais, parfois, cette absence, dont nous avons tant souffert, a été le caustique qui a cicatrisé la plaie. D'autres lèvres ont effleuré les nôtres, d'autres formes, d'autres images ont peuplé nos rêves. En ce cas la première femme aimée arrive dans un bien mauvais moment. Il nous faut l'accueillir en cherchant vainement le mensonge qui la pourra tromper, le corps lassé par l'orgie de la veille. Nous aurons beau être comédiens, la femme a un instinct subtil qui se sentira blessé et qui se réveillera. Peut-être ne dira-t-elle rien, ne trouvant aucune expression qui puisse peindre le vague pressentiment qui l'oppresse, mais une douleur amère débordera de son cœur, et, seule avec elle-même, elle donnera libre cours à ses larmes.

Mais avant de se poser la cruelle énigme, elle nous attend, celle aux genoux de laquelle nous n'avons épargné ni promesses, ni protestations, ni serments. Elle se rappelle : elle a mis la toilette qu'elle sait nous plaire le plus, elle s'est arrangé les cheveux et les a parfumés selon les préférences qu'elle nous connaît.

Ainsi était Marie, le cœur agité des sentiments les plus divers, suivant par la pensée le chemin qu'avait dû prendre sa lettre à son amant, essayant d'en deviner l'effet imprévu, heureux ou funeste, sur l'esprit du comte. Assise près de la fenêtre, feuilletant sans le lire un roman dont elle ignore le titre, prêtant

(1) Voir la *Nouvelle Revue* des 1er, 15 août et 1er septembre 1892.

une oreille attentive aux bruits extérieurs, anxieuse, elle attend.

Enfin, un coup discret s'est fait entendre à l'entrée. Elle se lève, le roman roule à terre. La porte s'ouvre. Elle voit entrer un officier de haute stature, le visage joyeux, la taille cambrée. Elle se pend à son cou, l'inondant de ses caresses.

— Ma chère amie! disait Islénieff en la déposant dans un spacieux fauteuil, que vous avez bien fait de vous débarrasser de tous ces *banabaks!*... Je vous aime tant!... Que je suis heureux de vous voir!

Et il plongeait ses yeux dans ses yeux, lui serrait les mains, lui caressait les cheveux.

— Tu m'aimes bien! mon chéri... Ici, il y a tant de femmes séduisantes qui ont pu me faire oublier!... Tu ne me trahiras pas!...

— Nous y voilà! pensa le comte.

Il lui importait beaucoup, pour mener à bonne fin l'affaire, de ne pas perdre son influence sur la jeune femme, et, par conséquent, de lui laisser l'illusion de son amour. Il lui ferma la bouche d'un baiser:

— Quelle idée bizarre! mon ange... Qui donc possède ta chevelure que tu répands comme une ondée sur tes blanches épaules?... Qui t'égale par l'éclat du teint, par la douceur de tes yeux de gazelle?... Non, comme dit le proverbe russe : « Celui qui a goûté à la coupe de miel et d'ambroisie repoussera de ses lèvres le breuvage amer. » Je suis heureux de t'avoir, de te posséder... Et tu trouveras en moi l'amant le plus tendre, le plus soumis.

Il était assis auprès d'elle, sur le sofa; sa voix avait des inflexions câlines et tendres.

Elle ne demandait qu'à être rassurée. Elle lui raconta les incidents de sa fuite, de son voyage, les angoisses qu'elle avait éprouvées en ne recevant de lui aucune nouvelle. Maintenant qu'elle le voyait là, près d'elle, elle était heureuse, elle avait foi dans son amour.

— Tu as raison, mon adorée, lui dit-il; je te remercie de ta confiance... Tu verras que je n'en suis pas indigne. Vivre sans toi!... cette seule idée m'est insupportable... Si j'étais libre, si mon service et les soucis mondains ne me prenaient tout mon temps, que je serais heureux de fuir avec toi dans une retraite où nous serions seuls! Malheureusement la vie a des exigences auxquelles il faut savoir se soumettre.

En disant ces mots, Islénieff se leva et prit sur la commode
son sabre et son ceinturon qu'il y avait déposés en entrant.

— Je vais revenir dans l'avant-soirée... Alors nous arrêterons
nos dispositions.

— Comment! exclama Marie, tu me quittes déjà!

— Mon enfant, il est près de deux heures. C'est le moment où
je me rends à l'État-Major. Sois raisonnable!... Va faire un tour
de promenade... Veux-tu des romans? Je t'en enverrai toute une
collection.

Elle songeait bien aux romans!... Elle s'accrochait à son bras,
le regard humide, comme si elle sentait instinctivement qu'il
allait lui échapper, se désespérant et, malgré tout, l'aimant
quand même.

Oui, c'est un caractère bien compliqué que celui de la femme
moderne! Délivrée des craintes de châtiments dont l'Église la
menaçait au moyen âge, avant tout et par-dessus tout elle veut
vivre. Ce qu'elle cherche dans l'amant, dans l'époux même, c'est
un homme qui se pliera à ses fantaisies, qui s'appliquera, par
toute une gamme d'amour et de plaisirs ascendante, à occuper
ses loisirs.

La maternité! mot divin qui, chez les anciens, chez les juifs,
chez les musulmans, suffit pour sanctifier une créature même
indigne; la maternité, pour la femme d'aujourd'hui, signifie
la corvée qui gâte la taille, et diminue la liberté. La femme,
libre penseuse, qui ne va pas à l'église, et qui, par surcroît, n'a
pas d'enfants, que fera-t-elle de ses loisirs forcés? Restera-t-elle
chaste pour la chasteté elle-même? Où puisera-t-elle la force
morale qui, seule, fait supporter l'isolement et l'abandon?

Marie Tavernier n'était pas plus mauvaise qu'une autre.
C'était l'image de la jeune fille moyenne, type de la bourgeoisie
parisienne. Plaire et s'amuser! voilà la devise de toute son existence. Le premier terme est le corollaire inévitable du second;
car si la femme manque d'attraits, les hommes se détourneront
d'elle et iront à une autre... S'amuser! mais qu'est-ce? sinon se
sentir mieux parée, plus belle et par conséquent plus courtisée?

Marie avait suivi Youssouf-bey parce qu'il lui avait plu, parce
qu'il était élégant lui-même et que son cheval était très beau
également. Elle l'avait accompagné, en abandonnant Paris, la
ville universelle, en quête de succès et de sensations nouvelles.
Elle avait bien vite trouvé fastidieuse au possible la vie claustrale

du harem. Islénieff avait bénéficié de son ennui, ennemi mortel
des femmes. Maintenant, au lieu du vaste palais de Stamboul, au
lieu du kiosque enchanté de Yénikeuï, elle se trouvait échouée
dans une banale chambre d'hôtel, au tapis et aux rideaux élimés
et maculés. La lumière chétive et blafarde de la capitale du Nord
avait remplacé l'illumination féerique du Bosphore.

Aussitôt que le comte Islénieff fut parti, Marie sentit une
lassitude mortelle envahir et glacer son âme... S'il la trompait!
qu'allait-elle devenir? Maintenant qu'elle avait de ses mains violemment coupé le câble qui retenait sa frêle barque au port,
quelle allait être sa destinée?

Cependant, que faisait le comte Islénieff-Bellegarde qui, à
l'en croire, devait être à cette heure plongé dans les cartes topo-
graphiques de l'État-Major? Le fait est que ce jour-là devaient
avoir lieu les courses de Tsarskoé-Sélo, auxquelles assisteraient
la famille impériale, l'aristocratie, les officiers de la garde et
toute la société sportive.

C'est vers quatre heures que commencent les courses. Un
nombreux public emplissait l'amphithéâtre. La multitude entourait l'enceinte du parcours. Des spéculateurs avaient apporté des
petits bancs qu'ils louaient aux spectateurs curieux, mais trop
pauvres pour se payer le luxe d'une place dans les tribunes.

Le public d'élite, les militaires, les juges, les starters, se promenaient sur le gazon, supputant entre eux les diverses chances
de la lutte et les qualités des chevaux engagés.

Au milieu d'un groupe d'élégants jeunes gens, on remarquait
le comte Islénieff-Bellegarde, qui causait avec deux officiers de
hussards de la garde, tous deux l'air éveillé et rieur, petits de
taille. L'un était le visiteur matinal que Giaconi avait annoncé au
comte et qui se nommait Ivan Grégoriévitch Makéeff. Le second
était le prince Scavronski.

— Eh bien! Islénieff, disait ce dernier, vous paraissez de
mauvaise humeur, un jour de courses, pour un officier de cavalerie...

— D'état-major, s'il vous plaît! rectifia le comte avec quelque
hauteur.

— Ne faites pas le pédant! dit Makéeff. Celui qui a servi dans
la cavalerie restera toute sa vie officier de cavalerie... même en
se faisant moine.

— Qui parle ici de se faire moine? interpella un grand jeune homme en uniforme de tirailleur, la barbe blonde bien taillée.

Les officiers se rangèrent et firent le salut militaire. Le nouveau venu les salua cordialement de la main.

— C'est monsieur! répondit Islénieff en désignant Makéeff. Il paraît avoir un chagrin d'amour.

Le jeune homme blond, qui inspirait tant de respect, n'était autre que le célèbre prince Alexandre de Battenberg, l'agent secret de l'Allemagne, la coqueluche des grandes dames de Londres, Berlin et Saint-Pétersbourg, le propre cousin de S. M. l'empereur Alexandre III, le prince régnant de Bulgarie. en un mot.

Un jeune homme, les cheveux couleur blond fadasse accompagnait le prince: c'était son aide de camp, le capitaine Pontchikoff.

— Le chagrin d'amour, dit le prince en riant, ne se guérit que par l'amour: *similia similibus...* et je connais une dame...

Mais il n'eut pas le temps d'achever. On donnait le signal du départ. *Guédimine* luttait avec *My Beauty*, étalon contre pouliche.

— Parions !... voulez-vous, comte Islénieff? demanda le prince Alexandre. Cinq napoléons pour *Guédimine!*

— Il en sera ainsi que Votre Altesse le désire, répondit le comte en s'inclinant.

Le prince Alexandre de Battenberg, prince régnant de Bulgarie, avait atteint le point culminant d'une situation marquée. En ce moment, il jouissait de la faveur de son auguste cousin, faveur qu'il devait bientôt perdre avec tant d'éclat. Il possédait cette arrogance de grand ton de l'homme en vogue, à laquelle succédait, quand il le voulait, ce charme capiteux qu'il tenait de sa mère, une Polonaise, la célèbre Julie de Hauke.

Devant le groupe des starters, qui tous se taisaient, suivant avec attention la lutte, les deux chevaux rivaux passèrent comme un éclair.

— Je crois avoir perdu, dit le prince Alexandre, *Guédimine* est mal parti.

— Stanford le ménage, répliqua le comte. Le parcours est long et il faut attendre la fin.

Le comte avait raison. Stanford, dont l'habileté était proverbiale, avait calculé l'élan de sa monture. Un peu avant le poteau, il joua si bien de la cravache et des talons, que *My Beauty* se trouva distancée, aux applaudissements de la foule.

Le prince Alexandre se fraya un passage à travers l'assistance chamarrée, et se dirigea vers la loge impériale. Le jeune potentat s'avançait avec assurance, accueillant les saluts des hommes et les sourires des dames, qui admiraient celui qui semblait être l'enfant favori de la fortune.

Un peu plus loin, dans les loges ordinaires, trônait la belle comtesse Malvina Hasfield. Une jeune fille, à l'attitude modeste, à la mise élégante et de bon goût, était assise à ses côtés, échangeant avec sa compagne des propos à voix basse.

Dans l'entr'acte, la loge s'emplit de cavaliers.

Le comte Islénieff, tout en paraissant empressé auprès des autres dames, ne quittait pas la comtesse Malvina des yeux. Cette femme le fascinait et lui échappait en même temps. Devait-il s'avouer vaincu, ou bien finirait-il par lui arracher l'énigme qui la mettrait en son pouvoir? Et cette jeune Américaine, aux allures polonaises, aux traits d'une blonde mate, miss Molly Savinska, d'où venait-elle? Pouvait-on croire aux explications de la comtesse, qui la donnait comme une jeune parente d'un degré éloigné?

Il était en train de réfléchir, lorsqu'il vit le prince de Bulgarie s'approcher de la comtesse. Le beau Sandro — comme on l'appelait dans l'intimité — paraissait être à l'aise dans la loge de Malvina. Un aide de camp général de l'empereur s'était levé pour lui faire place, et le prince s'était incliné vers la comtesse dans une pose qui parut inconvenante à Islénieff. Tout à coup, on vit Makéeff entrer dans la loge. Le prince avait pris au sérieux le propos tenu en l'air sur le chagrin d'amour du brave garçon, et il le présentait maintenant à la comtesse... *similia similibus.*

Le prince parti, le comte, sans dissimuler son dépit, pénétra à son tour dans la loge de Malvina.

— Vous voilà! dit celle-ci avec calme. Quel bon vent vous ramène?... Soyez le bienvenu!

Le comte, sans dire un mot, s'assit sur la chaise placée derrière la comtesse, et regarda le turf par-dessus la tête des deux dames.

— Vous êtes taciturne! lui dit miss Molly, un peu offusquée d'un pareil sans-gêne.

— J'ai une légère migraine, dit le comte, et pour dire quelque chose il ajouta : — Comment trouvez-vous, Mademoiselle, mon ami Makéeff?

— Il porte bien son uniforme de hussard... C'est tout ce dont j'ai pu juger pendant la courte apparition qu'il a faite dans la loge, répondit la jeune Polono-Américaine.

— Avouez, mon cher comte, intervint Malvina, qu'il y a anguille sous roche !... Voyons, un peu de franchise.

— Vous paraissez bien connaitre le prince Alexandre? demanda le comte, feignant de prendre un air indifférent, mais au fond dépité de se sentir deviné.

— *Dont be jealous!*... dit la comtesse. N'est-ce pas, Molly, que la jalousie est un vilain défaut?

— Certainement, répondit la jeune fille avec gravité. Et pour punir M. Islénieff, à votre place, comtesse, j'aurais gardé le prince dans la loge jusqu'à la fin des courses.

— Je ne m'y serais pas opposé! répondit le comte en se levant. Malheureusement, j'ai perdu, et il faut que j'aille à la recherche de plusieurs personnes à qui je dois payer.

— Alors, au revoir! dit la comtesse en lui faisant un signe de tête, tandis que le comte, très ennuyé, se dirigeait vers le groupe des parieurs.

Juste à ce moment, il rencontra Makéeff et l'aborda.

— Eh bien! mon cher comte, dit le jeune officier la voix un peu embarrassée, le prince m'a présenté à la comtesse Hasfield... C'est une beauté un peu... austère... J'avoue que je préférerais l'autre... l'ingénue!

— Vous avez bu, Makéeff, dit brusquement Islénieff. Prenez garde! si le général vous remarque... vous risquez gros!... N'oubliez pas la présence de la famille impériale!

— Allons donc!... deux verres de champagne... à peine... Peut-on être saoûl?

— A votre aise, répondit le comte en le quittant brusquement. Mais le rattrapant tout à coup : — A propos, dit-il. En fait de beauté, venez demain déjeuner à l'hôtel de France... Je vous présenterai à une jeune dame...

— Aussi belle que la comtesse?

— Vous jugerez vous-même. Ainsi, engagement pris à une heure de l'après-midi.

— Certainement!... N'allez pas me lâcher, Islénieff, insista

Makéeff effectivement très lancé. Vous savez que je suis mauvais coucheur!

— Soyez prudent, vous dis-je. Vous élevez la voix, et on vous regarde... Je suis homme de parole.

En quittant le jeune ivrogne, Islénieff chercha du regard Pontchikoff, l'aide de camp, afin de lui remettre les cinq napoléons gagnés par le prince.

Dans la soirée, il se rendit à l'hôtel de France, comme il l'avait promis. Il trouva Marie très abattue.

— Mon cher, lui dit-elle avec un air de lassitude. Enfin, je te vois... Tout est donc pour le mieux !

Le comte fit semblant de ne pas sentir le reproche.

— Eh bien! Mariette, dit-il en lui donnant son petit nom favori, je me suis arraché à la besogne... Je puis passer deux heures... trois heures avec toi.

— Mon ami, commença-t-elle, comme si ce qu'elle allait dire était la substance de longues et douloureuses réflexions, je suis venue surtout pour savoir tes intentions. A Constantinople, tu m'as aimée et prise comme une aventurière de harem turc. Maintenant, nous ne sommes plus en Turquie. Je ne veux pas que tu croies que je veuille m'imposer à toi, gêner ta liberté, entraver ton avenir. Je préfère tout à l'idée de t'être à charge. Mon père est toujours vivant. J'irai le retrouver à Paris. Mon existence près de lui sera celle du passé. Je m'adresse donc à ton cœur d'abord, mais surtout à ton honneur. Dis-moi franchement ce qu'il en est. Moi, en venant ici, en affrontant les persécutions de ces odieuses femmes du harem, je t'ai donné la mesure de mon amour. A toi maintenant de parler. Veux-tu ma présence ici? Veux-tu que je m'en aille?

En disant ces mots, la voix de Marie dénotait une fermeté que démentaient les larmes silencieuses qui coulaient de ses yeux et le léger tremblement de ses mains. L'ombre qui régnait dans la chambre empêchait que le comte s'aperçût du combat mortel qui se livrait en elle. Peut-être l'aspect de cette douleur poignante, ce suprême et dernier appel d'une âme qui se brise auraient-ils changé ses résolutions, fléchi son égoïsme. Il ne vit rien. Il ne comprit qu'une chose, c'est que Marie lui offrait une solution qu'il eût acceptée vivement s'il l'eût crue sincère. Mais l'était-elle? Et si elle ne l'était pas? Si c'était un piège? L'énergie que venait

de montrer Marie dans sa fuite lui donnait la mesure de celle
qu'elle déploierait dans la lutte qu'il redoutait. Décidément, il
valait mieux continuer à feindre.

— Comment peux-tu parler ainsi! dit-il d'une voix qu'il sut
rendre tremblante et attristée. A peine dans mes bras, tu parles
de me quitter! Je te l'ai dit, je te le répète et je te le jure : libre
de toutes les entraves qui me retiennent ici, mon bonheur serait
de fuir avec toi dans une retraite ignorée. Pour le moment, c'est
impossible. J'ai dû accepter un poste qui m'impose de lourdes
obligations. J'ai à exécuter des travaux stratégiques importants
qu'il m'est impossible d'abandonner. Ma fuite paraîtrait une trahison. Mais ces travaux auront une fin, ensuite je serai libre de
me consacrer entièrement à toi. Ce que je crains, c'est qu'avec
ton caractère aimant, il est vrai, mais exclusif et jaloux, tu ne te
forges toutes sortes d'idées sur l'emploi du temps que je suis
obligé de passer loin de toi. N'y aurait-il pas moyen de tout concilier. Pour le moment, tu es avec moi ; je veux te voir, te regarder à satiété, savourer ta présence... Si, malgré tout, tu ne pouvais supporter l'ennui qu'une femme comme toi doit éprouver
dans un pays dont la langue, les coutumes et le climat lui sont
étrangers, je ne serai pas éloigné de consentir que tu partes pour
Paris, près de ton père. Mon travail fini, je viendrais te chercher
et nous irions passer l'automne en Italie, en Suisse, respirer l'air
libre et sain des montagnes. Hein ! qu'en dis-tu?

Marie ne savait que répondre. Elle croyait à la sincérité, elle
voulait y croire. Mais, malgré sa volonté, le doute l'obsédait.

—Tu veux m'éloigner, dit-elle en faisant un effort pour paraître
calme. Ne sommes-nous pas libres de nous aimer ou de nous
quitter? Pourquoi manquer de courage et chercher des faux-
fuyants? Est-ce que je te fais des reproches? Je t'ai suivi librement, je ne regrette rien. Pourquoi veux-tu ajouter à la douleur
de la séparation la déception inévitable d'une espérance chimérique? Séparons-nous, mon ami, comme deux gens honnêtes que
le hasard de la vie a fait se rencontrer et que la fatalité sépare.

— Elle dissimule, pensa le comte, tenons-nous sur nos
gardes! — Oh! la tête chaude, dit-il gaiement. Allons donc, sois
raisonnable! Quel besoin aurais-je de te tromper? Non, reste,
sois ma maîtresse, mon idole, ma Mariette adorée! Et pour
mieux la persuader, il lui baisait les mains, lui parlait dans
l'oreille, l'attirait à lui dans une étreinte passionnée...

— Demain, dit le comte après un long silence, je viens déjeuner ici. Pour plus de gaieté, je t'amène un camarade, charmant garçon s'il en est; nous déjeunerons en cabinet particulier, comme à Paris. Il t'amusera.

Marie se laissa enfin persuader. Le comte Islénieff la quitta, certain de l'avoir rassurée. Sur le palier, il respira l'air frais de la nuit.

— Ouf! pensa-t-il, si l'on savait ce que cela coûte, les bonnes fortunes, personne ne voudrait du métier!

Et pendant que l'homme mondain, l'homme fort, montait en cabriolet et partait en quête de nouveaux succès, Marie Tavernier, se sentant bien définitivement abandonnée, versait des larmes amères.

Au déjeuner du lendemain, elle ne laissa rien paraître de sa douleur et de son désespoir. Makéeff, stylé par le comte, se montra plein de tact et de véritable galanterie. La conversation roula sur les chevaux. Makéeff, apprenant que Marie était une écuyère consommée, demanda aussitôt à Islénieff d'organiser des parties à cheval.

— Je vous procurerai une amazone, comme je l'ai fait pour la princesse Almédinska... Je suis sûr qu'en selle vous ferez plus d'effet qu'elle.

Marie se laissa gagner par l'entrain des deux convives.

Islénieff souriait d'un air satisfait.

Makéeff, dont le vin déliait facilement la langue, faillit parler de la journée des courses. Mais à peine eut-il prononcé le nom de Tsarskoé-Sélo, que le comte darda sur lui un regard d'acier. Le jeune homme comprit et esquiva habilement la bévue qu'il allait commettre.

— Eh bien! je vais au ministère, dit Islénieff en se levant. Que faites-vous, Makéeff? Restez-vous ici?

— Mais non, mais non, dit le jeune homme, qui, par esprit de délicatesse, crut nécessaire de ne pas s'attaquer d'emblée à la jeune femme. Attendez, je vous suis.

Et les deux hommes, après avoir reconduit Marie dans sa chambre, prirent congé d'elle.

Le comte Islénieff menait de front plusieurs intrigues. Réussir n'importe comment, mais réussir avait été le mot d'ordre, la devise de sa vie. Et puis, il en était arrivé au point qu'il fallait qu'il avançât à tout prix. Rester stationnaire lui eût été impossible, et tout recul l'eût perdu en déchaînant contre lui une meute d'envieux, de détracteurs, et, ce qui est pis encore, de créanciers.

Ses relations avec la comtesse Malvina Hasfield marchaient à souhait. Les derniers jours, celle-ci lui avait montré presque de la tendresse. Harassé d'ambition et besogneux, il se sentait près du port et voulait triompher.

L'intimité du prince Alexandre de Bulgarie avec Malvina lui avait d'abord souverainement déplu. Puis, ne pouvant rien faire pour y remédier, il songea à en tirer parti... Il voulait donc en parler à la comtesse; mais, à sa grande stupéfaction, ce fut elle qui aborda la question la première.

Un jour, elle invita le comte à dîner. C'était une faveur qu'elle lui accordait rarement, et, en s'y rendant, il ne se doutait guère de l'important résultat qu'aurait pour lui ce repas... diplomatique.

La comtesse avait également convié le prince Alexandre; mais elle avait prié le comte Islénieff de devancer un peu l'heure du repas; elle avait ses motifs pour désirer d'abord l'instruire de la situation en général. Aussi, dès que le comte fut arrivé, aborda-t-elle la question.

— Il paraît, dit-elle après l'avoir informé qu'il aurait l'honneur de dîner avec le prince de Bulgarie, il paraît que Son Altesse en a par-dessus la tête de cette constitution que le parti rouge lui a imposée. Il veut s'en défaire à tout prix. Malheureusement, on semble peu disposé, ici, à Saint-Pétersbourg, à soutenir le prince dans cette aventure qu'on croit grosse de dangers et de complications imprévues. Il s'agit de trouver un homme de bonne volonté, à qui on offrirait le poste de ministre de la guerre. Qu'en pensez-vous?

— Je ne suis pas grand amateur des constitutions, répondit le comte qui avait dressé les oreilles, flairant une aubaine. Mais la chose ne me paraît pas simple et n'ira pas comme sur des roulettes... La Russie a trop fait pour les Bulgares pour qu'elle consente à assumer, même passivement, le rôle ingrat dont vous parlez...

— Je sais tout ce que vous allez me dire, interrompit la comtesse avec impatience. Ce qu'on doit examiner avant tout dans une affaire, c'est d'abord le but qu'on veut atteindre, puis la valeur et le rôle des facteurs qui doivent y conduire. Le but, vous le connaissez. Quant aux facteurs, je vous ferai remarquer : 1° que je vous connais pour un homme doué d'une rare audace secondée par une intelligence de premier ordre...

Le comte s'inclina, un fin sourire dessiné sur les lèvres.

— 2°, continua la comtesse, je vous promets que vous trouverez ici des protecteurs très puissants, même parmi ceux qui, en apparence, par timidité ou duplicité, paraissent le plus disposés à jeter les hauts cris à la nouvelle du coup d'État que médite le prince. Et enfin, 3°, que celui qui ne risque rien n'a rien à prétendre dans un événement dont la réussite a quatre-vingt-dix chances sur cent.

Le comte restait muet, non que l'aventure ne lui plût pas, mais il désirait connaître toutes les cartes du jeu qu'on voulait jouer, afin de mettre le plus d'atouts possible dans le sien. La comtesse voulut porter un coup décisif. Elle ajouta avec gravité :

— Vous ne nous trahirez pas, votre intérêt est votre meilleure caution. Je puis donc vous donner pour certain que celui qui tient dans ses mains tous les fils de la politique européenne, le prince de Bismarck, nous a promis aide et soutien... N'oubliez pas non plus que vous êtes colonel, et que c'est un grade dans lequel on demeure longtemps en Russie.

Miss Molly entra, éclatante de jeunesse et de beauté. Sa toilette était un petit chef-d'œuvre d'élégance et de bon goût. Elle alla droit au comte, lui serra la main à l'américaine, c'est-à-dire trois degrés de pression de plus qu'à l'anglaise, puis vint s'asseoir sur un tabouret-pouf très bas aux pieds de la comtesse.

Cette entrée arrêta la réponse que le comte avait sur les lèvres. Malvina n'en avait pas besoin, elle connaissait trop le colonel pour douter qu'elle fût affirmative.

On annonça l'arrivée du prince. La maîtresse du logis vint à sa rencontre jusqu'au palier de l'escalier. Miss Molly et le comte restèrent dans le salon. Le prince régnant, causant gaiement avec la comtesse, s'avançait suivi de Pontchikoff. On passa dans la salle à manger.

Le dîner fut très gai, quoique luxueux et des plus corrects. La conversation roula principalement sur les nombreuses connaissances communes au prince et à la comtesse.

— J'ai été bien attristé de la mort du prince Sayn-Wittgenstein-Berlebourg, disait le prince. Nous étions inséparables pendant la guerre.

— J'ai beaucoup connu sa première femme, Pulchérie Cantacuzène, répondit la comtesse.

— Et moi, la seconde, la baronne de Kleydorff. Vous savez que c'est une danseuse du corps du ballet de Varsovie! Quel dommage qu'un aussi charmant homme ait fait un pareil mariage! dit le prince avec dédain.

Après le repas, on passa dans le petit salon où l'on servit le café et les liqueurs. Miss Molly avait emmené Pontchikoff au salon pour lui jouer une valse.

Le prince mit aussitôt la conversation sur le terrain politique.

— Oui, disait-il avec tristesse, la situation me paraît bien sombre. La Bulgarie, que la Providence et la volonté du défunt empereur m'ont confiée, devient de plus en plus la proie du nihilisme. La Russie, elle, pourrait y remédier; mais toute l'administration, — Miloutine, le ministre de la guerre en tête, — est composée de libéraux... On met en avant que les Bulgares en voudraient à la Russie d'attenter à leurs libertés et de s'immiscer dans leurs affaires intérieures... Mais, dans ce cas, si personne ne me vient en aide, je préfère abdiquer.

La comtesse Hasfield et le comte Islénieff se récrièrent.

— Abdiquer ! Mais que deviendrait la Bulgarie, que deviendrait la Russie, que deviendrait la paix européenne? s'écria le comte.

— Voilà! dit la comtesse inspirée, comte Islénieff-Bellegarde, vous qui êtes un homme d'action, vous devriez venir en aide à Son Altesse !

— Mais il faudrait pour cela un dévouement sans bornes, dit le prince, et je ne possède aucun titre pour demander au comte de sacrifier ainsi une carrière aussi brillante...

— S'il ne s'agissait que de moi personnellement, répliqua le comte en secouant la tête. Mais ni mes connaissances, ni ma situation officielle ne correspondent et ne m'ont préparé à un poste aussi important qu'il faudrait occuper.

— Excès de modestie, répliqua le prince. J'ai beaucoup entendu parler de vous par Radovitz qui vous a connu et apprécié à Constantinople.

— Je suis tout dévoué au service de Sa Majesté, et si je puis être utile à la bonne cause, dit le comte Islénieff en s'inclinant.

Le prince le pria de venir le voir. Puis Son Altesse se leva. Pontchikoff, qui l'observait par l'enfilade des salons, se précipita vers lui.

— Vous nous quittez déjà! Monseigneur, dit miss Savinska en faisant la moue. Et vous aussi, monsieur Pontchikoff?

— Que voulez-vous, Mademoiselle, nous avons un bal officiel. Mais il y a demain petit bal au palais de Péterhoff. Y allez-vous, comtesse?

— Mais... certainement! répondit celle-ci; à moins de quelque chose d'imprévu.

Le fait est que, malgré de nombreuses démarches, l'excellente dame n'avait pu se procurer, ou s'était vu refuser — ce qui revient au même — l'invitation tant désirée.

— Alors, au revoir! dit le prince. Et son œil s'alluma comme d'une irritation inexplicable en voyant que miss Molly recommençait son *flirt* avec Pontchikoff.

Le comte Islénieff-Bellegarde descendit la Serguievskaïa, remonta la Litéinaïa jusqu'au pont Alexandre, et prit à gauche pour descendre pédestrement le large quai de la Néva. Il était près de neuf heures, et, suivant l'habitude qu'il avait prise depuis quinze jours que Marie était arrivée, il comptait aller passer une couple d'heures avec cette dernière.

C'était un beau soir d'été. Le soleil encore haut sur l'horizon dardait obliquement ses rayons sur la surface étincelante de la Néva. Le quai qu'il suivait, peu animé dans la journée, en comparaison avec la foule qui se presse dans les grandes artères, était à cette heure à peu près désert. En revanche, la Néva était sillonnée de bateaux, pyroscaphes et embarcations de tous genres chargés de gens appartenant au peuple, à la classe moyenne ou à celle des marchands, avides d'aller passer leur soirée au Jardin zoologique, lieu de spectacles peu coûteux et de plaisirs faciles.

En aval du fleuve, à la hauteur du Palais d'Hiver, le pont Troïtski fléchissait sur ses pontons de bois sous la lourde charge des tramways, des équipages et des nombreux piétons qui le traversaient pour aller à Kaméni-Ostroff et aux Iles. Le bruit des roues passant sur les planches du pont se répercutait au loin dans un grondement sourd, ce qui dénotait l'air calme et serein de l'atmosphère.

. Islénieff avançait allégrement. Un moment, un instinct secret lui conseilla de prendre une voiture. Peut-être eût-il mieux fait, car enfin, à défaut d'autres considérations, c'eût été quelque chose pour la pauvre Marie de jouir de sa présence une demi-heure plus tôt.

Mais, allons donc! Que pourrait-il se passer d'important pour lui dans le cœur de Marie pour que son arrivée, trente minutes plus tôt, trente minutes plus tard, pût avoir des conséquences sérieuses pour ses projets.

Non, il avait besoin de se ressaisir. Décidément la marche lui permettrait de mettre un peu d'ordre dans ses pensées troublées par ce qui lui arrivait. Il jouait de bonheur. Les événements auxquels il avait la candeur d'avouer n'avoir contribué en rien le servaient à souhait, même au delà de ses espérances les plus folles, même celles qu'on forme dans l'insomnie lorsqu'on espère, dans des fictions poétiques, endormir l'âme et le corps loin des soucis du monde réel.

Quel rêve aussi eût égalé cette réalité tangible : le prince de Bulgarie le nommant ministre de la guerre! Au fait, il est certain que son départ pour Sophia simplifierait singulièrement sa situation envers Marie. Il est évident qu'en ce cas, elle n'hésiterait pas à retourner à Paris chez son père, pour attendre de ses nouvelles... qu'elle apprendrait par les journaux.

Il allait donc, enfin, être engagé dans les grandes affaires de la politique. Sait-on où cela peut conduire?   ٠

Et le comte, considérant la vie comme un jeu, la carte du monde comme un échiquier, poursuivait sa fiction, avec sa foi dans sa veine. Le principal était de ne pas ponter contre Bismarck... C'est bien! c'est compris! Car, dans ce cas, on est sûr de perdre... C'est entendu, encore une fois; c'est archi-compris! D'ailleurs il n'était pas tiré d'un bois dont on a coutume de faire des imbéciles. Au corps des pages, tous ses camarades le surnommaient le malin par excellence. Que faut-il pour se tirer d'affaire? Jouer habilement sur le vaste clavier des passions et des faiblesses humaines, rien de plus facile. Cet exercice profitable n'avait besoin ni de cœur ni de conscience, l'habileté suffisait.

Laissons le comte se livrer à ses chimères. « Il n'y a que deux

choses qui rendent l'homme heureux, dit un poète oriental,
c'est le rêve et la mort! » Voyons un peu ce que fait Marie pendant
que son amant bâtit un édifice dont chaque pierre doit peser sur
son cœur comme celles d'un tombeau.

Marie, nous l'avons dépeinte, était le type le plus parfait
et le plus pur de ces Parisiennes douées à la fois, sous une apparence gracile et mignonne, d'une fébrile énergie dans la lutte
contre les assauts de l'adversité, et d'un trésor inépuisable de
tendresses — partant de faiblesses — pour l'amant aimé.

On peut rester jeune pendant de nombreuses années. On peut
vieillir et blanchir en quelques heures.

Marie, elle, ne blanchit pas et ne vieillit pas ; mais les quelques semaines qu'elle passa dans une solitude désespérante donnèrent à son esprit une faculté d'intuition qui fut pour elle comme
un nouveau sens, mais qu'elle s'efforça longtemps de combattre,
ne pouvant croire à la sinistre réalité dont les lueurs fulgurantes,
malgré elle, malgré ses larmes et ses protestations, venaient
éclairer ses rêves d'un reflet sinistre.

Makéeff avait pris l'habitude de venir la voir. C'était un bon
et honnête garçon, qui n'était pas fâché, lorsqu'il se trouvait avec
ses camarades, de se donner pour un tyran des cœurs, un nouveau Faublas, un Casanova pas du tout corrigé et passablement
augmenté. Au fond, il était d'une timidité extrême dont il ne
pouvait se guérir, ce qui le rendait furieux et encore plus timide
envers le beau sexe. La vue d'un jupon ou d'un joli minois l'attirait, comme la lumière attire les phalènes ; mais le moindre
regard encourageant, la plus légère pression de main, le mettaient en fuite.

A sa sortie du corps des pages, il avait ostensiblement acheté
un charmant carnet d'ivoire, guilloché d'or et marqué à son chiffre, pour y inscrire ses bonnes fortunes — comme c'est d'ailleurs
l'usage. — Il aimait à le montrer de loin à ses amis attentifs et
convaincus ; mais il n'y avait d'inscrit que les comptes de sa blan-
chisseuse.

Chez la femme russe il n'y a que deux types à tous les degrés
de l'échelle sociale : celle qui se donne et celle qui se refuse. La
première se croit forcée, même après une unique chute, de prendre le ton et les allures d'une vulgaire courtisane. La seconde
prend, en les exagérant, tous les dehors plaisants ou déplaisants

d'une femme honnête, depuis la petite bourgeoise aux mœurs
pures, à l'esprit indulgent ou conciliant, jusqu'à la grande dame
au caractère revêche, à la tenue ascétique qui passe sa vie à tor-
turer son esprit et à obséder les autres pour faire la guerre non
seulement aux idées, mais encore aux mots inoffensifs dont la
place, l'emploi ou la consonance l'offusque.

La Parisienne n'est pas ainsi. Elle ne croit pas, elle ne croira
jamais qu'une chute, une liaison unique, à laquelle elle est fidèle,
soit une déchéance. Elle peut même être mariée, l'adjonction
d'un amant peut avoir un motif excusable basé sur l'indignité de
l'époux.

Marie ne croyait donc pas être déchue ; bien mieux, lorsqu'elle
abandonna Youssouf-bey pour se donner au comte Islénieff, elle
ne crut exercer qu'un droit légitime tiré du code musulman qui
lui permettait de ne considérer l'union consacrée que comme un
contrat révocable où chacune des parties s'imposait les mêmes
devoirs et les mêmes droits. Du moment où ses droits à elle
étaient méconnus ou sacrifiés, elle se crut libre, sans déchoir
ni dans son estime ni dans l'opinion des autres, de contracter
avec le comte Islénieff-Bellegarde un nouvel engagement d'autant plus sacré que le comte l'avait scellé des promesses les plus
solennelles et les plus conformes aux traditions de sa race et de
sa religion.

C'est pourquoi elle se crut le droit de porter haut la tête,
prête à assimiler les trahisons du comte à celles qu'un époux légitime ferait à sa femme. C'est pourquoi aussi Makéeff, atteint
d'une timidité chronique, ne put, malgré des fréquentations
journalières, prendre sur lui de brusquer ce que d'autres eussent
fait à sa place.

Ce soir-là, Marie était nerveuse, agitée. Certes, les nuits de
Saint-Pétersbourg sont très belles, mais on ne sait pas l'action
funeste qu'exercent sur les nerfs les plus forts ces jours sans
nuit, cette éternelle clarté qui finit à la longue par vous obséder,
au point que, pour retrouver son état normal, on croise avec soin
ses rideaux les plus épais, on allume les lampes et l'on se plaît à
douter qu'au dehors le soleil darde ses rayons aussi ardents que
dans les pays tropicaux.

Makéeff, invité par Marie à partager son repas, était arrivé à
cet état de plénitude et de contentement qui fait voir choses
et gens en rose. Il n'ignorait pas la liaison de la jeune femme

avec Islénieff, bien que celui-ci ne lui eût fait aucune confidence. C'était un motif de plus pour qu'il se contînt dans sa modestie habituelle. Mais, ce jour-là, il s'était un peu lancé. Le motif était légitime. Son colonel l'avait désigné pour diriger les écoles régimentaires, et il était très fier de cette fonction qui lui permettait d'apprécier le zèle vraiment louable avec lequel les sous-officiers sous ses ordres s'acquittaient de leur tâche en faisant ânonner à leurs hommes les lettres de l'alphabet. A la suite de la parade où il avait été investi dans ses nouvelles fonctions, ses collègues ne lui avaient pas laissé le temps de quitter sa tenue, et l'avaient forcé à venir avec eux fêter cet heureux avancement.

Quelques verres de champagne, bus avec ses jeunes camarades, l'avaient mis en gaîté. Marie, fort préoccupée par certains bruits, certains indices qui étaient venus à sa connaissance, résolut de profiter de cette circonstance pour s'éclairer. Ce n'était pas très bien ; mais depuis Ève, la femme, et surtout la femme jalouse, n'a jamais pu discerner exactement la ligne qui sépare le bien et le mal.

On avait dîné. Makéeff balbutiait un peu, mais se tenait convenablement. Marie, suivant son idée, usa d'un stratagème.

— Dites donc, Makéeff, vous devriez bien, puisque vous êtes en fête, me faire goûter ce mélange dont Islénieff m'a beaucoup parlé, et dans lequel entrent du champagne, du citron, des oranges, de la glace, des clous de girofle, du raisin, du...

— Du tabac à priser ! dit Makéeff en riant. Je sais ce que c'est, c'est un *cruchon*. Laissez-moi faire.

Il acheva de se débarrasser de son fourniment d'ordonnance et de son revolver qu'il posa sur une commode.

Il sonna. A son appel le maître de l'hôtel arriva. Il lui commanda la fameuse mixture, et dix minutes après celle-ci fut apportée dans une large carafe de cristal flanquée de deux verres à longs pieds.

Makéeff remplit les deux verres à pleins bords, et tandis que Marie mouillait à peine ses lèvres, Makéeff vidait le sien d'un seul trait et le remplissait à nouveau. L'effet fut instantané. Les yeux de l'officier se rétrécirent sous l'orbite, et ses mains ne quittèrent plus la table.

— Dites-moi, Makéeff, dit Marie poursuivant son idée, il y a longtemps que vous connaissez Islénieff.

— Je l'ai toujours connu... ou plutôt c'est lui, car il est mon aîné.

— C'est curieux qu'il n'ait pas encore trouvé à se marier.

— Bah! cela viendra. Et puis rien ne presse. Le comte, depuis que je le connais, mène une vie de polichinelle qui... que...

Il s'embrouillait. Marie le remit sur la voie.

— Sans doute, quand il était plus jeune...

— Bon! croyez cela et buvez de l'eau, dit Makéeff en absorbant son second verre et en s'en versant un troisième.

Une nouvelle idée vint à Makéeff : tout arrive à son heure. Se levant de table, un peu titubant, il prit sa chaise qu'il rapprocha de celle de Marie.

— On n'a pas idée de ce qu'il y a de courants d'air ici! dit-il. (Il avait lu cette phrase inepte dans un livre galant.)

— Allons! soyez raisonnable, dit Marie en reculant sa chaise. Vous savez que je suis la maîtresse, pour ne pas dire plus, du comte Islénieff.

— Mais il ne vous aime pas, Islénieff, et moi je... je vous aime, dit le jeune homme surmontant enfin sa timidité.

— Qu'en savez-vous? interpella Marie avec hauteur. Vous a-t-il pris pour confident?...

Makéeff, de plus en plus lancé, voulut lui prendre la taille.

— Cessez ces manières!... s'écria Marie. Puis, se radoucissant, elle lui dit avec un sourire : Vous savez bien, Monsieur, qu'on ne doit pas convoiter le bien d'autrui!

— Vous en parlez à votre aise, dit Makéeff boudeur. Et Islénieff, en voilà un qui se gêne sous ce rapport!

— Il est donc coureur! Vous savez, vous pouvez tout me dire. Je suis indulgente. En disant cela, elle abandonna sa main au hussard, qui la couvrit de baisers.

— Ma foi, si ce n'est pas moi qui vous le dis, ce sera un autre, et si vous éprouvez le désir de vous venger, autant que ce soit avec moi, dit Makéeff que la situation dégrisait, et qui, d'ailleurs, laissait son verre tranquille.

Il ajouta tout d'un trait, sans remarquer que Marie l'écoutait frémissante, et le visage plus blanc que la nappe.

— Maintenant, on le dit avec la Hasfield... sorte de grande dame aux allures passablement louches. Il y a chez elle une jeune Américaine, qui est en même temps Polonaise, qu'elle fait passer pour une parente éloignée, mais qui pourrait bien être une des bâtardes qu'elle a semées un peu partout... Il y a aussi un pseudo-comte polonais, qu'elle donne pour son neveu, mais qui partageait son unique chambre à coucher à l'époque où elle était réduite, pour vivre, à imaginer des pièges à gogos, comme l'exploitation d'une mine de nickel, l'art de faire de l'or avec des pierres, ou un nouveau modèle de briques creuses. Après des hauts et des bas, où elle portait les siens troués ou n'en portait point du tout — dit Makéeff en éclatant de rire à son facile jeu de mots — on la vit remonter à flot. Le vieux Gortschakoff la protégea. Aujourd'hui elle s'est échouée, croit-on, dans la haute politique. Tout cela est un mystère dont je n'ai pas la clef.

— Et c'est cette femme dont Islénieff est amoureux !

— Pour le moment, c'est le bruit qui court, et le comte ne se gêne pas pour afficher ses prétentions, malgré la jeune Polono-Américaine et le pseudo-comte polonais. Mais la preuve que je vous aime plus que lui, dit Makéeff en se laissant glisser de sa chaise, c'est que je suis à vos pieds, et que lui est ailleurs.

— Il suffit, dit Marie en retirant sa main et redevenant sévère. Tenez-vous donc d'une façon convenable, et soyez raisonnable, où je me fâche ! D'ailleurs, il se fait tard, le comte va rentrer, allez-vous-en.

Makéeff partit, titubant encore, mais en partie dégrisé par un sentiment qui lui étreignait le cœur, et qui l'importunait comme la pensée d'une mauvaise action commise.

Lorsque Marie fut seule, la contrainte qu'elle s'était imposée disparut. Ce que Makéeff lui avait appris n'était, en somme, que la confirmation des propres renseignements qu'à l'insu de tous elle avait su adroitement prendre.

Non, jamais Islénieff ne l'avait aimée, ou, du moins, toujours il l'avait trompée. Elle se souvenait de cette promenade aux Eaux-Douces d'Europe, à Constantinople, où elle avait rencontré une étrangère de distinction, de nationalité russe, assise aux côtés de l'ambassadrice de Russie, Mme Chadourski.

Depuis son retour, elle avait acquis la conviction que cette femme n'était autre que la comtesse Hasfield, avec laquelle le comte avait dû renouer.

Dorénavant, le voile était déchiré. Il ne s'agissait plus que de rompre avec éclat, avec l'homme qui continuait à lui prodiguer impudemment les protestations de son amour menteur.

C'est dans ces dispositions que se trouvait Marie, quand le comte, grisé d'ambition et d'orgueil satisfait, fit son entrée.

— Bonsoir, Marie, dit-il tout d'abord, et il voulut s'approcher d'elle pour l'embrasser, mais elle le repoussa vivement.

— Dites-moi, quand pensez-vous mettre fin à l'abjecte comédie que vous me faites jouer, et que vous jouez vous-même? demanda-t-elle les joues en feu, les yeux étincelants, la voix sèche, les mains frémissantes.

— Ma chérie! s'écria le comte stupéfait, je ne comprends pas ce que tu veux de moi!

— Pourtant, c'est bien simple, répliqua Marie avec un calme apparent qui parut au comte beaucoup plus redoutable que des éclats de colère et des crises de larmes. Sur la foi de vos serments j'ai fait une folie... J'ai quitté Youssouf-bey... Je suis venue à vous... J'ai été bien coupable! il est donc juste que je souffre... Mais, moi, j'ai une excuse; vous me trompiez!... J'ai pu me laisser prendre à la parodie de l'amour que vous jouez à la perfection et dans laquelle vous avez daigné m'assigner un rôle.

— Mais que me reprochez-vous! dit le comte, voulant faire face à la situation qu'il jugeait grave. A quels indices voyez-vous que je vous ai trompée? Vous vous forgez des histoires à dormir debout.

Elle le regardait, nerveuse; l'indignation, la colère, livraient un terrible assaut au calme qu'elle affectait.

— Un peu de raison!... ma chère... c'est tout ce que je vous demande... A moins toutefois que cette scène ridicule ne soit qu'un prétexte qu'on vous a conseillé de prendre pour que je cède la place à plus heureux...

Il jeta un regard sur la table encore servie, y vit les deux couverts, le désordre du service, et ajouta d'une voix ironique :

— Parbleu! je m'en doutais! C'est Makéeff qui vous a soufflé ce rôle ridicule... C'est lui qui, maintenant, est votre...

Il n'acheva pas, effrayé de l'expression terrible que prit le visage de Marie. La jeune femme, les yeux agrandis par l'horreur, ne fit qu'un bond vers la commode, où elle venait d'apercevoir le revolver oublié par Makéeff; elle s'en saisit d'une main frémissante. Ainsi placée, elle était dans la zone de l'ombre, tandis que le comte se trouvait près de la table, éclairé par les lumières du lustre. Marie acheva sa phrase d'une voix rauque, effrayante :

— Mon amant! dit-elle. Comme vous êtes, vous, l'amant de l'aventurière Hasfield!... Infâme!... tu te repentiras de cette dernière injure!

Elle fit un pas en avant, et, étendant le bras dans la direction du comte, elle tira. Islénieff chancela; mais la voyant prête à tirer de nouveau, il eut le temps et la force de lui saisir le bras et de paralyser ses mouvements. Elle se débattait, essayant de se dégager.

— Misérable! misérable!... Tu n'es pas mort!... Je veux t'achever!... Lâche mes mains!...

Mais lui se cramponnait à elle avec l'énergie du désespoir. Il se sentait faiblir. S'il la lâchait, il était perdu. Une douleur atroce se lisait dans ses yeux agrandis par la terreur. Dans la lutte, l'épais rideau de la fenêtre était tombé, et un jour éclatant inondait cette horrible scène.

Cependant on entendait dans les corridors le bruit de pas pressés. Enfin la porte s'ouvrit. Il était temps! le comte, défaillant, venait de rouler à terre.

Avant que Marie pût faire de nouveau usage de son arme, les gens de l'hôtel, s'emparèrent de sa personne, la désarmèrent et paralysèrent ses mouvements. Le comte, évanoui, fut transporté sur le lit.

On envoya chercher la police et un médecin. Celui-ci arriva le premier.

Quand la police arriva à son tour, Marie se laissa emmener, silencieuse et farouche. Dans le regard qu'elle jeta sur le comte étendu, en passant devant le lit, ne se lisait qu'un regret amer, celui de n'avoir pas tué l'infâme et de ne s'être pas soustraite elle-même par la mort aux horreurs du calvaire où allait s'achever sa misérable existence.

Le médecin fit déshabiller le blessé. Le coup avait porté bas. La balle avait déchiré les chairs et brisé l'os du haut de la cuisse. Après un sondage attentif, dont la douleur rendit au comte la connaissance, le praticien branla la tête d'un air satisfait.

— Il y a eu plus de bruit que de mal, dit-il au patient. La partie de l'os entamé devra être extraite, mais ce ne sera ni long ni dangereux. Vous serez debout dans trois semaines, s'il ne survient aucune complication. Par exemple, il faudra renoncer pour toujours à monter à cheval.

Le médecin, en disant cela, ne se doutait pas du coup qu'il

portait au brillant militaire dont tous les rêves ambitieux étaient
désormais irréalisables. Quelques heures après, le délire commença.

Les manifestations de la douleur sont aussi multiples que
l'est la nature des hommes et la diversité des caractères. Les
gens frustes et incultes se révoltent, protestent bruyamment et
expriment leurs souffrances par toutes sortes d'imprécations,
d'actes violents, dans lesquels ils s'imaginent trouver un soulagement, un dérivatif; d'autres, au contraire, comme si le ressort
vital s'était brisé, tombent dans un abattement profond et se
laissent aller à l'inaction et au dégoût de la vie. Pour ceux-là,
c'est la consomption à bref délai, c'est la mort.

Il est enfin une troisième catégorie d'êtres, privilégiés ceux-
là, natures d'élite, esprits pondérés, sur qui la douleur semble
n'avoir aucune prise; qui affrontent et supportent les effroyables
et déchirantes épreuves de la vie avec un stoïcisme apparent;
qui ne changent ni leurs habitudes, ni leur train de vie; qui portent à peine au front ce pli profond, seul indice de la morsure
cruelle qui leur broie le cœur et qui les ronge secrètement.

Youssouf-bey était de ces derniers.

Il avait été comme foudroyé par la fuite de Marie. Le coup
avait été si rude qu'il ne put d'abord en analyser l'horreur, triste
consolation dans laquelle se complaisent souvent ceux qu'atteint
le malheur de la vie. Il fut lent à se ressaisir, jugeant ce qui lui
arrivait comme un fait étrange, anormal, monstrueux, impossible,
une élucubration fantastique d'un cauchemar passager. Puis il
eut la perception claire, tangible de la funeste réalité, et comme
un roseau qui se plie au souffle du vent et se redresse ensuite,
son âme plia sous l'aquilon du malheur... Il pleura, et, dans
l'amertume de ses larmes, il puisa la résignation et la force de
vivre, où d'autres auraient trouvé le désespoir et la mort.

Certes, il regrettait la femme, primevère virginale qui l'avait
abreuvé des voluptés les plus exquises, dont la voix, pleine de
sonorités musicales, tintait à son oreille, dont la gracieuse et
pure image hantait et obsédait ses rêves. Mais ce chagrin
d'amour qui eût eu pour lui une exquise douceur, dans son
amertume même, s'il eût dû pleurer Marie morte dans ses bras,
se compliquait d'un sentiment cruel à la pensée qu'il avait été
abandonné pour un autre homme.

Ce qui rendait sa peine encore plus amère, c'était la perception très nette du triomphe indiscret que manifestait le milieu
stambouliote où il vivait. Il sentait que pour un peu on l'eût
félicité de la chute avérée, de la disparition de l'intruse, de la
ghiaour.

Youssouf-bey, comme beaucoup de jeunes Turcs ralliés à la
civilisation occidentale, croyait qu'une des raisons de la décadence de l'Orient était la claustration de la femme. A la vérité,
il savait très bien que la matrone romaine avait été ainsi traitée,
ce qui n'avait pas empêché Rome d'atteindre son apogée. Mais,
en faisant ce rapprochement, il en comprenait toute la différence.
La vie hermétique des femmes romaines avait été la conséquence
naturelle de circonstances extérieures, et c'est librement et sans
autre pression que l'usage et le respect de l'opinion publique
qu'elles s'y étaient résignées. Toute la dignité qu'elles surent
acquérir dans ce rôle effacé fut le résultat de la conviction intime
qu'elles avaient de contribuer, par leur effacement volontaire, à
la grandeur de la patrie, dont elles élevaient avec amour les futurs défenseurs dans le silence du gynécée.

Mais Youssouf croyait que la condition de la femme musulmane était tout autre, et cela uniquement parce que sa claustration à elle avait été de tout temps imposée et minutieusement
réglementée par les lois religieuses et civiles, ce qui privait la
femme de la consolation qu'elle trouve dans toute renonciation
volontaire. Il était naturel alors que se considérant, si l'on en croit
l'opinion généralement répandue en Occident, comme victime
d'un arbitraire contre lequel elle ne peut réagir, la femme turque
ait perdu tout esprit de noble initiative, et ait contribué à la décadence de la nation en inoculant aux jeunes générations qui
sont élevées dans le harem jusqu'à quatorze ans des sentiments
privés d'initiative et de grandeur morale.

Selon lui, le remède à cet état de choses consistait à introduire en Orient le mariage occidental et à émanciper la femme.

En épousant Marie, il avait renoncé pour son propre compte
à la polygamie. Il se considérait au-dessus des autres Turcs qui,
eux, persévéraient dans les erreurs du passé, erreurs auxquelles
il attribuait la décadence des États musulmans et leur banque-
route inévitable et prochaine.

La fuite de Marie prouvait, sinon la fausseté de la doctrine
elle-même, du moins l'incompatibilité des mœurs de l'Orient

avec celles de l'Occident. Il avait choisi une jeune fille parfaitement pure; mais celle-ci, malgré l'immense amour qu'il avait pour elle et les bons procédés dont il l'entoura, ne put se faire à l'existence fastidieuse du harem et préféra les aventures et la honte.

On aurait pu lui objecter qu'il n'était pas allé jusqu'au bout; que, résolu à rompre en visière avec les usages séculaires de sa nation et de ses aïeux, il n'eût dû faire aucune concession aux vieilles traditions, et par conséquent ne point astreindre Marie à l'observation rigoureuse du *setv avret*, et à l'obligation de porter le *yachmack*. Mais était-ce véritablement l'obsédante contrainte de ces détails, tous de forme, qui avait amené la catastrophe? N'était-ce pas plutôt parce que la femme d'Occident était réfractaire à la conception orientale, même amendée? Reine absolue, ne l'a-t-on pas habituée dès son enfance à voir s'élever vers elle tous les désirs, toutes les convoitises, toutes les bassesses? N'a-t-elle pas appris, par la parole et par l'exemple, avant même qu'elle fût pubère, qu'une femme à la hauteur de la civilisation occidentale moderne ne doit accorder ses faveurs à son mari, qu'en raison de l'axiome : *Do ut des*, je te donne pour que tu me donnes? Comment concilier cette usurpation de la femme occidentale avec le précepte si nettement formulé par le Koran : « Vos femmes sont votre champ. Allez à votre champ comme vous voudrez; mais faites auparavant quelque chose en faveur de votre âme. » (Ch. II, la Vache, verset 293.)

Youssouf essayait de se consoler... Non !... mais d'assoupir sa douleur, en surmenant par la marche ses forces physiques, en astreignant son esprit aux délicats et multiples labeurs de sa charge. Personne cet été ne devait habiter le Kiosque des Fleurs, cadre enchanté, où il avait effeuillé une à une les plus merveilleuses fleurs de son idylle amoureuse.

Son humeur contemplative et douce était devenue ombrageuse. Non seulement il s'abstenait de passer dans les endroits qui eussent pu lui rappeler un souvenir de celle qu'il pleurait, s'astreignant pour les éviter à des itinéraires insensés, mais encore il mettait tous ses soins à ne point rencontrer ceux dont la figure amie ne s'était jamais détournée de la sienne, et dont le seul tort aujourd'hui était d'avoir été confidents ou témoins d'un bonheur à jamais enseveli.

Ce qu'il craignait surtout, c'était de rencontrer Beschmétieff,

non qu'il ne l'estimât plus; il professait au contraire pour le
secrétaire une cordiale et chaude affection; mais il sentait que
s'il eût pu supporter sans trop en souffrir une indiscrète consolation d'un indifférent, une allusion même voilée de ce terrible
homme, de ce bourru bienfaisant, dont l'esprit vif, droit et cou-
pant comme un scalpel savait mettre à nu les plaies les plus
cachées, lui causerait un émoi qui raviverait en la décuplant la
douleur intense qui rongeait son âme.

Toute affliction grande, noble et vraie a sa pudeur, son sanctuaire qui veut être inviolable et rester inviolé. Youssouf éprouvait ce sentiment tout d'instinct à l'égard de Beschmétieff, et
cela, surtout parce que, seul de tous les Européens que le jeune
secrétaire avait connus, le diplomate russe était celui qui avait
mis le plus de délicatesse à éviter toute allusion sur son intérieur
familial. Jamais Beschmétieff, dans leurs fréquentes et intimes
entrevues, ne s'était servi des formules indiscrètes de l'Occident :
— Comment va votre femme ? — Mes respects à Madame. — Il
avait au contraire adopté sans effort la forme officielle et vague
des Orientaux : — Comment va-t-on chez vous ?

Un jour que Youssouf revenait du palais, appréhendant
d'avance la durée mortelle des longues heures qu'il allait soli-
tairement passer avant de reprendre ses occupations, il eut l'idée
d'acheter à un crieur ambulant un exemplaire du dernier numéro de l'*Express Orient;* il le mit dans sa poche et n'y pensa
plus.

Rentré chez lui, et tandis que ses serviteurs, habitués à son
éternel mutisme, essayaient d'aller au-devant de ses désirs et de
prévenir des ordres qu'il ne leur donnait plus, il se souvint du
journal et se mit à le déployer lentement, l'esprit perdu dans une
rêverie maladive et les yeux égarés sur ces lignes imprimées
dont le sens lui échappait. Il allait jeter la feuille pour s'abandonner complètement aux hallucinations de sa pensée, lorsque,
dans le court espace qui illumine comme d'un éclair la transition
brusque imposée à l'esprit par le changement d'une direction de
l'idée, des initiales connues vinrent solliciter son attention.

C'était aux télégrammes, et sous la rubrique *Dernières nouvelles;* voici ce qu'il lut :

« *Saint-Pétersbourg.* — Le *Novoïé Vrémia* raconte un drame
des plus émouvants dont l'hôtel de France a été le théâtre. Le

héros et l'héroïne sont bien connus de la haute société de Péra.
L'hiver dernier, en effet, on a beaucoup parlé, dans les cercles
de Constantinople, des amours d'un élégant gentilhomme russe
avec Mme Y..., femme d'un fonctionnaire turc haut placé. Il paraît
que ce *flirt* a eu un dénouement tragique. Mme Y..., quittant le
toit conjugal, était allée rejoindre son séducteur à Saint-Pétersbourg; mais celui-ci avait déjà eu le temps de faire la conquête
d'une dame du *high life*. Pour punir cette trahison, Mme Y... tira
un coup de revolver sur le volage amoureux et le blessa grième-
ment. Comme cette affaire va être soumise aux tribunaux, nous
tiendrons nos lecteurs au courant des détails du drame, et nous
dirons le nom des personnages en jeu, en renonçant à les couvrir d'un anonyme que les convenances nous imposent. »

Youssouf-bey replia lentement et méthodiquement le journal.
Son visage restait impassible et conservait toute son immobilité
marmoréenne. Il se leva, fit quelques pas silencieux dans sa
chambre, appuyant sans y songer la paume de sa main sur le
marbre froid des consoles, et la portant par un geste machinal à
son front pur et lisse sous sa teinte bistrée. Puis, ses serviteurs
le mirent au lit, sans que nul pût soupçonner que la plaie qu'il
portait dans son sein, et dont il étouffait la douleur atroce sous
le masque d'un stoïcisme glacial, venait de se rouvrir, et déver-
sait à l'étouffer dans son cœur endolori tout le sang de ses
veines.

                                               A. PÉRITOR.

(*A suivre.*)

LE GÉNÉRAL LAZARE CARNOT

ORGANISATEUR DE LA VICTOIRE

CHANSONNIER

Au moyen âge la langue poétique était fort honorée dans la Flandre, l'Artois et la Picardie. Dès le XII° siècle les trouvères de ces trois provinces avaient formé entre eux une association, sorte d'académie qui prit le nom de *Puy d'Arras*. Ce mot, qui signifiait un lieu élevé, ne rappelait pas seulement le mont Parnasse habité par les Muses; il désignait aussi les concours de poésie que cette Société ouvrait chaque année en plein air, sur l'herbe fleurie, d'où le nom de *Puys verds* qu'on donna quelquefois à ces assises littéraires.

Au XVIII° siècle il y eut comme un regain de ces vieux usages poétiques jusque dans les classes populaires. Car nous voyons plusieurs ateliers d'imprimerie d'Arras composer, vers 1774, des épithalames et des quatrains à l'occasion du mariage de leurs patrons (1).

Parmi les lettrés de l'endroit on rimait plus régulièrement depuis longtemps dans l'Académie royale, fondée en 1737, mais peut-être moins joyeusement. Ce fut sans doute ce que dut penser un des jeunes poètes de l'Académie, Le Gay, que son nom semblait prédestiner à courtiser la Muse badine.

Un beau matin, il conduit quelques amis dans un des faubourgs d'Arras à Avesnes, sur les bords de la Scarpe. On s'attable dans un jardin bien ombragé, sous un berceau de troëne et d'acacia. En sablant le champagne chacun lit, ou improvise sa pièce de vers. Tout à coup un des jeunes gens apporte des centaines de roses fraîchement cueillies. On se les distribue, on s'en fait des couronnes, on en lambrisse les murailles de verdure du berceau. C'est une griserie de couleurs et de parfums! On boit à

(1) *Mémoires de l'Académie d'Arras*, année 1858, tome XXX, pp. 235 et suiv.

la reine des fleurs, et l'un des convives — était-ce Le Gay? —
s'écrie : « Amis, qu'un jour si beau renaisse tous les ans et qu'on
l'appelle la *Fête des Roses!* »

La proposition fut accueillie avec enthousiasme et, de ce jour,
fut fondée la Société chantante et littéraire des *Rosati*, qui devint assez célèbre pour que Paris voulût plus tard avoir aussi la
sienne.

On ne peut en effet rien imaginer de plus jeune et de plus
charmant que les statuts, non homologués par le pouvoir central, de cette académie d'improvisateurs. Le tapis vert n'était pas
sous les coudes, mais sous les pieds; car la table rustique, autour de laquelle on prenait place, reposait sur le plus fin gazon.
Comme murailles et plafond des feuilles soutenues par un treillage.

Pour présider, le buste de La Fontaine entre ceux de Chapelle et de Chaulieu, tous les trois couronnés des fleurs qui
avaient donné leur nom à la Compagnie. Chaque couvert était
marqué par un bouquet entre deux bouteilles (1). C'était le printemps qui vous envoyait les lettres de convocation; car on se
réunissait aux premières roses et tout finissait avec les dernières
à l'automne. Et quand on recevait un nouveau compagnon de la
gaie science, ce n'était pas un sec diplôme sur parchemin qu'on
lui délivrait, mais une pièce de vers pleine d'entrain à laquelle il
devait répondre en rimes également joyeuses.

Plusieurs de ces diplômes, qui nous ont été conservés, offrent
en quelque sorte la didactique du genre. C'est ainsi que le poète
historiographe de la Compagnie, Le Gay, fixe (2) la durée de
leurs séances éphémères :

> Voici donc les dernières roses;
> Voici notre dernier festin.
> Il n'est qu'un temps pour toutes choses :
> Plaisirs, fleurs ont le même destin.
>
> . . . .
>
> Adieu, ma Rose ; adieu, ma coupe;
> Mes chers amis, séparons-nous;
> Mais dans ces lieux, joyeuse troupe,
> Au mois de mai retrouvez-vous.

Dans un autre diplôme, délivré à M. le comte de La Roque-

(1) Cette disposition est indiquée dans un frontispice gravé de la 2ᵉ édition de
Mes Souvenirs, par Le Gay, publiée à Caen en 1788, chez Manoury.
(2) *Aux Rosati, à la dernière assemblée de 1787*, dans *Mes Souvenirs*, p. 209 du
tome Iᵉʳ de l'édition de 1788.

Rochemont, le chancelier de l'Ordre anacréontique des *Rosàti* détermine le but et le caractère de leurs réunions :

> Nous Rosati, troupe gaillarde,
> Guerriers nouveaux, qui, pour cocarde,
> Portons des roses en bouquet,
> Un grand verre au lieu de mousquet,
> Pour chef, avons le Dieu folâtre
> Qui des autres dieux se moquait ;
> Nous, dont chacun sait comme quatre
> Se signaler dans un banquet,
> Et même, avec succès, combattre
> Une amazone à l'œil coquet ;
> Nous, qui fuyons en tout la gêne,
> Et, loin d'imiter Diogène
> Vanté par de francs étourneaux,
> Aimons mieux, suivant nos systèmes,
> Loger le vin dans nos tonneaux
> Que de nous y loger nous-mêmes,
> Nous, qui pourtant n'abusons pas,
> Ne buvons point jusqu'à la lie,
> Et souffrons que vers la Folie
> La Sagesse guide nos pas (1).

C'était un peu une réminiscence du Caveau fondé en 1729 par Piron, Collé et Crébillon fils, mais avec une philosophie épicurienne moins libre, et une tenue plus correcte. Pour éviter certains abus, les *Rosati* (2) n'admettaient que des associées étrangères à la ville d'Arras. Et l'on ne compte guère qu'une exception à cette règle rigoureuse. La récipiendaire, désignée sous les initiales de Mme Ch..., parut même un peu embarrassée de la faveur grande qu'on lui faisait lorsque vint, dans la cérémonie d'initiation, le moment de l'accolade obligatoire. Son émotion fut traduite en vers par le chancelier Le Gay dans le couplet suivant :

> Sur ton visage
> Quelle purpurine couleur !
> Permets-moi le baiser d'usage,
> Je croirai reprendre la fleur
> Sur ton visage.

(1) *Mes Souvenirs*, 3e édition, p. 109.
(2) Sur les *Rosati d'Arras*, voir les *Sociétés badines*, par ARTHUR DINAUX, tome 2e ; *Histoire de Robespierre*, par ERNEST HAMEL, tome Ier, pp. 26 et suiv.; *Quelques poésies de Maximilien Robespierre*, par JEAN BERNARD, dans la *Révolution française, revue historique*, tome IXe, pp. 97 et suiv.

Après cet instantané poétique, comme pour achever de la déconcerter, un des *Rosati* ajouta :

> Ah! combien je crains désormais
> Pour nos vives orgies!
> En vain brillera le vin frais
> Dans nos coupes rougies.
> A côté de la
> Sapho que voilà,
> De cette enchanteresse,
> Le vin restera :
> Elle nous fera
> Bientôt changer d'ivresse (1).

Il était grand temps, comme on le voit, de revenir aux sages prescriptions du règlement, qui apprenait à quelques gens d'esprit la manière de philosopher le verre en main sans trop d'écarts. En renonçant à l'action pour se contenter de chanter l'amour, les *Rosati* purent donc demander de nouvelles recrues aux âges et aux états les plus divers.

Sous le berceau de roses de la société anacréontique, à côté des plus jeunes, on voyait en effet quelquefois des vieillards, comme Harduin, le savant secrétaire perpétuel de l'Académie, qui ne manquait aux joyeux rendez-vous que lorsque ses douleurs le clouaient sur un lit de repos.

C'était une vraie mosaïque de positions et de caractères disparates, liés seulement par le même désir de s'égayer dans un repas bachico-littéraire. Autour de la même table s'asseyaient des artistes, des magistrats, des abbés, des avocats, des officiers du corps du génie, des professeurs de théologie, et l'un, en face de l'autre, buvant aux roses et rimant sur l'art d'aimer, deux hommes qui devaient se retrouver plus tard, ennemis, mais rivés par la politique, dans le Comité de salut public : Maximilien Robespierre et Lazare Carnot!

D'après les *Mémoires de Carnot par son fils* (2), la Société des Rosati d'Arras aurait envoyé « dès 1780, son diplôme à Carnot, alors en garnison dans cette ville ». Nous n'avons pas, malheureusement, la réponse que dut y faire celui qu'on a appelé l'*Organisateur de la victoire*, car les vers, lus ou chantés par les membres

---

(1) *Couplets à M*me *Ch*••• *que l'on recevait Rosati*, dans le tome I*er*, p. 156, de *Mes Souvenirs*, édition de 1788.
(2) Tome I*er*, p. 96.

de la Société anacréontique, et même ses procès-verbaux, n'étaient conservés que sur des feuilles vòlantes. Quelques-uns seulement furent imprimés par Le Gay dans son premier tome de *Mes Souvenirs* (1), édition de 1788; mais les couplets du jeune officier du génie n'y figurent pas.

. Carnot était tout naturellement désigné au choix des *Rosati* par ses jolies chansons ou romances, dont plusieurs parurent dans des recueils du temps. De 1787 à 1792, inclusivement, nous en rencontrons une reproduite dans l'*Esprit des Journaux* et douze imprimées par l'*Almanach des Muses*. Pour ne pas compromettre l'uniforme de l'officier, tout en donnant satisfaction à l'amour-propre de l'auteur, ce dernier recueil les attribuait d'une façon bien transparente à « M. Carn**, capitaine au corps royal du génie, de l'Académie de Dijon ». En 1792, il publiait le *Fils de Vénus*, par « M. Carn**, député `à l'Assemblée nationale législative ».

Ainsi, à cette date, en pleine crise révolutionnaire, le grand patriote, le 'puissant génie militaire qui devait bientòt, les yeux fixés sur la carte et le compas à la main, créer la guerre scientifique, cet esprit étonnant trouvait encore le moyen de se délasser de ses austères travaux en rimant des vers badins comme ceux-ci :

> Qui définira cet enfant,
>   Aussi vieux que le monde?
> . . . .
> C'est lui que célébrait Sapho
>   Qu'on adorait à Gnide ;
> Qui desséchait la nymphe Écho,
>   Brûlait la Néréide...
> . . . .
> Qui rend si fier, qui rend si doux,
>   Si tendre, si coquette ;
> Si confiant et si jaloux,
>   Si vive et si discrète :
> Qui cède tout pour tout gagner,
> Qui se soumet pour mieux régner ;
> Qu'on fuit et qu'on regrette,
> . . . .

Mais n'anticipons pas et revenons aux *Rosati*, dont le nouvel

(1) Une note de Le Gay, à la page 112 de sa 3e édition de *Mes Souvenirs*, publiée en 1819, nous apprend qu'il se proposait de former un recueil des vers, chantés ou lus, sous le berceau des roses ; nous croyons que cette bonne résolution est restée à l'état de projet. .

élu fut sans doute un des chansonniers les plus brillants. Sa verve
était toute de bon sens et de belle humeur. Dans son invocation
à Bacchus, à l'Amour et aux Illusions légères, il y a ce joli vers :

Venez réaliser des biens imaginaires

qui est, en quelque sorte, la poétique du genre qu'il préférait.
Car il ne rimait pas seulement pour se donner le plaisir de renfermer quelque amusant badinage entre des consonances heureuses ; il voulait, avant tout, se délasser de travaux sérieux (1).

Quoique jeune encore et sans ambition, puisqu'il ne devait
son grade de capitaine du génie qu'à l'ancienneté, Carnot avait
eu déjà à se plaindre de l'injustice des hommes. L'admirable
indépendance de son caractère et son ardent amour pour la vérité,
qui l'avait porté à se séparer des opinions officielles en matière
de fortification, lui avaient attiré la haine de ses supérieurs.
N'ayant pu obtenir, malgré toutes leurs démarches, la cassation
du jeune officier, ceux-ci trouvèrent enfin un prétexte pour le
faire embastiller au château de Béthune.

Carnot se consola de cette première persécution en chantant
des couplets avec ses joyeux compagnons du berceau des Roses.
Quelques-unes de ses chansons d'alors, comme celle qui est intitulée : *Je ne veux pas*, eurent un grand retentissement dans le
pays, et valurent à son auteur une réputation bien méritée d'homme
d'esprit. Certaines de ses productions frivoles avaient même une
facture si enlevée qu'on les attribua au chevalier de Boufflers (2).
Mais c'était se tromper grossièrement. Dans les badinages les
plus osés de Carnot, on ne trouverait pas un seul vers licencieux
et, s'il rappelait l'auteur des *Contes en vers*, c'était seulement par
la grâce de l'allure et le charme de l'esprit.

Gai naturellement, à ses heures, Carnot disait bien ce qu'il
voulait dire, avec cet art délicat qui sait rester convenable dans
un sujet risqué. Il n'imitait personne et aurait peut-être pu, sans
en avoir la prétention, offrir à d'autres des modèles. C'est du moins
ce que pensait Béranger, qui faisait plus tard cet aveu à l'auteur
des *Mémoires sur Carnot* : « Tout jeune, j'étais déjà à la poursuite

---

(1) Pendant l'année 1783 seulement, il avait composé son *Éloge de Vauban* et
son *Essai sur les machines*, où il émit un théorème nouveau qui porte encore son
nom.

(2) « L'une de ses plus jolies chansons : *Jamais et pourtant*, fut attribuée au
chevalier de Boufflers, qui ne se défendait pas trop de la paternité, et qui longtemps plus tard, collègue de l'auteur à l'Institut, en plaisanta beaucoup avec lui. »
Mémoires sur Carnot, par son fils, tome Ier, p. 96.

des bonnes chansons, et l'*Almanach des Muses* m'en avait fait connaître d'excellentes, signées par M. Carnot, officier du génie. »

Désaugiers aussi n'aurait-il pas tiré quelque profit de la lecture des pièces légères, publiées avant la Révolution par l'un des meilleurs poètes de la Société badine des Rosati? Qui ne verrait une certaine analogie entre les *Souvenirs nocturnes de Monsieur et Madame Denis* et *Jamais et pourtant*, qui parut pour la première fois dans l'*Almanach des Muses* de 1787?

La chanson est assez réussie pour que le lecteur prenne plaisir à faire lui-même un rapprochement entre deux pièces qui nous semblent avoir une source d'inspiration commune.

JAMAIS ET POURTANT

ou

CONVERSATION QUE J'EUS L'AUTRE JOUR

AVEC MADAME GERTRUDE

Dites-moi, madame Gertrude,
Fûtes-vous belle en votre tems?
— Jamais, me répondit la prude;
La beauté perd les jeunes gens.
Pourtant j'avais la peau tendue,
Mon œil n'était point éraillé;
Même on prétend que l'on m'a vue
Ayant l'air assez éveillé.

Dites-moi, madame Gertrude,
Eûtes-vous jadis quelque amant?
— Jamais, me répondit la prude;
Aimer est un crime trop grand.
Pourtant on n'était pas de glace,
Lindor a voulu m'en conter;
Lindor avait beaucoup de grâce;
J'eus peine à ne pas l'écouter.

Dites-moi, madame Gertrude,
N'a-t-il jamais su vous toucher?
— Jamais, me répondit la prude;
J'appréhendais trop de pécher.
Pourtant, m'ayant un jour de fête
Demandé par grâce un baiser,
Séduite par son air honnête
Je ne sus pas le refuser.

Dites-moi, madame Gertrude,
Ne succombâtes-vous jamais?
— Jamais, me répondit la prude;
Dieu sait la peur que j'en avais.
Pourtant, certain soir de carême,
Je l'appelai, pour le prêcher;
Mais il prêcha si bien lui-même
Qu'il me fit, je crois, trébucher.

Dites-moi, madame Gertrude,
Avez-vous trébuché souvent?
— Jamais, me répondit la prude,
Sinon dans ce fatal instant.
Pourtant, au bout de la journée,
Quand j'allais au bois sommeiller,
J'étais souvent tout étonnée
Que Lindor vint m'y réveiller.

Dites-moi, madame Gertrude,
Trébucheriez-vous bien encor?
— Jamais, me répondit la prude,
J'aimerais cent fois mieux la mort.
Pourtant, à quelque complaisance,
S'il fallait pour vous consentir;
Je tâcherais, avec décence,
De contenter votre désir.

Dites-moi, madame Gertrude,
Du ciel est-ce là le chemin?
— Jamais, me répondit la prude,
Je n'en connus de plus certain,
— Ah! votre bonté me pénètre,
Répondis-je à ce propos-là;
Pourtant, si vous daignez permettre,
Je me sauverai sans cela.

La Muse du capitaine du génie n'était pas toujours folâtre; elle savait aussi faire entrer dans ses couplets des situations poignantes comme dans la *Romance attribuée à une religieuse*, où nous trouvons cet écho des souffrances d'une âme qui se plaignait d'être emprisonnée entre les murs d'un cloître:

Le doux abandon de soi-même,
Le tendre épanchement des cœurs,
Offense ici l'Être Suprême,
Tandis qu'il les commande ailleurs.
Le souffle de ma triste vie
S'éteindra sans s'être transmis:
Ici l'existence est suivie
Du néant où Dieu nous a pris.

Mais le chansonnier ne soupirait pas longtemps sur ce ton mélancolique. En vrai Rosati qu'il était, il revenait vite aux refrains bachiques ou badins, comme dans sa jolie pièce de la *Revue des Amours*, où la déesse de Cythère passe triomphante sur le front de ses troupes :

> Moi, je suis l'Amour platonique,
> Dit alors un jeune agrégé ;
> Vénus reprit d'un ton comique :
> Moi, je te donne ton congé.

C'est de cette plume alerte que Carnot écrivait la plupart des compositions qu'il lisait ou chantait sous le berceau des roses. Il est fort regrettable que les procès-verbaux de la célèbre société littéraire d'Arras ne nous aient pas conservé la romance que le capitaine-poète dut chanter le jour de sa réception, ni les vers de circonstance qu'il lui fallut, à son tour, improviser lorsqu'il était chargé d'accueillir quelque nouveau confrère.

Nous savons seulement qu'il prononça le discours d'usage dans la séance du 22 juin 1787, lorsqu'on reçut M. Foacies de Ruzé, avocat général au Conseil d'Artois.

Les applaudissements ayant ébranlé le berceau de Flore, nous dit le procès-verbal (1), on remplit les verres ; M. Le Gay tirant de sa poche le joyeux diplôme, surmonté d'une couronne de roses vermeilles peintes par M. Begaigne, en fit la lecture à la grande satisfaction de tout le conseil. MM. de Charamond et Leducq présentèrent à M. de Ruzé la rose et le verre.

Ce fait accompli, on procéda à la cérémonie du baiser et l'on entendit une voix qui chanta, en détonnant, les couplets suivants dans lesquels il n'y avait de faux que le faux ton du chanteur, M. de Robespierre.

Ce fragment de procès-verbal, heureusement échappé à la destruction, nous montre Carnot et Robespierre assis à la même table sous le berceau des roses et prenant une part active à la réception d'un Rosati.

La réponse de Robespierre se compose de neuf strophes de vers de huit pieds, où le jeune avocat adresse des louanges interminables au récipiendaire. En voici la dernière :

> Des guirlandes qui vous sont chères
> Aimez donc aussi les appas,
> Et, dès cet instant, à vos frères,
> Ouvrez votre cœur et vos bras.

(1) *La Jeunesse de Robespierre*, par M. PARIS, p. 180.

A vos doux baisers je préfère
Celui d'un magistrat charmant.

Nous avons tenu à citer ce passage, parce qu'il y a une curieuse comparaison à faire entre la manière des deux poètes amateurs, réunis par le hasard sous le berceau des roses de la Société d'Arras. Même dans ces jeux d'esprit où l'on faisait en vers l'éloge de la beauté, de la rose et du vin, Carnot chansonnier pouvait passer pour un maître dans l'art de développer un sujet avec concision. Son rival, au contraire, dans les quelques pièces qui nous sont parvenues, sauf dans sa réponse de réception dont la facture est plus soignée, se montre toujours filandreux. La verbosité fut un des défauts de Robespierre ; qu'il écrivît en prose ou en vers, il ne savait pas être court. Membre de l'Académie d'Arras depuis 1783, nous le voyons, en 1786, prendre pour sa part sept quarts d'heure sur une séance publique, qui fut remarquée pour sa longueur extraordinaire (1).

Nous ne voulons pas tirer de trop grosses conséquences de ces petits faits littéraires, qui ne peuvent qu'apporter quelques indices dans le débat qu'on a soulevé au sujet des relations de Robespierre et de Carnot avant la Révolution. Dans son *Histoire de Robespierre*, où il essaie de prouver qu'il y eut intimité entre ces deux hommes, M. Ernest Hamel, entre autres arguments, cite un passage d'une pièce de vers : *la Coupe vide*, où Robespierre boit *A l'ami Carnot*; mais, dans ce même couplet, au début, l'auteur dit à tous les autres Rosati :

Amis, de ce discours usé
Concluons qu'il faut boire.

Toutes ces qualifications poétiques n'ont donc d'autre valeur qu'un compliment académique de bienvenue et il ne faudrait pas y attacher plus d'importance qu'elles n'en comportent.

Certainement Carnot et Robespierre ont dû se rencontrer souvent à Arras, soit à l'Académie, assemblée plus sérieuse que la société des Rosati, soit sous le berceau des roses, soit chez un ami commun: Antoine Buissart, savant distingué avec lequel l'officier du génie eut une correspondance suivie de 1791 à 1804, Mais faut-il en conclure qu'il y eut entre eux sympathie? Tout

(1) *Histoire de l'Académie d'Arras*, par E. van Drival, p. 61.

semble au contraire nous indiquer qu'il y eut, dès l'origine, incompatibilité d'humeur entre ces deux esprits. Se voir, se réunir, ce n'est pas une preuve que l'on se recherche et qu'on s'aime. Il y a des frères ennemis qui vivent vingt ans sous le même toit, avant d'afficher publiquement leur hostilité. Carnot n'attendit pas si longtemps que cela pour rompre avec son ancien collègue des Sociétés savantes ou badines de l'Artois.

Comme chez beaucoup de Rosati, le goût des vers ne dura chez Robespierre que « ce que vivent les roses », l'espace d'un matin pour la fleur, le printemps du cœur pour l'homme. Si les vers qu'on écrit à cet âge sont, comme on l'a dit, des péchés de jeunesse, il faut bien avouer au contraire que Carnot, après s'être damné volontairement toute sa vie, mourut dans l'impénitence finale; car il ne cessa jamais, même dans les circonstances les plus douloureuses, de se délasser de ses travaux scientifiques et militaires en composant des romances, ou des chansons.

Ces compositions ne furent pas toujours un simple amusement littéraire; quand il commençait son *Retour à ma chaumière* par ces vers :

> Vieille chaumière, à ton aspect
> Mes yeux se remplissent de larmes,

et qu'il ajoutait plus loin, en s'adressant à de jeunes bergers :

> La paix reviendra dans mon cœur
> Avec vos chansons pastorales;
> Je retrouverai le bonheur
> Autour de vos tables frugales,

il trouvait moins sous la plume du lettré, que dans son cœur ulcéré de patriote, une note vraie et personnelle. Comme Phèdre soupirant: « Oh! que ne suis-je assise à l'ombre des forêts ! » comme tous ceux qui souffrent d'une passion déçue ou de l'injustice des hommes, il aspirait au repos et tournait ses yeux vers le calme recueilli de la vie des champs.

Carnot était alors un des Directeurs, et, comme il avait parlé de donner sa démission, ces couplets eurent un certain retentissement. Beffroy de Reigny les mit en musique et les fit chanter sur le *Théâtre de la Cité*, d'où ils se répandirent dans le public. La politique s'en mêlant, on leur donna l'importance d'un événement. Mais, en vérité, ils ne méritaient pas qu'on s'en occupât si longtemps. Sauf les quelques vers que nous y avons choisis, il ne s'y rencontrait rien qui fût à la hauteur des sentiments qui les avaient inspirés.

« Au Comité de salut public, où se heurtaient des passions grandioses, Carnot avait trouvé un théâtre digne de son âme (1) »; mais les basses intrigues d'un Barras, qu'il rougissait d'avoir pour collègue, l'avaient profondément écœuré. Il y avait aussi en lui tout un vieux fonds d'amertume amassé depuis qu'il était au pouvoir. Plusieurs fois calomnié — et la calomnie à ce moment-là menait droit à l'échafaud — il confondit chaque fois ses calomniateurs, ou les souffleta d'un bienfait (2).

Mais s'il était dur pour un homme d'une si haute probité d'avoir à se défendre de si basses accusations, il était peut-être encore plus douloureux pour l'homme de génie, qui avait sauvé son pays, de se voir contesté ou méconnu.

Ici le poète chansonnier n'a plus l'envolée lyrique qu'il aurait fallu pour peindre un tel état d'âme. Ce n'est plus dans ses vers qu'on surprendra le cri de sa conscience révoltée, mais dans les sincères épanchements de la correspondance de ce grand honnête homme.

Quelque absurdes que soient, mon cher général, écrivait-il à Bonaparte (3) le 19 nivôse an V, les bruits que se plaisent à répandre les écrivains pervers qui ont juré la perte de la République, l'espèce de croyance qu'ils parviennent à obtenir dans le public à force d'impudence me fait craindre qu'ils ne finissent par vous ébranler vous-même et vous persuader enfin que vous avez en moi un ennemi de votre gloire. Il me suffira, je pense, de vous assurer que ceci est affaire d'intrigue et de cabale, que vous Bonaparte, votre femme, tout ce qui vous appartient, n'avez pas d'amis plus chauds, plus sincères que moi et tous les miens. Vos intérêts sont devenus ceux de la République, votre gloire, celle de la nation entière. Si vous éprouviez des revers, vous ne pouvez douter que ce serait à moi qu'on s'en prendrait, et non à vous. N'est-ce pas à moi qu'on attribue ceux de l'armée de Sambre-et-Meuse? Quand nous sommes vainqueurs, c'est

(1) *Mémoires sur Carnot, par son fils*, tome II, p. 96.
(2) Dénoncé devant le *Comité de Salut public*, Carnot, après s'être justifié, déposa sur le bureau des pièces manuscrites et imprimées, qui contenaient les preuves de dilapidations commises à l'armée du Nord, en présence et sous l'autorisation, au moins tacite, des hommes qui venaient de se rendre ses accusateurs. « Le dénonciateur de Carnot fut frappé comme d'un coup de foudre; des larmes jaillirent de ses yeux, et le Comité demeura interdit. Quand les faits ne purent être contestés par personne, Carnot ramassa tous les papiers et les jeta au feu. Son accusateur vint l'embrasser avec transport et lui jura un attachement auquel il est demeuré fidèle jusqu'à la mort. » *Mémoires sur Carnot, par son fils*, tome Ier, p. 416.
(3) *Lazare Carnot d'après sa correspondance*, par ÉTIENNE CHARAVAY; dans la *Révolution française*, tome XIX, p. 499.

malgré moi, quand nous sommes malheureux, c'est moi qui ai ordonné
qu'on se fît battre. Telle est la logique de ces énergumènes.

Ces récriminations, si justes, contre l'injustice de ses contemporains, sont toutefois une exception dans la correspondance
de Carnot. Cette nature, admirablement pondérée, reprenait
promptement son équilibre. En vrai philosophe pratique, il ne
s'attardait pas longtemps à la contemplation amère de ses propres souffrances. Il ne connaissait pas l'art de s'adorer soi-même
dans un orgueilleux dédain des choses et des hommes. Lui, qui
connut deux fois le supplice de l'exil, il ne s'emporta jamais en
violentes apostrophes contre le sort.

Au milieu des plus cruelles privations, il trouvait encore quelque charme à la vie, et rien ne saurait le mieux peindre que le
Soliloque d'un vieillard, cette pièce, pleine de sérénité, qu'il écrivit à Magdebourg, trois ans avant sa mort.

> J'ai parcouru le cercle de la vie ;
> J'ai de chaque âge éprouvé les désirs ;
> Tous les ressorts d'espérance et d'envie ;
> Les biens, les maux, les chagrins, les plaisirs.
>
> J'ai pu juger du prix de l'existence,
> Et comparer les objets de nos vœux :
> Chez les mortels tout se contre-balance,
> Et le vieillard n'est pas le moins heureux.

Il ajoutait :

> Désenchanté, mais non pas insensible,
> Je tiens encore à mes affections ;
> Moins ébloui, mais toujours accessible
> Au souvenir de mes illusions.

Puis il terminait par cette touchante invocation :

> Content du sort, sans regrets, sans alarmes,
> A votre terme allez, ô mes vieux jours !

Voilà les vœux qu'il formait pour lui. Mais il n'était pas de
ces vieillards égoïstes qui répètent le mot célèbre : *Après moi le
déluge !* Il pensait aux jeunes, à ceux qui viendraient après lui
recommencer l'incompréhensible énigme de la vie. Et dans ses
Souhaits pour un nouveau-né, pour qui tant de gens demande-
raient les honneurs et la richesse, voici quelques-uns des projets
ambitieux que Carnot formulait devant son berceau :

Veuille le ciel te procurer
La faveur d'aider tes semblables ;
Que tes mains puissent se livrer
Aux douceurs d'être secourables.

. . . .

Inaccessible aux coups du sort,
Puisses-tu contre l'imposture
Trouver un doux refuge au port
Qu'offre une conscience pure !

Telle était la philosophie de Carnot, celle qu'il avait vécue lui-même. Toutes ses pièces sérieuses en sont profondément imprégnées. Elles sont comme un écho de cette grande âme, inaccessible aux petites passions et aux intérêts mesquins.

Ce n'est pourtant pas dans cette partie de son œuvre qu'il faut chercher l'originalité du poète. Si la pensée y est toujours irréprochable, le vers ne la soutient pas assez, fléchit trop souvent, manque de mesure et s'étale en longueurs. Comme auteur d'épitres, d'odes ou de sonnets, Carnot avait, à notre avis, un talent d'amateur ; il ne retrouvait sa veine que lorsqu'il écrivait des chansons ou des romances, comme au temps des Rosati. Il le sentait si bien lui-même que, plus d'une fois, dans son exil en Allemagne, et pendant les dernières années de sa vie, on le vit emboîter encore le pas avec la Muse badine. Mais celle-ci, comme lui, était déjà moins souriante ; sa belle humeur tournait à la satire, ou commençait à s'effacer sous un voile de mélancolie.

Telle est cette pièce qui fut mise en musique par Romagnési, et traduite en plusieurs langues :

LE RÊVE

Un soir, accablé de tristesse,
Je me couchai sous un ormeau :
D'un songe alors la douce ivresse
Pour moi vint changer tout en beau.
A mes vœux tout était prospère,
J'étais protégé des amours,
Je possédais le don de plaire...
Que ne peut-on rêver toujours !
Je revis le siècle d'Astrée,
La paix régnait sur les mortels ;
Toute promesse était sacrée,
La justice avait ses autels.

On était tendre, on était sage,
On était franc dans ses discours ;
Plus de tyrans, plus d'esclavage...
Que ne peut-on rêver toujours !

La terre parée et féconde
N'exigeait pas de durs travaux ;
Ainsi qu'aux premiers jours du monde,
Les riches gardaient leurs troupeaux.
Sous des cabanes de feuillages
Les humains fixaient leurs séjours ;
Les amants n'étaient point volages...
Que ne peut-on rêver toujours !

Mais un bruit semblable au tonnerre
Vint m'arracher à mon sommeil :
La félicité mensongère
S'évanouit à mon réveil.
De mon erreur plus de vestige ;
Adieu, charmes ; adieu, beaux jours !
Tout ce que je revois m'afflige...
Que ne peut-on rêver toujours !

A la fin de cette courte notice sur les poésies de Carnot une question se pose naturellement. Leur auteur avait-il quelque prétention à la renommée littéraire? Dans son beau livre sur son père, M. Hippolyte Carnot répond négativement.

Voulait-il se délasser? dit-il dans ses *Mémoires sur Carnot* (1), il prenait un portefeuille où se trouvaient des brouillons de poésie. Que de fois je l'ai vu, quand une étude l'avait fatigué, se lever tout à coup en se frottant le front, arpenter la chambre, ou plutôt l'appartement tout entier, à pas rapides, fredonnant, et s'arrêtant par intervalles devant son bureau, qui était la première table venue, pour y écrire, sans se rasseoir, quelques vers. La même feuille sur laquelle il venait de tracer des plans de fortification, des figures de géométrie ou des formules algébriques, recevait un couplet de chanson. Il semblait éprouver un impérieux besoin de reposer les fibres de son cerveau par la variété des occupations.

M. Hippolyte Carnot se fait-il ici l'interprète fidèle des sentiments du poète-chansonnier? Il a élevé à la mémoire de son père un pieux monument où l'on trouve une introduction dédiée à ses propres fils, que l'on peut citer comme un des chapitres les plus achevés de morale familière. A ses enfants, il propose comme modèle leur grand ancêtre. Tout pénétré de cette leçon qu'il veut donner et où il n'a qu'à être exact pour rapporter des exemples du plus haut désintéressement, et du patriotisme le plus pur, il est

(1) Tome II, p. 607.

sans cesse, on le voit, préoccupé d'effacer un peu les traits qui pourraient, suivant lui, compromettre l'austérité des lignes de cette admirable figure.

Eh bien, nous croyons qu'en cela M. Hippolyte Carnot a trop sacrifié à l'ancienne rhétorique qui présidait à la composition des *éloges*. Jamais génie ne fut plus complètement et plus sincèrement *humain*, au sens où l'entendait le poète latin (*humani nihil a me alienum puto*) que celui de l'*Organisateur de la Victoire*. Parce qu'il avait accompli de grandes choses, ou écrit de remarquables traités scientifiques, il ne se trouvait pas obligé de désavouer les compositions légères qu'il avait rimées. Ses vers ne lui paraissant pas mauvais, il goûtait un plaisir légitime à les *montrer aux gens*, comme dit Alceste. Et de cela les preuves abondent.

Pendant son séjour à Arras comme capitaine du génie, il autorise l'*Almanach des Muses* à publier la plupart de ses chansons sous un pseudonyme, qui valait une signature. En 1788, il permet à M. Le Gay de faire paraître sous son nom, entièrement imprimé, quatre de ses pièces badines dans le 1er tome des *Souvenirs*. En 1820, à Leipsick, il livre à la publicité son *Don Quichotte, poème hérot-comique en VI chants;* à Paris, à la même date, il donne, par l'intermédiaire de ses amis ou de son fils aîné, le bon à tirer d'un volume in-8° de 352 pages, qui porte ce titre : *Opuscules poétiques du général L.-N.-M. Carnot*, et où les chansons et romances forment au moins le tiers, sinon la meilleure partie de l'ouvrage. Plusieurs compositeurs tels que Bambini et Romagnesi éditèrent aussi, à différentes époques, un certain nombre de compositions de Carnot, qu'ils avaient mises en musique. Ils ne l'auraient pas fait sans l'assentiment de l'auteur des paroles.

L'illustre homme de guerre ne répugnait donc pas à recueillir, comme chansonnier, la menue monnaie de la gloire, qu'il avait acquise avec de plus puissantes facultés. Tous ceux qui tiennent honorablement une plume seront heureux de l'apprendre. Car, si le monde des lettres n'a pas à s'enorgueillir lorsqu'il voit un empereur exécrable, comme Néron, briguer l'honneur d'y recueillir des couronnes, d'ailleurs imméritées, il peut être fier lorsqu'un stratégiste de génie ne dédaigne pas d'apporter son petit bagage de jolies chansons au stock monumental des meilleurs poètes.

Gaston LAVALLEY.

CRUAUTÉ

Accoudé sur le bord du Ponte-Vecchio, St-John de Tracy regardait. Il faisait très chaud et le soleil dansait sur l'eau verte.

A gauche, comme enracinées dans le fleuve, les maisons inégales se dressaient, jaunâtres, blanc sale, un peu sombres ou claires, trouées partout, partout, en d'innombrables places, par des fenêtres de toutes grandeurs, de formes diverses et surprenantes; il y en avait de petites rondes au milieu d'une ancienne ogive, puis des longues, des larges, des lilliputiennes, jusqu'à des lucarnes carrées si minuscules qu'on aurait dit juste la place pour donner l'air à une fleur; et cela sans symétrie d'aucune sorte, à des endroits si inattendus, ainsi que dans ces dessins comiques que font les tout petits enfants. Il y avait aussi de très étroits balcons, et par-ci par-là des persiennes vertes. — Une irrégularité exquise dans la hauteur des maisons : de toutes hautes, puis d'absolument basses; des maigres, maigres, comme une caricature d'Anglais, d'invraisemblablement étroites; puis des plus larges, d'un peu plus aisées, et toutes portaient de petits toits avançant ainsi que des casquettes à visière. — Elles avaient des figures, ces maisons, et semblaient posséder des infortunes, des infirmités de tout genre : l'une, un peu large, avait un aspect de bossue; une autre paraissait boiter; il s'en trouvait une bancale; une toute petite basse paraissait cul-de-jatte, et l'on eût dit la cour des miracles; — mais c'étaient des infirmités gaies qu'elles avaient, des infirmités pour rire, et ces maisons hâlées par le soleil, adorablement laides et artistiques, étaient absolument délicieuses à l'œil, comme aucun autre coin dans Florence.

St-John de Tracy comprenait ces maisons, mais parfois.il se retournait et son regard sondait le Ponte-Vecchio. Il tira sa montre :

« Déjà six heures, murmura-t-il, elle avait dit cinq heures ! »

Et, de nouveau, il regarda devant lui, les trois ponts sur l'Arno, puis au fond, tout au fond, les montagnes bleues.

Mais il ne voyait plus le fleuve ni les maisons estropiées; il

revoyait très exactement, ce salon de la villa Nori où il avait
rencontré son destin.

Il éprouvait encore l'étrange joie qui l'avait pris en apercevant
cette femme avec ses yeux de velours bleu dans sa peau blanche. Elle était rousse, — teinte peut-être, — mais cela ne faisait
rien, parce que sa peau était si remarquable. Elle avait à la main
une tasse de thé, et, malgré son manchon qui l'encombrait, elle
n'était pas gênée ni gauche dans ses mouvements ainsi que sont
presque toutes les femmes dans ce simple exercice si incommode de
boire une tasse de thé, debout, ayant des choses dans les mains.

Elle avait une adresse parfaite et cette silhouette extraordinaire était étrangement jolie; elle avait un charme inquiétant
et subtil, si longue à cause d'une robe traînante en une pièce,
faite de soie très souple, d'un pourpre intense, comme une violette rougissante.

Il n'avait plus vu qu'elle dans cette chambre, elle et le plafond
en ogive, avec ses vieilles fresques pâles du *cinque-cento*, — parce
que le plafond et la femme étaient également artistiques.

Lorsque de Tracy l'aperçut, il parlait justement avec la belle
lady Lister, une aimable personne qui avait le cœur sur la main,
et la main très grande et toujours ouverte. Aussitôt, sa conversation devint incohérente, et il regardait, vraiment fasciné par
cette apparition violette : tout était harmonieux dans cette femme,
les couleurs et les attitudes, les mouvements et les étoffes, et ses
longues mains pâles, pendantes maintenant contre sa robe pourpre, lui semblèrent incomparables à peindre.

— Qu'est-ce que vous fixez donc là-bas, St-John? demanda
lady Lister, et pivotant sur ses grands pieds, elle regarda : — Ah!
Mᵐᵉ de Clèves! Comment la trouvez-vous? Moi, je n'aime pas
les gens excentriques!

Il demanda :

— Qui est Mᵐᵉ de Clèves?

Elle répondit :

— Oh! une toquée! elle est très riche, Autrichienne je crois,
la mère était Française... on parle d'une histoire... oui, il y a un
mari, assommant, très poseur, idéalement bête; —il y a des personnes qui l'admirent beaucoup; moi, je la trouve ridicule et elle
m'agace; oui, elle est faite merveilleusement et ne l'ignore point,
aussi elle s'habille d'une façon indécente. Mais ne vous emballez
pas, mon cher, il n'y a rien à faire, *même* pour vous; *rien*, vous

entendez! Ce n'est pas une femme, elle est odieusement instruite, elle peint, elle écrit, c'est horrible, n'est-ce pas? Elle ne pense qu'à l'harmonie des couleurs de ses robes avec sa peau, et elle est teinte; elle pose pour la femme supérieure parce qu'elle n'a jamais eu d'amant, mais elle ne vit pas non plus avec son mari : elle n'aime pas ça! Elle est, de plus, sentimentale, très égoïste et très *conceited*, voilà!

— Présentez-moi? dit St-John de Tracy.

— Mais puisque je vous dis qu'il n'y a rien à faire.

Il eut un regard amusé, l'extrême bêtise le ravissait toujours; il en jouissait en artiste, comme d'une chose complète en soi, tellement préférable à l'esprit médiocre. Il dit placidement :

— Mais, chère lady Lister, on aime quelquefois causer, ça change!

— De Tracy désirant causer! un nouveau St-John nous est révélé! s'écria-t-elle.

— Mon Dieu, Madame, remarqua St-John avec flegme, j'essaye toujours de régler ma conduite d'après les habitudes et sur les goûts des personnes auxquelles je m'adresse...

— Impertinent! exclama lady Lister.

Il prit un air très innocent et demanda :

— Alors, réellement, vous ne voulez pas me présenter?

— Mais je ne peux pas, je ne la connais pas, cette poseuse!

Il s'inclina et la laissa, puis il se glissa vers Mme de Clèves. La bonne mistress Kaye, maîtresse de la villa, était si occupée à propager son thé qu'il ne fallait pas songer un instant à l'interrompre, et il ne connaissait dans le salon personne, étant arrivé de la veille à Florence. Alors, il résolut d'attendre, et, s'appuyant contre le mur en face d'elle, il la contempla.

Elle avait toujours ses mains pendantes, sans gants, et elle regardait de loin par la fenêtre, avec un air absent; ses grands yeux bleu sombre étaient vides. Un peu isolée, loin du groupe des autres qui buvaient leur thé en des poses inharmonieuses, elle avait l'air d'une grande fleur merveilleuse, inutile au milieu de légumes. Il la fixait, et son âme d'artiste était ravie; et peu à peu, inconsciemment, St-John s'était rapproché d'elle.

Alors, tout à coup, Mme de Clèves sourit, un sourire contenu, involontaire, un peu railleur, la vie revint dans ses yeux merveilleux, elle le regarda.

Elle dit ensuite après une légère hésitation : J'ai entendu tout ce que vous a raconté lady Lister, et puisqu'elle m'a fait passer pour une excentrique, je veux l'être une fois et je vous dispense de la présentation.

Il remarqua que sa voix était précisément telle qu'elle devait être, telle qu'il l'attendait, en harmonie absolue avec l'ensemble, ainsi que tout dans cette femme.

Elle continua :

— Du reste, vous êtes tout présenté, monsieur de Tracy; je vous connais depuis longtemps par votre tante, l'une de mes rares et meilleures amies, et ce soir même nous dînons ensemble; j'ai beaucoup entendu parler de vous par lady Thackville, qui me pardonne de choisir les couleurs de mes robes, et de commettre le crime d'écrire, elle m'excuse même de ne pas avoir d'amants... Lady Lister a oublié de dire que j'étais incorrecte : en voici la preuve tout de suite.

Et elle se mit à rire avec un très joli rire un peu triste.

C'est ainsi qu'avaient commencé leurs relations.

Dans sa mémoire, c'était comme une chose d'hier, et pourtant il y avait un an de cela, un an et un mois. Ils s'étaient revus tous les jours dans la suite, soit chez elle, soit chez leur vieille amie commune; et ils visitaient les galeries ensemble, avec une intense compréhension d'art qui les réunissait, et l'après-midi ils se voyaient aux Cascines.

Mais ce qu'elle aimait le mieux à Florence, c'était la vue du Ponte-Vecchio. Parfois ils y venaient ensemble et s'accoudaient pour regarder les maisons inégales...

St-John fermait les yeux dans sa ressouvenance, il revivait ce mois unique, ce mois vague, sans lendemain, tout à fait spécial dans sa vie.

Il l'avait aimée, aimée follement, et c'était toujours encore la même chose maintenant. — Dieu sait pourtant si de Tracy était volage. Il avait toujours été trop gâté partout, ayant un très charmant visage, et surtout un jemenfichisme extrême; — aussi il n'y avait pas pour lui de beauté cruelle; et il n'avait jamais aimé la même femme plus de quinze jours, et bien rarement une seule à la fois; mais celle-ci l'avait subjugué.

Tout lui plaisait en elle, follement et justement sa calme indifférence non simulée mais absolue, pour les hommes et pour l'amour, le fascinait. Et il la trouvait superlativement intelligente.

La première fois qu'il lui parla de son amour, elle avait souri, avec son sourire toujours un peu moqueur malgré elle, puis elle avait dit : « Si c'était vrai, ce serait triste ; comme cela n'est pas vrai, vous auriez pu franchement vous épargner cette rengaine et ne pas me juger assez sotte pour y croire. » Mais dans ce « si c'était vrai » il y avait tant de douleur, qu'il n'osa pas insister plus longtemps.

Une autre fois elle lui répondit : « Ne gâtez donc pas notre charmante harmonie d'âme. Vous savez bien, — la bonne lady Lister vous a prévenu, — il n'y a rien à faire avec moi, *même* pour vous. »

Alors, il devint amoureux tout à fait. Elle l'avait pris, cette femme, sans rien faire pour cela, comme envoûté ; elle avait fixé son cœur volage par sa froideur, comme on fixe un papillon avec une épingle.

Elle ne permettait jamais qu'il lui parlât d'amour ; autrement, elle était en tout adorable, charmante pour lui, et pour lui seul, comprenant tout, sentant les arts d'une façon personnelle, intense, originale et non vue, et elle était si étrangement jolie avec cela !

Au bout d'un mois elle quitta Florence.

La veille, ils eurent un dernier entretien. C'était vers le soir, et ils marchaient lentement dans l'air tiède.

Il parlait très vite, avec détresse, en phrases mornes et entrecoupées :

— Quand vous reverrai-je ? Où puis-je vous voir ?

Elle ne répondait pas, elle marchait toujours, n'ayant pas l'air d'entendre, avec son air absent dans les yeux.

— Ah Dieu ! je ne peux pas y croire ! Demain, demain vous ne serez plus là ! Je ne vous verrai plus, vous ne me parlerez plus, vous ne me sourirez plus ; mais c'est horrible, cela. Qu'est-ce que je vais faire ?

Il demanda tout à coup :

— Est-ce que vous ne m'aimerez jamais, jamais ?

Elle réfléchit un instant, puis d'une voix triste, un peu lasse, elle dit :

— Si j'avais pu aimer quelqu'un, ce serait vous ; mais, voyez-vous, je ne puis croire dans l'amour, je ne peux pas aimer. J'ai beaucoup regardé autour de moi, déjà comme toute petite fille, — ma mère a été une femme très malheureuse, et celui qu'elle aimait a détruit sa vie, — et je n'ai vu que des égoïsmes partout, à qui on mettait le masque de l'amour ; mais ce n'était toujours qu'une parodie, voyez-vous... J'ai trouvé tout si laid, et si grossier, si vous saviez, et si faux ! Alors, peu à peu, la conviction

m'est venue que l'amour, tel que je le rêve, n'existe pas. J'ai
compris que toujours l'un des deux doit souffrir, que seules les
mauvaises femmes sont heureuses, celles qui n'ont pas de cœur et
qui font pleurer, mais je n'ai pas en moi l'étoffe d'une méchante
femme. — Or, je n'ai jamais voulu d'expérience personnelle, car
j'ai horriblement peur de souffrir; j'aimerais beaucoup mieux
mourir tout de suite, et j'avais trop horreur aussi de faire mal aux
autres. Je ne voulais pas absolument être ni victime, ni bourreau.
Alors je me suis faite entièrement indifférente : j'ai fermé mon
cœur à toute tendresse, je n'ai plus aimé que l'art et la pensée, et
peut-être moi; et la faculté d'aimer est morte dans mon cœur.
Je ne peux pas, comprenez-vous, je ne *peux* pas ! — Du reste, je ne
trouve pas la vie très intéressante...

Il la regardait avec une grande tristesse ; il lui semblait qu'il
entendait parler un mort, le mort qui était son cœur. Il dit enfin :

— C'est vrai, ce que vous pensez de l'amour, vrai en général,
mais sur Dieu, je vous jure, *moi* je vous aime. J'aimerais mourir
pour vous.

Elle eut un de ses sourires très particuliers :

— Comme ce serait dangereux, cela, si je le croyais... murmura-t-elle.

Il dit avec tendresse :

— Pourquoi ne voulez-vous pas me croire? Que puis-je faire?

Ils étaient arrivés au Ponte-Vecchio, et ils s'accoudèrent,
tournant le dos aux passants.

— Eh bien, fit-elle, je vais vous dire. C'est aujourd'hui le
7 avril; dans un an, revenez ici, à la même place, à la même heure,
— et je viendrai, et je vous dirai, — je vous dirai si je vous aime...

— Et d'ici là?

— Vous ne me verrez pas, et vous ne devez pas m'écrire; —
au revoir, St-John, ou peut-être, adieu : je viendrai sûrement, à
moins que je ne sois morte.

Et elle était partie de son pas ravissant — il la voyait encore
dans sa robe collante, bleu foncé, très simple, — et par derrière
les rayons du soleil s'accrochaient dans ses cheveux d'or.

Six heures et demie!—Non, elle ne viendrait plus! c'était fini!

Une grande douleur affreuse entrait en lui, peu à peu, avec
encore un reste pourtant, une dernière lueur d'espoir qui persistait. Elle avait dit : « Je viendrai sûrement », et l'un de ses

défauts était de ne jamais mentir... A cause de cela il n'avait jamais mis en doute sa venue; la seule crainte qu'il avait eue, une crainte aiguë et tremblante, était d'entendre sa réponse. Mais ce qu'il désirait avant tout maintenant c'est qu'elle vînt : la voir! la voir! revoir sa silhouette unique, si longue, incomparable, — et ses yeux bleus si tristes — et sa bouche moqueuse — la revoir! Oh! la revoir seulement! — oui, même si elle devait ensuite détruire tout son rêve, comme on écrase une fleur dans sa main.

Car il ne l'avait pas oubliée un instant; il avait obéi, il ne lui avait pas écrit. Il n'avait pas cherché à la revoir; mais son amour était resté le même, immuable, absolu et profond. — Ah! la Grande Incrédule, elle pourrait croire à présent, croire à son amour, — il était digne d'elle...

Il prit sa tête entre ses mains dans son émotion intense; le jour baissait, les maisons biscornues devenaient sombres et grimaçantes, il faisait froid.

Une main brusque tomba sur son épaule. Effaré, il se retourna, et vit le comte Labricoti :

— Eh bien, St-John! te voilà à Florence! — et je n'en sais rien! — et qu'est-ce que tu fais là?

Tracy, qui n'aurait pas fait mal à une mouche, se sentit tout à coup des velléités d'assassin : Labricoti se penchait si fort, — et l'eau était si proche — et Elle allait venir tout de suite. — Cependant il grogna :

— Je suis arrivé ce matin.

— Ah! très bien, tout s'explique, gesticulait l'Italien, et il lui tapait sur le dos en signe d'extrême satisfaction :

— Oh! mais alors tu ne sais pas encore la triste nouvelle?

St-John demanda d'un air détaché, envoyant au diable Labricoti et sa nouvelle, — qu'allait-elle dire en voyant là cet imbécile, — car il savait bien à présent qu'elle viendrait, — comment donc avait-il pu douter un instant!

— Quelle triste nouvelle? demanda St-John.

L'autre reprit :

— Tu te souviens de cette jolie comtesse de Clèves, eh bien, elle est arrivée hier à Florence et elle est morte ce matin.

A l'horizon le soleil s'éteignit... — et tout à coup il lui sembla que son cœur aussi s'éteignait, brusquement, ainsi qu'une bougie qu'on souffle.   OSSIT.

LA

COLLABORATION AU THÉATRE

PREMIÈRE PARTIE

I

On est vraiment frappé, en parcourant les affiches des théâtres, du grand nombre de pièces qui accusent une double et même une triple paternité. Presque aucune ne relève d'un seul auteur. Trouve qui voudra ce fait naturel! Pour moi, il m'inquiète et m'attriste sur la valeur littéraire de notre époque. Après nous être longtemps moqués de ce mot de *décadent* dont s'est qualifiée une partie de la génération actuelle, je me demande avec mélancolie si la corporation des auteurs dramatiques d'aujourd'hui ne mérite pas vraiment cet attribut si peu flatteur.

Je n'ignore pas que, à première vue, la collaboration dénote, de la part de ceux qui la pratiquent, des sentiments de sympathie, des rapports agréables et presque constants, une douce entente et presque une fusion parfaite de caractères, mais peut-être ne trahit-elle pas non plus, de la part des esprits, une grande fécondité, de solides ressorts ; de la part de la volonté, une sérieuse énergie, un ferme désir d'atteindre le but, un ardent amour de l'œuvre produite ou à produire.

A ce propos, je désirerais exposer ici ce que signifie, ce que prouve, et ce qu'entraîne la collaboration au théâtre, en l'étudiant dans ses origines, ses manifestations, ses développements, ses résultats.

II

Au point de vue étymologique, la collaboration est le travail simultané ou, du moins, le travail sur la même matière, dans le même but.

Vue de très haut, en son sens le plus large, la collaboration est sans contredit nécessaire, universelle dans la nature. La pousse d'un simple arbuste, que dis-je? de la plus modeste plante exige la réunion de plusieurs forces. Quel concours de substances et d'énergies, quelle agrégation de matières et de corps ne supposent pas ces grands touts qui sont les mers et les montagnes! Par combien de mains d'ouvriers ne passent pas les grains de blé, et les grappes de nos vignes avant d'apparaître sur nos tables sous la forme de pain et de vin?

Dans les sphères intellectuelles, la moindre œuvre suppose, entre autres agents qui viennent aider l'auteur principal, une société, une langue, des modèles, des documents, un instrument matériel pour exprimer la pensée.

On le voit, les forces de notre nature sont si bornées que nous sommes réduits à solliciter continuellement l'appui, tant de ceux qui nous ont précédés que de ceux qui nous accompagnent en cette vie. On peut donc affirmer, sans peur d'être démenti, que Dieu est en situation de se passer de collaborateur.

Mais, restreignant ici le sens de ce mot : collaboration, nous ne l'envisagerons que sous son aspect ordinaire, c'est-à-dire la concentration presque toujours simultanée de deux ou plusieurs esprits pour la production d'une œuvre littéraire ou artistique.

III

Je n'ai pas assez vécu chez les Grecs et les Romains pour savoir jusqu'à quel point ils s'associaient dans l'élucubration de leurs ouvrages. Quelques philologues ont essayé de prouver que le magnifique poème de l'*Iliade* était dû à plusieurs chantres ou aèdes. Peut-être y en eut-il sept, autant que de villes se disputant l'honneur d'avoir donné le jour à Homère. Mais, contrairement à l'opinion de certains philologues, cette multiple paternité ne paraît à d'autres savants qu'une assertion erronée. Mieux vaut croire encore ce qu'on a enseigné pendant six mille ans Homère, du reste, serait le seul des poètes qui se serait fait aider ou que l'on aurait aidé après sa mort en chargeant son œuvre primitive d'un nombre important de vers. Nous n'avons jamais appris que Plaute, Térence, Virgile eussent réclamé le concours effectif de quelque confrère en poésie. L'esprit antique n'admettait pas cette mise en commun des intelligences en vue d'un poème ou d'une tragédie quelconque.

Aussi, en supposant même que la collaboration littéraire pure ait, comme le soutiennent certains écrivains, existé de tout temps, peut-on affirmer qu'elle n'est devenue apparente et n'a fait du bruit dans le monde que du jour où les salons et les coteries et, plus tard, la presse, ont donné de l'importance aux moindres nouvelles concernant les littérateurs du jour, surtout où les co-auteurs d'une œuvre sont entrés en conflit d'intérêts, et ont eu recours aux tribunaux pour établir légalement leurs droits respectifs.

Il serait fastidieux et absolument inutile d'énumérer ici les ouvrages de marque produits en collaboration, voire de conter les anecdotes plus ou moins authentiques qui circulent sur certaines de ces associations d'écrivains. Rappelons seulement, en empruntant quelques détails à la *Grande Encyclopédie*, que, au xvii° siècle, Segrais mit la main à divers ouvrages de M¹¹° de Montpensier : aux *Portraits*, à la *Relation de l'île imaginaire*, à la *Princesse de Paphlagonie*, aux *Mémoires*. Le même auteur publia sous son nom la *Zayde*, de Mᵐ° de La Fayette, qu'il avait à peine retouchée. Au xviii° siècle, M¹¹° de Lussan signa imperturbablement de nombreux romans, bien qu'ils eussent été écrits par La Serre, l'abbé de Boismorand et Boudot de Juilly, qu'on appelait ses teinturiers. M. Anquetil et de La Salle ayant produit ensemble une volumineuse *Histoire civile et politique de la ville de Reims*, eurent l'idée bizarre d'en tirer au sort la paternité officielle. Ce fut, comme on sait, Anquetil qui en bénéficia. Au xix° siècle, on n'a, parmi les exemples typiques, que l'embarras du choix, tellement la collaboration est devenue usuelle. Balzac, à ses débuts, fit des romans en collaboration avec Le Poitevin d'Alme : *les Deux Hector*, *l'Héritière de Birague*, *Jean-Louis;* il écrivit même entièrement les deux derniers, et finit par renoncer à ce métier de dupe. Le Poitevin, coutumier du fait, signa un bizarre roman: *le Corrupteur*, dont la première partie était de Balzac; la seconde, de E. Arago; la troisième, de Forster; la quatrième, de Paul Lacroix; il s'était contenté d'ajouter un dénouement.

Qui ne connaît la fabrique de romans d'Alexandre Dumas père, où travaillaient Auguste Maquet, Mallefille, Paul Meurice, Fiorentino, Auger, Couailhac, et tant d'autres? La collaboration de Mᵐ° de Girardin, Méry et Sandeau; et celles, plus typiques, des frères de Goncourt, d'Erckmann et de Chatrian?

On pourrait enfin écrire un curieux chapitre sur la collaboration conjugale des femmes de lettres, plus active et plus fréquente qu'on ne le croit généralement. Citons seulement au hasard les noms de Mᵐᵉˢ Dacier, Suard, de Tracy, Ancelot, Roland, de Chateaubriand, de Lamartine, Pauline Meulan (première femme de Guizot) de Gasparin, Reybaud, Esquiros, Lacroix, Augustin Thierry, Quinet, Michelet, Littré, Dieulafoy, qui ont prêté aux travaux de leurs maris un concours effectif que quelques-uns seulement ont galamment avoué.

[V]

Si, du domaine de la littérature, nous passons à celui des arts, nous voyons que la collaboration s'y est produite dès les premiers âges. Phidias, nous dit-on, n'exécuta jamais seul les travaux qu'on lui attribue. Au moyen âge, Raphaël, Michel-Ange, le Titien, et autres grands artistes, après avoir, à leur début, secondé leurs maîtres, se faisaient ensuite aider par leurs élèves, et leur donnaient à commencer des œuvres auxquelles ils mettaient ensuite la dernière main.

Cela s'explique aisément. Toute œuvre artistique réclame une telle quantité de travail matériel qu'on peut, sans scrupule, en confier à quelqu'un une partie. Se faire dégrossir un bloc de marbre, broyer des couleurs, tailler même un buste informe, ou brosser un ciel ne peut diminuer beaucoup le mérite de celui qui tire de là une figure ou un paysage. Que dire de l'architecte qui prend pour auxiliaires une légion de maçons, de couvreurs, de peintres et autres ouvriers? C'est le plan du monument qui constitue son titre de gloire. Il surveille les travaux pour s'assurer qu'on exécute ses moindres intentions, mais il ne met la main ni au mortier ni au polissoir. On n'en dit pas moins de lui qu'il a édifié ce temple ou ce palais. Ainsi, de nos jours, pour n'en citer qu'un entre mille, le sculpteur Rude n'a pas craint de prendre un de ses élèves pour collaborateur dans l'exécution de la belle et saisissante statue de Godefroy Cavaignac au cimetière de Montmartre.

Il en est de même de certains travaux qui, sous une forme littéraire, sont purement scientifiques, et où l'on ne fait que reproduire en le modifiant, en l'abrégeant, en le commentant, ce que d'autres ont déjà écrit ou enseigné, comme, par exemple, la *Traduction de la Bible* par les Septante, les livres d'histoire, de philologie, par les moines du moyen âge, comme enfin les manuels, les grammaires, les traités de toute sorte et, à plus forte raison, les journaux, les revues, les dictionnaires, qui ne sont qu'une plus ou moins vaste compilation d'articles de tout genre.

Disons-en autant de certains labeurs préliminaires à une grande composition, comme la préparation de documents sur un fait historique, une légende, d'où sortira plus tard un roman ou un drame. Le secrétaire d'un homme de lettres qui va copier dans une bibliothèque quelques pages d'un lexique, la description d'une contrée, la narration d'une bataille, toutes choses destinées à trouver place dans un ensemble, ne peut se prévaloir que d'une collaboration assez vague à l'œuvre définitive. Ce qu'il a fait est à la portée de tout le monde.

Je n'appellerai donc ici collaborer que prendre part à un travail de création ou de complète transformation.

Mais, pour suivre le plan que je me suis proposé, et pour simplifier ma tâche déjà assez lourde, je ne m'occuperai que de la collaboration dramatique.

V

« La collaboration entre auteurs dramatiques, ai-je lu quelque part, paraît être le fruit d'une civilisation assez avancée. » Il est certain que ni les Grecs ni les Latins ne l'ont connue, non plus que nos premiers écrivains scéniques. Jodelle, Alexandre Hardy, Théophile Mairet, Rotrou, Scudéry, n'ont sans doute jamais eu la pensée de collaborer. Il semble que ce soit au cardinal de Richelieu qu'on doive les premiers exemples donnés en ce genre. Le cardinal, on le sait, était très friand de spectacles, et, malgré sa qualité d'homme d'église, prétendait s'occuper lui-même de théâtre. Il avait fait bâtir au Palais Cardinal (aujourd'hui Palais-Royal) une salle superbe dans laquelle il fit représenter comme siennes deux tragédies : *Europe* et *Mirane*, qui, en réalité, avaient été écrites par Desmarets, mais auxquelles pourtant il avait quelque part. Avant cela même, il avait associé cinq auteurs qui n'étaient autres que Rotrou, Corneille, Colletet, Bois-Robert et l'Estoile. Il leur donnait des sujets. Quand ils étaient convenus de l'arrangement, chacun se chargeait d'un acte; et la pièce, écrite en peu de temps, était jouée sur le théâtre de son palais, puis paraissait à l'impression sous le nom de Baudouin (Baudouin de Pradelle, qui était académicien). C'est ainsi que furent publiées: l'*Aveugle de Smyrne*, tragédie, et *la Grande Pastorale*, comédie en vers, dues toutes deux aux « cinq auteurs » et représentées en 1638.

Le plus ancien exemple de collaboration qu'on trouve ensuite nous est fourni par la *Psyché*, de Corneille et Molière, dont Quinault fit les vers destinés à la musique. Encore le fait est-il accidentel, et ces trois poètes ne se réunirent-ils en cette occasion que pour obéir plus vite aux ordres de Louis XIV. Trois ans plus tard, en 1675, deux écrivains obscurs, Leclerc et Coras, firent ensemble représenter, à l'hôtel de Bourgogne, une tragédie d'*Iphigénie* qui leur attira une épigramme cinglante de Racine. Mais, dans le genre sérieux, la collaboration demeure relativement rare. Ce n'est qu'au commencement du xviii° siècle qu'on vit, soit à la Comédie-Italienne, soit à l'Opéra-Comique et jusqu'aux Marionnettes, des associations d'auteurs qui obtenaient de fort heureux résultats, telles que celles de Piron et Lesage, Fuzelier et d'Orneval, Romagnesi et Riccoboni, Favart et Pannard, Pannard et Loujon, etc. Plus tard, lorsque le vaudeville d'une part, le drame de l'autre eurent pris chez nous une grande expansion, par suite de la création de nombreux théâtres, on vit se former de nouvelles associations de ce genre qui ne furent pas moins heureuses. Scribe eut ainsi pour auxiliaires Mélesville, Bayard, Saint-Georges, Mazères, Germain Delavigne, Saintine, de Courcy et bien d'autres. Puis naquirent les collaborations de Dumanoir et Clairville, Duvert et Lauzanne, Gabriel et Dumersan, Mélesville et Carmouche, de Leuven et Brunswick, Théaulon et Courtois, Dennery et Anicet Bourgeois, Anicet Bourgeois et Michel Masson, Alexandre Dumas et Auguste Maquet, Ferdinand Laloue et Fabrice Labrousse, Théodore et Hippolyte Cogniard; enfin, plus près de nous, Labiche et Marc Michel, Chivot et Duru, Henri Meilhac et Ludovic Halévy, Vanloo et Leterrier.

En somme, la collaboration à deux et à trois est devenue depuis longtemps un fait normal et courant. C'est lorsqu'elle prend de plus grandes proportions qu'elle en arrive à produire des résultats parfois singuliers. On en a eu des exemples vraiment curieux. Un léger vaudeville, *le Pari*, était l'œuvre de cinq au-

teurs: Barret, Radet, Deschamps, Desprès et Desfontaines, qui
bientôt s'en adjoignaient cinq autres: Püs, Dubault, Buhan,
Bourgueil et Aubin-Desfougerais, pour écrire la *Fin du monde ou
la Comète.* En 1811, il se trouva vingt-quatre auteurs, c'est-à-dire
tous les membres du *Caveau*, pour rendre hommage à la mémoire de l'un des leurs, Laujon, à l'aide d'un vaudeville intitulé :
Laujon de retour à l'ancien Caveau; et en 1853, on en vit vingt-
huit signer une Revue : *les Moutons de Panurge*, représentée
aux Délassements-Comiques.

VI ·

Avant de commencer l'examen de la collaboration dramatique,
je voudrais, pour n'avoir pas à y revenir, dire tout de suite un
mot d'un genre spécial d'œuvres théâtrales où elle est en quelque
sorte forcée ; les opéras, les opérettes et autres ouvrages lyriques.
Sans parler des décorateurs, des machinistes, des maîtres de
ballets, qui jouent là un rôle considérable, et qui pourraient
légitimement toucher des droits d'auteur, il y a, sur le même
rang que le librettiste, beaucoup même disent *au-dessus*, le
compositeur.

La littérature, la poésie et la musique sont, malgré leurs
rapports et leurs affinités, d'une nature tellement différente et
réclament des études si opposées que, pour créer un morceau
de chant, il est presque indispensable de réunir le poète et le
musicien.

Cette union est, je crois, grâce au contraste des tempéraments
et des travaux, assez agréable, assez facile. Les deux conjoints
avouent très modestement : l'un, qu'il ne connaît ni dièses ni
quintes ; l'autre, qu'il n'entend rien aux règles de la rime et de
la césure ; mais, d'ordinaire, le compositeur est plus exigeant,
plus tenace, plus raide que son camarade. Il réclame des changements à tout propos et ne recule même pas devant des fautes de
prosodie. Beaucoup de vers ridicules qu'on a tant reprochés à
Scribe sont imputables à l'esprit acariâtre de Meyerbeer. Il préférait bouleverser les hémistiches des autres plutôt que modifier
ses propres rythmes. Avec quelle piété ses disciples ne l'imitent-
ils pas ! Je présenterai pourtant à leur décharge un argument
assez sérieux. C'est que la partie matérielle est énorme en musique et que le moindre changement dans la mélodie entraîne

tout un déplacement de mesures et de notes dans le contrepoint et l'orchestration; ce qui, on le comprend, effraye le compositeur. Il en est de la musique, surtout de la musique moderne, comme de ces gros omnibus qui croisent un fiacre dans la rue. On fera plus facilement mouvoir trois de ceux-ci qu'un seul de ceux-là.

Dans les œuvres lyriques comme dans les autres, les divers collaborateurs sont rarement égaux en mérite. Ici c'est le livret qui l'emporte: là, la musique. Aussi, la représentation finie, chacun s'en attribue-t-il tout le succès ou rejette-t-il la chute sur son partenaire.

Un conseil que je donne en passant aux poètes qui rêvent de contracter mariage avec un compositeur, c'est de faire provision de patience et de se préparer à toute espèce de concessions vis-à-vis du maëstro.

Peut-être est-ce pour ne rencontrer aucun obstacle et agir entièrement à leur guise, que certains compositeurs ont écrit eux-mêmes les livrets de leurs opéras. Avant que Richard Wagner et Berlioz en eussent fait une habitude, on ne citerait que peu de musiciens ayant accidentellement donné cet exemple : Jean-Jacques Rousseau, pour le *Devin de village;* Berton, pour *Ponce de Léon;* Donizetti, pour *Betlly;* Mermet, pour *Roland à Roncevaux* et *Jeanne d'Arc;* Gounod, pour *Rédemption;* Boïto, pour *Mefistofele;* et, dans un genre plus modeste, M. Hervé, pour la plupart de ses opérettes.

Un fait encore plus rare, surtout aujourd'hui, nous apprend M. Arthur Pougin, c'est la collaboration entre musiciens, qu'on a pourtant vue se produire quelquefois. C'est ainsi qu'à la mort de Lulli, ses deux fils, Jean et Louis, s'associèrent pour écrire la musique d'un opéra, intitulé : *Zéphyre et Flore.* Au xviiiᵉ siècle, deux compositeurs d'une réelle valeur, Rebel et Francœur, qui furent tous deux surintendants de la musique du roi, et dont le premier devint directeur de l'Opéra, écrivirent ensemble les partitions d'une douzaine d'ouvrages représentés à ce théâtre, entre autres : *Pyrame et Thisbé; le Ballet de la Paix; les Génies tutélaires.*

Plus tard, lorsque les gouvernements de l'Empire et de la Restauration poussèrent jusqu'au ridicule la manie de faire représenter sur les théâtres des pièces de circonstance destinées à célébrer les événements intéressant le souverain ou la dynastie, tels que mariage, naissance, baptème, victoire, etc., on fut obligé, ces sortes d'ouvrages devant toujours être fabriqués très vite, parfois en quelques jours, d'associer ensemble plusieurs musiciens, lorsqu'il s'agissait d'un opéra. Pour n'en citer que deux exemples, *Bayard à Mézières* fut l'œuvre de Cherubini, Nicolo, Catel et Boïeldieu, et *Pharamond* fut écrit par Boïeldieu, Rodolphe Kreutzer et Berton. Les exemples de collaboration volontaire entre musiciens sont fort rares, et je ne vois guère à mentionner que ceux qui nous sont offerts : Boïeldieu et Herold, pour *Charles de France;* Cherubini et Méhul, pour *Épicure.*

Aujourd'hui deux frères, tous deux prix de Rome, MM. Lucien et Paul Hillemacher, ont pris l'habitude d'une étroite collaboration et ne travaillent jamais séparément. On pourrait ajouter à ces noms-là ceux de MM. Pugno et Lippacher, de MM. Street et Messager, qui ont signé ensemble quelques ballets.

Quant aux opéras issus d'une collaboration musicale nombreuse, rappelons-en deux : *le Congrès des Rois,* conçu dans un esprit révolutionnaire, représenté à l'Opéra-Comique en 1794 et qui réunissait les noms de Cherubini, Dalayrac, Grétry, Berton, Deshayes, Jadin, Kreutzer, Blazius, Méhul, Devienne, Salié et Trial fils ; *la Marquise de Brinvilliers,* représenté aussi à l'Opéra-Comique en 1837 et dont le poème, dû à Scribe et à Castil-Blaze, fut mis en musique par Carafa, Boïeldieu, Auber, Biangini, Herold, Cherubini, Batton, Paër et Berton.

Il n'en reste pas moins établi que la collaboration musicale a toujours été un fait absolument exceptionnel.

Le terrain ainsi déblayé, arrivons-en aux œuvres dramatiques proprement dites.

VII

La collaboration dramatique se partage d'abord en deux grandes catégories : la collaboration apparente et la collaboration effective.

Il arrive souvent qu'une pièce écrite par M. X... est soumise à l'agrément de M. Z..., auteur arrivé. Par acquit de conscience, ce dernier change tout juste quelques mots, efface deux ou trois phrases et jonche le texte de virgules, de points d'exclamation. Puis, afin d'en imposer au public, il signe. Procédé indigne; comme on voit, mais l'audace, le manque absolu de scrupule des uns et l'ambition pusillanime des autres, sont également incorrigibles.

S'il faut en croire un journal spécial daté de 1835 : *le Monde dramatique*, ces procédés-là ne seraient pas seulement reprochables à notre fin de siècle ; ils s'étalaient longtemps avant nous, avec une variété infinie d'aspects. Qu'on en juge :

« Il existe de par le monde théâtral des hommes d'intrigue et d'impudence, qui passent leur vie dans les cabinets des directeurs, dans la loge du régisseur ou dans le boudoir de l'actrice favorite. Ils sont prévenants, bien mis, au fait de toutes les nouvelles, souples, hypocrites et jaloux. Ils louent le talent administratif de l'homme qui se ruine et auquel ils n'ôtent plus leur chapeau dès qu'il cesse d'être directeur. En un mot, ils se mettent en pied dans un théâtre et finissent par dire : « Tel directeur ne me refusera jamais. » Premier degré de la collaboration ; car l'auteur qui travaille, c'est-à-dire l'auteur de fait, est peu versé dans les intrigues de coulisses ; et, lorsque l'auteur de nom vient lui proposer une pièce, ce qui l'engage à accepter c'est qu'il lui en assure le placement immédiat ; souvent l'auteur de nom apporte un sujet pris dans un livre, dans une nouvelle. L'auteur de fait travaille le plan et trouve tout. Il prend sa part pour l'écrire et donne l'autre à son collaborateur. L'auteur de nom porte sa part à faire à un autre auteur de fait ; puis il revient vers son premier collaborateur, et lui démontre longuement qu'il n'a pas eu le temps d'exécuter entièrement sa part ; qu'il a pris un autre camarade, que d'ailleurs, la pièce y gagnera. Celui qui n'a rien fait perçoit ses droits, est en vedette sur l'affiche, parle partout de sa pièce, la fait jouer longtemps, reprendre au bout d'un an, et passe pour un homme de mérite.

« Il est un autre genre de collaboration apparente, employé, vu sa simplicité, par quelques directeurs. L'un de ces messieurs vous démontre que votre pièce ne peut être reçue telle qu'elle est. Vous lui demandez ses idées pour l'améliorer. Il vous les promet. Au bout de huit jours, vous le revoyez ; il n'a rien trouvé que des lieux communs. N'importe ! Vous faites semblant de vous en servir, de corriger la pièce ; et il touche sa part sans se nommer. Cette collaboration est une prime, une commission, un tant pour cent, comme on voudra l'appeler ; c'est un droit qu'il faut payer à la porte de certains théâtres comme aux barrières de l'octroi.

« Autre type de collaborateur. Certains hommes ont pour maîtresses des actrices qui, à toute heure, peuvent les quitter en prétextant une répétition, une lecture, qui passent leurs soirées entières cloîtrées dans des coulisses où il n'est pas plus permis d'entrer que dans un couvent de carmélites. Quel supplice pour ces amants soupçonneux! N'y pouvant plus tenir, ils ont recours à leurs relations personnelles, ou aux annonces dans les journaux, pour acheter à un auteur une part de sa pièce. Dès lors, ces heureux personnages, ayant, à toute heure, leur entrée libre au théâtre, en profitent pour surveiller leurs maîtresses et s'en donner même de nouvelles.

« D'autres, au lieu de l'amour, ont pour mobile la vanité. Pareils à ces fils d'armateurs que j'ai connus à Bordeaux, prenant des inscriptions de droit pour pouvoir se dire étudiants et se mêler avec nous, certains marchands de vins ou charbonniers se plaisent à passer, contre espèces sonnantes, au rang envié d'auteurs.

« De tous ces plagiaires, quelques-uns, en gens d'esprit, avouent franchement le marché qu'ils ont conclu, ne paraissent guère aux répétitions et n'ont jamais voulu que leur nom figurât sur l'affiche. Mais il en est d'autres qui veulent recueillir tout l'intérêt de leur argent. Ils ne manquent pas une répétition, signent les billets, font jeter leur nom au public, le mettent dans les journaux, sur l'affiche, sur les brochures et ajoutent sur leur carte de visite le titre pompeux d'auteur dramatique. C'est à un de ces derniers que le véritable auteur de la pièce disait, un jour qu'il prétendait donner un conseil de mise en scène : « Mon cher col-« laborateur, contentez-vous d'écrire vos pièces et laissez-moi les « faire répéter. »

VIII

Mais gardons-nous d'approfondir davantage des détails si pénibles, et passons à la collaboration effective.

La collaboration effective, la seule un peu sérieuse, la seule où il y ait à la fois de la conscience et du talent, est celle où deux ou plusieurs auteurs conçoivent, expriment, critiquent, approuvent, corrigent ensemble leurs idées.

Née des circonstances les plus diverses, elle affecte des formes multiples. On peut cependant la ramener, au point de vue du temps, à trois espèces : la collaboration antécédente, la collaboration simultanée, la collaboration ultérieure.

La collaboration antécédente est le fait d'un auteur qui travaille sur un sujet trouvé par lui et dont l'œuvre doit être revue et corrigée par un autre.

Premier cas. — L'auteur qui fait une pièce à lui seul est souvent bien aise de consulter un ami. Il lui lit son ouvrage et réclame ses conseils. Quelquefois il les écoute ; souvent il les rejette. S'il les écoute, il fait subir à son travail des modifications, des changements, des coupures ou des additions. Mais si l'ami consulté ne se borne pas à donner ses avis et ses idées, s'il exécute lui-même ce qu'il conseille ; si, prenant la pièce à son tour, il en corrige les défauts, en relève les beautés, crée de nouvelles situations, ne devient-il pas, qu'il le veuille ou non, son collaborateur ? Eh bien ! de pareilles collaborations s'établissent fréquemment. Un auteur va consulter un de ses confrères avec l'intention de lui confier sa pièce pour qu'il l'arrange un peu. Celui-ci, de bonne foi ou par intérêt, promène le crayon et les ciseaux à droite et à gauche, découd entièrement l'œuvre, de sorte que l'auteur abasourdi, désormais incapable de se retrouver dans tous ces lambeaux, conjure le second de se charger d'une pareille besogne. Besogne qui, acceptée d'ordinaire avec plaisir, vu les avantages qui en découlent, constitue une des branches de la collaboration postérieure que nous étudierons plus loin.

Second cas. — Voici un jeune auteur qui, à force de recommandations et de chance, est parvenu à faire lire un de ses manuscrits par un directeur. Celui-ci, par miracle, le trouve bien et l'avoue. Vous croyez que, n'écoutant que sa conscience, il va le monter. Nullement. Il prie l'auteur d'aller voir M. Z..., un confrère qui, par son genre de talent, peut le mieux jeter dans l'ouvrage ce qui y manque encore de dramatique ou de comique. Il a plus d'expérience et soi-disant plus de talent. Mais ce que voit surtout le directeur, c'est qu'il a un nom, une réputation établie. Une pièce où figurera sa signature lui donnera confiance à lui, aux auteurs, au public. Désireux de se faire jour, le premier auteur subit cette collaboration. L'œuvre s'en trouve-t-elle bien ? — Quelquefois, car on ne peut douter qu'un mot ajouté à propos ou une scène bien refaite ne puissent influer sur la réussite ou la chute d'un ouvrage. Souvent, hélas ! quand l'œuvre est médiocre, le directeur aura beau réunir sur l'affiche des noms en vogue, même de journalistes puissants, elle tombera à plat dès le premier soir. Mais, comme ses pareils, qui ne peuvent point comprendre que le public payant se moque des signatures, il ne constatera sa faute que pour s'empresser de la commettre à nouveau.

Troisième cas. — Par suite de l'habitude prise, les débutants s'attendent tellement à ce que les directeurs les prieront de prendre un collaborateur, que beaucoup d'entre eux ne se donnent même plus la peine de soigner leur œuvre, de la finir. Ils n'en écrivent, pour ainsi dire, que le premier jet. Un confrère plus expérimenté la modifiera, la complétera. A quoi bon pour eux se fatiguer ?

Bien plus : j'ai entendu souvent dire par des jeunes : « Par goût, moi, j'aimerais mieux écrire des romans ; mais ça ne rapporte pas assez, je veux faire du théâtre. Il faut que je trouve quelqu'un avec qui je bâtisse un drame. » Admirez la vocation du monsieur ! Écrire des pièces comme il vendrait des cravates, parce qu'il a besoin d'argent ! Que peut-on bien faire avec de pareilles aptitudes ? et est-il bien étonnant que la carrière soit si obstruée de nullités ?

Quatrième cas. — Autre genre spécial de collaboration. Un auteur veut écrire un livret d'opéra-comique, de vaudeville ; mais, peu habitué au langage des Muses, même vulgaires, il prie un confrère de suppléer à sa faiblesse. Il écrira d'abord la prose sur laquelle l'autre jettera les vers.

Dans les deux premiers cas exposés ci-dessus, où le travail primitif de l'auteur dégénère, sous la pression soit d'un directeur, soit d'un confrère arrivé, en une simple collaboration, on ne peut que plaindre la victime de ne pas avoir la force de résister. Mais, dans le troisième cas, où l'auteur n'écrit son œuvre qu'avec la pensée de la faire reviser, que trouvons-nous autre chose qu'indifférence, paresse, incapacité ? Et, en vérité, comment serait-on porté à produire quelque chose de bon, quand on sait qu'un autre le supprimera peut-être ? Quel faible amour du vrai, quelle infime admiration pour le beau dénote cette collaboration ! Je ne sais même où un auteur trouve la force de bâtir, résigné qu'il est à voir de fond en comble démolir son œuvre.

Néanmoins, comme, parmi ces débutants qui aspirent à collaborer, il en est qui, en se stimulant un peu, parviendraient à produire seuls de belles et bonnes œuvres, je rééditerai ici les sages conseils que j'ai lus dans un ouvrage remontant déjà à bien des années :

« La première pensée d'un jeune homme qui ne se sent pas assez de talent ou de persévérance pour marcher sans appui est de s'adjoindre un ou deux amis de cœur, de combiner avec eux les ressorts d'une fable dramatique et de l'écrire en commun. Cette méthode, au premier examen, semble la plus naturelle et la meilleure. Point. Pour travailler deux un jour, il faut s'exercer à travailler seul ; pour trouver un collaborateur, il faut que toute besogne soit faite. Je vais même plus loin et je dis : Toute pièce exécutée par des novices, mal charpentée d'ordinaire et mal écrite, fourmille de longueurs, de situations outrées, de non-sens, de contresens dramatiques ; or, dans toute association intellectuelle, quelqu'un doit avoir la haute main pour juger, supprimer, ajouter, coordonner, comme bon lui semble. Mais l'on ne condescend guère à obtempérer en toute chose, à son compagnon de voyage, lorsque l'on est parti ensemble du même lieu et que, des spectacles divers qui passent à chaque instant devant nos yeux, on est aussi étonné, aussi ignorant l'un que l'autre.

« Aussi, jeunes gens qui vous destinez au théâtre, ne prenez d'abord conseil que de vous, n'ayez confiance qu'en vous. Travaillez seuls, même pour être joués deux. »

IX

La collaboration simultanée est celle qui s'établit entre deux auteurs trouvant et traitant ensemble un sujet. C'est la seule qui, en principe, soit égale entre les parties.

Les personnes étrangères au monde théâtral ne comprennent pas toujours comment on peut composer une pièce en commun. Laissons le grand auteur Émile Augier nous l'expliquer dans sa préface des *Lionnes pauvres*.

« J'ai pour ami intime un de mes confrères, M. Édouard Foussier, qui n'a pas plus que moi l'habitude de collaborer. Mais nous ne sommes très mondains ni l'un ni l'autre et passons aisément notre soirée au coin du feu. Là, on cause de choses et d'autres, comme le Fantasio de notre cher Musset, en attrapant tous les hannetons qui passent autour de la chandelle ; et si, parmi ces hannetons, il voltige une idée de comédie, auquel des deux appartient-elle ? A aucun et à tous deux. Il faut donc lui rendre la volée ou la garder par indivis.

« Il est bien vrai, comme l'observe M. Le Brun, que le public, trouvant devant lui deux auteurs, ne sait à qui s'adresser, s'embarrasse et dit : Lequel des deux ? Nous serions bien embarrassés nous-mêmes de lui répondre, tant notre pièce a été écrite dans une parfaite cohabitation d'esprit. Pour être sûrs de ne pas nous tromper, nous ferons comme ces époux qui se disent l'un à l'autre : Ton fils.

« Voilà le grand inconvénient de la collaboration ; mais est-ce à dire pour cela qu'il faille renoncer au plaisir de causer comme d'honnêtes gens, les pieds sur les chenets ? Je suis certain que M. Le Brun, ce charmant causeur, hésiterait à me le conseiller. »

Présentée d'une manière aussi aimable, aussi fine, aussi logique, la défense de la collaboration a vraiment de quoi ébranler les convictions les plus fortes.

Malheureusement, ce n'est pas toujours entre conjoints et amis qu'on travaille. C'est souvent avec des confrères qui vous sont tout juste sympathiques, parfois même avec un écrivain dont, la veille, vous ignoriez absolument l'existence et qui, vous ayant séduit par une idée, vous offre chez lui l'hospitalité ou accepte la vôtre pendant un temps indéterminé. Tantôt la liaison est de longue durée ; tantôt elle se rompt, ou, arrivée à terme, ne se poursuit plus.

Quoi qu'il en soit, pour ceux qui désireraient de plus amples détails sur la collaboration en commun, voici comment un rédacteur du *Monde dramatique* déjà cité nous en détaille les dessous :

« Alors commence le travail en séance pour faire le plan et écrire le scénario. Que si vous pouviez voir deux auteurs faisant le plan d'un drame, vous diriez : « Voilà deux hommes qui vont « s'égorger ! »

« Que si vous pouviez en voir deux autres faisant le plan d'un vaudeville bien gai, vous vous écrieriez : « Voilà deux fous qu'il « faut mener à Charenton ! » Ils débutent ordinairement ainsi : « Je vais vous dire une bêtise. — Dites. »

« Et alors celui qui a la parole détaille confusément ce qu'il a dans la tête. Son partenaire l'écoute d'abord, puis l'interrompt par ces mots :

« — C'est mauvais.

« — Trouvez mieux.

« — Voici.

« L'autre commence à son tour et s'entend dire pour tout compliment :

« — C'est encore plus mauvais.

« — Je ne trouve pas.

« — Ce serait criblé de sifflets.

« La discussion va croissant, et chacun donne ses motifs pour rejeter l'idée de l'autre et maintenir la sienne. De cette discussion il résulte qu'au bout de quelques heures on a creusé le sujet, on l'a examiné sous toutes ses faces, commenté de toutes les manières, analysé, modifié, disséqué; on en connaît le fort et le faible, le commun et le neuf. Le lendemain, nouvelle séance, où les idées se mêlent, se confondent d'elles-mêmes, à tel point qu'on a peine à dire lequel des deux les a le premier exprimées. Puis on passe aux situations, aux scènes dramatiques, aux mots. L'un sent mieux une scène que l'autre; il la détaille aussitôt, il la déclame, il la joue. Alors vous entendriez l'auteur qui jouit d'un bel organe prendre tour à tour les accents de la menace, de la colère, de la douleur, de l'amour. Vous le verriez debout devant son collaborateur, qui devient son public, s'agitant, se démenant, se tordant, pleurant s'il faut pleurer, riant s'il faut rire. L'autre a aussi son tour. Il rend à son collègue ce que ce dernier vient de lui donner; et ensuite on cherche ensemble à se rappeler tout ce qui a été dit; on en jette rapidement quelques mots sur le papier, et on se sépare. Chacun a pris sa part de la pièce pour l'écrire à loisir. Au jour fixé, les collaborateurs se réunissent de nouveau et se lisent ce qu'ils ont fait séparément. Ils se font mutuellement compliments et observations. Puis l'un prend la part de l'autre, afin de la relire à froid et de la corriger. Enfin, quand la pièce est terminée, on la relit dans une dernière séance pour faire la guerre aux mots.

« Telles sont les collaborations consciencieuses desquelles doit surgir une bonne pièce. »

C'est assurément de toutes les collaborations la plus sérieuse, la plus utile, la plus excusable. Mais, quels que soient ses avantages et ses résultats, on ne peut nier: 1° qu'elle ne prouve guère de talent chez ceux qui la pratiquent, puisque chacun à lui seul n'aurait peut-être pas trouvé ce qu'il a trouvé grâce à un autre; 2° qu'il y a une perte considérable de temps en discussions oiseuses, futiles, n'ayant que peu de rapport avec le sujet principal, et qui risquent de faire dévier les esprits de leur idée première. Il est même heureux que ces discussions où l'amour-propre de chacun est engagé à chaque instant ne dégénèrent pas en disputes, en rancunes, en inimitiés trop durables; 3° qu'on ne sait à qui attribuer le succès ou la chute, puisque les mots, les pensées, les sentiments du premier : tout est fondu, mêlé avec les mots, les pensées, les sentiments du second.

Sans exposer d'autres raisons sur lesquelles nous reviendrons plus loin, constatons que, lorsqu'il s'agit de certaines œuvres légères, éphémères, consistant dans des entrées, des sorties, des jeux de portes ou de trappes, on comprend encore la simultanéité d'efforts ; mais, quand il s'agit de fouiller, de mettre en relief les caractères, on ne saisit pas très aisément comment on peut en fusionner tous les détails, toutes les nuances dans deux cerveaux à la fois.

Encore n'ai-je envisagé ici que la collaboration à deux ; mais, quand il y en a trois ou quatre, comme cela se voit quelquefois, qu'on juge si tous ces esprits, facilement abusés sur leurs capacités et leurs talents, et qui ont de légitimes raisons de soutenir leurs idées, doivent lutter de douceur et d'aménité pour les faire prévaloir et comme l'harmonie doit être facilement maintenue ! Je sais bien qu'un tempérament autoritaire ne s'accommoderait guère de cette égalité et se plairait peu à ces luttes.

Cependant la collaboration simultanée dérive souvent en habitude. A force de composer ensemble, on ne peut plus composer seul, comme ces jeunes femmes qui, la première fois que leur mari leur manque, sont prises de fièvre, assaillies de cauchemars épouvantables et doivent passer la nuit avec une sœur ou une amie. Puis, les pièces, les pièces heureuses surtout, resserrent les liens d'amitié des auteurs et les excitent à en produire de nouvelles. D'accidentelle, la collaboration devient alors permanente, et ne s'éteint souvent qu'à la mort de l'un des auteurs. Nous verrons plus loin ses bons et ses mauvais côtés.

X

La collaboration ultérieure est celle qui s'opère sur une œuvre déjà écrite au moyen de modifications, de suppressions, d'additions. Elle se divise en deux grands genres, selon que l'œuvre qui forme le thème est, oui ou non, une pièce de théâtre.

La pièce de théâtre peut elle-même être déjà jouée ou inédite. Dans le premier cas, c'est un directeur qui, désireux de remonter une ancienne pièce à succès, mais craignant que certaines parties n'en paraissent vieillottes, la donne à rajuster à un spécialiste connu.

D'ordinaire il ne s'agit que de pièces dénuées de tout caractère littéraire et qui doivent leur réussite aux décors, au nombre des figurants, etc. La *Chatte blanche* est un de ces types.

Parfois aussi ce sont des vaudevilles ou des drames que l'on transforme en opéras-comiques, en opéras.

Quand cette collaboration a lieu du consentement ou même par le fait de l'auteur, elle ne dénote assurément pas chez lui un grand respect de son œuvre ; et l'on peut affirmer que c'est l'intérêt seul qui lui a fait délivrer l'autorisation ou mis les ciseaux en main.

Quand elle a lieu après la mort de l'auteur, elle 'constitue, sauf exception, une violation de son droit de propriété, violation que l'on excuse en alléguant : 1° que la société ne reprend à cet auteur que ce qu'elle lui avait fourni en éléments de langue, de mœurs et d'idées ; 2° que, s'il vivait, il serait très heureux de voir ainsi ses œuvres tirées de l'oubli et honorées par ces mutilations, ces métamorphoses. Les œuvres de Shakespeare, à coup sûr, viennent à l'appui de cette assertion. Jouées selon le texte, elles seraient intolérables même à leurs plus fanatiques admirateurs. C'est une mine dont il faut extraire la gangue pour façonner ensuite le diamant et le faire resplendir.

Néanmoins, quand un auteur illustre, comme Alfred de Musset, a, pendant sa vie, manifesté le désir de ne pas voir, de l'autre monde, une main profane s'appesantir sur ses fantaisies, un pays civilisé devrait posséder une législation qui les protégeât à jamais.

Dans quelques conditions que s'effectue cette collaboration, elle trahit chez ceux qui la pratiquent souvent une bien piètre puissance de fécondité, puisqu'ils sont obligés d'emprunter leurs sujets et principales lignes à de vieux auteurs pour lesquels ils n'ont jamais assez de railleries.

Quand c'est une pièce inédite sur qui s'opère la collaboration, elle est corrélative à la collaboration antécédente dont nous avons déjà parlé. Imposée par le directeur aux débutants ou même sollicitée par eux, elle est le privilège des maîtres. Quelques-uns n'agissent alors qu'avec la généreuse pensée de rendre service ; les autres, en plus grand nombre, sont alléchés par l'appât d'un gain aussi facile que flatteur. Ils devraient, ce semble, répondre : « Je ne signe que ce que je fais » ; mais que ne peuvent la vanité et cette faim de l'or, *auri sacra fames*, que Virgile reprochait à ses compatriotes ?

A cette opinion les directeurs objecteront sans doute que les maîtres dont on implore l'aide démolissent l'ouvrage pour le rebâtir entièrement. Après Alexandre Dumas père, Alexandre Dumas fils, Victorien Sardou et un ou deux autres ont la réputation de convertir en or tout ce qu'ils touchent et de transformer de fond en comble les pièces soumises à leur expérience. Armés de ciseaux ou plutôt de pioches, ils se promènent à travers l'œuvre en conquérants et renversent pierre sur pierre pour élever un autre édifice. Mais combien sont-ils, ceux qui corrigent ainsi sérieusement ? Assurément, une minorité imperceptible, comparés aux collaborateurs platoniques. J'en parle en connaissance de cause, ayant eu sous les yeux des manuscrits avant et après la correction. A bien peu de chose près, ils étaient semblables. On cite un de nos poètes les plus connus qui, prié par un « nouveau » de corriger une œuvre, lui avait répondu, après avoir parcouru devant lui son manuscrit : « Allons, je vois que ce n'est pas mal. Je vais vous flanquer ma signature par là, et tout ira pour le mieux. » Voilà près de qui les directeurs osent envoyer les jeunes apprendre le métier !

Il est un autre maître rajusteur, que je connais sans m'en être servi, qui, après avoir, dans toute une pièce, effacé une vingtaine de mots, ajouté des virgules, et mis des points de suspension, prend religieusement la pièce sous son bras et la porte dans une agence pour en faire faire à son nom une copie. L'œuvre ainsi transcrite lui appartient désormais en propre. Doux effet de la suggestion !

Ces collaborateurs n'auraient-ils fait que supprimer une scène, ajouter deux ou trois tirades, transporter la fin d'un acte au commencement d'un autre, s'imaginent être les auteurs véritables. Et ils retirent non seulement les bénéfices, mais l'honneur. Demandez à n'importe qui quel est le père de la dernière *Cléopâtre* jouée à la Porte-Saint-Martin; vous verrez s'il ne vous répondra pas : Sardou. Mais l'autre auteur ! Qui donc se rappelle son nom ?

Tout ce que je comprendrais, pour ne pas être trop sévère, c'est qu'un jeune, afin de se frayer plus vite une voie, adaptât à la scène un roman de maître. Quant aux auteurs déjà arrivés qui se livrent à cette besogne, ils ne me semblent guidés que par l'amour du lucre, de même que le romancier, qui expose son œuvre à disparaître dans le triomphe d'un rival.

Il suffit de jeter un coup d'œil sur les productions dramatiques de nos jours pour se convaincre que, si quelque chose doit épuiser nos auteurs, ce n'est assurément pas les excès d'imagination. On trouverait difficilement une époque où l'héritage littéraire des prédécesseurs ait été exploité avec plus d'acharnement. Nos dramaturges ne posséderaient-ils donc que peu ou point d'idées personnelles pour piller ainsi à droite et à gauche, traitant pièces et fabliaux comme ces vendanges qui, après avoir fourni un vin généreux, peuvent, soumises à une addition de sucre ou d'autres ingrédients, produire de la piquette? Pauvres cervelles! Se dire auteur et ne posséder qu'une ou deux des facultés indispensables!

On m'objectera sans doute que les plus grands maîtres ont usé de cette collaboration. A cela je répondrai d'abord que les premiers qui ont, sur la vraie scène du monde, dressé une scène artificielle, comme Eschyle, Sophocle, Euripide, n'ont pu, et pour cause, emprunter beaucoup à leurs devanciers; ensuite, que leurs successeurs immédiats, les Latins Plaute, Térence, Sénèque n'ont guère pris aux Grecs que leurs sujets.

Quant aux auteurs dramatiques des xvii° et xviii° siècles : Corneille, Racine, Molière, Voltaire, Regnard, etc., s'il est incontestable qu'ils ont puisé dans l'antiquité grecque et latine nombre de héros, de situations et même de phrases, de discours entiers, ce ne sont pas du tout les mêmes pièces qu'ils se proposaient d'écrire, et qu'ils ont écrites en réalité. Ils agissaient d'après des plans et des buts tout différents; et s'empressaient non seulement de reconnaître leurs imitations, mais de publier tout au long les textes étrangers qui leur avaient servi de canevas. On les aurait bien étonnés en leur disant qu'ils avaient collaboré.

Les règnes de Louis XIV et Louis XV ne brillèrent certainement pas par l'originalité; mais, nourris des Athéniens et des Romains, comme d'autres, avec moins d'excuses et de raisons, l'avaient été ou devaient l'être des Espagnols, des Italiens, des Anglais, des Allemands, des Russes, etc., nos auteurs, en empruntant des noms et des faits (ce qui est inévitable dans le genre tragique), transformaient complètement les sujets et transfiguraient leurs héros.

Parmi les auteurs du commencement de ce siècle, un de ceux qui pratiquèrent le plus la collaboration fut Alexandre Dumas père, qui en usa au point d'en abuser et de s'en repentir; ce qui lui a fait écrire, dans ses Mémoires, cette phrase typique : « Laissez une laie faire des petits dans votre chambre; mais ne laissez jamais un auteur y déposer un de ses manuscrits! »

D'ailleurs, son abus de la collaboration demande à être expliqué. Sous la pression des éditeurs, cédant eux-mêmes aux sollicitations du public qui raffolait de sa signature, il fut forcé, pour les satisfaire, de prendre des pièces de toutes mains pour les revoir, leur donner un dernier coup de pouce et les lancer avec son estampille sur la vaste mer de la circulation. Mais, s'il en retira des avantages pécuniaires immenses, on n'ignore pas les procès qu'il eut à soutenir contre certains auteurs qui, ayant obtenu, sous les auspices du maître, plus de succès qu'ils n'en avaient espéré, revendiquaient ensuite leurs œuvres, prétendant que lui, Alexandre Dumas, n'y avait rien fait et que tout le succès leur était dû. Ils ne pouvaient pourtant nier que, si leur pièce avait réussi, c'est au pavillon du chef qu'ils le devaient, étant venus d'eux-mêmes se placer sous son abri. Si vraiment elle n'avait guère été retouchée, tant pis pour eux! Ils devaient regretter sincèrement de s'être enlevé une gloire et un profit qui, avec un peu de patience, leur seraient peut-être arrivés. Au lieu de cela, comme, sur deux noms, le public ne retient jamais que le plus gros, ils avaient augmenté, par leur avidité, le renom du maître qui, réduit à ses propres forces, aurait incontestablement produit beaucoup moins.

Comme tous les exemples partis de haut, celui d'Alexandre Dumas engendra des imitateurs. Oublieux des leçons de leurs pères, qui, la plupart, réfléchissaient beaucoup, écrivaient peu et élaboraient soigneusement une œuvre avant de la publier, les auteurs contemporains, dans leur hâte fiévreuse de se faire une place au soleil, cherchèrent à se raccrocher au premier nom venu pour tenter par lui l'ascension vers les sphères de la gloire.

XI

Considérée indépendamment de ses modes, la collaboration, comme toutes choses, a du bon et même beaucoup ; sans quoi, elle serait morte depuis longtemps.

Le premier de ses avantages, c'est d'être indispensable à certaines natures que la solitude épouvante, déconcerte et abat, qui n'ont de force qu'en se sentant aidées, qui ne trouvent des idées que dans la conversation. Quelque étrange que cela paraisse, il est des hommes qui ne possèdent qu'une moitié de talent. Ou bien ils sont capables d'imaginer un plan de drame et de vaude-ville ; mais, vu leur peu de connaissances, ou l'ennui que leur cause toute plume à tenir longtemps, ils restent impuissants à écrire autre chose qu'un scénario ; ou bien ils n'ont qu'une con-ception lente, difficile, fatigante ; n'aperçoivent jamais les en-sembles, mais, le sujet fourni, fourmillent aussitôt d'idées drôles, de détails ingénieux, de situations saisissantes. Celui-ci a le pre-mier jet excessivement prompt, hardi, abondant, mais est exposé à noyer l'idée première dans un flot de paroles ; celui-là, au con-traire, se montre de lui-même trop raide, trop sec, trop grêle. Un tel, doué par la nature d'une disposition remarquable à la mise en scène, s'entend à faire entrer, aller et venir des person-nages, groupe à ravir et sans s'embrouiller les masses et les chœurs, mais n'a, hélas ! aucun style. Les mots lui manquent pour exprimer ce qu'il voit, ce qu'il sent. Tel autre, enfin, rhétoricien habile, produit sans effort une phrase limpide, harmonieuse. Se verve jaillit continuellement en fusées superbes. Passé maître dans l'art de dérouler une période toute sertie de perles et de dia-mants, il pare tout ce qu'il effleure.

Eh bien ! de tous ces types, aucun n'est complet, aucun n'est suffisamment armé pour cette grande lutte contre le public. Il faut tant de qualités au dramaturge pour remporter la victoire ! Mais, en s'associant deux ou trois, l'homme d'inspiration, l'homme de style, l'homme de goût, chacun apportant sa part de science et de labeurs, ils parviendront à former un tout, sinon excellent, du moins convenable.

Il est d'autres auteurs auxquels, si elle n'est pas indispen-sable, la collaboration est du moins fort utile. Bien que pouvant produire seuls une œuvre, ils n'en éprouvent pas moins un grand soulagement à avoir un conseiller et un aide. Peu instruits sur tel sujet, ayant peu scruté le cœur humain, ne s'aventurant qu'avec force précautions, comme s'ils craignaient de commettre quelques excès, dès qu'ils sentent près d'eux quelqu'un plus habile, plus expert pour les reprendre, les soutenir, ils travaillent avec aisance et sûreté.

D'autres enfin qui pourraient, avec quelques efforts, mener une œuvre à bonne fin, se trouvent, par le seul attrait du plaisir

ou de la paresse, portés vers la collaboration. Elle les soustrait
à l'état de solitude, leur donne un appui, un stimulant, les allège
d'une partie de la besogne et des démarches à faire. Sont-ils, un
jour, découragés, désorientés, leur camarade est là pour les
remplacer, les réconforter. Espèce de mariage spirituel très touchant, qui aide à supporter presque gaiement les déboires du métier et qui, suivant un illustre écrivain, a favorisé tant la production que l'expansion de l'art dramatique français.

Ce sont là deux avantages, peu sérieux sans doute, au point
de vue littéraire, mais incontestables et très importants au point
de vue pratique, dont nous devons aussi dire un mot.

Il est évident, d'après les lois qui régissent les forces de la
nature, que deux ou trois auteurs iront plus vite en besogne,
réunis que séparés, surtout si cette besogne n'exige ni grandes
réflexions, ni longues études, comme un vaudeville, une comédie-
bouffe. S'agit-il surtout de confectionner une de ces pièces dites
revues de fin d'année, rien de plus agréable que de s'asseoir trois
ou quatre, quelquefois plus, autour d'une table, comme cela se
pratique entre les membres d'un cercle, et, tout en grillant des
cigarettes, se lancer les uns aux autres, sur des scènes burlesque-
ment imaginées, des mots drôles, des reparties à double entente,
des calembours désopilants. « Plus on est de fous, dit-on, plus on
rit »; ajoutons : plus on travaille.

Il en est à peu près ainsi pour les genres qui n'ont que peu
d'attaches avec la raison, et où tout est affaire de verve, de cocas-
serie. Je ne vois rien à perdre, à y augmenter le nombre des par-
ticipants.

Ce n'est pas tout, d'ailleurs, d'écrire la pièce; il faut la faire
recevoir par un directeur. Pour ceux qui ne savent pas ce que
c'est, je ne m'appesantirai point là-dessus; pour ceux qui ignorent,
les heureux! quelle rude entreprise c'est là, quelles odyssées il
faut accomplir, quelles rebuffades il faut essuyer, à quelles promesses il faut sourire, que de visites, de démarches, de stations
dans les antichambres, il faut faire d'un pas alerte et presque
joyeux, par quelles fourches caudines il faut passer, je ne voudrais pour rien au monde les désillusionner, les décourager et
priver peut-être les générations futures d'un nouveau chef-
d'œuvre.

C'est dans cette lutte, plus encore que dans la composition,
que je serais porté à approuver la collaboration. Engager seul les

négociations, écrire seul toutes les lettres, faire seul toutes les courses; n'avoir pour soi que ses relations, ses ruses, son éloquence : quelle tâche ! A deux, ou trois au contraire, elle est bien diminuée. On profite des connaissances de ses camarades, on se sent plus d'entrain et plus de vigueur pour enfoncer les portes et grimper enfin au poteau. La pièce une fois arrivée devant la rampe, on a, sinon déjà, du moins bientôt, un groupe, une ligue prête à claquer, à bisser, à faire du bruit. Quelle meilleure réclame ! Grâce à elle, l'œuvre a des chances de rester longtemps au tableau.

Aussi n'ai-je pas été étonné de lire sur ce sujet, dans un ouvrage sérieux, les lignes suivantes :

« Pour jouir au plus vite des avantages de la vie théâtrale, on fait aisément abnégation de son amour-propre; on le corrige, on le modifie; on travaille à deux, à trois, à quatre, s'il le faut. Et de ceux qui marchent ainsi, il en arrive cent fois davantage que de ceux qui s'obstinent à marcher seuls, non parce qu'ils ont quelqu'un sur qui s'appuyer, mais parce que leur conscience d'artiste est facile à satisfaire, parce qu'ils ont pris la route la plus frayée et la plus courte. »

Une fois engagés dans cette route, certains auteurs ne la quittent plus, et restent à jamais liés au compagnon de leurs premiers travaux, de leurs premières luttes. Tout intérêt mis à part, ils ont, au point de vue technique, plus d'une raison d'agir ainsi. Arrivés à se connaître entièrement, à se compléter d'une manière intime, ils savent en quoi ils peuvent compter l'un sur l'autre, et fondent tellement bien leurs idées, leurs sentiments, leur style, leurs qualités et leurs défauts que toutes leurs œuvres revêtent une teinte merveilleuse d'unité.

XII

Après cet exposé impartial des avantages de la collaboration, voyons ses inconvénients.

Je lui en trouve d'assez graves, et quelques-uns même qui me semblent n'avoir jamais été soupçonnés. Je les rangerai tous sous deux chefs :

1° La collaboration, restreignant le devoir de chacun, habitue fatalement l'esprit à penser moins, à creuser moins profondément un sujet. Les auteurs comptent les uns sur les autres, soit pour

imaginer des situations, pour trouver des mots, soit pour mettre
l'œuvre au point, pour polir le style. « Mais, me dira-t-on, on
discute, on se corrige mutuellement, et du choc des idées jaillit la
lumière. » Une lumière faite d'éclairs, d'étincelles, de fusées ne
vaudra jamais la grande lumière du soleil, qui nous illumine et
nous vivifie tranquillement. Que l'on songe à ce qu'on peut obtenir par la réflexion, l'étude personnelle, et à quoi des efforts
solitaires mais soutenus ont amené maints écrivains ! Que de
sujets qui, au premier abord, paraissaient dénués d'intérêt, peu
susceptibles de développements, et où des méditations persévé-
rantes, un travail acharné, font découvrir des merveilles ! Le
ciel ne peut refuser absolument à un écrivain telle ou telle faculté.
Quand un auteur dramatique (pour m'en tenir à ceux-là) sait ce
qui lui manque, il doit s'efforcer de l'acquérir. Comme le champ
de la science, le champ de l'imagination veut être conquis et longuement défriché. Les uns y éprouveront plus de peine que
d'autres ; mais je n'admettrai jamais qu'un homme capable
d'écrire une moitié de pièce reste impuissant à fournir l'autre.
Ce qui manque le plus à l'homme, c'est la volonté.

2° La collaboration, prolongée avec les mêmes personnes,
émousse le talent et tarit l'originalité. De même qu'au bout d'un
certain temps, les époux, devenus à la fois moins ardents et
moins respectueux, prennent entre eux des habitudes de sans-
gêne, d'indifférence, de froideur, et sentent l'amour se changer
en une bonne et sage amitié, de même les auteurs qui, au début,
s'aiguillonnaient, rivalisaient de verve, avec une sorte de coquetterie jalouse, se relâchent bientôt, et, blasés mutuellement sur
leurs procédés, ne cherchent plus à les changer, prennent tout
ce qui tombe de la bouche l'un de l'autre, sans s'apercevoir qu'ils
se répètent à satiété. Si donc, à un pareil commerce, ces pièces
prennent plus d'unité, elles s'imprègnent incontestablement
d'uniformité, ce défaut, d'où, selon Boileau, naquit le plus grand
ennemi de la littérature et du théâtre : l'ennui.

André CHADOURNE.

(A suivre.)

BARBE RADZIWILL

C'est un royal amour dont je me propose aujourd'hui de retracer les phases. Un amour qui fut un drame. Après Marie W...
qu'aima Frédéric Chopin, après Maryla qu'immortalisa le plus
grand de nos poètes, deux figures dont le souvenir et les traits
restent encore fixés dans la mémoire de nos contemporains, je
remonte le cours des âges, et, de son tombeau lithuanien où elle
repose depuis près de trois siècles, j'évoque la gracieuse et touchante image de Barbe Radziwill.

En l'an de grâce 1548, le vieux Wilna des Giedymin avait
perdu son caractère païen. Églises et couvents s'élevaient sur les
décombres des autels du dieu Perkun. Une cinquième génération
grandissait dans la fermeté et la ferveur de la foi des néophytes.
Deux siècles s'étaient écoulés depuis que la blonde Hedvige
d'Anjou, fille de Loïs le Grand, roi de Hongrie, de Pologne, de
Naples, de Dalmatie, avait sacrifié son cœur, son amour d'enfance,
— le beau Guillaume d'Autriche en un mot, — à la grandeur de la
cause chrétienne et des destinées de son pays. Par son mariage
avec Jagellon, le grand-duc lithuanien, elle gagnait tout un
monde à la foi romaine. Le long des rives lettones se renouvelèrent alors les scènes inoubliables qu'avait vues jadis se dérouler le Jourdain. Une multitude innombrable d'hommes,
de femmes, d'enfants, campaient sur les bords fleuris du Niémen
et de la Wilia, au fond de ces vallées que chanta Mickiewiez,
plus charmantes encore dans la luxuriante expansion de leur parure presque vierge qu'elles ne le paraissent aujourd'hui, aux yeux
du voyageur émerveillé. Le roi, la reine coopéraient avec les
évêques à l'accomplissement de l'œuvre sainte. Revêtus de leurs
blanches robes de lin, les catéchumènes s'immergeaient par
milliers dans les eaux lustrales, et se relevaient chrétiens. Une
tranquille allégresse emplissait ces cœurs dociles. Sous les coups
de hache, tombaient les temples païens; les feux sacrés, entretenus au haut des collines, s'éteignaient un à un; et seul désormais, l'éclat céleste des étoiles guidait, dans leur poursuite

acharnée, les courses nocturnes des chasseurs d'aurochs. Jamais
union intime de deux peuples, de race et d'origine diverses, ne
fut plus pacifiquement consommée. Chaque famille noble de la
couronne (1) conféra son blason et ses armes à un clan lithuanien.
Au nombre de ces derniers, la maison des Radziwill occupait déjà
une place importante. Il y avait quelques années à peine, que
Georges, castellan de Wilna, et plus tard grand hetman de Lithuanie, était descendu dans la tombe; son frère Jean, plus remuant
et plus ambitieux, avait un instant nourri le rêve de s'assooir
lui-même sur le trône royal et ducal des Jagellons. Tous deux,
à l'époque dont je parle, avaient laissé de dignes héritiers de
leur nom. Georges, un fils, Nicolas le Roux, grand échanson du
duché, et une fille. Jean, une postérité mâle plus nombreuse,
en tête de laquelle marchait Nicolas le Noir, grand maréchal de
Lithuanie, une des figures les plus originales et les plus puissantes
de son temps. Les deux Nicolas, le Roux et le Noir, frères con-
sanguins, étroitement unis par les liens de la parenté et la communauté de leurs ambitions dynastiques, entouraient de leur
sollicitude inquiète, et tendre à la fois, la jeune et charmante
veuve du vieux palatin de Troki, Gastold. Celle-ci portait le
nom de Barbe ou de Barbara; fille du grand hetman, elle était
la sœur cadette de Nicolas le Roux, la cousine germaine de Nicolas le Noir. Des intérêts de famille et de caste avaient seuls,
en dépit de l'immense disproportion d'âge, déterminé ce mariage. Les Gastold occupaient alors une situation prépondérante, due à l'illustration plus ancienne de leur race; mais la
mort du palatin avait bientôt rendu à Barbe la liberté de son
cœur. Maintenant, elle habitait avec sa mère un des plus beaux
palais de Wilna. Bâti dans le style italien, des arbres séculaires
l'ombrageaient de leurs rameaux. Les ondes rapides et fraîches
de la Wileika entouraient ce jardin, délicieux réduit où l'art
dû au travail et à la patience des hommes rehaussait partout la
beauté naturelle du site. Les plantes les plus rares des pays du
Sud ornaient les plates-bandes. Quand, au retour des chaleurs
estivales, rosiers et jasmins épanouissaient leur éclatante parure,
quand les vieux tilleuls en fleurs, tressaillant aux tièdes souffles
des brises nocturnes, répandaient au loin leurs parfums de miel,
Barbe aimait à rêver, assise à l'une des fenêtres de son palais,

(1) On disait la couronne et les terres de la couronne, par opposition aux provinces qui faisaient partie du grand-duché de Lithuanie.

ou bien, se promenait à pas lents le long des parterres embaumés. Devant elle, entre la ramure sombre des arbres, se dessinait la masse imposante du château royal, surnommé le Bas-Château. Une étroite ruelle et un ruisseau susurrant, cette Wileika, plus étroite encore, le séparaient des jardins Radziwill; plus haut, pointaient, vers les airs, les tours et les clochers de la cathédrale, contre laquelle s'adossait la demeure des rois. Depuis deux années déjà, le vieux palatin de Troki dormait son éternel sommeil. Barbe avait dépouillé ses voiles de deuil. Son âme s'ouvrait à de nouveaux et infinis espoirs. Elle entrait alors dans sa vingt-cinquième année. On eût dit qu'un ciseau divin avait taillé ses formes dans le marbre le plus pur. Elle unissait toutes les grâces à toutes les séductions et à toutes les harmonies de la beauté. Ses traits possédaient le charme captivant où s'empiègent les cœurs. Un visage à l'ovale parfait; des cheveux d'un blond cendré, encadrant un front tour à tour rayonnant ou rêveur; un nez au dessin le plus délicat, une bouche faite pour les baisers d'amour; des yeux admirables, dont le doux éclat semblait un reflet de la lumière de l'âme, — de ces yeux qui font frissonner de tendresse, ou pâmer de volupté, — voici son portrait, tel que nous le montrent les estampes et les gravures. Rêveuse et silencieuse, je ne sais quelle grâce nonchalante se trahissait dans le moindre de ses mouvements. Quand elle parlait, on eût voulu que la musique de sa voix durât toujours; quand elle souriait, fixer à jamais autour de ses lèvres l'expression enchanteresse de ce sourire. Or, en ces vagues songeries des beaux soirs d'été, tandis que les chants d'oiseaux se mouraient dans la profondeur des nids, et que les fleurs, ainsi que des cassolettes précieuses, encensaient de leurs subtils parfums le mystère et le silence des nuits, les regards de Barbe s'arrêtaient de préférence sur les murs du château voisin. Là-bas, des rangées de fenêtres flambaient de l'éclat de mille lumières; les sons d'un orchestre arrivaient jusqu'à ses oreilles. Elle pensait alors « Le roi s'amuse. » Et, ce roi était jeune, il avait son âge. Il était beau comme elle; veuf lui aussi, comme elle enfin il était libre d'aimer. Car ce château, aux massifs contreforts de briques, s'élevant à l'ombre des hautes tours de l'église métropolitaine, servait de résidence à l'héritier et à l'associé d'un des plus vastes empires du monde.

Il était l'arrière-petit-fils du premier des Jagellons, mais le sang français d'Hedvige d'Anjou ne coulait plus dans ses veines.

Ladislas, ce néophyte quadragénaire, avait quatre fois conduit
de nouvelles épousées à l'autel, et quatre fois leur avait fait
escorte au tombeau. De la dernière, Sophie, une princesse russe,
était née une lignée de rois. L'un d'eux fut cet héroïque Ladislas
de Hongrie, tué devant Warna; un autre, Casimir de Pologne,
père du roi Sigismond. Ce dernier s'éteignait maintenant plus
qu'octogénaire, ainsi qu'un soleil qui décline dans son voile de
pourpre au couchant. Le demi-siècle de son règne brillait aux
yeux de la postérité des lueurs décevantes d'une apothéose féerique. Au sud, d'immenses régions, la Wolhynie, la Podolie,
l'Ukraine, venaient d'être définitivement incorporées à la couronne. Au nord, à la place des anciennes possessions teutoni-
ques, s'étendaient les deux tronçons de la Prusse Royale et de la
Prusse Ducale. Albert de Brandebourg, dernier grand maître de
l'Ordre, avait échangé son froc de moine contre la toque princière. Sur la place publique de Cracovie, en face d'une foule
avide de représentation et de pompe, ce Hohenzollern s'était
agenouillé devant un Jagellon. Sa main dans la main de son suze-
rain, les yeux fixés sur l'Évangile, il lui avait juré foi et hommage.
Faute historique impardonnable, qui devait changer la face du
monde! Ce jour-là, à l'horizon des siècles se dressait le royaume
de Prusse de Frédéric II et l'empire allemand des Guillaume.

Las de régner, Sigismond associa son fils à l'empire. Le
jeune prince s'appelait Sigismond comme son père, et il avait pris
le surnom ou le titre d'Auguste. C'était un de ces types slaves
méridionaux, un des plus beaux qui soient, lorsqu'il se conserve
dans sa pureté. Il est vrai qu'il tenait aussi du Grec et du Latin.
De son aïeule, Sophie, une descendante des empereurs de Byzance,
il avait hérité la beauté grecque des lignes; de sa mère, l'Italienne
Bonna Sforza, l'élégance, l'intelligence, l'habileté qui chez lui
s'était transformée en finesse. Mince et de haute taille, un voile
de mélancolie adoucissait l'éclat de ses beaux yeux noirs. Il avait
un nez d'aigle, une bouche sensuelle; ses cheveux, noirs aussi,
se nuançaient de reflets bleuâtres; sa barbe était taillée à la
mode de François Iᵉʳ et de Henri II. En place du costume national, à la large ceinture et aux longues hottes de maroquin,
il avait adopté les habits d'Occident : bas de soie, haut-de-
chausses, et pourpoint sur lequel était jetée, de préférence,
une tunique de velours, bordée de précieuses fourrures. A la
sensualité italienne il joignait la sensibilité slave. Adonné à

l'amour, son cœur prenait toujours une large part dans l'excitation de ses sens. Les choses surnaturelles tourmentaient son esprit; les sciences occultes, la cabbale, l'astrologie, devaient lui donner la clé des mystères dont son imagination se sentait enveloppée. A peine âgé de vingt ans, de hautes raisons politiques avaient uni son sort à celui d'Élisabeth d'Autriche; mais ce mariage stérile et sans amour fut bientôt rompu par la mort. Veuf depuis deux années, c'est-à-dire libre, il ne songeait pas à renouer ses chaînes; mais les entraînements de sa nature, comprimés par les convenances du deuil, le poussaient maintenant avec d'autant plus de force vers de nouvelles aventures galantes. Déjà le château royal s'ouvrait à de joyeuses fêtes. Des courtisans, jeunes pour la plupart, épiaient les velléités tendres du maître. Or le roi soupirait; le roi s'ennuyait; le roi avait même dû s'écrier un jour : « J'ai besoin d'aimer! » Sur ce, les seigneurs de la cour se mirent en campagne. Parmi eux se trouvait un certain Dowoyno, staroste de Meretch, un peu sorcier, un peu médecin, entremetteur à ses heures, expert en l'art de distiller breuvages et philtres d'amour. Au moment voulu et choisi par lui, il prononça comme par mégarde le nom de la belle veuve du palatin. Le roi prêtant volontiers l'oreille à ce discours, notre homme ne s'arrêta pas à mi-chemin. Il vanta les grâces incomparables de Barbe, sa modestie, sa douceur. Sigismond l'écoutait rêveur : il se souvenait qu'encore du vivant de la reine, à l'une des dernières assemblées du palais, un charmant visage avait un instant attiré son attention. Maintenant cette figure si douce, ces beaux yeux langoureux, cette taille souple et pleine à la fois, lui revinrent à la mémoire, aux récits de son confident. Il ignorait que les pensées de Barbe s'envolaient elles aussi vers lui dans leurs longues et solitaires rêveries. La force mystérieuse et suggestive de l'amour les poussait déjà l'un vers l'autre. Ainsi que deux astres parcourant leur orbe céleste, ils obéissaient aux lois inéluctables de leur conjonction. Plus tôt, sans doute, que ne s'y attendait le complaisant Dowoyno, le roi déclara qu'il se rendrait en personne chez Mme la Palatine. Le jour tombait; escorté de ses gentilshommes, à la clarté des torches que portaient ses pages, il traversa l'étroite ruelle, le jardin aux plates-bandes embaumées, et aux cris de : « Le Roi! le Roi! » répétés sur son passage, il fut accueilli aux portes du *dwor*(1), par la jeune veuve,

(1) *Dwor*, hôtel, palais, cour. Nom donné à la résidence des grands.

et par la castellane sa mère. De ce premier entretien, Barbe et Sigismond emportèrent tous deux la certitude de l'inclination de leurs cœurs. Les visites royales se renouvelèrent; chaque regard qu'échangeaient le jeune souverain et la belle palatine devenait un muet aveu. L'amour est un pour tous les mortels. Bientôt, la présence de tiers, si discrets qu'ils fussent, gêna l'expansion de ces deux âmes. Les visites officielles firent place à des rendez-vous mystérieux. Seul, à l'approche de la nuit, Sigismond pénétrait dans les jardins d'Armide. Pour gagner du temps et éviter un détour qui l'exposait aux rencontres fortuites, il avait fait jeter un pont sur la Wileika, cette petite rivière dont le cours sinueux séparait l'hôtel Radziwill de la demeure royale. Quelques minutes, longues pourtant aux impatiences du cœur, lui suffisaient pour se retrouver auprès de celle qui désormait emplissait sa vie. Alors, assis sous les vieux tilleuls, ou bien marchant doucement enlacés, leurs lèvres se cherchant dans l'ombre, ils exhalaient leur passion en ces tendres murmures que le poète a notés : *Lenes sub nocte susurri.* Souvent, c'était en la langue divine du Dante qu'ils cherchaient à traduire les nuances infinies de leurs sentiments. Le roi ne l'avait-il pas sucée avec le lait [maternel? et pour complaire à leur reine, restée Italienne au milieu de sa cour slave, les grands initiaient de bonne heure leurs enfants aux douceurs du langage parlé à la cour des Médicis et des Sforza. Aussi les curieux échos eurent-ils bientôt fait de transmettre ces murmures aux oreilles d'alentour. Cet amour royal servait trop d'ambitions. D'une part, Barbe avait avoué à sa mère, qui n'eût pas eu de peine à le deviner d'ailleurs, le secret de ses tendresses; de l'autre, les deux Radziwill, Nicolas le Roux et Nicolas le Noir, pensaient bien en faire l'instrument de leur future grandeur. Une fille de leur maison ne devait, selon eux, partager la couche royale qu'à condition d'occuper le trône. Pour se concilier les destins on eut recours aux horoscopes. J'imagine que la réponse des devins fut aussi favorable qu'explicite, car les deux cousins résolurent d'exciter les emportements amoureux du roi, en leur suscitant d'imprévus obstacles.

Un jour donc que, selon son habitude, Sigismond se rendait furtivement chez Barbe, au lieu et place de sa nouvelle maîtresse il vit se dresser devant lui les figures rébarbatives des deux Nicolas. En termes où la fermeté s'alliait au respect dû à la majesté royale, ils le supplièrent de mettre fin à ces assiduités qui exposaient la palatine aux morsures envenimées des envieux, et jetaient une tache sur l'honneur jusque-là intact de leur nom. Le prince les avait écoutés silencieux. Il était chevaleresque : de plus, il aimait avec toute la sincérité de son cœur. Lui aussi ne séparait point le respect de l'amour. Qu'on ne s'étonne pas de cette naïveté, les rois en sont capables comme le reste des humains. Il promit de maîtriser sa passion, de refouler sa tendresse, de renoncer à ces tête-à-tête, quoiqu'ils fussent désormais pour lui le charme de la vie. Hélas ! il en est de ces promesses, comme de *ces plaisirs d'amour* qui *ne durent qu'un moment*. Sans doute, les devins avaient bien compté et sur les faiblesses du cœur, et sur la fragilité de la parole donnée. Il ne faut point être astrologue pour prévoir les compromis, voire même les lâchetés, auxquels nous a tous réduits le petit dieu malin et joufflu. Une semaine d'exil suffit à briser les fermes propos du roi, une autre emporta ses scrupules à vau-l'eau. Il ne savait qu'une chose, c'est que vivre loin de Barbe, sans la voir, sans l'entendre, équivalait à une vie de supplice, à laquelle il fallait se soustraire à tout prix. Foin des promesses, si augustes qu'elles pussent être ! Il reprit le chemin du jardin interdit ; il franchit le petit pont, sans y trouver d'ange à l'épée flamboyante prêt à lui barrer l'accès du paradis. Grâce aux ténèbres, mais surtout à l'émoi de son cœur éperdu, il n'aperçut point deux ombres embusquées sous les vieux tilleuls et qui, chaque soir, devaient y guetter cette rentrée attendue. Cette fois, le royal amoureux ne s'arrêta que dans les appartements de l'enchanteresse, aux pieds de celle que, par une résolution soudaine, sa pensée associait déjà aux splendeurs du trône. Les mains dans ses mains, les yeux noyés d'extase, il ne s'était pas encore relevé, que les portes s'ouvraient, laissant apparaître sur le seuil l'austère figure de la vieille princesse Radziwill, entourée des deux cousins, gardiens jaloux de l'honneur de leur nom : « Sire ! dirent-ils, vous nous aviez promis de ne plus chercher à revoir notre sœur ; pourquoi donc Votre Majesté manque-t-elle à ses engagements ? » Sigismond s'était redressé. Ce n'était plus l'amoureux, c'est le roi qui parlait ; tout l'indiquait dans son allure et dans son regard souverain : « Parce que ce jour, prononça-t-il d'une voix haute, doit procurer à votre race un honneur et une gloire immortels.

— Que Dieu vous entende, Sire », répondirent les deux cou-

sins. Déjà leur prévoyante sagacité avait tout préparé. Un prêtre
se tenait à l'écart, revêtu des ornements sacerdotaux. Les cierges
d'une chapelle voisine brûlaient, mêlant leur odeur de cire aux
parfums du myrte et de l'oranger. Sigismond et Barbe s'age-
nouillèrent sur les marches de l'autel. Le ministre de Dieu unit
leurs mains sous l'étole, il leur passa l'anneau nuptial au doigt,
et à tour de rôle, en face des témoins, leur fit répéter les solennelles paroles qui unissaient leurs corps et leurs âmes, dans la
vie comme dans la mort.

Tel est le premier acte de ce drame : une idylle. Désormais,
Barbe étend ses mains impatientes vers cette couronne et ce
sceptre, dont son ambition a fait le complément inséparable de
son amour. Et voici que chaque étape parcourue de ce chemin qui,
selon elle, doit la conduire à l'apothéose finale, se transforme en
une douloureuse station du Calvaire. C'est là qu'est la tragédie
des choses. Tout ce que cette jeune femme convoite avec tant
d'ardeur, tout ce qu'elle poursuivra avec une persévérance obsti-
née, au milieu de difficultés sans cesse renaissantes : le trône, le
pouvoir, les honneurs et les pompes de la cour ; tout ce qui doit
l'unir plus étroitement et l'identifier en quelque sorte avec
l'homme aimé, sera sa perte. Sous ce manteau de pourpre, c'est
la mort qui l'attend. Ainsi la pauvre créature humaine s'égare
dans l'ignorance de ses destinées.

Dans l'histoire de cet amour, où l'ardeur passionnelle se
balance de chaque côté d'une force égale d'intensité, un contraste
est à noter. C'est le roi qui descend les degrés de l'échelle mystique de Jacob, et c'est cette héritière d'une noble race lithuanienne qui, le prenant par la main, le pousse à remonter vers ces
âmes, où l'ont placé les arrêts divins. Sigismond est prêt à renoncer au sceptre, s'il doit, pour le maintenir, répudier la femme
aimée ; Barbe, au contraire, veut que le diadème soit le couronnement de son magnifique rêve d'amour. Certes, elle aime
son époux, pour sa beauté, sa jeunesse, sa magnanimité ; mais
elle ne sépare pas, en lui, ces dons de l'essence royale. Lui peut
s'incliner vers elle ; elle doit s'élever jusqu'à lui. Trop vertueuse
pour condescendre au rôle équivoque d'une maitresse royale,
trop fière pour se contenter de la place effacée, assignée à la
compagne ignorée et non reconnue du roi : elle sera reine ! Ainsi,
depuis l'histoire de la tentation du Paradis : c'est toujours l'Ève
immortelle, la femme, qui, au travers de ses baisers, souffle à

l'homme et entretient en lui, dans le bien comme dans le mal, l'ambition des grandes et audacieuses entreprises.

Des heures délicieuses, trop rapides, hélas! succédèrent aux émotions de ce nocturne hyménée. Le roi dut bientôt s'arracher aux voluptés nuptiales. La tâche qui l'attendait semblait dépasser les limites de sa puissance. Il s'agissait maintenant d'obtenir le consentement du vieux roi; de vaincre les préjugés de sa mère, la femme la plus jalouse du pouvoir, la plus vindicative, la plus acharnée qui fût à poursuivre ses fins par tous les moyens possibles; de gagner à sa cause la noblesse et les grands; d'enlever en un mot la ratification de son mariage, à l'unanimité des suffrages d'une Diète. Autant de travaux dignes de la prudence d'Ulysse. Pour l'instant, il fallait avant tout sauvegarder son trésor et le mettre à l'abri d'un coup de main. Déjà la nouvelle de l'alliance ou, pour mieux dire, de la mésalliance royale, s'était propagée de bouche en bouche avec la rapidité de la parole ailée. On avait tout à craindre de la méchanceté des hommes, de leur servilité, des effets foudroyants du poison mystérieux ou des poignards embusqués à l'ombre, auxquels Bonne, fidèle aux traditions italiennes, pouvait recourir comme à l'*ultima ratio regum*. Les habitants de Wilna virent donc, un beau matin, leurs rues encombrées par le défilé des équipages de la cour. Aux portes de la ville, les époux échangèrent leurs premiers adieux : tandis que Sigismond se dirigeait vers les frontières occidentales de ses États, la nouvelle reine remontait vers le nord.

A une vingtaine de lieues environ de la capitale lithuanienne, au haut d'une colline dont les assises émergent des profondeurs d'un lac limpide, s'élevait le château fort de Dubinki. Aujourd'hui, il ne reste plus de traces de l'antique résidence princière. Seule, l'immutabilité des choses de la nature perpétue les souvenirs désormais attachés à ces bords. La colline s'élève toujours reflétée par les mêmes transparences frigides de l'onde; et parmi les bois dont les ombrages protègent encore les coteaux environnants, plus d'un chêne vénérable, comme du temps de la reine Barbe, secoue son vieux front sous le ciel. En été, alors que le fauve éclat des moissons se nuance des teintes graduées de verdure, les paysages qui de cette hauteur se déroulent à vos yeux, ont le charme intraduisible et pénétrant de cette mélancolie du monde slave que je n'ai retrouvée nulle part ailleurs. Mais Barbe portait en elle un monde aux perspectives bien autrement éblouissantes. Le double rêve que tissaient son amour et son ambition, la laissait-il sensible aux spectacles variés des manifestations de la nature, et cette diversité eût-elle pu maintenant apaiser ou distraire la violence de ses regrets? D'ailleurs, alors qu'elle franchissait la lourde porte du château, les brouillards d'automne s'étendaient au loin. Des bandes de corneilles rasaient de leurs ailes les eaux troubles du lac, et sous les vents d'est qui montaient avec des sifflements sinistres, à l'assaut de la colline, les forêts se tordaient sanglotantes, comme si elles eussent pleuré leur parure flétrie. Ainsi la jeune reine se laissait aller à sa douleur. Ce titre de Majesté dont la saluaient les quelques personnages formant sa petite cour, relevait son courage. C'était là comme l'écho lointain d'un chant d'espérance. et d'allégresse. Mais, à part ces fugitifs instants, durant le jour et les nuits plus longues, ses beaux yeux pleuraient toutes leurs larmes. Ni sa mère, ni son frère Nicolas le Roux, ni même l'habile staroste de Meretch, attaché à sa personne en qualité de médecin, ne parvenaient à la consoler. A des crises interminables de larmes, succédaient parfois d'inquiétantes syncopes. Le staroste, dont la devise est : *Utilis in omne*, adresse alors au roi des épîtres, qui doivent, en même temps que le rassurer, flatter son amour-propre d'amant :

Bien que je ne sois pas encore parvenu à l'extrême limite de l'âge, et dussé-je même vivre cent ans, je jure à Votre Majesté, mon roi très gracieux, en toute sincérité de conscience, et dans la sainte crainte de mon Créateur, n'avoir jamais vu d'épouse si fort enamourée de son époux, que ne l'est la reine de son maître et seigneur. Ce que j'ai pu voir par moi-même. (*Quod probavi et vidi.*)

Mais, peu à peu, Barbe trouve dans la piété et les bonnes œuvres un soulagement à sa douleur. Elle a repris ses habits de deuil et les échange même à certains jours contre la robe de bure des Franciscaines. A l'heure matinale où la cloche de l'église voisine répand ses sons dans la brume glacée, Barbe se rend humblement au pied des autels. Chaque fois, à sa sortie, son aumônière se vide entre les mains des pauvres, qui ignorent encore quelle est la dispensatrice de ces charités royales. Ainsi s'écoulent les mois d'hiver. A de rares intervalles arrive un courrier porteur de messages qui raniment dans le cœur défaillant de la pauvre Barbe l'étincelle sacrée de l'espoir. Alors, sur de longues feuilles de parchemin, elle trace en caractères indécis ces réponses naïves, dont quelques-unes nous ont été transmises :

J'envoie cette épitre à Votre Majesté, et je souhaite que le Dieu tout-puissant accorde au roi, mon très gracieux seigneur et maitre, une santé fortunée, pour l'éternelle consolation de la très humble servante de Votre Majesté. Et à cette lettre, je joins un anneau que je la supplie de vouloir bien mettre à son doigt, afin qu'il me maintienne dans sa pensée et dans sa grâce.

Puis, le messager royal reparti, l'existence reprend son cours de monotonie journalière. Barbe soupire dans sa prison, et longuement ses yeux interrogent les routes, attendant d'y voir surgir celui qui pût lui dire enfin : « Voici que vient le roi. » Patience et longueur de temps ont raison de toute chose. Ce messager si impatiemment attendu se montra un beau jour. Le roi, il est vrai, ne venait pas en personne, mais les termes précis de la lettre, dont nous donnons la teneur, mettaient fin aux cruelles perplexités de la jeune femme :

Monsieur l'échanson! il est d'une impérieuse nécessité (et Votre Grâce apprendra plus tard de vive voix quels sont les motifs de ma décision) que Sa Majesté la Reine, notre très chère épouse, se rende demain, dès la première heure de la nuit, et d'une façon clandestine, à Wilna, où elle devra d'abord occuper son palais. Ce que vous ne pourriez emporter des bagages de Sa Majesté pourrait suivre samedi prochain. Telle est notre volonté : *sic astra volunt.* Ainsi donc demain, *certe, certissime,* la Reine devra se trouver à Wilna. Son entrée au château royal reste ajournée au samedi. Nous espérons que ce voyage ne molestera point Votre Grâce. S'il est besoin de chevaux et d'équipages *in obviam,* qu'on nous le fasse savoir. Il nous semble aussi qu'en dehors des pages de service, il conviendrait d'entourer la Reine d'une garde, *propter aliquid accidens.* Enfin, *iterum atque iterum,* c'est demain que la reine doit quitter Dubinki. Ce jeudi, 48.

SIGISMUNDUS REX.

Or ces raisons, qui faisaient agir l'époux de Barbe, étaient de la plus haute importance. Le vieux roi se mourait. A l'heure, désormais proche, où seul il allait se trouver en possession du trône, le jeune souverain avait résolu de frapper les esprits, et par là même d'affaiblir l'opposition prévue des États contre son mariage, en les mettant en présence de la force du fait accompli. Quelques jours à peine s'étaient écoulés depuis l'arrivée de Sigismond dans sa capitale lithuanienne, et déjà lui parvenait la nouvelle du décès du roi son père. Dès le lendemain, le glas funèbre sonnait dans toutes les églises; les populations accouraient en foule pour assister aux services funèbres, tandis que les hauts dignitaires se pressaient autour du souverain. Ce fut au milieu

de ces manifestations de deuil que Barbe revit ses jardins et ses
palais de Wilna. On était en avril; déjà le printemps épandait
ses premiers et tièdes effluves dans les airs. Les cigognes, ces
messagères des chauds soleils, revenaient des pays du Sud; la
terre et les arbres se gonflaient de sève. Aussi, en face de ce renouveau de la nature, le trépas du chef suprême de deux empires
apparaissait presque comme une délivrance au cœur impatient
de Barbe. Ce château royal, dont naguère, au milieu de sa rêverie,
elle regardait si souvent les sombres contrescarpes de briques,
allait désormais ouvrir ses portes, non plus à la sujette, mais
devant l'épouse du roi. Le 26 avril 1449 fut pour elle un de ses
rares jours de triomphe. Dès le matin, carrosses et litières se
succédaient dans la cour du bas château. Sigismond avait convoqué son conseil. Il y apparut, le front recouvert d'une toque de
velours noir à plumes, plus beau et plus pâle sous ses vêtements
de deuil. Après avoir promené son regard sur ces évêques et ces
fiers seigneurs inclinés devant lui, d'une voix haute et ferme il
prononça les paroles suivantes ::

Ce que de graves et justes motifs m'avaient commandé de vous taire, je
veux que vous ne l'ignoriez plus aujourd'hui. Barbe Radziwill, palatine de
Troki, m'a été unie en mariage, selon les rites de notre sainte Église, en
présence de ses parents. Vous savez qu'il n'est pas de puissance au monde
capable désormais de briser ces liens.

En même temps le roi fit quelques pas vers les portes de la
salle, demeurées closes. Elles s'ouvrirent à ce signal, et sur le
seuil Barbe apparut, toute blanche sous ses atours de reine,
entourée des membres de sa famille, ainsi que d'une suite nombreuse de dames et de gentilshommes. Un silence de stupéfaction
avait cloué toutes les lèvres. Profitant de ce sentiment de surprise, le roi continua en ces termes :

Or, puisque je l'ai épousée, selon les lois divines, et ai voulu honorer en
elle l'héritière d'une illustre maison, j'entends que désormais vous la consi-
dériez tous comme votre reine et que vous lui rendiez les hommages souverains.

Alors, prenant Barbe par la main, il traversa la salle, entre
les deux rangées des seigneurs immobiles, et la conduisit jusqu'aux appartements réservés à l'épouse des rois.

Ainsi, après ce coup de théâtre, le couple royal s'adonna
aux douceurs de la lune de miel. Heures fortunées et trop fugitives! Leur amour semblait une fleur, vers laquelle ils dus-

sent toujours étendre leurs mains, sans jamais pouvoir s'assouvir à son parfum. L'ère des difficultés commençait. Jusquelà Sigismond n'avait eu affaire qu'à ses sujets lithuaniens, habitués de longue date à se courber, dociles, devant l'expression de la volonté suprême. Il était duc héréditaire de Lithuanie et roi électif de Pologne : ici le roi absolu, là-bas le maître toléré. Or la Diète qui s'ouvrait à l'avènement de tout nouveau souverain, aurait à se prononcer sur la validité de son mariage. Il lui fallait donc, sans retard, préparer le terrain où allait se livrer la dernière bataille. Barbe l'amoureuse ne fit ni de ses bras blancs, ni de ses blondes tresses, une chaîne vivante pour enlacer et retenir le bien-aimé : elle sacrifiait son amour aux fiertés de son ambition. D'ailleurs l'ignorait-elle, et n'y devait-elle pas étayer sa confiance, Sigismond avait été élevé à l'école de la politique italienne, la plus audacieuse et la plus habile en même temps qui fût au monde. Il prenait son temps, mûrissait ses décisions et agissait lorsque son heure sonnait au cadran de l'histoire. En effet, deux mois après leur séparation, Barbe recevait l'avis de s'acheminer à petites journées vers les terres de la couronne, terre promise de son rêve orgueilleux. D'une part, le roi avait su différer la convocation immédiate d'une Diète, et il avait fait sentir à la reine douairière le poids de son inébranlable volonté. Si la hautaine Bonne refusait encore de s'incliner devant la jeune souveraine, elle savait, du moins, qu'elle devait respecter en elle l'épouse du roi.

Il y avait juste un an que l'hymen avait uni ces deux cœurs. Comme alors, l'automne dépouillait les bois. Mais ce n'était plus la prison de Dubinki qui se dressait menaçante et sombre, dans le ciel embrumé ; désormais, aux regards de Barbe, allaient se dérouler les immenses horizons inconnus de son nouveau royaume. Une cour brillante l'entourait, sans cesse grossie de l'afflux des seigneurs accourus pour la saluer aux frontières de leurs palatinats. On parvint ainsi jusqu'à la ville de Radom. Sigismond en personne accueillit sa femme sous ces murs. Voici comment Nicolas Radziwill, l'historiographe attitré de ce voyage, nous décrit le cérémonial de l'entrevue :

Le roi s'était arrêté en plein champ, à une centaine de toises environ, à droite de la route. De cette route, jusqu'à l'endroit où se tenait Sa Majesté, le sol avait été tendu d'un fin drap de Lyon. Le carrosse de la reine fit halte à l'extrémité de ce drap. Leurs Majestés s'avancèrent alors à la rencontre l'une de l'autre. Elles s'abordèrent et échangèrent leurs civilités juste au milieu de l'espace que recouvrait le drap. M. le sous-chancelier souhaita en termes fort honnêtes la bienvenue à Sa Majesté la reine, qui répondit à son tour, par la bouche de M. de Lublin. Ce discours toucha tous les cœurs; on prisa surtout ce passage où il était dit : « Sa Majesté la reine, ma très gracieuse souveraine, sera toujours l'humble et fidèle servante du sérénissime roi, son seigneur (1). » Lorsque nous fîmes notre entrée dans la ville, ceux des seigneurs polonais et lithuaniens qui avaient fait escorte à la reine, mirent pied à terre et se rendirent à la table du roi, à laquelle les avait conviés Sa Majesté. Après le repas servi avec une grande magnificence, le roi monta aux appartements de la reine, en compagnie de laquelle il resta plus d'une heure. Si spacieuses que fussent les salles, elles ne purent contenir tous les convives, dont un grand nombre emplissaient les galeries extérieures. Comme bien on pense, on échangea force propos, au sujet du couple royal. Les uns se répandaient en bénédictions, d'autres, au contraire, murmuraient. Car il en est ainsi parmi les hommes : quel que soit le mérite de nos actions, nous n'arriverons jamais à les satisfaire tous. Dieu en soit éternellement loué, aucune des fâcheuses prédictions ne s'est trouvée réalisée. D'aucuns prétendaient qu'on allait me pendre ou, ce qui n'est guère mieux, me jeter à la Vistule ; or, voici que la reine est arrivée à bon port, et c'est à qui me fait ici un plus civil accueil. Laissons donc les choses futures entre les mains de Dieu.

Évidemment c'était là le langage d'un homme avisé. L'échanson de Lithuanie ne chantait pas encore victoire. La Diète allait être convoquée, et il s'agissait de gagner ses membres à la cause du mariage royal.

Rien ne présageait un accommodement possible : tout au contraire, à mesure que les nonces se rapprochaient de la ville de Petrikau (Piotrkow), siège désigné des prochaines assises nationales, il semblait qu'au roulement plus rapproché de leurs chars résonnait déjà le cliquetis des sabres tirés du fourreau et se déchaînait la violence des protestations indignées. Cette fois encore Sigismond et Barbe, à peine réunis, durent échanger leurs adieux. L'usage voulait que le roi ouvrît et présidât la Diète en personne. Ce fut un temps de cruelles épreuves. Je n'ai point à retracer ici les scènes tour à tour turbulentes et tragiques de ces annales parlementaires, une des manifestations les plus saisissantes du caractère national. Les magnats, et avec eux les hauts dignitaires du royaume, évêques, palatins, castellans, auxquels leurs fonctions ouvraient de plein droit les portes du Sénat, inclinaient à ratifier le mariage royal. Issue d'une race patri-

(1) On appelait ainsi le palatin, ou gouverneur militaire et politique d'une province, ou palatinat.

cienne, la future reine ferait rejaillir sur eux l'éclat de son élévation. Mais c'était là précisément le plus puissant motif de l'opposition des nonces ou députés de la noblesse. Masse informe
de criards et de sabreurs, leur amour aveugle de la liberté d'or,
aurea libertas, leur faisait craindre que le parti oligarchique soutenu par le trône ne parvînt à les dépouiller de l'exorbitance de
leur pouvoir. Calomnies, menaces, prières, tout fut mis en
œuvre pour désunir ce qu'avait uni le ciel. Les émissaires de la
vieille reine, que sa jalousie de femme, plus encore que des raisons politiques ou dynastiques, mettait en lutte ouverte avec sa
belle-fille, attisaient l'ardeur des controverses et des haines. Le
roi subissait ces assauts : impassible en apparence, il écoutait
de son trône les discussions interminables et ces harangues
où havaient l'imbécillité et l'injure. Sa sagesse, son amour,
le respect de la foi jurée, le soutenaient dans cette lutte. Un
jour, il vit la Diète entière à ses pieds. Ces hommes, qui tout à
l'heure encore brandissaient leurs sabres, pleuraient : leurs bras
suppliants étendus vers le prince, ils le conjurèrent de rompre
ce mariage, incompatible avec la majesté du trône. Le roi se
découvrit. Cette humilité le trouvait désarmé. Bientôt cependant, il ressaisit ses esprits et déclara que, devant une manifestation aussi unanime, il désirait pouvoir se recueillir jusqu'au
lendemain. La séance fut levée. Mais, le lendemain, ceux qui le
croyaient vaincu, le retrouvèrent plus inflexiblement maître de
lui-même. A de nouvelles et pressantes objurgations il répondit
par ces froides paroles :

Ce qui a été fait ne peut plus être changé. Vous-mêmes, au lieu d'exiger
que je manque à la foi jurée, vous devriez veiller à ce que je la maintienne
intacte, vis-à-vis du moindre de mes sujets. J'ai promis fidélité à l'épouse
de mon choix, et rien ne me fera trahir mon serment. Le respect de ma
parole m'est mille fois plus cher que tous les royaumes du monde.

Sur ces mots, il quitta la salle. Un accord semblait désormais
impossible. Bientôt les nonces prononcèrent eux-mêmes la dissolution de la Diète ; Sigismond n'était pas homme à se laisser
décourager par cet échec. Il connaissait la versatilité des hommes
en général, et celle de ses sujets en particulier. A l'opposition
des États il répondit par un nouveau coup d'audace. Barbe,
réunie à son époux, oubliant entre ses bras les angoisses passées,
fière de cette constance que ne lassait nul obstacle, parcourut
maintenant la dernière étape sur cette route semée de roses et

d'épines. Cette fois elle ne s'arrêta plus que dans la capitale des rois et ce fut à l'ombre des murs de l'antique Wawel (1) qu'elle attendit la cérémonie du couronnement. Nous assistons désormais au dénouement du drame. La palatine de Troki a vu se réaliser son rêve ; il semblerait qu'une joie intime et profonde dût emplir son âme. Mais c'est là qu'est la tragédie de sa destinée. Voici que la lassitude et la tristesse rongent ce cœur jusque-là enfiévré d'amour et d'ambition. Un mal physique et psychique à la fois projette soudain l'ombre de la mort sur les pas de la reine. Elle est parvenue au sommet de l'échelle mystique, mais ces éblouissantes perspectives, un instant entrevues, se voilent et se dérobent à ses yeux. Amour, joie de vivre, sceptre, couronne, tout s'abîme dans une nuit profonde. Comme le ver contamine le calice d'une fleur admirable, un cancer ronge son sein, et elle se débat en une angoisse folle. Être tant aimée, et voir cet amour se transformer en répulsion et en dégoût.

« Mon Dieu ! s'écrie-t-elle, mon Dieu ! si j'ai péché, le châtiment ne dépasse-t-il pas la mesure de ma faute ! » Un cas de psychose se développe en elle avec une effrayante intensité. Elle cherche la solitude : la vue des hommes lui devient une douleur. On avait compté sur sa douceur, sur sa bienfaisance, sur son intervention toute-puissante, pour obtenir les grâces et les faveurs royales ; or, elle s'enferme dans ses appartements, elle repousse les solliciteurs, elle refuse son appui, même aux plus méritants, même aux plus dignes de pitié. Elle ne veut être reine que pour elle-même. Seuls, son amour et la crainte de le perdre la rattachent avec passion à la vie ; elle veut posséder sans partage l'esprit et le cœur du roi. Puis, à ces impérieuses tendresses succèdent de longues heures d'abattement. Son âme alors semble se détacher de toute chose. Il y a en elle comme une solution de l'être, *quædam solutio animi*, ainsi que s'exprime son fidèle secrétaire Koschutski. Mais le roi l'adore ; rien ne peut lasser sa tendresse. Elle peut le faire impunément attendre, lorsqu'il se rend auprès d'elle, entouré des grands de sa cour. « Oncques, on ne vit de prince qui chérit autant l'épouse de son choix, et lui montre plus d'amour, que le roi notre maître n'en témoigne chaque jour à la reine. »

C'est que le cœur de Sigismond se repose dans la possession

(1) Nom du château royal à Cracovie.

de son idéal d'amour. N'est-ce pas là l'expression la plus haute du bonheur humain? Ainsi qu'il l'a dit lui-même, nulle puissance au monde ne pourra le détacher de Barbe. Ce mal implacable, qu'elle lui cache encore, éclate un beau jour et met une première fois sa vie en danger. Le roi passe alors les jours et les nuits à son chevet. Les craintes et les anxiétés de son cœur se trahissent dans les lettres qu'il adresse à Nicolas le Roux son beau-frère. Ce Radziwill est resté imbu de superstitions. Puisque les médecins se montrent impuissants à soulager la reine, pourquoi ne pas recourir aux sorciers? Il connaît une femme fort versée dans l'art de conjurer les sorts, *perita et bene versata in arte incantamentorum.* Sigismond cependant ne paraît témoigner qu'une médiocre confiance aux talents de la magicienne. Pour cette fois on se passera de ses offices. Barbe, en effet, paraît recouvrer la santé. En plein délire de fièvre, c'est vers cette couronne tant convoitée qu'elle étendait ses mains tremblantes : « Oh! puissé-je vivre encore assez pour voir, ne fût-ce qu'un seul jour, le diadème orner mon front! » Ce vœu fut exaucé. Une nouvelle Diète convoquée à Petrikau passa sous silence la brûlante et épineuse question du mariage royal ; or, qui ne dit mot consent. Rien ne pouvait retarder désormais la cérémonie du sacre. Elle fut fixée à la date du 2 décembre 1550. Quel jour, quelle heure inoubliables! lorsque pour la première fois, des hauteurs de son trône dressé au milieu de la cathédrale, sous un dais de pourpre et d'or, Barbe, ruisselante de pierreries, belle comme une apparition divine, le cœur oppressé d'une indicible émotion, aperçut à ses pieds son peuple: cette foule de nobles, de seigneurs, de princes feudataires ; tandis que, de l'autel, le primat du royaume, entouré de tous ses évêques, s'avançait processionnellement vers elle. Le saint chrême oignit ses tempes; la lourde couronne d'or fut posée sur son front, et soudain, au carillon des cloches, au grondement des canons, aux sons triomphants de l'orgue, à travers les nuées d'encens, retentirent, répercutés des murs de la basilique et se propageant de bouche en bouche, par toute la ville, les cris mille fois répétés: *Vivat Regina in æternum!*

C'en était fait. Dans le ciel de Barbe, le dernier éclair avait lui. Il ne lui reste plus maintenant qu'une courte et dernière étape à franchir de la couronne à la mort. Quelques mois après, Barbe n'était plus. Un mystère enveloppa ses derniers instants:

la légende y rattache encore aujourd'hui l'idée d'un crime. Bonne Sforza n'avait jamais cessé d'intriguer contre sa belle-fille. Elle s'était aliéné le cœur du roi, et vivait à l'écart de la cour, dans son château de Varsovie ; mais sa haine agissait. On assure qu'elle était parvenue à introduire une de ses créatures auprès de la jeune reine, un médecin ou plutôt un empoisonneur italien du nom de Monti. Or, depuis le grand jour du couronnement, Barbe descendait avec rapidité la pente fatale qui la précipitait au tombeau. Une nouvelle tumeur s'était formée et ses forces l'abandonnaient. L'intensité des émotions subies, ces soubresauts violents de la fortune, ces alternatives de découragement et d'espoir qui la terrassaient et l'enlevaient tour à tour dans la silencieuse et persévérante poursuite de son rêve, avaient dû brûler son sang, détruire l'équilibre moral et physique de son être.

Maintenant que la voici parvenue au but, c'est vers le passé que se détourne son regard. Elle songe avec mélancolie à ses forêts lithuaniennes, à ses beaux jardins de Wilna, à sa patrie. Sa sensibilité, suraiguisée par la souffrance, vibre ainsi qu'une corde tendue à l'excès. Un jour, un de ses vieux serviteurs lithuaniens lui apporte un message de son frère ; et voici qu'à la vue du fidèle ami de son enfance, les souvenirs d'antan lui reviennent en foule à la mémoire, et elle éclate en sanglots. Bientôt ! bientôt, tout s'effacera pour elle dans la nuit du tombeau. Cependant, on espère encore la sauver. Le mal qui la mine reçoit une solution naturelle, de sorte qu'il semble superflu de recourir aux chances douteuses d'une opération chirurgicale. Le roi, dont l'amour s'accroît de tout ce qui devrait le détruire chez un autre, ouvre son âme aux illusions consolantes. Des courriers circulent par toutes les routes, porteurs de l'heureuse nouvelle. « Dieu ne nous abandonnera point, ainsi que le voudraient les méchants, » écrit à son cousin le grand échanson de Lithuanie. Bonne Sforza courbe enfin son orgueil devant la volonté de son fils, ratifiée par le consentement de la nation. Vers la fin du mois de mars, à la veille de la très sainte fête de Pâques, un moine franciscain se présente à la cour, porteur de paroles d'amour et de paix. C'est le triomphe suprême de Barbe. Sigismond accueille l'envoyé de sa mère avec un déploiement inusité de pompe. Les hauts dignitaires, les dames d'honneur, entourent le lit de parade où repose la reine. Elle-même s'efforce de répondre par un sourire à ce dernier sourire de la fortune. Le grand

maître des cérémonies introduit le moine, qui, debout au milieu
de la salle, lit à haute et intelligible voix le message suivant :

La sérénissime princesse Bonne, par la grâce de Dieu, reine de Pologne,
cédant à la volonté du ciel, devant laquelle tout doit s'incliner ici-bas,
déclare qu'après de mûres et longues réflexions, elle a résolu de reconnaître
et de respecter en Votre Majesté, sa fille bien-aimée. Ce qu'elle fait maintenant, par la bouche de son confesseur. Elle salue Votre Majesté, et
adresse ses prières au tout-puissant, pour qu'il daigne accorder à Votre
Majesté un prompt et entier rétablissement, ainsi que toutes les prospérités
d'un long et glorieux avenir.

La reine répondit à ce discours par l'organe de son maître de
cérémonies, puis elle exprima le désir de se retrouver seule. Le
même soir, sa maladie prenait une allure effrayante, une fièvre
pernicieuse secouait ses membres. De nouveaux abcès se formaient. Déjà le vide se faisait autour de ce lit ; seul le roi ne le
quittait pas d'un instant, insensible aux horribles ravages qui
livraient ce corps admirable, ce visage si suave, à l'œuvre de décomposition. Et elle, l'infortunée, se débattait contre les affres
précurseurs du trépas. Elle voulait fuir : ces appartements royaux,
où la poussait naguère l'irrésistible attrait du pouvoir, l'accab-
lent maintenant sous le poids étouffant de leurs lourdes ten-
tures. Elle désire respirer l'air pur des champs et des bois ; dernier caprice de mourante ! Sur les ordres du roi, le chef de ses
écuries fait construire un carrosse de proportions si vastes, qu'il
faut élargir la porte de la ville par laquelle il doit passer. Mais
Barbe ne s'en servira pas. Le 8 mai au matin (1551) elle eut la
vision précise de la mort. L'heure habituelle de la messe fut de-
vancée, elle reçut le viatique avec une grande ferveur ; puis, se
tournant vers le roi, elle le pria de rendre sa dépouille à la terre
natale. Ce n'est pas dans les caveaux de la cathédrale, entre les
sépultures des reines dont elle avait si ardemment désiré la place,
mais sous le sol lithuanien, qu'elle veut dormir son dernier sommeil. Déjà l'ombre obscurcissait ses yeux. Dans l'égarement des
suprêmes pensées humaines, au bord de l'abîme insondable des
destinées futures, l'idée de son amour subsiste seule. Ses bras
s'étendent au milieu des ténèbres qui voilent désormais les choses
d'ici-bas à ses yeux, ses mains refroidies étreignent encore celles
de son époux, et son dernier souffle fut l'impuissant désir d'un
dernier baiser. Quelques heures après, elle reposait belle et éternellement endormie, revêtue des insignes royaux, la couronne

sur ce front auquel la mort avait rendu son premier rayonnement, le sceptre en une main, la pomme d'or dans l'autre. Sigismond fixait sur elle son regard éperdu. Puis, le funèbre cortège se mit en marche ; puis, sous la splendeur vernale des cieux, le long des plaines, dans l'ivresse du renouveau, cette foule en deuil s'avança silencieuse. Montant un cheval noir, le roi suivait le char ; mettant pied à terre aux approches des villes, et marchant le front découvert derrière le cercueil. Le suprême voyage dura plus d'un mois. Autour de ce cadavre se démenaient les ambitions humaines. Le clan des Radziwill demandait à ce que leur parente reposât à l'ombre de la basilique de Cracovie. Sigismond cependant, quelle que fût sa condescendance, refusait de se rendre à ces objurgations. Il devait respecter les dernières volontés de la morte ; d'ailleurs, au souvenir du passé, des difficultés rencontrées sur sa route, des épreuves subies, de la malveillance et des calomnies déchaînées contre le couple royal, un ressentiment amer pénétrait son âme. La dépouille de la reine ne serait pas inhumée au milieu de ceux qui lui avaient témoigné tant d'ingratitude de son vivant, afin que soient vérifiées les paroles de l'Écriture : *O terra ingrata, non habebis ossa mea.*

L'image de Barbe ne s'effaça jamais de sa mémoire. Il la pleura toute sa vie. Avec elle disparut aussi son bonheur. Plus tard, des exigences politiques et dynastiques lui firent contracter une troisième alliance avec une princesse de la maison de Habsbourg. Le ciel lui donna un fils de cette union; mais, pour le lui enlever à cet âge encore tendre qu'avait Marcellus lorsque Virgile semait des lis sur son tombeau. Ce fut le dernier coup du sort. Dès lors, l'infortuné monarque cherche à s'étourdir dans la débauche et l'ivresse. A ses heures lucides, entouré de magiciens et d'astrologues, il évoque les morts, espérant toujours que parmi ces ombres lui sourira la figure chérie de Barbe. Il avait vu s'éteindre sa race, et sa sagacité lui faisait prévoir qu'avec lui finissait aussi l'hérédité du trône. Désormais, le système électif allait, par ses funestes abus, ouvrir le pays aux compétitions étrangères, le déchirer de discordes civiles et livrer la couronne à l'encan.

Comte A. WODZINSKI.

SIX MOIS PARMI LES PAYSANS DE CORFOU

SUPERSTITIONS LOCALES

Qui n'a entendu vanter la beauté de Corfou? Qui n'a écouté les touristes s'extasier sur sa mer azurée et son ciel sans nuages?

Les uns y vont par plaisir, les autres pour échapper, dans ce doux climat, aux rigueurs de l'hiver. Mais, parmi eux, combien en est-il qui connaissent de Corfou autre chose que l'hôtel Saint-Georges ou celui de la Bella Venezia, d'où ils ont fait par hasard quelques excursions aux alentours?

De rares chasseurs, venus de l'Épire, ont eu plus d'occasions d'étudier les habitants des campagnes; mais les loisirs leur ont généralement manqué pour pénétrer plus avant dans le pays.

Les occasions que j'ai eues de me mêler aux paysans et d'observer leurs idées et leurs sentiments me feront pardonner, j'espère, cette petite étude sur une île au sujet de laquelle on a déjà tant écrit.

Condamnée par la Faculté à vivre six mois dans le Midi, et invitée par ma sœur à passer ce temps dans son vieux château vénitien, j'entrevis à peine les habitants de Corfou, capitale.

Ce château est à une distance de seize kilomètres de la ville, avec laquelle il communique par un sentier escarpé.

Quand la mer est belle, on la côtoie; mais quand le temps orageux rend le trajet impossible, les communications sont pour ainsi dire interrompues, vu les difficultés et les longueurs de la route de terre.

Il fallait ces détails fastidieux pour montrer que, quoique vivant, pour ainsi dire, à une portée de fusil de la Grèce et de l'Italie, nous étions par le fait aussi éloignés et aussi isolés que si nous eussions habité les forêts vierges du nouveau continent.

Dans de telles conditions, les modifications du costume et

des habitudes s'accomplissent très lentement, et celui qui a le courage de s'aventurer si loin de la civilisation se trouve récompensé et au delà de la privation de quelques conforts par la délicieuse simplicité de ce pays primitif.

Mon arrivée coïncidait avec l'époque de la cueillette des olives, qui se fait de la manière suivante : deux ou trois jeunes filles montent sur l'arbre et abattent le fruit, tandis qu'un certain nombre de femmes et d'enfants agenouillés en remplissent leurs corbeilles ; le contenu en est ensuite versé dans des sacs ; on en charge un âne, qui les porte au moulin.

Le costume des garçons et des jeunes filles consiste en un vêtement de cotonnade bleue, ouvert par devant, qui dessine les formes, et laisse entrevoir une chemise blanche. Les uns et les autres portent une ceinture rouge. Les garçons sont coiffés d'un bonnet rouge, les femmes et les jeunes filles s'enveloppent la tête d'une étoffe blanche. Les teintes vertes et argentées des oliviers se marient d'une façon exquise à l'indigo des vêtements et forment un fond pittoresque qui encadre d'une façon originale le visage des jeunes filles entrevues à travers les branches.

Le goût des Corfiotes pour la musique est proverbial ; mais rien ne saurait donner une idée du charme des naïves chansons grecques entonnées en chœur par les garçons et les filles pendant le travail, ni du sentiment instinctif de la mesure, grâce auquel ils chantent avec un ensemble parfait. On peut vraiment dire de ces paysans qu'ils chantent comme l'oiseau, car pour eux le chant n'est pas un art, mais bien l'élan spontané d'un cœur exubérant ; et la discorde étant inconnue au sein du vrai bonheur, leurs chants ne peuvent être qu'harmonieux.

La vie est douce et facile à Corfou, même aux plus pauvres d'entre les paysans. L'implacable lutte pour le pain quotidien dont nous sommes témoins dans les grandes·villes est ici aussi inconnue que la misère sordide au spectacle de laquelle nous ne sommes que trop habitués. Les paysans riches possèdent beaucoup d'oliviers, et emploient leurs voisins pauvres à la cueillette de leurs olives. Ces derniers, qui n'ont qu'un petit nombre d'arbres, compensent ainsi la modicité de leur récolte en travaillant pour les propriétaires aisés. Personne ne se plaint de son sort, car leur vie à tous est simple. Le travail leur est un moyen

naturel et agréable d'occuper le temps. Nul n'est jamais mort
de faim, et celui qui s'offrirait pour travailler plus longtemps
ou plus sérieusement que ses compagnons, en vue de gagner davantage, serait traité d'avare ou de fou. *Car nous n'avons qu'une
vie, et il est naturel d'en jouir.* Mais la manière dont nos paysans
entendent jouir de la vie ne consiste ni à boire avec excès, ni à
essayer d'éclipser leurs voisins par le luxe de leurs vêtements. Le
fait seul d'exister est pour eux un bonheur. Et lorsque au bonheur
de vivre s'ajoute celui de voir sa table frugale servie assez abondamment pour nourrir sa famille, lorsque, par surcroît, la récolte des olives est abondante, le campagnard n'échangerait pas
son sort contre celui d'un prince. Car un prince, se dit-il, n'est
pas exempt de soucis ; or les soucis détruisent le charme de la
vie, qui, par la bénédiction de la Sainte Vierge, devrait être une
source perpétuelle de joie.

Pour cette même raison, nul ne songe à thésauriser ni à se
lancer dans des spéculations, si tentantes qu'elles paraissent. « A
quoi sert l'argent s'il doit créer de nouveaux soucis ? » L'argent
est agréable quand il met un paysan à même d'offrir un bijou à
sa fiancée ou de s'offrir à lui-même un mulet, voire même un cheval ; mais mieux vaut se priver de ce luxe que de s'échiner et
perdre sa gaîté pour l'obtenir, « car, dit-il naïvement, à quoi bon
l'argent sans chansons et sans joie ? »

L'ouvrier éclairé de nos grandes villes serait choqué de l'ignorance de ces pauvres gens, qui n'ont pas même le degré d'émancipation nécessaire pour organiser une grève. Je souhaite bien
sincèrement aux braves Corfiotes de rester longtemps encore
plongés dans leur ignorance et dans leur superstition.

Après avoir vécu au milieu d'eux et avoir étudié leur nature,
en apparence si légère et si superficielle, en réalité si pénétrée de
philosophie et de religion, je sens que ce que nous nous plaisons
à appeler chez eux superstition fait partie de leur nature ; et tant
que celle-ci n'aura pas été radicalement modifiée, ni les million-
naires ni les brasseurs d'affaires ne pourront accomplir leur
œuvre de destruction de tout ce qu'il y a de vraiment beau et
de poétique dans un peuple.

Pour éviter toute fausse interprétation, je tiens à constater que
mes amis de Corfou ne sont pas en réalité plus imbus de super-

stitions que les habitants de nos grandes villes, soi-disant si
éclairés. La seule différence réside dans la nature de ces superstitions.

En dépit de tous les Conseils de l'Instruction publique, des
écoles, des publications et des conférences, ne rencontrons-nous
pas tous les jours des personnes qu'inquiète la présence de treize
convives à table? Ne connaissons-nous pas nombre de gens qui
ne voudraient pour rien au monde habiter une maison portant
le numéro treize? Et d'un autre côté, plusieurs de ceux qui rient
de ces craintes ne sont-ils pas les premiers à se détourner de leur
chemin pour éviter de passer sous une échelle? Notons aussi les
superstitions, encore en vigueur parmi nous, sur le sel répandu,
sur le bris d'une glace, sur un voyage entrepris le vendredi, que
sais-je encore? D'autre part, ne voyons-nous pas souvent la même
personne qui se moque de tels préjugés, se débarrasser à la hâte
de tous ses vêtements de deuil aussitôt ce deuil terminé, comme
si le fait de garder au fond d'une armoire le moindre bout de
crêpe avait le pouvoir de hâter la mort d'un des siens?

Ces observations ne démontrent-elles pas que notre imagination et notre cœur sont plus conservateurs que notre intelligence?
Si de telles superstitions (simples coutumes dont l'idée originale
ou le motif premier sont aujourd'hui oubliés ou abandonnés) sur-
vivent encore dans notre monde actif, remuant et pratique, faut-
il s'étonner de rencontrer un genre de préjugés plus sympathique
et plus poétique dans ce pays de Corfou? Ses bois d'oliviers et
d'orangers, le costume presque classique de ses femmes, leur
démarche de déesse ne se prêtent-ils pas merveilleusement aux
réminiscences mythologiques, à cette poésie spontanée, que dans
notre sagesse nous traitons de superstition?

En dépit des remontrances et des arguments de leurs prêtres,
les façons de penser et d'agir de ces braves gens n'ont guère varié
depuis les jours où les dieux et demi-dieux habitaient leurs bois
sacrés. Il semble que tout en se croyant tenus de recourir au
ministère d'un prêtre pour la célébration d'un mariage, d'un en-
terrement ou de quelque autre cérémonie importante, ils ne puissent se résoudre à briser tous les anneaux de la chaine qui les
attache aux croyances de leurs ancêtres. Ainsi, tout en enseve-
lissant leurs morts d'après les rites de l'Église grecque, ils ont
soin de poser sur les lèvres du défunt une brique portant cette

curieuse inscription : Κριστός ἰσχεῖ (Christ est tout-puissant). Cette précaution a pour but d'empêcher le cadavre de sortir de sa tombe. Mais l'usage de la brique et l'inscription qu'elle porte sont des innovations de date récente, et, pour ainsi dire, une concession à la religion chrétienne. En effet, le prêtre du village, à peine âgé de trente ans, se souvient d'avoir vu pratiquer la coutume consistant à placer une pièce de monnaie dans la bouche du défunt, sans inscription aucune, en un mot, à lui fournir comme autrefois l'argent nécessaire au paiement du nautonier Caron, bien que, suivant toute probabilité, le motif de cette coutume fût depuis longtemps oublié.

Les attributs des diverses divinités ont subi quelques légères modifications, mais Caron existe toujours, et emporte les morts, ou plutôt tranche le fil de leur existence. En parlant d'un défunt, le paysan emploie généralement cette phrase elliptique : « τὸν ἔνοχε », c'est-à-dire « il l'a tranché », voulant dire « il a tranché le fil de sa vie ».

La croyance aux revenants est aussi répandue à Corfou que n'importe où. A quelques pas du château se trouve un moulin à presser les olives. De l'autre côté, est un café fréquenté par les pêcheurs. Ils y passent souvent la nuit à chanter ou à jouer au trictrac. En dépit de ce voisinage, bien peu d'entre les paysans ont le courage de s'aventurer près du moulin après le soleil couché. La raison de cette répugnance, c'est qu'un homme a été aperçu pressant des olives pendant la nuit. Je demandai au cuisinier de m'y accompagner un soir pour voir le revenant ; il me répondit gravement que cela serait inutile, les revenants ne se montrant qu'à une seule personne à la fois. Le chef m'expliqua en même temps les apparitions de revenants en certains endroits par l'insouciance des propriétaires dans le choix des maçons employés par eux à leurs constructions. Le moulin en question passe pour avoir été bâti par un Arménien.

Quand le maçon pose la première pierre d'un édifice, il lui suffit de penser à un objet pour que l'édifice soit à jamais hanté par cet objet. S'il pense à un cheval, un cheval apparaîtra chaque nuit et fera entendre ses hennissements. Sa pensée s'est-elle portée sur une chèvre ou sur un nègre, l'endroit sera hanté par une chèvre ou par un nègre, et ainsi de suite. Par malheur, ces croyances sont tellement enracinées chez le peuple, que je ne parvins jamais à leur arracher d'autres informations que celles obtenues du premier coup, Ainsi, par exemple, si j'eusse demandé pourquoi un homme de haute taille revenait dans un village voisin, pour quel motif particulier il reparaissait à l'état de fantôme aux lieux autrefois habités par lui, s'il n'avait pas par hasard laissé inachevée quelque tâche pour l'accomplissement de laquelle il désirait donner des instructions, j'aurais obtenu pour toute réponse un « qui sait? » accentué d'un haussement d'épaules.

Un vieillard fut atteint de folie; on appela le prêtre de l'endroit pour l'exorciser, mais les exorcismes eurent pour effet de redoubler ses accès, au cours desquels il proféra de tels blasphèmes que le pope dut renoncer à sa tâche. Le lendemain le fou supplia ses amis de faire venir un prêtre. Ceux-ci, n'osant s'adresser de nouveau à celui dont les exorcismes avaient eu la veille si peu de succès, en appelèrent un autre d'un village voisin. Cette fois le malade se comporta très bien, et répéta plusieurs des prières dites par le ministre de la religion.

Cette amélioration dans l'état du fou fut expliquée par les paysans de la façon suivante : le second pope était en meilleurs termes avec le ciel, parce qu'il observait régulièrement tous les jeûnes prescrits par l'Église, tandis que le premier en était empêché par l'état délicat de sa santé.

Une pauvre vieille du nom de Pizzana fut aperçue errant autour d'un puits. A une ou deux reprises elle s'approcha des femmes qui tiraient de l'eau, et les pria de lui rendre le service de la jeter au fond du puits. Celles-ci la chassèrent en la grondant. A quelques nuits de là, ne la voyant pas rentrer chez elle, on supposa qu'elle était restée chez un de ses parents; le lendemain, un homme vit le corps de la malheureuse au fond de l'eau; mais, pressé par ses occupations, il ne s'arrêta pas pour l'en retirer, en sorte que les habitants du voisinage continuèrent à boire l'eau du puits. Le cadavre ne fut retiré que le lendemain par l'homme qui l'avait aperçu la veille. Tous ceux qui avaient bu de cette eau tombèrent malades sous l'influence de l'imagination, et, fait curieux, les hommes le furent plus gravement que les femmes. Pizzana s'étant suicidée, ne pouvait être enterrée dans le cimetière, et plusieurs jours s'écoulèrent dans l'accomplissement des formalités exigées avant la levée du corps. Pendant ce temps le cadavre fut laissé sous les oliviers où il avait été d'abord déposé.

Les paysans croient fermement que les suicidés ont l'habitude d'errer en cherchant à nuire aux vivants. En conséquence, aucun d'eux n'osait quitter sa demeure après la nuit tombée. Et même pendant le jour, nul ne s'aventurait dehors qu'après avoir rempli sa poche de ρίγανη; car les propriétés magiques de cette plante sont souveraines pour conjurer les sorts et les maléfices.

La croyance en l'efficacité de cette herbe n'est pas restreinte aux paysans seuls. Mon beau-frère m'a affirmé que dans son enfance sa mère n'omettait jamais de lui garnir les poches de ρίγανη le jour de la fête de Saint-Jean, car ce jour est favorable aux pérégrinations des esprits.

Et malgré cette précaution, il lui était interdit, à cette fête, de ramasser à terre n'importe quel objet, par suite de la croyance que les esprits malins ont l'habitude de déposer des fleurs ou des jouets sur le chemin des enfants et même des adultes. Pour qui aurait l'imprudence de ramasser un de ces objets, la mort doit s'ensuivre, ou, s'il est amoureux, la perte de sa maîtresse.

Les personnes douées de quelque instruction croient que ces apparitions d'esprits ont lieu seulement à certaines époques déterminées, mais les paysans leur laissent une plus grande latitude.

Une femme de notre village quitta son mari pour suivre son amant. Le mari la reprit de force, mais elle avoua sa préférence pour l'autre et ne tarda pas à le rejoindre. Sa conduite inspira plus de compassion que de blâme, car il était évident, disait-on, qu'elle avait été ensorcelée.

Il est réputé très dangereux de ramasser des brins d'herbe formant un nœud. Ils ont quelquefois l'apparence d'une tresse destinée à attacher un cheval à un arbre; mais en réalité ce sont des sortilèges faits par des jeunes filles voulant tirer vengeance d'un amant volage. L'effet de ces sortilèges est de le brouiller avec sa bien-aimée. On dit en pareil cas qu'il est lié par un charme.

Mais le don de sorcellerie est surtout attribué aux ἀνερχίδες

(mot dérivé de l'ancien νηρνις) ou nymphes des eaux. J'ai entendu
raconter sur leur compte d'étranges histoires. A notre mort,
paraît-il, nous serons tous changés en nymphes. La femme de
qui je tiens l'assurance de cette métamorphose n'était pas absolument sûre qu'un sort pareil me fut réservé, car cette règle,
pensait-elle, n'est applicable qu'aux paysans ; mais sur l'affirmation de son voisin que la règle ne souffre pas d'exceptions, elle
essaya de me faire agréer ses excuses, et s'il eût dépendu d'elle,
elle m'aurait certainement épargné l'avenir réservé au commun.
J'appris aussi que quelques-uns d'entre les mortels sont, même
de leur vivant, voués à l'état de néréides. Les ανεραιδες sont portées par le vent chaque fois que souffle une tempête ou un ouragan. Elles ont une apparence humaine, mais il est donné à peu
de vivants de les apercevoir, et il faut bien se garder de dire
qu'on les a vues. Une vieille femme s'étant trouvé dans ce cas, et
l'ayant rapporté à ses voisins, fut tuée par les nymphes dans le
courant de la semaine. Leur cortège est toujours fermé par une
bossue ; à celle-ci est dévolu le rôle de frapper et de blesser ceux
qui se trouvent sur son passage. Malfaisantes aux étrangers, les
néréides sont bienveillantes et bonnes à ceux de leur famille.

A l'occasion d'un mariage, les invités allèrent, suivant la coutume locale, chercher la mariée à la maison paternelle. Ignorant
que les nymphes venaient de préparer leur repas au bord du chemin, une des invitées posa son pied sur la nappe du festin, et fut
condamnée, en expiation de ce méfait, à boiter pour le reste de ses
jours.

Les ανεραιδες visitent quelquefois, nuitamment, nos aires, dont
elles s'amusent à éparpiller et à gaspiller le blé. Une de mes
voisines ayant étendu du chanvre devant sa maison, s'aperçut à
son réveil, le lendemain, qu'il avait été emporté par elles.

Les mariées sont coiffées habituellement d'un voile rouge.
Un jour nous en remarquâmes une revêtue du voile blanc ordinaire, et nous demandâmes la raison de cette anomalie. On nous
apprit qu'elle était motivée par la prudence, afin de ne pas éveiller
l'attention des nymphes, parce que cette mariée avait un assez
long chemin à parcourir pour atteindre le lieu de la cérémonie.
Et l'on me cita le cas d'une fiancée enlevée par elles pour avoir
négligé cette précaution.

Quoique le jour de la Saint-Jean soit signalé par tant de mésaventures, la veille de cette fête n'en est pas moins d'une importance capitale pour les jeunes filles.

Il leur suffit de s'enfermer dans leur chambre sans lumière (notez qu'il leur faut une bonne dose de courage pour s'y décider), et de se déshabiller devant leur miroir, pour y apercevoir l'image de leurs futurs maris.

La nommée Hélène Makedon vit ainsi passer dans sa glace (horrible apparition!) d'abord une procession de démons, puis un cercueil, et enfin le jeune homme qu'elle a épousé peu après.

Les jeunes filles (quelquefois aussi les garçons) se tressent des couronnes de fleurs et de plantes aromatiques et, se les posant sur la tête, allument cinq ou six feux de joie, empilés aussi haut que possible. Ceci fait, on saute par-dessus les feux, dans un sens d'abord, puis dans l'autre, en ayant soin de ne pas laisser tomber les couronnes. En sautant on chante de méchants vers, dont voici à peu près le sens.

> Saint Jean des feux,
> Qui possèdes la grâce du Ciel,
> Montre-moi, révèle-moi
> Le mari que j'épouserai.

Si le chanteur est un garçon, il doit dire « le mari qu'elle épousera ». Les jeunes filles doivent en outre prendre trois brins de chanvre, trois d'ortie et trois de ρίγανη et les placer sous leur oreiller, afin que leur futur mari leur apparaisse en songe.

Un autre moyen, très sûr et très en faveur, de découvrir le mari qui lui est destiné, consiste pour une jeune fille à prendre deux feuilles de vigne, l'une munie, l'autre dépourvue de sa tige; chaque feuille est censée représenter un adorateur. Si une fille a plus de deux cordes à son arc, elle prend un plus grand nombre de feuilles, ayant soin d'y mettre des signes distinctifs. Quelques-unes, m'assura-t-on, prennent jusqu'à cinq ou six feuilles. On les place sous l'oreiller de l'intéressée. Le lendemain matin les feuilles flétries représentent les soupirants évincés, et celle demeurée verte, l'homme dont elle fera son mari.

La lampe de nuit fournit une autre manière de découvrir cet important événement. A Corfou, ces lampes sont faites d'un verre contenant de l'eau et de l'huile, dans laquelle flotte une petite mèche. La jeune fille prend la veilleuse dans sa main, et pendant qu'elle récite les vers à saint Jean mentionnés plus haut, verse l'eau et l'huile, puis écoute attentivement. Le premier nom dont son oreille est frappée est sûrement celui que porte son futur époux. Aréthuse procéda ainsi ; aussitôt après, sa tante appela un garçon nommé Niko ; il en est résulté qu'elle a épousé un homme répondant à ce nom.

On avait coutume autrefois de déposer des vivres et du vin sur le pas des portes le dernier jour du carnaval. Le maître d'école, à qui je demandai si cette coutume existait encore, m'informa que cela se pratiquait jadis le jour de la Toussaint ; mais, ajouta-t-il, en me montrant les ménétriers, ces garnements viennent dévorer les vivres et boire le vin, et vont parfois jusqu'à emporter les assiettes et les brocs.

Bien que saint Nicolas appartienne de droit à la religion chrétienne, ici encore nous rencontrons une étrange combinaison d'éléments mythologiques, car ses attributs diffèrent peu de ceux de notre vieil ami Neptune.

Le patron de Corfou est saint Spiridion, c'est pourquoi le nom de Spiridion ou Spiro est si répandu dans l'île. La ville possède une fort belle église dédiée au saint, et beaucoup de dames riches lui lèguent leurs bijoux. Au jour de sa fête, on ouvre le cercueil contenant la dépouille, magnifiquement ornée de joyaux. On y trouve fréquemment des algues fraîches, preuve évidente de sa sollicitude à sauver les marins en danger.

Les paysans corfiotes sont si honnêtes qu'on pourrait sans danger dormir portes et fenêtres ouvertes. On cite pourtant un ou deux cas de larcins, d'une poule ou d'une marmite, par exemple. En pareille circonstance, le volé priait le pope de dénoncer le vol en chaire le dimanche suivant et d'excommunier le voleur. Le résultat ne se faisait guère attendre ; on retrouvait au domicile du volé la poule ou l'ustensile manquant et il n'en était plus question.

Quoique généralement incapables de voler, les paysans de Corfou ne montrent ni orgueil ni timidité à faire connaître leurs besoins, s'ils espèrent obtenir la satisfaction de leur désir en en faisant la confidence.

Deux vieilles matrones avaient souvent appelé sur ma tête la bénédiction de la Vierge ; elles durent être passablement désap-

pointées en me voyant rester insensible à certaines de leurs remarques sur l'usure de leurs *boglias*. Le boglia, longue pièce de
mousseline pour rouler autour de la tète, est dans ce pays un
présent habituel. Un jour, ma sœur leur envoya par mon entremise un remède, ce qui me valut leurs vifs remercîments. L'une
d'elles dit alors : « Que notre dame est heureuse d'avoir les
moyens d'obtenir la grâce du Ciel par des actes de charité. »
L'autre demanda naïvement si elles seraient exclues du Paradis
faute de moyens d'accomplir des œuvres charitables, puisque
Dieu lui-même leur avait rendu la charité impossible en leur
refusant le superflu.

Petit à petit, et avec beaucoup de grâce, elles insinuèrent
qu'elles me considéraient bien heureuse d'avoir le moyen de
gagner une place au Paradis. Je répliquai que ma sœur ayant
accompli plus que sa part de bonnes œuvres ici-bas, userait certainement de son influence pour obtenir mon admission parmi
les élus ; mais elles exprimèrent quelques doutes à cet égard,
et me contèrent ceci :

Il était une vieille qui n'avait jamais fait œuvre de charité. Sa bru, par
contre, donnait abondamment aux pauvres. La vieille, en mourant, se trouva
convertie en cheval, et allait la nuit manger le blé de son fils. « Je me mettrai
en observation, dit celui-ci, pour découvrir celui qui mange mon blé. » Il se
posta une première nuit, mais ne vit personne. La nuit suivante, pas davantage. La troisième, il aperçut un cheval dévorant son blé, et comme il se
préparait à lui tirer un coup de fusil, il entendit une voix s'écrier : « Ne me
tue pas, ô mon fils, car c'est moi, ta mère. Va plutôt prier ta femme, qui
dispose de six lits au Ciel, de m'en donner un. »

Le fils rapporta ces paroles à sa femme, lui demandant d'avoir pitié de
sa mère, mais reçut cette réponse : « Je refuse de lui céder un de mes lits,
car il ne tenait qu'à elle de s'en préparer un de ses propres mains. Qu'elle
aille le demander au Ciel, mais elle ne l'obtiendra pas. »

J'aimerais à raconter encore plus d'une de ces naïves histoires, mais je crains d'avoir abusé de la patience du lecteur.
Peut-être me sera-t-il permis plus tard de consacrer un article
aux contes et chansons populaires de cette île charmante.

Hélène LASCARIS.

CHRISTOPHE COLOMB

DEVANT L'ÉRUDITION CONTEMPORAINE

Il n'y a pas de personnage dont l'histoire ait été plus débattue, dont le caractère ait donné lieu à des jugements plus contradictoires que Colomb. Le lieu de sa naissance, celui de sa mort et de sa sépulture, la question de savoir s'il fut ou non l'époux de Béatrice Araña, l'appui qu'il reçut, les biens qu'il laissa, ses mérites et ses vertus, ses torts et ses défauts, les mérites et les torts de ses compagnons, même son droit de priorité dans la découverte de l'Amérique, tout ce qui le concerne a été, depuis un demi-siècle, l'objet de vives controverses. Deux camps se sont formés, pour et contre Colomb. Longtemps on n'y a eu, pour armes, que des opinions préconçues, des passions religieuses, des sentiments de chauvinisme. De nos jours seulement, des documents nouveaux ont été mis au jour, la lutte a pris le caractère d'une discussion sérieuse, et, comme le dit M. Fernandez Duro, la nébuleuse de Christophe Colomb a commencé d'entrer dans la période de condensation.

Il faut donc laisser de côté tout ce qui est antérieur à la publication de ces documents, publication à laquelle viennent de s'ajouter, ainsi que nous en avons informé ailleurs les lecteurs de cette Revue, trois gros volumes manuscrits laissés par Las Casas, évêque de Chiapa, dans le couvent de San Gregorio de Valladolid où il est mort, et passés, depuis, dans les mains de M. Arcos. Des ouvrages comme ceux de Mᵐᵉ Brown, l'Américaine, laquelle, dans sa haine contre le christianisme, voit en Colomb, propagateur de l'Évangile sur un autre continent, le fléau de l'humanité, ou, comme celui du comte de Lorgues, qui, dans sa ferveur de catholique, en fait un saint et un apôtre, n'ont pas aujourd'hui beaucoup d'importance. Il n'est pas, non plus, intéressant de savoir si les Islandais ou les Normands avaient, avant lui, abordé au nord de l'Amérique, puisque dans tous les cas leur découverte, incomprise et sans effets, était restée non avenue ; ce qui est intéressant, c'est de pouvoir construire, avec les pierres fournies par nos bons ouvriers modernes, la véritable histoire de Christophe Colomb.

M. Cesareo Fernandez Duro n'aura pas été le moins habile ni le moins heureux de ces ouvriers. Ses belles études sur les frères Pinzon ont beaucoup contribué à mettre à son vrai plan le grand navigateur génois. Peut-être, comme tout historien, n'a-t-il pu, en se passionnant pour ses héros, se défendre d'un peu de colère contre celui dont la gloire a trop longtemps effacé la leur. Peut-être, en relevant les défauts de caractère de Colomb, s'est-il trop souvenu qu'il était l'avocat de Martin Alonso et de Yanez Pinzon. Ses travaux [n'en sont pas moins une reconstitution du passé, et nous sentons en le lisant — car ces choses-là se sentent, comme se sent la ressemblance dans le portrait d'un inconnu — que nous entrons, avec lui, dans la réalité des faits.

Parmi ces faits, le plus marquant c'est que la découverte de l'Amérique n'a pas été le fruit de l'esprit d'aventures, pas même celui du génie d'un seul homme ; moins encore, d'une inspiration particulière, mais de l'état de la science cosmographique au xvᵉ siècle, ce que l'on appelle aujourd'hui une conquête scientifique. Christophe Colomb croyait à la sphéricité de la terre, base de son entreprise ; mais il n'était pas le seul à y croire ; c'était une opinion parfaitement établie chez les savants de son temps, et ce sont les savants qui l'ont le plus efficacement secondé. C'est du fond des couvents, leur refuge, qu'ils l'ont patronné dans le monde, à la cour et, finalement, fait triompher.

M. le marquis d'Hoyos, président de la section des sciences historiques à l'*Ateneo* de Madrid, nous a, d'accord avec M. Duro, et surtout avec les documents de fraîche date, montré dans une brillante conférence, l'*étranger au manteau rapé*, fuyant avec son fils Diego, âgé de huit ans, le Portugal où l'on avait indignement abusé de son secret, et où il pouvait craindre pour sa vie, abordant, en 1484, dans le petit port de Palos, sur la côte d'Andalousie. Il était si pauvre, si dénué, qu'il dut aller frapper à la porte du couvent de Santa-Maria de la Rábida, situé aux portes de la petite ville. Là, il demanda du pain et de l'eau pour son enfant. Les bons saints Pères, touchés de son état, le firent entrer chez eux, l'interrogèrent, le secoururent. Le verre d'eau de la charité tient, dans cette épopée, la signification d'un signe divin.

Dans le couvent de la Rábida, il y avait deux hommes faits pour comprendre Christophe Colomb : le Frère Juan Perez, prieur, jadis confesseur de la reine Isabelle, et le Frère Antonio Marchena, savant versé dans l'étude de l'astronomie et de la géographie. Au bout de quelques jours d'hospitalité, le voyageur s'ouvrit à eux. Ce sont les plus chauds, les plus constants amis qu'il ait eus jamais. C'est du fond de leur asile qu'ils lui ont constamment tendu une main secourable. Le prieur commença par lui donner des lettres d'introduction auprès du duc de Medina-Sidonia. Ce grand seigneur, véritable souverain en Andalousie, pouvait équiper des flottes ; mais il ne parut pas s'intéresser beaucoup au projet de Colomb. Alors, le prieur se tourna vers le duc de Medina-Celi, qui, lui aussi, possédait des ports de mer et eût pu faire les frais d'un armement au long cours. L'accueil que reçut le recommandé du Frère Perez fut grand et généreux ; toutefois, le duc ne voulut lui fournir ni hommes ni vaisseaux. Deux ans plus tard, il l'envoyait au cardinal Mendoza — qu'on appelait le troisième roi de l'Espagne, tant il était écouté à la cour — avec une lettre conçue à peu près en ces termes :

« Voilà deux ans que j'ai Christophe Colomb dans ma maison, et je m'en félicite parce qu'il pourra rendre de grands services à nos rois. Il voulait aller en France ; je l'en ai détourné, et j'ai même eu, un moment, l'intention de lui fournir moi-même les vaisseaux nécessaires pour son expédition maritime ; mais j'ai réfléchi que cela regardait la couronne, et j'en ai écrit à la Reine, qui m'a répondu de le lui envoyer. »

Le duc recommandait en même temps le protégé du Frère Perez, devenu le sien, à Alonso de Quintadilla, contador mayor du royaume, ce que nous appelons aujourd'hui ministre des finances, personnage que la dépense à faire devait concerner particulièrement, et qui, chose étonnante de la part d'un homme qui tient les cordons de la bourse, — bourse, hélas ! bien souvent vide à cette époque, — donna de suite dans le projet.

Il est très amusant de voir se former à la cour, dans la camarilla de Ferdinand et dans celle d'Isabelle, deux partis pour et contre Colomb. Décidément, le grand homme aura, dès le premier jour de sa vie publique, été une pomme de discorde. D'un côté, il y avait le cardinal Mendoza, le contador Quintadilla, la marquise de Moya, camerera mayor de la reine, doña Juana Velasquez de la Torre, gouvernante de l'infant don Juan, Gaspar Gricio, gouverneur du prince, Frère Diego de Deza, archevêque de Séville, et quelques savants ; de l'autre, le roi Ferdinand et son entourage politique, ennemis des aventures et des dépenses, préoccupés surtout des agrandissements du royaume d'Aragon dans la Méditerranée, esprits portés à la méfiance et fermés aux beaux rêves. Un homme plus influent que tous les autres s'était, du premier jour, prononcé contre Colomb ; c'était le Frère Juan de Talavera, confesseur actuel de Leurs Altesses. Talavera ne rêvait qu'une chose : l'expulsion des Maures de Grenade, et ne voulait pas qu'un seul maravédis fût détourné de cet objet. Il fit si bien que la commission nommée pour examiner le projet du Génois, le rejeta comme absurde et chimérique.

Mais la science est la science, c'est-à-dire une chose positive dont aucune prévention ne vient à bout; et les savants, nous l'avons dit, partageaient l'opinion de Colomb. Marchena obtint qu'une seconde commission fût formée à Salamanque, et là, dans sa capitale, cette science, toujours maîtresse du monde, prononça son arrêt souverain : la terre était ronde; donc il n'y avait qu'à marcher devant soi à l'Occident pour toucher aux Indes : Christophe Colomb avait raison.

L'histoire de ces débats, de ces vicissitudes, est admirablement présentée par M. Fernandez Duro, par le marquis d'Hoyos, par M. Canovas del Castillo et plusieurs autres. Christophe Colomb n'en savait pas davantage que les cosmographes de son temps : seulement, il avait plus de volonté d'exécution, parce qu'il était un plus grand rêveur. Il avait imaginé d'obtenir de l'or et des pierres précieuses à vil prix dans les Indes Orientales, où il croyait aller, et de faire servir ces richesses à l'acquisition des Lieux Saints. N'est-ce pas là un rêve charmant, si l'on se reporte aux temps et aux lieux? Il était dévot avec grandeur; or, cette sorte de dévotion enfante tous les courages, toutes les magnanimités, et il l'a montré, toutes les fois qu'il lui a fallu essuyer des dédains, braver des périls du côté des éléments ou des hommes, porter des fers, souffrir de n'importe quelle manière; mais, en dehors de cette puissance d'action, rien, dans les travaux des érudits modernes, n'est fait pour relever à nos yeux son caractère. Après tout, un grand homme, autrement dit un homme doué d'une personnalité dominante et absorbante de la personnalité des autres, n'est-il pas toujours un grand égoïste, et presque toujours un grand ingrat?

Ingrat, M. Cesareo Fernandez Duro nous prouve que Christophe Colomb l'a été, d'une façon presque monstrueuse, envers cet Alonso Pinzon auquel, après les Frères de la Rabida, il a dû sa fortune. Les frères Pinzon étaient, comme l'on sait, les principaux armateurs de Palos. Les habitants du port de Palos portaient, depuis longtemps déjà, en punition de quelque faute, le poids d'une servitude maritime : ils étaient obligés de fournir pour le service de la couronne plusieurs caravelles avec leurs équipages, et d'aller partout où il plaisait à la reine de les envoyer. Pour s'assurer de leur obéissance, on avait construit au-dessus du village un château fort armé de canons incessamment braqués sur eux. Isabelle autorisa Colomb à lever ces pauvres gens pour son voyage. Il se présenta donc dans le petit port avec son nouveau titre d'amiral des Indes, et le parchemin portant l'ordre royal. Mais, malgré la terreur qu'inspiraient les canons, jamais il n'eût pu décider les pauvres pêcheurs à tenter pareille aventure, sans le secours et l'aide des deux frères Pinzon. « Nous voudrions savoir, dit, à ce propos, M. Canovas del Castillo, comment les habitants recevraient aujourd'hui un homme

qui viendrait, au titre d'un prétendu droit régalien, pour les contraindre à se lancer dans des périls inconnus? » A ce moment, rien
ne pouvait être plus effrayant pour eux que ces périls. Mettons-nous
à leur place. Dans leur imagination, l'Atlantique était plein
d'effroyables mystères. Ils croyaient qu'au[delà d'une certaine distance de la côte, la lumière du soleil s'éteignait et qu'il n'y avait plus
que ténèbres. Leur proposer de franchir cette distance, c'était leur
proposer la mort sans phrases, une mort terrifiante, une chute dans
l'abîme, un abordage dans l'empire du démon, et ils allaient faire un
mauvais parti au Génois (les Génois étaient odieux au peuple comme
les Juifs) quand Pinzon intervint. Cet homme, très aimé à Palos,
riche, influent, instruit, comprit le plan du grand navigateur; il fit,
seul, ce que l'amiral, le gouverneur et la reine ensemble n'eussent
probablement pu faire : déterminer des ignorants à affronter l'inconnu.

Or, on sait assez comment, plus tard, Christophe Colomb eut un
procès avec Pinzon et l'accabla d'accusations que M. Duro prouve
avoir été fausses, et méconnut ses services.

Ce qu'on sait moins, c'est le rôle que joua dans sa vie une femme
qu'a oubliée l'histoire, et qu'il oublia presque lui-même. Cette
femme est Béatrice Enriquez de Araña. Colomb était veuf lorsqu'il
arriva du Portugal. Attirée irrésistiblement par l'homme qui portait
dans ses yeux et sur un front déjà ombragé de cheveux gris ce feu
intérieur que devine la femme, vouée de tous temps au culte des
héros, Béatrice, qui n'était rien moins qu'une *rica-hembra* de Castille,
et de plus aimable, belle, mit à ses pieds tous les dévouements. On a
dit et répété que la reine Isabelle avait engagé ses joyaux pour payer
les frais de l'expédition nautique de Colomb; elle les engagea, en
effet, dans un besoin pressant du Trésor, mais il n'est pas bien sûr que
ce fût pour cet objet; ce qui est plus certain, c'est que Béatrice, non
seulement vendit les siens, mais sacrifia toute sa fortune pour servir
les projets de son amant. Colomb, à qui la reine envoyait quelques
florins « pour qu'il pût s'acheter un manteau », se trouva tout à coup,
et de son propre aveu, disposer de sommes importantes. L'admirable
abnégation de Béatrice est justement ce qui rend compte de son obscurité dans l'histoire. Lorsque Christophe Colomb, revenu plein de
gloire, s'asseyait, par ordre des rois catholiques, sur les marches du
trône, cette femme, qui avait été sa consolatrice et son auxiliaire au
temps de ses épreuves, n'eût plus été pour lui qu'un embarras : il la
négligea jusqu'à sa mort. M. Cesareo Fernandez Duro déclare pourtant qu'il l'épousa avec l'approbation de la reine. Peut-être le fit-il
pour plaire à Isabelle, qui mettait l'obéissance à la loi religieuse
au-dessus de toutes choses; peut-être voulut-il donner par là une
espèce de demi-légitimation au fils qu'il avait eu d'elle? Toutefois,

Béatrice n'eut ni ne demande aucune part dans ses honneurs. Tout au plus reçut-elle la petite pension de dix mille maravédis, que l'on donnait aux femmes des simples marins faisant des campagnes lointaines. Le grand vice-roi des Indes l'avait réclamée pour elle, et, avec cette humble ressource, elle s'enferma, pour ne plus reparaître, dans sa maison de Cordoue.

L'orgueil de son fils a conspiré avec l'ingratitude de son époux pour jeter dans l'ombre la noble créature. On sait que la première biographie de Christophe Colomb, celle qui a servi de moule et de matrice à toutes les autres, a été écrite par son fils. Mais Fernando Colomb rougissait de sa naissance illégitime et n'avait garde de parler de sa mère. Ce n'est que plus tard, lorsqu'on a découvert le testament du grand navigateur, qu'on a commencé à connaître l'obscure héroïne de son épopée. Pris de remords à sa dernière heure, il la recommanda à ses héritiers et rendit un hommage indirect et voilé au dévouement de la rica-hembra qui s'était ruinée pour lui ; on y trouve ces paroles qui contiennent un aveu déguisé : « En plus de leur appui moral et de leur autorité, Leurs Altesses n'ont consacré qu'un *cuento* et demi de maravédis à favoriser mon entreprise ; c'est moi qui ai dû faire les frais du reste. » Moi, c'est-à-dire (car Colomb n'avait rien) Béatrice Enriquez Araña !

Si l'histoire était juste, la figure de cette femme, sans qui les caravelles de Palos ne fussent peut-être jamais parties et le Nouveau Monde n'eût pas été découvert, du moins à ce moment, apparaîtrait toujours à côté de celle du grand navigateur.

Christophe Colomb (on le sait aujourd'hui que Mme la duchesse d'Albe a généreusement livré au public une partie de ses archives) n'a pas été plus reconnaissant envers Juanoto Berardi, le grand banquier florentin, qui lui avait rendu les plus signalés services ; ni envers Diego Mendez qui, « phénix d'abnégation, chien de fidélité, lion de courage », lui avait sauvé la vie ; ni envers Martin Alonso Pinzon, dont les paroles terribles retentissent encore aux oreilles de la postérité : « J'ai mérité mon sort pour vous avoir mis en l'état de fortune et de gloire où vous êtes ! »

La source de la légende qui s'est formée sur Christophe Colomb est dans la biographie originale dont nous venons de parler. Comment espérer qu'un fils se mette au point de vue exact quand il s'agit de son père, et d'un père fondateur de la famille, auteur de sa fortune et de son illustration ? Le fils de la douce Béatrice Araña n'était pas un homme d'action comme son père ; c'était un reclus, un penseur, un ami des plaisirs paisibles et de l'érudition. Retiré dans son jardin près de Séville ou enfermé dans sa riche bibliothèque, il s'occupait d'acclimater les plantes exotiques introduites en Europe par les navigateurs ou jouissait en dilettante des trésors de littérature antique nouvellement découverts. S'étant décidé sur le tard à écrire une vie de son père, il le fit, comme le dit M. Duro, dans le style de Salluste et de Cornelius Nepos. Cette biographie sent la rhétorique de collège et contient, de plus, d'importantes lacunes. C'est Christophe, dans son testament, qui s'est déclaré le fils d'un simple tisserand de la province de Gênes; c'est lui qui a fait mention de Béatrice. Fernando. lui, rougissait peut-être de son origine, et il l'a passée sous silence. Il a « inventé », dit M. Duro, cette histoire des joyaux d'Isabelle qui a cours encore ; il n'a point dit qui fit, en réalité, le sacrifice des siens. L'amour pour son père d'une part, la passion littéraire de l'autre, ont concouru, sous la plume de Fernando Colomb, à créer de toutes pièces une figure héroïque plus grande que nature, c'est-à-dire exempte des défauts de l'humanité. Pour en accepter sans ré-serves la parfaite ressemblance, il faudrait n'avoir lu ni les procès de Christophe Colomb, récemment publiés en un volume in-quarto de 500 pages, dans la *Coleccion de documentos ineditos;* ni celui de Pinzon ; ni les rapports de Bobadilla, envoyé pour le relever de son gouver-nement de Saint-Domingue, rapports sur lesquels M. Vidart vient de donner une si bonne étude; ni les plaintes éloquentes de l'évêque de Chiapa ; ni tant d'autres témoignages qui ramènent Colomb à des proportions tout humaines. Après cela, il apparaît à la postérité mieux informée, non plus comme un héros légendaire, mais comme un hardi marin, un savant cosmographe, surtout un sincère, patient et sublime dévot. Ce dernier caractère est, nous l'avons dit, générale-ment indomptable, mais, souvent aussi, dur, égoïste, cruel même. Christophe Colomb eût dû être Breton plutôt que Génois, ou, tout au moins, naître Espagnol. Il l'est devenu par l'adoption et par la frater-nité d'armes avec ses compagnons, guère moins héroïques que lui-même. L'Espagne, reconnaissante avec le monde entier de la part prééminente qu'il lui a donnée dans l'immense service rendu à la civilisation, a raison de le revendiquer pour sien. Mais entre les justes apothéoses qu'elle lui décerne et l'intention, manifestée par une fraction du parti catholique, de poursuivre en cour de Rome la cause de sa béatification, il y a heureusement très loin. Les paroles der-nièrement prononcées par Léon XIII sur Colomb ont pu¦sembler, jusqu'à un certain point, encourager ceux qui, ne le connaissant que par la tradition et l'ouvrage du comte Roselly de Lorgues, voient en lui un saint et un martyr. Pour donner à ces paroles le sens qu'on leur prête, il faudrait ne plus distinguer entre la glorification d'un homme, grand dans l'ordre de l'histoire, et celle d'un homme, grand dans l'ordre de la vertu.

L.

LES FÊTES A GÊNES.

AVANT LA DÉMONSTRATION NAVALE

A Gênes la Superbe, salut et honneur !

Il va se passer dans ses eaux, dans son port merveilleux, à l'occasion des fêtes colombiennes, un de ces grands événements dont l'histoire tient compte, et qui servent souvent de point de départ à des faits considérables, politiques et humanitaires.

Les flottes de tous les peuples civilisés accourent, se réunissent dans un même sentiment, aux rivages qui ont vu dans les temps passés partir les galères de Saint-Georges, décidées à vaincre ou à périr, et qui les ont vues revenir d'Alméria, de Tunis, de la Syrie et de l'Euxin, couronnées de lauriers.

Que veulent toutes ces flottes ? Que signifient tous ces drapeaux déployés au vent sur des vaisseaux chefs-d'œuvre du génie humain ?

Quelle signification faut-il donner à cette réunion unique ? Qu'apportent-ils dans leurs flancs, ces terribles cuirassés ? Est-ce la guerre, le sang, le feu, le massacre ? Non. Est-ce une coalition formidable contre un ennemi commun ? Pas davantage. Ils viennent tous dans une pensée de paix, d'amitié : ils viennent rendre hommage au hardi capitaine de 1492, à l'homme marqué par le destin, qui a d'un coup doublé l'activité humaine en découvrant le Nouveau Monde.

C'est donc bien l'hommage le plus pur, le plus noble, le plus élevé. Et ce sont des marins, des marins de tous les pays qui viennent se ranger les uns auprès des autres, qui viennent se serrer la main et, au-dessus des passions humaines, proclamer avant tout la solidarité humaine.

Et le roi et la reine d'Italie vont présider ces fêtes, accueillir tous ces marins et, au milieu du brouhaha des canons qui tonnent, des hourrahs qui éclatent, prononcer des paroles de paix, d'apaisement, sûrs d'interpréter le sentiment du pays tout entier.

Mais en attendant ces moments solennels, nous allons à terre, et ce qui nous frappe tout d'abord, ce sont les murs de Gênes couverts par une grande quantité de proclamations.

C'est le syndic, le maire de Gênes qui parle à ses administrés. La proclamation est très belle, très bien inspirée et toutes ses paroles trouvent un écho retentissant dans l'âme de la foule.

. . . .

Gênes, dit-il, va être spectatrice et prendre part à cette mémorable démonstration, gage de civilisation et de paix. Gênes saura porter la parole au nom du peuple italien et cette parole sera une bienvenue sincère et fraternelle. Elle saura accueillir ses hôtes avec une franche et cordiale amitié, l'amitié des peuples forts et des peuples travailleurs.

Génois,

Les devoirs qui nous incombent en cette occasion, nous devons les accomplir, les sentiments dont notre cœur est plein nous aurons à tâche de les montrer aux amis qui sont venus de tous les points du monde saluer notre Roi et honorer la mémoire du grand navigateur génois. Il faut qu'ils puissent dire d'une seule voix, en vous quittant, que l'Italie et Gênes ne sont pas, indignes de leur glorieux passé, de leur espérance et de leur foi dans l'avenir ni surtout de la mission civilisatrice et toute de progrès que Dieu leur a confiée.

Le syndic de Gênes,
A. PODESTÁ.

Ces paroles ont le mérite rare d'exprimer absolument le sentiment général.

Il suffit d'aller à terre, d'entrer dans un cercle, dans un théâtre, dans un café, d'écouter les hommes du port, ouvriers ou marins, pour comprendre que le maire de Gênes a écrit là des paroles qui répondent à ce qu'éprouve la population immense qui se presse dans les rues de Gênes, venue de tous les coins de l'Italie.

On ne sait peut-être pas pourquoi, on ne se l'explique guère, mais on est convaincu de tous les côtés qu'on se trouve en présence d'un fait capital, d'où sortira une détente générale, peut-être une ère de paix, de tranquillité, de travail ininterrompu, ère pendant laquelle toutes les forces humaines pourront être consacrées à la solution des grands problèmes sociaux qui troublent, menacent les peuples, et secouent les assises de la société actuelle. Pourquoi cette croyance générale? D'où vient-elle? Comment expliquer la foi des foules, qui souvent est de la prescience?

Cette visite, que toutes les nations maritimes font à Gênes, pourrait n'être qu'un acte de courtoisie. Mais jamais on ne le fera accroire, à Gênes, à qui que ce soit.

Émettre seulement une pareille idée, c'est risquer d'être pris pour un trouble-fête, c'est vouloir se faire regarder de travers.

Le roi Humbert est pour la paix, le peuple italien est pour la paix, et, Christophe Colomb aidant, l'escadre française sera demain dans le port de Gênes : la paix est assurée!

Voilà l'idée fixe, la conviction générale, la note dominante; on n'en démordra pas.

La logique pourrait bien y trouver quelque chose à redire, mais ce n'est certainement pas moi qui me chargerai de combattre ces conclusions si étonnamment optimistes.

Je constate, spectateur impartial, et je passe outre.

Du reste, à quoi bon le cacher? Ce qui occupe tout le monde, ce qui préoccupe tous les cercles, tous les salons, les sphères les plus élevées comme la foule, c'est la présence de l'escadre française qu'on est heureux de voir venir parmi nous. C'est une amie longtemps attendue, et à laquelle on va tendre les deux mains, de tout cœur.

On se souvient. Une date inoubliable s'impose.

Les vainqueurs de Solferino descendirent en ce port, d'une flotte française. N'insistons pas. L'accueil sera chaud, et si l'étiquette, les égards aux autres nations, les susceptibilités possibles demandent un tact, une finesse, une délicatesse de main très grande, Gênes, toutefois, saura trouver la note juste pour témoigner ses sentiments. Il n'y a pas à en douter.

La ville est toute pavoisée, ce qui me la gâte bien un peu. Gênes a trop de palais, trop de marbre, de porphyre, de colonnes, la végétation qui l'entoure et l'encadre est trop luxuriante pour qu'on puisse embellir cette ville enchanteresse avec des festons, des tapis, des antennes, des draperies, des lanternes vénitiennes.

Ce qui sera magnifique, à la nuit, ce seront les hauteurs illuminées par des torches résineuses, mêlées aux jets électrique. Le mont « Gazzo » sera fantastique. Une couronne d'Italie immense, toute de flammes, couvrira la vallée au-dessous du Gazzo.

Au surplus, ce n'est pas à Gênes, la ville, que se porte l'intérêt principal, ce n'est pas là que vont les regards; c'est au port.

Le port de Gênes, pour un observateur attentif, est merveilleux. Et cette merveille, qui a heureusement échappé jusqu'ici aux descriptions des touristes mélancoliques, est si bonne à regarder qu'on s'y arrête à tout moment avec un sentiment poétique dans l'âme.

Ce sont des peintres qui se sont chargés de révéler la poésie du port de Gênes. Pompeo Mariani entre autres, dont toutes les toiles sont consacrées à ce port, à ce qu'il a de spécial, de caractéristique. D'autres peintres ont suivi Mariani, arrachant quelques-uns de ses secrets à cette fourmilière de la mer.

Jetez les photographies du port qu'on vous présentera; elles ne vous en donneront jamais une idée. La photographie cherche toujours la ligne, une ligne unique, et ici les lignes sont innombrables, entre-croisées, brisées à chaque instant.

Un écrivain de mérite, M. Sangiorgi, qui a étudié le port de Gênes avec des yeux d'artiste, disait justement ces jours-ci, en parlant des peintres qui se sont consacrés au port et qui ont voulu en rendre le caractère tout spécial sur leurs toiles :

Oui, Mariani, sans doute, est plein de vie ; Figari est bien fort ; Costa est profond, et Luxoro voit juste et de façon intense. Toutefois, leurs œuvres à tous, mises en regard avec la beauté magique qui se pare devant nos yeux, deviennent de pauvres choses bien décolorées, sans intérêt, éteintes.

C'est que l'art est impuissant à rendre la merveilleuse fusion des gris sombres de la tour « Degli Embriaci » avec le noir lucide des mâts, des antennes qui forment à ses pieds toute une forêt. Pas un pinceau au monde ne saurait rendre le rose suave et le jaune de Naples de la basilique de Carignan, œuvre du vii° siècle, si je ne me trompe, réfléchissant du haut de la colline, dans l'eau sale de l'avant-port, les pointes de ses hardis *campanili*. Aucune palette ne pour-rait rendre ces noirs brillants des poupes et des proues se mirant dans l'eau, ces lignes rouges, ces bandes éclatantes des bâtiments dansant dans l'eau verdâtre, et au-dessus de tout cela des drapeaux aux mâts, des flammes aux vergues que le soleil illumine et embrase.

Non, le port de Gênes, il faut le voir de nos yeux pour en com-prendre le charme, pour en sentir la beauté, toute faite de couleur, de tons, de nuances. Il faut l'admirer, bouche bée, immobile sur une hauteur ou sur une vergue ; il faut regarder, avec l'avidité de voir, tout ce coloris ; il faut écouter la clameur, l'ensemble confus de ces mille bruits de la ville et du port, allant à l'horizon en glissant sur la mer lisse, immense.

Voilà ce que le port de Gênes offre aux yeux, à l'imagination, à la pensée. Pierre Loti, s'arrêtant à Gênes, pourrait seul nous donner toutes les facettes de cet admirable diamant et les sensations dont l'âme est envahie lorsqu'on les regarde avec passion, avec amour. Arrachons-nous à ces pensers. Revenons sur nos pas.

Il a fait un temps rare depuis bientôt un mois, un temps si doux, si étonnamment doux que mon lyrisme s'explique. Je n'ai qu'à laisser aller ma pensée à la dérive comme on laisse aller son canot ; je n'ai qu'à écouter ce chant, cette chanson haute et plaintive qui, de loin, sur les flots, vient vers moi.

Mais forcément ma pensée revient à ce qui m'amène ici. Un coup de canon tonne, d'autres lui répondent, c'est un vaisseau, une es-cadre, qui arrive, c'est le vaisseau amiral qui répond, c'est le fort de San Benigno qui, à son tour, répond au salut. Puis encore des saluts de même genre s'échangent entre les escadres déjà arrivées et celle qui arrive... De la politesse bruyante, très bruyante.

Encore quatre ou cinq jours et ce que l'on verra dans ces eaux, le voici :

Cinquante vaisseaux à l'ancre, sur cinq lignes, serrés les uns près des autres, s'appuyant aux môle. Tous les drapeaux déployés, tous les équipages joyeux, en fête, tous les états-majors au grand complet et en grand uniforme; les matelots, grappes humaines, suspendus aux vergues, aux cordes, montés sur les affûts, et le roi d'Italie, accompagné de la reine, entrera dans le port de Gênes venant de la Spezia, sur le yacht royal *Savoia*, convoyé par une escadre aux ordres de l'amiral de Liguori, escadre qui comprend trois cuirassés : *Lepanto*, *Andrea Doria* et *Duilio*.

A l'entrée du port, ces trois cuirassés s'arrêteront et le yacht *Savoia* filera entre les lignes formées par les vaisseaux italiens et étrangers qui salueront par des salves le roi d'Italie.

Un spectacle qu'il est plus facile d'imaginer que de décrire, quand on connaît le port de Gênes, son heureuse disposition, les travaux grandioses qui ont été faits depuis vingt ans pour le protéger contre les grands vents et la grosse mer; quand on pense aux deux cents-navires, yachts, vapeurs qui s'ajouteront aux cuirassés dans les hourrahs et dans le luxe des pavillons et des flammes, aux couleurs éclatantes qui serviront à les pavoiser.

Puis, et comme si le port ne suffisait pas avec son orgie de couleurs et de voix, la ville. La ville de Gênes, en amphithéâtre, qu'on dirait suspendue sur la mer, et dont tous les palais, les maisons, auront aux fenêtres, sur les toits, des milliers de spectateurs qui répondront par une acclamation immense aux hourrahs du port, acclamation d'une signification qui ne sera pas douteuse : salut imposant à la fraternité des peuples, à la paix, et que les coups de canon seront impuissants à couvrir.

La présence, à bord du *Savoia*, de la reine Marguerite, ajoutera une note harmonieuse à ce concert magnifique et émouvant. Sa grâce, sa beauté, son charme qui s'épand comme un parfum, exalteront les sympathies.

Les dispositions pour placer convenablement les escadres étrangères, tout en laissant aux vaisseaux italiens leur liberté d'allure pour aller au-devant du roi et pour manœuvrer, n'ont pas été sans présenter quelques difficultés. On les a surmontées.

Voici le plan définitif adopté par l'état-major et par le commandant du port, baron Ruggiero, pour l'emplacement que les escadres vont occuper.

Au môle DUC DE GALLIERA.

Une division anglaise, composée du cuirassé *Sans-Pareil* de 10 470 tonneaux, de l'*Australia* de 3 600 t. et du *Phaéton* de 4 300 t.

Une division autrichienne composée du *Kronprinz Rudolf* de 6 900 t. *Kronprinsessin Erzherzogin Stefanie* de 6 900 t. et *Kaiser Franz Joseph* de 4 660 t.

Une division française composée du *Formidable* de 11 400 t., de l'*Amiral-Baudin* de 11 500 t., du *Courbet* de 11 441 t., du *Cosmao* de 1 870 t.

Une escadre espagnole composée du *Pelayo* de 1 918 t., du *Victoria* de 7 250 t. du *Reyna Reggente* de 4 664 t.

La division italienne de Liguori composée de : *Morosini, Affondatore, Lepanto, Andrea Doria, Duilio.* (La *Partenope*, qui appartient à cette division, en a été détachée.)

Au môle JANUS.

Un cuirassé espagnol : *Alfonso XII* de 4 464 t. et le croiseur *Temerario* de 570 t.

Une division italienne composée du *Castelfidardo*, du *San Martino*, du *Goito* et de la *Partenope.*

Au môle PALEOCAPA.

Une division des États-Unis composée du *New-Art* de 8 150 t, et du *Bennington* de 1 703 t,

Une division argentine composée de *Almirante Brown* et *25 de Majô.*

Une division roumaine formée par le *Mircea*, et par *Regine Elisabetta.*

Au môle VECCHIO.

Une division italienne dont tous les navires ne sont pas encore indiqués, mais qui comprendra l'*Etna*, le *Vesuvio* et le *Monzambano.*

Un vaisseau hollandais, le *Willelm Friso* de 3 710 t.

Un portugais, le *Bartolomeo Diaz* de 1 240 t.

Au pont CHRISTOPHE COLOMB.

Un emplacement, laissé libre pour des vaisseaux en retard.

Un vaisseau allemand, *Prinzess Wilhelm* de 4 400 t.

Un vaisseau grec : *Psara* de 4 885 t.

Un vaisseau mexicain : *Il Nave.*

Le yacht royal italien *Savoia.*

Ces dispositions sont parfaites et le commandant du port en a pris d'autres pour que toutes les escadres soient constamment en rapport avec lui en toute occurrence.

Des petits vapeurs se tiendront à disposition des commandants étrangers, d'autres sont chargés de la police du port et se tiendront prêts à accourir partout.

Il y a lieu de croire que tout se passera dans l'ordre le plus parfait. Une vingtaine de vaisseaux sont déjà arrivés et ont pris les places qui leur ont été destinées. Demain on en attend dix; l'escadre française est attendue seulement pour le 7. La courtoisie est parfaite jusqu'ici et tout ira au mieux jusqu'au bout.

En effet, ne l'oublions pas, il s'agit d'une fête internationale, mais il s'agit surtout d'une solennité maritime.

Or les marins, on ne le répétera jamais assez, sont d'une politesse, d'une urbanité rares, et c'est un point d'honneur chez un officier de marine, que d'être parfait dans ses rapports avec tout le monde. Mais c'est surtout entre eux que les marins sont exquis. On a dit, et on a eu raison de dire, qu'il y a, entre marins, de quelques pays que ce soit, un lien puissant, indissoluble.

Quel que soit l'acharnement avec lequel une lutte s'engage, l'officier de marine éprouve un sentiment de respect, d'amour ou de déférence toute spéciale pour les officiers de marine, qui fait que l'on se tend la main dès que la lutte cesse, sans rancune, sans ombre de colère. Quelquefois, pendant la lutte même il se produit d'étranges échanges de courtoisie. J'ai entendu raconter, qu'à la bataille de Lissa, le *Kaiser*, vaisseau immense, s'en allait à la dérive, presque couché sur le flanc, blessé à mort pendant la lutte, faisant eau de toutes parts.

La division de réserve de la flotte italienne accourait trop tard pour changer le sort de cette journée mémorable. Cette division était intacte et pouvait en un clin d'œil couler le *Kaiser* d'une des bordées d'un de ses bâtiments.

Mais le vaisseau avait si terriblement combattu, il apparaissait si beau dans son agonie, avec ses agrès hachés, ses flancs troués, ses ponts couverts de blessés, de morts, que le commandant italien ne donna pas l'ordre de tirer.

Et puis, la bataille était finie, perdue.

Dès lors, à quoi bon!

Et le *Kaiser* poursuivit sa route.

Cette histoire que j'entendais raconter un de ces jours, est-elle vraie, absolument vraie?

Je ne sais. Mais j'affirme qu'elle est possible.

Rien n'est plus noble, n'est plus chevaleresque que la marine, dans tous les pays du monde.

C'est, du reste, une franc-maçonnerie : les marins s'aiment du fond de l'âme comme des frères. Ils vivent tous de la même vie, faite de travail, de courage, d'abnégation.

Ils sont exposés aux mêmes périls, à ces périls qui leur viennent surtout de la mer, bien autrement sérieux que ceux des batailles; ils goûtent les mêmes plaisirs, jouissent des mêmes heures de solitude,

des mêmes instants d'oubli étrange ; ils éprouvent tous ce sentiment
dont parle Pierre Loti, le sentiment de la décoloration et de la fin de
tout sur la terre, suivi, le moment d'après, d'un retour de vie avec
une sorte de triomphe égoïste à se retrouver encore vivants, encore
jeunes, encore altérés d'amour.

Et puis la mer n'a pas de nationalité.

Les marins ne disent pas, ne peuvent pas dire : « Cette mer à
moi. » Ils pensent : « ELLE EST A NOUS! »

Il y a bien quelque chose qui détonne, qui contraste absolument
avec ces sentiments-là, c'est de trouver des dates et des noms inscrits en lettres d'or sur certains bâtiments, dates et noms qui sont
douloureux aux cœurs des marins d'un autre pays, s'ils rappellent, à
ceux qui les ont gravés, un jour de victoire.

C'est ce sentiment qui m'a fait tressaillir en mettant le pied à bord
du *Sans-Pareil*, cuirassé anglais.

La date de 1794, date de la prise de ce vaisseau aux Français,
saute aux yeux, dans le carré central, suivie des dates de batailles
auxquelles le vaisseau a pris part depuis, la dernière : *Canton*, 1855.
Elle saute aux yeux, dis-je, et impressionne désagréablement, et cela
d'autant plus que le *Sans-Pareil* actuel, en anglais *Sansprail*, n'a rien
du tout de la prise de 1794. Il n'est même que le petit-fils de celle-là.

Dès lors, pourquoi cette date et ces lettres dorées à son bord ?

A quoi du reste les Anglais peuvent répondre qu'à Brest, un désastre terrible subi par l'Angleterre sous Louis XIV, à la suite d'une
trahison, a donné un nom bien autrement désagréable à un fort : *la
Mort de l'Anglais*.

Et je n'aurais qu'à me taire.

Chacun rappelle et chante ses victoires comme il lui plaît; mais
le lien qui unit les marins est au-dessus de tout cela, et sous ces
vingt uniformes différents que va voir le port de Gênes, soyez sûrs
qu'un seul cœur de marin battra, qu'une seule pensée dominera,
celle qu'un d'eux, le plus grand et le plus glorieux, a fait au monde
le plus merveilleux des cadeaux : l'Amérique.

Et ce marin, ils vont l'acclamer.

VIVE CHRISTOPHE COLOMB!

Henri MONTECORBOLI.

P.-S. — Le grand Italien dont j'ai, il y a quinze jours, retracé la
vie héroïque, ici même, vient de mourir. Pourquoi n'a-t-il pu applaudir aux fêtes de Gênes, à la venue de la flotte française, et pourquoi l'Italie a-t-elle à verser des larmes en ces beaux jours?

LETTRES

SUR

LA POLITIQUE EXTÉRIEURE

Abbaye de Gif, 13 septembre 1892.

A Metz, les travaux de décoration pour la réception de l'empereur étaient commencés. Une porte moyen âge du style le plus pur cachait la gênante statue du maréchal Ney. De Baden-Baden à Strasbourg, de Carlsruhe à Trèves, toutes les voitures étaient retenues, la suite de Guillaume II destinée à ébahir les populations exigeant un nombre incommensurable de véhicules; mais tout à coup le bruit inquiétant court que les manœuvres des 8e et 16e corps sont décommandées. Les arcs de triomphe s'écroulent sous ces mêmes marteaux qui devaient les achever; commerçants, fonctionnaires qui attendaient gloire, honneur, profit du séjour de Guillaume II, sont navrés. Provisions faites, habits neufs deviennent inutilement coûteux et ruineux. Seule la statue équestre de Guillaume Ier reste debout, tournée vers Gravelotte, le bras tendu, dans un geste si peu noble que les vieux Messins disent tout bas : « Il tend la main pour recevoir les cinq milliards de la France. »

Le choléra de Hambourg est un prétexte pour retenir l'empereur à Potsdam, mais la vérité est que les rapports du Statthalter ont été peu encourageants. Sauf les fonctionnaires et les Allemands, nul dans la population messine n'a paru enthousiaste. L'indifférence et la froideur n'ont pu être ni combattues ni échauffées, malgré l'annonce mirifique des réjouissances promises. Pour les trains de plaisir organisés, quelques rares billets à peine avaient été pris. De sorte que les plus déçus aujourd'hui sont justement les seuls qui eussent montré de l'ardeur. Et

ainsi grossit encore l'armée des mécontents qu'exploite le prince
de Bismarck, car c'est à M. de Caprivi qu'on s'en prend d'avoir
empêché l'empereur de venir à Metz.

En Lorraine, pas plus qu'en Alsace, quoi qu'on invente à
Berlin pour détremper notre patriotisme, et malgré certaines
trahisons individuelles, les populations n'ont la conscience que
leur voudraient les conquérants de l'exaltante gloire qui ressort
pour elles de leur annexion à l'Allemagne. Il y a des Alsaciens-
Lorrains résignés ou las d'attendre, d'autres qui conservent leur
foi intacte comme à la première heure, d'autres et en grand
nombre qui par tous les liens se rattachent à la mère patrie, en
mariant leurs filles à des Français ou à des Alsaciens-Lorrains
émigrés, ou encore en suivant leurs fils en France pour qu'ils ne
deviennent pas soldats prussiens. L'émigration n'a cessé de croître
depuis vingt ans, et elle préoccupe nos ennemis. J'ai dit déjà que
le pasteur Stoeker proposait de doter filles et garçons alsaciens-
lorrains épousant des Allemands, ce qui choquerait moins la
moralité que ce que projette le gouvernement de Berlin de
mettre des garnisons dans les petites villes qui se dépeuplent.

Guillaume II est à cette heure fort nerveux, dit-on ; la réception de la flotte française à Gênes l'irrite. Il est mécontent de lui
de n'être pas allé à Hambourg faire montre d'héroïsme, comme
l'ont fait le roi Humbert à Naples, l'impératrice Eugénie à
Amiens. L'occasion était admirable, pourtant, le prince de Bismarck s'étant montré, vis-à-vis de sa bonne ville de Hambourg,
dans le malheur qui la frappe, d'une pleutrerie dont les Ham-
bourgeois, j'imagine, garderont la mémoire.

Il paraît que l'étonnante volte-face, faite par Guillaume II
à propos du service de deux ans accepté précédemment par
lui, avait pour but d'exercer une pression sur les masses qui désirent le service de deux ans, mais hésitent à payer les 150 millions de francs que la réforme coûtera, le gouvernement de
Berlin étant résolu à tirer de cette concession au peuple allemand une forte augmentation de l'effectif en temps de paix.

Si l'Allemagne a le service de deux ans, il lui faudra l'augmentation des cadres nécessitée par l'accroissement des recrues
de moitié, lesquelles de 45 seraient portées à 100 pour combler
la perte occasionnée par le service moindre. Certes les Allemands
se décideraient peut-être allégrement à subir une augmentation
d'impôt pour obtenir le service de deux ans, mais il est entendu

que la réforme n'est faite qu'à titre d'essai. Alors, s'il plaît un beau jour à l'empereur de déclarer l'impossibilité de maintenir la réforme, et de garder les 150 millions pour l'augmentation des cadres et de l'effectif, le peuple craint d'être dupe.

Le prince de Bismarck surexcite ces craintes et prend prétexte de toutes pour créer à ses manœuvres un solide terrain d'opposition, résolu qu'il est à paraître au Reichstag dès l'ouverture de janvier. Toutes ses batteries se dressent une à une. La *Gazette libérale* nous apprend que la *Gazette universelle de Munich* « sera transférée à Berlin afin d'y représenter la politique d'opposition du prince de Bismarck ».

Cette opposition de l'ex-chancelier sera d'autant plus dangereuse et désagrégatrice qu'un nouveau groupement dans un nouvel esprit se fait au Parlement. Les conservateurs protestants, brouillés avec M. de Bismarck en 1873, ont des tendances à aller vers M. de Caprivi. La souplesse de celui-ci, qui avale toutes les couleuvres, leur plaît; l'exemple du centre, qui a obtenu d'énormes concessions dans le Kulturkampf, leur montre qu'il y a avantage à n'être pas toujours intransigeants; ils vont même jusqu'à admettre une entente avec les catholiques dont ils renforceraient la position et feraient la fortune comme parti gouvernemental. Imagine-t-on alors un empire protestant appuyé sur une majorité catholique? C'est alors que M. de Bismarck, pouvant jouer du parti national libéral et des progressistes, aurait beau jeu. M. de Hammerstein votant avec le comte de Ballestrem, M. de Huene et le démocrate conservateur M. Lieber, quelle source d'ironie pour la grosse éloquence de M. de Bismarck !

Le parti du centre catholique au congrès de Mayence a pu s'enorgueillir sans exagération de son succès. Il a comme toujours proclamé la nécessité immédiate de la reconstitution du pouvoir temporel du Pape; l'un de ses orateurs n'a pas manqué l'occasion de dénoncer l'Italie du Quirinal prête à acclamer la flotte française à la barbe des vaisseaux allemands.

A l'heure où j'écris cette lettre, les réjouissances de Gênes sont terminées. Notre collaborateur, M. Henri Montecorboli, donnera à nos lecteurs le détail des fêtes; je n'en parle que pour me réjouir d'avoir vu la Gênes de 1859 se réveiller et se retrouver.

Le roi Humbert, répondant à la lettre du Président de la République, a dit à l'amiral Rieunier:

Votre gouvernement, en vous chargeant de cette mission dans des circonstances si solennelles, nous donne un témoignage d'amitié qui nous est cher et auquel répondent nos sentiments de vive sympathie pour la France.

Puisse cette sympathie être sincère pour le plus grand profit du voisinage de nos deux pays. La menace même d'un duel n'a jamais empêché les hommes bien élevés d'être aimables et courtois, et la courtoisie, l'amabilité ont permis d'éviter bien des rencontres. Le gouvernement italien ne peut que bénéficier aux élections de ses bons rapports avec la France, ce qui est la meilleure preuve que le peuple italien n'est pas fanatique de la Triple Alliance.

Sur 505 candidats, on dit que les radicaux n'en présentent que 100. C'est là une apparente victoire pour M. Giolitti. Il est vrai que M. Crispi, malgré une majorité de 350 voix, n'en a pas moins été renversé. Attendons le moment de l'agitation électorale pour juger des sentiments réels de l'Italie. Dans ces grandes consultations populaires et dans la passion qu'elles provoquent, il se dégage toujours du choc des opinions quelques clartés. M. Giolitti retardera les élections jusqu'à l'extrême limite dont il dispose, m'écrit-on de Turin, plus préoccupé qu'il est de conserver le pouvoir que d'aborder de front les difficultés qui dominent la situation.

Guillaume II est d'autant plus irrité contre les manifestations francophiles de l'Italie qu'il avait agi personnellement en faveur des réclamations de son commerce vis-à-vis de l'Autriche pour l'entrée de 130000 hectolitres de vin restant à la frontière dans les wagons-réservoirs.

La presse autrichienne tout entière s'est inscrite, voire indignée contre les prétentions des Italiens qui veulent interpréter les conventions du traité de commerce à leur avantage sans se préoccuper des intérêts de l'Autriche. En revanche, les journaux italiens et entre autres le plus modéré des organes du ministère, le *Popolo Romano*, demande « que l'Italie rompe ses relations économiques avec l'Autriche, qui apporte toutes sortes d'entraves au commerce italien », et insiste pour que cette rupture soit suivie de près par la dénonciation du traité d'alliance.

On ne saurait mieux formuler une opinion qui agrée davantage aux amis de l'Italie en France.

Le général Cialdini, duc de Gaëte, est mort au moment où notre escadre entrait dans le port de Gênes. Toute émotion lui

était fatale, disaient ses médecins. Cette émotion, il l'a eue, n'en
doutons pas, en songeant que le drapeau tricolore flottait là
comme en 1859 sur les vaisseaux français. Je raconterai un jour
comment le patriotisme ardent de Cialdini, mêlé à ses vives sympathies pour la France, eut à souffrir. J'ai été mêlée à ses luttes;
sa confiance en moi, ma haute affection pour lui et la sympathie,
égale à la sienne pour la France, qu'il me savait pour l'Italie,
nous ont au même moment causé les mêmes désillusions et inquiétés des mêmes soucis. J'aurai des mots admirables à redire,
sa fierté, le sentiment qu'il avait des services rendus à son pays,
certaine gratitude pour la France qui ne lui permirent ni de lutter
ouvertement contre le fanatisme germain de certains gouvernants
italiens, ni de dénoncer à notre pays l'imprévoyance de nos hommes d'État lorsque ceux-ci sacrifièrent l'amitié utile d'un peuple
voisin à une satisfaction coloniale immédiate qu'un avenir heureux eût toujours laissé à leur portée et qu'un avenir malheureux
leur reprendra. Mon admiration, mon culte pour Cialdini n'ont
jamais été ni attiédis ni affaiblis, et c'est avec des larmes que je
lui dis un dernier adieu.

La politique anti-française, la politique allemande, la politique bulgare, la politique coloniale, c'est l'Angleterre conservatrice qui l'a fait faire à l'Italie. Elle avait besoin de notre voisine
en Égypte où sa colonie dépassait en nombre toutes les autres, et
elle nous a poussés à Tunis, pour rendre moins scandaleuse sa
prise de Chypre et pour nous brouiller avec une puissance méditerranéenne dont les intérêts sont aussi anti-anglais que les nôtres
et aussi peu austro-allemands. L'Angleterre tory n'a promis son
concours à la Triple Alliance, par une entente avec l'Italie, que
pour mieux égarer notre voisine. L'Angleterre libérale eût préféré l'Italie neutre, la lettre écrite au directeur du *Courrier de
Naples* par M. Gladstone en fait foi. Que de richesses acquises,
que de développements accomplis, au lieu des ruines amoncelées,
des difficultés amassées, si l'Italie n'avait pas gravité dans l'orbite
du conservatisme anglais !

Lord Dufferin a singulièrement contribué à maintenir l'Italie
dans ses erreurs. Combien il lui a été facile, à lui si fin, si
habile, de diriger cet étourneau, ce faux Bismarck, qui s'appelle
Crispi !

Aujourd'hui, les maigres bénéfices que l'Italie eût pu tirer
d'une entente avec l'Angleterre conservatrice lui échappent. Sans

doute, lord Rosebery se vante hautement de continuer la politique extérieure de lord Salisbury, mais au lieu d'être poussé
dans certaines questions, il sera retenu, ce qui suffit pour transformer une énergie en expectative. Si lord Dufferin était devenu
ministre des affaires étrangères avec M. Gladstone, comme il en
avait été un moment question, même sous un gouvernement
libéral, engagé comme il l'était dans la politique anglo-italienne,
il eût pu être dangereux, et pour l'Italie et pour nous. Lord Rosebery sera forcé, par l'inactivité de M. Gladstone, d'abandonner
des positions qui n'étaient que fixées mais point acquises.

Les derniers échos des rancunes de M. Labouchère contre Sa
Gracieuse Majesté qui l'a bel et bien éliminé du ministère et qui,
en revanche, y a imposé lord Rosebery, occupent encore l'Angleterre, mais bientôt les susceptibilités personnelles iront s'effa-
çant au milieu des passions provoquées par une lutte qui a sa
grandeur.

M. Gladstone affirme de plus en plus sa résolution de se
consacrer au dénouement du *home rule*, et on le voit refusant de
rien promettre, de rien entreprendre jusqu'à ce qu'il ait triomphé
ou constaté son impuissance. Son plus habile lieutenant, M. John
Morley, a pris possession du gouvernement d'Irlande. Jamais
plus de difficultés ne se sont enchevêtrées pour rendre une situation à peu près inextricable. M. John Morley n'a guère en face de
lui que des malveillances actives et des bienveillances inactives,
presque incrédules; les landlords ont un intérêt majeur à
prouver que l'Irlande est ingouvernable, les parnellistes sont
prêts à recommencer leurs exploits et à faire alliance avec les pires
ennemis de leur pays. M. John Morley est homme à se montrer
à la hauteur de sa tâche, car il sait que la paix en Irlande durant
les discussions du *home rule* aura plus d'influence sur les votes
que les arguments les plus irréfutables.

El Ahram continue au Caire sa courageuse campagne contre
l'occupation anglaise, et ses allusions mordantes au sujet de
l'amitié d'Albion pour la Turquie lui ont fourni cette quinzaine
l'un de ses articles les plus spirituels sur ladite amitié qui « a fait
prendre Chypre à l'Angleterre pour protéger Constantinople
d'une invasion russe ». A son ironie, *El Ahram* mêle les avertis-
sements : « Si une guerre anglo-russe éclatait aux Indes, dit-il,
70 millions de musulmans indous se tourneraient vers la Turquie. » On peut ajouter : vers la Russie, car l'habileté coloniale des

Russes a conquis les musulmans des territoires de leur empire plus
sûrement que l'aristocratie anglaise. Sous le gouvernement du Tsar
leurs exigences les plus jalouses sont respectées, leurs mœurs,
leurs coutumes honorées. Russes d'hier, ils sont traités comme
les égaux des Russes, et cela sans une réserve. Quelle leçon, je
l'ai dit maintes fois, nous donnent nos amis du Nord qui, en
vingt ans, ont fait des populations ennemies des populations
dévouées. En Algérie, nous n'avons su qu'irriter les musulmans,
les blesser, les abaisser en donnant aux juifs algériens une émancipation refusée à eux, les nobles, les guerriers, qui pouvaient
nous être d'un si grand secours en temps de guerre, qui l'avaient
été en 1870, et qui, aujourd'hui, sont devenus un danger.

Qu'on juge de la préoccupation de la Russie, pour satisfaire
les musulmans, par l'extrait d'une lettre que je reçois de l'un de
nos ex-consuls à Djeddah, à propos de l'intéressant article de
M. Watbled :

J'avais informé M. de Nélidow que, par suite de l'ouverture du chemin
de fer Annenkow, il était venu, en 1889, 3 500 pèlerins turcomans, sujets russes, et que le nombre serait peut-être double l'année suivante, ce qui nécessi-
terait la présence d'un représentant du Tsar à Djeddah. Le gouvernement
russe, qui traite ses sujets musulmans avec plus d'intelligence que nous
les nôtres, a envoyé, au Hedjaz, un musulman, qui est en même temps
consul et conseiller d'État. Quelle leçon pour nous ! Quand donc verra-t-on,
en France, un conseiller d'État et un consul musulmans ?

Revenons à l'Égypte. M. Gladstone étant au pouvoir, il semble
aux optimistes que la question égyptienne est réglée. L'évacuation britannique serait un fait moralement accompli, nous n'avons
qu'à montrer encore un peu de cette patience, dont on a tant usé
et abusé depuis dix ans. Notre gouvernement (qui comme tous
les gouvernements d'ailleurs a pour devise : « Tout va bien ») se
prête avec une bonne grâce parfaite à ces décevantes illusions;
notre satisfaction, certes, a été vive et légitime, lorsque nous
avons vu lord Salisbury rendu à la sollicitude de lady Salisbury.
La venue au pouvoir de M. Gladstone nous a donné la certitude
de trouver des attitudes moins cassantes et des intentions plus
conciliantes chez le grand leader des idées de progrès en Angleterre, et c'est beaucoup. M. Gladstone est, on n'en peut douter,
disposé à négocier sur l'affaire d'Égypte, et à conduire les négociations avec autant de bonne foi que de ménagements pour les
intérêts français; mais encore faudrait-il que le terrain fût dé-

blayé, et que le premier ministre de la reine pût s'y mouvoir avec une certaine aisance.

Or M. Gladstone ne dispose jusqu'à présent que d'une faible majorité. Il est engagé à fond dans le redoutable problème du *home rule*. Il n'est donc pas en mesure de rouvrir toute grande, et dès aujourd'hui, la question égyptienne. Il nous invite à attendre, et il nous faut bon gré mal gré accepter cette invitation. Si, comme on l'a dit trop souvent, on répète au quai d'Orsay : « Affaire ajournée, affaire oubliée, » on commettra une irréparable faute, car nous voici plus que jamais au moment où il faut se décider à avoir une opinion sur les affaires d'Égypte, non pas une opinion en décor, éloquente et sentimentale, mais une opinion qui soit une ligne politique.

Reconnaissons franchement que la solution des difficultés actuelles est devenue et devient chaque jour plus laborieuse et compliquée. Avouons que dès 1882 nous avons abdiqué non seulement toute action prépondérante en Égypte, mais toute action *quelconque*, ce qui était une faiblesse coupable. Avouons que nous nous sommes résignés pendant ces dix malheureuses années au rôle de plaideurs malheureux, que sans cesse harcelés dans nos droits et nos intérêts immédiats, nous ne nous sommes attachés qu'aux incidents, plus souvent étouffés que vidés et que, pas une fois, sauf une seule (lors de l'affaire du firman) nous n'avons plaidé la cause de l'Égypte.

On a si bien pris l'habitude, à Londres, de notre systématique effacement que le jour où, à propos de l'incident Scott, nous avons hautement protesté sous la pression de notre presse, on a répondu par un *non possumus* tout sec dont il a bien fallu s'accommoder, et on a cru se tirer d'affaire par un changement de personne qui n'a, en somme, donné aucun résultat.

Bref, le gouvernement anglais a eu ses coudées franches en Égypte et en a profité. Qu'a-t-il fait? Au lieu de dégager et d'assurer l'autorité du Khédive, de fortifier, d'instruire l'élément indigène, de faire la part juste et nécessaire aux capacités, aux technicités non britanniques, de s'inspirer de l'esprit local, de rechercher la forme d'administration qui lui pouvait convenir, de développer ses aptitudes et ses qualités qui sont réelles, de respecter ses traditions dont facilement on découvre la raison d'être si on la cherche; en un mot, au lieu de préparer une réorganisation égyptienne de l'Égypte, œuvre qui devait assurer à son

ouvrier une gloire et une influence impérissables, l'Angleterre a
suivi hâtivement la voie de l'égoïsme pur et simple, elle a recherché le gain, le profit, l'accaparement. Elle a anéanti l'influence personnelle du souverain, l'a isolé, diminué aux yeux de
son peuple : des Anglais ont été mis à la tête de toutes les administrations, on en a imposé un à chaque ministre, on a soumis
les préfets indigènes au contrôle des commandants de police anglais ; voilà pour l'administration. On est monté à l'assaut des ca-
pitulations, garanties de la paix sociale entre les musulmans et
les chrétiens, on a réduit à n'être plus qu'un fil le lien de vassale
de l'Égypte envers la Porte, garantie de la sécurité du pays ; voilà
pour la politique. On a ainsi préparé l'organisation d'une colonie
anglaise, on a fait de l'indianisme.

Je ne blâme pas le gouvernement anglais d'avoir fait cela. Ce
sont ceux qui l'ont laissé faire et ceux qui l'y ont aidé qui sont à
plaindre aussi, car toute faute se paie. Je regrette seulement, pour
le bon renom de lord Salisbury dans l'histoire, qu'il ait dissimulé
cet intéressant travail sous des paroles mensongères.

Donc rien n'est prêt en Égypte pour l'évacuation. Cet état de
choses n'est que vaguement entrevu en France où les opinions
sur ce sujet se partagent généralement en deux appréciations
également erronées ; ceux qui croient aux racontars anglais assurent que si des troupes étrangères n'occupaient pas l'Égypte, des
troubles, des massacres et la guerre civile s'ensuivraient. Les
autres pensent que, financièrement et administrativement réorga-
nisé, le pays est mûr pour un gouvernement indépendant des in-
gérences européennes. On se trompe des deux côtés.

Oui, si l'Angleterre avait été de bonne foi il serait possible
aujourd'hui, sous la seule réserve de garanties financières, de remettre le pouvoir au Khédive ; mais elle a tout fait pour retarder
le moment où cette transmission sera possible. Il est douloureux
de le constater, malheureusement la vérité n'est que trop évidente
pour·quiconque a suivi de près depuis quelques années les affaires d'Égypte : l'œuvre britannique n'est pas à achever ; elle est
en grande partie à défaire et à refaire, et c'est là peut-être qu'est
l'insoluble difficulté, quels que soient les sentiments de conciliation de M. Gladstone et les dispositions désintéressées de la
·France.

Trouverons-nous, de la part des maîtres actuels de l'Égypte,
assez d'abnégation et de sens politique pour voir, sans récriminer,

relever ce qu'ils ont abaissé, reconstruire ce qu'ils ont détruit ? Accepteront-ils qu'on prépare sous leurs yeux, et avec leur concours, l'émancipation d'un pays dont ils ont si scrupuleusement respecté la déchéance ? Qui pourra régler les détails d'une si délicate transition ?

Je conclus donc que la situation reste très sensiblement ce qu'elle était avant les élections anglaises, avec cette différence cependant que les grandes difficultés de la question d'Égypte sont en Égypte même.

L'Espagne, suivant le mouvement que vient d'accentuer l'Allemagne, a donné son adhésion au règlement douanier égyptien, beaucoup plus dur pour les négociants que le règlement français, et comportant entre autres procédés de tracasserie le droit de perquisition tant à bord des navires que chez les particuliers. Je me demande quel intérêt le gouvernement espagnol peut bien avoir à faire des concessions de ce genre ?

Le bruit a couru qu'un attaché militaire allait être adjoint à notre légation au Caire. Peut-être un bon conseiller d'ambassade ou un consul général mûri dans la pratique des affaires d'Orient seraient-ils plus immédiatement utilisables ; mais en Égypte plus qu'ailleurs :

> Tout petit prince a des ambassadeurs,
> Tout marquis veut avoir des pages.

Un officier français ferait certainement bonne figure dans le cortège de notre ministre. Cependant, que M. de Reverseaux ne demande pas un attaché naval et qu'il se méfie : l'opérette le guette.

On dit beaucoup que le voyage de M. de Giers à Aix-les-Bains a permis à la France et à la Russie de régler entre elles certaines questions, notamment celles qui concernent l'Égypte. L'entente cordiale s'affirmant une fois de plus entre les deux pays amis, le bénéfice de leurs décisions est toujours certain pour chacun, leurs intérêts pouvant être doubles mais jamais contradictoires.

Que n'ont point débité les journaux de la Triple Alliance à propos de la rencontre de MM. de Freycinet, Ribot, avec M. de Giers ! Les uns ont affirmé qu'aucune question sérieuse n'avait été traitée dans cette entrevue ; les autres ont exagéré les résolutions secondaires qui ont pu être prises. Ce qui a surtout excité la presse allemande et autrichienne, c'est un article du *Nouveau*

Temps, de Pétersbourg, démontrant que la Triple Alliance rêvée par le prince de Bismarck a manqué son but et n'a isolé ni la France ni la Russie, son principal effet ayant été, au contraire, de rapprocher les deux pays. Cette grande machination, ajoute le *Nouveau Temps*, est donc une chose vouée à une existence précaire, et Berlin a perdu son importance comme centre de la politique européenne.

Si l'exposition de Philippopoli a permis au prince Ferdinand de Saxe-Cobourg-Gotha-Kohary de Bulgarie de bénéficier des relations qu'il s'était créées dans son voyage à Paris avec des journalistes français influents, le fiasco de cette exposition, au point de vue politique, n'en a pas été moins complet. Pas un des fonctionnaires turcs invités par M. Stambouloff, à Constantinople, n'a assisté à l'inauguration de cette exposition; comme démonstration pacifique, l'effet en a été singulièrement amoindri par l'annonce de la mobilisation de l'armée bulgare, par le projet de mettre en état de défense toutes les places fortes, de cantonner 10 000 hommes entre Kezanlik et la frontière serbe et de tenir prête une armée de 100 000 hommes. M. Stambouloff décidément fait jouer des rôles godiches à son prince, soit qu'il fusille ou pende ses sujets en son absence, soit qu'il prépare la guerre, soit qu'il l'envoie en mission diplomatique. On dit que, mécontent de sa dernière mission, le doux tyran va aller lui-même en Angleterre, dans l'espoir d'obtenir ce que son prince n'a pu décrocher.

Pauvre jeune et intéressant prince ! Sa mère, la princesse Clémentine, le représente comme souffrant du mal de mariage au point qu'elle « craint pour sa raison ». Elle a ému, dit-on, l'empereur d'Autriche. Qui est donc cette fiancée, catholique ou protestante, française ou anglaise? En tous cas il est clair qu'elle ne veut épouser qu'un souverain lavé de la bâtardise princière et « reconnu ».

C'est incompréhension de ma part plutôt que malveillance. Je ne puis voir Ferdinand de Saxe-Cobourg-Gotha-Kohary de Bulgarie en homme sensible : ni souffrant de mal d'amour, ni fuyant les exécutions. Avec son nez de vautour, ses petits yeux de... sanglier domestiqué, je me représente plus volontiers le « jeune ornithologue » sous la figure d'un oiseau de proie. Les livres de la science que de préférence le futur roi bulgare a étudiée, nous dépeignent le vautour avec les ailes obtuses, les narines un peu obliques, les pieds et les doigts blanchâtres, la tête, les joues recouvertes d'un fin duvet, le menton poilu. Il faut plusieurs cadavres pour assouvir à la fois la faim des vautours — mettons cinq — et ils doivent être frais. Le vautour a la vie tenace. Le vautour monarchique classé après le vautour monachis me paraît une découverte ornithologique dont j'ai le droit de m'enorgueillir.

Il se confirme que le Sultan a reçu M. Stambouloff en voisin qui fait visite et non en solliciteur politique. Le dictateur bulgare n'aurait emporté de Yldiz-Kiosk que des conseils, une tabatière et la promesse d'une haute décoration, rien de plus. Si la bonne grâce d'Abdul-Hamid avait pour but de calmer l'audace des projets de l'aventurier de Sofia nous y applaudirions ; mais si l'effronté qui est tombé à Constantinople comme une bombe se sert de l'indulgence hautaine du Sultan comme d'un encouragement, il faut regretter que l'indulgence d'un grand seigneur puisse être convertie en encouragement par un malotru.

En Serbie, la lutte entre les libéraux et les radicaux atteint l'apogée de la violence. C'est à qui, des deux partis, usera de toutes ses ressources bonnes ou mauvaises pour vaincre aux élections. M. Pachitch, chef des radicaux, parcourt le pays en entier, dénonçant ses adversaires, réclamant la convocation de la Skoupchtina pour l'élection d'un troisième régent et la revision de la constitution. Le malheur pour M. Pachitch est que ce troisième régent idéal c'est lui. Le cabinet Avakoumovitch ; M. Ristitch, président du conseil de Régence, livrent à la publicité les actes de concussion du cabinet radical. Le parti de M. Pachitch désuni au pouvoir s'est reconstitué en entier dans l'opposition et combat en rangs serrés. Les radicaux voulant supprimer la Régence, c'est une question de vie ou de mort pour elle, et l'on comprend que M. Ristitch se serve de toutes ses armes. La crainte des amis de la Serbie est qu'elle ne soit entrée dans une ère de désordre que l'Autriche et sa séide bulgare ne manqueront pas d'exploiter.

Juliette ADAM.

CHRONIQUE POLITIQUE

Alfred de Musset intitulait un de ses ouvrages : *Un spectacle dans un fauteuil ;* on pourrait intituler les écrits qu'inspire en ce moment la politique du jour : Un spectacle dans les champs. Les événements sont rares ; ils n'émeuvent guère, on ne les connaît que de loin, et, si l'on y pense, la réflexion s'égare aisément sur d'autres objets plus prochains.

Cependant les élections aux conseils généraux ont eu, cette année, une importance particulière. C'était la première fois que le pays était consulté depuis les changements survenus dans l'état des esprits et universellement constatés. C'était le premier acte de l'évolution annoncée et désirée par tant de gens, et qui serait le dernier effort pour amener enfin le rapprochement des Français sur un même terrain politique. Ces élections ont en général donné raison à ceux qui comptent sur un retour vers la modération et vers l'esprit de liberté, dans le gouvernement. Mais les commentaires auxquels elles ont donné lieu, les discours prononcés, soit dans les conseils eux-mêmes, soit dans d'autres réunions, leur ont surtout donné une signification très claire et décisive.

Des membres du gouvernement, des hommes politiques importants, la presse républicaine, des publicistes autorisés ont fait entendre la même note : *Novus rerum nascitur ordo.*

Un fait nouveau se produit : les anciens partis d'opposition constitutionnelle, ou se rallient à la République, ou se retirent de la lutte et disparaissent. La République est triomphante ! Et alors ?.. Alors le plus grand nombre des orateurs ajoute : Il faut se mettre à l'œuvre pour l'organiser. Un autre, un jeune, un de ceux que l'on aime à voir, étant plein de promesses, arriver de bonne heure au premier rang (1), dit, avec un peu de l'emphase

---

(1) M. Jamais, sous-secrétaire d'État de la marine. — Discours à l'érection de la statue du général Perrier.

de son pays, mais avec la foi qui sauve tout : « Donnons au suffrage universel un idéal, si nous voulons que la France se prépare et qu'elle mérite au dedans et au dehors les destinées qui
l'attendent. »

Qu'est-ce à dire? Les amateurs de récriminations verront
dans ces discours et dans ces engagements un aveu et la promesse de changer de conduite. D'autres diront simplement que
les circonstances étant changées réclament des modifications
dans l'état de choses antérieur. Que l'on tienne ces discours pour
des aveux ou pour des ferme-propos, il n'importe guère. L'important est qu'on fasse quelque chose de mieux que ce qu'on a fait.

C'est que les changements dans l'opinion publique qui s'opèrent sous nos yeux ne sont pas le résultat d'un de ces mouvements d'enthousiasme irréfléchis, qui, à de certains moments,
s'emparent de cette nation généreuse et nerveuse à la fois. Ce
n'est pas un baiser Lamourette, c'est quelque chose de plus et
de mieux. Les causes occasionnelles de cette transformation de
l'esprit public sont apparentes : l'impuissance et le désarmement
des partis dynastiques, la fatigue de luttes stériles, le goût et le
besoin de prendre sa part des affaires publiques, le souci de se
défendre contre une domination qui tendait à usurper la République, l'action bienfaisante de la Papauté parmi nous. Mais la
cause cachée est plus profonde. On vient à la République parce
qu'il n'y a pas autre chose à faire. Beaucoup avaient vu dès 1870
ce que tous comprennent aujourd'hui. C'est une nécessité, la
plus irrésistible des puissances. On y vient avec plus ou moins
d'allégresse, mais avec la conviction que donne le néant constaté
de toutes les autres combinaisons politiques. De là cet accord à
peu près unanime qui justifie les airs triomphants des orateurs
ou des journalistes, et les autorise à parler de République indestructible.

Qu'on veuille bien remarquer toutefois que dans ce concours
de bonnes volontés, chacun garde son sang-froid et raisonne ou
plutôt motive son adhésion. Ce n'est pas une condition que l'on
fait : aussi bien, aucune condition ne saurait être proposée ni
admise. Il y a, il est vrai, dans cette sorte de pacte national qui se
signe aujourd'hui en plein *forum*, dans les journaux, dans les
conseils généraux, dans les réunions publiques, deux espèces
de contractants qui se méprennent étrangement sur la situation
générale et sur leur situation respective. Les uns disent : Nous

n'entendons entrer dans la République que sous condition , c'est que vous rétracterez ce que vous avez fait. Les autres disent aux nouveaux venus : Nous ne vous admettrons qu'à condition, c'est que vous contresignerez ce que nous avons fait. Ce sont, de deux côtés opposés, les tenants de ce qu'on peut appeler les anciens partis. Ils s'exposent tous les deux à se trouver écartés par la trouée énorme que fait la masse de la nation qui rentre en scène et reprend sa place.

Il y a ainsi dans la vie des peuples, et du nôtre en particulier, des époques solennelles pendant lesquelles la nation, hier encore en proie à des luttes civiques infécondes et sans fin, se trouve tout à coup dominée par des événements qui font plier les volontés, et qui imposent une trêve aux luttes entre les intérêts divergents. L'apaisement se fait dans les cœurs, le pays est en silence. Il sent alors instinctivement qu'il est le maître de son sort, non plus en parole et en théorie, mais en réalité. Il se reprend et se consulte sur ce qui lui convient. Son sûr bon sens le guide et le génie de la France l'éclaire! Nous sommes dans un de ces moments favorables. Le souci des bons citoyens est de savoir si on saura en profiter.

Ce n'est pas, sans doute, que les partis attardés ne cherchent à maintenir leur puissance sur le corps électoral, et qu'ils aient renoncé à se servir des prétextes sous lesquels ils couvrent leur esprit de domination. Les uns affirmeront que la monarchie seule nous rendra nos libertés; les autres montreront les conservateurs toujours disposés à menacer la France d'une révolution. Soit qu'ils s'efforcent de s'emparer du pouvoir pour faire les élections, soit que, sans aucun espoir pareil, ils se contentent de ranimer le feu qui s'éteint sous la cendre, ils continueront leurs mauvaises manœuvres. Mais le pays les a jugés, autant dire condamnés. Il se détourne et va ailleurs. Ce qu'il veut, c'est un régime politique qui lui donne la sécurité et des garanties; c'est une République qu'il puisse aimer.

On a plaisanté ce mot qui a été dit : « Il faut que la République soit aimable. » Le sourire n'est pas défendu chez nous, et il serait de mise si le propos avait eu un sens de sensiblerie. Tel n'est pas celui qu'y attachait son auteur; et ce n'est pas non plus le sens de cette autre parole, de Tocqueville, je crois : « Pour faire durer un gouvernement, il faut l'aimer. » Que si on l'accuse, lui aussi, d'avoir été un idéologue, je prie qu'on veuille bien nous ap-

prendre comment on ferait durer un régime politique qui aurait
soulevé contre lui une,réprobation générale, chez un peuple surtout qui a tant de moyens de le détruire et de le renverser.

Et de quel amour parle-t-on? Ce n'est pas de l'entraînement
passager et un peu frivole qui, sous l'influence d'un mot qui
grise, d'une idée qui suscite l'enthousiasme, élève en un moment
toutes les âmes jusqu'à des hauteurs quasi mystiques. Quiconque
a un peu vécu, retrouve dans sa pensée le souvenir d'une de ces
journées qu'il revoit, il est vrai, avec les yeux de sa jeunesse.
Des écrivains, en y ajoutant le prestige de leur art, en ont retracé
le tableau. Des hommes restés fidèles à leur culte politique, les
rappellent encore en traits d'une foi restée ardente et sincère. Ce
n'est pas cet amour que l'on peut demander aux hommes de nos
jours pour leur gouvernement. Ils ne se laissent plus entraîner,
mais ils sont capables d'un attachement réfléchi, produit.de comparaisons faites et d'un choix motivé. La Révolution française, en
changeant dans son essence la nature de l'autorité, a profondément modifié, même sous ce rapport, les relations des citoyens
avec leur gouvernement.

Sous l'ancien régime, et même encore après que les catastrophes avaient renversé les trônes des rois, après que les lumières du
siècle avaient éclairé bien des côtés de l'histoire, restés pendant
longtemps obscurs, l'attachement au gouvernement se confondait
avec l'amour du prince. L'idée de patrie s'était personnifiée dans
les races royales. Une longue tradition de vie commune, peuple
et rois, pendant laquelle s'était formée et avait grandi la nation,
avait fait naître ce sentiment qui se perpétuait et s'était fortifié
parmi les générations. De même que le régime politique d'alors
donnait l'image et l'illusion d'un gouvernement familial, ainsi
les sentiments des Français pour la race royale tenaient du respect et de la tendresse qu'ont les enfants pour le père. Il y a encore, dit-on, de par le monde, de ces exemples de loyalisme.

Ce n'est pas ce que la République peut attendre des Français
ni ce qu'ils lui doivent. Nous sommes loin du temps où Pascal
disait : « Il est bon qu'on obéisse aux lois et coutumes, parce
qu'elles sont lois, et que le peuple comprît que c'est là ce qui les
rend justes. Par ce moyen, on ne les quitterait jamais, au lieu
que, quand on fait dépendre leur justice d'autre chose, il est aisé
de la rendre douteuse, et voilà ce qui fait que les peuples sont sujets à se révolter. » La Révolution française a fait entrer dans nos

têtes d'autres idées, qui font que l'obéissance aux lois ne peut
plus être que volontaire, et que le respect pour elles ne peut
plus être que consenti. Au lieu d'accepter l'autorité ou la règle
comme juste, par cela seul qu'elle est établie, nous voulons de
plus qu'elle se rapproche autant que possible de ce que nous considérons comme la justice ; et ce n'est qu'à cette condition que
nous lui sommes attachés.

D'un autre côté, l'œuvre à laquelle la France s'est condamnée en faisant sa révolution est assez difficile pour rebuter
les courages, et trop austère pour être attrayante. En même
temps que le peuple travaille à cette œuvre, il faut que son
cœur s'élève, pour qu'il en puisse goûter les beautés. Transformer
en quelque sorte sur place et par un travail fait sur elle-même les
conditions de sa vie intérieure, sans que tout entre en confusion ;
n'accepter, dans l'ordre civil et politique, aucune autre puissance
dominatrice que celle de la raison générale : voilà, pour un peuple, une noble et rude entreprise. Elle a été celle de la France
depuis 1789. C'est une conception idéale et austère de la vie
civile. Pour qu'un peuple s'y attache avec dévouement, il faut
qu'il ait reçu une éducation morale supérieure, il faut qu'il trouve
dans le régime politique un genre de satisfactions en rapport avec
la hauteur morale qu'il suppose. C'est ce qui fait là noblesse et
l'excellence des régimes de liberté.

Pour les fonder et pour les faire vivre il faut un effort constant de l'homme sur lui-même, afin que les lois qu'il fait ne
soient pas empreintes de l'égoïsme naturel aux hommes ; afin que,
dans ses œuvres de citoyen, il ne s'occupe pas seulement de sa
personne, de ses intérêts privés, de ses goûts et de ses besoins,
mais qu'il prenne souci des besoins, des goûts, des intérêts d'autrui ; afin qu'il élargisse la sphère de ses devoirs, et qu'il se hausse
jusqu'à la contemplation du bien général et de la patrie.

Ainsi une vertu nouvelle ou du moins plus belle devient l'ornement de la vie civique. Ce n'est plus seulement l'amour du
prince, ni l'obéissance aux lois consacrées par le temps, et par
l'acceptation d'une autorité supérieure, indiscutée comme la
vérité. Non ; c'est la servitude volontaire et passionnée sous la loi
que l'on se fait à soi-même, et qui n'aura le caractère de vérité indiscutable que si elle est, non seulement bonne pour soi, mais
encore juste pour tous, et profitable à la patrie. Le citoyen, sous ce
régime de raison, n'est heureux que s'il se sent libre, s'il peut

développer à son aise. et dans toutes les directions où le pousse
son activité, les facultés qui lui sont départies par la nature. Mais
il a de plus la notion des droits des autres, égaux aux siens ; et il
trouve une satisfaction intime à les protéger et à les respecter,
dans l'œuvre politique à laquelle il est associé. Il se sent membre
actif d'une collectivité d'hommes de sa race ; il se solidarise avec
eux jusqu'à la fraternité. Il a la compréhension d'être un élément
constitutif de la patrie à laquelle il doit son dévouement et son
amour, parce qu'il fait en quelque sorte corps avec elle ; parce
que le bonheur général devient le sien propre, parce que son
honneur personnel est attaché à la grandeur de la France.

L'homme de la cité moderne a un rôle tout nouveau. Il est non
seulement l'artisan de son propre bonheur, il est aussi l'artisan
de celui des autres, et, à quelque degré de l'échelle sociale qu'il
soit placé, il est le coopérateur du bien public. De même que
l'homme de nos jours, grâce aux découvertes de la science,
échappe de plus en plus aux fatalités de la nature ; de même il se
soustrait au joug des autorités uniques ou collectives qui jusqu'alors s'imposaient à lui, soit par une tradition vénérée, soit
par une longue suite d'habitudes, soit par la prééminence abusive-
ment affirmée de je ne sais quel droit au commandement.
C'est une étape franchie vers l'affranchissement sur la route que
suivent les sociétés humaines. Il y a déjà une satisfaction d'orgueil légitime pour les Français à l'avoir franchie les premiers.

Un tel régime, il est vrai, n'a pas sur les imaginations populaires le prestige des splendeurs qui entourent les dynasties royales.
Ces splendeurs, comme le sont désormais, je le crains bien, les
contes de fées, sont réléguées, avec d'autres chimères, dans les
lointaines visions du passé. Qu'on le veuille ou non, et même un
trône fût-il restauré, le prestige est évanoui, et rien ne pourrait
le faire revivre. Ce régime n'a pas non plus à son service l'*ultina
ratio*, la raison du plus fort, la force militaire qui est l'apanage
du despotisme. Et d'ailleurs cette force n'a pas la valeur de la
puissance morale. Celle-ci dure autant que l'idée à laquelle elle
se rattache. La force matérielle se personnifie dans l'homme qui
se sert d'elle ; elle dure juste autant que lui ; elle courbe les
fronts et les âmes, mais elle ne les incline pas à l'obéissance ; elle
s'use à mesure qu'elle s'emploie : elle ne saurait être longtemps
la raison de vivre d'un régime politique. La République a besoin
d'autres ressorts que le sentiment, les illusions de l'imagination.

ou la crainte. Elle réclame, pour durer, des esprits éclairés, des âmes viriles. Elle veut des hommes capables de s'élever jusqu'à la vertu du désintéressement. C'est pour cela qu'elle ne peut s'épanouir que dans les hautes sphères vers lesquelles gravitent les sociétés humaines. Elle peut être, si on le veut, un fruit exquis et rare de la civilisation.

Inaccessible idéal, dit-on. A quoi bon chercher si loin? Les hommes de notre temps n'ont qu'à se laisser vivre en mettant au service de leurs goûts et de leurs besoins, au service aussi de la patrie, les principes de la Révolution. C'est là tout ce que réclame la démocratie. Que si on parle de vue abaissée, de politique terre à terre : soit. Mais c'est ce qu'enseigne cette raison devenue maîtresse du monde, et qui n'a nul besoin de ces aspirations si belles, de ces vertus si difficiles, de cet idéal placé si haut que nul ne pourra l'atteindre. — Ces propos de gens qui se croient sages ébranlent les esprits sincères. On se demande alors si trop d'expérience, une ambition trop haute pour la patrie, une vue trop complète du mal qui règne dans le monde, la recherche trop poursuivie du bien, ne nous entraînent pas au delà du réel, vers l'absolu. Et l'on en vient parfois à songer que le monde a toujours marché de la sorte avec un mélange de pire et de mieux, et que le mieux est de laisser aller le cours des choses, qui tant bien que mal entraîne l'humanité on ne sait où.

Mais la réalité brutale ne permet pas de s'arranger de ce scepticisme, favorable aux hommes experts à vivre des expédients de chaque jour. Elle montre que si la Révolution française a livré la carrière à toutes les initiatives, si elle a ouvert toutes grandes les portes du *forum* où tous peuvent entrer avec des droits égaux, la République, selon qu'elle sera bien ou mal gouvernée, pourra offrir le spectacle d'un peuple libre, ou celui d'un peuple dont les passions instinctives sont déchaînées. Si le frein impérieux d'une idée supérieure ne domine pas les esprits emportés, les volontés ardentes à la poursuite des objets de leurs convoitises, ne dirige pas les citoyens, tous souverains, chacun pour leur part, dans le domaine civil; au lieu d'un régime politique supérieur, où la raison humaine règne, vous verrez une mêlée d'hommes acharnés à leurs droits jusqu'à l'injustice, et la démagogie triomphante, prélude de la barbarie. Nous serons alors à la veille des revanches des vaincus d'hier, et vous verrez ce que deviendra la République indestructible.

Telle est la pensée sous-jacente qui, sans être forméllement
exprimée, a inspiré les discours des orateurs républicaiǹs, lorsqu'ils ont dit, dans ces derniers temps, que l'heure est venue d'organiser la République, puisqu'elle ne trouve plus devant elle d'adversaires avec lesquels il faille compter. Je m'imagine qu'on eût
pu s'y mettre plus tôt, et qu'on lui aurait épargné bien des peines,
si on l'avait voulu. Mais il n'est jamais trop tard, dit-on, pour bien
faire. Il ne faut qu'une résolution sincère.

Veut-on ne plus se servir des procédés que la Révolution a
mis à notre disposition, la presse, les élections, l'égalité des
citoyens dans la participation aux avantages sociaux, pour faire
prédominer une secte ou de petites églises, pour prendre une
revanche sur le passé, pour imposer à la nation des lois contraires à son génie et funestes à son existence? Veut-on ne plus
aller, sous prétexte d'être fidèle à son esprit, au rebours de la
Révolution française? Veut-on renoncer définitivement aux
procédés de l'ancien régime ou du césarisme? Veut-on organiser vraiment un régime souple et fort, sous l'égide duquel
tous les citoyens jouiront de toutes leurs libertés, les associations civiques ou privées reconquerront leurs franchises? Veut-
on respecter dans les citoyens et dans la famille les droits que
leur confère la nature même, renoncer à la prétention insupportable de se substituer à elle, en évoquant l'autorité de ce personnage qu'on appelle l'État, et qui, entendu d'une certaine
manière, ne représente que la volonté de ceux qui occupent le
pouvoir et qui, sous ce nom, dissimulent leur tyrannie? Si telle
est la pensée des hommes qui parlent d'organiser la République,
on aura en effet repris l'idéal de 89 qui était la Liberté. Ce mot
et cette chose pourront unir dans un consentement commun tous
les Français, et retenir leur attachement et leur fidélité.

Pourquoi ce mot est-il magique? Pourquoi remue-t-il profondément les âmes? Pourquoi a-t-il été le mot d'ordre de tous les
grands mouvements populaires? C'est qu'il exprime la vraie pensée de la Révolution française; et que, bien qu'il ait servi à tant
de causes contraires, on en reviendra toujours à lui lorsqu'on voudra établir en France un ordre de choses conforme aux principes
politiques et aux idées sociales que ce mot suppose.

Quand on sait ce qu'on veut, il devient facile de le faire. Au
lieu de chercher à complaire à des minorités bruyantes et exi-
geantes, nombreuses jusqu'à être infinitésimales, et parfois jusqu'à

se réduire à de simples personnalités ; si un gouvernement était d'accord sur le but à atteindre, il deviendrait facile d'imprimer une direction, de faire converger toute l'action politique, de préparer les lois et de modifier le mécanisme de l'administration intérieure, en vue de fonder un régime vraiment libéral.

Il est douteux que les corps politiques, tels qu'ils sont aujourd'hui composés, soient propres à cette tâche. Ils procèdent d'un mouvement d'idées différent, qui était, si l'on veut, l'état de guerre. Tandis qu'ils achevaient cette tâche, les événements ont marché et ont abouti à cet état de choses dont tout le monde se réjouit, dont quelques-uns se glorifient : l'adhésion quasi unanime de tous les Français au régime politique consacré par la Constitution de 1875. On peut en concevoir de belles espérances, mais qui ne pourront guère se réaliser que par une manifestation nouvelle de la volonté du pays.

Plaise à Dieu que, lors des élections prochaines, la nation revendique, de façon à être entendue et obéie, les libertés publiques. C'est le fond de la pensée nationale : *huc erat in votis*. Si, à travers les obstacles que lui opposeront les débris des partis, cette pensée se fait jour, si elle se réalise en un Parlement imbu de ces idées, nous aurons fait un grand pas vers le but toujours poursuivi depuis cent ans et jamais atteint, nous verrons poindre le jour où sera donné à la patrie le souverain bien, l'union dans la liberté.

DE MARCÈRE.

REVUE AGRICOLE

Les vendanges sont commencées un peu partout ; elles sont même déjà fort avancées dans la région méditerranéenne.

Quel changement heureux depuis moins de dix ans ! Alors le phylloxera sévissait avec intensité ; le mildew commençait ses ravages. C'était la ruine noire ; les coteaux étaient dénudés, les villages se dépeuplaient. Aujourd'hui les pampres verts inondent de nouveau la plaine, la joie est au vignoble : dans le Languedoc, la danse des treilles reprend avec *furia* ; au Médoc, le violon et la cornemuse mènent avec énergie la cadence du foulage des raisins. On s'amuse ferme et l'on boit sec et bon.

Il est une question qui préoccupe grandement les œnologues, nous voulons parler de l'époque à laquelle doit s'opérer la cueillette ; on discute sur le degré de maturité du raisin qu'il y a lieu d'attendre pour vendanger. A vrai dire, cela dépend et du climat, et de l'année. Dans les climats moins que tempérés et par les années froides, on ne doit vendanger qu'à maturité aussi complète que possible ; dans les climats tempérés, à maturité atteinte ; dans les climats méridionaux et les années extrêmement chaudes, un peu avant maturité.

Au moment de la maturité, le pédoncule du fruit, cette partie herbacée par laquelle celui-ci est attaché au sarment, change de couleur, sa base se lignifie et passe du vert au jaune et au brun ou au rouge vineux. Le grain atteint son maximum de grosseur, il est devenu mou et translucide, on le détache facilement de la rafle, et l'extrémité du pédicelle ou pinceau, qui était attaché au grain, emporte avec elle une matière gluante et légèrement colorée. Le jus est devenu doux, il a perdu son astringence et colle facilement aux doigts.

Il convient de procéder, autant que possible, par un beau temps, à la cueillette. En général, aussitôt vendangés, les raisins doivent être jetés à la cuve (nous parlons, évidemment, des raisins noirs) ; exception est indiquée pour les pays très chauds comme l'Algérie, par exemple, où il y a utilité à laisser refroidir la vendange pendant la nuit.

Pour les vins communs, on ne trie pas les raisins verts ou trop mûrs. Les grains encore verts qu'on trouvera çà et là, inévitablement, ne sont pas à rejeter; ils donneront au vin corps et solidité.

Au contraire, pour les vins fins, en Bourgogne, dans le Bordelais, en Champagne, on trie soigneusement les raisins. Dans les crus rouges, on ne ramasse ni les grains pourris ni les grains verts; dans les blancs, on ramasse seulement les plus mûrs et ceux qui sont pourris, c'est-à-dire qui ont atteint une excessive maturité, qui ont subi un certain blessissement. Cette dernière pratique est particulièrement usitée pour la confection des vins de Sauternes, de Montbazillac (Bergerac).

Les *Annales de l'Institut Pasteur* nous apportent un travail de MM. Schaffer et de Freudenreich, qui n'est pas destiné à mettre en faveur, par ce temps de choléra nostras ou asiatique, les vins dits artificiels, les vins de raisins secs.

Les deux savants précités ont eu l'idée de rechercher le nombre et la nature des cellules de ferments contenues dans divers vins naturels et artificiels. D'après les tableaux publiés, les vins naturels ne contiennent guère que des levures et même les vins très vieux ne contiennent plus de micro-organismes vivants, tandis que les vins artificiels, au contraire, contiennent surtout des bactéries.

M. Duclaux, l'éminent membre de l'Académie des sciences, fait remarquer, à propos de ce travail, que la constatation faite n'a rien de surprenant, étant données les matières premières, eau et autres, avec lesquelles les vins artificiels sont fabriqués et la malpropreté ordinaire des locaux dans lesquels on les fabrique.

En ce qui concerne la récolte des blés, on peut dire que l'année est *assez bonne moyenne.*

Suivant l'enquête à laquelle s'est livré le *Bulletin des Halles*, le rendement atteindrait 102 409 950 hectolitres. Ce serait, par rapport à une année moyenne, un déficit en quantité de 5 393 060 hectolitres.

Mais la qualité du grain étant excellente et le poids étant supérieur, le rendement en farine se trouvera augmenté de 4 p. 100 environ, ce qui, pour une production de 102 409 950 hectolitres de grain récolté, équivaut à la production moyenne, calculée sur les dix dernières années, y compris la mauvaise année de 1891.

Néanmoins, nous aurons à recourir aux blés étrangers, car, nos besoins généraux annuels en blé étant de 122 millions et demi d'hectolitres, il nous faudra importer environ 15 millions d'hectolitres.

Avec l'aide de M. Bussard, son préparateur, M. Schribaux, le directeur de la station d'essais de semences à l'Institut agronomique, a noté, jour par jour, sur quelques inflorescences de blé, de seigle et

d'avoine, la date de la floraison des différentes fleurs; puis il a déterminé à la récolte le poids des grains correspondants. Il paraît qu'une
relation étroite existe entre ces doux circonstances : les fleurs les
plus précoces produisent les semences les plus lourdes, et celles-ci
mûrissent les premières.

Dès la levée, les plantules issues des grosses semences se diffé-
rencient par une plus grande vigueur; elles épient et mûrissent les
premières. Elles résistent bien mieux au charbon que les plantes provenant des petites semences. Et de celles-ci elles se distinguent
encore par un tallage plus abondant, enfin par une production plus
grande en paille, en grain, et en grains plus lourds.

Cès expériences, que M. Schribaux a communiquées à l'Académie
des sciences, justifient la pratique des cultivateurs, encore trop peu
nombreux, hélas! qui prennent leurs semences de céréales sur les
plus beaux épis de leurs cultures.

Georges COUANON.

CARNET MONDAIN

Que voulez-vous que je vous raconte en fait de mondanités? *Tout Paris* est encore en voyage, et, dans les châteaux, la grande saison n'est pas encore commencée.

Dans cette alternative, le mieux, je crois, est que je vous parle toilette. Ce sujet est d'autant plus à propos que nous arrivons à un changement de saison; et puis... entre femmes... jamais il ne lasse, même les moins coquettes.

J'ai du reste, aujourd'hui, de quoi vous intéresser, car je viens de visiter, en pensant à vous, une exposition de merveilleux costumes destinés, il est vrai, à une femme tellement élégante, tellement artiste elle-même, qu'elle inspirerait le moins capable d'être inspiré de nos célèbres faiseurs. Vous avez deviné qu'il s'agit de Sarah Bernhardt. Toujours infatigable, elle songe à faire une nouvelle tournée triomphale. Mais, cette fois, c'est en Europe qu'elle cherchera des admirateurs enthousiastes. Et je vous assure que si son talent lui en mérite, les robes qu'elle portera dans la *Dame aux Camélias*, *Fédora* et les autres drames ou comédies de son répertoire, lui vaudront, cet hiver, tous les suffrages des gens de goût. C'est une ravissante symphonie de soie, de velours, de dentelles, de broderies, de fleurs et de pierreries se mariant dans une parfaite harmonie de tons.

Comme forme, le style est avant tout celui de Sarah, c'est-à-dire le genre vague. Pourquoi les femmes du monde, si admiratrices de la célèbre artiste, sont-elles si peu enthousiastes lorsqu'on leur propose des costumes de ce style d'une grâce inénarrable? Parce qu'en général, elles sont extrêmement coquettes de leur taille, désireuses de la faire voir, et qu'elles ne comprennent pas tout le charme d'une élégance qui se dessine sans s'accuser.

Donc, Sarah, qui est fort bien faite, cependant, ne porte rien d'ajusté. Toutes ses robes rappellent un tantinet les drapés antiques. Et Dieu sait comme cela lui va! et permet à la souplesse de son corps de se donner libre cours, qu'elle soit tendre, câline, féline, allais-je presque dire, amoureuse, passionnée, ou cruelle même quelquefois.

Il y a entre autres, pour *Fédora*, un costume que je trouve admirable. Dans une exposition, il vaudrait certainement un prix hors concours à l'artiste qui l'a signé.

C'est une robe en velours violet dont la nuance rougit légèrement le soir, et devient alors dahlia. Les manches très étoffées, mais ne descendant pas plus bas que le coude, sont en velours bleu de ciel, qui, lui-même, à la lumière, se transforme en bleu turquoise.

Quoique, au premier abord, l'assemblage de ces deux teintes paraisse un peu heurté, rien ne peut donner une idée de leur harmonie en la circonstance. De la zibeline, en bordure et autour du cou, légèrement dégagé, et une admirable broderie byzantine où se retrouvent sur fond de tulle d'or, au milieu de beaucoup d'autres pierreries, des turquoises en quantité. Voilà ce qui constitue la garniture de cette robe vraiment unique.

La broderie fait, par devant, empiécement arrondi d'où s'échappe une étole en même broderie, traversant verticalement le corsage et la robe du haut en bas. Dans le dos, cet empiécement forme bavette carrée et flottante; et la broderie, deux languettes qui retombent, en s'y perdant, sur le drapé des manches. Le même ornement contourne la robe au-dessus de la zibeline.

Beaucoup de rose dans les toilettes de bal et les robes d'intérieur; du vert, aussi; parfois l'un et l'autre réunis, mais toujours dans des tons très doux et souvent voilés de gaze ou de mousseline de soie unie, ou bien brodée d'or et d'argent, en des dessins si délicats que cela n'est que charmant sans être voyant.

Toutes les traînes sont de dimension moyenne et arrondies en ovale.

Une robe en taffetas Louis XV; fond mastic, fleuri de cyclamens, est ornée des mêmes fleurs, en bordure de la jupe, comme en épaulette, à droite, et en bouquet à gauche, au bas de la ceinture à longs pans, en ruban de satin bleu ciel; elle est aussi fort jolie dans son genre. Mais, à la vérité, je ne saurais dire celle qui n'est pas charmante parmi toutes ces toilettes. En les regardant, on s'extasie sur chacune d'elles, et c'est toujours la dernière qui paraît la plus exquise. Une robe de bal, en mousseline de soie brodée d'argent, et à manteau de cour en brocart rebrodé, est garnie en sautoir d'une guirlande de roses pâles sans feuilles et de plumes roses ombrées en bordure de la traîne à gauche. Cette robe est vraiment superbe.

Elle est décolletée en rond, sans manches, et de forme blouse devant, ce qui rappelle tout à fait les costumes de *Théodora*.

Beaucoup de toilettes sont agrémentées d'une ceinture en métal, genre byzantin.

Pour la ville, il y a du velours droguet, de la soie écossaise, du velours miroir; dans ce cas, le cou, au lieu d'être dégagé, est emprisonné dans de hauts cols Valois; les manches sont très longues, retombant même sur la main en genre châtelaine, très amples et très drapées du haut, mais étroites, et un peu froncillées sur l'avant-bras, comme des gants de Suède, trop longs et un peu trop larges, — ceux que la grande artiste a précisément mis à la mode, et qu'elle portait entre autres dans la *Tosca*.

Les vêtements affectent surtout la forme redingote, avec collet ou manches-pèlerine simulant le collet. Ils sont en velours glacé ou en velours côtelé en relief, en travers, à fond ombré, garnis de zibeline ou de renard bleu, et, parfois, de jolies broderies byzantines en tons fondus.

Le vieil Alençon, les dentelles de Venise et Richelieu, sont les seules à signaler; la guipure d'Irlande a fait son temps.

Sur les chapeaux, par exemple, on voit encore de la guipure, mais noire, et assez épaisse. Cependant, le Chantilly domine. On garnit beaucoup les calottes Empire, en dentelle tendue, qui retombe sur les bords plats, bien entendu. Le velours uni ou ombré est presque exclusivement employé, dans la mode, comme dans la couture; mais le feutre noir en est exclu. La grande nouveauté, par exemple, est au feutre clair, souple, employé en plateaux, et pouvant se draper comme de l'étoffe.

Je vous en reparlerai la prochaine fois. Aujourd'hui, j'ai encore un mot à vous dire de la parfumerie, à laquelle je vous engage à songer au moment de faire vos provisions d'automne. Rappelez-vous alors mes conseils passés, et allez sans hésitation, 11, place de la Madeleine. Vous y trouverez mille nouveautés exquises, tant pour la toilette que pour le mouchoir; et les *plaques parfumées*, créées par la *Parfumerie Oriza*, pour communiquer au linge, dans les armoires, une suave odeur de fleurs fraîches, de foin coupé, ou de tout autre parfum, vous sembleront, j'en suis certaine, comme la plus parfaite des inventions nouvelles dans ce genre de produit.

Sur toute demande qui lui en est adressée, la *Parfumerie Oriza* envoie *franco*, à ses clients, son charmant petit catalogue-bijou illustré.

Berthe de PRÉSILLY.

Conseils. — Les cheveux blancs apparaissent à beaucoup de femmes comme un épouvantail annonçant la fin de leur jeunesse et le commencement de leur âge mûr; d'autre part, la teinture effrayant un grand nombre de mondaines, qui en redoutent, pour leur santé, les pernicieux effets, la *poudre Capillus* offre à toutes un sérieux auxiliaire. Elle a le précieux avantage de recolorer à sec les cheveux blancs. Elle existe dans toutes les teintes, et rend à la chevelure sa couleur primitive sans le moindre inconvénient. Elle se vend en boîte, depuis 5 francs jusqu'à 20 francs, et se trouve, à côté de tant d'autres produits excellents, à la *Parfumerie Ninon*, 31, *rue du Quatre-Septembre*. Recommandation est faite d'éviter les contrefaçons.

B. de P.

Avis aux lectrices et aux lecteurs de la Nouvelle Revue.

Par suite d'arrangements spéciaux avec les éditeurs de musique, j'ai le plaisir d'annoncer à mes lecteurs que l'administration de la *Nouvelle Revue* leur procurera tout ce dont ils pourront avoir besoin en morceaux, partitions, musique religieuse, méthodes, etc., à des conditions de prix moindres que celles qu'ils pourraient obtenir eux-mêmes, quelle que soit la remise qu'on leur fasse.

Nous pouvons aussi leur procurer pianos, violons, guitares, cithares, etc., tous les instruments de musique, en un mot, à de rares conditions de bon marché. Les mandolines et les guitares, qui sont si fort à la mode, depuis quelques années, sont de premières marques italiennes authentiques.

Nous sommes en rapport avec les premières maisons françaises, et pouvons faire adresser telle marque que l'on désire, toujours avec les mêmes avantages pour l'acheteur.

Nous ne considérons pas ceci comme une affaire; et quelles que soient nos démarches, nous nous trouverons suffisamment récompensés par l'occasion qui nous sera donnée d'être utiles et agréables à nos lecteurs.

Prière, pour toute demande, de joindre un timbre-poste aux lettres adressées à Mme *de Présilly*, bureaux de la *Nouvelle Revue*.

Petite Correspondance.

Un mélomane passionné. — Ce que vous nous demandez est édité chez Durdilly. Nous vous l'enverrons avec le recueil de Tchaïkowsky, édité chez Macquart et Noël. — Nous vous signalons la méthode de F. Le Couppey à un prix exceptionnel.

Marguerite V... — Le piano dont je vous ai parlé est de 1 600 francs et vaut 2 800 francs. C'est ce qu'on appelle le modèle *crapaud*. Cette forme arrondie est un peu moins longue que la demi-queue.

M. D. de K... à R... — 1° Certainement oui, et avec plaisir; 2° Dites-nous seulement si vous voulez qu'on y joigne une *guitare*, une *mandoline*, une *cithare?* 3° Tout cela est édité chez Grus, place Saint-Augustin.

Un vieil abonné. — Nous vous enverrons le catalogue demandé à l'adresse indiquée.

Nathalie de P..., à Pétersbourg. — Oui, Madame, vous avez parfaitement compris. — Les œuvres d'Ambroise Thomas sont éditées chez Heugel. — Nous attendons vos ordres pour le violon. — Merci de vos amabilités.

Une mère de famille. — Nous avons un très bon piano droit, à votre disposition, pour 900 francs; et un pianino excellent pour 600 francs.

B. de P.

REVUE FINANCIÈRE

La liquidation d'août s'est opérée dans des conditions très favorables aux acheteurs; pour s'en convaincre, il suffit de comparer les cours de compensation et de voir le prix des reports; les vendeurs avaient espéré pouvoir prendre leur revanche des nombreux échecs qui leur sont infligés depuis plusieurs mois; l'extension de l'épidémie cholérique à l'étranger et les fâcheuses dispositions qui se manifestaient sur plusieurs centres financiers les avaient engagés à se départir de leur réserve et à prendre de nouvelles positions à la baisse. Il a suffi d'un retour offensif des acheteurs pour qu'ils s'empressent de se couvrir par des rachats, et leurs opérations précipitées ont imprimé au mouvement de reprise une vigoureuse impulsion; le terrain perdu a été rapidement regagné et, pendant les premiers jours du mois, nous avons retrouvé des cours très élevés.

Comme toujours, au lendemain d'une forte poussée en avant, un temps d'arrêt a dû se produire; les acheteurs ont consolidé les avantages acquis, les réalisations de bénéfices se sont produites et les derniers jours de cette quinzaine ont été consacrés à ce travail de consolidation et d'allégement. Les acheteurs devront avoir maintenant la sagesse de se contenter d'user de leurs avantages et de ne pas se laisser aller à des exagérations dangereuses; ils compromettraient ainsi le succès de la campagne d'affaires qui devra se produire à la rentrée.

La situation actuelle est en effet satisfaisante et permet de maintenir le marché dans un bon état jusqu'à l'époque de la rentrée; les capitaux abondent, les reports sont à un prix excessivement bas, les spéculateurs trouvent de l'argent à 1 p. 100, rien ne menace le marché; la politique ne cause aucune appréhension, l'épidémie cholérique est en décroissance et le commerce n'aura pas eu trop à en souffrir; enfin le public semble revenu des craintes qui l'ont éloigné du marché pendant si longtemps; il demande aujourd'hui des placements lucratifs que l'on devra s'empresser de lui offrir. De telles conditions expliquent, sinon la continuation de la hausse, au moins une grande fermeté.

A l'étranger, les affaires sont calmes, et présentent moins d'animation que sur notre marché; à Londres, une fausse nouvelle, relative à l'évacuation de l'Égypte, a déprimé un instant le marché des fonds égyptiens; un démenti n'a pas tardé à être donné, et les cours anciens ont été cotés à nouveau; en Allemagne les transactions sont nulles.

Les chiffres suivants montreront l'état prospère des finances russes et les progrès économiques réalisés chaque jour par ce pays.

Les recettes ordinaires effectuées par le Trésor russe pendant les cinq premiers mois de cette année se sont élevées à la somme de 325 300 000 roubles, et les recettes extraordinaires à 128 300 000 roubles. Pendant la même période de l'année dernière, les recettes ordinaires avaient été de 235 400 000 roubles et les recettes extraordinaires de 14 900 000 roubles.

Quant aux dépenses ordinaires, elles ont été, cette année, de 406 400 000 roubles, contre 375 200 000 roubles en 1891; les dépenses extraordinaires, de leur côté, ont atteint le chiffre de 109 056 000 roubles contre 18 300 000 roubles.

Pendant les quatre premiers mois de 1892, les exportations se sont élevées à 96 752 000 roubles, contre 20 176 400 roubles en 1891. Les importations ont été de 92 512 000 roubles, contre 101 548 000 roubles pendant la même période de l'année dernière.

L'Autriche se préoccupe surtout de la réforme monétaire et des achats d'or qui en constituent un des facteurs essentiels; l'Italie s'occupe surtout des fêtes de Gênes, dont nous pourrions un jour ou l'autre, grâce aux témoignages inattendus de sympathie qu'on nous prodigue, être appelés à payer les frais; rien de saillant en Espagne ni en Grèce : dans ce dernier pays, le change se maintient toujours aux environs de 45 p. 100; le Portugal se prépare aux élections législatives, et cette question fait ajourner toutes les autres.

Les cours des rentes de ces deux pays n'ont pas subi de modifications bien sensibles, et on voit, par les renseignements que nous venons de donner, qu'aucun fait n'est venu modifier les appréciations que nous avons déjà faites sur la valeur de ces fonds.

A. LEFRANC.

BULLETIN BIBLIOGRAPHIQUE

ROMANS, POÉSIE, THÉATRE

Marié, par CARMEN SYLVA (Perrin). Très originale et très saisissante autobiographie d'un homme qui s'est marié sans amour et qui traîne le lourd boulet de la vie conjugale, jusqu'à ce qu'il meure de lassitude et d'épuisement. Le malheureux inspire à sa femme une passion qui la rend clairvoyante, et donne au caractère de l'héroïne un intérêt tragique. Tous les personnages dans **Marié**, même ceux de second plan, sont décrits et peints avec une grande habileté. Les quatre récits qui suivent **Marié** : **Vengeance, Marsili, Dans les Carpathes et Horia**, sont aussi fort remarquables et très dramatiques.

Sur le retour, par PAUL MARGUERITTE (E. Kolb). Le brave colonel de Francœur, riche autant que noble et fort élégant de sa personne, bien qu'un peu massif, est resté garçon jusqu'aux approches de la cinquantaine et n'a connu de l'amour que l'apparence et les à peu près. Mais voilà que sur son chemin passe une jolie créole de quinze ans, et le voile se déchire, le vaillant soldat aime, et, se croyant aimé, rêve déjà d'hyménée. Vous pensez bien qu'il suffit de l'apparition d'un jeune blondin, petit cousin de sa belle, pour lui arracher ses illusions d'un jour, et l'engager à rejoindre au plus tôt son régiment à Verdun. L'histoire n'est pas neuve; mais ce qui lui donne un grand charme, c'est l'extrême souci de la vérité qui conduit la plume de l'auteur. Le cadre où se déroule la mésaventure du beau cuirassier est peint de main de maître, et tous les personnages qui se meuvent, hommes et femmes, autour du colonel et de la jolie créole, vivent, dans le sens littéral du mot, sous les yeux du lecteur.

L'Abandonné, par DUBUT DE LAFOREST (Dentu). Un roman à thèse, où l'auteur met en scène, d'une façon fort émouvante, une des questions qui intéressent au plus haut degré notre organisation sociale, celle de l'enfance abandonnée. Il soutient, et il fait mieux que soutenir, il démontre que le régime de correction et d'éducation, actuellement en vigueur dans les maisons de détention et les colonies pénitentiaires est inefficace et démoralisant, et nous fait voir le jeune homme emprisonné, souvent injustement, à la Petite-Roquette ou à Mettray, se trouvant, une fois libéré de sa peine, sans aide, sans appui, en passe de devenir ou un criminel ou un martyr social. Peut-être M. Dubut de Laforest a-t-il un peu trop poussé au noir hommes et choses, dans l'intérêt de sa cause; mais les idées dont il s'est fait le défenseur sont belles et bonnes, et il les a exposées avec un véritable talent.

Chénerol, par HENRY GRÉVILLE (Plon). Un excellent roman de l'écrivain bien connu qui en a déjà signé tant de bons et quelques-uns de tout à fait remarquables.

Mirabeau et ses détracteurs, par CH. DE LARIVIÈRE (Fischbaches). C'est surtout à notre sympathique collaborateur Léo Quesnel qu'en prend Ch. de Larivière, et à l'étude critique publiée par cet auteur sur les *Mirabeau*. Il répond avec une véhémence passionnée à cette virulente attaque, et, sans plaider autre chose que les circonstances atténuantes pour la vie privée et le caractère du puissant tribun, il revendique hautement l'estime et l'admiration de tous pour son génie et son rôle politique, lequel, « plus d'une fois entaché de vénalité, fut néanmoins noble et bienfaisant ».

Une patriote, par JULES LECOUX (Ollendorff). Simple et court récit en prose, d'une allure saisissante et animé d'un véritable souffle patriotique.

Le Maître d'école de Ravenne, par HENRI FAUVEL (A. Lemerre). Autre récit, en vers cette fois, qui est, en même temps qu'une étude d'histoire rétrospective, une belle page de philosophie et de morale.

The Heritage of the Kurts, roman norvégien traduit en anglais par CECIL FAIRFAX (London, Heinemann).

Giovannantonio Campano, detto l'Episcopus aprutinus, saggio biographico è critico, del Dott. Prof. GIUSEPPE LEOCA (chez Ristori, à Pontedera).

Internationales Saecular Album, als Gruss des Dichter und Denker des xix an die des xx jahrhunderts, herausgegeben von EDUARD LŒWENTHAL (à Berlin, chez Karl Siegismund). Intéressant recueil d'extraits, avec autographes, des principaux écrivains allemands, autrichiens et suisses du siècle dernier et de celui-ci.

VOYAGES, GÉOGRAPHIE, HISTOIRE

Le Mexique, par GASTON ROUTIER (Le Soudier). Très pratique étude, surtout au point de vue industriel et commercial, sur un pays très mal connu en France. Une carte excellente, dressée d'après les derniers documents officiels, ajoute encore à l'intérêt du livre.

Madrid, par EMILIO CASTELAR (Hachette). Très remarquable monographie de l'illustre orateur écrivain, qui couronne brillamment la splendide collection des *Capitales du Monde.*

Hygiène du Touriste, par le Dr RAYMOND NOGUÉ (Doin). Un livre très bien fait, très clair, et qui arrive à point aujourd'hui que les exercices physiques sont en honneur et que chacun de nous s'arme à son tour de la canne du touriste.

Triple Alliance et Alsace-Lorraine, par JEAN HEIMWEH (Armand Colin). Excellente brochure, animée du plus pur patriotisme, où l'auteur s'attache à examiner le rôle et les conditions d'existence de la Triple Alliance, et à démontrer qu'un jour prochain l'Autriche et l'Italie, écrasées par les charges de la paix armée, laisseront l'Allemagne isolée, ce qui fera faire un grand pas à la solution pacifique de la question d'Alsace-Lorraine.

A refaire la Débâcle, par CHRISTIAN FRANC (Dentu). Grand admirateur du livre de Zola, l'auteur de cette brochure demande avec raison à l'illustre écrivain d'y ajouter ce qu'il a trop laissé dans l'ombre à côté des désastres et des misères de notre malheureuse guerre : les héroïques efforts de nos soldats qui ont du moins laissé notre honneur sauf.

Canevas étymologique du vocabulaire allemand, par G. RICHERT (Lavauzelle). Ingénieux traité méthodique de la langue allemande, appelé à rendre de grands services à nos officiers et à tous ceux qui peuvent avoir besoin de savoir et de parler l'allemand, c'est-à-dire à tous les Français.

L'Année militaire et maritime, par H. BARTHÉLEMY et LÉON RENARD (Breton). C'est le tableau tracé, par deux écrivains spécialistes de grand talent, du mouvement militaire et maritime de l'année 1892, avec de précieux et complets détails sur l'organisation des principales armées européennes, leur formation, leur répartition et leurs emplacements, sur les effectifs permanents, sur les dépenses budgétaires, sur les ressources en hommes, en chevaux et en matériel, sur les forces mobilisables, sur la constitution probable des troupes en cas de guerre, etc. Ce volume est le second d'une collection appelée à rendre les plus grands services à tous ceux qui touchent de près ou de loin à l'armée et à la marine, c'est-à-dire à peu près à tout le monde.

Cobden. Discours sur la liberté commerciale et sur les finances (Guillaumin). Ce petit volume contient une lettre et neuf discours du célèbre économiste anglais traduits en français. Jamais la question du libre-échange et la politique rationnelle du dégrèvement n'ont été traitées avec plus de force et une éloquence plus entraînante. M. Leon Say a fait précéder ces discours d'une lumineuse introduction où il raconte, explique et juge le grand agitateur anglais, qui fut l'un des défenseurs les plus constants et les plus énergiques de la liberté commerciale en Angleterre.

L'Apostolat positiviste au Brésil. Dixième circulaire annuelle, par MIGUEL LEMOS (Rio-de-Janeiro).

Léon XIII devant ses contemporains (Tolra). Étude biographique et critique du Souverain Pontife, où sont réunies les opinions des principaux journalistes français et étrangers de ce temps, avec une reproduction du portrait de Th. Chartran.

Histoire populaire du cardinal Lavigerie, par Émile Lesur et l'abbé J.-A. Petit (Lamulle et Poisson).

Les Antisémites en France, par Mermeix (Dentu). Le but de cette plaquette est d'expliquer par les faits comment a pu se faire dans des milieux aussi dissemblables que les désœuvrés des clubs, les petits bourgeois et gens d'église atteints par les krachs financiers et quelques comités révolutionnaires, le recrutement de l'antisémitisme français. D'après l'auteur, l'antisémitisme, qu'il appelle « une maladie du socialisme », n'est qu'une agitation purement négative, qui ne peut aboutir à rien sinon peut-être à provoquer des attentats individuels.

Les Bases de la morale et du droit, par l'abbé Maurice de Baets (Félix Alcan). Dans cette étude, l'abbé de Baets cherche un remède au désarroi philosophique de notre époque dans un retour à la vieille métaphysique, et fait le procès à l'école anthropologique et psychiatrique.

SCIENCES ET BEAUX-ARTS

Le Monde physique, par le Dr J. Pioger (Félix Alcan). Dans ce petit livre l'auteur expose avec clarté et simplicité les questions les plus ardues du problème des conditions et limites de la connaissance du monde physique. Cet essai intéressant de synthèse philosophique de la connaissance humaine est l'œuvre d'un penseur et d'un savant.

La Reconstitution de l'entreprise de Panama, par J. Charles Roux (Guillaumin).

Salons, par Castagnary (Charpentier). C'est le recueil des articles publiés annuellement de 1857 à 1879 par l'ancien directeur des Beaux-Arts. Une brillante préface d'Eug. Spuller et un beau portrait de Castagnary par Bracquemond ajoutent à l'intérêt du volume.

Quelques mots sur un tableau inconnu d'Andrea Vicentino, par Mathias Bersohn (Rome, chez Civelli). Andrea Vicentino est l'auteur du tableau bien connu représentant la réception de Henri III à Venise, que l'on peut voir dans la salle des Quatre-Portes du Palais ducal à Venise. En passant dans la ville de Leitmeritz en Bohême, l'auteur de ce travail a découvert, au petit musée de la ville un second tableau du maître italien, représentant le même sujet, avec cependant d'importantes modifications dans la composition et dans l'emplacement des personnages et des objets. Ce sont de curieux détails sur ce tableau, sur son origine, et sur l'historique de sa transplantation en Bohême, que M. Bersohn a recueillis sur place, et qu'il nous donne ici dans une intéressante brochure.

Les dernières Œuvres de Johann Strauss, par William Ritter (Gand, chez A. Siffer. L'auteur du Beau Danube bleu est connu surtout pour les valses sans nombre dont il est l'auteur célèbre et applaudi. Cela n'empêche pas l'auteur de la présente brochure de le mettre sur la même ligne, dans ses plus grandes admirations musicales, que Beethoven et Wagner. C'est surtout sur la dernière production du compositeur que M. Ritter s'appuie pour étayer son appréciation enthousiaste, et plus particulièrement sur Kaiser Valzer, qui commence, assure-t-il, l'évolution de la valse viennoise.

Les 383e et 384e livraisons de la Grande Encyclopédie, qui viennent de paraître chez Lamirault, renferment de remarquable articles sur l'Espagne, sur l'Esthétique, sur les Estienne et sur l'Estomac.

Ad. BADIN.

L'Administrateur-Gérant : RENAUD.

Paris. — Typ. Chamerot et Renouard, 19, rue des Saints-Pères. — 19163.

VIENNENT DE PARAITRE

CHOSES VRAIES

PAR

Madame La Maréchale SERRANO

DUCHESSE DE LA TORRE

Un volume petit in-8º imprimé par MM. CHAMEROT ET RENOUARD. **3 fr. 50**

L'ÉGYPTE ET SES PROVINCES PERDUES

PAR

Le Colonel CHAILLÉ-LONG BEY

ANCIEN OFFICIER DE L'ARMÉE ÉGYPTIENNE, CHEF D'ÉTAT-MAJOR DU GÉNÉRAL GORDON-PACHA
(GOUVERNEUR GÉNÉRAL DES PROVINCES ÉQUATORIALES D'ÉGYPTE).

Un volume in-18, avec une couverture allégorique de M. Gustave Fraipont. **3 fr. 50**

OMBRES ET MIRAGES

PAR

M. ROBERT SCHEFFER

Un volume in-18. . . . . **3 fr. 50**

EN PRÉPARATION :

JOSEPH BONAPARTE EN AMÉRIQUE

1815-1832

PAR

M. GEORGES BERTIN

Un volume in-18 accompagné d'un portrait, d'après une gravure de M. Rodolphe
Piguet. . . . . **3 fr. 50**

Agen......... { Ferran Frères. / J. Michel et Médan.
Amiens...... Etienne Vion.
Angers...... A. Gaudil.
Angoulême... Barraud.
Arras....... Segaud-Lancel.
Arcachon.... Delamarre.
Auxerre...... Lanier.
Bar-sur-Aube. Boilet.
Belfort...... Paul Pélot.
Bernay...... Boilet.
Besançon.... Jacquard et Cie.
Biarritz..... Benquet.
Blois .... { Houdet-Bordier. / Thuault.
Bordeaux.... { Dauch. / Graby. / Feret et Fils. / Bourlange. / Soumard-Berneau
Bourges..... Ve Beaunaut.
Caen........ Massif.
Calais....... Déjardin-Broutta.
Cambrai..... Victor Dayer.
Cannes....... { Rosaudy. / Vial.
Carcassonne.. Lajoux Frères.
Chambéry.... J. Baujat.
Charleville... Edouard Jolly.
Chartres..... Selleret.
Chateaudun.. L. Pouillier.
Chaumont.... Roger-Lapetite.
Cherbourg.... Ad. Marguerie.
Clermont-Ferr. Risou-Collay.
Cluny........ Laprince.
Dijon........ Armand.
Dinan....... Tessier.
Dunkerque... Nermann.
Epernay...... E. Choque.
Epinal....... { Armand-Bougé. / C. Froereisen.
Fontenay-le-Comte Gouraud.
Grenoble .... { Baratier Frères. / Drevet.
La Rochelle.. { Charrier. / Foucaud. / Foucher.
Le Havre.... { Bourdignon Fils. / Dombre.
Lille........ { Bureau. / Marchal. / Bernoux et Cumin. / Ducros.
Lyon........ { Côte. / Dizain et Richard. / H. Georg. / Vitte.
Le Mans..... Pellechat.
Marennes.... Mme Gauthier-Abran.
Marseille... { J. Carbonell. / Marpon et Flammarion.
Melun....... Mignotte.
Mézières.... René Ch.
Montpellier ... Camille Coulet.
Nancy....... { Berger-Levrault / Grosjean-Maupin. / Sordoillet. / Sidot Frères.
Nantes...... Vier.
Nevers...... Mazerou Frères.
Nice......... { Visconti et Cie. / Office du Galignani. / Bensa.
Niort....... Clousot.
Orléans...... Herluison.
Orthez...... Goude-Dumesnil.
Pau......... Cazaux.
Périgueux.... Sengenex.
Perpignan... Dupuy.
Poitiers...... { Druineaud. / L. Clerté. / Bellefontaine.
Reims....... F. Michaud.
Rennes...... Plihon et Hervé.
Rochefort-s-m. Bonaventure.
Rouen...... { A. Lestringant. / Schneider Frères.
Les-Sables-d'Olonne { Mayeux. / J. Prévost.

Tours .... Boisselier.
Tours .... Supplisson.
Troyes ...... L. Lacroix.
Valenciennes.. Lemaître.
Versailles.... Pinéau.
Vichy ...... Barry.
Villers-s/-Mer. Bernier-Lamba.
Vitré .... Lecuyer.
Vouziers...... Bosquette-Carette.

ALGÉRIE
Alger...... { Gavault-St-Lager. / Michel Ruff.

ALSACE-LORRAINE
Colmar ...... { E. Barth. / S. Petry.
Mulhouse.... { Stuckelberger. / Ve Seiffer.
Strasbourg.. { J. Noiriel. / Ammel. / Treuttel et Wurtz.
Metz........ Sidot Frères.

ALLEMAGNE
Berlin...... { Behr. / Brockhaus. / Asher et Cie. / Schneider.
Bonn........ Max Cohen.
Francfort... Jaeger.
Hambourg.. Brockhaus.
Leipzig..... { Le Soudier. / Brockhaus. / Twietmeyer. / Max Rübe.
Munich...... Ackermann.

ANGLETERRE
Londres..... { Hachette et Cie. / B.-F. Stevens. / P. Rolandi. / David Nutt. / Delizy, Davies et Cie. / Aug. Siegle.
Edimbourg.. Douglas et Foules.

AUSTRALIE
Melbourne... Samuel Mullen.

AUTRICHE-HONGRIE
Budapest.... { Charles Grill. / Revai Frères.
Vienne...... { Bloch et Hasbach. / Brockhaus. / Gerold et Cie. / Guillaume Frick. / Lechner.
Prague(Bohême) F. Topic.

BELGIQUE
Bruxelles ... { A. Lebègue et Cie. / Ve Rozez. / Decq (Emile). / Société Belge de Librairie.
Gand........ { Hoste. / C. Muquard.
Liège........ { Édouard Gnusé. / Desoer.
Anvers...... Max Ruepp.

BRÉSIL
R.-d-Janeiro.. Lachaud.
Campinas..... Genoud.

CANADA
Montréal...... Sylva Clapin.

CAP-DE-BONNE-ESPÉRANCE
Cape-Town.. J. Juta.

CHILI
Santiago..... { Salas y Pesse. / Libreria de Artes y Letras.
Valparaiso.... Carlos F. Niemeyer.

CHINE
Pékin.......... The Customs Library.

COCHINCHINE
Saigon........ Schroeder Frères.

COLOMBIE
Bogota....... Camacho, Roldan et Tamayo.

DANEMARK
Copenhague.. Höst et Fils.

ÉGYPTE

Quatorzième Année.   Tome LXXVIII   3ᵉ Livraison.

LA

NOUVELLE REVUE

LIVRAISON DU 1ᵉʳ OCTOBRE 1892

SOMMAIRE

PARIS

18, BOULEVARD MONTMARTRE, 18

LA NOUVELLE REVUE

Paraît le 1ᵉʳ et le 15 de chaque mois

PRIX DE L'ABONNEMENT

	1 an	6 mois	3 mois
Paris.	1 an, **50 fr.**	**26 fr.**	**14 fr**
Départements et Alsace-Lorraine. . .	— **56 fr.**	— **29 fr.**	— **15 fr**
Étranger (*Union postale, 1ʳᵉ zone*). . .	— **62 fr.**	— **32 fr.**	— **17 fr**

Les abonnements partent du 1ᵉʳ et du 15 de chaque mois.

AVIS IMPORTANT

Afin d'éviter toute interruption dans le service de la NOUVELLE REVUE nous prions nos lecteurs dont l'abonnement expire avec le numéro du 1ᵉʳ octobre de nous faire parvenir leur renouvellement en une valeur à vue sur Paris ou en un mandat d'abonnement.

On s'abonne SANS FRAIS, en France et à l'étranger, dans tous les bureaux de poste et aux bureaux et agences de la SOCIÉTÉ GÉNÉRALE et du CRÉDI LYONNAIS.

EN VENTE :

Collection complète de la *NOUVELLE REVUE*

u 1ᵉʳ octobre 1879 au 15 décembre 1891 (291 numéros)	**Prix : 550 fr.**
Années séparées (24 numéros)	**Prix : 50 fr.**

La *NOUVELLE REVUE* met à la disposition de ses abonnés une couverture cartonnée, destinée à conserver en bon état le numéro en lecture.

Cette couverture est montée sur un dos à ressort, ce qui permet d'y placer et d'en retirer instantanément le numéro. Elle est recouverte d'une toile maroquinée couleur, avec titre doré sur trois lignes : LA NOUVELLE REVUE.

Pour recevoir franco la couverture cartonnée, adresser **Un franc en un mandat-post** ou en timbres-poste français.

Les Annonces sont reçues chez M. **RÉJOUX**, régisseur général de Annonces, **46, boulevard Montparnasse**; et à la **NOUVELLE REVUE** 18, boulevard Montmartre.

La *Nouvelle Revue* après **Clairine**, publiera **Larmes d'Amante**, par M. le marquis de Castellane; **Mon Ami Rublin**, roman inédit de Champfleury Misère Royale, par M. Robert. Scheffer; avant la fin de l'année, elle donnera deux études de M. Pierre Loti.

Dans son prochain numéro, la *Nouvelle Revue* commencera la publication des Mémoires inédits de Billaud-Varenne, écrits par lui à Cayenne.

LA VICTOIRE DES TORPILLES

I

UN TÉLÉGRAMME DE L'AMIRAL COURBET

Si l'on n'avait, depuis longtemps, établi qu'un des traits de notre caractère c'est d'être accessibles au découragement irraisonné, plus facilement peut-être encore qu'à l'enthousiasme, les grandes manœuvres maritimes de chaque année ne manqueraient pas d'en fournir la preuve. C'est, périodiquement, un cri d'alarme contre les torpilleurs et les torpilles, simultanément poussé par des dénigreurs incompétents ou intéressés ; c'est, autant de fois, la dénonciation déclamatoire et soi-disant patriotique des théories navales de feu l'amiral Aube, lesquelles concordent, au moins sur ce point, avec les leçons de l'expérience, avec les convictions profondes de l'amiral Courbet, qui, lui, avait vu les torpilleurs à l'œuvre, non plus en des parades fantaisistes et parfois brillantes, mais en face de l'ennemi, à l'heure des résultats décisifs à obtenir ; dans les péripéties de la bataille, où il avait exigé d'eux de merveilleux et glorieux efforts.

Durant la guerre avec la Chine, Courbet eut, en effet, l'occasion fréquente de suppléer à l'insuffisance de ses croiseurs, au manque de vitesse de ses « cuirassés de station », par l'emploi de l'auxiliaire audacieux de la torpille : à Fou-tchéou il disposait de deux bateaux-torpilleurs, et l'on sait ce que, sous ses ordres, le lieutenant de vaisseau Douzans fit de son « 46 », le lieutenant Latour de son « 45 » ; par contre, l'amiral n'eut, le plus souvent, à son service, comme sous les forts de Kimpaï, que de simples

torpilles portées par de grossières et peu aptes embarcations.
Pourtant il leur demanda des prodiges, qu'elles lui donnèrent!
Mais, — c'est le point essentiel que ces notes, prises sur le fait,
tendent à faire ressortir; c'est lui qui renferme aussi toute l'économie des idées parfaitement justes de l'amiral Aube, si inconsciemment (?) décriées, — alors que Courbet ne posséda que rarement les engins propres et quasi nécessaires à l'emploi de la
torpille, il eut toujours à sa disposition ce qui était à ses yeux le
principal : les hommes indispensables, les spécialistes de la torpille... Avec cette science, cet esprit de méthode puisés à l'École
Polytéchnique et accrus. pendant sa carrière, à son passage aux
diverses écoles techniques de la marine, notamment à Boyard-
ville pour les torpilles, il avait reconnu et professé que si les torpilleurs et aviso-torpilleurs sont d'admirables moyens d'action,
ce sont aussi des instruments d'une délicatesse particulière et
d'une précision mathématique; et il en concluait que leur personnel doit être hiérarchisé, spécialisé, entraîné, habitué à leur
fonctionnement et rompu à leur vie exceptionnelle, si l'on ne
veut réduire, d'au moins deux tiers, la valeur supérieure de cette
arme... Plus tard, l'amiral Aube, s'inspirant des idées et des rapports écrits de Courbet, faisait plus encore : à l'imitation des
Anglais, et même des Italiens, il créait, pour conduire la chauffe
et les machines des bateaux-torpilleurs, un corps spécial de mécaniciens : les mécaniciens-torpilleurs.

Tout cela a été changé : on arme à présent des torpilleurs destinés à prendre la mer la veille même des grandes manœuvres;
les capitaines sont improvisés; les équipages sont formés de réservistes de passage aux mains devenues lourdes ou maladroites;
les officiers ne connaissent ni leurs hommes ni leur bâtiment,
ignorent aussi, en général, la partie du littoral dont la défense
leur est confiée... Et cependant, en temps de manœuvres comme
en temps de guerre, les phares doivent être éteints; les balises
et bouées enlevées ou déplacées, afin de tromper les assaillants;
les bateaux-torpilleurs sont contraints de développer leur vitesse
maxima. Alors pourquoi s'étonner que les accidents aillent se
multipliant à chaque épreuve, comme si l'on tenait à donner
raison aux alarmistes, à ces ignorants contempteurs qui combattent la seule arme avec laquelle notre courage national peut
encore se manifester à l'aise?... Et c'est, tantôt, le « 68 » et le « 127 »
qu'on voit s'aborder dans la Méditerranée; tantôt dans le goulet

de Brest, le « 76 » qui, aveuglé par les projections électriques, se jette sur la *Tempête* et se fait couler ; des avaries graves détériorent un matériel fort coûteux ; des hommes sont sacrifiés en pure perte. Les officiers-torpilleurs se sentent en suspicion, sous le contrôle d'une Opinion prévenue et mal prévenue ; ils ont beau lutter d'efforts scientifiques et d'énergie morale, c'est leur art même qui est menacé. On les condamne imperturbablement, avec une fatuité et une incompétence égales, tandis que les documents officiels proclament eux-mêmes leur haute valeur professionnelle et leur savoir, tout en constituant l'aveu formel de la routine coupable des ministres :

Le vice-amiral de Boissoudy, préfet maritime, a passé à Toulon l'inspection de tous les torpilleurs, dont l'équipage est en grande partie composé de *réservistes*. Le défilé de la flottille a été très réussi. Les torpilleurs, divisés par groupes, ont effectué avec une étonnante rapidité plusieurs mouvements de colonnes. Un *abordage* s'est produit à l'issue de l'inspection : les dégâts sont purement matériels.

Ainsi l'état-major prend-il soin d'affirmer que l'opposé du système de l'amiral Aube et Courbet est seul en honneur : il a d'excellents bateaux-torpilleurs, et des catastrophes se produisent. Pourquoi? parce qu'il leur donne des équipages de rencontre... Nous nous proposons, à la gloire du grand amiral de l'escadre d'Extrême-Orient et des héros dont il fut le chef regretté autant qu'adoré, de montrer ce qu'avec les engins les plus défectueux, les moyens les plus dérisoires, des spécialistes, de vrais matelots torpilleurs, dirigés par des officiers techniques, ont pu accomplir à l'étonnement du monde, à l'admiration de toutes les marines étrangères. Il nous suffira, pour déterminer le cadre de cette étude, de citer le télégramme que, le 19 février 1885, en pleine attente, au milieu du calme relatif d'une guerre lointaine qui tendait à s'éterniser, le ministère de la rue Royale recevait de l'amiral Courbet. Il était adressé de l'île Matsou, à la date du 17 février :

Vice-amiral, commandant en chef, etc., à Ministre de la marine : Frégate chinoise *Yu-Yuen*, 26 canons, 600 hommes et corvette *Tchen-King*, 7 canons, 450 hommes, coulés par canots porte-torpilles du *Bayard*, sous commandement de MM. Gourdon, capitaine de frégate, et Duboc, lieutenant de vaisseau. Avons perdu seulement *un* homme.

Bien peu de lecteurs de cette dépêche furent aptes à soupçonner tout ce que son laconisme, si simple et fier, pouvait recéler d'héroïsme et d'admirables vertus guerrières. Elle révélait néanmoins un grand fait d'armes, magnifique épisode, resté presque ignoré, qu'il convient d'inscrire dans l'histoire, parmi les pages les plus belles de nos annales maritimes, et que nous allons raconter en tous ses détails, comme une consécration éclatante de l'utilité des torpilles et des torpilleurs.

II

LES SUITES DE L' « ENLISTMENT ACT »

Depuis notre grave échec devant Tamsouï, les Chinois ne pouvaient plus être inquiétés que dans de légères escarmouches d'avant-postes, le petit corps expéditionnaire n'ayant que trop peu d'hommes à mettre en présence des formidables ouvrages de l'ennemi. La vaillante escadre commandée par le vice-amiral Courbet se trouvait donc immobilisée, au début de l'année 1885, en son mouillage de Kelung, au nord de l'île Formose, dans l'impossibilité d'agir fortement sur l'intérieur, contre Lieu-Min-Tchoueng. Aussi Courbet se bornait-il à surveiller les alentours de Taïouan-fou, l'entrée de la rivière de Tamsouï et les abords du mouillage de Kelung, exposé, sans relâche et presque sans abri, aux moussons contraires du rude hiver, et aux tempêtes qui, à chaque instant, venaient mettre en péril toute l'escadre. Si bien qu'à parler franc, les teneurs de blocus étaient bloqués eux-mêmes par les grands vents et les longues lames arrivant du large. Ces lames se faisaient sentir avec une telle force, jusqu'au milieu de ce mauvais refuge de Kelung, qu'une nuit, par un temps épouvantable, le *Bayard* chassait sur ses ancres, cassait ses chaînes et sans possibilité d'aucun secours, en présence de toute la flotte impuissante et dans l'angoisse, courait se jeter, pour s'y perdre corps et biens, sur les roches de la côte ; — sauvé pourtant, à la minute suprême, grâce à une ancre de fortune : Ce mince morceau de fer suffisait à retenir miraculeusement le lourd et volumineux *Bayard*... ce cuirassé si prestigieux pour les Chinois, portant, à cette heure, le chef unique d'une escadre démoralisée et à la merci des éléments, l'homme en qui s'incarnaient toutes les confiances et tous les espoirs, Courbet enfin, que la Providence réservait pour d'autres triomphes, et aussi, hélas ! pour une mort moins enviable, sinon tout aussi glorieuse...

Cette inaction périlleuse et forcée de Kelung ne devait pas tarder à être interrompue ; en dépit des difficultés insurmontables et de la mauvaise saison, Courbet allait se voir obligé d'agir : L'*Enlistment act* venait d'être proclamé, et inséré, le 23 janvier, dans la *Gazette du Gouvernement* à Hong-Kong. De ce jour, les Anglais nous traitaient en belligérants ; pour nous priver de charbon et nous affamer, ils nous interdisaient le ravitaillement chez eux, en leur qualité de (soi-disant) neutres ! La *Triomphante*, envoyée par l'amiral à Hong-Kong, avec mission d'en rapporter du vin, de la farine et du combustible plein ses soutes, dans tous les recoins disponibles et jusque sur le pont, y arrivait précisément le 25 janvier, deux jours après la signification des résolutions récentes du Foreign Office. La première, elle s'en vit faire l'application, d'après les ordonnances du gouverneur. L'officier du « stationnaire » anglais qui vint saluer le commandant Baux, aussitôt l'ancre tombée, lui remit une copie manuscrite de la décision ministérielle, et, en outre, des affiches placardées dans *Queen's road* et à l'*Exchange-hotel* avertissaient les commerçants de la ville qu'en donnant satisfaction aux demandes du bâtiment français, ils s'exposeraient à être immédiatement exclus de la colonie... Le commandant Baux (contre-amiral, depuis, en récompense de ses prodigieuses manœuvres dans la rivière Min et aux Pescadores), se montrait très affecté d'une telle situation. Courbet lui avait donné des ordres précis, et ce soldat ne pouvait concevoir l'idée qu'il lui faudrait y contrevenir : il s'entêtait à ne pas quitter la rade, ne se décidant pas à partir de Hong-Kong à vide, sachant trop que, là-bas, dans ce petit port de Kelung où ils étaient constamment en perdition, les navires de l'escadre attendaient anxieusement, de lui, chacun sa légère provende de vivres frais et de charbon.

La *Triomphante* demeurait donc mouillée en face de Victoria-Peak, à peine à une encâblure de ce formidable cuirassé anglais l'*Agamemnon* (si peu réussi au point de vue des qualités nautiques !) qui semblait le narguer, dans sa détresse, par l'étalage matinal de ses provisions de bouche quotidiennes. Mais le commandant Baux, — le « père » Baux, ainsi que disaient ses hommes — s'obstinait à ne pas appareiller, tentation alléchante pour le commerce local, prêt à laisser au portefeuille de qui voudrait une grosse traite sur le Trésor français, ne s'effrayant même pas de ce qu'un audacieux pût exploiter la circonstance, en excipant des risques à courir, pour se faire payer au double...

Chose étrange, cet homme tant désiré se rencontra : M. K...n réalisa les secrètes espérances de la *Triomphante* tout en refusant d'abuser des difficultés pendantes. Négociant allemand très honorable et, depuis plus de trente ans établi à Hong-Kong, il ne cachait pas qu'il ne se sentait aucunement gêné par sa nationalité et qu'il trouvait absurdes les procédés du gouvernement anglais, — heureux d'ailleurs, en cette occurrence, d'être le titulaire d'une importante facture au lieu et place des fournisseurs ordinaires de l'escadre. Le marché avait été conclu ainsi entre lui et le commandant Baux : « Je vous donne tout ce qui vous est nécessaire *aux prix courants de la place*, et je défie Son Excellence le gouverneur d'oser m'appliquer ses pénalités. Je saurai me recommander, si besoin est, à l'agent diplomatique allemand. Afin d'éviter néanmoins tout conflit autant que possible, je vous demande d'assurer l'embarquement des fournitures par vos hommes et vos embarcations. Nous commencerons à minuit, et il faut, qu'avant le jour, tout soit fini et le pont lavé. Que rien de suspect n'éveille les doutes de l'*Agamemnon*, simplement pour sauvegarder nos dignités et ne paraître provoquer personne. Par la suite, si l'on connaît l'aventure, j'en fais mon affaire personnelle (1). »

Le *Times* signalant ultérieurement, dans son numéro du 23 février, l'application de l'*Enlistment act* à la *Triomphante*, racontait avec douleur, par lettre d'un correspondant, que, malgré les injonctions du gouvernement de Hong-Kong, ce cuirassé avait réussi à se procurer dix jours de vivres et de charbon ; et il le regrettait amèrement. Il restait cependant, quant au chiffre des approvisionnements, fort au-dessous de la vérité, tout en demandant avec insistance que l'on découvrît le nom du « traître »... M. K...n n'était pourtant pas le seul à trouver exorbitantes les prétentions du gouvernement de Sa Majesté la Reine. Au premier moment, et avant l'échange qui intervint de notes diplomatiques entre le Foreign-Office et le quai d'Orsay, comme la mesure prohibitive s'appliquait même aux paquebots des Messageries maritimes, il y eut un *tolle* général dans les grands ports ouverts où domine le commerce anglais.

(1) Nous sûmes plus tard que M. K...n, mandé chez le gouverneur, dut entendre des remontrances comminatoires. Mais on s'en tint là. Depuis, M. K...n a souvent fourni aux navires de la station française.

L'*Overland-China-Mail* s'en fit l'écho :

> On mécontente, disait-elle, la plupart de nos résidents, qui ne comprennent point la portée pratique de cet acte de vigueur intempestif. Que poursuit donc le cabinet Gladstone? Nous sommes humiliés de voir nos ministres obtempérer aux désirs d'un marquis Tseng! Une source de bénéfices, résultant des approvisionnements à fournir à l'escadre compacte de l'amiral Courbet, vient d'être tarie pour nous, en ces circonstances où l'état d'hostilités la rendait encore plus abondante. La décision prise par lord Granville est plus que maladroite, surtout lorsqu'elle s'adresse aux steamers des Messageries; elle atteint fortement notre commerce : Hong-Kong, Aden, Colombo et Pointe-de-Galle, ainsi que Singapour, ne vont pas manquer de s'en ressentir...

D'autres conséquences, non moins immédiates, devaient résulter de l'*Enlistment act* : l'Angleterre, en nous interdisant de nous réparer ou ravitailler dans ses colonies, donnait ainsi à Courbet le droit de ne plus se gêner en rien pour elle. Traité par elle en belligérant, il demanda et obtint d'agir désormais comme tel et d'exercer les prérogatives de l'état de guerre. Les neutres n'avaient plus qu'à se bien tenir, — c'est-à-dire à garder la loyauté : l'escadre userait de son privilège de visite en pleine mer; elle s'abattrait sur tel point de la Chine qu'il lui conviendrait, sans plus se soucier d'aucune convention antérieure. Aussi le *Times* pouvait-il reproduire, à la date du 28 janvier, une dépêche de son correspondant de Taïouan-fou, *via* Colombo, dont nous nous plaisons à respecter la mauvaise foi :

> Nous avons vu trois puissants bâtiments français, et parmi eux la *Triomphante*, donnant la chasse à une petite jonque chargée de poisson séché, et faisant feu de ses gros canons et canons-revolvers sur le malheureux équipage de la jonque. Des centaines de jonques ont été détruites ainsi et une très grande misère en est la conséquence.

Pauvres Chinois!!! Lisez : quel contretemps pour *the business!*

La diplomatie, d'ailleurs, s'en mêlant, on n'avait point tardé à mettre des formes : M. Jules Ferry se refusait à prendre les Anglais par surprise :

> Ambassadeur de France à Secrétaire d'État de la Reine, pour les Affaires étrangères :
>
> Milord,
>
> Les conditions actuelles de la guerre avec la Chine ont déterminé le gouvernement de la République à exercer le droit qui lui appartient de

considérer et de traiter le riz comme contrebande de guerre. En conséquence, je suis chargé de notifier officiellement à Votre Seigneurie que les
commandants des forces navales françaises ont reçu des ordres afin de mettre
cette mesure à exécution.

En vous avertissant, mon Gouvernement a désiré donner le temps aux
puissances neutres d'envoyer les notifications nécessaires aux commerçants...

WADDINGTON.

Et quelques jours plus tard, on avait recours à d'autres ménagements, afin de ne point mécontenter sir Robert Hart, le grand
pourvoyeur des côtes de Chine :

Milord,

Mon Gouvernement a reconnu la possibilité d'admettre, dans l'intérêt du
commerce des neutres, un adoucissement de la mesure que j'ai eu l'honneur de notifier à Votre Seigneurie le mois de février courant. En conséquence, je suis chargé d'annoncer au Gouvernement de Sa Majesté la Reine
que les chargements de riz à destination de Canton et des ports du sud de
la Chine pourront circuler librement à partir du 26 février; les chargements
de riz destinés aux ports chinois, au nord de Canton, restant seuls prohibés
et traités comme contrebande de guerre.

WADDINGTON.

Aussi, et sous couvert de ce document, les fusils continuèrent-
ils de passer en franchise, comme auparavant, à destination de
Chu et de Lang-son, contre la brigade Négrier.

Entre temps, Courbet organisait autour de Formose, et vis-
à-vis d'Amoy et des Pescadores, une rigoureuse surveillance. Si
le sud lui échappait, le nord, véritable théâtre des opérations de
son escadre, était sous bonne garde. D'autre part, l'amiral n'attendait plus que le moment propice pour mieux faire encore : il
se sentait captif en son blocus de Tamsouï et de Kelung et l'était
en réalité; il avait hâte d'élargir le cercle de son influence. Malheureusement la saison persistait à se montrer défavorable.

Cependant les nouvelles devinrent alarmantes. On annonçait
avec fracas que l'impératrice mère avait donné l'ordre de déblo-
quer l'île de Formose et de nous déloger du canal. Et bien que
l'amiral fût quelque peu sceptique devant les hâbleries des Céles-
tiaux, ses émissaires lui affirmaient que le *Fou-sing*, coulé autrefois au combat de Fou-tchéou, venait d'être renfloué et courait
la rivière Min. On l'avait vu au mouillage de Woga. Le *North-
China-Daily-News* prétendait même, le 3 janvier, que ladite ca-
nonnière, réarmée de 5 canons Krupp, était partie pour capturer

le transport de Cochinchine le *Bien-hôa*, attendu de France à la
baie d'Along. Elle ajoutait que trois autres bâtiments du vice-roi
de Canton étaient en partance, afin de surprendre l'*Annamite* qui,
le 17 janvier, devait quitter Toulon avec un chargement d'hommes, de chevaux et de mulets, à destination du corps expéditionnaire de Kelung. Par ailleurs, Courbet ne pouvait plus douter
qu'on ne cherchât à profiter du mauvais temps pour se jeter sur
lui à l'improviste. Et n'eussent-ils été même que de simples rodomontades, les agissements du Tsong-li-Yâmen méritaient quelque
défiance, car il devenait évident que partout le littoral se remuait.
Les colonnes du *King-Pao*, — la « Gazette officielle de Pékin »,
— que régulièrement reproduisait, en anglais, le *North-China-
Herald*, étaient pleines d'avis utilisables. On y lisait, entre
autres, que le *Ping-Pon*, ou Ministre de la guerre, faisant un
sérieux appel de fonds, la *Hong-Kong and Shanghaï Banking-
Corporation* avait ouvert, dans ses comptoirs, une souscription
nationale à l'emprunt du gouvernement impérial. Par décret du
4 janvier de S. M. Kouangsou, 1 500 000 livres sterling étaient
demandées en titres de 100 livres émis à 98 p. 100, — qui porteraient 7 p. 100 d'intérêt à partir du 16 février prochain et seraient
garantis, après convention avec sir Robert Hart, par les droits
de douane des principaux ports ouverts...

Le Tsong-li-Yâmen comptait, pour emplir ses coffres, sur une
explosion de rage contre les étrangers. Des placards prédisant
l'enchérissement de l'opium et du riz attisaient les haines contre
les *Fo-lau-si* (les Français); on prêchait les massacres des *Ouaï-
kouo*, « hommes du dehors », et des *Yang-jan* « hommes de
l'Océan », venus pour ruiner la Chine, sous les ordres du fameux
Coupa. Voici encore ce qu'on osait afficher sur les murs des pa-
godes et des hôpitaux :

Toutes les relations avec les étrangers sont détestables.
Ces gens n'ont ni père ni mère. Leurs descendants sont des animaux, et
Jésus est leur ancêtre.
Ils font de vos filles des femmes de diables.
Notre pays a une religion sacrée. Pourquoi imiterions-nous les diables
étrangers? Notre pays a des dieux puissants, et c'est notre devoir d'adorer
Shangti. Sous prétexte d'établir des hôpitaux, ils dévoilent en réalité leurs
desseins diaboliques. Nous avons nos docteurs indigènes, pourquoi s'adresser
aux diables étrangers? Ils vous attirent, en distribuant des médicaments,
afin de prendre vos femmes. Une certaine classe de femmes dégradées se
convertissent et quittent leurs foyers : Il y a dans un mois quatre dimanches!

Lorsque les femmes viennent de toutes parts et qu'elles voient les figures des barbares, elles se précipitent au cou des diables étrangers. Mes paroles ont peu de poids, mais elles doivent vous exciter à quelque degré. Celui qui lacérera ce placard est certainement un ami des diables étrangers.

Partout enfin s'organisait une résistance pleine de périls pour l'amiral. Le *North-China-Daily-News* de Shanghaï répétait à satiété : « On prend, à Tien-Tsin, sous la direction des généraux européens LEHMANN et PAULI (*commandants de l'armée prussienne*) des mesures qui vont renforcer l'armée chinoise. Elle serait en état de résister à une nouvelle invasion si le vice-amiral français tentait un second coup de Fou-tchéou. Les officiers allemands qui ont offert leurs loyaux services au Conseil impérial de la guerre se montrent très actifs et dévoués; l'armée du Pe-Tchili est déjà invincible. Les Français ne pourraient plus débarquer, à Chefou ou Tien-Tsin, sans trois de leurs grands corps d'armée au moins. »

De son côté, le *Courrier de Sanghaï* disait que « les Chinois ont à Tien-Tsin 120 000 hommes sous les ordres de Li-Hung-Chang. Les généraux Lehmann et Pauli sont compétents et pleins d'expérience. On a fortifié davantage encore Port-Arthur et semé le long des côtes de formidables ouvrages de défense. Tout se fait d'après le système allemand. On ne conserve que le fusil *Mauser*, et, à bord des bâtiments de la flotte de Nankin, les canons Armstrong sont tous remplacés par des canons Krupp. Nous ne verrons pas de sitôt le *Bayard* et la *Triomphante* dans nos eaux... »

De tous ces dangers, dont il était si pompeusement menacé, Courbet n'avait un réel souci que de cette flotte du Yang-tsé-Kiang, confiée par le vice-roi Tsô aux amiraux Ting, Sebelin et Tsing. Il savait pertinemment qu'elle était composée de croiseurs d'acier Armstrong, excellents marcheurs, très bien armés, et que, de ses trois commandants, l'amiral SEBELIN était un véritable officier de la marine allemande; le vice-amiral Tsing avait fait dans la marine anglaise son éducation de marin. De tels hommes pouvaient donc inquiéter, à chaque instant, les bâtiments en croisière, d'autant mieux qu'ils avaient eu tout le loisir de former de bons équipages. Et Courbet n'ignorait pas que, bien commandés, les Chinois acquièrent une valeur très souvent remarquable. N'était-ce pas, d'ailleurs, des soldats et marins de ce « vieux cheval de retour » Tsô, que Gordon avait écrit cet éloge, si précieux sous la plume du héros de Khartoum :

Il faut en finir avec la vieille légende de la lâcheté du soldat chinois, qui demande seulement à être bien commandé. La régularité de ses habitudes, si remarquable en paix, fait place en campagne à une audace voisine de l'imprudence. Son intelligence et son excellente mémoire en font aisément un très bon sous-officier; la froideur de son tempérament et son calme imperturbable ne sont pas des qualités moins précieuses. Physiquement, il est aussi robuste, en moyenne, que l'Européen et beaucoup plus que les autres races d'Orientaux. Une modeste ration de riz, de légumes, de poisson salé et de porc, lui suffit pour supporter les plus grandes fatigues, soit dans un climat tempéré, soit dans les régions tropicales qui ont bientôt raison de l'énergie européenne. Il a peu de besoins : son tempérament lymphatique ou bilioso-lymphatique l'affranchit des maladies inflammatoires, et la diathèse tuberculeuse lui est presque inconnue...

Il importait donc de s'assurer tout d'abord si les trois amiraux du nord avaient quitté leur mouillage de Tchemulpo, en Corée, où, depuis décembre, ils étaient ancrés; et, en débarrassant les gardiens du blocus de Formose de toute crainte de surprise, de rassurer, en même temps, les familles françaises sur le sort éventuel des transports du Tonkin et des « navires affrétés ». Courbet désirait répondre, en outre, à sa manière, aux proclamations du *Kioun-ki-Chou*. Le « Conseil impérial » des ministres faisait répandre, en effet, le bruit que l'amiral se préparait à venir incessamment à Pékin à la cérémonie du *Kotaou*, au cours de laquelle, à genoux et se traînant sur les mains, suivant le rite, il frapperait neuf fois les marches du trône de son front devant l' « Homme-Seul », l'empereur « Illustre héritage »...

Et le *Bayard* prit la mer le 5 février à 4 heures du soir...

Le 11, une dépêche adressée de Fou-tchéou au *Times*, qui l'accueillait avec un empressement quelque peu naïf, disait : « L'amiral Courbet a abandonné son hivernage de Kelung en Formose, mais une grande révolte a éclaté à bord du *Bayard*. On est très inquiet sur le sort de l'amiral français. »

Le *Times* allait être promptement rassuré...

III

LA CHASSE AUX CROISEURS

Outre le colonel Duchesne, rétabli de ses récentes blessures, qui gardait, à Kelung, les positions occupées à terre, Courbet y laissait encore, avec mission de surveiller tout le nord du canal de Formose, cinq bâtiments sous les ordres du contre-amiral

Lespès, dont le pavillon flottait à bord du cuirassé le *La Galis-sonnière* : le *Villars* et le *Champlain* croiseraient devant Taïouan-fou, la capitale de l'île ; le *d'Estaing*, le *Volta* et le *La Galissonnière* veilleraient à la sécurité des abords de Tamsouï et de Kelung.

Courbet avait pris la haute mer de conserve avec l'*Éclaireur*, l'*Aspic* et la *Saône*. Il arrive, le 6 février, à l'île Matsou, où le rallient la *Triomphante*, le *Nielly* et le *Duguay-Trouin*. Ce der-nier est aposté devant l'entrée de la rivière Min, en observation des mouvements du port de Fou-tchéou, et, aussitôt, l'amiral se dirige au nord de la baie de Hang-chou sur l'île Gutzlaff. De là, il se porte vivement à 45 milles plus au nord, à Wou-sung, où le Wampao, la rivière de Shanghaï, se jette à la mer, dans l'in-tention de s'opposer aux envois de secours d'hommes et d'ar-gent, du vice-roi Tsô à Li-Hung-Chang. Avec une audace et une incroyable activité, du 6 au 12, en six jours! il visite et fouille plus de 400 milles de côtes; les chenaux, les criques de l'archipel des Chousan, tous les abords des routes de Ning-Po, de Shanghaï et de Nankin sont explorés jusqu'aux feux avancés de l'île Gutz-laff et de l'île Saddle. La vaste baie de Hang-chou, les rivières Yung et Yugno, le port de Ning-Po, celui de Sheïpou, et l'im-mense baie de San-Moun offrent de nombreux abris ; les Chinois ont pu se cacher dans les innombrables dentelures de la côte : Courbet vient s'en assurer; il tient à être certain qu'il n'oublie derrière lui, sur mer, aucun ennemi et qu'il reste en communica-tion possible avec le *Duguay-Trouin*.

Mais l'escadre-fantôme ne se montre pas. Par contre, un re-froidissement subit s'est opéré parmi les contrebandiers de guerre; des fusils et des canons sont refusés aux caboteurs an-glais à Hong-Kong et à Shanghaï ; en différents ports d'Alle-magne, des navires en partance pour ravitailler les Célestes res-tent prudemment à quai.

Courbet apprend, entre temps, que le Prussien Sebelin se re-fuse à venir au-devant de lui : il n'a pas osé bouger de Tche-mulpo, où la corvette russe *Rasboinik* se plaît malicieusement à l'épier. Trois autres bâtiments russes, les cuirassés *Dimitri-Donskoï*, *General-Amiral* et *Minin* courent les eaux du Pe-tchili ; ils se rendent compte que Li-hung-Tchang se croyait à l'abri de Courbet au moins jusqu'au mois d'avril. On se prépare effective-ment à recevoir dans le golfe, à Takou, sur l'embouchure même du Peï-hô, de grands chargements de riz. Or, si Courbet vient fermer la route aux jonques, c'est la famine dans la province de Tien-Tsin et à Pékin. Aussi Li-Hung-Chang est-il parvenu à décider l'amiral Ting à sortir de sa torpeur : ses croiseurs font quelques démonstrations dans les parages de Chefou, à l'entrée du golfe du Tchili, en s'appuyant à l'autre rive sur Port-Arthur... Mais, depuis que Courbet est signalé, Chefou se refuse à prendre part à l'attaque et la flotte de Ting est redevenue invisible : on redoute à présent que les cuirassés français ne viennent bombarder Port-Arthur et même Takou...

Le désarroi commence avec la panique : les canonnières de Fou-tchéou ont prestement remonté leur rivière ; la flottille du Yang-tsé-Kiang a disparu derrière les lagunes du fleuve Bleu, et maintenant Ting et ses croiseurs se sont engagés dans la rivière de Chin-haë, jusqu'au confluent du Yung et du Yugao, à Ning-Po même, à 10 milles dans l'intérieur, d'où ils ne descendront plus. Tous leurs matelots désertent, à la joie vive du public qui favorise cette fuite. Ce n'est point là un manque de patriotisme dont il faille s'étonner : si Ning-Po, ville de 300 000 habitants, tous commerçants, s'oppose à la guerre, toutes les autres villes du littoral en font autant, car cette guerre ruine leur commerce. Ning-Po est l'entrepôt, en ces parages, du poisson fumé, des laques et des meubles incrustés, et son port, qui s'ouvre à vingt lieues des bouches du Yang-tsé, est l'un des plus florissants de la côte. Mais les hostilités devant Chin-haë, à l'embouchure de sa rivière, c'est la cessation immédiate de tout trafic. Or ce trafic représente, en moyenne, un mouvement d'entrées et de sorties de 770 vapeurs et de 360 voiliers ; l'exportation ou importation est de 680 000 tonnes, dont 210 000 au moins sous pavillon anglais, — pour un chiffre de plus de 18 millions de taëls ; 120 millions de francs que l'amiral Ting va lui faire perdre !.. Ting, dans sa précipitation à fuir les navires de l'escadre qui montent vers le nord, s'est d'ailleurs souvenu de l'importance stratégique de Ning-Po consacrée par son histoire : En 1841, en effet, avec son avant-port de Chin-haë et les îles Chousan qui le protègent, elle a servi de point d'appui aux forces britanniques contre Nankin...

A Wou-sung également, à l'entrée de la rivière Wampao, l'effroi est si grand que, malgré les protestations des consuls, le *tao-taï* de Shanghaï ordonne de barrer les passes, empêchant même les navires étrangers de sortir du port. Aux réclamations intéressées il a répondu :

La destruction de la flotte et des défenses imprenables de la rivière Min, les armées chinoises chassées du Tonkin, Kelung occupé, Formose bloqué, Ning-Po, Wou-sung, Port-Arthur menacés, le passage du riz prohibé sur le littoral, la famine aux portes de Pékin, voilà, depuis la rupture des négociations de Shanghaï, ce que la Chine doit à la politique recommandée par M. Robert Hart et les Anglais au marquis Tseng; ce qu'elle doit au vice-roi Tsô-Tsung-Tang, que l'expérience de tant d'insurrections noblement réprimées aurait dû pourtant instruire; ce qu'elle doit encore au commissaire-général Chan-Peï-Loun et au grand amiral Pen-Yu-lin! Les fils de Han sont en ce moment, par leur faute, sous la constellation de Kong-sing (le mauvais dragon); ils n'ont donc aucun intérêt à s'inspirer du conseil des étrangers (1).

Toutefois, le vieux Tsô s'est hasardé à faire sortir de nouveau ses croiseurs des bouches du Yang-Tsé : il ne se doute pas que Courbet est de retour aux Chousan, ancré sous l'île Deadman, dans un excellent poste d'observation d'où il pourra s'élancer vers tous les parages. Les forces de Tsô-Tsung-Tang se décomposent ainsi :

1° Le *Yu-Yuen*, superbe frégate en bois, construite à Shanghaï, en 1873, sur les plans d'un ingénieur américain, de 600 hommes d'équipage. Elle est armée de 2 canons de 12 tonneaux sur les gaillards ; de 24 canons de 70 tonnes dans la batterie. Elle jauge 3 400 tonneaux ; marche à une vitesse de 12 nœuds. Son commandant est le vice-amiral Tsing qui a servi dans la marine anglaise.

2° Le *Tcheng-King* (typé *Dupleix*), corvette récemment construite à Fou-tchéou, de 450 hommes d'équipage. Elle est armée de 7 canons de 46 tonnes, de 16 centimètres. Elle jauge 1 400 tonneaux et filé 10 nœuds ; son commandant est un Anglais.

3° Le *Nan-Tchen* (Nankin), et 4° le *Nans-Choui* croiseurs en acier Armstrong, à grande vitesse, construits à Kiel et commandés par des Allemands.

5° Le *Kaï-tsi*, croiseur en acier, construit à Fou-tchéou, commandé par un Allemand.

Si les croiseurs de Courbet parviennent à dépister les navires du vice-roi, c'est un combat naval magnifique qui se prépare. Mais il semble que l'énergie dépensée depuis dix jours par les marins français ne sera point récompensée. Une certaine tristesse s'est emparée des équipages : la déception est cruelle, l'ennemi ne se montre pas...

(1) D'après la traduction anglaise du *North-China-Herald* de Shanghaï.

A l'aube du vendredi 13 février, l'*Éclaireur* et l'*Aspic*, envoyés en exploration pendant la nuit, signalent cinq fumées en
vue, à 29°10′ de latitude N., par le travers de l'île Montagu...
« Les Chinois! »... tel est le cri de joie poussé à bord des navires
de l'escadre. Et aussitôt commence la poursuite : une vraie fête !
Les Chinois affolés prennent chasse, peu disposés, d'apparence,
à vouloir se mesurer avec Courbet.'

Après avoir doublé, par le nord, les îlots Méduse, Twins et
San-che-san, les croiseurs *Kaï-tsi*, *Nans-Choui* et *Nan-Tchen* semblent indécis : on dirait qu'ils rectifient leur ligne, et que, diminuant de vitesse, ils mettent le cap au nord, comme s'ils accep-
taient le combat. Mais cette illusion est de courte durée. Les
trois croiseurs repiquent droit au sud et, filant à toute vapeur, reprennent leur avance — qui est de cinq milles.

Impuissante à se maintenir à cette allure, la frégate *Yu-Yuen*
fait alors infléchir sa route vers l'ouest, en direction des îles Bangao, et bientôt il apparaît évident qu'afin de se cacher au fond
du port de Sheïpou, elle cherche à atteindre les eaux de l'île Tanto-
Shan ou Montagu. Tout d'abord le *Tcheng-King* hésite à la suivre
et à imiter sa manœuvre, mais lui aussi perd de son avance ; il
s'avance enfin résolument dans le sillage de la frégate. Comme il
s'est levé une forte brume, Courbet détache aussitôt la *Triomphante*, la *Saône* et l'*Aspic*, avec ordre de ne point perdre les
deux bâtiments de vue; avec le *Bayard*, le *Nielly* et l'*Éclaireur*,
lui continue à poursuivre les fuyards, en faisant toujours route
au sud... A la suite des Chinois, la *Triomphante*, la *Saône* et
l'*Aspic* passent à petite distance dans le nord de l'île Gore; ils
gouvernent vers les deux forts bâtis sur le sommet de l'île Tung-
moun, qui forme le côté sud du port de Sheïpou. Laissant ensuite, à droite, au nord, les trois îles Bangao et les roches Bangao, toujours découvertes, ils sondent encore de grandes
profondeurs. Cependant le fond se réduit si visiblement que la
Triomphante est obligée de descendre par la pointe N.-O. de l'île
Fendue (Seao-seao), au milieu d'une forte houle et de violents

remous de courants ; les deux autres navires français ne tardent pas à venir l'y rejoindre...

A 9 h. 40 la brume est devenue intense : la chasse du *Bayard* et de ses bâtiments de conserve n'est plus possible ; les navires français ne sauraient d'ailleurs lutter de vitesse avec les croiseurs Armstrong du vice-roi. Courbet remonte alors vers le N.-O. et, à son tour, mouille dans la rade de Sheïpou, par le travers de la roche Méduse et du S.-O. de l'île Montagu.

L'*Eclaireur* prend position sous l'île Gore, à l'O. de l'île Fendue et à l'E. de l'île Tung-moun, fermant ainsi la première passe du port entre Tung-moun et le continent ; le *Nielly* se porte entre les îles Sin, Tung-moun et Montagu, fermant la deuxième passe ; le *Bayard* ferme la passe entre l'île Sin et l'île Nyéou-téou ; l'*Aspic* ferme la passe entre l'île Nyéou-téou et l'île Lea-ming ; la *Saône* ferme le passage entre Nyéou-téou et la grande île de Keen-yang ; enfin la *Triomphante* défend la sortie, d'un côté entre l'île Keen-Yang et l'île Tafou, de l'autre entre l'île Tafou et la côte S.-O. de la baie San-moun : les Chinois sont ainsi pris dans une impasse. Ils doivent cependant se croire en sûreté, mouillés qu'ils sont sans doute devant les quais de Sheïpou, — où personne ne les attendait, où l'accueil a dû être froid, où, d'ailleurs, on leur fera payer cher de s'être montrés...

Ville maritime assez importante de la province du Tche-Kiang, à 50 milles au S. S.-O. des îles Chousan, 43 milles S. S.-E. de Ning-Po et 100 milles de l'entrée du Yang-tsé-Kiang, Sheïpou est le havre préféré des caboteurs de toutes ces côtes. Son port est formé par le continent et les îles Nyéou-téou et Keen-yang ; il présente, à mer haute, un magnifique bassin, communiquant, à son extrémité O., avec l'immense baie San-moun qu'en 1841 les Anglais vinrent occuper. Mais la vase qui assèche à une grande distance de terre transforme, au reflux, ce bassin en un simple bras de mer où il ne reste que 3 mètres d'eau sur la queue du banc, du côté E. de l'entrée du port. La ville est bâtie dans la partie du continent qui limite ce bras de mer au nord : son importance tient surtout à sa situation exceptionnelle sur le littoral...

C'est là, devant ces vieux murs et cette ville, qu'allait se dérouler un des drames les plus émouvants de l'histoire de la marine.

Aussitôt qu'eussent été assignés les postes et mouillages res-

LA VICTOIRE DES TORPILLES.

pectifs, l'*Aspic* et l'*Eclaireur* partirent en reconnaissance : ils avaient mission d'étudier chacune des passes conduisant de la rade au port. Ces passes étant très étroites, on devait y être exposé à de rapides courants de marée et à des tourbillons violents; la passe formée par l'île Tung-moun et l'île Sin avait vu, en 1853, le bâtiment de guerre anglais le *Sphinx* toucher sur une roche, au milieu le plus étroit de son chenal. On dut déterminer la position exacte de cette roche. Trois mètres d'eau seulement la recouvraient, et la passe fut jugée impraticable. Celle du nord, entre Tung-moun et le continent, parut saine, quoique étroite et sinueuse, mais on ne pouvait s'y aventurer. Il eût fallu passer devant les forts, et, avant d'atteindre les Chinois au port, donner l'éveil à toute la ville. On admit donc comme seule possible la passe comprise entre Sin et Nyéou-téou, que le *Tcheng-King* et le *Yu-Yuen* avaient d'ailleurs suivie, bien qu'elle fût longue, fît un grand coude à l'entrée et fût réputée contenir des roches. Le lieutenant de vaisseau Ravel, deuxième aide de camp de l'amiral, élève en hydrographie du savant commandant Chambeyron, reçut l'ordre d'explorer ce passage en canot à vapeur, et de relever exactement la position des croiseurs chinois.

Le plan audacieux de l'amiral était, la route une fois fixée, de tenter l'attaque immédiate par des canots porte-torpilles. En cas d'échec ou d'impossibilité, il entrerait lui-même dans le port avec ses vaisseaux pour combattre en ligne l'amiral Tsing...

V

LE FAIT D'ARMES

A 7 heures du soir, dès le retour de Ravel, ordre fut donné d'armer en canot « porte-torpilles » les deux canots à vapeur du *Bayard*, — canots récemment arrivés de France, par la *Nive*, supposés en bon état, et que jour et nuit on avait employés, à Kelung, pour remorquer les chalands et les chaloupes de la Direction du port, pour décharger les vapeurs de commerce apportant les ravitaillements. On mit en place les ferrures et cornières de la carapace; on assujettit, à peu près! les tôles protectrices surélevant le bordage; on fit fonctionner l'appareil *Desdouits;* puis on procéda immédiatement à des expériences, en eau relativement calme. Elles démontrèrent que l'avant était

trop chargé... Il fallut se décider à supprimer les tôles de protection de côté, et à les remplacer par de la toile à voile peinte
en noir. On avait ouvert les panneaux à rabattement de l'avant
et la portière du rouleau d'étrave par où passe la hampe *Desdouits,*
afin de mettre les torpilles sur leur fourche; mais, à chaque
coup de tangage, l'eau embarquait à volonté. Les fourches des
hampes furent rapidement faussées. *On dut amarrer les torpilles
avec de la* LIGNE!... La mer devenant en outre clapoteuse, les feux
du canot n° 1 furent éteints par les lames qui envahissaient la
chambre de chauffe.

L'attaque, en cette nuit du 13 au 14, n'était pas réalisable :
on l'ajourna à la nuit du 14 au 15, — coïncidant avec la fête du
têt! ou jour de l'an chinois...

Il avait été reconnu, en effet, indispensable de disposer les
canots pendant le jour, et l'on passa — avec quelle fièvre! — la
journée du 14 à installer le canot n° 2. Successivement on mit
en place les cornières et ferrures qui supportent la tengue en tôle
d'acier; les filières, qu'on raidit avec les ridoirs; la hampe et son
chariot (la hampe enfilée dans l'étrier reposait sur le rouleau
d'étrave); la fourche fut vissée; on assujettit les tôles de la partie
supérieure et l'on amarra sur des pitons vissés dans le liston de
la coque les toiles de côté... Le canot n° 1, qui avait dû faire une
corvée à bord de l'*Aspic* ne put être installé qu'à son retour, à
4 heures du soir: il avait déjà fait 24 milles dans sa journée!

Les canots, en fer ordinaire, longs de 8 m. 25, étaient chauffés
à l'eau douce. Ils pouvaient s'approvisionner de 1200 litres d'eau,
— soit *à peine 5 heures,* à grande vitesse! Leur machine, à pilon
et à un cylindre, était à échappement de vapeur dit « silencieux »:
or ces machines faisaient un vacarme de vapeur et un bruit de
ferrailles s'entendant très loin. Il se produisait un choc à chaque
tour d'hélice, les ailes de ces hélices ayant leurs extrémités
écornées et ébréchées par suite du service permanent sur les
petits fonds de roche du port de Kelung. Comme tout était rigoureusement prévu, on avait fabriqué des chapeaux de cheminée
pour empêcher, au moment de l'explosion, l'extinction désastreuse des feux et l'inondation de la chaudière par la *gerbe* d'eau.

Pilotés par le lieutenant Ravel, en « vedette » à vapeur, jusqu'à la pointe N.-O. de l'île Sin, les canots devaient couler la
frégate chinoise, et se réunir à la même pointe N.-O. au rendez-
vous que signalerait un feu rouge hissé au bout d'une gaffe de

la « vedette » : on reviendrait en peloton aux échelles du *Bayard*...

Dans chaque canot porte-torpille prenaient place : 1 officier, 1 patron, 3 torpilleurs, 3 mécaniciens et 2 brigadiers.

Dans le *canot n° 1*, MM. :

> DUBOC, lieutenant de vaisseau, commandant;
> BOIGEOL, quartier-maître de manœuvre, patron;
> LEMEUR, 2° maître-torpilleur, chef torpilleur;
> ROCHEDREUX, quartier-maître canonnier-torpilleur, torpilleur;
> PAQUET, torpilleur breveté, torpilleur;
> MIGNET, 2° maître-mécanicien de 2° classe;
> CHABORD, quartier-maître mécanicien de 2° classe;
> DEGANNE, ouvrier-mécanicien de 1re classe;
> BOUIN, fusilier breveté, brigadier;
> LALOUR, gabier supplémentaire, brigadier;

Dans le *canot n° 2*, MM. :

> GOURDON, capitaine de frégate, commandant l'expédition;
> SEGUILLON, quartier-maître de manœuvre, patron;
> ROUILLIER, quartier-maître torpilleur, chef torpilleur;
> MONFORT, quartier-maître torpilleur, torpilleur;
> GERMAIN, torpilleur breveté, torpilleur;
> LE DU, 2° maître-mécanicien de 1re classe;
> PARIS, quartier-maître mécanicien de 1re classe;
> LUSLAC, ouvrier mécanicien de 2° classe;
> ARNAUD, fusilier breveté, brigadier;
> ROLLANDO, gabier supplémentaire, brigadier.

Sous le rapport de l'aptitude professionnelle, ce personnel NE LAISSAIT RIEN A DÉSIRER (1). Aux moments les plus critiques, l'exécution des ordres donnés ne souffrirait jamais le moindre retard, la moindre erreur, la moindre hésitation.

La « vedette » de Ravel devait être escortée de la « baleinière 2 » du *Bayard*. Elles étaient ainsi montées :

La *vedette*, par MM. :

> RAVEL, lieutenant de vaisseau, aide de camp;
> MULLER, pilote du Yang-Tsé-Kiang (au service de la France depuis 1884)
> MONNIER, quartier-maître de manœuvre, patron;
> CHAMPION, élève mécanicien;
> MOISAN, ouvrier mécanicien;
> FLOC, fusilier breveté;
> LECACHEUR, gabier supplémentaire.

(1) Rapport officiel à l'amiral commandant de l'expédition.

La *baleinière* 2, par MM. :

LAGADEC, gabier breveté, patron;
DAVRAY, PESQUET, FÉRON, JEGADEN, LEARD, gabiers supplémentaires.

Le matériel embarqué dans les canots encombrait la chambre, peu disposée pour le recevoir avec tant de monde. Il fallait y entasser les deux piles et leur capot de toile peinte ; l'appareil d'essai ; la musette renfermant caoutchouc, baudruche, fil à voile, pinces plates et pinces coupantes ; le sac du calfat pour aveugler les voies d'eau éventuelles ; la chatte et son câblot pour jeter rapidement un bout de remorque ; les fusils, revolvers et fourniments ; le compas d'embarcation ; en plus, vingt-quatre heures de vivres, des sacs à charbon supplémentaires et dix ceintures de sauvetage. L'amoncellement des sacs de charbon était la seule passerelle pour passer d'un bord à l'autre et regarder à tribord ou bâbord par-dessus la carapace. L'officier devait se jucher, en équilibre instable, un pied sur un banc installé provisoirement à hauteur des fargues ; l'autre, à l'arrière du cylindre, sur la cloison verticale limitant la chambre par l'avant. Les torpilles étaient amorcées et chargées d'avance, en bon état de conductibilité et d'isolement (*hampes Desdouits, torpilles n° 1 modèle 1878, à 13 kilogrammes de fulmi-coton*). Les épreuves de la pile étaient bonnes, mais, avant la nuit, on refit les épreuves de conductibilité et d'isolement. Tout fut prêt à 4 heures du soir pour le canot n° 2 ; à 8 heures seulement pour le canot n° 1, retour de corvée.

Il est 11 heures. On arme la vedette et la baleinière 2.

Le canot n° 2 pousse à 11 h. 30 ; le canot n° 1, obligé de faire ses essais de conductibilité et d'isolement de la torpille, mais sans pousser la hampe, à cause du ressac de la mer, ne part qu'à minuit. Les lumières sont masquées, les fanaux de position éteints ; les fanaux de manomètres et de tubes à niveau d'eau cachés par des toiles. On se sert d'un charbon spécial qui ne doit ni faire d'étincelles, ni coiffer la cheminée d'un panache visible. On n'aperçoit la vedette et la baleinière, *peintes en gris*, que lorsqu'on est sur elles ; à cause du ciel couvert, les canots *peints en noir* se trahissent beaucoup plus : par cette nuit obscure, de nouvelle lune, on éprouve de grandes difficultés à naviguer en peloton.

On fait ainsi route au N.-O. pendant deux milles environ, toujours en rade, et contre un fort courant portant au S.-E.

Souvent on se perd et l'on se retrouve ; les vitesses (7 à 8 nœuds au maximum) sont fort difficiles à régler et restent trop faibles pour les courants et les remous de ces parages dangereux. Aussi les embardées sont-elles continuelles... Enfin, après un large crochet vers le N., pour doubler la ligne de rochers et d'écueils barrant l'entrée au N.-E. de Nyéou-téou, les canots, arrivent au goulet qui conduit au port. A 3 heures environ, les canots rangent l'île de la pointe N.-O. de Sin, lieu choisi pour procéder aux dernières épreuves et constater que rien ne fait défaut. Les instructions de l'amiral permettent d'y rester le temps nécessaire afin de se concerter, s'assurer que la torpille et la hampe sont dans de bonnes conditions et que l'appareil Desdouits fonctionne bien. On pousse et rentre les espars : sur le canot n° 2, l'épreuve est satisfaisante ; à bord du n° 1, la manœuvre de la hampe laisse à désirer, et ce n'est qu'après un troisième essai qu'on voit enfin l'espar sortir et rentrer sans difficulté. Puis, avant de franchir la dernière étape, on renouvelle, dans les deux canots, aux mécaniciens et torpilleurs les ordres minutieux de Courbet : A partir du moment où l'on apercevra la frégate, défense absolue d'ouvrir le foyer ou le cendrier, pour ne pas produire d'inquiétantes lueurs sur la peinture blanche de l'intérieur des canots ; — défense d'alimenter, à cause du bruit des clapets de la pompe d'alimentation ; — extinction du fanal de tube de niveau qui éclaire aussi le manomètre ; — aller d'abord à petite vitesse pour s'approcher de la frégate, les chances d'être entendu étant ainsi diminuées ; — fermer le capot de cheminée quand l'ordre sera donné de mettre la machine à toute sa puissance, et s'apprêter à pousser l'espar ; — ne pas stopper pour faire machine en arrière, mais renverser un peu avant le choc, sans passer par le « stop », afin de n'être pas arrêté par le point mort ; — être paré dans chaque canot (les torpilleurs) à mettre les fils en place, le fil de sonnerie ne devant être mis à la bobine « choc » qu'une fois la hampe rendue à bloc ; — défense absolue de pousser, sans ordres, le bouton « à volonté »...

La flottille se remet en marche, toujours guidée par Ravel, qui, l'après-midi, a réussi à voir les Chinois à leur mouillage. D'après l'impression qui lui est restée, il faut marcher environ un mille dans le N.-N.-O. pour atteindre la frégate *Yu-Yuen*, mouillée, autant qu'on peut conjecturer, par un fond de 8 à 9 mètres au S.-E. de Tung-moun ; la corvette *Tcheng-King* est accostée au quai dans le nord de la frégate. Il y a à éviter, sur tribord et bâbord, deux grands bancs de vase sondés à la côte et découvrant en partie à marée basse. Or la mer basse doit avoir lieu vers quatre heures, et c'est vers trois heures et demie qu'on s'est remis en marche. Après un demi-mille, la vedette élonge les canots et leur annonce que la frégate a changé de mouillage et a disparu...

Meilleur marcheur, le canot n° 2 pousse alors en avant et bientôt découvre une grande masse noire qui se découpe sur les terres; il retourne aussitôt à la vedette, prie Ravel d'avertir Duboc que la frégate est en vue et qu'il va de l'avant...

On était à 7 ou 800 mètres du *Yu-Yuen*, dont les formes ne se dessinaient encore que très vaguement. Le commandant Gourdon donna l'ordre à son patron de venir sur tribord pour prendre, dès qu'on les distinguerait, les trois mâts de la frégate l'un par l'autre, et l'attaquer par son arrière, qu'elle présentait. Suivant les conseils de l'amiral, il marchait à petite allure. Cinq ou six feux sur la côte semblaient suivre le canot... On entendait des détonations. Étaient-ce des coups de fusils sur les assaillants découverts ou des pétards tirés en l'honneur du *têt?* Dans le canot, on eut aussi un doute : ce qu'on avait devant soi, tout noir encore, n'était-ce pas une simple jonque de guerre? Mais voici bientôt les vergues, la haute mâture! Les hommes restaient attentifs, sans une parole, un souffle : on n'était plus qu'à 200 mètres.

« Poussez l'espar! » commanda Gourdon. Il était 3 h. 45. La plaque de terre fut jetée à l'eau et le quartier-maître torpilleur Monfort mit les fils à la pile.

— En avant! souffla Gourdon, et à toute vitesse!

Lorsqu'on fut à un peu moins de 150 mètres, par tribord et bâbord, la frégate s'illumina d'éclairs; de grandes nappes de flammes horizontales sortaient de ses deux bords; les mitrailleuses Nordenfelt entraient en jeu, le canot arrivait sous la frégate à toute vapeur.

En ce moment la torpille explose : le canot est enlevé de l'avant, et sa tengue vient heurter violemment le « cul-de-poule » de la frégate. « En arrière! » crie le commandant. Un homme pousse un cri : il est blessé par une balle venue de terre et qui a traversé la toile de côté (1). C'est le fusilier Arnaud (2); il meurt

---

(1) L'accident eût été évité si le canot avait pu porter les tôles de protection qu'on lui destinait.

(2) Arnaud (Clément), inscrit maritime à Saint-Gilles-sur-Vic.

pendant qu'on lui retire sa chemise de laine !.. « En arriére ! plus
vite ! » commande Gourdon. Mais le canot ne bouge pas, et la
vapeur s'échappe violemment du tiroir : le robinet graisseur
s'est cassé ! On bouche le trou avec une baïonnette ; la machine
part en arrière, mais le canot ne « cule » pas !.. C'est la hampe
Desdouits qui est engagée... Malgré les feux nourris qui viennent
de terre et de la frégate, le quartier-maître Rouillier — sans
souci de la pluie des balles et des gros projectiles ! — monte sur
la tengue. Il cherche à « déborder » le canot avec les pieds, mais
un Chinois, héroïque aussi celui-là, veut l'en empêcher par un sa-
bord. D'un formidable coup de poing, Rouillier l'envoie rouler
dans son navire... Le canot ne cule pas !.. Gourdon ordonne alors
à Rouillier de descendre, de déboulonner la hampe, de couper
le cartahu de manœuvre et la retenue. Et, pendant qu'avec une
abnégation pleine de calme et en sacrifiant sans aucun émoi son
existence, le quartier-maître enlève le bouton qui rattache la
hampe au chariot, un autre quartier-maître torpilleur, Monfort,
donne du mou aux filières en dévissant les ridoirs. Enfin le canot cule ; la hampe est dégagée, mais tombe à la mer.

Tandis qu'on courait en arrière-à toute vitesse, l'illumination
de la frégate continuait ; elle faisait feu de toutes pièces : le *Tcheng-
King* et la terre, affolés, croyant sans doute à une attaque générale de l'escadre, lui répondaient, coup pour coup, dans un vacarme d'enfer...

Gourdon aperçut alors le canot n° 1. Il courait à bâbord, se
détachant en noir sur le feu vomi par le *Yu-Yuen*. Le canot 2
stoppa pour lui jeter un bout de remorque, en cas de besoin ;
mais Duboc passa à la hanche tribord du *Yu-Yuen*, fit exploser sa
torpille, et, pendant que le navire chinois s'inclinait fortement
sous l'explosion, vint en grand sur tribord, où les deux canots se
rejoignirent, poursuivis toujours par la mousqueteric et les
mitrailles...

La marche en avant de Duboc n'avait pas été moins émouvante que celle de son commandant.

La vedette étant revenue à sa rencontre, pour lui apprendre
que la frégate était bien là et qu'ils allaient bientôt la voir, le
patron Boigeol crut, en effet, distinguer sa mâture se détachant
sur le ciel dans la direction de la passe nord ; mais il la perdit de
vue quelques instants après, sans doute lorsqu'elle profila en
avant de la montagne qui couvre le sud de la ville de Shĕipou.

Dans la même direction, à peu près, on apercevait trois ou quatre feux paraissant être à terre sur le bord des quais... En même temps, dans un secteur très étendu, apparaissaient des lueurs semblables à des éclairs ; puis des fusées, et quelque temps après de fréquentes détonations. Enfin la mâture de la frégate se plaqua en noir sur l'avant de la colline ; on la distinguait un peu par bâbord devant. Après avoir poussé la hampe, on continua à suivre la même route, à la même allure. Le canot n° 2, qui augmentait de vitesse, en inclinant sa route sur tribord, ne tarda pas à devenir invisible... A cause du bruit inquiétant de ferraille et de vapeur de sa machine, Duboc ne jugea pas prudent d'aller plus vite : le vent venant de bâbord l'aurait trahi avant qu'il fût temps ! On voyait vaguement le côté bâbord de la frégate ; sur son avant l'on tirait des pétards et des artifices semblables à des bombettes.

A la faveur de ce bruit et de ces démonstrations de réjouissance qui dénotaient une sécurité complète, Duboc espérait pouvoir continuer à se rapprocher, en retardant le moment d'être dépisté. Son espoir fut bientôt déçu : un obus parti de l'arrière de la frégate siffla au-dessus du canot.

Estimant la distance à 400 mètres, et continuant à voir tirer des artifices sur l'avant du *Yu-Yuen*, alors que l'arrière seul commençait la fusillade, Duboc se décida sur la minute à attaquer : il comptait]un peu sur le désordre et la panique qui allaient se produire, et, malgré l'étendue énorme de la zone dangereuse à affronter, restait convaincu du succès certain.

Au cri de « Vive la France ! » répété par les marins, il mit sa machine à grande vitesse. Les hommes restaient calmes, de sang-froid, pleins de confiance...

Une minute, deux minutes s'écoulèrent... La silhouette de la frégate grandit dans la nuit, et s'illumina...

Dans le canot, la soupape de sûreté calée, l'aiguille du manomètre vint *à bout de course*. Actionnée par une pression de 10 à 12 kilogrammes, la machine produisait un tapage assourdissant, couvrant le sifflement des balles et des obus. Le patron, aveuglé par des torrents de fumée et les entraînements d'eau brûlante sortant de la cheminée, avertit Duboc qu'il n'y voyait plus : il restait néanmoins à son poste, — inébranlable... Duboc y voyait, heureusement, se tenant à tribord, la tête au-dessus de la carapace ; il n'était nullement gêné par la fumée...

Une troisième minute s'écoula... L'arrière de la frégate apparaissant de plus en plus grand, on ferma le capot de cheminée...

Mais Duboc s'aperçoit tout à coup qu'il est dépalé sur tribord et qu'il va manquer le *Yu-Yuen*. Il commande : « A gauche toute ! » et aussitôt après : « En arrière ! » Grâce au merveilleux sang-froid des mécaniciens et au courage surhumain de Boigeol, ces deux ordres sont à l'instant exécutés, et, avec un reste d'aire, le canot tombe sous la « fesse » de tribord de la frégate. Par le choc, l'explosion automatique se produit. Le quartier-maître Rochedreux voit, du même coup disparaître les hommes qui, du haut du couronnement, fusillaient l'embarcation ; il voit aussi l'arrière du *Yu-Yuen* se soulever et retomber sur tribord en s'inclinant. Avec autant de calme que tout à l'heure Rouillier, Rochedreux déborde à la main sur le cuivre de la frégate, sans que l'étrave du canot ait touché. La machine part franchement en arrière à toute vitesse, le canot s'éloigne en abattant sur tribord, la hampe est rentrée sans difficulté, la vapeur de nouveau renversée, et l'on met en avant en direction du S.-O.

A 150 mètres environ de la frégate, Duboc a alors la joie d'apercevoir le canot du commandant qui fait la même route que lui et le dépasse. Les machines, avec leur bruit épouvantable, empêchent qu'on entende la fusillade et le choc des balles sur les tôles. Plusieurs balles traversent le [canot n° 1 de l'arrière à l'avant, mais pas un homme n'est touché...

Les deux canots se sont ainsi rassemblés. Après 600 mètres à toute vitesse, ils ralentissent leur marche, à peu près sûrs d'être devenus invisibles. Du côté de l'ennemi le spectacle a changé : plus de pétards, de fusées, ni de serpenteaux ; le tir a lui-même cessé ;.. tout à coup de la frégate et de la corvette jaillissent de grandes gerbes de feu, — puis plus rien... Tout rentre dans le silence : c'est la nuit profonde...

En ce moment il est 4 heures : la mer est basse, et la frégate, qui n'a plus que très peu d'eau sous la quille, doit faire son lit dans la vase ; l'Américain qui conduit sa machine est sans doute occupé à lutter, avec tous ses moyens d'épuisement, contre l'envahissement de la mer... Les canots cherchent à apercevoir le signal de ralliement de la vedette, le *fanal rouge*, — mais, entraînés par un reste de courant, ils dépassent les deux îlots qui marquent l'entrée du goulet : nulle part de feu rouge ! la nuit est toujours très noire; le jour ne se lèvera que dans deux heures...

De plus en plus inquiets sur le sort de Ravel et de la baleinière, les canots circulent dans tous les sens, glissant parfois sur des fonds durs; sifflant de temps en temps dans l'espérance d'être entendus : Rien...

Un peu avant 6 heures, on croit cependant reconnaître les « amers » de l'entrée de la passe : Gourdon donne la remorque au canot n° 1, qui marche moins bien que lui, afin de le tenir à portée de sa voix. Malheureusement le canot 2, s'engage dans un cul-de-sac vaseux, où il s'échoue. Le canot 1 allant toujours de l'avant, Gourdon lui crie de faire machine en arrière, qu'il est échoué !... Les deux canots stoppent en même temps, mais l'hélice du canot 2 se prend dans la remorque : le voilà désemparé pour le reste de l'expédition !... Duboc lance alors sa chatte dans la chambre du canot n° 2, amarre sur le sien, le bout du câblot *en belle*, à bâbord; sa machine part à toute vitesse, et les deux canots flottent en eau libre : il est 6 heures du matin...

Le jour se fait; une ouverture de passe se présente dans le sud, se dirigeant vers le sud-est. Elle semble offrir des sinuosités identiques à celles de l'île Sin, et les canots, assez incertains et amarrés à couple, s'y engagent.

. Ils remontent le « flot » sur une longueur de deux à trois milles, et, en arrivant au large, à dix heures, ils aperçoivent la *Saône* à l'horizon. Après avoir vidé, dans les caisses du canot n° 1, toute l'eau des caisses du n° 2, les canots prennent la remorque en flèche, à cause du ressac qui se fait déjà sentir, et mettent le cap sur l'aviso-transport français. A grande distance dans l'ouest-sud-ouest, ils découvrent la mâture de la *Triomphante*, mouillée devant la grande entrée de la baie San-moun, La *Saône* a sans doute vu les glorieux canots, car elle change de mouillage et vient, dans le nord-ouest, à un mille de Lea-ming. Il ne reste plus aux canots que deux milles à franchir...

A un mille environ, Duboc stoppe : une avarie s'est déclarée; la pompe alimentaire ne fonctionne plus ! Le deuxième-maître Lemeur télégraphie, à bras, à la *Saône:* « Plus d'eau ! machines avariées ! envoyez secours !... »

La *Saône* envoie deux baleinières. Mais une réparation rapide permet de s'avancer jusqu'à 500 mètres de la *Saône*, où les baleinières lancent leur faux bras et halent lentement à bord les deux canots...

.·.

Le commandant Monin, de la *Saône*, reçut les vainqueurs à bras ouverts. Il fit donner un dîner chaud aux hommes, qui, dans la nuit, avaient quelque peu souffert du froid. Mais aucun d'eux ne se sentait fatigué: fiers de leur beau succès, tous se déclaraient prêts à recommencer. Gourdon mit à profit le premier moment de répit pour inventorier les deux canots. En somme, au point de vue de la résistance et de la manière remarquable dont la pression s'y était maintenue, malgré la fermeture prolongée du foyer et du cendrier, il n'y avait que l'éloge à faire des chaudières... Le canot n° 1 avait reçu onze projectiles dont six balles traversant la carapace de tôle ; une balle dans la toile du rideau bâbord ; une balle, tirée du couronnement, ayant traversé de haut en bas le caillebotis triangulaire de l'avant ; une balle vers le milieu du plat-bord, à bâbord ; enfin deux coups de Nordenfelt, l'un traversant la joue de bâbord à 0^m,40 à peine au-dessus de la flottaison, l'autre traversant la cheminée de part en part de l'arrière à l'avant... Le canot 2 avait reçu six projectiles, dont une balle dans la muraille par le travers de la machine ; une balle dans la toile bâbord, *tuant le fusilier Arnaud;* une balle dans la cheminée ; une balle dans le liston en bois ; une balle dans la tengue ; une balle dans le capot de la cheminée...

Comme on était sans nouvelles du *Bayard*, Gourdon, qui pressentait les vives angoisses de l'amiral, pressa le commandant Monin d'appareiller: la *Saône* prit les deux canots à la remorque...

Après avoir cherché jusqu'au jour les canots sans les rencontrer, Ravel avait dû, par prudence, rebrousser chemin : les lueurs de l'aube lui permettaient de constater que la corvette était coulée et renversée sur le flanc ; la frégate (torpillée) lui parut droite, comme intacte. Avec la baleinière et la vedette, il revint au *Bayard* par la passe de l'île Sin.

Terriblement inquiet sur le sort de Gourdon et de ses camarades, impuissant aussi à contenir plus longtemps son angoisse et son impatience, Courbet fit armer sa baleinière et des embarcations, en force, pour l'accompagner avec Ravel. Il voulait voir, de ses yeux, le lieu du triomphe, qu'il supposait aussi celui d'une catastrophe : vraisemblablement les héros avaient trouvé la mort dans la victoire... Bien que dans le port de Sheïpou la mer fût basse, le *Yu-Yuen*, toujours droit, était noyé jusqu'à mi-bas mâts ; le *Tcheng-King*, incliné sur le flanc, était couvert d'eau par-dessus les bastingages. Il avait dû être foudroyé par les bordées du *Yu-Yuen* affolé et les décharges de l'artillerie de terre (1). D'aucun côté ne paraissait trace des canots...

Les heures s'écoulant, Courbet, après une mortelle attente, s'était décidé à faire part à l'escadre du glorieux désastre. Et partout la consternation se mêlait à la joie du beau fait d'armes, lorsque la *Saône* parut signalant du plus loin possible la vérité.

Tout se transforma alors en quelques minutes. L'amiral fit hisser le pavois à tous les navires, et quand, à 5 heures, la *Saône* entra dans les eaux du *Bayard*, la musique enthousiaste jeta au vent du soir les accords puissants de la *Marseillaise !*

Un à un, officiers et matelots, l'amiral, tête nue, recevait à la coupée de son cuirassé tous les hommes de l'expédition : noirs de cambouis, couverts de fumée, il les embrassait de la même étreinte. Lorsqu'on eut monté à bord le corps du fusilier Arnaud, Courbet le contempla quelques instants, et fondit en larmes...

Jean DARGÈNE.

(1) Cette supposition fut plus tard justifiée : les deux navires chinois, trompés par l'obscurité, s'étaient furieusement et réciproquement canonnés ; la terre, pour en finir plus vite, avait pointé ses pièces sur la corvette mouillée presque bord à quai.

LE

MARÉCHAL DE MAC-MAHON [1]

IV

EN ALGÉRIE. — SOUMISSION DE L'ÉMIR ABD-EL-KADER

(1847)

La campagne de 1846 était terminée. Une vague inquiétude, cependant, planait sur la colonie, car Abd-el-Kader campait à quelques lieues de la frontière, prêt à fondre, à l'improviste, sur n'importe quel point de l'Algérie. Lamoricière profita d'un moment de répit laissé par le grand chef arabe pour visiter l'ouest de la province d'Oran.

L'escorte du général, choisie parmi les meilleurs cavaliers des douars et des smalas, se composait des plus illustres d'entre eux. C'était d'abord Mohamed-ould-Kaddour, l'homme de fer au regard de feu, toujours le premier, quand parlait la poudre; Adda-ould-Athman, le *cavalier de la matinée noire*, El-Arbi-ben-Youssef, la *tête du goum;* puis venait ensuite le fils du brave général Mustapha, d'une balle kabyle, dans le bois des Flittas en juin 1843.

Lamoricière était à Djemmâa-Ghazouat, le 11 janvier 1847, prenait en passant le régiment de Mac-Mahon, dont il connaissait la vigueur et la solidité, et l'emmenait avec lui, jusqu'à Tlemcen; il s'agissait de juger les contestations qui s'étaient élevées entre l'autorité française et les Kabyles, au sujet de l'impôt, de recevoir les soumissions des Traras, et de leur faire payer l'arriéré. Tout se passa le mieux du monde.

Trois jours après (14 janvier 1847), on était à Tlemcen, où le

(1) Voir la *Nouvelle Revue* du 15 septembre 1892.

41ᵉ allait désormais tenir garnison. C'est de ce point que vont rayonner toutes les colonnes qui doivent parcourir la province, entre Daya, Sebdou et la frontière marocaine.

Le 19 février, le 41ᵉ entre dans la composition d'une colonne qui explore le pays des Oulayas, les vallées de l'Isser et de la Tafna, (19 février-6 mars 1847). Le 1ᵉʳ avril, il fait partie d'une expédition dont la direction est confiée spécialement au colonel Mac-Mahon, et qui a pour but de montrer nos troupes dans la région des Ksours, contrée du Sahara dans laquelle nos soldats n'ont pas encore pénétré. L'itinéraire suivi à partir du ksar (1) El-Asla; est, en somme, celui parcouru, en 1868, par les troupes du lieu-tenant-colonel Colonieu (2); on verra par les lignes qui suivent, empruntées au journal de route d'un officier de la colonne, que Mac-Mahon a, le premier de tous nos officiers d'Afrique, donné des indications sur ces bourgades fortifiées contre les coupeurs de route, et qui, assises, comme des nids d'aigle, auprès des sources, au milieu des rochers, à peu de distance de montagnes impénétrables, servent, ainsi que le désert, de refuge aux opprimés.

Asla est perché sur une colline rocheuse, qui le rend impre-nable aux Arabes; une grosse muraille en pierre, flanquée de cinq grosses tours également en pierre, lui donne l'aspect d'un vieux château féodal du moyen âge. Les maisons sont en pisé ou en pierre, petites et malsaines; les ruelles étroites ne peuvent li-vrer passage, de front, qu'à une bête de somme. Un puits de bonne eau est tout ce que l'on remarque dans ce pâté de masures in-fectes. Les jardins sont au pied du ksar, dans une vallée longue, droite, bien arrosée et abritée des vents du nord et du sud, par deux collines de grès parallèles. La colonne y séjourne les 22, 23 et 24 avril 1847, et campe à un kilomètre du ksar, sur les bords d'une rivière qui prend le nom du village.

La distance à parcourir pour gagner Thiout, le bivouac à atteindre en quittant Asla, est de quarante kilomètres. La route est bonne, mais on traverse une série de pitons assez élevés servant de jalons aux guides de la colonne, et l'on arrive sur Thiout, par un col de deux cents mètres de largeur, resserré entre deux collines rocheuses, le Teniet-el-Djà. Le ksar est construit en pierre, comme le précédent; les maisons sont mieux bâties;

---

(1) Village, pluriel : ksour.
(2) Actuellement général de division du cadre de réserve (11 janvier 1887).

mais la population est malingre, bien que le village soit situé, au milieu des palmiers, dans une vallée ravissante, encadrée par des collines de grès.

Le 5 mai, la colonne marche sur Aïn-Sefra, auquel on accède par des dunes, formant banquettes, d'environ quatre mètres de hauteur. Le ksar, situé en amphithéâtre sur le penchant d'une colline de sables qui empiète chaque jour sur les terres cultivées, est aujourd'hui le point terminus du chemin de fer qui sillonne le sud-ouest de la province d'Oran. Les sables menacent d'engloutir les maisons, un jour ou l'autre, malgré les murs en pisé derrière lesquels on les abrite.

Le lendemain, la colonne se remet en marche, en longeant, à une certaine distance, les bords de l'Oued-Sfissifa, et campe à El-Bridj ; le 7 elle atteint Aïn-Sfissifa où elle séjourne les 8, 9, 10 et 11 mai. Ce ksar, bâti en amphithéâtre, sur un plateau incliné à l'est, et taillé à pic à l'ouest, offre un abord très difficile, surtout du côté de la route qui conduit à Lambach, où le ravin, long de trois kilomètres, est si étroit en certains endroits, que les chameaux ne peuvent y passer qu'un à un. Cette oasis ne renferme pas un palmier. Les jardins forment une bande tortueuse, au fond d'une vallée fortement encaissée, parcourue par un ruisseau donnant une eau abondante, mais sujette à croupir en été, ce qui la rend malsaine.

Enfin, la colonne Mac-Mahon rentre à Tlemcen, le 23 mai, après une course qui n'a pas duré moins de cinquante-trois jours.

A peine rentré, le 41ᵉ repart pour Djemmâa-Ghazouat, où son colonel doit exercer de nouveau le commandement du cercle ; puis il repart en colonne d'observation, sur la frontière du Maroc, du 14 juin au 14 septembre 1847. Cette expédition fut la dernière du régiment qui est rappelé en France. Mac-Mahon permute, et se fait placer au 9ᵉ d'infanterie, pour continuer à servir en Afrique.

Vers la même époque, le maréchal Bugeaud quittait le gouvernement général de l'Algérie pour le remettre entre les mains du général d'Aumale. Une ère de prospérité commençait pour la colonie, surtout dans la province d'Oran. Une douzaine de villages arabes se relevaient de leur ruine, dans la banlieue de Tlemcen. L'agha Mesabeth, devenu notre allié, en bâtissait un au pied de Mascara ; Sidi-Laribi en commençait un autre à Bel-Hassel sur la route de Mostaganem à Mascara ; l'agha Chedy faisait bâtir des moulins, plantait du maïs, des pommes de terre, et greffait plus de 3 000 oliviers. « C'était bien quelque chose pour des hommes ayant la passion du vagabondage. » Ce n'était pas cependant encore assez; le dénouement approchait, grâce à la vigilance avec laquelle le commandant de la province d'Oran gardait la frontière, grâce aussi à son habileté à ménager l'empereur du Maroc. Isolé de l'Algérie, privé des ressources que lui avait prodiguées jusqu'à présent le fanatisme musulman, regardé de mauvais œil par Mouley-Abd-er-Rahman qui ne lui pardonnait pas ses insolences, l'émir voyait ses plus fidèles serviteurs l'abandonner et s'armer contre lui.

Abd-el-Kader, dont la politique consistait à ne jamais demeurer sous le coup d'un échec, occupait une forte position sur la limite nord du Rif, à deux lieues de la côte et en vue de Melilla.

Le Rif est un système de hautes montagnes, intermédiaires entre le désert de Garet et la mer. Son extrémité orientale, formée par le massif des Beni-Snassen, touche à la frontière algérienne et se relie, par une série de collines, au pic des Traras. La chaîne principale, variable de largeur, court de l'est à l'ouest, parallèlement à la côte, jusqu'à hauteur de Tanger, où elle se confond avec les contreforts du grand massif marocain. Au premier tiers environ de son développement, elle détache vers le nord une chaîne secondaire qui, se prolongeant de plusieurs lieues, forme à son extrémité le camp de *las Forcas*. C'est dans la vaste échancrure dessinée à l'est par ces deux grandes lignes, et à peu près au sommet de l'angle, qu'est située la ville de Melilla.

L'émir avait établi sa *deïra* à égale distance de la M'louia et du *presidio* espagnol, ayant en face de lui la mer d'Espagne qui baigne le rocher de Gibraltar, et derrière lui une chaîne de montagnes abruptes, habitées par des populations dont le fanatisme sauvage lui garantissait l'assistance, et qui de tout temps se maintenaient en rébellion contre l'autorité de l'empereur du Maroc. De cette position, il pouvait à volonté et en quelques heures se porter à l'ouest, sur l'Oued-Kis, en suivant le bord de la mer, ou marcher au sud vers Oucbda, par la coupure de la M'louia, ou encore déboucher inopinément à l'ouest, dans la plaine de Thaza, après avoir monté l'étroite vallée intérieure qui, à partir de l'embouchure de la M'louia, divise le Rif en deux branches parallèles. Malheureusement, ces sortes de chemins couverts qui lui donnaient depuis longtemps une grande puissance et une grande liberté d'action devaient aussi servir à ses ennemis pour arriver à lui. On peut dire que ce qui avait fait sa force jusqu'à présent fut aussi la cause de sa perte.

Aux premiers moments de l'émigration algérienne, Abder-Rahman ne voyait dans l'émir qu'un embarras. Ce n'est que lorsqu'il soupçonna les vues ambitieuses de ce dernier qu'il s'émut sérieusement de ce dangereux voisinage, et rechercha par un habile espionnage les agents et les affidés que cet audacieux prétendant avait su gagner à sa cause. Chaque découverte de ce genre était suivie immédiatement d'une exécution capitale.

Le terrain ainsi déblayé, l'empereur du Maroc divisa son armée en trois corps d'opération. Le premier, parti de Tetouan, s'avança à petites journées vers l'est, par le sentier escarpé qui borde la côte. Des deux autres corps venus ensemble de Fez à Thaza, l'un descendit la vallée intérieure du Rif, et l'autre, après avoir longé en dehors le pied de la chaîne méridionale, et côtoyé la rive gauche de la M'louia, pénétra résolument dans la profonde coupure que cette rivière s'est creusée à travers le massif des Beni-Snassen. En même temps, la rive droite fut occupée par le caïd d'Ouchda, ayant avec lui quelques centaines de cavaliers.

A la première nouvelle de ces événements, Lamoricière réunit autour de lui toutes les troupes disponibles d'Oran, de Tlemcen, de Sidi-bel-Abbès : 2ᵉ zouaves, 9ᵉ de ligne, 1ᵉʳ étranger, 2ᵉ chasseurs d'Afrique, 2ᵉ spahis (environ 3 500 baïonnettes et 1 200 sabres), se mit à leur tête et se dirigea sur Nemours, le 19 novembre 1847. Il alla camper près de la frontière marocaine, à Sidi-Ouassini, afin d'être à portée de soutenir le caïd d'Ouchda, ou de faire face à une tentative désespérée de l'émir, qui était, en effet, réduit à la dernière extrémité. Lamoricière, avec une colonne qui ne comprenait pas moins de quatorze escadrons, fermait, à la hauteur d'Ouchda, les passages qui servent de communications entre le désert de Garet et la plaine des Anghades. Mac-Mahon, dont les positions étaient admirablement choisies, surveillait le cours de l'Oued-Kis, avec quelques bataillons d'infanterie.

La situation pour Abd-el-Kader devenait critique. Le 11 décembre, les Marocains signifièrent à l'émir qu'il fallait accepter des terres dans l'intérieur du Maroc et disperser ses troupes, ou aller chercher un refuge dans le désert. Il préféra la lutte à cet ultimatum, et marcha vers l'ouest, dans la nuit du 11 au 12, avec 1000 fantassins et autant de cavaliers. Arrivé au bord de la M'louia, il établit sa *deïra* (dépôt ambulant des femmes, des enfants, des vieillards, des serviteurs et bêtes de somme) dans une forte position défensive, sur la rive droite de la rivière; puis, remontant la rive gauche, il alla se placer audacieusement au confluent des deux vallées, en face des deux corps marocains qui descendaient vers lui. Ce plan était d'une grande habileté et d'une grande hardiesse. Les populations du Rif s'agitaient, et il était possible de faire tourner à son profit cette agitation sans but déterminé. Son intention est d'attaquer d'abord le plus faible des deux camps marocains, celui qui lui ferme au sud-ouest la vallée intérieure du Rif; s'il a 'l'avantage, il abandonne aux Kabyles les dépouilles du vaincu, et ces peuplades ainsi compromises deviennent ses alliées. Fort de ce premier résultat, il se retournera ensuite sur l'autre camp marocain, établi dans la coupure de la M'louia, persuadé que la terreur imprimée par le bruit de sa première victoire lui en fera obtenir une seconde plus facile et plus éclatante encore. Il soulevait alors toutes les tribus de la côte, qu'il entraînait à sa suite, et reparaissait menaçant sur la route de Fez.

Au coucher du soleil, Abd-el-Kader rassemble ses réguliers, leur parle en père, en ami, plutôt qu'en chef, leur expose le plan que nous venons d'esquisser ci-dessus, engage les timides et les faibles à s'éloigner, leur promettant le pardon et l'oubli, dispose ensuite sa petite armée et, la nuit venue, se met résolument en marche. Son avant-garde a l'ordre de chasser devant elle quelques chameaux enduits d'une matière inflammable qui devait être allumée aux approches du camp marocain. Ces animaux ainsi torturés par les flammes se précipiteraient en furieux au milieu des tentes, incendiant les unes, renversant les autres. Les soldats marocains surpris dans leur premier sommeil ne pouvaient qu'être frappés d'épouvante en ouvrant les yeux sur cette scène fantastique; leurs chevaux et leurs bêtes de somme, effrayés par les cris de douleur des chameaux ou aveuglés par les flammes, briseraient leurs entraves, augmentant encore le bruit, le désordre et la peur. Alors, au milieu de cette panique générale, les réguliers n'avaient plus qu'à choisir leurs victimes, et l'émir, marchant droit à la tente impériale, prenait pour otage le fils aîné d'Abd-er-Rahman.

Ce plan d'attaque ne rappelle-t-il pas les guerres antiques? La conception en était cruelle, mais non sans mérite, et il présentait de grandes chances de succès. Mais, parmi les hommes qui, le soir même, avaient par faiblesse abandonné l'émir, quelques-uns, en le quittant, étaient devenus subitement ses ennemis, et à peine se mettait-il en marche que Mouley-Ahmed était averti. La lâcheté conduit presque toujours à la trahison.

Après une marche pénible de quelques heures, Abd-el-Kader venait de s'arrêter à la vue des feux marocains, pour prendre ses dernières dispositions, lorsque ses éclaireurs de tête vinrent lui annoncer la fuite de son ennemi. Frémissant d'impatience, l'émir pénètre au galop dans l'enceinte abandonnée; le camp est, en effet, silencieux et désert; les tentes sont encore debout, mais vides. La nuit est très avancée; il donne à ses soldats le signal du repos.

Le lendemain, aux premières clartés du jour, les Arabes peuvent apercevoir sur les hauteurs voisines l'armée entière de Mouley-Ahmed prête à combattre et traçant autour d'eux un cercle menaçant. L'émir voulait surprendre son ennemi : c'est lui, au contraire, qui était surpris; la lutte commença sur tous les points, sanglante et acharnée. Écrasé par les masses marocaines qui l'enserrent de plus en plus, désespérant de sa cause, Abd-el-Kader recule pas à pas vers la frontière algérienne, qui est sa seule voie de salut, semant le terrain des cadavres de ses réguliers, pour donner le temps à la *deïra* de franchir le Kis (ruisseau qui sépare la frontière algérienne du Maroc). Connaissant la foi punique de ses ennemis marocains, il préfère demander, pour sa *deïra*, l'*aman* (le pardon) à la France. Quant à lui, il ne demande rien. Entouré d'une poignée de cavaliers des Beni-Snassen, restés fidèles à sa fortune, il espérait, connaissant admirablement le pays et y ayant de nombreux partisans, pouvoir sortir du territoire algérien et gagner le désert. Il n'avait devant lui qu'un passage, le col de Kerbous; il fallait gagner de vitesse Lamoricière, qui, prêt à tout événement, bloquait, avec ses troupes, la frontière marocaine.

La nuit du 21 décembre, l'émir s'engageait dans ce col et venait, au bout d'une heure se heurter, contre les baïonnettes du régiment de Mac-Mahon qui tenait le défilé, et contre les canons de fusils des spahis du lieutenant indigène Bou-Kkouia. Cerné par la colonne Lamoricière, fusillé à bout portant pas nos fantassins et nos spahis, Abd-el-Kader mit bas les armes, se rendit à Bou-Khouia et envoya son yatagan en guise de soumission au général.

Amère ironie du destin! C'était un Arabe, un musulman qui arrachait l'épée des mains du grand vaincu, pour la porter aux pieds du *Roumi!* Cette circonstance dut certainement frapper l'esprit fataliste de l'émir.

Le lendemain, toute la ville de Djemmaa-Ghazouat (Nemours) était sur pied lorsque Abd-el-Kader fit son entrée par la porte de Sidi-Brahim. Monté sur sa fameuse jument noire, devenue légendaire aujourd'hui en pays arabe, l'émir s'avançait au pas, précédé et suivi de spahis au burnous rouge éclatant, le fusil haut. Des deux côtés du chemin marchaient, en colonne par un, deux escadrons de chasseurs d'Afrique, encadrant quelques cavaliers poudreux, sanglants, désarmés, — impassibles et mornes, — les fidèles de la dernière heure, les amis du dernier combat.

Agé de quarante ans environ, d'une taille moyenne et bien prise, l'émir porte sur son visage pâle, mélancolique et grave, une expression plus mystique que guerrière; ses grands yeux noirs, dont le tour des paupières est teinté de kaukeul, sont pleins de rêve; la barbe est fine et soyeuse, le front tatoué d'une étoile est beau. Perdu dans ses pensées, l'œil fixe, il ne retourne pas la tête, ne regarde personne. Quelques Arabes déguenillés se glissent entre les jambes des chevaux des spahis d'escorte et viennent baiser les pans de son burnous; il ne les voit pas, ne laisse pas tomber un regard sur eux. Roulé dans un haïk de soie blanche qui, retenu autour de sa tête par une corde en poil de chameau, l'enveloppe tout entier; portant par-dessus deux ou trois burnous d'une grande finesse, et roulant entre ses doigts fins et blancs les grains d'un chapelet d'ambre, tel apparut à la population de Djemma-Ghazouat, — fatal et beau, — le fils de Nahiddin, le grand patriote arabe, dans la rue de Sidi-Brahim, le matin du 22 décembre 1847.

C'était un fait immense que la chute du chef qui représentait au plus haut degré la puissance du fanatisme musulman et qui, par son génie, sa bravoure, sa ténacité et sa grandeur d'âme, personnifiait la nationalité arabe. Diplomate et capitaine, toujours battu mais jamais vaincu, se relevant mieux sous le poids d'une défaite que sous le poids d'une victoire, ce n'était pas une figure ordinaire que cet homme qui disparaissait de l'Algérie pour toujours (1).

(1) Abd-el-Kader est mort à Damas (Syrie) en 1881.

Étonnante revanche de la destinée! Trois mois après la prise
d'Alger, le maréchal de Bourmont quittait en proscrit la terre
qu'il avait conquise ; trois mois également après la soumission
d'Abd-el-Kader, le général d'Aumale, son vainqueur, partait
aussi pour l'exil.

L'histoire se répète toujours. N'y a-t-il pas lieu de rappeler
ici que ce fut sur les bords du fleuve Melochus, chez Bocchus,
souverain de la Mauritanie (Maroc actuel) que l'insaisissable
Jugurtha se rendit à l'heureux Sylla? A vingt siècles de distance, sur les rives de ce même fleuve Melochus (la M'louia), le
non moins heureux Lamoricière obtenait la soumission du chef
des Arabes, héritier et fils des antiques Numides.

IV

EN CRIMÉE

(1855)

Mac-Mahon nommé général de division (16 juillet 1852) a
pris le commandement de la division de Constantine. Une expédition en Kabylie s'organise; c'est la première engagée dans ce
pays inextricable de montagnes. Il l'a fait, et voici comment le
lieutenant-colonel Lebrun, son chef d'état-major, en rend compte
dans ses *Souvenirs :*

> Dans toutes les opérations où les troupes de la division de Constantine
> ont été engagées au printemps de 1854 dans la Grande-Kabylie, les qualités
> militaires du général de Mac-Mahon, sa vaillance incomparable et son bon-
> heur constant, se sont confirmées de la façon la plus brillante (1).

C'était une bien grande tentation que l'enlèvement de ce mont
Aventin de la révolte constante.

Lorsque Napoléon Ier dit dans ses Mémoires : « La victoire
est à celui qui sait porter la plus grande partie de ses troupes sur
un point donné, en un moment donné », il parle de la guerre en
plaine. Il ne saurait en être de même dans la guerre de montagnes. Ici la force n'a plus de centre; elle n'est plus dans la concentration, mais, au contraire, dans la diffusion et l'éparpille-
ment des moyens d'action. Le sort des empires peut se jouer
dans les plaines; mais c'est toujours dans les montagnes que

(1) *Souvenirs de guerre*, p. 131.

s'abritent le]génié et la résistance d'un pays, pour tenir en échec toute une nation; témoin le Caucase pour la Russie, l'Afghanistan pour l'Angleterre, la Kabylie pour·la France.

Le moment n'était pas venu cependant de pousser cette guerre à outrance; d'autres événements la firent abandonner. Elle ne fut reprise que trois ans après, en 1857.

Napoléon III préparait la guerre de Crimée. Jusqu'à présent l'armée n'avait livré‚en Algérie que des combats en miniature; il n'y avait eu de réellement grand que les privations, les fatigues, les maladies et le danger; elle allait donc enfin prendre part à de grandes batailles, où chefs et soldats prouveront qu'ils ne le cèdent en rien aux vieilles phalanges de la République et de l'Empire.

Cette guerre de Crimée était toutefois une faute grave; elle nous aliénait la sympathie de la Russie, dont l'alliance nous était nécessaire, en face d'une Allemagne en armes sur nos frontières, qui épiait tous nos mouvements, étudiait notre manière de combattre et n'attendait qu'un moment pour se venger d'Iéna, dans la personne du neveu de Napoléon 1er; elle favorisait l'Angleterre, au détriment de nos propres intérêts, et elle abritait à l'ombre du drapeau français et d'une diplomatie mystérieuse l'unité de l'Italie.

Pour la seconde fois en ce siècle, deux nations rivales allaient se réunir pour combattre, côte à côte : le vaincu de Waterloo, et son ennemi héréditaire : l'Angleterre.

Cette expédition, offrait de grandes difficultés, en raison de l'éloignement du théâtre des opérations. Il eût fallu une longue préparation; le temps manquait, et l'on jeta en quelques semaines, sur les côtes de la mer Noire, toute une armée avec son effectif de troupes, d'hommes, de chevaux, son matériel, ses approvisionnements, qui venaient, par toutes nos voies ferrées, s'accumuler à nos ports d'embarquement.

On était parti sans plan arrêté; les débuts de la campagne se ressentirent de la précipitation avec laquelle on avait procédé aux premiers préparatifs; aussi, nos premières armes sous le ciel du Levant n'obtinrent-elles pas le succès que l'on en espérait.

Le maréchal‛de Saint-Arnaud, qui commande en chef, croit pouvoir porter tout l'effort de la campagne sur le Danube, où l'armée ennemie semble l'attendre. Les Russes ont repassé le fleuve et abandonné le siège de Silistrie. Où sont-ils? Nul ne le

. sait. Pendant ce temps-là, nos troupes s'entassent à Varna; la peste, le choléra, y font d'affreux ravages; les éléments sont contre nous; l'inaction et l'oisiveté énervent nos soldats qui ne demandent qu'à marcher en avant: c'est alors que l'Angleterre et la France tombent d'accord pour porter la guerre en Crimée, sur les derrières de l'armée moscovite.

Nos troupes débarquent dans la presqu'île de Chernonèse le 14 septembre 1854 : elles vont donc pouvoir combattre: tel est le prologue du grand drame militaire qui va se dérouler, et dont les principaux tableaux s'appelleront l'Alma, Inkermann, Balaklava, la Tchernaïa, Malakoff, et les acteurs chargés des premiers rôles : Saint-Arnaud, Canrobert, Pélissier et Mac-Mahon. Dans cette ample moisson de gloire, la fortune a pris le soin de faire la part de chacun, mais il ne fut pas donné à ceux qui eurent la tâche de commencer l'œuvre de la terminer. La limite de ce cadre nous permet de rappeler seulement le rôle joué par Mac-Mahon dans la guerre de Crimée; parcourons donc rapidement les premières étapes pour arriver à la dernière : Malakoff.

La victoire de l'Alma (19 septembre 1854) inaugura brillamment la campagne. Ce jour-là, les soldats de Friedland et d'Austerlitz firent leur réapparition sur les champs de bataille de l'Europe. Vers la chute du jour, l'armée ennemie était en pleine déroute; avec une cavalerie suffisante, le maréchal l'eût anéantie. Saint-Arnaud, en proie déjà à la maladie qui devait l'emporter. presque mourant, passa la revue de ses troupes dans une voiture d'artillerie, couché sur une botte de foin, recouvert d'un manteau militaire, et campa le soir sur le champ de bataille au milieu des morts et des mourants. Huit jours après, le 27 septembre, il remettait le commandement suprême au général Canrobert, que l'empereur avait choisi pour lui succéder en cas d'accident. Et quand l'armée vit passer pour la dernière fois son chef, dont la maladie trahissait les forces, une profonde émotion s'empara d'elle. Les zouaves entourèrent les chevaux qui le traînaient; il leur serra la main. Deux jours plus tard, le maréchal mourait sur le *Berthollet*, qui appareillait pour le ramener en France.

Après la bataille de l'Alma, deux partis s'imposaient aux envahisseurs de la presqu'île de Crimée : attaquer Sébastopol par le nord, en faisant le siège de la citadelle, ou s'établir dans le réduit de la Crimée, entre Sébastopol et Balaklava. Ce fut à

ier parti que s'arrêta Canrobert, de concert avec lord
, qui commandait les forces britanniques.

faisaut le siège de la forteresse par le sud et le sud-est de
e, les troupes anglo-françaises ne devaient rencontrer, au
, que des ouvrages imparfaits : une tour maximilienne ter-
nt la muraille, sur la partie occidentale de l'enceinte, et en
t, un bastion en terre; sur la partie orientale, la tour
akoff, au sommet d'un mamelon et entourée d'un ouvrage en
e et de quelques retranchements non reliés les uns aux
res. Mais le patriotisme des assiégés, secondé par le génie de
ir chef, le général Todleben, ne devait pas tarder à transformer
s obstacles insuffisants, et en faire surgir de nouveaux, au
oint de convertir la place en une véritable citadelle dont il
erait impossible de s'emparer par un coup de main. Dans ces
conditions, un siège régulier s'imposait.

Des milliers de travailleurs creusent des lignes de circonval-
lation autour de la place, sous le feu continuel des assiégés; les
projectiles s'entassent; les gabions, les fascines s'accumulent; les
sacs à terre se remplissent. Nous sommes au 9 octobre. Un conseil de guerre décide que nos travaux formeront, à 800 mètres de
la place, un front bastionné d'où émergeront cinq batteries faisant
converger leurs feux sur la forteresse.

Les premiers travaux de tranchée doivent commencer dans
la nuit; 800 hommes du génie, ces pionniers de l'armée, s'avancent
en rampant sur le sol, profitant des moindres abris du terrain,
pour se dérober à la vue des sentinelles qui les guettent du haut
des remparts. Le ciel est sombre, mais les nuages chassés par le
vent s'ouvrent parfois pour livrer passage à la lune qui projette
sur la campagne sa lumière indiscrète et déchire l'ombre protectrice de la nuit. L'horizon est plein de terreurs, et mille dangers peuvent se cacher dans les ténèbres. Néanmoins, au signal
donné, nos terrassiers entament le sol; deux équipes de 800 hommes chacune, se succèdent de trois heures en trois heures, et
à six heures du matin la tranchée atteint un développement de
mille mètres, susceptible d'abriter plusieurs bataillons contre le
feu de la place.

La lutte sombre, ténébreuse, troublée par [les surprises, les
embuscades et les soudaines invasions, commence; elle doit se
continuer pendant onze mois, à travers les épreuves, les souffrances, les espérances et les déceptions, les attaques continuelles

de jour et de nuit. Notre armée rampe comme un immense reptile jusqu'à l'ennemi qu'elle veut atteindre ; elle supporte sa longue et pénible immobilité dans les tranchées avec une patience, une résignation et une ténacité contraires aux traditions et au tempérament du soldat français.

L'Europe même est étonnée d'une attitude pareille, dont tout l'honneur revient cependant à la mère patrie. Comment nos troupes auraient-elles pu résister aux encouragements et aux preuves de sympathie qui leur arrivaient de France? Chaque courrier, avec ses lettres, ses journaux, chaque récit des arrivants, relevait les courages et les âmes, en apportant sous les formes les plus diverses le témoignage des anxiétés du pays, de son intérêt pour ceux qui souffraient, de sa gratitude pour ceux qui mouraient.

L'armée russe s'était reformée après sa défaite de l'Alma. Pour aborder sérieusement Sébastopol, et rentrer dans les conditions ordinaires d'un siège, il fallut se rendre maître des hauteurs de Makensie, s'établir sur le côté nord de la ville, passer sur la rive droite de la Tchernaïa, et livrer deux grandes batailles : Balaklava, où s'illustra la cavalerie anglaise par son héroïsme (25 octobre 1854), et Inkermann, où la nôtre sauva l'infanterie anglaise d'un désastre certain (5 novembre 1854).

Il était écrit que le drame de Crimée dévorerait tour à tour ses plus illustres acteurs. Après Saint-Arnaud, c'est l'empereur Nicolas Ier qui meurt le 2 mars 1855 ; lord Raglan succombera aussi à la fatigue et au découragement, la veille du triomphe définitif. D'autre part, Canrobert, obéissant à certaines nécessités politiques, cède le commandement en chef à Pélissier, avec une grandeur d'âme admirable, montrant un dévouement, une abnégation rares et se réservant seulement le commandement d'une division (16 mai 1855).

Le nouveau commandant en chef, qui est en Crimée depuis le mois d'avril 1855, est merveilleusement doué comme aptitudes guerrières. Il a soixante-quatre ans, mais sa vitalité physique est intacte, et, dans la direction des affaires militaires, son activité d'esprit est incomparable. Sous son commandement, la lutte va donc continuer ; il est résolu à brusquer l'attaque de Sébastopol, à donner une impulsion nouvelle aux opérations du siège, et, comme don de joyeux avènement, il fait enlever par nos troupes le Mamelon-Vert et les Ouvrages Blancs (7 juin 1855). La connait dans l'armée ; les deux généraux en chef se décident r l'assaut à la tour Malakoff (18 juin).

te fois Pélissier s'est trop hâté. L'attaque échoue et nous d'après les rapports officiels, 3 338 hommes tués, blessés ou us, parmi lesquels 150 officiers. Quel que soit le jugement ortera la postérité sur le siège de Sébastopol étudié en lui- e, sur les errements de son début et la témérité de certaines atives plus glorieuses qu'utiles, elle ne pourra refuser de lre hommage à l'inébranlable fermeté des chefs et des soldats, uis le premier jour jusqu'au dernier.

Deux mois après l'échec de la première attaque contre Mala- ff, Mac-Mahon arrivait en Crimée, pour prendre le comman- ement de la division du général Canrobert, rappelé en France : ette division était la première du 2° corps, réputée comme la plus olide de l'armée.

*
* *

Les débuts de cette pénible campagne de Crimée avec leur cortège de troubles, de désordres, de fautes, avaient été épargnés au général Mac-Mahon.

Ce fut seulement à la fin du mois de juillet qu'il quittait Constantine, faisant voile pour le détroit des Dardanelles. Tous les glorieux souvenirs de l'histoire ancienne se déroulent dans ses pensées. Il entrevoit la Grèce avec ses colonnades de marbre, les villes d'Asie qu'Aristote a parcourues avec son élève Alexandre, les rivages glorieux que foulèrent les armées de Xerxès et de Darius ; Constantinople, avec ses minarets, ses basiliques, sa Corne-d'Or et ses milliers de navires de toutes formes et de toutes dimensions, flotte gigantesque du monde entier. A peine ces splendeurs ont-elles défilé sous ses yeux, comme en un songe des *Mille et une Nuits*, qu'il arrive sous Sébastopol.

On est au 20 août 1855. Ce même jour, Mac-Mahon écrit à son ancien chef d'état-major, le colonel Lebrun, qui est en Crimée depuis les premiers jours du mois de février, et qui, depuis le 18 août, appartient à l'état-major de la division Espinasse, pour lui donner avis de son débarquement à Kamiesch, et lui demander s'il consent à revenir à son état-major. Le lendemain, Pélissier désignait Lebrun pour prendre les fonctions de chef d'état-major de la division que doit commander Mac-Mahon.

Elle est composée ainsi qu'il suit :

Aide-de-camp : le chef d'escadron d'état-major : Borel (1);
Officier d'ordonnance : d'Harcourt, sous-lieutenant de chasseurs à pied;
Chef d'état-major : colonel Lebrun;
Commandant de l'artillerie : le chef d'escadron Joly-Fregola ;
Commandant du génie : le chef de bataillon Ragon.
Officiers détachés à l'état-major : Broye, Bax, capitaines d'état-major.

Troupes

1re Brigade : Colonel DECAEN (2).

2e régiment de zouaves (2 bataillons) : colonel Collineau (3); 7e régiment de ligne (3 bataillons) : colonel Decaen.

2e Brigade : Général VINOY (4).

7e bataillon de chasseurs à pied : commandant Gambier; 20e régiment de ligne (3 bataillons) : colonel Adam; 27e régiment de ligne (3 bataillons) : colonel Oriane.

A cette date (21 août), tout le monde pressentait dans l'armée que Pélissier ferait donner prochainement l'assaut, et tout le monde disait aussi que la division Mac-Mahon serait chargée de l'exécution, le général ayant réussi jusqu'alors dans toutes ses entreprises; on allait jusqu'à affirmer qu'ayant toujours été heureux à la guerre, il le serait toujours.

Voici quel est alors l'état de nos travaux et ceux des défenseurs de la place. Nos sapeurs du génie et nos travailleurs d'infanterie redoublent d'efforts pour rapprocher de plus en plus nos têtes de sape du saillant de Malakoff; notre artillerie ne cesse de battre en brèche de ses plus gros projectiles l'épaisseur considérable des hauts parapets de ce saillant, afin d'y produire des éboulements. A la fin de chaque journée, il semble que l'artillerie ait atteint son but; tous les parapets sont endommagés; mais à l'aube du jour suivant, tout est réparé, et les Russes ont rétabli les parapets dans leur état primitif. Le 2 septembre les abatis de la tour Malakoff sont traversés par nos cheminements, et en partie incendiés. On n'est plus qu'à vingt-cinq ou trente mètres de la contrescarpe de la tour, et de ce point on peut voir que la courtine et le redan, dont le parapet est détérioré et

(1) Décédé général de division, le 21 février 1884.
(2) Tué à Borny, comme général de division, le 14 août 1870.
(3) Mort à Tien-Sin, comme général de brigade pendant la campagne de Chine (2 février 1861).
(4) Décédé comme général de division, le 29 avril 1880.

le fossé à peu près comblé, ne peuvent plus présenter d'obstacles très sérieux à l'escalade. Là, on est arrêté par le roc. Le génie a accompli son œuvre, et nos cheminements sont arrivés à un point tel que la prudence même commande de ne pas différer plus long-temps une attaque générale contre la place. Assiégés et assié-geants se touchent presque, et la nuit, dans les courts instants où l'artillerie reste silencieuse, on entend les voix. Le mineur russe arrive sur nos têtes de sape ; on entend les coups de pioche ; quelques jours de retard, et on peut sauter par une explosion de mine. Les assiégés, cernés comme ils le sont, élèvent une seconde enceinte derrière celle que nous attaquons, et, sur plusieurs points de celle-ci, les défenseurs sont à leur poste, et les pièces qui doivent l'armer, en batterie. D'autre part, nos troupes ne peu-vent plus tenir sous le feu qui les décime chaque jour ; nos mu-nitions s'épuisent ; il faut en finir, donner résolument l'assaut et se confier à la bravoure de nos soldats.

Maîtres de Malakoff, nous dominerions le faubourg de Kara-belnaïa, dont il serait facile de nous emparer. De là nous pour-rions rompre le pont de bateaux qui traverse le port ; la garnison de la ville ainsi investie ne pourrait faire une longue résistance.

Certes, le commandement ne se dissimulait pas les difficultés que présentait l'enlèvement de ces formidables retranchements armés de toutes parts de pièces de gros calibre bien abritées. Par les chiffres qu'il était nécessaire d'engager, par la distance qui devait être parcourue en sortant de nos lignes et dans l'intérieur de la place, cette attaque de Sébastopol ressemblait bien plutôt à une bataille qu'à un assaut, et cette bataille allait se livrer sans que la direction des généraux en chef pût se faire sentir, sur un terrain hérissé d'obstacles, qu'on ne pouvait espérer sur-monter qu'en laissant à chacun son inspiration du moment.

L'entreprise était grandiose, difficile, hasardeuse, mais le moment était venu de la tenter. Tout retard devait diminuer nos chances de succès.

Le jour de l'assaut fut fixé au 8 septembre. La division Mac-Mahon doit attaquer l'ouvrage Malakoff, ayant en arrière d'elle les grenadiers et voltigeurs de la garde (brigade Wimpfen, de la division Camou). La brigade Lamotterouge (9e bataillon de chas-seurs, 21e et 42e de ligne) ayant en réserve les zouaves de la garde du colonel Janin, est chargée d'attaquer la longue courtine qui relie l'ouvrage de Malakoff au Petit Redan. L'attaque de droite sur le Petit Redan est confiée au général Dulac (17ᵉ bataillon de chasseurs, 16ᵉ, 56ᵉ, 61ᵉ et 80ᵉ de ligne), ayant en réserve la brigade de Marolles, de la division d'Aurelle de Paladines, et les chasseurs à pied de la garde.

L'armée anglaise a pour tâche de s'emparer du Grand Redan qui relie Malakoff à la batterie russe connue sous le nom de Saint-Gervais; elle est appuyée par le corps piémontais du général Alphonse de la Marmora. Le général de Salles commande les attaques de gauche, et a pour mission d'attaquer toute la partie de l'enceinte comprise entre le grand Redan et la mer.

Les troupes d'infanterie ottomane, placées en dernière réserve derrière les forces anglaises et françaises, reçoivent l'ordre de concourir à l'attaque générale dans la mesure de leurs moyens.

Enfin, les troupes des armées alliées non employées dans l'opération projetée, doivent se tenir en observation, la cavalerie prête à monter à cheval, et l'infanterie disposée de façon à pouvoir se mettre en mouvement au premier signal.

Comme on le voit, les dispositions prises par Pélissier ont pour objet une attaque dirigée contre toute l'enceinte de Sébastopol; mais l'objectif de cette attaque doit être l'assaut de Malakoff. A cet effet, le commandant en chef a prescrit que l'attaque générale ne commencerait qu'au moment où la division Mac-Mahon se serait rendue maîtresse du saillant de l'ouvrage Malakoff et que le drapeau tricolore y flotterait comme signe de ralliement. A ce signal, Pélissier, qui se tenait de sa personne à la redoute de Brancion (1) devait y faire arborer les drapeaux anglais et français pour indiquer aux troupes du général Salles et aux Anglais d'avoir à se mettre en mouvement pour se porter à l'attaque des retranchements russes qu'elles avaient à escalader.

Pendant trois jours consécutifs, huit cents bouches à feu vomissent la destruction et la mort sur les travaux russes, et il est entendu que le 8 septembre, à midi précis, elles cesseront brusquement de tirer, donnant ainsi au général Mac-Mahon le signal de porter ses troupes en dehors de leurs tranchées pour franchir au pas de course la distance qui les sépare du fossé de Malakoff, et monter à l'assaut du saillant de cet ouvrage.

Mais, avant de continuer le récit des événements qui ont précédé et suivi la lutte, donnons quelques détails sur ce retran-

(1) Colonel du 50ᵉ de ligne tué à l'attaque du Mamelon-Vert. La redoute qui porte son nom a été élevée non loin de l'emplacement où il a été tué.

chement de Malakoff, au moment de l'assaut, d'après un acteur de ce drame héroïque, le chef d'état-major du général Mac-Mahon (1).

Ce grand ouvrage consistait, dans son ensemble, en un vaste quadrilatère de forme allongée, dont les côtés étaient des retranchements en terre d'une épaisseur et d'une hauteur considérables, précédés à l'extérieur de fossés larges et profonds. L'un de ces côtés, celui qui fait face aux tranchées françaises, faisait partie intégrante de l'enceinte continue de la place; son développement, pris en ligne droite, était d'environ 100 mètres, et son centre, qui formait une saillie prononcée vers l'extérieur de l'enceinte, était dominé par un bastion très élevé, édifié au-dessus de la vieille tour de Malakoff. Les deux côtés latéraux de cette saillie représentaient les deux faces du bastion. L'enceinte de la place, en se rattachant à l'extrémité intérieure de l'un et l'autre flanc, formait deux courtines, dont l'une, celle qui partait du flanc gauche, s'étendait sur une longueur de 600 mètres jusqu'au Petit Redan des Russes, dont l'autre, partant du flanc droit, allait se relier au flanc gauche du Grand Redan qui avait devant lui les tranchées anglaises. Sur cette dernière courtine et dans la partie qui attenait au bastion, se trouvait la batterie russe appelée par nous Saint-Gervais, et qui flanquait parfaitement le flanc droit du bastion.

Des deux points extrêmes de cette face partaient les deux faces latérales de l'ouvrage à peu près perpendiculaires l'une à l'autre, et s'étendant entre l'enceinte de la place et l'arsenal maritime sur une longueur de 180 mètres, mais se rapprochant de manière à ne présenter du côté de l'arsenal qu'un intervalle de 50 mètres entre leurs deux extrémités. Un retranchement construit sur cet intervalle constituait la quatrième face; enfin une ouverture de 2 mètres, laissée libre vers le milieu du retranchement, formait la gorge de l'ouvrage.

Tout l'intérieur était hérissé de traverses en forme de crémaillère, et d'un relief tellement considérable qu'elles ressemblaient à de très hauts cavaliers. Les retranchements des trois premières faces étaient couverts de nombreuses batteries de canons de gros calibre. Avec les gros cordages de la marine, les artilleurs russes avaient confectionné, pour fermer les embrasures de leurs batteries, de grands et épais volets, ne laissant au milieu d'eux que l'ouverture nécessaire pour livrer passage à la bouche à feu au moment du tir, et protégeant admirablement les canonniers contre les balles de notre infanterie. Les abris voûtés, blindés et à l'abri de la bombe étaient nombreux, et les magasins, construits comme les abris, dans le massif des retranchements, étaient littéralement bondés de munitions pour l'artillerie et l'infanterie de la garnison de Malakoff.

Cette courte description fera comprendre, mieux que tout ce que nous pourrions en dire, les difficultés contre lesquelles vont se heurter les soldats de Mac-Mahon.

(1) Général LEBRUN, *Souvenirs de Crimée.*

Dans la journée du 7, le commandant du 2ᵉ corps (Bosquet) réunit ses généraux de division, leur révèle dans tous ses détails le plan projeté pour l'attaque du lendemain, indique à chacun d'eux la tâche qu'il aura à remplir, le poste de combat qui lui est réservé, l'objectif spécial qu'il aura à atteindre ; puis on se sépare, la joie et l'espérance au cœur, se donnant rendez-vous pour le lendemain, à midi, à l'endroit où chacun doit combattre.

La nuit s'écoule dans une impatience fébrile, et lorsque le jour se lève, le 8 septembre, un vent du nord très violent s'engouffre dans les ravins, chassant devant lui des nuages de poussière comme pour cacher nos mouvements à l'ennemi. Les troupes sont sous les armes de bonne heure, et attendent, l'arme au pied, l'heure de se porter en avant ; les chefs donnent lecture de l'ordre du jour du général Bosquet, au milieu du silence général.

Après cette lecture qui se termine par cette simple phrase : « A nous, Sébastopol ! » les troupes se rendent à leurs postes de combat. Ici se place une anecdote que nous devons raconter parce qu'elle dépeint l'extrême confiance que Mac-Mahon sait inspirer à ses troupes par son sang-froid ; c'est là précisément un des traits particuliers de son caractère.

Pour se rendre de leurs campements dans les tranchées d'où elles devaient partir pour l'assaut, les troupes de la division Mac-Mahon et les troupes anglaises avaient à descendre le long ravin de Karabelnaïa. Les deux colonnes s'y rencontrèrent entre neuf heures et neuf heures et demie du matin, et cheminèrent dans le fond du ravin, jusqu'à leur arrivée à destination, l'une à côté de l'autre ; les têtes de colonne à la même hauteur. Le général anglais aborda Mac-Mahon, puis, après avoir échangé un salut et une poignée de main :

— C'est vous, général, lui dit-il, qui êtes chargé de donner l'assaut à Malakoff ?

— Parfaitement, répond Mac-Mahon. A midi, je ferai monter à l'assaut, je serai peu après au sommet de la tour Malakoff, vous y verrez flotter mon fanion tricolore ; ce sera pour vous le signal de jeter vos troupes en avant pour leur faire escalader le parapet du Grand Redan.

— Alors, c'est bien sûr, vous croyez que vous triompherez des Russes à Malakoff aussi facilement et aussi vite que vous le dites ?

— *Mais certainement.* Croyez ce que je vous dis. *A midi et quelques minutes je serai maître de Malakoff.*

— Oh! alors, répliqua le général anglais, je suis bien heureux que vous m'en donniez l'assurance.

Cela dit, on se salua et on se sépara.

Quelques minutes après, les corps de la division Mac-Mahon prenaient dans les tranchées les emplacements qui leur avaient été assignés, en face du retranchement de Malakoff.

Le général avait décidé que l'assaut serait donné par la 1ʳᵉ brigade, renforcée du 2ᵉ bataillon de chasseurs, la 2ᵉ servant d'appui à la première. En conséquence, les deux brigades furent disposées dans les tranchées dès qu'elles y arrivèrent; la 1ʳᵉ, dans la tranchée et la place d'armes les plus rapprochées du saillant de Malakoff; le 2ᵉ bataillon du 2ᵉ zouaves (capitaine Sée) sur le point de la tranchée le plus près du saillant; le 2ᵉ bataillon (colonel Collineau) sur la droite du 1ᵉʳ; le 7ᵉ bataillon de chasseurs à pied et le 7ᵉ de ligne (colonel Decaen) sur la gauche du 2ᵉ bataillon de zouaves; la 2ᵉ brigade s'établit en seconde ligne dans les tranchées situées en arrière. Mac-Mahon a fait connaître à tous les commandants de première ligne qu'il marcherait de sa personne avec le 2ᵉ zouaves et que ce serait à son commandement seul que les troupes se porteraient à l'assaut. Le 2ᵉ bataillon du 2ᵉ zouaves franchirait alors le parapet de la tranchée, se précipiterait au pas de course en avant, traverserait le fossé du saillant Malakoff et escaladerait le talus extérieur du saillant. Le 1ᵉʳ bataillon devait exécuter le même mouvement contre le flanc gauche pendant que le colonel Decaen en attaquerait le flanc droit avec ses quatre bataillons.

Pendant ce mouvement, la 2ᵉ brigade demeurait en position dans les tranchées, prête à marcher au premier ordre pour appuyer les premières troupes engagées.

La prévoyance est une des premières conditions pour réussir à la guerre, et, sous ce rapport, Mac-Mahon ne néglige rien pour faciliter à ses troupes les opérations qu'elles sont chargées d'exécuter sous sa direction. Il sait que le retranchement de Malakoff est précédé d'un fossé dont il ignore la largeur et la profondeur, et qui, bien qu'en partie comblé de terre par les éboulements, n'en constitue pas moins un obstacle offrant des difficultés à franchir; il sait aussi que le parapet à escalader a une hauteur de sept à huit pieds au-dessus du fossé, et que son talus extérieur

présente une pente très inclinée. Pour remédier à ces deux difficultés, il fait confectionner par les sapeurs du génie du 2ᵉ corps
de longues et solides échelles, qui, jetées par-dessus le fossé et
couvertes de planches, doivent servir de pont sur un ou deux
points, de façon à livrer passage aux troupes et à atteindre tout
de suite le parapet. Puis il fait distribuer à soixante-quinze
zouaves de la compagnie désignée pour être en tête de la colonne
d'assaut, des pics à roc, outils dont se servent les soldats du génie pour exécuter leurs travaux de sape. Chacun de ces zouaves,
en se rendant à la tranchée le matin, porte cet outil fixé à son
ceinturon porte-baïonnette. « Tout homme, dit Mac-Mahon dans
ses instructions verbales, qui est porteur du pic à roc, enfoncera
son pic dans le talus du parapet pour s'en faire un appui de façon
à s'élever au plus vite jusqu'au faîte. »

Ce n'est pas tout : il donne l'ordre au commandant Ragon, du
génie, de se tenir derrière le bataillon de zouaves du capitaine
Sée avec une section de sapeurs, prêts à jeter sur le fossé les
ponts qu'on se propose de construire avec les échelles et les
planches apportées par eux ; à l'officier d'artillerie qui commande un détachement de canonniers dont il se fait suivre également, de faire enclouer par ses soldats les canons russes, au
fur et à mesure que les colonnes d'assaut en auront chassé les
défenseurs.

Enfin, le caporal Gihaut, du 2ᵉ zouaves, se place derrière le
général, porteur du grand fanion tricolore qu'il doit arborer au
sommet du saillant de Malakoff, à l'instant où il s'en sera rendu
maître.

∗∗

A onze heures vingt minutes, le général Mac-Mahon et les
officiers de son état-major forment dans la petite place d'armes
faisant face au saillant de Malakoff un petit groupe autour duquel sont entassés, les uns sur les autres, les zouaves porteurs
du pic à roc, et que doit conduire le capitaine Sée en tête de la
colonne d'assaut. Ce coin de tableau est admirable. C'est l'*attente
avant l'assaut*, avec ce frémissement d'impatience qui fait battre
tous les cœurs.

L'heure approche. Toutes les montres ont été réglées sur
celle du général Pélissier. Le colonel Lebrun tient la sienne
sous ses yeux et suit attentivement la marche de la grande

aiguille jusqu'à ce qu'elle ait marquée midi. Les zouaves Séc ont une main accrochée aux gabions qui couronnent la crête du parapet de la tranchée, pour s'en faire un appui et s'élancer au plus vite au-dessus de la crête; ils ont tous le regard fixé sur la montre du chef d'état-major. Le feu d'artillerie redouble d'intensité de part et d'autre; c'est le grondement retentissant, ininterrompu de 1 500 bouches à feu de gros calibre se faisant entendre, de la droite à la gauche des travaux d'attaque et de défense, sur tout le pourtour de l'enceinte de la place de Sébastopol.

Enfin, la seconde fiévreusement attendue arrive; Lebrun abaisse son bras en prononçant à haute voix, le mot : *Midi*, et Mac-Mahon, tirant son épée, s'écrie : *En avant !* Puis, il veut franchir le parapet, pour se mettre à la tête des zouaves.

— Attendez, mon général, lui dit le commandant Borel, son aide de camp. — Ce sera pour vous bien assez tôt quand vous verrez quelques zouaves de l'autre côté du fossé.

Il faudrait une plume autre que la nôtre pour retracer cette course vertigineuse de nos troupes classées en avant, avec des hourrahs frénétiques, au bruit strident des clairons sonnant la charge. Nos zouaves ont à franchir une distance de 75 mètres sous une fusillade enragée; le terrain est creusé de profondes excavations, dans lesquelles ils culbutent à chaque pas. En quelques minutes, cependant, ils arrivent au bord du fossé; les échelles, retardées pour une cause imprévue, ne sont pas arrivées; ils se jettent sans hésiter au fond du précipice, au risque de se casser un bras ou une jambe. Les zouaves ont disparu; ils sont dans le fossé. Un instant se passe; instant d'angoisses s'il en fut; on ne les voit pas reparaître sur la berme du parapet de Malakoff.

— Cela ne mord pas, dit alors Mac-Mahon à Lebrun.

— Mais attendez un peu, répond ce dernier; donnez-leur le temps de gravir l'escarpe du fossé.

Et, au même moment, les quelques zouaves qui, les premiers, étaient parvenus à sortir du fossé, commencent à monter à l'escalade du talus extérieur du saillant de Malakoff. De tous leurs camarades, descendus avec eux, beaucoup sont tués ou grièvement blessés; mais, parmi ceux qui restent, les uns gravissent l'escarpe au moyen du pic à roc dont ils sont pourvus, les autres en se faisant la *courte échelle*. Une fois au sommet de l'escarpe, les uns et les autres ont repris en mains leur fusil porté jusque-là en bandoulière.

À leur apparition de l'autre côté du fossé, Mac-Mahon s'élance à son tour pour les rejoindre. Les officiers de son état-major suivent son exemple. Les échelles sont arrivées; tous ont bientôt franchi le fossé. En ce moment, le tableau qui s'offre à la vue est imposant; vingt zouaves tout au plus abordent le faîte du parapet; les fantassins et les artilleurs russes sortent de leurs abris et de leurs batteries, et les reçoivent à coups de fusil et d'écouvillon. Les balles russes en jettent à terre quelques-uns, les coups d'écouvillon en renversent d'autres. Mais, peu à peu, ils sont rejoints par les camarades qui suivent, et, après une lutte acharnée, les Russes sont repoussés, évacuent le talus intérieur du retranchement, et courent se réfugier derrière une traverse parallèle. Le saillant de Malakoff est conquis.

Mac-Mahon y arrive à cet instant, et fait planter le grand fanion que le caporal Gihaut apporte lui-même; c'est le signal convenu. L'action offensive va pouvoir s'engager sur toute la ligne, aussi bien du côté des Anglais que du côté du 1er corps. La lutte n'en continue pas moins dans Malakoff; Français et Russes se confondent dans une effroyable mêlée; on combat corps à corps, à coups de crosse; les armes se brisent; on frappe avec les débris.

Il est midi un quart, environ. Mac-Mahon vient de remporter un brillant succès, chèrement acheté, il est vrai, mais un succès qui est un des plus beaux faits d'armes des temps modernes. Son triomphe est complet: la France le doit à sa bravoure. A partir de ce moment, nous n'essaierons pas de peindre la lutte héroïque de nos soldats. Elle a été souvent décrite. Il faut en lire le récit dans Bazancourt, l'historiographe du siège de Sébastopol. Mac-Mahon est au milieu de la tuerie, calme, impassible, comme si la mort ne pouvait l'atteindre. Il sert de point de mire aux défenseurs des retranchements qui sont encore entre les mains des Russes; le colonel La Tour du Pin, en mettant le pied sur le haut de la tour Malakoff, tombe grièvement blessé d'une balle qui le frappe à la tête; le lieutenant-colonel d'artillerie Huguenet est tué par une pierre énorme qui lui tombe sur le crâne, par suite de l'explosion d'une mine; le clairon qui est à côté de Mac-Mahon est renversé par un éclat d'obus. « On n'est pas plus beau sous le feu ! » s'écrie Pélissier, en lorgnant, avec sa jumelle d'approche, cet intrépide soldat debout, enveloppé d'un nuage de fumée, à côté de son drapeau qui sert de point de ralliement à toute l'armée.

Une fois dans Malakoff, Mac-Mahon fait venir le général Vinoy, qui commande la 2ᵉ brigade :

Nous garderons l'ouvrage, lui dit-il, coûte que coûte; vous allez, général, ramener ici votre brigade en toute hâte, pour remplacer la première qui a perdu beaucoup de monde et est trop fatiguée pour continuer la besogne qui lui reste à accomplir. Depuis un moment je vois des mines faire explosion autour de nous. Il est fort possible que l'ouvrage dans lequel nous sommes soit miné en plusieurs endroits, et que, tout à l'heure, les Russes le fassent sauter en mettant le feu à leurs fourneaux de mine. Si cela arrivait, et si, par malheur, nous sautions et que votre brigade soit anéantie, la brigade Decaen, reposée dans les tranchées où elle va s'établir, accourrait pour réoccuper la position, car il faut, de toute façon, que nous soyons les maîtres du terrain.

Peu après, un officier anglais, envoyé par son général, se présentait à Mac-Mahon, et lui demandait si, maître de Malakoff, il croyait pouvoir s'y maintenir. Le général lui fit cette réponse digne d'Épaminondas. « Dites à votre général *que j'y suis et que j'y reste.* »

Un nuage de fumée enveloppe officiers et soldats; à chaque explosion, les troupes en réserve, qui sont simples spectatrices, croient à un désastre; c'est un indicible effroi dans toute l'armée; mais lorsque la fumée se dissipe, chassée par le vent, Mac-Mahon reparaît au milieu de ses troupes; le drapeau tricolore flotte toujours sur les ruines de Malakoff. Ces explosions successives, véritables feux d'artifice, deviennent des apothéoses.

Il est cinq heures du soir, le feu de mousqueterie s'éloigne de plus en plus. Les troupes russes, à bout d'une résistance qui a été héroïque, se retirent dans la deuxième enceinte de la place. Ainsi que le constatent les rapports officiels, les divisions Dulac et Lamotterouge, malgré des prodiges de valeur et des pertes cruelles, n'ont pu conquérir ni les positions du Petit Redan, ni celles du bastion Central. Les Anglais ont échoué à l'attaque du Grand Redan. On peut donc affirmer que la prise de Malakoff a été la cause primordiale de la reddition de Sébastopol.

Sur cinq assauts pouvant se décomposer en douze assauts partiels, celui de Malakoff avait seul réussi. On possédait la clef de la partie sud de la place. Les généraux Rivet, Breton de Saint-Pol, de Marolles, de Pontevès, les colonels Adam (27ᵉ), Dupuis (57ᵉ), Cavaros (39ᵉ), étaient morts; les généraux Conston, Trochu,

Mellinet, Bisson, Bosquet, blessés. Le général Pélissier fit arrêter la lutte; le génie et l'artillerie prirent les dispositions nécessaires pour consolider notre établissement dans la redoute.

Contrairement aux prévisions, la tour Malakoff n'avait pas sauté; mais les Russes en se retirant faisaient jouer les mines de tous les ouvrages qu'ils étaient contraints d'abandonner, afin de ne nous laisser que des ruines. Si nos troupes n'ont pas eu un désastre irréparable à déplorer, elles le doivent à la présence d'esprit de Mac-Mahon, qui, aussitôt maître de l'ouvrage, fit fouiller et creuser le terrain par ses sapeurs du génie. Des fils métalliques furent découverts, qui communiquaient aux magasins établis dans le bastion et ne contenaient pas moins de 40 000 kilogrammes de poudre. Les Russes évacuèrent Sébastopol pendant la nuit à la faveur d'incendies allumés sur tous les points, rendant impossible une marche en avant, et passèrent sur la rive gauche de la rade, ne laissant que des ruines derrière eux. L'incendie de la ville dura deux jours et deux nuits.

On compta les morts : cette victoire nous coûtait 7 551 hommes hors de combat, parmi lesquels 16 généraux (11 tués, 5 blessés et contusionnés) et 384 officiers de tous grades (dont 140 tués).

Sébastopol vaut bien Moscou, disait le prince Gortschakoff à son armée quelques jours après. En 1812 nous n'avons laissé à Moscou que des amas de pierre et de cendres ; de même à Sébastopol, ce n'est pas une ville que nous laissions aux Français, mais bien des ruines enflammées.

Et le colonel Decaen écrira à sa mère, cette lettre sublime :

J'ai eu l'honneur, ma bonne mère, de commander la brigade d'attaque dans cette journée, en me précipitant sur les fossés de la place, avec mes troupes, au signal du brave Mac-Mahon placé avec nous dans les ouvrages les plus avancés. Quelle journée! Quel feu pendant cinq heures consécutives! Que de courage déployé par mes intrépides soldats gravissant les parapets, combattant à coups de pierre, à coups de crosse de fusil et bravant mille morts à la fois! Que c'est donc beau, un grand combat comme celui-là! Que c'est grandiose et solennel! Le drapeau de mon beau 7° est en lambeaux, percé de balles, de boulets et d'éclats d'obus; l'aigle est mutilée. Comme nous serons fiers de le montrer à la France, au retour dans notre chère patrie (1)!

Il nous semble qu'après cette lettre, plus rien ne doit être ajouté.

Commandant GRANDIN.

(A suivre.)

(1) Lettre du 11 septembre 1855.

ESSAI BIOGRAPHIQUE

SUR

MADAME H. P. BLAVATSKY

There is no religion higher than truth.
(Devise de la Société théosophique.)

Ma sœur, Helena Petrovna Blavatsky, née de Hahn, mieux connue dans notre patrie sous un nom de plume « Radda-Baï », dont elle signait ses écrits russes, a été une personne bien remarquable, même de nos jours, où les personnalités extraordinaires abondent. Ses œuvres, très exclusives, sont peu connues en général (1) quoiqu'elles aient donné naissance à un mouvement spirituel, à une ligue morale, fondée sur des théories que ses disciples se plaisent à appeler « révélations »... Je veux parler de la Société théosophique, si répandue en Amérique, en Angleterre et aux Indes Britanniques. Elle l'est d'ailleurs un peu partout en Europe. Cette Société fut conçue et fondée par elle en l'année 1875, à New-York, où elle était venue s'établir ne sachant trop pourquoi, — mue par une attraction inexplicable et, dans le temps, incomprise d'elle-même, — comme on va le lire dans ses lettres.

N'ayant ni moyens pécuniaires, ni aucune espèce d'influence ni de protection, rien que son esprit entreprenant et son énergie sans relâche, cette femme vraiment extraordinaire sut en moins de quatre ans acquérir des prosélytes dévoués, qui la suivirent aux Indes, reniant leurs croyances premières et s'expatriant à cœur joie ; et en moins de quinze ans elle eut des milliers de dis-

(1) Elles sont toutes écrites en anglais. Ce sont : *Isis Unveiled*, 11 vol. *The secret Doctrine*, 3 vol. *The key to Theosophy; The Voice of the silence* (de l'ancien sanscrit); *Gems from the East; Glossary*, dictionnaire théosophique, et une quantité d'articles dans les journaux théosophiques (il y en a plus de vingt) et non théosophiques, ainsi que dans son propre journal, *le Lucifer.*

ciples qui non seulement professent ses doctrines, mais la proclament *le personnage le plus éminent du siècle*, le sphinx de nos jours ; la seule personne en Europe initiée aux sciences occultes de l'Orient... Ils seraient, assurément, — à peu d'exceptions près, — fort enclins à canoniser sa mémoire, si la philosophie de ses enseignements le leur eût permis.

Il n'est presque point de pays où la mort d'H. P. Blavatsky n'ait pas produit de sensation plus ou moins profonde. Toutes les cinq parties du monde ont répondu, d'une manière ou d'une autre, à la nouvelle du décès de cette pauvre femme russe, qui n'avait d'autres droits à tant de célébrité que son génie personnel. Pendant quelque temps son nom fut signalé dans toute la presse du monde entier. On en dit certainement bien plus de mal que de bien, mais néanmoins on en parla, les uns radotant à tort et à travers, les autres vociférant des injures ; mais, par contre, il y eut une vingtaine de journaux théosophiques qui la proclamèrent illuminée, prophète et régénératrice de l'humanité, laquelle, sans les révélations de ses œuvres, de sa *Doctrine secrète* surtout, était, affirment-ils, conduite à sa perte, par le matérialisme de nos jours.

Il ne m'appartient pas de juger qui de ses amis et disciples enthousiastes ou de ses ennemis acharnés ont définitivement raison. Mon intention est d'offrir au public impartial quelques réminiscences de famille et quelques lettres d'un intérêt incontestable.

On pourrait facilement extraire des volumes de l'énorme quantité de matériaux qui sont à ma disposition ; mais je tâcherai d'en choisir les plus remarquables, les entremêlant à mes propres souvenirs.

Notre mère, Mᵐᵉ Hélène de Hahn, née Fadéew, mourut à vingt-sept ans. Cependant, malgré cette mort prématurée, elle sut acquérir une réputation littéraire qui lui valut le surnom de *George Sand russe*, donné par Bélinsky, le meilleur de nos critiques et bibliographes. A seize ans elle épousa Pierre de Hahn, capitaine d'artillerie, et bientôt ne songea plus qu'à l'éducation de ses trois enfants. Hélène, sa fille aînée, fut un enfant précoce et dès son bas âge attira l'attention de tous ceux qui l'entouraient. Son esprit éveillé était parfaitement indocile aux exigences routinières de ses instituteurs. Elle se refusait à toute discipline, ne connaissant d'autres maîtres que sa volonté et ses goûts person-

nels. Tout en elle était exclusif, original et parfois hardi jusqu'à la sauvagerie.

Quand, à la mort de notre mère, ses parents nous recueillirent, tous nos instituteurs eurent bien du fil à retordre avec
Hélène, qui ne voulut jamais se conformer aux heures précises
des leçons, mais qui, cependant, les étonnait par ses facultés
hors ligne, surtout par la facilité qu'elle avait à apprendre les
langues étrangères et par son talent musical. Elle avait le caractère et toutes les bonnes et les mauvaises qualités d'un garçon
énergique; aimant les voyages, les entreprises, méprisant les
dangers et les remontrances.

Sa mère mourante, quoique sa fille aînée n'eût que onze ans,
avait des appréhensions bien fondées sur son avenir, et disait :

— Ah ! je fais peut-être bien de mourir, pour ne pas voir ce
qui en adviendra d'Hélène ! Je suis sûre que sa·vie ne sera pas
conforme à celle des autres femmes et qu'elle aura beaucoup à
souffrir !...

Ce fut une prédiction.

II

A dix-sept ans, H. P. Blavatsky épousa un homme qui avait
le triple de son âge, et quelques mois plus tard elle l'abandonna,
aussi volontairement et aussi inopinément qu'elle l'avait épousé.
Elle le quitta sous prétexte d'aller vivre avec son père ; mais à mi-
chemin, elle disparut, et si bien que pendant des années personne
ne sut où elle était et que nous la crûmes morte... Son mari était
vice-gouverneur de la province d'Erivan, dans la Transcaucasie.
C'était d'ailleurs un excellent homme qui n'avait eu qu'un seul
tort : d'épouser une fillette qui le traitait de haut en bas et se faisait un plaisir de l'avertir à l'avance qu'elle ne l'avait préféré à
d'autres prétendants que pour la seule raison qu'elle aurait eu
de la peine à faire le malheur d'un autre que lui.

— Vous faites très mal de m'épouser ! lui disait-elle avant son
mariage : vous savez bien que vous pourriez être mon aïeul?...
Vous rendriez bien malheureuse une autre que moi !.. Mais moi,
je ne vous crains pas et je vous avertis que ce n'est pas vous qui
gagnerez à notre union.

Il ne se le tint pas pour dit et n'eut que ce qu'il méritait.

H. P. Blavatsky passa la plus grande partie de sa première

jeunesse, au fait, sa vie presque entière, hors de l'Europe. Plus tard elle prétendit avoir vécu plusieurs années au Thibet, dans les Himalayas et l'extrême nord des Indes, où elle étudia les langues, la littérature sanscrite et les sciences occultes, si bien connues des adeptes, sages ou Mahatmas, pour lesquels elle eut tant à souffrir plus tard.

C'est, du moins, ce qu'elle nous raconta, à ses parents aussi bien qu'à son biographe anglais, M. Sinett, l'auteur de l'ouvrage intitulé *Incidents in the life of Mme H. P. Blavatsky*. Pendant huit ans, nous n'en eûmes aucunes nouvelles. Ce ne fut qu'après dix ans, le terme voulu d'une séparation légale d'avec son mari, en 1859, que Mme Blavatsky rentra en Russie.

Elle vint, en premier lieu, s'établir au gouvernement de Pskoff, que nous habitions, notre père et moi. Nous ne l'attendions que quelques semaines plus tard; néanmoins, chose étrange! au premier tintement de la sonnette je me levai d'un bond, *sachant que c'était elle.* Il y avait fête dans la maison de mon beau-père, que j'habitais provisoirement : sa fille se mariait le soir même; les convives étaient à table et la sonnette retentissait à tous moments... Cependant j'étais si sûre de mon fait qu'à l'étonnement général je quittai brusquement le repas nuptial et courus bien vite ouvrir la porte, ne voulant pas permettre aux domestiques de le faire.

Nous nous embrassâmes, saisies de joie, oubliant pour le moment l'étrangeté de ce fait. Je la menai bien vite dans ma chambre, et dès cette nuit même j'eus la certitude que ma sœur avait acquis des facultés bien étranges... Elle était constamment entourée, — éveillée ou endormie, — de mouvements, de sons étranges, de petits coups qui résonnaient partout : dans les meubles, les vitres, le plafond, le plancher et les murs. Ils étaient très distincts et de plus très raisonnés : ils disaient une fois et trois pour *oui*; deux fois pour *non*. Ma sœur me proposa de faire une question mentale.

Je la fis à propos d'un fait à moi seule connu. Je récitai l'alphabet et reçus une réponse si vraie et si précise que j'en demeurai anéantie...

J'avais bien entendu parler d'esprits frappeurs, mais jamais encore je n'avais eu l'occasion d'avoir une preuve de leur savoir.

Bientôt dans toute la ville il ne fut plus question que des *miracles* qui entouraient Mme Blavatsky. Les réponses non seule-

ment sensées mais clairvoyantes des forces invisibles, qui
travaillaient nuit et jour — et sans aucune intervention apparente
de sa part — autour d'elle, frappaient bien plus d'étonnement les
innombrables curieux que le mouvement des objets inanimés;
que leur appesantissement ou la perte de leur poids, qu'elle produisait à volonté, rien qu'en fixant son regard bleu et limpide
sur le meuble voulu.

Tous ces phénomènes ont été, dans le temps, décrits par les
journaux russes. Nous n'eûmes plus de repos ! Même à la campagne, où nous nous établîmes bientôt, dans une terre qui m'appartenait, les visites et les lettres nous harassaient. Les choses
devinrent insoutenables, quand, par l'intermédiaire de « messieurs
les esprits », — comme notre père les nommait en riant, — fut
découvert l'auteur d'un assassinat commis dans le voisinage et
que les autorités du lieu devinrent des prosélytes convaincus,
criant au miracle. Et ce fut encore pis quand un beau jour Hélène
se mit à nous décrire « tous ceux *qu'elle seule* voyait au nombre
des habitants de ma maison » et que les vieilles gens, aborigènes
du lieu, se prirent à reconnaître, d'après ses descriptions, les anciens maîtres du village, ainsi que leurs vieux serviteurs, décédés
depuis longtemps, mais dont ils avaient gardé la mémoire.

Il faut remarquer que ce bien ne m'appartenait que depuis
quelques mois; que je l'avais acheté dans une localité parfaitement inconnue et que jamais aucun de nous n'avait entendu
parler de ces personnages.

Mon père, un homme d'une vaste intelligence et fort érudit,
avait été, toute sa vie, un sceptique, « un voltairien » comme
l'on dit en Russie; il fut obligé de changer ses convictions et
bientôt passa jours et nuits à écrire, sous la dictée de « messieurs
les esprits », la généalogie de ses aïeux, « les preux chevaliers de
Hahn-Hahn von Rotterhahn »...

Lors de son retour en Russie H. P. Blavatsky ne savait pas
elle-même à quoi s'en tenir et comment expliquer son état de
mediumisme inconscient; mais elle était loin de professer contre
la chose le dédain et la crainte qu'elle en eut plus tard. Dix ou
douze ans après elle parlait avec répugnance des prouesses médiumiques de sa jeunesse; d'autant que ces forces alors inconnues
étaient presque indépendantes de sa volonté, ce dont elle se
sentait très confuse et n'aimait pas à se souvenir, une fois parvenue à les subjuguer complètement.

Mais à vingt-sept ans elle n'était pas de force à les còntrôler...
Voici, à ce propos, un fait assez intéressant.

En été 1860 nous quittâmes le gouvernement de Pskoff, pour aller au Caucase, voir nos grands parents, les Fadéews et Mme Witte, notre tante, la propre sœur de ma mère, qui n'avaient pas vu Hélène depuis plus de onze ans. En route, justement dans la ville de Zadoñsk, du gouvernement de Voronège, nous apprîmes que le métropolitain de Kieff, le vénérable Isidore (1), que nous avions bien connu étant encore enfants à Tiflis, où il avait été à la tête de l'exarchat de la Géorgie, s'y trouvait de passage allant à Saint-Pétersbourg et officiait, pour le moment, au monastère. Nous nous empressâmes, rien que pour le voir; il nous reconnut et nous envoya dire, qu'après la messe il désirait nous voir. Nous nous rendîmes donc de l'église à l'archevêché. non sans appréhension de ma part... Chemin faisant, je dis à ma sœur :

— Tâche, au moins, que tes diablotins se tiennent cois, pendant que nous serons avec le métropolitain !

Elle se prit à rire, disant qu'elle le voudrait bien, mais qu'il lui était impossible d'en répondre.

Je le savais bien, hélas ! C'est pourquoi je ne fus point étonnée ; mais j'écoutais avec angoisse le tapage qui se fit entendre, dès que le respectable vieillard se prit à questionner ma sœur sur ses voyages... Un, deux !... Un, deux, trois !... Ne voilà-t-il pas que ces importuns se mettent de la partie et s'avisent de se mêler à la conversation ; de l'interrompre, faisant vibrer meubles et glaces, jusqu'à nos verres à thé et même jusqu'au rosaire en ambre que le saint vieillard tenait à la main...

Il s'aperçut bientôt de notre désarroi et, parfaitement au fait des choses, se mit à sourire, en demandant laquelle de nous était médium ? En vraie égoïste, je m'empressai de rejeter la faculté à qui de droit.

Alors il nous tint plus d'une heure, faisant question sur question de vive voix à ma sœur, mentalement à ses acolytes, et demeura profondément étonné et content d'avoir vu la chose. Prenant congé de nous, il bénit ma sœur et moi et nous dit qu'il ne fallait pas craindre le phénomène.

— Il n'y a pas de force qui ne provienne du Créateur de tous

(1) Chef des métropoles de Saint-Pétersbourg et de Novgorod, décédé il y a quelques jours.

les principes et de tous leurs effets ! nous dit-il. Pourquoi vous
troubler si vous n'abusez pas de votre faculté?... Il ne nous est
point interdit de faire des investigations dans les forces secrètes
de la nature. Elles ne le sont pas encore, mais peuvent un jour
être comprises et utilisées par l'homme. Que la bénédiction de
Dieu reste sur vous, mon enfant !

Et il bénit encore une fois Hélène, d'un signe de croix.

Que de fois ces sages et bienveillantes paroles, d'un des principaux chefs de l'église orthodoxe grecque, revinrent à la mémoire de H. P. Blavatsky, et elle lui en fut redevable toute sa vie.

III

Helena Petrovna demeura encore quatre ans au Caucase.
Constamment en quête de quelque occupation, toujours active
et entreprenante, elle s'établit pour quelque temps en Imeretie,
puis en Mingrélie, au bord de la mer Noire, où elle s'attacha au
commerce des bois de luxe, qui abondent sur ces rives. Puis
elle s'en alla au sud de la Russie, à Odessa, où nos tantes s'étaient
établies, après la mort de nos grands parents. Elle s'y mit à la
tête d'un atelier de fleurs artificielles ; mais l'abandonna bientôt
pour d'autres entreprises, qui toutes lui réussissaient généralement, mais la lassaient bien vite. Jamais elle n'avait craint de
déroger à sa position, tous les métiers honnêtes lui semblaient
bons ; mais n'est-il pas bien singulier que jamais elle ne se soit
arrêtée à une occupation qui lui convenait mieux que les entreprises commerciales? A la littérature, ou à la musique, quelque
chose, enfin, où eussent pu se révéler ses grandes forces intellectuelles. Elle n'y avait jamais pensé dans sa jeunesse, avant que
la crise de sa vie ne fût venue... Deux ans plus tard elle repartait
de nouveau pour l'étranger, la Grèce, puis l'Égypte. Toute sa vie
se passait en agitations, en voyages, en tentatives, comme si elle
était à la recherche d'un but inconnu, d'un devoir qu'elle se sentait obligée de trouver et d'accomplir. Sa vie errante et ses in-
décisions ne trouvèrent une fin que lorsqu'elle se vit en face
des intérêts soulevés par des questions scientifiques, humanitaires, spirituelles, de la doctrine théosophique, enfin!... Alors
elle s'arrêta court, comme un navire errant qui trouve enfin son
port, baisse les mâts et jette son ancre une fois pour toutes.

M. Sinnett, son biographe, affirme que, bien des années avant

de partir définitivement pour l'Amérique, Mme Blavatsky avait
été en relations spirituelles avec les étranges êtres, qu'elle appela
plus tard ses maîtres, les Mahâtmas de Ceylan et du Thibet; que
ce n'était qu'en raison de leurs ordres qu'elle se déplaçait ainsi
d'un pays dans un autre. Quant à moi, je n'en savais rien.

Nous, — ses plus proches parents, — ne l'entendîmes parler
de ces personnages énigmatiques qu'en 1873-74, quand elle se
fixa à New-York.

Le fait est que son départ de Paris pour l'Amérique fut aussi
subit qu'inexplicable et que jamais elle ne voulut nous en dire la
raison que bien des années plus tard. Elle nous apprit alors que
ces mêmes maîtres le lui avaient ordonné, sans même lui en
expliquer le motif. Elle prétendit ne nous en avoir pas parlé
parce que nous ne l'aurions pas comprise, et que nous nous
serions refusés à la croire, ce qui, en effet, eût été dans l'ordre
des choses. Dès ce moment tout alla comme mû par la vapeur,
et jamais sa pensée ne dévia un moment du but qui s'était
subitement révélé à elle : la propagation de la plus ancienne des
philosophies qui témoigne de la prépondérance des choses spirituelles sur la matière, des forces psychiques de la nature et de
l'homme, de l'immortalité de l'âme et de l'esprit humain. Elle
m'écrivait :

« L'humanité a perdu ses croyances et son meilleur idéal.
Le matérialisme des pseudo-sciences les a tués... Les enfants de
notre siècle n'ont plus la foi : ils demandent des preuves, fondées
sur une base scientifique. Ils les auront ! La source de toutes les
religions humaines, la *théosophie* (science de Dieu), va les leur
fournir... »

Bientôt, toutes ses lettres s'emplirent de démonstrations
contre les abus du spiritisme, de ce qu'elle appelait le *matérialisme
spirite*, d'indignation à propos des sciences médiumiques, où l'on
évoquait les morts, « les matérialisations des bien-aimés partis
pour la contrée de l'éternel printemps (*the Summerland*) », qui,
selon sa conviction, n'étaient que des ombres, des esprits déguisés, des farfadets, des élémentaires toujours mensongers,
souvent dangereux, bien pernicieux surtout pour la santé des
malheureux médiums, leurs victimes passives. Sa visite aux
frères Eddy, les fameux médiums du cottage Vermont, fut la
dernière goutte qui fit déborder la coupe : elle devint à tout
jamais l'ennemie du spiritisme démonstratif.

Ce fut chez les frères Eddy que Mᵐᵉ Blavatsky fit la connaîs-
sance du colonel H.-S. Olcott, — son premier disciple, son ami
dévoué et le futur président de la Société théosophique, leur
création, et dès lors le but de toutes leurs pensées. Il était venu,
en ardent observateur des phénomènes spirites, voir et décrire les
évocations des deux frères-fermiers, dont parlait toute l'Amérique. Il écrit tout un livre à ce sujet, une étude intitulée : *People*
from the other World, mais ce fut là son dernier service à la propagande du spiritisme moderne. Il embrassa les opinions
d'Helena Petrovna Blavatsky, que les journaux américains émet-
taient volontiers. Tous deux ennemis acharnés du matérialisme,
étaient d'avis que la propagande spirite avait rendu un grand
service à l'humanité, en lui démontrant les erreurs de ses adhérents ; mais à présent que cette propagande avait bien prouvé au
monde l'existence des forces invisibles et immatérielles, sa mission était finie : il ne fallait pas lui permettre d'entraîner les sociétés dans une autre erreur, dans les superstitions et les excès
de la magie noire.

Comme nous ne pouvions comprendre cette métamorphose
dans une personne que nous savions être un médium puissant ;
qui, tout récemment, avait été vice-président de la Société
spirite au Caire, elle nous écrivait, nous suppliant d'oublier le
passé, son malheureux médiumisme, auquel elle s'était prêtée,
disait-elle, par ignorance de la vérité.

« Si je me suis attachée à un certain groupe théosophique, branche de la
fraternité indo-arienne, qui se forme ici, nous écrivait-elle de New-York,
c'est précisément parce qu'elle lutte honnêtement contre tous les excès, les
superstitions, les abus des pseudo-prophètes de la lettre morte, les nombreux Calchas de toutes les religions exotériques, aussi bien que contre les
divagations des spirites. Nous sommes non spirites, mais spiritualistes, si
vous le voulez bien, et encore nous ne le sommes pas à la manière américaine, mais d'après les rites de l'ancienne Alexandrie.

En même temps, elle m'envoyait des coupures de journaux
américains publiant ses articles ainsi que des comptes rendus sur
ce qu'elle écrivait, d'où il était évident que l'on faisait grand cas
de ses opinions. Sa brillante critique se révéla surtout dans ses
nombreux articles contre les conférences du professeur Huxley,
à Boston et à New-York, qui firent beaucoup d'effet. Mais ce qui
nous étonnait infiniment, c'était l'érudition profonde, le grand
savoir que, tout d'un coup, elle déploya dans ses écrits... D'où lui

venaient ces connaissances variées et abstraites dont elle n'avait jamais fait preuve jusque-là?... Elle-même l'ignorait! C'est alors que, pour la première fois, elle nous parla de ses, ou plutôt de son maître, mais d'une manière bien vague, le nommant tantôt *la voix*, tantôt *Saïb* (qui veut dire maître), tantôt *celui qui m'inspire*... Comme l'idée même des suggestions mentales n'existait pas alors, cela ne nous avança guère, et nous fûmes effrayés pour sa raison.

J'entreprends un grand ouvrage sur la théologie, les anciennes croyances et les secrets des sciences occultes, — m'écrivait-elle en 1874; — mais ne crains pas pour moi : je suis sûre de mon fait, — plus ou moins.. Je ne saurais peut-être pas bien parler de ces choses abstraites, mais l'essentiel me sera dicté... *Tout ce que j'écrirai ne sera pas de moi.* Je ne serai que la plume, la tête qui pensera pour moi sera celle d'un être qui sait tout...

Puis Helena Petrovna écrivait à notre tante N. A. Fadéew :

Dis-moi, ma bien chère amie, t'intéresses-tu aux secrets de la physiologie psychique ?.. Ce que je m'en vais te raconter offre un problème bien intéressant pour les étudiants en physiologie. Nous avons, parmi les membres de notre petite société, récemment formée de personnes qui veulent étudier les langues orientales, la nature abstraite des choses, ainsi que les pouvoirs spirituels de l'homme, des membres bien érudits. Comme, par exemple le professeur Wilder, archéologue orientaliste, et bien d'autres qui viennent à moi pour des questions scientifiques et qui m'assurent que je suis bien mieux versée qu'eux-mêmes dans les sciences abstraites et positives et que je connais mieux les anciennes langues. Ceci est un fait inexplicable mais néanmoins vrai !.. Eh bien ! qu'en penses-tu, vieux camarade de mes études ?.. Explique-moi un peu comment s'est-il fait que moi, qui étais, comme tu le sais bien, d'une ignorance crasse jusqu'à l'âge de quarante ans, suis devenue, d'aujourd'hui à demain, une savante, un modèle de savoir dans l'opinion de vrais savants ?.. C'est un mystère insoluble. Je suis, en vérité, une énigme psychologique, un sphinx et un problème pour les générations futures ainsi que pour moi-même.

Pensez donc, mes chers amis, que mon pauvre *moi*, qui n'a jamais voulu rien étudier; qui n'a jamais eu la moindre notion des études classiques; qui ne connaissais ni chimie, ni zoologie, ni physique et fort peu d'histoire et de géographie; ce même *moi* s'avise aujourd'hui de discuter en matières savantes avec des professeurs et des docteurs en sciences de premier ordre, et non seulement de les critiquer mais encore de les convaincre ! Je vous assure que je ne badine pas en disant que j'ai peur ! Oui, j'ai peur, car je n'y comprends rien !...

Concevez-vous que tout ce que je lis à présent me paraît depuis longtemps connu ? J'aperçois des erreurs dans les articles des maîtres en sciences, comme Tyndal, Herbert Spencer, Huxley et autres. J'en parle avec conviction et il se trouve que j'ai raison, d'après les avis de docteurs

et de théologues érudits... D'où ce savoir me vient-il ?.. Je l'ignore, et parfois je suis tentée de penser que mon esprit, mon âme même ne m'appartiennent plus. .

Comme son livre *Isis dévoilée*, paraissant par séries, était
lu et commenté dans les journaux, elle nous en envoyait les
critiques, qui étaient fort flatteuses, et nous tranquillisaient
quant à sa réputation littéraire ; mais il y avait des révélations
étranges, cependant, qui ne cessaient de nous inquiéter. C'étaient
les récits d'Olcott, de Judge (président de la section théosophique
en Amérique) et de beaucoup de reporters du *Herald*, du *Times
de New-York* et d'autres journaux qui parlaient de 'phénomènes
bien autrement remarquables.

Nous en parlerons plus loin. Je terminerai ce chapitre en disant
que, malgré l'opinion dédaigneuse de Mᵐᵉ Blavatsky elle-même
sur sa première œuvre capitale (1), qu'elle prétend avoir été mal
écrite, obscure et sans précision successive, elle lui valut des
triomphes et des honneurs vraiment exceptionnels. Sans parler
de nombreux articles à propos de ce livre, elle eut l'honneur de
recevoir incontinent deux diplômes et plusieurs lettres de savants
aussi éminents que Layman John Drapper, ou bien Alfred Russel
Wallace. Ce dernier lui écrivait entre autres : « Je suis vraiment
frappé, Madame, de votre profonde érudition. J'ai à vous remercier de m'avoir ouvert les yeux sur un monde de choses dont je
n'avais aucune idée du point de vue que vous indiquez à la
science, et qui explique des problèmes qui paraissaient être
insolubles... »

Les diplômes étaient envoyés par les loges des Maçons d'Angleterre et de Benarès (Société de Saat-Baï) qui lui reconnaissaient des droits aux grades supérieurs de leur fraternité. Le
premier était accompagné de la croix à la rose de rubis, et le
second d'un exemplaire très précieux et très ancien de la *Bag-
havad-Gita*, évangile des Indous. Mais ce qui est plus remarquable encore, c'est qu'un révérend docteur de l'église épiscopale
de l'Université de New-York prit ce livre — l'*Isis dévoilée* — pour
source de ses sermons. Pendant une série de dimanches, il ne
quitta pas son pupitre, et le révérend Mac'Kerty, puisant ses

---

(1) Dans son dernier article *My books* qui parut dans le *Lucifer* de mai après
sa mort, Mᵐᵉ Blavatsky dit que l'*Isis dévoilée* était très mal écrite, parce qu'elle
ne savait pas alors bien la langue anglaise et s'embrouillait dans les quantités de
faits qui lui étaient suggérés.

thèmes dans le troisième chapitre du premier volume, édifia du haut de la chaire ses nombreux paroissiens,'en jettant foudres et opprobre sur les matérialistes, disciples d'Auguste Comte et ses pareils.

Mais pour H. P. Blavatsky, restée jusqu'à sa mort Russe et bonne patriote, les suffrages de ses compatriotes étaient les lauriers les plus désirés et toujours les plus chers. Ses œuvres, prohibées par la censure russe (et du reste incompréhensibles à la majorité de la société parce qu'elles ne sont pas traduites de l'anglais, peu connu en Russie), n'y ont presque pas eu de lecteurs. L'honneur est d'autant plus grand pour elle si ceux qui les ont lus en parlent, sans s'être concertés, à peu près dans les mêmes termes, comme l'ont fait le révérend archevêque Aïvasovsky (frère de notre peintre éminent) et le fils de notre célèbre historien Serge Solovioff, le romancier bien connu Vsévolod Solovioff.

Aïvasavsky me pria de lui prêter *Isis dévoilée*, ainsi que le livre du colonel Olcott, *People from the. other World*. Après les avoir lus, tous les deux, il m'écrivit que, d'après son avis, *il n'y avait, et ne pouvait y avoir de phénomène plus remarquable qu'un ouvrage comme* Isis *écrit par une femme dans l'espace de quelques mois, quand dix ans de la vie d'un savant y suffiraient à peine.*

Et voici l'avis de M. Vs. Solovioff, émis dans une lettre de lui, datée du 7 juillet 1884, après qu'il eut lu, en manuscrit, la traduction française du même ouvrage.

« ... Je lis la seconde partie d'*Isis dévoilée*, et je suis, à présent, parfaitement convaincu que *c'est un vrai prodige!.. »*

Les beaux esprits se rencontrent! M. Solovioff, ainsi que l'archevêque Aïvasovsky, me dit bien des fois que, selon lui, il n'y avait pas à parler d'autres miracles de ma sœur, après celui qu'elle avait accompli dans ce livre.

IV

Quant aux phénomènes, dits naturels, *psychological tricks*, comme les attestait H. P. Blavatsky, qui toujours en parlait avec indifférence et dédain, mieux aurait valu pour elle et pour sa société qu'on en parlât moins ou pas du tout. Ses trop ardents amis, en publiant des livres comme *the Occult World* de M. Sinnett, lui rendirent un mauvais service. Au lieu d'ajouter à sa renommée, comme ils le croyaient, les relations des prodiges

exécutés par la fondatrice de la Société théosophique lui cau-
sèrent bien du mal, faisant, non seulement les sceptiques, mais
aussi tous les gens sensés, crier au mensonge et l'accuser de
charlatanisme.

· Tous ces récits d'Olcott, de Judge, de Sinnett et de bien
d'autres, d'objets *créés* de rien, de dessins qu'elle faisait apparaître rien qu'en mettant ses mains croisées sur une feuille de
papier blanc, d'apparitions de personnes absentes ou mortes, ou
bien d'objets perdus depuis des années et retrouvés dans un par-
terre de fleurs ou dans un coussin, n'ont rien ajouté au prestige
de Mme Blavatsky et de sa société, bien au contraire : ils ont prêté
la main à leurs ennemis, comme preuves de mauvaise foi et d'abus.
Le monde a beau être peuplé de phénomènes plus ou moins
convaincants, il y aura toujours plus d'incrédules que de croyants,
et plus de traîtres que de gens de bonne foi. Les nombreux fervents de la Société théosophique qui, d'amis zélés de Mme Blavatsky, sont devenus ses ennemis acharnés, en raison d'espérances mercenaires trompées, l'ont prouvé encore une fois...

Toujours indifférente à l'incrédulité qui ne s'adressait qu'aux
phénomènes criants, aux phénomènes matériels, H. P. Blavatsky
ressentait profondément le manque de confiance en ses facultés
psychiques; en sa clairvoyance, en l'espèce d'intuition mentale
qui se produisait en elle quand elle écrivait ou qu'elle discutait
des matières graves. Elle nous écrivait en 1875, en parlant de cet
envahissement de son être moral par une force étrangère :

Il est évident qu'il vous est difficile de comprendre ce phénomène
psychique, quoique bien certainement il ait eu des antécédents, dont parle
l'histoire. Si vous voulez bien convenir que l'âme humaine, son âme vitale,
son pur esprit, est une matière indépendante de l'organisme, qui n'est pas
liée inséparablement à nos intestins ; que cette âme, qui appartient à tout
ce qui vit, à l'infusoire comme à l'éléphant et à chacun de nous, ne se distingue de notre double (de notre ombre, formant la base presque toujours
invisible de son enveloppe charnelle) que parce qu'elle est plus ou moins
éclairée par la divine essence de notre esprit immortel, vous devez admettre
qu'elle est capable d'agir indépendamment de notre corps. Conçois cela —
et bien des choses, incomprises jusqu'alors deviendront compréhensibles...
En effet, ce fait était bien reconnu dans l'antiquité. L'âme humaine, le
cinquième principe de l'être, recouvre une partie de son indépendance dans
le corps d'un profane, pendant son sommeil ; dans celui d'un adepte initié
elle en a la jouissance constante. Saint Paul, le seul des apôtres initié
aux mystères ésotériques de la Grèce, ne le dit-il pas, en parlant de son
« ascension au troisième ciel, *dans le corps ou hors du corps,* » — il ne le

savait pas, disant : « Dieu le sait ! » De même la servante Rhoda dit, en
montrant saint Pierre : « Ce n'est pas lui, — c'est son ange ! » Cela voulait
dire son double, son ombre... Puis encore dans les Actes des Apôtres (VIII, 39)
quand l'esprit, — la force divine, — saisit et transporta saint Philippe ;
était-ce bien lui, vivant et incorporé, qui fut emporté à distance ?... Ce fut
son âme et son double, — son vrai *ego*. Lisez donc Plutarque, Apulée,
Jamblique. Vous y trouverez beaucoup d'allusions à ces faits ; sinon des
assertions que les initiés n'avaient pas le droit de faire... Ce que les
médiums produisent inconsciemment, sous l'influence de forces étrangères
évoquées dans leur sommeil les adeptes le font savamment, mus par des
desseins raisonnés... Voilà tout !

C'était ainsi que ma sœur nous expliquait les visites de son
Maître, qui, non seulement, l'instruisait et lui suggérait, par
intuition, son vaste savoir; mais encore venait, en son corps
astral, les voir, elle, et le colonel Olcott, et bien d'autres après
eux (1). En l'année 1885, par exemple, Mahatma Moria est
apparu à M. Vsévolod Solovioff, avec lequel il eut un entretien,
que ce dernier a décrit à beaucoup de personnes, avec son éloquence ordinaire (2). Néanmoins, moi, je ne les ai jamais vus, et
quoique je n'aie aucun droit de douter de leur existence, affirmée
par des personnes dont l'honorabilité ne peut pas être mise en
question, cependant ces apparitions m'ont toujours paru problé-
matiques, ce dont je ne me suis jamais gênée de parler à ma
sœur. A quoi elle répondait :

— C'est comme tu veux, ma chère... A bon entendeur, salut!

Pendant la guerre de Russie avec les Turcs, Helena Petrovna
n'eut pas un jour de repos. Toutes ses lettres de 1876-1877 sont
pleines d'alarmes pour ses compatriotes, de craintes pour les
membres de sa famille qui y prenaient une part active. Elle oublia
les articles anti-matérialistes et anti-spirites pour lancer feu et
flammes contre les ennemis de la nation russe; non contre les
ennemis de fait qui, eux aussi, étaient à plaindre, mais contre
ses malveillants hypocrites, contre les Anglais, les Polonais;
avec leurs méchantes agaceries et leurs mensonges, leurs sympathies simulées pour la Turquie, leur jésuitisme insultant pour
tous les peuples chrétiens. Quand elle prit connaissance du fameux discours de Pie IX, où il apprenait à ses fidèles, que « la

(1) On trouvera les détails de toutes ces apparitions dans les souvenirs des disciples de Mme Blavatsky, dont tous les journaux théosophiques et surtout le *Lucifer*
des mois de juin, juillet et août 1891, sont remplis.
(2) J'ai la copie de son article à ce sujet.

main de Dieu pouvait diriger le sabre du bachi-bouzouk pour déraciner le schisme », où il donnait sa bénédiction aux armes musulmanes contre les infidèles orthodoxes grecs, elle en tomba malade. Puis elle éclata en une série de satires si méchantes et si bien faites, que toute la presse américaine ainsi que tous les journaux défavorables à la papauté en parlèrent, et que le nonce du pape à New-York, le cardinal écossais Mac'Klosky trouva bon de lui envoyer un prélat pour parlementer. La cause n'y gagna rien, car Mᵐᵉ Blavatsky s'empressa de raconter le fait dans son article suivant, disant qu'elle avait prié le prélat de vouloir bien lui parler par la voie de la presse, qu'alors elle s'empresserait certainement de lui répondre.

Nous lui envoyâmes une belle poésie de Tourguéneff, intitulée : « le Crocquet à Windsor », où il faisait jouer la reine Victoria, et sa cour avec les têtes ensanglantées des Slaves, en guise de balles. Elle la traduisit bien vite et ce ne fut qu'en anglais (dans le *Herald de New-York*, si je ne me trompe) que cette satire vit le jour de la publicité.

C'est alors, en octobre de 1876, que H. P. Blavatsky fit de nouveau preuve de clairvoyance : elle eut une vision de ce qui se passait au Caucase, sur la frontière de Turquie, où son cousin Alexandre Witte, major au régiment de dragons de Nijni-Novgorod, faillit trouver la mort. Elle en fit part dans une de ses lettres à ses parents; comme elle nous avait d'ailleurs bien souvent décrit les apparitions des personnes, qui lui apprenaient leur mort quelques semaines avant qu'elle n'en reçût la nouvelle par les voies naturelles, nous n'en fûmes pas très étonnés.

Tout ce qu'elle gagnait, lors de la guerre, par ses articles dans les journaux russes, ainsi que les premiers versements de son éditeur, fut envoyé à Odessa et à Tiflis, au profit des soldats blessés, de leurs familles, ou bien au comité de la Croix-Rouge.

Au printemps 1878, il arriva à Mᵐᵉ Blavatsky une chose étrange. S'étant levée et mise à travailler comme à l'ordinaire, elle perdit subitement connaissance et ne revint à la vie que cinq jours après... Son état léthargique fut si profond, qu'on l'eût enterrée si ce n'eût été un télégramme, reçu par le colonel et sa sœur qui étaient auprès d'elle, de la part de celui qu'ils appelaient leur maître. « Ne craignez rien! leur disait-il : elle n'est ni morte ni malade, mais elle a eu besoin de repos : elle avait trop travaillé!... Elle va se remettre. » Elle se remit en effet, et se trouva si bien qu'elle ne voulut pas croire avoir dormi cinq jours. Bientôt après ce sommeil, H. P. Blavatsky forma le projet d'aller aux Indes.

La Société théosophique était désormais parfaitement organisée à New-York. Ses trois problèmes principaux étaient alors, comme aujourd'hui : 1° l'organisation d'une fraternité universelle, sans distinction de races, de croyances ou de positions sociales, dont les membres s'engageraient à poursuivre des buts moraux pour leur propre perfectionnement et celui des autres ; 2° le concours commun pour la propagation des sciences, langues et littératures orientales ; 3° les recherches dans les régions abstraites des lois de la nature et des forces psychologiques de l'homme, encore inconnues de la science. Cette dernière clause n'était pas de rigueur ; de fait, il n'y a que la première qui soit absolument obligatoire pour tous les membres de la Société, les deux autres dépendent de leur bon vouloir.

L'œuvre de Mᵐᵉ Blavatsky et du colonel Olcott fut confiée en Amérique à un de leurs disciples les plus fervents, M. William Q. Judge, qui y est jusqu'à présent président de la Société théosophique ; quant à ses deux fondateurs, ils partirent en automne 1878 pour les Indes.

C'était, à leur dire, les adeptes, leurs maîtres, protecteurs et guides du mouvement théosophique, qui leur ordonnaient de travailler sur les lieux, de concert avec un certain Dianand Sarasvati, prédicateur hindou qui prêchait le monothéisme et que l'on avait surnommé le Luther des Indes.

Vera P. JELIHOVSKY.

(A suivre.)

CLAIRINE

PREMIÈRE PARTIE

I

Ce jour-là, jour de dimanche, grand'mère Sauveclare assistait, avec sa petite fille Clairine, à la messe dans l'église du village de Lissole. Tout d'un coup, la jeune fille se trouva délicieusement émue par les mélodies naïves qu'une main invisible jouait, derrière le maître-autel, sur le vieil orgue jusque-là muet. Elle dit vite à la grand'mère combien elle serait heureuse, elle aussi, de reproduire ces airs qui venaient de la transporter. « Marraine » Sauveclare, intriguée par cette « musiquette », interrogea le curé à la sortie de la messe. Elle apprit par lui, à sa profonde stupéfaction, que le vieil instituteur de Lissole, le père Tureau qui « savait tout », était aussi musicien comme personne. A la suite de ses longues supplications, le prêtre, aidé par les économies de la fabrique, avait fait mettre en état l'orgue délabré de la chapelle et donné satisfaction au maître d'école, ce dont, à cette heure, il se déclarait ravi. Là, non! c'était trop drôle. Depuis des années et des années, Mᵐᵉ Sauveclare connaissait M. Tureau. Dieu sait si jamais de la vie elle se serait imaginé que ce brave homme était capable de jouer de si jolies ariettes, et possédait par surcroît tant de science que le recteur lui-même confessait son étonnement. Elle lui parla, séance tenante, du désir exprimé par Clairine. Le curé approuva très fort l'idée de l'enfant; ajoutant que si Mᵐᵉ Sauveclare parvenait à vaincre la timidité du père Tureau, ce dernier enseignerait à la jeune fille, non seulement la musique, mais bien d'autres choses encore : son érudition n'ayant d'égale que sa modestie.

Ce fut un trait de lumière pour la vieille femme qui, depuis tant de mois déjà, ruminait en sa tête le choix d'un professeur pour sa petite-fille adorée. Elle voulut, avec sa rapidité de décision habituelle, en avoir le cœur net et se dirigea, suivie de Clairine, vers la demeure de M. Tureau.

La maison du maître d'école était située sur les bords mêmes du lac de Lissole : une miniature de lac entourée de prés et de bouquets de peupliers. Elle appartenait aux Tureau de père en fils ; point belle assurément, mais proprette, ensoleillée, ayant sur le derrière un jardin coupé de sentiers qui allaient mourir en pentes douces sur la rive du lac.

M. Tureau habitait là, dans un isolement complet que troublait seule la paysanne, sa sœur de lait, qui lui servait de domestique. De goûts simples, de mœurs austères, endurci en un célibat obstiné, il vivait loin de tout bruit, tantôt plongé dans ses livres, plus souvent encore rivé à son orgue. Estimé, aimé de chacun, sans autres distractions que sa musique, ses papiers, l'étude des pierres, des insectes|recueillis le long des chemins, par les champs et les bois explorés dans sa fantaisie.

Mᵐᵉ Sauveclare fit irruption en coup de vent dans cette retraite silencieuse. D'abord étonné, ne sachant où caser ses visiteuses au milieu du désordre de son cabinet encombré de livres, de paperasses, le maître d'école, après avoir balbutié des excuses inintelligibles, finit cependant par demander à la vieille femme, qu'il connaissait bien, ce qui lui valait l'honneur de cette invasion inattendue.

— Oui, oui... compris : je vous dérange. C'est la faute à M. le curé, à cette petite, à vous. Ah! ah! il paraît que vous êtes un savant, monsieur Tureau?

— Si l'on peut dire, murmura ce dernier dont les lèvres minces se prirent à trembler d'émotion. Heureusement, je sais qui vous êtes, madame Sauveclare. Sans quoi, je m'imaginerais que vous vous moquez de moi.

— Non, rien de pareil, je vous jure. Seulement, Clairine, — salue, Clairine — vous a entendu ce matin jouer à l'église pour la première fois. De suite, elle a demandé à en apprendre autant. N'ayant rien à lui refuser, j'ai vu le curé. Il m'a parlé de vous de telle façon que l'idée de vous confier l'éducation de cette petite, qui jusqu'à ce jour a vécu en sauvageonne, m'a poussé là tout du long dans l'esprit. Je ne balance pas en affaires, moi. Je me suis aussitôt dirigée vers votre demeure pour vous supplier d'ac-

cepter... Ne répondez pas non... vous fixerez vous-même vos
conditions. Vous instruirez la fillette à votre guise ; vous lui apprendrez ce qu'elle pourra apprendre et vous me rendrez la plus
heureuse des grand'mères. Est-ce dit, monsieur Tureau?

Jamais le maître d'école ne s'était heurté à plus cruel embarras. De prime-saut et sans qu'il s'en rendît bien compte, la
proposition imprévue de Mᵐᵉ Sauveclare le pénétrait d'une joie
profonde. Clairine était là, le dévisageant de son regard espiègle.
La frimousse mutine de la fillette l'attirait, le captivait. Mais la
pensée de se charger de l'éducation de cette enfant qui brillerait un jour, par sa fortune et par sa famille, dans le monde,
l'emplissait d'épouvante. Serait-il en mesure de mener à bonne
fin la tâche qu'on lui offrait? Était-il honnête de l'accepter?

En un langage confus, il fit part de ses scrupules à Mᵐᵉ Sauveclare. La vieille, aux oreilles de laquelle tintaient toujours les
paroles du curé, n'en voulut pas démordre et saccagea l'une après
l'autre ses objections. M. Tureau, qui protestait encore pour la
forme, fut décidément vaincu lorsque la fillette, lui prenant la
main, murmura d'une voix caressante : « Oh! oui, Monsieur, vous
viendrez au mas des Cabrières. Je serai si sage!

Puis elle lui demanda un peu de musique. Il vint s'asseoir devant son orgue et là, tandis que, par la fenêtre ouverte, le soleil
entrait à pleins rayons, le vieux maître joua à Mᵐᵉ Sauveclare, à
Clairine, sa dernière mélodie : une trouvaille d'artiste à jamais
ignoré !

Ce fut ainsi que M. Tureau devint, à la grande satisfaction de
marraine Sauveclare, le précepteur de Clairine. Désormais, la
bonne femme pouvait dormir tranquille : l'éducation de la jeune
fille était assurée. Elle avait raison d'être heureuse, car de sa vie
elle n'aurait osé espérer pour cette enfant, alors âgée de quatorze
ans, précepteur plus paternel et plus solidement instruit que cet
humble maître d'école perdu dans son obscurité, qui avait étudié
toute sa vie déjà longue, avait beaucoup acquis et enseignait mieux
encore. Admirable surtout dans les leçons de choses que Clairine préférait et retenait à merveille. Elle adorait, comme lui,
la nature, et cette communauté de goût pour les splendeurs de la
terre avait, dès le premier jour, rendu le professeur maître de
l'âme de la jeune fille. Il faisait avec elle d'interminables promenades dans les champs, jetant en son esprit avide les germes
d'une instruction large et complète. Sans cesse on les rencontrait

par les landes embroussaillées, Clairine en avant, endiablée, joyeuse ; lui, serré dans sa lévite verte qui, à l'user, avait revêtu des tons fauves et lustrés ; la taille haute, la figure en bec-de-corbin soigneusement rasée et plissée de rides ; les cheveux, déjà blancs, floconnant sur ses épaules maigres, légèrement voûtées ; les yeux petits, brillants, percés en vrille ; marchant derrière elle en gigantesques enjambées. La fillette le questionnait sur tout, à propos de tout. M. Tureau avait réponse à chaque chose. Il l'initiait peu à peu aux énigmes de la création, profitant de sa curiosité ardente pour lui enseigner au jour le jour les éléments des sciences naturelles ; gravant en son intelligence, saine et bien équilibrée, les maximes élevées d'une philosophie compatissante ; lui racontant, en une série de récits pittoresques, l'histoire de France elle-même. Il l'intéressait à la vie des humbles et des laborieux. Puis on rentrait au logis. Les leçons continuaient plus pratiques, plus précises sous l'œil de marraine. On faisait de la musique, — cette musique, passion de Clairine, et dans laquelle elle réalisait, chaque jour, les progrès les plus surprenants. Mme Sauveclare avait fait venir aux Cabrières un piano d'Erard, un orgue du meilleur facteur. Clairine ne disposait plus d'une heure à elle, trouvant les journées trop courtes à son gré ; étudiant dès l'aube son piano ou son orgue ; mettant en ordre, recopiant les leçons de la veille, préparant celles du lendemain ; étiquetant ses collections d'insectes, de papillons, de minéraux.

Elle devint ainsi, au mas des Cabrières, la coqueluche, la joie de chacun. Ah ! la belle et noble enfant, dont l'histoire était si touchante et simple. Son père, M. Claude Sauveclare, fils de marraine Sauveclare, dépassait déjà la quarantaine, lorsque, moitié rieuse, moitié fâchée, Mme Claude, sa femme, lui annonça un matin qu'elle allait — à plus de huit années d'intervalle — le rendre père pour la seconde fois. Claude secoua la tête de l'air d'un homme aussi joyeusement surpris que désagréablement ému. La tuile tombait d'aplomb sur ses magnifiques théories du régime dotal jusque-là appliqué par lui à sa fille unique Hermance. Il embrassa pourtant sa femme avec un attendrissement qui n'était pas exempt d'un secret orgueil.

Il était, à cette époque, contrôleur des domaines à Grenoble et ne paraissait pas plus de trente ans. Un grand sec, la figure anguleuse, l'aspect rigide tempéré par l'expression bonasse de deux gros yeux bleus naïfs. Soigneux de sa personne, élégant sans

morgue, distingué sans rudesse, possédant assez d'esprit pour
n'ennuyer personne et ne porter ombrage à quiconque, Claude
avait toujours été ce qu'en dépit des tribulations habituelles de
l'existence, il est permis d'appeler un homme heureux.

Né au plein soleil du Midi, dans le village de Lissole perdu
sur les confins du Haut-Argens; gâté, adulé par Mᵐᵉ Sauveclare — née Caroline Varangot — devenue sur le tard mère de
ce fils unique, et dont le mari, paysan à carrure athlétique, était
mort quelques années après la naissance de Claude. Cette perte
n'avait rien changé à la manière de vivre de la veuve qui avait pris
courageusement en mains l'exploitation de ses domaines. Terrible, la bonne femme; issue, comme son mari défunt, d'une longue
lignée de paysans. D'une simplicité fruste, malgré sa très grande
fortune; d'une honnêteté, d'une austérité de mœurs proverbiales.
Point belle surtout; la figure taillée à la serpe, maigrichonne et
dure, le corps grêle et les toilettes à la diable. Mais sans peur ni
souci de la besogne, toujours en l'air, menant son monde de travailleurs à la baguette; n'admettant ni paresse ni réplique, réglant rubis sur l'ongle les moindres comptes; se contentant de
rien et trouvant toujours qu'elle gaspillait l'héritage du « petit ».
Avec cela, tenant table ouverte aux pauvres et prêtant sans intérêts au cultivateur acculé à la misère.

Avant de mourir, le père Sauveclare avait eu avec sa femme
une suprême conversation. Le petit Claude était mièvre et fluet.
Comment songer à faire de ce gars qui s'annonçait avec des allures aristocratiques autre chose que le « monsieur » qu'il promettait d'être? Depuis des siècles, les Varangot d'un côté, les
Sauveclare de l'autre, trimaient à la peine, bouleversaient les
friches, assouplissaient les collines rocailleuses. Pourquoi un de
leurs descendants ne serait-il pas enfin un homme « de la ville »?
Honnête par exemple, mais de belle parole et de jolies manières.
Caroline avait juré de grand cœur d'observer ces recommandations dernières et le brave homme s'était endormi satisfait dans la
paix de son éternel repos.

Suivant le vœu de son père, Claude Sauveclare était devenu
un « monsieur ». Rien du campagnard certes, celui-là! Lorsque, aux vacances, il revenait à Lissole, alerte et bien pris dans sa
haute taille, nul n'aurait pu soupçonner que cet être élégant,
amoureux fou de distractions mondaines, était le descendant indiscutable et authentique d'une âpre lignée de métayers aux

mains calleuses. La nature a de cés métissages mystérieux, de cés fantaisies inexplicables.

Ses études achevées, Claude fit son droit, puis entra dans l'enregistrement. La carrière n'avait rien d'héroïque ni de romanesque ; mais le jeune homme possédait de l'entregent, du flair et il la mena rondement. Ce fut dans un bal — il dansait à cette époque en qualité de receveur à Grenoble — qu'il rencontra Mlle Thérèse Courtès dont le père se prélassait dans la conservation des hypothèques du chef-lieu de l'Isère. Thérèse était une belle fille aux yeux doucement bleutés ; de grâce irréprochable, de caractère exquis. Elle avait gardé un célibat prudent, en dépit de sa fortune, de sa beauté, de ses réelles qualités de cœur et d'esprit. Cette rencontre — un coup de foudre — décida de sa vie. Les Courtès étaient de Bédarrieux ; Claude Sauveclare de Lissole. Tous Méridionaux, presque du même « départemenne », comme le proclama le père Courtès. Mlle Thérèse Courtès épousa en légitime mariage M. Claude Sauveclare. Un an après, Mme Sauveclare jeune accouchait d'une fille que le parrain, M. Courtès, tint à appeler Hermance, ce nom lui paraissant destiné au plus noble avenir. Les rêves roses s'entassèrent vite sur cette aurore virginale, sur cette tête d'enfant. Serait-elle assez jolie, assez riche, la mignonnette qui n'aurait qu'à puiser un jour à pleines mains dans les coffres-forts bourrés de ses deux ascendances! Tout devint charme et gentillesse en elle ; même son caractère dont les lignes naissantes n'accusaient encore qu'un penchant excessif au bruit ; même sa volonté dédaigneuse dont chacun subissait avec ivresse le despotisme prématuré.

La confidence de la nouvelle grossesse de Thérèse, après tant d'années écoulées depuis la naissance d'Hermance, avait fondu mieux que giboulée de mars sur le ménage des Sauveclare. Un de ces ménages heureux, complets, tout en dehors, pour lesquels la solitude est un ennui ; le besoin de sortir, d'aller, de dîner au dehors, de danser, de papoter en rond, une seconde nature. Les grands parents Courtès dissimulèrent à peine leur désappointement et Mme Courtès larmoya, en songeant — suivant la vigoureuse expression de son pays — que désormais, pour Hermance, les pièces de cinq francs ne vaudraient plus que cinquante sous. Maman Sauveclare se proclama au contraire enchantée, dans une courte missive où elle déclarait que son bonheur serait parfait si sa bru mettait au monde une seconde fillette, car elle avait, ajoutait-elle mystérieusement, son idée.

L'idée de grand'mère Sauveclare ! En vieillissant, la brave femme sentait de plus en plus le poids de la solitude qui s'était appesantie sur elle depuis si longtemps. Il lui arrivait maintenant de trouver, le soir, les veillées bien longues et son foyer bien désert. Des pensées vagues et mélancoliques embrumaient sa cervelle jusque-là uniquement préoccupée du labeur quotidien. Nul moyen pourtant de parer au vide de son existence ; de peupler ce foyer silencieux. Appeler Claude et sa femme près d'elle ? C'était briser leur avenir ; enfermer dans un tombeau des êtres faits pour le rire triomphant et les fêtes. Il lui eût semblé commettre un véritable crime et nul vouloir égoïste ne pouvait germer dans cette belle âme sereine. Elle vivait donc depuis quelque temps déjà repliée sur elle-même, n'osant s'avouer qu'elle s'ennuyait ; se gardant bien surtout d'en rien laisser transpirer à son fils dans les lettres qu'elle lui écrivait de son écriture ferme et grossoyée, et qui résumaient, avec des brièvetés de comptable, les menus incidents de sa vie monotone.

Lorsqu'elle apprit que Thérèse était grosse, la vieille femme ressentit un violent émoi. D'un coup, cette pensée, inhabile au rêve, se lança dans une apocalypse de contes bleus. Si Thérèse allait avoir une seconde fille ? Une fille, songez donc ! Elle pourrait demander à ses enfants, déjà bien occupés avec Hermance, de lui confier la nouvelle venue qu'elle garderait près d'elle et élèverait à sa guise, dans l'amour des belles choses du bon Dieu. N'était-ce pas le bonheur pour ses dernières années ?

En répondant à la missive de Claude qui lui annonçait la naissance de « Clairine », elle vida son cœur d'un seul jet. Elle raconta tout : son accablement mortel jusque-là dissimulé, son désir ardent d'avoir près d'elle la petiote envoyée par Dieu. Son épître causa à Grenoble le plus profond étonnement : qui aurait pu s'attendre à cette singulière idée ? Mais abandonner l'enfant, l'envoyer là-bas au bout du monde, n'était-ce pas vraiment un sacrifice au-dessus des forces de chacun ?

Il fallait cependant réfléchir avant de répondre par un refus à la pauvre vieille femme. N'augmenterait-on pas ainsi à plaisir les tortures de l'isolement dont elle se plaignait ? Ils vivaient, eux, sans soucis, en famille, joyeux et satisfaits. Ils possédaient Hermance... Grand'mère Sauveclare restait seule, en face de ses souvenirs, de ses regrets. Puis, deux enfants à la maison ! Que

de bruit, de peine, d'exigences à supporter! Le jour d'échéance
inéluctable où l'on se fixerait à Paris, — car aller à Paris, y demeurer, formait le tréfonds des rêves des Sauveclare, — ne serait-on pas un peu embarrassé avec deux filles sur les bras?
Hermance était née « Parisienne », elle. Chacun l'admettait, le
proclamait sans réplique. Mais Clairine? Assurément il était difficile à cette heure de préjuger de ses dispositions. Le doute était
donc permis. Si elle allait un jour se trouver malheureuse de
leur vie de plaisirs?

Nul d'entre eux ne se demanda si ces raisonnements ne cachaient pas, sous leurs sophismes, la déconvenue provoquée par
la naissance de Clairine. Chez des gens habitués à l'idée qu'Hermance aurait une dot de reine, l'arrivée de l'intruse dérangeait
bien des projets, mettait à l'eau pas mal d'espérances. Mais comment s'avouer ces misères de la conscience qui ressemblent à des
lâchetés? Claude pensa que grand'mère Sauveclare avait raison :
son opinion décida de l'opinion des autres. Il répondit à sa mère,
en la grondant doucement de lui avoir si longtemps caché ses
souffrances, que Clairine lui serait confiée de grand cœur.

Les années avaient passé depuis la minute à jamais bénie où
Clairine était ainsi devenue le clair soleil du foyer esseulé de la
vieille femme. Marraine Sauveclare avait quitté Lissole pour
venir s'installer au « mas des Cabrières » avec l'enfant. Impossible d'imaginer quelque chose de plus pittoresque, de plus
salubre, que cette grande ferme, située non loin du village, au
centre même de ses domaines, et que Mme Sauveclare avait amé-
nagée avec amour pour la fillette adorée de toutes les frénésies de
sa belle âme jusque-là si peu épanouie.

Sur un massif de roches calcaires, au milieu de larges plaines,
la maison ouvrait au midi ses fenêtres et ses volets verts. Au-
devant, une vaste terrasse sur les bas-côtés de laquelle de grands
bassins, entourés de figuiers, de saules, de marronniers, étendaient la nappe limpide et frissonnante de leurs eaux de source.

Dans les lointains, d'innombrables coteaux profilaient leur
pentes bigarrées de taillis sombres et d'oliviers. L'intérieur du
mas répondait à ce rustique paysage. Le salon du rez-de-chaussée,
à ouvertures énormes, débouchait de plain-pied sur la terrasse.
Là salle à manger, boisée et parquetée, communiquait avec la
cuisine et la laverie. Au premier, sur le devant et en enfilade, les
chambres de la grand'mère, de Clairine, de la gouvernante, de la

femme de chambre que la vieille Sauveclare avait jugées indispensables au bien-être de Glairine et au confort de la maison.
Dans les pièces bien éclairées, rafraîchies par l'air salubre de la
montagne, un fouillis de vieux meubles, merveilleux de ciselures; un vrai paradis d'antiquaire, acquis et conservé à travers
les générations économes des Varangot et des Sauveclare. Derrière le mas, la ferme, les granges et les écuries. Les poules pico-
raient au milieu des tas de fumier; les pintades gloussaient sous
les ramures des taillis. Un vrai royaume, que gouvernaient le
vieux maître Guigou et sa femme, depuis plus de trente ans au
service de « Madame » en qualité de grangers. C'était dans ce
milieu fortifiant et planureux qu'avait poussé Clairine, déjà
superbe, les yeux noirs lumineux, les cheveux plus noirs encore,
toujours en désordre sur les petites épaules robustes, les lèvres
rouges — l'ensemble gracieux et vaillant.

Sa présence à la maison avait rajeuni la grand'mère de vingt
ans. Vertu de Dieu! quelle ivresse de mouvement, quel renouveau de jeunesse! Elle ne tenait plus en place, remuant les gué-
rets, plantant, bâtissant, dirigeant ses coupes de bois; levée dès
la première heure, en dépit de l'âge; jamais fatiguée, toujours
alerte et bougonne, partout suivie de Clairine. Claude et sa
femme étaient venus plusieurs fois au mas des Cabrières, depuis
la naissance de leur seconde fille. Pas autant, certes, qu'ils l'auraient voulu. Claude se trouvait à présent à Lille, où un ancien
camarade d'école, Paul Festugière, devenu préfet du Nord,
l'avait fait nommer inspecteur des domaines. Lille était si loin
de Lissole! Puis, on avait tant d'occupations! Les vacances administratives étaient si courtes! Ne fallait-il pas faire voyager Hermance, lui apprendre à connaître « le monde »? Les excursions à
l'étranger, les stations aux villes d'eaux, forment à merveille
l'esprit et l'imagination des jeunes filles... Marraine Sauveclare
jugeait ces raisons si naturelles qu'elle ne songeait pas à remarquer la rareté des visites de ses enfants. Une année, les Sauveclare avaient parcouru l'Italie; une autre fois, la Suisse. Ils y
étaient retournés les années suivantes, histoire d'entretenir et de
consolider les relations acquises. Pour rattraper le temps ainsi
dérobé aux joies de la famille, ils s'arrêtaient au mas des Cabrières
soit à l'aller soit au retour. Mais si peu... si peu! Le temps d'embrasser la petite, de gâter marraine, avant de prendre derechef
leur volée vers des cieux nouveaux.

Rien de plus curieux d'ailleurs que la fugitive irruption de cette bohème élégante dans la paisible quiétude du mas. Quel est ton nom? aurait-on pu lui crier. L'espérance. Quelle est ta patrie? Le plaisir. Quel est ton rêve? Paris. Claude, toujours sémillant et frais; Thérèse, belle, indolente, tous deux engoncés dans leur admiration croissante, quasi religieuse, d'Hermance. Un adorable brin de fille, certes! Fine, svelte, un peu maigre, d'un maigre voulu, soigneusement observé. De beaux yeux bleus, caressants et las, au regard perdu : un de ces regards qui semblent chercher un idéal à travers l'Invisible. Les cheveux d'un magnifique blond bruni, aux tresses luxuriantes dont les frisons rebelles avaient des envolements soyeux au-dessus du front étroit et blanc. Une légère pâleur ombrait le pur ovale de son visage aristocratique : un Claude ennobli, affiné. Une bouche à lèvres pourpres, si mignonne, si délicate, qu'elle avait comme peine à s'ouvrir et regret à sourire. Des pieds à la tête, une distinction à la fois naturelle et recherchée; avec un grain d'afféterie dédaigneuse, une pointe de raillerie indéfinissable qui pouvait au besoin passer pour de l'esprit, mais indiquait surtout une redoutable placidité de cœur.

Ils arrivaient expansifs, épanouis. Le valet de ferme déchargeait en riant les malles énormes qui suivaient les Sauveclare dans leurs voyages d'agrément.

— Bonne maman !

— Mon fils !

— Grand'mère !

— Clairine !

— Est-elle belle ! Est-elle fraîche ! Mignonne ! Ma chérie !

Clairine, d'abord effrayée par ces cris, agrippée aux jupes de marraine, ses grands yeux noirs ahuris, ouverts sur ce beau monde si admirablement attifé et qui la baisait à pleines lèvres, se laissait faire, rendait caresse pour caresse. Puis, son naturel charmant prenait vite le dessus. C'étaient alors des racontages à n'en plus finir ; des courses par les champs, des visites aux poules, aux canards, le tout assaisonné de sonores apostrophes en cette langue provençale qu'elle maniait avec une étonnante saveur. Durant les premiers jours, Claude s'extasiait sur la santé de sa fille, de sa mère ; sur les attraits de la campagne. Thérèse vivait dans la contemplation de Clairine. Hermance, affectueuse, indulgente pour sa sœur, la proclamait « un type *select* ». Bientôt le soleil de feu qui plombe le teint, les brises rudes qui hâlent le

visage, la paix des champs endormis, commençaient à peser sur
leurs épaules accablées. La grand'mère se portait à ravir; Clairine était heureuse. Ah! mais, alors? Pourquoi ne pas rejoindre
les amis auxquels on avait donné rendez-vous dans les déserts
à la mode, les mieux fréquentés? Ils s'envolaient comme ils
étaient venus, dans un ébouriffement de toilettes, d'adieux, de
baisers, d'au revoir lointain. Marraine, joyeuse de leur joie, habituée de longue date à ces séparations inévitables, les laissait partir
sans regret. D'autant mieux que, sans qu'elle s'en rendît compte,
la vieille femme, en voyant débarquer ses enfants aux Cabrières,
gardait toujours la secrète terreur qu'un beau matin on ne lui
demandât d'emmener Clairine. Eux partis, elle se sentait sauvée.

Certains lambeaux de conversation de Claude, durant ses derniers séjours au mas, l'avaient cependant chiffonnée, en lui faisant comprendre qu'il fallait sérieusement s'occuper de l'éducation de la petite. Bravement. elle s'était mise d'abord à lui
apprendre la lecture et l'écriture. La fillette, les yeux en éveil,
la frimousse mutine, les doigts mâchurés d'encre, écoutait les
leçons que, d'une voix grave et d'énormes bésicles sur le nez,
marraine essayait de lui inculquer au jour le jour. Clairine devint vite une bonne lectrice, assez ferrée sur l'orthographe, réci-
tant bien ses prières, féruc d'histoire naturelle, et commença
d'embarrasser par ses questions multiples la grand'mère qui
jamais tant ne s'était heurtée aux *pourquoi* et aux *parce que* de
ce bas monde. Elle se sentit alors arrivée au bout de son rouleau
et se mit à réfléchir profondément. Les lettres de son fils devenaient de plus en plus précises, inquiétantes. « Clairine ne serait
pas toujours une enfant. Pas possible de la traiter en simple
paysanne, ne possédant qu'un peu de lecture et d'écriture. Que
dirait-on autour d'eux? Le monde blâmerait qu'on la laissât
végéter et s'étioler dans une ignorance capable de compromettre
son avenir. »

Mᵐᵉ Sauveclare fut obligée de convenir que son fils avait
raison. Une détermination héroïque devenait urgente. Mais
laquelle? Une indiscrétion de curé et une ariette de plain-chant
magistralement jouée sur l'orgue d'une vieille église, l'avaient
tirée de ses perplexités mortelles en la conduisant chez l'instituteur de Lissole, le père Tureau.

II

Mlle Hermance frôlait sa vingt-quatrième année, lorsque Paul Festugière, l'ancien camarade de Claude, d'abord préfet, puis député influent, se trouva faire partie, en qualité de ministre, d'une combinaison gouvernementale nouvelle.

Cette nomination plongea Sauveclare dans la béatitude. Il cultivait à ce moment la direction des domaines à Lille où il avait été nommé sur place; fort aise d'une situation superbe dans une ville de premier ordre, mais toujours obsédé par l'idée fixe de terminer à Paris une carrière administrative honorable et brillante. Avec d'autant plus de vigueur maintenant dans son désir, que maman Courtès était morte, laissant à Thérèse une grosse fortune, et que le bonhomme Courtès, depuis longtemps à la retraite, vivant aux côtés de son gendre et de sa fille, leur apportait aussi l'appoint de revenus considérables.

L'arrivée au pouvoir de Festugière ne préparait à Claude aucune déception. A défaut de qualités plus robustes, l'ex-préfet conservait du moins la mémoire du cœur. La lettre de félicitations de son vieux copain le surprit dans sa lune de miel ministérielle. Une place de président de chambre à la Cour des comptes était justement vacante. Sachant que les autres, à leur tour, en feraient autant; plus soucieux d'obliger un camarade que de contresigner un avancement légitime, Festugière offrit la présidence de chambre à son ami. Sauveclare accepta avec une ivresse de bonheur.

Enfin! enfin! Paris! Les fêtes auxquelles les nuits même ne suffisent pas; les salons, les relations faciles, charmantes: les gais propos, les étincellements d'esprit, les papotages éternels! Pour la première fois, les yeux bleus d'Hermance, d'ordinaire si froids dans leur placidité énigmatique, s'éclairèrent d'une flamme soudaine. Pour elle aussi, Paris avec ses élégances raffinées, son horreur du convenu, sa soif de plaisir, sa griserie troublante nourrie de passion et de chic, était devenu le rêve que rien n'apaise, dont rien ne console, le rêve qui l'avait gardée des soupirants de province si empressés autour d'elle. Puisque ses parents, qu'elle aimait et près desquels elle voulait vivre, devaient fatalement, l'heure venue, se fixer à Paris, n'était-ce pas à Paris qu'il fallait rencontrer le mari attendu? N'était-ce pas là seule-

ment, grâce à sa beauté triomphante de blonde et à sa fortune,
qu'elle goûterait par surcroît, dans l'air même qu'elle respirerait,
aux fruits défendus sans lesquels la vie n'est qu'une comédie
insipide et monotone ? Les réceptions quotidiennes, les soirées
où tout pétille, depuis l'esprit qui flambe jusqu'à la coupe de
champagne qui enivre ; les raouts où l'on cause à demi-voix sous
les éventails frissonnants. Les bals blancs, les bals roses, les bals
costumés où, sous les blondes clartés des lustres, au milieu du
luxe effréné des étoffes brillantes, des toilettes dont l'excentricité
s'assouplit dans des harmonies indiscutées, défile ce que la grande
ville — la ville seule — renferme d'illustrations, de beautés célèbres, de perversités discrètes. Les promenades au Bois, sous
l'emmitouflement des riches fourrures, dans les voitures rapidement menées, par les bises matinales qui rosent les joues,
rehaussent d'incarnat les frimousses impertinentes, chercheuses
d'idéal et croqueuses de pommes vertes. Les « premières » aux
salles féeriquement illuminées ; les cours de la Sorbonne où l'on
va boire à tièdes gorgées l'éloquence assassine du professeur
idolâtré ; les concerts spirituels où, sous prétexte de religion, on
promène une nervosité alanguie, la surexcitation de natures affi-
nées que le surmenage de fêtes à outrance avive et aiguise sans
repos. Les *five o'clock* où, dans la chaude poésie des crépuscules
mourants, on dévore, entre deux sandwiches, les bruits du jour
et la réputation du voisin. Les courses où l'on parie, le concours
hippique où l'on mesure, avec de petits battements de mains, la
distance qui sépare parfois l'homme du cheval. Quoi donc
encore? Paris! Paris, qui étourdit, enfièvre, anime, passionne!
Oui, cela, tout cela, et l'inconnu aussi, et l'ignoré ensuite!

Pour étreindre ce rêve, la fortune était nécessaire, cette
fortune dont M. et Mme Sauveclare, ces passionnés vivants du
monde où l'on s'amuse, célébraient à l'envi les bienfaits devant
leur fille Hermance. Elle était riche, lui disaient-ils, mais son
mari devait être plus riche encore, parce que, si l'on vivote en
province, on ne vit bien qu'à Paris et à la condition inéluctable
d'y vivre à sa fantaisie. Or, la fantaisie se chiffre haut. Il est des
gens qui se repaissent de songes mieux que de la plus substantielle des nourritures et finissent par se contenter de ce qu'ils ont,
en se réfugiant dans le bleu rayonnant de ce qu'ils souhaitent.
Bon cela pour les poétereaux, les âmes sensibles en quête de
chimères. Terrible morale, plus terrible sagesse encore dont

Hermance avait fait son large profit. A ses yeux, le bonheur con
sistait non dans la recherche de l'absolu, mais dans l'idéalisation
du possible. A cette redoutable école du foyer paternel, inconsciente et sincère, elle avait appris à arranger sa destinée, en
l'adaptant aux ressources dont elle pourrait disposer un jour.
Entre le huit-ressorts capitonné qui l'emporterait, reine d'une
heure, à travers les féeries parisiennes, ou la chevauchée hale-
tante, éperdue, dans le frissonnant domaine des contes bleus,
l'hésitation était-elle permise? Non. Puisque dès sa prime jeu-
nessa, elle s'amusait, riait et festoyait, c'est que son existence
devait avoir pour but la perpétuité de l'amusement, l'éternité du
rire et des plaisirs. Nulle dépravation précoce du reste dans cette
genèse inévitable : mais l'application quasi mathématique des
conseils de son père, des passivités affectueuses de sa mère, des
confidences susurrées par de jeunes amies. De là, son assurance
magnifique, la limpidité de son regard ombré parfois de mélancolie vague et ennuyée ; sa distinction hautaine et déconcertante ;
la tranquillité olympienne de son allure, la nonchalance de sa
parole lassée de bavarde mondaine, la recherche de son esprit
toujours en éveil, le pli dédaigneux de ses lèvres pourpres, son
dégoût des bonheurs vulgaires, son amour du luxe, son horreur
innée de la passion qui dérange, par ses imprévus, l'équilibre
d'une destinée bien ordonnée ; sa santé de corps et sa vertu impeccable, à l'abri des défaillances inutiles. Hermance savait ce
qu'elle voulait. N'est-ce pas le plus souvent le meilleur moyen
d'obtenir de la vie ce qu'on lui demande ?
    Dans les villes diverses où M. Sauveclare poursuivait un
avancement mérité, Hermance avait connu bien des prétendants
à cette main blanche et fuselée, dont elle lustrait les ongles roses
avec tant de soin. Parmi eux, plus d'un avait senti son cœur battre
furieusement auprès de cette magnifique blonde. Ceux qui para-
daient, qui souffraient peut-être autour d'elle, l'aimaient-ils
réellement? Cela, c'était leur affaire. A quoi bon prêter l'oreille à
leurs propos charmeurs ; à la voix troublante qui chantait sur
leurs lèvres ses romanceros inquiétants? N'était-elle pas résolue
à ne point demeurer en province? Loin d'elle ces suggestions
perfides, un entrainement irréfléchi. Jamais! jamais! Et doucement elle avait éconduit avec des grâces impassibles, un sans-
façon de souveraine, son joli peuple de flirteurs. Quand elle nar-
rait cela, le soir, à son père, à sa mère, Claude ne se tenait pas

de joie. Bien douée celle-là, bâtie à son image et Sauveclare de pied en cap. Quelle gaîté ! quel philosophisme de haut ton, railleur et épicé. Elle lui répétait en son babil menaçant que, si elle se mariait enfin, elle se marierait à Paris ; s'unirait à une fortune et des relations qui, jointes aux siennes, lui assureraient le luxe auquel elle avait droit, sans lui laisser le regret cuisant du luxe auquel elle était, dès l'enfance, habituée. Et le reste ? Le reste ? Quoi ? Un homme élégant ? L'élégance fait partie intégrante du luxe lui-même. Jeune ? La jeunesse finit où la misère commence. Une position sortable ? Il n'en est pas de meilleure que celle qui permet de dépenser sans compter. [Un grand nom ? Trouvez-en donc de plus sonore que celui qu'accompagne le tintement des millions. Honnête ? Poche pleine n'a pas besoin de celles des autres. Petit père se délectait. En somme, un idéal, cela : l'idéal des gens avisés pour lesquels la lune blonde, qui moire d'argent les ruisseaux jaseurs, ressemble à une grosse pièce de cinq francs. Rien de commun assurément avec les rêveurs qui « ont des levers d'étoile en leur cœur taciturne » !

— Là ! es-tu contente, mignonne, demanda Sauveclare à sa fille, le jour de sa nomination de président de chambre à la Cour des comptes ?

— Oui, père, bien contente. Penser que nous serons à Paris pour toujours et non plus en passant comme jadis. Tiens ! j'en deviendrais folle.

— Et nous allons pouvoir chercher le petit phénix... tu sais ?

— Il saura bien venir tout seul.

— En attendant, si nous courions nous retremper un brin dans l'air pur de nos montagnes provençales ? Embrasser marraine et Clairine ?

— Père, tu as raison.

Les « Parisiens » arrivèrent à Lissole par les premiers beaux jours du printemps. Leur stupéfaction fut sans limite, lorsque Clairine leur tomba sur les bras comme un ouragan. Depuis près de trois années déjà, ils n'étaient revenus aux Cabrières. Ils y avaient laissé une gamine ignorante ; ils retrouvaient une jeune fille superbe dans l'éclat de sa santé, le rayonnement de sa fraîcheur ; n'ayant gardé de ses habitudes sauvageonnes qu'une vivacité originale, et une sorte de gaucherie charmante qui se traduisait par le rose plus vif de ses joues veloutées. Cette transformation imprévue s'épanouissait en cette jouvence ado-

rable, pareille à un rais de soleil. Les souvenirs les plus précis de
la tranquille affection de ses parents en étaient tout désorientés :
la gamine devenait une princesse des contes de fées.

`Comment cela s'était-il produit? Mon Dieu! ils avaient bien
soupçonné quelque chose à la lecture des dernières lettres de
Clairine, et même souri jusqu'aux larmes, le jour, où dans une
de ses plus délicates missives, la jeune fille avait réclamé de sa
sœur l'envoi d'une amazone bleu marine, pour monter à cheval.
A cheval? Bonté du ciel... à mule peut-être. Mais de là à imaginer la réalité, impossible. Marraine se chargea d'expliquer le
mystère : un miracle de M. Tureau. Quoi! de ce vieux maître
d'école de village dont Claude avait appris l'entrée aux Cabrières
en qualité de professeur, avec une sorte de terreur railleuse? Il
fallait bien pourtant se rendre aujourd'hui à l'évidence. Marraine
rappelait les efforts du brave homme, pour conquérir l'attention
de cette petite cervelle enragée. Elle détaillait l'éducation donnée
à Clairine qui, à cette heure, en remontrerait peut-être au curé.
Elle avait appris les noms des plantes des champs, des oiseaux
des bois, l'orthographe, l'histoire, le calcul, le diable et son train.
Elle ramassait des cailloux qui, paraît-il, possédaient des noms
comme des chrétiens. Et la musique? « Allons... Clairine...
un air... Tu sais : celui que M. Tureau a composé pour ta fête. »

M.ᵐᵉ Sauveclare était là, dans le vaste salon du mas, assise sur
un large fauteuil recouvert d'une tapisserie aux tons fanés. En
jupe de cotonnade rayée, les deux mains maigres et ridées posées à plat sur les genoux; les épaules étroites cachées sous un
châle à losanges; sa tête rude, émaciée, pâlotte, à demi enfouie
sous le gros ruché blanc de sa coiffe de paysanne; les yeux cli-
gnotants; en proie à un contentement suprême qu'elle ne cherchait pas à dissimuler.

Clairine, rieuse et fâchée, gronda doucement marraine. Jouer
devant tout ce monde, devant Hermance! Y pensait-elle? Toujours la même, avec ses explosions et ses enthousiasmes. Mais il
fallut bien se rendre, Hermance insistant avec tant de bonne grâce
et la conviction qu'il valait mieux se débarrasser de suite du pia-
notage de petite sœur.

Oui-da! Ils avaient compté sans leur hôte et ne s'attendaient
pas à ce régal. De mémoire, avec une sûreté de main surprenante, Clairine leur fit entendre une de ces mélodies sereines,
inspirées au maître de Lissole par ses longues rêveries solitaires.

Cela eût pu paraître vieillot et poncif, au milieu d'une de ces grandes réunions mondaines où la raillerie est si acérée. Mais là, dans cette pièce baignée de lumière, devant cette nature paisible, l'effet fut saisissant. On dévora de caresses la petite fée.

Ce fut bien pis le lendemain, lorsque fièrement campée sur le cheval du garde-forestier Bayol, son maître d'équitation qui, pour la circonstance, avait, en grande tenue de forestier, amené sa bête aux Cabrières, Clairine partit au galop suivie de sa sœur. Hermance montait « Frisquette », la belle jument achetée à la petite par marraine Sauveclare. Claude fut empoigné. Il serra dans ses bras la vieille mère, avec des larmes plein les yeux. Bien! bien, cela! L'apaisement, si longtemps désiré, se faisait en sa conscience de père, devant cette éducation si admirablement menée d'instinct. Parfois, en effet, à travers les fêtes de ce monde qui l'absorbait et le dominait, Sauveclare en voyant sa fille aînée briller au premier rang, parmi les plus belles et les plus enviées, s'était d'un coup pris à songer à cette autre fille qui courait là-bas, pieds nus et cheveux au vent, le long des sentiers mouillés par les rosées matinales. N'aurait-il pas, un jour, de graves reproches à s'adresser, au sujet de cette disparité de vie qui ressemblait si bien pour Clairine à un abandon? Finis à cette heure, ces embryons de remords, ces velléités de repentances. Clairine était décidément ravissante, au delà même de toute espérance et de toute expression.

III

Les demoiselles Sauveclare allaient par les blancs chemins, au milieu des prés ondulant sous les caresses de la brise. Toutes deux charmantes, mais bien marquées des signes distinctifs de leurs genres d'existence et d'éducation originelle. Clairine bruyante, animée, perchée crânement sur la selle, le chapeau de feutre plutôt jeté que posé sur sa chevelure noire ébouriffée, la taille épanouie dans les rondeurs juvéniles de la poitrine. Hermance, fière et droite, les joues d'une belle pâleur de marbre, le regard voilé d'une mélancolie hautaine, le corps élancé, légèrement ployé en avant : ayant à peine l'air de tenir en selle et comme prête à s'envoler sur les ailes d'un rêve. Elle écoutait, avec bienveillance, les bavardages, les exclamations de sa sœur qui ne cessait de l'admirer, de s'extasier sur ses grâces patri_ ciennes, depuis les longs gants qui habillaient jusqu'aux coudes ses bras mignons, jusqu'aux minuscules bottines emprisonnant l'étroitresse de ses jolis pieds.

— Ainsi, tu ne t'ennuies jamais dans cette solitude?

— M'ennuyer? Comment en aurais-je le temps? Là, les leçons de M. Tureau, mon piano, mes collections, mes courses à cheval, les paysans à diriger, à surveiller avec marraine, mes pauvres, mes malades. Mais il y a de quoi remplir dix existences!

Hermance souriait. Évidemment Clairine était heureuse. Cette simplicité de mœurs, cette paisible clarté de conscience, cette flamme de passion juvénile, ne cachaient-elles pas pourtant quelques désirs inavoués, quelques souffrances mal définies? Elle aimait Clairine à sa façon et, de même que son père, elle s'était souvent demandé si sa propre destinée n'avait pas été, par une prédilection cachée de ses parents, mieux lotie que celle de sa sœur. A cette heure matinale, au milieu de cette quiétude généreuse des champs, loin du tumulte oublieux des foules, ces pensées s'aiguisaient en elle, prenaient corps tout à coup, la poussant à interroger la jeune fille. Elle était si jolie! Quels succès ne recueillerait-elle pas à son tour, si elle vivait près d'elle à Paris!

— Tu n'es donc pas chagrine de demeurer ainsi loin de nous?

— Non : triste seulement de ne pas vous avoir près de moi.

— Que veux-tu dire?

— C'est bien simple. D'abord, pour ne pas me séparer de vous, il me faudrait quitter marraine qui sûrement ne nous suivrait pas.

— Eh bien?

Clairine pâlit. Deux petites larmes perlèrent sur ses longs cils veloutés.

— Quitter marraine? j'en mourrais... et elle en mourrait aussi.

— Tu nous quittes bien pourtant, nous?

— Ah! non, reprit-elle en retrouvant d'un coup son rire frais et mutin... Non! c'est vous qui me laissez.

Hermance se mordit la lèvre.

— Père ne peut pourtant pas abandonner la Cour des comptes pour venir élever ici des poules et des canards.

— Méchante... tu te moques de moi. Pourquoi père ne prendrait-il pas sa retraite et n'habiterait-il pas les Cabrières, avec maman et toi? Marraine dit que nous sommes riches et nous serions si heureux!

— Tu es donc heureuse, mignonne?

— Heureuse!

Ce ne fut qu'un cri : cri de joie vibrant et sincère qui alla droit au cœur d'Hermance.

— Et tu ne désires rien de plus?

— Rien.

— La solitude ne te fait pas peur?

— Je ne suis jamais seule.

— Tu n'as donc nulle envie de connaître le monde?

— Que m'apprendrait-il de meilleur? Le monde vaut-il mieux que marraine, Bayol, M. Tureau et les bêtes du bon Dieu?

— N'éprouves-tu pas parfois le besoin de te déplacer, de changer d'air, de voyager avec nous?

— Me déplacer? Je ne suis jamais au même endroit. Changer d'air? En est-il de plus salubre que celui que je respire ici? Voyager? As-tu rencontré quelque part des horizons plus limpides, un soleil plus resplendissant, des nuits plus étoilées?

— Cela te plaira-t-il toujours?

— Toujours! parce que « cela » fait partie de moi-même.

— Il y a cependant autre chose dans la vie.

— Quoi?

Ce simple mot arrêta net Hermance. Brusquement elle se revit belle, adulée, dans son luxe de Parisienne. Elle percevait le frou-frou des robes étoffées tranchant sur l'or mat des peluches pâles. Elle entendait le bruissement discret des conversations galantes; le gazouillis des lèvres ensanglantées par le carmin, laissant échapper en un sourire ces demi-mots énigmatiques qui déshabillent une idée mieux qu'un peintre ne déshabille un modèle. Comme tout « ceci » avait tué « cela »! Quel abîme entre cette ingénuité terrible qui s'en allait insoucieuse à travers les années et cette perversité inconsciente d'elle-même qui sondait déjà d'un œil froid les profondeurs du cœur humain! Qu'était-il besoin de jeter, en cette âme d'enfant, des ferments de curiosités mauvaises qui pourraient lever tôt ou tard et empoisonner cet avenir de petite paysanne s'ouvrant joyeux et bohème au milieu des fleurs et des oiseaux? Ne savait-elle pas ce qu'elle tenait à connaître?

— Bah! n'écoute pas mes radotages, reprit-elle doucement : ils resteraient lettres closes pour toi.

— Tu me juges donc bien sotte?

— Non, petite sœur. Et je finis par où tu as commencé : bien heureuse, au contraire.

Elle rendit la main à Frisquette. Tandis que, le voile au vent, les joues fouettées et rougies par la brise, faisant claquer dans l'air ses exclamations enivrées, Clairine s'abandonnait à la volupté de cette course rapide, Hermance, l'œil perdu dans l'évocation mystérieuse d'un songe, se retrouvait à la descente des Champs-Élysées, retour du Bois, par une tiède matinée de mai. Elle défilait, dans son amazone à jupe collante, devant ces milliers de spectateurs béatement assis sur les chaises prises d'assaut et buvant à même les premiers rayons du soleil de printemps. Le rêve deviendrait bientôt la réalité. Petite fille des Sauveclare... *All right!*

Clairine avait pourtant raison : en somme, les jours passaient assez vite aux Cabrières. Dès la prime heure, marraine appelait son fils et tous deux, accompagnés de Clairine, faisaient le « grand tour » de la ferme et de ses attenances plantureuses. Au logis, Thérèse et Hermance dormaient encore. Marraine marchait d'un pas rapide, saccadé. Elle expliquait à Claude ses projets, ses travaux, ses plantations. Lui, hochait la tête, de l'air profond de l'homme qui n'y comprend goutte ; hasardant parfois des questions que n'aurait pas désavouées un ministre de l'agriculture. Puis, par les sentiers perdus sous les ramures, on revenait lentement au mas. Thérèse et Hermance, en coquets déshabillés du matin, les paupières encore alourdies par le sommeil, les cheveux retroussés sur leurs nuques blanches, les attendaient sur la terrasse. On lisait les journaux arrivés. Claude dépouillait son courrier. Enfoncée en un large fauteuil d'osier, les yeux au ciel, pelotonnée sur elle-même, Thérèse écoutait, sans mot dire, les propos de son mari, de sa fille aînée. Clairine allait et venait, arrangeant le salon, la table ; emplissant de fleurs les vases de la salle à manger, puis, s'arrêtant brusquement pour écouter les lambeaux de conversation de ses parents. Durant ses promenades matinales, alors que marraine énumérait complaisamment ses occupations, ses labeurs, elle devinait d'instinct que la noble femme parlait à cher petit père une langue inconnue de ce dernier. Maintenant, à son tour, elle ne comprenait plus les impressions que « les Parisiens » échangeaient en interjections rapides, en questions pressées, qui lui semblaient à elle tout autant d'indéchiffrables énigmes.

— Tiens! voilà ce long Émile Blosnier nommé conseiller à la Cour d'appel de Paris.

— Comment, il quitte Douai où il était procureur général?

— Il en mourait d'envie, et la petite Hélène, sa femme, aussi. Elle nous a juré un soir, chez Mme d'Embrun, de mettre la tête à l'envers aux cotillonneurs du ministère de la justice.

— Ils sont riches, les Blosnier?

— Très riches. Cela va nous créer une nouvelle antienne de soirées.

— Jolie toilette, mère. Regarde. Foulard mousse, semé de gros trèfles roses... Le jupon à petits volants. Le corsage troncé derrière, croisé devant, avec grand col de guipure crème tournant en revers et suivant le croisé du corsage pour former fichu.

— De chez qui?

— Martine Brassier.

— Cher?

— Oh! tu sais... le joli, ça ne coûte jamais rien. C'est le laid qui ruine.

Sauveclare poussa une exclamation...

— Quoi donc, père?

— C'est que... c'est assez risqué.

— J'en meurs. Qui t'écrit d'abord?

— L'ancien secrétaire général de la préfecture de Grenoble, aujourd'hui inspecteur des finances, et qui, en cette qualité, contrôle avec un soin méticuleux les potins de la vie parisienne.

— Il doit en savoir long!

— Jugez. Vous rappelez-vous cette grande blonde dont nous avons tant ri l'été dernier à Dinard?

— Mlle d'Arzau? celle qui affectionnait les toilettes courtes, collantes...

— Et montait à cheval comme une crevette?

— Elle-même. Eh bien! elle est partie, il y a une dizaine de jours, en muscade.

— Le nom du prestidigitateur?

— Horace Vernon.

— J'y suis. Le beau brun, râblé, musclé, qui gantait du huit et roulait au Casino des yeux de homard, sous prétexte que la musique classique l'accommodait à l'américaine. Elle est folle, cette d'Arzau.

— Non : elle mûrissait son printemps. Bref, elle s'est envolée au bras d'Hercule.

— Pauvre Omphale! Qu'en est-il advenu?

— Une histoire drôle. On a cherché partout les deux pigeons disparus. Pas de nouvelles. Au milieu de la seconde semaine d'absence, Mⁱⁱᵉ d'Arzau est rentrée au colombier.

— Seule?

— Absolument. Elle a déclaré à sa mère que M. Horace Vernon était un imbécile et que, si elle avait eu la sottise d'aller se promener durant quelques jours en sa compagnie, ce n'était pas une raison pour demeurer avec lui, en qualité d'épouse, le reste de sa vie.

— Le divorce avant la lettre. Et Mᵐᵉ d'Arzau?

— Elle a été si heureuse de retrouver sa fille et de songer qu'elle n'aurait peut-être pas de sitôt à rendre ses comptes de tutelle, qu'elle a pardonné.

— Noble cœur, va!

— Tiens! Mᵐᵉ de Raillé vient de perdre son fils aîné.

— Bon... Un des salons les plus gais et les mieux en train, fermé pour des mois. Les amis des Raillé sont malheureux!

La causerie vaguait ainsi, à bâtons rompus, légère et gouailleuse, jusqu'à l'heure de midi où la cloche sonnait le déjeuner. Après le déjeuner, la sieste dans le salon, sur les divans capitonnés si peu habitués à ces nonchalances. Clairine s'asseyait au piano, jouait de verve les berceuses apprises par M. Tureau. Vers les trois heures, ce dernier arrivait, imperturbablement sanglé dans sa lévite verte, le chapeau de feutre posé à plat sur ses longs cheveux ondulés, les mains moites de chaleur et d'émotion sous les gants de filoselle noire. A cinq heures, après le thé organisé par Hermance, à la grande surprise de marraine qui ronchonnait contre cette mode anglaise, hostile à l'appétit du soir, on attelait et on partait en promenade à travers les villages curieux, jaseurs, émerveillés à la vue de ce beau monde de Paris. Parfois l'après-midi était coupé par les visites des indigènes de Lissole à ce mas des Cabrières où gîtait pour si peu de temps, hélas! monsieur le président, une des gloires du pays. Claude, en dépit de la fortune, de sa haute situation, était resté le même : facile, simple, affectueux envers ses amis d'enfance, demeurés bons propriétaires, bourgeois bourgeoisants. La grâce parfaite de son accueil mettait à l'aise ces braves gens dont plusieurs le tutoyaient avec des éclats de voix, des ampleurs de gestes formidables.

— Comment ces malheureux se résignent-ils, lui demanda un

jour Hermance, à végéter ainsi dans leur trou, à ressasser les
mêmes histoires, à rouler leur même fardeau d'accablement et
d'ennui? Ils appellent cela vivre!

— Oui. Ils ignorent qu'il y a un au-delà de leurs occupations
journalières et se contentent de ce qu'ils ont, parce qu'ils ne se
doutent pas de ce qu'ils pourraient avoir. Peut-être, au fond, nous
traitent-ils de fous?

— Bienheureux les pauvres d'esprit!

— Assurément. Le bonheur n'a rien d'absolu. Nos amis ne
voient rien en dehors de leurs occupations, de leurs habitudes.

— Suprêmes égoïstes, alors?

— Logiques aussi : convaincus qu'à trop dépenser pour les
autres, on finit par ne rien s'économiser à soi-même. Ne les imi-
tons pas; mais gardons-nous de les plaindre.

Un jour que M. Tureau, dont la rigide timidité s'était peu à
peu apprivoisée aux élégances aristocratiques d'Hermance et à la
bienveillance du président, venait de leur jouer au piano une de
ses récentes compositions, Claude surpris lui demanda à brûle-
pourpoint s'il n'avait jamais songé à aller habiter Paris.

— Qu'y aurais-je fait, grands dieux? Y aurais-je été assez dé-
paysé, ridicule!

— Non, je vous l'affirme. Il y a en vous l'étoffe d'un artiste
merveilleux. La célébrité vous y attendait.

M. Tureau secoua la tête.

— Votre indulgence vous aveugle, monsieur le président.
Ici, cette musique vous plaît. A Paris, vous seriez le premier à la
proclamer vieillotte et banale.

— Erreur! Certes il vous aurait fallu lutter, souffrir. Mais,
doué comme vous l'êtes, la victoire était au bout de vos efforts.

— En aurais-je été plus heureux?

Encore! Claude regarda Hermance à la dérobée. Son œil semblait lui dire : « T'ai-je menti? Tous les mêmes... »

— Si nous avions tous deux vingt ans de moins, répliqua
Claude, peut-être vous ferais-je changer d'avis?

— Non, murmura Tureau avec une douceur respectueuse. Les
années, en neigeant sur ma tête, n'ont fait qu'enraciner davantage en moi cette pensée constante : que vivre obscur, c'est vivre
heureux.

— De sorte, dit Hermance en souriant à Clairine, que ce n'est
pas vous qui pousserez ma sœur à nous accompagner à Paris?

— Mlle Clairine brillerait partout où il lui plairait d'habiter, et serait heureuse n'importe où, parce qu'elle mérite de l'être.

— Monsieur Tureau, me voilà forcée de convenir que la solitude ne vous empêche pas d'être spirituel et aimable.

La causerie dévia avec une aisance exquise. Mais le soir, pendant que Claude et sa fille se promenaient lentement, à la fraîcheur tombante de la nuit, au bord des grands bassins du mas, les objections de M. Tureau revinrent à l'esprit d'Hermance.

— Vois-tu, père, à écouter ce brave homme, on finirait par s'imaginer qu'il suffit de se claquemurer dans un bois de pins, le long d'une mare à grenouilles, pour épuiser la coupe du bonheur sur terre. C'est exaspérant.

— As-tu peur d'être convertie?

— Non. De ce côté, je suis invulnérable. Du moins, les crois-tu sincères, ces affamés de thébaïdes?

— Peut-être : ils procèdent par comparaison entre des choses ignorées d'eux. De là à envier leur sort, il y a loin.

— Tu ne les jalouses donc pas?

— Dieu m'en garde! En somme, ils mènent la même existence que nous; seulement, ils la mènent en raccourci.

— Tu me rassures. A les ouïr, on jurerait parfois que nous marchons, nous, la tête en bas.

— N'aie cure. Résume leurs impressions et tu jugeras. Ils aiment le soleil, la verdure, les fleurs... Se figurent-ils donc que nous n'en jouissons pas autant qu'eux? Seulement, notre soleil a des ombres fraîches, notre verdure s'accommode des toilettes étincelantes, nos fleurs possèdent des parfums que leurs sauvageons n'exhalent jamais. Ils vantent leur solitude. Elle est propre leur solitude, avec les routes empierrées, la poussière aveuglante, les champs assoiffés par les canicules, leurs chœurs de paysans et de cigales qui ne valent pas encore ceux de l'Opéra. Et les longs repos de leur obscurité? Je les ai jaugés par le menu. Au fond, s'enrageant de leur petitesse, potinant dans leurs parlotes; dédaigneux des ambitions de haute volée qui leur sont interdites, mais avides de petites places, de petits honneurs, de petites scènes, puisque les autres sont inaccessibles à leurs convoitises.

— Quel « bêchage » dans les grands prix !

— Ai-je tort? Ces philosophes champêtres fouettent jusqu'à l'aigre ma bonne humeur. Je les trouve idiots de s'ériger en censeurs de nos amusements, de vouloir quand même être plus heu-

reux que nous. Tiens! entends-tu leurs crapauds? Les voilà qui
entament leur nuit de Walpurgis. Allons, rentrons, mignonne,
Marraine doit s'impatienter.

Ils ne rééditèrent point, du reste, cette conversation. Ils
étaient trop amoureux de leur propre liberté pour garder rancune
à celle d'autrui. D'ailleurs, leur séjour aux Cabrières touchait à
sa fin, et les jours avaient fui, plus rapides qu'ils ne l'auraient
jamais cru. Aussi lorsque sonna l'heure du retour à Paris, la
pensée de quitter Marraine et Clairine les secoua involontairement. La joie de songer à l'installation définitive à laquelle ils
allaient procéder, ne les empêcha point de ressentir quelque
tristesse à l'idée de quitter — pour de longs mois — la grand'-
mère et la jeune fille. Cet éclair de sollicitude suffit à leurs consciences; mieux encore à l'affection des deux saintes créatures
qui pleurèrent de tout cœur en les voyant s'éloigner.

IV

Les premiers jours qui suivirent leur départ des Cabrières
furent mélancoliques; mais Clairine reprit vite ses occupations
quotidiennes, et Marraine la vit avec bonheur se remettre à ses
paisibles habitudes de jadis. La brave femme en effet — sans
trahir les cuisants soucis de son âme — avait senti, dès l'arrivée
de ses enfants, une terreur folle poindre en son cœur. Si Claude,
la retrouvant si exquise et si belle, allait lui demander d'emmener
Clairine à Paris! Si Clairine allait à présent s'ennuyer à Lissole!
Si elle voulait rejoindre sa sœur, partager son existence brillante,
goûter à ces plaisirs, se mêler à ces fêtes dont on avait parlé
devant elle avec aussi peu de prudence que de ménagement! Le
silence de Claude l'avait rassurée. L'attitude de Clairine après
l'envolée des Parisiens, la façon affectueuse mais détachée dont
elle parlait de ses parents, de leur genre de vie, la comblèrent de
joie. Une seule fois pourtant, marraine, qui redoutait de s'illusionner sur ce dernier point, se décida à l'interroger.

— Sais-tu bien, mignonne, à quoi je rêvassais, tandis que
papa Claude, ta bonne mère, ta sœur Hermance, s'apprêtaient à
regagner Paris? A toi, petite, qu'ils laissaient seulette aux Cabrières. Et je me disais : Clairine ne trouvera-t-elle pas désormais
sa vieille grand'maman bien rabâcheuse, bien grognon?

Les yeux de Clairine s'emplirent soudain de larmes et un

sanglot lui coupa la voix. Puis, ce fut une explosion de cris, une tempête de protestations indignées. Quitter Marraine! Abandonner le mas! Dédaigner l'ardente affection de celle qui avait été pour sa jeunesse la vraie mère de toutes les heures, de tous les instants! Fi! que cela était vilain et méchant à elle, d'avoir pu y songer une minute et de lui donner cette soûleur d'âme qui la désolait. Mme Sauveclare ne parvint pas à apaiser ce chagrin naïf qui, au fond, la ravissait. Il ne fallut rien moins que l'intervention du père Tureau, pour arracher Clairine à ses gronderies boudeuses : « Non! non! mon enfant, ne croyez pas que madame votre grand'mère ait voulu insinuer qu'elle souhaitait votre éloignement. Cela serait pis qu'un blasphème, et vous méconnaîtriez à plaisir la délicatesse de pensée pieusement dissimulée sous les paroles qui vous fâchent. Mme Sauveclare mourrait de votre absence, mon enfant, elle qui serait cependant la première à l'exiger, si elle la jugeait indispensable à votre bonheur. »

Clairine retrouva son sourire en entendant le vieux maître.

— C'était donc un piège! Et je n'ai pas deviné que Marraine avait le cœur bien gros, en me racontant ces choses qui me bouleversent... Je cours lui en demander pardon.

— Gardez-vous-en bien, Clairine. Si vous saviez ce que vos colères ont procuré à sa grande âme inconnue de joie superbe et d'indicible contentement!

Plus jamais on ne reparla aux Cabrières de cette scène de famille dont Mme Sauveclare conserva l'ineffaçable souvenir. Ah! elle était sûre de Clairine à présent. C'était bien elle, l'enfant adorée de sa verte vieillesse, qui lui fermerait les yeux, secouerait la première sur sa pauvre face endormie, avec le rameau de buis traditionnel, les gouttelettes d'eau bénite, lorsqu'il plairait à Dieu de la rappeler à lui et de la réunir au bon Sauveclare, dans son éternité lumineuse.

Or, un jour que le soleil dardait à flots ses rayons à travers les fines dentelures des arbres de la terrasse, accrochant de-ci, de-là, des sillons de lumière aux massifs ombreux, Marraine, assise dans une bergère, écoutait, en dodelinant de la tête, les mélodies que Clairine, par la fenêtre entr'ouverte, jetait à la brise. Tout à coup, des aboiements furieux de chien se firent entendre. Mme Sauveclare s'apprêtait à se lever pour s'enquérir de ce bruit insolite, quand un coup de fouet sec et rapide claqua dans l'air, et une voix mordante lança ce rappel impérieux : « Ici

Tayaut! » Au même instant, un homme jeune, de haute stature, déboucha sur la terrasse et piqua droit vers la vieille femme, en s'inclinant devant elle dans un salut respectueux, aisé :

— C'est à madame Sauveclare que j'ai l'honneur de parler? demanda-t-il.

Mme Sauveclare dévisagea l'inconnu d'un regard curieux. Il était, ma foi, très bien ; sanglé au corps dans une jaquette de velours vert, la taille robuste, élevée, les cheveux coupés ras au-dessus d'un front large et ouvert ; les yeux d'acier profonds, pétillants ; le nez légèrement busqué, les lèvres fortes, la barbe noire et soyeuse en pointe, imprimant à sa physionomie une allure élégante et fière.

— Oui, Monsieur, c'est moi, répondit grand'mère qui comprit d'instinct l'inconvenance d'un plus long examen... Mais à qui, à mon tour?...

Il ne lui laissa pas le temps d'achever.

— Monsieur Julien Lebret, votre voisin.

Attirée par le murmure confus de ce colloque, Clairine quitta le piano et, s'approchant de la fenêtre, émergea en pleine lumière. Julien leva les yeux vers elle et recula, émerveillé, devant la radieuse apparition.

— C'est ma petite-fille, monsieur mon voisin, dit Marraine à laquelle le trouble du jeune homme n'avait pas échappé, mais qui, sans nul souci de l'étiquette, ne résistait pas au plaisir de montrer sa Clairine.

Julien s'inclina.

— Maintenant, continua Marraine, serait-il indiscret de vous demander, Monsieur, ce qui me vaut l'honneur de votre visite?

Le jeune homme parut légèrement décontenancé.

— Madame, je suis à la veille d'avoir avec vous de graves démêlés. Avant de noircir du papier timbré, j'ai voulu cependant, tenant compte des bonnes relations de mon père avec vous, vous annoncer moi-même la visite de mon huissier.

La vieille femme se leva, la figure blème, l'œil étincelant. Chez la descendante des paysans de Lissole, la haine de l'huissier et l'horreur du papier timbré s'étaient perpétuées comme une tradition sacrée. L'huissier, le grimoire maculé d'hiéroglyphes terrifiants par les procureurs en jupons, le tribunal où l'on gaspille le meilleur de son temps et de son argent, tout cela symbolisait pour l'ancêtre laborieuse la ruine, la honte, le désespoir des audiences renvoyées, la sauvagerie des jugements qui mettent dos à dos — bras cassés, reins rompus, bourse vannée — les plaideurs incorrigibles. Elle vit cet ensemble d'un coup, dans la pleine envolée d'une évocation fulgurante et un flot de colère lui monta du cœur aux lèvres. Comment, c'était pour lui annoncer cette triomphante nouvelle que ce godelureau faisait irruption aux Cabrières sans crier gare?

— Monsieur, il y a belle lurette que votre père est mort et le mas de Jonquerolles abandonné. Si mon défunt mari et moi avons eu avec M. Lebret de cordiales relations, c'est qu'il ne frayait pas d'habitude avec les gens de robe dont son fils, qui sort de je ne sais où, m'annonce vouloir faire sa compagnie.

La violence de cette sortie ne déconcerta pas le jeune homme, mais elle épouvanta Clairine. Elle rougit jusqu'aux oreilles, en balbutiant :

— Oh! grand'mère... grand'mère...

— Eh bien! quoi... grand'mère? Voilà-t-il pas une histoire à dormir debout? Faudra-t-il que je me laisse rabrouer par le premier Lebret venu qui viendra me menacer de l'amende et de la prison?

— En vérité, Madame, permettez-moi de vous avouer que je ne vous comprends pas. Voyons! en parcourant ces jours derniers mes luzernes de la rive du Bru-de-Cabasson, limitrophes de vos prés, je me suis aperçu que mes herbages séchaient sur pied, dévorés par les canicules. Les vôtres, au contraire, plantureux et frais, baignaient leurs racines dans une eau limpide qui semblait sourdre là à perpétuelle demeure.

— Voudriez-vous, par hasard, m'empêcher d'arroser mes prés?

— Non, Madame. Mais je vous ai fait humblement demander par mon régisseur, ces jours derniers, la permission d'arroser un peu les miens, en cessant de noyer les vôtres. L'eau du canal commun est à tout le monde. Qu'avez-vous répondu à mon régisseur?

— Par exemple! Je lui ai répondu, Monsieur, que les eaux du canal n'étaient pas réglées; qu'elles appartenaient de droit, depuis les siècles des siècles, au premier occupant. Mes prés passent avant les vôtres; mon père, mon grand-père et tous les Varangot de l'univers ont toujours arrosé ainsi et je continuerai de même, ne vous en déplaise.

Le jeune homme eut un geste involontaire d'impatience.

— Alors, reprit-il, vous me signifiez de façon despotique vos quatre volontés et vous n'admettez pas que je me plaigne, que je proteste ; que je vous avertisse poliment que, si vous ne voulez pas consentir à un partage amiable des eaux, il y a non loin d'ici un tribunal qui vous y contraindra judiciairement?

— Je ne consens à rien et je me moque de vos tribunaux.

L'œil de M. Lebret étincela. Clairine, maintenant sur la terrasse, comprit d'instinct qu'il était temps d'intervenir, pour empêcher les cartes de se brouiller tout à fait.

— Oh! murmura-t-elle, ne voyez-vous pas que vous causez du chagrin à bonne maman? Allez, si vous la connaissiez mieux, vous n'auriez certes pas le courage de gronder.

Elle avait dit ces simples mots avec une moue délicieuse, une voix douce, un éclair de mélancolie dans ses grands beaux yeux. Ce que l'ire emportée de la vieille femme n'avait pu obtenir, cette voix magique et veloutée l'opéra d'un coup. Julien perdit son assurance.

— Vous ne voulez donc pas, vous non plus, Mademoiselle, répliqua-t-il lentement et en cherchant ses mots, que j'arrose mes prés?

— Non! non! je ne prétends pas cela. Je vous promets au contraire d'examiner sur place, avec Marraine, votre réclamation. Je vous assure que grand'mère, qui est la justice et le bon sens en personne, y fera droit sans que vous ayez pour cela besoin de nous envoyer votre huissier.

— Votre huissier... votre huissier... grommela Marraine. Il en a donc un attaché à sa personne, ce monsieur?

— Ah! grand'mère, grand'mère, interrompit de nouveau Clairine, d'un ton moitié rieur, moitié fâché.

La vieille se tut par enchantement, interdite à son tour, baissant les yeux.

Julien contempla, ému, les deux femmes. Dieu! quel spectacle attendrissant que celui de ces deux nobles créatures, l'une à présent toute timide sous ses cheveux blancs, l'autre rayonnante et dominatrice dans l'éclat radieux de son printemps. Il comprit de suite qu'il venait de jouer là, devant elles, un rôle ridicule et qu'une plus longue insistance, en dépit de la légitimité de ses griefs légendaires parmi les riverains du Bru-de-Cabasson, pourrait rendre cruel.

— Mademoiselle, gardez vos promenades pour de meilleures causes et pardonnez-moi. J'ai perdu aujourd'hui une belle occasion de rester chez moi, et cependant je n'ose le regretter, ajouta-t-il d'un ton indéfinissable. L'huissier demeurera bien tranquille. Arrosez vos foins, tant qu'il vous plaira. Je cours de ce pas donner l'ordre qu'on défonce ma luzernière pour y planter de la vigne. Je ne veux pas déranger le cours séculaire des eaux!

Il salua en souriant, sans la moindre gaucherie, siffla son chien et disparut.

— Quel original, Marraine! s'écria galment Clairine dès que le jeune homme se fut éloigné. C'est égal: embrassez-moi vite et bien fort, gros méchant caractère. Je vous ai tout de même évité un mauvais procès.

Julien Lebret avait alors trente ans. Bien découplé, de haute stature, de santé vigoureuse, rebelle à la fatigue; d'une raideur qui ne déparait pas sa sève de mâle courageux; assez doux de caractère pour faire accepter sa force herculéenne; assez vibrant de passion pour excuser certaines sensibilités quasi féminines de son âme.

Devenu de par le cours de ses études, ses goûts naturels, la rude vigueur de son intelligence, un savant de premier ordre, il s'était senti, à l'aube de sa vaillante jeunesse, saisi tout entier par l'amour des voyages. Après avoir occupé pendant deux années une chaire de professeur d'embryologie au Muséum d'histoire naturelle, il fut successivement chargé par le gouvernement français de diverses missions scientifiques, s'en tira avec succès et gagna la croix de la Légion d'honneur. Julien revenait du Japon où il était allé étudier sur place les monstruosités arboricoles de ce peuple industrieux, quand son père, Guillaume Lebret, ancien vigneron de Lissole, mourut subitement en lui laissant une fortune considérable. Julien le pleura comme on pleure le plus sûr des guides, celui qui toujours l'avait encouragé au cours de sa carrière aventureuse; le meilleur des amis, l'ami qu'on ne retrouvera jamais ici-bas. Avant de se fixer définitivement dans le château de Jonquerolles que son père avait habité jusqu'à sa dernière heure et qu'en mourant il lui avait fait promettre d'habiter à son tour, il avait voulu revoir une fois encore ces grands pays d'outre-mer dont il se proposait d'écrire plus tard l'histoire.

Son absence dura quatre ans. Il était de retour depuis quel-

ques semaines à peine, lorsqu'il se présenta au mas des Cabrières.
Des Sauveclare il avait bien entendu parler de-ci de-là par son
père. « Braves gens, honnêtes, mais raides, économes et paysans
jusqu'au bout des ongles. » Cela l'intéressait peu, du reste. Il se
rappelait seulement l'histoire d'une petite gamine que la grand'-
mère Sauveclare, gardait près d'elle et élevait à la diable, tandis
que son père, « un gros monsieur »; se prélassait à Paris avec sa
femme et sa fille aînée.

Julien retournait maintenant des Cabrières, l'oreille basse et
déconfit. Il songeait, ma foi! bien à ses luzernes. Dans une évocation lumineuse, il revoyait la vieille grand'mère debout sur la
terrasse, éclairée par le soleil, et cette fleur de beauté, ce sylphe
mutin échappé à un conte des *Mille et une nuits.* Quoi? c'étaient
là les paysannes du mas des Cabrières, menacées par lui de l'huissier. Belle équipée, assurément. Les deux femmes avaient dû le
trouver si mal élevé! Quelle scène absurde pour quelques arpents
de prairies assoiffées! Comme la petite lui avait jeté sa malice
au visage, avec le sourire capiteux de ses lèvres, le cristal de sa
voix sonore! Aussi, quelle envie de donner à boire à des fourrages? S'il avait pu se douter... Quoi? On s'informe; on ne court
pas à l'aveuglette chez les gens parler de procès, de papier timbré;
faire la plus sotte des mines devant une fée adorable. On avertit;
on demande à qui on s'adresse. Allez donc herboriser sur les
bords du Gange, chasser sur les rives du Nil, pour noyer ensuite
une réputation de galant homme au fond des luzernières du Bru-
de-Cabasson. Il eût voulu reprendre, même à prix d'or, sa démarche inconsidérée. Au lieu des deux nicettes de village qu'il
s'attendait à rencontrer en cette demeure, il s'était heurté à ce
que la vieillesse a de plus imposant; à ce que la jeunesse a de
plus délicieux. Julien avait gardé de ses pérégrinations lointaines
une fraîcheur d'imagination immaculée. Dans ce coin de Pro·
vence, la vue de cette bonne vieille, l'apparition inattendue de
cette belle fille, l'ensorcelèrent d'un coup.

                                               Noël BLACHE.

(*A suivre.*)

LA CAISSE DES MUSÉES

La création d'une caisse de réserve pour nos musées est un sujet sur lequel tout le monde semble d'accord aujourd'hui, sans que la question ait, cependant, avancé d'un pas depuis quatorze ans qu'elle a été posée officiellement. La situation de nos grandes collections nationales se serait-elle donc modifiée depuis? N'est-ce point toujours hélas! le même piétinement sur place, la même anémie désolante, le même stationnement mortel malgré tant d'efforts incessants et de bonnes volontés actives. Chaque année qui passe ne fait qu'aggraver cette situation critique de nos collections, qui s'étiolent à la fois faute de place et faute d'argent.

Qu'est-il permis d'obtenir, en effet, avec les pauvres crédits qui sont concédés actuellement à nos grands musées? On connaît, pour l'avoir répété avec insistance, le chiffre qui est alloué tous les ans en faveur des acquisitions du Louvre. Pour les quatre grands musées de France : le Louvre, le Luxembourg, Versailles et Saint-Germain 162 000 francs sont annuellement accordés. Quatre musées, disons-nous ; mais le Louvre à lui seul comprend six départements qui, chacun, se divisent en sections dont l'importance est si considérable qu'elles constituent de véritables musées à elles seules. La section des dessins avec ses salles d'exposition et ses cartons qui contiennent plus de 35 000 pièces, la section des objets d'art du moyen âge et de la Renaissance avec ses innombrables merveilles, la section de la céramique antique, etc., ne sont-elles point de véritables musées spéciaux?

C'est donc une moyenne de 18 000 francs que chaque département est appelé à dépenser pour l'ensemble de ses séries. Le partage n'est pas égal, sans doute ; certains départements demeurent toujours plus favorisés, certains autres se sacrifient volontiers devant la nécessité ; il en est qui sont toujours et définitivement sacrifiés. Comment serait-il possible, sans cela, au département des peintures d'opérer la moindre acquisition avec sa seule part de 18 000 francs, alors que l'on sait à quelles folles enchères les engouements des amateurs et la concurrence active des musées étrangers, plus favorisés, font monter le prix des tableaux ? Que pourraient les départements des antiques, aujourd'hui que, des lois prohibitives interdisant dans tous les pays où s'effectuent des fouilles, en Égypte, en Turquie, en Grèce, en Italie, la sortie des œuvres anciennes, on ne voit plus guère en vente que des objets connus provenant de cabinets d'amateurs et dont le prix atteint, pour cette raison, à des chiffres inabordables. Les dernières ventes qui se sont produites montrent la valeur qui est donnée aux bronzes antiques et aux terres cuites. Les mêmes concurrences se produisent pour le département de la sculpture et des objets d'art. L'amateur ici est légion. Que dire de Saint-Germain, destiné à entretenir, à côté de collections qui portent sur une part de l'histoire si étendue, une bibliothèque, un atelier de moulages et de restauration, alors que la moindre fibule mérovingienne peut atteindre le prix de 5 000 francs ?

Les deux départements les mieux partagés, a-t-on écrit, sont le Luxembourg et Versailles. Le Luxembourg, a-t-on dit, est, du moins, largement pourvu par les dotations annuelles de la direction des Beaux-Arts. Le Luxembourg, il est vrai, est appelé chaque année à prélever, parmi les ouvrages acquis par l'État au Salon. les meilleurs objets acquis. Il y entre, de ce fait, tous les ans, une dizaine de peintures, parfois un ou deux dessins, et de deux à cinq statues. Pour la sculpture, l'État étant à peu près le seul amateur sérieux, la situation des collections de sculpture est très acceptable. On peut dire même que c'est seulement la place qui fait défaut pour exposer d'excellents ouvrages qu'on est obligé désormais d'exposer dans les jardins.

Il n'en est pas de même pour la peinture. Ici l'amateur vient de nouveau faire concurrence à l'État. Plus libre, plus indépendant, il attend rarement l'ouverture du Salon pour préparer ses achats, ou, plus riche, ses avances sont mieux écoutées que celles de la Commission, malgré le désintéressement bien connu des

artistes. Il s'ensuit que les acquisitions de l'État tournent dans le
même cercle; que certains noms échappent toujours à la Commission, et que tous les ans, sur les tableaux choisis par le
Luxembourg, il y en a rarement plus de la moitié qui soient
signés d'artistes nouveaux. Les autres sont signés d'artistes déjà
représentés, dont les œuvres vont remplacer, par voie d'échange,
d'autres œuvres du même auteur exposées déjà au Luxembourg.

Le Salon est-il, d'ailleurs, le terrain le plus propre à acquérir
des peintures de musée? C'est encore une question à discuter.
Mais n'est-il point certains maîtres qui, par lassitude, indifférence ou parti pris, n'envoient jamais ou ont renoncé à envoyer
aux Salons?

Aujourd'hui que le Salon officiel se morcelle à l'avance en
un certain nombre de petites expositions particulières, intéressantes par leur spécialité même, pourquoi le Luxembourg ne
serait-il pas autorisé à y rechercher l'occasion de combler quelques lacunes? On en peut dire de même de la section des dessins,
impossible à former ailleurs qu'à l'atelier (1).

Il en résulte que, quoi qu'on ait pu faire, le Luxembourg a été
jusqu'à ce jour au-dessous de sa mission; que les collections y
sont recrutées au hasard sans logique, sans esprit de suite (2).
Les seuls vrais enrichissements du Luxembourg lui ont été
attribués par des dons. C'est par des dons sollicités auprès de
la générosité des artistes qu'a été entièrement constituée la
collection si intéressante des dessins d'archives et, à l'exception
de deux cadres, toute la série nouvelle de gravure en médailles.
Il serait donc utile que ce musée pût disposer annuellement
d'une certaine somme sur l'exercice courant pour la formation
de ses collections secondaires; il est de toute nécessité qu'il
soit appelé à prendre part aux bénéfices de la Caisse des
musées.

Les mêmes observations peuvent se répéter à peu près au
sujet du musée de Versailles. Peu de musées, à vrai dire, sont
aussi mal connus. Il a fallu l'exposition centennale de 1889 pour
- ouvrir les yeux sur certains chefs-d'œuvre contemporains prêtés

(1) C'est la voie dans laquelle la Direction des Beaux-Arts est aujourd'hui entrée.
Un certain nombre d'acquisitions intéressantes ont été faites pour le Luxemboug,
dans des expositions spéciales et à l'atelier.
(2) Depuis que ces lignes ont été écrites la Direction des Beaux-Arts a, de même,
heureusement innové sur ce point.

par ce musée et dont quelques-uns ont été depuis déposés au
Louvre. Combien peu connaissent encore dans les Attiques ces
merveilles qui éclairent d'une façon si lumineuse, par leurs collections de portraits datant du xvi° au xix° siècle, notre histoire
nationale, en même temps qu'elles racontent d'une façon éloquente et suivie l'histoire d'un art éminemment français, l'art du
portrait? Toute la peinture du siècle s'y trouve aussi représentée
en œuvres dont un grand nombre sont loin d'être sans intérêt,
depuis David, Rouget, Robert Lefèvre, Bacler d'Albe, Taunay,
jusqu'au début de nos générations actuelles, en passant par les
générations diverses de 1830, de 1840 ou de 1850, avec les noms
de Delacroix, d'Ary Scheffer, de Tony Johannot, de Lami,
de Vernet, de Larivière, de Drölling, de Winterhalter, Bonnat,
Gérome, etc.

Trop d'œuvres hâtives, de copies parfois ridicules, de séries
historiques même d'un caractère assez douteux, ont dénaturé le
jugement sur ce musée. Ce vaste palais, qui renferme, avec tant
de souvenirs précieux, plus de 5000 objets exposés, sans parler
des merveilles des jardins, est pourtant un musée d'histoire
encore unique au monde. Nous y avons laissé les divers régimes
déchus y raconter leurs fastes et y célébrer leurs grands hommes.
Pour notre époque, nous nous contentons de quelques bustes
fournis annuellement par la direction des Beaux-Arts et commandés après le décès des personnages représentés. N'est-ce
point ici qu'un système de commandes bien appliqué rendrait les
plus grands services à l'art et à l'histoire? Ne pourrait-on pas, suivant une observation très juste de M. Antonin Proust, faire exécuter les portraits de nos hommes illustres de leur vivant? L'Empire a créé des précédents en faisant exposer dans les salles
d'Algérie et de Crimée les bustes ou les portraits de ses plus brillants officiers : que n'en faisons-nous autant pour nos généraux, nos savants, nos poètes et nos artistes? Le musée de
Versailles peut donc justifier sa participation à la Caisse des
musées.

On le voit, il n'est point de département, dans nos musées
nationaux, où des ressources financières plus élevées ou même
nouvelles ne soient absolument urgentes. En dehors des musées
nationaux, si nous nous adressons au musée de Cluny, cet ensemble unique et précieux pour l'histoire des mœurs et celle des
industries, nous trouvons encore ici un maigre budget de

10 000 francs pour des séries où le recrutement des objets est si dispendieux.

Le musée Guimet, à son tour, se plaint de l'absence totale de crédit au chapitre de ses acquisitions; leur fonctionnement n'est assuré que grâce à la libéralité incessante du généreux fondateur.

Il est inutile d'aller plus loin. De quelque côté qu'on se tourne c'est la même unanimité désolante. Si nos musées, encore étaient formés de collections, sinon définitives — ce qui est impossible — du moins assez complètes pour qu'on en pût tirer déjà un enseignement suffisant, on s'expliquerait cette indifférence prolongée. Mais les lacunes du Louvre sont innombrables. M. Bardoux, dans la séance du 24 juin 1885, au Sénat, les signalait avec une éloquence et une autorité qui touchèrent la Chambre haute. Ce qui a pu tromper longtemps l'esprit public et excuser dans une certaine mesure l'insouciance générale, c'est que la France a eu heureusement de l'avance sur les pays voisins, les collections royales, les décorations des palais ou des églises, dans un pays qui fut pendant plusieurs siècles un ardent foyer artistique, ayant fourni matière à la formation de nos galeries. Sans doute le Louvre reste encore l'ensemble de chefs-d'œuvre le plus varié et le plus complet; mais que l'on compare les progrès de nos musées à ceux des pays étrangers depuis une vingtaine d'années, on est effrayé du chemin parcouru par les autres. Si l'on s'en tient aux termes du rapport (1), il est vrai assez volontairement pessimiste, de notre regretté maître Rayet, on voit que le Louvre, en ce qui concerne, du moins, les antiques, s'est laissé dépasser par les musées de Londres, et que les galeries de Berlin et de Saint-Pétersbourg s'emplissent deux fois plus vite que les nôtres.

Pour s'en tenir aux chiffres donnés dans ce rapport au sujet du budget des musées allemands et aux chiffres donnés par le récent rapport de M. Fidière sur les musées anglais, on trouve, pour les acquisitions seulement, le tableau comparatif suivant :

(1) *Rapport sur la richesse et l'organisation comparées du Louvre, du Cabinet des médailles, du Musée de Berlin, du British Museum et de l'Ermitage*, par O. Rayet, professeur suppléant au Collège de France, directeur-adjoint à l'École des Hautes Études.

                                              26 novembre 1882.

(Annexe du rapport de M. Antonin Proust, député, sur le budget des beaux-arts pour l'exercice 1887-1886.)

francs.

			francs.
MUSÉES FRANÇAIS . . .	Musées nationaux (Louvre, Luxembourg, Versailles, Saint-Germain).		162000
	Musée de Cluny		10000
	Musées rattachés à la Bibliothèque nationale :		
	Estampes.		25000
	Médailles.		40000
	TOTAL.		237000

				francs.
MUSÉES ALLEMANDS. .	Musées royaux de Berlin :	Antiques, Peintures, Estampes, Médailles.		406250
	Gewerbe-Museum (qui correspond à la fois à Cluny et à notre musée des Arts décoratifs).			212000
	Galerie nationale (qui équivaut à notre Luxembourg) .			102300
	TOTAL.			720550

			francs.
MUSÉES ANGLAIS . . .	British-Museum (non compris la partie d'histoire naturelle), antiques, estampes, médailles.		602500
	Galerie nationale (peintures : Louvre et Luxembourg). .		128000
	National portrait Galery (équivaut à peu près à Versailles).		18750
	South-Kensington, Bethnal-Green, etc.		612000
	TOTAL.		1361250

C'est-à-dire que le budget de l'ensemble des musées français est inférieur au budget des musées royaux allemands de 483 550 francs et au budget des musées anglais de 1 124 250 francs. Ces chiffres sont concluants. Il est d'ailleurs bien entendu qu'il ne s'agit ici que des acquisitions et de la part prise par l'État dans ces dépenses, car ces pays étrangers jouissent en faveur de leurs musées de legs particuliers considérables.

On nous objectera les crédits extraordinaires votés à différentes reprises par les Chambres. Sans doute notre Parlement a compris patriotiquement son rôle à l'occasion; mais que sont nos crédits supplémentaires à côté des crédits de cette nature alloués à ces mêmes musées étrangers ? S'il n'était pas inutile d'insister, on verrait combien l'ensemble des crédits qui nous ont été extraordinairement accordés depuis vingt ans est inférieur à l'ensemble de ceux qui ont été attribués pendant la même période d'années aux musées d'Allemagne et d'Angleterre.

Mais le chapitre des acquisitions n'est pas le seul sur lequel doivent porter les dépenses d'un musée qui veut être considéré comme un véritable établissement scientifique. Il faut comprendre aussi les fouilles et les missions, les bibliothèques, les publications diverses, catalogues, inventaires, organes périodiques, les cours ou conférences, les ateliers de moulage et de photographie, etc.

Sans parler des missions scientifiques et archéologiques qui relèvent d'une direction différente au même ministère, le Louvre est peu richement doté pour les missions spéciales des conservateurs. En ce qui concerne la Bibliothèque du Louvre, elle végète maigrement sur les fonds de bureaux. Quant aux publications, il n'est aucun musée étranger, en Allemagne, en Angleterre, en Autriche, en Hollande, en Suède ou même en Suisse, qui n'ait, à côté de ses catalogues, un rapport général annuel, une revue périodique souvent illustrée, un annuaire ou d'autres ouvrages scientifiques relatifs aux collections et qui se vendent au profit des musées. A propos des catalogues, il est peut-être bon de rappeler que nous sommes les premiers, au lendemain de 1848, à avoir fourni des catalogues d'un caractère vraiment scientifique. Les catalogues de Villot, de Longpérier, de de Rougé, etc., ont été célèbres dans toute l'Europe et ont servi de modèles à tous les pays étrangers. En Allemagne, les catalogues de M. Bode datent au plus d'une douzaine d'années. Auparavant, leur rédaction, confiée à des artistes, était d'une fantaisie inqualifiable. La tradition s'est maintenue chez nous ; mais, par suite de nécessités budgétaires ou de traités avec les éditeurs qui ont le monopole de ces publications, les éditions ne se succèdent qu'à de très longs intervalles, après épuisement complet de l'édition en cours. Faute d'argent encore, les fiches de l'inventaire des 35 000 dessins du Louvre préparé par Reiset en 1860 et tenu au courant depuis attendent qu'il soit possible de les livrer au public, qui accueillerait avec gratitude ce précieux recueil. Heureusement, en ce qui concerne les périodiques, l'initiative privée est venue au secours de l'administration, et depuis deux ans une revue mensuelle, fondée

sous le patronage et avec le concours de la direction des Beaux-
Arts et de la direction des Musées nationaux est devenue l'organe
général, semi-officiel, des musées français. A la même initiative
on devra prochainement la publication d'un annuaire complet de
nos musées et d'une bibliothèque spéciale de monographies et
d'études. Que dire enfin de la chalcographie des musées nationaux, qui a 20 000 francs pour ses commandes, alors que le prix
d'une seule planche a atteint quelquefois 70 000 francs ?

Ce n'est donc point seulement les ressources extraordinaires,
mais même les ressources courantes qui font défaut à nos collections nationales. S'il ne semble pas possible d'augmenter ces dernières de longtemps, il faudrait, du moins, que l'organisation de
la Caisse des musées fût assez élastique pour que, le jour où elle
sera enrichie par les libéralités particulières, une partie des bénéfices puisse être affecté, à côté des acquisitions, à des chapitres
voisins, à des missions productives, par exemple, à des publications de luxe, etc.

S'il n'y a qu'une voix pour constater la situation dans laquelle
végètent nos musées faute d'argent, il y a par contre plus d'un
avis sur la façon dont il convient de les tirer d'embarras. Depuis
1878, date à laquelle la question de la création d'une Caisse des
musées fut posée officiellement devant les Chambres, huit projets de loi, amendements ou rapports ont été soit présentés, soit
élaborés, sur l'initiative du Gouvernement ou des membres du
Parlement. Le promoteur de cette idée est M. Bardoux, qui signalait déjà en 1873, dans son rapport sur le budget des Beaux-Arts
pour l'exercice de 1874, la situation douloureuse du Louvre.
M. Reiset, administrateur des Musées nationaux, dans une brochure qui date de 1875 et qui avait pour but d'établir l'insuffisance des crédits alloués aux musées nationaux pour les acquisitions, les restaurations, l'entretien et le personnel, souleva cette
question de la création d'un fonds de réserve formé par les reli-
quats des crédits non dépensés dans l'année, qui ne seraient pas
réintégrés au Trésor, par dérogation aux règles de la comptabilité ordinaire. Cette thèse fut soutenue au même moment dans
la presse, notamment par Timbal dans la *Revue des Deux Mondes*
et Ch. Clément dans les *Débats*. En 1878, vient le projet de loi
de M. Bardoux, alors ministre, qui proposait la création d'une
caisse de dotation des musées nationaux au moyen d'un fonds de

réserve formé directement par le versement des crédits annuels. En 1880, le rapporteur du budget des Beaux-Arts, M. Lockroy, se ralliait entièrement à ce projet. Puis, le 16 décembre 1880, M. Jules Ferry, président du Conseil, déposait un projet de loi qui soulevait une nouvelle question, celle de la dotation de la Caisse des musées grâce à la formation d'un fonds initial procuré par le produit de la vente des diamants de la Couronne. Ce projet, qui se basait sur d'excellentes raisons que nous donnerons tout à l'heure, puisqu'il n'a pas été abandonné, fut approuvé par la Commission du budget et même consacré par un vote de la Chambre, en 1881. Mais la séparation des deux assemblées ne permit pas de porter à temps ce projet devant le Sénat.

A la législature suivante, le Gouvernement reprit ce projet. Mais entre temps s'était présentée une proposition émanée de la Commission chargée d'examiner la question de l'aliénation des diamants de la Couronne, proposition qui tendait à l'affectation du produit de la vente de ces joyaux à la création d'une *Caisse des Invalides du Travail*. M. Raspail fut nommé rapporteur. Cependant les signataires de cette proposition comprenaient si bien la nécessité de la création d'une Caisse des musées, qu'ils offrirent eux-mêmes un compromis : le produit de la vente des diamants, que l'on évaluait à dix ou douze millions, devrait être partagé également entre ces deux caisses projetées. Mais la Chambre, appelée à voter sur cette proposition le 20 juin 1882, repoussa entièrement, par 247 voix contre 191 sur 438 votants, l'affectation de ces ressources à la formation d'une Caisse des musées, et attribua le produit total de la vente à la Caisse des invalides émanée de la proposition Raspail.

Cependant la Commission du Sénat relative à l'aliénation des diamants de la Couronne se prononça contre la décision de la Chambre, et le rapport, rédigé par M. Hébrard, écartant aussi l'idée de la création d'une Caisse des musées, concluait à l'affectation des ressources ainsi produites au développement des industries en France.

Le 25 mars 1884, le projet de loi établi par cette Commission vint en discussion devant le Sénat. M. Bardoux, avec une éloquence nouvelle et d'irrésistibles arguments, plaida chaudement la cause des musées et déposa un amendement dans le sens de sa première proposition, avec une légère modification quant au nombre des musées appelés au partage. Le Gouvernement n'eut pas de peine à être ému par ces paroles : il accepta en principe l'amendement Bardoux ; mais, cherchant un terrain de conciliation entre ce projet et la proposition Hébrard, il demanda le renvoi à la Commission. M. Hébrard lui-même se rallia à cet arrangement, et le renvoi fut accepté dans ces conditions.

Au commencement de l'année 1887 eut lieu la vente des diamants de la Couronne. Un petit mouvement se produisit bien dans l'opinion en faveur des musées, mais la question resta en suspens jusqu'en 1890, date à laquelle M. Antonin Proust, député, ancien ministre des Arts, et quelques-uns de ses collègues la reprirent sous une nouvelle forme.

Peu après, le Gouvernement, vivement préoccupé d'obtenir une solution définitive à ce problème, chargeait le Conseil supérieur des Beaux-Arts de préparer un projet de loi, projet qui fut rédigé par le rapporteur M. L. Gonse. Le Gouvernement, s'inspirant de ce projet, mais le modifiant en partie, en établit un nouveau qui est actuellement pendant devant les Chambres.

Ces trois derniers projets envisagent la question sous toutes ses faces, et, si elle n'est pas résolue définitivement cette fois, ce ne sera pas faute d'avoir épuisé tous les arguments en sa faveur.

L'examen de la question de la création d'une Caisse des musées peut être divisé en trois points :

1° Quant aux musées appelés à participer à la répartition des bénéfices ; 2° quant à l'origine des ressources financières ; 3° quant au fonctionnement de la caisse ;

1° Au début, les seuls établissements visés par les divers projets étaient les six départements du Louvre et les musées du Luxembourg, de Versailles, de Saint-Germain, c'est-à-dire les Musées désignés plus particulièrement sous le nom de *Musées nationaux*. En 1882, pour la première fois, le Gouvernement comprit dans le bénéfice de la loi en discussion les autres musées d'État : Cluny, Sèvres et les Gobelins, et, en 1884, lors de la discussion du projet d'aliénation des diamants de la Couronne devant le Sénat, M. Bardoux accepta cette modification dans son amendement auquel le Ministre et la Commission s'étaient ralliés en partie.

Le projet de loi de 1890, reprenant la classification adoptée en 1882 par le ministère des Arts, étend les avantages de la Caisse des musées : 1° aux musées de l'État, comprenant les musées dits nationaux, le musée de Cluny, le musée de sculpture comparée au Trocadéro, le musée Guimet, les musées rattachés à la Bibliothèque nationale (cabinet des estampes et cabinet des médailles); 2° aux musées des départements et des villes.

Le projet rédigé par la sous-commission du Conseil supérieur des Beaux-Arts, écartant les musées de Cluny, du Trocadéro et des Religions comparées et les départements de la Bibliothèque nationale, n'admet à la participation que les musées dits *nationaux*, ne faisant exception « après un débat assez vif, que pour les musées non dotés, et d'appétit d'ailleurs fort modeste, comme Sèvres et les Gobelins », oubliés dans le projet de 1890. Enfin, le projet ministériel comprend les musées de l'État indistinctement, sans désignation plus précise.

En ce qui concerne les musées de l'État, peu importe, au fond, ceux qui seront appelés à participer aux bénéfices de la Caisse, car il est bien évident que c'est le Louvre qui est visé dans tous les projets de loi, et, comme le dit l'exposé des motifs du Conseil supérieur, « neuf fois sur dix c'est le Louvre qui bénéficiera des achats ».

Mais en ce qui regarde la participation des musées des départements et des villes, le danger est plus sérieux. Le projet du Gouvernement a répondu d'une façon irréfutable à la question de savoir si les musées des départements pourraient recevoir des subsides de la Caisse des musées :

L'admettre eût été vouer d'avance l'institution à la ruine. Comment satisfaire aux innombrables demandes qui ne manqueraient pas de se produire? Comment faire un choix entre elles, et qui le ferait? Quel serait le juge? Quelle autorité prononcerait souverainement entre tant de prétentions diverses et verrait ses arrêts docilement acceptés? S'imagine-t-on les compétitions ardentes auxquelles on assisterait, d'autant plus passionnées qu'elles seraient inspirées par les sentiments les plus honorables, par les désirs les plus légitimes? Et que de mécontentements, que de murmures, conséquences inévitables de déceptions cruelles! Ce seraient les rivalités jalouses, la lutte perpétuelle organisée entre les musées des différentes villes. La sagesse la plus ordinaire, le simple bon sens commandaient donc d'appliquer aux seuls musées de l'État les fonds de la Caisse des musées; la logique aussi l'exigeait, car ce sont ces grands établissements, propriété de la nation tout entière, que le monde entier visite et qui sont la gloire du pays, qu'auront en vue ceux qui disposeront en faveur de la Caisse.

N'est-il pas à redouter aussi que ce système n'éloigne les

dons et les legs par la crainte que certaines personnes, désireuses
d'enrichir nos grands établissements nationaux, pourraient avoir
que leurs libéralités ne s'émiettent au profit de tant d'appétits
admis au partage?

Si l'on ajoute que les musées des départements et des villes
sont aujourd'hui plus de trois cents, dont quelques-uns importants sans doute, mais dont un grand nombre se trouve à l'état
embryonnaire; que tout est encore à faire dans leur organisation,
même parmi les meilleurs, puisque les collections de certaines
grandes villes comprennent encore, à côté de morceaux de
valeur, des horreurs de peintres régionaux et même des ouvrages
de dames de la localité; puisque les conservateurs, non appointés
dans la plupart des cas, sont de braves gens de la meilleure volonté du monde, mais trop souvent sans aucune compétence,
parfois même plus dangereux qu'utiles; puisque les catalogues,
neuf fois sur dix, se recommandent par un luxe d'attributions
pompeuses et d'erreurs inqualifiables, on peut conclure qu'il est
nécessaire, avant de mettre ces musées sur le même rang que le
Louvre, d'attendre que le contrôle de l'État soit assuré d'une manière plus efficace, que l'école d'administration créée au Louvre,
complétée dans tous ses rouages, devienne réellement, suivant
l'expression heureuse de M. Antonin Proust, son fondateur,
« l'École des Chartes de nos musées provinciaux. » Le projet de
M. Bourgeois a d'ailleurs trouvé le meilleur moyen de faire participer discrètement les musées de province à la Caisse des musées : « Ce sera, dit-il, aux musées de l'État, devenus plus riches,
d'enrichir à leur tour les musées des départements par des dépôts fréquents qui combleront de regrettables lacunes. C'est
ainsi que la province elle aussi profitera de la Caisse des musées.

2° *Ressources financières.* — Il est une catégorie de ressources
éventuelles sur laquelle les trois projets, et l'on peut dire même
tous les projets antérieurs, sont unanimement d'accord : c'est
celle qui comprend les ressources, ainsi spécifiées dans le dernier
projet du Gouvernement : Fonds à provenir des donations et legs
faits à la Caisse des musées; — dons et souscriptions individuelles ou collectives versées à la Caisse à titre d'offrande; —
toutes autres ressources (1) qui pourraient être ultérieurement

(1) Parmi ces ressources, il est un moyen original et certainement très productif
dû à l'initiative de M. Antonin Proust, député. Ce moyen, expliqué dans une lettre
adressée à M. Hébrard, sénateur, directeur du *Temps*, consiste en une Exposition

affectées à la Caisse des musées ; — intérêts des fonds placés.

En ce qui concerne les ressources principales destinées à créer et à alimenter la Caisse des musées, trois systèmes sont en présence aujourd'hui :

1° Allocation d'un crédit annuel prélevé sur les ressources générales du budget ;

2° Formation d'un fonds initial obtenu par le produit de la vente des diamants de la Couronne ;

3° Recettes produites par le prix des entrées payantes, certains jours de la semaine, dans les musées et les monuments publics.

A l'origine, il n'était guère question de créer en faveur des musées nationaux qu'un fonds de réserve, à un moment où les ressources ordinaires étaient vraiment si précaires qu'on ne pouvait guère espérer faire une acquisition de quelque importance qu'à la condition d'appeler un ou deux départements seuls à bénéficier du crédit annuel, les autres se sacrifiant volontairement, ou bien qu'à la condition, alors comme aujourd'hui impossible à réaliser, d'économiser les crédits non employés pendant l'espace de quelques années.

Suivant les règles de la comptabilité ordinaire, écrivait M. Reiset, tous les crédits non dépensés dans le cours de l'exercice rentrent au Trésor. Une dérogation à ces règles serait indispensable dans le cas qui nous occupe, à moins d'augmenter hors de raison les crédits annuels. En effet, les occasions ne se présentent pas à intervalles égaux. Deux ou trois années s'écouleront parfois sans qu'un seul objet important se présente, et puis d'un seul coup on les verra apparaître à la fin... Des acquisitions aussi capricieuses par leur nature, aussi imprévues, peuvent-elles être soumises à de rigoureuses annuités ?

M. Reiset proposait, en même temps, d'élever le crédit ordinaire au chiffre de 150 000 francs, le reliquat disponible devant être déposé à la Caisse des dépôts et consignations pour s'accumuler au profit de l'avenir. C'est le système des caisses de réserve qui a été adopté en 1878 pour chaque section des musées allemands, à l'occasion de la réorganisation de ces musées. M. Reiset ajoutait, en 1875, que pendant les dix ou douze dernières an-

périodique annuelle instituée au profit de la Caisse des musées. M. A. Proust s'est déjà assuré du local. M. le président de la Chambre, sollicité au sujet de la galerie du palais Bourbon, a accueilli cette proposition et a bien voulu accepter la présidence d'honneur de l'œuvre. « Notre première exposition, conclut M. A. Proust, aura donc lieu au mois d'avril 1893, dans les salons de la présidence, au Palais Bourbon. Une prochaine réunion en déterminera le programme. »

TOME LXXVIII.   36 nées, on n'avait pu faire trois acquisitions d'une réelle importance que parce que le Ministre avait permis de répartir la somme à payer sur plusieurs exercices,

« faisant ainsi une heureuse application du système que nous préconisons, avec cette seule différence que l'économie se faisait à la suite de l'acquisition, tandis que nous demandons que l'acquisition soit le résultat d'économies faites à l'avance.

Le premier projet Bardoux, auquel s'était rallié M. Lockroy, alors rapporteur du budget des Beaux-Arts, sanctionnait cette manière de voir. Rayet reprenait en partie cette idée dans son rapport de 1882. Enfin, soucieux de voir la question aboutir définitivement, M. Antonin Proust, abandonnant momentanément la question de l'affectation du produit de l'aliénation des diamants de la Couronne, se rattachait à ce principe, et demandait pour la dotation de la Caisse « l'ouverture d'un crédit annuel de 500 000 francs, non soumis aux exigences du report ».

Le premier inconvénient de ce système est d'avoir recours aux ressources générales du budget ordinaire, car il est à craindre que les Chambres se refusent à grever encore ce budget si chargé, pour des questions d'art, surtout dans un moment où le ministre des Finances ne cesse de réclamer des économies. Il y a encore un autre inconvénient : dans l'esprit de M. Reiset, le fonds de réserve était constitué par les économies seules produites sur l'exercice courant; mais les projets postérieurs établissent une confusion assez dangereuse entre les acquisitions courantes et les acquisitions extraordinaires, bien qu'à vrai dire le projet de 1890 étant muet sur les acquisitions ordinaires, on puisse se demander s'il entend les conserver ou les supprimer. C'est ce qui a motivé ce paragraphe spécial du projet du Conseil supérieur des Beaux-Arts, accepté dans le projet du ministre :

... La Sous-Commission, sur les observations très justifiées des représentants du Louvre, demande formellement aux pouvoirs publics d'admettre ce principe de la séparation entre les fonds de la Caisse réservés aux acquisitions extraordinaires, et le budget normal du Musée, destiné aux acquisitions courantes, à tous ces besoins qu'on ne peut prévoir, à ces occasions qu'il faut saisir, habituellement peu dispendieuses, mais qui constituent la vie journalière d'un grand établissement de cette nature, et pour lesquelles il serait réellement puéril, impossible même, de prendre l'avis du Comité consultatif. Le Parlement ne voudra pas retirer à un musée comme le Louvre, qui a de si multiples obligations et qui embrasse dans ses nombreuses sections toutes les formes de l'art, ce qu'on pourrait appeler son pain quotidien.

... Un marchand étranger passe et fait une offre, ajoute à son tour le projet de M. Bourgeois : demain il aura peut-être quitté Paris; une vente est annoncée peu de jours avant celui où elle doit avoir lieu; soumettre une acquisition semblable aux formalités édictées par le projet de loi sur la Caisse des musées serait la rendre souvent impossible et, ainsi, mainte heureuse occasion, dont on aurait profité grâce à une négociation rapide, échapperait, qu'on ne retrouverait plus. Il convient de ne pas innover sur un point où l'innovation serait éminemment dangereuse.

Le deuxième système financier, formation d'un fonds initial avec le produit de l'aliénation des diamants de la Couronne, date, nous l'avons dit plus haut, de 1880, du projet déposé par M. Jules Ferry. Les vicissitudes qu'a subies ce projet des diamants de la Couronne donneraient matière à un nouvel opéra-comique. Accepté une première fois par la Commission du budget, sanctionné par un vote de la Chambre, la fin des travaux de la législature empêcha seule le Sénat de lui donner son approbation, ce à quoi il n'eût pas manqué. Sans ce vulgaire accident, qui semble imaginé à la fin du premier acte pour allonger la pièce, la Caisse des musées fonctionnerait depuis dix ans avec ce fonds initial toujours rêvé. La législature suivante vit naître, en effet, la proposition Raspail et la caisse concurrente des *Invalides du Travail*. Un système mixte fut d'abord adopté, nous l'avons vu, d'après lequel le produit de la vente des joyaux serait partagé également entre les deux caisses ; mais alors le produit était évalué au chiffre de 10 ou 12 millions, sur lequel il a fallu bien rabattre. La Chambre n'accepta pas ce compromis, et, se laissant entraîner par un mouvement humanitaire assurément très généreux, mais irréfléchi, elle accorda tout le revenu de l'aliénation des diamants à la Caisse des Invalides du Travail. Je ne sais si la Chambre actuelle a conservé encore quelque prédilection pour ce projet utopique (1); il a été pourtant irrémissiblement jugé par les termes du rapport de M. Hébrard au Sénat, qui le définissait:

Une de ces institutions nébuleuses dans leur objet, effrayantes dans leurs conséquences financières, qui sont à la fois la séduction et le péril de

(1) Dans une des séances de la Chambre, qui a précédé la clôture de la dernière session, M. Raspail a demandé à M. Loubet de prier le Sénat de mettre enfin à son ordre du jour la loi votée par la Chambre sur l'affectation du produit des diamants de la Couronne à la Caisse des *Invalides du Travail*. Le Président du Conseil a répondu qu'il ne pouvait déférer à ce désir, la loi votée par la Chambre étant devenue caduque. C'est la même aventure que pour la Caisse des musées.
Mais le Sénat, de son côté, discutant, dans une séance antérieure (15 juin) le

ce qu'on appelle le socialisme d'État, et qu'il est sage de soumettre, avant tout, à des études approfondies et à des calculs rigoureux.

Ces calculs rigoureux ont déjà été faits et ils sont faciles à refaire. Vendus au commencement de l'année 1887, les diamants de la Couronne ont produit une somme bien inférieure aux prévisions générales. Au lieu de 10 à 12 millions, la vente a donné 7 millions seulement, grossis aujourd'hui de 700 000 francs d'arrérages, soit 8 millions en chiffres ronds. Si l'on ne sait pas trop exactement ce que sera cette Caisse des Invalides du Travail, on ne sait guère mieux qui sont ces invalides du travail eux-mêmes. On peut supposer vraisemblablement qu'on entend par là tous ceux qui, à la fin d'une longue carrière laborieuse et honnête, se trouvent infirmes ou sans ressources. Voit-on alors le nombre d'infortunes qu'on sera appelé à secourir? Or, quelle est la rente annuelle d'un capital de 8 millions? 250 à 260 mille francs, pas davantage. Comment cette somme, suffisante à peine à alimenter la Caisse des musées dans les cas exceptionnels, suffirait-elle à satisfaire d'innombrables infortunes, pour lesquelles il faudrait couramment des revenus de plusieurs dizaines de millions ?

La question est aujourd'hui jugée. Reste la proposition Hébrard, que le gouvernement avait alors en partie acceptée, d'affecter ces ressources au développement des industries en France. A l'époque où parlait M. Hébrard, ses vœux étaient légitimes. Nous souffrions cruellement de la concurrence étrangère et tout le monde s'accordait à dire que le seul moyen de sauver nos industries contre le marché étranger était, puisque nous ne pouvions abaisser nos prix courants en raison de la cherté de notre main-d'œuvre et de nos matières premières, d'élever le niveau artistique de nos productions de manière à ce qu'elles fussent recherchées malgré tout.

La concurrence étrangère dont souffrait notre marché n'a pas complètement cessé, il n'est que trop vrai. Pourtant l'Exposition universelle de 1889 a été un véritable triomphe pour nos arts, nos industries et nos écoles d'art décoratif. Nos écoles de Paris,

projet de loi sur les sociétés de secours mutuels a adopté l'ensemble de ce projet dont l'article 22 (§ 1er) dispose qu'une somme de 6 millions sera prélevée sur le produit des diamants de la Couronne pour être affectée à la dotation des sociétés de secours mutuels. M. Tolain a demandé que la totalité de ce produit ne soit pas attribuée à ces sociétés et qu'on en réserve une partie pour les écoles d'apprentissage : c'est la reprise des anciennes conclusions de M. Hébrard.

Le Président du Conseil a demandé au Sénat de réserver la question, mais le Sénat n'a pas partagé cet avis.

de Limoges, de Lyon, de Marseille, de Roubaix, etc., etc., ont montré combien avaient été fructueux les efforts du Gouvernement en leur faveur et combien était fécond notre enseignement. Il n'y a plus aujourd'hui qu'à poursuivre dans cette voie. Les écoles de dessin se développent partout en province et s'outillent de mieux en mieux; l'obligation du dessin dans l'enseignement primaire donnera bientôt son plein effet. Qu'ajouterait à ces résultats la création de nouvelles écoles professionnelles, alors surtout qu'on paraît renoncer à ce système d'enseignement spécial à l'école qui n'a pas donné tout ce qu'on en attendait?

M. Bardoux, d'ailleurs, a répondu victorieusement, selon nous,

Que le meilleur moyen qu'on puisse employer pour élever en France le niveau du progrès industriel, c'est de doter largement nos musées nationaux, parce qu'il n'y a pas d'écoles meilleures au point de vue du goût que le spectacle et l'admiration de nos grandes collections, et particulièrement de celles du Louvre.

Mais que les Chambres statuent à part sur l'affectation du produit de la vente des diamants de la Couronne, comme l'ont désiré M. A. Proust et M. L. Bourgeois, dans le but de ne pas entraver la discussion du projet de loi plus urgent, ou bien qu'elles décident conjointement à ce projet de loi, on conviendra qu'on ne peut décemment affecter le produit de cette vente à un autre but que celui de la Caisse des musées. M. Hébrard en donne lui-même une raison à laquelle on ne peut se refuser d'obéir.

Les joyaux de la Couronne ont toujours été considérés comme partie intégrante de nos collections publiques. L'inventaire fait, en conformité des décrets de l'Assemblée nationale constituante (26, 27 mai et 22 juin 1791), par les trois commissaires de cette Assemblée, ne laisse subsister aucun doute à cet égard. Cet inventaire comprend, en effet, les diamants de la couronne, les tableaux et autres monuments des arts et des sciences existants au Garde-Meuble. Plus tard, lorsque les souverains voulurent se servir de ces joyaux pour leur usage, ils firent ce qui avait été, d'ailleurs, fait dès le 13 mars 1785 par Louis XVI; ils reconnurent, par le *dépôt d'un bon*, que ce n'était là qu'un emprunt fait aux collections de l'État.

On se placerait sur une pente bien dangereuse, ajoute M. Hébrard, si on croyait pouvoir affecter indifféremment le produit de la vente totale ou partielle d'une de nos grandes collections nationales à toutes sortes de dépenses publiques.

Le troisième système financier destiné à former le fonds de la Caisse des musées est proposé par le projet du gouvernement. C'est celui des entrées payantes dans les musées et les monuments publics, à certains jours de la semaine.

Les partisans de la gratuité absolue ont répondu au projet du ministre en invoquant les droits des contribuables qu'on ferait payer deux fois sur le même chapitre ; ils ont opposé que l'on allait faire perdre à la France son auréole de libéralisme ; ils ont parlé de notre hospitalité légendaire, de nos traditions. En ce qui concerne les droits des contribuables on pourrait dire qu'ils ne sont guère mieux respectés à l'endroit des théâtres subventionnés où ils ne sont admis qu'en payant au même titre que les étrangers ; mais il semble que cette objection ne soit pas sérieuse puisque le ministre a réservé deux jours gratuits par semaine et que toutes facilités seront accordées aux travailleurs de toutes sortes. Quant à notre tradition sinon de gratuité, du moins de liberté, elle n'est pas si ancienne que l'on pourrait croire.

Jusqu'en 1855, écrit M. de Nieuwerkerke (1), l'entrée des musées n'était accordée qu'à de certaines conditions. Il fallait être porteur d'une carte d'artiste exposant ou d'élève d'un professeur connu, pour pouvoir pénétrer dans les galeries du Louvre et du Luxembourg pendant les jours de la semaine. Ces mêmes jours, les étrangers n'étaient admis que sur la présentation d'un passeport, et le public n'entrait réellement sans entraves que le dimanche. Ces restrictions furent levées en 1855, à l'occasion de l'Exposition universelle.

Il n'y a pas bien longtemps encore que pour certains musées (le musée de Cluny, pour n'en citer qu'un) les portes n'étaient ouvertes toutes grandes qu'un ou deux jours par semaine, les autres étaient exclusivement réservés aux personnes munies de cartes. Il en est encore ainsi aujourd'hui au musée de Saint-Germain où trois jours sont exclusivement réservés aux travailleurs.

Si l'on ajoute que, pour certains palais nationaux, l'usage, auquel personne n'ose se soustraire, s'est établi de payer un pourboire, souvent assez élevé aux gardiens, on voit que la liberté de pénétrer dans nos musées n'appartient pas à une tradition bien ancienne et que le principe de la gratuité absolue reçoit, dans la pratique, quelques restrictions.

Le système des entrées payantes dans les musées, avec réserve de certains jours gratuits pour le public et distribution libérale de cartes aux travailleurs, artistes, industriels, artisans, etc., n'est d'ailleurs plus à défendre. Un grand mouvement

(1) DE NIEUWERKERKE, *Rapport sur les Musées nationaux*, 1869, p. 179.

d'opinion publique s'est formé en sa faveur, témoignant qu'on tend à se débarrasser chez nous d'un sentimentalisme par trop don quichottesque. On a cité un grand nombre d'importants musées étrangers qui se procurent par ce moyen une bonne part de leurs ressources. En 1888, M. Guimet, dans une lettre adressée au Ministre et rendue publique, réclamait les tourniquets pour le musée qu'il a fondé et, remarque originale, il les demandait *pour avoir du monde.* Déjà en 1885, MM. Dupré et Ollendorff (1) avaient répondu en termes excellents aux objections qui pouvaient naître.

Les adversaires les plus déclarés d'une semblable mesure qui n'a d'illibéral que les apparences, y reviendraient peut-être s'ils voulaient bien considérer l'important revenu que donnerait à l'administration une simple recette de 10 000 francs par semaine, facilement réalisable avec un prix d'entrée très modéré, exigé une seule fois sur sept dans ces différents musées.

Ce passage préconise la combinaison d'un seul jour d'entrée payant par semaine. Le projet ministériel, qui laisse à un règlement à venir le soin de fixer le taux du droit d'entrée, ne conserve par semaine que deux jours gratuits, — le lundi, consacré aux travaux, excepté toujours de toutes ces combinaisons — en assurant d'ailleurs, comme nous l'avons dit, toutes facilités les autres jours pour les travailleurs.

Si l'on considère le nombre de visiteurs que reçoivent nos collections nationales et qui, pour le Luxembourg, le seul où une évaluation approximative ait pu être faite, s'élève annuellement au chiffre minimum d'environ 700 000 visiteurs; en admettant même qu'avec le système des entrées payantes ce nombre vienne à descendre au chiffre d'un vingtième, on verrait encore à la fin de l'année, se constituer ainsi un important revenu.

Ne faut-il pas ajouter qu'au point de vue du bon ordre, de la tenue, de la surveillance des salles, de la sécurité des collections, le projet actuel aurait des avantages très appréciés du public et de l'administration. La faible redevance exigée à la porte suffirait à fermer les galeries à tout un monde de désœuvrés et parfois de rôdeurs qui compliquent la mission déjà fort difficile des gardiens et sont une gêne pour les visiteurs sérieux.

3° *Fonctionnement de la Caisse des musées.* — Comme le dit

(1) *Traité d'administration des Beaux-Arts.*

justement le rapport du ministre : « la Caisse des musées doit
être indépendante et autonome, elle doit avoir sa vie propre, son
individualité ; une organisation spéciale et complète qui lui assure un fonctionnement normal et régulier » ; elle doit constituer
une personne civile, qui puisse recevoir des dons et legs. La
Caisse des dépôts et consignations est tout naturellement désignée pour la gérer.

L'administration serait confiée à un comité spécial de
11 membres, ainsi composé dans le projet ministériel : le ministre de l'Instruction publique et des Beaux-Arts, le directeur
des Beaux-Arts, le directeur des Bâtiments civils et palais nationaux, le directeur du mouvement général des fonds au ministère
des finances, membres de droits, plus deux sénateurs, deux députés, un conseiller d'État, un conseiller à la Cour de Cassation,
un conseiller maître à la Cour des Comptes, désignés par le ministre.

La Commission du budget, en examinant récemment le projet
du gouvernement, a proposé pour ce comité une composition
qui semble moins logique, étant donné que le rôle de cette assemblée sera purement administratif et financier, et n'aura aucun
caractère artistique. On ne voit pas, en effet, comment les cinq
membres élus par les artistes français et les deux membres élus
par l'Académie des Beaux-Arts, soit sept artistes, proposés par la
Commission du budget pour prendre part aux délibérations du
comité, l'éclaireraient au point de vue financier de leurs lumières
spéciales.

« La Caisse des musées, ajoute le même exposé des motifs,
devra être une institution de prévoyance pour l'avenir. Il ne faut
pas qu'un entraînement d'un moment risque de l'épuiser ». On ne
peut donc se rallier au système préconisé jadis par le regretté
Rayet qui proposait d'affecter le capital de la vente des diamants
de la Couronne à l'acquisition immédiate de quelques collections
importantes. C'est ce qui justifie le principe essentiel de l'inalié-
nabilité des fonds provenant des ressources autres que les dons
ou legs, dont l'emploi aurait été spécifié par les donateurs ou tes-
tateurs.

Le projet de 1890 confiait au ministère seul le soin de faire
les acquisitions et de les attribuer. Le gouvernement a compris
le danger qu'il y avait à faire peser les responsabilités de ces acquisitions sur le ministre. Les acquisitions pouvant devenir nom-

breuses avec le temps et la prospérité de l'institution, et le travail étant augmenté, selon ce projet de loi, par la participation éventuelle de tous les musées de France, il en résulterait cette conséquence inévitable que, dans la plupart des cas, on ne retirerait aux conservateurs le droit de proposition et d'examen que pour le confier aux bureaux de l'Administration centrale.

C'est pourquoi le projet ministériel institue une seconde Commission, dont le rôle est tout à fait technique, Commission dite des acquisitions, toute différente de la première, et chargée de donner son avis sur les propositions d'acquisition. C'est ici que les personnes autorisées par leur compétence spéciale seront appelées par décret à venir donner leur voix. Cette Commission devait être assez nombreuse pour permettre à chaque compétence en matière d'arts si différents d'y figurer. Aussi, portée d'abord à dix-huit membres, par le projet du Conseil supérieur des Beaux-Arts, le chiffre en a été élevé à vingt-huit par le projet gouvernemental.

L'abus des Commissions a ce défaut, d'éparpiller les responsabilités, de ralentir l'activité, et parfois même d'étouffer l'esprit d'initiative. On a beaucoup cité l'exemple des pays étrangers, mais il en est, comme en Angleterre, où elles fonctionnent nominativement, ou, comme en Allemagne, qui laissent au conservateur une indépendance entière au-dessous d'un certain chiffre. Ici, comme il s'agissait d'acquisitions exceptionnelles, il était indispensable d'assurer aux opérations d'achats un sérieux contrôle. Mais le ministre, dans un sage esprit de raison et d'indépendance, a compris :

, Qu'il était juste aussi et rationnel qu'aucune proposition d'achat ne fût portée devant la Commission sans que le conservateur du musée à doter, ou, s'il s'agit d'un musée comprenant plusieurs départements, sans qu'un représentant du département dans lequel entrerait l'objet acquis eût été consulté. Nul, en effet, mieux que lui, ne peut connaître les besoins de l'établissement auquel il est attaché, nul aussi n'en peut défendre avec plus d'autorité les intérêts.

L'article 6, conçu dans ce sens, appelle donc le conservateur du département intéressé aux séances de la Commission avec voix consultative.

Que manque-t-il aujourd'hui à la discussion? Tout n'a-t-il pas été prévu désormais? Au point de vue financier les trois pro-

jets de loi que nous avons analysés présentent la question sous
toutes ses faces. Pour tout le reste, est-il projet plus simple et
plus complet que le projet du gouvernement. Il n'est plus, semble-
t-il, de systèmes plus avantageux à préconiser, ni d'objections
sérieuses auxquelles on ne puisse répondre. Les débats peuvent
s'ouvrir. On ne peut, certes, suspecter les bonnes dispositions des
pouvoirs publics, puisque ils n'ont cessé de poursuivre sous
toutes ses formes la résolution de ce problème, puisqu'il s'est
trouvé dans le sein des deux Assemblées des hommes comme
MM. Bardoux, Jules Ferry, Antonin Proust, Léon Bourgeois,
pour faire naître cette idée, la soutenir et la reprendre. Voici
pourtant quatorze ans que la question est pendante devant le
Parlement et sept fois qu'elle lui est présentée. Des intérêts de
premier ordre exigent qu'une prompte solution soit donnée. Il
ne faut plus qu'on puisse répéter, suivant une phrase trop juste
de M. de Chennevières, dans son rapport au ministre sur son administration, « que notre budget des Beaux-Arts en entier serait
plutôt celui d'un riche amateur que celui d'une nation dont
l'industrie tout entière ne vit que d'art; où l'art, ainsi que l'ont
prouvé les statistiques officielles, ajoute, par ses applications, à
l'industrie plus de 300 millions à la richesse publique. »

Il importe, il est vrai, de savoir de quelle façon sera alimentée
la Caisse des musées ; mais il importe surtout qu'elle existe. Il est
nécessaire que cette institution ayant le caractère d'un être moral
soit fondée pour permettre de recevoir des dons ou des legs, et
pour attirer les offrandes et les libéralités.

Depuis quelques années, notre Louvre est devenu une préoccupation chère à l'esprit des vrais amateurs de l'art. De riches
donations en nature sont venues nous consoler de l'impuissance
à laquelle on est réduit; des dons en argent ont même commencé à se présenter sans attendre la formation de cette fameuse
Caisse tant désirée, dont ils constituent aujourd'hui le noyau.
D'autres libéralités magnifiques nous sont promises, d'autres
n'attendent plus que l'organisation créée pour les recevoir.

Le but auquel tendent tous ces efforts n'est-il pas un but assez
noble et assez élevé? Le temps est passé où les chefs-d'œuvre des
maîtres servaient, pour tout profit, au plaisir ou à la vanité des
souverains ; le temps est passé où les grandes galeries nationales
étaient considérées tout au plus comme un luxe brillant et inutile,
flatteur seulement pour l'amour-propre de la nation. Il y a déjà

longtemps que cette ancienne partie du mobilier de la Couronne a été affectée à une destination plus digne, que les manifestations grandioses des civilisations successives sont rendues à leur vrai rôle qui est d'élever les esprits par le culte du beau et d'instruire les intelligences par le rapprochement des souvenirs et des merveilles du passé. Les musées ne sont plus aujourd'hui des lieux de délassement pour les promeneurs, ou des établissements destinés soit au plaisir d'un public restreint de dilettantes, soit à l'éducation supplémentaire des classes aisées. Les musées sont aujourd'hui le patrimoine de tous. Ils fournissent un enseignement essentiellement démocratique et fécond, aussi indispensable à l'industriel et à l'ouvrier, qu'ils instruisent par les leçons de l'exemple, qu'au savant et à l'artiste.

Les musées sont, d'ailleurs, un héritage de la Révolution. Les Chambres ne l'oublieront pas. Elles se souviendront que le Muséum central, institué en 1791, par l'Assemblée constituante, fut définitivement fondé et inauguré en 1793, par la Convention et que, « en ce temps de détresse du Trésor, de guerres étrangères, de convulsions intestines », suivant le mot de Despois, la « terrible Assemblée », votait en même temps une somme annuelle de 100 000 francs, considérable pour l'époque, en faveur des acquisitions des collections. Nous fêterons dans un an et demi le centenaire du Louvre, espérons qu'à ce moment la création de la Caisse des musées nous aura rendus assez riches pour célébrer dignement ce glorieux anniversaire.

Léonce BENEDITE.

LES NUITS DU BOSPHORE [1]

CINQUIÈME PARTIE

Le lendemain, il se leva comme de coutume ; veilla avec la même attention aux soins de sa toilette, et prit pédestrement le chemin du palais. Sa marche semblait plus lourde, ses épaules infléchies, comme s'il eût ressenti une vague sensation de froid.

Arrivé au milieu du pont, il éprouva un sentiment de lassitude. Il s'approcha de la rampe de bois et s'y appuya. Sa vue embrassait tout le panorama de la Corne-d'Or. A droite, c'était d'abord la tour Galata si haute qu'un jour un sultan, mécontent qu'on pût plonger, de son sommet, le regard dans les profondeurs ombreuses du palais construit à la Pointe du Sérail, la fit décapiter ; puis, plus loin, les vastes ateliers de l'Arsenal ; plus loin encore, en pente douce et en contre-bas des hauteurs de Péra, le cimetière des Petits-Champs, où l'on peut voir encore les cips décapités des anciens janissaires, morts avant le massacre et poursuivis jusque dans leurs tombes par la vengeance de Mahmoud. Et çà et là, dans la vaste étendue de ce champ de repos, que la foi musulmane entoure d'une vénération profonde, avaient surgi d'étranges constructions, produits hybrides et éphémères de l'idée occidentale triomphante : un théâtre, des cafés-concerts, dont les assises reposaient sur les ossements et sur la cendre des héroïques défenseurs de l'Islam. Puis, la vallée pleine d'ombre des Eaux-Douces-d'Europe, remontant en pente légère jusqu'à l'horizon, coupée par le chemin que suit annuellement la caravane chargée d'aller à la Mecque porter à la Kashba les riches présents du *Fils de l'Esclave*, commandeur des croyants.

A gauche, Youssouf distinguait, dans le fouillis d'arbres de haute futaie qui couvre ce versant, la pointe élancée de hauts

---

(1) Voir la *Nouvelle Revue* des 1ᵉʳ, 15 août, 1ᵉʳ et 15 septembre.

minarets ; sur la hauteur, la masse imposante et sombre de la mosquée d'Eyoub, sanctuaire vénéré où l'on conserve précieuse- ment le sabre du prophète, que les sultans ne ceignent qu'une fois : le jour de leur avènement. Puis une multitude de conaks, enfouis sous la verdure, et que signale seulement un escalier de marbre dont les dernières marches disparaissent sous l'eau. Et sur celle-ci, claire et pure, malgré les immondices qui en par- sèment le fond, il voyait les cyprins faisant miroiter les rayons du soleil sur leurs écailles pourpres et or, les méduses, larges comme des écus de six francs, à l'aspect étrange, floconneux et nuageux, montant à la surface pour saisir quelque bestiole et en faire leur proie.

A ses pieds, sur le pont, il voyait une de ces auges de bois que les Turcs mettent partout, qu'ils remplacent au seuil de leurs maisons, par un pot de grès enfoui jusqu'au niveau du sol, et que chaque matin ils remplissent religieusement d'eau pure pour que les chiens de la rue puissent s'y désaltérer.

Et de même que tous les objets se réfléchissent dans un miroir mobile sans y laisser de trace, de même tous les vestiges encore debout d'une civilisation qui se meurt passaient devant les yeux de Youssouf, comme dans un kaléidoscope, sans que son esprit fit un effort pour fixer la pensée qu'ils évoquaient, lui donner une formule et en tirer une conclusion.

— Bonjour ! bey effendi, dit tout à coup une voix à son oreille.

Youssouf se retourna. Il reconnut Moussa-pacha, chef des écuries du sultan, petit homme trapu, rondelet, le visage plein, entouré d'une barbe courte, mais très fournie. Il portait un uni- forme tout soutaché de galons d'or, au col, aux bords du vête- ment, et aux manches jusqu'à la hauteur de l'épaule.

— Bonjour ! Excellence, répondit Youssouf-bey, en esquis- sant avec la main le geste compliqué du salut oriental.

— Vous vous portez bien ? bey effendi, poursuivit le petit homme avec une loquacité qui était dans sa nature... Moi, je suis monté à Emirghian. Je me suis mis en retard, aussi je me dé- pêche de me rendre à Top'hané... Ah ! nous avons du nouveau !

— Quoi donc ? Vous piquez ma curiosité, dit Youssouf, sou- riant, mais avec calme.

— C'est Tahir-pacha qui en conte !... Il a de la chance celui-là. Il y a longtemps qu'il devrait être en prison, et on va le faire *férik* (général-lieutenant). Il est vrai qu'il a su plaire à sa Hautesso... Si j'étais le Padishah, je lui donnerais la plaque de l'Osmanié par-dessus le marché!...

— Mais encore, de quoi s'agit-il? Vous ne me le dites pas.

— Vous savez que Tahir-pacha commande une brigade du côté de Mardin. On l'a chargé de pacifier le pays. Toujours la même chose, des disputes de tribus arabes rivales... les Schammar et les Anizeh... Tahir prend contact avec les Schammar, et leur enlève un grand nombre de chevaux. Combien?... Il se pourrait que ce soit lui le voleur... Toujours est-il qu'il vient d'envoyer à Sa Majesté une jument! — et l'œil du pacha étincela de plaisir — *Mash'allah!* quelle bête!... Moi qui sers depuis vingt ans, je n'ai de ma vie rien vu de pareil!... Vrai cheval de Padishah, et les premiers califes n'en eurent jamais de semblable!

Youssouf-bey était loin de partager l'enthousiasme de son interlocuteur. Il était Arabe dans l'âme, et son cœur peinait à l'idée du désastre des Schammar qui avaient perdu leur trésor le plus précieux. Et il pensait à cette jument renommée dans tout le désert, choyée comme jamais une maîtresse d'Occident ne le fut. Maintenant elle devait échanger l'air enivrant de la plaine et les soins des enfants libres de l'Arabistan contre le climat plus dur de Constantinople et les procédés grossiers des *saïs* et des garçons d'écurie. Il ne trahit cependant aucune de ses pensées.

— Oui, dit-il, une jument pur sang, c'est rare.

— Dix mille livres! (230 000 francs) pour le moins, exclama le pacha. Encore vous ne trouverez pas à en acheter!

Pendant que Youssouf était ainsi à causer avec Moussa-pacha les regards des passants s'attachaient sur lui. Le journal avait été dans toutes les mains. Qui ne connaissait à Péra la jeune Parisienne devenue femme de harem? Dans la société pérote ces dames qui, de mères en filles, ont de tout temps fourni des maîtresses aux ambassadeurs, ne tarissaient pas sur ce sujet alléchant. Ce Turc, qui avait eu la prétention d'astreindre une enfant du boulevard aux exigences du haremlik, quel naïf! C'est bien fait! il n'avait eu que ce qu'il mérite!

Dans les harems turcs, Youssouf était également blâmé. On n'est pas imprudent à ce point; il devait bien savoir que toutes les *ghiaours* étaient des créatures impudiques. Et les femmes

turques se faisaient des visites, se racontant avec variantes les
incidents de la fuite de Marie, s'ingéniant à construire sur la
courte donnée du journal un drame bien noir et terrifiant. C'était
à qui dauberait le plus sur la malheureuse.

Mme Moumdjane, qui avait joué un rôle si capital dans cette
catastrophe, cherchait à se disculper, et elle pensait y parvenir
en chargeant Marie. N'avait-elle pas essayé de lui faire entendre
raison? Ne lui avait-elle pas prêché la sagesse? Ne s'était-elle pas
sans cesse offerte, elle, Mme Moumdjane, comme exemple de
toutes les vertus conjugales? Mais Marie était folle et corrom-
pue. Cela devait finir ainsi... C'était inévitable !

Le digne M. Moumdjane affectait une autre manière de voir.
Lui, il était partisan de la beauté. Il comprenait parfaitement
qu'une personne aussi distinguée que Marie se fût vite dégoûtée
d'un Turc comme ce Youssouf... quoique cependant ce dernier
eût reçu une certaine éducation. Mais la civilisation glisse sur un
Turc comme l'eau sur la feuille d'un cactus. Grattez-le, vous trouverez le barbare, le Sarrazin, toujours prêt à revenir à la vie
nomade. Là où le Turc pose l'empreinte de son pied, l'herbe ne
pousse plus, disait le bon docteur, en citant avec plaisir un vieux
dicton qui sert toujours, quoi qu'on ne sache au juste à quel
peuple il a été appliqué dans l'origine. Et, poussant le raisonnement plus loin, M. Moumdjane parlait de lui-même, racontait des
incidents de sa prime jeunesse. Dans ce bon temps, il avait aimé
les femmes, et elles l'avaient payé de retour... Oui, Marie avait
été bien malheureuse de tomber sur un homme incapable de
l'apprécier, un homme fruste, dénué de cet instinct d'exquise
délicatesse qui... que... Et M. Moumdjane faisait claquer ses
doigts d'un geste expressif qui disait éloquemment que s'il se fût
trouvé à la place du Turc, lui, Moumdjane, aurait été parfaitement à la hauteur de la tâche sous le poids de laquelle Youssouf
avait succombé.

Le vieux Ruschdi-pacha avait d'abord fait semblant d'ignorer
le coup qui venait de frapper son petit-fils. Mais Emineh revenait
là-dessus avec une persistance incessante. Malgré le départ de
Marie, la vindicative femme cherchait encore à susciter des ca-
bales contre celle-ci. A la longue, Ruschdi se fâcha.

— Eh bien! après tout, si la *ghiaour* s'est enfuie, c'est parce
que vous n'avez cessé de la persécuter, cria-t-il énervé par l'acharnement de la mégère.

Il commençait à décliner, le vieux pacha. Dans ses jambes, naguère si robustes, il sentait le froid de la vieillesse, les morsures lancinantes des rhumatismes. Il restait la plus grande partie du jour dans son fauteuil, un châle sur ses pieds, et un peu somnolent.

Aussi, un jour, Youssouf fut-il bien surpris quand il vit le vieillard traverser la cour et entrer chez lui.

En venant ainsi, le vieux pacha n'avait qu'un but : celui de relever le courage abattu de son petit-fils, le consoler et lui montrer que jeune comme était Youssouf, l'horizon de la vie ne pouvait être borné par la seule volonté d'une femme infidèle et criminelle. Malheureusement le digne homme, dans sa longue carrière de pasteur de peuples, avait perdu cette délicatesse dont une mère seule eût fait usage pour répandre sur une plaie saignante le baume des consolations. En un mot, habitué à n'exercer les facultés de son grand esprit qu'à l'étude des tendances et des besoins des collectivités, il se laissait entraîner à généraliser les causes du mal, en négligeant le point essentiel qui était tout d'abord de s'occuper du cas particulier dont souffrait son petit-fils. L'ex grand-vizir, malgré son âge, voyait juste ; mais c'est précisément parce qu'il avait exercé sa vision intellectuelle à pénétrer les mystères de l'arrière-plan de son observation, que, semblable au presbyte qui saisit avec netteté les images éloignées, il était incapable de discerner la trame compliquée du problème placé trop près de ses yeux.

— Comment vous portez-vous, Youssouf-bey? dit le vieillard, s'asseyant sur un siège que son petit-fils lui avança après l'avoir salué profondément. Je viens savoir de vos nouvelles.

— Merci, pacha effendi, *insch'allah!* cela va bien.

Ruschdi fixa sur son petit-fils un regard perçant qui ne lui apprit rien.

— Tant mieux! dit-il ; vous autres, jeunes gens, vous appréciez peu notre expérience de vieillards... comme si les choses d'ici-bas pouvaient offrir quoi que ce fût de nouveau!.. Vous croyez innover ; mais, à la fin, vous êtes forcés de reconnaître l'impuissance de vos efforts!

— J'ai toujours cru au progrès, pacha effendi, répondit Youssouf qui voyait où le vieillard voulait en venir.

— Mécanique et technique! je vous l'accorde.

Ruschdi étendit sa canne dans la direction de la mer, et ajouta :

— Croyez-vous, Youssouf-bey, que lorsqu'on aura fait un pont qui reliera les deux rives du canal, quand l'air et l'atmosphère seront troublés et empestés par le bruit et la fumée des usines établies au bord de l'eau, quand les rues de Stamboul seront alignées comme celles de Londres, croyez-vous, qu'alors nous serons plus vertueux, mieux portants, plus heureux surtout?

— Il se peut, riposta Youssouf-bey, que nous autres, enfants du Prophète, en pâtissions; mais qu'importe ! si l'humanité...

— Et même à ce point de vue, interrompit vivement le pacha; qui vous dit que ces lieux, transformés par une civilisation exotique, ne deviendront pas l'arène d'une lutte sans nom, où nous verrons aux prises, nous, qui n'aurons que nos poitrines nues pour y assister, le Moscovite, qui tend vers nous une main avide, et l'Anglais qui nous défend en nous dépouillant?.. Et, encore, si cette lutte devait avoir lieu comme jadis, loyalement, à l'arme blanche!.. Mais non, la civilisation qui vous a séduits a tout détruit, même le courage individuel qui consiste à se mesurer avec son ennemi, poitrine contre poitrine et l'œil plongeant dans l'œil. La tactique a remplacé la bravoure, seule vertu qui fait les héros. On tue les hommes sans qu'ils voient d'où viennent les coups; on mettra en jeu des engins du diable, des torpilles...

— Mais, pacha effendi, dit Youssouf un peu ému et heureux au fond de la tournure que prenait l'entretien, notre empire craque de tous côtés. Ne devons-nous pas chercher dans la sagesse des autres peuples des notions dont nous profiterions à notre tour?

—Erreur et mensonge! s'écria Ruschdi oubliant complètement le cas particulier pour lequel il était venu. Comment voulez-vous que moi, qui ai fait la guerre toute ma vie, je devienne marchand ou artisan? Tel est le cas pour notre nation. Nous sommes la milice du Koran ; si nous cherchons les maximes de la vie autre part, nous importons par là même la dissolution dans notre propre organisme.

Et, poussé par le feu du raisonnement, le pacha ajouta :

— Quiconque de nous, musulmans, commettra la faute de vivre d'après une sagesse d'emprunt, s'exposera aux déboires d'une bien dure expérience.

Youssouf comprit l'allusion. Il resta calme et dit froidement :

— Tout arrive, pacha effendi... mais un cas ne prouve rien.

— Celui qui ne veut rien voir ne verra rien, poursuivit Ruschdi. Suis-je donc un Barbare, moi, qui ai comme vous visité les capitales de l'Europe? J'ai vu la cour de Napoléon III. Ce souverain faisait en son temps encore plus de bruit que Bismarck. Et de tout ce que j'ai vu, j'ai tiré cette conclusion : que chaque peuple devait se servir de la sagesse qu'il a acquise au prix de dures déceptions, que l'essence même de cette sagesse est aussi changeante que les circonstances qui lui ont donné naissance, que semblable à une clef qui n'ouvre qu'une serrure, les peuples ne peuvent ni se l'emprunter ni se l'approprier, et que pour nous, en particulier, cette appropriation serait fatale.

—Mais, ne voyez-vous pas notre décadence? insista Youssouf.

— Et vous croyez l'arrêter par des réformes?.. Moi, je prétends que vous ne ferez que hâter la décomposition... Je ne dis pas... peut-être Allah désire-t-il que nous disparaissions pour faire place à des peuples plus jeunes... Que sa volonté soit faite!.. Seulement vous vous trompez si vous croyez pouvoir détourner la marche des choses par des changements arbitraires. On blâme notre système. On nous reproche notre polygamie... Mais l'Occidental ne la pratique-t-il pas lui-même? La seule différence est que la nôtre est morale parce qu'elle est réglée par nos lois, tandis que la leur ne l'est pas... Nous n'abandonnons pas la jeune fille après l'avoir rendue mère. Si nos femmes nous trahissent, c'est uniquement pour obéir à l'instinct qui pousse la femelle vers le mâle... la preuve est que l'élu est toujours un être inférieur à nous ; tandis que dans l'entraînement auquel cède la femme occidentale, il y a toujours une arrière-pensée de vanité à satisfaire. Les nôtres, en tombant, s'entourent de telles précautions qu'il nous est bien permis d'ignorer la faute ; celles d'Occident donnent à leur chute un éclat dont le déshonneur rejaillit tout entier sur le mari. Enfin, si notre femme vieillissant, nous en prenons une plus jeune, c'est à l'ombre du harem que cela se passe, et personne n'a rien à y voir. Aussi ne connaissons-nous ni les maladies infâmes, ni la prostitution. Oui, nous-disparaîtrons, non parce que nous sommes des arriérés, comme vous le prétendez, mais parce que nous sommes une race guerrière qui met le courage, la vaillance du cœur au-dessus des artifices d'une civilisation contestable et d'un intérêt mercantile... et parce que c'est ce dernier qui triomphe aujourd'hui.

Le vieillard avait décidément perdu de vue le sujet de sa visite ou plutôt il en plaidait indirectement les principaux arguments, au grand soulagement de Youssouf pour qui le nom de Marie prononcé eut été une cruelle souffrance.

Entre le jeune secrétaire et son aïeul il y avait similitude, quant à la perte des illusions ; seulement le vieillard avait remplacé les siennes par les souvenirs moroses, mais consolants, d'un passé éteint, tandis que dans le cœur de Youssouf la ruine de ses illusions n'avait laissé qu'un amas de cendres dont le poids l'oppressait et duquel il eût eu honte de tirer des regrets que nul n'eût compris et dont lui-même peut-être eût été le premier à rougir.

Ruschdi broda encore longtemps sur le thème qu'il avait adopté. Il connaissait le caractère entier de son petit-fils et savait que, semblable à l'étalon du désert, il braverait tout obstacle, regimberait à l'éperon et à la cravache, et, dût-il mourir avant d'atteindre le but rêvé par sa bouillante imagination, il s'y rendrait d'autant plus sûrement qu'on heurterait son désir.

Et puis, comme la plupart des gens âgés, Ruschdi était ennemi de l'esprit du siècle. Et ce sentiment se fortifiait aujourd'hui d'un repentir non avoué d'y avoir jadis cédé. N'avait-il pas, en effet, quand il était grand vizir, pactisé avec les idées nouvelles ? Ne se souvenait-il pas avec confusion que sa haine contre la Russie envahissante l'avait aveuglé au point d'admirer et même de protéger cet intrigant de Midhat-pacha, ce pseudo grand homme qui, le premier, posa, comme un défi, aussi bien au monde musulman qu'à l'Europe, les jalons de l'indépendance de la Bulgarie !

Bref, venu pour consoler, le bonhomme s'en alla sans l'avoir même essayé, très mécontent au fond contre lui-même, et contre son petit-fils. Plusieurs autres démarches qu'il fit ensuite eurent le même résultat.

Youssouf, outre les tracasseries bienveillantes mais maladroites du vieux pacha, et les airs d'hypocrite et blessante commisération du personnel femelle et mâle du conak, avait encore à se défendre des trames ourdies contre lui par les envieux qu'il avait faits et pour qui la fuite de Marie et la sanglante tragédie de Saint-Pétersbourg étaient un arsenal inépuisable où ils trouvaient leurs traits les plus acérés.

C'était surtout le parti circassien, si puissant par ses attaches au sérail, qui intriguait sourdement contre lui. La femme de Réouf-pacha, son rival, Circassienne elle-même, assiégeait les harems des princesses de sang, toutes plus ou moins issues de cette race remarquable par la beauté féminine, et qui a fourni de tout temps au sérail impérial les trois quarts de ses odalisques.

A la longue, tant d'efforts combinés ne restèrent pas vains. Le padishah fit un jour une observation à Youssouf-bey ; celui-ci fournit des explications, sans se douter du danger. Mais son ton de calme assurance avait déplu au sultan.

— Youssouf! dit Sa Majesté, on vous accuse d'être trop partisan des hommes et des choses de l'Europe... qu'en dites-vous?

A ce coup droit, le jeune secrétaire consterné pâlit. Ce fut cependant d'une voix calme et ferme qu'il répondit :

— Sire, mon seul souci est pour le service de Votre Majesté. Mes intentions sont droites. Il se peut cependant que je me trompe...

— Je vous connais pour un fidèle serviteur, répondit Abd-ul-Hamid ; mais vous avez trop longtemps habité l'Europe. Prenez garde !... les idées libérales nous ont fait bien du mal dans la dernière période du règne du sultan Abd-ul-Aziz !

Et sensiblement affecté par l'horrible souvenir qu'il évoquait. Abd-ul-Hamid se retira dans ses appartements.

Cette conversation fit le tour du palais, parvint à la Sublime-Porte et de là se répandit dans tous les conaks, où elle eut naturellement à subir toutes les altérations qui pouvaient le mieux desservir le jeune secrétaire.

Youssouf-bey redoubla de zèle. Pensif et silencieux, il remplissait sa tâche, et lorsque sa besogne terminée, il rentrait au conak, c'était pour s'enfermer dans son cabinet de travail dont l'entrée était rigoureusement interdite. Là, sans quitter le masque d'impassibilité qu'il devait à sa race, il écoutait dans le silence les palpitations douloureuses de son cœur meurtri.

Les journaux de Constantinople continuaient à enregistrer jour par jour les incidents divers du drame où Marie Tavernier avait joué un rôle si tragique.

L'affaire intéressait au plus haut point et passionnait même la société turque. Ce fut la raison pour laquelle les divers organes de publicité ne reculèrent pas devant l'envoi coûteux d'un reporter à Saint-Pétersbourg. Le *Levant Hérald*, le *Levant-Times*, le

Phare du Bosphore, le *Néologos,* organe du Phanar, toutes les feuilles françaises, arméniennes, grecques, turques, et même arabes, mirent en belle page, en les enjolivant de leurs commentaires, les incidents les plus minimes de cette déplorable affaire. Seule, la *Turquie,* organe officiel du gouvernement, intéressé par conséquent à n'entretenir ses lecteurs que de faits scabreux ayant au moins dix ans de date, s'abstint, ou ne publia que des notes aussi brèves que peu compromettantes.

De tout cet amas d'informations diverses et souvent contradictoires beaucoup de vérités se dégageaient pourtant. Les voici, brièvement.

Marie, arrêtée en flagrant délit, le revolver encore fumant à la main, fut conduite au commissariat de police de la Grande Morskaïa. Une voiture, hélée par un homme de police, parvint à la soustraire à la curiosité indiscrète d'une foule dont le nombre augmentait de minute en minute. Elle fut sommairement interrogée par le commissaire de police. Marie fut très brève et se renferma dans cette déclaration dont elle ne devait plus jamais se départir, ne se doutant pas que précisément elle renfermait sa propre condamnation à l'égard de Youssouf:

— J'avais reçu ses serments. Il me trompait. J'ai voulu le tuer, et je ne m'en repens pas.

Elle fut alors dirigée sur la prison de la Kazanskaïa, réservée aux flagrants délits, et le lendemain, de bonne heure, elle fut transférée et écrouée à la prison de la Litéinéï, adjacente aux services de la Cour d'assises et jouant à Saint-Pétersbourg le même rôle que le Dépôt et la Conciergerie à l'égard de la justice criminelle à Paris. Un arrêt, aussitôt obtenu que sollicité, avait en effet déféré cette cause désormais célèbre à la cour d'arrondissement de la capitale.

Nous ne suivrons pas Marie dans sa prison préventive, dans ce cachot dont un reporter, plus audacieux et plus heureux que les autres, eut la bonne fortune de donner les dimensions exactes, à un centimètre près, en longueur, en largeur et en hauteur.

Nous n'essaierons même pas de faire la lumière dans le chaos d'idées confuses qui peuplèrent le cerveau de la jeune femme dans les premiers jours de sa captivité, chaos qui n'est souvent que le signe prochain de la folie, quand il n'en est pas l'éveil.

La presse pétersbourgeoise s'occupait avec passion de cette cause célèbre, à l'exception du *Journal de Saint-Pétersbourg,*

organe officiel, lui aussi, qui se fût cru absolument compromis
s'il avait raconté un fait quelconque avant d'être certain que ses
lecteurs en eussent depuis longtemps perdu la mémoire.

D'abord, l'opinion publique fut hostile à Marie. A la demande
des autorités judiciaires, une sévère enquête avait été faite sur
son compte tant en France qu'en Turquie. On trouvait très indé-
cent qu'une étrangère se fût permis de venir démonter à jamais
le plus brillant officier de l'état-major russe.

Puis, un revirement se fit. La personnalité privée du comte
Islénieff Bellegarde n'avait rien à gagner à être ainsi montrée au
grand jour. Ses camarades d'épaulette reconnaissaient sans trop
de peine que ses allures cassantes ne lui avaient jamais concilié la
sympathie de personne. Sa liaison avec la Hasfeld, cause certaine de la catastrophe, lui fit d'autant plus de tort que, d'après
ce qu'on apprit, — que n'apprend-on pas? — une enquête *secrète*
de la haute police, depuis longtemps commencée contre cette
femme, venait d'aboutir, et qu'on avait acquis la preuve que cette
pseudo-comtesse n'était qu'une intrigante, une espionne dont le
luxe de clinquant était alimenté par le fonds des reptiles.

La découverte, il est vrai, venait un peu tard. La belle comtesse avait levé le pied, en négligeant de donner à ses fournisseurs, peut-être à cause de leur nombre, la nouvelle adresse du
théâtre où sans doute elle allait continuer le cours de ses exploits.
On dit même que c'est au résultat de cette enquête autant qu'à
cette fuite soudaine, que deux hauts fonctionnaires du ministère
des affaires étrangères se décidèrent à quitter brusquement cette
vallée de larmes, et que d'importants changements furent opérés
dans les travaux militaires de la défense, notamment en Cour-
lande.

Quoi qu'il en soit, un courant favorable à l'accusée prit bientôt le dessus dans l'opinion publique, qui ne manque jamais dans
les drames passionnels de désigner la véritable victime et de
prendre son parti.

Aussi, quand la cause vint devant le jury, un célèbre avocat,
appelé de Moscou, n'eut-il pas de peine à démontrer d'abord le
défaut de préméditation, ensuite le caractère particulier de l'acte
qui n'était lui-même que la représaille d'une lâche trahison. Le
comte Islénieff Bellegarde, encore alité, et décidément familiarisé
avec l'idée de ne pouvoir plus désormais marcher qu'à l'aide
d'une béquille, ne parut pas à l'audience. Le président lut sa dé-

position conçue sur un ton très modéré et même favorable à l'accusée, non par esprit de justice pour cette dernière, mais, en vrai diplomate, pour se concilier l'opinion publique qu'il se savait hostile.

Marie Tavernier fut acquittée à l'unanimité.

Tel fut l'ensemble des nouvelles qui passionnèrent la haute société de Constantinople. On apprit aussi que la belle coupable, le jour même de son acquittement, avait quitté la Russie et était partie pour la France.

Youssouf avait suivi avec des émotions diverses les phases de cette triste affaire dont l'issue fut pour lui comme une délivrance. Enfin, il allait donc pouvoir respirer; il allait être soustrait à cette obsession qui troublait ses nuits et lui montrait celle que son cœur voyait toujours entourée du prisme radieux de son premier amour, en proie à la folie des regrets sur le grabat sordide des cachots.

Il commença à sortir. L'émotion causée dans le public par ce lamentable drame s'était apaisée. Elle trouvait son compte, d'ailleurs, dans une foule de racontars plus ou moins fondés. On disait, par exemple, que la belle Irma, l'ex-lauréate des Oiseaux, que nous avons présentée au lecteur sur la *Junon*, était devenue la maîtresse en titre du juif son maître; que celui-ci avait modestement refusé le titre de pacha, qu'on lui offrait en dépit des *fetvas* et qu'il s'était contenté du léger courtage de 50 p. 100 dans un emprunt qu'était obligée de faire la Sublime-Porte pour donner à ses troupes un acompte sur un arriéré de trois ans de solde. Enfin, on parlait à mots couverts d'un affreux scandale qui avait eu lieu récemment à Péra. La police de cette ville, indiscrète comme toutes les polices d'ailleurs, ne s'était-elle pas avisée de profiter d'un mercredi, jour où les jardins publics ne sont accessibles qu'aux dames, et dont les odalisques de tous les harems profitent pour prendre un peu l'air, n'avait-elle pas, disons-nous, choisi ce jour-là pour perquisitionner dans les boutiques de Péra, après en avoir bloqué étroitement les deux sorties. Dieux du ciel! Quelle affaire! Si les nombreux couples qu'on y trouva étaient occupés à auner du drap et à chiffonner des dentelles, ces dernières n'avaient certainement rien de commun avec celles du marchand. Heureusement, le poste de police n'était pas loin, à deux pas, auprès de l'hôtel d'Angleterre. Pendant les quelques heures que ces dames durent y séjourner, avant qu'une décision fut

prise, elles purent faire plus ample connaissance entre elles. Et
ce qui prouve bien qu'un mal porte toujours en lui son remède,
c'est qu'à partir de ce jour, et pendant au moins une semaine,
elles s'épargnèrent les épigrammes mordantes dont elles avaient
coutume de se gratifier réciproquement, par distraction et pour
combattre l'ennui du harem.

Heureusement, le sérasquier intervint. Il n'y eut de meurtri,
dans cette affaire, que le malheureux *bostandji* et les *zaptiés*,
reconnus coupables d'excès de zèle et dirigés sur les compagnies
de pontonniers, et cinq ou six eunuques à qui les verges libéralement distribuées apprirent à s'occuper plus scrupuleusement de
leur emploi.

Le lecteur ne sera pas surpris si nous lui disons que parmi
les belles délinquantes se trouvait Emineh, l'épouse de Ruschdi,
mais où il partagera l'étonnement que nous-même avons
éprouvé, c'est lorsqu'il apprendra que la vieille Mᵐᵉ Moumdjane
se trouva elle-même pincée en conversation intime et criminelle
avec un particulier qui n'avait pour excuse à faire valoir que
celle de n'y avoir pas vu plus clair que dans les mystères d'Isis.

Une des premières visites de Youssouf fut pour Beschmétieff.

— Enfin, vous voilà! dit celui-ci enchanté. Je me suis proposé plus de dix fois d'aller vous voir; mais j'ai craint d'être importun. Qui sait! peut-être vous fait-on un crime au palais d'être
en bons rapports avec l'ambassade de Russie!

— Ce n'est pas si grave que cela, répliqua|Youssouf-bey en
souriant; mais j'ai été très affairé au palais ces derniers temps..
Comment allez-vous?

— J'ai trouvé une occupation qui me passionne, répondit
Beschmétieff. Je vais au Béziston acheter de vieux bouquins.
Parfois on fait de véritables trouvailles. Et puis j'ai fait connais-
sance d'un Phanariote qui, sans avoir étudié, fait de l'archéologie.
Je l'attends, il doit venir à l'instant.

En effet, on voyait, traversant la cour de l'hôtel, un petit
homme en fez rouge, le visage imberbe, ridé comme un parchemin usé.

Cet homme, dont Beschmétieff paraissait faire grand cas, se
nommait Kostaki Alécopoulo, originaire de Smyrne. Il avait
fait ses études au séminaire de Chalkis; puis s'était enrôlé dans
les sociétés secrètes, avait été un partisan ardent du panhellé-

nisme, dont il avait servi la cause dans plusieurs missions périlleuses. Aujourd'hui il était revenu de son erreur et avait abdiqué toute haine contre la Turquie.

— Ce n'est pas de ce côté, disait-il, que vient le danger, c'est du côté de l'Angleterre qui, pour conserver sa position prépondérante, empêche les pays maritimes de l'Orient de prendre leur essor.

Le rôle joué par la Russie lorsqu'elle protégea l'émancipation bulgare amenait dans l'œil de Kostaki un éclair de colère. Sa passion dominante était la recherche des antiquités byzantines. Par ses opinions politiques autant que par la profondeur de ses connaissances acquises, il ne pouvait donc être comparé au docteur Moumdjane qu'il traitait avec raison de charlatan grotesque.

Beschmétieff, qui appréciait sa science, déplorait qu'elle n'eût pas pour théâtre les pays d'Occident dont elle lui eût ouvert les académies.

— Nous autres, Orientaux, disait-il à ce propos, nous sommes des idéalistes qui étudions et rêvons par goût, mais nous ne savons tirer aucun parti de notre science.

— Bonjour, monsieur Beschmétieff, bonjour bey effendi, dit Alékopoulo en entrant et en s'asseyant sur le bord du canapé.

— Mais, venez donc plus près, Kostaki, dit Beschmétieff; Youssouf aime aussi à bouquiner. Racontez-nous donc si vous avez été heureux.

— Je ne suis pas mécontent, dit le Smyrniote en tirant de dessous son caftan un volumineux bouquin, lacéré, rongé de moisissures et de vétusté. Voici un manuscrit qui date au moins du Porphyrogénète, si ce n'est de plus loin encore.

— Comment vous l'êtes-vous procuré? dit Youssouf intéressé.

— C'est toute une histoire! dit Kostaki en riant. Imaginez-vous que j'étais au Béziston, planté devant l'échoppe d'Abdullah, le bouquiniste arabe, retors comme un singe. J'avais déjà détourné son attention en marchandant avec acharnement quelques vieilleries, et j'avançais la main pour saisir ce précieux volume, lorsque je vis un bras s'allonger derrière moi et me l'enlever sous le nez. Je me retourne, c'était ce charlatan de Moumdjane. Avant que je fusse revenu de ma surprise, il s'était rendu acquéreur du bouquin moyennant une livre turque. Je l'aurais peut-être eu pour deux medgidiés; il est vrai que j'aurais été capable de pousser jusqu'à vingt livres.

— La situation était critique, dit Beschmétieff.

— Attendez! retirer ce trésor des mains de cet ignorant, il n'y fallait pas songer. Heureusement que je me souvins avoir donné le matin même à mon bamal l'ordre de débarrasser ma chambre d'une pierre de grès que le locataire précédent, un savetier, y avait laissée. J'avais remarqué sur cette pierre de profondes rainures creusées en tous sens probablement par l'affutage de ses alènes. Je fis donc bonne figure à Moumdjane et l'invitai à venir en mon logis pour me dire son opinion sur une pierre curieuse que j'y avais découverte. L'imbécile tomba dans le piège. Il s'extasia devant ce grès et affirma y découvrir des caractères cunéiformes. Il me supplia de la lui donner, prétendant que ne m'occupant pas de cette branche de l'archéologie, cela devait m'être bien égal de la lui céder. Je me fis tirer l'oreille et, enfin, je lui proposai de troquer ma pierre contre son livre, ce qu'il accepta avec enthousiasme et voilà comment je suis en possession de ce trésor et pourquoi vous apprendrez bientôt que les ânes de l'Académie de Berlin viennent de couronner le rapport que va leur adresser leur confrère.

Depuis ce jour Beschmétieff et Youssouf, qui secouait peu à peu sa torpeur, se virent plus souvent. Kostaki se joignait à eux.

Un de leurs plaisirs favoris était de prendre un caïq et de visiter les bords de la Marmara et les Iles des Princes. Et Kostaki, empruntant au trésor inépuisable de sa mémoire des souvenirs historiques, leur dépeignait en termes enflammés l'épopée merveilleuse dont les péripéties avaient eu ces lieux pour théâtre. Où donc cet homme timide puisait-il cette éloquence et cette conviction? Beschmétieff approuvait par des signes de tête; lui aussi était converti au culte du passé, de ce passé entrevu à travers les brumes et les enjolivements de l'histoire.

Seul, Youssouf-bey protestait. Il considérait l'antique Bysance comme le réceptacle de tous les vices; et, disait-il, cette malédiction divine qui l'avait châtiée s'était étendue sur l'empire ottoman.

— Oh! *aman!* (pardon) effendi, implorait Kostaki. Ne devons-nous pas être fiers de notre passé? Mille ans, Bysance a résisté contre de multiples assauts, et c'est en luttant de sa personne que le dernier empereur a succombé. C'est ici que se sont déroulées les premières années de la chrétienté. Non, bey effendi, ne dites pas de mal de Bysance. En le faisant vous ne faites que répéter ce que les historiens protestants, qui ne reconnaissent pas les Pères de l'Église, ont inventé de fables grossières sur l'empire bysantin.

Beschmétieff venait à la rescousse. Parfois les trois amis devisaient assis sous la tonnelle d'un cafédji, devant une table chargée de sorbets. Kostaki parlait toujours. Youssouf, distrait de ses douloureuse pensées, l'écoutait en souriant, et Beschmétieff concluait en disant :

— Eh! Youssouf! *iavach! iavach!* (patience, patience). Nous vous convertirons au culte de l'Orient!

Youssouf se distrayait ainsi, portant sa blessure toujours saignante. Malgré tout ce qu'il fit, il ne pouvait chasser de son cœur l'image adorée de l'épouse infidèle. Parfois, dans ses nuits troublées de fièvre, il se réveillait en sursaut, l'imagination obsédée par cette vision qu'il ne pouvait écarter. Alors, inconscient, des paroles de passion et de délire lui montaient du cœur aux lèvres :

— Oh! viens! toi qui m'as inspiré le plus radieux des sentiments... et j'oublierai tout... Ta présence écartera le calice d'amertume où s'abreuve ma vie brisée; nous boirons ensemble à la coupe des félicités célestes... je me plongerai avec volupté dans la lie de mon opprobre!

Et, défaillant, il retombait sur sa couche... l'insomnie s'asseyait à son chevet, et il restait là, morne, sans pensée, attendant comme une délivrance les premières lueurs de l'aube. Alors, à la voix lointaine et aérienne du mouezzin jetant aux quatre coins de l'horizon ses appels à la prière, il s'habillait lentement, et le *chaouch*, venant l'avertir qu'il était l'heure de se rendre au palais, le trouvait debout, silencieux, essayant de suivre une pensée fugitive qu'il ne pouvait fixer dans son cerveau endolori.

Il s'accusait d'avoir l'âme trop tendre. Si Ruschdi-pacha qui, à ce que l'on rapporte, a fait tuer dans sa jeunesse une esclave insoumise, eût connu sa faiblesse, oh! comme il eût méprisé ce fils dégénéré de sa race! Et le doute envahissait l'esprit de Youssouf. Il se demandait si cette sensibilité n'était pas, en effet, une déchéance, et si, en devenant Européen, l'Oriental n'avait pas volontairement aliéné la mâle énergie qui distinguait sa race.

Depuis bien des jours, des mois peut-être — la notion exacte
du temps lui échappait — il était sans nouvelles de Marie. Le
dernier et tragique épisode de Saint-Pétersbourg lui semblait le
suprême épilogue du drame qui avait brisé sa vie. Il croyait avoir
bu toute la lie du calice, et ne se doutait pas qu'il en était resté
au fond plus de gouttes qu'il n'en fallait pour achever de lui noyer
le cœur.

· Un jour qu'il était à Hildiz-Kiosque, plongé dans ses absorbantes occupations de secrétaire, on lui remit un pli volumineux
arrivé avec le courier de Varna. Il rompit les cachets et deux
lettres en sortirent; la première, très laconique, était du vieux
Tavernier. En voici la teneur.

« Monsieur,

« Conformément aux dernières volontés de ma défunte fille,
votre épouse devant Dieu et devant les hommes, je vous envoie,
sans l'avoir décachetée, la lettre qu'elle vous a adressée avant
de se donner la mort. Je ne désire pas connaître le détail des
événements de votre rupture, et les circonstances qui ont amené
mon unique enfant à cette terrible décision. Je constate seulement vous avoir confié une jeune fille pure et de santé florissante. Vous, monsieur, vous en avez fait une femme déchue, et
bientôt un cadavre.

« Soyez maudit !

« ÉMILE TAVERNIER. »

L'autre lettre était de Marie. L'écriture était ferme, le papier
vélin avec initiales sentait la violette de Parme. C'était le dernier
adieu de la douce et élégante créature que Youssouf avait tant
aimée :

« Mon époux chéri, — écrivait Marie, — je suis arrivée à
Paris. J'ai vu mon père qui m'a questionnée sur les raisons de
mon retour. Je lui ai dit que c'était moi la coupable. Papa ne
veut pas me croire,... il ne faut pas lui en vouloir : il aime tant
sa fillette qu'il ne peut se faire à l'idée qu'elle ne soit plus un
ange d'innocence.

« Une année s'est à peine écoulée depuis notre mariage. Le
temps a marché vite. Je suis pourtant lasse, comme si j'étais
revenue d'un long voyage toute brisée par les émotions et les
secousses de la route.

« Mon bon Youssouf, tu me pardonneras !... mais je n'ai plus la force de vivre plus longtemps !

« J'avais cru qu'une fois à Paris, j'aurais repris goût au train ordinaire de la vie, aux distractions ; que mon père me soutiendrait et me consolerait. Il n'en est rien. Les paroles de consolation que mon pauvre cher père me prodigue tombent dans le vide et ne provoquent dans mon cœur aucun écho. Il me semble que ce n'est pas à moi qu'elles sont adressées.

« J'ai essayé de me distraire par des courses sans but. Je suis allée au spectacle ; mais le retour a été si triste que j'en suis venue à l'intime conviction que les plaisirs de ce monde sont pour moi une source d'amertume et n'ont d'autre effet que de me faire sentir plus cruellement encore l'état de détresse morale qui m'accable.

« O mon époux adoré ! Cet Orient, qui me paraissait si insipide, que je haïssais d'instinct parce que je ne le jugeais qu'à travers la personnalité mesquine et tracassière de Aïché et d'Emineh, mes mortelles ennemies, cet Orient, sous le ciel brumeux et maussade de la Ville-Lumière, m'apparaissait comme noyé dans une fantasmagorie de couleurs d'opale, d'orange et d'or aux reflets irisés. Mon regard, plein de ces lueurs, cherchait en vain un équivalent sous ce ciel terne, rayé tristement par la pluie, image mélancolique qui répond à la désespérance où se complaît mon âme.

« Je ferme souvent les yeux et, sous ma paupière abaissée, se déroule avec ses vives couleurs tout un paysage magique

« Alors l'image de notre séjour enchanté au Kiosque-des-Fleurs, le cours majestueux du Bosphore, la voix lointaine du *mouezzin* à laquelle répond le mélodieux chant du rossignol endormi, le bruit doux et musical des jets d'eau tombant dans les conques d'albâtre où se jouent les cyprins, les odeurs des jujubiers, des caroubiers, des jasmins d'Espagne et des cactus en fleurs, toutes ces sensations si diverses s'emparent de mes sens et font monter à mes yeux un flot de larmes amères de repentir et de regrets. Mes tempes bourdonnent et tout mon être est en proie à une souffrance aiguë qui ne me laisse aucun répit. Et je me rappelle alors ce proverbe oriental que tu m'avais appris : Les lèvres qui ont goûté l'ambroisie ne veulent plus s'abreuver à la coupe de l'amertume !

« J'ai beau me trouver à Paris, mon berceau, je suis avec toi, mon amant, mon époux, de cœur et d'âme sur ce Bosphore, dans ce Constantinople, dont comme Ève pour le paradis, pour l'Éden, je ne devais connaître les splendeurs que pour les pleurer après les avoir perdues par ma faute.

« Je meurs ! et ma dernière pensée est à toi. J'évoque ta chère image au fond de ma pensée, comme le plus splendide joyaux de ce merveilleux écrin oriental qui fait scintiller ses facettes dans la nuit où je m'enfonce.

« Ne crois pas, ô Youssouf chéri ! que je me donne la mort inconsciemment, dans un accès de désespoir irréfléchi. Non, je vais demander au livre mystérieux du Destin la raison pour laquelle n'aimant que toi, je me suis laissé entraîner à te trahir et à t'abandonner alors que j'eusse dû me fondre en toi et immoler à notre commun bonheur toutes les susceptibilités qui ne sont chez nous, pauvres femmes, que des ferments meurtriers semés par une éducation faussée.

« On dit que les agonisants voient leurs sens décuplés. Moi, je vais mourir, et si la solution du problème posé m'échappe, j'en vois du moins les termes avec une netteté qui ne me laisse aucune illusion. Je t'ai toujours aimé d'un ardent amour et je sais que celui que tu as éprouvé pour moi a été absolu. Le reste devient un chaos, et ma raison se perd à vouloir y faire de la lumière.

« L'idée du suicide m'est familière ; j'ai toujours considéré cette solution comme la suprême ressource. Mon père est fier d'être un stoïcien, et je l'approuve. Il dit que si nous ne sommes pas libres de naître, nous le sommes de mettre fin à notre existence, lorsque celle-ci est pleine de douleurs et d'amertume. Car si nous n'avons pas réussi à trouver le bonheur, est-ce la peine de traîner misérablement le boulet de la vie ?

« Je viens d'absorber une forte dose d'arsenic. Mon père s'est absenté pour quelques heures, et la maison est vide ; de cette manière il n'y aura personne pour accourir aux affres de la mort et m'arrêter dans le voyage sans retour que je vais faire vers les région où règne l'éternel oubli.

« J'écris maintenant une lettre à mon père... le poison commence à agir ; je termine donc d'abord celle-ci que je t'adresse.

« Hormis vous deux, je n'ai personne au monde à qui penser, personne qui puisse regretter et pleurer le sort de celle qui t'a aimé, qui t'a trahi, et qui a été en même temps ton amante passionnée et ton épouse indigne.

« MARIE. »

Youssouf-bey, après cette lecture faite, mit les deux lettres dans sa poche. Un officier du palais vint lui annoncer que M. Or-deano, le drogman russe, désirait lui parler. Il donna l'ordre qu'on le fît entrer, et M. Ordeano, s'asseyant sur le divan, entama la série des affaires courantes. Youssouf écoutait l'exposé, sans que rien dans son maintien, dans le ton calme de ses réponses, tra-duisît l'impression profonde qui lui meurtrissait le cœur.

Ce n'est qu'en revenant au conak qu'il donna libre cours à son amère douleur. Ne voulant voir personne, il se dit malade, et ferma sa porte à tous les visiteurs. Cette indisposition subite fut très commentée dans le harem. Le vieux Ruschdi, qui en eut connaissance, s'en alarma, et voulut quitter son fauteuil de valé-tudinaire pour aller prendre en personne des nouvelles de son petit-fils. Aïché, Emineh et toute la clique femelle à leur dévo-tion l'en détournèrent et prétendirent que la *ghiaour*, — dont Youssouf avait tenu la mort secrète, — en débarrassant le harem de sa présence maudite avait jeté un sort à l'enfant de la maison, et que c'était à ses maléfices que devait être attribué ce mal inex-plicable.

Youssouf ne s'occupait guère de tous ces racontars. Pour lui les jours se suivaient tristement. Il menait une existence de re-clus, enfermé dans la journée et ne sortant vers le soir que pour respirer un peu d'air.

Il ne prenait de nourriture que le strict nécessaire. Son seul délassement était de fumer. Il cherchait à suivre dans les volutes bleues du narghillé de fugitives visions dont lui seul semblait comprendre et saisir les contours. Son visage émacié avait pris les tons du vieil ivoire. L'œil morne s'était enfoncé sous l'or-bite ; un éclair fugitif en traversait parfois la noire prunelle comme les derniers reflets d'une lampe qui s'éteint. Sa barbe avait poussé et contribuait encore, par le contraste de son noir d'ébène, à donner à sa physionomie plus de mortelle pâleur.

Le sultan, qui avait pour son jeune secrétaire une réelle affec-tion et une haute estime, daigna charger ses propres médecins de lui faire un rapport sur l'état du malade. Ceux-ci n'y comprirent rien ; ils conclurent cependant à une anémie voisine de la con-somption et prescrivirent un traitement compliqué dont Yous-souf s'empressa de jeter l'ordonnance au feu.

Personne, enfin, n'eût reconnu, dans ce moribond, mal peigné, à la démarche vacillante, à la tenue plus que négligée, l'élégant

et correct secrétaire du sultan, le fier et orgueilleux amant de
l'éblouissante Marie Tavernier.

Le jour était à son déclin. Youssouf, assis à l'orientale, sur
un coussin posé à terre, sirotait par petites gorgées un verre de
raki opalin, dont il avait bien des fois renouvelé la dose à en juger par le flacon presque vide qui était à la portée de sa main.
Une fumée épaisse et odorante, grisâtre, sortait de sa bouche, et
s'échappait bleuâtre du *lulé* de son narghillé dont le bout d'ambre, fixé à l'extrémité d'un long et flexible tuyau recouvert de
velours et garni de perles, lui sortait des lèvres. Une douce
ivresse envahissait ses sens.

Tout à coup, la portière se souleva, et un jeune Nubien
montra sa tête d'ébène dans l'entrebâillement. On ne pouvait voir
que le blanc laiteux de ses yeux, et la nacre éblouissante de ses
dents.

— Effendi, dit-il, il y a là un *hadji* arabe qui veut absolument
vous voir. Nous lui avons dit que vous êtes malade ; mais il insiste.

— Qu'on me laisse tranquille ! dit Youssouf à peine tiré de
sa somnolence. C'est un mendiant. Qu'on lui fasse l'aumône ;
qu'on lui donne la *diffa* (à manger), et qu'on le mette à la porte.

— Pardon, effendi, insista le serviteur sans entrer davantage. Le *hadji* dit qu'il vient de Damas et qu'il vous a connu dans
votre jeunesse.

— Qui cela peut-il bien être? se demanda Youssouf intrigué et redevenu maître de soi. Voulant avoir la clef de l'énigme,
il ordonna qu'on fît entrer le visiteur inconnu.

Un instant après, la draperie s'agita de nouveau et un grand
vieillard fit son entrée. Dans la demi-obscurité qui régnait dans
la chambre, Youssouf chercha en vain quelque corrélation entre
la figure de l'inconnu et ses propres souvenirs.

Ce visiteur inattendu était, comme nous l'avons dit, un homme
grand de taille. Une barbe blanche, seul détail de sa personne
qui parût l'objet d'un soin tout particulier, lui descendait jusqu'au milieu de la poitrine. Il était vêtu d'un long caftan de laine
blanche serré à la taille par une ceinture de poil de chèvre. Ses
pieds, d'un ton olivâtre, souillés par places de plaques grisâtres
causées par la poussière de la route, étaient nus jusqu'au-dessus
de la cheville. Sa tête était couverte d'un turban vert laissant dé-

passer sur les bords l'extrémité d'une coiffe de coton blanc, le tout assujetti au moyen d'une forte corde tressée en poil de chameau. Sur ses épaules un burnous lamentable d'un jaune sale, dont les nombreux accrocs avaient été rafistolés au moyen de brins de paille ou d'alfa, lui tombait par derrière jusqu'aux talons.

Sa tête avait ce caractère étrange de majesté et de grandeur que les peintres donnent à la figure de Moïse. C'était un mélange de gravité sereine et d'autorité absolue. Ses mains, longues et effilées, avaient au-dessus la nuance du cuir de Cordoue, tandis que les paumes avaient ce ton blanc grisâtre que les nomades du désert acquièrent vite par l'habitude qu'ils ont, pour obéir aux prescriptions du Koran, et à défaut d'eau, de faire leurs ablutions avec le sable de la plaine.

— Qui êtes-vous, hadji effendi? demanda Youssouf étonné. Je ne me souviens pas de vous avoir vu à Damas.

— Bien des lunes se sont éteintes au firmament depuis ce temps, seigneur, dit l'inconnu d'une voix grave; il est donc naturel que la mémoire vous fasse défaut. Je suis le sheikh Ali, celui que vous veniez souvent entendre dans la mosquée, et qui vous parla des choses saintes. Maintenant, je viens de la Mecque, la mère des villes, le sanctuaire sacré et le dernier rempart de la foi. Je n'aurais pas voulu que l'ange de la Mort me fermât les yeux avant d'avoir accompli le pèlerinage prescrit par la loi aux vrais croyants. Après la ville sainte, j'ai voulu visiter moi-même Stamboul, la cité de perdition, et j'ai également désiré vous voir.

— Merci sheikh Ali, dit Youssouf-bey, reconnaissant enfin le directeur spirituel de son jeune âge. Je suis bien heureux de votre visite. Veuillez prendre place à mes côtés. N'avez-vous pas faim? En tout cas, on va vous donner du café.

— Seigneur, répondit le vieillard, vos gens m'ont nourri jusqu'à satiété. Et moi, en échange de la nourriture matérielle, j'ai tâché de leur donner un aliment pour leurs âmes. Je leur ai raconté mon voyage à la Mecque, et, en m'écoutant, beaucoup ont décidé de se hâter à faire le saint pèlerinage.

Le vieillard s'était assis près de Youssouf. Sa parole douce et musicale réveillait dans l'âme du jeune homme des souvenirs oubliés. Il était heureux de revoir ce guide sûr de ses premières années, si différentes, hélas! de celles d'à-présent.

— J'ai entendu dire, poursuivit sheikh Ali, que vous êtes
devenu un grand personnage de l'empire. Mais ceux à qui Allah
donne le pouvoir n'ont-ils pas aussi de graves devoirs, n'assument-ils
ment-ils pas de lourdes responsabilités ?

. · — Moi, sheikh Ali, dit Youssouf-bey, voici près d'un mois
que je ne suis allé au palais. Je suis malade, et c'est plutôt l'âme
qui est atteinte que le corps.

— *Eblis* (le démon) assiège votre esprit, seigneur. Contre les
sortilèges, contre les mauvais songes, le meilleur remède, c'est
la prière. Satan multiplie ses artifices ; mais tous ses efforts seront
vains, si Allah nous vient en aide ; car, certes, il est plus habile
et plus ingénieux qu'Eblis.

— Prier ! dit Youssouf-bey tristement. Je le voudrais bien ;
je l'ai même essayé. La prière fuit mes lèvres, de mauvaises idées
hantent mon cerveau ; alors, je tâche de m'abêtir... je fume et
je prends du raki.

— Oui, dit le vieillard, la rumeur est venue jusqu'à moi que
tout n'était pas bien chez vous... Mais là où vous voyez une
source d'infortune, moi, je vois un effet de la mansuétude
divine. Vous vous êtes souillé l'âme dans le contact impur et
fréquent des infidèles. Allah vous envoie un chagrin qui vous
ramène à la foi du prophète, et l'obsession d'Eblis tombe comme
l'écorce pourrie d'une pastèque. Le Koran ne dit-il pas : « La vie
de ce monde est pour ceux qui ne croient pas et qui se moquent
des croyants. Ceux qui craignent Allah seront au-dessus d'eux
au jour de la résurrection. Allah nourrit ceux qu'il veut sans leur
compter ses bienfaits. » (*La Vache*, verset 208).

— Vous avez trois fois mon âge, sheikh Ali, dit Youssouf
avec accablement. Vous êtes robuste de corps et vaillant d'esprit,
et moi je suis las et découragé.

— Seigneur, répliqua le sheikh, regardez autour de vous.
Tous vous êtes ainsi à Stamboul. Vous avez abandonné Allah, et
Allah vous a délaissés, et quand arrive l'heure du malheur, vous
ne savez à qui vous adresser. Vous crispez vos mains comme le
naufragé submergé par le flot qui ne réussit à étreindre que le
vide de l'air et la fraîcheur de l'eau... Je viens de la Mecque ;
j'ai revêtu l'*hiram* (chemise blanche), j'ai gravi avec tous les pèlerins le mont Arafat ; j'ai fait lé *Fouaf* (1) ; j'ai écouté prêcher et

---

(1) Le *Fouaf* est une cérémonie que doit accomplir le pèlerin en courant sept
ois autour de la Kasba, et en touchant chaque fois la *pierre noire*.

j'ai prié près des colonnades de Mesdjid-el-Karam, la sainte mosquée... J'ai voyagé sur mer avec les pèlerins ; je me suis joint à leurs caravanes ; j'ai affronté le froid glacial des nuits et la chaleur mortelle du jour, et Allah m'a assisté et m'a permis de remplir toutes les cérémonies prescrites... Vous, vous ne bougez pas, et pouvez à peine défendre vos palais contre le froid et la chaleur. Vous gémissez et, dans votre effroi, vous envoyez chercher le médecin... Insensés! Insensés!... comme si une drogue de charlatan était plus puissante que la volonté du Maître des mortels!... Les descendants des Koreïchites, la tribu du Prophète, gémissent sous l'opprobre et l'abaissement dans les murs sacrés de la ville sainte, berceau de l'Islam, et les descendants d'Osman, usurpateurs du Khalifat, s'enorgueillissent dans leurs palais de marbre. Ils cherchent le salut de l'État dans des subterfuges politiques ; ils prennent conseil des esclaves *ghiaours* : un esclave peut-il bien conseiller son maître? Un chrétien peut-il souhaiter le salut de l'Islam?... Et tandis que tous les souverains du monde musulman se rendent en grande pompe à la Mecque, les sultans de Constantinople se contentent d'y envoyer des cadeaux et de s'y faire représenter par des dignitaires!... Est-ce qu'un pareil état de choses n'est pas en flagrante contradiction avec les prescriptions de la loi?... Tous, vous vous êtes inclinés devant la sagesse des infidèles... Mais l'Occident a beau vous envoyer son or, la richesse acquise ne vous profite pas? Les croyants s'appauvrissent et les infidèles les bafouent... Plus vous tenez aux biens de ce monde, au pouvoir, à la richesse, à la santé, et plus Allah vous refuse ses dons. Au lieu d'atteindre ce que vous convoitez, vous tombez dans l'avilissement et la servitude!

Youssouf écoutait, attentif. Cette voix chaude, aux imprécations indignées et éloquentes, réveillait en son âme un écho lointain qui le berçait.

— Resterez-vous longtemps à Stamboul, sheikh Ali? demanda-t-il.

— Oui, seigneur. Je visiterai les mosquées. Je tâcherai de causer avec quelques-uns qui n'ont pas encore perdu la ferveur de l'Islam. Puis je retournerai à Damas. C'est là que j'ai passé ma vie dans la prière, tâchant d'enseigner et d'inculquer aux autres ce que j'avais appris moi-même... Partout où je me suis trouvé, j'ai reçu des lettres de mes amis de Damas. Ils voulaient savoir comment j'avais fait le pèlerinage ; ils souhaitent de me revoir,

et moi aussi, j'ai hâte de revenir dans ma ville natale où j'espère
bien mourir.

— Moi aussi, dit Youssouf-bey avec un soupir, je voudrais
bien habiter notre palais de Damas; Stamboul me pèse.

En ce moment, par la fenêtre entr'ouverte, on entendit les
modulations ryhtmiques de la voix du mouezzin, appelant, du
haut du minaret voisin, les fidèles croyants à la prière du soir.

Le sheikh se leva.

— Voici l'appel à la prière, dit-il à Youssouf. Ne venez-vous
pas, Seigneur, à la mosquée. Là, vous ne serez pas seul, et l'esprit du mal qui vous empêche de prier restera impuissant.

Youssouf se laissa faire. Il appela le domestique qui arriva
tout surpris de voir son maître pratiquant. Il prit un tapis sous
son bras et se mit à suivre les deux hommes. Le haut dignitaire et
le sheikh mendiant s'acheminèrent ensemble vers la grande mosquée de Yéni Djani.

Quand ils y arrivèrent, l'enceinte sacrée était pleine de fidèles.
Un éclairage *a giorno* produit par d'innombrables cierges et des
luminaires de toute nature, avait peine à percer l'opacité de
l'ombre du dôme central. Çà et là, des paillettes lumineuses s'attachaient aux ors crus des ornements de reliquaires sacrés où
étaient renfermés les vestiges des anciennes grandeurs de l'Islam.
De la voûte, suspendu aux quatre coins par des cordelières d'or
massif, était étendu le tapis sacré que le Prophète avait usé de
ses genoux jusqu'à la trame dans ses longues heures de prière.
Il formait comme un dais au-dessus de la tête du mollah officiant.

Un des desservants de la mosquée fit parvenir Youssouf et le
sheikh dans un endroit plus libre. Le domestique étendit le tapis
qu'il avait apporté, et sur lequel Youssouf s'agenouilla, tandis
que sheikh Ali se prosternait sur la dalle, le front touchant la
pierre.

La voix de l'officiant se faisait entendre, claire et mélodieuse.
Il lisait le Koran. Après chaque verset, une mélopée grave, saisissante, sortie de la poitrine de tous les assistants, roulait sous
les voûtes sonores, semblait s'éloigner et mourir, pour reprendre ensuite et s'éteindre de nouveau.

La ilahé il' Allah ou Mohamed raçoul Allah! Il n'y a de Dieu
que Dieu, et Mahomet est son prophète! psalmodiait la foule.

Puis on voyait les fidèles se lever alternativement, la face tournée vers l'Orient, les bras étendus, les paumes ouvertes et en avant, l'œil dilaté, le visage envahi par l'extase, s'abattre ensuite tout à coup, dans un anéantissement complet, le front sur la dalle, et se relever ainsi trois fois, pour ensuite s'accroupir, muets et contemplatifs, les lèvres seules en mouvement prononçant les quatre-vingt-dix-neuf qualifications élogieuses du Prophète, que, pour plus de sûreté, ils récitent en égrenant entre le pouce et l'index de la main droite un chapelet composé d'un même nombre de grains.

Pendant la courte promenade que Youssouf venait de faire pour se rendre à la mosquée, l'effet narcotique du narghillé et du raki s'était dissipé. La parole inspirée du sheikh Ali lui avait causé une commotion salutaire.

Il rêvait au moyen de quitter Stamboul, d'abandonner et les plaisirs faciles d'une grande ville et le souci cuisant des grandeurs. Il se voyait de retour à Damas, ce berceau de ses premières impressions. Son sang d'Arabe vagabond circulait impétueusement dans ses veines. Adolescent, il avait parcouru le désert, et les souvenirs de cette vie nomade, réveillés par la voix de celui qui avait été le premier confident de ses juvéniles aspirations, lui remuaient le cœur. C'était comme une rosée bienfaisante qui rafraîchissait tout son être envahi par le feu de la fièvre.

En entrant dans la mosquée, sa première impression avait été étrangère et même hostile à la cérémonie imposante de l'office divin. Peu à peu, accroupi sur son tapis, il se laissa gagner par l'atmosphère religieuse et extatique qui l'environnait.

Sheikh Ali priait avec ferveur. Sa barbe blanche touchait fréquemment la dalle; ses yeux brillaient d'une exaltation mystique.

— Il est heureux, lui! pensa Youssouf.

Et il fit un effort pour se recueillir. Les paroles du Koran arrivaient à lui et le frappaient avec une insistance grandissante :

« Croyez-vous entrer dans le Paradis sans avoir souffert les maux qu'ont éprouvés ceux qui vous ont précédés? Les malheurs et les calamités les atteignirent; ils furent ballottés par l'adversité au point que le Prophète et ceux qui croyaient avec lui s'écrièrent : Quand donc arrivera le secours d'Allah? Le secours du Seigneur n'est-il pas perdu? » (La Vache, verset 210).

L'homme, une fois détaché du sol natal et des croyances qui

ont bercé son enfance, persiste dans son iniquité jusqu'au jour où le malheur, se déchaînant sur lui, le force à courber la tête sous le souffle de l'ouragan. C'est alors qu'il s'efforce de renouer les chaînons brisés. Ses efforts sont vains. La grâce qu'il cherche se dérobe, et il reste contrit aux portes du temple où il ne peut plus trouver la consolation désirée, parce que les sources de cette consolation sont taries dans son cœur.

Youssouf-bey n'était pas descendu aussi profondément dans l'abîme du désespoir. Il s'étonnait qu'en lui tout ne fût pas desséché et qu'il pût encore se joindre à l'assemblée des fidèles et obéir à l'impulsion religieuse de la multitude.

Son âme meurtrie, comme un enfant souffrant se laisse aller sur le sein de sa mère, s'abandonna à la céleste volupté de la prière.

La cavale qui, après une longue course à travers le désert, étanche l'ardeur de sa soif à une source limpide et pure, l'amant qui, après une mortelle séparation, retrouve inopinément l'amante, n'éprouvent pas une félicité plus grande que celle que ressentit Youssouf lorsque, se détachant des joies, des préoccupations et des vanités terrestres, il se laissa gagner par l'extase divine. Alors son âme se réveilla comme d'un lourd sommeil, et de suaves émotions la remplirent, comme lorsqu'au milieu des ruines rajeunies par un rayon de soleil retentit le chant radieux des oiseaux printaniers saluant l'astre du jour.

A. PÉRITOR.

LA
COLLABORATION AU THÉÂTRE [1]

DEUXIÈME ARTICLE

On objecterait vainement l'exemple (très rare, il est vrai) d'auteurs qui ont presque toujours composé ensemble avec succès. Sait-on s'ils n'auraient pas produit des choses encore meilleures, en travaillant seuls ou, du moins, en variant leurs collaborations. Je crois, moi, qu'ils y auraient gagné.

·Pour ne citer parmi les vivants qu'un seul couple d'auteurs· auquel la fidélité, malgré la différence de leur travail, a beaucoup nui, je dirai : Voyez Gounod, ce musicien génial au cerveau débordant de mélodies. Croyez-vous qu'il n'eût pas mieux fait, au lieu de rester toujours côte-à-côte avec Barbier (dont je suis le premier à reconnaître le grand talent) d'accueillir mieux les autres poètes qui se présentaient? Il les a presque tous écartés. Sous l'influence d'une affection trop admirative, il a préféré travailler toujours sur le livret de son cher Jules. Or, celui-ci lui présentant continuellement, sinon les mêmes sujets, du moins les mêmes idées, les mêmes tournures, les mêmes hémistiches, ses rythmes, qui auraient pu être nouveaux, jeunes, hardis, s'alanguissent, deviennent lourds, presque vieux. Son char, suivant la route qu'il s'est tracé, s'enfonce dans l'ornière. Et notre répertoire lyrique, au lieu de compter quelques chefs-d'œuvre de plus, ne possède de lui qu'un opéra en plusieurs tirages.

· 3° La collaboration, nous l'avons dit, est quelquefois purement nominale, partant illusoire et mensongère; mais combien ne compte-t-on point de cas, où, effectuée dans des conditions· d'inégalité absolue, elle constitue un leurre! Sur deux ou trois auteurs, il en est un qui produit plus du tiers ou de la moitié, quelquefois les deux dixièmes. L'autre n'en recueille pas moins

(1) Voir la *Nouvelle Revue* du 15 septembre 1892.

et pour toujours les mêmes honneurs, les mêmes profits. Aussi,
dit avec raison Figaro : « la collaboration ressemble souvent à
un marché dans lequel il y a un fripon et une dupe, quand il n'y
en a pas deux. »

Et non seulement l'auteur laborieux a une injustice à supporter, mais un risque très grave à courir. S'il ne peut s'entendre
avec son confrère sur l'œuvre qu'il lui a soumise, il aura, pour
peu que ce dernier soit indélicat ou désordonné, beaucoup de
peine à la retirer ; et, lorsqu'on lui rendra son manuscrit, en lui
répondant « qu'il n'y a rien à faire avec ça », rien n'assure que
ses idées ne seront pas soigneusement mises en réserve et exploi-
tées par un autre. Il advient, chaque jour, que dans telle pièce
d'auteur connu, un débutant reconnaît la sienne. Grâce au lièvre
qu'on lui a fourni, le prétendu maître s'est préparé un civet qu'il
savoure tout à son aise. Communiquer ses œuvres à un directeur, passe ! mais à tout autre ! Mieux vaut attendre qu'on vous
l'impose.

4° La collaboration est un contrat mais, à l'opposé des autres,
plus il est sérieux, plus il est nuisible. En effet, il vous met dans
un état d'infériorité vis-à-vis de celui qui travaille seul. Tandis
que ce dernier a la libre disposition de ses mouvements, celui qui
est lié à un autre lui est soumis, non seulement au point de vue
des idées, mais encore au point de vue matériel. Que son compagnon tombe malade ; qu'une affaire l'oblige à partir en voyage
ou qu'il soit accablé de travaux, le voilà complètement démonté.
Plus il sera accoutumé à prendre le mot d'ordre de son compère,
moins il saura, en son absence, que faire, que devenir. L'habitude étant une seconde nature, deux camarades qui dînent tous
les jours ensemble éprouvent, le premier soir où ils ne se retrouvent plus, une peine et des difficultés incroyables à passer seul
deux ou trois heures. De même deux auteurs vivant dans un
commerce journalier. Nouveaux frères Siamois auxquels on aurait enlevé la moitié de leur être, *dimidium animæ suæ*, ils semblent entièrement anéantis.

Que sera-ce si, après plusieurs années d'intimité, la mort vient
séparer Nisus de son Euryale? A la douleur de perdre un ami,
s'ajoute la privation d'un conseiller quotidien, d'un inspirateur
nécessaire. Aussi n'est-il point étonnant que certains écrivains
aient, à la mort de leur collaborateur, cessé tout à coup de rien
produire.

Eh bien! n'est-ce pas là une chaîne qu'on a tort de forger ou, si on la subit, de ne pas briser au plus tôt?

- 5° La collaboration, enlevant à l'homme une partie de ses facultés de penseur et d'écrivain, le forçant à recevoir les inspirations d'autrui, l'habituant à regarder par des yeux, à juger par un entendement, à penser par un cerveau étrangers aux siens; retenant ses audaces ou les exagérant; contrariant enfin et en tout sa nature; la collaboration, dis-je, a pour effet immédiat et fatal de supprimer ou, du moins, de diminuer chez lui la personnalité, ce don que les directeurs recherchent, assurent-ils, avec tant d'ardeur, et que tous nous devons cultiver soigneusement comme le principal agent des grandes œuvres. Un tempérament original ne se trouvera-t-il pas toujours gêné, surtout à ses débuts, de voir renverser, parfois sans raison et souvent par simple rage de correction, tout ce qu'il aura élevé avec peine, et où son génie lui aura découvert la voie, l'avenir de son art? A quoi bon avoir des envolées, s'il faut les mettre au service d'un monsieur cloué à son fauteuil, et le faire bénéficier de tout ce qu'on possède par nature ou par acquit?

6° La collaboration est contraire au sentiment, que dis-je? à l'instinct de la propriété inné en tout homme. Nous sommes jaloux de notre honneur, de notre femme, de nos enfants; en ce qui concerne nos biens, le Code interdit de forcer quelqu'un à rester dans l'indivision, c'est-à-dire à posséder avec d'autres le même fonds; et nous ne serions pas jaloux de nos œuvres, ces fruits de notre cerveau, qui nous appartiennent bien plus encore que nos enfants, par cette simple raison qu'ils nous ont causé plus de mal. Étrange indifférence! Regardez donc les poètes. Publient-ils leurs vers sous le nom d'un autre? Aurait-on même intérêt à revêtir sa pièce d'une signature cotée, on devrait ne pas se laisser si facilement imposer une co-paternité, et, à plus forte raison, ne pas courir au-devant d'un tel sacrifice.

Les auteurs dont on vient solliciter la collaboration peuvent-ils, en supposant que leur seul mobile ne soit pas l'argent, trouver beaucoup de joie à couver un œuf pondu par un autre? Ne devraient-ils pas plutôt élaborer et achever des sujets nés en leurs propres cerveaux et accorder gratuitement leurs conseils.

Quant à ceux qui cherchent à influencer un débutant pour lui imposer leur collaboration, est-ce qu'ils ne le dépouillent pas de sa gloire légitime? Ils rougiraient de frustrer un ouvrier de son salaire ; et ils proposent en souriant à un malheureux jeune homme de ne plus se considérer que comme un modeste auxiliaire !

7° La collaboration, diminuant la personnalité, confond tellement les responsabilités qu'elle les supprime presque en entier. Quand un auteur seul nous met en présence de sa pièce, si elle nous plaît, nous savons en qui reconnaître telle qualité, à qui décerner telle louange ; s'il y a des défauts qui compromettent ou empêchent le succès, nous savons à qui les reprocher, à qui donner des conseils, sur qui faire tomber le poids de la chute. Mais quand la pièce porte deux ou trois noms, nous ignorons qui a si bien ou si mal tracé ce plan, qui a écrit cette superbe tirade, qui a confectionné un morceau si plat, qui a trouvé ce joli mot, cette situation pathétique ou qui a semé ces atroces calembours. Et notre ignorance ou notre doute nous pèse. Toute œuvre, je le sais, peut s'envisager d'une manière impersonnelle ; mais, par suite de la curiosité inhérente à notre nature, nous sommes bien aises de savoir à qui attribuer les choses bonnes ou médiocres que nous entendons.

N'ayant jamais collaboré, sans beaucoup de chance d'ailleurs, qu'avec des musiciens, je me demande ce qui doit se passer entre collaborateurs, une fois la pièce jouée. A-t-elle du succès après la première joie qui confond un moment tous les mérites, il me semble entendre l'un s'écrier :

— Qu'en dis-tu, mon cher ? Mon plan a joliment réussi.

— Sans doute, mais qui l'a fait ressortir ? Mes tirades.

— Comment, tu n'as pas remarqué que c'est à cette scène de mon invention que le public s'est dégelé ?

— Et à mes jeux de mots qu'on a applaudi ?

— Avoue-le : si tu avais été seul...

— Mais cette situation que tu m'as supprimée aurait produit encore plus d'effet.

— Tu plaisantes ?

— Jamais.

— Enfin ! tout va bien, seulement, tu me le dois.

— C'est le contraire, je pense.

Heureusement les bravos et les recettes sont là pour arrêter les petites rivalités ; mais la pièce aboutit-elle à un four, quelle scène divertissante entre les mêmes personnages !

— Voilà ce que nous avons gagné à conserver cet acte dont je ne voulais pas.

— Ce qu'on a sifflé, c'est la façon dont il est écrit.

— Si tu ne l'avais pas tant allongé, il se serait mieux tenu.

— Eh! ce sont les tirades dont je l'ai bourré que le public a trouvées le mieux.

— Les badauds, peut-être, mais la presse?

— Parles-en de la presse! tous des niais! Celui à qui il faut plaire, c'est le public.

— Soit! N'en parlons plus; si tu m'avais écouté, nous n'en serions pas là.

— C'est une insulte gratuite et qui me dispensera de recommencer.

— Je ne demande pas mieux.

— Je veux des collaborateurs plus souples.

— Bonsoir!

Que les susceptibilités soient froissées, qu'il s'ensuive des brouilles, des disputes et même des duels, il n'y a là rien d'étonnant, l'amour-propre des auteurs ayant toujours été fort chatouilleux. Mais, lors même qu'après une première représentation il ne se produirait entre les collaborateurs rien de désagréable (ce qui, je me plais à le croire, est le cas ordinaire), quelle différence entre leur position et celle de l'auteur qui est seul à recevoir les éloges ou les reproches!

8° La collaboration n'occasionne pas seulement des disputes et des brouilles, elle engendre encore un de ces fléaux plus horribles, plus néfastes que la peste: les procès. Et, s'il est facile de prévoir jusqu'à quel point la vanité et les jalousies de chacun peuvent les envenimer, il l'est moins de déterminer quand et comment ils s'arrêteront. Certains se poursuivent après la mort des ayants droit, à la grande joie des hommes d'affaires et au détriment des héritiers.

Tout le monde sait l'incident qui suivit les premières représentations de la *Tour de Nesle* en 1832.

La nouvelle venait de se répandre en France qu'on jouait à la Porte-Saint-Martin un drame historique d'une puissance extraordinaire. L'auteur, M. Alexandre Dumas, était en train de recevoir les compliments du monde entier, quand un jeune avocat de Tonnerre, nommé Gaillardet, s'avisa de réclamer sa part dans le succès, se prétendant l'auteur de la pièce, Dumas n'ayant fait que l'habiller. Grand émoi; la presse se divise en deux camps; une polémique s'engage entre les deux collaborateurs devenus ennemis et se termine par un duel. Quand j'ai dit : se termine, je me trompe. Il y eut un procès, à la suite duquel un jugement ordonna que la *Tour de Nesle* serait imprimée et affichée sous le nom de Gaillardet seul ; ce qui, en effet, eut lieu jusqu'en 1852, époque de son interdiction.

Lorsqu'en 1861, cette pièce fut reprise à la Porte-Saint-Martin, l'auteur, cédant à l'opinion publique qui réclamait pour la gloire de son collaborateur, pria le directeur Fournier de joindre à son nom celui d'Alexandre Dumas. Il oubliait les vieilles querelles pour se souvenir uniquement des bons rapports de la veille et de la grande part que le talent du maître avait eue dans son succès.

Eh bien! quoique Gaillardet et Dumas fussent redevenus les meilleurs amis du monde, cette pièce, qui devait atteindre le succès formidable de huit cents représentations, vit sa paternité discutée encore, il y a une dizaine d'années, par un échange de lettres entre les amis, les parents et les partisans respectifs de Dumas et de Gaillardet.

— Sans la main de Dumas, prétendaient les premiers, l'œuvre de Gaillardet n'aurait jamais vu le jour ni obtenu le succès.

— Nullement, répliquaient les seconds ; Gaillardet avait tout fait. Dumas a seulement mis les virgules et son nom.

— C'est absolument faux. Gaillardet a reconnu publiquement Dumas comme son collaborateur ; puis, lorsqu'il a travaillé seul, il a piteusement échoué.

— Ne peut-on réussir une fois? Et Dumas était-il seul capable de charpenter un drame?

— Mais n'avez-vous donc pas lu?...

— Et ne connaissez-vous pas?...

— Vous êtes un ignorant.

— Vous « de mauvaise foi. »

Et ainsi sans discontinuer.

9° La collaboration rend plus difficile l'exploitation d'une œuvre. Contrairement à la famille, qui attribue au père l'autorité sur tous ses membres, elle confère aux co-auteurs un droit égal. Aussi, que l'un veuille porter sa pièce aux Variétés, l'autre au Châtelet ; que celui-ci désire confier un rôle à M. Octave, celui-là, à M⁽ˡˡᵉ⁾ Juliette ; qu'un tel juge utile d'envoyer sa pièce en province, tandis que son camarade préfère attendre à Paris, combien ces divergences de vues n'occasionneront-elles pas soit des

ennuis, des fatigues, soit des pertes de temps et des frais ! Et si
l'un et l'autre persiste dans ses prétentions, qui tranchera les difficultés?

De cette annulation du droit de propriété peuvent découler
même des conséquences assez graves. En voici un exemple, que
rien n'empêche de se présenter souvent.

Vous avez écrit, je suppose, avec un confrère, une pièce qui
obtient un certain succès. Au bout d'un temps indéterminé,
votre collaborateur étant mort, un directeur accepte ou vous
propose de remonter votre pièce. Seulement, il juge nécessaire
d'y apporter certains remaniements. Vous vous mettez à l'œuvre,
lorsque l'héritier, la veuve, le fils, le tuteur, etc., de votre collaborateur s'y oppose pour des raisons de convenance, de traditions, d'opinions littéraires, que sais-je? Vous voilà donc forcé
d'entrer en lutte contre toute une ligue de mauvais vouloirs et de
sots entêtements, et empêché peut-être de profiter d'une occasion
qui ne se présentera plus.

Qu'on me permette de citer un exemple, connu de tous
ceux qui sont au courant des choses littéraires ! La sœur d'Alfred
de Musset, M** Lardin, professe pour les œuvres de notre grand
poète un respect quasi religieux ; et, suivant ses propres volontés,
a toujours refusé aux compositeurs l'autorisation de les mettre
en musique. Or, pourquoi est-elle parvenue à garder jusqu'ici
intact cet auguste héritage? Parce que de Musset n'avait pas eu
de collaborateur. Sans cela, les assauts qu'on lui a livrés auraient
eu raison de ses plus légitimes résistances.

10° La collaboration crée des précédents qui, devenus plus
fréquents chaque jour, constituent pour les débutants une barrière presque insurmontable. Or, n'y en a-t-il pas déjà assez
dans le métier pour qu'on se dispense d'en créer de nouvelles?

Comme je le disais à propos d'Alexandre Dumas père, en con-
sentant à l'aliénation de leur œuvre ou en la sollicitant, les auteurs nouveaux augmentent d'autant le prestige et la puissance
de l'auteur arrivé, tandis que, faisant le vide autour de lui, ils le
réduiraient, au lieu de produire une pièce tous les mois, à ne
plus en donner une que tous les ans. D'où une diminution considérable de concurrence.

Ainsi que l'a écrit M. Bachelet: « Les habitudes de la collaboration, en s'enracinant dans les théâtres, peuvent avoir pour conséquence d'en écarter ceux des jeunes auteurs dont la fierté se

refuse à accepter, sous le nom de collaboration, la garantie d'une
vieille renommée dramatique. » Au lieu de « peuvent avoir »
M. Bachelet aurait pu écrire : ont pour conséquence. Oui, malheur
au talent modeste et fier qui ne veut pas se laisser imposer un aide!

Ce fantôme de la collaboration qui se dresse devant la porte
des théâtres en éloigne, j'en suis sûr, un grand nombre de
jeunes gens des mieux doués. Or, quand on gémit sur le manque
d'esprits originaux, ne devrait-on pas en rechercher les causes ?
J'en signale ici la principale. On attend du nouveau au théâtre.
Ce n'est assurément pas de la collaboration qu'il naîtra. Aucun
de ces jeunes gens qui se mettent, non en quatre, mais à quatre
pour accommoder un roman russe ou japonais ne me paraît avoir
l'étoffe d'un maître. Quiconque abandonne si aisément ses idées
est indigne de commander aux autres.

XIII

Après avoir montré les nombreux inconvénients de la collaboration, je tiens à réfuter une objection qu'on me fera certainement.

« Dans un métier aussi difficile que le théâtre, ne doit-on pas
accepter les conseils et le concours de ses aînés ? »

Voici ma réponse :

Dans quel dictionnaire conseil et collaboration sont-ils syno-
nymes ?

Intraitable sur la collaboration telle qu'on l'entend, j'estime
qu'un auteur doit soumettre avec modestie son œuvre à une sage
critique et recevoir les avis, non seulement des gens du métier :
directeur, régisseur ou artiste, mais de quiconque entend notre
langue. J'approuve entièrement Molière lisant ses comédies à sa
servante pour surprendre l'impression produite sur cet esprit
simple. Il n'est pas d'œuvre, en effet, où cette impression soit
plus facile et plus utile à étudier que l'œuvre dramatique. Un
livre d'histoire, de physique, de pédagogie n'est destiné qu'à une
élite ; mais un drame, un vaudeville s'adresse à tout le monde,
aux plus ignares comme aux plus lettrés. Aussi doit-on méditer
au moins sur toutes les remarques formulées par tel ou tel.

Seulement, quelques services que nous aient rendus ces conseillers, quelque reconnaissance que nous leur gardions, pourquoi s'imagineraient-ils avoir fait eux-mêmes la besogne?

Au théâtre, hélas ! les confrères sont d'une prétention exorbitante. Pour eux, quiconque vous donne un conseil ou vous fait
retoucher une scène prend tout de suite l'importance d'un créateur. Est-il plus absurde théorie ? Est-ce qu'un médecin qui aura
soigné le bras ou la jambe de mon enfant pourra s'en croire le
père ? Est-ce qu'un architecte qui aura réparé ma maison se con-
sidérera comme ayant des droits sur elle ? C'est insoutenable.

« Mais, me répliquera-t-on, ne voulez-vous pas récompenser
les services rendus ? — Qui vous a dit ça ? Je ne demande, au
contraire, qu'à les acquitter généreusement ; mais de la manière
qu'ils comportent. Que des collaborateurs reçoivent sur les droits
d'auteur une quotité proportionnelle à leur besogne, touchent
même avant la représentation une prime qui les dédommage de
leur temps, comme on fait pour les avocats, les hommes d'affaires, les entrepreneurs, rien de mieux ; mais qu'ils veuillent
être traités en créateurs, non.

Ma conclusion se dégage facilement. Ce que je voudrais voir
supprimer, ce ne sont ni les conseils donnés à un confrère, à un
débutant, ni même une certaine participation effective, c'est la
pluralité des signatures.

XIV

Que deux ou plusieurs auteurs dont les talents se complètent
l'un l'autre se prêtent fréquemment leur appui, refassent ensemble, aujourd'hui, l'œuvre du premier ; demain, celle du second ; après-demain, celle du troisième, je me l'explique et je
l'approuve ; mais pourquoi l'esprit mélancolique de la bande
signe-t-il la comédie-bouffe, et le joyeux le mélodrame larmoyant ?
Chacun n'a certainement apporté à l'œuvre de son confrère que
les ressources de son propre genre. Et, y aurait-il mis des phrases
entières, que serait-ce auprès de l'ensemble ?

Qu'on n'allègue pas qu'un tel système n'a jamais eu cours !
En ces temps affreux où la fraternité n'était pas encore obligatoire en France, combien d'auteurs s'aidaient réciproquement de
leurs conseils sans faire pour cela de leur signature une raison
sociale ! Le grand Corneille logeait dans une soupente au-dessus
d'un grenier qu'habitait son frère Thomas. Or, lorsque la rime
fuyait devant lui, il ouvrait une trappe et la demandait à son
frère. Thomas s'exécutait avec plaisir et Pierre, à l'occasion, lui

rendait le même service. On pense bien que leur coopération n'en
resta pas là et que, plus d'un beau vers, plus d'une belle tirade
furent le fruit d'un travail commun. On ne cite pourtant aucune
pièce de théâtre signée de leurs deux noms. Le sentiment de la
personnalité ne disparaissait pas dans l'amitié.

Sous le monarque absolu par excellence, à Auteuil, poétique
village caché dans les arbres comme un nid de pinsons, se
réunissaient souvent ces poètes illustres qui avaient nom Molière,
La Fontaine, Racine et Boileau. Quand la conversation venait à
tomber sur les lettres, et que, après avoir loué les ouvrages des
anciens, ils parlaient quelquefois des leurs, chacun sollicitait les
avis des autres sur le livre qu'il était en train d'écrire. De ce commerce de hautes et originales pensées, naquirent certainement
bien des scènes, peut-être des actes entiers que la postérité a applaudis. Mais ces auteurs s'abandonnaient amicalement leurs
trouvailles sans les faire enregistrer et exiger des droits rémuné-
rateurs.

Aujourd'hui que la concorde et la fraternité règnent sur
notre beau pays, si les mêmes hommes vivaient, combien différents ne seraient pas leurs procédés !

Pour peu que Molière eût soufflé un vers à Racine, il exigerait de figurer avec lui sur l'affiche. A la première tirade supprimée par ses conseils dans une comédie de Molière et pour deux
ou trois rimes qu'il aurait prié La Fontaine de changerdans une
fable, Boileau se croirait fondé à demander jusque par devant les
tribunaux une part de la recette. Nous verrions alors des affiches
comme celles-ci : Aujourd'hui première représentation d'*Andro-
maque*, grand drame de MM. Racine et Molière ; ou *Sganarelle,*
comédie de MM. Molière et Boileau ; ou enfin : *Les animaux malades de la peste,* grande féerie tirée de la fable de ce nom, par
MM. Racine, Boileau, La Fontaine et Molière. »

Heureusement pour eux et pour nous, ces écrivains étaient
au-dessus des viles questions de boutique. Ils ne pensaient pas
que le prêt d'un vers, d'une période ronflante ou le thème d'une
scène pathétique pût se payer par le sacrifice d'une œuvre entière. Et comment aurait-on pu écrire tant de volumes sur le génie d'un Molière et d'un Corneille, s'il avait fallu d'avance y faire
la part d'un collaborateur ?

Autre exemple. Gœthe et Schiller avaient l'un pour l'autre
une amitié d'autant plus digne d'éloges que leurs caractères

étaient fort différents. C'est à cette association intime de deux
génies se pénétrant, se fécondant entre eux que nous devons ces
œuvres admirables que la postérité étudiera sans cesse avec amour,
particulièrement le *Faust* et l'*Hermann et Dorothée*, de Gœthe ;
le *Don Carlos*, la *Jeanne d'Arc* et le *Guillaume Tell* de Schiller.
Ces deux grands hommes se demandaient mutuellement conseil
sur leurs productions et s'aidèrent même pour la composition de
plusieurs morceaux. Pourtant ils reconnaissaient si bien que l'un
avait plus de droits que l'autre, ou plutôt ils soupçonnaient si
peu que le second pût prétendre aux privilèges du premier, que
leurs œuvres ne portèrent jamais qu'une signature.

N'est-ce pas d'ailleurs ce qui se passe dans le monde, où l'on
sait bien qu'un homme ne peut rien faire à lui tout seul ? Les
œuvres humaines, à quelque genre qu'elles se rapportent, ne
sont-elles pas généralement attribuées à leur auteur principal ?

Est-ce que, même dans une œuvre littéraire et scientifique
comme un dictionnaire, tous les talents ne se fondent pas en un
seul nom ? Dans les arts, ne voit-on pas fréquemment un peintre donner des coups de pinceau sur la toile d'un camarade, un compositeur
réécrire la phrase musicale d'un ami ; bref, contribuer, par leurs
observations, à la beauté d'un ouvrage différent du leur ? La
symphonie ou le tableau n'en sont pas moins l'œuvre d'un seul.

Personnellement, il m'est arrivé déjà deux fois de collaborer à
des volumes publiés par des auteurs très connus. Le fond de
l'œuvre n'étant pas de moi, je me suis contenté d'une participation au bénéfice, et n'ai pas voulu signer.

Chacun sait, au contraire, ce qui se passe tous les jours entre
médecins. Quand on en appelle un en consultation, ce dernier,
prétextant que la maladie est grave, et que deux *amis* valent mieux
qu'un, fait appeler un confrère, qui, à la première occasion, lui
rend, bien entendu, le même service.

Mêmes mœurs dans le monde des théâtres. En voici un
exemple : Vous connaissez tous le *Cid*, le chef-d'œuvre de Corneille, imité par lui de la pièce de don Guilhem de Castro, dont
ce dernier avait lui-même emprunté le sujet à l'*Histoire d'Espagne*, de Mariana. Un jour, Massenet voulant composer un opéra
sur le héros castillan, demanda un livret à l'un de ses fournisseurs attitrés. Celui-ci en appela un autre. Bientôt, pour écrire
une pièce... déjà écrite, besogne à laquelle un rhétoricien aurait
largement suffi, il ne s'est pas trouvé moins de trois auteurs ; ce

qui fait, en tout, cinq librettistes, sans compter le compositeur. Quelle peut bien être la part de travail de chacun d'eux, étant donné que les trois quarts de l'œuvre reviennent à notre grand auteur tragique !

Pareil exemple est loin d'être unique : mais il tourne peu, je crois, à la louange de nos prétendus maîtres contemporains..

Comme rien ne prouve mieux que les exemples, mes lecteurs me permettront sans doute de leur raconter un fait dont je garantis l'authenticité, puisqu'il m'est arrivé, comme, sans doute, à beaucoup d'autres.

Il y a environ trois ans, venant de terminer le livret d'un opéra en cinq actes, j'écrivis à l'un de nos compositeurs dont plusieurs œuvres ont été jouées à l'Opéra, de vouloir bien m'accorder une audition.

· Avec une bienveillance à laquelle je suis heureux de rendre hommage, il me l'accorda sans tarder et me réserva toute une après-midi. Avant de commencer la lecture, je le priai instamment de ne rien me cacher de ce qu'il verrait à changer. Il n'y manqua point. Après chaque acte, avec une attention, une perspicacité et une mémoire qui me surprirent, il m'indiqua les points faibles, et sur-le-champ, je reconnus le bien fondé de ses observations. Lorsque j'eus fini, il me parut agréablement étonné, mais sans trop vouloir en convenir vis-à-vis de quelqu'un qu'il connaissait seulement depuis quelques heures.

— C'est vous qui avez écrit cela ? me demanda-t-il.

— Sans doute.

— Avec qui ?

— Tout seul.

— Peste ! Il n'est pas mal du tout, ce livret.

— Vous êtes trop indulgent.

— Non. Ce sujet historique est grandiose, neuf, traité avec abondance et pittoresque.

— Oh !

— Vous connaissez la musique ?

— Peu.

— Vous avez déjà écrit des scènes lyriques ?

— Quelques romances seulement.

— Eh bien ! tout compte fait, je ne vois guère que le premier acte à allonger un tantinet ; supprimez dans le second ce petit monologue de la *sentinelle* ; coupez dans le quatrième les deux tirades que je vous ai signalées : le cinquième acte peut rester tel quel. Quant au troisième, le mieux réussi, il se prête à des développements d'orchestre considérables. Somme toute, il n'y a que de douze à quinze vers à modifier, au point de vue musical.

Je ne me tenais plus de joie, lorsque, pour conclusion, il ajouta :

— Voici maintenant ce que vous devriez faire. Allez voir de ma part M. X..., avec lequel j'ai déjà fait l'opéra de Z... Il lira votre manuscrit et fera les retouches que je vous ai indiquées.

Ébahi de ces derniers mots, je le regardai. Son visage était aussi calme que sa parole. Je crus bon pourtant de hasarder une réplique :

— Mais, croyez-vous, maître, que, puisqu'il n'y a qu'une douzaine de vers à changer, je n'y parviendrai pas moi-même ?

— Oh ! non, fit-il avec un certain dédain, comme s'il n'eût plus eu devant lui qu'un élève de sixième. Oh! non, X... y est habitué. Il a de la patte (*sic*) ; il vous arrangera ça habilement.

En dépit du respect que j'éprouvais pour l'auteur en question, dont le livret cité par le compositeur n'avait pourtant obtenu qu'un sort des plus médiocres, et convaincu que c'était avec une entière bonne foi que mon conseiller me froissait dans mon amour-propre, je surmontai un léger dépit et lui demandai l'adresse de son collaborateur. Il me la donna, en insistant pour que j'allasse le voir. Je le remerciai vivement de son obligeance et me retirai.

Trois heures après, ma pièce se trouvait arrangée comme il me l'avait conseillé. Quant à ma visite à son auteur de prédilection, je ne pus m'y décider ; et, en vérité, je me demande comment un homme intelligent ose, avant tout et de sang-froid, proposer à un auteur qu'il vient de féliciter sur quinze ou seize cents vers, d'aller chez un autre pour en faire corriger une douzaine.

J'ai raconté l'aventure. On m'a blâmé. Selon mes amis, mon livret serait déjà sur le piano d'un maître éminent. Eh bien!·je préfère attendre pour consacrer ma paternité plutôt que de la laisser exploiter par un étranger.

XV

Cependant, si naturelles que soient ces idées, ce ne sont pas celles qui ont cours. Pour se convaincre à quel point la littérature

dramatique est gangrenée par toutes les espèces de collaboration, mes lecteurs n'ont qu'à lire la statistique suivante, dressée
avec un soin extrême sur la production de ces dix dernières années, ou, pour parler plus exactement, de 1879 à 1889.

Les œuvres théâtrales représentées en cet espace de temps
s'élèvent au nombre de 2792.

Sur ces 2792 pièces, on en compte 760 mises en musique :
opéras, opéras-comiques, opéras-bouffes, drames lyriques, opérettes, féeries, ballets, pantomimes. Mais la collaboration entre
librettistes et compositeurs étant nécessaire, je me contente de
la constater.

Restent donc 2032 ouvrages sans musique, se décomposant
en tragédies, comédies, drames, vaudevilles, fantaisies, proverbes, monologues.

Eh bien! il y en a, provenant de la collaboration, près de la
moitié, soit 971.

La classification de ces pièces au point de vue du nombre
des collaborateurs, est très intéressante à établir.

Sur ces 971 pièces, 849 sont dues à 2 collaborateurs; 104, à
3; 17, à 4; une même doit le jour à 5.

Ce n'est pas tout.

On pourrait croire que la collaboration étant l'union contre
les difficultés et les amertumes du travail, les auteurs se liguent
presque uniquement pour frapper de grands coups.

Illusion complète.

Sur les 849 pièces dues à 2 collaborateurs, la moitié presque
n'ont qu'un acte. Oui, 400 piécettes (y compris les levers de rideau, dont on connaît la valeur) ont exigé chacune l'hymen de
deux intelligences. Pensez comme il y a de quoi être fier.

Aussi, tout dernièrement, parlant du *Docteur Mirimus*, comédie en un acte et en vers de MM. Millanvoye et Cressonnois,
jouée à l'Odéon le 1er septembre 1891, le critique du *Figaro*,
M. Albert Wolff, terminait-il ainsi son article :

« Cette Léandrerie, si j'ose m'exprimer ainsi, a été accueillie
aimablement; mais je ne pense pas qu'il y ait dans ce petit succès
d'estime de la gloire pour deux poètes à la fois. »

J'oubliais de dire (quand c'est le point le plus important de
l'affaire) que, sur ces 400 actes, 7 ne sont que de simples à-propos,
c'est-à-dire de cinquante à quatre-vingts vers.

Nous fîmes à nous deux le quart d'un vaudeville,

dit un héros d'une comédie d'Alfred de Musset, un bohème qui trempait plus souvent ses lèvres dans les chopes de bière que sa plume dans l'encrier. Ce qui pouvait alors être une exagération est aujourd'hui une vérité.

Quant aux 104 pièces qui ont exigé la concentration de trois cerveaux, quelque chose comme une Triple Alliance, on en compte 17 qui ne sont que de simples *actes*.

Viennent ensuite 17 pièces qui n'ont pu s'achever sans le concours de quatre auteurs ; l'une d'elles n'a non plus qu'un acte.

Quant à celle qui a réuni sur l'affiche les noms de 5 auteurs, ce n'est pas, comme on pourrait le penser, une revue de fin d'année ; ce n'est même pas le *Cid* de 1887 (qui en compte jusqu'à 6) ; c'est le *Loup de Kévergan*, drame qui, malgré son titre farouche, me semble avoir été conçu au cours d'une joyeuse partie.

Parmi les collaborateurs, on remarque un certain nombre de directeurs, de régisseurs, qui, exploitant le désir légitime des nouveaux de se faire jouer, ont trouvé ainsi un moyen très aisé de se faire rétribuer les conseils donnés à l'auteur ou les changements qui lui ont été imposés.

En résumé, il n'y a que 1 061 pièces dont la signature soit uninominale ; ce qui ne veut pas dire qu'il y ait 1 061 auteurs qui n'aient jamais collaboré, attendu que plusieurs de ces pièces sont l'œuvre du même ; et que tel qui a écrit seul une ou deux pièces en a produit avec d'autres six ou huit.

Combien y a-t-il d'auteurs (j'entends d'auteurs connus et vivants) qui n'aient jamais collaboré ?

A en juger par les affiches et d'après l'opinion générale, je n'en vois guère que sept : Dumas, Ohnet, Richepin, Becque, Bergerat, Gandillot, et de Bornier. C'est peu.

De même, si l'on compte les pièces qui, depuis nos désastres de 1870, c'est-à-dire dans un intervalle de vingt ans, ont dépassé la centième représentation, on en trouve 147. Or, sur ces 147, combien sont le fruit d'un labeur unique ?

47 seulement.

« Alors, objecteront mes adversaires, on a plus de chance à travailler en compagnie que seul ? Peut-être. On dispose certainement, comme je l'ai montré, de plus de forces pour attaquer et se défendre ; mais, outre qu'une centième représentation n'est pas la preuve irréfutable d'un très grand succès, certains directeurs et auteurs mettant leur vanité à pousser les représentations le plus qu'ils peuvent, je n'ai point envisagé dans cette étude l'utilité pratique, mais bien la valeur technique et littéraire.

Pourtant, au point de vue pratique, même ce point de vue si cher à tant d'auteurs, j'aurais encore raison. Supposons en effet que nous ayons tous deux, vous avec votre collaborateur, et moi tout seul, une pièce jouée. La vôtre atteint cent soirées ; la mienne cinquante. Vous paraissez gagner davantage ; mais, quand l'heure sonnera de toucher les droits, vous aurez à partager avec un autre, peut-être avec deux, tandis que je serai le seul admis à emporter la forte somme.

Mais y aurait-il encore moins d'auteurs travaillant seuls, et leurs avantages positifs seraient-ils encore moindres, mon opinion sur la collaboration n'en serait point ébranlée, rien ne prévalant contre la raison.

XVI

Vu les diverses faces que présente ce sujet, j'ai désiré offrir à mes lecteurs l'opinion de quelques maîtres vivants, en procédant à une enquête. Pour cela, je pouvais, tout comme un autre, aller frapper à leur porte. Mais des questions posées à brûle-pourpoint sont toujours déplaisantes pour celui qui les subit ; et, selon son humeur, il vous lance deux ou trois mots ou se livre à des considérations qu'il reniera le lendemain. Au contraire, celui qui reçoit une lettre prend le temps de la lire et de bien peser la solution qu'il doit y donner.

Je me suis donc adressé, par la poste, à vingt des hommes les plus connus au théâtre.

Tous n'ont pas daigné me répondre ; mais les muets sont en minorité, en minorité même de réputation et de titres. Quatorze, parmi les plus grands, ont parlé ; l'un même a parlé pour deux, de sorte que j'ai quinze réponses à communiquer à mes lecteurs.

Avant d'en reproduire le texte, je vais en faire le classement.

Sur quinze votants, cinq : MM. Becque, Bisson, Najac, Sarcey et Sardou ont, d'eux-mêmes ou par devoir, refusé de se prononcer ;

Trois : MM. Halévy, Legouvé et Valabrègue se sont déclarés partisans de la collaboration ;

Et enfin sept : MM. Antoine, Bergerat, de Bornier, Claretie, Alexandre Dumas, Lemaître et Zola, tout en lui reconnaissant quelques avantages, n'en demeurent pas moins, dans le fond, ses adversaires.

Voici maintenant, par série et débarrassée de tous accessoires, la réponse de chacun :

1ʳᵉ série. Bulletins blancs.

Henri Becque :

Permettez-moi de ne pas répondre à votre question. Ce sont les critiques, il me semble, que vous devez consulter, et qui vous donneront leur avis plus librement.

N'en déplaise à M. Becque, les critiques sont faits pour analyser, commenter l'œuvre qu'on leur présente, mais sans grande compétence pour nous dire s'il est agréable ou incommode de collaborer.

Cependant, j'en ai consulté.

Alexandre Bisson :

Mon avis sur la collaboration se résume en cette simple phrase :
La collaboration n'est en soi ni bonne ni mauvaise; tout dépend des collaborateurs.

S'il n'est pas très profond, M. Bisson est au moins très prudent.

De Najac :

Mon avis sur la collaboration théâtrale? Je n'en ai aucun. S'il s'agissait d'une autre collaboration, de celle, par exemple, du bidet breton avec le pur sang, ou du porc craonnais avec le yorkshire, je vous répondrais; mais je pense que mon opinion sur les croisements ne vous importe guère.

On ne peut, j'en conviens, éconduire plus spirituellement un enquêteur.

Francisque Sarcey :

Il est convenu avec M. Hébrard que jamais, sous aucun prétexte, je ne parlerai d'une question intéressant le théâtre autre part qu'au *Temps*.
Je suis donc forcé de décliner votre aimable invitation.

Si nous déplorons vivement la clause prohibitive du traité qui lie au *Temps* notre premier critique, sa réponse, du moins, nous prouve l'importance qu'il attache à la question étudiée ici.

Victorien Sardou :

Vous dire ce que je pense de la collaboration? Jamais de la vie. La collaboration est une chose sacrée, et j'estime que le devoir professionnel nous ordonne à tous, sur cette question-là, sinon le silence, du moins la plus grande réserve.

Au lieu de recevoir cette réponse par écrit, j'aurais préféré la recevoir de vive voix, accompagnée des roulements d'yeux et des gestes expressifs dont est prodigue le père de *Théodora*. Il nous ordonne de nous taire; soit! Mais que va-t-il dire de ses confrères qui ont affirmé si haut leurs opinions?

2ᵉ série. Pour :
Ludovic Halévy :

A votre question sur les inconvénients ou les avantages de la collaboration, voici ma réponse : je n'en ai jamais connu que les avantages, ayant eu la bonne fortune d'avoir Henri Meilhac pour collaborateur.

Comment être à la fois plus juste et plus galant?

Legouvé :

Cette sorte de création en commun, qu'on appelle la collaboration, occupe aujourd'hui une grande place dans l'art dramatique français; quelques esprits sérieux s'en étonnent ou s'en effrayent; pour moi, j'ai dû une amitié trop précieuse à ce genre de travail pour ne pas voir, avant tout, son heureuse influence sur les écrivains et sur le théâtre modernes... Pour le public, il s'en tient à la définition de Molière dans la *Critique de l'École des femmes* : la seule règle dramatique, c'est de plaire. Mais cette règle, combien devient-elle plus difficile à observer, par cela même qu'elle est la seule, et que l'on a pour juge ce public parisien, à la fois si avide d'émotions et si délicat! Il faut, pour le satisfaire réellement, une réunion de qualités très diverses; et il y a peu d'esprits, même parmi les plus distingués, en qui cette réunion se rencontre. Ceux-ci font parler à merveille leurs personnages et ne savent pas les faire agir. Ceux-là ont de la sensibilité et n'ont pas de goût, cette qualité précieuse qui ne donne pas le succès, mais qui empêche les chutes. Que toutes ces intelligences distinguées, mais incomplètes, restent isolées; et, après quelques essais malheureux, elles tomberont dans le découragement ou dans la stérilité agitée; elles iront grossir le nombre de ces esprits inquiets qui, sentant ce qu'ils valent et ne comprenant pas ce qui leur manque, épuisent toute leur vie en efforts impuissants. Qu'elles s'unissent, au contraire; et, par cette loi admirable qui fait qu'en association un et un font trois, leurs qualités se fortifieront, leurs défauts s'atténueront, et leur vie deviendra à la fois utile pour les autres et charmante pour eux. Je dirai plus : ils satisferont ainsi à un de leurs goûts les plus vifs comme Français. Car ne sommes-nous pas le peuple le plus causeur, le plus sociable? Or, qu'est-ce qu'une comédie faite à deux? De la sociabilité en cinq actes.

Nous sommes donc intéressés, ne fût-ce que par patriotisme, à défendre cette forme de travail, qui, sans étouffer aucun esprit vigoureux, a vivifié

tant de talents secondaires, renouvelé plus d'un talent supérieur et qui,
pour dernier bienfait, répand dans l'Europe entière l'esprit, les mœurs et
les sentiments de la France. Si, en effet, l'art dramatique français règne
partout; si l'on ne représente à Saint-Pétersbourg, à Madrid, à Naples, à
Londres, à Vienne, et même en Amérique que des ouvrages français, à qui
le devons-nous? A la collaboration qui, décuplant le nombre des productions ingénieuses et même originales, permet seule à l'imagination de la
France de devenir, pour ainsi dire, l'imagination du monde.

   Ces réflexions, toutes nationales qu'elles sont, n'empêcheront pas que le
public n'accorde toujours, et avec grande raison, la première place aux
œuvres signées d'un seul nom. Pourtant il me revient à ce sujet un souvenir que je vous demande la permission de vous citer.

   Un écrivain, que vous devinerez sans que je vous le nomme, entreprit
seul un ouvrage en vers.... une tragédie antique. Soins, recherches, temps :
il n'y épargna rien; et lorsque, après deux ans de travail, il eut achevé son
ouvrage, il le soumit au jugement de plusieurs arbitres fort compétents.
Ces auditeurs lui donnèrent mieux que des éloges; ils lui donnèrent des
conseils. L'un lui indiqua un heureux mouvement pour le héros (ce héros
s'appelait Jason); l'autre lui signala une faute de composition; un troisième le mit sur la trace d'un développement nouveau; tous enfin lui
apportèrent une critique ou une idée, et il se servit si bien de tout, que le
résultat final fut que je n'ai jamais eu autant de collaborateurs que dans
cette pièce que j'ai faite tout seul.

Combien je suis obligé à M. de Bornier qui, on le verra plus
loin, m'a dénoncé cette magnifique apologie de la collaboration
par M. Legouvé! Quelles idées justes, quels nobles sentiments,
quelles vérités profondes elle contient!

Albin Valabrègue :

Vous me demandez quels sont les inconvénients et les avantages de la
collaboration.

Voici mon humble avis :

La collaboration n'a que des avantages et pas d'inconvénients pour
celui auquel il est impossible de faire une pièce seul.

Si celui-là collabore avec un homme qui se trouve dans le même cas
que lui; si l'un complète l'autre; si, à eux deux, ils forment un tout, ils
doivent bénir le ciel de s'être rencontrés et ne jamais se demander quel est
celui d'entre eux qui a le plus de mérite; ils en ont autant l'un que l'autre.

En admettant que l'un ait l'invention et le dialogue, si l'autre connaît
le métier, la charpente; s'il est capable de séparer le bon grain de l'ivraie
dans la récolte de son collaborateur, il a autant de droits que lui à s'enorgueillir du succès. Le premier est le cheval; le second est le cocher.

Voilà pour la collaboration permanente. C'est le vrai mariage dramatique.

Quant à la collaboration accidentelle : celle d'un auteur travaillant avec
vingt, trente auteurs différents, elle est un peu comparable à la vie de gar-

çon. On a des maîtresses ; les unes sont bonnes ; les autres sont mauvaises.
On est enchanté d'avoir fait la connaissance de celle-ci ; navré d'avoir fréquenté celle-là.

D'Ennery me disait, un jour, qu'il avait fait ses meilleures pièces avec ses plus mauvais collaborateurs. Ils avaient le don de l'irriter, d'exciter son imagination, et de l'amener aux plus heureuses trouvailles.

Les comédies les plus remarquables sont dues à la collaboration, sans en excepter celles de Molière, qui a été assez malin pour collaborer avec les morts, ceux qui ne réclament jamais et qui ne s'en vont pas par la ville crier, au lendemain du succès, qu'ils ont fait la pièce à eux seuls.

Toujours spirituel en diable, ce Valabrègue ! Seulement, quelques-uns de ses traits, le dernier surtout, se tournent contre lui. Il prêche bien pour son saint, mais personne ne s'en plaindra, au contraire.

3ᵉ série. Contre.

Antoine :

Mon avis sur les inconvénients ou les avantages de la collaboration ? Mais il faudrait être auteur dramatique pour en parler avec compétence.

Cependant je ne pense pas qu'un esprit puissant et personnel puisse se plier facilement à ce régime, Avons-nous beaucoup de chefs-d'œuvre signés de deux noms ? Je ne crois pas. Ni Molière, ni Corneille, ni Racine, ni Beaumarchais, ni Hugo, ni Dumas, ni Augier n'ont collaboré. *Psyché* a été une exception ; et lorsque Augier a refait *La Seiglière* et *Poirier*, sa part a été si grosse qu'il n'est pas resté grand'chose de Sandeau. Et Becque ? Je ne le vois pas traînant avec lui un autre cerveau pour la conception de ses magistrales figures.

Je ne voudrais pas faire la leçon au fier directeur du Théâtre-Libre ; mais sa lettre contient quelques erreurs. Comment ! Beaumarchais et Augier n'ont pas eu de collaborateurs !

Émile Bergerat :

Sur les avantages ou inconvénients de la collaboration au théâtre, je n'ai pas grand'chose à vous dire, à moins de vous en dire trop long. Mon opinion, au résumé, est que, dans toute collaboration, comme dans toute union humaine : mariage, concubinage et même amitié, il y a un mâle et une femelle ; ce qui n'implique pas que le mâle l'emporte toujours, surtout au théâtre. Il y a aussi une lune de miel, qui dure ce que dure la réussite, et à laquelle, pour quelques-uns, succède la période d'habitude. Bientôt le lit à part conduit à l'adultère. Enfin c'est la rupture, puis le divorce. Car toute union humaine aboutit au désenchantement réciproque. La nature le veut, paraît-il ; et l'on dit que c'est avec les désillusions des pères qu'elle fait l'espérance des fils.

Philosophiquement, la collaboration n'est qu'un essai loyal, elle aussi, mais rien de plus.

Artistiquement, elle est une duperie, après avoir été une anomalie intellectuelle.

Je crois même qu'elle n'existe que commercialement, à ses risques et périls, selon la chance ; et alors elle a ses forçats.

Vous n'ignorez pas, d'ailleurs, que l'on a récemment inventé dans le genre et qu'on en a découvert une, de collaboration, inconnue de nos ancêtres et particulière à l'industrie scénique de ce temps de centièmes. L'un de mes amis a proposé pour elle le nom de « tripatouillage », qui a été accepté ; c'est vous dire ce qu'il pense de la collaboration ; et vous avez, sur ce sujet, l'idée de derrière la tête de votre dévoué confrère.

Merci, cher maître ; on ne pouvait mieux flétrir les procédés dont nous souffrons tous.

Henri de Bornier :

A vos questions sur la collaboration dramatique, il me serait difficile de répondre en toute connaissance de cause, n'ayant jamais voulu de collaborateurs ; mais je suis resté frappé des raisons que donne, en faveur de la collaboration, M. Ernest Legouvé, dans son discours de réception à l'Académie. C'est ce qu'il y a de mieux sur cette question, de plus spirituel et de plus juste.

Jules Claretie :

Elle est complexe, cette question de la collaboration, comme toutes les questions de ce genre. La collaboration a produit des chefs-d'œuvre, et n'en a pas empêché de se produire. Je ne suis point cependant, par tempérament, partisan de la collaboration. Chaque artiste y laisse nécessairement peu ou prou de sa personnalité. Je sais bien que très souvent deux écrivains se complètent l'un par l'autre. Mais j'ignore si, marchant librement, chacun de son côté, ils n'auraient pas produit des œuvres supérieures. Et, si je me figure Corneille collaborant avec Molière pour écrire *Psyché*, je ne m'imagine pas Molière prenant un collaborateur pour écrire le *Misanthrope*, ou Corneille se mettant avec Molière pour achever *Polyeucte*.

Je sais bien qu'il est des collaborateurs illustres qui militent en faveur de la collaboration : Meilhac et Halévy, les Goncourt, Erckmann et Chatrian. Mais, en somme, le littérateur doit marcher seul. Dans la création littéraire, le mâle et la femelle se trouvent réunis en un même être. Et puis, je remarque que, sauf exception, chaque collaborateur dit : Mon œuvre, au lieu de dire : Notre œuvre. Donc... Tout à vous.

Notez que j'ai collaboré ; mais, quoique mes collaborateurs soient, Dieu merci, restés mes amis, je ne collaborerai plus.

Encore un maître qui revient désenchanté de la collaboration ! « Chaque collaborateur dit : Mon œuvre. » Je confirmerai cette remarque par celle-ci : Il est des pièces nées de la collaboration qui sont, sur les affiches et les catalogues, signées, tantôt d'un nom, tantôt d'un autre (plaignons les auteurs jaloux !). Les

Danicheff, pour n'en citer qu'une, sont l'œuvre, ici de
M. P. Newski, là, d'Alexandre Dumas.

Mais, quand on parle du lion, on en aperçoit la crinière.

Alexandre Dumas :

J'ai écrit, il y a longtemps, ce que je pensais de la collaboration dans
' un article qui a reparu dernièrement dans un volume intitulé : *Nouveaux
entr'actes*, et que j'écris à la maison Lévy de vous envoyer.

Je n'ai pas attendu longtemps un envoi aussi aimable; et
voici ce que j'en ai retiré :

L'auteur nouveau, avant d'être refusé par un théâtre ou après qu'il l'a
été, s'adresse à l'un de ces hommes privilégiés par la nature. Lorsque
l'auteur connu est bon, avenant, fécond, il accueille le nouveau et lui fait
lire sa pièce à haute voix. Si elle est mauvaise, comme on est quelque peu
agacé d'avoir perdu son temps, on le dit avec politesse, mais avec franchise, et on a un ennemi spontané. Si, à travers une mauvaise exécution,
le nouveau apporte une idée originale, une situation imprévue, l'homme
de théâtre, loyal et bienveillant, encourage le nouveau, extrait le germe de
tout ce qui l'enveloppe, se laisse entraîner par le désir d'être agréable et
utile, explique à son élève, encore respectueux, ce qu'il faut enlever, ce qu'il
faut ajouter, ce qu'il faut mettre dessous pour étayer son idée ou sa situation. Il lui dit : « Travaillez et rapportez-moi votre pièce refaite dans le
sens que je viens de vous indiquer. »

Une fois rentré chez lui, comme il n'a pas la faculté spéciale en question, le nouveau a beau se casser la tête, il ne trouve rien et fait encore
plus mauvais. Il n'en rapporte pas moins au maître un second travail; et
quelquefois celui-ci, touché de la peine que le pauvre garçon se donne inutilement, dit au jeune homme : « Laissez-moi votre manuscrit; je vous
arrangerai cela. »

Mais, à peine avez-vous mis la pioche dans cette bâtisse que tout s'écroule,
non pas en morceaux, mais en poussière. Rien, absolument rien ne peut
vous servir; vous balayez tout cela, et vous faites une tout autre pièce à
côté, qui n'a souvent aucun rapport avec la première. On vous a apporté
un drame, vous rendez une comédie, et *vice versa*. N'importe; la principale
donnée appartient à un autre; il devient donc votre collaborateur occulte
ou public. Jusqu'à ce que la pièce soit représentée, il trouve que la sienne
était meilleure; la pièce, une fois représentée, si elle réussit, il déclare
qu'il a tout fait.

Les amours-propres se dressent, les revendications commencent, la
brouille surgit, et *le tout* se termine par une polémique ridicule, quelquefois par un duel plus ridicule encore. C'est charmant.

La Rochefoucauld a dit : « Il y a de bons mariages; il n'y en a pas de
délicieux. » Il aurait pu en dire autant de la collaboration; mais elle
n'existait guère de son temps, elle n'existait même pas par le fait. On était
sans doute retenu par ce mot de La Bruyère : « Il n'y a pas de chefs-
d'œuvre à deux. » On n'avait peut-être pas beaucoup d'idées à cette époque;

mais on les avait à soi seul, et on les exprimait seul le mieux possible. La collaboration est née de cette production à outrance qui est le caractère de notre temps et qui épuise et amoindrit le producteur en le forçant à s'éparpiller et à se répéter.

Écoutons encore le maître :

En général, les directeurs n'ont pas d'autre opinion que celle du public, et ils tiennent à ne lui servir que ce qu'il aime. Le directeur qui, en son particulier, admire le plus le *Misanthrope*, ne le représenterait pas si on le lui apportait demain tel qu'il est et tout neuf, ou bien il dirait à l'auteur : Faites remanier ça par X*** ou par Z***, qui ont autorité sur le public, et obtenez qu'il se nomme avec vous.

Si, d'un autre côté, étant en position apparente de le faire, vous allez trouver ce directeur et lui recommandez une œuvre que vous jugez valable, il vous répond : « Vous la trouvez vraiment digne d'être représentée ? — Oui. — Eh bien ! signez-la. — Non ; je ne veux signer que ce que je fais tout seul. — Alors, mon cher monsieur, faites-moi une pièce tout seul, et je la reçois d'avance ; mais pourquoi voulez-vous que j'expose mon argent quand vous ne voulez pas exposer votre nom ? »

D'où il résulte que le seul moyen pour l'auteur connu d'être utile à l'auteur nouveau, c'est d'entrer en collaboration avec lui ; mais tous les auteurs connus ne sont pas disposés à compromettre leur nom, à changer leurs habitudes de travail et à s'amoindrir par la collaboration.

Il serait à désirer que tous les auteurs illustres ou simplement connus éprouvassent les répugnances, les scrupules, les hésitations qui honorent M. Alexandre Dumas. Malheureusement, il est le seul de son espèce. Au lieu de bouder contre la besogne faite ou préparée, les plus distingués même ne demandent et ne cherchent qu'à en tirer parti. Et que de fois, arrivant chez un directeur tout disposé à monter une pièce de jeune, ne lui disent-ils pas avec douceur : « Mon cher, imposez la collaboration à ce monsieur, ou refusez carrément sa pièce. »

Jules Lemaître :

Excusez-moi de répondre si tard à votre question sur la « collaboration au théâtre ». Le dommage n'est pas grand, d'ailleurs, puisque je n'avais rien à vous en dire. J'ai peine même à concevoir ce phénomène intellectuel ; et, par suite, je ne sais qu'en penser.

Le ton ironique de l'éminent critique et auteur est assez accentué pour que, bien qu'il ne sache que penser de la collaboration, il me paraisse en penser du mal.

Enfin, pour terminer, savourons le morceau que nous sert le chef du naturalisme :

Émile Zola :

> Je suis un autoritaire en littérature, et je crois que toute collaboration
> est incapable d'un chef-d'œuvre. Au théâtre pourtant, je l'admettrais volon-
> tiers. Il est certain que deux tempéraments peuvent s'y compléter, la
> besogne s'y diviser heureusement, l'œuvre y bénéficier du travail en com-
> mun. Des talents s'accouplent; le génie reste solitaire.

Il y a bien dans ces lignes un peu d'indulgence, un peu d'op-
portunisme obligatoire, vu la fréquentation de Zola avec Bus-
nach : mais elles sont très fières d'allure et d'intention. La dernière phrase' surtout, quoique n'étant pas neuve, rend assez bien
notre pensée.

XVII

Les débats sont clos.

D'après les votes de ce suffrage restreint, mais choisi, la victoire appartient aux ennemis de la collaboration, puisqu'ils se
trouvent sept contre trois partisans et quatre indifférents.

La collaboration étant donc condamnée, et le signataire de
cet article étant de ceux qui, en toutes choses, s'efforcent d'appliquer au mal le remède, j'ai cherché un moyen de la combattre,
ou, du moins, de faire disparaître la pluralité des signatures.

Le projet que j'ai conçu paraîtra certainement à un grand
nombre anti-libéral et injuste ; mais, au point de vue de l'art pur,
à qui l'on doit souvent sacrifier ses préférences, il aurait, si je
ne m'abuse, les meilleurs résultats. Ce serait que la Société des
auteurs dramatiques n'acceptât sur l'affiche qu'un seul nom
d'auteur par pièce, du moins quand l'un des deux ne serait pas
très connu. Il y aurait alors présomption que le débutant a cédé
à la pression du directeur, et s'est laissé imposer un collaborateur... fantaisiste.

Grâce à cette mesure d'autorité, il serait maintenu dans
l'exercice et la jouissance de ses droits de propriétaire, car il est
à croire que, sachant sa pièce digne d'être montée, il n'abandonnerait pas entièrement pour quelques billets de banque une
légitime et flatteuse paternité ; et l'on ne verrait plus de simples
rajusteurs se pavaner, parés des dépouilles d'autrui.

Mais, si j'exprime ce vœu, c'est par simple acquit de conscience, et sans m'illusionner sur sa réalisation. Il est trop honnête et trop beau pour être jamais adopté. Il faudrait pour cela,
à la tête de la Commission des auteurs dramatiques et de la direc-

tion des Beaux-Arts, des hommes d'une volonté si ferme, qu'ils ne reculassent devant rien pour l'accomplir.

En attendant, résumons-nous.

Commode et agréable aux esprits paresseux, utile aux médiocres, aux incomplets, aux superficiels; nécessaire à ceux qui n'ont presque rien dans le cerveau; applicable, compréhensible pour des œuvres futiles et éphémères, la collaboration gène, embarrasse les natures riches, laborieuses, douées d'activité, tous ceux qui se plaisent à sonder une question, à fouiller un caractère; elle abaisse et détruit la personnalité, cet agent principal des grandes œuvres artistiques et littéraires est une abondante source de mensonges, de leurres, de dommages de toute espèce; contrarie l'instinct de propriété, enlève à l'auteur la libre disposition de son ouvrage; supprime la responsabilité, déplace, confond l'ordre de mérite, partage à tort la réputation; enfante des procès dispendieux, ridicules et interminables; enfin, par son extension, rend de plus en plus redoutable, la barrière qui s'élève devant les débutants.

Pour toutes ces raisons, malgré les quelques avantages que présente la collaboration, et les cas particuliers où elle s'applique sans inconvénients, ne la confondant nullement avec le travail de revision, opéré sur une œuvre d'après les conseils d'autrui, nous ne pouvons que la déclarer mauvaise pour les grandes œuvres; et, au cas où elle aurait eu lieu en réalité, nous semble devoir ne pas s'afficher, en vertu de cette maxime qui est la nôtre : « A chaque enfant un seul père! »

André CHADOURNE.

BALLADE

---

*A Madame ****

« Comme je vois Monseigneur votre époux
Moins de loisir qu'homme qui soit en France,
Au lieu de lui, puis-je payer à vous ? »

A vous dignement remercier
Le difficile, c'est de plaire
Et je n'oserais l'essayer;
Tout au plus saurai-je parfaire
Une ballade régulière,
Mais, s'il vous faut mieux, je ne puis :
Par infortune héréditaire
Roi ne dois être, Meunier suis.

Pégase, ô fabuleux coursier !
Si tu ne m'enlèves de terre,
Ne devrai-je me soucier
D'une allure plus familière
Et monter l'âne de mon père ?
Aliboron ? Je m'y réduis,
Et puissé-je ainsi vous distraire !
Roi ne dois être, Meunier suis.

Je vous entends : « Le pauvre ânier
Laissera-t-il son âne braire
Et parlera-t-il le dernier ?
Ira-t-il devant ou derrière ?
Un bât ferait bien son affaire... »
Passons devant : si je le suis,
N'est-ce misère pour misère ?
Roi ne dois être, Meunier suis.

ENVOI

Princesse, bornez la carrière
Qu'à votre gloire je poursuis ;
Vous n'y gagneriez que poussière :
Roi ne dois être, Meunier suis.

DAUPHIN-MEUNIER.

PHÉBUS ET BORÉE

La vague des nuages roule
Sur le vaste océan des cieux;
Ils vont, balancés par la houle,
Sinistres et silencieux.

Dans le ciel ils font des ravages;
Un dernier rayon reste seul;
Le soleil a peur des nuages,
Comme un moribond d'un linceul.

La plaine d'azur est fauchée
Et voici le soleil éteint!
Ils vont comme une chevauchée
En bondissant vers le lointain.

Leur crinière est échevelée
Et le vent rapide les mord,
Et sur la nature troublée
Flotte une épouvante de mort.

Le vent hurleur, vent de tempête,
Met en pièces leurs bataillons;
Les cingle au visage et s'entête
A ne laisser d'eux que haillons.

Il souffle, il gronde, il se lamente,
Va, vient, bondit, fait mille efforts,
Les nuages, dans la tourmente,
Malgré le vent sont les plus forts.

Ils ont beau traverser l'espace,
Affolés, et s'éparpiller;
Ils reviennent bientôt en masse,
Cuirassés, prêts à batailler;

Le vent, dans une folle rage,
Bondit sur eux, les pousse au loin,
Les gonfle de pluie et d'orage;
Les nuages ne cèdent point;

Ils crachent une blanche écume,
Mais tiennent bon, victorieux;
Et sous leur armure de brume
Se moquent du vent furieux.

Le vent les tord, veut les étreindre
Et crever leurs flancs de vapeur.
Ils semblent n'avoir rien à craindre,
Et combattent sans prendre peur.

Il les bouscule, il les écrase
Mais sans les saisir un instant
Il glisse sur leurs plis de gaze
Et souffle, rageur, haletant.

En vain le vent lutte et travaille;
Et gronde une dernière fois,
Le vent a perdu la bataille;
Au ciel, les nuages sont rois.

Mais derrière eux, guerrier farouche,
Le soleil s'était abrité;
Il les regardait d'un œil louche
Étant à son tour irrité.

N'aurait-il plus, Dieu de lumière,
Dieu du monde et des Paradis,
Sa force, sa valeur première?
Ses rayons seraient engourdis!

Mais il ranime enfin son âme,
Rallume son ardent foyer,
Prépare un trait, un trait de flamme
A pointe de fer et d'acier.

Il le lance d'une main sûre
Contre les nuages roulants,
Leur fait au cœur une blessure
Et passe au travers de leurs flancs.

Il les a disloqués de suite,
Et vers l'horizon tout fumant,
Les nuages prennent la fuite
Et se sauvent en écumant.

Phébus est vainqueur de Borée,
Tandis que l'âpre vent s'endort;
Dans une auréole empourprée
Il montre son bouclier d'or.

Pierre COURTOIS.

LES DISPARUS

GÉNÉRAL DU VAL DE DAMPIERRE

Le général de cavalerie Maurice-Henri Du Val, comte de Dampierre, vient de mourir en son château de Hans (Champagne), à l'âge de soixante-neuf ans. Le nom de Dampierre, glorieusement porté par bon nombre de gentilshommes champenois, figure avec une grande distinction dans nos annales militaires.

Coïncidence douloureuse et digne d'être signalée en passant. Toute une branche de la famille, les Picot de Dampierre, dont la souche remonte à Christophe Picot, secrétaire du roi en 1493, a complètement disparu, fauchée par les halles prussiennes. La branche aînée, celle des marquis de Dampierre, a suivi la carrière des armes pendant plusieurs générations. Elle était représentée, en 1789, par Auguste Picot, marquis de Dampierre, officier dans les gardes françaises, colonel de dragons en 1792, fait lieutenant général après Valmy, et blessé mortellement devant Quiévrain, le 8 mai 1793, par un boulet qui lui emportait la cuisse. Le dernier rejeton de la branche cadette est André Picot, comte de Dampierre, chef du 1er bataillon des mobiles de l'Aube, en 1870, et tué au combat de Châtillon, le 13 octobre, en enlevant, à la tête de sa troupe, la première barricade de Bagneux. Marié à sa cousine, Mlle Valentine de Rougé, morte trois ans auparavant, et resté veuf, il n'en avait pas eu d'enfant.

La souche de la branche des Du Val de Dampierre remonte à Étienne Du Val, capitaine des chevau-légers (1653), dont le fils, Jacques Du Val, se marie avec Anne Bossut, qui lui apporte en dot le comté de Dampierre. Depuis, nous avons eu le général Henri Du Val, comte de Dampierre, tué au siège de Presbourg; un colonel d'infanterie : Maurice Du Val, et deux généraux de division, qui ont glorieusement servi la patrie française pendant les guerres de la République, du Consulat et de l'Empire. Tous sont nés au château de Hans, qui a été le berceau de générations successives pendant près de quatre siècles.

L'antique manoir de Hans a lui-même fait longtemps parler de lui, en raison de sa situation, à proximité de Sainte-Menehould et des hauteurs de la Lune, occupées par l'armée prussienne en 1792, le jour de Valmy. C'est là que s'était installée la cour de Frédéric-Guillaume II, pendant que ses équipages, ses chevaux et ses domestiques occupaient le lieu dit des *maisons de Champagne*, qui constituent les fermes et dépendances du domaine.

Gœthe nous a dépeint avec son style poétique et imagé les amusements auxquels se livraient les officiers de l'entourage du roi, pour se procurer des vivres, et couper court aux privations dont ils souffraient. La célébration du centenaire de Valmy donne de l'intérêt aux faits que nous allons citer d'après un témoin oculaire (1).

Un dragon de Weimar et moi, raconte l'auteur de *Faust*, regardions par les fenêtres du château de Hans, lorsque nous vîmes dans une chambre deux chasseurs assis tranquillement autour d'un bon feu. Nous entrâmes et fîmes comme eux. Après l'échange de quelques propos, nous nous tendons réciproquement la main. Les chasseurs nous font connaître alors qu'ils ont découvert une belle cave bien meublée, qu'ils en ont masqué la porte et qu'ils ne veulent pas nous en refuser l'entrée. Un d'eux tire une clef de sa poche, démasque la porte de la cave et l'ouvre. Nous descendons; plusieurs tonneaux de la contenance de deux muids s'y trouvent; mais ce qui nous intéressa davantage, ce furent les compartiments de bouteilles casées dans le sable, où le bon camarade, qui les avait déjà mises à l'épreuve, nous indiqua la meilleure espèce. Je pris deux bouteilles dans chaque main; je les cachai sous mon manteau, puis je rentrai au camp avec mon ami.

Près du grand feu de garde se trouvait une herse; je m'assis dessus, et je glissai par-dessous mon manteau mes bouteilles entre les dents de la herse. Au bout de quelques instants, j'en sortis une bouteille qui fit pousser des exclamations à mes voisins; puis une deuxième, dont nous nous régalâmes tous; à la troisième, mes amis crièrent au sorcier et ce fut, pendant toute la soirée, un badinage de toute façon bienvenu.

Cet extrait nous suffit. Du 21 au 30 septembre 1792, le château de Hans fut complètement dévalisé et mis à sac par les Prussiens.

Ce même jour de Valmy, Kellermann avait son quartier général au château de Dampierre. Le lendemain, la maîtresse du logis, voulant célébrer l'heureux succès remporté par nos troupes, y donnait une fête intime à laquelle se rendirent bon nombre d'officiers campés dans les environs et que le service ne retenait pas ailleurs. La conversation, calme au début, ne tarda pas à s'enfiévrer, lorsqu'on en vint à parler du 10 août et des massacres de Septembre; quelques-uns approuvaient; beaucoup s'en indignaient.

Et comme la comtesse de Dampierre s'étonnait de trouver autant d'officiers royalistes sous des bannières républicaines : « Le mot de l'énigme est

(1) *Campagne de France*, par GŒTHE.

facile à expliquer, reprit le colonel Poissonnier-Dupérière, colonel du ci-de-vant régiment de Beauce-infanterie (1), en levant son verre à la gloire de l'armée française : la Prusse voudrait nous poloniser ; elle y réfléchira avant d'aller plus loin. En face de l'ennemi, toutes nos dissensions politiques cessent ; il n'y a que des *patriotes* armés pour la défense de la patrie commune (2). »

Ces souvenirs rétrospectifs ne sont-ils pas à leur place en présence d'une tombe à peine fermée qui contient les restes de celui qui fut le général Maurice-Henri Du Val, comte de Dampierre?

Né au château de Hans, le 1ᵉʳ juillet 1823, le défunt sortait de Saint-Cyr, avec les galons de caporal; dans un très bon numéro de classement; le 1ᵉʳ octobre 1844, entrait à l'École de cavalerie de Saumur, passait lieutenant dans les lanciers, le 2 janvier 1850 était promu capitaine au 1ᵉʳ spahis (23 février 1853) ; chef d'escadrons au 8ᵉ lanciers (2 février 1856); lieutenant-colonel au 1ᵉʳ lanciers (13 août 1863); puis colonel au 9ᵉ (18 février 1867). Du Val de Dampierre a donc fait presque toute sa carrière dans l'arme des lanciers, et compte peu de campagnes à son actif. Ses services de guerre sont faciles à analyser ; ils se résument dans sa participation aux expéditions d'Afrique de 1853 à 1856, et à la campagne de France du 12 août au 4 septembre 1870.

Devenu capitaine dans les spahis, il devient le camarade et l'ami de Margueritte et de Du Barrail, ces deux sabreurs que nous trouvons à la tête de toutes nos excursions lointaines dans le Sahara et dans le Sud algérien.

Après la prise de Laghouat (décembre 1852), Du Barrail, chef d'escadrons au 1ᵉʳ spahis, est nommé au commandement supérieur de l'oasis ; il a avec lui deux escadrons de son régiment commandés l'un par Margueritte, l'autre par Du Val de Dampierre. En 1854, les Ouled-Amelakhoua, une des tribus du cercle de Laghouat, attaquent traîtreusement le commandant du poste de Djelfa, le lieutenant Colonna-d'Ornano, du 2ᵉ bataillon d'Afrique.

Cette attaque est punie par le capitaine Du Val de Dampierre, qui déploie dans la répression des tribus une grande bravoure unie à une grande sagesse.

A quelque temps de là, le chérif d'Ouargla, réfugié auprès du caïd de Tuggurth, Ben-Djellab, suscitait la révolte dans le Sud, et les populations du Sahara, à l'appel du chérif vénéré, l'homme de Zaatcha et de Laghouat, s'étaient levées contre nous. Le commandant Du Barrail marche contre Tuggurth, avec les troupes sous ses ordres, parmi lesquelles l'escadron Du Val de Dampierre.

Tuggurth, sur la lisière du Sahara algérien et du grand désert, est

(1) Aujourd'hui le 49ᵉ régiment de ligne.
(2) *Vie politique et militaire. Mémoires pour servir à l'histoire de mon temps.*

complètement entourée d'un fossé large et profond, aux eaux boueuses et noires (*el Bahr*, la Mer), ceinte d'une haute muraille en terre se reliant par des chemins couverts ; il ne pouvait être question d'attaquer Ben-Djellab et le chérif dans la ville même, mais seulement d'observer l'ennemi en couvrant les campements des tribus soumises. Les deux escadrons de spahis battaient l'estrade depuis une quinzaine de jours, tâtant le terrain, refoulant les populations plus ou moins hostiles et assurant la marche du convoi derrière nos colonnes, lorsque subitement ils furent attaqués par Mohamed-ben-Abdallah et Sliman-ben-Djellab, au bivouac de M'garin, délicieuse petite oasis cachée sous des palmiers verts, pliant sous les régimes de dattes dorées qui reposaient agréablement la vue. Le combat fut rapide, mais sanglant. Les Arabes, complètement battus, s'enfuirent dans le désert, et le lendemain, à huit heures du matin, et trompettes sonnant, nos spahis défilaient devant Tuggurth.

Les colonnes expéditionnaires visitèrent ensuite le Souf, puis rentrèrent dans leurs garnisons respectives, au mois de février 1855.

Devenu colonel du 9ᵉ lanciers, Du Val de Dampierre est à Lyon lorsque éclate la guerre de 1870. Son régiment fait partie de la 1ʳᵉ brigade de la division de cavalerie Ameil du 7ᵉ corps (Félix Douay). Retenu à Lyon pour y maintenir l'ordre public, avec la division Dumont, le 9ᵉ lanciers ne rejoint le 7ᵉ corps à Belfort que le 12 août. Nous ne suivrons pas la brigade de lanciers dans ses lignes de retraite de Belfort sur Sedan. Les détails en sont connus ; on les trouve dans tous les livres d'histoire qui traitent de la guerre franco-allemande. Nous dirons seulement que le 9ᵉ lanciers éclairait la marche, que ses éclaireurs donnaient l'éveil de la bataille de Beaumont (30 août) et qu'il faisait partie, à Sedan, de cette admirable chevauchée de la mort conduite par Margueritte.

Prisonnier de guerre à Sedan, Du Val de Dampierre rentre en France en 1871, réorganise à Lyon son brave 9ᵉ lanciers, est nommé général de brigade le 11 octobre 1873, et passe dans le cadre de réserve, douze ans après, le 1ᵉʳ juillet 1885. Vivant dans une retraite absolue dans sa propriété de Hans, il restait fidèle aux anciens partis. Nos souvenirs personnels nous permettent de dire de lui qu'il fut un brave soldat, un homme d'un caractère chevaleresque, et qu'il a laissé, dans l'arme où il a servi pendant quarante et un ans, la réputation d'un beau et savant cavalier.

G. DE CORLAY.

LETTRES

LA POLITIQUE EXTÉRIEURE

———

Abbaye de Gif, 29 septembre 1892.

L'un des collaborateurs militaires de la *Nouvelle Revue*, chargé d'y rendre compte des grandes manœuvres du Poitou, s'étant trouvé, par une maladie grave, dans l'impossibilité de terminer son article, je me crois autorisée à dire quelques mots de ces manœuvres et de l'opinion qui nous en revient de l'étranger.

On sait que l'importance des manœuvres de cette année était surtout dans l'adjonction à chacun des corps d'armée opposés d'une division dite mixte ou plus exactement de réserve. La loi, qui retarde de trois ans le passage de la réserve dans la territoriale, a permis à M. de Freycinet de créer 145 nouveaux régiments d'infanterie, de 200 à 345.

Il s'agissait de mettre à l'œuvre cette création, d'en juger l'appropriation. Si les premières épreuves ont donné lieu à quelques tiraillements, les dernières marches, la superbe revue de Montmorillon ont démontré la bonne volonté, l'ardeur, l'endurance, les qualités militaires dont les réservistes pouvaient faire preuve.

Mes lecteurs savent quelle a été, à travers tant de mouvements d'opinions contraires, ma confiance inaltérée dans le patriotisme prévoyant, dans la puissance de travail, dans la valeur administrative et militaire, dans le dévouement absolu à son pays de M. de Freycinet, depuis son œuvre si entravée, si calomniée et cependant si admirable dans le gouvernement de la Défense nationale.

J'ai donc applaudi plus que personne aux éloges du général

de Cools, qui atteignaient le double but de rassurer la France dans les inquiétudes qu'elle n'a cessé d'avoir depuis la guerre de 1870, et de rendre un témoignage éclatant aux efforts de M. de Freycinet, en proclamant haut combien était illimité l'accord entre l'armée et le ministre de la guerre.

Les journaux étrangers, sauf la presse allemande, naturellement, ont parlé de nos manœuvres en termes élogiéux, et jusqu'au *Standard*, organe de lord Salisbury, tous ont loué sans réserve le modération, la mesure, le tact du discours de M. de Freycinet au banquet des attachés militaires.

En France, nous croyons simplifier avec des comparaisons dans lesquelles les esprits paresseux se complaisent. Or, rien ne complique plus qu'une comparaison ; les rapports à établir réclament la connaissance approfondie de deux sujets au lieu d'un.

On a beaucoup répété que Gênes est un second Cronstadt. Or, d'une part, un souverain absolu, par expérience personnelle, ayant acquis la preuve des dangers de la politique et de la pénétration allemandes, entraînait à Cronstadt par une éclatante manifestation les sympathies de son empire vers la France. D'autre part, un souverain constitutionnel, convaincu des bienfaits de la politique et de la pénétration allemandes, entraîné par les sympathies de son peuple, venait à Gênes.

Il n'y a donc là aucune comparaison à établir, et il faut craindre même que l'Allemagne, en répétant à satiété, dans ses journaux, que Gênes est un second Cronstadt, n'ait voulu prouver que la France peut être aussi émue d'une bonne grâce incidente après mille preuves de désaccord, voire d'inimitié, que par l'affirmation loyale d'une amitié réfléchie, et qu'elle est toujours cette France légère et superficielle sur qui on ne doit faire aucun fond.

Les fêtes de Gênes ont prouvé, et c'est déjà beaucoup, je trouve, que rien d'irrémédiable n'existe dans les rapports de la France et de l'Italie, malgré la Triplice, que des possibilités d'entente existent même à côté d'une triple alliance, qui ne serait pas définitive, et que, le cas échéant, le roi Humbert et la reine Marguerite, malgré leurs affinités germaniques, feraient belle figure à nouveau jeu.

Voilà un résultat auquel les vieux amis de l'Italie comme moi applaudissent de tout leur cœur, dont ils ne cherchent nullement à diminuer la portée, mais dont ils comptent éprouver la solidité. Et ce ne sont pas les Italiens si sensés, si pratiques, si peu coureurs d'illusions qui songeront à blâmer les Français de garder leur sang-froid en présence d'une satisfaction qui, pour être profitable à deux peuples de même race, ne doit pas se transformer en emballement.

L'Italie peut retrouver d'énormes avantages à la reprise complète des relations commerciales avec nous. Malgré toutes les faveurs très réelles qui lui ont été faites en Allemagne et en Autriche, il lui sera difficile de retirer de ses traités avec ces deux puissances plus d'une cinquantaine de millions là où elle en retirait 450 avec nous. En même temps le protectionnisme est pour nous un désastre. La destruction de l'œuvre des traités de commerce est une faute si énorme qu'elle deviendra de plus en plus fatale en multiples conséquences. Les mêmes hommes qui ont fait les lois de persécution religieuse provoqueront plus d'irritations, plus de haines, feront plus d'ennemis à la République par leur persécution commerciale qu'ils n'en ont fait sous tant d'autres formes par leurs erreurs politiques et par leurs abus d'autorité.

Les Méline, les Ferry alliés aux réactionnaires dont, par l'article 7, ils venaient d'enchaîner la liberté la plus idéale, s'associant à eux pour enchaîner les libertés nécessaires de la nation, celles qui président aux échanges, n'est-ce pas là un spectacle monstrueux? Le protectionnisme est un nouveau Tonkin destiné à engloutir nos ressources industrielles et commerciales comme l'Indo-Chine a englouti nos ressources économiques et militaires au grand profit de nos rivaux.

Il y a en haut de l'échelle sociale des malfaiteurs conscients ou inconscients comme il y en a en bas. Ceux qui applaudissent M. Liebknecht à Marseille et son internationalisme allemand, profitable surtout à la Prusse qui détient l'Alsace-Lorraine, sont aussi coupables que ceux qui couraient au Tonkin, encouragés, poussés par M. de Bismarck et qui font du protectionnisme au moment où l'Allemagne en rejette l'expérience néfaste. La double culpabilité des ferrystes a été, après nous avoir lancés dans les aventures coloniales dont il pouvait nous devenir possible de récolter les fruits, de nous bloquer au moment où, à tout prix, il eût fallu nous doter de qualités d'expansion.

Avec la Suisse, avec l'Espagne, avec l'Italie, puisque nous le pouvons à cette heure, renouons des relations commerciales et essayons d'enrayer les ruines de nos tarifs. Nous regagnerons en même temps des sympathies dont les peuples continentaux ne peuvent se passer sans danger lorsqu'ils sont de même race d'esprit, de même degré de civilisation et cela sous peine de guerre fratricide ou de développement à outrance de ces doctrines internationalistes qui comblent avec excès les abîmes creusés par une politique excluant les transactions.

Si nous avions pu croire un instant que M. Brin, qui a peu de goût pour la France, ambitionnait de jouer un rôle conciliateur, là où M. Mancini, notre soi-disant ami, avait joué le rôle opposé, les déclarations de la *Gazette piémontaise*, organe du ministère des affaires étrangères d'Italie, eussent jeté une douche sur nos illusions. M. Brin a tenu à se faire applaudir en Allemagne, en Autriche, et, par-dessus le marché, en Angleterre. Le contraire, malgré les affirmations de mes amis italiens, reçues de toutes parts et qui d'ailleurs n'avaient pu me convaincre, m'eût étonnée.

La date des élections parlementaires italiennes sera, dit-on, fixée au 13 novembre. Nous aurons avant peu le programme des ministres qui sera rédigé par l'écrivain le plus séduisant de l'Italie, M. Martini, ministre de l'instruction publique ; et un discours de M. Crispi, à Palerme, où il fera, paraît-il, acte d'opposition et d'indépendance, trouvant que tout va mal où il n'est pas maître et premier. Le gouvernement, quel que soit son programme, est assuré d'une majorité de quatre cents membres, la division étant dans les rangs de ses adversaires. M. Genela, ministre des travaux publics, dans un banquet à Crémone, nous a déjà donné quelques indications sur l'esprit du programme ministériel. Il croit prudent de « restreindre au strict nécessaire les travaux publics et les dépenses militaires de façon à ne pas laisser la patrie sans défense ou mal défendue ». Cela est fort bien dit, mais la Triplice a d'autres exigences et c'est déjà s'y soustraire que de tenir un langage aussi sensé.

Certains calculs d'approche autorisent à croire que le déficit du budget italien pourrait être, en 1893-1894, de 200 millions. Avec l'intérêt des dettes à servir, qui est de 700 millions, le budget des ressources atteignant environ un milliard, le danger deviendrait tout à fait grave pour l'Italie.

Ceux qui ont intérêt à ce que notre voisine ne se détache pas de la Triplice jouent de la Tunisie pour empêcher un rappro-

chement entre la France et l'Italie comme ils en ont joué pour
nous brouiller.

Le *Morning Post*, journal de la Cour, qui a pour rédacteur
en chef un Italien et pour propriétaire M. A. Borthrich, député
pour Kinsington, que les fortifications de Bizerte empêchent de
dormir, le *Morning Post*, dis-je, ne tarit pas en trouvailles pour
réveiller l'irritation de l'Italie contre la France. Les journaux de
Berlin font chorus, le mot d'ordre venant d'ailleurs de la
Wilhelmstrasse. La *Nouvelle Presse libre de Vienne*, toujours à
l'avancée quand il s'agit de faire ksss! ksss! contre la France, écrivait au milieu de septembre :

> Il y a dix ans aujourd'hui que la France s'est emparée de la Tunisie. Le
> protectorat qu'elle exerce sur le pays joue un rôle prédominant dans les
> relations européennes de la France et de l'Italie aussi bien que dans celles
> de l'Allemagne et de l'Autriche. C'est ainsi que la question tunisienne pa-
> raît destinée à fortifier et à assurer le maintien de la Triple Alliance, et il
> se pourrait que le sort de l'Europe se décidât dans la baie de Carthage.

M. Gladstone, en escaladant les montagnes, a-t-il cherché des
forces pour les luttes gigantesques qu'il va avoir à soutenir?
Jamais la situation irlandaise n'a été plus tendue. Le parti conservateur fait flèche de tout bois pour la rendre inextricable.
D'une part les propriétaires irlandais ont recommencé la campagne d'expulsion des fermiers en retard de paiement, et d'autre
part la Ligue des Fermiers expulsés, conseillée par les députés
parnellistes, ennemis de M. Gladstone, adjure le gouvernement de
les faire réintégrer.

L'article de la *North american Review* : « Défense du *home
rule* », de M. Gladstone, est une réponse magistrale aux ennemis
de l'Irlande. L'éloquence du plaidoyer, la sûreté des arguments
ne peut manquer d'exercer une influence sur l'opinion publique
en Angleterre. Ce qui portera le plus est l'exemple des colonies
anglaises « chez lesquelles l'exercice de l'autonomie locale n'a
nullement eu pour conséquence une séparation d'avec la métropole ni même une tension de rapports ».

M. John Morley ne recule devant aucune responsabilité,
quoique l'obstacle se dresse partout devant lui. Le parti conservateur s'acharne à rendre stérile, par le concours des Irlandais
eux-mêmes, l'application du système de conciliation.

« M. Morley, a dit lord Hamilton dans une réunion conservatrice, vient de renverser de fond en comble l'édifice si pénible-

ment élevé par M. Balfour. On ne saurait rien imaginer de plus insensé que l'abrogation des lois protectrices de l'ordre en Irlande »,
a-t-il ajouté. Et sur ce il a prédit, aux chaleureux applaudissements de l'assemblée, la chute prochaine du ministère libéral.

Malgré les intrigues, les manœuvres les plus habiles pour
détacher le peuple du parti gladstonien, les ouvriers de Leeds
ont fait comme leurs confrères de Newcastle pour M. John Morley
et ont nommé un libéral en remplacement de sir Lyon Playfair
élevé à la pairie ; ils ont prouvé par là qu'ils admettaient le règlement de la question d'Irlande avant celles même qui leur
tenaient le plus au cœur.

Le *Daily News*, en faisant le relevé des forces dont dispose le
gouvernement libéral, compte environ 40 voix de majorité pour
le *home rule*, 86 voix au cas improbable d'abstention des libéraux pour les autres réformes libérales et 132 s'ils votent pour,
ce qui est certain, car ils cesseraient, en votant contre, d'être
libéraux. Le gouvernement a donc en mains une puissance réelle
qu'accroîtront certainement encore les élections partielles.

Sir Charles Dilke, accusé par le *Spectator* de vouloir provoquer un vote de défiance contre le cabinet par sa motion relative à l'Égypte, a répondu ainsi :

J'exprime purement et simplement le désir de voir reprendre les négociations au point où elles avaient été interrompues en 1887. La convention
signée à cette époque par le dernier gouvernement me paraît satisfaisante et
il est probable que le gouvernement actuel conclura quelque arrangement
analogue ; même s'il n'en faisait rien, je ne proposerais aucun vote de
défiance.

Par conséquent, le sort du libéralisme n'est pas attaché à une
politique nouvelle en Égypte. Qui sait même si, dans la discussion
qui aura lieu sur sa motion, sir Charles Dilke ne se laissera pas
émouvoir sur la « beauté des résultats atteints dans la vallée du
Nil par l'occupation anglaise » ? Il lui suffira de prêter l'oreille
à ceux qui se feront l'écho des paroles mémorables prononcées
par M. Scott, conseiller judiciaire du khédive, dans sa ville natale,
Wigan, qui vient de lui conférer la bourgeoisie d'honneur. Son
discours à ce propos est un monument. M. Scott soutient l'occupation indéfinie mitigée par une coopération internationale
assez vague, puisqu'il déclare que le jour où l'Angleterre quitterait l'Égypte, tout le bien fait par elle s'écroulerait en un instant.

Je suis convaincue, et je l'ai répété souvent, que la situation
de l'Angleterre, en Égypte, tient surtout aux fautes commises par
la France. Le discours de M. Scott à Wigan me remémorait ces
fautes au moment même où je recevais de M. Gavillot une lettre
qui complétait singulièrement ma pensée. Mes lecteurs en jugeront
par la citation que je ne puis résister au désir de leur faire.

Je suis en effet du nombre des Français habitant depuis longtemps
l'Égypte qui pensent que la décadence de l'influence française aux bords du
Nil est bien plus le fait d'une sorte d'indifférence inexplicable de la part du
gouvernement français que des conséquences de l'audace de la politique
envahissante et préconçue de l'Angleterre. A notre avis, non seulement on
n'a rien fait depuis le départ de M. Barrère du Caire pour mettre obstacle aux
arrière-pensées britanniques, mais souvent l'attitude des agents diplomatiques français qui ont succédé à M. Barrère a été une source d'encouragements pour les entreprises anti-françaises qui se sont succédé et qui se
poursuivent, et toujours c'est à la sollicitation de ces agents que le gouvernement français a donné son adhésion aux pires mesures contre l'avenir de la
France et des colonies françaises en Égypte.

Un événement grave, et qui semble avoir passé inaperçu en
Europe, a porté le trouble au sein d'une des communautés religieuses les plus considérables en Égypte, celle des Coptes orthodoxes.

On sait que les communautés musulmanes et israélites y possèdent des biens, meubles et immeubles, souvent de grande valeur, qui sont soumis à un régime spécial pour chacune d'elles,
et comparable à celui des anciens biens de mainmorte en France.
Au contraire de ce qui se passe pour les catholiques latins, dont
chaque ordre constitue un propriétaire distinct, il existe pour les
Maronites, les Arméniens, les Grecs, catholiques ou orthodoxes,
etc., des propriétés appartenant à l'ensemble de la communauté.
Les patriarches, juges du statut personnel des membres de leur
rite, sont investis des pouvoirs d'administration les plus étendus
sur ces biens avec l'assistance de conseils, siégeant dans le pa-
triarcat. Les patriarches sont nommés à vie par l'assemblée des
évêques.

Sans entrer dans plus de détails, on voit que les communautés
sont soumises à un pouvoir théocratique dont le patriarche est
investi par le fait de sa nomination confirmée par un bérat de la
Sublime Porte. La présence du comité de la communauté tem-
père ce que ce pouvoir a d'absolu ; mais, en cas de conflit, aucune
procédure fixée et régulière n'a été instituée, du moins en ce qui

concerne la communauté copte orthodoxe, et le besoin ne s'en était pas fait sentir depuis un temps immémorial.

Il y a quelques mois, un dissentiment s'éleva entre les plus ardents du conseil de la communauté copte et le patriarche Kyrillos, soutenu d'ailleurs par l'archevêque copte d'Alexandrie, Mᵍʳ Youannès. Alors que le patriarche prétendait exercer ses pouvoirs administratifs et son initiative personnelle, le conseil l'invitait à se résigner au rôle d'enregistreur de ses décisions. On ne voulut céder de part ni d'autre et la querelle s'envenima. La matière assurément était fort délicate. Le régime théocratique n'est pas le meilleur du monde et prête souvent à la critique, cependant il faut toujours tenir compte, surtout dans les pays de tradition, de ce qui est, et qui, en Orient, a bien souvent une valable raison d'être. Le gouvernement anglo-égyptien et la police ne se préoccupent point de ces subtilités. Au mois d'avril dernier, on envahissait la synagogue de Damanhour, on portait les mains sur les Tables de la loi, on arrêtait le rabbin et on molestait dans leurs domiciles les notables israélites de cette ville, parmi lesquels un certain nombre de Français, et les réclamations furent étouffées. En juin, on assujettissait les religieux catholiques à des taxes illégales; on procédait contre eux par des moyens irréguliers et les réclamations furent encore étouffées. Ce n'étaient là que des escarmouches, cette fois on a fait grand, cela était d'autant plus aisé que le culte copte n'est placé sous la protection d'aucune puissance européenne.

Un haut personnage du gouvernement, copte de religion (ou plutôt de naissance car ses sentiments religieux ont dû se taire en cette occasion), personnellement intéressé, dit-on, dans le maniement des biens de la communauté, s'est mis à la tête de la campagne contre le patriarche et a remporté le plus brillant succès. L'excellent et docile conseil des ministres a développé sans efforts un certain nombre de considérants à la suite desquels est intervenue une simple ordonnance khédiviale enjoignant au patriarche et à l'archevêque *de se rendre* chacun de leur côté dans deux couvents perdus de la Haute-Égypte et d'y rester. Les prélats coptes n'ayant pas obtempéré avec empressement à cette injonction ont été enlevés et conduits comme de simples malfaiteurs au lieu de relégation. Un évêque copte (on en a trouvé un pour cette mission) a été nommé vicaire président de la communauté, et voilà l'ordre rétabli.

Si l'intention du gouvernement britannique ou de ses représentants en Égypte est de détruire promptement et définitivement l'autorité morale du khédive auprès de ses sujets, je n'ai rien à dire, car on ne pouvait lui faire commettre une plus lourde faute ; mais que les Anglais y prennent garde. Le peuple égyptien n'est pas si affaissé qu'il ne lui reste assez de bon sens pour faire remonter où il convient les responsabilités, et cela est bien imprudent d'agiter les questions religieuses dans un pays où presque tous les groupes sociaux sont fondés sur la religion. Le patriarche et l'archevêque copte restent patriarche et archevêque et leurs pouvoirs spirituels sont intacts. Aux yeux des fidèles les actes de ceux qu'on a mis à leur place sont entachés de nullité. C'est là un bien mauvais terrain pour faire de la politique et un bien redoutable précédent qui doit donner à réfléchir aux autres communautés chrétiennes, protégées ou non, ou censées protégées par des puissances continentales.

Il fut un temps, bien proche si l'on compte les années, bien éloigné si on mesure le chemin parcouru, où des violences de cette nature n'eussent pas été possibles parce qu'en ce temps-là la France n'était étrangère à rien de ce qui se passait en Égypte. Les portes de nos communautés étaient ouvertes à tous et les portes du palais du khédive étaient ouvertes à nos consuls. Ils savaient, ils pouvaient faire entendre les conseils de la modération, de la prudence et du bon sens ; ils connaissaient la vie du pays, ils y étaient mêlés, ils écartaient les solutions violentes par des paroles fermes et sages ; ils faisaient habilement appel à la tendance orientale de ne rien précipiter et ils préparaient, ils imposaient au besoin les transactions. A peine aujourd'hui osent-ils élever la voix pour défendre un intérêt français au risque d'être désavoués au nom de la politique générale. Je les plains.

Ainsi l'Angleterre, ou hypocrite ou triomphante, emploie tous les procédés, se sert de toutes les armes contre la France pour l'éliminer, ou la supplanter. La croisade protestante de l'Ouganda contre les missions catholiques a passé successivement par les trois ou quatre incarnations traditionnelles qui préparent uniformément la dernière: l'incarnation officielle. Le gouvernement anglais, selon ses habitudes légendaires a : 1° repoussé la responsabilité des actes de brigandage du premier occupant, le capitaine Lugard ; 2° s'est ému des souffrances endurées par les pasteurs qui *avaient dû* être opprimés par les missionnaires catholiques, voyez la bascule ; 3° s'est élevé contre la prétention de la *British East Africa Company* de le faire participer aux dépenses faites ; 4° a conseillé à cette même compagnie de menacer d'abandonner la place et par là de créer une agitation favorable dans le Royaume-Uni ; 5° s'est fait solliciter par les sociétés évangéliques auxquelles nul ne résiste en Angleterre ; 6° a soulevé tout à coup la grande question de la pénétration africaine faisant de l'Ouganda la clef qui ouvre Wadelaï aux Français et ferme le Soudan aux Anglais, et le *Times* a pu alors écrire, la question étant à son point : « Si le gouvernement ne vient pas en aide à la Compagnie de l'Est-africain, nous livrons l'Ouganda à nos rivaux. »

« Alors, répond M. Labouchère dans le *Truth*, c'est la *continuité* de la politique extérieure de lord Salisbury en Afrique, politique qui aura pour effet d'annihiler toutes les protestations et déclarations formulées par le parti libéral dans l'opposition. » M. Labouchère est l'un des rares hommes politiques anglais qui parlent le même langage dans la victoire ou dans la défaite de leur parti.

Lord Rosebery a répondu aux délégués de la *Church missionnary Society* « que le gouvernement donnerait à l'affaire une solution aussi *favorable que possible* à l'objet de l'entreprise de la société ». Lord Salisbury n'eût pas promis davantage.

L'émir d'Afghanistan harcelé, circonvenu, est finalement bloqué. Tout ce que la vice-royauté des Indes a pu faire est fait et a réussi. Abdur Rhaman avait résisté et s'était même quelque peu tourné vers le grand Tsar blanc, mais il a été si bien enveloppé et compromis par le gouvernement de l'Inde qu'une affiche signée par lui a pu être placardée sur les murs de Jellahabad ainsi conçue :

Nous portons à la connaissance des chefs des tribus de Shinwari, Mohmand et Ghilzai, que nous avons demandé aux Anglais deux brigades auxiliaires. Nul ne doit suspecter leurs intentions ; et eux, de leur côté, sont sans appréhensions touchant les nôtres. Ils prendront leurs cantonnements sur les rives de l'Amour-Darya, en vue de repousser les Russes qui sont tyranniques et compromettent la sécurité de l'Afghanistan.

L'ambassade de lord Frédéric Roberts, commandant en chef de l'armée de l'Inde, peut-elle enfin s'avancer sans craindre le sort de la mission Cavagnary ? l'Émir a promis de venir à sa rencontre sur le territoire indien, mais il y met une dernière condition : celle d'avoir triomphé des Hazaras. Voilà qui peut être long.

Fin juillet un engagement a eu lieu entre les Afghans et les Russes dans le Pamir, les Afghans ayant franchi l'Alichur et campé en dehors de leur frontière. Le colonel Yanoff qui, en 1891, avait visité une première fois le Pamir Alichur et n'y avait trouvé aucune trace de l'occupation afghane, était donc plus autorisé que tout autre à repousser les Afghans jusque sur leur territoire.

Comme je le prévoyais, les rodomontades de M. Stambouloff, enorgueilli par la réception du sultan, ont lassé la patience du Tsar. Si Abdul-Hamid avait continué à résister à ses conseillers, se maintenant dans la stricte observance du traité de Berlin, il eût évité à la diplomatie russe la nécessité de témoigner son inquiétude. Un acte de condescendance du gouvernement turc, exploité à Sofia comme la réception de M. Stambouloff, la mise en liberté des Bulgares faits prisonniers par le gouverneur de Salonique a paru, en Bulgarie, le prélude de la reconnaissance du prince Ferdinand. Or la Russie qui, par dévouement à la paix et par respect pour sa signature, a subi les conditions défavorables pour elle du traité de Berlin, ne peut admettre que les puissances qui, seules, en ont bénéficié, encouragent la Bulgarie à y porter atteinte. L'Autriche. l'Angleterre ont pris officiellement parti pour M. Stambouloff, et la Triple Alliance veut acculer le sultan à une politique d'aventures et de risques dangereux pour la Turquie seule, sous couvert de lui rendre son indépendance.

Sans les menaces et les menées ténébreuses de la France et de la Russie, dit le *Pesti Naplo*, de Budapest, le sultan serait très désireux de se débarrasser de cette éternelle question bulgare qui s'envenime périodiquement et cause à son gouvernement de perpétuelles préoccupations.

La Russie, victorieuse, a souffert du traité de Berlin plus que la Turquie vaincue. Elle est en droit de prétendre à ce que ses clauses servent de règle à Constantinople comme à Pétersbourg, au moins tant qu'Abdul-Hamid n'entrera pas dans la Triple Alliance, qu'il restera l'ami de la Russie et par là même le défenseur vigilant de sa sécurité personnelle et de l'intégrité ottomane. La duplicité des inspirateurs du traité de Berlin ne doit-elle pas inquiéter le sultan et la fidélité d'Alexandre III lui être un exemple?

Et puisque ce mot vient sous ma plume, combien l'exemple donné par l'empereur et l'impératrice de Russie allant visiter les cholériques est admirable. La Tsarine prodiguant des consolations à une religieuse en proie aux tortures des convulsions cholériques et la baisant au front, n'est-ce pas une scène d'un héroïsme touchant à se représenter?

Guillaume II s'est dispensé d'aller à Hambourg, le choléra n'étant point fantoche à pourfendre. En revanche, il s'est précipité vers Canossa. L'alliance noire, comme l'appellent les libéraux, est un fait accompli; le centre catholique et les conservateurs sont unis comme autrefois, sous M. de Bismarck, les conservateurs et les nationaux libéraux contre le centre. A Löwenberg, le nouveau « cartel » clérico-conservateur a remporté sa première victoire électorale, battant à plate couture les libéraux et les progressistes qui avaient négligé de s'unir.

M. de Caprivi a négocié avec M. Gochring et il est même allé jusqu'à essayer de mettre le pape Léon XIII dans ses intérêts, tout comme autrefois M. de Bismarck.

Le chancelier actuel entend revenir comme le général Ducrot « mort ou victorieux » de sa campagne pour les nouvelles lois militaires. Le prix donné aux cléricaux pour leur concours a été débattu. Il sera coûteux; ce que veut M. de Caprivi, ce que veut Guillaume II, c'est l'augmentation de l'effectif de paix et du contingent annuel, afin que l'Allemagne ait toujours prête son armée de 300 000 hommes; la réduction du service est une concession que le gouvernement disputera et sur laquelle il ne cédera que pour faire accepter la surcharge du budget de la guerre. En vingt ans, de 309 millions ce budget a monté à 540. Il serait porté à près de 700 par l'application des nouveaux projets.

La *Freisennige Zeitung* se demande ce qu'il adviendra le jour où l'opposition du centre clérical cessera, lui qui avait toujours été le modérateur dans les dépenses militaires, ce qui n'a pas empêché l'Allemagne de dépenser 11 milliards 597 millions en frais d'armements depuis 1871.

L'Autriche suivra-t-elle encore une fois l'entraînement de Berlin? La visite de Guillaume II à Vienne, flanqué de M. de Caprivi, est pour l'y décider. Comme en Allemagne on se demande, dans l'empire des Habsbourg : Où veut-on en venir avec toutes ces dépenses? Le *Vaterland* déclare, à propos du voyage de Guillaume II « que le pacte des trois grandes puissances lui paraît commencer à être ébranlé ».

Guillaume II, qui a cru, à la mort de l'archiduc Rodolphe, son influence délivrée de toute résistance, a vu surgir celle du nouveau prince héritier humilié, lui aussi, de ne pouvoir arracher l'Autriche à la tutelle des Hohenzollern. On raconte qu'il aurait dit : « C'est à l'Autriche qu'appartient la couronne du saint empire romain, la Prusse l'a usurpée. On pourrait la lui reprendre. » Et c'est vrai, l'Autriche faisant défection à la Triple Alliance, c'est l'Allemagne plus isolée qu'elle n'a rêvé d'isoler la France. Le secret du voyage de circumnavigation que l'archiduc François-Ferdinand doit faire en décembre prochain sur l'*Impératrice-Élisabeth* serait dans ces paroles, et son éloignement aurait été exigé par Guillaume II. La politique d'empire à Vienne en est-elle réduite à ce que des princes héritiers ne puissent rêver à l'ancien prestige de Habsbourg que sous peine de mort ou de voyage au long cours, c'est-à-dire d'exil ?

Guillaume II croit la guerre prochaine et pressante ; il sent l'Italie se disputer, l'Autriche se reprendre. Selon la tradition de De Moltke, il veut être prêt à l'heure qu'il choisira. Dans le dernier volume des Souvenirs du « maréchal » se trouve une lettre de lui au député comte de Bethusy-Huc, datée du 29 mars 1867, où on lit ceci :

Après une guerre comme celle que nous venons de terminer, on ne peut certes en désirer une nouvelle. Et néanmoins, je souhaite que l'on profite de l'occasion qui se présente de faire la guerre à la France, car je considère malheureusement cette guerre comme étant absolument nécessaire et indispensable dans un délai de cinq ans. Car au delà de ce temps notre organisation, notre armement, aujourd'hui supérieurs, pourront être égalés par les efforts de la France. Nous avons donc intérêt à nous battre le plus tôt possible ; le moment actuel est favorable, qu'on en profite.

Mais les signes de défaite s'accumulent sur la tête de l'empereur allemand, roi de Prusse. Encore une fois, le 16 septembre, près de Stettin, aux manœuvres du 3ᵉ corps, il est tombé de cheval et a roulé dans un fossé.

De même le roi Humbert est tombé de cheval, aux manœuvres, en déployant des cartes. Tous deux croient aux signes et ceux-là sont clairs.

En Autriche, un courant d'opinion grossit contre la Triple Alliance. Ses adversaires disent qu'elle n'est que duperie, que ses contrats sont anti-nationaux, etc., etc. D'autre part, l'agitation tchèque anti-germaine ne s'apaise point. Sans doute les vieux Tchèques et le parti féodal ne suivent pas les jeunes et s'en tiennent au compromis tchéco-allemand signé à Vienne il y a deux ans ; mais la grande voix de l'autonomie pénètre dans les masses et l'indépendance sera un jour conquise par elles.

L'anniversaire de Kossuth a donné lieu à des manifestations plus enthousiastes que celles du vingt-cinquième anniversaire du couronnement de François-Joseph comme roi de Hongrie. En cela, les Hongrois, malgré d'apparentes contradictions, sont logiques, car c'est à la proclamation faite par Kossuth, le 14 avril 1849, à Debreczin, de la déchéance de la dynastie des Habsbourg, que la Hongrie doit son indépendance, et c'est sur la révolution que s'est greffé le royaume constitutionnel succédant au régime féodal. Mais acclamer la liberté, c'est combattre le conservatisme, et les conservateurs le comprennent bien. Kossuth est un drapeau à l'ombre duquel s'abrite le parti de l'indépendance, bienveillant aux petites nationalités non maggyares et ennemi de la germanisation centraliste qui vient de Vienne.

De bonnes nouvelles de Grèce nous arrivent. Le paiement des coupons de septembre-octobre est assuré et sera fait par une banque de Londres. Le gouvernement paiera sans emprunt à l'étranger et sans drainer l'or du pays. M. Tricoupis a fait un emprunt provisoire, moitié à des banquiers d'Athènes, moitié à des banquiers grecs d'Alexandrie dont le patriotisme, comme toujours, s'est trouvé à la hauteur des difficultés de la situation puisqu'ils ont prêté au taux le plus réduit, à 5 et 6 p. 100. Le čoupon de janvier sera payé aussi, on n'en peut douter, la magnificence de la récolte promettant d'amener près de cent millions d'or en Grèce. Partout M. Tricoupis réalise des économies sérieuses. Un million au ministère de la guerre sans toucher à l'armée, autant à la marine sans mordre sur les cuirassés; un million au ministère de l'intérieur. On croit arriver à cinq millions. Quelques impôts sur les matières non chargées et qu'autorise la rage de protectionnisme de l'Europe, seront aussi d'un grand secours. Les ennemis de la Grèce peuvent la menacer de la faillite, elle n'a point à s'en émouvoir.

Les conseils généraux en Espagne ont donné une énorme majorité au gouvernement. Quel que soit le parti au pouvoir, il en est toujours ainsi. Les candidats officiels ont eu, cette fois, partout des concurrents, coquetterie pure des partis d'opposition dont les chefs ont fait des tournées, espérant peut-être, dans leur demi-scepticisme, faire voter les électeurs. Mais, hélas! la moyenne dans les provinces et dans les villes n'a pas dépassé 20 et 25 p. 100. Depuis l'établissement du suffrage universel, on vote de moins en moins, les électeurs étant persuadés qu'il est plus difficile encore de lutter contre les candidats officiels, le gouvernement trouvant un champ plus vaste pour séduire ou pour corrompre.

Le mélange des partis a été la confusion des langues; les libéraux et les républicains se sont combattus ici, alliés là entre eux, ou les uns avec les conservateurs et les autres avec les carlistes. Tous les partis conservateurs se sont unis contre les libéraux dynastiques. En somme, le scrutin a donné à M. Canovas la majorité qu'elle avait donnée à M. Sagasta.

Les libéraux dynastiques ont été complètement battus à Madrid où les républicains ont eu plus de succès même que les libéraux sans épithète. Le peuple espagnol se figure qu'il y a entente entre les partis qui se disputent le pouvoir en apparence, et se le repassent tour à tour.

Les procédés électoraux sont [vraiment extraordinaires. Aucune violence, nulle protestation ne sont punies ou relevées, si la violence vient d'un partisan du pouvoir ou la protestation d'un membre du parti vaincu.

M. Sagasta a prononcé un grand discours, dans lequel il a affirmé que « le parti libéral s'efforcerait de faire prendre aux lois libérales leurs racines dans les coutumes publiques pour le bien de la patrie et de la monarchie. Voici d'ailleurs son programme :

Les dépenses ne devront pas excéder 700 millions de pesetas et les recettes devront atteindre 800 millions.

Avec l'excédent de 100 millions on gagerait un grand emprunt destiné moitié à la défense du territoire, moitié à l'amortissement de la dette et à la réalisation de la conversion de la dette extérieure en dette intérieure.

Le programme du parti libéral comprend aussi la réforme des contributions et des impôts, et principalement des octrois.

La Belgique se trouve toujours en face de l'article 47 à reviser et de M. de Smet, nouvelle Pénélope qui fait et défait ses rapports avec une application touchante. On dit que le roi et son premier ministre sont disposés à accepter le suffrage universel à la condition d'avoir le *referendum*. Les oppositions contre le suffrage universel sont d'ailleurs de moins en moins vives, tandis que les difficultés semblent croître pour l'adoption de tout autre système électoral.

L'enthousiasme pour le Congo semble aussi diminuer à mesure qu'apparaissent, plus nettes, les menaces de conflits qu'entraîne la politique coloniale et qui exposeraient la Belgique à des luttes armées contre la Hollande, la France, le Portugal. Un survivant de l'expédition Hodister, M. Doré, a d'ailleurs montré combien est vaine l'idée d'une œuvre civilisatrice et humanitaire là où la chasse, la ruse, le braconnage même sont employés pour se procurer l'ivoire. Mais le roi Léopold tient à sa colonie comme Napoléon III tenait au Mexique. C'est la grande idée de son règne.

La Hollande, elle aussi, se préoccupe de réformes électorales. Elle le fait avec calme, donnant comme toujours le spectacle d'un libéralisme tempéré, réfléchi, qui avance lentement mais n'a jamais de recul. C'est le gouvernement lui-même qui a déposé les projets de réforme augmentant de 500 000 électeurs le corps électoral qui ne se composait jusqu'aujourd'hui que de 300 000. Peu à peu l'éducation se fera pour le suffrage universel qui viendra à son heure et sans secousse dans un pays préparé à le subir. Subir est le mot, malgré la grandeur du principe. Le scrutin en Hollande sera uninominal, les grandes villes seront divisées en plusieurs districts et cent circonscriptions auront chacune un député.

La session va être intéressante, le gouvernement ayant pris l'initiative de l'adjonction des capacités dont le refus perdit le gouvernement de Juillet en France. Ajoutons une belle phrase prévoyante et progressive du ministère libéral des Pays-Bas: « L'organisation électorale est la base essentielle de toute amélioration constante des relations politiques et sociales. »

· En Danemark on signale l'entente de la droite et de la gauche modérée mettant fin au conflit constitutionnel qui existait depuis huit ans. Le ministère Estrup, qui a soutenu la lutte, démissionnerait et toutes les lois provisoires promulguées sans le concours de la première Chambre seraient légalisées par elle.

A Stockholm le ministre des finances qui a fait du protectionnisme avec une passion aveugle et a provoqué l'accroissement du prix des denrées, le renchérissement sur toutes choses et la diminution de l'exportation, est invité à démissionner. M. von Essen serait remplacé par M. Herlslow, libre-échangiste. Si nous pouvions, en France, remplacer, aussi facilement que les Suédois vont le faire, M. Méline par notre collaborateur M. Jules-Charles Roux, que de misères empêchées et de richesses conservées!

Juliette ADAM.

LE PROBLÈME SOCIAL

Après Ravachol et la propagande par le fait, voici Carmaux, Saint-Ouen, et les procès-verbaux des congrès socialistes, avec leurs ordres du jour. Cette fois encore, tout ne s'est point passé en discours. On a été à Carmaux, par exemple, bien près du crime à la Watrin, lorsque le directeur de la mine fut menacé dans sa vie; et dans le Pas-de-Calais, des violences contre les personnes et des actes de pillage ont accompagné l'expulsion des ouvriers belges par des Français. Toutefois, — est-ce parce qu'après les éclats formidables de la dynamite, tout semble des douceurs? — ce sont surtout les discussions en paroles et les théories qui, en apparence, dominent dans la réapparition récente du socialisme.

Sans autres renseignements que ceux donnés par les nouvellistes, et recueillis par la presse, il serait téméraire de porter un jugement sur le caractère de ces divers incidents, et sur la conduite des pouvoirs publics. Tel n'est pas mon dessein. Encore moins voudrais-je, à propos de ces faits divers, me prononcer *ex cathedrá* sur ce que, d'un nom assez obscur tant il est extensif, on appelle le socialisme. Mais il est impossible de ne pas être attentif à toutes les manifestations des idées de changements, de rénovation, de révolte même, qui s'énoncent de nos jours sous ce mot générique. Ces idées sont-elles sérieusement menaçantes pour la société dont nous sommes membres? Peut-on s'en défendre, et le doit-on? Sont-elles justes ou fausses? Font-elles partie d'une doctrine acceptable par des hommes libres, ou qu'il faille subir parce qu'elle sera en même temps la force? Ne sont-elles que les symptômes d'un malaise qu'un meilleur état moral fera disparaître, comme une maladie qui n'a pas de prise sur un corps sain et encore robuste? Qu'on le veuille ou non, ces questions s'imposent à l'esprit. Et quel est l'homme de nos jours qui, soit dans les relations domestiques, soit aux champs, soit dans l'atelier, ou dans les corps constitués, et plus encore dans les assemblées délibérantes, ne se trouve pas un jour ou l'autre en face d'une difficulté de cet ordre, et dans l'obligation de trouver une solution ?

Comme toujours, en présence du malade, on rencontre le médecin Tant-pis et le médecin Tant-mieux. Il y a des trembleurs et aussi des fanfarons de sécurité. Les premiers voient partout des abîmes, et s'en vont prédisant des cataclysmes. S'ils avaient été bons prophètes, il y a beau temps que le monde serait sens dessus dessous. Ce sont les peureux de nature, les esprits chagrins et tourmentés, les imaginations maladives qui voient tout, et principalement le mal, avec grossissement, des mécontents qui crient que tout va au pis, et que tout cela finira mal... vous verrez ! C'est un thème pour les salons et pour les centres d'opposition ; pour les gens qui, sans qu'on les en prie et sans qu'ils y aient aucun titre, se placent au-dessus de la multitude, et pour les beaux parleurs dont le génie oratoire s'alimente de dénigrement.

Les fanfarons de sécurité sont aussi nombreux et non plus sensés ; ils sont même plus agaçants, parce qu'ils procèdent de l'infatuation qui, par elle-même, est déplaisante. Ce qui trouble un peu tout le monde n'est pour eux que de pures niaiseries ; et il faut être un pauvre sire, vraiment, ou un pauvre d'esprit pour s'en inquiéter. Ils sont tout bardés d'importance, pleins de croyance en soi, convaincus de la supériorité de leur état de toute manière, sûrs de leur jugement, avec la certitude qu'on aura raison de tout. Notez que, pour la plupart, ces gens si sûrs d'eux se cachent dans des trous, si un péril réel apparaît.

D'autres disent philosophiquement que tout s'arrange, et que l'on a bien tort de se tant tourmenter. Ils ont raison : tout s'arrange, mais à la condition qu'on se donne de la peine et qu'on y mette la main. Seulement, le plus grand nombre de ceux qui parlent ainsi comme des sages laissent ceux qui sont simplement utiles et dévoués faire la besogne ; et quand elle est faite, ils disent : Vous voyez bien, tout s'arrange. Oui, mais, si tout le monde faisait comme eux, jamais rien ne s'arrangerait.

Ces discours de gens qui ont peur de tout, ou qui ne doutent de rien, et enfin qui s'en rapportent au laisser-faire, sont de peu de valeur en face de la réalité. Et la réalité, c'est que les sociétés

humaines ne sont pas le paradis terrestre; que ceux qui s'y trouvent mal cherchent à y être mieux; et qu'il faut s'entr'aider.
Que la différence des conditions provienne de l'inégalité des
forces ou des facultés, qu'elle provienne des fatalités naturelles,
des vices ou des passions, peu importe : elle crée des douleurs,
des souffrances, des révoltes : et s'il est vrai que la misère humaine est et qu'elle sera de tous les temps, il est également vrai
que l'obligation de la conjurer, de l'amoindrir, de l'adoucir est
aussi perpétuelle. On n'a pas attendu la venue des apôtres du socialisme pour faire ces découvertes.

Mais ce qui est particulier à ce temps-ci, et ce qui donne de la
gravité aux revendications de ceux qui souffrent, c'est qu'ils les
élèvent au nom d'un droit selon eux légitime, et puisé — ils le
croient du moins — dans les principes mêmes de la Révolution.
Le principe de l'égalité et de la justice sociale est de ceux-là. La
société, pensent-ils, leur a donné des droits égaux à ceux de tous
les citoyens, elle doit leur en assurer l'usage, avec toutes les conséquences qu'il comporte, c'est-à-dire, dans le cas particulier,
l'égalité des biens et la jouissance commune de tous les avantages sociaux. Et leur imagination est vaste quand ils envisagent
ces avantages.

S'il était vrai que la société eût cette puissance de créer des
droits et de les dispenser à ses membres, il n'y aurait, en effet,
aucune réponse à leur faire quand ils demandent à avoir une part
égale dans la répartition. Qu'ils rejettent cette erreur, et qu'ils se
détrompent eux-mêmes : c'est demander trop de philosophie
pour le plus grand nombre. On ne peut exiger d'eux qu'ils sachent
que la société n'a point de droits à répartir; qu'elle n'a qu'une
fonction d'utilité publique, laquelle consiste à garantir l'exercice
des droits que chacun de nous tire d'une tout autre origine. Je
m'imagine que les Constituants de 1791 n'ont jamais eu la pensée
de dispenser aux Français des droits dont ils auraient été les
détenteurs : ils étaient trop éclairés pour cela. Lorsqu'ils firent
leur fameuse Déclaration, ils se contentaient modestement de
reconnaître que l'État n'a pour fonction que de garantir aux
hommes l'exercice des facultés qu'ils ont reçues de la nature. Si
nos Jacobins, qui se croient fidèles à l'esprit de la Révolution,
connaissaient sa vraie pensée, ils sauraient par là que l'État n'a
pas le droit de tout faire; et s'ils étaient de vrais libéraux, ils éclaireraient les masses égarées. Mais, sur ce point capital, l'erreur,

fertile en conséquences funestes, tend à se généraliser, grâce à la confusion qui règne dans les idées et dans les mots : elle est d'ailleurs commode pour ceux qui cherchent à en profiter.

Il y aurait, il me semble, quelque légèreté à croire qu'on échappera aisément aux effets de cette erreur par cette raison, que la société est établie depuis des siècles sur de certaines bases telles que la famille, la propriété, le droit public et privé; qu'il y a bien longtemps que cela dure; et qu'il n'y a pas d'apparence que cela doit cesser. La durée : est-ce une raison? La durée ne crée pas le droit : elle en donne le simulacre, qui est la prescription, fondée sur l'utilité publique. Il est utile qu'une possession prolongée finisse par être considérée comme une possession légitime. Les droits que vous détenez, diront les socialistes, ceux de la famille, de la propriété, et d'autres encore, sont un fait : vous les possédez; mais ce qui maintient cet état de choses, c'est une présomption d'utilité sociale. Cette prescription est établie pour vous; elle vous protège. C'est fort bien; mais elle est à nos yeux une injustice et une usurpation. Nous avons le droit comme vous : comme vous nous aurons la possession : car nous sommes le nombre, qui est la loi suprême et l'origine de tout bien dans la société moderne.

La force matérielle aux mains de la société organisée ne lui offre guère plus de sécurité. Cette force peut changer de mains au gré des mouvements populaires, et même, légalement, par les procédés électoraux que la constitution met au service du nombre. De sorte que le moyen de défense auquel cette société se fie, peut demain se retourner contre elle.

Force matérielle, durée, fondement de votre droit, diront les socialistes qui apparaissent dans un lointain encore obscur comme de nouveaux barbares, ne sont que du pur empirisme. Vos lois, vos prétendus droits, votre société, tout cela repose sur des règles inventées d'après le modèle qu'offre la famille : un chef ou des chefs qui commandent, des citoyens qui obéissent, des institutions faites par un petit nombre d'hommes pour maintenir et protéger l'ordre établi. Les hommes ont ainsi vécu sans tant philosopher; et aussi longtemps qu'ils n'ont pas cherché la raison de leur obéissance, votre société a été tranquille. La religion venait en aide aux heureux possesseurs. Elle enseignait que c'était la Providence qui avait ainsi établi les choses, que la rigueur du sort des uns ou des autres était adoucie par la pratique des devoirs de la conscience soumise aux lois de Dieu ; que la résignation est une vertu, et que dans le ciel, ouvert à tous, se trouveront les réparations de toute injustice. Mais tout cela est percé à jour, n'a plus de prise sur les âmes ; enfin, dernière et suprême raison, nous voulons jouir comme vous des biens de la terre.

Et telle est la logique révolutionnaire, qu'elle ruine dans la croyance des hommes toutes les raisons de supporter leur état présent. De là naissent les théories socialistes qui, menées à leur vrai terme, aboutissent, au point de vue des biens et de la liberté, au communisme, c'est-à-dire à quelque chose qui ressemble à la vie des bêtes, comme il convient d'ailleurs au naturalisme ; et, en ce qui concerne l'état social, aboutissent au renversement des lois et de l'ordre établi d'après de certaines règles de morale sociale, c'est-à-dire à l'anarchie, comme il convient à l'humanité retournée à l'état primitif.

Les socialistes — ils n'en font pas mystère — ont deux moyens de forcer la porte de cet heureux Eldorado. La violence d'abord, d'un emploi peu commode, et un autre mieux à portée, et qui est le suffrage universel, sur lequel s'étaie la suprématie du nombre.

Dans le congrès insurrectionnel tenu à Saint-Ouen par des délégués municipaux on a pu entendre ces propos : « Le prolétariat doit entrer dans la voie révolutionnaire . — « Nous savons tous que nous n'aurons que ce que nous prendrons. » On y annonce la revanche de la Commune. Ailleurs, à Grenoble, on rappelle la sainte mémoire de Ravachol. Et enfin ne dit-on pas que la franc-maçonnerie française fait son évolution pour se rapprocher des révoltés de l'ordre social, sinon pour faire avec eux cause commune ?

Ce dernier symptôme rappelle à propos à ceux qui, en présence de ces menaces, mettent toute leur confiance dans la coalition des intérêts résolus à se défendre, que la solidarité sociale n'est pas très solide dans les sociétés où l'on raisonne sur tout. A la faveur du désarroi moral, le *chacun pour soi* est une maxime appropriée aux hommes chez qui la notion du devoir est obscurcie sinon tout à fait éteinte, sauf à garder les dehors d'un pharisaïsme convenable et utile. Comment des démagogues audacieux et décidés, fussent-ils en petit nombre, peuvent-ils avoir raison d'une société démantelée ? Notre propre histoire nous l'apprend. Certes la masse de la nation est saine, honnête, capable de sentiments généreux qui l'éloignent des violences. Mais il ne faudrait pourtant pas légaliser l'injustice. Beaucoup de gens se croient tout permis quand ils ont ne fût-ce que l'apparence de la légalité pour eux. Ne sait-on pas aussi, par de tristes expériences, que, sous l'empire de certains entraînements, le peuple lâche la bride à ses mauvais instincts, quand son esprit et son cœur sont empoisonnés par les prédications des démagogues, et qu'il peut tomber dans des excès dont lui-même ne se serait pas cru capable lorsque, ayant repris son sang-froid, il voit le mal qu'il a fait. Et néanmoins, il est permis de compter sur la force d'organisation qui subsiste dans le pays ; et, du côté des *compagnons*, sur certains sentiments de prudence qui ne sont pas à la hauteur de leur vantardise.

Ce n'est pas encore de ce côté, aujourd'hui du moins, que le péril se montre. Le vrai danger a été mis en lumière par le mouvement anarchiste qui s'est produit à Carmaux ; et, sous ce rapport, l'incident mérite une attention particulière. Un conseiller municipal de Carmaux, dans une réunion tenue à Lyon au profit des grévistes, dit : « Si nous ne sommes pas assez forts pour faire respecter le suffrage universel, nous saurions faire triompher la révolution sociale. » N'est-ce pas dans le premier membre de cette phrase que se trouve le mot de la comédie ?

Les fauteurs et les directeurs de la grève de Carmaux savent très bien qu'il est absurde de prétendre imposer un ouvrier négligent et insubordonné à une Compagnie industrielle, sous le prétexte que cet ouvrier est investi d'un mandat municipal. Mais plus cela est absurde, plus ils y tiennent. Car s'ils parviennent à faire prévaloir cette prétention malgré son absurdité, ce sera la consécration la plus éclatante de l'inviolabilité, de l'infaillibilité, de la souveraineté absolue du suffrage universel et de ses décisions. Et voilà une doctrine qui peut mener loin.

C'est cette doctrine que les théoriciens de la révolte tendent à ériger en article de foi. Songez donc ! persuader au peuple qu'il est souverain, qu'il est le nombre, qu'il peut tout par le suffrage universel, qu'il imposera sa suprématie, qu'il fondera son pouvoir, qu'étant la pluralité il aura la puissance. Et faire luire à ses yeux les perspectives de bonheur, de richesses, de jouissances sans travail, d'iniquités sociales vengées : le convaincre qu'il a pour lui le droit et la justice ; allumer à la fois ses convoitises et enflammer son âme de toutes les ardeurs d'une croyance quasi religieuse en un droit supérieur, dont il serait lui-même la

source, l'instrument, le régulateur et le bénéficiaire. Tout cela
découle très logiquement du sophisme naturaliste, et peut être
rendu très accessible à des esprits sincères. Et que ne peut une
foi même erronée sur des âmes simples, sur des esprits peu éclairés, sur des cœurs ardents : n'aura-t-elle pas, elle aussi, ses
héros, ses martyrs, ses soldats vainqueurs ?

Il ne s'agit donc que de faire accepter le programme socialiste
par le suffrage universel, et de légaliser les conceptions qui vous
paraissent le plus anti-sociales. Anti-sociales est bientôt dit ! Elles
n'en seront pas moins, si le suffrage universel reçoit la consécration que l'on réclame pour lui, inviolables et comme sacrées.
Et vous entendrez dire que la République n'est pas seulement
une forme de gouvernement, qu'elle est une doctrine, qu'elle est
l'expression et l'organe d'un ensemble d'idées et de conceptions
sociales et politiques qui sont sa raison d'être, et que ces idées,
ces conceptions sont indiscutables comme elle. Ce sera un tout,
un bloc qu'il faudra adorer sous peine d'excommunication. Que
si ce programme comprend le communisme, le partage des biens,
l'abolition des héritages, la négation de toute religion, l'absorption
de la famille par l'État, et d'autres belles choses encore... il vous
faudra vous incliner dévotement, puisque le dieu Suffrage universel aura parlé.

Mais ce langage, ne l'entend-on pas d'un autre bord ? Est-ce
que des républicains qui se défendent d'être des socialistes ne le
tiennent pas de même, avec une certaine superbe ? Ils sont
légion, ils règnent et ils gouvernent. Ils n'entendent pas raillerie
sur ce chapitre. Eux aussi, ils proclament de haut que la République n'est pas simplement un régime politique ; qu'elle a des
formules à elle, des principes supérieurs à tout, un droit spécial
qui s'appellera le droit républicain, par opposition sans doute au
droit public des Français. Comment ne voient-ils pas qu'ils dés-
arment ainsi devant les prétentions du socialisme constitutionnel, et qu'ils lui fournissent des arguments sans réplique ? Les
apôtres de ce socialisme leur diraient quelque jour : « Vous avez
raison de déclarer que la République a un droit qui lui est propre ;
seulement vous vous trompez quand vous nous présentez le vôtre :
c'est notre droit républicain qui est le seul vrai. Prosternez-vous,
car il est l'expression du suffrage universel qui est, pour vous
comme pour nous, la loi suprême. »

Que répondraient à cela les républicains radicaux et les op-

portunistes qui pensent comme eux? Rien. Le plus grand nombre
d'entre eux, il est vrai, par une heureuse inconséquence, et sauf
sur un point qui leur tient trop au cœur, agissent mieux qu'ils ne
parlent. Ils n'ignorent pas qu'il y a des droits individuels dont
aucun pouvoir ne peut dépouiller les hommes, sous peine d'être
auteur ou complice d'une tyrannie odieuse. Ils rappellent avec complaisance, comme leur titre d'honneur, la déclaration des *Droits
de l'homme*, qui comprennent la liberté, la conscience, la pensée,
la propriété, la famille. Eux-mêmes, pour la plupart, je le sais,
seraient ardents à les défendre, si ces droits sacrés étaient sérieusement menacés. Mais il faut prendre garde que c'est un mauvais
moyen pour se défendre que de livrer la place; et c'est livrer la
place aux logiciens du socialisme que de leur fournir des arguments pour vous vaincre.

En présence des revendications qui sont élevées de toutes
parts au nom des classes populaires et, plus généralement, au
nom de tous ceux qui souffrent, la société est autorisée à se défendre sans doute; mais aussi elle a le devoir de discerner le faux
du vrai, le juste de l'injuste. Ce ne sont ni la force, ni l'intérêt,
ni les fantaisies inconséquentes des républicains en possession
du pouvoir qui doivent lui servir de critérium, quand il s'agit
d'accorder ou de refuser. Il ne suffit pas d'opposer à des prétentions appuyées sur une logique sophistique mais spécieuse, des
raisons qui n'en sont pas. Il faut être sûr de son droit, quand on
se trouve en face de gens qui parlent d'injustices et de souffrances imméritées.

Toute personne peut être maître ou patron, et le gouvernement, qui est une sorte de gérance, a aussi un patronage général
à exercer. Tous ont donc à traiter ces questions naissant des
relations des maîtres et des patrons, avec les employés et les ouvriers de tout ordre qui élèvent leurs griefs contre l'ordre établi.
Le patronage quasi familial d'autrefois n'y suffit plus. La notion
du droit strict se substitue, dans les rapports des hommes et dans
le contrat de louage de services, aux habitudes de bienveillance
et de familiarité. Il faut une règle simple et claire qui serve à
résoudre ces questions irritantes, puisque sous ce rapport les
mœurs ont changé.

J'entends bien que tout le monde parle de justice et de solidarité sociale. La bonne volonté est grande et sincère; elle s'é-
lève même au-dessus des refus hautains qu'elle rencontre chez

des esprits révoltés. Mais, dans la recherche des solutions à trouver, il faut savoir à quoi s'applique la justice, sur quels maux s'étend la solidarité sociale, et dans quelle mesure elle doit s'employer. Où est la clef du problème? Elle est dans le respect des droits individuels. Telle est la garantie qu'à tout prix la loi doit consacrer et que le gouvernement a le devoir d'assurer. Il y a donc des droits individuels? Oui, et sans en chercher ici l'origine, quoiqu'il ne soit pas indifférent de la connaître, tous ou à peu près sont d'accord pour les proclamer. Et comment les pourrait-on nier?

Ce sont ces droits qui distinguent l'humanité des autres êtres animés, qui font qu'elle s'organise en sociétés, qu'elle s'améliore, qu'elle progresse, et qu'elle s'avance de plus en plus dans la voie de la civilisation. Et qu'est-ce donc que ce respect des droits individuels si ce n'est le respect de notre personnalité, le respect d'autrui, la protection garantie aux biens les plus précieux de l'homme, sa propriété, sa pensée, sa conscience, sa famille, sa qualité de citoyen, et sa part dans les avantages que cette qualité confère? Et qu'est-ce encore que tout cela si ce n'est la liberté?

Dans les conflits inévitables qui s'élèvent entre les droits respectifs, que la justice donc prononce. Le socialisme le plus impérieux ne peut rien exiger de plus. Mais on ne saurait non plus bannir la bienveillance de la terre, sous peine de faire de la société une sorte de caserne inhabitable et affreuse. S'il est juste de faire droit à chacun, il n'est pas moins nécessaire de tempérer par l'amour des hommes les rigueurs et la dureté des rapports juridiques mutuels; de même que le sentiment de la solidarité sociale doit faire pénétrer dans les lois un peu de cette bonté qui fait les hommes généreux et rend leurs rapports faciles. Le droit est une chose excellente, mais le cœur a bien aussi sa place dans l'humanité.

S'il fallait, en un mot, résumer les règles de conduite qu'une situation nouvelle et parfois critique exige de chacun de nous, je dirais : Dans cet ordre de faits, qu'il s'agit de réglementer et qui impose à cette génération une tâche aussi difficile que nécessaire; que tout, loi, mesure gouvernementale, conduite personnelle, conseils, délibérations, enseignement, tout s'inspire des sentiments humains, mais surtout du respect des droits individuels et de la liberté. Voilà la règle suprême, l'étoile polaire pour les temps où nous sommes !

DE MARCÈRE.

THÉATRE

MUSIQUE

De quelque côté que l'on se tourne, en ce commencement de saison, qu'il s'agisse de grande ou de petite musique, on ne rencontre que reprises. Chaque théâtre s'efforce de vivre le plus longtemps possible sur son passé, je dirais volontiers sur son épargne; il n'entamera ses ressources nouvelles que lorsqu'un certain état d'épuisement l'y obligera, c'est-à-dire lorsque les recettes baisseront. C'est un raisonnement contre lequel rien ne saurait prévaloir ; commercialement, il est irréfutable et, les véritables intérêts de l'art n'étant point lésés en cette affaire, il n'y a qu'à s'incliner devant le fait.

Ce qu'on nous donne, en effet, est excellent, sinon nouveau. C'est l'Opéra-Comique qui rouvre avec *Manon*, une des plus délicieuses inspirations de Massenet, interprétée par la triomphante Sybil Sanderson, qui fut *Esclarmonde* et qui sera demain *Thaïs*. En même temps, il nous rend les *Troyens* avec cette artiste d'un tempérament rare, Mᵐᵉ Delna, qui personnifiera bientôt, dans *Werther*, la Charlotte, transcrite musicalement du texte de Gœthe par le même compositeur, le plus sensitif assurément et le plus curieux à étudier de notre pléiade française. Il y ajoute la *Carmen* de Georges Bizet et, remontant jusqu'à ses origines, le *Maître de chapelle* et *Richard Cœur de Lion*, ce chef-d'œuvre de simplicité, de grâce et de véritable lyrisme qu'il associe à la *Mireille* de Ch. Gounod, à côté de laquelle vient se placer la *Mignon* d'Ambroise Thomas.

Berlioz, Gounod, Thomas, Massenet, Bizet, voilà les morts et les vivants, sans compter Grétry, déjà passé à l'état d'ancêtre, qui détiennent en ce moment la faveur du public de l'Opéra-Comique. C'est le complément d'une évolution lente, en voie d'accomplissement à ce théâtre depuis un certain nombre d'années. Ils ne sont plus, les jours où Auber, Adam, Herold, Boïeldieu triomphaient presque seuls sur cette scène et en gardaient jalousement les abords. L'esprit moderne s'en est emparé peu à peu et le genre originel n'y est plus qu'à l'état de document historique.

Dans quelques années, on obtiendra un joli succès de curiosité quand on donnera la *Dame Blanche*, ou *Fra Diavolo*, ou le *Domino noir*, la première réalisant le type rococo-sentimental dont nos pères furent charmés, les deux autres apparaissant comme des opérettes très fines, très spirituelles, ayant devancé la création de ce genre fantaisiste. On s'extasiera devant ces œuvres d'antan, comme devant quelque meuble rare du dernier siècle, aux formes agréablement contournées, aux étoffes d'un ton passé, exhalant un parfum de fleurs mortes.

Le *Pré aux Clercs* et *Zampa* demeureront pourtant, parmi ces œuvres nouvelles qui se lèvent, comme l'expression la plus haute de ce que nous a donné l'Opéra-Comique depuis son origine, l'une répondant aux *Huguenots*, l'autre à *Don Juan*, toutes deux accusant, faisant pressentir ce que devait devenir le genre natif de la salle Favart en cette fin de siècle, où tout semble tourner au grave de ce qui, autrefois, semblait ne devoir tourner qu'au plaisant.

La génération musicale actuelle est très militante. A ne la voir seulement qu'en la personne des compositeurs ayant leur place sous la coupole de l'Institut : Thomas, Gounod, Reyer, Saint-Saëns, Massenet, Paladilhe, elle représente une force productrice considérable. Tous, du plus ancien au plus jeune, ont des œuvres en portefeuille. Ils vont, vraisemblablement, s'emparer, de par leur droit léonin, de toutes les places vacantes en nos théâtres lyriques. C'est à ces causes qu'il me semble intéressant de me soucier de ceux qui viennent après eux, comme il y a quelque trente ans ou quelque vingt ans selon le cas, on pouvait se soucier d'eux-mêmes, alors que la génération précédente leur barrait la route.

Le doyen de cette pléiade, Ambroise Thomas, n'a-t-il pas une œuvre en voie d'élaboration ; l'illustre maître Ch. Gounod n'a-t-il pas *Maître Pierre ;* les autres, plus jeunes, ne s'attachent-ils pas, selon les renseignements des nouvellistes, à des ouvrages dont on a donné plus ou moins exactement les titres ?

Sur ceux-là, je suis tranquille, mais c'est de ceux qui viennent à leur suite, — j'y insiste — que je m'inquiète à bon droit.

Où les jouera-t-on, quand le succès des reprises est si vif et quand les œuvres magistrales impatiemment attendues sont si nombreuses?

Je n'ose les compter, ces expectants de nos deux grands théâtres. Et d'ailleurs n'ai-je pas déjà essayé de les compter ici même? C'est un petit martyrologe que l'on peut toutefois recommencer sans inconvénient. Il est comme le bilan des forces de l'avenir; malheureusement, il n'implique point d'échéance et si les œuvres, par rare fortune, doivent vivre, il se peut faire que les compositeurs ne soient plus là pour bénéficier de leur succès.

Si je faisais, au courant de mes souvenirs et au risque de bien des omissions, la revue de ces œuvres tant de fois visées, je nommerais la *Ping-Sin* d'Henry Maréchal, toujours annoncée comme inscrite au tableau des études de l'Opéra-Comique et que, toujours, une inexplicable malechance en éloigne; la *Myrto* de M. Gaston Salvayre; le *Drac*, des frères Hillemacher; le *Jahel* de M. Arthur Coquard; la *Photis*, de M. Edmond Audran, et tant d'autres que je passe et qui, à leur tour peut-être, barreront la route aux productions de demain.

Je vois d'ailleurs également achevées, ou à la veille de l'être, la *Vanina* de Paladilhe, la *Brunhilda* de Guiraud, recueillie par C. Saint-Saëns en vue de son complément, le *Lancelot* de Victorien Joncières, les *Guelfes* de Benjamin Godard, l'*Attaque du Moulin* d'Alfred Bruneau, le *Claude* d'Albert Cahen. C'est plus qu'il n'en faut pour venir à la traverse des œuvres en gestation et comment les théâtres vont-ils se tirer de cet encombrement?

Ils ne le pourront vraisemblablement qu'au moyen d'un dédoublement qui nous sera assuré deux fois plutôt qu'une, s'il faut en croire les messagers de bonnes nouvelles.

C'est d'abord la reconstruction de l'Opéra-Comique. Nous avons parlé tant de fois de cet événement qu'il finira par être vrai. Réédifié place Favart, ce théâtre servirait à dégager de son trop-plein le théâtre lyrique de la place du Châtelet; qu'il y ait fusion entre les deux troupes ou qu'une double direction se crée, peu importe! Un débouché nouveau serait forcément assuré aux productions de nos compositeurs et ce serait un inappréciable bienfait.

C'est ensuite la création d'un petit théâtre lyrique dans la salle de la Renaissance. Là, si l'idée de M. Détroyat se réalise absolument, la comédie musicale trouvera un précieux asile. On entend nous y donner d'abord la *Guzla de l'Émir* de Théodore Dubois, *Madame Chrysanthème* de Messager, d'après le roman japonais de Pierre Loti, la *Djamileh* de G. Bizet, *Daphnis et Chloé* d'Henry Maréchal. Voilà bien des promesses agréables. Puisse-t-on nous en tenir au moins la moitié !

C'est, enfin, le Grand-Théâtre, installé par les soins de M. Porel, précédemment directeur de l'Odéon, dans la salle de la rue Boudreau, où fut l'Éden.

Là, la musique se mêlera intimement au drame. Ce sera pour beaucoup de musiciens l'occasion de se consoler par la symphonie des rigueurs du théâtre musical. Les plus illustres s'y associeront aux derniers venus qui, bâtons-nous de le dire, ne sont pas les premiers venus, Saint-Saëns, par exemple, y écrira de la musique pour le *Malade imaginaire*, en se servant de la partition originale de Charpentier et en l'agrémentant comme on peut s'y attendre de beaucoup de mesures de sa façon.

Je ne serais pas surpris que, sur cette pente, le cas de M. Porel s'aggravât ou s'accentuât, si l'on veut, cela dépend de la façon de s'entendre, et qu'il en vînt à nous donner des œuvres purement lyriques.

Le voisinage de l'Opéra est bien suggestif et M. Porel nous apparaît depuis longtemps comme un musicien impénitent, qui finira par succomber à sa passion dominante !

Janvier nous apportera un enseignement à cet égard, en même temps que la consécration des promesses de M. L. Détroyat, directeur du petit théâtre de la Renaissance. Attendons et espérons, en vue du plus grand bien de la musique contemporaine.

Pour le présent nous n'avons eu, comme nouveauté relative, en ces derniers jours, qu'une reprise, encore une reprise ! au théâtre de la Gaîté, des *Cloches de Corneville*, ouvrage précédemment devenu centenaire sur la toute petite scène des Folies-Dramatiques. M. Degravière s'est avisé de le voir à travers un verre grossissant et de nous le rendre tel qu'il le voyait. Nous y avons gagné un très récréatif spectacle, mais nous est-il permis de dire que l'œuvre originale a gagné elle-même à ce grossissement ? C'est une question que l'heure tardive ne nous permet pas de traiter, mais sur laquelle nous nous promettons de revenir.

Louis GALLET.

DRAME ET COMÉDIE

Devant toutes choses, rendons grâce et rendons justice aux directeurs de l'Odéon. Tandis que partout on rouvrait avec des reprises, parfois imprévues, MM. Desbeaux et Marck ont donné pour leur premier spectacle une grande comédie d'un écrivain jeune, M. Brieux, révélé par le Théâtre-Libre. Cette audace (car c'est de l'audace de ne pas chercher le nouveau dans le passé) vaut mieux que de lyriques programmes. Naguère, on appelait l'Odéon la maison de Shakespeare. On lui donnera sans doute un jour le nom de second Théâtre-Français, si le talent s'y voit accueilli sous quelque forme qu'il se manifeste, même celle qui passe pour la moins engageante, la tragédie en cinq actes. La tâche littéraire des successeurs de M. Porel devra être de profiter du mouvement créé par l'initiative de M. Antoine, en se gardant de l'esprit de secte dont les effets, négligeables au Théâtre-Libre qui a sa clientèle de dilettantes pervers ou résignés, seraient ailleurs des plus fâcheux. MM. Desbeaux et Marck ont, avec *Monsieur de Réboval*, bien débuté. Le public a eu raison de témoigner chaleureusement à l'auteur et à l'œuvre toute sa sympathie. La pièce, malgré des mérites de détail nombreux et sérieux, soulève des objections fortes, mais toutes les critiques, fussent-elles démontrées, ne retirent rien de ce qui donne au succès sa portée et son agrément, puisque cela consiste dans la jeunesse de M. Brieux et dans la promesse de talent que nous apportent les moins contestables défauts de sa première grande comédie.

Monsieur de Réboval est, dans la pensée de M. Brieux, une étude satirique qui, brusquement, tourne au tragique. Le drame sort de la comédie et lui sert de moralité. Et la thèse du drame, c'est qu'un homme, même pas méchant, s'il prend pour règle de conduite l'observation des convenances sociales ou mondaines, peut faire le malheur des siens et son propre malheur. D'où le moraliste (qui est M. Brieux) conclut qu'il y a une imprudence notoire, et, dans une large mesure, une imprudence coupable à prétendre concilier des devoirs qui, logiquement, se contredisent. Cet essai de conciliation est à coup sûr plus décoratif, tout en étant plus commode, tout en autorisant avec l'égoïsme bien entendu des compromis avantageux, mais l'honnêteté vraie veut plus de franchise, une volonté plus ferme et plus efficace. Pour être pleinement un honnête homme, il faut faire son devoir sans raffiner sur ce devoir, ce qui n'est d'aventure qu'une ruse inconsciemment subtile pour transiger avec lui.

Cette conception a de quoi plaire par son austérité. Et ce qui doit plaire davantage, c'est que M. Brieux place le devoir, non pas dans le respect et la pratique des vertus traditionnelles, mais dans la loyauté et la sincérité de la conscience. Si bien qu'il suffirait de « solliciter » très doucement la thèse pour y découvrir une âme de philosophie ibsénienne rajeunissant la sévère morale du vieil Augier. Même pour qui admet et préfère une philosophie moins impérative, une morale moins sévère, même pour qui ose penser qu'il y a une certaine grandeur et délicatesse de caractère à ne pas faire trop uniment son devoir, à se proposer, à s'imposer pour idéal tout humain d'être bon, fût-ce au prix de quelques faiblesses, de quelques contradictions, et d'ennuis variés, la thèse qui se trouve au fond de la comédie de M. Brieux demeure intéressante, impressionnante, non sans audace. Malheureusement, la pièce qui illustre la thèse est peu harmonieuse et souvent peu lumineuse.

Les deux premiers tableaux ont l'allure de ces vaudevilles où les écrivains du Théâtre-Libre, à l'exemple de Barrière, mirent quelque nouveauté en mêlant des traits d'analyse au caricatural des silhouettes. Ces deux tableaux nous montrent M. de Réboval, sénateur, ancien magistrat, orateur admiré, homme grandement correct, personnage éminemment respectable, véritable type de sagesse, de probité et de distinction selon le jugement du monde, dans deux endroits, chez lui et chez sa maîtresse. Il a une maîtresse, ce bon M. de Réboval! Il a même un fils de cette maîtresse, la dame de compagnie de sa mère. En se mariant il a caché par convenance à sa femme, — qu'il épousait par convenance aussi et pour obéir à sa mère — l'existence de ce fils et de cette maîtresse. Depuis lors (il y a quinze ans) il partage son temps, sa tendresse et sa fortune entre ces deux ménages, qui sont pour lui deux foyers, M. de Réboval ayant la religion et la vocation de la vie de famille. Ici il est plus déférent, mais plus indifférent, d'un mot, plus conjugal. Là il devient un peu plus aimable, un peu plus aimant. Mais, chez Mᵐᵉ de Réboval ou chez Mᵐᵉ Loindet, il est en somme sensiblement le même, remarquable de tenue, plein d'inconscience égoïste et de nobles

phrases oratoires qui lui sont naturelles et qu'il a toujours
plaisir néanmoins à écouter.

Nous voyons d'abord chez sa femme cet excellent M. de Réboval, ce pharisien important et considérable. La veille il a prononcé contre le divorce un grand discours dont il a lieu de n'être
pas mécontent, d'après les éloges qu'en font les journaux. Il le
constate avec bonhomie en embrassant avec dignité sa fille Béatrice, et en s'informant avec affection de la santé (depuis longtemps très éprouvée) de Mme de Réboval. Après quoi il annonce
un cadeau, des étoffes d'Orient tout à fait riches et rares, et
endosse son veston d'intérieur. Le grand homme dînerait même
volontiers chez lui, si une dépêche ne l'appelait pas autre part.
Paul, son fils naturel, doit sur son conseil et sur sa volonté s'embarquer pour le Gabon afin de racheter quelques peccadilles de
jeunesse. La dépêche avise M. de Réboval que le jour du départ
a été avancé. M. de Réboval, bien que sa femme se sentant plus
mal le supplie de rester, s'en va. Afin de justifier son attachement pour Paul, M. de Réboval a cru convenable de conter à sa
femme que ce Paul était le fils d'un officier de ses amis, M. de
Giverny, qui en mourant le lui avait confié. Son devoir n'est-il
pas de dire adieu à Paul en une circonstance pareillement grave?
M. de Réboval sait bien que sa femme n'ignore rien. Mais c'est
qu'elle l'a bien voulu? N'avait-il pas eu la gentillesse héroïque
de lui donner sa parole d'honneur qu'en mentant il lui disait
toute la vérité? Sa conscience ne lui reproche rien.

Le second acte est, dans un décor et un milieu différents, le
même que le premier. M. de Réboval reparle avec facilité de son
succès au Sénat, en fait honneur à celle qui est son inspiratrice
(cette fois le compliment s'adresse à Mme Loindet). Il annonce le
cadeau précieux, les fameuses étoffes d'Orient, si rares, et après
avoir dit adieu à Paul Loindet, — sans trop d'émotion, car il lui
a conté, à lui aussi, la belle histoire de la mort de M. de Giverny
et Paul ne le croit que son tuteur — il passe son veston d'intérieur avec le même contentement que tout à l'heure. Mais un
domestique envoyé par Mme de Réboval, qui a peur de mourir
seule, vient le chercher. Il retourne en hâte chez lui. Le devoir
l'en avait éloigné. Il l'y ramène.

Ce sont là, comme on voit, deux tableaux, dont l'antithèse ou
la ressemblance a quelque chose de factice, mais où ne manquent ni la verve drôle ni la fine ironie. Il aurait été digne,

pourtant, d'un analyste comme M. Brieux de prêter plus de vie à son personnage par quelques vives variantes de sentiments et quelques nuances de discours. La répétition des jeux de scène et du dialogue est un moyen comique un peu gros, un effet de théâtre obtenu aux dépens de la vérité. C'est une des raisons pourquoi la saynète peut sembler longuette. Elle a, dans sa fantaisie, de la franchise. Le fantoche y est dessiné sommairement, mais gaiement. Notons que le croquis est assez noir. M. de Réboval fait figure d'égoïste ingénieux et de phraseur ridicule. En quittant sa femme malade sans un mot de compensation, en envoyant au Gabon son fils pour des étourderies, quand la campagne suffirait, il semble découvrir à plein la sécheresse de son cœur. Le bonhomme paraît plaisant, mais vilain.

Au troisième acte, nous apprenons de grands événements et de merveilleux changements. Mme de Réboval est morte, et le sénateur s'est remarié. Il a donné son nom à Pauline Loindet, réparant de la sorte une faute vieille de quinze ans. On se demande si c'est pour ne pas modifier ses habitudes ou par un scrupule de conscience, et ce doute l'honore déjà. Autre transformation à effet. Paul est revenu du Gabon sous les espèces d'un brillant explorateur. Réboval, devenu en récompense un peu naïf, persiste à cacher à Paul le secret de sa naissance, que celui-ci persiste à ne pas démêler; néanmoins il le reçoit dans son château et se réjouit paternellement de le voir se promener avec Béatrice. Les deux jeunes gens s'aiment naturellement et se le disent dans une scène très jolie par sa naïveté, mais non pas nouvelle. Béatrice signifie à son père qu'elle ne veut d'autre mari que le jeune explorateur. Réboval, interloqué, proclame ce mariage impossible. La jeune fille se révolte; elle menace son père de passer outre à sa défense, étant majeure. Réboval finit par lui révéler que Paul est son frère ; et quand Paul reparaît, très conquérant comme il convient à un explorateur, elle repousse ses caresses et lui crie le fatal secret qui les sépare à jamais.

Les deux scènes sont menées vigoureusement quoique classiquement. Béatrice s'incline sous un coup du destin avec une docilité soudaine. Son désespoir reste muet et il aurait pu être éloquent, si M. Brieux avait eu la hardiesse de constater à la scène ce fait connu des moralistes que la révélation de leur parenté à des êtres qui s'adorent n'éteint point sur place leur amour, et qu'une flamme de tendresse trop vive couve longtemps dans les cœurs douloureusement désunis. Cet acte tient surtout du mélodrame bien fait et littérairement assez vraisemblable.

Paul, qui est entêté, se refuse à croire à sa disgrâce et il interroge sa mère sur un ton d'ironie soutenue qui choque étrangement de la part d'un amoureux dévoré d'anxiété. Mme de Réboval se trouble et avoue. Paul désespéré retournera en Afrique, Béatrice entrera au couvent. Avant de mettre à exécution ces desseins extrêmes, ils se rappellent le passé (qu'ils oubliaient en s'aimant) pour accabler leur père de reproches, l'un à cause de son enfance délaissée, l'autre à cause du partage cruel qui a tué lentement la première Mme de Réboval. Le sénateur reconnaît ses torts, oratoirement mais sincèrement. Il a voulu dans la vie faire deux fois son devoir et il en est puni, car c'était là agir en demi-honnête homme.

Le défaut essentiel de cette seconde partie, c'est qu'elle repose toute sur un postulat vraiment forcé, qui est le silence que garde M. de Réboval sur la naissance de Paul, alors que la dignité du personnage, même au sens pharisaïque du mot, lui conseille, lui ordonne d'ouvrir les bras à son enfant qu'il adoptera plus tard. La crédulité de Paul qui, fils prétendu d'un officier, n'a jamais songé à ouvrir l'*Annuaire*, est également pour surprendre; les combinaisons d'événements par lesquelles M. de Réboval expie finalement son erreur, qui est de n'avoir pas épousé d'emblée Pauline Loindet, sont trop arbitraires, trop extérieures pour que la moralité de la pièce paraisse profonde. Puis, dans la seconde partie de la pièce, M. de Réboval, réparant le tort qu'il a fait à Pauline, après une longue attente mais avec une hâte généreuse, accueillant avec tendresse son fils chez lui et demandant pardon à la ronde d'une mésaventure qu'il se fût épargnée s'il avait eu l'âme un peu plus défiante, ne devient-il pas digne d'indulgence, presque de pitié? Ce n'est pas là ce que s'est proposé M. Brieux. Sa comédie-drame a peu d'unité d'exécution, et le seul personnage qui soit l'esquisse d'un caractère est de même déconcertant. *Monsieur de Réboval*, qui a porté deux autres titres, *Monsieur le Sénateur* et *les Enfants justiciers*, renferme en réalité deux pièces juxtaposées. Il me semble que, par la finesse de l'ironie, celle qui vaut le mieux comme promesse est la première.

M. Albert Lambert a fait de M. de Réboval sa meilleure création. Il y a du naturel dans l'emphase et de la redondance dans

l'émotion. Et cela n'a pas l'air de lui coûter la moindre peine.
Une débutante, Mlle Vissocq, a joué avec une énergie élégante
le rôle de Béatrice. Mme Gerfaut est d'un charme distingué et
d'une mélancolie délicate dans le personnage sacrifié de la première Mme de Réboval.

La Comédie-Française, qui ne joue rien de nouveau, a repris
avec quelque solennité le *Juif polonais*. C'est un conte populaire
découpé en trois tableaux ou trois images un peu à la manière
de certaines pièces des novateurs du Théâtre-Libre : 1° L'auber-
giste Mathis, qui a tué autrefois pour voler, ressent des remords
après dix ans en voyant entrer chez lui un juif habillé comme sa
victime et qui prononce les mêmes mots; 2° Toutefois, et malgré
des hallucinations de l'ouïe durant lesquelles il entend sonner sans
trêve les grelots du cheval de l'homme qu'il a assassiné, il marie
sa fille Annette au maréchal des logis de la gendarmerie. Idylle,
chants et danses; 3° Mathis a un cauchemar affreux, et nous
voyons son rêve, sa comparution devant la Cour d'assises, la reproduction de son crime que l'oblige à mimer un magnétiseur
mandé par le président, et l'attaque d'apoplexie qui suit sa condamnation. Le *Juif polonais* eut un grand succès il y a un quart
de siècle. Aujourd'hui le réalisme alsacien de la mise en scène
a perdu de son attrait depuis l'*Ami Fritz*, et le rôle de Mathis
n'est pas joué comme il devrait l'être. M. Got y est charmant de
rondeur matoise et de scélératesse paisible dans les deux premiers tableaux. Au dernier, il joue avec trop de vérité, là où
conviendrait une belle folie romantique. M. Baillet et Mlle Rei-
chemberg sont un joli couple amoureux, et bien sage. On se
prend même à regretter que Christian soit si sage et ne mette
pas la main au collet de son beau-père, ce qui ferait un drame!
Remarquablement fantastique, M. Paul Mounet en « songeur ».
Remarquablement malicieux, M. Garand, en bon Alsacien réjoui
et épanoui. D'autres rôles, trop effacés, sont encore bien tenus
par la sévère Mlle Lerou et par Mlle Lynnès, toujours gaîment
gracieuse.

Marcel FOUQUIER.

CARNET MONDAIN

Dans les châteaux, on prend la charmante habitude de fêter en grande pompe le retour au bercail des nouveaux époux, lorsqu'ils reviennent de ce doux voyage, aux inoubliables souvenirs, que l'on appelle le *voyage de noce.*

Cette mode est tout à fait patriarcale, c'est ainsi que dernièrement, il y avait grande fête au château de Maupas, dans le Cher, pour l'arrivée du jeune comte et de la jeune comtesse de Maupas, née de Layre.

D'autre part, les réceptions se succèdent en ce moment dans toutes les demeures seigneuriales, où la chasse bat son plein. Aussi le monde de la couture est-il dans tout le feu de ses compositions, de ses créations, devrais-je dire plutôt.

Le velours est bien décidément l'étoffe favorite du jour. En laine comme en soie, en côtelé, en uni, en glacé, en ombré, en miroir, il n'y a que le velours partout, comme tissu habillé.

La faille aussi remonte en faveur, et avec elle toutes les petites armures de fantaisie ; mais toujours en plusieurs tons, afin de conserver l'illusion du glacé qui est bien affirmativement la note dominante du moment.

On essaie d'implanter la coiffure de théâtre. C'est une sorte de capote très petite et très plate, qui ne sera pas le moins du monde gênante pour les voisins d'une spectatrice assise aux fauteuils d'orchestre, car maintenant, Mesdames, nous avons presque partout le droit d'y siéger comme les hommes. Voilà une mode qu'on ne saurait trop encourager; et au profit de laquelle, au contrôle, on devrait être d'une absolue sévérité. C'est là ce que j'appellerais volontiers *une mode charitable.*

Dans ce cas, la dentelle, surtout la vieille dentelle, un peu jaunie, les broderies d'or et d'argent et les agréments de fantaisie, particulièrement en ruban, sont les éléments dont se composent ces petits chefs-d'œuvre de l'art féminin. Il faut que ce soit clair. Le clinquant du métal, un peu cru à la lumière du jour, devient charmant, adouci par celle du gaz ou de la lumière électrique. Pour les personnes en deuil, rien n'est plus délicat qu'une jolie coiffure en jais fin.

On fait encore quelques très grands chapeaux, mais en noir seulement, et comme chapeaux de genre, pour les demoiselles d'honneur, les stations hivernales, et les rendez-vous élégants du jour, expositions, courses, etc. Encore ce genre de coiffure ne peut-il s'admettre qu'en voiture. A pied, il serait trop excentrique pour être comme il faut.

Le véritable chapeau de feutre se portera peu cet hiver. Je vous l'ai dit déjà ; c'est le feutre souple, employé en plateaux, et drapé comme de l'étoffe, qui emporte tous les suffrages de la nouveauté. Ce feutre est joli, surtout en nuances, mais tout particulièrement en clair. Il s'assortit presque toujours au costume ou à sa garniture.

On en a remarqué de fort jolis, dans ce style, pendant les derniers beaux jours des plages de la Manche. Il y en avait entre autres un rose tendre, délicieux à la messe en musique qui a eu lieu dimanche dernier au Tréport, et qui y a attiré tant de monde, parmi l'aristocratie des environs.

Bientôt, ce sera à Paris que se retrouvera tout le monde élégant, et que j'aurai, chères lectrices, à reprendre des notes en pensant à vous.

En attendant, une belle chevelure étant une beauté inappréciable pour tout le monde, mais surtout pour une femme, je vous recommande tout spécialement les *extraits, élixirs* et *essences* des Bénédictins du Mont Majella dont le dépôt est à Paris, chez M. E. Senet, administrateur, 35, rue du Quatre-Septembre.

Leurs effets sont souverains et les résultats obtenus surprenants. Mais il y a fort peu de temps, ces merveilleux produits n'étaient connus que d'un très petit nombre de personnes; c'est précisément devant les instances de ces dernières que les Pères se sont décidés à en publier l'existence. Aussi sont-ils appelés à produire des miracles dans le monde.

L'*Extrait capillaire* conserve les cheveux, fortifie leurs racines, et les défend contre les variations de la température, et les changements de climat.

Il détruit et enlève les pellicules en en détruisant les causes. Enfin rien ne peut lui être comparé pour l'assouplissement, le reflet et le chatoiement de la chevelure. Pour tous renseignements complémentaires, s'adresser à M. E. Senet.

Berthe de PRÉSILLY.

Conseils. — Au moment où la température se rafraîchit, il est essentiel de bien soigner les mains, et de les préserver contre les atteintes du hâle. Je vous engage donc à vous souvenir, Mesdames, de ce que je vous ai déjà dit quelquefois sur les propriétés exquises de la *Pâte*, de la *Poudre*, du *Savon* et de l'*Onguline* des Prélats dont la découverte première remonte au xvi° siècle ; et que le moine dom del Giorno inventa pour le pape Léon X, qui poussait au plus haut degré la coquetterie de sa main.

Il n'est pas une mondaine, vraiment digne de ce titre, qui ne se serve de ces excellents produits. Je m'empresse donc de vous rappeler qu'ils se trouvent à la *Parfumerie Exotique*, 35, *rue du Quatre-Septembre*, et qu'il est bon de se défier des contrefaçons toujours si nombreuses, hélas ! en notre siècle peu délicat !

L'*Alcool de menthe de Ricqlès* est une préparation essentiellement confortative, d'un goût et d'un parfum des plus agréables. Il est indispensable à quiconque se préoccupe de sa santé. Un *demi-siècle de succès* en a, du reste, surabondamment prouvé la salutaire influence. Exiger la signature de l'inventeur.

B. de P.

Avis aux lectrices et lecteurs de la Nouvelle Revue.

Par suite d'arrangements spéciaux avec les éditeurs de musique, j'ai le plaisir d'annoncer à mes lecteurs que l'administration de la *Nouvelle Revue* leur procurera tout ce dont ils pourront avoir besoin en morceaux, partitions musique religieuse, méthodes, etc., à des conditions de prix moindres que celles qu'ils pourraient obtenir eux-mêmes, quelle que soit la remise qu'on leur fasse.

Nous pouvons aussi leur procurer pianos, violons, guitares, cithares, etc., tous les instruments de musique, en un mot, à de rares conditions de bon marché. Les mandolines et les guitares, qui sont si fort à la mode, depuis quelques années, sont de premières marques italiennes authentiques.

Nous sommes en rapport avec les premières maisons françaises, et pouvons faire adresser telle marque que l'on désire, toujours avec les mêmes avantages pour l'acheteur.

Nous ne considérons pas ceci comme une affaire ; et quelles que soient nos démarches, nous nous trouverons suffisamment récompensés par l'occasion qui nous sera donnée d'être utiles et agréables à nos lecteurs.

Prière, pour toute demande, de joindre un timbre-poste aux lettres adressées à *Mme de Présilly*, bureaux de la *Nouvelle Revue*.

Petite Correspondance.

Marguerite V... à R. — Oui, on peut avoir en *ut* la romance en question. Expliquez-vous plus clairement pour la méthode que vous désirez.

Une Étrangère. — 1° Oui, Madame, nous nous chargerons, pour votre musique, de toutes les commissions que vous voudrez bien nous confier. — 2° Pour obtenir une réponse plus prompte et directe, prière de joindre à votre lettre un timbre de 15 centimes. — 3° Nous avons en ce moment une excellente occasion. — 4° Les œuvres de Tchaïkowsky sont éditées, à Paris, chez Marquart et Noël. — 5° Le morceau que vous nous indiquez vient de chez Girod, boulevard Montmartre.

Une Mandoliniste. — Nous ne saurions vous indiquer une meilleure méthode que celle de MM. Cottin frères. — Le violon devra vous parvenir à peu près en même temps que ce numéro de la *Revue*.

B. de P.

REVUE FINANCIÈRE

Malgré la pénurie d'affaires causée par les vacances qui se prolongent de plus en plus, la situation est assez bonne, elle est même excellente pour certaines valeurs industrielles qui, plus rémunératrices que nos fonds d'État et presque aussi sûres, doivent bénéficier de la faveur de l'épargne. Il semble véritablement qu'il y ait, dans le public, une aspiration très vive, quoique encore à l'état latent, vers une reprise des affaires. Si les choses continuent ainsi, et si aucun événement grave ne vient troubler la paix européenne, on peut augurer favorablement des mois à venir et prévoir un fructueux retour d'activité, dont personne ne se plaindra.

Grâce à la régularité des demandes dont elles ont été l'objet sur le marché du comptant, nos rentes ont été tout particulièrement favorisées ; leur hausse s'explique, elle peut, jusqu'à un certain point, paraître pleinement justifiée ; il n'en est pas de même pour certains fonds d'États étrangers dont les prix ne cessent de s'améliorer. Ici, les achats au comptant n'ont, dans bien des cas, rien à voir et la spéculation reste seule en jeu. Grâce à ces efforts continus, elle a réussi à porter les cours de quelques valeurs internationales à un niveau qui peut sembler d'autant plus dangereux qu'il n'est nullement en rapport avec la véritable situation financière et économique des États auxquels elles appartiennent.

Nous citerons d'abord les fonds italiens. La situation financière de l'Italie est des plus difficiles, nous avons montré à plusieurs reprises toute sa gravité, il semble aujourd'hui que les dispositions du public à l'égard de la rente de ce pays, sans être absolument retournées, soient devenues moins défavorables. Il y a cependant beaucoup à faire avant que nos voisins retrouvent chez nous la clientèle fidèle qu'ils avaient autrefois et qu'ils ont perdue par la faute de leur politique étrangère.

L'Extérieure n'a pas bénéficié des meilleures dispositions témoignées par notre marché en faveur des fonds étrangers. On prête au ministre de nombreux projets de réorganisation financière, mais, à ces projets, il manquera le principal, c'est-à-dire l'abandon de la politique financière de casse-cou de la Banque d'Espagne et la réduction radicale des dépenses militaires et des pensions.

De ces observations, il résulte que si l'on peut, même aux prix actuels, se porter encore sur nos rentes et sur les valeurs considérées comme des titres de tout repos, il n'en est pas de même à l'égard de plusieurs fonds étrangers ; de ce côté, une grande circonspection s'impose.

A propos du Portugais, une nouvelle question vient de se poser. On sait que lors de la réduction des intérêts de la dette extérieure, la Chambre syndicale des agents de change de Paris refusa d'admettre aux négociations de la Bourse les titres de rentes portugais dont le coupon aurait été détaché. Or, les Comités, anglais, allemand et hollandais viennent de prendre des mesures pour permettre à leurs porteurs de Rentes portugaises d'encaisser immédiatement le tiers, tout en réservant leur droit aux deux autres tiers : il est donc rationnel que les porteurs français puissent bénéficier également des mêmes avantages.

Leur droit aux deux tiers non payés est maintenu au même titre que celui des porteurs anglais, allemands ou hollandais, car ce droit résulte des déclarations formulées par le Gouvernement portugais lui-même, et de ce fait que tous les porteurs de Rentes extérieures sont traités sur le même pied. Il est donc inutile de refuser, aujourd'hui, ce que les autres places étrangères acceptent sans préjudice pour l'avenir.

Quelle est la façon la plus pratique de procéder? Faut-il rédiger une nouvelle protestation? Faut-il reprendre des négociations avec le Gouvernement portugais? Faut-il demander une nouvelle reconnaissance des droits acquis aux Sociétés de crédit qui servent d'agences du Portugal en France? Tout cela est inutile. Il faut simplement demander à la Chambre syndicale des Agents de change d'ouvrir une seconde cote pour les titres de la Rente extérieure portugaise, dont le coupon de juillet aura été détaché.

Cette mesure permettra aux porteurs français — qui voudront encaisser le tiers proposé par le Gouvernement portugais, et actuellement constitué dans les caisses du *Crédit Lyonnais* et du *Crédit Industriel et Commercial* — d'opérer cet encaissement sans compromettre leur droit relativement à l'arrangement définitif qui ne manquera pas d'intervenir, à un moment donné, entre le Portugal et ses créanciers extérieurs.

Une grosse question vient d'être soulevée et soumise au ministre des finances : les représentants des Chambres syndicales des agents de change de Paris et des départements demandent à M. Rouvier la suppression de « la petite Bourse du soir », qui reprend chaque année son fonctionnement à partir du 1er octobre.

Voici cet important document :

« Monsieur le ministre,

« Les soussignés, syndics de toutes les Compagnies d'agents de change de France (Paris, Lyon, Bordeaux, Marseille, Nantes, Toulouse, Lille), après avoir sérieusement examiné les conséquences du fonctionnement d'une Petite Bourse du soir à Paris, ont l'honneur de vous demander, au nom de l'intérêt public, la suppression de ce marché illégal

« La Petite Bourse du soir se tient, à Paris, dans l'enceinte du Crédit Lyonnais, entre huit heures et demie et neuf heures et demie du soir, c'est-à-dire à une heure où les derniers événements politiques de la journée et les dernières nouvelles de l'étranger ne peuvent être connus que par une catégorie très restreinte de spéculateurs parisiens, en mesure d'être rapidement renseignés sur tout ce qui impressionnera le public le lendemain matin.

« Dans ces conditions, la Petite Bourse de Paris ne sert, en réalité, que les intérêts particuliers d'un groupe de joueurs de profession au détriment du véritable public, parce que, lorsqu'un événement pol t que vient à se produire entre quatre et sept heures du soir; chute d'un ministère, vote d'une loi, décision d'une commission, etc., les opérations à découvert de la Petite Bourse, qui s'exécutent sous l'impression immédiate de la nouvelle, et sur une échelle infinitésimale par rapport aux opérations de la Bourse officielle, toujours soutenues par le comptant, trouvent difficilement les contre-parties, et entraînent, par suite, d'énormes variations de cours.

« Quand l'offre ne rencontre pas la demande (et c'est ce qui arrive nécessairement lorsque des intermédiaires également renseignés travaillent pour leur propre compte ou pour le compte d'une très petite clientèle au courant elle-même des événements), il suffit de quelques mille francs de rentes jetées sur ce marché factice pour provoquer une baisse considérable. Et, pour ne parler que de la Rente française, quelques milliers de francs, gagnés par des joueurs bien renseignés, peuvent, en dépréciant brutalement nos fonds publics de plusieurs centaines de millions, provoquer une panique générale dont le crédit de l'Etat sera le premier à souffrir.

« Il ne faut pas oublier, en effet, que le télégraphe transmet à tous les

journaux des départements les cours de la Petite Bourse du soir. Le capi-
taliste de Lyon, de Marseille, de Bordeaux, de Lille, de Toulouse, de
Nantes, etc., qui trouve le matin dans son journal local le récit d'un événement politique, et qui constate que cet événement a fait baisser la Rente à
la Petite Bourse du soir, est profondément troublé par cette constatation,
et il est de notoriété publique qu'une forte baisse à la Petite Bourse du soir
a toujours entraîné, pour la Bourse officielle du lendemain, des réalisations
cette fois très sérieuses et un déclassement plus ou moins grand des titres
sur lesquels la baisse avait plus particulièrement porté.

« Le public français est impressionnable au suprême degré, et vous
n'ignorez pas, monsieur le ministre des finances, que l'extrême développement de la presse quotidienne et la perfection des services télégraphiques
de la presse départementale rendent cette impressionnabilité de jour en
jour plus accentuée.

« Or, il suffit de réfléchir pendant quelques minutes sur ce que nous
venons d'exposer si brièvement, pour comprendre combien il est dangereux
pour le crédit public — dans un pays comme la France où plus de 50 milliards de fonds d'État sont répartis entre plusieurs millions de portefeuilles
— de laisser à un petit groupe de spéculateurs la facilité de provoquer des
paniques en cherchant à réaliser un bénéfice hors de proportion avec les
pertes qui peuvent en résulter pour l'ensemble du pays.

« Nous disons : les pertes, et nous pourrions ajouter : les désastres incalculables, parce que si, à la suite d'un événement grave, la Rente baissait,
par exemple, de quatre ou cinq points à la Petite Bourse du soir (ce qui ne
serait nullement impossible, étant donné le mécanisme de ce marché factice), le public de toute la France, fortement impressionné par cette baisse,
et s'exagérant par cela même la gravité de l'événement, se mettait brusquement à vendre... il n'y aurait plus de résistance possible.

« En résumé, la Petite Bourse du soir n'est d'aucune utilité pour le véritable public. Elle est toujours préjudiciable à la province, et elle ne sert en
réalité que les intérêts particuliers d'un petit groupe de joueurs, toujours
à l'affût d'événements sensationnels, et les différences de cours qui s'y produisent sont toujours dangereuses, parce qu'elles faussent l'opinion publique sur le caractère ou la gravité des événements ou des nouvelles qui les
ont provoquées.

« Telles sont les raisons, monsieur le ministre, qui nous ont amenés à
vous réclamer énergiquement, et dans l'intérêt de la France entière, l'interdiction de la Petite Bourse du soir qui doit de nouveau, le 1ᵉʳ octobre,
se tenir, contrairement à la loi, dans les locaux du Crédit Lyonnais à Paris.

« Nous avons l'honneur d'être, monsieur le ministre, vos respectueux
serviteurs. »

Telle est la requête très explicite et très nette des syndics des agents de
change de Paris, Lyon, Bordeaux, Marseille, Nantes, Toulouse et Lille. C'est
en réalité l'éternelle lutte entre la coulisse et le parquet.

Le petit marché intermittent, dont la suppression est demandée, créait
un privilège en faveur d'un très petit nombre de spéculateurs parisiens et
pouvait, au moment où le cas risquait d'être le moins prévu, jeter dans les
affaires financières une perturbation de nature à porter atteinte non seulement aux intérêts de l'épargne, mais encore aux intérêts et au crédit public.

La question est grave assurément : elle intéresse au plus haut point le
gouvernement et le public : et si les griefs formulés en termes si précis
par M. Herbault et ses collègues sont reconnus exacts, une réforme s'impose à très bref délai.

A. LEFRANC.

BULLETIN BIBLIOGRAPHIQUE

Poésies, par Catulle Mendès (Charpentier). C'est toute son œuvre poétique, de 1863 à 1892, que Catulle Mendès réédite aujourd'hui en trois gros volumes in-12. Parmi les poètes de ce temps, l'auteur de **Philoméla**, des **Contes épiques** et de l'**Hymnaire des amants** occupe une place à part; c'est un maître ouvrier ès rimes, pour qui le vers n'a pas de mystères, et qui se joue avec une aisance merveilleuse des difficultés les plus inabordables. Hardie souvent à l'excès, jamais sa muse délicate ne glisse dans la grossièreté ni dans la banalité. Il excelle au contraire à crayonner d'une touche légère, aérienne presque, d'adorables croquis, fins comme des pastels et frais comme eux. Si les sujets de grande envergure l'attirent peu, il est volontiers mystique et se plaît également avec les humbles et avec les petits. Mais c'est l'amour qui l'inspire par-dessus tout. L'amour léger, l'amour facile, mais l'amour. Bien peu de poètes ont écrit des vers d'amour plus tendres, plus délicieux, plus exquis que certaines pièces des trois volumes de poésies de Catulle Mendès. C'est un régal de lettré et d'amoureux que cette réimpression attendue depuis longtemps déjà.

La Messe, **Version française**, par Jules Barbier. C'est une idée originale, étrange même, mais c'est bien une idée de poète et d'auteur dramatique qu'a eue Jules Barbier en mettant fort ingénieusement en scène et dans un superbe langage le saint sacrifice de la messe, avec toute sa majestueuse ordonnance, ses mystiques élancements vers le ciel et ses pratiques symboliques, dont le sens est tout à la fois si profond et si touchant. Le danger était qu'en torturant forcément les pièces liturgiques, si magnifiques dans leur simplicité, pour les faire entrer dans le cadre étroit de la mesure et de la rime, son ineffable beauté n'en fût altérée; le poète a su l'éviter presque toujours fort habilement. Tout au plus un puriste pourrait-il le chicaner sur certaines erreurs de liturgie, notamment sur la suppression de l'*Introït*. Mais ce qu'il faut louer et admirer par-dessus tout, c'est la noble audace qui a poussé l'auteur de tant d'œuvres applaudies à s'attaquer corps à corps à un sujet si haut, si puissant, si au-dessus de l'humanité.

Sulle cause del cretinismo, studio, par le docteur Vincenzo Allara (Milan, chez Galli), étude originale et instructive.

On the Validity of the fundamental Laws of Finland, par Edward Hisinger (Stockholm).

Le Folklore du Danemark. Proverbes danois, par le vicomte de Colleville et Fritz de Zepelin (aux bureaux de la tradition), très curieux et très intéressant.

Histoire de l'abbaye de Gif, par l'abbé J. Alliot (Alphonse Picard).

C'est depuis le x111e siècle l'histoire de l'abbaye fameuse écrite avec des documents nouveaux, abondants et sûrs. Parmi la longue suite des abbesses, certaines figures se détachent avec le relief d'une haute et vénérable originalité : au xive siècle Jeanne d'Aunay, au xve Jeanne de Blosset, au xviie Mme d'Orval. Toutes unissant à une piété vive et éclairée le goût et le génie de l'administration et des affaires. On peut dire, sans paradoxe, que les abbayes ont fourni la preuve la plus décisive de l'aptitude de certaines femmes supérieures au gouvernement des grands intérêts. A ce point de vue il nous semble que l'abbaye de Gif fut de tout temps privilégiée; de là l'intérêt du beau livre de M. l'abbé Alliot.

Ad. BADIN.

L'Administrateur-Gérant : RENAUD.

Paris. — Typ. Chamerot et Renouard 19. rue des Saints-Pères. — 19211.

VIENNENT DE PARAITRE

CHOSES VRAIES

PAR

Madame La Maréchale SERRANO

DUCHESSE DE LA TORRE

Un volume petit in-8° imprimé par MM. Chamerot et Renouard. **3 fr. 50**

EN PRÉPARATION :

JOSEPH BONAPARTE EN AMÉRIQUE

1815-1832

PAR

M. GEORGES BERTIN

Un volume in-18 accompagné d'un portrait, d'après une gravure de M. Rodolphe Piguet. . . . . **3 fr. 50**

Amiens	Étienne Vion.		Tours	Suppligeon.
Angers	A. Gaudil.		Troyes	L. Lacroix.
Angoulême	Barraud.		Valenciennes	Lemaître.
Arras	Sseaud-Lancel.		Versailles	Pensée.
Arcachon	Delamarre.		Vichy	Barry.
Auxerre	Lanier.		Villers-s/-Mer.	Bernish-Lamba.
Bar-sur-Aube.	Boilet.		Vitré	Lécuyer.
Belfort	Paul Pélot.		Vouziers	Bosquette-Carette.
Bernay	Boilet.		**ALGÉRIE**	
Besançon	Jacquard et Cie.		Alger	Gavault-St-Lager. / Michel Ruff.
Biarritz	Benquet.		**ALSACE-LORRAINE**	
Blois	Houdeyé-Bordier. / Truault.		Colmar	K. Barth.
	Dauch.			S. Petry.
Bordeaux	Graby. / Feret et fils. / Bourlange.		Mulhouse	Stuckelberger. / Ve Shiffer.
Bourges	Soumard-Berneau / Ve Beaunaut.		Strasbourg	J. Noiriel, / Ammel. / Treuttel et Wurtz.
Caen	Massif.		Metz	Sidot frères.
Calais	Dejardin-Broutta.		**ALLEMAGNE**	
Cambrai	Victor Dayre.			Beer.
Cannes	Robaudy. / Vial.		Berlin	Brockhaus. / Asher et Cie. / Schmidner.
Carcassonne	Lajoux frères.		Bonn	Max Cohen.
Chambéry	J. Baujat.		Francfort	Jaeger.
Charleville	Édouard Jolly.		Hambourg	Brockhaus. / Le Soudier.
Chartres	Selleret.		Leipsig	Brockhaus. / Twietmeyer. / Max Rühe.
Chateaudun	L. Pouillier.		Munich	Ackermann.
Chaumont	Roger-Lapetite.		**ANGLETERRE**	
Cherbourg	Ad. Marsurein.			Hachette et Cie.
Clermont-Ferr.	Risou-Collat.			B.-F. Stevens.
Cluny	Leprince.		Londres	P. Rolandi. / David Nutt.
Dijon	Armand.			Delizy, Davies et Cie.
Dinan	Tessier.			Aug. Siegle.
Dunkerque	Neermann.		Edimbourg	Douglas et Foulis.
Épernay	E. Choque.		**AUSTRALIE**	
Épinal	Armand-Bougé. / C. Froereisen.		Melbourne	Samuel Mullen.
Fontenay-le-Comte	Gouraud.		**AUTRICHE-HONGRIE**	
Grenoble	Baratier frères. / Drevet. / Charrier.		Budapest	Charles Grill. / Ravai frères.
La Rochelle.	Foucaud. / Foucher.		Vienne	Bloch et Hasbach. / Brockhaus. / Gerold et Cie. / Guillaume Frick. / Lechner.
Le Havre	Bourdignon fils. / Dombre.		Prague(Bohême)	F. Topic.
Lille	Bureau. / Marchal. / Bernoux et Cumin. / Ducros. / Côte.		**BELGIQUE**	
Lyon	Dizain et Richard. / H. Georg. / Vitte. / P. Chambefort.		Bruxelles	A. Lebègue et Cie. / Ve Rozez. / Deco (Émile). / Société belge de Librairie.
Le Mans	Pellechat.		Gand	Hoste. / C. Muquard.
Marennes	Mme Gauthier-Abran.		Liège	Édouard Gnusé. / Desoer.
Marseille	J. Carbonell. / Marpon et Flammarion.		Anvers	Max Rueff.
Melun	Mignotte.		**BRÉSIL**	
Mézières	René Ch.		R.-d-Janeiro.	Lachaud.
Montpellier	Camille Coulet.		Campinas	Genoud.
Nancy	Berger-Levrault / Grosjean-Maupin. / Sordoillet. / Sidot frères.		**CANADA**	
Nantes	Vier.		Montréal	Sylva Clapin.
Nevers	Mazerou frères. / Visconti et Cie.		**CAP DE BONNE-ESPÉRANCE**	
Nice	Office du Galignani. / Bensa.		Cape-Town	J. Juta.
Niort	Clousot.		**CHILI**	
Orléans	Herluison.			Salas y Pesse.
Orthez	Goude-Dumesnil.		Santiago	Librería de Artes y Letras.
Pau	Cazaux.		Valparaiso	Carlos F. Niemeyer.
Périgueux	Sengence.		**CHINE**	
Perpignan	Dupuy.		Pékin	The Customs Library
Poitiers	Druineaud. / L. Clerté. / Bellefontaine.		**COCHINCHINE**	
Reims	F. Michaud.		Saigon	Schroeder frères.
Rennes	Plihon et Hervé.		**COLOMBIE**	
Rochefort-s-m.	Bonaventure. / A. Lestringant.		Bogota	Camacho, Roldan et Tamayo.
Rouen	Schneider frères.		**DANEMARK**	
Les Sables-d'Olonne	Mateux.		Copenhague	Höst et Fils.

Quatorzième Année.   Tome LXXVIII   4ᵉ Livraison.

LA
NOUVELLE REVUE

LIVRAISON DU 15 OCTOBRE 1892

SOMMAIRE

PARIS

18, BOULEVARD MONTMARTRE, 18

LA NOUVELLE REVUE

Paraît le 1ᵉʳ et le 15 de chaque mois

La *Nouvelle Revue* après **Clairine**, publiera **Larmes d'Amante**, par M. l
narquis DE CASTELLANE; **Misère Royale**, par M. ROBERT SCHEFFER; **Mo
ml Roblin**, roman inédit de CHAMPFLEURY; prochainement elle donner
. Rouher à Cerçay, par son Jardinier.

Le 1ᵉʳ Décembre, la *Nouvelle Revue* commencera **Une Exilée**, de M. PIERR
OTI et une série d'articles : **Russes et Allemands** (la Guerre de 7 ans), pa
M. ALFRED RAMBAUD.

LE
MARÉCHAL DE MAC-MAHON [1]

V

EN ITALIE

1859

La guerre engendre la guerre : c'est là une fatalité que confirme l'histoire. De toutes les luttes qui ont ensanglanté l'Europe depuis un siècle, il n'en est pas une, peut-être, qui, en expirant, n'ait fait surgir les éléments d'une lutte nouvelle. L'invasion de la France, en 1792, a été l'origine des vingt-trois années de guerre de la République, du Consulat et de l'Empire ; et les traités de 1815 contenaient en germe le conflit qui devait donner naissance aux revendications italiennes en 1859. Après la guerre de Crimée, la guerre d'Italie ; l'une entraîne l'autre. La nation piémontaise n'est pas prêteuse, et elle n'avait offert son concours aux troupes françaises sur les champs de bataille de la Chersonèse que pour les lier par un service rendu, quelque minime qu'il fût.

Qu'on nous permette ici un rapprochement historique.

En 1783, un Italien du nom de Luchessini, venu en Russie, on ne sait trop pourquoi, se fait présenter à Frédéric II, celui que Voltaire appelait le roi-caporal.

— Dites-moi donc, marquis, lui dit ce dernier de ce ton gouailleur et narquois qui lui était particulier, voit-on beaucoup de gens de marque, en Italie, voyager et faire partout le métier d'espion?

— Autant, Sire, qu'il y aura des princes allemands assez sots pour décorer de leurs ordres les personnes qu'ils emploient.

Devenu conseiller intime de la cour de Prusse, ce Luchessini pousse à l'invasion de la France et n'est pas étranger à la rédac-

(1) Voir la *Nouvelle Revue* des 15 septembre et 1er octobre 1892.

tion de l'insolent manifeste lancé de Coblentz par le duc de
Brunswick. Étrange coïncidence! Soixante-quatre ans après,
c'est encore un Italien, le comte de Cavour, qui prélude à l'invasion de la France, car, ne l'oublions pas, 1859 est la préface de
1870 et Solférino le préambule de Sedan.

Pendant les deux années qui suivent la guerre de Crimée,
Cavour, véritable dictateur du Piémont, organise le petit royaume
sarde pour la guerre : armée, marine, tout sera prêt quand le
moment sera venu; ministre de l'intérieur, il met la presse au
diapason voulu, et fusionne tous les partis politiques, dans la
solidarité d'une cause nationale : mazzinistes, orsinistes, il les a
tous dans sa main; ministre des affaires étrangères, il obtient la
neutralité de l'Europe, la Russie lui est sympathique ; la Prusse,
qui aspire à la suprématie en Allemagne, ne serait pas fâchée de
voir le prestige de l'Autriche ruiné par une défaite dans la péninsule : elle n'est pas fâchée non plus d'observer la France qu'elle
guette pour lui faire la guerre à la première occasion ; enfin, l'Angleterre, qui est invulnérable dans son île, souscrit d'avance à
l'indépendance italienne.

Il est des heures pendant lesquelles toute une nation s'incarne
dans un seul homme. En 1859, l'âme de l'Italie passe dans l'âme
de Cavour, comme en 1870 l'âme de la France passe dans celle
de Gambetta. Ce qu'il faut admirer dans ces deux hommes, ce
sont les admirables efforts auxquels peut arriver le génie, quand
il est mis en activité par un immense amour de la patrie.

Victor-Emmanuel II, sur les excitations du parti unitaire qui
veut l'Italie libre de la Méditerranée à l'Adriatique, n'hésite pas
à reprendre l'épée brisée de son père et à se faire le champion
des idées nouvelles qui ont été le rêve de sa jeunesse. Les défis
incessants du gouvernement sarde, ses provocations habiles font
tomber l'Autriche dans le piège d'une guerre ourdie avec un art
que Machiavel n'aurait pas surpassé, comme le taureau que l'on
excite avec un lambeau écarlate.

Aux cris de secours poussés par le Piémont, la France fidèle
à ses vieilles traditions intervient. Elle fait la guerre pour une
idée, dans un but de civilisation, pour soutenir le faible contre
le fort, au nom d'un principe international, et cela inconsidé-
rément, sans souci de son intérêt personnel, quelquefois même
au détriment de sa propre sécurité. Prêtant l'oreille aux conseils
de l'ambition et aux suggestions incessantes du parti ultra-libéral

qu'il croyait une force, Napoléon III se jette tête baissée dans la querelle du Piémont.

C'était une grande faute, plus grande encore que celle de la guerre de Crimée. Le gouvernement impérial aidait la maison de Savoie jusqu'alors restreinte au rôle de puissance neutre entre la France et l'Autriche, à s'annexer par les armes trente millions de sujets et à former ainsi un État militaire assez puissant pour rompre l'équilibre européen, cette vérité politique dont les diplomates à courte vue se jouent volontiers aujourd'hui. La France, qui n'avait de sécurité sur ses frontières que du côté du Piémont et de la Suisse, et qui ne pouvait respirer librement que par le vaste espace ouvert au pied des Alpes, allait river autour d'elle une ceinture de grandes puissances qui, en cas de collision, devaient nécessairement l'obliger à faire face à la fois aux quatre points cardinaux.

Pour chasser les Autrichiens de l'Italie, l'empereur Napoléon III dispose de sa garde, sous les ordres de Regnault de Saint-Jean-d'Angély et de quatre corps d'armée : 1er corps (Baraguey d'Hilliers), 2e corps (Mac-Mahon), 3e corps (Canrobert), 4e corps (Niel), soit un effectif de 180 000 hommes.

Indépendamment de ses propres ressources, l'armée française est renforcée de toutes les forces militaires du roi de Sardaigne ; c'est un appoint de 70 000 combattants qui n'est certes pas à dédaigner dans les circonstances présentes.

C'est à Turbigo, le prologue de Magenta, que commence le rôle décisif du corps Mac-Mahon.

Le 1er juin, le 2e corps a établi ses bivouacs en avant de Novare. Il forme l'avant-garde de l'armée, et dans ces conditions il sera le premier à franchir le Tessin et à pénétrer sur le territoire lombard. A cet effet, Mac-Mahon donne l'ordre à sa 1re division (La Motterouge) de franchir le Tessin, à Turbigo, sur un pont de bateaux qui y avait été jeté la veille et que gardait la division des voltigeurs de la garde du général Douay ; sa 2e division (Espinasse) est chargée de reconnaître le pont de San-Martino, situé en amont, et doit rejoindre le corps d'armée, dès qu'elle sera remplacée dans ses positions par les grenadiers de la garde qui franchiront le Tessin en ce point.

Il pouvait être onze heures et demie du matin quand la tête de colonne de la division La Motterouge atteignit le pont de bateaux de Turbigo. Au delà, une très belle chaussée part de la rive et s'élève en pentes assez douces jusqu'au Naviglio-Grande (grand canal) qu'il faut traverser pour aller jusqu'à Turbigo, situé à environ trois kilomètres plus loin. Des galets et des sables plaqués çà et là de flaques d'eau et de taillis de saules accompagnent les bords de la rivière ; sur le village des tuiles rouges et dans la plaine de grands blés jaunes : voilà le paysage. La campagne, avec ses horizons verts, est plate, coupée de distance en distance de cours d'eau, de haies et de rizières, rendant le terrain presque impraticable à l'artillerie et à la cavalerie.

Le général Mac-Mahon qui, en sortant de Galliate, a pris les devants de la colonne, se rend de sa personne, avec les généraux Camou, Lebrun, ainsi que les officiers de son état-major, jusqu'au village de Robecchetto, situé à un kilomètre au delà de Turbigo et dont la possession est des plus nécessaires pour couvrir le passage du fleuve. Là, il met pied à terre, monte dans le clocher de l'église pour juger par lui-même de l'aspect du pays ; mais à peine est-il arrivé sur la plate-forme qu'il aperçoit des troupes de toutes armes, hâtant leur marche et se dirigeant sur Robecchetto. C'étaient les Autrichiens qui, appréciant, comme nous, l'utilité stratégique de ce village, à cause de sa position à l'extrémité du plateau qui domine cette partie de la vallée, au point de jonction des routes de Turbigo et de Gallarate à Buffalora et Magenta, venaient s'en emparer, s'y fortifier et donner la main au corps d'Urban qui était opposé aux volontaires de Garibaldi, dans le Tyrol italien.

Il était temps de prendre ses dispositions.

— A cheval, Messieurs ! s'écrie Mac-Mahon en descendant du clocher ; puis, montant rapidement en selle, il regagne Turbigo, au galop, et fait prendre à ses troupes leurs dispositions de combat.

Pendant toute cette campagne d'Italie, l'historien chemine de surprise en surprise. Les reconnaissances ne se font pas, ou du moins, si elles se font, les renseignements qu'elles procurent sont absolument insuffisants ; nous ne savons pas où nous allons, nous marchons à l'aveuglette ; toutes les batailles ne sont que des batailles de rencontre, où la baïonnette joue le principal rôle.

Il faut de l'enthousiasme si l'on veut pour exposer sa vie ; il en faut aussi pour un capitaine de grenadiers, comme Gardame, par exemple, se précipitant dans le Mincio, à Borghetta ; mais pour un général d'armée, la guerre se présente sous un tout autre aspect.

Voilà donc le corps Mac-Mahon engagé à Robecchetto, sans qu'il s'y attende, sans qu'il sache même approximativement la force qu'il a devant lui. Sa 2ᵉ division encore à San-Martino ou en route pour le rejoindre, il ne dispose que de la division La Motterouge et encore il n'a réellement sous la main que les tirailleurs algériens; le reste de ses troupes est encore sur la rive gauche du Tessin. Néanmoins, il n'hésite pas ; il lance ses turcos à l'attaque de Robecchetto et ces derniers se montrent les dignes émules des zouaves de Palestro.

Ce brillant combat d'avant-garde ajoutait un nouveau succès à nos armes, augmentait la confiance de nos soldats en leurs chefs et nous assurait d'excellentes positions, à la veille d'une grande bataille, celle de Magenta. A la nuit, le corps Mac-Mahon bivouaquait , sa 1ʳᵉ division entre Buscate et Robecchetto, face à la route qui conduit à Buffalora ; sa 2ᵉ division, la droite à la route de Buscate et s'infléchissant sur sa gauche, dans la direction de Nosate. En arrière de ses deux divisions et couverte par elles, s'étend, entre les hauteurs et le Tessin, une plaine marécageuse et boisée, au centre de laquelle est Turbigo qu'occupe la division des voltigeurs de la garde Camou. Le quartier général du 2ᵉ corps est aussi à Turbigo. Une masure en ruines, que les cartes autrichiennes désignent sous le nom de *Colombara*, sert de refuge au général Espinasse. De grands feux y sont allumés, et tout autour les bivouacs s'organisent. Dans une salle basse, débarrassée à la hâte des amas de bois qui l'obstruent, un manteau jeté sur des fagots de genévriers et de menus branchages de sapinière, forme un lit improvisé sur lequel Espinasse s'endort, vers onze heures du soir, d'un profond sommeil; ce fut, pour lui, la dernière nuit passée au milieu de ses troupes.

Nous arrivons ainsi au 3 juin. Examinons quelles sont les positions occupées par les deux armées, et quel est aussi l'objectif de l'une et de l'autre.

Le quartier général de Napoléon III est toujours à Novare ; le 4ᵉ corps est en avant ; le 1ᵉʳ, à Lumelungo (5 kilomètres au sud-est); le 3ᵉ quitte Palestro, se dirige sur Novare pour se joindre au mouvement de concentration; le 2ᵉ bivouaque sur la rive gauche du Tessin. Pour tous, l'heure est venue de franchir le fleuve et de rallier le 2ᵉ qui forme leur avant-garde. L'armée sarde seule n'a pas encore quitté Palestro.

L'ordre de mouvement disait : « Le corps Mac-Mahon, renforcé de la division des voltigeurs de la garde, se portera de Turbigo sur Buffalora et Magenta, tandis que la division des grenadiers de la garde s'emparera du pont de San-Martino, sur la rive gauche du Tessin, et que le corps Canrobert s'avancera sur la rive droite pour passer le fleuve au même pont. »

D'autre part, les Autrichiens ne sont pas restés inactifs. Le combat de Turbigo et la concentration à Novare du gros de l'armée alliée, ont enfin révélé à Giulay qu'il se trompait absolument et que la Lombardie allait être envahie. En toute hâte, il fait repasser le Tessin à trois de ses corps d'armée qui coupent les ponts derrière eux ; le 4, au matin, il est en mesure d'opposer 20 000 hommes aux troupes alliées, tant à celles qui déboucheront sur la plaine lombarde qu'à celles qui pourront l'assaillir sur sa droite ; son but est de diviser en deux les forces de son adversaire, de manière à forcer le 2ᵉ corps à se replier sur Turbigo, l'isolant de tout ce qui n'a pas encore passé le fleuve.

La bataille de Magenta se compose donc de deux batailles distinctes : celle de la garde le long du Naviglio-Grande et celle de Mac-Mahon, toutes deux très meurtrières, mais de fortune diverse et qui, à la fin de la journée, se confondront en une seule et grande victoire.

Dès le matin, l'empereur envoie le commandant Schmitz, un de ses officiers d'ordonnance, à Mac-Mahon, pour lui renouveler ses instructions de la veille. Le général répond à cet officier : « Faites savoir à l'Empereur que je marche en deux colonnes : celle de droite, à la tête de laquelle je suis (division La Motterouge) se dirige sur Buffalora qu'elle aura atteint vers deux heures et demie au plus tard : la division Camou lui sert de réserve ; celle de gauche (division Espinasse) marche sur Magenta : j'apprécie qu'elle y sera vers trois heures et demie, car elle a un long chemin à parcourir. Je n'ai pas encore connaissance de la position de l'ennemi ; je ne puis donc donner aucune indication sur ce que je ferai ; mais que l'Empereur soit tranquille sur les dispositions que je croirai devoir prendre. »

Le matin, vers neuf heures et demie, la marche se bat dans

tous les corps et les différentes colonnes se mettent en route sur leur objectif spécial.

L'armée sarde tout entière devait marcher derrière le 2ᵉ corps ; mais des retards sans nombre, nécessités par l'insuffisance des ponts empêchèrent jusqu'à la fin de l'action les troupes italiennes de lui prêter leur concours.

La division La Motterouge arrive devant Buffalora, s'empare des premières maisons ; deux batteries ouvrent le feu sur l'artillerie ennemie et le village dans la partie avoisinant le Naviglio est bientôt abandonné. Napoléon III, qui est arrivé à midi au pont de San-Martino, n'attend que ce signal pour commencer son attaque ; il lance sa garde contre Buffalora. C'est là le prélude de la lutte sanglante engagée sur le grand canal.

Les historiens ont beaucoup discuté sur la faute commise par l'empereur qui engageait témérairement la lutte, avec des moyens insuffisants (cinq bataillons seulement) et sachant qu'il n'avait pas de secours prochain à attendre des 3ᵉ et 4ᵉ corps qui étaient encore loin. Ce n'est pas ici la place d'un tel débat ; revenons au 2ᵉ corps.

Mac-Mahon suit les différentes phases de l'action engagée à Buffalora, du haut d'une éminence située en avant de Cuggione ; son chef d'état-major, monté dans le clocher de l'église, observe à son tour ce qui se passe dans le voisinage. Des troupes autrichiennes, en masse très compacte, s'aperçoivent entre Cuggione et Magenta. Dès lors, plus de doute : le but de l'ennemi est de chercher à isoler la division Espinasse de celle de La Motterouge en se précipitant dans le vide assez large laissé entre elles.

Prévenu de ce qui se passe, Mac-Mahon n'hésite pas ; il abandonne l'attaque sur Buffalora, rallie autour de Cuggione la division La Motterouge, et la remet en marche, en lui donnant Magenta pour objectif. La division Espinasse, qui se porte également sur ce dernier point, par Mesero et Marcallo, a l'ordre de hâter sa marche, d'établir sa gauche à Marcallo qu'elle ne doit abandonner à aucun prix, et d'étendre sa droite de façon à être en communication avec la 1ʳᵉ division. Puis il appelle à lui, en toute hâte, la division des voltigeurs de la garde qui, prenant à travers champs, vient se former en réserve derrière la colonne La Motterouge.

Espinasse a demandé une heure pour exécuter le mouvement de conversion qu'on réclame de lui. Le temps s'écoule, ses pre-

mières colonnes ne sont pas encore en vue, et il est trois heures
de l'après-midi. La situation peut s'aggraver à tout instant, et une
minute perdue peut décider du sort de la journée. Mac-Mahon
est dans une inquiétude extrême ; il se dévoue et court lui-même
à la recherche de son divisionnaire en s'élançant à fond de train
dans la direction de Marcallo, suivi de quelques officiers et précédé des cavaliers du 7ᵉ chasseurs qui lui servent d'escorte.

« Rien, raconte un témoin oculaire, rien ne peut donner une
idée de cette course folle à travers les fossés, les haies, au milieu des arbres ; les chevaux brisent avec leurs poitrails les
vignes enlacées, franchissant tous les obstacles, rapides comme
l'éclair. »

Une ligne de tirailleurs autrichiens barre le passage ; on la
traverse. Près de Marcallo, on se heurte à un détachement de
uhlans envoyés en reconnaissance ; on sabre ces quelques cavaliers, et Mac-Mahon, sans détourner la tête, dédaigneux du péril,
poursuit sa course impétueuse à travers le groupe ennemi.

Il arrive ainsi jusqu'à Espinasse qui vient de se montrer devant Marcallo. « Il faut, lui répète le commandant du 2ᵉ corps,
occuper fortement ce village qui est le point d'appui de notre
gauche, s'y maintenir à tout prix et rejoindre, avec le reste de
votre division, la 1ʳᵉ dont l'objectif est Magenta. » Et Mac-Mahon,
avant de s'éloigner, montre du geste les positions que la division
Espinasse doit successivement occuper, en lui criant une dernière fois : « Surtout, hâtez-vous ! »

Puis, il reprend, avec son escorte, la route périlleuse qu'il a
déjà suivie ; l'ennemi revoit ce même général, ces mêmes officiers, ces mêmes chasseurs, que rien n'arrête, rien n'émeut et
qui, comme une trombe, passent, avec la rapidité d'une vision.

Il est quatre heures de l'après-midi, lorsque le 2ᵉ corps tout
entier s'avance sur Magenta ; les bataillons de première ligne
prennent tous le clocher de Magenta comme point de direction.
La division Espinasse est à gauche ; les voltigeurs de Camou, au
centre ; le général La Motterouge, à droite. Ce dernier a pris la
chaussée du chemin de fer qui est balayée de toutes parts par
les obus et la mitraille de l'ennemi. C'est un ouragan de fer
et de plomb qu'il faut traverser pour atteindre Magenta ; sur
la route sanglante la mort fait rage et les cadavres s'entassent.
De ce côté, la résistance est des plus énergiques ; de part et

d'autre, on se bat avec acharnement. Les généraux et les officiers sont au premier rang, animent leurs hommes; officiers et soldats se confondent; tous se disputent l'honneur d'arriver le premier, et la gare est bientôt à nous.

Sur la gauche, la résistance n'est pas moins opiniâtre, et c'est sur ce point peut-être que la mort nous épargne le moins. Espinasse doit diriger ses efforts sur la droite de l'ennemi.

Magenta, ville de 7 à 8 000 habitants, est traversée en son centre de l'est à l'ouest par la grande route de Turin à Milan; la route de Marcallo est perpendiculaire à cette dernière, traversant également la ville par son centre. Ces deux voies de communication partagent la cité en quatre quartiers à peu près égaux, dont la place forme la clef.

Espinasse, en arrivant aux premières maisons de Magenta, entraîne ses colonnes. Le sol jonché de débris, de morts et de mourants, est à peine praticable. « On ne tient pas, sur ce sol mouvant! » s'écrie le général, et laissant son cheval au cavalier qui le suit, il s'élance à pied dans le village, désignant aux zouaves, avec le pommeau de son épée, les portes qu'il faut enfoncer pour arriver aux poitrines autrichiennes. Au moment où le général se retourne pour donner un ordre, il est frappé par une balle tirée des étages supérieurs de la maison qui est devant lui. Espinasse jette un cri, laisse tomber son épée, et par un mouvement instinctif porte la main à sa ceinture; puis il s'affaisse et expire quelques instants après, dans les bras de son aide de camp, le commandant d'Ornans, que la décharge a épargné. Exaspérés, les zouaves s'élancent, irrésistibles, impitoyables, renversant tout, tuant tout; ce n'est plus un combat, c'est une boucherie, une immense hécatombe. On est au cœur de la ville et l'ennemi tient toujours.

La plume de l'écrivain est impuissante pour donner une idée de cette lutte effroyable, de ce tumulte plein de sang, de cette mêlée furieuse, implacable, qui termine la journée de Magenta.

Enfin, la ville est à nous, Les Autrichiens battent en retraite. Il est sept heures et demie du soir.

Ainsi finit la bataille de Magenta, qui est une lutte de deux armées, dans lesquelles les commandants en chef, au lieu d'être les yeux et l'intelligence des combattants, n'en furent que les témoins involontaires. Les témoignages de gratitude dont Napoléon III combla immédiatement Mac-Mahon prouvent jusqu'à quel point il se sentait perdu, sans la diversion heureuse du général, qui fût fait maréchal de France, et créé duc de Magenta, le lendemain.

Un second Grouchy eût fait perdre la bataille du 4 juin 1859; un premier Mac-Mahon eût fait gagner celle de Waterloo. Magenta appartient donc à Mac-Mahon, comme Valmy à Kellermann, Rivoli à Masséna, Montebello à Lannes, Marengo à Desaix.

A cette époque, Mac-Mahon a cinquante et un ans; il est dans la force de l'âge; « robuste, excellent cavalier, homme de cheval même, il juge de tout par lui-même, et attend que ses deux divisions se donnent la main, pour combiner son offensive. On n'est pas plus prévoyant, et il est rare à la guerre qu'une bonne opération ne soit pas suivie du succès (1) ».

**

Plus on avance dans le récit de la campagne d'Italie, plus on est tenté d'évoquer le passé, pour le comparer au présent. La Lombardie, est, en effet, un champ clos où les siècles semblent s'être donné rendez-vous, pour vider leur querelle; et n'est-ce pas le cas de dire avec Shakespeare : « Cette histoire est un conte déjà raconté. » En 1796, Bonaparte entrait triomphalement dans Milan; en 1859, le vainqueur de Magenta y pénètre également, parcourant les mêmes étapes que celles de l'armée du Premier Consul.

Le 6 juin, le maréchal Mac-Mahon quitte Magenta, et établit les campements du 2ᵉ corps à Pietro-l'Olmo. C'est là qu'il reçoit l'ordre suivant : « Demain, le 2ᵉ corps aura l'honneur d'entrer à Milan, à la tête de l'armée française. »

Nous ne décrirons pas l'entrée de nos troupes dans la capitale de la Lombardie. Les ovations qui s'y sont produites de la porte de France à la porte de Pavie, et sur le Corso, ont été contées maintes fois par l'historien. Disons seulement qu'un spectacle de ce genre ne se rencontre pas deux fois dans la vie d'un homme; ce n'est que sous un ciel comme celui de la belle Italie; ce n'est que dans les régions privilégiées du Midi que peuvent se déployer de pareils triomphes.

Aujourd'hui, les belles Milanaises se souviennent-elles de la journée du 6 juin 1859?

(1) *Souvenirs et Notes* du général LA MOTTEROUGE.

Les Autrichiens, après leur défaite, s'étaient retirés sur Lodi et Crema; leur arrière-garde, fortement retranchée à Melegnano (1) (Marignan), protégeait leur retraite. Pour empêcher la réorganisation de l'armée vaincue à Magenta, il était important de la poursuivre; c'est ce qu'on fit, le 8 juin, en culbutant son arrière-garde et en enlevant Marignan. A cet effet, le 1ᵉʳ corps (Baraguey d'Hilliers) reçut l'ordre d'attaquer le village de front, pendant que le 2ᵉ le tournerait par le Lambro, de façon à gagner la route de Lodi, et à couper aux Autrichiens leur unique ligne de retraite. Mac-Mahon insista auprès de Baraguey d'Hilliers devenu son chef, en cette circonstance, pour que l'attaque sur Melegnano ne commençât que lorsque son canon aurait fait connaître qu'il était en position sur la route de Lodi.

« Vous verrez qu'il ne m'attendra pas, dit Mac-Mahon à son chef d'état-major, *il est trop impatient de faire son coup.* »

Et, en effet, Baraguey d'Hilliers ne l'attendit pas; il brusqua l'attaque, fit écharper la division Bazaine, perdit beaucoup de monde, s'empara du village, mais au prix de sacrifices énormes.

Le corps Mac-Mahon, qui avait à faire douze lieues par des chemins très difficiles, à traverser le Lambro sans équipage de ponts, et à surmonter des obstacles de toute nature, ne put arriver sur le théâtre de la lutte que vers les trois heures de l'après-midi, quand Melegnano était pris. Tout ce qu'il put faire, ce fut de foudroyer avec son artillerie les fuyards autrichiens qui couraient à toutes jambes sur la route de Lodi.

Là encore, le duc de Magenta fit preuve d'une grande sagacité. Si Baraguey d'Hilliers avait retardé son attaque d'une demi-heure seulement, toute l'arrière-garde ennemie était prise, comme dans un coup de filet, et Marignan tombait entre nos mains, presque sans coup férir.

Ce soir-là, nos soldats, mouillés jusqu'aux os, passèrent la nuit au milieu de terres détrempées, sans vivres et presque sans feu. Le convoi et les bagages, retardés par le mauvais état des chemins, n'arrivèrent que le lendemain. Les officiers passèrent la nuit comme ils purent, les généraux allongés dans la boue, la tête reposant sur un sac de soldat; Mac-Mahon assis sur l'affût d'une pièce de canon. La guerre seule offre aux puissants de la terre, comme aux déshérités de la fortune, l'égalité dans la fatigue et les misères. On ne saurait donc traverser, sans une

(1) 12 ou 14 kilomètres de Milan.

certaine émotion ces mille incidents du champ de bataille qui
mettent au même niveau les généraux, leurs officiers et leurs
soldats.

Hier, un peuple en délire, applaudissements frénétiques,
ovation sans exemple, illuminations féeriques, joie de toute une
ville ; aujourd'hui, routes détrempées, rivières à franchir, pluie
diluvienne, les orages du ciel venant joindre leurs grondements
à ceux du canon, bivouac en pleine eau, privations de vivres,
fatigues inouïes. Un jour dans le luxe, dans l'abondance ; le lendemain, dans l'eau jusqu'à mi-jambe, la pluie sur le dos et rien
pour se réconforter. N'est-ce pas ici le cas de rappeler cette jolie
lettre du prince de Condé à Louis XIV : « Nous avons dansé hier,
nous nous sommes battus ce matin, nous avons vaincu ce soir. »

L'acharnement que nous avions mis à nous emparer de
Marignan fit supposer aux Autrichiens que nous allions nous
porter sur Pavie, avec le gros de nos forces, et envelopper toute
la partie de la Lombardie comprise entre Plaisance, Pizzighet-
tone et Crémone. Au lieu de suivre ce plan de campagne qui
était peut-être le plus rationnel, Napoléon III, fidèle à ses procédés
de tactique enveloppante, fait exécuter par toute son armée une
marche de flanc de trente lieues pour la porter de Milan sur
Brescia. L'ennemi avait étendu démesurément sa ligne de bataille,
ses deux extrémités ne pouvaient se prêter un mutuel appui, et
son extrême droite débordée par nos forces, sans cesse massées,
par une sorte de mouvement centrifuge, était incapable d'une
résistance sérieuse. C'est ce qui explique comment nous avons pu
parcourir sans combats la distance qui sépare Milan de Brescia,
franchir quatre cours d'eau importants (l'Adda, le Serio, l'Oglio
et la Mella) et envahir une immense étendue de terrain.

Pour la seconde fois, le généralissime Giulay avait la partie
belle s'il eût voulu couper notre ligne en un point quelconque de
son parcours. Mais l'empereur François-Joseph était venu prendre
le commandement de son armée. Après de longues hésitations
pour savoir s'il fallait tenir sur la Chiese, le Mincio, ou même
l'Adige, on décidait la retraite derrière le Mincio ; un premier
contre-ordre ramenait les Autrichiens sur la Chiese ; le 19, un
deuxième ordre les faisait rétrograder derrière le Mincio, et enfin,
le 23 au matin, nouveau contre-ordre pour réoccuper, le 24 au
matin, la ligne de la Chiese.

Qu'avaient fait les alliés pendant cette période ? Ils occupaient, dès le 23, cette même ligne de la Chiese. Napoléon III avait son quartier général à Montechiaro, Victor-Emmanuel II a Lonato, et le 24 on devait occuper le pays entre la Chiese et le Mincio.

La veille, les patrouilles ont battu la plaine sans rencontrer un seul adversaire ; on se renseigne, et on constate que les Autrichiens ont abandonné les hauteurs qui s'étendent entre Lonato et Volta. Les ordres sont donnés en conséquence, et, le 24 au matin, les deux armées marchent à la rencontre l'une de l'autre ; elles se heurteront sans s'en douter.

La bataille de Solferino va commencer.

A notre extrême gauche, les Piémontais rencontrent l'ennemi à Rivoltella ; les 1ᵉʳ et 2ᵉ corps engagent l'action. Au centre, en avant de Castiglione, le 4ᵉ corps (Niel) aborde les Autrichiens à Medole, le 3ᵉ, à l'extrême droite, quitte Castel-Goffredo pour se joindre à l'action générale.

Le maréchal Mac-Mahon, conformément aux ordres qu'il a reçus, quitte dès le matin Castiglione, pour se porter sur Cavriana par San-Cassiano. Il est à peine cinq heures du matin que son avant-garde se heurte contre des tirailleurs ennemis postés à la ferme de Casa-Marino. Mac-Mahon se porte immédiatement sur le Monte-Medolano, position élevée, du haut de laquelle il peut juger à peu près de la force des troupes qu'il a devant lui. A ce moment, le canon retentissait sur sa gauche, entre Castiglione et Solferino ; c'était Baraguey d'Hilliers qui venait de s'engager à son tour.

Vers huit heures et demie du matin, comme les forces ennemies s'accroissent en face du 2ᵉ corps, Mac-Mahon donne l'ordre d'attaquer la Casa-Marino, et c'est en disposant ses batteries pour cette attaque, que le général Auger, un de nos meilleurs officiers d'artillerie, a le bras gauche emporté par un boulet, blessure à laquelle il devait succomber quelques jours après.

Le soleil marque une heure de l'après-midi ; le canon retentit sur la droite et sur la gauche avec une extrême violence. Le moment semble venu de faire effort sur le centre de l'armée entrichienne, conjointement avec le 1ᵉʳ corps qui fait des progrès sensibles sur le mont des Cyprès. C'est au tour du 2ᵉ corps à prendre part à l'action, d'une manière énergique et décisive, et Mac-Mahon ordonne l'enlèvement de San-Cassiano. Les massifs de vignes, les jardins qui entourent le village sont défendus par de nombreux tirailleurs autrichiens; nos têtes de colonne sont accueillies par une tempête de balles, et foudroyées par l'artillerie ennemie qui est postée sur le mont Fontana; c'est l'heure de sauter à l'assaut de ces positions.

— *Arrouah!* mes enfants, crie La Motterouge au régiment de turcos, en se retournant vers lui.

— *Arrouah! Arrouah!* répètent des centaines de voix, et, rapides comme des lions qui guettent leur proie, les enfants du désert, tirant, comme dans le Sahara algérien, le coup de feu de fantasia, s'élancent, tête baissée, sur ces jardins, sur ces maisons crénelées qui vomissent la mort dans leurs rangs; tout ce qui leur résiste est passé au fil de la baïonnette. Leur colonel tombe mortellement frappé, son sang coule; ils en mélangènt l'eau de leur bidon, et enivrés de ce breuvage vengeur, exaspérés à la vue de leurs officiers qui tombent héroïquement à leur tête, ils chassent l'ennemi de tous les enclos où il s'est réfugié, le poursuivent à outrance, et se jettent ensuite sur les croupes du mont Fontana, dont les pentes rapides ne peuvent arrêter leur élan.

C'est alors que commence, sur toute la ligne de bataille, cette course impétueuse de colonnes profondes se ruant sur les masses autrichiennes, sans cesse renouvelées et toujours plus menaçantes. Chaque mamelon, chaque point culminant est le théâtre d'un combat opiniâtre. Ici, c'est une lutte corps à corps; là, un escadron de cavalerie écrasant sous les pieds de ses chevaux les morts et les blessés. Les longues tiges de maïs et les hautes herbes, frappées comme les hommes, se couchent brisées et abattues à côté de ceux qui dorment du dernier sommeil. Les cadavres s'amoncellent sur les collines et dans les ravins.

Vers quatre heures de l'après-midi, le corps Mac-Mahon était maître de Cavriana, son objectif pour la journée.

Au moment où l'armée victorieuse allait se précipiter à la poursuite de son adversaire, un orage épouvantable fond sur le champ de bataille. Un soleil brûlant, une atmosphère embrasée avaient accumulé à l'horizon, du côté du lac de Garde, des vapeurs éparses qui, condensées derrière les accidents du terrain, montent et courent dans l'espace, chassées par un vent violent. Le soleil darde ses rayons au-dessus de ces grands nuages mobiles, les colore des nuances les plus diverses, et un ouragan épouvantable ne tarde pas à prendre part à la bataille. Les feux du ciel se joignent aux feux de la terre. Du sol remué par les rafales d'un vent furieux, s'élève une poussière qui aveugle les hommes et fait tourner les chevaux sur eux-mêmes. Une pluie torrentielle envahit le champ de bataille, et ralentit le succès de nos troupes. Cet orage est comme un défi adressé à l'homme par la nature en courroux. Il dure une demi-heure, et l'ennemi qui, comme nous, en ressent les effets, en profite pour hâter sa re-traite sur tous les points.

Vers six heures et demie du soir, la lutte cesse de part et d'autre.

Il est des scènes dont l'épouvantable grandeur défie toute analyse. Ici, la plume de l'écrivain s'arrête, effrayée de son impuissance à retracer toutes les phases de cette bataille de Solfe-rino qui fut certainement une des plus meurtrières du siècle.

Comme à Magenta, le rôle de Mac-Mahon avait été décisif dans cette journée du 24 juin. Pendant la première moitié de la bataille, le 2ᵉ corps est, en quelque sorte, la clef de voûte de toute la ligne française; sans la résistance que les efforts des Autri-chiens rencontrèrent à notre centre, l'armée franco-sarde était infailliblement coupée en deux. Le maréchal, dans cette circon-stance, s'était révélé homme de guerre, général habile, pru-dent, énergique, actif au plus haut degré; il se multiplia sur ce champ de bataille boisé, couvert, d'une immense étendue, et dont la partie occupée par son corps d'armée était certainement la plus difficile à tenir. Mal appuyé à droite et à gauche, par les vides laissés entre ses troupes et les corps qui opéraient sur ses ailes, il sut disposer ses deux divisions et son artillerie en des positions telles, en avant de la Casa-Marino, qu'il empêcha les masses ennemies de faire effort sur la route de Castiglione, pour séparer ses troupes de celles des 3ᵉ et 4ᵉ corps qui l'en-cadraient; il donna ainsi le temps à la cavalerie du général Des-vaux et à celle de la garde, de venir fermer l'espace qui séparait le 2ᵉ corps de celui de Niel. Alors seulement, Mac-Mahon assuré de ses communications, et ne craignant pas d'être tourné sur sa droite, put fermer l'espace qui le séparait des montagnes sur sa gauche, en y portant sa 1ʳᵉ division (La Motterouge), attaquer San-Cassiano et le mont Fontana; enlever d'assaut ces deux importantes positions qui étaient la clef du champ de bataille, pendant que la 2ᵉ division (général Decaen) (1) enlevait Cavriana, où Napoléon III établissait, le soir, son quartier général, et d'où

(1) Decaen remplaçait Espinasse tué à Magenta.

il expédiait à la France cette simple dépêche, que le lendemain tout Paris pouvait lire : « *Grande bataille, grande victoire !* »

L'armée alliée se préparait à de nouveaux combats, lorsque les brusques conclusions de la paix vinrent la surprendre le 8 juillet, dans ses bivouacs, le long du Mincio...

Pendant que nos troupes se battaient avec leur entrain habituel, un prince allemand, Frédéric-Charles, suivait nos manœuvres dans les rangs de l'armée autrichienne, rapportait de cette campagne toute une série de documents destinés à éclairer le gouvernement prussien sur notre manière de combattre, et, dès l'année suivante, faisait aux officiers du II° corps poméranien, réunis à Stettin, une série de conférences ayant pour objet *la manière de combattre l'armée française.*

VI

EN FRANCE

(1870)

Napoléon I°° et l'archiduc Charles sont, aujourd'hui encore, tenus en haute estime par les petits-fils des soldats qu'ils ont conduits tant de fois à la victoire, il y a trois quarts de siècle, et cependant tous deux ont terminé leur carrière de général en chef par une bataille perdue : Waterloo et Wagram. Ces échecs ont-ils terni leur gloire de héros ? Washington, Blücher, Radetzky, Wellington ont eu, seuls, le bonheur de finir leur carrière par leur plus belle victoire. André Hofer succombant n'a-t-il pas été salué par tout un peuple, comme un martyr béni ?

Il est des qualités que personne ne peut donner à un général en chef, s'il en est dépourvu. Que, par exemple, il ait trop peu d'indépendance de caractère pour savoir reconnaître, au milieu d'un grand nombre de résolutions possibles, celle qui convient le mieux à la situation ; qu'il lui manque la fermeté nécessaire pour la mettre à exécution et maintenir intacts, dans les troupes sous ses ordres, la discipline et l'accomplissement du devoir ; personne ne pourra remédier à ces graves défauts. Il y a plus, un général en chef, doué des plus éminentes qualités et du plus énergique caractère, ne pourra pas davantage parer aux graves et souvent fatales conséquences de l'inhabileté et de la négligence de ceux qui sont appelés à le seconder dans l'accomplissement de sa tâche, et à l'aider avec intelligence et ponctualité dans la préparation des dispositions à prendre, et dans l'expédition des ordres et instructions qui y sont relatives.

Supposons un général en chef, la veille encore, honoré par ses victoires ; hier, on le portait aux nues, il était le favori de la foule ; aujourd'hui, malheureux, cette même foule ne peut lui pardonner ses erreurs, et se venge sur lui par une soudaine transformation de son admiration qu'elle change en haine et en rancune. Quel triste contraste avec cet admirable Sénat romain qui allait au-devant d'un consul vaincu, pour le remercier de ne pas avoir désespéré de la patrie !

Ces réflexions nous viennent à l'esprit, au sujet de Mac-Mahon, qui, lui aussi, n'a pas désespéré de la patrie, et ne saurait supporter seul les défaites de Wissembourg, Reichshoffen et Sedan. Le soldat obéissait. Caractère indécis, hésitant, il n'est pas fait pour les grands commandements ; nul ne conduit mieux que lui au feu un régiment, une brigade, une division, un corps d'armée ; nul aussi, plus que lui, n'a souffert de nos désastres ; mais l'homme après sa défaite est tout aussi digne d'admiration que le héros. « Il est permis d'être malheureux à la guerre ; nous ne sommes pas à Carthage ; le tout est de savoir pourquoi un général battu l'a été (1). »

En marchant sur Châlons pour rejoindre Bazaine sous Metz, et le délivrer d'un investissement certain par les II⁰ et III⁰ armées allemandes (prince Frédéric-Charles et prince royal), l'état-major français prenait la plus mauvaise ligne d'opérations et partait d'un principe vicieux, plutôt politique que stratégique, qui devait fatalement conduire l'armée de Mac-Mahon à un désastre.

Cette idée de secours était fausse, en ce sens que les deux armées françaises, ralliées, ne changeaient en rien la balance des effectifs. La position des belligérants restait la même, toujours au profit des Allemands, à moins de supposer qu'ils n'eussent pas découvert le mouvement de Mac-Mahon, pour lui opposer une concentration correspondante, ce qui est inadmissible.

Lorsque deux armées en lutte occupent une certaine étendue de pays, il faut, pour user avantageusement des lignes intérieures, que celles-ci aient une étendue d'autant plus grande que l'ennemi occupe un plus grand espace. Sans cela, l'*enveloppement stratégique*, favorable à l'enveloppé, devient aisément

(1) *Préjugés militaires*, prince de Lione.

tactique; c'est-à-dire tout au profit de l'enveloppant. Or, l'échiquier compris entre Châlons-Metz et la frontière du Nord n'avait pas assez de surface pour que le jeu des lignes intérieures ou centrales, *diminué déjà de la moitié de sa valeur par la proximité de la Belgique,* pût y manœuvrer librement avec d'aussi fortes masses.

Il aurait fallu attirer les deux armées allemandes plus près de Paris. Partant de Châlons-Reims, quand les forces ennemies tenaient la ligne Metz-Verdun-Saint-Menehould, l'opération sur Metz-Montmédy ne répondait plus du tout aux conditions d'une manœuvre visant les lignes intérieures. Le terrain qui lui restait était si étroit et si près de l'ennemi qu'on ne pouvait espérer ni cacher longtemps cette marche aux éclaireurs allemands, ni y manœuvrer à l'aise, une fois cette marche démasquée.

En outre, le difficile et périlleux mouvement des troupes françaises ne fut secondé d'aucune des mesures accessoires usitées en pareil cas, et qui eussent pu, jusqu'à un certain point, en atténuer le vice fondamental. Les places fortes de la Meuse, Sedan surtout, n'avaient pas été mises en état de défense, et on négligea les diversions propres à tromper l'ennemi sur les véritables intentions de Mac-Mahon (1).

Le général Cousin-Montauban, dans une brochure de quelques pages : *Un ministère de vingt-quatre jours,* essaie de justifier l'entreprise ordonnée par lui, citant de nombreux exemples historiques de marches de flanc fort heureuses. L'argument tombe à faux. La marche de flanc n'est pas ici en cause ; ce qui est condamnable, c'est le fait d'avoir suivi des lignes de marche dans une zone trop exiguë, resserrée, comme elle l'était, entre les armées allemandes et la frontière. Le même auteur dit encore que ce sont les lenteurs de la marche sur Châlons qui ont tout perdu. Erreur aussi profonde que la première. Meilleur marcheur, Mac-Mahon serait arrivé plus loin, c'est incontestable ; il ne serait pas moins tombé dans le filet, et n'y aurait pas échappé pour cela. On l'aurait pris à Montmédy, ou Thionville, ou Étain, ou sur quelque autre point de cette excentrique région, aussi sûrement qu'à Sedan.

« Ce sont les soldats qui gagnent les batailles, disait Kléber, mais ce sont les généraux qui seuls préparent les victoires. » Il a fallu trois défaites, trois écrasements, pour qu'on se souvînt de la tactique de Sadowa, et même de Napoléon Ier inventeur de cette tactique et des principes de stratégie émis par le maréchal Niel.

Le grand coupable de cette guerre néfaste est donc Napoléon III.

(1) Colonel LECOMTE.

Lui seul en porte toute la responsabilité. Après nos revers de la première semaine d'août, l'action du commandement avait besoin de se faire sentir sur les lieux mêmes où l'ennemi était attendu. L'empereur reconnaissant enfin son incapacité et son impuissance à remplir la lourde tâche qu'il s'était imposée, se démettait le 5 août d'une partie de son commandement en faveur de Bazaine, dont il avait suivi l'armée, jusqu'à présent, avec ses bagages, ses *impedimenta*, et tout l'attirail qu'il traînait derrière lui, chevaux de main, cuisiniers, maîtres d'hôtel, etc. Mais son abdication militaire ne fut réelle que le 12 août; lorsque Bazaine reçut le titre de commandant en chef de l'armée de Metz. À ce moment-là, ce dernier, qui était un habile, s'arrangea de façon à se débarrasser de Napoléon III, qui ne trouva rien de mieux que de partir pour Châlons, et de se traîner à la remorque de l'armée de Mac-Mahon.

À Metz, l'empereur eût pu, jusqu'à un certain point, enrayer la conduite coupable de Bazaine; à Châlons, il fut un obstacle constant à la bonne direction de notre armée, et à l'exécution d'un plan stratégique qui, s'il ne nous eût pas sauvés, était du moins conforme à la logique et aux principes de guerre.

« Oh! les princes qui ne sont pas généraux, et qui veulent l'être à tout prix, s'écrie un officier d'état-major, aussi bien que les souverains qui suivent les armées sans les commander, sont les plus terribles obstacles aux opérations militaires. Ce sont des fléaux (1). »

Et comme ce même officier, demandait à son général pourquoi le loyal Mac-Mahon n'avait pas le courage de congédier l'empereur comme l'avait fait Bazaine : « Savez-vous, lui répondit ce dernier, la réponse faite à ce sujet par un homme d'État?... « Et où diable voulez-vous qu'on le mette? » Tout cela n'est-il pas triste?

L'histoire a de singulières redites. Si nous nous reportons à un siècle de distance, nous sommes frappé par une étonnante analogie de situation.

En 1792, Frédéric-Guillaume II envahit le territoire français, à la tête de l'armée prussienne; il est pour l'offensive immédiate, prompte et vigoureuse; son généralissime, le duc de Brunswick, rendu méfiant par ses insuccès de la guerre de Sept ans, est au contraire partisan d'une guerre lente et méthodique. Ce dualisme

_____

(1) *Frœschwiller et Sedan*, Journal d'un officier du 1er corps.

d'autorité est la cause de conflits perpétuels. Gœthe dépeint admirablement cette situation, quand il écrit :

Sa Majesté galope par monts et par vaux, accompagné de son cortège comme le noyau d'une comète suivie de sa longue queue. A peine, ce phénomène, a-t-il passé devant nous avec la vitesse de l'éclair, qu'un second vient d'un autre côté couronner une colline voisine ou remplir la vallée : c'est le duc de Brunswick qui entraîne avec et après lui des éléments du même genre. Plus disposés à observer qu'à juger, nous fûmes toutefois conduits, le duc de Weimar et moi, à nous demander laquelle de ces deux puissances déciderait dans les cas douteux? Question non résolue, qui ne nous laissait qu'incertitude et souci, au sujet de l'issue de la campagne (1).

Mais revenons à Mac-Mahon. Tout conspirait pour lui enlever l'énergie, l'initiative nécessaires : l'empereur d'abord, Bazaine ensuite. Au 12 août, quand ce dernier prit le commandement de l'armée de Metz, la situation était grave, mais rien n'était encore perdu.

Trois routes conduisent de Metz à Verdun : celle de Briey, la meilleure et la plus sûre, et celles qui passent par Gravelotte. Bazaine avait-il véritablement l'intention de donner la main à Mac-Mahon, en marchant sur Verdun? Non; les mouvements qu'il fait exécuter à son armée ne révèlent nullement ce dessein, bien au contraire. L'opinion généralement admise, c'est qu'il feignit d'y consentir, afin de se séparer de la tutelle de l'empereur, et de rester seul maître de ses opérations. Ainsi, au lieu de quitter Metz le 13 août, il ne part que le 14 dans l'après-midi, laissant les ponts de la Moselle absolument intacts; au lieu de suivre les trois routes reliant Metz aux plateaux environnants, il suit les deux chemins passant par Gravelotte, sur lesquels ne tardent pas à se produire une confusion et un encombrement tels que la marche de l'armée en est ralentie de deux jours, alors qu'il fallait surtout gagner l'ennemi de vitesse, et éviter une rencontre inutile, dangereuse même. De là, trois grandes batailles : Borny, Gravelotte et Saint-Privat (14, 16 et 18 août); Gravelotte nous fermait la route de Verdun; Saint-Privat, celle de Briey. Un officier prussien a écrit que : « Bazaine, tout en prenant l'engage-

(1) *Campagne de France*, p. 16. — On sait que Gœthe, pendant l'invasion de la France, en 1792, accompagnait le duc de Weimar, commandant d'un régiment de cavalerie, et marchait généralement, soit à cheval, soit en voiture, avec l'escadron d'avant-garde.

ment de conduire son armée de Metz à Châlons, par Verdun, *avait secrètement résolu de ne pas quitter Metz.* »

En ce moment, il sait bien qu'il est désormais condamné à rester sous Metz, puisqu'il a tout fait pour cela, et cependant le 19, il écrit encore à Mac-Mahon : « Je compte toujours prendre la direction de Montmédy. » Il laisse le commandant de l'armée de Châlons dans cette incertitude jusqu'au 26, alors que celui-ci commençait son mouvement de jonction avec lui. Après cette date, il démasque sa pensée, et affirme au ministre de la guerre, le 27, qu'il lui est impossible de forcer les lignes ennemies; mais il écrit au duc de Magenta : « Nous sommes faiblement cernés ; nous pourrons percer quand nous voudrons. »

Équivoques et mensonges; Bazaine endosse une large part de responsabilité dans le désastre de Sedan.

Le duc de Magenta, de son côté, écrivait le 22 août, au commandant de l'armée de Metz : « Je suis à Reims, je marche dans la direction de Montmédy, et serai après-demain sur l'Aisne, d'où j'opérerai suivant les circonstances pour venir à votre secours. »

Le 29, Bazaine reçoit encore par un émissaire la dépêche suivante : « Général Ducrot, commandant le 1ᵉʳ corps, sera le 27 à Stenay, à la gauche de l'armée; général Douay est à la droite sur la Meuse; se tenir prêt à marcher au premier coup de canon. »

Ainsi, depuis huit jours, l'armée de Châlons marche vers Metz, pouvant surgir, d'un moment à l'autre, dans le rayon d'investissement de la place. Bazaine ne bouge pas, et ce n'est que le 31 qu'il ordonne une sortie du côté de Noisseville. Il était trop tard. L'armée de Châlons allait sombrer dans le gouffre de Sedan.

Quels sont donc les motifs qui peuvent bien avoir poussé Bazaine à renoncer le 16 à sa marche sur Verdun, à rentrer le 18 sous le canon de Metz, et à s'immobiliser dans un camp retranché où il sacrifiait inutilement ses soldats? Les voici d'après une brochure généralement attribuée au général d'Andlau (1) :

Ou le maréchal Mac-Mahon serait battu, ou il sortirait vainqueur de la lutte qu'il avait à soutenir, ou encore, se voyant sans nouvelles de l'armée de Metz, il se reporterait plus en arrière sur Paris.

(1) *Metz, Campagnes et Souvenirs.*

Dans le premier cas, si Mac-Mahon est battu, les Prussiens n'ont plus d'armée devant eux et arrivent droit sur Paris; l'empereur fait la paix après la défaite, ou se voit contraint de la subir au milieu de la capitale. Ce nouveau malheur sera certainement le signal de sa chute. Bazaine est sauvé, n'a pas participé au désastre, reste avec la gloire de Borny, de Gravelotte, et devient l'homme de la situation.

Si Mac-Mahon est vainqueur, Bazaine est délivré. Placé sur les derrières des armées allemandes, il complète le succès par des triomphes faciles, et il sort de la guerre grandi par les titres qu'il se sera acquis, sans avoir exposé sa situation à sombrer dans les hasards du champ de bataille.

Enfin, si Mac-Mahon renonce à toute idée de jonction, la lutte militaire se répartit sur deux théâtres de guerre distincts : Paris et Metz. Dans ce cas, il aurait la gloire d'avoir tenu en échec le prince Frédéric-Charles, sans avoir compromis son armée, car, quelle que soit l'issue de la campagne, c'est dans Paris qu'elle se résoudra.

Ces prévisions ne se sont pas réalisées, comme on sait. Mac-Mahon succombait à Sedan, victime de son dévouement ; l'empereur disparaissait de la scène, l'ennemi trouvait devant lui une ville voulant se défendre et un pays résolu à repousser l'invasion ; tant il est vrai, comme l'a si justement écrit le général Foy, dans son beau récit des campagnes de la péninsule ibérique, que « pour les hommes de guerre, le meilleur parti à prendre, dans les révolutions, est toujours celui qui respire la haine des étrangers ».

VII

CARACTÈRE POLITIQUE DU MARÉCHAL

Nous venons de parler de l'homme de guerre, retraçons maintenant en quelques mots la vie politique du maréchal.

Après la guerre de Crimée, Mac-Mahon avait été appelé au Sénat. Là comme ailleurs, à la tribune comme sur le champ de bataille, il remplissait rigoureusement son devoir, résistant au pouvoir, dès que sa conscience était engagée, et qu'il sentait le poids d'une responsabilité pouvant entacher son bonheur.

En 1858, après l'attentat d'Orsini, les conseillers du gouvernement impérial persuadèrent au souverain que l'intérêt et la sécurité de l'État exigeaient le rétablissement de *mesures exceptionnelles*, et le Corps législatif vota la *loi de sûreté générale* par 227 voix contre 24. Au Sénat, une seule voix s'éleva pour protester; ce fut celle de Mac-Mahon qui, dans un beau et patriotique langage, fit comprendre à la Chambre haute combien cette loi était inconstitutionnelle ; selon lui, elle violait toutes les lois, armait le pouvoir exécutif d'un pouvoir judiciaire, ce qui était dangereux, en tous temps ; supprimait les garanties légales de l'accusé, substituait l'arbitraire à la justice ; ne définissait pas les crimes ou les délits qu'elle était destinée à frapper, et s'attribuait un effet rétroactif qui n'était inscrit dans aucune de nos lois.

En quoi ces mesures sauveront-elles la société? s'écrie Mac-Mahon. N'avons-nous pas, pour arriver au même résultat, des fonctionnaires consciencieux agissant avec modération mais fermeté, sans arrière-pensée, fidèles à l'empereur, comme ils doivent l'être, suivant leurs serments? N'avons-nous pas le Jury, en temps ordinaire ; les conseils de guerre, en temps de troubles? Alors, à quoi bon des mesures exceptionnelles qui, dans leur ensemble, violent la constitution?

Mac-Mahon n'est donc pas un courtisan ; il se contente d'être le Macdonald du second Empire ; c'est-à-dire la fidélité indépendante, le dévouement d'autant plus certain, d'autant plus durable, qu'il ne se limite pas à la fragilité humaine, et qu'il s'attache surtout à la patrie que représente le souverain de la France.

On me prend généralement pour un bonapartiste, et l'empereur me croit légitimiste, disait, en 1868, le maréchal à un de ses amis. La vérité est que je ne suis ni l'un ni l'autre. Je suis avant tout Français et soldat. Je ne me séparerai jamais de la France qui a le droit, je le crois du moins, de dire ce qu'elle veut.

J'ai servi d'abord sous Charles X ; c'était la légitimité. Les journées de Juillet m'ont certainement été pénibles, et pendant quelques mois je me suis demandé ce que je devais faire. J'ai fini par me dire que puisque la France acceptait ce régime, il était de mon devoir de ne pas me séparer d'elle, et je restai à mon poste. L'Empire vint : je fus de plus en plus convaincu qu'un soldat, dans un pays comme le nôtre, doit rester du côté de la France, sans s'inquiéter de la politique qui pousse les populations à vouloir un régime plutôt qu'un autre. Aussi longtemps que durera l'Empire, je le servirai loyalement, fidèlement, et cependant je ne suis pas un bonapartiste. L'empereur le sait, je le lui ai dit.

Non, je ne suis pas bonapartiste ; tenez, voici les circonstances dans lesquelles j'en fis l'aveu à l'empereur. Nous étions à Oran, c'était pendant son voyage en Algérie. Nous étions entrés après dîner dans un kiosque où j'avais l'habitude de me reposer, quand j'habitais Oran comme colonel. L'empereur et moi nous causions ; le général Castelnau, son aide de camp, écoutait. La conversation roulait sur le coup d'État du 2 Décembre et voici ce que je lui disais : « Nous sommes dans une place qui a été souvent témoin, à cette époque, de mes réflexions et de mes perplexités. Quand la nouvelle du coup d'État me parvint, j'en fus très affligé, Sire, et je dois l'avouer à Votre Majesté. Cette violation de la loi me paraissait inouïe et terrible dans ses conséquences. Je ne suis pas un rigoriste absolu, je sais qu'on ne peut pas toujours se conformer à la lettre à la loi, par exemple lorsque la sûreté du pays l'exige, lorsque rien autre ne peut être fait, lorsque toute tentative a échoué; mais ce n'était pas le cas à l'époque du coup d'État, l'agitation du pays ne pouvait servir d'excuse à une pareille violation de la loi.

« En 1851, il me semble, Sire, que le président aurait pu s'entendre avec l'Assemblée, qu'il était possible d'avoir recours à d'autres moyens, qu'on aurait pu épargner à notre pays une page comme celle du 2 décembre. Quand j'appris tout ce qui était arrivé, j'en fus très irrité, et, au moment du plébiscite, mon embarras était grand. Sa Majesté sait que je ne suis pas un grand parleur. Je cachai donc en moi-même mes pénibles réflexions, mais, en dépit de mes précautions, mes sentiments ne tardèrent pas à se divulguer.

Je retardai donc mon vote, mais au dernier moment on m'assura que les démagogues avaient voté *non*, et qu'ils arboraient le drapeau rouge à leurs fenêtres. Alors, je n'hésitai plus : entre le drapeau tricolore qui est celui de Votre Majesté, celui de la France, et le drapeau de l'anarchie; entre vous et le drapeau rouge, il n'y avait pas à s'y tromper; la victoire devait rester à Votre Majesté et je votai pour elle, sans pour cela appartenir à son parti. J'ai été un de ses serviteurs, Sire, et je crois qu'en la servant je sers la cause de l'ordre, lequel est indispensable à la France.

L'empereur, qui avait écouté sans prononcer une seule parole, alluma un cigare, se leva, et répondit simplement :

— Eh bien, Maréchal, si vous aviez été à ma place, vous auriez compris mes raisons, et peut-être auriez-vous fait comme moi (1).

Mac-Mahon s'est donc maintenu, à l'égard de l'Empire, dans une prudente réserve, sans la moindre affectation. Napoléon III ne l'en estimait pas moins. Sur le champ de bataille comme au repos, il est le même homme; sans envie, sans faste, sans ostentation; toujours noble et allant droit son chemin, suivant sa conscience :

Le 30 janvier 1879, lorsque survint la crise qui l'obligeait à donner sa démission de président de la République, Mac-Mahon attendait dans ses appartements de Versailles le résultat du Congrès; dès qu'il eut connaissance de la nomination de M. Grévy, il se rendit immédiatement chez ce dernier, accompagné d'un aide de camp. L'entrevue fut courtoise et non sans grandeur.

— J'ai voulu être le premier, dit l'illustre soldat, à venir complimenter le chef de l'État.

M. Grévy en le remerciant exprima ses regrets des événements qui venaient de se produire. Puis l'entretien s'engagea, et comme le nouveau président disait au maréchal qu'il comptait sur son concours, ce dernier reprit :

(1) Extrait d'une correspondance du *Times*.

— Je n'ai pas de conseils à vous donner, et ne me permettrai pas de vous en donner un. Je craindrais de me tromper. Mais laissez-moi vous dire combien il est nécessaire de vous préoccuper de la question extérieure.

Cette question extérieure était, en effet, le point épineux du gouvernement français.

Aussitôt que la démission du maréchal fut connue en Europe, un grand nombre de dépêches, de télégrammes, et de lettres signées de tous les souverains et princes des maisons régnantes arrivèrent à l'Élysée. Par son caractère et par le prestige attaché à sa gloire militaire, Mac-Mahon avait pris entre les empereurs et les rois des différents États de l'Europe une place qui le mettait au premier rang, et la confiance qu'il inspirait, facilitait singulièrement les litiges diplomatiques quand il s'en produisait.

Parmi les témoignages reçus à ce sujet, nous citerons les paroles adressées par l'archiduc d'Autriche, à une tierce personne, pour être transmises au maréchal. Après avoir exprimé ses regrets et son admiration pour le vaillant soldat, le prince Albert disait : « Le maréchal a voulu défendre l'armée, *cette belle armée* qu'il m'a montrée lui-même, et que j'aime autant que lui. On ne peut que l'en féliciter. » Puis il ajoutait en *post-scriptum :* « Depuis dix ans, je suis le défenseur de la France, en Autriche. Tant que le maréchal était là, ma tâche était facile. Le sera-t-elle autant aujourd'hui ? »

Serait-ce trop nous avancer que de prétendre que, si Mac-Mahon était resté au pouvoir, le rapprochement de l'Autriche et de la Prusse, contre la France, ne se serait peut-être pas fait ?

Le général d'Abzac résumait fidèlement la préoccupation qui régnait à l'Élysée le jour même où le maréchal allait en sortir, quand il disait : « Ici nous sommes tout au patriotisme. » Expression simple ; paroles consolantes bien dignes d'être rapprochées de celles dites par le duc de Magenta quittant le pouvoir : « J'ai la consolation de penser que pendant les cinquante-trois années que j'ai consacrées au service de mon pays, je n'ai jamais été guidé par d'autres sentiments que ceux de l'honneur et du devoir, et par un dévouement absolu à la patrie. »

Commandant GRANDIN.

MÉMOIRES INÉDITS

DE

BILLAUD VARENNE

RÉDIGÉS A CAYENNE [1]

INTRODUCTION

Les historiens de la Révolution française, le *Moniteur uni-versel* et les autres journaux politiques nous fournissent en abon-dance des renseignements de toute nature sur la vie politique de Billaud Varenne; ils nous le représentent comme l'un des prin-cipaux agents de la Révolution, et comme l'un des membres les plus actifs et les plus influents du Comité de salut public. Sui-vant la marche des événements et suivant les circonstances, nous le voyons se signaler par des mesures d'une rigueur excep-tionnelle, à côté de Collot-d'Herbois, son collègue et son ami, tous deux dominés et entraînés par Robespierre et par Danton, qu'ils avaient acceptés pour chefs.

Cependant, Billaud Varenne et Collot-d'Herbois n'avaient pas fait pressentir, avant 1789, qu'ils pourraient un jour mener une existence politique aussi active, ni qu'ils oseraient participer avec éclat aux mesures révolutionnaires les plus violentes. Tous deux avaient des goûts littéraires très prononcés, et ils avaient composé, l'un et l'autre, des poésies en l'honneur de Louis XVI, de Marie-Antoinette, des princes et des princesses de la Cour. Mis en rapport à l'occasion de leurs travaux pour le théâtre, et bien-tôt liés d'amitié, ils entrèrent ensemble dans la carrière poli-

[1] Le Pour et le Contre, ou réflexions morales et politiques sur un passage de la *Description des Alpes*, par BOURRIT.

tique, et ils la parcoururent à côté l'un de l'autre, d'abord comme
membres de la Commune de Paris, au 10. août, mais surtout
comme membres du Comité de salut public, pendant la Terreur.
Après la Révolution du 9 thermidor, ils furent plusieurs fois
dénoncés, même par Legendre, leur ancien ami, comme complices de Robespierre. Ils furent mis en accusation puis déportés
à la Guyane pour avoir exécuté des mesures révolutionnaires
adoptées par le Comité de salut public et approuvées ou décré-
tées par la Convention nationale.

Si la vie publique de Billaud Varenne et sa carrière politique
sont bien connues, il n'en est pas de même de son caractère
intime et sentimental ni de son existence privée; depuis son départ pour la Guyane.

Il a laissé un volume de *Mémoires* qu'il a rédigé à Cayenne.
Cet ouvrage, transcrit par lui-même et conservé avec soin, est
d'une authenticité incontestable. Il nous fait connaître en même
temps sa véritable physionomie et le fond de son caractère; il
nous révèle sa pensée intime sur les événements principaux de
la Révolution.

Disciple de Jean-Jacques Rousseau, il se plaisait à étudier la
nature et les passions humaines ; aussi commença-t-il ses mémoires par des réflexions morales et philosophiques sur un passage d'un ouvrage de Bourrit, naturaliste genevois, intitulé :
Description des cols ou passages des Alpes et relatif à la pureté des
mœurs des habitants d'une contréo de la Savoie. Il le continua
par des réflexions amères sur le divorce, que sa femme avait fait
prononcer en son absence, après son départ de France ; par la
description de son existence malheureuse à la Guyane et par des
renseignements personnels sur la Révolution et sur certains
événements importants, en indiquant la part qu'il y a prise et leurs
conséquences, surtout à son point de vue. Il écrivait cet ouvrage en 1813, alors qu'il était devenu entièrement libre, par suite
d'une amnistie générale et pendant que la Guyane était occupée
par les Portugais.

Nous avons pensé que la publication de ce document curieux
pourrait servir à faire mieux connaître quelques points de l'histoire de la Révolution française et l'esprit qui dirigeait ses principaux chefs. Avant d'en reproduire le texte, nous allons donner
des renseignements inédits sur Billaud Varenne et sur sa famille,
sur sa déportation et sur son séjour hors de France, tant à la

Guyane qu'au Port-au-Prince où il est mort; nous les avons
puisés, en partie, dans les dossiers des *Archives nationales* ou
de celles du *Ministère de la marine et des colonies*; le surplus
résulte de correspondances privées et de documents émanant
de Billaud Varenne ou de sa famille. Le manuscrit autographe
des mémoires (1), et les lettres de Billaud Varenne ou de sa famille
font partie de notre collection particulière; nous nous en réservons
expressément la propriété littéraire, comme œuvres posthumes.

Billaud Varenne (Jacques-Nicolas) naquit à la Rochelle le
23 avril 1756; son père était avocat au présidial de cette ville. Il
fit ses études classiques à Paris, au collège d'Harcourt et celles
de droit, à Poitiers. Ses études terminées, il retourna à la Rochelle
en 1778 pour travailler avec son père. Ayant composé pendant ses
loisirs une pièce de comédie intitulée: *La femme comme il n'y en
a plus* (cette femme était la femme vertueuse) et l'ayant fait représenter, en 1781, sur le théâtre de la Rochelle, il en résulta une
telle indignation et un tel scandale, qu'il crut devoir quitter précipitamment la Rochelle et venir à Paris. Après avoir cherché
pendant quelque temps des moyens d'existence dans les travaux
judiciaires du Palais, se trouvant à peu près sans ressources, il
entra chez les Oratoriens, au collège de Juilly, comme préfet des
études, sur la recommandation de l'évêque de la Rochelle et du
procureur général de l'ordre de la Charité. Professeur laïque, il
était dispensé de porter le costume de l'ordre des Oratoriens.
Dans ses nouvelles fonctions, il se fit aimer de ses élèves et des
professeurs par sa douceur et par l'affabilité de son caractère. Sur
l'insistance de son père, il quitta le collège de Juilly, en 1784, pour
suivre à Paris la carrière du barreau et il fut inscrit en 1785, au
tableau des avocats au Parlement, sous le nom de Billaud de
Varenne. En arrivant à Paris il avait été mis en relation avec
une jeune fille de bonne famille, mais sans fortune, la demoiselle
Doye, originaire de la Westphalie et âgée de dix-huit ans, nouvellement convertie à la religion catholique. Il l'épousa le 12 septembre 1786, à l'église Saint-André-des-Arts.

Tout en s'occupant de travaux judiciaires Billaud Varenne
avait entrepris la composition de plusieurs ouvrages sur les

(1) Ces mémoires n'ont aucun rapport avec la publication faite sous ce titre en
1821 par M.*** en 2 volumes in-8° ni avec celle faite dans la *Révolution française*
en 1888, d'après des documents conservés aux Archives nationales, contenant seulement les premières impressions de jeunesse, rédigées par Billaud Varenne, avant
son arrivée à Paris.

réformes qui pourraient être apportées dans l'administration et daus la législation.

Après la Révolution du 14 juillet 1789 il redoubla d'ardour et il fit paraître plusieurs ouvrages qui le signalèrent à l'attention de ses concitoyens. Il fut bientôt l'un des membres les plus assidus des clubs des Jacobins et des Cordeliers et un ami de Legendre et de Danton. Il fut nommé membre de la Commune au 10 août, adjoint au procureur de la Commune, puis membre de la Convention nationale et enfin membre du Comité de salut public le 6 septembre 1793, avec Robespierre, Saint-Just, Couthon, et Collot-d'Herbois, devenu son ami. Il fut même élu président de la Convention le 5 septembre 1793. Après avoir contribué à l'organisation du gouvernement révolutionnaire et avoir pris part au régime de la Terreur, il organisa, avec une partie de ses collègues, la Révolution du 9 thermidor, qui eut pour conséquence la mort de Robespierre, de Saint-Just et de Couthon. Bientôt après dénoncé avec Collot-d'Herbois, Barère et Vadier, comme complices de Robespierre, il fut mis en accusation et, après de longs débats, condamné le 12 germinal an III à la déportation, avec Collot-d'Herbois et Barère. Conduits d'abord à l'île d'Oléron, Billaud Varenne et Collot-d'Herbois furent embarqués pour la Guyane le 7 prairial an III et ils arrivèrent à Cayenne le 7 messidor suivant. Ils eurent beaucoup à souffrir du climat et du régime qui leur était imposé. Collot-d'Herbois mourut, à Cayenne, à l'hôpital militaire, après une courte maladie, le 20 prairial an IV.

Billaud, longtemps malade, parvint cependant à recouvrer à peu près la santé, grâce aux soins et au dévouement des sœurs grises de Saint-Paul de Chartres, chargées du service de l'hôpital militaire. Il eut l'occasion de voir à Sinnamary les déportés du 18 fructidor, Pichegru, Barbé-Marbois et l'abbé Brotier avec lequel il se lia d'amitié. A l'aide de fonds qui lui avaient été adressés par sa famille il avait entrepris successivement l'exploitation de deux établissements : l'un appelé l'habitation d'Orvilliers, l'autre qu'il avait créé sous le nom de l'Hermitage, en souvenir de Jean-Jacques Rousseau. Il avait été aidé, dans la direction et la surveillance de ses travaux, par une jeune négresse, nommé Virginie, créole de la Guadeloupe, laquelle s'était attachée à lui et l'avait soigné dès les premières années de son séjour à la Guyane ; elle le suivit plus tard et elle continua à lui donner ses soins jusqu'à sa mort.

Lorsqu'en 1809 la Guyane fut conquise par les Portugais, Billaud Varenne fut très bien traité par ces derniers, qui avaient pour lui un grand respect et beaucoup d'égards. Il continua l'exploitation de ses établissements, renonçant à rentrer en France, malgré l'amnistie et malgré les sollicitations de sa famille.

Il avait appris que, depuis son départ, sa femme avait fait prononcer son divorce le 29 nivôse an V et que, le 9 pluviôse suivant, elle s'était remariée avec un armateur américain de Boston, nommé Johnson. Ce dernier étant mort le 3 nivôse an VIII, sa femme, devenue riche par suite des libéralités de son second mari, fit inutilement tous ses efforts pour se réconcilier avec lui et pour obtenir de lui l'autorisation d'aller le rejoindre, même avec l'intervention du général Bernard, son voisin à Cayenne.

Au mois d'avril 1816, la Guyane étant rentrée dans la possession de la France, en exécution des nouveaux traités, Billaud Varenne, ne voulant pas être exposé aux poursuites ou aux persécutions qu'il craignait, comme régicide, de la part des fonctionnaires du gouvernement de Louis XVIII, vendit son établissement de l'Hermitage, réalisa sa fortune et partit avec Virginie pour les États-Unis, dans l'intention de s'y fixer. N'ayant pas rencontré dans ce pays les avantages et la tranquillité qu'il recherchait, il se rendit dans l'île de Saint-Domingue, devenue république d'Haïti, au mois de janvier 1817, et il se fixa dans la ville du Port-au-Prince, lieu de la résidence du président Pethion. Il reçut un excellent accueil avec sa compagne et il fut nommé par Pethion conseiller auprès du grand juge Sabourin ; cette nomination fut faite par le président, tant pour venir en aide à l'exilé, qui lui demandait asile, que pour le lier par la reconnaissance. Billaud Varenne fut, en outre, chargé de la rédaction de l'histoire de la Révolution de Saint-Domingue, et d'un ouvrage sur ‖l'opportunité de l'indépendance des républicains d'Haïti.

Parti souffrant de Cayenne, ‖le mauvais état de sa santé avait été aggravé par le changement de climat. Il tomba malade très gravement peu de temps après son arrivée ; il parvint à se rétablir un peu, et assez cependant pour pouvoir se livrer à ses travaux ; mais sa faiblesse continuait à s'augmenter. Pethion étant mort le 29 mars 1818, le général Boyer, son successeur, accorda à Billaud Varenne les mêmes égards et les mêmes secours. Celui-ci avait gagné la sympathie, puis l'amitié de *Colombel*, un jeune mulâtre, élevé en France, devenu le secrétaire du Président, puis de Frédéric Martin, un fonctionnaire de l'Empire, arrivé de France au commencement de l'année 1817 et devenu le secrétaire et l'associé du général Bonnet, commandant des troupes d'Haïti. Au mois de mars 1819, il éprouva une rechute ; il se fit conduire sur une montagne voisine, pour y respirer un air plus salubre. Il y mourut, entouré de ses amis et de Virginie, le 13 juin 1819. Ses funérailles eurent lieu au Port-au-Prince aux frais du gouvernement. Avant de quitter Cayenne, le 3 avril 1816, il avait fait un testament par lequel il laissait à Brigite, dite Virginie, qui le soignait et le suivait depuis plus de dix-huit ans, tout ce qu'il possédait à Haïti.

AH. BÉGIS.

M. Bourrit, ce peintre aussi célèbre qu'estimable des Alpes et de la nature, dans son intéressante *Description de la charmante vallée de Valorsine*, pour donner une idée plus exacte des mœurs candides de ses habitants, rapporte l'anecdote suivante :

Un jeune voyageur, après avoir parcouru les Alpes de la Suisse, être monté sur le col de Balme, en descend et entre dans la Valorsine, où, poursuivi par un temps d'orage, il trouve, chez l'un des habitants de cette vallée, la franche hospitalité. Une nièce de dix-sept ans en gouvernait la maison ; elle était un modèle de beauté, élégante dans ses habits, élégante de taille, dessinant les grâces dans tous ses mouvements et offrant des traits à la grecque, que l'ingénuité de son esprit et l'innocence de son cœur embellissaient encore. Dès ce moment, il bénit l'orage qui l'avait si bien adressé ; les brillants aspects et la magnificence des montagnes ne furent plus à ses yeux que des beautés secondaires. C'était des mains de cette intéressante créature que ses mets lui étaient préparés ; c'était elle qui l'accompagnait dans ses promenades, qui le conduisait sur les rochers, qui lui tendait la main pour lui faire franchir des petits précipices, et qui l'introduisait sous l'ombrage des bosquets, près des fontaines et des ruisseaux. Là, assis, un livre à la main, il s'enivrait des sentiments délicieux, et aimait à les faire germer et éclore dans ce jeune cœur. Admirer tant de perfections, se plaire à entremêler des fleurs à de beaux et longs cheveux, étaient des jouissances innocentes. Mais si l'on se rappelle la remarque de M. le président Tacher, sur l'habillement voluptueux des Valorsiennes, on conviendra que tout concourait à troubler les sens de l'étranger, à lui ôter la raison. Il allait se perdre et perdre pour toujours l'innocence même, lorsque l'aspect sévère des montagnes qui n'avaient jamais été les témoins d'une mauvaise action, le rappela à lui-même, « Non, s'écria-t-il, non : ces lieux n'ont pas été faits pour le crime! ils ne seront pas les témoins de la perfidie, et la plus noire trahison ne sera pas la récompense de l'honnête et confiante hospitalité. » Au moment même il se dérobe aux dangers de sa situation.

Telle est l'influence des montagnes, les cœurs s'y épurent, les idées y prennent de l'énergie; et tels qui, dans nos plaines, ne rougissent pas de certaines actions, en détestent ici jusqu'à la pensée; on y devient plus honnête, plus délicat, plus généreux, plus fort pour résister aux tentations voluptueuses. Qui sait même si ce n'est pas à ces sensations de vertu que l'homme doit le plaisir qu'il goûte à s'élever? Qui sait si ce plaisir ne lui a pas été donné pour qu'il sente, une fois dans sa vie, les avant-goûts des jouissances célestes, auxquelles il est destiné? Que l'on me permette encore deux réflexions!

Cet étranger, succombant à de coupables désirs, aurait-il pu contempler le beau spectacle des montagnes, la pureté du ciel, la multitude des feux de la nuit qui proclament si hautement la grandeur, la toute-puissance de l'Être qui les créa; la sagesse qui leur donna des lois; son âme dégradée, souillée, aurait-elle été digne des pensées nobles, et son crime ne l'aurait-il pas suivi partout? Que de remords, que de souvenirs déchirants à la pensée d'avoir fait le malheur d'un être innocent et faible! La fuite l'aurait-elle soustrait aux reproches de sa conscience, à l'idée du déshonneur; et lorsque, quelques années après cet événement, il revint à Valorsine, aurait-il pu jouir de la tendre réception que lui fit cette intéressante beauté, devenue épouse et mère? Aurait-il pu jouir du touchant souvenir des jours passés dans l'innocence et la paix (1)?

Ces réflexions de M. Bourrit, sur la très louable conduite de ce jeune voyageur, désertant par principe d'honneur l'heureuse et belle vallée de Valorsine, sont pleines de sens et de justesse, en les appliquant à l'incohérence si inconséquente de nos mœurs et de nos opinions, avec la pureté et la rectitude des sentiments de la nature. Mais revient-on aux bénignes impulsions qu'elle a gravées dans nos âmes, pour assurer notre bien-être sur la terre; dès lors on ne peut que gémir de voir un jeune homme, si parfaitement organisé pour en jouir, y renoncer néanmoins, par cela seul que les illusions des hommes dégénérés ont déjà fasciné ses regards inexpérimentés. O prestige trop funeste de la vanité et de l'ambition! Quel est donc votre déplorable empire du moment que, dans les cœurs même les plus honnêtes, vous l'emportez sur l'attrait le plus puissant de la sensibilité? Sans doute il est admirable cet effort sur soi-même d'une générosité trop rare, et c'est en l'applaudissant, qu'on s'écrie avec amertume:

« Jeune homme, tu brûles pour une beauté vertueuse et tu fuis!

(1) *Description des cols ou passages des Alpes*, par BOURRIT, à Genève, 1803, an XI, 2 volumes in-8, pages 205 à 208 du tome Ier.

Où vas-tu? — chercher la prospérité et le bonheur? — Aveugle infortuné! tu résides dans leur retraite, et tu l'abandonnes! pour courir après quoi? A la poursuite de leur vain simulacre!... Ah! que te sert d'avoir, dans la première ivresse de l'émotion! béni mille et mille fois l'orage prospère qui conduisit tes pas positivement où ton cœur délicat devait se saturer à jamais dans une mer de délices? Qui sait si cette bourrasque bienfaisante, que tu as prise pour le simple effet des variations fortuites de l'atmosphère, n'a pas été une direction secrète du ciel, pour mettre ta vertu sur l'étroit sentier de son vrai refuge? Car, sans admettre le dogme absurde d'une inique prédestination, ni le système irréfléchi d'une fatalité partiale et barbare, qui sont l'un et l'autre, non moins outrageants pour la divinité, qu'évidemment démentis par l'existence formelle du libre arbitre, dont l'hypothèse de ces deux ridicules idées deviendrait l'annihilation, crois-tu néanmoins, bon jeune homme, que l'ordonnateur suprême, malgré sa hauteur incommensurable, demeure tout à fait indifférent à ce qui se passe sur la terre? Quoiqu'elle soit un des plus petits globes soumis à ses lois, et qu'on voit si majestueusement disséminés dans l'immensité infinie des espaces éthérés. Parmi nous-mêmes qui sommes relégués dans une sphère tellement distante de leurs orbites qu'à peine pouvons-nous en apercevoir le plus petit nombre, cependant par combien d'efforts et d'essais une pure curiosité n'exerce-t-elle pas notre intelligence et notre industrie, pour nous rendre capables de découvrir la majeure portion de cette quantité incalculable des astres, de suivre leur marche diverse, de supputer leur différente distance; d'approfondir en un mot dans tous ses points le système planétaire, à la fois si compliqué et si simple? D'où vient une semblable émulation, quand il semble ne nous présenter aucun intérêt direct et profitable? C'est que Dieu ne pouvant se montrer à nos organes trop grossiers et trop frêles sans les anéantir par la pulvérisante réverbération dont son inexprimable majesté a voulu, afin de ramener plus décidément notre attention et nos pensées vers lui, que le voile qui l'intercepte, indiquât, par le ton resplendissant de lumière, dont il paraît tissu, que cette clarté accidentelle et surprenante jaillit du maitre qu'il cache, et qui est par lui-même éblouissant au delà de toute idée. Telles sont du moins les uniques notions sensées que l'homme, doué de la plus vaste pénétration, puisse se former du souverain céleste de

l'univers; et tout présomptueux qui, prétendant aller plus loin,
tachera de concevoir pleinement et de définir positivement la
divinité, ne peut manquer de tomber infailliblement dans l'an-
thropomorphisme; et de s'égarer dans les divagations extrava-
gantes de l'anthropologie, ce qui est en effet le vice radical de
tous les cultes. Raison aussi pourquoi les philosophes, en les
répudiant, se sont dit :

> Pensons comme Zénon, vivons comme Socrate;
> Et mourons, sans effroi, sur cette terre ingrate.

Ainsi il n'y a pas à s'étonner, lorsque la splendeur du firmament, qui ne cesse point d'étinceler au milieu des ténèbres, étale
un spectacle si merveilleux que, quelque inepte que l'on soit; il
attire et fixe les regards de chacun. Or, pour achever de remplir les intentions divines, est-il possible de s'arrêter un instant
sur cette ravissante anamorphose sans admirer l'art incompréhensible de la main invisible qui, tenant suspendu, par une pondération magnétique, l'ensemble de ces masses lumineuses, les
fait mouvoir et rouler en harmonie si justement combinée que
leur cours, leur déclinaison, leur apogée, n'amènent ni chocs, ni
froissements, ni confusion? Aussi, malheur à quiconque, après
avoir examiné ce magnifique et inconcevable tableau, ne sera
point resté intimement convaincu de cette vérité également
palpable et instructive, préférée et chantée à titre de louange
par le prophète-roi : *Cœli enarrant*, etc.

> D'un dieu régulateur l'éclat nous éblouit,
> Le seul aspect du ciel l'atteste jour et nuit.

Mais toi, digne jeune homme, déjà pourvu de la chasteté d'un
vieillard, toi qui décèles des intentions trop droites pour être
athée, quel dommage si tu allais imprudemment exposer ta
vertu à des dangers plus imminents, plus corrupteurs, que le
péril que tu songes à éviter! Va, je suis incapable de te tromper,
c'est ton inexpérience qui cause ton erreur, et souffre que mes
avis salutaires parviennent à te rendre complètement à la raison.

Je poursuis donc, et reprenant le fil de mes idées, je dis :
Vainement la terre semble-t-elle, à la faiblesse et aux bornes si
courtes de nos sens, d'une capacité énorme. Devant la toute-
puissance de la divinité, notre planète se réduit à moins qu'un
grain de sable.

Par conséquent, l'homme superbe a beau la fouler orgueilleusement à ses pieds, ce vers rampant, en présence du souverain inexplicable de toutes choses, paraît moins qu'un insecte, beaucoup moins qu'un atome.

. Toutefois, cet être si fragile et si borné devient grand, sublime par le développement de son génie et surtout par l'exercice de la raison, dont l'union si savamment combinée l'élève sans mesure, en dépit de l'exiguïté physique de l'individu, privilégié dans la classe animale, de qui ces deux inappréciables attributs composent l'apanage. Puisque c'est l'excellence de cette prérogative, qui, dans sa parfaite concrétion, lui permet de planer jusqu'au plus haut des cieux, partons maintenant de cette observation incontestable, et dis-moi, jeune étranger, s'il n'est pas de toute certitude que les regards en tout temps ouverts de ce dieu observateur embrassent à chaque minute jusqu'aux espaces inimaginés, ne fût-ce que pour s'assurer de la marche de ses opérations, du résultat de ses œuvres, et de l'usage de ses immenses libéralités, ainsi que doit particulièrement fixer ici-bas une vue si vaste, si universelle, si attentive, si perçante que les plus noirs abîmes ont pour elle la diaphanéité phosphorique du cristal: si ce n'est l'objet d'une prédilection notoire par les bienfaits dont il est comblé, l'homme, le chef-d'œuvre des êtres organisés, puisque lui seul est susceptible de concevoir et d'apprécier les merveilles de la nature, ne devient pourtant digne de cette préférence qu'autant que l'exactitude de sa conduite permet à l'être suprême, en scrutant les anfractuosités de son âme, de le contempler avec complaisance. Car tout don prescrit la reconnaissance, et rend l'ingratitude un insigne méfait. Voilà le devoir de l'homme envers l'essence divine, et dont l'accomplissement consiste à savoir si, usant avec sagesse du libre arbitre, il s'applique spontanément à atteindre à la hauteur glorieuse de sa dignité morale. J'en conclus donc, sans réplique, qu'il n'y a nul doute que Dieu ne distingue clairement, à toute heure, les pensées et les actions, et qu'il n'évalue séparément, dans les balances d'or et redoutables de la justice éternelle : et le cœur pur qui l'honore, en se conformant religieusement à la rectitude de ses décrets, et le pervers qui l'outrage par ses crimes. Ce fut cette opinion sentimentale, et plutôt innée que méditée, qui fit toute la consolation de l'immortel Socrate qui s'écria, en exhalant le dernier soupir:

Vivants ou morts, l'homme juste et l'impie,
Sont sous l'œil du Très Haut qui protège ou châtie!

Il suit de là que ce divin contemplateur qui, dans sa profonde indignation, abandonne entièrement les méchants à leurs écarts effrénés, applaudit aussi avec une satisfaction plus vive, sans doute, à la régularité de l'âme sans tache, qui correspond le mieux à la perfectibilité si épurée de l'essence céleste. Ainsi pourquoi, se complaisant dans ces nobles efforts, ne daignerait-il pas les seconder indirectement, de peur de quelques funestes faux pas sur une route si scabreuse? Oui, certes, Dieu sans se départir de sa volonté immuable, en faveur de l'intégrité, par des prodiges qui seraient non moins inconséquents qu'insensés; dès qu'ils deviendraient le renversement de la stabilité inébranlable de l'ordre établi, peut, malgré cela, amener certaines circonstances pressantes dans le cours de la vie, qui, sans cesser de placer celui qui mérite ses bontés entre le choix absolument libre du bien et du mal, le mettent sur la voie, par la meilleure option, de se maintenir dans le droit chemin, sans biais et sans retour rétrograde. Alors, se montrant de plus en plus digne de cette première grâce, par sa persévérance à conserver ses bonnes mœurs, il n'est point étrange, que tel qui concentre ses goûts et ses désirs dans une vie simple et innocente, reçoive dès ce monde, sans l'avoir ni recherché, ni prévu, la juste et provisoire récompense de professer constamment la vertu, par la découverte qui surprend d'abord, de la vraie félicité qui réside exclusivement, et qui se tient soigneusement cachée, où? Dans le sanctuaire de cette même et adorable vertu qui, méconnue et délaissée, punit notre criminel mépris par l'ignorance de son secret.

Non, non, mon jeune ami, tu peux m'en croire, ce n'est pas au centre du chaos social qu'on a élevé des temples à cet ange réel de lumière dont l'heureuse empreinte fut incrustée dans nos cœurs, quoiqu'elle en soit plus que jamais effacée. Son auguste et propice sanctuaire ne s'aperçoit guère qu'au fond de quelque obscur et solitaire réduit, ou bien dans les campagnes éloignées de la contagion des villes. Le vice siégeait à côté de Crésus dans ses palais somptueux, et la vertu se faisait un plaisir, ainsi que le déclare l'oracle, de loger avec le pauvre Irus, sous son humble chaumière, parce que ce n'est point le faste qui puisse songer même à lui ériger des édifices. Les monuments qui lui conviennent n'ont ni lambris dorés, ni tout l'attirail de la voluptueuse mollesse et se construisent à peu de frais. C'est à l'honnête médiocrité, et souvent à l'indigence qu'elle en départit le soin, au sein de leurs simples et paisibles pénates. On ne peut donc mieux la rencontrer qu'au milieu de ces villages agrestes et reculés, où la candeur de la nature prédomine dans l'absence préservatrice des passions méphitiques.

Jeune étranger, trop protégé du ciel! Ah! n'est-ce pas précisement là que tu as été accidentellement conduit? N'est-ce pas là que l'angélique Valorsienne et ses estimables parents t'ont si bien accueilli? Ah! que je te plains, si tu ne reconnais pas, dans une réception si engageante, l'invitation surnaturelle de te fixer à jamais dans un asile qui t'est gracieusement ouvert à la lueur des éclairs, et vers lequel la foudre n'a semblé te poursuivre que pour que, en te forçant d'entrer dans la demeure de l'innocence, d'autant plus enchanteresse qu'elle est unie à la beauté, tu ne voulusses plus désormais en habiter d'autre. Quoi! tu hésiterais de l'adopter irrévocablement, c'est peut-être l'unique lieu en Europe où il te sera loisible, à l'ombre constante de la vertu, de la paix, de la sécurité, d'une honnête aisance et, qui mieux est, dans des étreintes tressées de fleurs par la tendresse conjugale et délicieusement resserrées par les grâces, de goûter, de savourer dans toute son ineffable plénitude, le bonheur le plus pur, comme le plus parfait, dont ton irréprochable conduite atteste que ton âme est des plus dignes.

Au reste, lors même que tu ne serais pas redevable de cette inappréciable occasion aux favorables intentions de la divinité, qu'importe, puisque le hasard te l'offre, ce bonheur si difficile à rencontrer, garde-toi de le rejeter. Hors de cette tranquille et belle vallée, je te le répète, jeune voyageur, ta vertu même ne te prépare que désagréments et que peines. Arrête, te dis-je, et ne sois pas sourd à la voix d'un ami sincère, muni de l'expérience procurée par les ans et l'usage du monde, et durement acquise à ses dépens.

Sans doute tu trouveras, je le sais, beaucoup de gens dans la société qui s'intituleront aussi tes amis, et qui te tiendront un tout autre langage. Les perfides! Plus ils te manifesteront d'empressement et de zèle, plus, sous les démonstrations fallacieuses d'un attachement fictif, ils chercheront à te tromper. Hélas! l'amitié! cette sainte amitié, qu'est-elle devenue? ce sentiment inné qui est aussi le premier qui se développe dès le berceau, par l'intensité de l'attendrissement, fécondé lui-même par la pointe aiguë de la douleur et par la reconnaissance des soins maternels

qui l'épargnent ; cette attraction réciproque des cœurs, destinée
à centupler les charmes de l'existence, en les rapprochant, en les
unissant, en les identifiant par les doux nœuds d'une étroite et
cordiale sociabilité. Ce don le plus précieux de la nature, dont
les blandices balsamiques embellissent le cercle entier de nos
jours, allègent les maux et les infirmités qui les parsèment de
souffrances, écartent les horreurs du dernier moment, qui ne
peuvent être complètement oubliées que dans de semblables
étreintes ; cette image vivante sur la terre de la généreuse bienveillance de l'Être suprême, ne reçoit plus l'hommage des insensés mortels, et le culte qu'ils feignent de lui rendre encore,
ne fait plus brûler, sur ses autels profanés, que l'encens d'une
traîtresse hypocrisie. Observe de près ces prétendus adorateurs,
et tu discerneras bientôt le masque qui donne le change. Ce sont
autant de fourbes qui n'empruntent un respectable et imposant
manteau qu'avec l'arrière-intention d'en couvrir leurs vues intéressées et leurs projets cupides, dans l'espoir de faire plus aisément des dupes, en éloignant toute défiance, par des apparences mensongères et captieuses. J'ignore depuis quel temps ;
mais aujourd'hui nos liaisons sociales ne sont plus que de sordides et viles spéculations. Il n'est que trop vrai, grand dieu !
l'égoïsme, l'orgueil, l'ambition, l'immoralité ont étouffé toute
expansion sentimentale, et maîtrisent le monde. Si donc tu n'en
deviens pas à ton tour le lâche et criminel esclave, très certainement tu en seras tôt ou tard la déplorable victime.

Jeune homme, tu t'imagines peut-être qu'il te sera possible
d'aller perdre le souvenir des noirceurs de ces faux amis auprès
d'une amante de meilleure foi. Point du tout : et le poison, ap-
prêté par ce sexe enchanteur, devient pire encore, parce qu'il
est plus séduisant. Si je navre ton cœur, ce n'est pas ma faute,
tu ne dois t'en prendre qu'à la vérité. Oui, l'amour, ce feu céleste
dont l'âme ignée de ton âge n'est jamais à son gré assez dévorée,
l'amour qui, après avoir consumé la jeunesse dans l'ivresse de plus
en plus ardente de ses ravissements, répand des sensations de
plaisir jusque sur les glaces impassibles de la vieillesse ; l'amour
qui fait de l'homme un demi-dieu, et de sa compagne, sortant des
mains de la nature, un modèle exquis de beauté, de grâces, de
candeur, de sensibilité, de pudeur, de délicatesse, de décence,
d'amitié ; assemblage inouï de toutes les perfections humaines,
et uniquement digne d'adorations ; l'amour qui doit te conférer

les deux titres les plus honorables et les plus chers qui existent,
ceux d'époux et de père ; l'amour si délicieux qu'on l'idolâtre
en le maudissant ; l'amour qui, pour tout dire, fait à la fois le
charme et le désespoir des cœurs tendres, au lieu de t'imprégner
de joie, va commencer ta désolation. Car peux-tu te promettre
de le voir exercer son empire au milieu des salons, des boudoirs,·
des petits soupers? Sans doute voltigeant de belle en belle, et pi-
rouettant autour d'un cercle monotone, pour tuer l'ennui, dans
ces superficiels et fastidieux gynécées, où tout est femme jusqu'aux hommes, il te sera trop aisé de courtiser à ton choix, soit
des héroïnes de roman à grands sentiments, sur les lèvres qui ne
peignent que l'excessive volupté de leur dépravation, soit des
coquettes qui, se disputant à l'envi ta conquête, joueront la passion à merveille, et sûrement avec beaucoup plus d'art que l'ingénue Valorsienne. Il y a vraiment à s'y méprendre à leurs yeux
tantôt enflammés, tantôt langoureux, à leur air abattu, ou à leur
geste animé, à leurs soupirs à moitié étouffés et à leur respiration élevée ; en un mot, à tant de minauderies agaçantes, qu'il
est bien difficile de ne pas succomber à la longue. Mais pense
au sort des compagnons d'Ulysse, pauvre jeune homme! tu es
dans l'antre de Circé ; et avec les transports exaltés de Didon,
ces Héloïses de second ordre ont à peu près toutes le cœur banal
de Laïs.

   Certes l'amour et l'amitié tiennent de trop près à la vertu
pour ne s'être point réfugiés ensemble dans la même retraite : et
toi qui parais si heureusement né, pour en connaître le prix, en
quel coin de la terre espères-tu découvrir une demeure plus favorable que celle-ci pour te livrer sans efforts, sans contrainte,
sans restriction, à tes purs et nobles penchants? Oui, puisque ces
trois primitives impulsions de la nature constituent les principaux mobiles du bien-être préparé par le ciel à l'homme dans
cette vie, c'est où elles sont généralement cultivées que tu dois
te fixer pour toujours, afin de jouir pleinement de leurs bienfaits,
car que reste-t-il à désirer à celui qui, avant d'avoir été décidément avarié par les passions, possède une épouse remplie de
douceur et d'attraits, sensible, honnête, aimable sous tous les
rapports, et qui s'étudie en conséquence chaque jour à faire
régner l'ordre, l'économie, la propreté, la sincérité au sein de
son ménage, tandis qu'elle partage inclusivement sa tendresse et
ses soins, entre un mari qu'elle respecte autant qu'elle l'aime,

et ses charmants enfants, dont l'intéressant, le ravissant cortège
pour un père, lui montre sa femme cent et cent fois plus adorable ? Enfin que manque-t-il à celui qui, nageant dans une source
si féconde de contentement et de joie, et ayant pour concitoyens
des êtres universellement probes et vertueux, peut à son gré
agrandir, décupler même la satisfaction intérieure dont le
comble la jouissance de tous les agréments domestiques, en y
joignant le second des biens suprêmes qui consiste dans une collection choisie de quelques amis loyaux et francs, sur l'attachement et le zèle desquels il peut autant compter, en tout événement, que sur sa propre bienveillance et son dévouement envers
eux ? A en juger par tes excellentes dispositions, qui m'inspirent
pour toi une affection si vive, voilà les vrais, les seuls biens qu'il
te faut, pour établir et consolider le genre de prospérité conforme
à la régularité de tes mœurs, qui te donne tant d'ascendant sur
toi-même. Puisses-tu apercevoir aussi clairement que moi que
c'est dans cette vallée. bénie du ciel que cette trop rare félicité t'attendait, pour couronner ta vertu, ou plutôt, je le vois trop
bien, déjà fasciné par les illusions humaines, tu ne comprends
point la sagesse et le but de mes conseils.

　　Peut-être même présumes-tu, dans ton aveuglement, que je
te sollicite à te souiller d'un crime ? Le crime en amour est la
trahison, comme la vertu est la constance. Si tu n'es qu'un volage, un infidèle, pars au plus vite. Tu ne peux t'éloigner à pas
assez précipités. Si ta foi jurée est inviolable, tombe aux genoux
tremblants de ta belle Valorsienne; profite de cette propice attitude pour lire dans ses yeux languissants l'instant décisif du
bonheur; et t'abandonnant soudain à tous les transports de
l'amour, qu'une moelleuse violence la saisisse tendrement et
l'enlace dans tes bras triomphants de sa timidité pudique.. Cette
chaîne d'enchantement une fois formée, pour achever de la rendre
intime, que simultanément vos cœurs embrasés et palpitants de
plaisir se confondent et ne se distinguent plus que par la pulsa-
tion fréquente de la vivacité oscillatoire de leurs mutuels battements, pendant que tes deux lèvres enflammées signeront sur sa
bouche de rose et entr'ouverte par d'électriques soupirs, l'engagement aussi doux que sacré qui soude et rive pour jamais le
nœud de l'hyménée, et qui, enregistré à l'instant même par la
nature, ne doit plus être brisé que par la mort impitoyable à qui
seule appartient le droit de les anéantir. Car cette rupture est-

elle l'ouvrage d'un criminel délaissement ; à moins qu'on ne soit totalement blasé, que de reproches harcelants, que de remords poignants n'entraîne-t-elle pas à sa suite ? Mais respecte-t-on cette sainte union, jusqu'au moment fatal de la dissolution douloureuse de tous les liens physiques et moraux qui nous attachent à la vie, on reçoit journellement des mains mêmes de cette constance le salaire qui lui plaît davantage, quand il est acquitté par les attentions cordiales et soutenues d'un juste retour. Ah ! qui plus efficacement que ces dignes modèles de la fidèle Baucis, calmant et tempérant, mieux sûrement que les remèdes, les cruelles souffrances qui sont les sinistres et trop ordinaires avant-coureurs de notre prochaine extinction ! L'amour a beau s'être envolé avec les années, sa place étant aussitôt reprise par la consolante amitié qui ne permet seulement pas qu'on s'aperçoive de sa fuite ; l'attachement que nous voue cette complaisante sœur, la longueur de son intimité, nous fait trouver une douceur extrême dans la satisfaction d'expirer entre les bras d'un autre soi-même, avec la tranquillisante assurance de survivre au fond de son cœur, aussi bien que dans celui d'enfants chéris qui, devenus les précieux gages de son inviolable tendresse, concourent à son exemple à payer avec usure l'accomplissement exact des devoirs d'époux et de père, par l'empressement qu'ils nous prodiguent à l'envi, afin de nous procurer quelque soulagement.

Jeune homme, à ton âge on se croit trop loin de la sinistre et dernière heure, pour avoir réfléchi combien il est affreux et désespérant, surtout pour l'être sensible et dont l'existence fut intacte, de languir au lit funèbre, dans le vide désolant de l'indifférence ou de l'abandon, et combien, par conséquent, la bouche déjà sèche d'un mourant, toujours digne de compassion, a besoin, pour se rafraîchir, d'être humectée par les larmes d'un affectueux attendrissement.

Maintenant qu'ajouter, que dire de plus pour déchirer le bandeau qui t'abuse ? Tu soupires et tu t'éloignes ! Non, ce n'est pas la crainte de devenir perfide qui te dicte cette résolution ; tu n'es pas fait pour l'être ; c'est aux préjugés du rang et de la fortune que tu sacrifies, quoi qu'il t'en coûte, une amante adorée, et dont pourtant la passion t'eût prodigué mille fois plus d'avantages que ceux imaginaires que tu lui préfères. Mon ami, tu ne le sais donc pas ?

L'or est pour les mortels un mets délicieux,
Que des loups dévorants se disputent entre eux.

Voilà le prestige qui t'appelle. Quelle indigne, quelle horrible curée pour un cœur aussi honnête que le tien! A coup sûr tu prendrais un autre parti, si tu écoutais moins l'inconséquence de nos idées factices et délirantes, que les mouvements naturels de l'âme, toujours d'accord avec le dictamen qui ne trompe jamais. Aussi de quelle affliction ne vas-tu pas être pénétré à l'époque lugubre de ta vie où les froissements des passions qui hérissent l'état social de tant de chagrins, en brisant le prisme, ne te laisseront plus que le désespoir du réveil. Avis superflus ! tu fuis, insensé, malheureux ! tu fuis l'Eden de Valorsine, sans prévoir ni soupçonner que l'enfer est dans l'enceinte empestée de Paris, ou de toute capitale ; car partout où les hommes sont entassés, sont en même temps réunis les extrêmes. De sorte que dans ces fameuses Babylones, on voit un mélange disparate et monstrueux de luxe outré et de misère excessive, de palais splendides et de taudis délabrés, de chars dorés et de haillons fangeux, de morgue révoltante et de bassesse honteuse, de sensualité raffinée et de crapule dégoûtante, d'inanité oiseuse et de travaux forcés, d'urbanité mielleuse et de rusticité emportée, de vices parés d'un joli vernis et de forfaits hideux. Ainsi ta vertu même t'entraîne où ta cécité morale va bientôt te plonger ; dans ce gouffre profond d'agitations, d'intrigues, de contrariétés, de revers que fomentent sans cesse ces levains de crime, et qui t'abreuveront d'amertume et de soucis, d'autant plus aigus qu'alors le souvenir de la félicité réelle que tu repousses et rejettes ne manquera pas d'y joindre le repentir.

Hélas ! bon jeune homme, te voilà parti. Te voilà séparé de ton inestimable Valorsienne ! Cependant, à peine éloigné d'un séjour doublement enchanteur, puisqu'elle l'embellit encore par ses divins appas, te voici luttant déjà péniblement dans le tourbillon convulsif du grand monde. Hé bien ! que t'avais-je annoncé ? Promptement fatigué de tant de fracas, de confusion, de manœuvres, d'enrayures, de déplaisirs de toutes les couleurs, et pressé du besoin de respirer en paix, tu reviens dans cet asile de l'innocence, où tu as coulé des jours si tranquilles, si sereins, si remplis de charmes. Tu la revois, cette adorable Valorsienne. Que tu as dû palpiter de joie dès l'approche de son village ! et peut-être, plus éclairé et plus sage, n'es-tu venu la rejoindre que pour remettre à ses pieds ton hommage et ta foi ! Il n'est plus temps. Non pas que tu puisses l'accuser d'une ingrate légèreté, mais durant ton absence, ton brusque départ ayant dégagé son cœur, ce cœur, trop sensible pour demeurer inactif, a contracté un second attachement. Tu la retrouves épouse et mère, et, dans la candeur de son âme, elle reçoit son premier amant avec tous les transports de la plus tendre amitié. Quel tableau du plus vif intérêt pour une âme aussi belle que la tienne! Sans doute, profondément attendri, ton cœur, également sensible et honnête, a dû d'autant mieux tressaillir d'allégresse qu'exempt de tout reproche, tu avais à t'enorgueillir à tes propres yeux de leur montrer la contemplation enchanteresse et sans tache, d'une famille au sein du véritable bien-être, dont la base est dans le calme inaltérable d'un esprit à l'abri de toute chimère, et d'une âme inaccessible à toute passion. Cependant sois de bonne foi, et, témoin de la félicité inappréciable que goûtait à longs traits l'époux de cette céleste créature, as-tu pu te soustraire aussi facilement aux regrets qu'aux remords?

Ah! pourquoi, à vingt-cinq ans, ne me suis-je pas trouvé à ta place! Vainement, jeune voyageur, avais-je été, dès mon enfance, égaré comme toi par les pernicieux documents d'une fausse éducation; à peine le sentiment eut-il pris toute sa force expansive dans mon cœur qu'il sut toujours l'emporter sur toutes vues d'intérêts; et si ces erreurs anti-sociales et qui ne prédominent pas moins dans le monde sont devenues la cause de ma disgrâce, c'est qu'en suivant une direction contraire, je n'ai pu, dans un temps d'explosion politique, atteint plus qu'un autre par la commotion générale, m'empêcher de m'abandonner enfin au mépris de ma raison, avec une impétuosité irrésistible à la véhémence entraînante de ma philanthropie.

> Orgueil, ambition, O! monstres que j'abhore,
> En vous voyant couverts de crime et de noirceur,
> La nature est en moi beaucoup plus forte encore,
> Et malgré votre haine, elle a fait mon bonheur.

Ainsi quels biens n'eussé-je point immolés à l'amante la plus digne d'être idolâtrée, avec l'entière confiance que sa fidélité répondrait inviolablement à la mienne! Car si tu te fusses décidé à t'unir avec elle, peux-tu la soupçonner d'avoir jamais pensé de donner son cœur à quelque autre? Une fois animé, embrasé par l'ardeur même de sa tendresse, le ressort de mon âme, naturellement ignée, n'en eût acquis que plus d'élasticité. Dans cette ivresse ravissante, je fusse devenu un autre homme, mon essor eût été rapide, mon vol élevé et majestueux. L'amour fut, dit-on, inventeur de la poésie et de plusieurs arts, on ne peut du moins lui refuser d'avoir été le véhicule des entreprises les plus hardies, les plus grandes, les plus admirables. Ainsi, me prêtant un génie exalté, comment n'eussé-je pas rivalisé avec Homère ou Platon, avec Sophocle ou Lycurgue, avec Pindare ou Jean-Jacques! Et quel qu'eût été le succès des efforts de ma témérité, du moins eussé-je plané bien au-dessus de la sphère étroite et affaissée de ce ramas d'âmes de boue qui, n'ayant que la domination ou la fortune pour point de mire, se contentent de raser tellement la surface, qu'ils l'écrasent du poids compressif de leur vanité insultante et de leur avidité rapace. Leur triomphe est de mettre le pied sur la gorge de tout le monde, parce qu'un dur et barbare égoïsme a complètement étouffé chez eux les germes sociaux d'une bienveillante cordialité, de façon qu'au défaut du lustre qui jaillit des qualités morales, ils s'enflent, comme la grenouille de la fable, pour en imposer au vulgaire, par un air boursouflé. Puis, à force d'astuce et d'intrigues, sont-ils parvenus à achever leur agrandissement en grimpant sur de misérables, mais énormes échasses, fabriquées par la tourbe avilie, qu'à l'aspect de bassesse à genoux, ils se persuadent eux-mêmes avoir atteint le plus haut degré de l'éminence.

· Mais moi qui méprisai toujours un relief abject, n'enviant qu'une ascension conforme à la dignité morale de l'homme, c'est en visant à ce qu'elle a de plus sublime, qu'elle m'eût conféré la distinction la plus éclatante, et cette noble illustration qui fut constamment l'unique objet de mes bouillants désirs m'eût d'autant mieux charmé que la devant aux regards électriques de ma bien-aimée, j'eusse eu à lui présenter en retour, pour hommage, les fruits glorieux d'une émulation dont elle eût été seule le divin mobile. Brûlant donc pour elle de tous les feux de l'amour j'aurais aussi bien succombé que je l'ai fait, pour une femme qui n'était rien moins que l'ingénue Valorsienne, à la violence impétueuse de ma passion. Et certes, jeune et vertueux voyageur, je ne me serais point plus souillé que toi de crime, en sacrifiant au vœu le plus impératif comme le plus sacré de la nature. Car, dès lors, cet objet ravissant eût été tout pour moi dans l'univers, ou plutôt, concentrant avec mon cœur l'univers dans son être, et renonçant à tout, pour l'adorer et la servir jusqu'au tombeau. Heureux jusqu'à mon dernier soupir avec elle et par elle, j'eusse,

pendant le cours èntier de mon existence, savouré une satisfaction d'autant plus épurée que, pour en jouir, il faut être capable
d'apprécier toute l'inanité de la prétendue prospérité qu'on lui
préfère. Non, non, ce ne sont point les impulsions innées et
sentimentales de l'âme, puisqu'elles découlent d'une source naturellement si pure, qui rendent coupable en s'y livrant; mais
l'ambition qui les avarie, et qui d'un amant, en apparence sincère et passionné, ne fait qu'un séducteur voluptueux, un perfide infâme, un traître atroce.

Suivant l'ordre de la nature, on devient époux par le seul acte
physique qui, en consommant le fait, en confère le titre. J'en
trouve un exemple formel chez les Indiens de cette contrée. Le
cœur d'une jeune fille s'ouvre-t-il à l'amour, sa manière de le
déclarer à cèlui dont elle fait choix est de lui présenter du feu
pour allumer sa pipe. S'il répond à cette galanterie par un retour
d'inclination, la conclusion du mariage est scellée par l'acceptation de l'offrande. Dès le même soir, la jeune indienne attache
son hamac à côté de son bien-aimé, et le lendemain, devenue sa
femme, elle se fait reconnaître pour telle, en prenant désormais
le soin du ménage. Je conçois que d'autres mœurs exigent
d'autres coutumes; quoique pourtant les Lacédémoniens n'y
aient pas encore apporté autant de cérémonies. Au surplus,
quel que soit l'usage qu'on imagine et qu'on adopte pour constituer la sanction légale, il n'en est pas moins de toute certitude
qu'une simple formule de convention ne peut jamais rien ajouter
intrinsèquement à la validité naturelle, comme à la sainteté
impérative du lien conjugal que noue décidément la jonction
physique. Car indépendamment de ce que ces ratifications civiles
et religieuses deviennent insuffisantes pour fixer l'inclination, en
commandant la fidélité à la conscience, le sceau sacré qu'on y
appose, dans l'intention de la rendre inviolable, est précisément
ce qui incite le plus à l'enfreindre.

Les poètes ont peint l'amour avec des ailes, moins pour exprimer sa légèreté, que pour indiquer, qu'il ne devient jamais
plus volage que quand on le mutine, en prétendant le violenter:
et l'on dirait que Moïse, qui connaissait sûrement le cœur humain, n'ait imaginé l'histoire du fameux fruit défendu qu'afin
de prouver que toute prohibition en amour, proclamée, même
au nom de Dieu, en centuplant l'attrait de la tentation est la
cause principale de la chute. C'est toujours pour avoir plutôt

cherché, par un aveuglement téméraire à contrarier et à combattre les combinaisons de la nature qu'à s'en rapprocher, qu'en
se persuadant aller au bien, on a produit tout le mal.

Puisque pour peu qu'on revienne aux dispositions propres à
remplir ses vues, on a la conviction de cette vérité, il suffit
d'analyser particulièrement les qualités épicéniques des deux
sexes; pour s'assurer de leur coïncidence. Ou, si l'on veut, la
solidité de leur amalgame dérive de la dissemblance de leurs
propriétés morales et physiques, marchant au même but, mais
par des routes diamétralement opposées; car l'attaque est la
tâche de l'un et la défense, le partage de l'autre qui, destiné à
une défaite inévitable, doit se faire valoir, en ménageant adroitement sa résistance pied à pied, afin que le terrain, ainsi disputé,
tienne sans cesse le vainqueur en haleine. C'est donc en les laissant agir chacun dans leur sens, qu'ils arriveront simultanément
à une adhérence indissoluble, et qui correspond seule à leur
homogénéité identique.

Il est sans doute très évident que l'homme n'a besoin de la
femme que pour couronner ses feux; mais sa compagne, aussi faible que jolie, voit encore moins en lui l'être qui remplit son cœur
que l'appui qui lui est nécessaire. De là cet empressement à vouloir s'en assurer au plus tôt par l'union conjugale. Toutefois
l'expérience ne prouve que trop combien elle se trompe : étant
elle-même mise à l'instant sous le joug, d'après la dépendance
que lui imposent nos coutumes vexatoires, émanées de la dureté farouche de la gothique et asservissante féodalité, ce qui
enlève aux femmes toute facilité, toute ressource, pour prévenir
les évasions d'un mari. Car ce désolant abandon, dont la seule
crainte ne fait le tourment de leur vie qu'afin qu'elles s'étudient
sans relâche à s'y soustraire; comment l'éviteront-elles s'il ne
leur reste plus la possibilité de retenir et de captiver à jamais
cet époux trop enclin à s'échapper? Cependant qui peut ignorer
quel est le moyen dont le sexe a naturellement été pourvu pour
y parvenir! N'est-ce pas l'art et le désir de faire valoir cette puissance attractive et enivrante dont son être est investi, de façon
qu'elle sache se fortifier journellement, ou plutôt acquérir, s'il
est possible, une progression d'intensité sur celui qui doit en
ressentir une impression ineffaçable? Mais ce n'est pas dire que
cette espèce de coquetterie licite consiste dans la prétention inconvenante de dominer, secondée par l'adresse d'un certain manège

étudié; ni même dans le secours emprunté de la parure, assez
inutile à la beauté, et qui, d'ailleurs, s'emploie vainement à relever celle dont la fraîcheur se fane puisque le fard, les rubans, les
dentelles, les diamants sont superflus pour empêcher sa perte et
pour la suppléer. A force de voir la splendeur radieuse du soleil,
tout admirable qu'il soit, ne cesse-t-on pas d'en être frappé et
pourtant le disque de cet astre merveilleux ne perd rien de sa
lumière, toujours éblouissante, au lieu que l'éclat des appas so
ternit avec la plus extrême rapidité.

La nature ayant évidemment voulu que l'union des deux
sexes fût permanente; intention dont on ne peut pas douter,
lorsque les rejetons qui en sortent languissent si longtemps
dans un état de faiblesse et d'incapacité, qui leur rend indispensable l'assistance des auteurs de leurs jours, et principalement
de celui des deux qui a la force et la vigueur en partage, la nature prévoyante et calculant tout n'a aperçu dans l'influence
active des attraits éphémères qu'elle a attribués à la femme, que
cette première sensation préparatoire, qui séduit l'âme, en la
remuant par une vive émotion, c'est l'étincelle qui l'enflamme
d'abord; et, le feu s'étant une fois communiqué à son essence
combustible, l'incendie doit ensuite se perpétuer de lui-même,
quoique le flambeau qui fut son moteur soit usé, soit éteint.
Ainsi, comme il ne s'agit plus, entre époux, que d'entretenir la
vivacité du sentiment dans sa pureté naturelle, tout ce qui y
concourt doit en porter l'empreinte.

Sans doute il est dans l'ordre qu'une jeune fille s'occupe un
peu de sa toilette, parce que, placée sur les rangs d'une concurrence nombreuse, elle n'a rien à négliger pour l'emporter sur
ses rivales. Mais, en devenant femme, son sort est fixé, et son
devoir ainsi que son intérêt se bornent à plaire uniquement à son
mari. Or la propreté, l'arrangement, la décence, la réserve, le
soin de sa famille, et une aménité de caractère égale à son tendre
attachement, formeront toujours aux regards d'un époux, quel qu'il
soit, l'ornement dont il fera le plus de cas; car il ne suffit point
qu'un amant ait été conduit à l'autel de l'hymen par les transports
ordinairement irréfléchis de l'amour; le calme prenant naturellement leur place au sein du ménage, il faut que le sentiment y
fasse trouver et goûter un genre de douceur profondément cordiale, qui approche beaucoup de la suavité que répand l'intime
amitié vers laquelle l'état du mariage a la plus forte tendance;

vu que celle-ci devient un jour sa finale. De sorte que si ce sont les yeux qui ouvrent le passage à la flamme amoureuse, c'est au fond du cœur qu'elle s'introduit pour y résider; ce n'est donc plus une passion qu'il est question d'inspirer, et le soin qui reste à prendre est de la modifier de manière que, loin de dégénérer et de s'amortir par la satisfaction, devenant dès lors plus raisonnable et mieux sentie, elle présente sans cesse un nouveau prix, c'est là précisément la tâche départie à la femme. Ainsi, par cela même que la couronne nuptiale lui a donné des droits légitimes sur le cœur de son mari, c'est la conservation de ce trésor qu'elle doit exclusivement songer à s'assurer. Mais qu'on me dise : ce qui le lui fait perdre le plus fréquemment, n'est-ce pas le dégoût qui succède à l'ivresse? Par le contraire de toutes les autres passions qui s'accroissent à mesure qu'elles se contentent, d'où vient cette étrange différence? C'est que le stimulant de l'amour gît dans les désirs qui servent à l'embraser, et que neutralise la passion qui paraît sans valeur, sitôt qu'on en jouit sans obstacle.

Certes, il en serait autrement si la femme, à qui la nature équitable a confié, par compensation, le dépôt le plus envié de l'homme, soustraite à une suggestion servile et désavouée par la justice, restait perpétuellement maîtresse de la dispensation de son propre bien, suivant que l'avait réglé l'ordre naturel, en le cachant de manière à le dérober à la force, de peur qu'un entier dessaisissement n'amenât l'ingratitude qui le suit toujours de si près. Jean-Jacques, frappé de cet inconvénient, n'a pas oublié de le faire pressentir dans la conclusion de son traité d'éducation. Aussi qu'arrive-t-il d'une marche dissemblable? qu'un époux qui ordonne plutôt qu'il n'invite, après avoir à volonté assouvi son ardeur, jusqu'à satiété, va porter son hommage où le désir qui fait le charme de toute jouissance, a besoin de s'exercer pour s'accomplir. Voilà comment l'inconstance vient presque toujours premièrement du mari, au lieu que la femme, dont l'œil perçant ne tarde pas à découvrir son inconduite, que ne lui attestent que trop ses froideurs et souvent ses duretés, commence par gémir en secret. Elle pleure, elle s'humilie, elle achève de tout perdre, en se prodiguant. Car, de même que l'a dit Jean-Jacques, l'attachement et les soins gagnent les cœurs; mais quand on les a perdus, ils ne les recouvrent guère. Cependant, les dédains, en blessant à la fois l'âme et l'amour-propre, provoquent trop vivement le dépit, pour qu'à la fin ils n'étouffent pas un reste de tendresse, et la femme, outrée à la longue d'un abandon outrageant, après avoir fait de longs et vains efforts pour ramener le volage, prend à son tour le parti de recourir à la vengeance. C'est ainsi que le mariage, que cette institution la plus respectable aux yeux de la nature, et dont la pureté importe le plus à l'état civil, est néanmoins devenu parmi nous un foyer de plus qui alimente la corruption même, qu'il devait prévenir, contenir et éteindre.

Veut-on une autre preuve de l'effet pernicieux de cette dépendance absolue? Qu'on remarque comment les deux sexes se comportent mutuellement lorsqu'elle n'entre point dans leurs liaisons. L'homme n'a-t-il encore que le simple titre d'amant, tant que sa maîtresse lui résiste il est rare qu'elle ne le tienne pas à son gré, très attentif, très empressé, très soumis dans ses fers; mais à peine a-t-elle succombé, que, par la même raison, un perfide délaissement ne tarde guère à devenir la récompense de s'être si inconséquemment rendue, surtout de la part de ces infâmes voluptueux qui ne vivent qu'à faire des victimes de leurs débauches. Brigandage d'autant plus funeste qu'il est la source pestilentielle qui vomit sur le pavé des grandes villes ces essaims malfaisants de filles publiques qui, après avoir été indignement dupes d'une trahison impunie, quoique excessivement répréhensible, et ne songeant qu'à s'arracher aux atteintes de la misère qui les talonne, beaucoup plus que la honte, s'établissent les odieuses institutrices de la dépravation des jeunes gens, ce qui achève de gangrener le corps politique jusqu'à la putréfaction.

Voici un second exemple non moins démonstratif. Sous le règne d'une pareille dissolution, il y a pourtant une autre espèce de femmes qui, tout en y participant, se préservent malgré cela de tomber dans une si vile dégradation, et qu'on nomme femmes entretenues. Hé bien! n'est-ce pas parce que celles-ci conservent l'entière liberté de leur personne, que leur empire obtient une telle durée, qu'il en est qui, préférant un seul engagement à une vie plus licencieuse, existent et meurent avec leur premier courtisan, tandis que, pour l'ordinaire, l'épouse la plus aimable comme la plus honnête voit l'ingrat qui lui a juré une foi inviolable devenir infidèle, presque à la sortie du temple. Hercule, le plus fier des mortels, mais amoureux de la belle Omphale, n'hésite pas, pour lui plaire, de filer à ses genoux. Voilà tout le secret du triomphe de l'amour et de la permanence de son ascendant.

D'après ces observations, puisées dans les mouvements même spontanés de l'âme, chez les deux sexes, il n'y a plus à s'étonner qu'une jeune fille sans expérience, pressée à la fois, et par ses penchants amoureux, et par le sentiment de sa faiblesse, qui ne contribue pas peu, non seulement à les faire éclore, mais à les aiguillonner, en lui montrant, dans celui qui lui fait la cour, le soutien qui lui devient indispensable, cède aisément et trop souvent à ses instantes sollicitations, lorsque celui-ci ne manque jamais, pour être écouté plus favorablement, d'y joindre l'assurance de l'épouser, accompagnée des serments les plus persuasifs. Sa crédulité doit d'autant mieux ajouter foi à leur apparente véracité qu'elle n'y voit, pour ainsi dire, par instinct, que la promesse naturelle de l'assistance obligatoire qui doit devenir irrévocablement le juste retour de ses premières faveurs.

Et qu'on ne dise pas que c'est uniquement à la surveillance des mères à suppléer l'inexpérience de leurs filles et à leur prudence à contenir leur aveuglement. L'amour a tant de détours et de ruses que quelles que soient leur exactitude, leur clairvoyance, leur sagesse, elles seront sans cesse en défaut. Souvent le cœur d'une fille est épris longtemps avant que sa mère s'en doute: longtemps même avant que son amant ait réussi à se faire admettre dans la maison. Que de lettres écrites et répondues, que de rendez-vous, d'entrevues, de tête-à-tête même, sans que le moindre indice décèle le mystère. C'est un complot général contre l'argus redoutable, dont le conjuré le moins actif n'est sûrement point la fille, qui ne soupçonne seulement pas qu'elle agit à son détriment, en suivant dans sa candeur, mais avec trop de zèle, les pures directions de son âme. Une amie complaisante devient l'intermédiaire, une duègne, vénale et achetée, est dans la confidence, et sert avec d'autant plus d'empressement l'amant qui la paye en prodigue, qu'elle lui montre qu'elle sait gagner son argent. Si je n'ai pas perdu la mémoire, c'est à peu près de cette manière que les choses s'arrangent. Ainsi la vertu d'une fille, cernée par les mille pièges dont elle est très loin de se méfier, n'est-elle pas à la discrétion du premier homme capable lui-même de manquer d'honneur, car qui soustraira cette infortunée au danger imminent qui la menace, en dépit de toute l'attention de la mère la plus vigilante, si celui que la violence de la passion et de la tentation porte à l'envi à profiter de ses avantages, n'est seulement pas retenu par la crainte de la censure et de la réprobation publique, qui ne devraient jamais laisser commettre impunément aucune mauvaise action.

Voilà le funeste résultat de l'étrange distance de nous à nous-même, vers laquelle nos opinions erronées, nos coutumes mal conçues et nos mœurs, en dégénérant, nous mènent incommensurablement, sans qu'on s'en aperçoive. Mais chez les Indiens de la Guyane, qui, sous ce rapport, sont infiniment plus près que nous du point raisonnable d'où nous nous sommes si fort écartés, ce n'est jamais que pour en être l'époux qu'un homme convoite et reçoit les prémices d'une femme, et ce sont des sauvages qui enseignent aux peuples, qui s'appellent policés, quel est le vœu formel de la nature, qu'ils accomplissent encore dans la droiture de leur ingénuité rustique, de leurs idées simples et de leurs usages primitifs. En récusant cette vérité, il serait impossible d'expliquer l'objet de cette tendre et profonde sensibilité dont le cœur des femmes est imprégné, et qui, les entraînant, comme en dépit d'elles-mêmes et de l'excessive timidité de leur pudeur, les livrerait à la merci de l'astuce, de la fourbe et de l'abandon des hommes, ce qui réaliserait au sein de l'état social un désordre universel, également scandaleux et subversif, si ces derniers, quand du moins ils ne sont pas tout à fait avariés, ne trouvaient point de leur côté, au fond de leur âme, un arrêt puissant, que nous nommons honneur, pour enchaîner les écarts perfides de leur voluptueuse concupiscence. Comment en douter, quand les animaux eux-mêmes, qui sont susceptibles d'éprouver ce genre d'attachement, en fournissent un modèle palpable; témoin les tourterelles et les colombes, chez qui la très rare inconstance du mâle est ordinairement suivie de la douleur inconsolable et de la mort plus ou moins prompte de la femelle délaissée, malgré que l'aide du volage lui soit beaucoup moins urgente que le secours non interrompu du mari à la compagne de ses jours, dont les couches se succèdent, avant que les premiers-nés soient en état de se suffire.

Certes, la sagesse suprême a dû combiner l'ordre des choses avec plus de discernement et de régularité que n'en peuvent déployer tout le génie et la prudence d'une faible créature. C'est donc à la morale publique à fortifier l'élasticité si utile du ressort propice d'une honnêteté prédominante qui est naturellement en nous, en couvrant de honte, d'affronts, d'anathèmes même, quiconque est capable de le briser. Voilà comme l'opinion peut se monter au ton et à la hauteur des décrets de la Providence. Voilà comme des institutions réglementaires, exactement conformes à ses secrètes inductions, peuvent s'élever jusqu'à la perfection de la pureté de son essence. Pour tout dire, voilà comme leur coïncidence, mutuellement coactive et répressive, sait maintenir les bonnes mœurs, ou bien opérer leur amendement.

Assurément, il y a de la vertu à ne pas succomber, en prévoyant que la foi, expressément ou tacitement jurée, sera violée tôt ou tard ; mais y en a-t-il moins à ne plus rompre l'engagement, dès qu'une fois il a été contracté lorsqu'il est possible de l'enfreindre à son gré, parce qu'il n'est fondé que sur une simple parole ? La législation a beau faire, afin de le rendre obligatoire dans le mariage, la corruption est partout, ou, disons mieux, n'est-ce pas de l'incompatibilité évidente des lois, si savamment méditées, de la parfaite harmonie qui dirige la marche de l'univers, avec l'absurde incohérence des lois humaines et des préjugés délirants qui leur servent de pivot, que dérive tout le mal? Ah! comment respecterait-on les serments de l'amour quand on se joue si impudemment de ceux de l'hyménée, ou plutôt, la violation si commune de l'engagement le plus solennel n'est-elle pas une suite de l'habitude, déjà contractée, de fouler impunément aux pieds des protestations également impératives et qui, quoique faites sous le voile secret du mystère, n'en ont pas moins l'être suprême pour témoin ! De quelle honnêteté, de quelle délicatesse, de quelle constance peut être susceptible l'époux qui a commencé par être un libertin?

BILLAUD VARENNE.

(A suivre.)

UN LÉGAT DU PAPE AUPRÈS DE LOUIS XIV [1]

I

Le cardinal Chigi avait été déclaré légat en France dans le consistoire du 24 mars 1664. Le même jour il écrivait à Louis XIV, pour lui faire part de la décision pontificale : dans cette lettre, il témoignait sa joie d'être chargé d'une aussi haute mission, et protestait des sentiments paternels dont le Pape, son oncle, était animé envers le roi, aussi bien que du dévouement de toute sa famille. Peu de temps après, le 29 mars, il adressait au roi une nouvelle missive pour lui annoncer qu'il pressait son départ et qu'il envoyait par avance à Paris l'un de ses gentils-hommes, l'abbé Rospigliosi, qu'il recommandait à la bienveillance de Sa Majesté. Cet abbé avait été chargé quinze mois auparavant d'une négociation infructueuse auprès de M. de Créqui à San Quirico, mais cet échec, indépendant de sa volonté, n'était pas de nature à lui nuire en France; en revanche, son nom lui assurait un bon accueil : il était en effet le neveu du cardinal Rospigliosi, secrétaire d'État, dont les sympathies françaises étaient bien connues, et la situation très considérable dans le

(1) Notre collaborateur, le comte de Moüy, ancien ambassadeur à Rome, va publier dans quelques semaines, chez Hachette, l'ouvrage qu'il prépare depuis quatre ans sur la fameuse ambassade du duc de Créqui auprès du pape Alexandre VII Chigi en 1662. On sait que, le 20 août de cette année, les soldats de la milice corse au service du Saint-Siège, à la suite d'une querelle avec des Français, attaquèrent le palais Farnèse, résidence de l'ambassadeur, et tirèrent des coups d'arquebuse sur le carrosse de l'ambassadrice. Une telle violation du droit des gens provoqua les légitimes réclamations de Louis XIV : ce ne fut cependant qu'après dix-huit mois de curieuses négociations que fut conclu le traité de Pise (1664) qui accordait au roi les satisfactions exigées. Un article du traité stipulait notamment que le cardinal Chigi, neveu du pape, viendrait auprès de Louis XIV, en qualité de légat *a latere*, présenter les regrets du Saint-Père et prononcerait en audience solennelle un discours concerté entre les deux gouvernements, mais en réalité imposé par la France.

C'est le chapitre de l'ouvrage de M. de Moüy relatif à ce voyage, si intéressant au point de vue de la politique et de l'étiquette du temps, que nous donnons aujourd'hui aux lecteurs de la *Revue*.　　　　　　　　　　　　　　　(N. D. L. R.)

Sacré Collège. On sait que ce cardinal succéda à Alexandre VII sous le nom de Clément IX.

Les préparatifs du voyage furent aussitôt commencés. Les malveillants évaluaient la dépense à 300 000 écus (chiffre fort exagéré, comme on le verra plus loin); ils prétendaient que le cardinal Chigi emmènerait avec lui des musiciens et des baladins. Ce qui était vrai, c'est que la suite du légat devait être fort nombreuse. Les principaux personnages officiellement attachés à la mission furent : 1° M⁁ʳ Roberti, ancien nonce à Turin, et qui le fut plus tard à Paris ; 2° M⁁ʳ Colonna, protonotaire apostolique ; 3° M⁁ʳ Visconti, auditeur de rote et ancien nonce à Madrid ; 4° M⁁ʳ Buonacorsi, commissaire de l'annone, majordome du légat ; enfin M⁁ʳ Ravizza, commissaire de la Chambre apostolique. Ce dernier était l'homme le plus distingué de la mission. M. de Bourlemont, chargé d'affaires de France, écrivait de lui à Paris : « Il a l'entière confidence et dirigera toutes les affaires, faisant ici les plus secrètes. C'est une personne d'esprit et d'intrigue... le Pape l'a mis auprès de son neveu comme directeur. » Ravizza n'avait cependant d'autre titre que celui d'auditeur de la légation.

En dehors de ces hommes politiques, le cardinal était accompagné de ses deux cousins, les princes Sigismondo Chigi et Piccolomini, l'un et l'autre âgés d'une quinzaine d'années, et qui devaient être servis par trois jeunes gentilshommes, le fils du duc Altems, les cavaliers Sacchetti et Narli. L'entourage d'apparat du légat se composait de plusieurs seigneurs de marque, le marquis Patrizi, les comtes Aldrovandi et Bigazzini, l'abbé Castiglione. Son Éminence avait en outre attaché à sa maison, pour le voyage, un trésorier, un mandataire, plusieurs maîtres des cérémonies, écuyers et aides de chambre, et enfin deux poètes, Baldini et Melosi « improvisateurs de rare talent, et comme tels fort avant dans sa faveur ». C'étaient peut-être les « baladins » qui scandalisaient les médisants de Rome ; mais hâtons-nous de dire que le légat avait en outre désigné pour le suivre deux théologiens, le Père Spinola et le Père Pietro, capucins l'un et l'autre et qui passaient pour ses intimes confidents.

Le 28 avril, le Pape remit solennellement à son neveu la croix d'or qui était l'insigne de son rang, et le même jour, le légat, conformément à l'usage du temps, bien qu'il ne dût partir que le 3 mai, fut reconduit en cavalcade jusqu'à la porte du Peuple.

Vingt-sept cardinaux, toute la prélature, cent soixante cavaliers
et d'innombrables carrosses formaient le cortège et défilèrent sur
le Corso. Les railleurs s'amusèrent des tribulations équestres du
vieux cardinal Pallavicini, qui n'avait jamais monté à cheval, et
qui voulut néanmoins paraître à cette fête, après s'être exercé dans
sa vigne trois ou quatre jours à l'équitation : les pessimistes tirèrent les plus fâcheux pronostics d'un orage soudain, accompagné de torrents de pluie, qui troubla singulièrement le bon
ordre de la cérémonie.

Elle fut d'ailleurs fort triste : le Pape montrait la plus vive
affliction du départ de son neveu ; don Mario, frère de S. S., était
profondément ému ; le jeune Sigismondo Chigi était aussi tout
troublé. Ce voyage en pays lointain, inconnu, près d'une cour
dont les intentions inspiraient les plus étranges défiances, semblait évidemment au Pape, à ses parents et à l'entourage, non
seulement un pénible incident politique, mais encore une dangereuse entreprise. Le légat affectait un air gai avec les étrangers, mais
au fond, et indépendamment des inquiétudes qu'il éprouvait au
moment de se rendre, avec tant de fatigue, auprès d'un souverain
très suspect au Saint-Siège, il redoutait de laisser le Pape livré à
d'autres influences que la sienne. Il se défiait surtout du prieur
Bichi, parent lui aussi du Saint-Père, homme d'esprit, vif et entreprenant, capable de mener les affaires et de prendre en son
absence un ascendant dangereux. Il était donc fort sombre, et l'on
remarqua son attitude accablée pendant toute la cavalcade. Néanmoins, le 3 mai, il quittait définitivement Rome *incognito* et
s'embarquait le 4 sur la galère capitane; on leva l'ancre le 5 à
une heure de nuit.

II

Après une navigation assez pénible, le cardinal prit terre à
Livourne : il y reçut les compliments de l'archevêque de Pise
et du marquis Corsini, envoyé par le grand-duc de Toscane. Puis
il poursuivit son voyage en longeant les côtes jusques à Porto-
Venere, où les députés de Gênes vinrent le saluer; il ne fit
point escale à Gênes, passant de nuit en vue de la ville, et débarqua le lendemain à Savone où il entendit la messe.

Peu après, il s'arrêta devant Monaco où se présenta la première de ces nombreuses difficultés d'étiquette dont son voyage

devait être hérissé ; la circonstance, cette fois, était assez bizarre :
le légat se croisait dans les eaux monégasques avec les galères qui
ramenaient le duc de Créqui à son poste. L'ambassadeur envoya
immédiatement un gentilhomme complimenter le cardinal, mais
en même temps, conformément d'ailleurs à ses instructions où
l'incident avait été prévu, il fit demander si, dans le cas où il
ferait personnellement une visite au représentant pontifical,
celui-ci la lui rendrait. Le maître de chambre de Son Éminence
répondit que le légat ne devait rendre aucune visite ; de sorte
que le duc de Créqui ne vit pas le cardinal Chigi, bien que leurs
galères fussent à l'ancre à côté l'une de l'autre. Le prince de Monaco seul vint saluer le neveu du Saint-Père. A Nice, le légat
reçut à bord le vice-légat d'Avignon, Mgr Lascaris, qui, après avoir
été expulsé du Comtat-Venaissin par les autorités françaises,
attendait en cette ville la conclusion des événements ; le prélat
était accompagné de quelques gentilshommes fidèles à la cause
du Saint-Père à Avignon et notamment d'un fils de M. de Crillon
qui sollicita et obtint la faveur de suivre le légat à Paris.
Le 14 mai, le cardinal Chigi arriva à Marseille après neuf jours
de traversée.

Dès le 4, le roi avait expédié au duc de Mercœur, gouverneur
de Provence, à l'évêque et aux autorités de Marseille, les ordres
nécessaires pour la réception de son hôte. Le duc de Mercœur
était en cette ville depuis le 12 : il avait fait présenter ses hommages au légat, le 13, à la Ciotat. Lorsque la vigie de N.-D.
de la Garde eut signalé les galères pontificales, toutes les maisons se tapissèrent avec la plus grande rapidité, le port fut
pavoisé et les habitants se mirent sous les armes. Plusieurs
bateaux allèrent à la rencontre des bâtiments, et le duc de Mercœur, l'évêque et les échevins saluèrent le légat à l'entrée du
môle ; aussitôt l'artillerie des forts se fit entendre ; les troupes
déchargèrent leur mousqueterie, les cloches sonnèrent à toute
volée, les canons des galères pontificales répondirent à ce salut
solennel.

La capitane ayant amarré, Son Éminence descendit à terre,
en rochet et en camail, se plaça sous le dais porté par les échevins, et, précédée du porte-croix, suivie de nombre de prélats et
de gentilshommes, s'avança jusqu'à une estrade où Elle reçut les
corps constitués. Après la harangue prononcée par l'évêque, le
cortège se rendit à la cathédrale à travers les rues jonchées de

fleurs. Le *Te Deum* fut suivi de bénédictions et distributions d'indulgences, puis le légat monta en carrosse avec le gouverneur de Provence et se rendit chez M. de Valbelle, lieutenant général de l'Amirauté : il y entra sous un arc de triomphe, accepta un banquet, visita le lendemain la citadelle, et continua sa route, le 6 dans la matinée, suivi fort loin au delà de la ville par une multitude de carrosses.

Il passa la journée suivante à Arles, et le 18, le duc de Mercœur prit congé de lui à l'entrée du Languedoc. Le comte de Brioule, lieutenant général de cette province, prit alors la direction du cortège; à Nîmes, le légat entra précédé par le prévôt, les archers, les gardes du gouvernement et une foule de gentilshommes. Les consuls lui offrirent les clefs de la ville, mais il les refusa gracieusement en disant qu'elles devaient rester entre les mains qui les gardaient si bien. Le 20, il coucha au Pont-Saint-Esprit et le 23 entra en Dauphiné. Le duc de Lesdiguières, gouverneur de cette province, oncle du duc de Créqui, vint lui présenter ses hommages à Valence, mais là encore il y eut un incident d'étiquette : M. de Lesdiguières se montra mécontent de n'avoir pas été invité par le légat; c'était une prétention assez inopportune; le cardinal, en France, était traité par les autorités et n'avait point d'invitations à faire. Il ne manqua pas de répondre en ce sens à l'officieux qui l'avisait des susceptibilités du duc de Lesdiguières : « Je mange, dit-il, ce que me donne M. le gouverneur, et en Italie aussi bien qu'en France, à ce que je crois, il n'est pas d'usage d'inviter à la table d'un autre. » La ville de Valence se signala d'ailleurs par l'empressement des populations, par les fêtes, bals et réjouissances qu'elle offrit au neveu du Pape. Celui-ci voulut bien y rester quelques jours, et ce fut seulement le 29 qu'il entra à Lyon.

La réception, en cette grande cité, fut particulièrement magnifique. Le sieur Passavant, maréchal des logis du roi, y avait fait préparer les logements. Louis XIV avait en même temps ordonné au duc de Montausier de se rendre à Lyon et d'y remettre au légat une lettre de bienvenue : « M. de Montausier, était-il dit dans cette dépêche signée du roi, devra vous témoigner par avance, de ma part, la véritable joie que je ressens d'avoir dans mes États une personne revêtue du caractère de légat *a latere* de Notre Saint-Père le Pape et à laquelle je puisse faire connaître le respect filial que j'ai pour Sa Sainteté et ma singulière vénération envers le Saint-Siège. » Ces dispositions étaient au surplus suffisamment marquées par l'accueil que le cardinal venait de recevoir en Provence, en Languedoc et en Dauphiné et qui devait calmer les inquiétudes qu'on avait conçues à Rome.

A Lyon, la garde suisse et la garde bourgeoise formaient la haie dans toutes les rues où devait passer le cortège. A la porte du Rhône, le cardinal fut accueilli par les magistrats en robe rouge, les élus, le corps de ville, les notables escortés d'arquebusiers et pertuisaniers, la colonie italienne conduite par ses consuls. Il reçut, du haut d'un trône surmonté d'un dais brodé à ses armes, le clergé, le parlement, le lieutenant général, les comtes de Lyon, les prévôts et échevins; puis il se mit en marche précédé de l'archevêque : il cheminait sur une mule blanche, caparaçonnée de velours cramoisi à franges et houppes d'or. Les prélats de sa suite venaient à cheval derrière lui. La *Gazette de France*, qui raconte ces cérémonies, s'étend avec complaisance sur les harangues, présentations, etc., sur « tous les honneurs imaginables » prodigués au neveu du Saint-Père.

Elle cite, entre autres, un arc de triomphe de soixante pieds de haut avec ornements, colonnes en trompe-l'œil, etc., et surmonté d'un tableau « qui représentait la France et Rome s'embrassant par l'entremise d'un Mercure dont le caducée était environné de couronnes de fleurs pour signifier la fonction du légat ». Cette allégorie mythologique et peut-être un peu excessive, était dans le goût du temps et parut fort ingénieuse. Un second arc de triomphe, non moins élevé et décoré, se dressait en outre sur la place Bellecour. Le cardinal, après avoir traversé ainsi une grande partie de la ville au bruit du canon et des cloches, entra dans la cathédrale où il donna la bénédiction pontificale et alla se reposer à l'abbaye d'Aisnay, située au confluent de la Saône et du Rhône et dont les appartements avaient été tendus de précieuses tapisseries. Le 3 et le 4 juin il passa la revue des milices, visita tous les couvents et se donna aussi le plaisir d'une promenade *incognito*. Le 5, accablé de nouvelles réceptions et harangues, il partit par la porte de Vaise pour Roanne, puis il s'embarqua sur la Loire et remonta le fleuve « sur une petite cabane précédée de deux bateaux conduits par vingt bateliers, et suivie d'environ soixante-dix autres ». Le gouverneur du Nivernais, assisté de quatre cents gentilshommes, le reçut à Nevers,

le 15, dans le plus grand appareil : il en fut de même à Orléans. Il
est inutile d'ajouter que sur toute la route les soins les plus minutieux étaient pris pour le service du légat et de sa suite. M. de
Montausier écrivait au roi : « Ils témoignent tous être fort satisfaits des civilités qu'ils reçoivent et de la bonne chère qu'on leur
fait. Aussi ne s'y peut-il rien ajouter. »

III

C'était vrai : le roi et les populations avaient rivalisé d'empressement et de magnificence. Le légat cependant demeurait
soucieux : il s'inquiétait de l'accueil que lui ferait Louis XIV au
point de vue de l'étiquette, et aussi des demandes politiques qui
lui seraient adressées par le gouvernement français. Il était
décidé à ne se relâcher sur rien de ce qu'il croyait lui être dû, et
à ne rien accorder au cabinet du Louvre en dehors du traité de
Pise. Ces deux dispositions étaient également regrettables : une
trop grande susceptibilité sur les questions d'étiquette ne pouvait
manquer d'offenser la cour qui se regardait à cet égard comme
irréprochable ; quant aux affaires politiques, il eût fallu que le
légat fût en mesure d'accorder quelques légères faveurs dont on
lui aurait su un gré infini et de conquérir ainsi au Saint-Siège les
sympathies du plus puissant souverain de l'Europe. Il pouvait
ainsi, et à peu de frais, obtenir le succès le plus enviable, rétablir
les meilleures relations entre les deux cours et prendre une éclatante revanche du traité de Pise. On s'y attendait en France, car
le roi, au fond, estimait qu'il avait été peut-être un peu sévère et
il ne demandait que quelques minimes concessions pour donner
au voyage du légat le caractère d'une cordiale et solennelle réconciliation avec le Saint-Siège. Malheureusement, les instructions
du cardinal Chigi ne l'autorisaient pas à provoquer une entente
aussi complète et à transformer sa mission en un acte de grande
et féconde politique. On va voir que les détails de cérémonial
prirent la première place dans ses préoccupations, et que, d'autre
part, n'étant porteur d'aucune grâce, il ne trouva à la cour que
des honneurs, très brillants sans doute, mais stériles.

Dans cette situation d'esprit, il avait résolu, d'accord avec son
entourage, pendant sa longue navigation sur la Loire, d'envoyer
M⁎ʳ Ravizza au roi pour régler quelques questions préalables.
Il se demandait si Louis XIV le recevrait à Paris ou bien à Fon-

tainebleau où séjournait alors la cour? Il tenait essentiellement
à une réception dans la capitale et désirait que le roi s'y rendît
exprès. C'était du premier coup froisser la vanité du souverain,
et quand Ravizza fit observer à M. de Montausier que « Fontainebleau n'était qu'une maison de plaisance », ce dernier répondit
que son maître ayant quitté Paris pour tout l'été, « ce lui serait
une grande incommodité d'y retourner ». Il eût fallu s'en tenir
là, mais Ravizza fit la faute d'insister et même de dire « que ce
serait faire une flétrissure au légat que de le recevoir en une
maison des champs ». Il s'attira de M. de Montausier une réponse
fort raide, mais tout à fait conforme aux traditions de la monarchie : « Partout où est Sa Majesté, là est l'honneur. » M. de Montausier ajouta, ce qui était exact d'ailleurs, que le légat, après
avoir vu le roi, pourrait faire une *entrée* à Paris sans que Sa Majesté eût nécessité de s'y rendre.

Ce dernier mot semblait péremptoire, aussi M. de Montausier
fut-il extrêmement surpris lorsque le cardinal Chigi, qui assistait
à son entretien avec Ravizza, prit à son tour la parole avec un
dépit mal dissimulé : « Le roi, dit-il, est le maître et je suis entre
ses mains... mais ce sera le Saint-Siège et non pas le Pape qui
recevra l'affront. » Il poursuivit dans le même sens un discours
fort aigre, alla même jusqu'à insinuer « que Sa Majesté était à
Fontainebleau exprès, que M. de Lionne avait dit que si le légat
apportait quelques grâces on le recevrait à Paris ». La conversation, sur ce ton-là, ne pouvait mener à rien ; mais le cardinal, loin de comprendre combien son langage était maladroit,
reprit les mêmes termes dans un second entretien deux jours
après, traita de plus la question des grâces en disant qu'il savait bien ce que voulait le roi, c'est-à-dire un chapeau pour le
duc de Mercœur et l'indult des Trois-Évêchés, mais que « Sa
Sainteté n'entendait point qu'on lui fît violence », et qu'on « n'obtenait rien d'Elle qu'avec de certains détours ». Il profita de la
circonstance pour se plaindre des amis de la France à Rome, du
cardinal Albizzi et de sa mauvaise langue, du cardinal d'Este qui
« a allumé le feu et l'entretiendra toujours », et osa même insinuer qu'il craignait fort que pendant son séjour en France « les
choses ne se rebrouillassent à Rome par les procédés de M. de
Créqui ».

Il était impossible de plus mal préparer le roi à une réconciliation sincère : la rancune et la défiance éclataient dans chaque

phrase du légat. M. de Montausier en était fort affecté et, dans son embarras, ne cessait de s'en référer à son gouvernement. Du moins, lorsqu'à Gien Ravizza, décidément expédié à Fontaine-bleau, vint prendre congé de lui, eut-il soin de remontrer les avantages d'un parfait accord, le profit que la maison Chigi recueillerait de l'amitié et de la protection du roi, la conve-nance de ne pas borner la mission à un échange de politesses et d'en tirer de bons résultats politiques par quelques témoignages effectifs d'affection et de sincérité. Le prélat, muni de ces excel-lents conseils, partit le 17 juin, accrédité par une lettre du car-dinal auprès de Sa Majesté.

IV

Il se présenta le 20, au palais de Fontainebleau, le même jour où le légat entrait à Orléans. Le roi le reçut aussitôt avec beaucoup de bienveillance, mais sans entamer aucuns pourpar-lers. Il est évident que Ravizza, dans cette entrevue, n'osa point soulever la moindre difficulté, car Louis XIV, en répondant à la lettre du légat, se loue du langage soumis de cet émissaire : « Il m'a expliqué de vive voix, dit-il, et par votre ordre, la disposition où vous êtes de vous conformer entièrement à ce que je désirerai et estimerai plus convenable. » C'était sans doute prendre au pied de la lettre la phraséologie italienne ; mais le roi, qu'il en fût dupe ou non, tenait à engager le légat par les paroles de Ravizza. Il eut soin d'ailleurs de renvoyer celui-ci à s'entendre avec M. de Lionne, chargé spécialement de découvrir, s'il était possible, les vraies intentions du cardinal Chigi.

L'entretien du ministre avec Ravizza ne dura pas moins de cinq heures. Après les premiers compliments, M. de Lionne alla droit au but, et fit entendre nettement à son interlocuteur qu'après tout ce qui s'était passé, la maison Chigi ne pouvait es-pérer l'amitié du roi qu'en la méritant par des effets, et il de-manda nettement l'indult des Trois-Évêchés.

Le Saint-Siège eût été bien inspiré en cédant sur ce point : ce n'était qu'une affaire de forme : le roi, depuis les traités de Munster et des Pyrénées, disposait, en fait, des bénéfices de ces diocèses, et le Pape, en renonçant à un droit stérile et purement nominal qu'il ne pouvait se flatter de jamais reconquérir, n'eût accordé en vérité qu'une faveur très médiocre que Louis XIV, lui, aurait cependant reçue avec une vive gratitude. Mais les instructions de Ravizza étaient formelles : le Pape n'entendait rien concéder de ce chef, et le prélat dut disserter sans conclure. Il discuta donc longuement l'argumentation de M. de Lionne, épilogua sur l'opportunité d'une semblable grâce, prétendit même qu'il était « choquant » de la réclamer en mettant, pour ainsi dire, « le poignard sur la gorge ». Il s'ensuivit que le ministre releva assez vertement une expression aussi peu mesurée, rappela tous les honneurs que le légat avait reçus depuis son arrivée à Marseille, « même avec quelque excès et au delà de la coutume », enfin fit comprendre à Ravizza que, tout en assurant le meilleur accueil au neveu du Pape, le roi, cependant, serait assez réservé s'il n'était point satisfait. C'était une allusion directe à l'entrée solennelle du légat dans Paris.

Il fallait que les ordres donnés à Ravizza fussent bien précis pour que ce diplomate avisé, en entendant un tel langage, ait osé demander si le roi n'irait pas à Paris recevoir le cardinal. Au fond, il s'acquittait de sa commission, mais il avait trop d'esprit pour supposer un instant que Louis XIV ferait une telle démarche en l'honneur d'un légat qui arrivait les mains vides. M. de Lionne, au surplus, ne lui laissa pas là-dessus la moindre illusion : il répondit sèchement par la négative en ajoutant que « la légation était adressée au roi et non pas à la ville de Paris, où rien n'obligeait le cardinal à se rendre ». Ce dernier mot, qui mettait en question l'entrée du légat dans la capitale, surprit et même inquiéta Ravizza d'autant plus que le ministre détourna la conversation et discuta la suite de l'itinéraire d'Orléans à Nemours et à Fontainebleau sans reparler de Paris. Le prélat quitta donc M. de Lionne, affectant de croire que sa mission avait échoué, mais sans en désespérer toutefois, et retourna auprès de son maître pour se concerter avec lui sur cet état de choses : on verra plus loin avec quelle ingénieuse fermeté tous deux surent reprendre l'avantage et déjouer les calculs du gouvernement français.

Il trouva à Orléans le légat qui continuait à discuter avec M. de Montausier sur l'étiquette et sur le caractère du Pape, et il lui rendit compte de la situation. Le cardinal Chigi, à la suite de cette conversation, se borna, sans rien faire paraître des résolutions qu'il devait adopter avec tant de succès plus tard, à accepter l'itinéraire sur Nemours et Fontainebleau ; il entra à Nemours le 26 juin et, le 27, reçut les personnages que le roi lui envoyait pour le complimenter : c'étaient le duc de Saint-Aignan, premier gentilhomme de la Chambre, M. de Bonneuil, introducteur des ambassadeurs; le comte d'Orval et le marquis d'Hautefort, premiers écuyers des deux reines; le comte de Vaillac et le marquis de Clérembault, chevaliers d'honneur de Monsieur et de Madame, enfin un officier du prince de Condé. En même temps il renvoyait Ravizza à Fontainebleau pour s'assurer plus complètement encore des intentions du roi au sujet de l'entrée à Paris afin de régler son attitude en conséquence.

V

Le prélat revit Louis XIV le 28 juin, mais ne s'écarta point des termes vagues dans cette audience. En revanche il eut une conférence très sérieuse avec M. de Lionne, et proposa, comme moyen d'entente, que Sa Majesté fît visite au légat avant que celui-ci n'entrât dans Paris. Pour justifier cette prétention, il allégua l'exemple d'Henri IV qui en avait usé de la sorte envers le cardinal Aldobrandini. Le ministre, étonné et impatienté de cette insistance, répondit avec autant de finesse que de hauteur que « si Sa Majesté avait les mêmes obligations au Pape qu'Henri IV avait eues à Clément VIII, il eût pu marquer le même empressement, mais que cet exemple était unique et que jamais les rois de France ne quittaient le lieu de leur séjour pour recevoir ni des rois ni des empereurs ». Ravizza, battu sur ce premier point de son nouveau programme, se rejeta sur Monsieur et sollicita la présence de ce prince, à la cavalcade d'entrée, à côté du légat. Il ne fut pas plus heureux dans cette demande : après une longue discussion fondée sur un fait analogue qui s'était produit à Madrid, M. de Lionne se maintint sur le terrain des usages de la cour de France : jusque-là, il était dans la droite voie, mais il eut le tort de pousser trop loin son avantage, et voulant couper court à la discussion, il ajouta que « c'était là parler d'un fait dont il n'était nullement question, à savoir l'entrée à Paris », et que « cette contestation était superflue ». Il était loin de prévoir le parti que le légat saurait tirer de cette rigueur excessive.

Ravizza, en entendant ces paroles, fit mine d'être fort abattu et répondit avec une humilité affectée que si même « Sa Majesté imposait au légat de venir sur un *asinello*, Son Éminence le ferait, mais qu'Elle s'en remettait à la générosité du roi ». En

revanche, quand M. de Lionne remit sur le tapis la question de
l'indult des Trois-Évêchés, il eut soin de laisser cette affaire dans
la même obscurité. On se sépara donc sans avoir rien décidé de
nouveau, et lorsque le cardinal Chigi revit Ravizza à Nemours, il
comprit qu'il devait compter uniquement désormais sur sa propre
initiative et qu'il y avait lieu de risquer une habile manœuvre
pour en venir à ses fins.

Il fut du reste en ceci, il faut le dire, très heureusement servi
par les réflexions que les discours de Ravizza avaient inspirées à
M. de Lionne sans que celui-ci en fît rien paraître. Frappé de l'obs-
tination de son interlocuteur, le ministre, au moment même où le
prélat retournait à Nemours, préparait pour le roi un mémoire
relatif à l'entrée du légat à Paris. Par une singulière évolution
d'idées qu'on reprocherait vivement de nos jours à un cabinet
parlementaire, M. de Lionne était devenu subitement du même
avis que Ravizza, et, dans ce document, il plaidait la cause du
cortège et de la cavalcade, sous prétexte qu'il ne fallait pas aigrir
le cardinal et qu'on obtiendrait beaucoup mieux l'indult par les
bons traitements que par la rigueur. Il posait en terminant cette
maxime générale : « Il faut se contenter de l'honnête, pardonner à
qui s'humilie et ne pas pousser les gens au désespoir. » Le roi
adopta les conclusions de ce mémoire, décida sous forme de
concession, qu'après avoir été reçu en audience à Fontainebleau,
le légat ferait son entrée solennelle à Paris ; que Monsieur, il est
vrai, n'y assisterait pas, mais que le prince de Condé et M. le duc
accompagneraient, sous le dais, le représentant du Saint-Père.

Il faut reconnaître que cet arrangement tardif était parfaitement maladroit : on avait blessé le légat en écartant d'abord,
en termes assez durs, son projet d'entrer pompeusement à
Paris : on ne pouvait croire qu'on satisferait sa vanité en lui
offrant les Condés au lieu du frère du roi. On fut d'ailleurs devancé par les événements : le cardinal, en effet, entendait prendre
sa revanche de ce qu'il regardait comme une série de mauvais
procédés, et, quittant l'attitude de solliciteur, avait résolu de
risquer le jeu de tout refuser pour se faire offrir ce qu'on lui avait
dénié. Il avait donc chargé Ravizza de dire à M. de Lionne,
qu'ayant apprécié les raisons qui lui avaient été données, il re-
nonçait à l'entrée dans Paris et demandait seulement l'audience
de Sa Majesté. C'était en vérité un coup très hardi, car on pouvait
être pris au mot ; mais avec leur finesse italienne, Ravizza et le

cardinal avaient compris que le roi ne leur tenait la dragée haute
que pour obtenir l'indult, et ne désirait pas, au fond, que le neveu
du Saint-Père s'en retournât à Rome mécontent, sans avoir été
reçu dans la capitale par les corps constitués; et autorisé dès lors
à contrecarrer désormais, par rancune personnelle, toute la politique française. Le légat sentait sa force et il en usa avec une humilité simulée qui était la plus adroite combinaison dont il se
pût aviser et se trouvait d'autant plus opportune que le roi avait
changé de programme.

M. de Lionne fut extrèmement désappointé de la démarche
de Ravizza. Il comptait prendre le beau rôle, et en concédant de
haut l'entrée dans Paris, après s'être même fait un peu prier, concilier à son maître la gratitude du légat. Celui-ci, au contraire,
en déclarant ne plus souhaiter cet honneur, se dispensait de toute
reconnaissance si on le lui accordait et gardait tout droit de se
plaindre si on ne le lui accordait pas. En tout cas il ne s'engageait
à rien : le ministre comprit tout de suite que les rôles étaient
intervertis ; il ne pouvait plus faire valoir comme une faveur la
cérémonie de Paris, puisque le cardinal ne la demandait plus ; il
fallait renoncer à obtenir en échange l'indult des Trois-Évêchés
et s'en remettre exclusivement sur ce point à la bonne volonté
du Saint-Père. Fort embarrassé, il en référa au roi ; évidemment
la politique française perdait son moyen d'action sur le légat : elle
était réduite à l'alternative d'irriter le Pape en ne plaçant pas la
réception à Paris dans le programme de la mission, ou bien de
donner gratuitement le plaisir de cette pompe solennelle au cardinal Chigi. Louis XIV pesa longuement le pour et le contre,
mais enfin, après avoir conféré deux heures avec son ministre, il
préféra mettre les bons procédés de son côté, et M. de Lionne
fit connaître à Ravizza que le roi consentait spontanément à l'entrée du légat dans la capitale avec le cérémonial accoutumé :
Monsieur, il est vrai, n'y serait pas présent, mais le cardinal serait
escorté par le prince de Condé et le duc de Bourbon.

Il arriva alors, comme on devait s'y attendre avec des diplomates qui jouaient un jeu aussi serré, que le légat, une fois le
point capital obtenu, affecta de plus en plus l'indifférence, et,
non content d'avoir amené le roi à lui proposer, sans rien demander en échange, la cérémonie qu'on lui voulait faire payer
d'abord par la grâce de l'indult des Trois-Évêchés, il poussa har-
diment ses avantages et posa ses conditions. Ravizza revint à

Fontainebleau exposer à M. de Lionne que le cardinal ne tenant
pas du tout à son entrée, ne s'y déciderait que si trois points étaient
convenus au préalable : 1° le légat resterait assis pendant la
harangue que lui devait adresser le premier président du Parlement ; 2° les évêques, à la cavalcade, porteraient le mantelet sur
le rochet en surcroît de cérémonie ; 3° le légat ne donnerait pas
la droite au prince de Condé. En outre, et pour se réserver un
prétexte de mécontentement, il insistait sur la présence de Monsieur.

La décision que prit le roi montre combien était grand le
prestige de la cour de Rome : tout autre diplomate qui eût osé
soulever de nouvelles difficultés après une concession considérable eût été éconduit par un prince aussi hautain. Il n'en fut
rien cependant, et Louis XIV, un peu légèrement comme on le
verra, admit que le légat demeurerait assis devant le Parlement
et que les évêques porteraient le mantelet ; il accorda même que
le légat aurait la droite sur M. le prince. Il ne tint ferme que pour
refuser d'envoyer son frère au cortège. Le cardinal eut soin d'ailleurs de se montrer assez peu touché de la condescendance du
roi à ses trois conditions, mais, en revanche, blessé de l'absence
de Monsieur ; il tenait avant tout à paraître ne recevoir que ce
qui lui était dû, à ne témoigner aucune gratitude, et à se considérer comme frustré d'une partie des honneurs auxquels il pouvait
prétendre. Néanmoins, les choses étant ainsi réglées, Ravizza
convint avec M. de Lionne que le légat viendrait à Fontainebleau
pour être reçu par le roi en audience particulière, qu'il irait de
là loger au château de Vincennes où les officiers de Sa Majesté
lui feraient pendant quelques jours les honneurs des environs
de Paris, qu'il entrerait ensuite en grand cortège dans la capitale
et aurait enfin son audience solennelle où il prononcerait le discours indiqué au traité de Pise. La première partie de ce programme fut exactement suivie, mais on verra que les éternelles
affaires d'étiquette obligèrent d'ajourner l'entrée à Paris après
l'audience diplomatique.

VI

Le 3 juillet, à onze heures du matin, le légat arriva à Fontainebleau. Comme il était censé *incognito*, il n'y eut aucun
appareil : cependant, malgré ses conseillers qui le voulaient voir

vêtu de « l'habit court et noir », il portait la soutane rouge et le
manteau de même couleur. Il se rendit à la conciergerie du château, où M. de Montausier avait son logement ; et M. de Lionne
vint l'y saluer et le conduisit dans la galerie des Cerfs où il rencontra, comme par hasard, le petit Dauphin et ses gouvernantes.
De là, par le jardin, il alla aux chambres dites « des bains », où le
roi l'attendait avec plusieurs de ses principaux officiers. Sa Majesté le reçut près de la porte, lui souhaita la bienvenue, et
s'avança avec lui au fond de la pièce ; puis il ordonna à M. de
Chamarante d'apporter un siège au légat : ce siège était tout semblable à celui du roi.

Le cardinal, écrit M. de Lionne, « n'omit aucune expression
possible pour bien assurer Sa Majesté de la passion qu'il avait de
La servir et acquérir ses bonnes grâces et sa protection ». Louis XIV
lui répondit en ces termes, textuellement reproduits dans une
note autographe de son ministre : « Je suis très aise de l'assurance
que vous me donnez de l'affection paternelle de Notre Saint-Père
le Pape que j'ai toujours beaucoup souhaitée, et vous me ferez
plaisir de l'assurer que j'y corresponds de ma part avec la même
affection et une singulière vénération pour sa personne. Pour
votre particulier, vous pouvez faire état que j'ai sincèrement
oublié toutes les choses passées : je veux bien être votre ami et me
confier entièrement aux bonnes paroles que vous me donnez. Je
vous ferai rendre avec plaisir, tant que vous serez dans nos États,
tous les honneurs qu'il me sera possible, et vous donnerai dans la
suite, en toutes rencontres, des marques de ma bienveillance. »

Le roi ajouta à ces compliments une nouvelle qui devait être
agréable au légat : on sait qu'en vertu du traité de Pise, le prince
don Mario Chigi, père du cardinal, demeurait éloigné de Rome
jusqu'après la réception de son fils : celui-ci dut donc être tout
particulièrement touché lorsque Louis XIV continua son discours en ces termes : « Pour commencer à vous faire voir, par
des effets, qu'en ce qui regarde l'amitié, je fais plus que je ne dis,
je vous apprends qu'encore que vous, ni personne, ne m'en ayez
fait instance, le seigneur don Mario, votre père, est, à l'heure que
je parle, dans Rome, car il y a plus de quinze jours que j'ai envoyé
un courrier exprès au duc de Créqui pour lui ordonner de témoigner à Sa Sainteté que je serais bien aise qu'il retournât auprès
d'Elle sans attendre que je vous eusse vu. » On peut juger par
cet acte de haute et affable courtoisie, aussi bien que par les

incidents qui précèdent, combien les dispositions de la cour de France étaient favorables à une complète réconciliation avec le Saint-Siège.

. L'audience dura environ une demi-heure, et l'entretien qui roula sur divers sujets indifférents fut même assez gai, car M. de Lionne rapporte « qu'on vit souvent rire Sa Majesté ». Le roi accompagna ensuite son hôte jusqu'à un pas hors de la porte, et M. de Lionne conduisit le légat au salon dit de Clorinde où les deux reines entourées de leurs dames d'honneur lui firent le meilleur accueil. Un superbe dîner lui fut offert ensuite dans la galerie des Cerfs : les convives furent Ravizza et le maître de chambre du légat, M. de Souvré, commandeur de Malte, M. de Montausier, M. de Bonneuil, et M. de Lionne. Celui-ci, au dessert, porta la santé du Pape : tous les assistants étaient debout, « sauf le légat qui ne se leva point ». Dans l'entretien qui suivit le repas, le ministre annonça au cardinal que le roi recevait Mgr Roberti, l'un des prélats de la légation, en qualité de nonce spécial pour les langes que le Pape offrait, suivant la coutume, au Dauphin de France. Plus tard, ce même prélat, bien qu'il eût déplu au premier abord à M. de Montausier, fut agréé, sur le désir du Pape, comme nonce permanent à Paris.

VII

Le cardinal Chigi partit aussitôt pour Vincennes par Corbeil. Il entra au château le 4 au matin, et, dans l'après-midi, pressé de voir Paris, il s'y rendit *incognito* avec l'abbé Rospigliosi. Il visita le lendemain le parc et le bois de Vincennes « où il rencontra quantité de beau monde », et le 6, accompagné par M. de Montausier et le commandeur de Souvré, auxquels le roi avait commis le soin de lui faire les honneurs des environs, il commença une série d'excursions. Il fut d'abord au Raincy, qui appartenait alors à la princesse Palatine, la célèbre Anne de Gonzague ; M. de Souvré ayant plaisamment rappelé que cette maison avait été construite par le fils d'un fabricant de chandelles, l'intendant Bordier, l'un des plus fameux financiers du temps, le légat s'amusait à répéter devant toutes les splendeurs de ce domaine : « Que de chandelles ! que de chandelles ! » Le 7, il fut conduit à Saint-Germain-en-Laye, et le même jour à Maisons où le président de Longueil, seigneur du lieu, le reçut avec toute la magnificence imaginable et lui offrit une collation « la mieux entendue du monde ». Le 8, il alla à Rueil chez la duchesse d'Aiguillon, la nièce du cardinal de Richelieu; cette noble et illustre femme, dont la piété était l'édification de la cour, reçut le neveu du Saint-Père au bas de l'escalier, lui offrit à dîner, et lui fit visiter elle-même ses beaux jardins dont les eaux étaient si admirables que le légat dit les préférer aux cascades de Tivoli; dans la même journée, il se rendit à Saint-Cloud, propriété de Monsieur : en l'absence du prince qui était à Fontainebleau, ses officiers firent parcourir le domaine au cardinal qui rentra le soir à Vincennes. Le 10, le commandeur de Souvré le mena à Versailles : les grands travaux qui devaient transformer l'ancien rendez-vous de chasse de Louis XIII en la plus splendide demeure qu'aient habitée les rois de France, étaient alors en cours d'exécution : d'après les comptes de Colbert, on y dépensait cinq cent mille écus par an. Le légat s'intéressa fort à ces constructions : il avait, comme le Pape son oncle, le goût des grands monuments. On lui donna le spectacle d'une partie de paume, il se promena dans la ménagerie et assista ensuite à un festin suivi d'un concert.

Ces courses et divertissements l'avaient fatigué : il raconte dans ses lettres à Rome qu'il était très souffrant à la suite de tant de banquets : il se reposa donc quelques jours à Vincennes, puis le 14 et le 15 il reçut beaucoup de gentilshommes, et aussi les chefs d'ordres religieux : « Chacun se retira, dit la *Gazette*, avec autant de satisfaction de son favorable accueil que d'admiration pour les grandes qualités qu'il a fait paraître. » En revanche, les caquets de Paris allaient leur train, et la médisance s'exerçait fort sur le légat auquel on attribuait des mœurs assez légères; il était, dit-on, assez suspect sur ce point : « C'est un de nos plus grands soins, écrit M. de Bonneuil, d'empêcher que l'on ne dise quelque impertinence. » Il n'y réussissait qu'à demi, car il en cite quelques-unes assez salées, lesquelles vinrent même jusqu'aux oreilles de Son Éminence qui se contenta d'en rire. Quoi qu'il en soit, et pour achever le récit de ses promenades, citons encore sa visite à Petit-Bourg le 21, et à Soisy chez le président de Bailleul, du 24 au 27. Mais ce dernier séjour avait été amené par de nouvelles discussions d'étiquette qui retardaient son audience solennelle à Fontainebleau. Il nous faut, pour les exposer, revenir à quelques jours en arrière.

(*A suivre*).   Comte Charles de MOUY.

LE MOUVEMENT CORPORATIF

DANS L'AGRICULTURE

LES SYNDICATS AGRICOLES — LEUR FONCTIONNEMENT (1)

Nous avons fait un exposé sommaire de l'organisation des syndicats professionnels agricoles que nous avons présentés comme les héritiers des anciennes corporations dont ils prétendent renouer les traditions. Cette première étude nous a montré les syndicats agricoles nombreux, influents, bien outillés, pourvus de moyens d'action qui leur permettent de consacrer leur bienfaisante activité au service des intérêts ruraux qu'ils se sont donné mission de défendre.

L'association est et sera de plus en plus, au siècle qui s'approche, le levier destiné à diriger le monde, aussi puissant pour le bien qu'il peut l'être pour le mal : celui que s'est forgé l'agriculture semble un bon instrument ; il nous reste à voir le parti qu'elle en a su tirer.

Les populations agricoles ont des intérêts d'ordre différent, mais auxquels il est également urgent de pourvoir. *Primo vivere, deinde philosophari.* Assurer l'existence du cultivateur, le mettre à même de mieux « gagner sa vie », comme le dit le peuple en son expressif langage, de mieux acheter et de mieux vendre, c'est évidemment le premier service à lui rendre, le service essentiel sans lequel les autres risqueraient d'être peu appréciés.

Puis, le cultivateur a besoin d'être instruit, éclairé, mis au courant des découvertes de la science et des perfectionnements introduits par l'expérience dans les procédés d'exploitation du sol. Pour qu'il puisse acheter économiquement les marchandises qui lui sont nécessaires, produire à peu de frais, vendre avanta-

(1) Voir la *Nouvelle Revue* du 15 septembre 1892.

geusement ses produits, il y a beaucoup à lui apprendre, il y a beaucoup à l'aider : c'est un second ordre de services qui se lie étroitement au premier et que l'association professionnelle est bien qualifiée à rendre aux individualités qu'elle groupe.

La sollicitude de l'association doit s'étendre non seulement aux besoins matériels du moment, mais à ceux de l'avenir; elle doit prévoir et chercher à améliorer les conditions générales dans lesquelles s'exerce la profession. A ce titre, il y a lieu de considérer les rapports de l'agriculture avec les autres professions, avec l'État ou les administrations publiques et enfin avec la production agricole étrangère. Ce rôle économique qui incombe à l'association professionnelle, dans notre société moderne où tous les intérêts divers se défendent énergiquement et savent au besoin se coaliser, est d'une grande importance : car une profession dont les intérêts économiques n'ont pas reçu satisfaction et ont été sacrifiés à d'autres, ne saurait, malgré des prodiges d'intelligence et d'activité, jouir d'une véritable prospérité dans l'État.

Enfin l'association professionnelle doit s'élever à une conception plus haute encore : le rapprochement des catégories sociales, l'amélioration du sort des petits poursuivie sans relâche par ceux qui occupent un rang supérieur dans la hiérarchie professionnelle. Elle doit mettre à profit l'union qu'elle organise au nom des intérêts communs pour travailler dans sa sphère à rétablir ou à consolider la paix sociale, ce grand *desideratum* de notre époque.

I

Les services pratiques ou matériels que rend le syndicat agricole à ses adhérents, nous les avons vus poindre dès son origine. Les premières de ces associations n'avaient pas d'autre but que l'achat des engrais en commun et, il faut bien le dire, aujourd'hui encore un certain nombre d'entre elles ne s'occupent guère d'autre chose. Pour le producteur agricole, acheter dans de bonnes conditions les engrais du commerce qui convenablement employés lui assurent de grosses récoltes, constitue une opération de capitale importance. Elle était fort difficile à réaliser pour les petits cultivateurs inhabiles à faire leurs commandes, trop exposés à être trompés dans les livraisons. Les syndicats ont su en faire une opération d'une merveilleuse simplicité.

Voyons comment ils procèdent : cet examen n'est pas superflu ; car les principes qu'ils ont posés, les usages qu'ils ont établis
pour traiter leurs achats d'engrais, nous les retrouverons généralement, plus ou moins modifiés selon les circonstances, dans
les autres opérations d'achat et de vente que pratiquent ces associations pour le compte de leurs adhérents.

Le bureau du syndicat provoque l'envoi des commandes de
ses membres par une circulaire ou par un avis publié dans son
bulletin périodique : elles doivent être remises à date fixe, et le
plus souvent deux fois par an, pour les besoins de la campagne
de printemps et pour ceux de la campagne d'automne. On conçoit que, ces commandes étant groupées et totalisées, et ce
total monte parfois à plusieurs millions de kilogrammes d'engrais, le syndicat constitue un acheteur très important qui peut
traiter aux prix du commerce du gros, car le négoce recherche
sa clientèle, et répartir ensuite les marchandises entre ses membres, en majorant légèrement les prix afin de se couvrir de ses
frais.

Tel est le principe : dans la pratique, les syndicats agricoles
ne procèdent pas tous de façon uniforme. Quelques-uns traitent
de gré à gré avec des fournisseurs de leur choix. Beaucoup d'entre
eux établissent un concours entre les fournisseurs sous forme d'une
sorte d'adjudication, plus ou moins régulière, à laquelle participent les marchands qui briguent l'honneur et le profit de les
servir. Ces adjudications se font sur un cahier des charges qui
est ordinairement très onéreux pour le fournisseur. Le moindre
retard dans la livraison donne lieu à des dommages et intérêts
dont le taux est prévu ; la moindre insuffisance de dosage dans la
teneur des engrais motive, sous le nom de *réfaction*, le paiement
d'une indemnité double ou triple de la valeur des éléments
manquants. Mais, ce qui est le plus rigoureux pour le commerce,
c'est que, dans un grand nombre de syndicats, on met en adjudication non pas des quantités à livrer, mais seulement des prix
pour les diverses catégories de matières fertilisantes. Comme les
adjudications se font souvent plusieurs mois avant l'époque où
les cultivateurs doivent employer les engrais et qu'il est très
difficile de les décider à préciser leurs besoins d'avance, les bureaux des syndicats ont profité de la concurrence qu'ils ont su
créer dans le commerce pour obtenir de lui l'engagement ferme
de livrer à prix déterminé, sur la seule indication, faite sans

garantie, des quantités de marchandises demandées par les syndiqués l'année précédente. Ainsi est déclaré adjudicataire le négociant qui a offert les plus bas prix : il est facile de comprendre qu'il est réellement seul engagé, et engagé dans des conditions qui ne lui permettent pas de se couvrir de ses risques.

Le syndicat prend bien, il est vrai, l'engagement, au moins moral, de lui passer toutes les commandes qu'il reçoit ; mais les syndiqués n'ont contracté aucun engagement personnel et demeurent toujours libres de se pourvoir ailleurs, en dehors de leur syndicat. Cela posé, si, dans l'intervalle de l'adjudication à l'époque de la livraison, la marchandise a baissé de prix, l'adjudicataire ne recevra que peu ou point de commandes et ne tirera aucun bénéfice de son contrat; si, au contraire, il y a eu de la hausse, le syndicat transmettra des commandes en foule et le fournisseur, obligé de livrer, perdra sans doute de l'argent : car, son engagement étant indéterminé, il n'aura pu, sans imprudence, pratiquer les approvisionnements qui lui auraient été nécessaires, au moment même où il l'a souscrit.

On voit combien est vicieux en équité ce mode de traiter qui donne au syndicat toutes les chances favorables et met, pour ainsi dire, tous les risques à la charge du fournisseur. Il est destiné à être abandonné quand les syndicats agricoles se seront convaincus par l'expérience qu'ils ont intérêt à ne pas abuser de leur puissance pour imposer une loi trop dure au commerce qui les considère, malgré tout, comme ses meilleurs clients.

Ce que nous avons à faire ressortir ici, c'est le zèle et l'efficacité avec lesquels le syndicat représente l'intérêt de ses membres dans ces négociations. Le consommateur ne saurait être mieux défendu : aussi a-t-on pu dire avec raison que les cultivateurs, jadis exploités par le commerce des engrais, ont bien pris leur revanche dans les syndicats agricoles.

Là ne se borne pas la sollicitude des syndicats au sujet de l'achat des engrais : la livraison, la distribution, la vérification des dosages se font par leurs soins et offrent à l'acheteur toutes les garanties désirables. De plus, en vue de faciliter aux petits cultivateurs l'emploi des engrais chimiques qui est en quelque sorte le premier degré d'une culture progressive, la plupart des syndicats ont établi, dans leurs principaux centres de consommation, des dépôts d'engrais, alimentés par les fournisseurs, où le paysan vient prendre les quelques sacs qui lui sont nécessaires

au fur et à mesure de ses besoins et les paie à peine plus cher
que le grand cultivateur qui reçoit directement ses commandes
par wagons complets.

C'est une véritable révolution si l'on se reporte aux prix
usuraires qu'étaient obligés de payer nos petits cultivateurs
lorsqu'ils s'approvisionnaient autrefois chez le maréchal, le char-
ron ou l'épicier du village, dépositaires eux-mêmes pour le
compte du marchand d'engrais de la ville voisine.

Il faut d'ailleurs constater que l'institution des syndicats
agricoles a eu pour effet d'abaisser dans une proportion considérable, 20 à 30 p. 100 au moins, non seulement pour leurs propres membres, mais aussi pour tout le monde, et cela par suite
de la publicité que leurs prix ont reçue et de la concurrence
qu'ils ont créée dans le commerce, les prix de vente des engrais
ainsi que des machines agricoles. L'agriculture française tout
entière a profité de cette baisse qui a coïncidé, du reste, avec
une notable amélioration de la qualité des marchandises.

Généralement les syndicats ne se rendent pas responsables
des engagements contractés par leurs membres et du paiement
des commandes qu'ils ont transmises. Un petit nombre d'entre
eux seulement a admis cette solidarité. Il en résulte que presque
toujours, pour le paiement des marchandises qu'il a livrées, le
fournisseur est obligé de faire traite sur chaque acheteur individuellement, et cela pour des sommes très minimes. Les factures
doivent être, au préalable, vérifiées et visées par le bureau du
syndicat qui intervient là encore pour sauvegarder les intérêts
des syndiqués et les couvrir de sa protection. Les traites sont
payables au domicile des acheteurs et à l'échéance, fixée par le
cahier des charges, d'un, deux ou trois mois du jour de la livraison. Dans tous les syndicats qui fonctionnent régulièrement, il
est presque sans exemple qu'une traite lancée par un fournisseur
revienne protestée faute de paiement à l'échéance : un membre
qui faillirait ainsi à ses engagements serait rayé de la liste du
syndicat. Ce fait est très important à relever; car il démontre
bien que les cultivateurs ont acquis ce qui leur a si longtemps
fait défaut, les habitudes commerciales et la religion de l'échéance; les populations agricoles, grâce à la pratique des syndicats
professionnels et à la propagande qu'ils ont exercée autour d'eux,
sont devenues mûres pour l'organisation du crédit agricole.

Le commerce des engrais n'a pas accepté sans lutte l'interven-

tion des syndicats agricoles entre lui et les consommateurs ruraux : il a cherché par divers moyens à défendre ses bénéfices,
menacés par les conditions nouvelles qui lui étaient imposées, et
il a soutenu notamment, avec l'appui de la Chambre de commerce
de Paris, que la loi du 21 mars 1884 n'autorise pas les syndicats
agricoles à faire un genre d'opération qui confine au commerce,
et pour lequel ils devraient, tout au moins, être assujettis à la
patente. Mais le ministre du commerce, qui était alors M. Pierre
Legrand, d'accord avec le ministre des finances, a répondu, le
27 avril 1888, au président de la Chambre de commerce de Paris.
qu'il est impossible de reconnaître le caractère d'acte de commerce aux achats de marchandises utiles à l'agriculture, faits
par les syndicats, sans aucun bénéfice, au profit de leurs
membres.

Le ministre admet que l'esprit de la loi sur les syndicats professionnels autorise les agriculteurs à « trouver dans cette forme
d'association les moyens de défendre leurs intérêts par une action
utile et effective ».

« On peut dire, ajoute M. Pierre Legrand, que la loi de 1884,
si elle ne conférait pas le droit de faire des opérations semblables,
ne pourrait être, pour les agriculteurs, l'objet d'aucune application vraiment pratique. »

Le commerce des engrais a, d'ailleurs, trouvé une compensation à la réduction de ses bénéfices dans l'accroissement énorme
de la consommation des matières fertilisantes. D'après M. Joulie,
la consommation de tous les engrais chimiques ou commerciaux
réunis atteignait à peine 52 millions de francs en 1870 ; actuellement, elle s'élève à un total de 120 millions. M. Le Trésor de la
Rocque, président de l'Union des syndicats des agriculteurs de
France, estime que cette consommation serait bien plus forte
encore et dépasserait 400 millions, tant pour les engrais fabriqués en France que pour ceux d'importation étrangère. Quoi qu'il
en soit de ce formidable écart d'appréciation entre statisticiens, il
est avéré que les syndicats agricoles sont pour beaucoup dans
l'accroissement de la consommation.

Il en a été de même pour les machines et instruments agricoles, quoique à un degré moindre. Les conseils des syndicats, les
concours et essais pratiques qu'ils organisent, les facilités et avantages qu'ils offrent pour l'achat, ont commencé la transformation
de l'outillage agricole si défectueux, si incomplet, de nos culti-

vateurs. Les syndicats traitent encore pour leurs membres dès achats de semences, tourteaux et autres matières propres à l'alimentation du bétail, sucres pour les vendanges, sels dénaturés, charbons, produits insecticides et antiparasitaires, plants américains, etc., et de nombreux produits qui, dans les régions viticoles, sont employés à la culture de la vigne ou à la vinification.

Toutes ces marchandises, utilisées par l'agriculture ou la viticulture, ont incontestablement le caractère professionnel qui autorise les syndicats à les acheter pour le compte de leurs membres ou à en approvisionner leurs magasins, afin de satisfaire aux demandes, dès qu'elles se produisent. Certains syndicats ont voulu aller plus loin et n'ont pas craint d'étendre leurs opérations aux objets d'épicerie, d'habillement, etc., afin de faire bénéficier leurs adhérents, jusque dans les dépenses courantes de leur ménage, des réductions de prix et avantages divers que permet l'achat en commun. Ces opérations n'ont rien de professionnel et rentrent dans le domaine des sociétés coopératives de consommation : les syndicats agricoles n'ont pas qualité pour s'y livrer directement et, dans certains départements, sur les réclamations du commerce local, ils ont été invités par les parquets à y renoncer. Dans d'autres régions, et quand ces opérations accessoires ont peu d'importance, elles sont tolérées.

D'un classement que nous avons pu établir, d'après les comptes rendus publiés par les syndicats, il résulte que le chiffre annuel de leurs affaires, c'est-à-dire de leurs achats, peut être évalué actuellement, pour les cent syndicats agricoles les plus importants, à environ 25 millions de francs. Le premier syndicat agricole de France, en tant que syndicat ayant exclusivement le caractère professionnel, est le syndicat des agriculteurs de la Vienne, présidé par M. Savin de Larclause, directeur de la ferme-école de Montlouis : avec ses 10 500 membres, il a fait, en 1891, un chiffre d'affaires de 1 030 000 francs et livré à ses adhérents, presque tous petits cultivateurs, qui ignoraient l'emploi des engrais chimiques il y a quelques années encore, l'énorme quantité de près de 11 000 tonnes de matières fertilisantes. 40 syndicats agricoles au moins ont chacun un chiffre d'affaires supérieur à 200 000 francs. Mais, à côté des syndicats prospères, il en est beaucoup qui végètent, au moins sous le rapport des achats, et nous ne croyons pas pouvoir estimer le mouvement d'affaires de l'ensemble des syndicats agricoles à plus de 50 millions par an. Pour 500 000 agriculteurs syndiqués, c'est une moyenne de 100 francs seulement : on conviendra que c'est peu et qu'il reste de la marge aux associations professionnelles pour développer les services qu'elles ont à rendre à l'agriculture.

II

Après les achats traités par les syndicats, viennent les ventes ou plutôt les tentatives faites pour faciliter l'écoulement des produits agricoles : car, dans cette organisation difficile, la pratique a encore peu de succès à enregistrer.

Pourtant, c'est là le grand problème à résoudre. L'habitant des campagnes est essentiellement un producteur, et un producteur mal placé pour vendre avantageusement ses produits : éloigné des centres de consommation, contraint pour faire de l'argent, lorsqu'il en a besoin, de réaliser souvent en temps inopportun, il est à la merci des intermédiaires trop multipliés qui s'interposent entre le consommateur et lui. Il appartiendrait à l'association professionnelle de le défendre efficacement contre l'exploitation dont il est l'objet en organisant la vente comme elle a su organiser l'achat.

Dans quelques grandes villes, à Paris, Lyon, etc., les syndicats agricoles font vendre par leurs courtiers spéciaux le bétail gras sur les marchés publics. Les syndicats de Normandie et du Maine fournissent au commerce et aux particuliers des reproducteurs de leurs races bovines locales, qu'ils font acheter par leurs agents dans les foires. Le syndicat agricole du Calvados, présidé par M. le marquis de Cornulier, député, se fait intermédiaire gracieux pour la vente de nombreux chevaux de luxe et de service, élevés dans la plaine de Caen. Le même syndicat et beaucoup d'autres de Normandie et de Bretagne se sont ménagé certains débouchés pour l'écoulement des cidres, des pommes à cidre, des beurres et des fromages, qui sont les principales spécialités de cette région. Grâce à une publicité assez étendue, ces syndicats ont réussi à organiser un service d'expédition de beurres fins et de fromages de luxe par colis postaux. Quelques dépôts de beurres et fromages ont aussi été créés dans les grandes villes. La vente des blés, avoines et autres céréales comme semences, se pratique dans un grand nombre de syndicats ; elle est facilitée par des expositions publiques d'échantillons et par des offres insérées dans les publications syndicales qui s'échangent entre les associations, d'un bout de la France à l'autre. Les fourrages, les pailles, les pommes de terre, etc., ont quelques débouchés de syndicat vendeur à syndicat acheteur.

Un commerce important s'est établi récemment dans les régions viticoles, celui des raisins frais de vendange, expédiés aux consommateurs des contrées où la vigne ne donne plus que des récoltes insuffisantes, afin de leur permettre de fabriquer pour leur usage des vins naturels. Les syndicats viticoles sont les agents actifs de ces transactions. Ceux de l'Hérault, du Gard, etc., par exemple, fournissent des wagons de raisins frais aux syndicats de Meurthe-et-Moselle et de nos départements de l'Est.

Quant aux vins, dont l'écoulement a été rendu si difficile par suite de la concurrence étrangère et des pratiques commerciales qui ont faussé le goût du consommateur, les syndicats de viticulteurs ne pouvaient négliger de s'en occuper. Ils ont créé des marchés aux vins dans le Rhône, le Loiret, le Puy-de Dôme, etc., espérant y attirer le commerce et les consommateurs par les facilités de dégustation et de choix qu'ils trouveraient dans l'ensemble des échantillons exposés. Mais le commerce, qui aime à avoir ses coudées franches, s'est abstenu de fréquenter ces marchés, de sorte que l'abondance des offres et le petit nombre des demandes ont accentué la baisse. Quelques dépôts ouverts dans les grandes villes ont eu peu de succès. Aujourd'hui nos syndicats viticoles semblent s'arrêter à l'idée de suivre pas à pas les pratiques du commerce afin de réussir comme lui. Le syndicat se porterait garant de la qualité du vin, expédié de la propriété sous son contrôle, et, afin de provoquer les commandes, il ferait visiter la clientèle par un placeur ou courtier qui serait son agent spécial. On a aussi proposé de mettre en commun le vin récolté par les membres du syndicat et d'opérer des mélanges ou coupages, de manière à créer un type uniforme dont la vente est toujours bien plus facile. On pourrait alors rechercher utilement la clientèle des sociétés coopératives de consommation, des économats de grandes usines, compagnies minières ou de transports, etc., et y trouver d'importants débouchés. La solution de ce gros problème, qui se lie étroitement à celui du développement des syndicats agricoles dans la voie de la production coopérative, va être

activement poursuivie par les Unions régionales de syndicats
agricoles qui se sont fondées récemment pour des groupes de
départements correspondant plus ou moins exactement aux circonscriptions de nos anciennes provinces.

Les approvisionnements de l'armée et des établissements publics en vin, blé, fourrages, paille, avoine, etc., seraient de nature à être soumissionnés par les syndicats agricoles s'ils étaient
fractionnés convenablement et si l'administration, se rendant
meilleur compte des intérêts qu'elle est chargée de défendre,
consentait à tempérer quelque peu la rigueur de ses règlements.
Rien ne serait plus vraiment démocratique que de faire du producteur rural, par le canal de ses associations professionnelles,
le fournisseur direct de notre armée et il en résulterait une sérieuse économie pour l'État affranchi de l'espèce de monopole
qu'ont réussi à se constituer des entrepreneurs spéciaux, intermédiaires très onéreux, ou des sociétés d'accaparement et de spéculation telles que la *Graineterie française*. Quelques essais pratiqués heureusement à Meaux, Lunéville, Rennes, Châteauroux, etc.,
ont démontré que les syndicats agricoles sont aptes à prendre la
responsabilité de grosses fournitures qu'ils répartissent ensuite
entre leurs membres pour l'exécution des livraisons. Le syndicat
des agriculteurs de l'Indre a été déclaré adjudicataire de 500 quintaux de blé pour l'administration de la guerre. Le syndicat agricole de l'arrondissement de Meaux, présidé par M. Émile Gatel-
lier, a traité avec le colonel du 8° régiment de dragons pour la
fourniture de toute la paille nécessaire à ce régiment pendant un
an, soit 5 700 quintaux, et l'exécution du marché n'a donné lieu à
aucune difficulté ni entre le syndicat et l'autorité militaire, ni
entre le bureau du syndicat et ses membres. Mais pour faciliter
aux syndicats agricoles leur participation courante aux adjudications militaires, il faudrait que les fournitures fussent divisées
en catégories et les adjudications faites pour une période plus
courte qu'une année, pour trois mois ou six mois par exemple.
L'intendance aurait aussi à se départir de ce formalisme inintelli-
gent en vertu duquel, pour admettre le syndicat de Meaux à sou-
missionner, elle réclamait la production de l'acte de naissance et
de l'extrait du casier judiciaire des 850 membres de l'association.

Quelques syndicats agricoles, notamment ceux de Villeneuve-
sur-Lot, Romorantin, les syndicats paroissiaux de Basse-Bre-
tagne, etc., dont les membres se livrent à la culture maraîchère,

organisent à frais communs l'expédition des légumes de primeurs tels que petits pois, haricots, asperges, choux-fleurs, etc., qui sont vendus par commissionnaire aux Halles de Paris ou dans d'autres grands centres de consommation. Il existe enfin des produits spéciaux à certaines régions privilégiées, tels que les huiles d'olive de la Provence, les houblons de Bourgogne, les eaux-de-vie des Charentes ou de l'Armagnac, etc., auxquels les syndicats professionnels formés entre leurs producteurs ont réussi à ouvrir des débouchés avantageux. Notons encore les syndicats agricoles betteraviers dont les membres se sont associés en vue surtout de défendre leurs intérêts communs, pour les prix et conditions de la vente des betteraves aux fabricants de sucre, en adoptant un modèle uniforme de contrat.

Le développement des opérations de vente effectuées par les syndicats de producteurs, par-dessus la tête des intermédiaires parasites infiniment trop nombreux, intéresse vivement le consommateur puisqu'il tend à assurer à la fois la qualité sincère des denrées et la vie à bon marché. Le progrès de l'association professionnelle agricole aboutira vraisemblablement à la création, dans les grandes villes, de dépôts approvisionnés directement par les syndicats où les consommateurs, sans avoir rien à modifier de leurs habitudes invétérées, trouveront à acheter au détail la plupart des objets d'alimentation.

III

Les services d'ordre technique que le syndicat agricole est appelé à rendre à ses adhérents visent le développement de leur instruction professionnelle, l'amélioration de leurs méthodes d'exploitation du sol. Le syndicat, c'est l'enseignement mutuel et c'est aussi l'aide mutuelle : c'est l'expérience de chacun mise au profit de tous. Nous allons voir comment ce rôle a été rempli.

Avec le concours des professeurs départementaux d'agriculture dont beaucoup coopèrent activement, en qualité de secrétaires généraux, à leurs opérations, les syndicats ont tout d'abord institué des champs d'expériences et de démonstration où les résultats de l'emploi des engrais chimiques, des semences de choix, des instruments perfectionnés, apparaissaient clairement aux yeux des cultivateurs les plus défiants. Des conférences agricoles, des articles spéciaux publiés dans le Bulletin de l'associa-

tion, des essais publics de machines venaient préciser et confirmer l'impression produite. Des concours ont été organisés avec
attribution de récompenses pour les animaux et tous les produits
de la ferme, ainsi que pour le travail agricole dans ses branches
variées. Des primes ont été décernées aux meilleurs conducteurs
de charrues perfectionnées, de faucheuses, de moissonneuses et
de toutes les ingénieuses machines qui façonnent si merveilleusement la terre ou assurent la prompte et économique réalisation
des récoltes. Les associations de la Côte-d'Or notamment se sont
concertées pour établir un grand concours agricole départemental qui, inauguré à Dijon en 1891, aura lieu chaque année dans
l'un des chefs-lieux d'arrondissement. Le syndicat agricole de
l'arrondissement de Chartres, présidé par M. Vinet, sénateur,
a institué un concours entre les instituteurs pour l'enseignement
primaire de l'agriculture.

Beaucoup de syndicats agricoles ne se bornent pas à faciliter
à leurs membres l'achat des engrais ; ils leurs donnent encore des
conseils précis sur la manière de les employer. Le syndicat agricole de Meaux envoie à ceux de ses adhérents qui le consultent
par correspondance, en fournissant les renseignements nécessaires quant à l'état de leur sol et les récoltes précédentes, l'indication de la formule qui convient pour une culture déterminée.
Le même syndicat, après avoir fondé à Meaux un laboratoire de
chimie, a entrepris de dresser, au moyen de l'analyse d'un certain nombre d'échantillons de terre arable prélevés dans chaque
commune, la carte agronomique de sa circonscription. Cet
exemple a été suivi dans la Vienne, l'Indre et quelques autres
départements. L'amélioration des semences, leur renouvellement fréquent, l'étude des variétés à grand rendement susceptibles d'être acclimatées avec succès selon les régions, sont des
points que les syndicats se sont bien gardés de négliger. Il en est
de même pour la conservation des belles races d'animaux et le
perfectionnement de celles qui réclament l'infusion périodique
d'un sang nouveau. De nombreux syndicats font acheter en pays
d'origine des reproducteurs choisis de la race qui convient le
mieux à leur élevage et les vendent ensuite par licitation entre
leurs membres, sous certaines conditions telles que l'engagement
de les conserver pendant un temps fixé. Les syndicats de nos départements de l'Est ont ainsi introduit déjà beaucoup de tau-
reaux remarquables achetés en Suisse ou près de la frontière. A

la conservation des races se rattache l'établissement des livres
généalogiques dénommés *stud-book* pour les chevaux et *herd-book* pour la race bovine. Le syndicat agricole du Boulonnais a
entrepris et mené à bien une œuvre fort importante pour l'éle-
vage de toute la région du Nord-Ouest : il a dressé, au moyen de
déclarations contrôlées par ses commissions qui ont parcouru
tout le pays à cet effet, le stud-book régulier de la race cheva-
line boulonnaise.

Le système de la vente aux enchères sur mise à prix abaissée,
pratiqué pour les animaux reproducteurs, l'est également pour
les instruments agricoles. Les sacrifices que ces opérations imposent aux associations sont largement compensés par le progrès
qui en résulte pour la culture locale. Les syndicats du département de la Meuse procèdent autrement : afin d'encourager l'acquisition de bons instruments, ils accordent à leurs acquéreurs
une allocation proportionnelle au prix de ces instruments : ils sti-
mulent également l'établissement des fosses à purin en rem-
boursant une partie de la dépense totale dûment constatée.

Les syndicats ont encore contribué à l'amélioration de l'outillage rural par deux moyens principaux qui doivent être notés :
car ils constituent une extension remarquable de l'association
rurale.

Au sein même des syndicats se sont formés de petits groupes
restreints pour l'acquisition de machines destinées à demeurer
propriété commune et à être affectées, à tour de rôle, à l'usage
de chacun des associés. Dans les départements de Maine-et-Loire
et de Loir-et-Cher, ces sociétés, constituées par actions, ont eu
pour objet l'acquisition d'un matériel de battage à vapeur qui
bat, à un prix très inférieur à celui des entrepreneurs de battage,
les récoltes des sociétaires. Bien d'autres machines de la culture
perfectionnée, dont l'emploi se prolonge chaque année pendant
une assez longue période des travaux des champs, sont susceptibles d'être achetées à frais communs par les cultivateurs d'une
même localité. Mais surtout, dans cette application nouvelle du
principe d'association faite au village, nous voyons poindre le
germe de créations qui seraient extrêmement favorables à la
prospérité des agriculteurs. Combien de petites industries agricoles, qui sont le complément presque nécessaire de l'exploitation du sol, la vraie source des bénéfices réalisables, telles que
laiteries du système danois, distilleries, féculeries, etc., pour-

raient être aisément organisées dans les campagnes, grâce à l'association des cultivateurs d'initiative se concertant pour fonder
et administrer ensemble une œuvre qui leur profiterait à tous!
L'agriculture deviendrait ainsi, comme elle doit l'être, pour
suivre l'évolution économique des temps où nous vivons, vraiment industrielle et cesserait d'être trop souvent tributaire de
l'industrie. Le mouvement syndical aura vraisemblablement
cette conséquence.

Dans d'autres et nombreux syndicats, le moyen mis en œuvre
pour propager le bon matériel de culture a été d'acquérir les
instruments pour les mettre en location. Les syndiqués se fami-
liarisent vite ainsi avec leur usage et le progrès se trouve acquis.
Beaucoup de syndicats ou de sections syndicales possèdent des
trieurs à céréales et font, à prix minime, le nettoyage des
grains récoltés par leurs adhérents. Le syndicat agricole de la
Charente-Inférieure, qui dispose d'un matériel important, se
charge d'exécuter les moissons à l'entreprise.

Citer toutes les œuvres si variées que les syndicats se sont
ingéniés à créer pour vulgariser les conquêtes de la science et de
la pratique agricole, serait impossible. Chacun d'eux a su s'inspirer très heureusement des besoins particuliers de la culture
locale. Dans les régions viticoles, nous les voyons ouvrir des
écoles de greffage, organiser, à l'exemple de la Suisse, un service
d'inspection des vignes, établir des pépinières de plants américains, faire des enquêtes sur l'adaptation des divers cépages au
sol et leur résistance relative au phylloxera, défendre énergiquement le vignoble contre le mildew et les autres maladies
cryptogamiques, etc. Dans les montagnes du Doubs, du Jura, de
la Haute-Savoie, ils étendent leur action, pour les améliorer, sur
les antiques *fruitières* ou fromageries qui furent, dès le moyen
âge, les premières manifestations de l'esprit d'association rurale.
Plusieurs d'entre eux, dans le Puy-de-Dôme, les Vosges, la
Haute-Savoie, etc., ont organisé des voyages d'étude, des visites
d'exploitations modèles, estimant que le meilleur enseignement
est celui qui s'acquiert par les yeux. Ils ont encore fondé des
bibliothèques, des cercles agricoles, des laboratoires, se sont
attaché des professeurs d'agriculture ou des chimistes. Quelques
fléaux des récoltes ont été combattus par eux avec une certaine
efficacité, les ravages des gelées de printemps dans les vignes par
la production de nuages artificiels, l'invasion des hannetons et

vers blancs par le hannetonnage et la propagation artificielle du parasite du ver blanc découvert par M. Le Moult, etc.

Bref, il est évident que les syndicats agricoles, bien mieux organisés à cet effet que les comices et sociétés d'agriculture, n'ont pas failli à leur mission d'enseignement mutuel et de propagande technique. Leurs efforts habilement dirigés n'ont pas peu contribué à élever le niveau de la pratique agricole et à armer le producteur rural contre les crises, périls et difficultés de sa profession. Là encore, non moins que pour assister le cultivateur dans ses affaires personnelles, ses achats et ses ventes, l'association professionnelle a témoigné sa parfaite aptitude.

IV

Non moins important est le rôle économique des syndicats agricoles. Nul ne conteste qu'ils aient qualité pour représenter et défendre devant nos pouvoirs publics, et à l'encontre des prétentions opposées, les intérêts généraux de l'agriculture. Dans le conflit des intérêts divers affectés par la politique économique d'une nation, celui qui ne fait pas valoir énergiquement ses droits risque fort d'être sacrifié, et ce lot a été trop longtemps celui de l'agriculture. Aujourd'hui la démocratie rurale, relevée de sa longue infériorité dans l'État, émancipée par l'association, a pris conscience de sa force et veut intervenir dans la solution des questions qui la touchent directement. Il y a bien longtemps qu'on lui a promis l'organisation officielle d'une représentation spéciale analogue à celle dont jouissent le commerce et l'industrie. Tant que les Chambres d'agriculture n'existeront que sur le papier, les syndicats agricoles seront parfaitement fondés, à titre de représentation spontanée et libre, de représentation de fait, à exprimer et à soutenir avec autorité les revendications des populations de nos campagnes.

En 1889, le congrès des syndicats agricoles, réuni à Paris, a discuté le programme des réformes nécessaires et dressé en quelque sorte les cahiers de l'agriculture. Ces cahiers réclamaient la revision du tarif général des douanes, la réduction des charges fiscales qui pèsent sur les agriculteurs au niveau de celles qui atteignent les autres catégories de contribuables, l'abaissement des tarifs de transport sur les chemins de fer et la suppression des tarifs de pénétration, et enfin quelques mesures diverses telles que l'extension des attributions des syndicats agricoles, la répression du vagabondage, la fourniture des produits agricoles aux administrations publiques réservée aux cultivateurs français, etc. Ce programme agricole fut, lors du renouvellement de la Chambre des députés, soumis par les associations à l'acceptation des candidats, qui y souscrivirent en très grand nombre, de sorte que la Chambre élue se trouvait déjà acquise, en principe, à la cause agricole. Les syndicats ne négligèrent pas, d'ailleurs, de stimuler le zèle des députés en exprimant fréquemment dans leurs réunions des vœux destinés à confirmer et préciser les divers articles du programme agricole : ces vœux étaient ensuite officiellement communiqués par le bureau aux députés et sénateurs du département. On sait le succès de ces manifestations et des campagnes diverses brillamment conduites à l'aide desquelles les agriculteurs ont su créer en leur faveur un puissant mouvement d'opinion qui a inspiré les décisions du Parlement.

Le tarif douanier a été voté, donnant presque complète satisfaction aux demandes de l'agriculture, un premier dégrèvement du principal de l'impôt foncier a été obtenu, et la réduction des tarifs de transport par grande vitesse vient d'être mise en vigueur. L'association professionnelle peut s'attribuer une large part dans ces succès. Ses efforts, centralisés et multipliés par le groupement des unions de syndicats, ont été empreints d'un sens pratique et d'une discipline remarquables. Elle s'est montrée, d'ores et déjà, digne d'exercer une sérieuse influence sur la direction des affaires publiques.

On a vu, aux États-Unis, une institution qui n'est pas sans quelque analogie avec nos syndicats agricoles, les Alliances de fermiers, *Farmers Alliances*, créées en vue de défendre les intérêts spéciaux aux classes agricoles, parvenir rapidement à exercer une sérieuse influence économique et même politique. Ces Alliances, ayant à faire triompher tout un programme économique, se proposaient de déjouer les intrigues des politiciens et des spéculateurs, de combattre la corruption et le marchandage dans les élections, de faire élire leurs représentants aux législatures d'États et au Congrès pour y soutenir leurs revendications, de former en un mot un nouveau parti indépendant destiné à s'interposer entre les deux grands partis qui se partagent l'opinion, le parti démocrate et le parti républicain, de façon à faire pencher la balance du côté de celui qui fournirait le plus de garanties à la cause agricole.

Nos syndicats sont-ils appelés à jouer un rôle comparable à celui des Alliances de fermiers? Au point de vue économique, assurément, mais non pas au point de vue politique : car les syndicats agricoles ont pour règle absolue de demeurer des associations étrangères à la politique et ils s'y montrent scrupuleusement fidèles. Ils opèrent en terrain neutre, et les plus importants d'entre eux, les syndicats des agriculteurs de la Vienne, des Ardennes, du Loir-et-Cher par exemple, réunissent des hommes des opinions les plus diverses. Si, dans les petits syndicats où les questions personnelles prennent plus d'importance, le groupement agricole obéit parfois à certaines affinités, ce qui d'ailleurs provoque ordinairement la formation de groupements contraires, il n'en résulte qu'une heureuse rivalité d'initiatives empressées à bien servir les intérêts de l'agriculture. On a accusé les syndicats agricoles d'être des instruments dociles entre les mains d'adversaires du gouvernement de la République. Ce reproche est bien injuste; car le syndicat agricole échappe par sa nature aux petitesses de la politique de parti; il ne se pliera jamais à jouer un rôle qui n'est pas le sien et qui lui serait mortel. S'il est une force vivante appelée à exercer une action incontestable dans la Société, cette force appartient à qui sait la créer, ce qui est loisible à tous. On ne saurait, en tous cas, reprocher aux personnalités influentes des anciens partis de s'être servies, jusqu'à ce jour, des syndicats agricoles pour parvenir aux fonctions publiques. En ces derniers temps, deux présidents de syndicats agricoles ont été élus sénateurs, M. Vinet, président du syndicat agricole de l'arrondissement de Chartres, et M. Demoulins de Riols, président du syndicat agricole de Peyrehorade, le plus important syndicat du département des Landes : l'un et l'autre appartiennent à la majorité gouvernementale. Ce qui peut être considéré comme assez probable et fort souhaitable d'ailleurs, c'est que l'influence croissante des associations professionnelles et le progrès de l'esprit corporatif en France contribueront de plus en plus à substituer à la triste politique des passions et des coteries la politique impersonnelle des affaires et des améliorations sociales.

En dehors des questions de concurrence étrangère, d'impôt, de régime fiscal, de tarifs de transport, de législation rurale, etc., qui se débattent devant le Parlement et au sujet desquelles les syndicats agricoles manifestent leur avis par des vœux ou des pétitions, ils ont encore d'autres moyens d'action pour défendre les intérêts de leur profession. Ils prennent fait et cause pour leurs adhérents devant les administrations, les compagnies de chemins de fer, etc., afin d'obtenir des redressements, concessions gracieuses ou plus favorables interprétations des lois et règlements. Plusieurs ont obtenu des compagnies de chemins de fer, soit des améliorations de tarifs, soit des applications plus équitables de leurs barèmes dans le calcul des taxes de transport pour les produits agricoles ou nécessaires à l'agriculture. Le syndicat des agriculteurs du Loiret s'est pourvu au Conseil d'État, dans l'intérêt de ses membres, contre un arrêté du maire d'Orléans qui prétendait astreindre à payer les droits de place au profit de la ville, comme s'ils avaient exposé leurs marchandises sur le marché, les cultivateurs livrant des légumes à domicile. Cette action a été déclarée parfaitement recevable et le syndicat a obtenu gain de cause devant le Conseil d'État. En prenant ainsi la défense de quelques-uns de ses membres individuellement, un syndicat agricole n'agit-il pas à la façon d'une véritable corporation? Il en est encore de même quand, ainsi que le font beaucoup d'entre eux, il recueille et revise les usages locaux agricoles qu'il y a intérêt à fixer puisqu'ils sont appelés à faire loi dans un grand nombre de cas.

V

Nous arrivons au rôle social des syndicats agricoles, celui dans lequel les autres se résument et s'agrandissent.

Ces associations, nous l'avons dit, rapprochent dans leurs cadres les diverses classes de citoyens qui vivent de l'exploitation du sol, grands et petits propriétaires, fermiers, métayers, vignerons et même ouvriers de culture: l'union, la solidarité professionnelle naît du souci commun des mêmes intérêts. Il importe de noter que le syndicat, œuvre essentiellement démocratique, favorise surtout les petits : il leur assure, pour les aider à faire prévaloir leurs intérêts, l'appui des grands propriétaires fonciers, des notabilités de l'intelligence et de la fortune, qui participent activement à la direction des affaires syndicales et lui apportent le crédit de leur influence. Ces grands propriétaires, dont beaucoup, par suite de l'absentéisme, se sont longtemps désintéressés personnellement de l'administration de leurs domaines, ont généralement compris que l'association professionnelle leur fournit

l'occasion de remplir leur haute fonction sociale en s'occupant
d'améliorer autour d'eux le sort des petits cultivateurs. Ceux-ci
trouvent dans le syndicat le gardien de leurs intérêts qu'ils connaissent imparfaitement eux-mêmes, des facilités et avantages
exceptionnels pour leurs opérations d'achat ou de vente, des
exemples et des conseils, etc. C'est vraiment pour eux que l'association fonctionne.

. En rendant plus prospère l'exploitation du sol, en secourant
les cultivateurs dans la crise prolongée qu'ils traversent, en leur
donnant les moyens de lutter avec avantage contre toutes leurs
difficultés, les syndicats agricoles ont contribué à arrêter le mouvement de désertion des campagnes qui menaçait de devenir un
si grave péril pour la société.

. Malgré le caractère libéral de la loi qui leur a donné naissance, les associations professionnelles ne peuvent tout faire par
elles-mêmes et, en dehors de leur action, il reste encore beaucoup
de services à rendre à l'agriculture. Une corporation bien organisée
doit procurer à ses membres le bénéfice de la coopération, de la
prévoyance, de l'assistance, du crédit, à mesure que leurs besoins
se manifestent à cet égard. Ces services essentiels, sans lesquels
une amélioration permanente et progressive du sort des masses
ne saurait être opérée, si les syndicats ne peuvent les rendre
directement, ils ont, du moins, la faculté de les assurer à leurs
adhérents au moyen d'institutions annexes qu'ils sont autorisés
à fonder et à patronner. Ainsi les syndicats agricoles ont organisé des sociétés coopératives de consommation pour l'achat en
commun des denrées de consommation courante nécessaires aux
besoins des familles à la Rochelle, Clermont-Ferrand, etc., des
caisses de crédit mutuel à Poligny, Genlis, Besançon, etc.,
des assurances contre la mortalité du bétail dans la Vendée, la
Marne, la Somme, le Haut-Rhin, la Charente, etc., des assurances contre les accidents du travail agricole dans le Loiret, des
assurances contre la grêle, contre la saisie du bétail aux abat-
toirs, etc. Plusieurs de ces institutions dérivées des syndicats
ont brillamment réussi. La grande société coopérative créée
à la Rochelle par le génie de M. Arthur Rostand, et qui fonc-
tjonne pour tout le département de la Charente-Inférieure, a
donné des résultats extrêmement remarquables et les populations agricoles y trouvent le moyen de réaliser d'importantes
économies.

On commence à entrevoir même dans le développement croissant des syndicats agricoles et de leurs unions régionales, qui
permettrait de faire fonctionner la mutualité en équilibrant les
risques par l'étendue des opérations, une voie sûre pour arriver
à organiser professionnellement, avec une grande économie, les
assurances sur la vie et contre l'incendie, les assurances de récoltes, les retraites pour la vieillesse, etc. Il se peut que l'association professionnelle se montre plus efficace pour résoudre ces
problèmes sociaux que le socialisme d'État lui-même.

Les sociétés de secours mutuels sont également du domaine
des syndicats agricoles et beaucoup d'entre eux en ont fondé
entre leurs membres, soit pour assurer aux sociétaires malades
des soins médicaux, soit même pour les suppléer dans l'exécution des travaux agricoles urgents qu'ils laissent en souffrance,
comme à Sancerre, Châteaurenault, Belleville-sur-Saône, etc.

Nous n'avons pas besoin de rappeler ici que le projet de loi
de M. Méline, relatif à l'organisation du crédit agricole, repose
tout entier sur la base des syndicats agricoles considérée comme
assez solide pour servir de point d'appui à une foule de petites
caisses de crédit mutuel.

Elle possède bien aussi, à un haut degré, le caractère social,
cette institution des comités de contentieux chargés de régler
gratuitement tous les litiges nés entre syndiqués au sujet des
intérêts agricoles, qu'un grand nombre de syndicats ont organisée : on appréciera les services qu'elle rend à la paix des campagnes par ce fait que le Comité de consultation gratuite du
syndicat agricole libre de la Marne a concilié, dans une seule
année, plus de 600 affaires.

Dans la voie des réformes sociales qui améliorent la condition
des masses et suppriment ou diminuent les causes de mésintelligence entre les diverses catégories de citoyens, l'association
professionnelle agricole est loin d'avoir donné toute sa mesure.
Le développement parallèle des syndicats agricoles, devenant
de véritables sociétés coopératives de production, dans les campagnes et des sociétés coopératives de consommation dans les
villes, le rapport courant d'offre et de demande qu'il est facile
d'établir entre eux, fournissent le moyen de rétablir le bon marché de la vie en neutralisant le renchérissement des subsistances
qui peut résulter de la protection douanière et de l'excès du para-
sitisme commercial. Quelques esprits généreux attendent même,

pour la pacification de la classe ouvrière, d'excellents effets de
cette entente pratique entre producteurs et consommateurs ; ils
y voient le germe d'une alliance entre la démocratie rurale et la
démocratie ouvrière des villes pour combattre les progrès du
socialisme.

Quoi qu'il advienne de ces nobles espérances, et à ne considérer que les populations agricoles elles-mêmes, on ne saurait
nier que la transformation déjà si profonde opérée dans leurs
mœurs et leurs habitudes constitue un fait du plus haut intérêt.

Lorsqu'une catégorie de citoyens qui représente une fraction
importante de la population française accède ainsi, en quelques
années, à une condition moyenne, matérielle et morale, bien supérieure, on doit se dire que ce progrès constitue une force nouvelle acquise à la patrie et on doit rendre justice à la vie corporative dont la reprise dans notre pays s'est ainsi manifestée.

Créés en vue d'assurer la satisfaction de simples intérêts matériels, les syndicats agricoles se sont élevés rapidement, par le
développement normal de leur principe, à remplir envers leurs
membres les devoirs d'une véritable corporation.

On a proposé récemment d'organiser en France une alliance
anti-socialiste ou association destinée à barrer le chemin au socialisme en encourageant les progrès de l'initiative privée. Cette
association n'a pas à être implantée dans nos campagnes, car elle
y existe déjà, et non pas comme société d'études, mais à l'état
d'institution pratique. Ce sont les/syndicats agricoles, en effet,
qui constituent la meilleure ligue anti-socialiste ; celle qui, réalisant graduellement par la solidarité professionnelle toutes les
réformes et améliorations sociales possibles, rendra vaines les
promesses du collectivisme et les plans bureaucratiques du socialisme d'État.

Une décentralisation modérée, basée sur tous les groupements naturels, la commune, le canton, le département et même
la vieille province, dont maintes traditions sont demeurées vi-
vaces, sera tout à la fois la conséquence et l'auxiliaire de la profonde évolution économique et sociale qu'il faut attendre de
l'éveil des populations rurales à la vie corporative.

Comte de ROCQUIGNY.

(*A suivre.*)

CLAIRINE [1]

DEUXIÈME PARTIE

Après avoir quitté le mas des Cabrières, Julien avait songé un instant à y revenir pour s'excuser encore, se faire pardonner son irruption malencontreuse dans cet intérieur si paisible. Il n'osa pas, tant il était certain de ne pas mieux se tirer de cette seconde tentative que de la première.

Il allait pensif, préoccupé, par un grand chemin creux, bordé de hauts talus rougeâtres. Autour de lui, l'air immobile s'endormait dans la calme somnolence des jours d'été. Brusquement, il se trouva nez à nez avec un vieillard à figure glabre, dont la tête longue et maigre était surplombée d'un chapeau de feutre aux larges bords. Le père Tureau — car c'était lui — salua cérémonieusement Julien qu'il avait reconnu d'emblée.

— Monsieur Lebret, dit-il? Eh! eh! nous avons joliment poussé depuis que nous n'allons plus à l'école de papa Tureau.

— Ah! mon cher maître, comment! c'est vous? Je vous croyais parti de Lissole voilà bien longtemps, répondit Julien étonné de rencontrer là l'ancien professeur qui lui avait jadis enseigné à lire et qu'il avait complètement perdu de vue. Mais pourquoi, ajouta-t-il d'un ton de reproche affectueux, n'être jamais venu me relancer à Jonquerolles?

— L'envie ne m'en a certes pas manqué. Mais on assure dans le pays que vous désirez vivre seul. J'ai craint de paraître importun à qui m'avait sans doute oublié.

— C'est mal me connaître, en vérité. Oui, je redoute les indiscrets. Mais à vous, mon vieux maître, les portes de Jonquerolles

(1) Voir la *Nouvelle Revue* du 1er septembre 1892.

se seraient ouvertes toutes grandes. Si même je vous avais su
encore à Lissole, il y a longtemps que j'aurais couru vous dénicher dans cette demeure où autrefois j'écarquillais les yeux à
admirer les merveilles de vos collections. Faites-vous toujours
de l'histoire naturelle, monsieur Tureau ?

— Toujours. Mais, monsieur le savant, vous-même n'avez
plus rien à envier à personne sous ce rapport.

— Ah ! vous savez cela ?

— Votre père, que je voyais quelquefois durant vos longues
absences, ne manquait jamais de me parler des voyages, des progrès, de la science du « petit ».

— Brave père, murmura Julien soudainement ému. Plus
encore que de l'héritage d'honneur et d'argent qu'il m'a légué,
je lui suis redevable de mes joies suprêmes. Avec quel soin,
quelle sûreté d'affection intelligente et généreuse, il a su développer en moi — lui qui était seul, qui n'avait jamais quitté le
coin de terre où il était né, où il est mort — ce goût inné pour
des études lointaines devenues le charme, la passion de ma vie.
Ah ! que n'est-il encore là près de moi !

— Allons ! allons ! que la paix du Seigneur adoucisse l'amertume de vos regrets. Votre père dort son dernier sommeil dans
cette terre qu'il adorait. La terre lui sera bonne mère, comme à
tous ceux qui l'ont aimée d'un amour saint et profond.

Julien leva sur le vieillard un œil surpris. Cette ampleur de
pensée, chez l'humble maître d'école, l'étonnait, le pénétrait.

— Vous n'avez donc pas voulu quitter Lissole ? demanda-t-il
après un court silence.

— Jamais. Où retrouver la même quiétude d'esprit, la même
tranquillité de bonheur ? Je me suis lié à ce lopin de pays, mieux
que le lierre à l'ormeau. J'ai rendu miennes, par mes excursions
et mes rêveries, les paisibles campagnes qui nous entourent. J'ai
élevé, j'ai vu grandir des générations entières auxquelles je me
suis attaché comme à mes propres enfants. Moi qui ne compte
pas un parent en ce monde, je possède maintenant pour famille
tout un village.

— Je vous comprends... Et où vous dirigiez-vous de ce pas
alerte, quand j'ai eu la chance de vous rencontrer ?

— Au mas des Cabrières ; chez ma petite élève Clairine. Vous
ne connaissez pas Mlle Sauveclare, monsieur Lebret ?

Julien tressaillit de la tête aux pieds. La rencontre fortuite du père Tureau avait dérivé le cours de ses pensées. Brusquement le vieillard le remettait nez à nez avec ses remords.

— Hélas! oui, je la connais... répondit-il d'un air navré, et je vous jure que je n'en suis pas plus fier pour cela.

Sans lui laisser le temps de répliquer, Julien lui raconta sa singulière visite au mas des Cabrières, ses menaces de procès, les triomphantes objurgations de Mlle Clairine.

Au mot de procès, le vieillard, qui jusque-là avait souri du récit emporté de Julien, secoua gravement la tête :

— Je ne vous conseille pas d'intenter un procès aux dames Sauveclare, mon cher enfant, et cela pour deux bonnes raisons.

— Lesquelles, s'il vous plaît?

— La première, c'est que vous le perdriez.

— Comment? Les eaux du Béal ne sont-elles pas à tous les riverains?

— Assurément. Mais vous croyez que lorsque Clairine paraîtra devant ses juges; quand elle leur expliquera la chose, ces braves gens auront le courage de la condamner? Jamais de la vie.

— Votre première raison est aussi décisive que mauvaise. La seconde?

— La seconde?

M. Tureau prit une figure presque tragique.

— La seconde? Vous ne sortiriez peut-être pas vivant du prétoire du tribunal. Un procès à ces dames, à Clairine! Mais les malades soignés, les pauvres secourus, les malheureux consolés par elle, lui feraient escorte pour vous casser les reins, monsieur Lebret.

Julien écoutait avidement ce flux de paroles. En dépit de l'insanité de ces arguments, l'enthousiasme du vieillard semblait le gagner lui-même, l'ensorceler.

— On l'adore donc à Lissole, Mlle Sauveclare?

— Comment en serait-il autrement? Si bonne, si jolie, si accueillante au petit monde, si paysanne de cœur et d'âme, une vraie Varangot, celle-là, sous ses habits de demoiselle. Croyez-moi : coupez vos foins sans souffler mot et ne plaidez à aucun prix.

— Il sera fait selon vos désirs, mon cher monsieur Tureau. Soyez tranquille : je ne plaiderai pas.

— Vous me permettez de l'annoncer à Mlle Clairine?

— Je le lui ai dit, autant qu'il m'en souvient à travers les

balourdises de ma démarche. N'importe : annoncez-le lui tout de
même. Ajoutez que je suis un imbécile, ce qui ne l'étonnera pas,
et que je lui tire ma plus confuse révérence.

Il quitta sur ces mots le père Tureau légèrement abasourdi et
rentra à Jonquerolles.

V

M. Tureau, en confirmant à Clairine la reculade de Julien
Lebret, lui fit connaître en même temps la vie aventureuse et si
bien remplie du jeune homme.

— M. Lebret est donc un savant? dit Clairine. Un savant
en quoi?

— Mon Dieu, en beaucoup de choses; surtout en histoire
naturelle où ses travaux l'ont classé déjà parmi nos plus célèbres
contemporains. Il a parcouru l'ancien et le nouveau monde, étudiant les lois cachées de la création ; collectionnant, ramassant
dans tous les coins du globe des matériaux immenses et se préparant ainsi, à titre documentaire, un musée scientifique admirable,
dit-on et dont l'appropriation occupe la plus grande partie du
château de Jonquerolles.

— Quelle existence superbe! Si j'avais été homme, j'aurais
vécu comme cela. En voilà un qui doit aimer la nature !

— Oh'! oui. C'est lui qui a écrit: « La Nature, c'est Dieu
avec les bêtes et sans les hommes. »

— A-t-il écrit beaucoup?

— Très peu, au contraire ; mais toujours avec un succès croissant. Des relations substantielles de ses explorations ; des opuscules
sur certains problèmes controversés, des essais de classification.
Tout cela supérieurement pensé, d'une clarté remarquable ; très
original de vues, d'une ampleur de méthode extraordinaire... du
moins, à ce qu'il m'a semblé.

— Ta, ta, ta, ne faites pas le modeste, Tureau, interrompit
marraine qui écoutait bouche bée. Vous en savez plus dans vos
dix doigts que bien des savantasses réunis.

— Pourquoi ne m'avez-vous jamais parlé de M. Lebret?reprit
Clairine.

— Je l'avais complètement perdu de vue, et d'ailleurs... j'aime
si peu à m'occuper des autres. M. Lebret n'apparaissait à Jonquerolles qu'à intervalles très éloignés ; passait seul avec son père

les heures dérobées à ses excursions lointaines, ne recevait personne, ne sortait pas, repartait sans bruit pour ses voyages et ne revenait plus de longtemps.

— Un sauvage, alors?

— Non : plutôt un amoureux de sauvages.

— Vous avez lu les œuvres dont vous me parliez tantôt?

— Oui, grâce à son père, que je rencontrais parfois dans mes promenades et qui ne manquait jamais de me dire : « Tureau, je vais vous envoyer la dernière machine du petit. Vous me direz si c'est tapé... » Et c'était tapé! Ah! il avait fait de rudes progrès depuis sa sortie de mon école.

— Il a été votre élève? Alors je ne m'étonne plus de rien.

— Vous êtes trop aimable pour votre vieux maître, Mademoiselle. Je me vois pourtant obligé de confesser que je ne suis pour rien dans la carrière de M. Lebret. Quand il a quitté Lissole, il ne promettait certes pas de devenir un travailleur acharné.

— Vraiment?

— Oh! non... toujours en loques, se battant et se disputant avec ses camarades, ne sachant que faire de sa robustesse, de son exubérance; plus occupé à courir les champs, à dénicher les merles, qu'à écouter mes leçons.

— Mauvais enfant, bon homme, dit sentencieusement marraine.

— Le proverbe n'a pas été menteur pour celui-là.

— Il est définitivement installé à Jonquerolles?

— Je le crois, Mademoiselle... à moins qu'un de ces quatre matins, la fantaisie ne lui prenne d'aller élucider une question scientifique à quelques milliers de lieues d'ici. J'en doute cependant.

— Vous le connaissez donc?

— Depuis plus de vingt ans je ne l'avais pas revu! Seulement, le père Lebret causant un jour avec moi — ce n'était pas péché d'habitude chez lui — m'apprit qu'après sa mort, son fils habiterait Jonquerolles et continuerait, comme ses ancêtres, son métier de vigneron. Si M. Julien a promis cela à son père, il tiendra religieusement sa promesse, car il adorait et vénérait le vieillard.

— Joli vigneron! murmura marraine, Où diable aura-t-il eu le temps d'apprendre l'agriculture?

— Partout, madame Sauveclare... au hasard de ses voyages

·et de ses études. Les paysans de chez lui racontent à Lissole que nul ne s'entend aussi bien à faire pousser ses vignes, ses prés et ses blés.

— Les paysans racontent cela?... Il est perdu : ils le ruineront.

— Nenni, car ils ajoutent qu'il compte encore mieux·que le père.

— Alors, il compte bien. Tenez! cela me gâte votre illustre voyageur, repartit Clairine.

— Il n'est pourtant pas avare, et d'âme si généreuse, assure-t-on autour de lui. Tenez! il vous aurait fallu voir son air désolé, à la seule pensée de vous avoir causé de la peine.

· — Il ignorait que j'étais au monde?

— Non : il venait de vous voir. Et je défie âme qui vive de bavarder un instant avec vous, sans emporter à jamais le regret de vous avoir fait le plus petit chagrin.

Pour la première fois de sa vie, Clairine s'occupait — sans y prendre garde — d'autre chose que de ses parents, de ses oiseaux, de ses champs et de Frisquette. Elle rougit de plaisir.

— Quel maître « gâteau » vous êtes, et que je deviendrais bien vite orgueilleuse ou sotte, à vous écouter, marraine et vous. Allons! assez parlé du prochain. Occupons-nous de remettre un peu d'ordre dans mes collections.

La candeur exaspérante du vieillard ne désarma pas.

— Excellente idée, répondit-il. Si un de ces jours M. Lebret passe de ce côté, nous pourrons lui montrer nos petites richesses sans trop de terreur.

— Y pensez-vous, monsieur Tureau... balbutia Clairine, tandis qu'un flot de sang veloutait de pourpre ses joues? Étaler devant ce savant mes amusettes de petite fille? Vous êtes fou... je crois.

Le père Tureau se redressa dans sa longue redingote râpée et luisante, tout étonné de s'entendre ainsi traité, pour la première fois, avec ce sans-façon juvénile. Le sourire de Clairine le rasséréna bien vite. Sans doute devenait-il fou, puisque Clairine l'assurait. Mais perspicace ou fou, il fut obligé de convenir que oncques Clairine n'avait époussetó, étiqueté, vérifié ses collections avec plus de soin,' plus de verve et d'esprit.

Après de longues hésitations, de mortelles anxiétés, Julien se décida enfin à faire aux dames Sauveclare une visite qu'il considérait comme nécessaire et qu'il eût bien voulu se démontrer à lui-même inutile. Nécessaire? Évidemment, après sa démarche équivoque au mas des Cabrières, une algarade qui avait dû paraître à ses voisines d'un goût douteux. La pensée que la petite fée le jugeait sans doute rugueux et bourru, l'obsédait, le désolait involontairement. Une réparation aux dames Sauveclare ne s'imposait-elle pas à un homme bien élevé? Pourtant? Oui, il y avait un « pourtant ». Quelle était, en somme, la faute commise par lui? Après être parti en guerre trop précipitamment peut-être, n'avait-il pas renoncé, avec une bonne grâce parfaite, à la revendication de droits certains? N'était-ce point suffisant? Fallait-il par surcroît porter sa tête, ses regrets à la châtelaine du mas? Julien le jugea sans doute ainsi : il alla au mas des Cabrières.

Au beau milieu de la cour longeant la terrasse par laquelle il avait pénétré la première fois, le spectacle le plus pittoresque, le plus gracieux attendait le jeune homme. Coquettement enserrée dans un léger costume de batiste ; un chapeau de paille, pomponné de touffes sanglantes de coquelicots, posé comme une aile d'oiseau sur ses lourdes gerbes de cheveux, Clairine puisait à même au fond des poches d'un tablier régence plaqué sur son corsage, noué à la taille, et distribuait à pleines volées le grain à une légion de pintades, de dindes, de poules, allant, venant, caquetant, gloussant autour d'elle ; ébouriffant leurs plumes, étalant leurs queues, hérissant leurs crêtes, dans un désordre joyeux et bruyant. Marraine, debout près de la jeune fille, la buvait des yeux. Clairine appelait les plus belles bêtes par leur nom ; les grondait de leur empressement goulu à picorer le grain. Ce tableau rustique respirait tant de poésie, de fraîcheur, que Julien s'arrêta net, le sourire sur les lèvres et dans le cœur un vrai rayon de soleil. Ni Clairine, ni marraine, trop absorbées. ne l'avaient entendu venir. Il poussa un « hum! » discret et fit mine d'avancer. Les deux femmes se retournèrent soudain.

— Ne marchez pas... ne marchez pas, murmura Clairine. Vous feriez peur à mes bêtes.

Julien obéit. Elle avait dit cela d'un ton si enjoué et impérieux à la fois. En quelques poignées rapides, Clairine acheva de distribuer sa provende. Puis, avec marraine, elle alla au-devant de M. Lebret qui, respectueux de la consigne, n'osait risquer un mouvement. Il s'inclina devant les deux femmes...

— Madame, Mademoiselle...

La petite fée ne le laissa pas continuer. Peut-être, dans son instinctive et subtile générosité de femme, comprenait-elle la nécessité de rompre la glace la première.

— Pardonnez-moi, Monsieur, de vous avoir fait attendre. Mais j'aurais causé trop de chagrin à ma basse-cour. J'y songe : vous ne venez pas au moins me reparler de votre huissier ?

— Ah! Mademoiselle, vous abusez de mon manque de savoir-vivre.

— Non, dit-elle en riant d'un bon rire et en lui indiquant du doigt la porte du grand salon du mas. Je suis habituée à taquiner tout le monde ici. Ne voulez-vous pas un peu faire partie de ce monde-là, monsieur Lebret?

Elle lui jetait ces riens élégants avec un abandon naïf, son espièglerie naturelle d'enfant gâtée. Julien, malgré lui, subissait délicieusement les séductions de ce printemps charmeur.

Ils étaient maintenant tous trois dans le vaste hall du mas, aménagé en salon d'été par la fantaisie de la jeune fille. Partout des fleurs, des parfums, des oiseaux.

— Vous voilà donc bien chez vous à Jonquerolles? demanda marraine.

— J'ai du moins, Madame, l'idée arrêtée de ne plus m'en éloigner.

— A votre âge, vous vous enterreriez dans nos campagnes ?

— Je les aime tant! En demeurant à Jonquerolles, je sacrifie à mes goûts et j'obéis au dernier vœu de mon père. Vous l'avez connu, Madame?

— Oui, mais mieux encore mon défunt mari, qui éprouvait pour lui autant de sympathie que de respect. « Pas bavard celui-là, répétait-il souvent, quoiqu'il en sache long! Et d'une honnêteté... » Lorsque Sauveclare parlait ainsi de quelqu'un, Monsieur, il fallait que ce quelqu'un fût rudement ferré sur le chapitre du bon et du bien.

Un attendrissement subit mouilla les paupières de Julien. Ces petites larmes, mal dissimulées, touchèrent Clairine droit au cœur.

— Vous ne croyez donc pas recommencer vos voyages?

— Non, Mademoiselle. Mais qui donc vous a entretenue de mes excursions passées?

Elle se troubla légèrement, sans savoir pourquoi. Mais sa belle assurance de jeunesse reprit vite le dessus :

— M. Tureau, mon vieux maître, qui a été le vôtre jadis.

— M. Tureau? S'il vous a parlé de son ancien élève, il n'a pas dû se livrer à un panégyrique enthousiaste de ses études d'antan.

— Il nous a conté, en revanche, reprit marraine, que vous aviez joliment rattrapé le temps perdu.

— M. Tureau est trop indulgent. Quand on s'est promené si longtemps, il n'est pas difficile d'écrire un matin : « J'ai vu ceci, j'ai regardé cela, » d'étiqueter quelques plantes nouvelles, d'empailler quelques oiseaux, de se convaincre que l'homme est partout le même et qu'en général les bêtes valent mieux que lui.

— Vous êtes modeste... et méchant, dit Clairine.

— Modeste? Non. Le « que sais-je? » est toujours vrai en histoire naturelle. Méchant? Encore moins. Ah! si j'osais puiser dans mes souvenirs !

— Seriez-vous misanthrope, Monsieur ?

— Pas du tout. La misanthropie est un moyen commode de gaspiller son temps. On pense du mal des autres, parce qu'on est incapable de se suffire à soi-même. Le misanthrope est un ennuyé ou un malheureux. Mais que vous raconté-je donc là ?

— Vous ne vous ennuyez donc jamais?

— Je n'ai jamais pu disposer d'une minute pour cela.

Il se mit à rire franchement. Chose curieuse, cette nature d'homme, forte et concentrée, endurcie par les dangers affrontés sans peur, les solitudes farouches parcourues sans trêve, éprouvait un bonheur secret à laisser aller son cœur, sa pensée au charme de la dérive devant ces deux femmes qu'il connaissait à peine.

Mᵐᵉ Sauveclare fut saisie par cette mâle philosophie. Elle répondait si bien à la droiture de sa raison, à l'intransigeance de sa sagesse.

— C'est parler d'or, répliqua-t-elle. J'exècre les gens qui se lamentent sans cesse sur leur sort. Seulement, voilà le *hic!* Vous êtes jeune, vous n'avez encore vécu que les belles années d'aventures que Dieu vous a données. Reste à savoir si vous vous accommoderez toujours de votre genre d'existence actuel et si un matin vous n'enverrez pas au diable Jonquerolles et les paysans.

Elle dit ces mots avec sa rondeur habituelle, faite d'emportement et de bonté ; en relevant, d'un geste familier de sa main ridée, ses grandes bésicles bleues sur le front.

— N'en croyez rien, répliqua-t-il. J'aime par-dessus tout la terre... Vous devez comprendre cela, Madame, vous qui avez vécu de la terre et par la terre... vous qui n'avez pas rêvé d'autre sort pour votre petite-fille. Mlle Sauveclare s'est-elle jamais ennuyée ici ?

La vieille femme se leva blanche et frémissante. La question de Julien réveillait en elle les émotions refoulées, la crainte à grand'peine enfermée dans les plus intimes replis de son âme. Mais elle n'eut pas le temps de riposter.

— Ah ! par exemple, s'écria impétueusement Clairine, m'ennuyer ici avec marraine ? Y pensez-vous, Monsieur ?

Sans plus se soucier de Julien, elle se précipita dans les bras de Mme Sauveclare et la couvrit de baisers. Julien faillit en faire autant, tant ce cri du cœur spontané, sincère, l'avait bouleversé.

— Mademoiselle, reprit-il lentement, rassurez-vous et regardez Mme Sauveclare : vos protestations indignées l'ont réjouie. Je tenais à lui démontrer qu'on pouvait se trouver heureux de vivre à Jonquerolles ou ici. N'ai-je pas réussi ?

— Vous avez raison, dit marraine rassérénée, tandis que ses doigts maigres et longs fourrageaient à travers la noire chevelure de la jeune fille. Cependant Clairine a quelque mérite à se confiner ainsi dans cette retraite perdue, alors qu'elle pourrait, elle aussi, habiter Paris comme sa sœur, au milieu des fêtes et des plaisirs. Mais elle ne veut pas, elle n'a jamais voulu ; n'est-ce pas, Clairine ?

Ce « n'est-ce pas ? » la vieille femme l'articula avec une timidité touchante. On aurait juré qu'en dépit des assurances mille fois renouvelées, elle craignait sans cesse qu'un jour, prise de la nostalgie du monde, la jeune fille ne lui criât : « Grand'mère, mène-moi là-bas, à Paris ! » Certes oui, elle l'y aurait conduite, sans perdre une minute, mettant le bonheur de l'enfant bien au-dessus de son égoïsme passionné de pauvre aïeule...

— Non, je n'ai jamais voulu, je ne le voudrai jamais et je n'y ai aucun mérite. Quitter les Cabrières ? Dire adieu à ces plaines si souvent parcourues la joie au cœur, la chanson aux lèvres ; à ce foyer où j'ai été aimée si saintement... Quelle folie ! Ma sœur est une fille du monde, née pour y plaire, pour y briller,

belle comme le jour, spirituelle mieux que pas une. Moi, je suis
une petite paysanne, et paysanne je resterai.

Marraine n'y tint pas. Elle se campa, fière, rayonnante, devant le jeune homme et, dans un large éclat de voix, lui jeta ces
mots :

— Eh bien! là, Monsieur, pensez-vous à présent que je sois
capable d'élever les enfants?

Julien lui prit la main et la serra doucement.

— Vous êtes admirables toutes les deux. Je bénis votre façon
d'arroser les prés, Madame : elle m'a valu mon entrée aux Cabrières, et le bonheur de vous connaître. Merci!

— Non, j'ai été très aise de vous y recevoir, monsieur Lebret,
répliqua marraine en lui rendant sa poignée de main. Les enfants
de nos amis sont nos amis.

Julien causa quelques instants encore, puis prit congé des
deux femmes, en les saluant respectueusement.

VI

La nouvelle du prochain mariage d'Hermance parvint
quelques jours après au mas des Cabrières. Se marier? Clairine
n'y avait jamais songé, pas plus pour sa sœur que pour elle.
Marraine? Pas davantage. Aux yeux de la vieille femme, les
« petites » étaient toujours « les petites » ; bonnes à s'amuser, à
rire : l'aînée à Paris ; l'autre, la mignonne, par les champs et les
prés. Mais entrer en ménage? Prendre, d'un coup, homme et
soucis? Non... elle n'y avait pas pensé. Peut-être Mᵐᵉ Sauveclare
n'osait-elle pas s'avouer qu'au fond du cœur — ce cœur empli de
tant d'envolées généreuses — une idée seule ne parvenait pas à
germer parce qu'elle l'écartait avec un soin jaloux : celle que
quelqu'un pût lui prendre sa Clairine. L'annonce du mariage
d'Hermance la mettait brusquement en face du mariage possible,
inévitable de Clairine. Elle en eut froid à l'âme, et des larmes
brûlantes perlèrent sur ses paupières froncées, bleuies par les
années.

— Tu pleures? balbutia Clairine interdite. Quel chagrin
secret as-tu, marraine? Si Hermance s'est enfin décidée, sois sûre
que son futur mari est digne d'elle et de papa.

— Oui... oui... Mais le mariage d'Hermance prépare le tien,
mignonne. Ce jour-là, il faudra bien nous séparer.

— Nous séparer? Par exemple, en voilà bien d'une autre. Qui donc en ce monde s'arrogera ce pouvoir? Pour m'épouser, il faudra épouser marraine et le mas des Cabrières. Là, es-tu contente, à présent?

Mme Sauveclare ferma les yeux. Un reflet de joie céleste éclaira sa figure. Alors seulement, elle put parler du prochain mariage d'Hermance. C'était M. le président de la Cour des comptes qui avait écrit, de cette écriture correcte dont les jambages s'alignaient magistralement, comme les plis de sa toge. Le fiancé se nommait Jacques Leduc : ce qui permettait presque, dans les casinos de l'Océan ou les villes d'eaux internationales, de l'appeler le duc Jacques. On l'avait présenté à Hermance après beaucoup d'autres... beaucoup. Car ç'avait été autour d'elle un véritable steeple-chase. Tous ces papillons s'étaient brûlé les ailes à la flamme de cette jeunesse rayonnante et fortunée. Un seul finissait par trouver grâce : Monsieur Jacques. Quelques années de plus qu'elle; de sens rassis, très riche. Le bonheur, en galant bonheur qu'il était, frappait décidément à la porte d'Hermance. M. Leduc adorait le monde, le luxe, les toilettes, les chevaux, Paris; s'habillait bien, possédait dans l'Aube des terres seigneuriales, avec château — mais vous savez, mère, un vrai château! — de belles chasses tout à l'entour; des bêtes de sang, voitures et mail-coach. On n'irait certes pas s'enterrer de longs mois en Bourgogne : le temps d'y recevoir trois ou quatre séries de bons amis, d'y chasser pendant les vacances et de quitter Paris quand il est de mode d'en partir. Jacques était bachelier, licencié en droit : il n'avait pas abusé de ces diplômes pour couper l'herbe sous les pieds à un tas de pauvres diables qui tenaient à se créer une position pour en vivre. Mais son beau-père aidant, il deviendrait facilement auditeur à la Cour des comptes, et plus tard conseiller maître, — histoire d'occuper ses loisirs, si toutefois Hermance lui en laissait.

La lettre continuait de cette allure, en une avalanche de pages emplies de satisfaction béate. Cela se terminait sur l'invitation formelle à marraine, à Clairine, d'achever au plus tôt leurs préparatifs et d'accourir à Paris.

Les deux femmes battirent des mains, ravies. Bien des points soulignés par M. Sauveclare échappaient à leur simplicité, à leur exquise droiture de cœur. Elles ne voyaient dans ce mariage que le contentement épanoui du père, d'Hermance, découvrant enfin

le mari patiemment attendu. Ce mari, passé au crible de ses railleries méticuleuses, accepté par elle avec bonheur, devait être
parfait... un phénix assurément.

Phénix? Il fallait en rabattre; mais, tout pesé, Jacques Leduc
n'en constituait pas moins pour Hermance un excellent parti et
semblait bien réaliser le type souhaité par elle. Aussi, plus heureux que tant d'autres, avait-il été agréé d'emblée par Mlle Sauveclare. Elle l'avait vu une première fois à l'Hippique. Il montait
irréprochablement, sautait les haies en écuyer consommé, enlevant sa jument avec un petit « hop! » qui d'abord lui avait paru
délicieux. Ah! ce hop! Elle en rêva pendant une heure, plus
qu'elle n'avait peut-être encore rêvé jusque-là. Ce jeune homme
était bien un peu pâlot : yeux cerclés de bleu; maigre, en dépit
de l'emplissure savante de son habit rouge. De fière allure tout
de même; joli visage, avec une moustache noire qui lui seyait à
ravir. Elle l'avait revu dans une vente de charité. Déguisée en
accorte Normande, elle lui offrit un verre de cidre, et il
but « à la beauté sœur de la charité ». Pas fort, certes; mais dit
d'un ton câlin, d'une voix blanche adorablement fatiguée —
une de ces voix veules qui, mieux qu'un aveu, racontent les las-
situdes, les paresses d'un organisme voué aux éreintements de la
vie de club, de courses et de boudoirs. Elle connaissait maintenant le nom de l'heureux détenteur de cette voix, de cette moustache, de cet habit rouge, de cette jument. La franc-maçonnerie
des petites amies, jeunes chattes en quête de souris, le lui
avait vite appris. Elle dansa avec lui le cotillon, au bal de la
première présidente de la Cour des comptes. Ce soir-là, elle
causa à l'aise, et décidément le trouva très bien. Leduc possédait
la crâne assurance des gens du monde qui, sans avoir jamais rien
appris, ont su ramasser et s'assimiler les miettes des festins auxquels d'autres ont pris part. Livres, tableaux, personnalités en
vue, ventes célèbres, meubles de prix, étaient jugés, soupesés,
criblés, déshabillés par lui d'un mot parfois acide, souvent juste
et coloré. Collectionneur émérite de riens charmants, de cancans
de derrière les canapés, de potins minuscules courant en ara-
besques autour des femmes — ourlés de «hum! » de « c'est épa-
tant! » « c'est crevant! » Hermance écoutait ces historiettes
appétissantes; poussait quelques légers cris effarouchés; montrait, dans un sourire mal dissimulé, ses quenottes blanches, ses
gencives roses. Ma foi! si celui-là se résolvait à sauter le pas, on

verrait à s'entendre, pourvu que l'arithmétique de son père ne
vint pas toutefois jeter au travers ses douches apaisantes et protectrices. M. Sauveclare savait déjà à quoi s'en tenir. Un peu
noceur et jouisseur, Jacques Leduc ; légèrement fripé par sa vie
de garçon ; maculé de certaines aventures qui prouvaient, à
défaut d'un estomac irréprochable, du moins bonne tête et
bonnes dents. Mais n'ayant jamais dépassé, dans ses fredaines,
les revenus d'une fortune considérable, solidement assise ; ni les
bienséances d'une éducation honnête. Était-il possible de demander mieux ? Le mariage fut décidé.

On en jasa beaucoup à Paris, où la corbeille de noces de la
fiancée, par ses splendeurs d'un goût irréprochable, fit froncer
les sourcils et pâlir les joues des amies d'Hermance. Puis le
cadavre d'une femme de mœurs légères ayant été trouvé, au fond
de la Seine, détaillé en morceaux minuscules, l'attention publique
passa à d'autres exercices, en dépit des longues files d'équipages
qui, le jour venu, s'alignèrent correctement devant la grille de
la Madeleine et des éblouissantes lueurs des cierges qui nim-
bèrent de leurs rayons d'or le front de la fiancée jolie à ravir.

Marraine, retenue par son grand âge à Lissole, n'assistait pas
à la cérémonie — non plus que Clairine qui n'avait pas voulu la
quitter. Cette absence causa quelque tristesse aux Sauveclare.
Ils s'en consolèrent en songeant que... peut-être... les bonnets
ruchés de l'aïeule, ses robes à ramages, auraient détonné dans
la nef si aristocratiquement emplie de la Madeleine et attiré au
jeune ménage une de ces railleries mondaines qui cinglent avec
tant de perfide politesse. Ah ! certes, c'eût été une joie de la voir,
là, près de ses enfants !.. Mais enfin, puisqu'il avait été impossible
de la décider...

Marraine et Clairine se firent représenter à la « noce » —
comme on disait à Lissole — par une magnifique parure en brillants. « Brave petite Clairine, » murmura Hermance, en battant
des mains. Oui, brave bien sûr, et qui, ce jour-là, le cœur
débordant d'émotion, entendit pieusement la messe dans l'antique
église de son village et pria pour les joies futures de la grande
sœur.

En partant pour un long voyage et avant de courir la préten-
taine en gens du monde qui se respectent, Hermance et son mari,
sur le désir formel du président, poussèrent jusqu'à Lissole.
L'accueil de Mme Sauveclare et de Clairine fut ce qu'il devait

être de la part de ces natures adorables et simples. Sauf l'avarie de son col cassé, qui laissa sa triplure dans les embrassements étouffants de marraine, Jacques trouva la réception tout à fait réussie. Oh! rien du Faubourg, assurément. Promenée aux Acacias, la bonne vieille aurait furieusement émoustillé la verve des gavroches. Mais aux Cabrières, en plein maquis provençal, son accoutrement suranné, ses manières rudes et affectueuses étaient des plus supportables. Quant à la petiote, un vrai oiseau, d'un piquant original; un morceau de roi! Jacques pensa d'emblée que celui-là serait heureux qui apprendrait à cette créature exquise les joies de la vie et l'ivresse des bohèmes galantes.

On mangea et on but copieusement au mas, durant le rapide séjour de M. et Mⁿᵉ Leduc. Le moyen de bouder aux hécatombes de victuailles amoncelées par marraine! Les promenades à travers champs ne furent pas oubliées. Elles avaient cela de consolant, du reste, qu'elles étaient exclusivement consacrées à la visite des domaines de Mᵐᵉ Sauveclare: immeubles de haut rapport, partageables en nature, et que l'œil expérimenté de Leduc apprécia dans une addition rapide. Allons! en dépit de leur soleil hâbleur, de leur mistral, de leurs arbrillons tordus par les rafales, les « maquis provençaux » avaient du bon. Seulement, un coquin de pays où les gens crient à tue-tête pour dire bonjour; où, à chaque pas, un inconnu vous accoste qui vous désarticule la main sous prétexte de serrement amical et vous raconte la généalogie des Varangot, des Sauveclare, histoire de vous démontrer qu'on se connaît depuis longtemps. Et le papa Tureau? Une trouvaille pour le musée de Cluny, s'il avait été loisible d'en emporter un débris.

Clairine, seule, dérouta Jacques, déconcerta son flair de viveur et intrigua sa nullité. De quelle pâte était donc pétrie cette belle fille, de chair vigoureuse et de sang chaud, qui se résignait de gaîté de cœur aux esseulements mortels du mas des Cabrières? Ce n'était certes pas ignorance de la vie, puisque sa sœur l'avait imprégnée de ses parfums suggestifs; ni stérilité de désir, puisque sur un signe d'elle son père et sa mère l'auraient reçue les bras ouverts à Paris. Par quelle aberration de sentiment, quelle occlusion de sensibilité, en était-elle arrivée à se figer dans cette demeure froide et rancie; en compagnie de cette vieille femme rééditant à satiété l'antienne des gazons fleuris et des labours féconds? Il ne résista pas à une poussée de curiosité. Un soir, à brûle-pourpoint, il lui posa la question qui, depuis des jours, démangeait ses lèvres babillardes. Pourquoi restait-elle aux Cabrières? Ce fut une explosion. En un flot de paroles ardentes, Clairine redit à Jacques Leduc cet éternel poème de la Terre dont elle connaissait à fond les merveilleuses strophes. Il l'écoutait, charmé de cette fougue, empoigné par les élans de ce tempérament de race; mais sans comprendre un traître mot à cette débauche de poésie. La maladie de la campagne probablement: une sorte de fièvre quarte maligne comptant ses victimes, ses martyrs. Peut-être contagieuse. Il eut tellement peur d'en subir les redoutables atteintes que, le lendemain, il s'envola à tire-d'aile du mas des Cabrières avec Hermance. Le Dieu jaloux des parentés rustiques devait se trouver satisfait. Après cette orgie de mélodies champêtres, tous deux éprouvaient l'âpre et égal besoin de respirer l'air d'une salle d'opéra.

Dans le grand salon du mas, longtemps encore durant les vesprées, marraine et Clairine parlèrent des Parisiens. Là, vraiment, tous deux assortis à point. Quelle grande dame, cette Hermance! Lui, un peu efflanqué, maigriot, mais bon garçon; fort riche, d'élégante tournure malgré ses pantalons trop étroits et ses redingotes trop courtes. Tout bien pesé, Claude avait eu là main heureuse. Pourtant, au fond du cœur, combien la vieille femme était loin de souhaiter un pareil mari à Clairine! Nul danger d'ailleurs que l'envie en germât jamais dans l'esprit enjoué de la jeune fille. Elle ne put même s'empêcher de trouver — par un rapprochement d'idées aussi naturel qu'involontaire — une rude différence de tonalité entre le tempérament robuste de M. Lebret et les mièvres incandescences du joli beau-frère.

Mais au fait, puisqu'elle songeait à M. Lebret, que devenait donc ce singulier voisin qu'elle n'avait plus aperçu et dont elle n'avait plus entendu parler? Elle s'en ouvrit à M. Turéau. Le professeur lui apprit que le propriétaire de Jonquerolles se donnait un mal infini pour approprier définitivement ses immenses collections et ne sortait plus guère que pour surveiller ses ouvriers.

Elle revit pourtant Julien, et cela, alors qu'elle y pensait le moins. En compagnie de Bayol, elle allait un jour avec Frisquette courir une de ces chevauchées qui tant lui plaisaient, lorsqu'elle aperçut soudain, à un tournant de route, sur la lisière du bois de Jonquerolles, un homme couché tout du long en tra-

vers du chemin, absorbé dans une muette contemplation. Au
bruit des pas du cheval, l'homme releva la tête. Clairine, stupé-
faite, reconnut M. Lebret. D'un bond, Julien fut sur ses pieds,
secoua ses frusques poudrées à blanc et salua la jeune fille brusquement arrêtée dans sa course. Il était embarrassé, penaud. Un
joyeux éclat de rire de Clairine le remit vite en point.

— Vous avez une drôle de façon de vous promener, monsieur Lebret, dit-elle galment. Est-ce que, comme vos anciens
amis les Indiens Apaches, vous étiez dans la piste de guerre,
lorsque je vous ai surpris?

— Non, non... répondit Julien qui battait et rebattait du
revers de la main sa veste de chasse, pour en effacer les larges
souillures poudreuses. C'était bien une piste que je suivais; mais
rien de commun avec celles que déchiffrent d'ordinaire les coureurs de bois. Tenez... si vous voulez descendre de cheval, je
vous montrerai les bestioles examinées avec tant de soin.

Elle sauta à terre, remit à Bayol les guides de Frisquette,
s'approcha et regarda dans la direction indiquée par le doigt de
Lebret. Par le travers de la route, soudées les unes aux autres en
un inextricable réseau, une procession de chenilles s'en allait
lentement à la pâture, dévalant de la forêt de pins sur une longueur de plus de quarante pieds.

— Ah! la *bombyce pityocampe!* murmura Clairine.

Julien la contempla abasourdi.

— Mes compliments, Mademoiselle. Qui donc vous a appris
ces méchants noms plus redoutables que les poils grêles et fragiles de ces larves?

Elle rougit.

— Mon excellent maître, M. Tureau, qui, durant nos excursions, ne manque jamais l'occasion de meubler ma pauvre cervelle de leçons utiles. Et vous étiez là, à dévisager ces petites
gloutonnes?

— Le spectacle en vaut la peine. Examinez bien la première,
le capitan de ces gitanes d'un nouveau genre. La voyez-vous?
Elle semble conduire la famille, marchant posément après s'être
assurée des périls de la traversée; tâtonnant de toutes parts avec
la tête, tandis que les pattes postérieures et les intermédiaires
continuent à porter le corps en avant. Les autres avancent derrière à la filée, entraînées par un instinct suprême dans la route
tracée, si bien que tout à l'heure, ayant rencontré un heurt sur

cette route, elles en ont suivi exactement la brusque sinuosité. Quelles merveilles dans ces moindres efforts de la nature aux prises avec la création éternelle ! Mais pardonnez-moi : je vous raconte un tas de choses...

- — Que je vous pardonne? Bien au contraire. J'aime passionnément ces études. Allez!... C'est encore la bonne façon de devenir meilleurs en vivant plus près de Dieu.

Il la regarda de nouveau, étonné, ému. Elle avait gazouillé ces mots avec une crânerie simple, naïve, tandis que ses grands yeux rayonnaient de clartés. Aucune morgue, aucune affectation dans ces paroles qui reflétaient les sentiments intimes de cette belle âme ingénue; la mystérieuse poésie de cette éducation de jeune fille, poussée au plein air, sous l'azur des cieux étoilés. Julien ressentait un trouble profond, délicieux.

— Vous avez raison, Mademoiselle. Mais j'avoue que peu de jeunes filles pensent comme vous ici-bas.

— Qu'importe? Je n'ai nulle envie de les convertir. Oui, je sais que la plupart d'entre elles adorent les modes et les chiffons. Moi, j'en ai été guérie drôlement. Je demandais un jour à M. Tureau, s'il n'avait jamais écrit de vers : « A quoi bon, mignonne? Les grands poètes ont déjà tout dit. » Cela m'avait frappé. Or, un après-midi que je rêvais d'une toilette nouvelle, assise près d'un ruisseau sous les frênes verts, j'aperçus une libellule rasant l'eau de ses ailes étendues, lisses et brillantes. Je voyais ses gros yeux aux reflets verdâtres et dorés; son corselet de guêpe, de forme et d'élégance inimitables, orné des plus éblouissantes couleurs. Sous la chaleur vibrante de l'été, la libellule semblait un liséré d'arc-en-ciel jeté dans l'air bleu. Ah! mes combinaisons de petite couturière disparurent vite, bien vite, sur ces ailes diaprées. Songez à vous parer, quand dans un corsage de libellule la nature a dépensé plus d'éclat, de sveltesse, de lumière que n'en inventeront jamais les meilleures faiseuses de Paris! Ce grand poète-là avait aussi tout dit.

Julien eût bien voulu la convaincre qu'elle avait sagement agi, elle aussi, sœur des libellules vagabondes, en s'en remettant à Dieu du soin de la combler de toutes les perfections et de toutes les beautés. Il n'osa pas, tant il craignait de rompre le charme dont il se sentait enveloppé.

— Savez-vous, Mademoiselle, que la *libellula*...

— *virgo.*

Lebret eut un haut-le-corps.

— Ah çà! vous connaissez donc jusqu'à la dernière ces barbares dénominations?

— Que voulez-vous? J'ai occupé mes loisirs du mieux que j'ai pu.

— Eh bien! oui : la *libellula virgo* ne se plaindra pas d'être décrite par vous.

A quelques pas en arrière, Frisquette fouillait de son sabot impatient le sable du chemin. Debout près d'elle, sanglé dans sa tunique, la figure rigide, la moustache hérissée, Bayol ne perdait pas un mot de la conversation. Ses yeux gris clair reflétaient sa joie d'entendre la fillette parler d'or à ce quidam voyageur et ramasseur de choses surprenantes, si bien qu'aux derniers mots de M. Lebret, il n'y tint plus et s'écria :

— Mademoiselle est une savante, Monsieur!

Clairine partit d'un long éclat de rire.

— Tu es fou, mon pauvre Bayol. Encore un, qui me gâte et m'adore! Braves gens... Mais je m'aperçois que Frisquette ronge son frein et que je vous dérange dans vos études. Au revoir, Monsieur. N'oubliez pas le mas des Cabrières, et permettez-nous d'aller un de ces jours visiter vos collections dont M. Tureau ne cesse de parler.

Bayol tendit la main. Elle y posa son pied cambré, et d'un bond fut à cheval. Puis saluant vivement Julien, elle enleva sa bête et s'éloigna au galop.

Planté au milieu de la route, longtemps le jeune homme la suivit du regard; et depuis longtemps déjà, elle avait disparu dans les tiédeurs des ombres crépusculaires, que ce regard cherchait encore la charmante silhouette à l'horizon. Maintenant il épelait syllabe à syllabe la conversation interrompue. Que ne durait-elle encore! Comme les notes de cristal de cette voix fraîche et gaie résonnaient doucement dans son cœur! Qu'éprouvait-il donc de si étrange, de si délicieusement ignoré? Jamais il n'avait été la proie d'un trouble aussi profond; d'une émotion aussi intense. Si... une fois... une seule fois peut-être, au cours de son existence rapide et bien remplie. Il chevauchait avant l'aube en plein désert, escorté de cavaliers arabes. Autour de lui, les grisailleries mornes, sans fin, des sables noyées dans les opacités chaudes de la nuit. Au ciel, quelques légers nuages courant en minces bandes bleuâtres, à travers un amoncellement d'étoiles. Rien que le désert; ses silences implacables, ses obscurités immenses. Tout d'un coup, le silence s'était fait rumeur; l'obscurité, rayonnement. Le ciel, d'un noir d'azur, avait pâli et maintenant une symphonie en blanc majeur submergeait le firmament de ses nappes laiteuses, effaçait peu à peu jusqu'aux dernières scintillations des étoiles. Les nuages s'éparpillaient en flocons de gaze rose. La mer de sable s'animait, vivait, irisait ses milliards d'étincelles micacées. L'horizon s'enflammait. De grandes bandes rouges fusaient en lames d'éventail dans la voûte céleste; l'éclairaient de leurs lueurs, de leurs reflets métalliques ruisselant de topazes, d'émeraudes, de rubis... Et soudain, des confins éperdus du désert, noyant toutes choses sous l'éclat fulgurant de ses rayons, le soleil se leva, superbe, radieux, dans une éblouissante apothéose, tandis que les nomades arabes, secouant leurs longues lances piquées de petits étendards, saluaient l'aveuglante lumière par les cris mille fois répétés de : « Allah! Allah! » Pourquoi Julien évoquait-il à cette heure le souvenir lointain des paradis parcourus? Par quel rapprochement intime, inexplicable, en songeant à l'image évanouie de Clairine, songeait-il à cette matinée de jadis; à ce prismatique réveil de la nature équatoriale? Une aube nouvelle, un autre soleil, se levaient-ils aussi sur sa vie laborieuse? Il n'aurait su le dire; se répondre à lui-même, dissiper les ténèbres diffuses qui emplissaient son imagination, son cœur et du sein desquelles, sans qu'il s'en rendît compte, ou voulut se l'avouer, se détachait, lumineuse, sereine, la figure de Clairine.

Il regagna, pensif, son logis de Jonquerolles, et se dirigea vers l'une des salles de son splendide musée. Au centre d'une vitrine, piquées sur le blanc mat des cartons, les ailes figées dans une

recoins des vastes salles. Il regardait toujours... Il se figurait maintenant que, l'une après l'autre, les libellules quittaient leur

prison de verre, agitaient leurs ailes réticulées, disparaissaient
dans les noirceurs du soir. Et, chose singulière, chaque insecte
en s'animant, en se diaprant des plus vives couleurs, en prenant
son essor vers les inconnus frémissants de leur magique résurrection, ressemblait à s'y méprendre à la petite fée Printemps
avec laquelle il venait de causer sur le rebord poudreux de la
grande route.

La nuit le surprit dans cette méditation rêveuse qui le berçait
et l'amollissait.

VII

Les jours suivants furent pour Julien des jours de songeries
singulières, d'angoisses profondes. Chez cette nature vaillante,
façonnée aux périls incessants des explorations lointaines, les
sensations bizarres qui l'agitaient, formaient par leur contraste
avec les habitudes d'esprit du jeune homme, autant de problèmes
à la fois suaves et douloureux. Non que, dans sa mâle énergie, il
reculât devant l'examen de ces problèmes, véritable examen de
conscience auquel la droiture de son caractère, sa loyauté native
l'avaient dès longtemps accoutumé. Mais il comprenait d'instinct
que quelque chose d'étrange se passait en lui; imprimait à sa
pensée, à ses aspirations une direction nouvelle, contre laquelle il
se sentait d'autant moins armé pour la résistance, que le choc
avait été plus imprévu et que cette résistance elle-même lui
semblait plus difficile. Le souvenir de Clairine le poursuivait,
l'enveloppait. Pourtant il ne voulait rien faire pour chasser ce
souvenir, tout en s'avouant que le plus prudent et le plus sage
serait peut-être de se soustraire à l'obsession magique qui l'op-
primait. Jusqu'à cette heure, épris de science, ivre de liberté,
passionné par ses études, il n'avait jamais songé à la femme
que comme à une autre de ces énigmes physiologiques sondées
de son œil clairvoyant, avec sa belle indifférence de savant. Les
occasions ne lui avaient point manqué, pourtant, d'étudier sur
place, à travers les contrées inexplorées du globe, les avatars
mystérieux, les genèses fascinatrices de l'Ève immortelle. Il avait
vécu avec les gitanes qui secouent leurs reins cambrés au son des
castagnettes; il avait vu danser les almées du Caire aux yeux
éteints et au ventre frissonnant; les bayadères de l'Inde, prêtresses
superbes de cultes ignorés. Il avait causé, accoudé sur les mar-

gelles des puits étroits des oasis, avec ces merveilleuses Vénus
noires, de formes souples et félines, qui peuplent le continent
équatorial. Il avait couché, sous la tente des nomades, au milieu
de ces tribus caucasiennes où le sultan jette ses filets et le Tsar
ses soldats. Il était revenu de ces aventures d'amoureux erratique,
parfois charmé, jamais ému. Julien n'avait pas encore aimé.

Aimait-il donc aujourd'hui? La question, ainsi brutalement
posée à lui-même, le surprit d'abord par son imprévu, puis le
secoua d'un large rire. Aimer? Qui? Pourquoi? Devenait-il fou?.
Il devina vite que ce rire sonnait faux et glaçait son cœur d'un
long frisson. Qui? Mais la belle fille dont le visage gracieux, la
séduction irrésistible passaient et repassaient devant sa mémoire
ravie. Pourquoi? Mais parce qu'elle était le vivant éclat du printemps en fleurs, la pureté immaculée de la passion au réveil, la
beauté radieuse à peine éclose, le sourire de la vertu, la gaîté
vibrante et enchanteresse. Il trouvait ce « pourquoi » profane et
bête. Pourquoi l'avril vermeil fait-il éclater les boutons de roses?
Pourquoi l'aube des étés blonds est-elle lumineuse et douce?
Pourquoi les nuits d'Orient laissent-elles scintiller des milliards
d'étoiles? Pourquoi le ciel est-il bleu, la jeunesse enthousiaste?
En vérité, sait-on jamais « pourquoi »?

Il fut bien obligé pourtant de reconnaître qu'il était la proie
d'une sorte de malaise moral indicible et dont, pour sûr, il n'avait
point jusqu'alors éprouvé les dangereux effets. Quelque chose de
pareil à ces fièvres terribles qui, au cours de ses voyages, le long
des marais pestilentiels, le secouaient de leurs morbides étreintes jusqu'à ce que, l'accès passé, il ne ressentît plus qu'une atroce
lassitude, une envie folle de s'étendre au fond d'un trou béant
et d'y dormir son dernier sommeil. Il était loin cependant, bien
loin de ces fleuves africains charriant, sous les voûtes impénétrables de leurs rives, la mort au milieu des parfums. Il vivait
là, en ce pays du Mistral où les brises sont tièdes ; les aromes des.
forêts, salubres. Et c'était presque la même fièvre que là-bas,.
plus accablante peut-être ; la même torpeur, la même épouvante,
le même besoin de paix et d'oubli! Ça, l'amour? Non... non! par
exemple. Quoi! lui, le vagabond explorateur, le savant laborieux,.
viendrait ainsi échouer au port, se noyer dans un sourire de
jeune fille, renier son passé, écraser son avenir sous les talons.
rouges d'un sylphe de village? Cela ne pouvait pas être ; cela ne.
serait pas. Un lauréat d'Académies qui a corrigé les classifica-,

tions de Linné, mesuré les crânes d'un tas de négrillons disparus ;
un homme qui, en face d'un arbre, d'une plante, d'un oiseau est
capable de l'injurier en latin et en grec, irait ainsi perdre la tête
du jour au lendemain, sans que personne eût crié : Gare! Est-ce
que cela s'était jamais vu? Certes, il daignait bien convenir que
son pouls battait plus vite ; que son sang refluait jusqu'à la péri-
phérie, en songeant à la petite reine à laquelle il songeait trop
d'ailleurs. Mais de ce désordre psychologique au naufrage de sa
raison... à l'amour, il y avait loin ! Un monde — le monde des travaux du passé, des gloires de l'avenir. Une cervelle convenablement équilibrée n'est pas à la merci d'une jolie enfant qui récite
couramment les dénominations atroces dont les savants se servent pour se venger des bêtes du bon Dieu. Surtout quand cette
cervelle meuble le crâne d'un penseur précoce, illustré par tant
de précieuses récompenses! Non, assurément. Un peu d'énergie,
de vouloir viril dissiperaient ces sottes imaginations de son esprit
surexcité, affadi à la fois par le repos, les rêvasseries creuses devant les armoires vitrées. Il suffirait de courir au grand air, au
lieu de rester là, solitaire, oisif, à distiller l'ennui et les songeries,
comme un chimiste distille ses drogues dans ses alambics ; de
se livrer de nouveau à la nature, à cette mère prodigue qui l'avait
toujours si doucement bercé dans ses bras. Il la négligeait trop,
hélas! et la nature prenait sa revanche. Lentement cette conviction s'enracinait en lui, sous l'aiguillon des reproches qu'il s'a-
dressait. Un homme de son âge, mieux trempé qu'une lame
d'acier, se consumer ainsi dans un farniente périlleux ! Se borner
à la surveillance monotone des paysans ; à l'arrangement quasi
féminin d'un amas de plantes, de scarabées, d'oiseaux? Sa lan-
gueur, ce trouble qui l'énervait, l'effrayait, n'avaient pas d'autres
causes que ce repos inaccoutumé, cette dépense inutile d'heures
interminables à la confection de catalogues compendieux. Et
brodant sur le tout, l'apparition vaporeuse qui, de prime-saut,
lui avait enfoncé ses griffes roses dans le cœur. Il n'en fallait pas
davantage pour le désarçonner sottement ; le plonger dans la
stupide béatitude de désirs sans nom, de rêves sans but. Une
vraie maladie : la maladie des gens qui ont du temps à perdre,
des idées folles à dépenser, un luxe d'imagination à gaspiller. Il
se souvenait avoir, un jour qu'il chassait le long des rives du
Zambèze, mordu par mégarde à une fleur de solanée vireuse.
Soudain, les pupilles étrangement dilatées, il s'était mis à parler

avec une loquacité enfantine, secoué jusqu'à la moelle par une agitation presque furieuse. Peu à peu sa raison s'était écroulée sous le délire des hallucinations. Puis, par une réaction fatale, la somnolence, un coma escorté de cauchemars, avaient succédé aux lancinations cruelles des premières heures. Le surlendemain, il ne paraissait rien de l'empoisonnement involontaire auquel il venait d'échapper par miracle. Ce qu'il éprouvait à cette heure, ressemblait aux morbides effets de la belladone. *Bella dona!* La femme, avec sa beauté attirante, ses philtres subtils, ses poisons qui versent l'ivresse, la folie. L'amour n'était donc au fond qu'une intoxication foudroyante parfois? Question bien digne des recherches d'un analyste expérimenté. Bah! on guérit d'un empoisonnement. Oui... quand on n'en meurt pas. Mourir? Attendre que le virus ait lentement parcouru les veines; pénétré le torrent de la circulation, tari les sources mêmes de la vie? Lâcheté! Mieux valait une cure immédiate; un remède énergique, décisif.

Lequel? La marche d'abord. Cela lui parut d'une logique inflexible. Il alla par monts et par vaux, parcourant de son jarret d'acier ce merveilleux pays de Provence si peu connu. Il se trouva bien, d'emblée, de ce régime féroce, de ces excursions dans lesquelles il dépensait le trop-plein de sa santé; apaisait les aiguillonnements de ses nerfs fouettés par la passion naissante. Il récoltait au pas de course les fleurs, les insectes, les minéraux. Tant était puissant chez lui l'amour de la science qu'il se remit brusquement à adorer ces infiniment petits de la création elle-même. Il revenait de ces promenades, la tète rafraîchie; dispos et meilleur, le sang calmé par la dévorante agitation physique à laquelle il se livrait... La petite solanée vireuse du mas des Cabrières perdait peu à peu son venin délicieux.

Mais un matin, tandis qu'autour de Julien l'air, d'une transparence idéale, dansait dans une buée chaude; que de la cime dénudée, rougeâtre où il était parvenu après une ascension de plusieurs heures, son regard ravi se promenait à travers l'étendue lumineuse, tout à coup ce regard s'arrêta éperdu sur une petite tache blanche qui, dans le lointain, étincelait au soleil et se détachait, avec une intensité diabolique, du fond vert émeraude de la plaine. Par un singulier mirage, il lui sembla que la petite tache blanche grossissait, grossissait au point d'occuper à présent l'horizon presque tout entier. Avec cela... impossible de s'y

méprendre. La petite tache blanche si malheureusement découverte, c'était le mas des Cabrières ; la retraite bénie où vivait
Clairine. Que faisait-elle ? Songeait-elle parfois au pauvre savant
blotti à cette heure sur les cimes presque inaccessibles ? Il revit
son sourire radieux, sa douce figure si bien éclairée par le reflet
de ses grands yeux. Il entendit sa voix mordante lui demander
ce qu'il avait à se cacher ainsi dans les failles perdues des rochers
rouges. Il resta là, des heures et des heures, à contempler la petite tache blanche, plongé dans une rêverie ineffable, insensible
aux piqûres du soleil, aux cuisances des moustiques. Quand il
redescendit les pentes de Saint-Quéniès, la jambe lourde et traînante, le cerveau embrumé, les reins brisés par cette longue immobilité, il dut s'avouer qu'il n'était pas du tout guéri. Peut-être
avait-il déjà trop mordu à la perfide solanée ?

Julien ne sortit pas le lendemain et s'occupa de classer les richesses recueillies au cours de ses dernières excursions. Il sécha
les herbiers, inventoria les fossiles, groupa les minéraux. Il
s'absorba vite dans son œuvre ; d'autant plus que, par l'examen attentif des matériaux recueillis, il se pénétrait de cette vérité —
assurément palpitante au premier chef — que les lents soulèvements du sol, en général produits en ligne droite, présentaient,
dans les assises géologiques des environs de Jonquerolles, les
plis de terrains les plus étranges. Sans déranger pourtant en rien
la direction du soulèvement auquel était due la chaîne des montagnes qui s'étendaient des frontières de l'Écosse jusqu'à Bristol,
reparaissaient dans le Cotentin, puis près de Tarare et de là ga-
gnaient la Provence. Pour le coup, gare à la petite solanée vireuse ! Cette fois, c'était fini, bien fini. Le cerveau de Julien
amoncelait hypothèses sur hypothèses. Les dépôts coquilliers
rencontrés par lui le plongeaient surtout dans une marée mon-
tante de problèmes antédiluviens. Il s'y adonna avec une fureur
joyeuse. « Ah ! mademoiselle Sauveclare, adieu les rêves et les
éclairs de vos beaux yeux. Essayez donc de lutter, à présent, avec
les théories des terrains primitifs, sédimentaires et volcaniques ;
de me distraire de l'étude de leur origine, de leur texture, de
leur composition. Essayez, vous dis-je... »

De fait, il put croire qu'il tenait le remède par le bon bout,
le remède à cette « intoxication » maladive qu'il n'osait pas appeler de son nom. Depuis de longs mois, il ne s'était senti ni si
alerte, ni si dispos. La fièvre des découvertes l'avait empoigné

avec une âpreté extraordinaire. Dans l'histoire de ces mondes
évanouis où une pierre nouvelle dérange souvent l'équilibre d'un
siècle de raisonnements, il y aura toujours, pour le savant doublé
d'un philosophe, un charme, une attirance irrésistibles. Dans sa
belle âme de chercheur, Julien bénissait le coin de terre privilégié qui, par ses merveilles géologiques, venait de le tirer enfin
de l'abîme où il s'enlizait.

Car il s'en tirait, plus de doute à cette heure. De petites pierres
en frêles coquilles, il en arrivait à cette conviction — exclusive
de toute préoccupation amoureuse — qu'il avait en vain parcouru
le monde, sans mettre la main sur quelque chose de plus neuf,
de plus intéressant, de plus scientifiquement inexploré que les
environs de sa modeste bastide provençale. Ah ! il n'avait pas
perdu le temps, à vagabonder au hasard à travers les garrigues
de son pays. Il avait ramassé pierres et coquilles à l'aventure ;
alourdissant sa musette de géologue d'un tas de débris qu'il
croyait avoir vus et revus cent fois. Voilà que, grâce à la clarté
de sa méthode, ces débris s'animaient, lui parlaient des époques
disparues, lui apprenaient les transformations, les bouleverse-
ments de ce sol natal si longtemps foulé d'un pied indifférent.
Tenez ! ce mince échantillon de fer chromé ramassé au fond du
Bru de Cabasson, il l'avait rencontré à Krieglack en Styrie ; dans
les monts Ourals, dans la Sibérie, aux environs de Baltimore. La
petite pierre lui racontait les éruptions volcaniques, les tremble-
ments de terre, les révolutions effroyables de l'écorce du globe.
Rien de comparable à cela, pas même la femme. Blanche, noire,
jaune, rouge, brune ou blonde, c'est toujours la femme : les yeux
qui trompent, le cœur qui trahit, les lèvres gourmandes qui mor-
dent. La science, elle, ne trompe ni ne trahit pas.

Il commença, pour la sûreté de ses démonstrations, la dresse
d'une carte géologique ; coordonnant ses preuves, emplissant une
grande salle de Jonquerolles de plans, de cailloux, de fossiles,
d'un monceau de documents qui donnaient à son cabinet un
faux air de maison effritée en plâtras. Il était là, par une chaude
après-midi d'été, fumant avec délices des cigarettes turques,
tandis que sa main agile noircissait la page blanche de lignes
hiéroglyphiques, lorsque la cloche de Jonquerolles résonna
bruyamment à la porte d'entrée. Au diable l'importun qui venait
le troubler ! Julien se précipita vers la fenêtre grande ouverte,
pour le congédier d'un mot sans réplique. Que n'eût-il pas donné

pour reprendre cet accès d'humeur irréfléchi? Là, dans la cour, discrètement abritée sous une ombrelle de soie rose, Mlle Clairine en personne... la grand'mère Sauveclare... le père Tureau. Le premier mouvement de Julien fut de se cacher derrière les tapisseries flottantes... Il avait pu ne pas être aperçu. Le second, plus rapide que le premier, le précipita d'un bond à travers l'escalier, pour aller ouvrir lui-même, tête nue, en bras de chemise, couvert de poussière comme un maçon. Qui lui eût, à cette minute, parlé de fer chromé; eût tenté de l'arrêter en lui nombrant les cataclysmes des terrains tertiaires, eût certainement reçu le plus dangereux accueil. Mais personne n'essaya de modérer son élan.

Il émergea en pleine lumière. De le voir ainsi à peine vêtu, son large col de chemise ouvert; ce qui lui restait de vêtements, en désordre, la figure pâle d'émotion, Clairine éclata franchement de rire, en lui jetant en guise de bonjour affectueux, ces simples mots :

— Dieu! comme vous voilà fait !

Il se rappela soudain son accoutrement sommaire; se trouva ridicule, gauche et rougit. Mais sa bonne humeur, son éducation parfaite prirent vite le dessus.

— Que l'ouragan emporte les fossiles, les collections et les collectionneurs, répondit-il en éclatant, lui aussi, de rire. Il est écrit que je ne vous apparaîtrai jamais que le front courbé dans la poussière. Bonjour, Mademoiselle... Bonjour, madame Sauveclare... Bonjour, Tureau. Soyez les bienvenus chez moi. Je ne m'attendais certes pas ni à un tel honneur ni à une telle fête !

Le personnel de Jonquerolles était maintenant sur pied, même la vieille Théotime, la gouvernante qui avait vu naître Julien, l'aimait jusqu'à l'idolâtrie et le tutoyait, avec cette attendrissante familiarité que les anciens serviteurs conservent encore, dans ce pays, pour les enfants qu'ils ont élevés.

— Est-il possible de se mettre dans des états pareils, et de recevoir ensuite le beau monde... murmura Théotime en voyant le jeune homme aux prises avec Mme Sauveclare! Veux-tu bien vite aller t'habiller. Encore, ça vient ouvrir les portes, quand il y a ici un tas de fainéants occupés à ne rien faire tout le long du jour.

— Ne gronde pas, Théotime. Nos voisins sont indulgents. Je suis d'ailleurs si absorbé...

— Ah! oui... à emmagasiner un tas de pierrailles pas bonnes

seulement à bâtir un pan de mur. Savez-vous, mademoiselle Sauveclare, qu'il passe les nuits et les jours à farfouiller dans ces décombres qui, quelque beau matin, feront écrouler Jonquerolles.

— Bravo! m'ame Théotime, — car la vieille servante était connue de tous à Lissole, — voilà des choses bien dites, s'écria Clairine en battant des mains. Seulement, Monsieur, je constate à regret que nous sommes arrivés à la male heure et que nous vous dérangeons atrocement.

— Mademoiselle, vous n'y songez pas. Je vous affirme que je mettrais volontiers le feu à mes collections, si elles devaient me priver de votre présence.

Il eut, à ces mots, un afflux de sang au cœur; quelques secondes de plus, et, dans l'envolée de sa surprise folle, il lui criait qu'il l'adorait; que depuis des semaines, il s'efforçait vainement de se donner le change à lui-même. Devant la chaleur communicative de ce cri qui venait de l'envelopper comme d'une caresse, Clairine, surprise, hésitante à son tour, leva sur lui son grand œil clair, observateur. Ce regard glaça l'enthousiasme sur les lèvres du jeune homme, arrêta net le quasi-aveu. Julien secoua la tête et introduisit les visiteurs au salon.

                                        Noël BLACHE.

(A *suivre*.)

ESSAI BIOGRAPHIQUE

MADAME H. P. BLAVATSKY [1]

V

Le 17 février 1879, après un long séjour à Londres, où ils formèrent le premier noyau de leur association fraternelle qui, en ce moment, prospère, Mme Blavatsky et le colonel Olcott arrivèrent à Bombay. Là, la Société d'Arya Samaj, dont Swami (saint) Dianand était le chef spirituel, leur organisa une bienvenue dont parlèrent les journaux anglo-indiens, et qui fut décrite par H. P. Blavatsky dans son article russe : *Dans les caveaux et les forêts de l'Hindoustan* (2), ainsi que dans ses lettres, dont voici un extrait humoristique :

Figurez-vous que des députés de la Société vinrent à notre rencontre en bateaux avec un orchestre de musiciens qui faisaient sonner cors et trompettes et des guirlandes de fleurs, dont, une fois montés à bord de notre steamer, ils s'empressèrent de nous entortiller. J'enrageais et je riais en même temps du spectacle gratuit que nous offrions à tous les badauds, assemblés sur le pont et le quai. Le colonel ressemblait au *bœuf gras* des carnavals italiens et ma disgracieuse personne à un ballon, formé de roses et de lis... On nous mena ainsi affublés, avec force musique, vers le port; là, nouvelle surprise ! Nous vîmes tout un ballet de danseuses indigènes à peu près vêtues du costume de la reine Pomaré, qui ne brillait que par son absence... Ces bayadères se mirent à danser autour de nous, nous enveloppant dans un cercle de nudités et de fleurs qu'elles nous lançaient sous les pieds, tout en nous menant vers... des équipages, pensez-vous ?.. Hélas ! vers un éléphant blanc... Dieux de l'Olympe ! que j'eus donc de peine à grimper sur ce colosse agenouillé, me servant des épaules et des dos nus des koulis comme de degrés d'une échelle vivante. Je me cramponnai aux colonnes du pavillon, pour ne pas tomber à terre quand l'énorme bête se mit sur pieds... Nos compagnons, —les bienheureux ! — se placèrent

---

(1) Voir la *Nouvelle Revue* du 1er septembre 1892.
(2) Reproduit dans un livre qui vient d'être traduit à Londres en langue anglaise.

dans des palanquins portés par ces mêmes koulis, bêtes de somme
humaines de ce pays et, ainsi accompagnés de fanfares et de tambours, et
d'une foule curieuse et moqueuse, nous nous acheminâmes, comme des
singes savants ou des saltimbanques en fête, vers le domicile préparé pour
nos humbles personnes par les membres, trop hospitaliers, de l'Aria
Samaj.

.   Malgré cette belle démonstration, la vie fut dure au commencement. On travaillait dix-huit heures par jour ; Olcott voya-
geait la plus grande partie de l'année, formant branches sur
branches de la Société théosophique, qui de suite prit racine sur
le sol ami des croyances orientales, et Mᵐᵉ Blavatsky ne quittait
presque pas sa table, écrivant jour et nuit, préparant des matériaux pour leur journal projeté : le *Theosophist*, qui fut fondé cette
année même, et subvenant au bien-être commun par ses articles
dans les journaux anglais, américains et russes. Dès leur début,
ils furent harcelés par l'administration anglo-indienne qui prit
les théosophes en grippe et les mit à l'index, les traitant d'espions
et de propagandistes du gouvernement russe.

Il faut se souvenir que c'était justement le temps des grandes
agitations britanniques, à propos du sort de l'Afghanistan et des
succès des armées russes dans les régions transcaspiennes. Les
Anglais étaient devenus plus méfiants et plus russophobes que
jamais... Nos pauvres théosophes avaient beau protester, assurer
que leur mission était toute de philosophie et n'avait rien à faire
avec la politique, on les mit sous la surveillance de la police,
on espionna leurs mouvements, on décacheta leur correspondance... Tant pis pour le gouvernement de la reine Victoria,
car H. P. Blavatsky, jetant feu et flammes, ne se gênait pas dans
ses lettres, et messieurs les administrateurs y lurent, sans aucun
doute, maintes fois des choses que leur vanité eut peine à di-
gérer... Enfin les amis de Londres et la presse s'en mêlèrent, et
la surveillance fut levée ; surtout grâce à une lettre de lord Lind-
sey, membre de l'Académie des sciences et président de la Société
astronomique de Londres à lord Lytton, vice-roi des Indes Britanniques, qui lui faisait honte de poursuivre une femme et
des personnes absorbées dans des études abstraites et toutes
morales. Nonobstant les préventions de la société anglaise
contre elle, Mᵐᵉ Blavatsky sut y trouver des amis ; surtout parmi
les gens de lettres, capables de s'intéresser aux problèmes qui
l'occupaient. Elle fut bientôt recherchée dans les cercles de

la plus haute société, surtout quand le *Pioneer* et l'*Indian Mirror*
(le premier un journal gouvernemental) instruisirent le public
d'un mot que le vice-roi, après avoir pris connaissance de ses
œuvres, avait dit à son égard à un dîner de gala :

« Je ne connais qu'une seule personne au monde, avait dit
lord Lytton, qui en sciences abstraites pourrait concourir avec
l'auteur de *Zannoni* (son propre père, lord Lytton Bulwer) : c'est
Mme Blavatsky. »

Les visites, les dîners et les bals, toutes les exigences de la
vie mondaine, pesaient fort à Helena Petrovna ; mais elle tâchait
de s'y conformer, pour le bien de la Société. Elle passait les mois
des extrêmes chaleurs dans les montagnes, plus ou moins éloignées des grandes cités, quelquefois prenant part aux voyages
du colonel, mais plus souvent demeurant avec des amis qui l'en-
gageaient à venir passer quelque temps chez eux, et toujours
occupée, sans trêve ni relâche, à ses travaux d'écrivain.

Elle passa un été à Simla, y ayant accepté l'invitation de ses
nouveaux amis, M. Sinnett, le directeur du journal *the Pioneer* et
sa femme. Simla est une charmante résidence du vice-roi et de
toute la haute société anglo-indienne, car ces hauteurs, couvertes d'une végétation fabuleuse où l'on voit des exemplaires de
la flore universelle, depuis les pins du Nord jusqu'aux palmes
des tropiques, offrent un délicieux abri contre les insupportables
chaleurs des mois d'été à Bombay. Ici, Mme Blavatsky commit la
grande erreur de produire quelques phénomènes, en la présence
de plusieurs personnes qui l'en priaient instamment, et M. Sinnett
eut l'imprudence d'en parler dans son journal, avant de publier
tous ces *faits* auxquels il croyait sincèrement, dans son livre bien
connu, *le Monde occulte*. Il s'ensuivit d'interminables débats.
Le clergé protesta, non sans raison, contre *cette propagande anti-
chrétienne, soutenue par des jongleries.* Les calomnies contre la
fondatrice de la Société théosophique s'élevèrent de plus belle ;
on alla jusqu'à affirmer qu'elle était non seulement une espionne,
mais encore un imposteur, « une servante de feu Mme Blavatsky
qui était morte et enterrée, qui s'était saisie de ses papiers et profitait de son nom... »

Tous ces excès faisaient monter le sang et la bile de la calomniée, aiguisant ses maladies du cœur et du foie en d'horribles
souffrances. Elle dut avoir recours à l'autorité de ses parents
et de ses amis en Russie pour identifier sa personnalité. Le

prince A. M. Dondoukoff-Korsakoff, alors commandant en chef
au Caucase, lui écrivit une lettre très affable, comme un ami qui
l'avait connue dès sa jeunesse, et lui envoya en même temps un
certificat, qui fut publié dans presque tous les journaux de la
presse anglo-indienne, et grande fut la joie de tous ses amis.
Mais, hélas! elle avait bien plus d'ennemis que de partisans
influents. La Société théosophique comptait des milliers de
recrues parmi les indigènes, n'exerçant aucune autorité, mais
ne faisait que fort peu de prosélytes avoués dans les classes préé-
minentes aux Indes. Les Anglais, liés par leur service ou leurs
positions sociales, se bornaient, pour la plupart, à s'intéresser au
mouvement, aux doctrines surtout, mais ne voulaient point de
diplômes et, n'étant pas membres de la Société, s'empressaient
bien vite de s'en dédire dès que ses fonds étaient à la baisse.
Ceux qui voudraient lire les écrits d'Olcott, de Sinnett et d'autres témoins de ce qui s'était passé lors du séjour de H. P. Blavatsky aux Indes, le verraient par le détail.

Cependant l'adhésion de riches et importants indigènes à
une fraternité qui les affermissait dans leurs croyances hindoues
ou bouddhistes, irritait les missionnaires catholiques et protestants, au point qu'elle leur faisait oublier toute charité chrétienne.
Ils voyaient bien que, sincère ou hypocrite, magicienne ou fai-
seuse de tours de passe-passe, M⁰ᵉ Blavatsky était la force et
l'âme de la Société théosophique et ils s'en prenaient à elle surtout de ses progrès. Elle n'avait pas embrassé officiellement le
bouddhisme, comme l'avait fait le président de la Société, mais
elle professait l'égalité et l'unité de toutes les religions; elle était
par là plus dangereuse encore que le colonel, auteur d'un caté-
chisme approuvé par Sumangala, grand prêtre du bouddhisme
à Ceylan... C'était à elle d'être dorénavant le point de mire des
ennemis de la théosophie et son bouc émissaire.

Dix-huit heures de travail et des offenses, des tracas con-
tinuels ; des souffrances morales jointes à ses maux chroniques,
aggravées par des mauvaises conditions toutes de climat, finirent
par la mettre à deux doigts de la mort. Au courant des cinq
ans que H. P. Blavatsky passa aux Indes elle fit quatre maladies
si graves, que les meilleurs médecins de Bombay et de Madras
décidèrent que les cas étaient mortels. Mais, à la dernière heure,
il lui arrivait toujours un secours imprévu et quelquefois bien
singulier. Tantôt c'était un médecin indigène, un iogi brahmin

ou bien un pauvre paria, tout desséché par le jeûne et les longues privations, qui venaient inopinément offrir leurs remèdes, qu'ils prouvaient être efficaces ; tantôt elle s'endormait d'un sommeil profond, à l'heure dite, où selon ses docteurs européens devait venir l'agonie suprême, et se relevait de ce sommeil, toujours singulièrement long, comme si de rien n'était. Mais par deux fois ce fut bien autre chose !... Survinrent des visiteurs inattendus, et tout à fait inconnus qui s'emparèrent de sa personne et l'emmenèrent on ne savait où.

Des dizaines de témoins l'attestent... D'ailleurs, ses propres lettres le prouvent évidemment. En voilà une devant moi, ne portant malheureusement aucune date, comme c'était assez son habitude de nous écrire, à sa tante et à moi, sans se soucier des quantièmes. Elle nous informe d'une grande maladie qu'elle avait faite ; un tchélâ (disciple d'un des maîtres, étudiant en sciences occultes) lui avait apporté l'ordre d'un des adeptes de le suivre, et elle nous priait de ne point être inquiètes de son silence, qui serait forcément prolongé, car 'de la place où elle serait obligée de passer quelque temps afin de se bien remettre, il n'y aurait ni postes ni télégraphes.

Voilà encore une lettre, adressée de Meyrut, au delà d'Allahabad. Celle-ci a été écrite en mai 1881, après une grande maladie, dont ceux qui étaient avec Mme Blavatsky nous instruisirent, disant qu'il nous fallait être prêts à tout. Des amis avaient emmené Helena Petrovna à une campagne. Elle était en convalescence mais bien faible, quand elle reçut l'*ordre* de quitter les voies ferrées ainsi que les grandes routes et de s'enfoncer dans les montagnes... « Vous y trouverez des individus qui vous escorteront au delà des jungles, lui fut-il dit, dans les forêts bénites de Déobend. » Mais, à mi-chemin, il lui arriva un accident qui ramena une récidive... Voici quelques lignes d'une lettre qu'elle m'écrivit trois semaines plus tard.

J'avais perdu connaissance et ne me souviens pas du tout des faits et des lieux. Tout ce que je sais, c'est qu'on me transporta en palanquin, où j'étais couchée tout de mon long à une très grande hauteur. Je ne revins à moi que dans la soirée du lendemain, m'a-t-on dit, et pour fort peu de temps. Je me vis couchée dans une grande pièce, taillée dans le roc et tout à fait vide, si on ne compte pas pour meubles des statues de Bouddha, qui l'entouraient et des fournaises ardentes, qui brûlaient autour de ma couche, supportant des vases d'où s'échappaient des vapeurs odoriférantes. Un vieillard, tout blanc, était incliné sur moi, faisant des passes magnétiques

qui plongeaient mon corps dans un état de bien-être indéfinissable... Je
n'eus que juste le temps de reconnaître Debo-Durgaï, le vieux lama de
Thibet, que j'avais rencontré en route il y avait à peine quelques jours et
qui m'avait dit que nous nous reverrions bientôt...

Elle faisait allusion à sa lettre précédente, où elle m'avait
parlé du fait.

Ayant reconnu le lama thibétain, ma sœur se rendormit
d'un de ses étranges sommeils et ne se réveilla qu'au pied de la
montagne, dans le village où l'attendaient ses amis européens.
Jamais il n'avait été permis, non seulement à des Anglais mais
aux aborigènes mêmes, de la suivre dans ces sortes d'excursions
secrètes, où elle était censée aller voir ses maîtres..., nonobstant
cette conviction de ceux qui l'entouraient, elle ne nous a jamais
écrit les avoir visités ; toutefois je trouve une de ses premières
lettres (de 1879) ou elle raconte la participation du Mahatma
Moria à l'un de leurs voyages avec le colonel Olcott, dans les
caveaux et les ruines des anciens temples, d'un intérêt vraiment
intense. Au printemps de 1881, H. P. Blavatsky tomba définitivement malade après avoir reçu la fatale nouvelle de ce qui
s'était passé en Russie, le jour du 13 mars.

Dieu, Seigneur de miséricorde ! Quelle sanglante horreur ! nous écrivit-
elle aussitôt. Les derniers jours de la Russie sont-ils venus ?.. Ou bien
est-ce Satan en personne qui s'est incorporé dans les enfants, dans les
malheureux avortons de ma pauvre patrie ?.. Après ce méfait sans précédents, que devons-nous attendre ?.. Où sont les Russes d'autrefois ?.. Où va
ma Russie bien-aimée !.. Oui : je suis une renégate. Oui : je suis une bud-
dhiste, une athée, — selon vous, une républicaine — mais je suis malheureuse ! Profondément malheureuse de cette atroce monstruosité. Oh ! que
je les plains tous, — notre Tsar martyr et sa malheureuse famille et toute
la Russie !.. Malédiction à ces monstres, — les nihilistes, à ces fous inconscients !..

Qu'on se moque de moi, — la citoyenne républicaine, l'esprit fort,
affranchi des préjugés de mon pays ; mais dans ce moment de stupeur
profonde, je ressens une honte si intense de mes compatriotes, une pitié si
sincère pour la victime de leurs cruelles folies, un désespoir si vrai, que
je défie les plus fidèles des sujets de nos Tsars, n'ayant jamais quitté le
cœur de notre patrie, de souffrir plus que moi...

Et elle le prouva en tombant malade.

Son journal le *Theosophist* apparut en marges noires : ce fut
une attention bien bonne de la part du président de la Société
théosophique, car elle était hors d'état d'y penser. A peine remise
de sa première stupeur, elle se mit à écrire un bel article pour le

Pioneer, racontant tous les actes de valeur, d'humanité et de bonté accomplis par Alexandre II et fut bien heureuse de ce que toute la presse anglo-indienne en reparla. En réponse à quelques remarques malintentionnées de deux organes cléricaux, à propos de « la citoyenne américaine et de son journal, habillés de deuil pour la mort d'un autocrate », H. P. Blavatsky envoya une réponse collective à la *Gazette de Bombay* où les autres ljournaux s'empressèrent de la recueillir.

Mes bons amis se trompent, y disait - elle : ce n'est pas comme sujette du Tsar de toutes les Russies que je me suis revêtue de deuil, — mais comme une Russe par ma naissance. Comme une *unité* d'entre les millions de mes compatriotes, que cet homme bon et clément a couverts de bienfaits et qui sont tous plongés dans le deuil. Je désire, par là, témoigner de ma sympathie, de mon respect et de ma sincère douleur de la mort du Tsar de mes parents, de mes frères et mes sœurs en Russie, qui me seront toujours chers, jusqu'à mon dernier soupir !

Dans l'hiver de 1881 à 1882 la communauté théosophique des Indes transporta ses pénates de Bombay à Adyar, propriété achetée près de la ville de Madras, aux frais d'une cotisation de tous les membres de la Société, qui désiraient offrir à ses fondateurs et leur état-major une résidence perpétuelle. C'est là que demeure jusqu'à présent le président; que Mme Blavatsky passa les deux dernières années de sa vie aux Indes et que fut célébré cet hiver même, en grand triomphe, le septième anniversaire de la fondation de sa Société. Je dis en *grand triomphe*, car le chiffre *sept* est de grande importance dans les croyances théosophiques, et quoique ces anniversaires soient toujours très nombreux à Adyar, à New-York et à Londres, ceux qui renferment ce chiffre, cher aux occultistes, sont doublement fêtés.

Dans leurs fréquents voyages le colonel Olcott et Mme Blavatsky ont toujours été reçus en grande pompe par les indigènes des pays qu'ils traversaient; car tous les Hindous leur étaient sincèrement dévoués, tant pour leur traduction des œuvres sanscrites de l'ancienne littérature arienne qu'ils popularisaient, que pour leurs efforts d'adoucir l'éloignement des castes entre elles, ainsi que de modifier le mépris, bien injuste, que les Anglo-Indiens professent à l'égard des naturels, même des brahmins les plus érudits. En ceci la Société, de l'avis des indigènes, a eu beaucoup de succès. Mais nulle part les théosophes n'ont été fêtés comme à l'île de Ceylan. Chaque fois qu'ils s'y sont rendus, toute la population boudhiste a été en fête, en commençant par le clerge et son chef, qui organisait un accueil triomphal.

C'est dans l'intérêt des Cinghalais du Ceylan que le président songea à un voyage en Europe; à Londres surtout pour adresser au Parlement une pétition en leur faveur. C'était vers la fin de l'année 1883. H. P. Blavatsky allait un peu mieux depuis leur établissement dans un meilleur climat et dans une maison bien bâtie; mais cependant sa santé laissait beaucoup à désirer et tous les médecins étaient d'accord qu'un changement de climat, quoique temporaire, lui ferait beaucoup de bien. Il fut donc décidé qu'elle accompagnerait le président et, dès lors, Hélène commença à former des vœux et des projets pour voir ses parents. Elle nous écrivit aussitôt, puis, au mois de décembre, ils partirent pour Bombay.

Mais avant de quitter les rives indiennes ma sœur eut trois visions rapides, qui lui apprirent la mort de son oncle, le général Rostislav Fadéew, qui se mourait simultanément à Odessa.

Sachant qu'elle partait, et trop agitées d'ailleurs par ce grand malheur, sa tante et moi nous négligeâmes de lui faire part de ces événements. Elle ignorait même la maladie de son oncle, quand celui-ci vint l'instruire que toutes ses épreuves étaient finies...

Les deux ou trois lettres de M⁰ᵉ Blavatsky, datées des premiers jours de janvier 1884 — le général Fadéew étant mort le 29 décembre, — prouvent incontestablement la vérité de ces visions; tandis que les paroles d'outre-tombe qu'elle entendit prononcer à cet homme, estimé et chéri de tous ceux qui l'avaient connu, ont une portée singulière.

Elle avait une foi implicite dans la vérité et l'importance des visions de ce genre : non évoquées, mais provenant de l'initiative et de la volonté de celui qui était mort. Elle les a eues toute sa vie et généralement elles ont été le privilège reconnu de presque tous les membres de notre famille.

VI

Une fois en Europe, H. P. Blavatsky fut assaillie d'invitations. Tous les théosophes de Londres, de Paris et des amis de toutes les contrées voulaient la voir; mais elle ne pensait qu'à voir ses plus proches parents et, dans ce but, après s'être reposée à Nice chez Mme la duchesse de Pomar (lady Caithness), présidente de la branche d'Orient et d'Occident de la S. T. parisienne, elle s'établit à Paris, dans un modeste appartement, qu'elle prit pour y recevoir sa tante et moi *chez elle*, sachant que nous ne voudrions pas accepter d'autre hospitalité. Harassée par les curieux et les reporters, bien plus que par des amis ou des personnes sérieusement intéressées à ses doctrines, elle alla passer quinze jours à la campagne, acceptant l'invitation de M. et Mme d'Adhémar (1) qui habitaient une charmante villa près d'Enghien. Dans le *Lucifer* (journal fondé depuis par H. P. Blavatsky à Londres, pour le mois de juillet 1891), je trouve une belle lettre de la comtesse; ses souvenirs des phénomènes musicaux produits par Mme Blavatsky pendant ce séjour, en la présence de plusieurs personnes. Je regrette de ne pouvoir, dans cet article restreint, citer cette lettre, ainsi que beaucoup d'autres qui seraient peut-être plus convaincantes pour [les lecteurs que les dépositions d'une sœur. Je ne désespère pas de pouvoir le faire un jour; ne serait-ce que pour détromper le public sur bien des inculpations mensongères, portées contre M. Blavatsky par des personnes malintentionnées; pour la plupart des « anciens prosélytes », trompés dans leur attente de bonnes aubaines et par suite devenus des ennemis haineux...

Il y en est beaucoup, de ces vaniteux, qui s'attendaient à recevoir des dons occultes; ou même de simples mercenaires, qui offraient leur aide et concours à H. P. Blavatsky, *en échange* de sommes plus ou moins importantes. Dès qu'ils voyaient qu'elle n'avait ni les moyens ni le vouloir de les payer en argent comptant où en pouvoirs occultes, bien vite ils devenaient des adversaires acharnés et souvent très peu consciencieux...

Je passai six semaines, au printemps de 1884, à Paris auprès de ma sœur. Elle était toujours très entourée; sans parler de beaucoup de personnes venues d'Amérique, d'Angleterre et d'Allemagne, tout exprès pour la voir et causer d'affaires théosophiques, il y avait une foule de Parisiens intéressés par la doctrine et surtout par les phénomènes, qui l'assaillaient journellement.

La S. T. en Europe était encore en pleine enfance. Même à Londres il n'y avait que quelques dizaines de vrais membres

---

(1) La comtesse d'Adhémar fut plus tard directrice du journal *la Revue théosophique*, dont elle pria Mme Blavatsky d'accepter la rédaction en chef.

sincères et travailleurs, dévoués à la cause; en Allemagne pas
une branche n'était encore dûment formée; quant à Paris, il y en
avait deux, n'ayant pas plus de vingt à trente membres, et encore
ces pauvres sections de « la branche mère de New-York et
d'Adyar » étaient-elles constamment déchirées par des dissentiments, qui offraient bien peu de garanties pour leur future prospérité. Il y avait cependant quelques personnes d'élite au nombre des assidus de la maison, 46, rue Notre-Dame-des-Champs.
Je me souviens y avoir vu beaucoup de savants, de docteurs en
médecine et en autres sciences, de magnétiseurs et de clair-
voyants; mais surtout de femmes plus ou moins versées dans la
littérature et les sciences abstraites. Beaucoup de nos compatriotes des deux sexes aussi... Les personnes dont ma mémoire
a gardé le nom sont MM. C. Flammarion, Leymarie, de Baissac,
Richet; le magnétiseur Evette, disciple et ami du baron Du-
potet et M. Vsevolod Solovioff, auteur russe, un des visiteurs les
plus assidus, qui protestait alors de son dévouement à la cause et
à la personne de Mme Blavatsky. Quant aux dames, c'étaient
la duchesse de Pomar, la comtesse d'Adhémar, Mmes de Barreau,
Mme de Morsier. Mlle de Glinka et beaucoup d'autres Françaises,
Russes, Anglaises et Américaines.

Le colonel Olcott et M. Judge, ce dernier arrivé de New-York,
nous faisaient des récits sans fin sur les phénomènes les plus
fabuleux, dont ils avaient été témoins; mais nous ne vîmes que
de ceux qui appartiennent à la région psychologique, à l'exception cependant de deux ou trois cas où il y eut des accords harmonieux, produits par Helena Petrovna à volonté dans différentes directions; puis une lettre cachetée non seulement fut lue
par un procédé psychométrique, mais ayant tracé un trait et
une étoile théosophiques au crayon rouge, sur une feuille de
papier volante elle fit apparaître ce signe sous enveloppe, à la
place voulue de la lettre cachetée et pliée en quatre. Ce phénomène a été certifié par la signature de six à sept témoins;
entre autres par M. Solovioff qui, de plus, l'a décrit dans le
journal russe *Rébus*, du 1er juillet 1884, sous le titre : *Phénomène intéressant*. Il y en eut encore un autre que moi-même
j'avais décrit dans le temps. C'était l'apparition subite et la disparition, — sans trace aucune, — d'un article russe, publié
à Odessa trois jours avant d'apparaître dans le *scrape book* de
ma sœur, où elle collait toujours tout ce que l'on écrivait sur.

elle. Le matin même nous avions tous lu cet article avec un étonnement profond (car les lettres d'Odessa à Paris n'arrivent ordinairement que le quatrième ou le cinquième jour) et le soir il n'en restait aucun vestige dans le livre dont les pages étaient reliées et *numérotées.* La disparition de l'article n'avait pas interrompu la série des numéros... En exceptant ces deux faits aux caractères palpables, pour ainsi dire matériels, je ne l'ai, à ce qu'il m'en souvient, — jamais vu produire que des phénomènes psychologiques, tous de clairvoyance, de psychométrie, de claire audience. Je n'ai, quant à moi, jamais eu de missives de la part des adeptes, je ne les ai jamais aperçus et jamais je n'ai eu la chance de voir, comme bien d'autres s'en vantent, aucune apparition, — ni lumières, ni lettres tombant des cieux : Je ne conteste pas leurs dépositions, — bien loin de là! J'y crois volontiers, car selon moi personne n'a le droit de contester les croyances d'autrui sur le seul fait de son ignorance ou de son manque de perception ; mais je ne puis avancer ce que je n'ai pas reconnu par moi-même.

Cela ne saurait m'empêcher de parler de ce que d'autres, plus heureux ou mieux doués que moi, m'ont raconté de leurs expériences personnelles. Il m'est impossible de relater tous les récits des plus proches acolytes de ma sœur et ce serait de trop, car tous les journaux théosophiques ont parlé et reparlé de ce que M. Sinnett, Olcott, Judge et bien d'autres ont témoigné à ce sujet ; mais je me permettrai de m'en rapporter à l'autorité d'un individu dont le témoignage n'a jamais trouvé de place dans la presse anglaise ou française. Je veux parler des phénomènes remarquables que M. Vs. Solovioff décrit dans plusieurs lettres.

Lors de son séjour auprès de ma sœur, au mois de septembre de cette même année, à Elberfeld où il était allé la voir, il m'écrit une longue lettre à propos d'une conférence que le Mahatma Moria lui avait accordée, ainsi que des visions qu'il avait eues préalablement à l'apparition de ce grand adepte. Je n'en parlerais pas en détail, car il m'avait dit en avoir envoyé la description au journal de la Société pour les recherches psychiques de Londres : mais voici ce qu'il me communiqua, en réponse à mes questions sur l'authenticité de cette apparition, le 21 novembre 1885 :

Voici encore un fait. J'y reçus (à Würtzbourg) en même temps , à la grande jalousie de tous les théosophes, une lettre autographe du Mahatma Kout-Houmi et même en langue russe. Je ne fus pas du tout étonné de ce que ce billet se trouva précisément dans un livre que je tenais à la main, — je l'avais pressenti, je le savais d'avance ! Mais ce qui m'étonna fort, c'est qu'il me parlait, net et clair, de choses dont nous causions dans le moment. J'y trouvais une réponse précise à ma demande de tout à l'heure et cependant je me tenais à l'écart, personne ne s'était approché de moi et quand même quelqu'un eût pu mettre ce billet dans mon livre, il aurait fallu que cet individu s'emparât de ma pensée et me fît prononcer les paroles que j'avais dites, pour y trouver la réponse exacte. J'ai observé bien des fois ce phénomène sur moi et sur d'autres personnes...

Les forces occultes de Mme Blavatsky avaient été grandes sans aucun doute, quoique personne, à ce que je sais, ne lui ait jamais imputé des facultés de suggestion hypnotique, comme semble le faire M. Solovioff. De plus, son hypothèse ne supporte pas la critique, par le fait que maintes fois les lettres des Mahatmas et de Mme Blavatsky ont été soumises à l'inspection des experts calligraphes qui toujours ont prononcé qu'elles étaient d'écritures différentes (1). D'ailleurs, M. Solovioff n'a pas été le seul à les recevoir dans des circonstances parfaitement semblables à la sienne : M. Hubbé-Schleiden, le directeur du journal *le Sphinx*, et bien d'autres, en font preuve, ayant reçu leurs lettres *en l'absence de Mme Blavatsky* (2). Revenons aux témoignages de M. Solovioff. Il finit sa lettre du 21 novembre en ces termes : « Quand aura fini son existence, qui — j'en suis convaincu — *n'est soutenue que par une force magique,* — je pleurerai toute ma vie cette malheureuse et remarquable femme... » Mais il avait assurément raison de parler ainsi, lui qui avait eu plus que tout autre des preuves de ses forces supérieures ! Voici encore quelques lignes d'une autre lettre de lui, écrite du 22 décembre 1884, quand ma sœur était depuis deux mois aux Indes, et lui demeurait à Paris :

... Mon dîner fini, j'allai chercher un cigare dans ma chambre. Je monte, j'ouvre ma porte, j'allume une bougie, etc... qu'est-ce que je vois ?... Votre sœur, Helena Petrovna, dans sa robe noire du matin. Elle me salua,

---

(1) Dans l'ouvrage de M. Sinnett, *Incidents in the life of Mme H. P. Blavatsky*, on peut trouver le récit de toute l'affaire, accompagné des documents officiels.

(2) Depuis la mort de ma sœur des lettres identiques ont été reçues à Londres au quartier général des théosophes. Mrs Annie Besant, la comtesse Wachtmeister, M. Judge et bien d'autres en ont parlé dans tous les journaux théosophiques. Une de ces lettres du Mahatma Moria (le maître d'H. P. Blavatsky) exhortant ses prosélytes à continuer son œuvre, a produit une grande sensation dans le monde théosophique.

V. J.

me sourit, prononça : « Me voilà ! » et disparut... Que signifie tout cela, enfin ?...

Mais... il faut penser que cela ne signifiait absolument rien de grave. Ma sœur a tout simplement voulu lui rendre une fois pour toutes, en son corps astral, les fréquentes visites que M. Solovioff lui avait faites à Paris, à Elberfeld, à Würtzbourg, en chair et en os...

Nous partîmes de Paris le même jour au mois de juin, moi et ma tante N. A. Fadéew, pour Odessa ; Mᵐᵉ Blavatsky pour Londres, où on l'appelait assidûment. Elle y fut très occupée de l'organisation d'une branche théosophique stable, sous la présidence de M. Sinnett et, quoique constamment souffrante, elle dut donner beaucoup de temps à la curiosité et aux relations mondaines. Dès les premiers jours, elle y fut adulée et fêtée. On organisa des meetings et des « conversazione » monstres en sa faveur. A l'un d'eux, où à peu près mille personnes s'étaient assemblées dans l'hôtel de ville (Prince's Hall) on lui présenta plus de trois cents personnes ; ce fut le professeur Crookes, Cross, le ministre pour les affaires des Indes Britanniques, et sa compatriote et amie Mᵐᵉ Olga Aleksévna Novikoff, qui s'en occupèrent, sans parler des membres de la Société théosophique qui tous s'empressaient d'introduire leurs amis. Sinnett y fit un beau discours, où il porta aux cieux l'énergie et le savoir de Mᵐᵉ Blavatsky, le travail incessant du colonel Olcott et les beaux principes humanitaires et moraux qui servaient de base à leur doctrine. Malheureusement la santé de H. P. Blavatsky ne pouvait suffire à tout, aux labeurs incessants, aux obligations mondaines et surtout aux émotions causées par les mauvaises nouvelles qui arrivaient de Madras. Je veux parler du complot bien connu de leurs ci-devant serviteurs, le menuisier Coulomb et sa femme, qui vendirent des lettres forgées au journal *Christian College* de Madras, ennemi juré de la Société théosophique et surtout de sa fondatrice, qui, en l'absence des maîtres d'Adyar, se prirent à faire, dans l'appartement de Mᵐᵉ Blavatsky, des portes déguisées et des armoires à double fond, qu'elle ne pouvait leur avoir commandées, par la seule raison que, quand même elle aurait voulu tromper ses visiteurs par des artifices, il eût fallu qu'elle devînt folle pour faire faire ses arrangements secrets en son absence. Toutes ces inventions, bien payées par ses adversaires, amenèrent la triste histoire des divulgations des « tricheries de

Mme Blavatsky, *the greatest impostor of the age* », comme la nomme le compte rendu de la Société psychique à Londres. Ce compte rendu a été bien des fois démenti dans ses moindres détails, par beaucoup d'individus, qui, profondément initiés à l'occultisme et aux doctrines théosophiques, sont allés sur les lieux et ont soigneusement sondé cette affaire; mais les calomnies scandaleuses, surtout celles qui font rire, ne se déracinent pas facilement. Il est évident que les assertions de la Société psychique, *traduites dans toutes les langues*, serviront encore longtemps d'armes puissantes aux ennemis de Mme Blavatsky, tandis que les réfutations de ses fervents disciples, bien plus versés dans tous les détails de ce complot, demeurent impuissantes faute de traducteurs et de publicité (1), reléguées comme elles le sont dans les journaux théosophiques très peu lus par le public étranger à la Société.

La malveillance peu consciencieuse du journal *le Collège chrétien* alla jusqu'à affirmer que « H. P. Blavatsky n'oserait jamais revenir aux Indes, car non seulement elle extorquait de l'argent à ses dupes, mais elle avait encore volé la caisse de sa propre Société théosophique ». Elle, qui ruinait sa santé à force de travailler pour la Société! Elle, qui lui avait consacré toute sa fortune, toute sa vie, toute son âme... Cette seule déposition d'un journal soi-disant chrétien prouve la déloyauté des adversaires de Mme Blavatsky.

Elle eut hâte de partir pour les Indes, rien que pour donner le démenti à ses persécuteurs. A Ceylan, puis à Madras même, on lui fit des réceptions éclatantes. Les étudiants des collèges de Madras lui offrirent une adresse des plus flatteuses, signée de huit cents personnes. Certes, c'était une démonstration éloquente qui la consola un peu de ses amers déboires.

Cependant les tracas continuèrent de plus belle. Dès qu'elle prit possession de sa chambre à Adyar, Helena Petrovna jeta des cris d'indignation qui firent accourir ses compagnons de voyage, les époux Cooper-Oakley; c'était la vue des étranges travaux

---

(1) J'ai, dans mon portefeuille, toute une série d'articles justificatifs écrits par des amis de Mme Blavatsky en sa faveur, qu'aucun journal russe n'a voulu publier, par crainte de polémique. A propos d'une allusion de la gazette *Novoïe Vremia* au susdit compte rendu de la Société psychique, une vingtaine de membres de la S. T. de Londres, qui avaient bien approfondi toute cette intrigue, envoyèrent une adresse collective au directeur du journal; mais jamais cette adresse n'a vu le jour, et les articles diffamatoires ont continué et continuent de paraître dans ce journal, *toujours fondés* sur les calomnies de la Société psychique...

du menuisier Coulomb qui l'avaient frappée de stupéfaction (1). Bref, ses ennemis firent tant et si bien qu'elle tomba malade et manqua en mourir. Cette fois sa guérison fut un vrai miracle dont ont parlé tous les témoins oculaires. Le soir son médecin la quitta agonisante, mais quand il revint au matin, rien que pour certifier sa mort, il la trouva déjeunant d'une tasse de lait. Le docteur n'en voulait pas croire ses yeux. Elle lui dit simplement : « C'est que vous ne voulez pas en croire à la puissance de nos maîtres. »

Le danger immédiat était passé, mais elle était néanmoins si faible, qu'on fut obligé de la transporter sur une chaise longue et de la hisser, presque inconsciente, à bord d'un bateau partant pour l'Italie. Car tous les médecins étaient d'accord que les mois des chaleurs qui approchaient lui seraient indubitablement mortels.

VII

Les premiers mois d'été que H. P. Blavatsky passa près de Naples, à Torre del Greco, furent des mois bien pénibles. Elle se sentait malade, seule et délaissée et, qui plus est, elle s'imaginait que la prospérité de la Société théosophique était entravée par son impopularité, par les calomnies dont elle était constamment l'objet. Mais au premier mot de démission qu'elle prononça, il s'éleva un orage de protestations unanimes en Amérique, en Europe et surtout aux Indes. Le président ne savait comment calmer les mal contents, qui demandaient à grands cris le retour « d'H. P. Blavatsky », sa reprise des affaires de la Société et des intérêts théosophiques. Elle avait beau démontrer qu'elle serait plus utile au mouvement, en écrivant sa nouvelle œuvre, la *Doctrine secrète*, dans l'isolement et l'éloignement des affaires et des troubles; on lui répondait par des assurances de dévouement et par des appels à Londres, à Madras, à New-York; partout où elle voudrait bien s'établir elle serait la bienvenue pour reprendre la primauté dans le mouvement. Quant à les quitter, il n'y fallait pas penser, car, selon la conviction unanime, ce serait la dispersion de la Société théosophique, sa mort !

Ayant appris que l'une des plus sottes inculpations contre

(1) Mme Cooper-Oavley décrit cette scène et tout ce qui s'ensuivit, dans un article sur leur voyage de Londres à Madras, dans le *Lucifer* de juin 1891.

H. P. Blavatsky était que les Mahatmas n'existaient pas, qu'ils étaient le fruit de son imagination, pliée à tromper les crédules, il y eut une masse, des centaines de lettres qui lui arrivèrent chaque jour de toutes les parties des Indes, de la part de personnes qui les connaissaient quand, disaient-elles, ils n'avaient pas encore la moindre notion de la théosophie. Enfin il y eut une missive du Négapatam, la contrée des *pandits* (savants) par excellence ; missive portant les seings de soixante-dix-sept savants, qui tous affirmaient avec emphase l'existence de *ces êtres supérieurs* trop bien connus dans l'histoire des nations ariennes pour être mise en doute par leurs descendants (*Boston Courrier*, Jul. 1886).

Hélène m'écrivait de Würtzbourg où elle alla s'installer pour l'hiver :

Je comprends que la Société psychique de Londres ait sauté tout d'un bond à la possibilité de me faire passer pour une charlatane. Elle ne voudrait en aucune façon avoir des différends avec la science orthodoxe de l'Europe, par conséquent il lui serait impossible de reconnaître que les phénomènes occultes ne sont pas des tromperies, mais le résultat de forces à messieurs les savants inconnues. Ils auraient tout de suite toute la clique des docteurs en sciences et en théologie contre eux. Il vaut certainement mieux nous fouler aux pieds, nous autres théosophes, qui ne craignons ni clergé, ni autorités académiques, ayant le courage de nos opinions. Eh bien ! plutôt que d'exciter la colère des bergers de tous les moutons de Panurge européens, ne vaut-il pas mieux excuser mes prosélytes (car il y a parmi eux beaucoup de gens qu'il faut ménager !) en les plaignant comme mes pauvres dupes et en me mettant, moi, sur la sellette de l'opprobre, m'accusant de fraudes, d'espionnages, de vols, que sais-je !.. Ah ! je reconnais bien là mon sort : d'avoir la réputation, sans avoir eu le plaisir !.. Si au moins j'avais pu vraiment être utile à ma Russie bien-aimée ! Mais non ! le seul service que j'aie eu la chance de lui rendre a été bien négatif : les directeurs de quelques journaux aux Indes, étant de mes amis et sachant comme chaque ligne écrite contre la Russie me faisait mal, s'abstenaient plus souvent qu'ils ne l'auraient voulu... Et voilà tout ce que j'ai pu faire pour ma patrie, à jamais perdue !

Sa grande consolation dans cet exil étaient les lettres et les visites de ses amis qui surent la trouver au fond de l'Allemagne où elle s'était réfugiée pour avoir du repos et écrire en paix son livre. Les lettres étaient toutes de confiance et d'amitié ; quant aux visites, celles de ses amis russes lui donnaient le plus de plaisir. Elle eut celles de sa tante d'Odessa et de M. Solovioff de Paris. Ce dernier y eut la missive du Mahatma Kout-Houmi et repartit pour Paris, enthousiasmé de sa visite et des choses

extraordinaires dont il avait été témoin à Würtzbourg, à un tel
point qu'il écrivit lettre sur lettre, toutes dans le genre de celle-
ci, dont je fais ici des extraits :

Paris, 8 octobre 1885.

Ma bien chère Helena Petrovna, je suis en relations avec Mme Adam.

Je lui ai beaucoup parlé de vous, je l'ai bien intéressée et elle m'a
annoncé que sa *Revue* serait dorénavant ouverte non seulement aux
articles théosophiques, mais à votre propre justification, s'il le fallait. Je
lui ai fait l'éloge de Mme de Morsier (cette dame professait jadis beaucoup
de dévouement à Mme Blavatsky et à sa doctrine) ; il se trouva, pour le moment chez elle, un visiteur qui, de concert avec moi, parla de même... »
Tout va très bien. J'ai passé la matinée chez Richet (le docteur) et de nouveau je lui ai parlé de vous, à propos de Mayers et de la Société psychique.
Je puis affirmer avoir convaincu Richet *de la réalité de vos forces personnelles*
et des phénomènes *provenant de vous*. Il m'a posé *trois* questions catégo-
riques ; aux deux premières j'ai répondu affirmativement ; par rapport à la
troisième, je lui ai dit que je serais en état de lui répondre affirmativement,
sans aucun doute, dans deux ou trois mois. Je ne doute nullement de ce
que ma réponse sera affirmative et alors, — vous verrez, — il y aura un
triomphe qui mettra à néant tous les psychistes (de Londres). Oui, ça doit
être ainsi, n'est-ce pas ?... Car certainement vous ne vous jouerez pas de
moi !.. ... Je pars demain pour Pétersbourg... A vous de cœur.

Vs. SOLOVIOFF.

Tout l'hiver, à Würtzbourg, Mme Blavatsky fut occupée à
écrire sa *Doctrine secrète*. Elle écrivait à ce propos à M. Sinnett
que jamais encore les visions psychométriques qu'elle avait eues
lors de la composition d'*Isis dévoilée* ne s'étaient manifestées
aussi claires et nettes à sa perception spirituelle, et qu'elle espérait que cet ouvrage revendiquerait leur cause. En même temps
la comtesse de Wachtmeister, qui passa cet hiver avec elle (et depuis ne voulut plus jamais la quitter), écrivait des lettres pleines
d'admiration pour les écrits de Mme Blavatsky, surtout pour « les
procédés magiques, les conditions surprenantes dans lesquelles
H. P. Blavatsky travaillait à sa grande œuvre.

« Nous sommes entourées de phénomènes quotidiens, m'écrivait-elle, mais nous y sommes si bien habituées qu'ils me semblent être dans l'ordre des choses. »

Encore une fois, H. P. Blavatsky fit une grande maladie dont
elle ne revint qu'avec peine, grâce au dévouement d'amis qui
ne la quittèrent pas un instant. Ce fut surtout au docteur Ellis

---

(1) *At Wurtzbourg and Ostende.* Constance Wachtmeister. *Lucifer*, june 1891.

Ashton, de Londres, à la comtesse Wachtmeister, de Stochkolm, et à la famille Gebhard, d'Elberfeld, qu'elle fut redevable de sa résurrection; mais, dès ce temps, sa vie ne fut plus qu'une série de souffrances plus ou moins cruelles.

Au mois d'avril 1887, ses amis réussirent à la transporter en Angleterre. Elle avait passé le dernier hiver à Ostende où elle finit la première partie de la *Doctrine secrète*, et où elle fut constamment entourée d'amis, surtout de personnes venant la voir de Londres; au nombre de celles-ci avait été le président de la Société théosophique, M. Sinnett, qui justement alors publiait son livre : *Incidents in the life of M**me** H. P. Blavatsky.*

Les quatre dernières années de sa vie, que M**me** Blavatsky passa à Londres, furent des années de souffrances physiques, de labeurs incessants, de surexcitation mentale qui minèrent finalement sa santé, mais aussi de succès, de jouissances morales qui la compensèrent de bien des douleurs, lui donnant l'espoir que son œuvre, la Société théosophique, et ses écrits lui serviraient de pièces justificatives après sa mort et vengeraient son nom des calomnies dont on l'avait couvert.

Voici des extraits d'une de ses lettres, écrite en automne 1887, pour s'excuser de son long silence :

Si vous saviez, mes amis, comme je suis occupée ! Pensez combien j'ai de devoirs quotidiens : l'édition de mon nouveau journal *le Lucifer* pèse sur moi en entier, sans compter que j'y dois écrire mensuellement de dix à quinze pages. Puis viennent les articles pour d'autres journaux théosophiques : le *Lotus* de Paris, le *Theosophist* de Madras, le *Path* de New-York. Ma *Secrète Doctrine*, dont je dois continuer le second volume et corriger les épreuves du premier, par deux ou trois fois chaque copie. Et les visites ? Quelquefois une bonne trentaine par jour. Impossible de m'en défaire !... Il me faudrait cent vingt-quatre heures par jour. Ne craignez rien : pas de nouvelles — bonnes nouvelles ! On vous écrirait si je tombais plus malade que je ne le suis toujours... Avez-vous remarqué sur l'enveloppe du *Lotus* l'annonce à sensation de l'éditeur ? *sous l'inspiration de M**me** Blavatsky*... Quelle inspiration, bon Dieu, quand je n'ai pas de temps pour y écrire un mot. Le recevez-vous ?... J'en ai pris trois exemplaires : pour vous deux et pour Katkoff. Je l'adore, cet homme, pour son patriotisme et la vérité crue de ses articles qui font honneur à la Russie...

L'activité de la Société théosophique à Londres, ses meetings, ses journaux mensuels et hebdomadaires et, surtout, les écrits de sa fondatrice attirèrent l'attention de la presse et les représailles du clergé. Mais ici ses représentants ne se permirent jamais des excès injustes et calomnieux, comme les jésuites de Madras. Il y eut, bien vrai, plusieurs meetings très orageux, où H. P. Blavatsky fut, selon sa propre expression, « traitée de *Lucifer*, — non dans son vrai sens de *porteur de la lumière céleste*, — mais dans le sens plus populaire que lui donna le *Paradis perdu* de Milton. J'y fus recommandée au public comme l'Antéchrist en jupons, — nous écrivit-elle. Cependant sa belle lettre, intitulée : *Lucifer to the Archbishop of Canterbury*, — fit grande sensation et mit presque fin aux hostilités cléricales.

A Londres il ne fut plus jamais question de phénomènes démonstratifs : Helena Petrovna les prit en grippe. Et pourtant, comme M. Stead le remarque avec justesse, dans son article sur Mme H. P. Blavatsky dans la *Review of reviews* pour juin 1891, jamais elle ne fit tant de prosélytes éminents et dévoués à la cause que pendant les quatre dernières années de sa vie. Ses visions et sa clairvoyance ne la quittèrent cependant pas, jusqu'à sa dernière heure. En juillet 1886 elle nous annonça la mort de son ami, le professeur Alexandre Boutléroff, avant qu'il en fût question dans les journaux russes. Au fait, elle le vit à Ostende le jour même de son décès. Il en fut de même pour notre célèbre publiciste en politique, M. N. Katkoff, patriote qu'elle estimait de tout son cœur. Elle m'écrivit (et cette lettre existe heureusement marquée de la date précise), un mois avant sa fin, qu'il serait malade, qu'il devait mourir. En juillet 1888, comme j'étais à Londres, elle me tira d'une cruelle perplexité, causée par un télégramme mal interprété, en me racontant, après un instant de recueillement, tout ce qui s'était passé le jour même à Moscou. Quand, au printemps 1890, le Head Quarters de la Société de Londres se transporta dans une nouvelle habitation, mieux adaptée à l'accroissement de son personnel, H. P. Blavatsky dit : « D'ici je ne sortirai plus : on me transportera de cette maison au crématorium... » Quand on lui demanda la raison de ce pronostic, elle prétexta que cette habitation ne portait pas son numéro de bon présage : le chiffre 7 y manquait...

La santé d'Helena Petrovna allait toujours de mal en pis, progressivement à l'accroissement de ses occupations. Il s'était formé autour d'elle un groupe de théosophes ardents qui désiraient étudier les sciences occultes. A ce propos elle m'écrivait en 1889 :

... Tu me demandes quelles sont mes nouvelles occupations ? Rien qu'une cinquantaine de pages à écrire en plus chaque mois, mes « Instructions ésotériques », qui *ne peuvent pas être imprimées*. Cinq ou six malheureux martyrs volontaires, d'entre mes ésotéristes dévoués, les copient en 300 exemplaires, pour les envoyer aux membres absents de ma section ésotérique (Esoteric section of the Blavatsky Lodge), mais je dois les reviser et les corriger moi-même, par-dessus le marché !... « Et nos meetings des jeudis, avec les questions scientifiques des savants, tels que le docteur William Bennet ou bien Kingsland, qui écrit sur l'électricité ; avec des sténographes dans tous les coins et l'assurance que mon moindre mot fera partie de notre nouveau journal de comptes rendus : *Transactions of the Blavatsky Lodge*, et sera lu et commenté non seulement par mes théosophes mais par des centaines de malveillants. C'est que mes élèves en occultisme se sont ravisés, vois-tu : ils ont envoyé un circulaire de par le monde théosophique, qui dit : « H. P. B. est vieille et bien malade. H. P. B. peut mourir d'un jour à l'autre et alors de qui apprendrons-nous ce qu'elle peut nous enseigner ?... Il faut nous cotiser, pour éterniser ses enseignements. » Et les voilà qui paient sténographes et publications qui leur coûtent bien cher... Et leur vieille H. P. B. *doit* trouver du temps pour les instruire, quand ce ne serait qu'aux dépens des heures où elle travaillait auparavant pour gagner son pain quotidien, pour les journaux étrangers. Eh bien, quoi ! H. P. B. aura ses habits un peu plus troués aux coudes — et voilà tout !.. A ma moindre parole ils m'en dédommageraien volontiers, mais jamais je n'accepterai un sou pour de pareilles leçons « Que ton argent soit ta perte, — car tu as pensé acquérir les dons de Dieu pour de l'or, » dis-je à ceux qui s'imaginent pouvoir acheter la science divine de l'éternité à raison de shillings et de guinées... .

Deux ans après son installation à Londres Mme Blavatsky fit la connaissance d'une femme de savoir, de mérites et de talents hors ligne.

Je la laisse parler elle-même :

Je guerroie plus que jamais avec les matérialistes et les athées. Toute la ligue des « Libres penseurs » s'est armée contre moi, parce que j'ai converti en bonne théosophe la meilleure de leurs travailleuses, Annie Besant, la fameuse femme auteur et orateur, la main droite de Bradlaugh et son amie éprouvée... Lisez sa profession de foi : *Why I became a Theosophist*, — une sténographie de ce qu'elle a dit dans sa confession publique à l'énorme meeting de la « Hall of science ». Les cléricaux sont si contents de sa conversion, qu'ils font à présent les louanges de la théosophie !... ... Mais que c'est une noble et excellente femme ! Quel cœur d'or ! Quelle sincérité. Et comme elle parle ! Un vrai Démosthène. On ne peut se lasser de l'écouter... C'est précisément ce dont nous avions besoin, car nous avons du savoir, mais aucun de nous, et surtout moi, nous ne savons pas parler ; tandis qu'Annie Besant est un orateur consommé. Oh ! cette femme ne trahira jamais, non seulement notre cause, mais même ma pauvre personne !

Ma sœur avait raison. Avec le concours de théosophes tels que Mme Besant, la comtesse Wachtmeister, Bertram Keightley et leurs pareils, elle pourrait être tranquille et travailler en paix à ses œuvres littéraires, si ses jours n'étaient déjà comptés.

L'hiver de 1890 fut, comme on le sait, fort rigoureux à Londres et, dès le printemps de 1891, l'influenza, ce nouveau fléau de l'humanité aux allures bon enfant, ne montrant ses griffes que dans la suite, se mit à collaborer avec les intempéries de la saison et emporta plus de monde que toutes les autres maladies, — nos bonnes et anciennes connaissances, qui ne trompent pas les gens par des airs débonnaires. Toute la commune des « Head Quarters » dans Avenue Road 19, en fut saisie dès les mois de mars et d'avril. Les plus jeunes en revinrent, H. P. Blavatsky succomba.

Mme Annie Besant était absente ; elle était allé au congrès des théosophes américains y représenter la fondatrice de la Société, chargée par elle d'une adresse « à ses concitoyens, ses frères et sœurs en théosophie »... Les premiers succès d'Helena Petrowna eurent New-York pour berceau ; la cité de Boston eut le privilège de lui donner son dernier plaisir terrestre : les télégrammes pleins de bons sentiments, de reconnaissance et de sincères souhaits pour elle, qui lui arrivèrent d'Amérique, après la lecture de sa lettre, lui donnèrent une vraie joie, au moment où elle était déjà alitée et condamnée... Condamnée?... Non. Elle qui l'avait été tant de fois, qui tant de fois avait trompé les arrêts de ses docteurs, pour cette fois-ci les trompa de même, mais à l'inverse. A onze heures du matin, le 8 de mai, les médecins la proclamèrent hors de danger. Elle se leva et alla se mettre à sa table à écrire, sans doute désirant mourir à son poste, et à deux heures de l'après-midi elle ferma les yeux et « s'en alla »...

« Elle s'en alla si paisiblement, — écrit un témoin de cette mort inattendue, — que nous, qui étions auprès d'elle, ne remarquâmes même pas son dernier soupir... Une suprême sensation de paix s'empara de nous, quand nous nous agenouillâmes, ayant compris que tout était fini (1)... »

J'ai vu ma sœur pour la dernière fois en été 1890. Elle venait de se fixer dans sa nouvelle demeure, était très occupée et presque toujours souffrante. Elle était justement en train de fonder un

---

(1) *Her last hours*, by miss LAURA COOPER. *Lucifer*, juin 1891.

asile dans l'East End, ce quartier des pires misères de Londres, pour les malheureuses victimes des exploiteurs-fabricants, pour les femmes-ouvrières. Le *Working women's Club*, fondé aux frais d'un riche théosophe qui a voulu garder son nom inconnu, prospère en ce moment sous l'égide des dames patronnesses, appartenant à la Société théosophique. Nous passions les soirées à causer des temps passés, de sa patrie bien-aimée; les injustices et les calomnies de la presse anglaise contre la Russie lui semblaient autant d'injures à elle-même. Il est bien dommage que ses compatriotes ne connaissent pas tous ses articles à ce propos. Beaucoup d'entre eux, ceux surtout qui se sont formé une idée d'elle d'après les divagations ou les calomnies de certains journaux russes, auraient à changer leurs opinions sur elle après la lecture d'un article comme celui de (*Lucifer*, juin 1890)*: The moat and the beam*, écrit en réponse aux fausses accusations portées dans les meetings d'indignation de fâcheuse mémoire, contre le gouvernement russe, de ses *atrocités commises en Sibérie*, pour la plupart conçues dans la trop vive imagination de Georges Kennan. Et même, — étrange coïncidence ! — les dernières lignes tracées par sa plume, sur la même page du *Lucifer* où l'on avait en toute hâte collé le premier avertissement de sa mort, se rapportaient à l'empereur de Russie. Elle y donnait à la cour de la reine d'Angleterre le bon conseil de suivre l'exemple que lui offrait notre famille impériale, dans la profession de certaines vertus, inconnues de ceux qui ne se connaissent pas dans la *True Nobility*, titre de cet article.

Par un beau jour de mai, les restes de la fondatrice de la Société théosophique furent transportés dans un cercueil, tout couvert de fleurs, au crématorium de Londres. Il n'y eut ici aucune cérémonie imposante, même aucun deuil, elle l'avait strictement défendu. Ce fut aux Indes, surtout à Ceylan, que la commémoration de sa mort fut célébrée en grandes pompes funèbres; mais en Europe la cérémonie fut très simple : à peine quelques mots furent prononcés sur celle « qui créa le mouvement théosophique, qui fut l'apôtre de la charité pour tous, l'apôtre d'une vie laborieuse et pure, pour le bien d'autrui et pour le progrès de l'esprit humain et surtout de l'âme éternelle et divine ! » Puis la bière disparut dans les flammes, — « et trois heures après, les cendres de celle qui fut Helena Petrowna Blavatsky revinrent à son dernier domicile », pour être divisées en trois parts égales : l'une fut emportée en Amérique, « berceau de la théosophie ; la seconde à Adyar, son autel, et la troisième resta sur la tombe de celle qui la proclama à l'univers » — disent ses disciples... Il y en a parmi eux de trop fervents peut-être, mais il y en a aussi qui ne disent que la juste vérité. Voici, par exemple, quelques mots que tout homme impartial devra approuver :

Les amis de Mme Blavatsky ne demandent pas qu'elle soit jugée d'après leur appréciation. Tout ce qu'ils demandent est que les lois du sens commun conservent leur force ordinaire par rapport à elle, comme aux autres : que les avis de ceux qui l'ont bien connue aient le pas sur l'opinion de ceux qui n'avaient jamais eu rien de commun ni avec elle-même ni avec ses œuvres. Que le babil, sans preuve aucune, des journaux, n'ait pas l'importance d'arrêts judiciaires, quand il se rapporte à sa personne. Nous ne demandons même pas que ses œuvres soient lues par des juges compétents ; nous conseillerions seulement, — par expérience personnelle et non par des ouï-dire, — à celui ou celle qui désirerait sincèrement élever ses aspirations, renforcer son énergie, éclaircir et développer ses vues, sa compréhension, ses forces spirituelles, — d'étudier les livres qui expliquent les pensées, qui reflètent l'âme d'Helena Petrovna Blavatsky (1)...

« Amen ! » diront volontiers ses proches par le sang, à cette appréciation d'un disciple.

Quant à moi, qui ne le suis pas précisément, je me permettrai de dire, néanmoins, que les doctrines de la théosophie, — quand même la Société se serait dispersée et qu'il ne resterait aucune trace d'elle comme organisation sociale, — ne devraient pas passer inaperçues de nos contemporains. Elles auront leur place dans les annales historiques du XIX° siècle et, — si même elles ne donnaient rien d'essentiel aux sociétés des âges à venir, comme l'espèrent ses fervents apôtres, le nom d'une femme qui a su éveiller un mouvement d'idées universel, ne saurait être entièrement plongé dans l'oubli.

Vera P. JELIHOVSKY.

(1) *Tests of character.* (*The Path*, june), by ALEXANDER FULLERTON.

L'ANGE

La cour spacieuse de la ferme forme un grand carré ; au milieu deux ormes séculaires abritent le puits à la margelle usée
par le rude frôlement des chaînes et les heurts des seaux ; à
gauche, l'étable et l'écurie ; à droite, la grange avec son toit
élevé ; à côté, le hangar à l'abri duquel des charrettes, les bran-
cards en l'air, des herses et des charrues semblent se reposer de
leurs travaux ; deux bâtiments plus bas qui servent à serrer la
volaille, lâchée pour le moment, et au logement des porcs qu'on
entend grogner au fond de leurs réduits occupent, sans le fermer,
le bas du carré dont le haut est pris, presque en entier, par l'habitation du fermier, demeure riante à un seul étage, exhaussée
de quelques marches au-dessus du sol ; une espèce de perron
étale ses pierres blanches disjointes devant la porte d'entrée ; de
larges fenêtres, divisées en petits carreaux, s'ouvrent dans la
façade et lui ôtent l'aspect d'une maison de paysan ; aussi bien
cette bâtisse, du temps de Louis XVI, fut-elle jadis le modeste
manoir d'une terre seigneuriale, comme l'atteste encore le pi-
geonnier, petite tour octogone placée à la suite du corps de logis
et construite dans un style fort différent, appartenant à l'époque
de la Renaissance ; elle garde encore quelques délicates sculp-
tures effritées par l'intempérie des saisons. Partout cette double
empreinte de l'ancienne origine noble et de la moderne adaptation
roturière.

Les façades de pierre sont moins impassibles qu'on ne croit ;
elles répercutent quelque chose des mœurs, des habitudes, des
caractères de leurs habitants. Le vieux cheval de bataille attelé à
une charrette a encore une manière de lever la tête, d'aspirer
l'air avec ses naseaux frémissants, de secouer sa crinière sous ses
harnais poudreux, qui vous font songer à ses destinées passées.

Ainsi en était-il de cette ancienne châtellenie devenue un logement de fermier; un observateur clairvoyant y aurait même découvert une troisième empreinte légère, gracieuse, un peu
bourgeoise celle-là, se superposant sur les deux autres et trans-
formant, par mille petits détails, l'aspect du manoir changé en
ferme. Une étroite bande de fleurs, semées sans ordre, mais avec
profusion, courait le long de la muraille et interposait une barrière odorante entre la maison et les émanations du fumier; une
belle vigne s'étendait au-dessus des fenêtres, emmêlée de quelques brins de jasmin et de touffes de clématites; des oiseaux
sautillaient en chantant dans une cage vernissée, révélant les
goûts d'une personne moins accablée de soins et de travail que ne
le sont ordinairement les fermières.

Et pourtant!... c'est bien la coiffe tourangelle, avec ses fins
tuyautages faits à la paille, qui encadre le visage féminin que nous
voyons se pencher sur un travail de couture dans la baie de la
large fenêtre; mais, ne vous y laissez pas tromper, c'est par une
touchante flatterie pour son époux, maître Hugué, que sa femme
porte la coiffure des paysannes; elle est née à la ville, et, quoique
d'origine modeste, a été élevée un peu en demoiselle chez les
religieuses du Saint-Nom-de-Jésus. Sa candeur, sa piété l'avaient
faite l'enfant chérie de cette sainte maison; tout indiquait en elle
une future religieuse, destinée à être l'ornement caché du couvent, lorsque son vieux père étant devenu veuf et, presque en
même temps, paralytique, des devoirs impérieux l'appelèrent au
foyer domestique.

Elle y resta, mille fois plus cloîtrée que dans son monastère,
pendant quatre tristes années, victime d'un malade atrabilaire,
difficile à soigner, à charge aux autres et à lui-même. M. Durand,
ainsi se nommait ce bonhomme désagréable, ancien sous-officier
retraité dans une petite ville de Touraine, avait eu la malheureuse
idée, sur ses vieux jours, de se mêler de je ne sais quelle affaire
de fours à chaux, magnifique entreprise qui devait le ruiner, en
compagnie de plusieurs imbéciles de son espèce. Quand je dis
ruiner, le mot est bien gros, car il ne s'agissait pas, pour Durand,
de perdre une fortune qu'il n'avait jamais possédée, j'entends par
là que les dix ou douze mille francs formant la petite dot de sa
femme, et les économies du ménage s'y étaient trouvés en-
gloutis.

J'ai vu des gens perdre des centaines de mille francs, voire

même des millions et y survivre fort bien, mais le petit capita-
liste meurt de chagrin quand le magot qu'il soigne, nourrit,
grossit à côté de lui, en dehors de lui, sans y toucher jamais,
vient à disparaître. Cet amant platonique ne peut se consoler de
l'enlèvement de sa belle, et il meurt de regret en songeant qu'elle
lui a été ravie.

M. Durand s'éteignit lentement, rongé par le chagrin; mais
bien avant de quitter ce monde, il en avait fait un désert pour
sa fille et lui-même, sans trop se soucier d'abandonner la pauvre
petite dans cette noire solitude; parents, amis, tout le monde
l'avait fui, sauf une seule personne : maître Hugué, le fermier de
la Morlière.

Ce n'était cependant pas, pour les Durand, une bien ancienne
connaissance, puisqu'elle ne remontait guère plus haut qu'au
début de la maladie du père, et au retour de la jeune fille à la
maison. Le fermier était venu plusieurs fois voir l'ancien sous-
officier au sujet d'un champ et d'un bout de lande enclavés dans
ses terres que ce dernier lui avait vendus. Chaque formalité lui
était un prétexte de visite; puis il vint, sans prétexte, tous les
jours de foire et de marché, apportant au malade quelque petit
présent champêtre : des fruits de son jardin, du beurre frais, une
poule engraissée à son intention; le malade acceptait avec plaisir,
sans chercher à deviner ce qui lui valait de pareilles attentions;
mais le lecteur, plus attentif, a déjà compris qu'elles ne pouvaient s'adresser qu'à la pauvre jeune garde-malade toujours
douce, patiente, empressée, recevant sans mot dire les rebuffades,
ne se plaignant ni de la fatigue ni de la pauvreté. Tant de vertus
avaient touché le cœur honnête du campagnard, et cependant, ce
gros homme, haut en couleurs, qui parlait d'une voix forte, avec
des gestes énergiques, se sentit tout intimidé quand, après la
mort du père, il se trouva seul en face de la jeune orpheline;
troublé, balbutiant, des larmes roulant dans ses yeux, il ne sut
que lui offrir la dot nécessaire pour entrer au couvent du Saint-
Nom-de-Jésus.

Après cette brillante campagne, dans laquelle il avait marché
juste au rebours de ses plus chers désirs, il rentra chez lui absolument malheureux et ne put souper.

Maîtresse Hugué, la mère de notre amoureux, était une femme
de tête et aussi de cœur; elle ne possédait pas un très grand
nombre d'idées, mais ses idées étaient justes et fermes. Quand

elle vit que son fils, pour la première fois de sa vie, n'avait
pas fait honneur au repas, elle s'alarma sérieusement et devina
une partie de la vérité; laissant son rouet immobile au coin de
la cheminée, elle rejoignit son Pierre au jardin où (symptôme
non moins grave) il allait et venait sans rien faire, les mains
dans ses poches, comme un bourgeois qui flâne le dimanche sur
une promenade publique.

Elle eut vite confessé le grand enfant et revint à son rouet
après l'avoir assuré qu'il était un fier nigaud, ce dont il resta
convaincu en toute humilité.

Le lendemain matin, la vieille fermière mit sa robe des
grandes fêtes, sa coiffe de belles dentelles un peu jaunies et prit
l'air solennel qui allait avec son habit de cérémonie et les rares
circonstances dans lesquelles il était revêtu. Inutile d'ajouter
qu'elle se rendit tout droit chez Mlle Durand.

La jeune fille fut très étonnée; n'ayant nullement deviné les
sentiments du fermier, naïveté sans bornes qui lui fit le plus
grand honneur dans l'esprit de maîtresse Hugué dont la crainte
était qu'une demoiselle de la ville ne fût trop délurée. L'orpheline avoua même qu'elle n'avait jamais songé au mariage, si bien
qu'elle était toute saisie.

Maîtresse Hugué profita de ce saisissement pour entamer
l'éloge de son fils; au portrait qu'elle en traça on n'aurait jamais
reconnu celui qu'elle avait bien fouetté quand il était petit et
traité la veille encore de nigaud; à l'entendre, son Pierre représentait une vraie perfection, tout à fait apte à rendre sa femme
heureuse; ce serait un mari comme on n'en voyait pas, à donner
du regret à toutes les vierges du martyrologe! Ici Mlle Durand
insinua que c'était elle peut-être qui ne ferait pas une bonne
femme, se sentant plus portée vers la vie du couvent.

On lui imposa silence tout de suite; voulait-elle briser le
cœur du pauvre garçon pour prix de toutes ses attentions? Et
notre postulante vit défiler avec confusion, dans une procession
fantastique, les poulets, les mottes de beurre, les paniers d'œufs
frais, etc., et n'osa plus rien dire. La mère Hugué, qui ne maniait
pas avec beaucoup de délicatesse les questions d'argent, alla
jusqu'à insinuer qu'il ne serait guère honnête de faire payer à
l'amoureux trop dévoué les frais de sa propre infortune sous
forme de dot conventuelle et, de fait, la jeune orpheline dut
s'avouer qu'en dehors de lui elle était incapable de trouver les

3 ou 4 000 francs qui lui manquaient pour entrer au Saint-Nom-
de-Jésus.

Enfin il fallait faire de la peine au bon Hugué et Marie-Ève
ne put jamais s'y résoudre ; elle aima mieux l'épouser.

C'est ainsi qu'elle devint maîtresse Hugué ; mais, au bout de
vingt ans, elle conservait encore son air virginal et un peu monastique, son visage était doux, tranquille, son teint transparent
et pâle et elle semblait beaucoup plus jeune qu'elle ne l'était
réellement ; on eût pu la prendre pour la sœur aînée de ses deux
grands fils, Jean et Guillaume, qui maniaient déjà la charrue
et aidaient leur père dans tous ses travaux.

Les durs labeurs de la vie des champs, Marie-Ève ne les
connut jamais, son mari s'étant absolument opposé à ce qu'elle y
participât et sa faible complexion l'y rendant d'ailleurs très peu
propre. Le soin de son ménage, dans lequel elle faisait régner
un ordre admirable et une propreté resplendissante, des travaux
de couture qu'elle exécutait avec autant de rapidité que de délicatesse restèrent ses seules occupations actives, elle avait conservé les habitudes casanières de la petite bourgeoisie de province et ne sortait guère si ce n'est pour aller à l'église ; mais sa
paroisse étant assez éloignée, elle ne pouvait s'y rendre que le
dimanche et dut sacrifier, en soupirant un peu, son goût très vif
pour les cérémonies du culte et toutes les pratiques religieuses.

Cependant, à la longue, elle s'habitua à cette religion solitaire,
priant, méditant dans sa grande chambre ensoleillée, devant le
petit oratoire qu'elle s'était improvisé entre son large lit aux
lourdes courtines à ramages et les berceaux de ses enfants. Quand
ces derniers, devenus grands, n'eurent plus besoin de ses soins
maternels, que la fortune de maître Hugué s'accroissant elle se
trouva de plus en plus soulagée dans son travail domestique,
ses goûts mystiques, ses dispositions contemplatives se développèrent doucement, en faisant un être à part, ne ressemblant
surtout pas à ceux qui composaient son milieu, par cela même
occupant parmi eux une place exceptionnelle et prépondérante.

On ne la comprenait guère mais on la vénérait prodigieuse-
ment : maître Hugué l'adorait dans toute la force du terme, confondant un peu sa femme avec le bon Dieu ou, tout au moins,
avec les principaux personnages de la cour céleste ; c'était « sa
sainte, son ange » ; il ne lui venait jamais d'autres termes de tendresse en lui parlant, et il usait même si fréquemment de cette

dernière appellation que le nom lui en resta; les campagnards adoptent volontiers les sobriquets et. bien souvent, en parlant d'elle, on disait l'*Ange*, l'Ange tout court.

Maître Hugué avait communiqué à ses fils, à ses serviteurs et jusqu'à ses voisins sa respectueuse adoration pour cette créature vraiment exquise. Isolée sur son piédestal domestique, se livrant à des méditations sans fin tandis que son entourage travaillait activement au dehors, Marie-Ève se raffinait, pour ainsi dire, comme une liqueur précieuse placée dans l'ombre. De plus en plus ménagée, elle devenait d'une sensibilité extrême et tyrannisait doucement et sans s'en douter ceux qui vivaient avec elle; un juron la faisait tressaillir; elle pâlissait pour une altercation un peu vive; elle ne pouvait même voir maltraiter les animaux et il fallait lui cacher le jour de l'immolation du porc; avec cela elle restait bonne et charitable et, quand il s'agissait des pauvres et des malades, devenait tout à coup héroïque, ne connaissant plus ni crainte ni dégoût...

Maître Hugué était parti pour la foire avec ses deux fils, menant vendre quelques bêtes à cornes. L'Ange n'aimait guère ces jours de marché, la foire lui représentant l'occasion mondaine où se trouvent toutes les chances de pécher. On pouvait toujours lire ces matins-là, sur sa physionomie si expressive, une résignation triste qui en disait long; aussi ajoutait-elle peu de paroles à cette muette exhortation, à peine une courte phrase comme celle-ci, murmurée à l'oreille du fermier:

— Mon Pierre, pense à ta pauvre femme quand tu seras devant le café du Commerce.

Et cela signifiait délicatement:

— Ne va pas boire trop copieusement, comme cela t'arrive parfois.

Ils s'étaient donc mis en route de bon matin, le père et les deux garçons, puis Jacquet le vacher avait été conduire ses bêtes dans un pâturage assez éloigné, car le territoire de la ferme, peu à peu accru par de petites annexions, un bout de pré, un champ, un bois achetés à propos par maître Hugué, ne manquait pas d'étendue. La fermière dit alors à la Jacqueline, la femme du vacher:

— Puisque tu as un moment, tu devrais bien aller porter les œufs de dinde dont je t'ai parlé à la métayère du Chêne-Vert; la

pauvre femme, le renard lui a mangé toutes ses couvées et je
voudrais la tirer de peine. Oui, tu me ferais bien plaisir de te
rendre de suite chez elle, car je sais qu'elle a caché ce malheur
à son mari qui n'est pas commode et pourrait l'accuser de négligence.

— Et lui flanquer des coups, termina la Jacqueline, mais
c'est bien vrai qu'elle ne veille pas à son ouvrage.

— Elle fera plus attention une autre fois, je m'imagine, répliqua charitablement Marie-Ève; porte-lui ces œufs, tu m'obli-
geras, ma fille.

Impossible de résister à cette maîtresse qui commandait en
priant; la Jacqueline se mit en route quoique sans enthousiasme,
car l'infortune de la voisine, assez paresseuse et sans souci, ne
lui inspirait qu'un médiocre intérêt. Mais l'Ange le voulait!

Maîtresse Hugué restait donc seule dans la vaste ferme et,
assise près de sa fenêtre ouverte, elle se mit à faire des reprises
perdues dans un voile de mousseline blanche, peut-être celui de
sa première communion qu'elle jetait tous les dimanches sur sa
coiffe un peu monastique quand elle allait communier.

Sa figure fine et pensive, inclinée sur son ouvrage, s'encadrait
gracieusement entre une touffe de giroflées et la cage de ses
oiseaux favoris. Tout en travaillant, elle se laissait bercer par ses
pensées. Son mari et ses fils avaient une belle journée pour leur
petit voyage... Le ciel était pur, l'air léger, le soleil radieux et sa
pensée s'élevant peu à peu, comme, dit-on, l'alouette qui monte
toujours plus haut en chantant :

— Bien sûr, dans le saint paradis de Dieu, il doit faire constamment beau.

Et elle se décrivait à elle-même le paradis tel qu'elle le conce-
vait: ici la multitude des anges et autres esprits célestes, là les
vierges qui suivent partout l'Agneau, les martyrs avec leur palme
à la main, les saints pontifes et les docteurs...

Mais un pas lourd, traînant, trébuchant, a fait rouler les cailloux du chemin ; on l'entend distinctement dans le grand silence
de la campagne. Un homme s'avance à travers la cour de la ferme,
un peu hésitant et jetant de côté et d'autre des regards inquiets.
Sa mine est basse et troublée, ses vêtements sordides ; la cheville d'un de ses pieds est enflée et écorchée ; de larges gouttes
de sang ont percé la toile salie par la poussière de la route ; la
sueur, une sueur de souffrance et de fatigue perle sur son front

enflammé par la chaleur du jour ; il s'appuie sur un bâton noueux qui, dans ses mains courtes et velues, prend plutôt l'aspect d'une arme redoutable que d'un simple soutien. Pour tout le monde il serait effrayant, pour Marie-Ève il n'est que pitoyable ; elle n'a pas peur, elle a compassion. En l'apercevant on se demanderait :

— Est-ce seulement un vagabond ou quelque repris de justice ?

Pour elle, c'est le Christ sous les traits d'un pauvre.

— J'ai faim, dit l'homme en s'approchant de la fenêtre.

— Hélas ! mon ami, est-ce que vous n'auriez pas mangé d'aujourd'hui ?

— Depuis deux jours je suis sans nourriture.

Son ton est rude et bref et inspirerait à bien des femmes l'idée de refermer précipitamment la fenêtre, pour mettre instinctivement une barrière, si faible qu'elle pût être, entre elles et ce terrible voisin.

— Entrez, dit l'Ange avec une sublime imprudence ; vous mangerez plus à votre aise ici que dans la cour.

Et elle va ouvrir la porte à cet être farouche.

Il tombe harassé sur le banc qui est disposé le long de la grande table de la ferme, les coudes tout de suite sur la planche pour mieux se reposer, mais gardant son gros bâton entre ses jambes par un sentiment d'invincible défiance.

— Donnez-moi à manger, s'écrie-t-il presque impérieusement.

— Tout de suite, mon pauvre homme ; je comprends combien la faim vous presse, ajoute-t-elle comme pour excuser cet accent de commandement. Tenez, je vais vous donner la viande que je réservais pour mon dîner ; je peux bien m'en passer tandis que vous avez grand besoin de vous restaurer par quelque chose de solide.

Les traits crispés de l'étranger se sont un peu détendus ; maintenant il la regarde avec une expression presque ahurie ; il ne comprend pas bien, mais il s'adoucit sans trop savoir pourquoi et dit : « Merci » ; un merci brusque, indistinct, tandis qu'elle pose devant lui une assiette bien propre, pleine de viande appétissante. Il attaque immédiatement les victuailles ; on dirait qu'il craint de se voir retirer le plat, tant l'aubaine est inattendue.

— Il faut boire maintenant ; vous allez vous étouffer à manger aussi vite, remarque maîtresse Hugué avec bienveillance.

Et elle lui verse un verre de boisson fraîche et mousseuse.

— Goûtez ce cidre, il est excellent.

Il boit, il mange, sa faim, cette faim de fauve errant, s'apaise ; la soif qui le dévorait depuis le matin se calme aussi ; un sentiment de bien-être le saisit et détend ses nerfs ; il jette un regard satisfait autour de lui.

— On est bien ici, murmure-t-il.

L'Ange sourit puis, au bout d'un moment, lui demande :

— Allez-vous loin encore?

Le visage de l'étranger se contracte de nouveau, il retombe pour ainsi dire sur la défensive.

— Qu'est-ce que ça vous fait ? répond-il brutalement.

— Rien du tout, mon ami; je ne suis guère curieuse et ne vous adressais cette question que par intérêt pour votre pied blessé qui aurait besoin de repos. N'en souffrez-vous point?

— Ça me brûle, mais faut bien endurer ce qu'on ne peut empêcher.

— On pourrait tout au moins vous soulager.

— Oui, à l'hospice, mais c'est pas des endroits qui me conviennent.

Et il se tait comme s'il redoutait d'en trop dire.

— D'ailleurs l'hospice est loin, relève doucement Marie-Ève afin de lui ôter tout regret.

L'homme l'écoute attentivement, son regard est même si interrogateur qu'elle continue, poussée à développer ses renseignements par une sorte d'obsession magnétique :

— Ah! oui, l'hospice est loin puisqu'il est à la ville et que pour atteindre la Flèche il faut faire sept bonnes lieues par la grand'route ; il est vrai qu'avec la traverse qui passe au Calvaire, tout près d'ici, on gagne bien trois kilomètres ; mon mari et mes fils l'ont prise aujourd'hui pour se rendre à la foire.

Ainsi elle est seule ! l'imprudente vient de l'avouer. L'étranger prête l'oreille et ne perçoit aucun bruit ; il lance un regard circulaire et puis le reporte, tout luisant de convoitise, sur son innocente proie ; on dirait qu'il la marque d'avance pour la mort ; sa main serre fortement le gros bâton tandis que Marie-Ève se penche dans l'attitude de la victime qu'on va immoler, mais elle n'a conscience d'aucun péril ; elle suit son idée bienfaisante avec une douce opiniâtreté et se redressant après avoir contemplé le pied malade elle s'écrie résolument :

— Je vais vous panser ce pied-là et vous verrez comme vous vous sentirez bien après.

— Vous voulez faire ça, vous ? demande le misérable presque incrédule, en lâchant toutefois sa terrible massue.

— Certainement je veux le faire.

Et elle poursuit, animée et persuasive à la pensée du bien qu'elle peut produire :

— Je vous ôterai ces vilains chiffons tout souillés, je laverai votre cheville avec de l'eau et de l'arnica, et je vous remettrai une bande propre qui tiendra et ne vous gênera pas.

Et déjà elle se lève, cherchant ce qu'il lui faut pour opérer son pansage et étale les objets sur la table, à côté de lui, à mesure qu'elle les trouve, en disant :

— Bon! voilà une bande de toile toute prête, l'arnica, l'éponge...

L'homme la suit des yeux d'un air presque hébété pendant qu'elle s'active ainsi à cause de lui. Il y a longtemps que la pitié, la tendresse, les soins affectueux sont bannis de sa vie, au point qu'il ne sait même plus ce que c'est ; l'expression de tous ces sentiments lui fait l'effet d'une langue étrangère qu'il a connue jadis, dont le son lui est resté comme un vague souvenir, agréable peut-être mais extrêmement confus. Il se rappelle bien avoir parlé ce langage, seulement il ne le comprend plus ; mais voilà que tout à coup une image surgit dans le fond de sa mémoire ; il revoit une figure hâlée de paysanne avec de bons yeux de ruminant, qui lui sourit doucement. C'est sa mère, depuis longtemps endormie dans le coin ombreux de quelque cimetière de village.

« Pourquoi, 'diable ! le visage de la vieille me revient-il à cette heure? se demande-t-il intérieurement ; il y a beau temps que je n'y avais pensé. »

Néanmoins cette réminiscence d'une époque paisible, relativement heureuse, où il avait une place modeste mais honorable dans la société humaine, passe comme un souvenir rafraîchissant sur son âme ; il se retrouve un peu, sans trop savoir pourquoi, dans l'atmosphère plus civilisée de sa première enfance ; il entend sa mère disant avec une naïve vanité : « On peut être de pauvres gens et avoir tout de même de l'usage ; allons, Jean, dis merci et merci qui ? »

— Je vas vous donner bien du mal, murmure-t-il un peu confus, tandis que maîtresse Hugué procède à sa charitable besogne.

— Ne vous inquiétez pas, je serai bien récompensée de la peine si je puis vous soulager.

Et elle lave soigneusement la cheville meurtrie, demandant parfois avec une sollicitude touchante : « Est-ce que je vous fais mal ? »

— Mais non, allez-y sans crainte, répond l'étranger qui sourit pour la première fois à l'idée que ces petites mains légères pourraient quelque chose sur sa chair endurcie. C'est qu'au contraire ce pansement lui fait l'effet d'une caresse ; l'expression de son visage se modifie sensiblement. « Ce n'est pas une belle femme, pense-t-il en contemplant Marie-Ève, mais elle est tout de même gentille ; on dirait une dame, malgré son bonnet. »

— Il y a longtemps que vous êtes mariée ? demande-t-il tout à coup, remarquant l'alliance à son doigt.

— Oh ! bien longtemps, répond-t-elle sans se piquer d'une question aussi impertinente ; j'ai de grands fils que je pense déjà à établir ; c'est que je suis presque une vieille femme, ajoute-t-elle ingénument.

— Oh ! une vieille femme !...

— J'ai plus de quarante ans ; ainsi il est bien vrai que je ne suis plus jeune, répond sérieusement maîtresse Hugué.

L'étranger ne dit pas non ; élevé à la campagne où les femmes vieillissent de bonne heure, il se sent dégrisé devant cette personne déjà mûre que son absence totale de coquetterie a pour ainsi dire sauvée d'un nouveau danger. D'ailleurs, l'heure sonne au coucou avec un accent criard qui a quelque chose d'inexorable.

— Déjà cinq heures ! s'écrie le vagabond, soudain sur ses pieds.

— Oui, la journée s'avance, si vous voulez faire du chemin avant la nuit vous n'avez pas de temps à perdre.

Il est tout à fait de son avis et se hâte en silence ; il ramasse son maigre havre-sac où il glisse le reste du gros morceau [de pain qu'il n'a pu achever.

— Attendez un peu, dit Marie-Ève, je veux vous donner quelque chose pour votre route.

Avec une imprudence inouïe elle tire une pièce d'argent d'un petit sac qui en contient d'autres. L'homme est debout tout droit devant elle ; à la vue de l'argent un éclair a passé dans ses yeux, plus terrible que tous les autres, l'éclair qui précède le grand coup de tonnerre dans les orages.

La foudre tombera-t-elle cette fois?...

L'homme hésite à prendre la pièce : « Je pourrais l'étrangler comme un poulet et emporter le sac », pense-t-il indécis, perplexe, presque oppressé. Elle, se méprenant sur son trouble, insiste doucement :

— Acceptez, mon ami, je vous le donne de bon cœur et je prie Dieu qu'il vous accompagne et vous préserve de tout mal.

« Allons, décidément, ça lui porterait malheur de faire ce coup-là ; ça sera pour une autre occasion... »

Il saisit la pièce brusquement et, sans un remerciement, se dirige rapidement vers la porte ; puis, sur le seuil, sa grande silhouette se dessinant en noir sur le ciel lumineux :

— Fermez bien votre porte, la bourgeoise, c'est des bêtises de recevoir des gens qu'on ne connaît point.

Et il disparaît.

Pour la première fois Marie-Ève eut le sentiment d'un péril couru et resta un peu effarée, les yeux fixés sur l'huis béant ; mais, comme un grand morceau de ciel bleu très pur le remplit tout entier, elle se rassure promptement.

— Il n'arrive que ce que Dieu veut, dit l'Ange en s'agenouillant pour prier.

Comtesse de HOUDETOT.

LE

TRIMESTRE SCIENTIFIQUE

Durant le dernier trimestre, la mort a cruellement fait sentir ses ravages dans le monde de la science. L'Académie a perdu deux de ses membres, MM. Ossian Bonnet et Mouchez.

Ce dernier eut un moment de grande notoriété, lors de son retour de l'île Saint-Paul, où, en 1874, il reçut mission d'observer le passage de Vénus sur le disque du soleil. La notice qu'il lut alors dans une séance publique de l'Institut tranchait par son allure vive avec les formes académiques ordinaires et eut un grand succès.

M. Mouchez, né en 1821 à Madrid, où sa famille n'était que de passage, manifesta dès l'enfance un goût décidé pour les mathématiques, et entra de très bonne heure à l'École navale. En 1867, il était capitaine de vaisseau, et c'est avec ce grade qu'il prit part très honorablement à la guerre de 1870, par l'inexpugnable fortification dont il sut entourer la ville du Havre.

Ses innombrables voyages dans toutes les parties du monde procurèrent à la navigation et à l'astronomie tant d'acquisitions précieuses que non seulement l'Académie des sciences ouvrit ses portes à Mouchez en 1874, mais encore qu'il fut appelé à succéder à Leverrier comme directeur de l'Observatoire.

Son passage dans notre grand établissement astronomique restera lié à l'installation d'une des plus importantes entreprises qu'on fit jamais : la carte photographique du ciel. Il a aussi établi dans les galeries de l'Observatoire un musée qui rendra à l'histoire de la science des services très considérables.

Déjà la place que Mouchez a laissée vacante à l'Observatoire est remplie de nouveau : M. Tisserant l'occupe, mais le fauteuil académique ne recevra un titulaire que dans plusieurs mois. Il est d'usage en effet d'espacer les élections, et il en est d'autres à faire avant celle-là. Le 18 juillet, du reste, l'un des savants belges les plus illustres, M. van Beneden, a été nommé associé étranger de l'Académie, en remplacement de feu George Airy.

Puisque nous sommes ainsi amenés à jeter tout d'abord un regard sur les actes des sociétés savantes, il est indiqué de mentionner ici le meeting tenu à Édimbourg au mois d'août par l'Association britannique pour l'avancement des sciences. Comme d'ordinaire, les communications de haute valeur y ont abondé, mais l'intérêt capital appartient à l'allocution présidentielle qui, par l'autorité de son auteur et par le choix du sujet traité, a fixé grandement l'attention de tout le monde. L'auteur, c'est M. Archibald Geikie, le directeur général du service géologique du Royaume-Uni ; le sujet, c'est l'histoire même du globe terrestre interprétée à la lumière des plus récentes acquisitions de la science.

Le lieu de la réunion, Édimbourg, imposait à l'Association des préoccupations géologiques, car des savants ne pouvaient oublier le rôle décisif que l' « École écossaise », sous l'inspiration de Hutton, et grâce à l'activité de James Hall et de Playfair, a joué dans l'établissement des doctrines les plus fondamentales de la science de la Terre.

M. Geikie ne s'est pas borné à refaire l'histoire des grandes luttes du commencement de ce siècle et à analyser la *Theory of the earth*. Il a abordé d'une façon magistrale la comparaison entre les deux écoles géologiques actuelles, dont l'une pense que le présent est essentiellement différent du passé par la nature et par l'intensité des agents à l'œuvre, tandis que l'autre, dite des *Causes actuelles*, juge que la terre traverse depuis l'origine les phases successives et intimement liées entre elles d'une majestueuse évolution.

Tout en donnant raison à cette dernière dans l'immense majorité des cas, l'illustre président continue à admettre que l'époque quaternaire ou plus exactement l'*âge de glace* est dû à des circonstances tout à fait exceptionnelles ayant leur cause au moins en partie dans « des forces extérieures à notre globe ».

Les lecteurs de la *Nouvelle Revue* savent déjà que je suis bien éloigné de partager une semblable manière de voir. Malgré l'autorité du grand géologue anglais, je persiste à croire que les phénomènes continentaux, ne portant pas en eux-mêmes des caractères comparables à ceux qui rendent si net l'âge relatif des

sédiments superposés, il est loin d'être évident que tous les glaciers quaternaires soient contemporains. Étant admis que des
laps de temps très longs nous séparent de la dernière submersion
marine subie par les régions que nous habitons, on peut contester la sûreté de tout procédé de synchronisation entre les glaciers maintenant fondus des Vosges, par exemple, et les glaciers
également fondus de la vallée du Rhône et de la basse Suisse.
Et si l'on peut croire, légitimement, que l'intervalle a été long
entre le moment où ces deux régions ont traversé un état glaciaire, on reconnaîtra que le régime général de l'Europe a pu ne
jamais ressembler au tableau qu'on en fait d'ordinaire, qu'en
fait aujourd'hui encore M. Geikie et où toutes les manifestations
frigorifiques sont données comme simultanées.

Je pense qu'on peut, en général, rendre compte des traces
quaternaires, telles que celles qui caractérisent le « phénomène
erratique du Nord » par la superposition de deux actions bien
distinctes : l'une, générale, irradiant du pôle et dont l'intensité
doit augmenter à mesure que la terre se refroidit ; l'autre, locale,
émanant de centres montagneux suffisamment élevés et diminuant au fur et à mesure des progrès de leur dénudation.

La toute récente catastrophe de Saint-Gervais-les-Bains, avec
son apparence cataclysmienne et les désastres qu'elle a produits,
vient apporter des arguments qui me paraissent très forts dans
le même sens et j'espère qu'on acceptera ici quelques observations
que j'ai eu l'occasion de faire sur les lieux mêmes et dans quelques
autres points de la chaîne des Alpes.

Tout d'abord, pour ne pas perdre de vue le caractère historique du présent article, il faut enregistrer deux mémoires très
intéressants auxquels l'accident de Saint-Gervais a donné naissance. Le premier en date est de M. Forel, très savant géologue
suisse, l'autre, de MM. Delebecque et Vallot, ce dernier bien connu
par son intrépidité d'ascensionniste et par la construction qu'il a
établie non loin du sommet du Mont-Blanc.

Des faits qu'il a constatés trois jours après la catastrophe,
M. Forel conclut que celle-ci est due à une avalanche d'un glacier suspendu des Têtes-Rousses.

« L'avalanche de glace, dit-il, après avoir fait, dans la première
partie de sa course, une chute de 1 500 mètres de hauteur sur un
parcours de 2 kilomètres sous forme de masse glacée à peu près
pure, s'est transformée en une masse boueuse, semi-liquide,

qui a parcouru, comme une coulée vaseuse, un parcours de 11 kilomètres avec une pente de 10 p. 100 pour se déverser dans l'Arve qui l'a diluée et emportée au Rhône. Avec une chute totale de 2500 mètres et un parcours de 13 kilomètres, c'est l'exemple le plus grandiose que je connaisse d'un phénomène de cette nature. L'avalanche du torrent de Saint-Barthélemy, près de Saint-Maurice, qui a fait les coulées de 1560, 1635, 1636, 1835 et 1887 ne parcourait qu'une distance horizontale de 7 kilomètres avec une chute verticale, du glacier de Plan-Névé au Rhône, de 2200 mètres environ. Toutes les autres avalanches historiques ont des dimensions bien moins considérables. »

Quant à l'origine de la boue mise en mouvement, M. Forel l'explique ainsi :

« C'est, dit-il, la suite de l'avalanche du glacier des Têtes-Rousses. La masse de glace pulvérisée par sa chute verticale de 2500 mètres de hauteur (1 treizième de la glace a dû se changer en eau par le seul fait de cette chute), qui avait recueilli dans son trajet l'eau de quelques mares et étangs morainiques, de l'eau des torrents de Bionnassay et de Bon Nant, qui, d'autre part, avait érodé le sol terreux et glaciaire des berges de la vallée, arraché des forêts, des chalets et des ponts, qui s'était chargée de débris de toute nature, avait fini par former une masse boueuse, vaseuse, semi-liquide, assez fluide pour s'écouler avec une puissance irrésistible sur une pente de 10 p. 100! »

MM. Vallot et Delebecque s'élèvent contre ce dernier point : suivant eux la boue a été produite par le délayage des terres soudainement inondées par de l'eau liquide provenant d'un lac que le glacier contenait à son intérieur et qui, tout à coup, a brisé ses digues.

S'étant rendus jusqu'au petit glacier des Têtes-Rousses, ils y ont reconnu que l'ablation de la région frontale y avait laissé un espace demi-circulaire limité en amont par une muraille de 40 mètres de haut, dont l'inclinaison se rapproche beaucoup de la verticale. A la base de cette paroi s'ouvrait, dans la glace même, une caverne de forme lenticulaire, parfaitement visible de différents points de la vallée de l'Arve et mesurant 40 mètres de diamètre et 20 mètres de hauteur. Cette caverne communiquait, par un couloir encombré de blocs de glace, avec une cavité cylindrique à ciel ouvert, à parois verticales, résultant de l'effondrement sur place d'une partie du glacier.

Je crois que le désastre do Saint-Gervais présente au point de vue géologique un intérêt très grand qui mérite d'être signalé comme nous faisant toucher du doigt un agent de transport de blocs rocheux qui n'a peut-être pas suffisamment fixé l'attention jusqu'ici. La boue, en effet, intervient à chaque instant dans les pays de montagnes pour produire l'effet dont il s'agit. Une simple visite à Saint-Gervais suffit pour apprécier la facilité avec laquelle des roches de plusieurs dizaines de mètres cubes ont franchi des espaces gigantesques. On m'a montré des meules de moulin que le torrent boueux est venu cueillir dans un cellier au rez-de-chaussée d'un chalet pour les transporter à 800 mètres après leur avoir fait traverser le mur de bois de l'habitation.

Ce mode de transport, sur lequel M. P. Demontzey vient de publier une note du plus haut intérêt, est d'ailleurs tout à fait normal dans les pays dont le sol offre une configuration convenable et le vaste épanchement boueux qui recouvre actuellement d'une couche blanche les environs du Fayet n'est que le plus récent des éléments stratiformes d'un vaste delta de déjection qui signale par une surélévation à pente douce le débouché de la vallée de Bon Nant.

Or, de pareilles formations se retrouvent à chaque pas avec des dimensions très diverses et avec une allure tellement variable que les montagnards ont souvent à souffrir de leur accroissement. C'est par exemple ce que je viens de rencontrer auprès de Schruns, dans le Vorarlberg où je me suis trouvé inopinément quelques heures après avoir quitté la Savoie en présence d'une sorte de reproduction à petite échelle du phénomène de Saint-Gervais.

C'est à Gampretz qu'un tout petit torrent descendant du flanc occidental du Hoch-Joch a, ces derniers jours, étalé au travers de la route une couche deltoïde de boue recouverte de blocs rocheux dépassant parfois un mètre cube. Les champs cultivés ont été ensevelis et deux chalets ont eu leurs portes subitement condamnées par un remblai terreux de 60 à 80 centimètres d'épaisseur que les habitants ont dû excaver à la pioche. Ici encore l'étalement n'a fait qu'accroître un peu l'épaisseur d'un vrai delta de déjection sur lequel les chalets sont construits et qui n'avait pas reçu de contributions depuis longtemps, comme en témoignent non seulement la confiance des habitants mais les dimensions d'arbres qui viennent d'être renversés.

Cette fois, il n'y a pas à invoquer l'intervention des glaces ou des lacs glaciaires. Il s'agit simplement de boue formée à la suite des pluies qui, après avoir été retenues par un barrage dans le lit du torrent, ont tout à coup rompu leur digue pour se précipiter, de 700 à 800 mètres, le long des flancs d'ailleurs boisés de la montagne. Si l'on se transporte de l'autre côté de la vallée de l'Ill, au-dessus de Tchagguns, on peut voir d'un seul coup d'œil sur le flanc du Hoch-Joch, tout le lit du torrent, depuis un tout petit cirque jusqu'au delta de Gampretz.

Le spectacle de ce phénomène qui doit amener à distinguer de plus en plus le delta de déjection du cône de déjection si bien connus et décrits, m'a conduit à instituer une série d'expériences sur le transport des blocs rocheux par la boue fluide : j'en crois les résultats intéressants et je me réserve de les publier.

Un dernier point à souligner à ce sujet, c'est l'apparence cataclysmienne des effets produits par des phénomènes en définitive très peu importants, car si Saint-Gervais eût été un endroit désert, l'avalanche du mois de juillet ne pouvait compter comme un fait notable dans la physiologie de la montagne. Cependant, en se répétant successivement dans les diverses gorges à torrent, ce déplacement de roches à grandes distances a donné peu à peu au pays un aspect que des observateurs trop hâtés seraient portés à expliquer par le déchaînement, à un moment donné, d'énergies tout à fait différentes de celles qui fonctionnent actuellement.

On me pardonnera les détails qui précèdent en considération de leur liaison intime avec l'ensemble de faits qui m'ont occupé spécialement toute cette année, soit à mon cours du Muséum, soit durant l'excursion géologique publique qui en a été le complément, et qui a eu la Haute-Savoie pour théâtre.

Nous n'aurons du reste que peu de chose à ajouter pour compléter ce qui constitue l'essentiel de notre chapitre géologique qui doit, de toute nécessité, comprendre encore quelques mots sur deux phénomènes récemment constatés : l'éruption de l'Etna et le tremblement de terre ressenti au mois d'août dans une assez grande partie de la France.

Relativement au volcan sicilien, M. Wallerant a daté de Nicolosi une lettre dont nos lecteurs verront volontiers quelques passages. C'est le 8 juillet que l'on observa les premiers signes précurseurs de la crise : épaisse colonne de fumée noire sortant du cratère principal, et ébranlement du sol qui se fit sentir jusqu'à Catane. Le lendemain, l'éruption proprement dite commença.

Pendant un mois, c'est-à-dire jusqu'au 8 août exclusivement, le phénomène suivit son cours normal. Mais, dès le soir du 8, les explosions cessèrent et les projections diminuèrent beaucoup. On crut à la fin de l'éruption ; mais il s'agissait seulement du début d'une nouvelle phase qui devra être étudiée avec soin.

Déjà on sait que le 12 s'est ouvert un nouveau cratère avec une telle émission de fumée que l'Etna tout entier en fut enveloppé d'un nuage noir absolument opaque. C'est un nouveau chemin ouvert aux matériaux venant des profondeurs, et qui a subitement tari les courants sortant jusqu'alors en abondance par les cratères plus anciens. Ces vicissitudes jetteront certainement un grand jour, par un examen attentif, sur la structure des régions volcaniques telles que le groupe des îles Éoliennes (Vulcano, Stromboli, Salina, etc.), sur lequel MM. Cortese et Sabatini viennent de publier un si intéressant volume.

Quant au tremblement de terre du 26 août, il tire son principal intérêt des localités qu'il a affectées et qui, géographiquement liées avec la région volcanique de la France centrale, témoignent d'un reste d'activité dans les laboratoires qui ont alimenté jadis les cratères de l'Auvergne.

C'est vers 4 heures du matin que les secousses se sont fait sentir à Lyon, à Mende, à Riom, à Aurillac, à Limoges, à Clermont-Ferrand, à Vichy et ailleurs encore. D'après M. H. Lecoq les secousses ont été, à Clermont, au nombre de deux : la première à 4 h. 45 minutes, la deuxième à 10 h. 15. Chacune d'elles a duré de 10 à 12 secondes et était accompagnée d'un grondement souterrain. Les trépidations ont été assez fortes pour faire remuer les meubles ; cependant les pendules ne se sont pas arrêtées. La direction de l'ondulation semblait se propager du sud au nord.

On s'est demandé s'il y a quelque liaison entre ce mouvement et l'éruption de l'Etna et M. Lecoq, à l'appui de cette supposition, note « qu'il y a quelques années, lors de la dernière éruption sérieuse de ce volcan, on a ressenti en Auvergne deux secousses à quinze jours d'intervalle dont la première assez forte pour lézarder ou même écrouler certaines constructions ». Évidemment la chose ne peut être niée *a priori*, mais avant d'admettre une liaison en définitive bien vague, vu le peu de précision des dates, avec un volcan si distant, il paraît plus simple de croire, conformément à une théorie que j'ai développée ici même, que des égrènements souterrains, le long des failles dont l'Auvergne est sillonnée, précipitent, de temps en temps, sur des régions très chaudes des blocs rocheux imprégnés d'eau et qui, par une production subite de vapeur, engendrent la puissance mécanique dont la surface subit le contre-coup. L'acide carbonique et les eaux minérales que le sol laisse sans cesse exsuder par ces failles expliquent aisément les désagrégations dont il s'agit.

De la géologie à l'agriculture rationnelle il n'y a qu'un pas, et la distance entre ces deux sciences va constamment en diminuant à cause des services de plus en plus nombreux que la première rend à la seconde : il n'en faut pour exemple que l'intéressant volume publié tout récemment sur le *Calcaire et son rôle dans les terres arables*, par M. A. Bernard, directeur du laboratoire départemental de Saône-et-Loire. La distance va même diminuer par un mouvement réciproque, l'agriculture paraissant devoir, entre les mains habiles d'un de nos plus célèbres agronomes, fournir à la géologie l'un de ses réactifs les plus délicats. Il s'agit d'une immense entreprise, jusqu'ici sans précédent et qui, patronnée par M. le professeur Georges Ville, jettera un nouvel éclat sur le nom déjà illustre de son promoteur.

Les travaux analytiques réalisés depuis si longtemps et continués sans interruption au laboratoire de physique végétale du Muséum ont révélé ce fait imprévu que les plantes constituent, au point de vue de l'analyse chimique des sols, des réactifs dont la délicatesse est absolument incomparable. Grâce à l'emploi raisonné des engrais dans les différentes cultures, on touche du doigt, d'après la récolte, les qualités et les défauts de chaque terre arable et on peut définir sa caractéristique agronomique. En reportant les résultats obtenus, dans un nombre suffisant de localités, sur la carte géographique, on constitue par un procédé tout nouveau une carte agronomique fondée sur la physiologie végétale et propre, *a priori*, à fournir des conséquences pratiques d'une valeur inconnue jusqu'à présent.

Ajoutons qu'un premier aperçu semble montrer entre la carte dont il s'agit et la carte géologique des rapports dont la signification sera certainement très haute et qui ouvriront à la science des aperçus insoupçonnés.

M. Georges Ville, qui allie aux plus hautes capacités de l'homme de science l'instinct des services économiques que la révolution agricole qu'il réalise promet aux populations, a eu l'idée tout à fait heureuse d'appeler en collaboration la phalange toujours si dévouée des instituteurs. Chargé d'une mission spéciale dans les écoles primaires, il a fait instituer dans ces établissements des champs d'expériences qui avant tout devront servir à expliquer aux élèves les lois de la production des végétaux, mais qui donneront aussi des termes de comparaison dont on fera les éléments de la carte agronomique mentionnée tout à l'heure.

Tout le monde désirera vivement que les pouvoirs publics s'intéressent efficacement à l'entreprise de M. Georges Ville. Il est à espérer qu'avant peu nous possédions à côté de la carte géologique émanant du ministère des travaux publics une carte agronomique patronnée par le ministère de l'agriculture et qui exprimera, d'après le témoignage direct des plantes, la valeur rurale de chaque point du territoire. Outre que de grands problèmes scientifiques pourront ainsi être résolus, par exemple l'origine encore si mal connue de la terre végétale, les moyens de production seront certainement augmentés à cause de la facilité qu'on aura d'appliquer simultanément sur des surfaces étendues les méthodes inspirées par l'*École des engrais chimiques.*

On conçoit que nous ne puissions aujourd'hui traiter à fond un sujet qui n'est encore qu'un projet, mais il était indispensable de signaler un nouvel effort du savant dont l'œuvre, si haute par ses conquêtes purement scientifiques, se traduit aussi par une vraie révolution sociale. Nous réservant d'y revenir avant longtemps, car des faits précis ne tarderont pas à être enregistrés en grand nombre, comme un premier coup d'œil nous en a déjà convaincus, nous saisissons l'occasion pour constater comment, après les avoir méconnues trop longtemps, les chimistes arrivent aujourd'hui à confirmer complètement les assertions de M. Ville quant à la fixation directe de l'azote de l'air par les plantes. Voici par exemple un savant du Muséum, M. E. Bréal, qui se plaît à reconnaître, dans la livraison du 25 août des *Annales agronomiques* de M. Dehérain, que « les expériences de M. Ville démontrent que les terres pauvres, l'eau même, portant des végétaux, s'enrichissent en azote aux dépens de l'air ». Voici, d'autre part, M. B. Frank (de Berlin), qui en confirmant les mêmes faits spécialement pour les légumineuses, affirme que l'assimilation directe de l'azote de l'air se fait « sans le concours de l'organisme des tubercules radicaux ». C'est, comme on le voit, introduire une rectification aux assertions de M. Hellriegel à qui on était trop

porté (séduit peut-être inconsciemment, par sa qualité d'Allemand) à attribuer tout l'honneur de la grande découverte du
savant français.

M. Frank, d'ailleurs, va bien plus loin et, reproduisant tout ce
que M. Georges Ville a imprimé depuis 1849, il reconnaît que les
légumineuses ne jouissent pas d'un privilège spécial. Ayant cultivé
de l'avoine, du sarrasin, des asperges, du colza, etc., dans des
sols divers, il a trouvé que ces plantes qui ne sont pas des légumineuses, et chez lesquelles la fameuse symbiose n'existe pas,
peuvent assimiler l'azote de l'air. Elles se sont bien développées,
ont produit une grande quantité d'azote organique sans avoir enlevé d'azote combiné au sol qui, au contraire, s'est un peu enrichi.

L'atmosphère se révèle donc, en définitive, comme formée
par le mélange avec l'*air vital* des anciens de l'air essentiellement propre à la vie des végétaux. La qualification d'*azote* donnée
à ce dernier témoigne à elle seule de la difficulté qu'il y avait à
découvrir son activité. Le nom de Lavoisier et le nom de Georges
Ville s'uniront dans l'esprit de la postérité comme ceux des dé-
couvreurs du rôle physiologique de l'atmosphère.

C'est au chapitre agricole de cet article qu'appartient aussi
l'important rapport que M. Kunckel d'Herculais vient d'adresser
au gouverneur général de l'Algérie quant à l'état présent de
l'invasion des sauterelles dans notre colonie et quant aux moyens
de défense employés. C'est un volumineux mémoire in-4°, accompagné d'une nombreuse série de tableaux qui établissent le
compte des dépenses.

L'auteur donne, en quelques lignes, de la lutte contre l'insecte
en 1890, un tableau saisissant : Partout on substitue au ramas-
sage des coques ovigères, le labourage qui, pratiqué à l'automne
et pendant les premiers mois de l'hiver, donne d'excellents résultats pour la destruction des œufs. Aux mois d'avril et de mai
les éclosions de jeunes acridiens obligent à organiser des chantiers de destruction sur tous les points de ponte ; pendant l'hiver
on a réuni des masses de combustible et l'on chasse les criquets
sur de nombreux bûchers. Il n'est pas possible de les inci-
nérer tous ; ils grandissent et l'on déploie les appareils cypriotes ;
il en a été dressé 9 337 qui forment une barrière mobile de 480 kilomètres ; 781 chantiers de destruction sont ouverts ; les indigènes fournissent 1781 171 journées de prestation, les militaires
112 171 journées et la population civile, peu nombreuse sur les

hauts plateaux, 10 311 journées. L'énorme quantité de 8 611 336 doubles décalitres de jeunes acridiens est anéantie.

Malheureusement, en 1891, le fruit de tant d'efforts est à peu près perdu. D'immenses vols de criquets pèlerins arrivent du sud et mettent de nouveau toutes les cultures en question. Il est admirable de voir que personne ne songe au découragement alors que près de 300 000 hectares sont tout à coup recouverts par les pontes du nouvel ennemi.

Le total des dépenses occasionnées par les deux campagnes menées en 1890-1891 contre les sauterelles et payées par l'État, les départements, les communes et le syndicat d'Oran est, dit l'auteur, de 3 495 279 francs. Pour apprécier l'importance des sacrifices, il faudrait pouvoir ajouter à cette somme les dépenses considérables faites sur le littoral par les particuliers, soit pour l'acquisition d'appareils insecticides, soit pour le payement de la main-d'œuvre afin de sauvegarder leurs vignobles. Les indigènes, du Sahara à la Méditerranée, ont combattu l'invasion des criquets pèlerins avec la plus grande abnégation ; ils ont donné plus de 4 millions de journées et leurs bêtes de somme ont fourni plus de 100 000 journées de transport, soit pour répartir sur les chantiers les engins de destruction, soit pour ravitailler les travailleurs en eau et en vivres.

Puisque nous voilà ainsi amenés à parler des fléaux qui s'attaquent à nous, un mot sur l'invasion cholérique actuelle est tout à fait à sa place, non pas que nous ayons à faire l'histoire de la marche et des ravages de l'épidémie, mais seulement pour constater l'activité avec laquelle les bactériologistes étudient le microbe qui la détermine. S'il nous faut, au moins provisoirement, laisser de côté le sujet si dramatisé en ce moment de la vaccination anti-cholérique subie par M. Stanhope et quelques autres : l'expérience sera plus ponctuellement décrite quand le résultat définitif en sera obtenu. Pour le moment, bornons-nous à citer les observations de M. Ferran sur la propriété du bacille virgule de fabriquer l'acide paralactique avec le sucre de lait. D'après l'auteur, tandis que le terrible microbe peut vivre pendant plus de trois ans dans du bouillon alcalin, il meurt rapidement dans le même liquide additionné de lactose à cause de l'acidité qu'il détermine lui-même dans le milieu.

Il appartient aux cliniciens et aux thérapeutes, ajoute-t-il, de déduire de ces faits les indications rationnelles qu'ils renferment pour le traitement. Il semble rationnel d'employer, contre le choléra, de l'acide lactique en limonade et d'aider son action par le pouvoir anexosmotique que nous offre la morphine ; cette substance empêcherait peut-être l'absorption des toxiques et prolongerait l'action de l'acide lactique en s'opposant à sa rapide élimination.

Un autre remède au choléra, préconisé par quelques personnes, serait la célèbre injection Brown-Séquard, dont trop de gens disent du bien pour qu'elle soit dépourvue de toute efficacité. Du reste, sans s'attarder à en défendre le mérite, l'auteur lui adjoint d'autres injections dont l'ensemble ne tardera pas à constituer tout une thérapeutique nouvelle.

Partant de ce fait, qu'il considère comme démontré : que les glandes ont toutes une sécrétion interne par laquelle elles donnent quelque chose d'utile ou d'essentiel à l'organisme, M. Brown-Séquard, dans un important mémoire qui lui est commun avec M. d'Arsonval, affirme que des résultats de haute valeur peuvent succéder à l'injection sous-cutanée des produits de la glande thyroïde ou des capsules surrénales. Le fait est d'autant plus intéressant qu'il s'agit de glandes dont les fonctions physiologiques sont encore bien mal connues.

Pour terminer notre excursion dans le domaine médical, disons un mot de la *thérapie vibratoire* à laquelle M. le docteur Cartaz a consacré un intéressant article dans une des dernières livraisons de la *Nature*.

Depuis quelque temps M. Charcot avait appris de quelques malades atteints de paralysie agitante qu'ils retiraient un soulagement marqué des longs voyages en chemin de fer ou en voiture. Le célèbre praticien fit construire un fauteuil animé d'un mouvement de va-et-vient au moyen d'un treuil électrique.

Ces mouvements, dit M. Cartaz, provoquent une série de trépidations très vives. C'est le mouvement des trémies pour le tamisage des matières industrielles. Rien de plus insupportable pour une personne bien portante que ces secousses qui vous démolissent, vous détraquent et vous ballottent les entrailles. On n'est pas *en marche* depuis une demi-minute qu'il faut demander grâce. Le malade, au contraire, se prélasse dedans, comme vous le feriez sur un doux canapé; plus il est secoué, mieux il se sent. Après une séance d'un quart d'heure, c'est un autre homme; les membres sont détendus, la fatigue est dissipée et la nuit suivante le sommeil est parfait.

Le succès de cette médication singulière a été si grand dans tant de cas, qu'un élève de M. Charcot, M. le docteur Gilles de la Tourette, a perfectionné la méthode. Il a construit le *casque vibrant* qui, paraît-il, est infaillible contre la migraine, l'insomnie et plus d'une sorte de détraquement nerveux. C'est un couvre-chef formé de lames d'acier emboîtant parfaitement la tête et sur-

·monté d'un petit moteur électrique à courants alternatifs faisant 600 tours à la minute. A chaque tour une vibration uniforme se propage aux lamelles métalliques et se transmet au crâne qu'elles enserrent et à tout l'appareil cérébral. Il paraît que la sensation n'est pas désagréable, c'est un engourdissement auquel contribue certainement le *ronron* de la machine : au bout de quelques minutes, on éprouve une sorte de lassitude générale, de tendance au sommeil qui amène chez le malade une détente salutaire.

L'influence physiologique des trépidations ressort aussi, mais à un point de vue tout à fait différent, des expériences que M. Dareste vient de faire sur des œufs de poule soumis pendant l'incubation à un mouvement de rotation continu. L'embryon s'est toujours développé d'une manière normale, mais il n'a jamais dépassé la phase qui correspond à l'époque où l'atlantoïde commence à sortir de la cavité abdominale. Le feuillet des lames latérales qui doit former les parois thoracico-abdominales ne s'était point replié au-dessous de l'embryon et la gouttière abdominale restait largement ouverte.

C'est, comme on voit, un nouveau chapitre ajouté à l'énorme masse de faits dont l'auteur a enrichi l'embryogénie, et sa mention nous fournit l'occasion d'insister auprès de nos lecteurs sur le caractère très général et fort élevé des recherches de M. Dareste. Ce savant physiologiste nous informe qu'il a été sensible à un récent article consacré par la *Nouvelle Revue* (livraison du 1er avril) et il proteste de la manière la plus énergique contre l'intention qu'on lui attribue d'avoir jamais cherché à faire de cette question « une affaire industrielle ».

L'incubation artificielle, dit-il, n'a jamais été pour moi autre chose que le moyen de produire des embryons monstrueux et de me procurer les éléments d'une branche entièrement nouvelle de la biologie que j'ai créée : *la tératogénie expérimentale.*

Tous les hommes de science connaissent en effet le caractère exclusivement théorique des recherches de M. Dareste et tiennent en très haute estime l'ensemble de ses résultats.

La zoologie proprement dite aurait à nous fournir bien des faits curieux. Le savant professeur d'erpétologie du Muséum, M. Léon Vaillant, décrit le régime alimentaire adopté par un serpent de plus de 6 mètres de long visible au Jardin des Plantes depuis le mois d'août 1885. Jusqu'à la fin de 1891 ce reptile a mangé 34 fois, c'est-à-dire, en moyenne, cinq fois par an; le nombre maximum a été de sept fois en 1886. Presque toujours la nourriture a consisté en boucs et en chèvres de petite taille ou jeunes; cependant trois fois il a pris des lapins, une fois une oie.

Le repas du serpent, qui n'accepte sa nourriture que vivante. offre un spectacle d'un genre peu commun, et beaucoup de personnes désirent être prévenues pour y assister : la rapidité foudroyante avec laquelle le reptile fond sur sa proie produit une poignante impression.

A propos du volume que peut, par distension, prendre l'estomac des serpents, M. Vaillant raconte ce qui suit :

Une vipère de France avait dû être placée dans une même cage avec une vipère à cornes. Comme ces individus, bien qu'appartenant à des espèces différentes, étaient de même taille, la vipère de France peut-être un peu plus forte, il était supposable que ces deux serpents pourraient sans inconvénients vivre l'un à côté de l'autre. La vipère à corne avala cependant, dès la nuit suivante, sa compagne de captivité et, pour s'accommoder à cette proie si disproportionnée, son corps s'était distendu au point que les écailles, au lieu de se toucher latéralement en chevauchant même un peu les unes sur les autres, comme à l'état normal, s'étaient écartées, laissant entre les rangées longitudinales un espace nu égal à leur propre largeur. La digestion se fit toutefois régulièrement et la vipère ne parut pas en souffrir.

C'est comme résidus de digestion ou plutôt comme calculs produits dans la dernière portion de l'intestin des cachalots qu'on s'accorde à considérer les nodules si recherchés par la parfumerie sous le nom d'ambre gris. M. le professeur Georges Pouchet a reçu pour le Muséum une très précieuse collection de cette singulière substance et il l'a soumise à une savante étude. Il en résulte que, malgré des différences parfois considérables dans l'aspect, les calculs ambréiques offrent toujours la même constitution. Ils résultent de la juxtaposition de cristaux très fins, agissant nettement sur la lumière polarisée et permettant ainsi de reconnaître l'ambre vrai de ses innombrables falsifications.

Le dernier trimestre a vu paraître bien d'autres découvertes importantes : il nous faut, vu la place disponible, les passer sous silence. Pour plusieurs d'ailleurs l'abstention n'est que provisoire; les questions qu'elles concernent étant encore à l'étude et devant se représenter à nous ultérieurement.

Stanislas MEUNIER.

M. ERNEST RENAN

Quand Louis Veuillot mourut, la presse fut à peu près unanime à reconnaître le talent de l'écrivain et la valeur de son œuvre. Si en matière de politique on a pu montrer cette impartialité et ce sang-froid, pourquoi le même apaisement d'idées ne se ferait-il pas sur la tombe du penseur et de l'écrivain qui vient de mourir? Je voudrais qu'on s'interdît toute discussion irritante, qu'on abandonnât même pour un moment les antipathies ou les convictions pour juger Renan en dehors des polémiques qu'il soulève, et pour apprécier son œuvre en dehors de la passion qu'elle inspire. D'autres nous ont décrit le Renan intime, le labeur assidu du savant, l'unité et l'effort constant de cette vie exclusivement consacrée à une œuvre dont on peut contester le but, mais dont on ne peut nier la valeur esthétique. Je voudrais seulement, dans ces quelques notes écrites à la hâte et au dernier moment, dégager les caractères intérieurs, les qualités constitutives, l'essence de ce talent. Quelque opinion philosophique ou religieuse que l'on ait sur lui, l'auteur des *Origines du christianisme* est certainement un des penseurs les plus originaux et un des plus grands écrivains de notre siècle. Je suis loin de partager ses idées; je suis même convaincu que les mystérieux problèmes qu'il a voulu résoudre restent encore en question; il les a agités, mais il ne les a pas résolus; il les a tournés bien plus qu'expliqués, il en a renouvelé l'examen: mais il n'en pouvait donner la solution. Son dilettantisme et son scepticisme le rendaient moins propre qu'un autre à chercher cette solution. Ce qu'il y a de certain, c'est que Renan fut un artiste et un écrivain de premier ordre. Ces mots expliquent sa tournure d'esprit, son genre de science, le mysticisme de son incrédulité, sa force, sa portée, la raison de ses idées et de son œuvre. Comme savant, comme croyant, comme historien, comme philosophe, Ernest Renan est resté artiste et il l'a été à une hauteur où toutes les qualités de l'esprit s'unissent et se confondent. On a dit de lui qu'il fut un renégat, reproche bien injuste contre un homme qui certainement n'a jamais eu la foi. L'auteur de la *Vie de Jésus* n'a pas plus été croyant au grand séminaire qu'en dehors du grand séminaire. La foi est une adhésion intellectuelle, une soumission raisonnée de l'esprit. Ce genre de foi, Renan ne l'a jamais connue, ne l'a jamais soupçonnée, pas plus à Saint-Sulpice que dans sa chaire du Collège de France. Sa foi était une foi de cœur, de sensibilité, d'imagination, une foi d'ar-

tiste. A l'époque de la première jeunesse, la séparation n'est pas
encore faite entre les facultés de l'âme; l'imagination se confond
avec l'intelligence, et l'élève qui devait écrire l'histoire rationaliste du
Christ a pu très sincèrement s'imaginer qu'il croyait; mais l'erreur
ne pouvait être longue. Cette foi sensitive et artiste qu'il avait étant
jeune, il l'a gardée, il ne l'a pas abandonnée, elle l'a suivi partout, il
en est resté séduit, subjugué, enchanté; et c'est ce qui a donné tant
de charme à ses négations, tant de poésie à sa critique, tant de sentimentalisme chrétien à son incrédulité; c'est ce qui l'a rendu si
dangereux à ceux qui, comme lui, ont cru avoir la foi de l'esprit
lorsqu'ils n'avaient que la conviction imaginative. Ce serait un curieux travail de dégager ce qu'il reste de christianisme dans l'œuvre
de Renan. On pourrait en tirer un livre d'édification orthodoxe qui
·satisferait les plus exigeants catholiques.

Il est inutile de rappeler ici le bruit que causa l'apparition de la *Vie
de Jésus*. Ce qui fit le succès du livre, ce ne fut pas le sujet, qui n'était
pas nouveau, même en France, ce fut la valeur littéraire de l'ouvrage,
ce fut le style. Comme langue, comme art, comme exécution artiste,
cette *Vie de Jésus* est un pur chef-d'œuvre. On peut regretter qu'un
pareil talent ait été mis au service d'une destruction dogmatique, et
nous comprenons les alarmes et les polémiques du parti catholique,
obligé de lutter, non plus cette fois contre une objection nouvelle,
mais contre une séduction d'art, contre la plus insinuante des conta-
gions, la contagion littéraire et romanesque. Dans les notes rapides
qu'il nous est donné de publier aujourd'hui sur M. Renan, nous
croyons devoir à tout prix écarter toute discussion religieuse. Ce n'est
pas à nous de trancher un si grave débat, nous voulons rester dans
la critique de métier, dans la critique dissective d'un talent, seul
point de vue où toutes les opinions ont le droit d'être égales. Eh bien,
le héros s'appellerait-il Çakyamouni ou Bouddha, s'il y a une vérité
esthétique irréfutable, absolue, c'est que la *Vie de Jésus* de Renan est
une œuvre littéraire de premier ordre, une œuvre considérable qui a
apporté à l'art et à la langue un effort de plus, un sens nouveau,
une évolution inattendue, une sorte de transformation et de rajeunis-
sement classique dans le métier d'écrire. Renan a produit beaucoup
d'ouvrages; aucun ne dépassera celui-là; c'est sur celui-là qu'on
peut le juger et sur le premier volume de l'*Histoire d'Israël*. Nulle
part, pas même dans *Marc-Aurèle*, pas même dans ses inimitables pré-
faces de *Job*, du *Cantique des cantiques* et de l'*Ecclésiaste*, l'artiste
n'a atteint une pareille magie de style, donnant l'illusion d'une perfection aussi naïve, aussi inconsciente, aussi naturelle. Cette fluidité
perpétuelle d'inspiration et de tournure, cette souplesse à rendre les
nuances dubitatives les plus insaisissables, ce je ne sais quoi de charmeur, de précis et de raffiné qu'on ne trouve ni chez Voltaire, qui

n'avait que la facilité et la transparence, ni chez Rousseau, qui n'a-
vait que l'antithèse et la rhétorique, cette grâce incomparable dans
la phrase positive, cet effet continuellement obtenu par le mot
moindre et l'épithète atténuée, cette égalité de souffle, cette discrétion dans l'abondance, cette tenue constante du ton, cette lumière
sans coups d'éclairs, cette négation sans emportement, tout cela
s'impose à moi, comme du génie. J'ai beau être froissé, j'ai beau me
dire que la valeur historique de cette œuvre est contestée, j'oublie ce
que cet homme a écrit pour ne voir que la qualité de ce qu'il écrit;
cette voix d'artiste est si douce, que je n'entends plus l'écho des
murs qu'elle fait tomber. Relisez la célèbre dédicace de cette *Vie de
Jésus* : c'est un chant rythmé, une page de musique.

   Le rationalisme allemand lui a fait un crime d'avoir été artiste.
Je ne vois pas ce que gagne la science allemande à être si mal di-
gérée. Un savant ne mérite-t-il plus d'être lu, du moment qu'il
devient lisible? Est-il défendu à un incrédule d'avoir de la poésie ou
d'en trouver au christianisme? Pourquoi Renan aurait-il dépoétisé ce
qu'il niait et se serait-il interdit d'admirer ce qu'il rejetait? On l'a
accusé d'avoir fait du roman religieux au lieu de l'histoire religieuse; mais pourquoi vouloir qu'il soit autre que lui-même? Ne
saurait-on être savant sans être aride? Un talent est à prendre ou à
laisser. L'originalité de Renan est précisément d'être un poète et un
artiste doublé d'un savant. Parce qu'il n'avait pas la foi il n'y a pas
de raison pour qu'il n'eût pas d'imagination. C'est là le secret de son
influence et de son rôle. Une partie de son œuvre restera littérairement, parce qu'il a formulé le *Credo* de notre siècle, il a
incarné la tournure d'esprit de son temps, il a précisé les inconsis-
tances et les fluctuations de la pensée moderne. Ce n'est pas par
ses attaques scientifiques que M. Renan a eu tant d'action sur le
mouvement des idées religieuses contemporaines; c'est au contraire
par les côtés les moins positifs, les moins pratiques de son talent,
par la suavité de sa prose, par sa mysticité libre-penseuse, par son
délicat optimisme, par ses contradictions d'intelligence et de sentiment. Son état d'esprit personnel subsistait certainement en germe
dans les générations de son époque; mais il a développé ce germe, il
l'a étendu, et par lui cet état d'esprit est devenu général. A ce point
de vue son influence est considérable. Il a été dans le domaine des
idées religieuses ce que Victor Hugo a été dans la poésie et Chateaubriand dans la prose. Il n'a pas créé d'école scientifique; il a créé
une psychologie nouvelle, il a donné le goût des études religieuses;
par l'attrait de sa littérature, il a inspiré de la religiosité aux in-
croyants et il a tempéré la vivacité de l'opposition rationaliste. C'est
de lui que date ce sens religieux spécial qui consiste à regarder
comme une nécessité morale le maintien d'un dogme auquel on ne

croit plus. C'est depuis Renan que l'incrédule accorde sa sympathie aux croyances qu'il repousse. Comme lui, il est devenu négateur sans passion, admirateur sans foi, adorateur imaginatif, chrétien impressionniste, partisan d'idéal pieux, ami de la religion, presque religieux.

Renan a ramené les esprits à la *Profession de foi du Vicaire savoyard*. On jurerait qu'il a passé sa vie à la décalquer. Il a été un Rousseau savant, et c'est beaucoup. Il n'a même pas eu le défaut de Rousseau, que d'autres appellent son hypocrisie, cette indignation rhétoricienne, cette éloquence de polémique toujours prête à la défense et à la riposte. L'auteur de l'*Histoire d'Israël*, si attaqué, si réfuté, si discuté, n'a pas une seule fois répondu à ses adversaires. Il a eu le bonheur de ne jamais sortir de la sérénité où il s'était retranché. Ce n'est pas un mince mérite de résister à cet entraînement et d'être à ce point maître de soi-même. Il s'est contenté de nier le christianisme sans essayer de le déshonorer comme Voltaire. On doit lui tenir compte au moins de cela. Il s'est cantonné dans une retraite de savant où aucun bruit n'arrivait à ses oreilles, et il n'a jamais répondu aux réfutations et aux attaques que par le plus irritant optimisme.

Maintenant que son œuvre est close et que le voilà couché dans sa tombe, dans quel état nous laisse-t-il? Quel résultat a-t-il atteint? A-t-il accentué l'irréligion? Le mal qu'il a fait est-il si grand qu'on le dit? A-t-il définitivement détruit la foi dans les cœurs? Non, c'est le contraire qui est arrivé. Depuis ces dernières années nous assistons à une véritable rénovation religieuse, à une sorte de réaction mystique, qui n'est pas, si l'on veut, une revanche du dogme, mais une manifestation de sentiment. Les hommes mûrs reviennent sur leurs préjugés; la jeunesse se reprend à aimer la poésie de la foi, son idéal esthétique, ses enseignements, ses mélancolies, ses enthousiasmes. On s'aperçoit que tout comprendre n'est pas seulement, selon un mot célèbre, tout pardonner, mais que c'est aussi tout aimer. L'influence de Renan sur la postérité nous apparaît bien différente de celle qu'exerça Voltaire. A la veille de la Révolution, l'incrédulité française renchérit sur l'incrédulité voltairienne, en faisant l'application brutale de ses négations philosophiques; aujourd'hui, au contraire, on semble oublier l'opposition dogmatique de Renan pour ne se souvenir que du charme et de la beauté qu'il a laissés au christianisme. Il manquait à ce siècle ce dernier éclectisme, l'éclectisme de la foi; on peut dire que c'est lui qui nous l'a donné; il a découronné la religion, mais le respect nous en est resté; il n'a rien détruit, et le goût de croire est plus fort que jamais.

La position militante que l'auteur de la *Vie de Jésus* avait prise dans la grande lutte des idées contemporaines a empêché ses adver-

saires, et quelquefois ses amis, d'apercevoir son mérite de savant qui
est réel, et ses incontestables qualités d'historien. En mêlant l'exposition du dogme à l'exposition historique, l'auteur de l'*Antéchrist* a
créé une méthode féconde en aperçus et que ses contradicteurs
eux-mêmes, MM. Le Camus, Fouard et Vigouroux, ont adoptée sans
réserve. L'apologétique chrétienne a en ce sens profité de ses attaques, en maintenant le dogme distinct dans l'histoire, au lieu d'expliquer l'un par l'autre. La croyance dans une direction providen-
tielle des affaires de ce monde ne doit pas empêcher d'avouer que la
philosophie négative de l'histoire a chez Renan une certaine grandeur. La destinée de la pensée humaine sera d'hésiter éternellement
entre la philosophie de Bossuet et de De Maistre, et celle de Taine
et de Renan. Si c'est une élévation d'esprit de reconnaître partout le
doigt de Dieu, c'est aussi une inclination naturelle à l'homme de
constater comment partout Dieu se cache, et c'est une faiblesse bien
excusable de n'entrevoir que les lois naturelles derrière lesquelles il
a voulu dissimuler sa puissance. On n'a pas assez remarqué que
parmi les négateurs philosophiques du christianisme, l'auteur de
l'*Avenir de la Science* et de la *Vie de Jésus* peut passer jusqu'à un
certain point pour un timide et un modéré; il n'a jamais nié caté-
goriquement la possibilité du miracle : il s'est borné à prétendre
qu'aucun miracle n'avait été scientifiquement constaté. Cette concession lui a valu le désaveu et les attaques de tous les savants matérialistes. Depuis Strauss jusqu'à Patrice Larroque, tous exigent
qu'on admette *a priori* l'impossibilité du miracle, parce qu'ils entre-
voient clairement que sans cela la porte demeure ouverte aux affirmations chrétiennes. Pour rester dans l'histoire du dogme, la façon
dont Renan a tenté d'expliquer les faits surnaturels, est une véritable
innovation en matière exégétique pure. Schleimacher frisait presque
la supercherie en voulant reconstituer le détail du fait naturel supposé. Renan a pris les faits naturels en bloc et, il l'avoue en propres
termes, il a essayé de nous dire d'une façon générale « comment les
choses ont pu se passer ». C'est chez lui non plus la négation matérielle ou l'explication mythique, sauf quelques exceptions regrettables,
comme le miracle de Lazare; c'est l'analyse d'un état d'esprit, l'examen de certains moments de l'humanité par l'étude des milieux, des
psychologies, des caractères et des ressemblances. Réduire sa science
à montrer « comment les choses ont pu se passer », c'est une prétention bien modeste qui justifie les fréquents insuccès de ses tentatives. En tous cas, c'est une nouveauté que les Allemands ont eu le
tort de ne pas prendre assez au sérieux, eux qui croient ressusciter
une époque en accumulant l'érudition et les paperasses.

Renan a voulu surtout *faire de la vie*, parce qu'avant d'être
savant, il était artiste, et que son scepticisme ne l'empêchait pas

de sentir. C'est la première fois qu'un cerveau de savant a montré
un tel talent dans les nuances et dans la peinture. Quelles merveilleuses pages cette description d'Antioche, ces nuits de Géné-
sareth, sa décomposition du monde romain, ses martyrs de Lyon et
son magnifique portrait de Marc-Aurèle ! Je ne connais rien de plus
achevé, de plus artistique, de plus profond comme sens légendaire,
de plus suave comme exécution imprécise, que le premier volume de
l'*Histoire d'Israël*, si discutable au point de vue orthodoxe. Moins il a
de documents, plus cet admirable écrivain semble sûr de son analyse ;
il n'apporte pas à l'histoire la multitude de faits que M. Taine collec-
tionne avec une si minutieuse patience ; il n'a ni la marque profonde
ni la saillie d'idées de Tacite ; il n'a pas non plus les pensées colos-
sales de Chateaubriand, la sagacité décisive de Montesquieu : ce qu'il
apporte, c'est l'entente merveilleuse des époques, la délicatesse des
aperçus, le raffinement des nuances, l'intuition des milieux, les
résurrections psychologiques, l'art des conjectures, le sens de tout
ce qui est intérieur et intangible. L'histoire est un art, comme la
peinture : il y a des historiens coloristes, penseurs, dessinateurs ; il
existe en histoire, comme dans les paysages, des demi-teintes et des
pénombres ; c'est là que Renan excelle. Ses tableaux même les plus
positifs ont quelque chose de vague, d'indécis, quelque chose de charmeur qui vient de lui et qu'il y met. C'est par ces qualités d'art
toutes nouvelles qu'il a rendu l'histoire accessible au grand public
et qu'il a rajeuni l'attrait d'un genre de récit souvent rebutant par
trop d'érudition. Je ne parle ici, bien entendu, que de Renan considéré comme historien en dehors du dogme, seul titre où l'éloge à lui
décerner me paraisse relever de la critique littéraire. On ôterait de
ses livres toute la partie exégétique qu'il resterait encore chez lui un
historien de valeur. On peut même regretter qu'il ne s'en soit pas
tenu à l'histoire exempte de controverse et qu'il n'ait pas écrit par
exemple celle du peuple grec, qui l'a toujours tenté et où il eût été
admirable. La perfection avec laquelle il a mis en œuvre les documents les plus arides et qui fait de son introduction de la *Vie de
Jésus* un chef-d'œuvre de langue française, prouve la supériorité
qu'il aurait eue dans un sujet comme l'histoire grecque, où ses qualités artistes eussent été tout à fait à l'aise. Son histoire du christianisme est de l'histoire faite avec de la littérature et de la poésie. Je
suis convaincu pour ma part qu'il y a dans la personne et la vie de
Jésus-Christ une marque divine, humainement inexplicable. Je crois
donc que la tentative d'explication rationaliste de M. Renan ne sur-
vivra que par le style et la séduction de l'art.

                                        Antoine ALBALAT.

LES DISPARUS

GÉNÉRAL HANRION

Une des figures les plus sympathiques de l'armée, un homme d'une réelle valeur, vient de disparaître, dans la personne du général Bertrand-Alexandre Hanrion, décédé à Nancy, le 24 septembre dernier.

D'origine lorraine, le brillant soldat dont nous allons esquisser à grands traits la vie militaire, est né à Perpignan, le 8 décembre 1824, de père et mère messins.

Après avoir fait de très bonnes études au collège Saint-Louis, à Paris, Hanrion est admis à Saint-Cyr le 1er avril 1842, y gagne ses premiers galons, et en sort à la tête de sa promotion comme sous-lieutenant au 19e léger, où son frère aîné était lui-même sous-lieutenant (1) (1er octobre 1844).

Le jeune Hanrion, qui n'a pas vingt ans, débute par l'Algérie, et fait, avec le 19e, les campagnes pénibles, mais glorieuses, de 1844 à 1848.

En 1844, le régiment occupe Sétif, point stratégique important sur la grande voie de communication d'Alger à Constantine, et au pied même des montagnes de la Grande Kabylie qui n'a pas encore été soumise. Il contribue à la fondation de ce port par de magnifiques travaux, dont l'achèvement lui permet l'année suivante de rayonner dans toute la province de Constantine. De là, de fréquentes expéditions et des luttes meurtrières qui donnent au 19e léger une grande réputation de bravoure dans toute l'armée d'Afrique, Hanrion prend part aux combats qui amenèrent la pacification du Djurjura, l'occupation de Collo, la conquête de la Grande Kabylie et du massif de Bougie, sous l'habile direction du maréchal Bugeaud et du général Bedeau. Pendant ces quatre années d'expédition, la plupart des officiers du 19e léger sont plus ou moins atteints par les balles kabyles, plusieurs y trouvent la mort. Parmi ceux qui y échappent et sortent sains et saufs, citons les deux frères Hanrion, puis encore le colonel de Chasseloup-Laubat, le lieutenant-colonel de Ladmirault; les capitaines Grenier et Garnier, devenus tous les quatre depuis généraux de division et grands-croix de la Légion d'honneur.

Promu lieutenant le 3 mai 1848, Alexandre Hanrion rentre en

(1) Louis-François-Joseph Hanrion, né le 24 janvier 1821, aujourd'hui général de brigade en retraite à Besançon.

France avec son régiment, fait partie de l'armée des Alpes, réunie à Lyon sous le commandement du général Oudinot de Reggio, et prend part aux sanglantes journées de Juin, pour le rétablissement de l'ordre dans la région du Rhône.

Un décret impérial de 1852 ayant supprimé les régiments d'infanterie légère pour compléter à cent le nombre des régiments d'infanterie de ligne, la guerre d'Orient le trouve capitaine adjudant-major au 94°, qui arrive en Crimée vers la fin de l'année 1854, et constitue, avec le 4° régiment d'infanterie de marine, la brigade Sol, chargée d'occuper Kertch et Kamiesch pendant toute la durée du siège de Sébastopol.

Rentré en France, Hanrion est proposé pour le grade de chef de bataillon, qu'il ne conquiert cependant que le 24 décembre 1858. A cette date, il n'a que trente-quatre ans, et est le plus jeune des officiers supérieurs de son arme. Placé au 21° de ligne, il a pour colonel et lieutenant-colonel deux hommes d'une haute valeur, Fontanges de Couzan et Leroy de Dais, dont le premier devint général de division; le second, général de brigade, fut tué à l'attaque de la place de la Bastille, pendant les dernières opérations de la Commune (31 mai 1871).

En 1859, le commandant Hanrion fait la campagne d'Italie avec le 21° (brigade Félix Douay, de la division Ladmirault, corps Baraguey d'Hilliers); il se distingue au combat de Melegnano (Marignan), le 8 juin; à la bataille de Solferino, qui a lieu le 24 du même mois, et où il est blessé d'un coup de feu à la tête. Le lendemain, il est fait chevalier de la Légion d'honneur et, quelques jours après, passe avec son grade au 2° régiment de voltigeurs de la garde.

Nommé officier de la Légion d'honneur, le 15 décembre 1864, il devient lieutenant-colonel au 3° de ligne (21 décembre 1866), puis colonel au 26° de ligne (15 juillet 1870), le jour même de la déclaration de guerre. Son régiment fait partie de l'armée du Rhin (brigade de Marguenat, division Le Vassor-Sorval, corps Canrobert).

Le colonel Hanrion participe aux combats de Borny (14 août), de Gravelotte (16 août), et de Saint-Privat-la-Montagne (18 août), où il est blessé d'un coup de feu qui lui brise la main droite. Transporté à l'ambulance de l'église de Saint-Privat, il assiste, impuissant, à la lutte meurtrière qui, dans la soirée, fait tomber le village au pouvoir des Allemands.

Emmené prisonnier à Sainte-Marie-aux-Chênes, et conduit dans les ambulances prussiennes établies à Doncourt-en-Jarnisy, il est, le 24 août suivant, l'objet d'un échange avec un officier prussien du même grade, reconduit à Metz, qu'il quitte une seconde fois après la capitulation, pour aller subir, à Mayence, une longue et dure captivité.

De retour en France, le colonel Hanrion reprend, à Cherbourg, le commandement du 26ᵉ, le reconstitue en quelques jours et le conduit à Versailles, où il fait partie du 4ᵉ corps (Félix Douay), chargé de concourir à la répression de la Commune de Paris, sous le commandement de Mac-Mahon.

Nommé commandeur de la Légion d'honneur le 20 avril 1871, distinction pour laquelle il avait été proposé la veille de Saint-Privat, il est le premier officier qui entre dans Paris dans la soirée du 21 mai, à la tête de son régiment, après l'enlèvement de la porte d'Auteuil et du viaduc du Point-du-Jour.

Le 23 mai 1875, il obtient enfin le grade de général de brigade, et va à Nancy, qu'il ne doit quitter que pour commander un corps d'armée. Six ans après, 10 septembre 1881, il est promu divisionnaire dans le même corps d'armée (le 6ᵉ), dans la même division (la 11ᵉ), dans la même ville (Nancy), où il avait commandé comme général de brigade, et antérieurement comme colonel du 26ᵉ de ligne.

Cet avancement sur place est significatif et assez rare pour être noté en passant. Il prouve la haute confiance que ce brillant soldat avait su inspirer au gouvernement, car il faut des qualités militaires de premier ordre pour commander une division comme celle de Nancy, poste fontière d'une importance exceptionnelle.

En septembre 1884, le général Hanrion est désigné pour présider la mission chargée de suivre les manœuvres allemandes entre Cologne et Dusseldorf. L'accueil qu'il reçut de nos adversaires, au delà du Rhin ; la déférence dont il fut l'objet de leur part, témoignèrent de l'estime dans laquelle il était tenu à l'étranger. A un officier russe qui l'interrogeait sur la part prise par lui à l'histoire militaire de sa patrie durant ces quarante dernières années, il répond simplement :

Je n'ai rien fait de plus que mes camarades de l'armée ; j'ai seulement vécu avec eux, ne laissant jamais à d'autres la place où je devais être ; cela s'appelle faire son devoir. J'ai tenu à accomplir utilement et honorablement le mien, car quel que soit le grade que l'on occupe, quelles que soient les circonstances que l'on traverse, un soldat qui tient à cœur de bien remplir sa tâche, n'a jamais trop de savoir, trop de dévouement, ni trop d'honneur.

Beau et patriotique langage que nos jeunes officiers ne sauraient trop méditer !...

Appelé en 1885 au commandement du 10ᵉ corps d'armée, le général Hanrion est chargé, en 1888, d'inspecter nos écoles militaires et, entre autres, le *Prytanée militaire* de la Flèche, où il prononce, à la distribution des prix, un magnifique discours que nous retrouvons dans nos notes et qui se termine ainsi :

L'éducation, mes jeunes amis, n'est pas libre de s'isoler au milieu du mouvement universel d'une nation. Destinée à préparer, pour les luttes du lendemain, les générations nées au milieu des périls de la veille, elle ne saurait se soustraire à l'obligation d'entrer dans le courant de son temps; il faut qu'elle se soumette aux préoccupations dominantes de l'opinion publique; il faut qu'elle donne au pays confiance dans son lendemain. *Obéir et commander* : cela s'appelle la discipline, expression sublime qui ne s'applique pas aux seules armées, et contient, en elle, le secret de la grandeur et de la décadence d'un peuple. Demeurez donc, mes enfants, tels que la Prytanée vous a gardés : aimables à tous; constants dans votre vie, comme vous l'aurez été dans le travail; pleins d'initiatives généreuses; familiarisés avec les idées *de dignité* et *de devoir, de gloire* et *d'honneur,* qui font la force d'une nation. Soyez patriotes et hommes de cœur, vous rappelant cette phrase de Portalis ; « que là où le patriotisme est vivant, au cœur de tous; là où il sait, même en souvenir de nobles infortunes, grandir au point de devenir l'âme de la patrie, on peut tout désirer, tout espérer pour elle ».

Lorsque, quinze mois après, le général Hanrion quitte son commandement le 8 décembre 1889, pour entrer dans le cadre de réserve, l'ordre du jour qu'il laisse à ses troupes fait battre tous les cœurs et arrache plus d'un soupir de regret. Nous en détachons le passage suivant :

Officiers, sous-officiers et soldats du 10ᵉ corps !

Fils de soldat, enfant de la grande famille, je suis né et j'ai grandi parmi vous, vivant de votre vie. Pendant près d'un demi-siècle, j'ai été le compagnon de vos travaux, de vos luttes, de vos joies, de vos douleurs; mon sang s'est parfois mêlé au vôtre. Je ne saurais vous oublier. Mes chers compagnons d'armes, mes amis, restez ce que je vous ai connus, gens de devoir et d'honneur, serviteurs fidèles de la loi de votre pays. Ne perdez jamais de vue que l'estime et l'affection dont les peuples entourent leur armée, se mesurent toujours à la confiance que celle-ci leur inspire, par son esprit de soumission, de discipline, par ses talents et ses vertus.

On ne saurait rien ajouter à de telles paroles, qui peignent l'homme tout entier, et donnent, au portrait que nous avons essayé d'esquisser, la touche magistrale qui complète la ressemblance.

Hanrion n'était pas seulement un officier général de mérite, c'était aussi un érudit. Très versé dans les arts, les sciences et les lettres, il présidait, à Nancy, la *Société des amis de l'Université* et la *Société de géographie de l'Est.* Homme du monde par excellence, aimable et bon pour tous, mais d'une bonté qui n'excluait ni la fermeté ni la vigueur, il meurt à soixante-huit ans, ne laissant que des regrets autour de lui : dans l'armée, où il était honoré pour la droiture de son caractère et pour l'élévation de ses sentiments; dans le monde civil, à Rennes comme à Nancy, où il s'était créé de nombreuses et solides amitiés.

G. de CORLAY.

LE DROIT DE PROPRIÉTÉ

ET LES

PROPRIÉTAIRES FONCIERS

———

Un des phénomènes les plus étranges de cette fin de siècle, est, sans contredit, l'ardeur folle avec laquelle, dans l'Europe continentale tout au moins, les propriétaires fonciers s'évertuent à ruiner, de leurs propres mains, les fondements mêmes du droit de propriété.

Je veux parler du droit de propriété tel qu'il dérive du droit public moderne, des principes que nous appelons en France les principes de 1789.

D'après ces principes, la propriété a sa source, non plus dans la conquête, comme l'admettaient la société antique et la société féodale, mais dans l'effort propre de l'homme dans le travail.

En prenant pour point de départ la Déclaration des droits de l'homme et du citoyen, l'enchaînement des idées se construit ainsi : l'homme est un être libre, maître de lui-même, de ses facultés et de leurs produits.

La propriété, ainsi entendue n'est pas autre chose que le droit, pour tout homme, de disposer librement de la valeur créée par son travail : elle est cela, ou elle n'est rien.

Otez au propriétaire la libre disposition de sa chose, à l'instant le droit de propriété s'efface, il est anéanti.

Vainement les légistes, s'armant des définitions de nos Codes, voudraient-ils objecter qu'on ne peut disposer de ses biens que dans les limites *permises par la loi :* la réponse est que cette définition, écrite dans l'article 544 du Code civil est une traduction de la définition du droit romain du droit des possesseurs d'esclaves de la société antique, définition en contradiction flagrante avec les principes de notre droit public moderne.

Le droit de propriété n'existe pas d'après le caprice, le bon plaisir, la permission du législateur, comme on le croyait dans la cité antique; la propriété est un droit qui dérive de la nature même de l'homme; la loi ne le crée ni ne l'organise, elle le constate, le reconnaît et a pour devoir de le protéger en lui donnant la garantie de la force publique.

Les limites de la propriété, comme celles de la liberté dont elle est un dérivé, sont, pour tout homme, dans le droit égal et semblable des autres hommes ; le droit de propriété de l'un s'arrête et se limite là où commence le droit des autres.

Ce droit ainsi entendu, le socialisme moderne sous toutes ses formes, notamment sous sa forme la plus usuellement acceptée, le collectivisme, le contredit et le combat formellement.

Partant de cette idée qui domine tout le système : à savoir que, dans la bataille pour la vie, les intérêts des hommes sont en état d'antagonisme, antagonisme nécessaire, résultant de la nature même des choses ; que, par suite, la liberté, la libre concurrence est un principe d'oppression et de ruine, le bien de l'un étant le mal de l'autre, et dans ce conflit des intérêts les plus forts, les mieux armés pour la lutte, c'est-à-dire les possesseurs du capital écrasant les plus faibles, les non-capitalistes partant de là, les socialistes, les collectivistes proclament le droit supérieur d'intervention de l'État pour faire cesser l'anarchie, et, à la place de l'antagonisme, rétablir l'ordre et l'harmonie.

A la liberté, à la libre disposition du produit du travail, principe destructeur, le socialisme oppose le principe d'autorité, le droit éminent de l'État organisant la société à son gré et, suivant le mot de J.-J. Rousseau, pliant docilement les hommes au joug de la félicité publique.

Tel étant le principe du socialisme, du droit éminent de l'État, destructeur de tout droit de propriété, on peut s'étonner que, sous l'empire de je ne sais quel vertige, la grande majorité des propriétaires fonciers ait embrassé avec tant d'ardeur la cause du socialisme d'État sous une de ses formes les moins incontestables, sous la forme de la tutelle sociale appelée du nom de *protection*.

Le *leader* incontesté des protectionnistes, M. Méline, l'a déclaré formellement dans la séance de la Chambre des députés du 9 juin 1890.

« Si vous protégez l'un, vous atteignez forcément les autres, c'est inévitable ; par exemple, les droits sur l'avoine, sur le seigle, sont payés par ceux qui consomment de l'avoine, du seigle et qui n'en produisent pas. »

Cette formule exprime très exactement le vrai caractère du système soi-disant *protecteur* : le but consiste à augmenter les profits de certains producteurs ; le moyen est de renchérir artificiellement les prix en repoussant, par la barrière des tarifs de douane, les produits similaires étrangers, la rareté, la disette ainsi produite devant provoquer l'augmentation des prix.

Que ce système soit une manifestation du socialisme d'État, c'est ce qui ne saurait être sérieusement contesté : nous voyons en effet ici le législateur, usant et abusant de je ne sais quel droit providentiel, s'arroger le droit de pondérer, d'équilibrer à sa guise les profits des divers producteurs et violer manifestement la liberté d'achat des citoyens, le droit de tout individu, en tant que consommateur, de payer les produits à sa convenance et à un prix librement débattu.

Surenchérir les prix, les hausser artificiellement par l'opération des tarifs, c'est, de toute évidence, une spoliation, une violation manifeste du droit de propriété dans la personne de tous les acheteurs des produits protégés. Les socialistes l'ont si bien compris que l'un d'eux, comparant les droits protecteurs aux revendications du socialisme, déclarait, dans un article du journal *la Justice* du 5 mars 1890, que si l'objectif des protectionnistes et des socialistes était différent, les procédés mis en œuvre étaient exactement les mêmes, en sorte que « le mouvement protectionniste ne pouvait qu'être favorable à l'éclosion et au développement du mouvement prolétarien ».

Comment se fait-il, dès lors, que les propriétaires fonciers se soient engagés avec tant d'empressement dans cette campagne protectionniste si favorable au mouvement prolétarien qui leur cause, à juste titre, une frayeur si grande ?

L'explication, hélas ! est bien simple, et la subtile casuistique du cœur humain va nous donner le mot de l'énigme.

Les propriétaires fonciers sont pleins de respect pour le droit de propriété et ne souffrent pas qu'on y touche, par voie législative ou autre, quand il s'agit de leurs propriétés; ils sont moins enclins à le respecter et en admettent volontiers la violation à leur profit, quand il s'agit de la propriété... des autres.

C'est bien humain apparemment, et tout en prenant leur attitude au sérieux, gardons-nous de la prendre au tragique.

Pour ramener ces égoïstes à la bonne voie, au droit chemin dont ils n'auraient jamais dû sortir, il suffira de leur montrer les conséquences de cette spoliation, de ce système monstrueux de vol organisé par l'intermédiaire des lois.

La notion du droit et de la justice faussée dans les esprits, la liberté violée, la propriété spoliée, le socialisme d'en haut aidant à développer le socialisme d'en bas, les guerres de tarifs entre les peuples soulevant des colères, semant des germes d'irritation d'où peuvent naître demain des conflits internationaux, voilà plus qu'il n'en faut sans doute pour ramener à nous ces égarés.

Combien d'ailleurs se vérifie ici cette profonde parole de Pascal que « l'égoïsme est un merveilleux instrument pour nous crever agréablement les yeux » !

Pourquoi les propriétaires fonciers ont-ils déserté ainsi leur propre cause; comment ont-ils pu passer dans le camp des socialistes d'État pour combattre avec eux ce détestable combat contre le droit de propriété ?

Sous l'impulsion de l'intérêt, parce qu'ils ont cru la prospérité de la propriété foncière liée d'une manière intime à la cause de la protection douanière.

Nous en avons entendu plus d'un exprimer devant nous leurs frayeurs, frayeurs réelles, à la pensée de la libre importation des blés et des bestiaux de l'étranger ; à les entendre, tout était perdu, c'en était fait de l'agriculture nationale si le libre-échange était demeuré la loi de nos relations avec les autres peuples.

Cependant, ces mêmes terreurs, ces frayeurs non feintes, elles avaient, il y a un demi-siècle, frappé également les grands propriétaires fonciers de l'Angleterre : pendant toute la durée de l'agitation en faveur du libre-échange, les landlords anglais criaient bien haut que l'agriculture nationale allait être sacrifiée à l'étranger, que le sol de l'Angleterre cesserait d'être livré à la culture.

Le libre-échange a été établi en 1846 ; depuis un demi-siècle l'agriculture anglaise a été livrée, sans défense, à la concurrence étrangère ; qu'est-il advenu de ces prédictions sinistres?

Il est advenu que, sous le stimulant de la concurrence, les fermiers anglais ont doublé leur production de céréales à l'hectare ; le rendement qui était de 14 hectolitres à l'époque de la réforme est actuellement de 28 hectolitres au moins, alors que, en France, la moyenne de nos dernières années est de 16 hectolitres à peine ; l'élevage du bétail est aussi très florissant en Angleterre et les grands propriétaires, ces protectionnistes si âpres d'autrefois, après l'expérience d'un demi-siècle de liberté, se sont convertis résolument au *free trade*.

Voilà les enseignements de l'histoire contemporaine, et cette leçon de choses est bien faite, apparemment, pour frapper les yeux de nos propriétaires fonciers.

Cette leçon devrait d'autant plus leur ouvrir les yeux que les meneurs du protectionnisme en France, travestissant odieusement les faits, proclament à l'envi, que, par le libre-échange, l'Angleterre a sacrifié son agriculture à son industrie.

Notons ici une considération de la plus haute importance qui domine ce grave débat et que nos propriétaires ont toujours méconnue, c'est que le système protecteur en France a été inventé et établi, aux dépens de l'agriculture, *en faveur de l'industrie manufacturière*.

C'est pour développer l'industrie française, à l'imitation de l'Angleterre, que Colbert, le petit-fils d'un marchand de Reims, a le premier construit une barrière de tarifs protecteurs, et son historien, Pierre Clément, exposant les effets de cette mesure, n'hésite pas à reconnaître que l'agriculture nationale *en a souffert cruellement*.

Les promoteurs du mouvement protectionniste actuel, malgré leurs protestations de dévouement à l'agriculture, ont repris la tradition du colbertisme, et il suffit de se rappeler que M. Méline est le continuateur de M. Pouyer-Quertier, le filateur de Normandie, et de M. Feray, le grand industriel d'Essonnes, pour savoir de quel côté sont ses préférences.

N'a-t-on pas entendu M. Jules Ferry, le président de la commission des douanes protectionniste du Sénat, déclarer à la tribune du Luxembourg, lors de la discussion générale, en novembre dernier, que si les nations de l'Europe continentale s'étaient faites protectionnistes, c'était pour ne pas laisser à l'Angleterre le monopole de la production industrielle. D'après lui, ç'avait été une faute grave de la part de Michel Chevalier de pousser à la conclusion des traités de commerce de 1860 qui devaient faire de la France une nation purement agricole, échangeant les produits de son agriculture contre les produits de l'industrie anglaise.

D'après M. J. Ferry, l'*alter ego* de M. Méline, une nation a intérêt à développer son industrie d'une manière parallèle à son agriculture ; d'autre part, M. Méline, dans le discours qu'il a prononcé en février dernier au banquet de l'Association de l'Industrie, trahissant les secrètes préférences de son cœur, déclarait que cette fête avait pour lui un caractère *plus intime* que le banquet à lui offert quelques jours auparavant par la Société des agriculteurs de France. Qu'on le remarque bien en effet : par la nature de son sol, par sa constitution géologique, par l'abondance de ses eaux, par son climat, la France est avant tout essentiellement une nation agricole, alors qu'au contraire l'Angleterre est, au premier chef, une nation industrielle.

C'est donc par une imitation maladroite, contre nature, irréfléchie de l'Angleterre au détriment de l'agriculture nationale, *qui en souffrira cruellement*, que les meneurs du protectionnisme, par l'artifice des tarifs, vont soutirer les capitaux qui iraient naturellement à l'agriculture, pour les faire refluer vers des industries factices, de serre chaude.

M. Méline déclarait récemment à Lille, dans cette grande ville industrielle, que, grâce aux nouveaux tarifs, des usines, des fabriques nouvelles surgissaient dans le département du Nord ; or, il est évident que les industries ainsi artificiellement établies n'ont pu se créer qu'aux dépens du développement *naturel* de l'agriculture nationale.

Il est si vrai que les intérêts de l'industrie et ceux de l'agriculture sont opposés dans le système protecteur, que, malgré la solidarité entre ces deux branches de la production nationale, l'Association de l'industrie est absolument distincte de la Société des agriculteurs de France et que c'est dans deux banquets différents que chacune de ces associations a célébré le triomphe momentané du protectionnisme dans la personne de M. Méline.

Il n'en saurait être autrement, on le comprend, dans un système qui, de l'aveu de M. Méline, consiste à prendre l'argent des autres et qui ne protège les industriels qu'aux dépens des agriculteurs et réciproquement.

Un grand propriétaire de Normandie, M. Estancelin, a si bien compris que l'agriculture avait été sacrifiée à l'industrie par les nouveaux tarifs que, tout protectionniste qu'il soit, il a refusé de souscrire au banquet offert par les grands propriétaires à M. Méline, et, dans une lettre rendue publique, il a donné pour motif qu'on avait fait jouer à l'agriculture un rôle de dupe en lui donnant des tarifs de 15 à 16 p. 100, alors qu'on avait accordé à l'industrie une protection de 30 à 40 p. 100, et qu'il ne se sentait nullement d'humeur à féliciter le *leader* du protectionnisme d'avoir dirigé une pareille campagne.

Certes, une telle protestation mérite qu'on s'y arrête, de la part de nos propriétaires fonciers; nous ajoutons, quant à nous qui défendons la liberté économique, que non seulement l'agriculture a eu des tarifs inférieurs à ceux de l'industrie, mais qu'en outre de cette duperie manifeste, l'agriculture souffrira bien cruellement des maux sans nombre que le système *protecteur* entraîne forcément après lui.

Que nos propriétaires fonciers cessent donc de s'associer à un mouvement de socialisme d'État dans lequel ils luttent'ouvertement contre le droit de propriété; qu'ils ne nous vantent plus, comme faisait M. Turrel, député de l'Aude, grand viticulteur, lors de la discussion générale du tarif des douanes, le bon sens, la clairvoyance et la logique de Proudhon, de l'apôtre du communisme!

M. Turrel avait sans doute voulu prendre modèle sur M. Domergue, le lieutenant de M. Méline dans la campagne protectionniste, et sur Thomas Grimm du *Petit Journal*, non moins dévoué à la cause protectionniste, ces deux publicistes ayant, sous le patronage bienveillant de M. Méline, chanté, à maintes reprises, soit dans le livre de la *Révolution économique*, soit dans divers articles du *Petit Journal*, les louanges du publiciste qui réclamait l'anarchie comme le meilleur des gouvernements et qui manifestait son amour pour le droit de propriété par cette phrase fameuse :

« *La propriété, c'est le vol.* »

Revenant de cette aberration passagère, les propriétaires fonciers, combattant avec nous le bon combat contre le socialisme *sous toutes ses formes*, brûleront ce qu'ils ont adoré et adoreront ce qu'ils ont brûlé : fils de 1789, de cette Révolution glorieuse qui a proclamé, après Turgot, le principe de la liberté du travail, ils diront que ce principe étant vrai et juste, la loi doit le protéger.

Ernest MARTINEAU.

LETTRES

SUR

LA POLITIQUE EXTÉRIEURE

Abbaye de Gif, 13 octobre 1892.

Deux souverains en Europe font de la politique scrupuleusement nationale, c'est-à-dire qu'ils se laissent guider par les exigences constitutives de leur empire. Ce qui domine dans l'esprit
d'Alexandre III, maître d'un pays unifié, c'est la suite d'idées et
la constance. L'empereur François-Joseph, au contraire, gouver-
nant des nationalités juxtaposées, provoque à certaines heures
l'admiration par la soudaineté et la grandeur de ses évolutions.
Son esprit conçoit d'abord cette évolution par l'idée et la réalise
ensuite loyalement par le fait.

Conçoit-on ce qu'a pu être pour le chef de la maison de Habsbourg l'acceptation du régime constitutionnel et du dualisme ?
Aujourd'hui l'empereur-roi, dans son discours aux délégations
autrichiennes et hongroises, nous indique un effort d'acceptation
des idées modernes presque analogue. Lui, le souverain le plus
aristocratique de l'Europe, pour qui les quartiers de noblesse
ont gardé leur supériorité sociale, lui le chef d'armée le plus
jaloux de son autorité exclusive et de son droit de paix ou de
guerre, admet un facteur nouveau, une influence de la masse
dans ses inspirations. Il dit : « Le besoin de repos chez les peuples
et le souci de leur bien-être matériel tendent incontestablement
à introduire la modération dans les relations internationales. »
Ainsi le peuple et son bien-être matériel peuvent peser dans les
décisions de François-Joseph. Il ajoute : « Les efforts de mon gouvernement ont été dirigés, dans l'année qui vient de s'écouler,
vers la solution des questions économiques. » La conclusion qui

ressort logiquement de cette façon de voir est la réduction des
crédits extraordinaires consacrés à l'armée et à la marine de
guerre, dépenses qui ne dépassent point pour ce nouvel exercice
un million et demi.

Que nous voilà loin de la conception monarchique de Guillaume II, de son souci du repos et du bien-être matériel de son
peuple, loin de ses projets militaires. Le *Magyar Orzag* nous révèle
que même cette légère augmentation des crédits militaires affecte
l'empereur François-Joseph. « Le souverain, dit le journal hongrois, est navré de cet état de choses ; il s'en est ouvert franchement, dans l'intimité, au président de la Chambre des seigneurs. »
Aussi, le discours du député jeune tchèque, M. Eym, à la commission du budget de la délégation autrichienne, n'a-t-il point
irrité l'empereur.

« Les Tchèques, a dit M. Eym, éprouvent de l'inquiétude et
de l'angoisse en examinant la politique suivie par l'Autriche et
qui met cet empire de plus en plus en opposition avec la Russie. »
M. Eym développe avec élévation cette idée, et il termine en demandant si au moins le traité de la Triple Alliance contient
« des clauses garantissant à l'Autriche l'aide et la protection de
l'Allemagne dans le cas où la Russie, croyant ses intérêts menacés dans la péninsule balkanique, prendrait l'offensive ».

La visite de Guillaume II à Vienne, s'annonce donc, dans les
dispositions actuelles de l'Autriche et de son souverain, comme
un insuccès. Seuls, les Allemands-Autrichiens seraient prêts à
aller jusqu'à l'épuisement total de l'empire pour satisfaire l'empereur allemand.

Le *Berliner Tageblatt*, tout en niant le but du voyage de
Guillaume II à Vienne, déclare « qu'une demande d'augmentation
d'effectif serait tout à fait légitime, car l'Allemagne elle-même
ne consent aux plus grands sacrifices que dans le but constant de
renforcer la Triple Alliance ».

Peut-on considérer certains signes en Italie et en Autriche
comme une lassitude de porter le poids sans cesse alourdi de la
Triplice ? Un avenir prochain nous le dira, car pour la première
fois l'Autriche et l'Italie s'arrêtent et hésitent à emboîter le pas
prussien de l'augmentation des effectifs et des dépenses militaires.

Si l'empereur François-Joseph veut sincèrement la paix, il est
temps qu'il mette un frein aux provocations de M. Stamboulolf,
à l'infatuation offensive du prince Ferdinand de Cobourg, car ils

deviennent d'heure en heure plus dangereux. Les coups de canif
que donne le dictateur de Sofia dans le contrat du congrès de
Berlin blessent chaque jour davantage la puissance qui s'en est
loyalement déclarée gardienne, et la note russe à la Turquie
prouve que l'empereur Alexandre III n'admet aucun accommodement avec l'enfer du démoniaque Stambouloff.

Le panbulgarisme, après son succès en Macédoine, où l'on se
rappelle que le grand vizirat, abusé et séduit par M. Stambouloff, protégea les diocèses de l'église bulgare contre le patriar-
cat œcuménique, dans la célèbre affaire des bérats ; le panbulgarisme , dis-je, continue la série de ses empiétements vis-à-vis de
la Grèce.

Au mépris du traité de Berlin qui reconnaissait à la fois le
droit d'enseignement de la langue grecque dans les écoles grecques en Bulgarie et en Roumélie orientale et le .droit aux Grecs
de faire donner l'instruction religieuse par les représentants de
leur patriarche, M. Stambouloff fait fermer une à une les écoles
grecques en leur imposant des conditions inacceptables.

Les articles 62 et 18 du traité de Berlin garantissant l'égalité
des droits et des confessions et les dispositions de la loi organique
de la Roumélie orientale, des articles 4 et 5 du même traité,
sont de simples balles de papier que M. Stambouloff se plaît à
jeter en l'air.

Le journal officiel du dictateur, la *Svoboda*, déclare que toutes
les écoles seront fermées si elles ne se soumettent pas, et ajoute
insolemment : « Quand on a eu le courage de résister aux prétentions de deux grandes puissances comme la France et la Russie,
on ne daigne pas prendre en considération les demandes d'un
petit État comme la Grèce. »

Sera-t-il possible de tolérer indéfiniment le ton de M. Stambouloff? Toute cette algarade, il est vrai, a pour but de détourner
l'attention des humiliations de l'échec de l'exposition de Philippopoli, laquelle a démontré que seules les sections étrangères
avaient quelque intérêt et que celles de la Bulgarie n'en avaient
aucun.

Je détache d'une brochure, sous forme de lettre adressée au
prince Ferdinand de Cobourg et signée Boris Pravdine, un passage qui m'a intéressée : :

Dites à M. Stambouloff qu'il a tort de penser, comme il se donne l'air de
le faire, que la Russie en veut à l'indépendance de sa patrie. Ce n'est pas

pour l'asservir qu'elle l'a libérée. Rien ne nous est plus sympathique que le progrès, la prospérité, le bonheur des nations de la péninsule balkanique ; qu'elles se développent chacune par elle-même dans leur confraternité, de race et de religion! Ce qui nous révolte, ce qui nous indigne à juste titre, c'est de voir un des membres de cette grande famille slave mentir à son origine au point de se laisser détourner de la Russie, sa bienfaitrice.

Vous, Monseigneur, vous êtes devenu l'incarnation de ce mensonge, de cette ingratitude!

C'est pourquoi je viens vous dire avec cent millions de mes compatriotes, auxquels se joindront, j'en suis sûr, tous ceux en Europe qui désirent sincèrement la paix :

Allez-vous-en !

Allez-vous-en, et redevenez ce que vous étiez : un grand seigneur, un prince qui par sa naissance et sa fortune a certes mieux à faire que de jouer, sous le déguisement d'une fausse pourpre, le rôle d'agent de la Triple Alliance ou celui de mannequin entre les mains ambitieuses d'un Stambouloff!

Si vous partez en écoutant les inspirations de votre dignité et d'un juste orgueil, M. Stambouloff s'accrochera aux pans de votre habit, car avec votre départ s'effondrera tout l'échafaudage de son système illégal et arbitraire. Mais répondez-lui, s'il n'est, comme je voudrais bien pouvoir l'admettre, qu'un patriote dévoyé et aveuglé, qu'il aurait une meilleure tâche à remplir dans son pays que de museler, garrotter et pendre les représentants, affolés parfois jusqu'au crime, de ceux d'entre la majorité des Bulgares qui ne se sont pas dénaturés au point d'oublier ce qu'ils doivent à la grande sœur russe, dont le glaive victorieux les a affranchis du glaive musulman.

Dites bien aussi à M. Stambouloff que ce n'est pas pour qu'il puisse jouer au pacha que nous avons versé notre sang sur les champs de sa patrie. Qu'il la rende à elle-même, sa patrie! La Russie ne demande que cela.

Sachez seulement quelle ne tolérera jamais que la clef du Bosphore tombe au pouvoir de l'Occident.

L'empereur François-Joseph a dit, ces derniers temps, qu'il n'a « jamais été plus sûr de l'affection de son cousin le Tsar ». Certes Alexandre III s'est placé sur un terrain où il peut rester bienveillant, même en face d'une situation menaçante, mais à la condition qu'on n'y ajoute pas une attitude de défi, et cette attitude, M. Stambouloff, qui se dit protégé par l'Autriche, la prend.

Tous les journaux de Berlin, m'écrit-on d'Alsace, viennent de recevoir une petite brochure dont l'auteur est Russe et qui dit aux Allemands quelques bonnes vérités qu'ils accueillent fort mal. Cette brochure n'a ni titre, ni nom d'auteur. Elle reproche vivement aux Allemands d'avoir considéré la Russie, depuis plusieurs générations, comme un vaste champ à exploiter, d'avoir regardé les Russes comme des êtres inférieurs et d'avoir dédaigneusement traité de panslavisme le réveil du sentiment national en Russie.

La *Post* répond à cette brochure :

> Il est certain que des artistes, des ingénieurs allemands ainsi que des pionniers de la science ont entrepris vers les années 1850, une sorte d'émigration en Russie, mais ceci n'eut lieu, longtemps, que sur les pressantes instances et les plus aimables invitations de la Russie. Comme le travail allemand était très estimé et bien payé, les invitations ainsi que l'émigration continuèrent.

Et puisque décidément les brochures abondent cette quinzaine, parlons d'une autre encore, bien amusante : *Le prince de Bismarck et le peuple allemand*. Nous n'aurons pas grand'peine à voir qui l'inspire, car c'est l'apologie enthousiaste de la ligne politique suivie ces derniers temps par l'ex-chancelier. Qu'on en juge :

> Il ne s'agit plus à présent de savoir si dans telle ou telle question politique le prince de Bismarck a eu tort ou raison, mais la question est la suivante : Sommes-nous un peuple digne d'une éducation morale et intellectuelle assez élevée pour mériter d'avoir eu un Bismarck, ou serons-nous couverts de l'ignominie de ceux qui, dans un fol aveuglement, ont laissé clouer à la croix le grand et noble Nazaréen, de ceux qui ont brûlé Jean Huss, enchaîné Colomb, persécuté Luther et Galilée, et qui à présent voudraient infliger à Bismarck la mort morale pour le punir d'avoir été et d'être encore un homme grand et glorieux qui a consacré sa vie à rendre la patrie allemande unie, grande et forte.

Il y a eu juste trente ans, le 23 septembre, que parut dans le *Moniteur officiel* prussien le décret suivant : « Le prince Adolphe de Hohenlohe-Sugelfingen ayant été, sur sa *demande réitérée*, relevé de ses fonctions de président du ministère d'État, je nomme comme ministre d'État M. de Bismarck-Schoenhausen. Signé : Guillaume. » Que dites-vous, cher lecteur, de cette *demande réitérée* et de la façon dont le prince de Bismarck a été... *remercié* par Guillaume II ?

Enfin nous avons quelques indications sur le projet de loi relatif à la réforme de l'armée allemande. Le Conseil fédéral a été saisi du projet et des indiscrétions ont pu être commises. Le peuple allemand commençait à trouver irritantes les discussions incertaines de ses journaux à qui le gouvernement refusait toute communication. L'esprit public ne va-t-il pas se trouver préparé en sens contraire de ce qu'attend de lui Guillaume II ? La faute de tactique est évidente. On sait combien les oppositions s'usent vite quand elles s'exercent sur un point précis, et leurs dangers multiples, quand elles portent sur des points vagues qui ne surexcitent que le mécontentement. Après M. de Bismarck faisant parfois plus de peur que de mal, M. de Caprivi a-t-il voulu faire plus de mal que de peur ?

C'est le *Times* qui nous dévoile l'*économie* — style parlementaire — des projets de réforme devant amener une surélévation de dépenses de 150 millions, et voici en substance ce que le journal de la Cité nous apprend :

> Le gouvernement ne propose la réduction du service actif à deux ans qu'afin de pouvoir augmenter le contingent annuel. Il veut arriver à ce résultat que l'armée active représente 1 p. 100 de la population globale de l'Empire. Le nombre des hommes actuellement sous les drapeaux est loin d'atteindre ce chiffre. Pour l'année 1890, d'après la statistique, 617 071 hommes devraient actuellement le service et il n'y en a, en réalité, que 182 836 sous les drapeaux, et 85 363 dans la réserve. Avec le nouveau système, le gouvernement compte atteindre une augmentation de 25 p. 100 pour l'infanterie et de 20 p. 100 pour les autres armes. Le contingent annuel serait de 250 000 hommes au lieu de 180 000 qu'il comporte actuellement. C'est de 70 000 hommes qu'il serait augmenté; les recrues supplémentaires seraient prises parmi ceux qui, d'après le système actuel, étaient exempts du service actif pour différentes causes et étaient renvoyés simplement dans le premier ban de la réserve du Landsturm.

Les Italiens sont à l'affût de ce qui se passe en Allemagne à propos du projet de loi militaire. Si l'Allemagne adopte le service de deux ans, ils l'adopteront certainement. Au contraire de ce qui se passe en Allemagne, cette réforme apporterait un allégement aux dépenses, car l'Italie ne la compléterait pas par une augmentation d'effectif.

On attend toujours à Rome le programme de M. Giolitti, comme on attendait à Berlin la communication du projet de réforme militaire que, sans les indiscrétions du *Times*, on ne connaîtrait pas encore.

Comment la gauche, la droite peuvent-elles régler leur conduite, ne sachant pas si elles seront les Benjamines du gouvernement ? M. Giolitti calcule ses effets de silence et se croit très habile. Je doute fort de cette habileté car les partis n'ont jamais passé pour exempts de rancune lorsqu'une politique les tient le bec dans l'eau.

Cependant M. Giolitti donne un indice de son orientation en faisant combattre par ses préfets M. Nicotera et ses partisans. On dit qu'il soutiendra M. Crispi en Sicile. Cela importe peu, car quoi qu'on fasse pour M. Crispi, rien ne l'empêchera de trahir le jour où il y verra son intérêt. Le programme de M. Giolitti ne peut être qu'effacé. On répète bien qu'il veut en finir avec le transformisme et forcer les partis à une délimitation franche. Il ne voudrait que des ministériels résolus ou des opposants. La chose est originale puisque M. Giolitti n'a pas montré encore dans quel groupe il prendra les ministériels, dans quel autre les opposants. En Lombardie il paraît probable que M. Giolitti soutiendra les radicaux, dans les provinces méridionales les conservateurs, en Sicile les candidats crispiniens. Ce méli-mélo est moins grave qu'on ne pourrait le croire, car la grosse affaire dans la prochaine consultation électorale c'est la question financière.

M. le sénateur Saracco, dont on connait le jugement droit et l'esprit loyal, estime à près de 100 millions le déficit que le gouvernement prétend ne devoir être que de 47 millions. M. Colombo, ancien ministre des finances du cabinet Rudini et qui pourrait bien devenir avant peu le chef du parti conservateur, estime le déficit à 75 millions s'augmentant tous les jours.

On nous annonce un discours du général Pelloux à ses électeurs. Voilà du nouveau, car il me semble que c'est la première fois qu'un ministre de la guerre exposera devant des pékins un programme militaire. Nos sympathies en France sont naturellement pour le programme du parti radical plutôt que pour celui du général Pelloux, l'un des articles de ce parti étant de combattre sans trêve la Triple Alliance, et d'empêcher par tous les moyens qu'elle soit renouvelée.

Le jour où l'Italie serait libérée de ses obligations envers l'Allemagne, elle retrouverait tous les éléments de notre active fraternité. Une information du *Daily News* dispose de nous un peu trop tôt, en disant que le gouvernement français inclinerait à aider l'Italie à sortir de sa crise économique. Lord Roseberry voudrait voir l'Italie délivrée des difficultés qu'elle traverse, mais ce n'est certainement pas pour qu'elle soit en même temps délivrée de la Triplice.

La politique d'atermoiement et de perfidie s'affirme de plus belle à Londres, à propos de l'Ouganda. Lord Roseberry, tout en feignant de céder à l'opinion et de ne prendre aucun engagement ferme avec la Compagnie de l'Est africain, lui a enjoint de n'évacuer l'Ouganda qu'à la Saint-Sylvestre ; bien mieux, si elle consent à ne se retirer que le 31 mars, il la subventionnera ! Et naturellement, la Compagnie a aussitôt envoyé à son administrateur à Monbassa l'ordre de retarder l'évacuation. Sur ce, le véridique Stanley a révélé à l'Angleterre que l'Ouganda était l'Eden biblique. Les journaux conservateurs nous apprennent que d'ici le mois de mars on aura trouvé une combinaison pour « sauvegarder les intérêts anglais ». Comment donc ? Nous n'en doutons pas. Comédie ! Tragédie ! le Foreign Office a tous les genres à sa disposition. M. Gladstone doit commencer à regretter le marquis de Ripon et sa rondeur dans l'abandon de Candahar. Ayant à s'expliquer sur cet abandon : « Nul ne nous a sérieusement blâmés, répondit lord Ripon, et pas un chien n'a aboyé derrière nous. »

A en croire les nouvellistes à sensation, la Serbie serait à la veille d'une révolution, et l'Autriche prête à l'occuper. Sans doute la lutte des partis est passionnée, violente, mais je ne sache pas qu'un seul Serbe ait oublié que les intérêts de la patrie dominent ceux des compétitions parlementaires, et si le patriotisme était en cause à Belgrade, les ennemis de la Serbie verraient en un instant les Serbes unis dans une même pensée.

Le Danemark nous a donné une fausse joie. Nous avons cru l'accord conclu entre le gouvernement du roi Christian et la gauche modérée, mais celle-ci, quoiqu'elle paraisse disposée à voter avec la droite, comme dans la précédente session, les lois nécessaires, refuse de ratifier par un bill d'indemnité la politique du cabinet Estrup, faite pendant dix-sept ans contre la lettre de la constitution.

M. Estrup est un homme d'État de premier ordre. Il a maintenu les relations extérieures de son petit pays sur un ton de dignité qu'à sa place l'opposition n'eût certainement pas su ou voulu prendre, car elle semblait avoir accepté l'effacement que le conquérant du Sleswig-Holstein entendait imposer au Danemark ; mais le premier ministre du roi Christian maintient la situation parlementaire dans un état de désagrégation qui peut lasser les électeurs et démoraliser leur sens politique. L'incapacité du parti libéral a été grande, mais grande aussi la désinvolture avec laquelle M. Estrup s'est passé de son concours parlementaire.

La Belgique reste occupée de la revision, et surtout du très fa-

meux article 47. La commission des Vingt et Un a convoqué les auteurs des divers projets de réforme électorale, tant de droite que
de gauche. M. Graux a eu le mot de la situation en disant que ce
serait plutôt au gouvernement à présenter un projet complet et
net, sur lequel on pourrait discuter, tandis qu'il perd son temps
à combattre les formules des autres.

En Amérique, le succès probable de la candidature Cleveland
se précise. Dans les élections législatives de la Floride, les candidats démocrates ont eu une majorité de 25 000 voix. Le parti
du peuple a dans trois États déjà fait alliance avec les démocrates. Enfin l'Europe peut espérer être délivrée des Harrison et
des Mac Kinley et voir le marché des États-Unis se rouvrir pour
elle. Puisse le vieux monde être autorisé à aller fêter sans réserve
à Chicago un grand succès du Nouveau.

A travers tant de péripéties de ses victoires, de ses échecs, de
ses luttes, de sa mort même, le général Crespo est enfin maître
du Venezuela, et il a fait son entrée à Caracas. Si l'on pouvait
trouver des ressemblances entre le président Palaccio que le
général Crespo combattait, et le président Balmaceda du Chili,
l'analogie s'arrête à tous deux, car, Balmaceda vaincu, les congressistes sont rentrés dans le droit strict dont ils n'étaient d'ailleurs point sortis, tandis qu'au Venezuela, c'est un dictateur qui
en remplace un autre, et qui traîne derrière lui toutes les horreurs de la guerre civile continuée dans le pillage et le massacre des vaincus.

                                             Juliette ADAM.

CHRONIQUE POLITIQUE

Le monde des politiques va prochainement se retrouver sur son terrain, qui est le Parlement. Y revient-il avec l'esprit dispos, et prêt à faire allégrement sa besogne ? On ne sait trop. A travers les pronostics des journaux, qui, chacun pour leur part, disent bien plus ce qu'ils désirent que ce qu'ils savent, on distingue des interpellations grosses d'orages, des projets dont quelques-uns très noirs, annoncés par les radicaux ; les libéraux s'apprêtant à critiquer sans vouloir pourtant faire trop de mal; et le gouvernement qui ne s'explique guère.

Après les victoires électorales dans les votes pour les Conseils généraux, on avait dit, un peu partout, que l'on allait se mettre à l'œuvre pour organiser la République, désormais assurée de vivre. Sans doute cette œuvre a été préparée silencieusement dans l'esprit et dans les Conseils des ministres; elle a été méditée dans les cerveaux des législateurs; nous la verrons éclore au premier jour. Ne soyons pas trop surpris qu'en attendant — il y a tant à faire ! — on remarque un peu de confusion dans les idées émises et quelque trouble dans les projets annoncés, comme on voit une agitation tumultueuse et sur place dans une foule énorme qui se pousse, se précipite et veut passer par une seule porte.

Il y aura un temps d'arrêt forcé, ne fût-ce que pour discuter et voter le budget. On peut l'utiliser encore en réfléchissant à ce que sera ou plutôt à ce que doit être la politique. L'expérience personnelle, la science, les méditations de ceux qui s'occupent de ces objets ne sont point de trop, sans doute, dans cette étude; mais pour qu'elle soit menée dans un sens conforme à l'esprit du temps, il convient surtout de connaître et de pénétrer l'opinion publique à ce sujet, puisque c'est l'opinion publique qui est la maîtresse souveraine. Combien souvent, pour ne pas s'être laissé guider par elle, et pour s'être égaré à la poursuite d'idéales

conceptions de l'esprit, n'a-t-on pas perdu la partie! Déjà, en
ce point, il faut donner le pas au fait sur la spéculation pure.

Un autre trait de cette phase de réalisme dans laquelle nous
sommes, se trouve dans la nature même des questions que la
politique actuelle doit résoudre. Les problèmes qui préoccupent
le plus l'esprit public se rattachent aux intérêts matériels; c'est
l'économie politique qui les soulève à l'extérieur aussi bien qu'à
l'intérieur. Libre-échange et protection: propriété privée ou communisme; luttes économiques au dehors; et guerre déclarée au
dedans sur le terrain du tien et du mien : voilà du pur réalisme,
et c'est ce réalisme qui est maintenant toute la politique.

Aussi bien telle est aujourd'hui la direction de l'esprit public.
N'a-t-on pas signalé souvent la fatigue des formules vaines,
l'écœurement des paroles creuses, l'insupportable ennui des
phrases pompeuses sous lesquelles se dérobe l'idée? On a vécu
de mots sans signification précise, lesquels ont servi de programme aux partis politiques, comme ils étaient devenus l'aliment de la pensée des hommes et la matière de toute philosophie,
de même qu'ils ont tenu lieu d'institutions vivantes et efficaces. Et
tout à coup, se sentant dans le vide on est affamé de quelque
chose de plus substantiel et de réel. Ce besoin de l'esprit public
est aussi une nécessité, en présence de l'entrée en campagne
de l'armée socialiste qui annonce qu'elle entend révolutionner le
pays. On est ainsi ramené à des vues plus abaissées; l'aiguillon
des intérêts menacés, des droits individuels mis en cause et en
doute, pousse, pour la défense, à s'armer non plus de paroles
vaines, mais de réalités.

Cette fin de siècle a vu la même réaction se produire dans
tous les ordres de faits. N'a-t-on pas vu la grossièreté et le mer-
cantilisme devenus l'inspiration habituelle de la littérature et de
l'art, de ceux du moins qui avaient les préférences de la foule,
tandis que les hommes qui ont vécu dans la première partie de ce
siècle se rappellent encore à travers quels enchantements les poètes, les romanciers et les artistes ont entraîné les âmes éprises de
l'idéal. C'était le temps où ces nobles esprits, pleins du Dieu, nous
emportaient sur leurs ailes ; où l'art plastique exprimait des types
éthérés ; où le drame mettait en jeu les passions à leur paroxysmes ;
jusqu'au jour où ce mouvement intellectuel s'est perdu dans le
bleu et dans la truculence. Dieu nous garde de renier ou de railler
nos admirations d'antan ; se moquer de soi-même et des nobles

inspirations que l'on a subiés est un pauvre jeu d'esprit. Et d'ailleurs les œuvres produites par la réaction arrivée à son dernier terme ne sont pas faites pour faire regretter celles qui suscitèrent tant d'élans passionnés vers le beau, et tant de généreux enthousiasmes pour le bien.

La politique aussi eût son âge d'or. Toutes les idées se tiennent dans un même milieu et dans un même état social : puisées aux mêmes sources, elles tendent au même but. Le souffle de 1789 n'était point épuisé, même après la Terreur, même après l'Empire. Il soulevait encore les cœurs vers la liberté. Dans tous les camps, les sentiments les plus élevés menaient aux actes héroïques ; et l'esprit de chevalerie, brisant, lui aussi, les anciens cadres, s'était répandu dans toutes les âmes. Ce fut le temps des rêves et des chimères, jusqu'au jour où le champ qui paraissait ouvert à l'élan unanime de toute la nation, tout à l'heure éprise de son idéal politique, fut rétréci et occupé par un petit nombre, qui crurent réaliser la grande œuvre promise en construisant et en organisant un mécanisme compliqué qui est devenu le parlementarisme. C'était une idée féconde, sans doute, que de fournir aux citoyens les moyens d'assurer, et au besoin de défendre leurs droits et leur liberté. On y mit beaucoup d'art, de goût et même de passion. Mais le jeu même des institutions fit perdre de vue les réalités pour lesquelles on les avait créées ; et on a fait jouer le mécanisme à vide, c'est-à-dire pour le plus grand plaisir et pour le profit de ceux qui en avaient le maniement.

Il en a été de même du socialisme qui n'est pas d'hier, et qui se leurre quand il se donne comme un fruit nouveau. Il est de tous les temps, puisqu'il est l'éternelle lutte du tien et du mien. Il n'a pas toujours eu l'aspect sombre et le ton brutal qu'il prend de nos jours. Lui aussi a eu sa belle période. Les théories de Saint-Simon et celles de Fourier, peu connues, mal comprises, interprétées par des esprits peu préparés, ignorants, mais généreux, firent tout d'abord entrevoir un idéal social plein de séductions. Les imaginations travaillées par des désirs inavoués, par le goût de l'absolu, par la passion désordonnée de l'idée de justice, conçurent de vagues notions de rénovation sociale qui aurait fait du monde un séjour enchanteur, plein d'amour fraternel, de bonté universelle, d'harmonie parfaite. Ces beaux rêves ont dégénéré en mêlées sanglantes. Les journées de juin 1848, la Commune de 1871, les prédications à la tuerie générale, les soulèvements de classes prêtes à livrer bataille à la société même : tel est le lendemain du rêve ; et l'état de félicité terrestre entrevu se trouve changé en un état moral inquiétant, qui est un composé d'autant d'erreurs d'esprit que de mauvais sentiments.

Ainsi s'est fait sentir le vent du jour, soufflant tantôt d'en haut, tantôt d'en bas. Nous planions sur les hauteurs hier ; aujourd'hui nous nous remuons avec peine en pleine matière, enlizés dans les œuvres littéraires que l'on sait ; dans le positivisme ou le néant philosophique ; dans les chinoiseries d'un régime politique dénaturé ; dans des débats obscurs, où les notions de droit personnel, de liberté, 'de propriété et de famille sont niées et à peine défendues. C'est de ce chaos inquiétant que l'on voudrait sortir, et auquel on aspire à voir succéder quelque chose d'ordonné et de régulier qui réponde à la vérité dans les idées et à la réalité dans les choses. C'est à cette œuvre sans doute que songeaient les orateurs officiels qui ont parlé dans ces derniers temps d'organiser la République. Mais encore est-il bon de savoir quelle est exactement cette œuvre, et dans quel esprit il y faut travailler.

Constituer et faire vivre un régime de liberté dans un État démocratique : voilà, pour la France, quel est le problème. Il n'est pas facile à résoudre ; et il n'a jamais été résolu, du moins chez un peuple très populeux, et dans un pays unitarisé comme le nôtre. La démocratie française offrirait donc un admirable spectacle en donnant au monde le modèle d'une race nombreuse, parfaitement unie, assez éclairée pour se gouverner elle-même, assez sage pour se contenir, assez juste pour respecter les droits des citoyens, et capable de tous les sacrifices pour la patrie. Tel est le but proposé, avec l'Égalité pour seule loi ; et cette loi qui, par elle-même, est peu propre à maintenir l'harmonie sociale, n'a ainsi pour contrepoids, en quelque sorte, que des qualités intellectuelles et des vertus. Il faut être déjà un très grand peuple pour être en état, sans péril pour la patrie, de vivre sous le régime de l'Égalité.

Ce régime est d'autant plus difficile à établir chez nous, que notre histoire, surtout la plus prochaine, est remplie de révolutions qui, toutes, ressemblent à des revanches d'une classe de citoyens sur l'autre, à des victoires laissant après elles des vainqueurs et des vaincus ; de sorte que les sentiments qui nous animent sont autant d'antidotes aux vertus qui nous seraient nécessaires. C'est ce qui fait toujours craindre que, dans une démocratie déchirée par la discorde, le gendarme vienne mettre tout le monde à la raison. Et comme si ce n'était pas assez des causes de dissentiments nées de nos révolutions, il faut qu'on y ajoute les querelles religieuses. Et là, la discorde est irrémédiable et sans rémission. Le temps peut apaiser et effacer même tout à fait les dissentiments purement civiques ou politiques. Il n'a aucune action sur les faits et sur les sentiments qui relèvent de la conscience des hommes. Et c'est pourquoi l'esprit de secte, dans le gouvernement d'une démocratie, rend tout régime de liberté impossible.

Ainsi changer complètement des mœurs contractées pendant dix siècles, renoncer à des haines, abdiquer ses rancunes, modifier du tout au tout sa manière d'être, voilà l'œuvre à accomplir, si l'on veut vivre libre sous la loi de l'égalité.

Cette œuvre se fait lentement, à mesure que l'idée-mère de la Révolution, qui est en effet l'égalité, pénètre davantage dans les esprits et modifie de plus en plus nos mœurs. Mais ce travail sera rendu stérile ou se retournera même contre la société française, s'il est entravé par des passions divergentes, et surtout s'il est dirigé dans un sens contraire à cette idée dominante : que l'égalité des citoyens devant la loi a pour objet, et doit avoir pour effet, d'assurer la liberté de tous. La responsabilité de tout homme qui détient une parcelle de pouvoir ou d'influence y est engagée. Mesure gouvernementale, loi, action politique émanant du pouvoir exécutif ou du Parlement, tout doit avoir, non seulement une force impérative, mais encore une vertu d'enseignement. Vous voulez appliquer exactement la règle de l'égalité : rien de mieux, mais il faut l'appliquer à tous et ne pas transformer l'égalité prétendue en un privilège au profit de quelques-uns. Vous voulez assurer à tous, aux plus humbles, aux plus déshérités, la jouissance de tous les avantages sociaux, et faciliter pour tous et par tous les moyens, par l'enseignement, par les mille facilités que le budget met à votre disposition, l'accession aux places, aux honneurs, au pouvoir même ; c'est très juste. Seulement, il faut faire place pour tout le monde à ce banquet social, et faire en sorte qu'il n'y ait pas plus en haut qu'en bas de déshérités. Vous voulez améliorer le sort des malheureux, relever leur condition matérielle aussi bien que leur condition morale ; il est naturel que la classe populaire aspire à hausser son état matériel à la hauteur de son

élévation morale. C'est bien ; le cœur s'ouvre aisément chez nous,
et il veut que, sur ce terrain, l'on aille au delà de ce qu'exigerait la
stricte justice. Seulement, il ne faut pas travailler à la ruine des
uns pour faire le bonheur des autres, ce qui d'ailleurs conduirait
vite à la ruine commune. En un mot, et quels que soient les
changements accomplis dans notre état social, même dans la
France moderne, il n'y a pas de droit contre le droit.

La démocratie, comme tous les pouvoirs humains, a une
tendance à croire en sa toute-puissance, qu'elle place dans le
nombre ; elle a ses préjugés, d'autant plus enracinés qu'elle a eu
plus de peine et de résistances à vaincre pour avoir raison des
privilèges, des classifications de citoyens et des distinctions
entre les personnes ; elle a ses vices, elle aussi, et parmi eux un
des plus grands, l'envie ; elle a, comme toutes les sociétés après
tout, mais plus furieusement encore parce qu'elle est principalement peuple et instinct, elle a le goût des joies de ce monde et des
richesses qui les donnent. Il faut que la démocratie sache qu'elle
n'est pas un tyran absolu et qu'il y a des droits qui la dépassent ;
il faut qu'elle sache que personne ne pourrait et ne voudrait reprendre sur elle le domaine qu'elle a conquis ; il faut, pour
refréner les mauvaises passions, qu'elle accepte, à défaut du sentiment religieux qui rend ce frein plus léger, le joug de la loi
qui pose des limites à tous les désirs, à tous les appétits et aux
excès du droit contre le droit d'autrui. Et ces enseignements, qui
les lui donnera, si ce n'est vous, ses gouvernants?

Il est vrai que pour certaines gens, même parmi ceux qui
aspirent à gouverner, le mot de démocratie a pris une signification étrange, mais qui peut servir de mot de passe à bien des
erreurs, et des erreurs de conséquence. Il semblerait, à les entendre, qu'à un certain jour, l'humanité, en France tout au moins,
s'est transformée en une sorte de personnage type, nouveau Moïse
qui a apporté à l'homme ses tables d'airain et son décalogue. La
démocratie s'est transfigurée dans leur cervelle ; elle se fait
homme. On les entend dire : La démocratie veut ceci, la démocratie veut cela ; les droits de la démocratie, la République de la
démocratie, etc., etc.

Ils ont dit et répété ces choses avec tant d'assurance et de
pompe, quelquefois avec une autorité empruntée, qu'ils ont fini
par faire accepter ces niaiseries par beaucoup d'esprits prêts à se
payer de formules sans regarder ce qu'il y a dedans, et prompts.

à se prendre à la « piperie des mots », comme dit Montaigne. Ils ont ainsi propagé une erreur trop commune de notre temps, et qui consiste à considérer la société, non comme une association d'hommes réunis pour vivre ensemble sous les mêmes lois, mais comme un être réel muni de droits qu'il tient de lui-même et qui s'appellera l'État, création fictive de l'esprit, féconde en toutes tyrannies. La seconde conséquence de cette erreur est que ses nouveaux apôtres font parler la démocratie, personnage mystérieux qui n'est autre qu'eux-mêmes, à leur guise, et au gré de leurs propres fantaisies ; et, comme ils ont eu soin de déifier l'idole, ils n'admettent pas d'objections ni d'entraves opposées à leurs oracles.

Il me paraît que, par ce besoin de clarté qui s'empare aujourd'hui de l'esprit public, ce qu'il y a de creux et de faux dans ces conceptions est désormais percé à jour. Le culte, d'ailleurs intéressé, de la démocratie ainsi comprise, est, de plus, compromis par l'apparition de nouveaux apôtres qui prennent cette création mystique à leur compte, et qui prétendent en faire l'inspiratrice et la directrice souveraine de leurs doctrines particulières. Et comme ces doctrines ne sont rien moins que le communisme, et pour tout dire la barbarie mise en œuvre, cela donne à réfléchir.

La vérité est — il semble puéril de le dire — que la démocratie est simplement un état social déterminé, résultat des évolutions successives qui se produisent dans une nation chez laquelle l'esprit de vie se perpétue en progressant, état social connu, étiqueté, dont on connaît l'exégèse et les caractères, et que les publicistes, à commencer par Aristote, ont de tout temps décrit.

Est-ce que cet état particulier des nations change les hommes, leurs sentiments, leurs besoins, leurs intérêts? La Révolution de 1789, pas plus que toutes les autres révolutions, depuis que le monde existe, ne les a transformés; ils restent ce qu'ils ont toujours été. Et lorsqu'ils sont groupés en nations, avec le génie particulier que les circonstances, les événements, les siècles ont formé, ils sont encore soumis à la même loi qui veut que les sociétés organisées aient besoin, pour vivre, pour progresser et pour durer, d'un gouvernement.

Ce qui distingue les nations démocratiques des autres, c'est, essentiellement, que les hommes y sont égaux devant la loi. Le goût de l'égalité est si naturel que tous les peuples successivement devront y tendre. Je pense, pour rester chez nous, que, par le fond de sa nature, la race française a toujours été égalitaire. La féodalité, puis l'état aristocratique et la division par classes, superposés à la nation, n'ont jamais notablement changé, sous ce rapport, le naturel de la race. Quoi qu'il en soit d'ailleurs, le mouvement des idées qui a abouti à la Révolution de 89 a produit ce fait définitif : Les Français ne reconnaissent plus, en principe, de différence dans les conditions des citoyens entre eux. Mais en faut-il conclure à l'anarchie? C'est le contraire qui est vrai. Une démocratie où les liens qui, dans un autre état social, rattachent les citoyens les uns aux autres sont rompus, où aucune subordination intermédiaire n'est plus acceptée, a besoin plus qu'aucune autre forme sociale d'un bon gouvernement.

Ce qui n'est pas aussi simple que cette vérité, par elle-même, évidente, c'est le moyen de constituer le gouvernement et de le faire fonctionner pour le plus grand bien du pays, dans une démocratie où ce sont les citoyens eux-mêmes qui le composent et qui font les lois. L'égalité des droits politiques expose la nation, et les particuliers eux-mêmes, à voir le nombre abuser de sa puissance pour fonder la tyrannie, pour créer à son profit de nouveaux privilèges, pour violer les droits d'autrui en se targuant des principes démocratiques eux-mêmes. C'est en face de ces dangers que nous sommes.

On avait pu jusqu'à ces derniers temps parer à peu près à ce péril et éviter la conséquence poussée à l'extrême de l'idée démocratique. Les régimes du passé durant ce siècle écoulé avaient élevé, par le cens en matière électorale, des écluses contre le flot du nombre. Ils avaient recueilli et gardé des traditions qui leur servaient de guide et de soutien dans la direction des affaires publiques. Ils avaient dans les mains l'instrument puissant de la centralisation administrative, forte ossature qui a soutenu l'État dans les chocs violents et dans les changements rapides qu'il a subis.

Aujourd'hui ces contrepoids font défaut; de sorte que la loi de l'égalité même, qui est l'essence du régime, semble, soit au détriment des uns, soit au détriment des autres, toujours en détresse. Il faut donc d'autres moyens de pondération, grâce auxquels les Français puissent trouver dans le gouvernement la sécurité dont ils ont besoin. M. Joseph Prudhomme dirait que lorsque les citoyens s'aperçoivent que leurs droits et leurs intérêts ne sont plus garantis, ce ne sont pas les beautés spéculatives du régime dont ils se plaignent qui les empêcheront d'en chercher un autre. Et ce sont les Joseph Prudhomme qui préparent et qui, quelquefois, sans s'en douter, font les révolutions.

De nos jours, il y a encore dans les sphères sociales où se recrute le personnel gouvernemental et où l'on rencontre des organes sérieux de l'opinion publique, un reste de traditions qui pourraient servir de règles de conduite aux gouvernants. Mais le pouvoir exécutif est tellement affaibli, tellement annulé par les envahissements du pouvoir parlementaire, que les traditions ne servent à rien.

Le pouvoir parlementaire substitué à l'exécutif a-t-il lui-même des traditions gouvernementales? Est-il formé de manière à servir utilement et uniquement les intérêts nationaux et les droits des citoyens? Nullement. Le système électoral actuel correspond, si l'on veut, à des principes absolus, à une idée abstraite de la souveraineté, mais point du tout aux intérêts réels et vraiment humains qu'il s'agit de régler.

La centralisation administrative qui a eu pour effet de maintenir la France en bon état, et de faire marcher les affaires publiques en les tenant à l'écart du torrent des révolutions, ou, après que chaque torrent s'était abattu sur la nation, en le faisant rentrer dans son lit, cette force de l'administration est maintenant mise au service du pouvoir parlementaire; et elle accentue le mal au lieu de l'empêcher. L'administration est un organe nécessaire de la vie sociale. Il s'agit de savoir entre les mains de qui on le mettra. S'il est entre les mains du Parlement, il sera l'instrument de la servitude démocratique; si, au contraire, par un retour heureux aux franchises locales, il est remis aux citoyens, il pourra être l'instrument de leur liberté et la sauvegarde de leurs droits individuels.

Mais, en attendant que le programme de l'avenir soit tracé et mis en pratique, il est beaucoup de gens, aussi épris que quiconque des idées de justice sociale, de progrès et d'humanitarisme, à qui la police et la justice apparaissent tout au moins comme une nécessité actuelle et urgente. Les deux forces de tout gouvernement, police et justice, qui ne sont autre chose que l'ordre et la liberté, leur semblent faire assez triste figure à Carmaux, dans le Pas-de-Calais et ailleurs; et ils croient qu'à défaut de politique transcendante, l'état de choses actuel, et plus encore les menaces de l'avenir, réclameraient tout au moins une politique de sens commun.

. Ce sont là, si je ne me trompe, les sentiments secrets, les idées qui s'agitent dans le fond de la pensée nationale. Laisser la nation en dehors, tandis qu'on évolue savamment dans un atelier parlementaire ; ne pas se soucier de ses vrais intérêts, tandis qu'on use du pouvoir pour appliquer certaines théories philosophiques ou économiques à une race qui y répugne ; se couvrir des grands mots de souveraineté nationale et de démocratie, tandis qu'on néglige ou qu'on aventure les grands intérêts de la patrie et les droits les plus chers des citoyens, c'est fort s'exposer. Aussi conseillerai-je volontiers d'essayer du réalisme dans la politique du jour. Ce sera, si l'on veut, rabaisser un si beau sujet ; mais la Fable ne nous apprend-elle pas que pour reprendre courage et retrouver ses forces, il faut, de temps à autre, toucher du pied la terre ?

DE MARCÈRE.

THÉATRE

MUSIQUE

Le 1er octobre, j'ai dû me borner à enregistrer l'importante reprise des *Cloches de Corneville*, à la Gaîté, en exprimant quelques doutes touchant le résultat du grossissement de cet ouvrage, né sur la scène relativement minuscule des Folies-Dramatiques.

Ce grossissement n'a point trop nui, en général, aux mélodies légères de M. Robert Planquette; il a été même avantageux aux parties chorales, leur a donné plus de corps et plus d'éclat. Mlle Gélabert fait à la Gaîté autant d'effet que naguère aux Folies-Dramatiques, c'est-à-dire qu'elle est tout à fait maîtresse de sa jolie voix pour l'effort qu'elle en exige dans ce nouveau milieu; Mlle Delaunay est très agréable; M. Morlet, toujours bon comédien et habile chanteur; M. Fugère dit, presque sans voix mais avec infiniment d'esprit et de gaîté, le rôle du ténorino, et l'immortel Chopard du *Courrier de Lyon*, je veux dire Paulin Ménier, a trouvé, dans les *Cloches de Corneville*, une occasion assez inattendue de déployer toutes les ressources de son art et ses étonnantes qualités de composition. Voilà un artiste dramatique dans la complète acception du terme.

Les autres interprètes complètent l'ensemble de façon fort satisfaisante; de lumineux décors et le charmant ballet de la Cueillette des pommes, pour lequel M. Planquette a écrit deux ou trois morceaux, neufs comme le ballet lui-même, donnent à la pièce des attraits nouveaux.

Le théâtre de la Gaîté tirera donc de cette reprise ce qu'il en attendait, le public ayant pris plaisir à ce gracieux spectacle, à cette pièce bon enfant, à cette musique pimpante et vive.

La Gaîté a suivi d'ailleurs, et cela ne va pas sans qu'on le regrette, on le peut bien dire, l'exemple des grands théâtres musicaux. Il a vécu sur son passé ou du moins sur celui des autres; il n'a point risqué, ou il a prudemment ménagé la mise en train d'une pièce nouvelle.

Et chaque année, sur toute la ligne musicale, pourrait-on dire, la période de la floraison des ouvrages inédits va ainsi s'abrégeant, nous démontrant assez nettement, ou qu'il n'y a plus de producteurs, ou que les producteurs ne jouissent auprès des directeurs que d'un crédit médiocre, ou enfin que ces derniers n'entendent s'aventurer que sur des routes battues et où les chances de gain abondent, ce qui est bien, en somme, le droit de ceux qui font la guerre à leurs dépens. Leur prudence brille là d'un éclat plus vif que leur initiative; c'est de quoi ils ne se soucient point, pourvu que la recette se tienne à bonne hauteur.

A l'Opéra-Comique, où le compte des ouvrages nouveaux est scrupuleusement tenu au courant et qui n'a point, quant à présent, je crois, sous ce rapport, de dettes à payer au public, septembre nous a apporté deux agréables soirées d'œuvres classiques avec le *Barbier de Séville*, où a débuté M. Badiali, et le *Nouveau seigneur du village* qui a fait une fois de plus constater les qualités brillantes et la souplesse d'esprit de M. Soulacroix.

On nous donnera bientôt, me dit-on, le *Domino noir*, dont je parlais tout récemment comme de l'une des plus charmantes manifestations d'un genre disparu, très curieuses à titre documentaire, très agréables en leurs vieux atours et avec leur parfum évaporé. D'autre part, on répète activement le *Werther* de M. Massenet qui viendra en novembre et la *Kassya* du regretté Léo Delibes. En attendant, nous avons revu M⁻ᵉ Emma Calvé dans *Cavalleria rusticana*. L'artiste est des plus remarquables, animée d'une ardente passion, très pathétique, très belle. Le public lui a fait le triomphant accueil qu'elle mérite.

L'Opéra a fait débuter dans *Hamlet* une jeune personne, Mˡˡᵉ Berthet, qui a eu de grands succès d'école et dont ce début a pu encourager les espérances, lui ayant valu un accueil des plus flatteurs. La voix est belle, et si l'artiste n'a pas encore toute la maîtrise nécessaire pour en tirer, en certaines pages, où brillèrent bien de ses devancières, notamment dans la poétique scène de la folie, tout le parti désirable, il faut songer que si les vocalises sont un excellent exercice d'entraînement vocal, l'art de les « réussir » ne constitue pas — heureusement — le fin du fin du métier lyrique. Mˡˡᵉ Berthet ne compose pas encore son personnage avec un bien évident souci de la vérité dramatique; sa manière de s'ajuster, de s'habiller, de se tenir en scène nous disent clairement que, pour le moment, elle ne se préoccupe que de sa voix et des effets qu'elle en doit obtenir. Ce point acquis, elle s'inquiétera du reste et le reste viendra à l'aide de quelques bons conseils et d'un juste souci de toute perfection.

Ce même soir, Lassalle réapparaissait dans ce rôle d'Hamlet, qu'il a su faire sien et où il a pu trouver un très grand succès personnel, malgré le redoutable et encore récent souvenir du créateur.

Les nouvelles de l'Opéra me font considérer comme probable, pour la seconde quinzaine d'octobre, la première représentation de *Samson et Dalila* où le même Lassalle, M⁰⁰ Deschamps-Jebin et Vergnet nous doivent donner une interprétation digne de cette belle œuvre sur une scène à laquelle elle devrait appartenir depuis plusieurs années, si le train des choses du théâtre n'allait pas communément comme il serait oiseux de le redire.

II

On a élevé tout récemment une statue à Méhul, sur l'une des places de Givet, sa ville natale. Le ministre a célébré le grand musicien français, les poètes l'ont chanté, les délégués de l'Institut ont redit sa gloire et la presse quotidienne a publié sur lui une série d'études qui n'accorde plus grand'chose à faire à la chronique périodique.

Il convient, toutefois, de ne pas laisser cette grande et noble figure, que le statuaire vient d'évoquer, passer un instant devant nous sans la saluer d'un reconnaissant hommage.

Méhul est, en effet, un des créateurs de la pure forme musicale française. Cette forme si franche, les contemporains des écoles les plus dissidentes l'admirent encore en ce *Joseph* qui revient de temps en temps sur les affiches de l'Opéra-Comique et devant lequel s'inclinent tous les partis en une communion parfaite au sujet d'un chef-d'œuvre de simplicité, de grâce et de pathétique.

Fils d'un pauvre cuisinier, Méhul tenait depuis l'âge de dix ans l'orgue de l'église des Récollets à Givet, quand les événements le mirent en présence de Guillaume Hauser, inspecteur des chœurs de l'abbaye de Schussenried en Souabe, venu dans les Ardennes où il demeura pendant quelques années dans la communauté des Prémontrés de Lavaldieu. Hauser prit l'enfant en affection; — il y a toujours, comme dans les contes de fées, une aventure pareille

dans la vie des grands artistes, — le fit garder gratuitement à
Lavaldieu, comme pensionnaire, lui enseigna la musique et développa en lui ces qualités qui devaient le faire un jour illustre,
tandis que son maître retournait à son humble et laborieuse solitude de Souabe.

L'adolescence de Méhul à Lavaldieu fut la période délicieuse
de sa vie. En pleine montagne, en plein azur, il y poursuivait
ses premiers rêves, tout en soignant les fleurs d'un petit jardin
qu'on lui avait permis de cultiver à son gré. Ce goût pour les
fleurs, il le garda jusqu'aux dernières années de sa vie. En 1817,
très près de sa fin, il charmait encore les longues heures, il oubliait les douleurs et les angoisses d'une impitoyable maladie en
s'occupant de ses fleurs préférées. Ainsi le poète-musicien,
Félicien David s'en allait, au déclin de ses jours, à travers la
forêt de Saint-Germain, s'amusant à greffer les églantiers perdus
dans les taillis pour y retrouver au printemps des roses nouvelles !

L'œuvre de Méhul est considérable et d'une étonnante variété. Et, bien qu'il ait eu parfois à se plaindre des lenteurs apportées à l'exécution de certaines de ses œuvres, combien plus favorable que le nôtre à la fortune des jeunes musiciens fut le temps
où il écrivait !

C'est qu'alors, peut-être, pourrait-on dire, les sujets d'élite
étaient rares, tandis qu'aujourd'hui tout le monde a du talent, et
que cette abondance de la richesse commune va à l'encontre de
la fortune des individus.

Quoi qu'il en soit, Méhul mourut à cinquante-quatre ans, —
l'âge où plus d'un de nos contemporains a parfois de la peine à
débuter, — ayant produit une série d'œuvres dont je n'entre-
prendrai pas d'énumérer les titres.

Dès sa vingtième année, s'étant déjà essayé au genre lyrique,
il composa un ouvrage : *Alonzo et Cora* et, dit négligemment un
de ses biographes avec une bonhomie charmante, comme si
c'était la chose du monde la plus naturelle, « il le fit recevoir à
l'Opéra ».

Le faire recevoir, c'était fort encourageant pour un compositeur de vingt ans, mais le faire jouer ! Méhul apprit à ses dépens
l'importance de ce correctif. Six ans après, *Alonzo et Cora* n'avait
pas encore vu le jour et le compositeur donnait, à l'Opéra-Comique, *Euphrosine et Corradin*. Son véritable début au théâtre

date donc de cette représentation, qui est de l'année 1790. Il avait vingt-sept ans.

Les contemporains de Méhul ont visé ses qualités de musicien, celles que nous lui reconnaissons encore ; mais presque tous lui ont fait ce reproche, qui nous semblera bien bizarre, de négliger la mélodie, de la perdre du moins parmi les richesses d'une instrumentation brillante et forte.

En 1792, il donnait, à l'Opéra, *Stratonice*, dont le succès fut très vif et dont un air et un quatuor sont restés classiques. Un musicien de notre temps, M. Alix Fournier, se trouve juste, cent ans après, avoir en repétition à l'Opéra un ouvrage sur le même sujet et portant le même titre. M. Bertrand pourrait nous donner ensemble les deux ouvrages, ce serait une façon peu banale de célébrer le Centenaire de l'œuvre de Méhul qui contribua le plus à établir sa valeur.

Il faut aller jusqu'en 1807 — c'est-à-dire quinze ans plus tard — pour trouver dans le répertoire de Méhul cet ouvrage qui y brille encore du plus pur éclat, *Joseph*, dont j'ai parlé au début de ces lignes.

Il fut représenté pour la première fois à l'Opéra-Comique le 17 février de cette année 1807. L'Opéra donnait, le même jour, un ballet du même compositeur déjà relativement ancien : *la Dansomanie*.

En ce temps, l'information à outrance, qui est le progrès et parfois la plaie du nôtre, était chose parfaitement inconnue ; on ne prétendait pas, comme aujourd'hui, rendre compte d'un ouvrage avant sa naissance, au risque même d'apprendre, le lendemain, qu'une cause quelconque vient tout à coup de lui interdire la vie ; on laissait les auteurs travailler dans le silence et quand ils apportaient au jour le fruit de leur travail, on ne mettait même aucune hâte à les juger dans les gazettes, bien qu'on les discutât fort dans les cercles. Les chemins de fer et l'électricité ont changé nos mœurs.

Donc, on donna *Joseph* le 17 février 1807. Le *Moniteur* du jour, que je me suis amusé à relire, l'annonce simplement. Il est plein, d'ailleurs, des actes relatifs à la Grande Armée. C'est l'époque florissante de l'Empire. L'image de César et de ses légions plane sur Paris.

Le lendemain 18, pas une mention ne nous dit si l'ouvrage de Méhul a été bien ou mal accueilli. Il y a pourtant dans la feuille officielle un article de musique. Mais il est exclusivement consacré au « *Chant bachique et guerrier*, dédié à la Grande Armée, par H. Berton, membre du Conservatoire de musique.» On y voit que cette composition, propre à entretenir l'ardeur de « nos guerriers », est écrite sur des paroles italiennes, françaises et allemandes, et on fait remarquer que le musicien a vaincu une difficulté très grande, en disposant les paroles des trois idiomes « de manière qu'un seul rythme musical leur convient à toutes sans blesser la prosodie ».

Enfin, le 19, le critique du *Moniteur* formule son opinion sur *Joseph*. Comme toujours, à cette époque, l'analyse critique du poème est très longue, et celle de la musique relativement sommaire et sans technologie pédantesque. Nous sommes alors encore à l'époque où l'on croirait que, contrairement au principe en faveur dans l'école italienne, et qu'allait bientôt adopter l'école française, la musique doit être surtout jugée dans ses relations intimes avec le drame. C'est le critérium auquel il a fallu revenir de nos jours.

Le critique, qui se cache sous l'initiale S***, ne conteste, en cette occasion, à Méhul, ni la simplicité, ni le pathétique, ni la naïveté, ni le sentiment, ni la grâce; mais il ajoute que la « partie de l'orchestre est tellement travaillée, le chant domine si peu sur elle, ou est fondu avec elle d'une manière si peu sensible que, souvent, on croyait entendre, non un morceau dramatique, mais une de ces compositions instrumentales, riches d'harmonie, mais trop souvent vides de chant, dont nous n'accusons jamais Haydn ou Boccherini, mais quelquefois Mozart et presque toujours ses successeurs. »

Que cela est loin de nous, loin de notre vision actuelle! Voilà Méhul et Mozart bien accommodés du même coup! Plus près de nous, notre illustre et cher maître, Ch. Gounod, n'a-t-il pas été, naguère, à propos de *Faust*, exécuté de la même sorte? Enviable et glorieuse association de destinées!

Et le penchant humain veut qu'il en soit et qu'il en doive être toujours de même, et que ceux qui portent ainsi, dans les arts, la lumière la plus haute, soient presque toujours ceux qu'on accuse tout d'abord d'y entretenir l'obscurité.

Louis GALLET.

DRAME ET COMÉDIE

Mariage d'hier, de M. Victor Jannet, a été un succès à l'Odéon. Ce succès, fort déchaîné au troisième acte, a pris par la suite une allure plus calme, mais en se soutenant. J'ai hâte de dire qu'il ne se range point parmi ceux dont il convient de s'attrister. La thèse, pour la démonstration de laquelle M. Jannet a combiné si consciencieusement sa comédie, est honnête, généreuse. Les « moyens » sont d'une jolie adresse, si on en juge au seul point de vue du métier. Les scènes à faire sont faites, et bien faites. Alors même qu'on les tiendrait pour mal amenées, elles sembleraient toujours bien venues. *Mariage d'hier* enfin, — j'aurais dû peut-être commencer par ce juste compliment — est écrit avec soin, tantôt d'un tour brillant, tantôt d'un tour sobre, et cette diversité marque un habile. L'œuvre, en somme, demeure distinguée. Mais elle demeure aussi, et j'en ai le regret sincère, parce que l'auteur, sans être un débutant, est encore un « jeune », légèrement banale. Et cela tient sans doute à ce qu'elle est conçue et conduite d'après une formule qui date déjà. Dans les grandes comédies sociales de M. Dumas, la formule garde une originalité et comme une jeunesse classique. M. Dumas, moraliste de tempérament, est un moraliste magicien : il anime, il dramatise les thèses, il revêt ses idées de tous les prestiges de la passion et de la vie. Puis M. Dumas, non moins logicien que magicien, excelle à vigoureusement ramener la variété même capricieuse des épisodes à l'unité sérieuse du sujet. Ses imitateurs lui empruntent, parfois avec art, certains de ses procédés. Ils multiplient les personnages et ils en choisissent un qui mène et commente l'action, ils étalent le goût à la fois des longs discours, des savantes préparations, et du pathétique brusque ; ils poursuivent dans le dialogue la vivacité du trait, la verve des ripostes, et se laissent volontiers séduire à la sonorité du mot à effet. Seulement, comme ils ne sont pas magiciens, ils ne réussissent guère à répandre sur tout cela qui n'est, si l'on veut, que littérature, métier dramatique, philosophie morale, un air et un frisson de vivante vérité. *Mariage d'hier* est une de ces œuvres de seconde main qui sont d'abord et restent théâtrales, au bon comme au moins bon sens du mot. Ce mérite suffit à expliquer comment la

comédie de M. Jannet aurait jadis triomphé; et ce défaut justifie
aisément les réserves que l'on peut faire sur un succès dont j'ai
dit quelle avait été la franchise. Il m'a paru, à ne rien cacher, que
la pièce, malgré une donnée toute moderne et actuelle, était singulièrement plus curieuse par son archaïsme que par sa nouveauté.

Le premier acte est l'acte des conversations, des préparations
et des présentations. Les personnages y défilent par groupes
dans le salon d'une grande dame, la princesse de Sauves, qui va
tenir l'emploi du « raisonneur » et qui doit par définition mener
la pièce à son dénouement moral, en réglant sa propre conduite
au mieux des péripéties purement dramatiques. Chez cette princesse, dont l'éclectisme est tout à fait accueillant, M. de Savigny,
un joyeux viveur, un inutile, un « vibrion », retrouve sa femme,
par lui contrainte, après avoir en silence longtemps souffert et
lutté, de réclamer le divorce. Dix ans ont passé. Savigny continue à faire la fête et pour l'instant la jolie divorcée, Mme d'Albiac et lui vivent en paix dans une de ces liaisons discrètement
publiques que la morale du monde couvre de son indulgence
pharisaïque, sur lesquelles ce monde feint de fermer les yeux
pour en mieux savourer le piquant spectacle. Mme de Savigny,
elle, a rencontré un noble soldat, un homme excellent et utile,
celui-là, le commandant Mauclerc, qui a su gagner son cœur en
ressemblant si peu à son premier mari. Elle est à présent Mme Mauclerc. La fille qu'elle a eue de Savigny et dont le tribunal lui a
laissé la garde, Marthe, a été élevée par le commandant avec une
tendresse quasi paternelle; il n'a pas d'autre enfant et elle est
ainsi devenue un peu sa fille. Marthe a pour lui une profonde
affection et, sans juger son père, qu'elle voit et embrasse de temps
en temps, elle a parfaitement accepté le nouveau mariage de sa
mère qu'elle chérit très gentiment. Il ne nous reste plus à connaître que trois personnages pour que le drame s'engage; les
deux Trèves et leur fils.

M. de Trèves a peu d'importance. C'est une silhouette de gentilhomme assez laid au fond, mais plein de tenue et de rondeur. Il a rendu sans doute sa femme malheureuse, mais en
sauvant assez bien les apparences pour qu'elle n'ait vraiment pas
à se plaindre. Mme de Trèves ne s'est jamais plainte. Elle a fait
semblant d'ignorer les trahisons sournoises de M. de Trèves, son
devoir d'épouse étant d'abord de ne pas ébranler et de consolider
la dignité, même mensongère, du foyer.

Seulement, ce qu'il y avait déjà'd'un peu traditionnellement sévère dans sa vertu, a tourné à l'austérité chagrine. Elle n'admet guère que toutes les femmes n'aient pas son héroïsme résigné. Non pas tant au nom d'un principe religieux (on ne nous dit rien de sa piété) qu'au 'nom de la morale et de la règle mondaines, elle condamne hautement le divorce et nourrit des préventions qui semblent intraitables à l'égard surtout des divorcées qui se sont remariées. Quant à son fils, Paul de Trèves, c'est simplement un jeune homme.aimable, et, comme tel, vous pensez bien qu'il est aimé de Marthe; Paul aime aussi la jeune fille. C'est ici que commence le drame. Mme de Trèves, de l'humeur que nous lui connaissons, si elle subit ce mariage, mettra du moins à son consentement de dures conditions. Et c'est pourquoi Savigny, lequel hait son ex-femme, depuis qu'il la sait et la voit heureuse, d'une haine au vrai nuancée d'un revenez-y assez vilainement vif, donne en hâte les mains à cette union. Mme de Trèves finit elle-même par se laisser fléchir à demi. Elle ira voir Mme Mauclerc.

Ce premier acte ne fait que poser la situation; il est assez embrouillé, la présentation des personnages, qui sont légion, a quelque chose d'un défilé sommaire, et dans l'ignorance où nous demeurons du sujet de la pièce, les explications qu'ils nous donnent sur eux-mêmes, bien que la suite doive en éclaircir l'utilité, font ou paraissent faire longueur. Rétrospectivement il est permis de juger ce premier acte ingénieux et précis. D'emblée on le jugerait plutôt laborieux et indécis. Seule, la dernière scène noue le drame. Jusqu'à cette scène, le dialogue vise à l'éclat, le fond du drame demeure obscur, où passent en silhouettes fuyantes des personnages dont la portée et même la signification ne nous sont pas définies.

Le second acte, le meilleur, a de la netteté et de l'allure. Il est fait de deux scènes. Mme de Trèves se rend chez Mme Mauclerc pour lui faire sa demande, ainsi qu'elle l'a promis à Paul; mais en même temps elle indique avec une franchise froidement cruelle quelles conditions elle met au mariage de son fils. Mme Mauclerc devra s'accoutumer à vivre séparée de Marthe qui aura désormais pour famille celle de son mari. Fort poliment, elle donne à entendre à Mme Mauclerc que sa présence chez son gendre serait une gêne pour chacun; ne serait-elle pas exposée à y rencontrer M. de Savigny? Sa fille viendra la voir, et tout pourra s'arranger par ce compromis, à condition qu'elle ne soit pas trop exigeante.

Mme Mauclerc se refuse à souscrire à ces conditions; elle se révolte. Sa fille assurément ne supporterait pas de la voir ainsi condamnée à s'effacer et à disparaître si injustement? Elle en est sûre, et pour le croire mieux encore, car elle a besoin de cette certitude et de cette consolation, elle explique à Marthe comment, mariée, il lui faudrait vivre à peu près séparée de sa mère. Marthe accepte, sans même y penser, cette séparation, non pas qu'elle ait le cœur mal situé, mais elle aime, et dans son inconscience candide rien n'existe plus pour elle que la douceur et le songe de son amour. Mme Mauclerc comprend qu'elle doit se sacrifier, et elle le fait silencieusement. Il semble que la scène aurait été plus fortement observée, si Marthe avait eu, en devinant le chagrin de sa mère (car elle devrait le deviner), un de ces attendrissements gentils et frivoles dont la profonde insouciance fait tant de mal. Mais, en dépit d'un tout petit peu de convention peut-être dans la cruauté, la scène garde une grâce poignante et subtile, une délicatesse aiguë; c'est la plus originale du *Mariage d'hier*.

Si le *Mariage d'hier* finissait au second acte, la pièce aurait bien plus d'unité. La thèse serait pessimiste, montrant une honnête femme frappée dans son amour maternel pour avoir rêvé un peu de bonheur après les épreuves et le martyre de sa jeunesse. Cette thèse irait précisément à l'encontre de la philosophie que M. Jannet finalement fera connaître, et fera prévaloir. Mais elle aurait de la vigueur logique, et une sobre couleur tragique. La suite est fort théâtrale, mais artificiellement. Le troisième acte tout entier peut même passer pour un épisode.

Ce troisième acte a lieu chez la bonne princesse de Sauves, qui a entrepris de réconcilier Mme de Trèves et Mme Mauclerc. Elle prend, pour arriver à ses charitables fins, l'occasion d'une fête de charité qui sert aussi de soirée de contrat pour Paul et Marthe, que sa mère, dans l'héroïque dessein de s'habituer à ne plus la voir, a déjà confiée à la princesse. Cette invention est tout ensemble un peu habile et un peu facile, de même que la coïncidence de la fête de charité et de la soirée de contrat. Cette dernière combinaison ne manque pas d'amener toutes sortes d'incidents dont la pauvre princesse, si bien intentionnée, gardera longtemps le désagréable souvenir. Tous les personnages du premier acte se rencontrent dans ses salons, non plus pour y défiler, mais à

l'état de guerre, et pour s'y heurter en des scènes d'un tour violemment factice, qui ont eu prise sur le public, mais qui ne sont
guère conformes à la vraisemblance, même relative. Est-il vraisemblable en effet que Mme Mauclerc vienne à ce bal où elle se
trouvera en face de la famille de Trèves et surtout qu'elle y mène
le commandant dont elle sait la fierté et la décision de caractère ?
Est-il vraisemblable que la maîtresse de Savigny, Mme d'Albiac,
qui n'ignore pas que Mme Mauclerc aime son second mari, fasse
à celle-ci un affront public, alors que, divorcée elle-même et
tenue à la plus grande réserve, à une sévère hypocrisie, elle
risque par un éclat, qui d'ailleurs prêtera aux commentaires ridicules, de perdre sa situation mondaine?

Pouvons-nous croire aisément que le commandant Mauclerc
n'ait jamais vu une photographie du premier mari de sa femme,
du père de Marthe, et qu'il le prenne, quand il va lui demander
raison de l'outrage fait à Mme Mauclerc, pour le mari de Mme d'Al-
brac ! La scène entre les deux hommes, lorsqu'ils se connaissent,
a été énormément applaudie. Tout d'abord le commandant, fort
de son passé de soldat, qui le défend de tout soupçon de lâcheté,
refuse le duel que cherche Savigny, furieux et affolé du mépris
de Mme Mauclerc qu'il n'est plus en son pouvoir de faire souffrir.
Ce duel, le commandant le refuse, parce qu'il romprait le mariage de Marthe et briserait sa vie. Quand il apprend de Savigny que celui-ci a osé parler (et assez vivement) à Mme Mauclerc, sa colère l'emporte sur son calme et son dédain. Ce
retournement est assez dramatique. Néanmoins il doit plus surprendre que plaire à la réflexion, car Mauclerc ne doute pas, ne
saurait douter de la tendresse de sa femme, et comme c'est un
homme de caractère et de volonté, il serait logique qu'il conser-
vât son sang-froid. En admettant même qu'il le perde, la scène
fait digression, car la rancune du premier mari d'une femme
pour l'homme qui lui a procuré le bonheur, et la jalousie de ce
second mari contre son prédécesseur, c'est là le sujet d'un drame
tout nouveau.

Le quatrième acte est l'acte du dénouement philosophique,
mais c'est aussi le plus faible. Marthe, noblement, renonce à
Paul, si celui-ci, pour l'épouser, doit entrer en lutte avec sa mère
qui a retiré sa parole après les esclandres multiples de la soirée
chez la princesse. Cette fois, — il en est temps, — Mme de Trèves
se sent attendrie, vaincue, et consent au mariage sans conditions.

Savigny, en voyant Marthe évanouie, se refuse soudain à être conséquent avec lui-même. Il ne se battra pas et, après avoir fait à Mauclerc, apparemment étonné, des excuses sur le terrain, il disparaîtra. Cette double conversion fait éclater la pensée jusqu'alors confuse ou diverse de M. Jannet. Il conclut que le préjugé mondain doit céder à l'esprit d'équité et de pitié. Mais M. Jannet n'arrive à cette conclusion qu'en démentant de la façon la plus factice les caractères des deux seuls personnages de sa pièce qui renferment au moins des indications intéressantes.

La vaillante et jeune troupe de l'Odéon a eu sa part de la victoire. M. Brémont, qui a une voix superbe, rend avec une simplicité aisée et puissante le personnage de Mauclerc. M. Rameau joue moderne et finement le rôle du chétif « vibrion » Savigny. Mlle Brindeau (Mme Mauclerc) montre du pathétique et du plus vibrant. Mlle Dux est une princesse de Sauves peu aristocratique, mais elle a de plus en plus d'acquis et d'aplomb. Bien habillée et pas mal disante du tout, Mlle Arbel, dans le rôle assez creux de la fière marquise de Trèves. Sachons louer encore le sourire ingénûment triste et la petite robe rose de Mlle Syma.

Le *Roi Midas*, de M. E. d'Hervilly, a charmé. Midas, à en croire le fin poète de Paris, fut, lorsqu'il préféra la flûte de Pan à la grande lyre d'Apollon, l'ancêtre des anti-wagnériens. Cette bluette à thèse est gaîment fantaisiste.

Marcel FOUQUIER.

CARNET MONDAIN

Les premières se succèdent depuis une quinzaine de jours; toutes sont pour nous une source féconde de notes précieuses; c'est là, comme dans les salons, aux courses, ou à l'allée des Acacias, qui se repeuple de ses élégantes habituées du printemps, que l'on peut assurément juger de la tendance réelle de la mode. Chez les grands couturiers, nous voyons leurs créations, souvent fantaisistes, et rien ne nous prouve, même quand elles sont exquises, que le grand public sera de leur ou de notre avis. Mais lorsque les modes sont portées par des artistes, célèbres par leur talent et leur beauté, ou par des femmes du monde, célèbres par leur distinction, et que, les unes comme les autres, adoptent à peu près le même genre, nous pouvons croire que ce genre-là est le vrai. Or, je vous le dis, et cette fois bien affirmativement, l'essai tenté l'année dernière, dans le Salon de notre direction, en faveur d'un retour de la mode vers le style Empire, a, bien décidément, réussi.

Rien n'est très pur dans ce que nous voyons, car on emprunte également à la Restauration ses manches à gigot, au XVIII° siècle ses plis Watteau, si parfaitement élégants, à celui de Louis XIV certaines formes de manches, à double bouillon, terminées par un sabot de dentelle, à Louis XIII, des cols, des revers en dentelle Richelieu, sans compter même un genre de robe spécial, presque exactement copié sur les toilettes de la belle reine Anne d'Autriche. De tout cela on a tiré un parti merveilleux, et on a composé des ajustements parfois vraiment délicieux, tel, par exemple, celui que portait, à la première des Nouveautés : *La bonne de chez Duval*, la gracieuse comtesse de K... dont la coiffure étrange, mais très seyante, a plus d'une fois fait diriger dans sa loge toutes les lorgnettes de la salle.

Figurez-vous une petite toque en velours tendu, quelque chose dans le goût de la coiffure du *Chanteur florentin* de Paul Dubois; calotte assez étroite, entourée d'un cercle d'or évasé, en or poli, duquel s'échappe, pour voiler les cheveux blonds cendrés, très ondulés, très frisés et très souples, une dentelle de Chantilly noir. Devant, cette dentelle était reprise, de chaque côté, par deux petites cornes de bélier posées à plat, également en or.

La robe était non moins remarquable que la coiffure. En granité rouge tout à fait vague et à double pli Watteau devant et derrière, la taille courte, prise sous les bras, était fermée par un corselet ou une ceinture drapée, en satin noir, emboîtant bien la gorge, et dont le décolleté, arrondi et modéré, était encadré d'un petit volant de chantilly rabattu, à peine soutenu. Les manches Restauration s'arrêtaient au coude, mais un jabot de dentelles les allongeait, et retombait sur les gants longs, en chevreau noir glacé, et sertis de bracelets d'or. C'était là, je vous assure, une toilette de genre tout à fait remarquable mais que je n'engagerai jamais une grand'mère, même jeune, à essayer d'adopter.

Un Drame parisien, au Gymnase, fournit aussi une ample moisson de toilettes exquises, même le costume de veuve qui fait encore valoir la beauté angélique de M⁽ˡˡᵉ⁾ Depoix. A la vérité, M⁽ᵐᵉˢ⁾ Darlaud, Demarsy et Lucy Girard sont si jolies! si bien faites! que tout leur sied. Mais véritablement il y a, dans cette pièce, un ensemble, une harmonie d'élégance, si je peux m'exprimer ainsi, qui est tout à fait remarquable. Plus d'une de nos mondaines connues prendront certainement modèle, pour leurs robes de bal, sur celle que porte au dernier acte Rose Morgan (M⁽ˡˡᵉ⁾ Darlaud). Cette robe est en brocart mais, ajustée, puisqu'elle est princesse, et longue. Un gros ruché de mousseline de soie la borde tout autour, et un tablier Empire en tulle blanc pailleté d'or est ce qui lui donne seulement une apparence vague. Ce tablier est lui-même terminé en bordure par de gros ronds d'or. Un boléro en treillis d'or, drapé et décolleté en rond, et des ailerons en velours bleu turquoise, le tout éclairé par des diamants merveilleux, semés un peu partout, et par des perles idéales enserrant le cou dans un collier princesse de Galles. Voilà ce qui constitue cette éblouissante toilette que recouvre, pour entrer, un manteau d'une richesse de nabab.

Ce manteau est en belle panne brochée vert émeraude, tous les dessins rebrodés d'émeraudes et de perles d'or. Il est de forme Empire, c'est-à-dire sac, très long, avec manches en brocart vieil or et rebrodé de perles d'or. Un grand col en dentelle d'or, doublé d'un tour de cou en plumes jaunes, achève de donner le cachet de suprême élégance à ce manteau qu'une reine ne dédaignerait certes pas.

Dans ce même second acte, le rideau se lève sur un intérieur dont l'ameublement est un chef-d'œuvre. Le couvert, c'est-à-dire la façon dont il est mis, est un modèle du genre.

Au dernier acte, la robe en velours dahlia recouverte de pampilles de jais et d'améthystes que porte encore la même Mlle Darlaud formerait, pour une mère de marié ou de mariée une toilette très distinguée. Je vous recommande encore, pour jeune femme, cette fois, celle en reps ivoire, que porte au même acte Mlle Demarsy, et celle en velours glacé vert-de-gris, à tablier de sapeur, brodé au petit point, que porte la même charmante petite baronne au premier acte.

Le costume en drap Ophélia garni de velours dahlia, de Mlle Lucy Gérard, compose une toilette de visite très distinguée.

Tous les chapeaux sont assez plats. La plupart en velours; ils emboîtent bien la tête; et sont ornés de nœuds droits, genre alsacien, que rehaussent en éclat de larges boucles de strass ou de strass mélangé de jais.

Maintenant, si vous me demandez, comme parfum, quel est le *dernier cri* de la nouveauté, je vous dirai que tout est, dans le monde de la « fashion » ou de la « gentry », au *Batura Indien*, la dernière création de la maison Legrand-Oriza à laquelle je vous engage de recourir pour vos provisions d'hiver, belles frileuses, avant votre départ pour le Midi; ou, coquettes Parisiennes, avant de recommencer la série de vos visites ou de vos réceptions.

Ce *Datura Indien* est un parfum d'une délicate suavité avec lequel on a composé une essence pour le mouchoir, une poudre pour le visage, et un savon pour les mains. Les flacons ou empaquetages sont dignes de la perfection de ce produit si fin, et une boîte, en forme de cœur, bleu foncé, fleurdelisée d'or, contenant un spécimen de ces trois chefs-d'œuvre de la chimie moderne, formera certainement, au moment des étrennes, un des plus charmants cadeaux que l'on puisse rêver. Allez vous en assurer vous-même, chère madame, 11, place de la Madeleine, où le plus aimable accueil vous est toujours réservé.

Je vous rappelle également, à la *Parfumerie Exotique de la rue du Quatre-Septembre*, 35, la *Pâte*, la *Poudre*, le *Savon* et l'*Ongline des Prélats*, si précieux contre les gerçures, et tous les inconvénients qu'offre, pour la peau, la froide saison. Je n'insiste pas sur ces précieux produits dont je vous ai si souvent vanté les incontestables qualités.

Une nouvelle mort vient encore d'attrister la société parisienne et littéraire, c'est celle de la marquise de Blocqueville, une femme aimable, s'il en fut, dont le salon, fort couru, personnifiait, dans notre *monde américanisé*, les façons élégantes, vraiment distinguées dans leur extrême simplicité, de la véritable aristocratie française de jadis. Mme Beulé, la comtesse Olga de Lagrenée, le marquis de Menabrea, M. Paul Deschanel, M. Camille Doucet, le comte Jean Zamoyski, le vicomte et la vicomtesse de Janzé, M. et Mme Le Myre de Vilers, Charles Buet, Emile Montégut, le poète Trollier, etc., etc., comptaient parmi les hôtes assidus de l'aimable femme à laquelle nous devons plusieurs ouvrages intéressants, entre autres l'*Histoire* et les *Lettres du maréchal Davout*, son père : le livre le plus complet qui ait été écrit sur le fameux capitaine qui, à côté de tant d'autres, illustra de nombreux faits d'armes le commencement de ce siècle, et la fin du précédent.

Au château de la Brède, le baron et la baronne de Montesquiou ont clos par un superbe lunch de cent couverts leurs réceptions du lundi.

En raison d'un deuil de famille fort récent, c'est dans l'intimité qu'a été célébré cette semaine, à Saint-Thomas-d'Aquin, le mariage de Mlle d'Andigné avec le comte Pierre de Laubespin, lieutenant au 20e chasseurs. Quelques jours après, celui de Mlle Robin, fille de Me Robin, notaire honoraire, avec M. Bertrand Taillet, notaire à Paris, amenait à la Madeleine une nombreuse affluence. Partout, les robes dont je vous parlais en commençant cette causerie, faisaient florès.

A Fontenay-sous-Bois, encore un mariage amenait ces jours-ci tout un mouvement inaccoutumé. C'était celui de Mlle Lucie Malot, fille du sympathique écrivain, avec M. André Mesples, lieutenant au 14e chasseurs.

A l'église, toute fleurie, durant le service religieux, on a beaucoup remarqué un *Adagio*, de Leclair, merveillement exécuté par M. Lebrun, premier violon de la Société des concerts, et le *Jesus Deus pacis*, d'Haydn, chanté par Auguez.

Berthe de PRÉSILLY.

Conseils. — Pourquoi envier les belles Orientales, quand il est si facile à toutes mes lectrices d'avoir, comme elles, des yeux de velours, fendus en amande, ombragés de sourcils bien arqués et frangés de cils superbes? Elles n'ont, pour cela, qu'à recourir à la *Sève sourcilière*, un des meilleurs produits de la *Parfumerie Ninon*, 31, *rue du Quatre-Septembre*. Cette pâte excellente allonge, épaissit et brunit les cils et les sourcils, et par cela même donne au regard plus de feu et d'expression. Eviter les contrefaçons, toujours si nombreuses, et, pour plus amples renseignements, écrire à la Parfumerie Ninon.

. B. de P.

Avis aux lectrices et lecteurs de la Nouvelle Revue.

Par suite d'arrangements spéciaux avec les éditeurs de musique, j'ai le plaisir d'annoncer à mes lecteurs que l'administration de la *Nouvelle Revue* leur procurera tout ce dont ils pourront avoir besoin en morceaux, partitions musique religieuse, méthodes, etc., à des conditions de prix moindres que celles qu'ils pourraient obtenir eux-mêmes, quelle que soit la remise qu'on leur fasse.

Nous pouvons aussi leur procurer pianos, violons, guitares, cithares, etc., tous les instruments de musique, en un mot, à de rares conditions de bon marché. Les mandolines et les guitares, qui sont si fort à la mode, depuis quelques années, sont de premières marques italiennes authentiques.

Nous sommes en rapport avec les premières maisons françaises, et pouvons faire adresser telle marque que l'on désire, toujours avec les mêmes avantages pour l'acheteur.

Nous ne considérons pas ceci comme une affaire ; et quelles que soient nos démarches, nous nous trouverons suffisamment récompensés par l'occasion qui nous sera donnée d'être utiles et agréables à nos lecteurs.

Prière, pour toute demande, de joindre un timbre-poste aux lettres adressées à Mme de Présilly, bureaux de la *Nouvelle Revue*.

Petite Correspondance.

Roses sans épines. — Nous vous envoyons, par colis postal, la partition de *Faust*, piano et chant, le *métronome* et la *mandoline* désirés.

Margard et Anjou. — Non, nous ne nous occupons pas encore de ce genre d'achats. Cependant, pour vous être agréable, nous ferons votre commission.

J. B. à Vienne. — Les *harpes d'Érard* sont certainement excellentes. Leur réputation est universelle. Pour les orgues, la maison Alexandre nous en a déjà fourni dont nous n'avons reçu que des compliments.

Comtesse de R. — Merci de vos encouragements. Nous allons nous occuper des violoncelles.

B. de P.

REVUE FINANCIÈRE

La liquidation s'est opérée assez tranquillement; la reprise des primes a eu lieu à des cours généralement hauts et qui ont permis la levée de la plupart d'entre elles; on a remarqué ensuite un certain resserrement de l'argent causé par les échéances considérables d'octobre, qui enlèvent à la Bourse des sommes employées généralement en reports. Ce fait a surpris bien des acheteurs et provoqué des réalisations; les affaires, déjà si rares, ont été réduites à leur plus simple expression, et les cours ont témoigné d'une certaine lourdeur.

La note que la Russie a envoyée à la Porte a amené sur ces entrefaites le recul général des valeurs ottomanes, ce mouvement a failli s'étendre sur tout l'ensemble de la cote, mais la reprise immédiate des valeurs ottomanes a arrêté la réaction.

En résumé, la situation ne change pas, cependant les cours présentent moins de résistance qu'auparavant, et le marché fait preuve d'une hésitation qui se prolongera tant qu'un événement quelconque ne viendra pas lui donner une nouvelle orientation; le public n'apporte plus aucun entrain et se borne à s'occuper de ses placements, la Bourse est abandonnée à l'élément professionnel, il est grand temps qu'on s'en aperçoive.

A l'étranger, les affaires ne présentent pas non plus une bien grande animation. A Londres, la spéculation s'est servie de la hausse de l'argent métal pour pousser quelques valeurs; le marché international n'a fait que suivre les indications fournies par Paris, les autres départements ont présenté bien peu d'intérêt.

A Berlin, les fonds d'État, touchés par les embarras financiers du gouvernement, continuent à suivre un mouvement de recul; il serait question de dissoudre le Reichstag pour trancher, par de nouvelles élections, les difficultés de l'heure présente. En Autriche, après les déclarations du comte Kalnoky, l'événement du jour est le discours du ministre des finances hongrois à la commission du budget, à Budapest. Le ministre s'est occupé du conflit qui vient de s'élever entre les obligataires et le Conseil d'administration des chemins autrichiens, à propos de la retenue de 10 p. 100 sur les coupons; le ministre a déclaré que le gouvernement n'avait pas à intervenir dans cette question, mais qu'il regardait comme illégale la décision prise par les administrateurs, décision qui a soulevé des protestations unanimes en Autriche et à l'étranger.

En Italie, on annonce comme imminente la publication du programme du cabinet Giolitti qui fixera, en même temps, la date des élections. Dès à présent, nous croyons savoir que l'idée des nouveaux impôts a été écartée; le ministère croit que les réformes organiques et les économies lui permettront d'équilibrer le budget de 1892-93; nous le souhaitons sans oser l'espérer.

Rien d'intéressant à signaler sur les autres pays, si ce n'est l'amélioration du change brésilien qui amène par contre-coup la baisse du change portugais et provoque un léger relèvement des fonds de ce dernier pays. Les élections sont toujours annoncées à Lisbonne pour le 23 courant; c'est la seule question dont on puisse se préoccuper en ce moment.

L'affaire de la petite Bourse du soir, dont nous avons entretenu nos lecteurs dans notre dernière revue, vient de recevoir une solution. Le préfet de police a avisé le Crédit Lyonnais que le gouvernement estimait que la petite Bourse se tenait dans ses locaux en violation de la loi. En conséquence, le Crédit Lyonnais a décidé de ne plus ouvrir son hall aux réunions du soir de la coulisse. Le parquet a donc reçu satisfaction.

Nous signalons à l'attention de nos lecteurs les obligations de la Compagnie Générale du gaz pour la France et l'étranger. Ces obligations ont dépassé le pair et sont cotées aux environs de 510 francs; nos informations nous permettent de dire qu'elles ne tarderont pas à être converties. L'émission à laquelle le public sera alors convié présentera des avantages importants que l'on saura apprécier d'autant plus que cette société est dans une situation des plus prospères et offre des garanties de premier ordre. Nous trouvons dans la liste de son comité d'administration les noms de Stern, Camondo, Ellissen, etc.

Nous croyons savoir que le Crédit Lyonnais et la Société Générale prêteront leurs concours au Crédit Industriel pour l'opération dont nous venons de parler.

Ces noms nous dispensent d'en dire davantage.

A. LEFRANC.

BULLETIN BIBLIOGRAPHIQUE

ROMANS, POÉSIE, THÉATRE

L'Huissier Jacques Pauchon, étude sur la magistrature de l'Empire; Yolande de Vallouise, par CH. DESCHIENS : — J'en appelle à l'opinion publique, par le même (Lyon, Abricy). Il vient de nous tomber sous la main deux petits ivres d'une lecture saine et attrayante, que nous nous empressons de signaler à l'attention des lecteurs. Le premier comprend deux petits romans de la vie courante, dont le second est un chef-d'œuvre de simplicité, de grâce et d'émotion : c'est une étude de mœurs de campagne, une sorte d'idylle paysanne traversée par l'opposition impitoyable d'un père avare et rapace jusqu'à la férocité. Quant au deuxième ouvrage, c'est une charge à fond de train contre les privilèges des huissiers, qui ne sont, dit l'auteur, que des agents d'affaires déguisés et dont il demande la transformation, sinon la suppression.

Le Fils adoptif, par ÉDOUARD CADOL (Calmann Lévy). Ce fils adoptif d'un pauvre médecin de quartier est l'enfant naturel d'un noble seigneur fort bien posé dans le monde et qui possède, en outre, une fille adorable. Étienne Fréval « le fils adoptif », que son véritable père a toujours voulu ignorer, rencontre la jeune fille, l'aime et s'en fait aimer, et, comme il est lui-même en passe de mener un joli chemin dans les sciences, il épouse... ou du moins il épouse sa épouser, car entre la mairie et l'église il découvre que sa future femme est sa sœur, et naturellement il recule devant l'inceste. Là-dessus, le noble seigneur se brûle la cervelle et le mariage est indéfiniment ajourné, au grand chagrin de la petite mariée, qui ne se doute de rien. Vous pensez bien que tout s'arrangera à la fin avec un aussi habile et aussi aimable écrivain qu'É-

douard Cadol, et que les lectrices en seront quittes pour la peur, comme le pauvre Étienne lui-même.

Rimes et rythmes, par LAGODEY (La Rochelle). Des vers encore, faciles et coulant de source, des Vers de jeunesse et d'amour, d'une lecture fort agréable.

La Fin des dieux, par HENRI MAZEL (Librairie de l'Art indépendant). De hautes idées dans un langage très magnifique, et par endroits trop magnifique, voilà le livre de M. Henri Mazel, la Fin des dieux. Le sujet de « ce drame en trois actes », historique et philosophique à la fois est la lutte, toujours ouverte du paganisme et de l'esprit chrétien. D'un de ces grands combats sortit la renaissance florentine, comme une fleur splendide poussée sur un champ de bataille. Mais on sait peu qu'une renaissance semblable eût pu surgir du sol de notre Languedoc ou de notre Provence. Elles ont connu la crise et la lutte, mais le sol est demeuré stérile par une inexplicable fatalité. Cette crise, M. Mazel l'étudie en historien, en philosophe, en artiste de haut mérite.

Madame Monchaballe, par RICHARD O'MONROY (Dentu). Madame Monchaballe est une cousine de Madame Cardinal, mais une cousine éloignée, et une cousine pauvre. Elle est encore amusante, mais elle est vraiment trop cynique. Ce qui était exquis, parce que c'était indiqué avec une discrétion charmante, chez Ludovic Halévy, est quasi répulsif chez Richard O'Monroy qui se soucie peu de froisser les délicatesses du lecteur le moins susceptible.

Ruses de guerre, par ALBERT RHODES (Calmann Lévy). On les connaît, ces « ruses de guerre » d'un riche trappeur américain qui fait semblant d'être ruiné afin de marier son fils et sa fille à des gens qui les aiment pour leurs belles qualités seulement; mais, quand elles sont contées avec entrain, on s'y laisse prendre encore et le volume est fini sans qu'on s'aperçoive trop du défaut de nouveauté du sujet.

Pour une signature, par MASSON-FO-RESTIER (A. Lemerre). La nouvelle qui donne son nom à ce volume est d'une remarquable intensité dramatique. C'est l'histoire d'une pauvre femme, mariée à un misérable condamné à la prison pour je ne sais combien de méfaits et qui, séparée forcément de lui, se refait une existence tranquille et honnête, sinon très légale, avec un excellent homme, doué de toutes les vertus. Malheureusement elle a une fille, et, pour marier celle-ci, elle a besoin de la signature de son mari. Comme vous pensez, la brute veut faire chanter la malheureuse; puis, dans un moment de rage, devant sa résistance bien naturelle, il la tue. Les cinq autres nouvelles sont fort réussies également et très variées de ton.

Écrivains modernes de l'Angleterre, par ÉMILE MONTÉGUT (Hachette et Cⁱᵉ, 1892); dans cet ouvrage, l'auteur traite essentiellement des romans religieux et l'on sait s'il y a disette du genre en terre britannique; il examine un à un et assez largement les principaux d'entre eux, en faisant ressortir les idées morales immanentes. Fort bien conçu et écrit, cet ouvrage est intéressant d'un bout à l'autre.

Gustave Ollendorff, 4 mars 1850-19 septembre 1891. Pieux hommage à la mémoire d'un homme excellent, remarquablement doué et de relations charmantes, que regrettent infiniment tous ceux qui l'ont connu. On a eu l'heureuse idée de rassembler ici, à la suite d'une notice fort émue d'un de ses amis les plus chers, Ch. Richet, les discours prononcés sur sa tombe, où tour à tour, l'homme, l'administrateur, l'orateur et l'écrivain ont été fort éloquemment analysés et loués. On y verra que Gustave Ollendorff n'est pas mort tout entier, s'il est mort trop jeune, puisque son œuvre principale, sa création personnelle, l'**Union française de la jeunesse**, est toujours bien vivante et vivra longtemps encore.

PUBLICATIONS ÉTRANGÈRES

Russia, note e ricordi di viaggio, par GIUSEPPE MODRICH (à Turin, chez Roux). Ce sont de simples notes et souvenirs de Voyage écrits un peu à la diable, mais par un lettré et par un artiste qui a vu beaucoup et bien.

Relazione della commissione incaritata dal regio prefetto commendatore ACHILLE BASILE (Milan, chez Galli et Raimondi).

The attak on the Mill, d'ÉMILE ZOLA traduit en anglais (London, Heinemann). L'attaque du Moulin, la célèbre nouvelle de Zola, est suivie d'autres récits du même genre empruntés à l'œuvre du puissant écrivain.

Sicily, Phœnician, Greek and Roman, par EDWARD FREEMANN (Londres, chez Fisher Unwin). Cette histoire de la Sicile, de la Phénicie, de la Grèce et de l'empire romain est le premier volume d'une histoire des nations, par le regretté professeur Freemann.

VOYAGES, HISTOIRE, ETC.

Commandant Parquin, Souvenirs et campagnes d'un vieux soldat de l'Empire, 1803-1814, avec une introduction par le capitaine A. AUBIER (Berger-Levrault). Le héros du livre n'a joué qu'un rôle bien modeste et bien effacé dans la grande épopée impériale; mais la simplicité, la sincérité quelque peu naïve parfois avec lesquelles il a écrit ses souvenirs et ses campagnes, donnent un véritable intérêt à ces pages, qui montrent les dessous de la gloire aussi crûment que la photographie reproduit les moindres rides de ses modèles.

Charles Rogier, par ERNEST DISCAILLES (Bruxelles, 1892), est l'histoire d'un des plus glorieux fondateurs, d'un des plus éloquents parlementaires de la Belgique nouvelle. Son histoire, dont l'auteur raconte la première partie (jusqu'en 1830), est, en quelque sorte, l'histoire de la nation belge pendant plus d'un demi-siècle.

Le Cardinal Mermillod, sa vie, ses œuvres et son apostolat, par J.-T. de BELLOU (Jannelle et Poisson, 1892), est également une biographie rendue singulièrement attachante par les vraies qualités du héros. En Mermillod se rencontrent et se combinent l'homme du monde achevé, au courant de tout, ayant tout lu et tout retenu, le causeur disert et brillant, et le prélat aux principes élevés et inébranlables, digne du rôle important que les circonstances et son propre désir l'appelèrent à jouer.

Terre de Mort. Soudn et Dahomey, par P. VIGNÉ D'OCTON (A. Lemerre). Un volume d'actualité, s'il en fut. On y trouvera des notes prises sur place et *de visu*, à ce qu'il semble, sur le fantoche Behanzin et sur sa cour.

PHILOSOPHIE, RELIGION, ÉCONOMIE

Les Coulisses de l'anarchie, par FLOR O'SQUARR (A. Savine). Curieuse étude de politique contemporaine, abondamment documentée, où l'on montre les dessous et « les coulisses » du grand parti révolutionnaire qui compte à la fois des Élisée Reclus et des Ravachol.

La Pacification religieuse et la suspension de traitements, 1832-1892, par G. PICOT (Calmann Lévy). Brochure très éloquente et très substantielle sur un sujet toujours actuel et qui soulève les problèmes les plus ardus de notre politique contemporaine.

Les Maladies épidémiques, hygiène et prévention, par le Dr S. MONIN (F. Alcan). Encore un livre d'actualité, malheureusement, qui s'adresse à tout le monde, au grand public plutôt qu'aux médecins. L'auteur passe en revue toutes les épidémies qui nous menacent, en nous donnant les moyens de nous défendre contre elles quand elles nous atteignent, et, ce qui vaut mieux encore, ceux de les empêcher de nous atteindre. C'est un livre qu'il faut lire et sans cesse consulter.

Le Manuel technique et pratique du vélocipède, par GASTON COANNÉ (E. Flammarion). Le vélocipède, a dit le « grand maître du cycle », j'ai nommé Pierre Giffard, n'est pas seulement un sport, c'est un bienfait social. Tous ceux qui sont de cet avis liront avec fruit le petit manuel très clair et très complet que nous annonçons aujourd'hui.

BEAUX-ARTS

Les Van de Velde, par EMILE MICHEL (Librairie de l'Art); **Charlet**, par LHOMME (même Librairie). La collection des Artistes célèbres, entreprise par la Librairie de l'Art, vient de s'enrichir de deux nouvelles biographies extrêmement intéressantes. La première, ornée de 70 gravures dans le texte et de trois gravures hors texte à la sanguine, est consacrée aux cinq Van de Velde, à Jean Ier le calligraphe, à Essaïas Van de Velde, à Willem Van de Velde le vieux, à Willem Van de Velde le jeune et au plus célèbre de tous, Adrien Van de Velde. La seconde est consacrée au maître peintre et dessinateur Charlet, dont la popularité est plus vivante aujourd'hui que jamais. On connaissait surtout dans Charlet le glorificateur de Napoléon, et de l'armée impériale. On verra dans cette publication tout un côté du talent de ce grand artiste fort peu connu jusqu'ici; les charmants dessins qu'il a tracés de sa main inépuisable à la gloire des enfants et aussi du peuple, des humbles et des petits.

PÉRIODIQUES

Tableau général du Commerce de la France avec ses Colonies et les Puissances étrangères pendant l'année 1891. Ce document, d'une importance extrême, vient d'être mis en vente à l'Imprimerie nationale.

Ad. BADIN.

TABLE DES MATIÈRES

CONTENUES DANS LE TOME SOIXANTE-DIX-HUITIÈME

DE LA NOUVELLE REVUE

L'Administrateur-Gérant : RENAUD.

Paris. — Typ. Chameret et Renouard, rue des Saints-Pères. — 29212.

Librairie de **LA NOUVELLE REVUE.**

VIENNENT DE PARAITRE ·

CHOSES VRAIES

PAR

Madame La Maréchale SERRANO

DUCHESSE DE LA TORRE

Un volume petit in-8° imprimé par MM. Chamerot et Renouard. **3 fr. 50**

———

EN PRÉPARATION :

JOSEPH BONAPARTE EN AMÉRIQUE

1815-1832

PAR

M. GEORGES BERTIN

Un volume in-18 accompagné d'un portrait, d'après une gravure de M. Rodolphe
Piguet. . . . . **3 fr. 50**

PRINCIPAUX LIBRAIRES CORRESPONDANTS

FRANCE

	FERRAN FRÈRES.
...	J. MICHEL ET MÉDAN.
....	ÉTIENNE VION.
....	A. GAUDIL.
....	BARRAUD.
....	SEGAUD-LANCEL.
....	DELAMARRE.
....	LANIER.
abe.	BOILET.
....	PAUL PÉLOT.
....	BOILET.
....	JACQUARD ET Cie.
....	BENQUET.
...	HOUDEVE-BORDIER.
...	THUAULT.
	DAUCH.
	GRABY.
...	FERRT ET FILS.
	BOURLANGE.
	SOUMARD-BERNEAU
...	Ve BEAUNAUT.
....	MASSIF.
....	DEJARDIN-BROUTTA.
....	VICTOR DAYEZ.
	ROBAUDY.
....	VIAL.
ine..	LAJOUX FRÈRES.
....	J. HAUJAT.
e....	ÉDOUARD JOLLY.
....	SELLERET.
...	L. POUILLIER.
....	ROGER-LAPETITE.
....	AD. MARGUERIE.
err.	RIBOU-COLLAY.
....	LEPRINCE.
....	ARMAND.
....	TESSIER.
e....	NEERMANN.
....	E. CHOQUE.
....	ARMAND-BOUGÉ.
....	C. FROEREISEN.
Comte	GOURAUD.
	BARATIER FRÈRES.
....	DREVET.
	CHARRIER.
lle.	FOUCAUD.
	FOUCHER.
	BOURDIGNON FILS.
....	DOMBRE.
	BUREAU.
....	MARCHAL.
	BERNOUX ET CUMIN.
	DUCROS.
	CÔTÉ.
....	DIZAIN ET RICHARD.
	H. GEORG.
	VITTE.
	P. CHAMBEFORT.
....	PELLECHAT.
....	Me GAUTHIER-ABRAN.
	J. CARBONELL.
..	MARPON ET FLAMMA-RION.
....	MIGNOTTE.
....	RENÉ CH.
er ...	CAMILLE COULET.
	BERGER-LEVRAULT
	GROSJEAN-MAUPIN.
...	SORDOILLET.
	SIDOT FRÈRES.
....	VIER.
....	MAZEROU FRÈRES.
....	VISCONTI ET Cie.
....	Office du Galignani.
	BENSA.
....	CLOUZOT.
....	HERLUISON.
....	GOUDE-DUMESNIL.
....	CAZAUX.
....	SENGNCE.
a	DUPUY.
	DRUINEAUD.

Toulouse....... N. BRUN soeurs.
Tours .... { PÉRICAT. / BOISSELIER.
Tours .... SUPPLIGRON.
Troyes .... L. LACROIX.
Valenciennes... LEMAÎTRE.
Versailles.... PENSÉE.
Vichy .... BARRY.
Villers-s/-Mer. BERNIER-LAMBA.
Vitré .... LÉCUYER.
Vouziers...... BOSQUETTE-CARETTE.

ALGÉRIE

Alger......... { GAVAULT-ST-LAGER. / MICHEL RUFF.

ALSACE-LORRAINE

Colmar .... { E. BARTH. / S. PETRY.
Mulhouse.... { STUCKELBERGER. / Ve SEIFFER.
Strasbourg.. { J. NOIRIEL. / AMMEL. / TREUTTEL ET WURTZ.
Metz............ SIDOT FRÈRES.

ALLEMAGNE

Berlin ..... { BEHR. / BROCKHAUS. / ASHER ET Cie. / SCHNEIDER.
Bonn......... MAX COHEN.
Francfort... JAEGER.
Hambourg... BROCKHAUS.
Leipzig..... { LE SOUDIER. / BROCKHAUS. / TWIETMEYER. / MAX RÜBE.
Munich...... ACKERMANN.

ANGLETERRE

Londres..... { HACHETTE ET Cie. / B.-F. STEVENS. / P. ROLANDI. / DAVID NUTT. / DELIZY, DAVIES ET Cie. / AUG. SIEGLE.
Edimbourg.. DOUGLAS ET FOULIS.

AUSTRALIE

Melbourne.. SAMUEL MULLEN.

AUTRICHE-HONGRIE

Budapest.... { CHARLES GRILL. / REVAI FRÈRES.
Vienne....... { BLOCH ET HASBACH. / BROCKHAUS. / GÉROLD ET Cie. / GUILLAUME FRICK. / LECHNER.
Prague(Bohême) F. TOPIC.

BELGIQUE

Bruxelles ... { A. LEBÈGUE ET Cie. / Ve ROZEZ. / DECQ (ÉMILE). / SOCIÉTÉ BELGE DE LIBRAIRIE.
Gand......... { HOSTE. / C. MCQUARD.
Liège......... ÉDOUARD GNUSÉ.
Anvers....... { DESOER. / MAX RUEFF.

BRÉSIL

R.-d-Janeiro.. LACHAUD.
Campinas.... GENOUD.

CANADA

Montréal.... SYLVA CLAPIN.

CAP DE BONNE-ESPÉRANCE

Cape-Town... J. JUTA.

CHILI

Santiago.... { SALAS Y PESSE. / LIBRERIA DE ARTES Y LETRAS.
Valparaiso.... CARLOS F. NIEMEYER.

CHINE

Pékin......... THE CUSTOMS LIBRARY

Barcelone.... PIAGET.

ÉTATS-UNIS

Chicago...... BRENTANO
New-York.. { BRENTANO / Courrier de / G.-E. STE
Nouv.-Orléans NICOLOPC
Boston....... CARL SCH
Washington.. BRENTANO

GRÈCE

Athènes....... MARINO F

ITALIE

Florence...... LOESCHER
Gênes......... DONATH.
Milan......... DUMOLARD
Naples........ F. FURCH
Palerme...... G. PEDON
Rome........ { BOCCA FR / MODES ET / LOESCHER
Turin....... { BOCCA FR / CASANOVA / ERMANNO / BRERO.

JAPON

Tokio......... P.-M. SA

MAURICE (IL

Port-Louis... J. ENGEL

NOUVELLE-ZÉL

Christchurch WHITCOM

PAYS-BAS

Amsterdam. { FRIKEMA, / ET Cie. / NILSSON
La Haye.... BELINFAN
Rotterdam... KRAMERS

PORTO-RICO (ANT

Mayaguez.. LOPPZ DE

PORTUGAL

Lisbonne..... MELLO ET

RÉPUBLIQUE ARG

Buenos-Ayres. Joseph

ROUMANIE

Bucarest.... HAIMANN.

RUSSIE

Batoum....... NIKOLADZ
Kiew.......... IDZOWSKI
Moscou...... { W. GAUT / R. VIOLL
Odessa....... Georges
Rostoff....... R. VIOLL
S-Pétersbourg { CARL RI / R. VIO / O. WOL / ZINSERL
Tiflis.......... L. HIDD
Varsovie... { GEBETHN / GUSTAVE / R. VIOLL
Vilna......... G.-M. S

SUÈDE ET NOR

Stockholm... { FRITZES. / LOOSTRÖ / SAMSON
Christiania.. JACOB D

SUISSE

Bâle........ H. GEOR
Berne....... { JENT ET / SCHMIDT / SANDOZ.
Genève...... { R. BURK / CHERBULI / GAUCHAT / H. GEORG / TARIN.
Lausanne... { F. ROUGE / VODOZ.
Lucerne..... DOLESCHA

Lightning Source UK Ltd.
Milton Keynes UK
UKHW010932261118
332983UK00012B/1385/P